山西文華·著述編

# 荀子校釋

第一册

王天海◎校釋

《山西文華》編纂委員會　編

山西出版傳媒集團
三晋出版社

圖書在版編目(CIP)數據

荀子校釋 / 王天海校釋. —太原：三晋出版社，2015.9
ISBN 978-7-5457-1239-1

Ⅰ. ①荀… Ⅱ. ①王… Ⅲ. ①儒家 ②《荀子》—注釋
Ⅳ. ①B222.62

中國版本圖書舘 CIP 數據核字(2015)第 220735 號



荀子校釋

校　　釋：王天海
責任編輯：莫曉東
封扉設計：山西天目·王明自

出 版 者：山西出版傳媒集團·三晋出版社（原山西古籍出版社）
地　　址：太原市建設南路 21 號
郵　　編：030012
電　　話：0351-4922268（發行中心）
0351-4956036（綜合辦）
0351-4922203（印製部）
E-mail：sj@sxpmg.com
網　　址：http://www.sjcbs.cn

經 銷 者：新華書店
承 印 者：山西人民印刷有限責任公司

開　　本：700mm × 1000mm　1/16
印　　張：59.75
字　　數：1033 千字
版　　次：2015 年 11 月　第 1 版
印　　次：2015 年 11 月　第 1 次印刷
書　　號：ISBN　978-7-5457-1239-1
定　　價：240.00 圓（全三册）

ISBN 978-7-5457-1239-1

# 《山西文華》編纂委員會

## 《山西文華》學術顧問委員會

（按姓氏筆畫排序）



## 《山西文華》分編主編

# 出版説明

山西東屏太行，西瀕黄河，北通塞外，南控中原，是中華民族的主要發祥地之一。中華文明輝煌燦爛，三晋文化源遠流長。歷史文獻豐富、文化遺産厚重，形成了兼容並包、積澱深厚、韵味獨特的晋文化。山西省政府决定編纂大型歷史文獻叢書《山西文華》，以彙集三晋文獻、傳承三晋文化、弘揚三晋文明。

《山西文華》力求把握正確方向，尊重歷史原貌，突出山西特色，薈萃文化精華，按照搶救、保護、整理、傳承的原則整理出版圖書。叢書規模大，編纂時間長，參與人員多，特將有關編纂則例簡要説明如下。

一、《山西文華》是有關山西現今地域的大型歷史文獻叢書，分“著述編”“史料編”“圖録編”。每編之下項目平列；重大系列性項目，按其項目規模特徵，製定合理的編纂方式。

二、“著述編”以1949年10月1日前山西籍作者（含長期在晋之作者）的著述爲主，兼收今人有關山西歷史文化的研究性著述。

三、“史料編”收録1949年10月1日前有關山西的方志、金石、日記、年譜、族譜、檔案、報刊等史料，以影印爲主要整理方式。

四、“圖録編”主要收録 1949 年 10 月 1 日前有關山西的文化遺産精華,包括古代建築、壁畫、彩塑、書畫、民間藝術等,兼收古地圖等大型圖文資料。

五、今人著述采用簡體漢字横排,古代著述采用繁體漢字横排。

《山西文華》編纂委員會

嘉慶甲子重鐫
荀子箋釋
姑蘇聚文堂藏板

清嘉慶九年重鐫姑蘇聚文堂藏板《荀子箋釋》書影

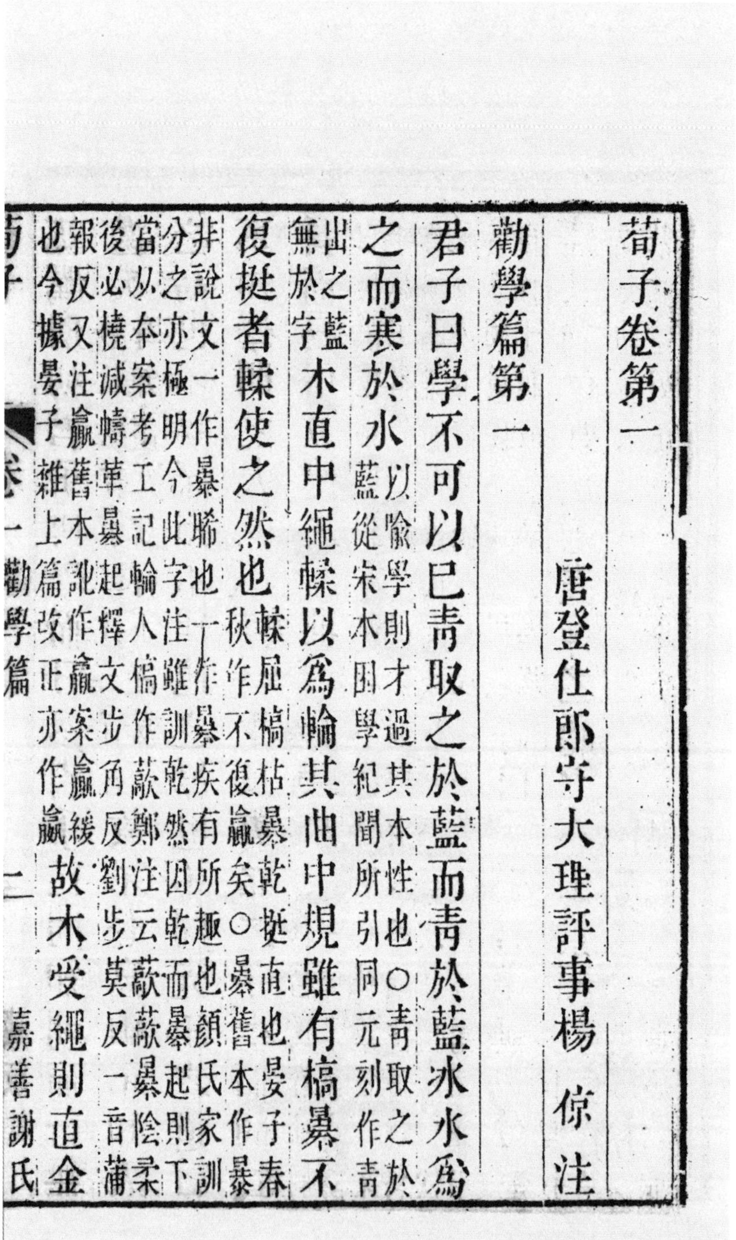
荀子卷第一
唐登仕郎守大理評事楊倞注
勸學篇第一
君子曰學不可以已青取之於藍而青於藍冰水爲
之而寒於水以喻學則才過其本性也○青取之於藍從宋本困學紀聞所引同元刻作青出之藍無於字木直中繩輮以爲輪其曲中規雖有槁暴不
復挺者輮使之然也輮屈槁枯暴乾挺直也晏子春秋作不復贏矣○暴舊本作暴非說文一作暴晞也一作暴疾有所趣也顏氏家訓分之亦極明今此字注雖訓乾然因乾而暴起則下當从夲案考工記輪人槁作藃鄭注云藃藃暴陰柔後必橈減幬革暴起釋文步角反劉步莫反一音蒲報反又注贏舊本訛作羸案贏緩也今據晏子雜上篇改正亦作贏故木受繩則直金
荀子　卷一　勸學篇　二　嘉善謝氏

清嘉慶九年重鐫姑蘇聚文堂藏板《荀子箋釋》書影

# 出版前言



荀子（約前313—前238），名况，字卿，戰國末期趙國人，著名思想家、哲學家、政治家，時人尊稱"荀卿"。西漢避漢宣帝劉詢諱，因"荀"與"孫"二字古音相通，故又被稱爲"孫卿"。

荀子思想的要點是：隆禮儀、重名法，主性惡、倡人爲，制天命、材萬物，尊先王、法后王，推王霸、舉賢能。《荀子》一書内容廣博，識見敏鋭。近人馮友蘭説："孟子以後，儒者無傑出之士，至荀卿而儒家壁壘始又一新。"可以説，荀子以儒家思想爲本，批判並融合先秦諸子思想，使儒家思想得以延伸發展，對諸子學説有集大成意義。其著作，據《漢志·儒家》載爲三十三篇。劉向《校書序録》則稱：孫卿書凡三百二十三篇，校除重復二百九十篇，編定爲三十二篇。荀書可以流傳兩千多年至今，劉向整理編定之功最著。唐楊倞又分易舊第，編爲二十卷，並爲之注，更名《荀子》，即爲今本。

荀子思想對後世影響深遠，却因荀子"名聲不白，徒與不衆，光輝不博"，生前即"不遇時"，身後兩千餘年不被儒家道統承認，而成爲一個毁譽參半、頗具争議的人物，因而學人鮮有爲《荀子》做校注者。直至清代，對荀子的評價轉向正面。謝墉披覽《荀子》全書，感慨萬千："愚竊嘗讀其全書，而知荀子之學之醇正，文之博達，自四子而下，洵足冠冕群儒，非一切名、法諸家所可同類共觀也。"王先謙《荀子集解序》云："國朝儒學昌明，欽定《四庫全書提要》首列荀子儒家，斥好惡之詞，通訓詁之誼，定論昭然，學者始知崇尚。"荀子的思想地位逐漸被認可，隨着考據學的興盛，對《荀子》的注釋校訂漸多起來。

2003年,王天海先生完成《荀子校釋》一書,成爲新世紀《荀子》整理之創新之作。他 ·反近代以來以王先謙《集解》本爲底本注釋《荀子》之常例,選用《古逸叢書》影刻宋臺本爲底本,同時選用南宋巾箱本、《題注》本、元刻明修本、明世德堂本、《四庫》本、謝刻本、《增注》本、《集解》本、吴汝綸《點勘》本、村崗良弼《評點》本等相參校,並博採楊倞以下校釋之文上百家。此書由上海古籍出版社2005年以兩卷本出版發行。

《山西文華》是一套大型的地方歷史文獻叢書,是對山西豐富的古典文獻的搶救整理和傳承保護。荀子作爲先秦諸子之巨擘,以其崇高的歷史地位和廣泛的影響,入選《山西文華》,可謂名至實歸。幸得上海古籍出版社鼎力支持,將王天海先生之《荀子校釋》版權授予我社,皇皇巨著,再次生輝。

此次出版,主要做了如下工作:其一,按照《山西文華》的統一體例,變上海古籍本繁體竪排爲繁體横排,將原來的兩册析爲三册;其二,訂正原書文字訛誤若干。除此之外,一仍其舊。水平所限,不當之處在所難免,祈望方家不吝指正。

三晋出版社

2015年12月

# 序

徐　復

上世紀三十年代初期，余讀章先生《訄書》木刻本，列《尊荀》爲首篇，所尊者爲荀況，戰國趙人，所如不合，終廢老蘭陵。及《訄書》定本在日本翔鸞社出版，更篇名爲《訂孔》，其尊荀也如故。其言："荀卿以積僞俟化治身，以隆禮合羣治天下，不過三代，以絶殊瑰，不貳後王，以綦文理，百物以禮穿敹，故科條皆務進取而無戾。"又稱其正名學説，世以爲在蘇格拉底、亞里士多德間。其道術踊絶孔氏，神明千古，其繩譽可謂備至矣。余之治荀學自此始基。誦法王念孫《讀書雜志》、俞樾《諸子平議》、孫詒讓《札迻》。逮王先謙《荀子集解》而集其成。嗣後學者踵起，各有擅長，而荀學大顯於世。嗚呼，盛矣哉！余撰《後讀書雜志》，中有《荀子臆解》一篇，未盡善也。然其校讎訓釋，有足多者。余弟子高正研究員爲全面校理，得異文一千三百多條，並寫有《窺管》一文，亦可喜也！

邇來異軍突起，則有貴州王天海教授，盡力爲《荀子校釋》一書，體大思精，鉅細無遺。余閲其部分篇目，覺其體例妥善，勝義稠叠，允爲荀學功臣，欽遲無已。辱承雅愛，囑爲弁言，其何敢辭！下列四端，願共商榷。依次述之。

## 一、勤校讎

籀讀古籍，須勤校讎，此義前人已言之。余觀作者所列版本源流，如數家珍，纖悉無遺，治荀學者循此求之，可收事半功倍之效。清顧廣圻之業績，可師法也。

## 二、稽雅訓

《荀子》爲先秦古籍，號稱難讀。學者借助于《爾雅》、《小爾雅》等書，自可迎刃而解。同時還可查覈同時代的書，以作比覈。如：《正論》："桀、紂者，其知慮至險也，其至意至闇也。"楊倞注："至意，當爲志意。"余謂《文選》司馬遷《報任少卿書》："卒卒無須臾之閑，得竭至意。"《漢書·司馬遷傳》作"指意"，義爲意指，可以互證。又如《大略》："貨財曰賻，輿馬曰賵，衣服曰襚，玩好曰贈。"《漢書·朱建傳》："列侯貴人以辟陽侯故，往賻凡五百金。"正指貨財言。覈之《説文》："贈，玩好相送也。"即本於《荀子》此文。訓釋可以展轉相求，此類是也。

## 三、考通假

凡訓釋先秦古書，找本字，則檢許慎《説文解字》，考通假，則須明古聲十九類，古韻二十八部，此學界之公論也。如：《儒效》："今有人於此，屑然藏千溢（鎰）之寶，雖行貸而食，人謂之富矣。"楊倞注："屑然，雜碎衆多之貌。"郝懿行補注："屑，瑣細之貌。至寶不必盈握，故以瑣細言之。"余謂二家就屑字本義説之，于文義無當，千鎰之寶，稱爲瑣細，其誰信之？今考知屑借爲佾，《廣雅·釋詁》："佾，列也。"佾然，謂至寶藏之行列粲然，不取細碎爲義明矣。又《賦篇》："列星殞墜，旦暮晦盲。"楊倞注："旦暮晦盲，言無暫明時也。或曰：當時星辰殞墜，旦暮昏霧也。"余謂盲爲霿之借字。《説文》："霿，天氣下，地不應爲霿。霿，晦也。莫弄切。"《釋名·釋天》作蒙，云："日光不明，蒙蒙然也。"與晦盲之義正合。舉此二例，以爲佐證。

## 四、明代語

代語，謂當代恒言，爲前此所未有。舉“物故”一詞爲例。《君道》：“人主不能不有游觀安閑之時，則不能不有疾痛物故之憂焉。”物故，楊倞無注。余謂物故爲秦、漢人語，義爲死亡。《漢書·蘇武傳》：“前已降及物故，凡隨武還者九人。”顔師古注：“物故，謂死也。言其同於鬼物而死也。”宋祁曰：“物，當從南本作歾，音没。”歾，即歿字；故，爲故世；與鬼物義無與。物故，始見於《荀子》，而注者不知，顔師古爲訓釋大家，而又誤説物爲鬼物，至宋祁説歾故，始爲後人所承用。欲明解代語，洵其難哉！

余年近耄期，不能深思。天海君年富體强，囟力敏鋭，當厚植根柢，層樓更上，前程未可量也！屬有小恙，勉綴蕪辭，以寄遐想，切願荀學日益廣大，盡其效用，此則余所日夕馨香禱祝者夫！

二〇〇五年四月杪撰於南京師範大學文學院

# 前　言

荀子其人,《史記》有列傳,然記其行事簡略,語焉未詳,其生卒之年闕如。但荀子爲戰國末期一大思想家、哲學家,則是不爭之事實。稱他爲孔孟之後儒學大師,亦爲學界所認同。

荀子生逢末世,抱不世之才,奔走於趙、魏、齊、秦、楚列國之間,然終不見用,廢老蘭陵,留其著述《荀子》七萬五千餘言傳於今〔一〕,亦可謂不朽矣!

荀子之學,本仲尼而斥諸子,隆禮義而重名法,主性惡而倡人爲,制天命而材萬物,尊先王而法後王,推王霸而舉賢能,其内容之廣博,識見之敏鋭,思想之精密,行文之渾厚,實爲其他先秦諸子所不及。他對先秦各家學説皆有吸取和批判,郭沫若稱之爲集百家之大成者,亦有因也〔二〕。

荀子之書,在他身前即已部分流傳於世。司馬遷《史記・吕不韋列傳》云:"是時諸侯多辯士,如荀卿之徒,著書布天下。"吕不韋與荀況同時人,此言當信。且西漢初年韓嬰著《韓詩外傳》,廣引荀書達五十九處之多,涉及荀書二十一篇〔三〕。故西漢成帝時,劉向方能據中秘所集三百二十二篇《荀卿書》去其重複,删定爲《荀卿新書》三十二篇。《荀子》一書能流傳二千一百餘年而至今日,首歸劉向整理編定之功。

自西漢以降,羣經諸子已有注疏。《論》、《孟》二書在漢文帝時即立於學官並置博士,《老子》、《孟子》二書,兩漢時均有注釋。至魏晉南北朝時,諸子之書已多爲學人校注。但荀書却因其"制天命"、主性惡、兼王霸、斥孟子之説而備受統治者冷落。加之其書行文古奥，最多奇字僻詞〔四〕，故難大行於世。至唐中葉，韓愈《孟》、《荀》並論，稱《荀子》"大醇而小疵"，肯定了荀子在儒家的地位，其後方有楊倞爲之作注。劉向《叙録》所稱《荀卿新書》，《漢志》後又稱《孫卿子》、《荀卿子》。"荀"、"孫"乃聲音之轉，非顔師古所謂"本曰荀卿，避宣帝諱，改曰孫"。清儒辨之已明〔五〕。

楊倞其人，兩唐書皆無傳。據其《荀子注・序》所記之年，知爲唐憲宗時代人。楊倞據所傳《孫卿子》十二卷，改易篇次，詳加校注，析爲二十卷，定名爲《荀子》。此乃今傳《荀子》最古之本。楊倞校注《荀子》不僅有首創之功，且校勘、注釋謹嚴詳審。今通檢楊倞注本，計出校釋之文三千四百八十八條，校注文字八萬一千七百餘字，超出荀本文六千餘字〔六〕，（其中《君道》、《樂論》二篇及《王制篇》"具具而王"以下不見注文，疑傳寫或手民奪漏）。其中有十一篇篇目下撰有簡要説明，實開後世注《荀》篇目題解之先河。其校釋雖未盡善，時有引書冗繁之病〔七〕，然"多明古義，亦異於無稽之言"〔八〕。今人李中生曾專文評議楊倞注《荀子》成績有五條：

一、訓詁與義理的統一；

二、注解確切靈活；

三、結合荀書詞例以注《荀》；

四、結合語法分析以明訓詁；

五、校勘精審〔九〕。

這些評議基本上是符合實際的。總之，楊倞對《荀子》的校勘注釋大體不誤，用力至勤，爲後世荀書整理者提供了借鑒和範例，其首創之功實不可没。

楊倞所注《荀子》，在北宋熙寧元年（一〇六八年），有王子韶同校、吕夏卿重校，由國子監刊刻之本，通稱監本或吕本。然此本原刻今已不存。南宋淳熙八年（一一八一年），唐仲友於台州公使庫翻刻此本，通稱宋台州本。南宋嘉定十一年（一二一八年），此本重修，後流入朝鮮、韓國、日本，國内久已不見此本原刻。清光緒十年（一八八四年），黎庶昌使日時，據日本島田篁村所藏影摹全本影刻此書，收入《古逸叢書》中，方存其宋台本之舊貌。此本雖係清刻，然因唐仲友刊時“悉視熙寧之故”，且刻工精美，字迹清晰，首尾完整，存北宋熙寧監本之風，實爲《荀子》舊刻諸本中首善之本。宋台本刊刻同年，錢佃以二浙、西蜀四本與元豐國子監刻本相校（顧廣圻云：“按熙寧、元豐相接，當無異本。”〔一〇〕），是正一百五十四字，考異文一百二十六條，刻之江西計臺，通稱漕司本或錢本。此本原刻今已不見，國家圖書館藏有清士禮居摹抄錢本，存其概貌。此本當爲楊倞注本最早之合校本。北宋熙寧監本在南宋尚有浙北翻刻之本，通稱宋浙本。此本刊刻之年未詳，今人高正稱“考其諱字及刻工之時代、地域，似可定爲南宋寧宗時浙北刻本”。此本現藏於國家圖書館，後附清人顧廣圻跋文。此本或是現存《荀子》諸本中時代最早之刻本。然“詳考之，其所據底本似有缺葉，而以纂圖互注系統本之文補之”〔一一〕。此本共抄補十二葉半，尚缺二葉未補，亦有多處因書葉殘破而微描字畫者，故其校勘價值已遜於《古逸叢書》影刻宋台本。此本於一九七四年由文物出版社影印出版。

南宋時尚有數種纂圖互注本《荀子》刊刻行世，而所據底本則不同於北宋熙寧監本系統。元刻明修之本、明《六子書》本，多出於此系統傳本，故與宋台本、宋浙本等文字頗異（高正以《古逸叢書》影刻宋台本爲底本，與浙北本、南宋刊刪纂圖互注巾箱本、南宋坊刻纂圖互注分門類題注本、南宋坊刻元明遞修本相參校，共校得異文一三九六條〔一二〕）。明嘉靖十二年（一五三三年），世德堂刊顧春輯《六子書》本《荀子》最爲通行。此本即以元刻《纂圖互注六子》爲底本，删去“纂圖互注重言重意”，僅存楊倞注文，又據錢佃刊本略加校改而成。此本今存國家圖書館。清乾隆時主修《四庫全書》，其文淵閣《荀子》寫本亦以明世德堂本爲據，並校以少量誤字。

宋代理學興盛，宋儒多揚孟抑荀。《荀子》刻本雖有數種，但全面校釋荀書者竟無一人。洪邁在《容齋續筆》卷十一中提及楊倞注《荀子》,僅對《臣道篇》、《致士篇》注引《尚書》有過批評。王應麟在《困學紀聞》卷十中涉及《荀子》校釋者亦只有十四條。此外劉辰翁亦有批注之文,今散見於明末清初傅山的《荀子評注》手稿中。元、明兩代以翻刻南宋纂圖互注本《荀子》爲主,更未見其有價值之校注本。今人嚴靈峰《荀子集成》雖收明刊十二種,然除世德堂本外,幾無可取。明末清初傅山的《荀子評注》尚有一定價值,然其手稿本遲至一九九〇年方由上海古籍出版社影印刊行,故清儒治《荀》者似未能見。傅山此本仍以明刊世德堂本爲底本,共摘《荀子》三十二篇詞句並楊倞相關注文五百零六條,其下用⊙號標示傅山案語者一百六十五條。正如他自己在書前小序所言"取其詞義雋永者,略記一半句或數字",可見此書體例爲讀書札記。傅山《評注》之内容約有以下幾個方面:一是直接評論荀子之思想理論、文章風格等,借以抒發自己的意見和思想;二是批駁舊注,主要是楊倞之注;三是考訂文字、音韻、訓詁,校正其義訓音讀;四是指示典故詞語之本源等等〔一三〕。其中精到之見隨手可擷。書之末傅山評述認爲:《荀子》三十二篇不全爲儒家言,而近於法家、刑名家,非墨而又近於墨家言。此乃司馬遷之後,最早指出荀子思想兼採百家之説。

清代是荀書校勘、整理、訓釋成績卓著的時期。清人校釋《荀子》,首推王懋竑之《荀子存校》。王氏生於康熙七年(一六六八年),乾隆六年卒(一七四一年),其書至少早於盧校謝刻《荀子箋釋》四十五年。當然,最突出的表現仍是盧謝本《荀子箋釋》、王念孫的《荀子雜志》八卷及《補遺》一卷、王先謙的《荀子集解》。

盧校謝刻本最早刊於清乾隆五十一年(一七八六年),其所據之本實以摹抄南宋浙北本與元刻纂圖互注本爲主,故凡稱"宋本"之處,並不全與今存宋本同,顯爲抄本所誤。楊守敬以影刻宋台本對照,"其遺漏不少數百字"〔一四〕。盧謝本全録楊倞注文,並在原注基礎上有所補充和發明。其參校本尚有明虞氏、王氏合校刻本,明世德堂本，明鍾人傑本。其所參訂者有趙曦明、段玉裁、吴騫、朱奂、汪中、盧文弨、謝墉七家。據統計，此本共出校語五九二條〔一五〕，各家校説未一一標示。校語以校訂原文原注爲主，兼及訓釋，大多要言而不繁，簡潔而意明。故此本一出，清人多用之，如王念孫、王先謙、吴汝綸諸人。此本不久即東渡日本，爲日人治《荀》者據爲底本，如朝川鼎、村崗良弼等。

王念孫《讀書雜志》刊成於清道光十年（一八三〇年），其中《荀子雜志》八卷及《補遺》一卷，是他在盧校的基礎上，再參以陳奂、顧廣圻手録吕、錢二本之異而成。他採用札記的形式，先摘出《荀子》原文詞句及楊倞相關注文，再詳加考辨，共寫出校釋之文七五二條，輯《荀子》佚文四條，其後附有顧千里校釋《荀子》二六條〔一六〕。在所有校釋荀書的著述中，其校釋内容之多，僅次於楊倞注文。他校勘與詁訓並重，其説之精密、考辨之詳審，似無人可以相比。後來王先謙撰《荀子集解》，將其校釋之文全部采入。

清末王先謙（一八四二—一九一七），湖南長沙人，字益吾，號葵園，後改名遯。同治進士，歷任國子監祭酒、江蘇學政、長沙城南書院院長、岳麓書院院長等職。他在古籍整理方面的著作，除《荀子集解》外，還有《漢書補注》《後漢書集解》《莊子集解》等。《荀子集解》初刊於光緒十七年（一八九一），是有清一代《荀子》整理、校釋的集大成之作。該書以盧校謝刻《荀子箋釋》爲底本，以《古逸叢書》影刻宋台本參校，在保留楊倞原注同時，採入盧文弨校文五九二條、顧千里校文二六條、王念孫校文七五二條、劉台拱《荀子補注》校文一一〇條、郝懿行《荀子補注》校文四百條、俞樾《荀子平議》校文二四九條。並零星採用了汪中、陳奂、洪頤煊、郭嵩燾、郭慶藩等人的校語。王先謙在采集衆人校説後，校釋案語亦有五六一條之多，自稱“不敢謂於荀書精意有所發明，而於析楊、謝之疑辭，酌宋、元之定本，庶幾不無一得”〔一七〕，亦爲切實中肯之説。今人鮑國順曾總結過該書的四個特點：第一，列考證；第二，存古注；第三，擇善本；第四，集衆説[一八]。雖不盡當，亦有見地。應該説《荀子集解》確實是當時最精詳、最完善的《荀子》校釋之書，故其後翻印之本甚多。近代以來凡注譯荀書者，多以此爲底本。中華書局一九八八年點校本通行至今。

清末民初，校釋荀書成績顯見者，有于鬯校《荀子》二卷，收入《香草續校書》中校釋之文一〇八條；陶鴻慶《孫卿子札記》校釋《荀子》一四四條，收入其《讀諸子札記》中。民國時期，專書校釋《荀子》的，首推劉師培的《荀子斠補》《荀子補釋》《荀子詞例舉要》，三書共載校釋之文六八〇條，其數量之多，僅次于楊倞、王念孫而居第三。其次鍾泰有《荀注訂補》，共出校文五四〇條，可以説是盧文弨、王念孫、劉師培、王先謙之後校釋荀書最勤的著作。著名學者梁啓超、楊樹達、高亨、劉念親、劉盼遂、徐復、羅焌、張長弓、潘重規、魯實先、龍宇純、于省吾等人亦對荀書的校釋傾注了精力，各有札記或論述問世。

一九三六年，商務印書館出版了梁啓雄《荀子柬釋》。一九五五年，此書經修訂後，更名爲《荀子簡釋》而再版。其書最大之特點是簡明易讀。其次，他以《荀子集解》爲底本，摘采楊倞以下諸説以補其不足。前於《集解》而漏收者，如乾隆時王懋竑、王紹蘭之説，後於《集解》者，如孫詒讓、陶鴻慶、梁啓超、劉師培諸人之説，皆摘要而用之。尤可貴者，他首先采用了日人久保愛等九家之説，爲荀書校釋前所未有。書後附有《荀子傳徵》《荀子行歷繫年》二文，爲研究荀子提供了相關資料。然是書最大之缺點，就是改易原文較多。今人張覺、李中生曾先後有專文評論[一九]，此不贅述。其次，梁氏一九五五年修訂再版此書時，亦未能免俗而注入了迎合時事的思想。

二十世紀七十年代以來，以今語校理、注釋、對譯《荀子》全書者，有章詩同《荀子簡注》（一九七四年）、台灣熊公哲《荀子今注今譯》（一九七五年）、北京大學《荀子》注釋組《荀子新注》（一九七九年）、李滌生《荀子集釋》（一九七九年）。此四書皆以王先謙《集解》

爲底本，共同的特點是：多承襲前説而少新見。

《荀子簡注》《荀子新注》二書因受“文革”後期“評法批儒”之影響，其注説皆打上了明顯的時代烙印。章詩同的《簡注》也許是早期最簡明之《荀子》今注本。《荀子新注》則於楊倞、熊公哲之後，首開逐篇撰寫《説明》之先例〔二〇〕；書後附録有《荀況大事簡表》《部分名詞和人名簡釋》《部分詞條》及《人名索引》四項，爲初學荀書者提供了查檢之便利。熊公哲的《今注今譯》也許是最早注譯合體的《荀子》整理之作。此書篇目之下偶有題解，其後有附録三篇：《荀子其人其書》《讀荀子舊序》《荀卿書考略》。本書之特色：譯文文白兼行，注文多采《集解》《柬釋》二書，出於己説者極少新意。李滌生的《荀子集釋》採楊倞以下清儒、近賢及日人校説，擇善而從。凡所采，皆略其徵引而取其結論，務求簡明以便初學。其書同《新注》之例，每篇皆撰有介紹内容大意之《説明》，亦似篇目題解。其説“大抵皆能提要鉤玄，洞見真章，作深入淺出之説明”〔二一〕。書前有牟宗三序、自序、凡例；書末附録兩篇，一爲近人施之勉撰《荀子年表》，一爲《重要參考文獻》。此書迻述他人之説而不指明出處，亦是其病。

二十世紀八十年代以來至本世紀初，我國重新重視對文獻古籍的整理與研究，以弘揚傳統文化之精髓，促進精神文明之建設。以今語注譯《荀子》者，約有二十餘家。其中以楊柳橋《荀子詁譯》（一九八五年）、張覺《荀子譯注》（一九九五年）較有代表性。而專書全文校釋荀書者，似只見董治安、鄭傑文二人所編《荀子彙校彙注》（一九九七年）一書。

齊魯書社出版的楊柳橋《荀子詁譯》前有《青出於藍的孔門儒士——荀子》一文作爲代序；其目録稱“遵楊倞本”，實際上是以《集解》爲底本而選用了楊倞之注文；正文分爲“釋詁”和“譯話”兩部分；書末有附録三篇：《劉向校書序録》《國策·楚策四·荀卿遺春申君書詩》《王念孫録荀子佚文四條》。此書“釋詁”部分摘採諸家校説以《集解》本爲主，間用按語標明己見。採他説簡要明瞭少引考證,出己説則略引書證及古訓。此雖是其所長,然亦不免有斷章取義之弊。較爲嚴重的缺點是臆改原文比梁氏過甚,已犯整理古籍之大忌。其"譯話"部分暢達者有之,牽强者亦有之,故得失參半。上海古籍出版社出版的張覺《荀子譯注》以清光緒《集解》刻本爲底本,並以宋、明、清及日人善本參校,采《集解》之後諸家校説之精見者入注。其篇目卷次仍其舊,而對篇題皆有簡明扼要之題解。其注釋博采而簡潔、精要而穩妥,譯文平實而暢達,在《荀子》今注今譯諸本中,稱得上是"公允精當"之作〔二二〕。

齊魯書社所刊《齊文化叢書》中收入了董治安、鄭傑文二人編撰的《荀子彙校彙注》一書,或是當時僅有的全文校釋《荀子》之書。書前有《述例》,説明其書的性質是《荀子》三十二篇校注資料的彙編。該書仍以王先謙《集解》本爲底本,按原文篇次分章節爲單元,標注序號,每注依次排列"彙校"、"彙注"資料,若有己見則加"案"出之,藉以對所採校注的補充、説明或訂正。其"彙校"部分首先依據由宋至清重要版本十種,與《集解》本相校,列出異文;其次還以幾種類書、專書相校,摘録其文字差别。"彙注"部分則參用了主要注本三十六種,上溯楊倞之注,下及七十年代末包遵信之《札記》。爲求資料詳備,對於各家不同意見,一概兼取並收。故有利於研究荀書者參考。然而此書缺點亦很明顯:一、收採面狹窄。作爲資料彙編之書,理當盡量網羅世所刊行之著述以備查考。然是書所遺民國以來名家之説尚多,如鍾泰、羅焌、潘重規、魯實先、張長弓、蔣禮鴻、徐復諸人,更何況台灣及日人所著更無所見(據所列參校書目,知有少量日人校説乃轉引自梁氏《柬釋》本)。二、彙校彙注刻意分立,資料零亂。編者此舉本爲眉目清晰而行,故校勘與訓釋資料人爲分割而用。但我國古今校釋之作,大多融校勘與釋義、音讀爲一體,若率意截取,勢必使原始資料支離破碎,文不成義,面目全非,更不便於學人閲讀或查檢原典。此或編撰者始料所不及。

除了以上三種全文校釋、注譯《荀子》的專著外,以札記形式摘文校釋荀書而成績突出者，尚有如下諸人：趙海金《荀子集解補正》（一九七二年）有校釋文八五條、嚴靈峰《荀子讀記》（一九七七年）有校釋文五十條、包遵信《讀荀子札記》（一九七九年）有校釋文一八四條、駱瑞鶴《荀子補正》（一九九七年）有校釋文二八五條、龍宇純《荀卿子記餘》（一九九九年）有校釋文一七〇條、李中生《讀荀子札記》（二〇〇〇年）有校釋文二五〇條。這些著述的共同特點是，摘録《荀子》原書字詞文句，合校勘文字、音讀、釋義爲一體，用簡易文言對前人校釋進行補充、訂正，或糾誤，或出以新説，都爲進一步整理和校釋好荀書提供了參考的資料，打下了堅實的基礎。

值得一提的是，台灣學者嚴靈峰於一九七七年主編刊行了《無求備齋荀子集成叢書》一套，共收《荀子》舊刻及整理校注之作九十種，計八十家，影印精裝五十册，極大地便利了荀書研究之用，實爲《荀子》整理、校釋者一大善事。此叢書頗具特色的是，它不僅收有宋元明清舊刻，還收入了日人校刊《荀子》十二種。其中物雙松《讀荀子》四卷，以札記形式校釋《荀子》，刊成於一七六四年，早於盧文弨校《荀子》二十二年、早於王念孫《荀子雜志》六十六年；冢田虎《荀子斷》四卷，體例同物氏，刊於一七九五年，早於王氏《雜志》三十五年，早於王先謙《集解》九十六年。其中全文（並存楊倞注文）校釋《荀子》者，還有久保愛《荀子增注》二十卷（一八二〇年）、朝川鼎《校定荀子箋釋》二十卷（一八三〇年）、村崗良弼《增評荀子箋釋》二十卷（一八八四年）。久保愛的《荀子增注》因其詳善而爲人稱道和引用。其他如豬飼彦博、帆足萬里、安積信諸人校釋之作，皆爲嚴氏影印收入。日本漢學者致力於荀書校釋代有其人，功不可没。

縱觀《荀子》一書的校理，楊倞的校注無疑是現存最古、價值極高的著作，也是歷代校釋荀書的可靠祖本。它雖有首創之功，但也不可避免地存在着缺陷和疏失。宋人洪邁曾指出他注引《尚書》的失誤；錢佃校本校正一百五十四字；清人謝墉亦認爲楊注"頗有舛誤"。故後世學者多有補充、訂正。楊倞釋義雖大體不誤，然因不明古音通假，頗有望文生義之處，王念孫《雜志》已多有批評。盧文弨校、謝墉刊刻之《荀子箋釋》，在清代甚爲風行，然所據影抄宋本多有譌誤，其校改又多從元刻，所下案語則偏重於校勘異文而疏於注釋。故楊守敬、王先謙等人對此亦略有微詞。王先謙的《荀子集解》彙集了清儒重要校釋成果，其體例之完備、校釋之詳審，前無可比。它不僅代表了當時荀書校釋的最高成就，也是其後百餘年尚無人超越的集大成之作。然而，隨着時代的進步，《集解》的缺陷和疏失也日益顯現。李中生曾以《集解》爲例，總結了清代訓詁學的得失。他在文中既指出了清儒校注《荀子》超越前人的五點成就，同時也指出了存在的缺陷與疏失：

一、疏於義理的考察分析；

二、欠缺通過全篇全書來考察字詞的闡釋循環；

三、囿於文句的常例而忽略其異例；

四、忽略一字有數義，應根據不同語言環境區別對待；

五、對荀書詞例缺乏瞭解，隨意援引他書加以比附；

六、缺乏語法分析。〔二三〕

這些雖不失爲切實中肯的意見，然未能從文獻整理的宏觀角度和歷史發展的必然來審視王先謙《集解》的局限與不足。首先，《集解》彙集資料未爲完備。雖《集解》採衆説厥功甚偉，但未能網羅的名家校説亦不在少數。如宋人洪邁、錢佃、劉辰翁，明人歸有光、王納諫、傅山，清人方苞、姚鼐、王懋竑、王紹蘭、趙紹祖、孫詒讓等人校説皆未能提及，這不能不説是一個遺憾。其次，選擇底本不精。王先謙之時已見到《古逸叢書》影刻宋台本，却仍用了盧校謝刻的《荀子箋釋》爲底本，此亦是一大失誤。更何況還有南宋浙北本、錢佃摹抄本、巾箱本、《題注》本、明世德堂本等重要舊刻皆未涉及，可見並未廣參衆本。第三，王先謙本人雖出校文五百六十餘條，然大多依從盧校或成説，新説不多，故《荀子集解》集釋之功多而發明創見不足。附帶指出的是：《集解》原刻文字脱誤時有所見，如《考證》十六頁上竟脱失六十九字。而中華書局一九八八年標點本不僅承其原刻之誤，又新增其文字錯譌、標點符號失誤，約上百處之多，特别是注文標點符號的差錯更甚。李中生亦有專文論及〔二四〕，此不贅述。

從王先謙《荀子集解》刊成（一八九一年）至今，已歷百十餘年，清末民初及至當代，對荀書進行校釋、整理者代不乏人，且成績斐然。更兼時代之進步，港、台及日本，甚至西方學者研究《荀子》的成果，亦逐步爲世人所共享，理當極力蒐求網羅略備，以便整理、校釋出一個更新、更完善的《荀子》研讀本。此外，《荀子》原典篇幅較長，行文古奥，且多用奇字僻詞。清人李慈銘曾稱："諸子中亦惟《荀》與《管》兩家最多奇字。"此語信然。因此，自楊倞注《荀》至今，雖有歷代學人不斷爲此付出努力，然仍有令人費解之處。鑒於《荀子》整理、校釋之現狀，以及荀子思想研究之必需，《荀子》一書的董理與校釋，亦當與時俱進。故筆者不揣謭陋，勉爲其難，力圖在前人與時彦研究的基礎上，重新對荀書進行整理、校釋，上承王先謙《集解》，下啓未來，使之成爲新世紀《荀子》整理的創新之作。

首先，本《校釋》一反近代以來用王先謙《集解》本爲底本的常例，而選用《古逸叢書》影刻宋台本爲底本。此本之善，前文已詳。同時還選用了南宋巾箱本、《題注》本、元刻明修本、明世德堂本、《四庫》本、謝刻本、《增注》本、《集解》本、吴汝綸《點勘》本、村崗良弼《評點》本相參校。凡與荀書相關之經傳、載籍、類書、專書，皆取以參考，并吸收了今人高正所校《荀子》異文的成果。對極少數確有所據的譌舛衍奪之文（含楊倞注文）進行訂正，並説明依據；其他則列出異文，不予校改，以存其舊，力避竄亂古籍之譏。

第二，本《校釋》博采楊倞以下至當今學人校釋之文上百家〔二五〕。除楊倞注文全録以存其舊外，諸家校説皆摘其精要，略其詳考，擇善而從；補其疏失，正其譌誤；詳加考究，提出新説。本《校釋》直接採用日人校釋之作計有：物雙松、冢田虎、久保愛、朝川鼎、豬飼彦博、帆足萬里、安積信、村崗良弼八家；間接采用者，計有桃井盛、古屋鬲、岡本保孝、兼山、桃源藏、太宰純六家，共採日人校釋十四家。本《校釋》彙集衆説共出校釋四七六六條，其中附筆者案語者三九七七條，力圖補正前人時彦之説，並以新説釋其久懸未決之疑。補其空白，正其音讀，正者是之，誤者駁之。

第三，本書附録輯有《荀子》佚文十三條。其中四條爲筆者所鈎輯，亦於《荀子》輯佚有所幫助。

第四，本書附録廣集歷代有關荀子研究資料，並列出引用參考書目文獻二百餘種，欲爲研究荀學者提供方便。

筆者雖欲蒐集更爲完備的資料，竭其心力使拙著能成爲《荀子集解》之後又一傳世力作，終因條件所限，一些重要舊刻本及近當代優秀校注之作尚未寓目；加之筆者學識淺陋，才力微薄，故有力不從心之歎。本《校釋》拙稿現已付梓，其中錯謬疏脱之處亦在所難免，謬奉弁言於端，誠望海内外方家不吝賜教，幸甚！

公元二〇〇三年十一月十四日　蒼溪王天海　謹叙

〔一〕此據《古逸叢書》影刻宋台本統計。楊倞《注序》、劉向《叙録》、唐仲友《後序》共二一七四字尚不在其中。

〔二〕見郭沫若《十批判書·荀子批判》。

〔三〕楊筠如《關於荀子本書的考證》曾統計《韓詩外傳》引《荀子》五十三次，涉及十九篇。《古史辨》第六册載其文。此處爲筆者統計。

〔四〕見李慈銘《越縵堂讀書記》。

〔五〕參見本書《附録》謝墉刻本《荀子箋釋·序》。

〔六〕此亦據《古逸叢書》影刻宋台本統計。

〔七〕《荀子·性惡篇》楊倞注引韓愈《原性》之文長達五八八字。

〔八〕見《四庫全書簡明目録》。

〔九〕見李中生《荀子校詁叢稿》中《楊倞荀子注評議》。

〔一〇〕見顧廣圻《思適齋書跋》卷三《子部》。

〔一一〕上所引高正語，皆見其所著《荀子版本源流考》。

〔一二〕此據高正《荀子版本源流考》所附《異文校勘記》統計。

〔一三〕見上海古籍出版社《傅山荀子淮南子評注手稿》之《出版說明》。

〔一四〕見《古逸叢書》影刻宋台本楊守敬《跋》。

〔一五〕據浙江書局彙刻《二十二子》本影《荀子箋釋》統計。

〔一六〕以上數據據江蘇古籍出版社影王氏家刻本統計。

〔一七〕見光緒十七年思賢講舍初刊本王先謙《荀子集解序》。

〔一八〕見鮑國順《荀子注釋書評介》,《孔孟月刊》一九八〇年十八卷五期。

〔一九〕參見《附録》所載張覺、李中生二人論著列目。

〔二〇〕中華書局一九七九年版《荀子新注》篇一至二八皆有《説明》,篇二八之《説明》含以下四篇。此《説明》亦同題解。

〔二一〕參見注〔一八〕。

〔二二〕參見牟瑞平《荀子譯注·前言》。山東友誼出版社二〇〇一年版。

〔二三〕見李中生《從王先謙〈荀子集解〉看清代訓詁學的得失》。

〔二四〕見李中生《荀子集解注文標點獻疑》。上二文皆收《荀子校詁叢稿》中。

〔二五〕參見本書附録所列《引用及參攷文獻列目》。

# 凡　例

一　本校釋原文、原注以《古逸叢書》景刻南宋台州本《荀子》爲底本（省稱宋台本），以文物出版社景南宋浙北翻刻北宋熙寧監本（省稱宋浙本）相參校。此二本同源於北宋熙寧監本（省稱宋監本），文字略異。

一　南宋時，荀子書除北宋監本系統外，尚有纂圖互注系統刻本刊行。此取南宋刊删纂圖互注巾箱本（省稱巾箱本）、南宋劉旦校刻纂圖分門類題注本（省稱《題注》本）、南宋坊刻元明遞修本（省稱遞修本）、明世德堂刊《六子書》本（省稱明世本）、景文淵閣《四庫全書》本（省稱《四庫》本）五本校勘異文。爲避煩瑣，當前三本文字並同時，校釋之文則省稱爲"巾箱三本"；當五本文字皆同時，則省稱爲"諸本"。

一　本校釋除以舊刻校勘外，還廣引秦漢以來與荀書關係密切之專書、類書、經籍、子史等文獻相參。如《韓詩外傳》（省稱《外傳》）、《孔子家語》（省稱《家語》）、《羣書治要》（省稱《治要》）、《北堂書鈔》（省稱《書鈔》）、《藝文類聚》（省稱《類聚》）、《太平御覽》（省稱《御覽》）、《大戴禮》、《小戴禮》等。

一　本校釋遵從底本，詳校而慎改。除避諱、筆誤之字徑行補正外，其餘皆仍其舊，絶不妄改原文。若底本正文、注文確實有誤，則據舊刻各本或諸家校考予以訂正；若底本不誤或存疑處，雖有他本異文或諸家校改，則從其舊而不妄改；諸家校考未及或有誤改處，則以"天海案"出以拙見。校釋中諸家稱元刻者，實元刻明修之本，文中不再加以説明。

一　本校釋全録楊倞原注，以存其舊。若原注文因斷句不當或遠離所訓釋之詞語者，則酌迻之，以利行文。



一　清儒、日人校釋《荀子》甚勤，且有舊刻存世。本校釋即以盧文弨、謝墉校刻《荀子箋釋》本（省稱盧謝本）、王先謙《荀子集解》本（省稱《集解》本）、久保愛《荀子增注》本（省稱《增注》本）、吴汝綸《荀子點勘》本（省稱《點勘》本）、村崗良弼《增評荀子箋釋》本（省稱《增評》本）五種舊刊本爲主要參校本，並廣採宋、元、明、清以來至當代諸家校説，繁難者疏解之、相左者辨别之、異説者並存之、脱誤者補正之、費解者存疑待考，不强爲之説。凡屬筆者管見，則以“天海案”標示。

一　本校釋所採諸家校説，凡王先謙《荀子集解》已收者，擇其要而略引之；凡其所未及者，如非繁瑣長文，則盡量採録。如有節録，必求符合引文原意。但凡諸家校説中自注之文，若非必須，皆不轉引，以避煩複。雖廣採衆説，絶非有文必録。若其説相同者，後説者如無新補，一般不再採用；臆説而無據者，更非所用。

一　本校釋所引諸家校説，略以時代先後具列作者姓名而省去論著篇名。惟《荀子新注》因係集體署名，故引用時省稱“北大組”。若係二人以上合著，則以第一作者標名。其論著篇名及出版刊發日期，可參見本書附録。

一　本校釋原文卷篇次第一仍其舊，校釋之文列於一節或數節原文之後。各篇原文段落之劃分，大體從底本，凡分段有不同之處，皆加以説明。本校釋文字，除現當代諸家校説外，凡底本原文、原注及所採諸家舊刻本，一律從其原貌，對異體字不作統一處理。

一　本書附録首引劉向《孫卿書録》，並輯《荀子》佚文十三條，歷代有關荀子其人其書之著録、評説、重要刊本序跋、考證之文，亦廣採撮録之。最後列有本書主要參考文獻與引用論著二一六種。

# 荀子注序[一]

昔周公稽古三五之道，損益夏、殷之典，制《禮》作《樂》，以仁義理天下，其德化刑政存乎《詩》。至于幽、厲失道，始變《風》變《雅》作矣。平王東遷，諸侯分政[二]，逮五霸之後，則王道不絶如綫。故仲尼定《禮》、《樂》，作《春秋》，然後三代遺風弛而復張，而無時無位，功烈不得被于天下，但門人傳述而已。陵夷至于戰國，於是申、商苛虐，孫、吴變詐，以族論罪，殺人盈城。談説者又以慎、墨、蘇、張爲宗，則孔氏之道幾乎息矣，有志之士所爲痛心疾首也！故孟軻闡其前，荀卿振其後。觀其立言指事，根極理要，敷陳往昔[三]，掎挈當世[四]，撥亂興理，易於反掌，真名世之士，王者之師。又其書亦所以羽翼六經，增光孔氏，非徒諸子之言也。蓋周公制作之，仲尼祖述之，荀、孟贊成之，所以膠固王道，至深至備。雖春秋之四夷交侵，戰國之三綱弛絶，斯道竟不墜矣[五]！

倞以末宦之暇，頗窺篇籍，竊感炎黄之風未洽於聖代，謂荀、孟有功於時政，尤所耽慕。而《孟子》有趙氏《章句》，漢代亦嘗立博士[六]，傳習不絶[七]，故今之君子多好其書。獨《荀子》未有注解，亦復編簡爛脱[八]，傳寫謬誤，雖好事者時亦覽之，至於文義不通，屢掩卷焉。夫理曉則愜心，文舛則忤意[九]，未知者謂異端不覽，覽者以脱誤不終，所以荀氏之書千載而未光焉。輒用申杼鄙思[一〇]，敷尋義理，其所徵據，則博求諸書。但以古今字殊，齊、楚言異，事資參考，不得不廣。或取偏傍相近，聲類相通；或字少增加，文重刊削[一一]；或求之古字，或徵之方言[一二]。加以孤陋寡儔，愚昧多蔽，穿鑿之責，於何可逃？曾未足粗明先賢之旨，適增其蕪穢耳〔一三〕！蓋以自備省覽，非敢傳之將來。

以文字煩多，故分舊十二卷三十二篇爲二十卷〔一四〕，又改《孫卿新書》爲《荀子》〔一五〕。其篇第亦頗有移易，使以類相從云〔一六〕。

時歲在戊戌，大唐睿聖文武皇帝元和十三年十二月也〔一七〕。



## 【校釋】

〔一〕盧文弨曰：《荀子序》元刻作"《荀卿子》"，與諸書所引合。⊙天海案：景宋浙本亦作"《荀子注序》"，而宋巾箱本、《題注》本、元明遞修本、明世本皆作"《荀子序》"，《四庫》本則作"楊倞注《荀子序》"。考高誘注《淮南子》《吕氏春秋》，張湛注《列子》，曹操注《孫子》，其題序之名皆無"注"字。按其例亦當作"《荀子序》"，此"注"字或北宋熙寧監本已增之。

〔二〕天海案："諸侯分政"，巾箱本、《題注》本、遞修本、明世本、《四庫》本並作"諸侯力政"，盧謝本、《增注》本、《集解》本皆從之。考《墨子·節葬》下："聖王既没，天下失義，諸侯力征。"又《明鬼》下："逮至昔三代帝王既没，天下失義，諸侯力正。"畢沅校注："正，同征。"《漢書·五行志》："京房《易傳》曰：'天子弱，諸侯力政。'"顔師古注："政，亦征也。專言以武力相征討。"故知作"諸侯力政"應有據。然"諸侯分政"，即分平王之政，於義亦通。

〔三〕天海案："往昔"，盧謝本、《集解》本並作"往古"，未詳何據。

〔四〕天海案："掎"下，楊倞原注："音几。"明世本同。《增注》本作"掎，音几"。而盧謝本、《集解》本皆無此注。

〔五〕天海案：此序原未分段，此據文意分之。下同。

〔六〕天海案："漢代"，《題注》本、遞修本、明世本並作"漢氏"，盧謝本、《集解》本從之。疑"氏"者或承上文"趙氏"而誤，或形近致誤，不可從。

〔七〕盧文弨曰"傳習不絶"，俗間本作"傳誓不絶"。⊙天海案：明世本亦作"傳誓不絶"。"傳誓"不辭，作"傳習"是。《論語·學而》："曾子曰：'吾日三省吾身，爲人謀而不忠乎？與朋友交而不信乎？傳不習乎？'"《舊唐書·儒學傳》馮伉曰："每鄉給一卷，俾其傳習。"是其證。

〔八〕天海案："編簡爛脱"之"爛"字，巾箱本作"誤"，乃涉下文"傳寫謬誤"而譌。且下文"覽者以脱誤不終"，正包"爛脱"、"謬誤"二語言，故知作"誤"非。

〔九〕天海案："愜心"、"忤意"，巾箱本、《題注》本、遞修本並作"心愜"、"意忤"。景宋浙本、明世本、《增注》本並同此本。

〔一〇〕天海案："申杼"，巾箱本、遞修本、明世本並作"申抒"，盧謝本、《增注》

本、《集解》本從之。“鄙思”，遞修本作“鄙意”。今謂“杼”、“抒”字通。《楚辭·九章·惜誦》：“惜誦以致愍兮，發憤以杼情。”王逸注：“杼，渫也。杼，一作舒。”洪興祖補注：“杼，渫水槽也。音署。杜預云‘申杼舊意’。然《文選》云‘抒情素’，又曰‘抒下情而通諷諭’，其字並從手。”是杼、抒相通之證。

〔一一〕天海案：“文”字上，巾箱本、《題注》本、遞修本並有“或”字。

〔一二〕天海案：“徵之”，巾箱本、《題注》本、遞修本、明世本皆作“徵諸”，盧謝本、《集解》本亦從之。

〔一三〕天海案：“耳”字，巾箱本、《題注》本、遞修本並作“矣”。

〔一四〕盧文弨曰：“三十二篇”四字元刻無。⊙天海案：巾箱本、《題注》本、遞修本亦無此四字。

〔一五〕天海案：“《荀子》”，巾箱本、《題注》本、遞修本、明世本並作“《荀卿子》”，盧謝本、《集解》本從之。然《唐書》《宋史》二《藝文志》皆載楊倞注《荀子》二十卷，與此本合。故知作“《荀子》”是，作“《荀卿子》”非。

〔一六〕天海案：所謂“篇第移易，以類相從”，可參見本書附《荀卿新書》舊目。

〔一七〕久保愛曰：《標注》本“歲在戊戌”四字在“年”字下，“唐”作“曆”，末有“大理評事楊倞謹序”八字。⊙天海案：元和十三年，即公元八一八年。唐憲宗李純公元八〇六年至八二〇年在位，年號元和。

# 目録

## 第一册

## 第二册



天海案：巾箱本、遞修本作"君臣篇"，誤。



盧文弨曰：劉向元目亦作"致仕"。其當篇皆作"致士"，當由古"仕"與"士"本通。⊙天海案：此"士"，舊刻皆作"仕"，二字雖可通，但目録不當與正文異，故據正文徑改。

## 第三册

# 荀子校釋　卷第一

## 勸學篇第一〔一〕

君子曰:學不可以已〔二〕。青,取之於藍而青於藍〔三〕;冰,水爲之而寒於水〔四〕。木直中繩,輮以爲輪,其曲中規〔五〕,雖有槁暴,不復挺者,輮使之然也〔六〕。故木受繩則直,金就礪則利〔七〕,君子博學而日參省乎己,則智明而行無過矣〔八〕。

故不登高山,不知天之高也;不臨深谿,不知地之厚也;不聞先王之遺言〔九〕,不知學問之大也〔一〇〕。干越、夷貉之子,生而同聲,長而異俗,教使之然也〔一一〕。《詩》曰:"嗟爾君子,無恒安息。靖共爾位,好是正直〔一二〕。神之聽之,介爾景福〔一三〕。"神莫大於化道,福莫長於無禍〔一四〕。

**【校釋】**

〔一〕物雙松曰:方荀子時,學廢久矣!世之小有才者,率恃聰慧,低視聖法,議論無統,百家鼎沸。故荀卿作書,首勸學也。⊙冢田虎曰:《大戴禮·勸學篇》自篇首至"爲善而不積乎,豈有不聞哉"與此全同,但文字頗有異同耳。意者后倉若戴德,取之於《荀子》,以編纂焉者與!⊙久保愛曰:以勸學發端者,本於《論語》唱洙、泗,道者之冠也。⊙梁啓超曰:《勸學篇》上半篇采入《大戴禮記》,大旨言性非本善,待學而後善。其要點在力言"假於物"之義,"漸積"之義,以明教育效能。其下半篇則雜論求學及應問方法。⊙吕思勉曰:《勸學》第一、《修身》第二、《不苟》第三,以上三篇,皆儒家通常之論。⊙天海案:《説文》:"勸,勉也。"此篇旨在勉人努力學習。反覆强調學習之重要,並指明學習的内容、方法及與修身養道之關係。《左傳》閔公二年“敬教勸學，授方任能”，孔疏“勸民學問”。

〔二〕冢田虎曰：此稱“君子曰”，以述荀卿之意，猶左氏之品藻也。⊙久保愛曰：已，止也。⊙朝川鼎曰：戴德、蔡邕皆有《勸學篇》，與此大同小異。蓋二氏非取諸此，自古有此文耳。故荀卿亦以“君子曰”起之。⊙熊公哲曰：首引“君子曰”，猶《左氏春秋》設爲君子之言以發論。⊙天海案：君子，此或指孔子。“學不可以已”當本《論語・學而》“子曰：學而時習之”、《述而》“學而不厭”之意。

〔三〕天海案：“青，取之於藍”之“青”，乃染料靛青也；藍，即蓼藍草，製作靛青之原料。《説文》：“藍，染青艸也。”“青於藍”之“青”，指靛青之顔色深於蓼藍。

〔四〕楊倞注：以喻學則才過其本性也。⊙盧文弨曰：元刻作“青出之藍”，無“於”字。⊙冢田虎曰：推此藍、水之喻，則恐性惡之説破也。藍之性青，故出之愈青；水之性寒，故爲冰益寒。然則人之性惡，修之將益惡也。若性惡修以爲善，則藍亦出白，水亦生炭。故藍、水之喻，非所以勸其學也。⊙王念孫曰：《史記》褚少孫續《三王世家》引《傳》曰“青采出於藍而質青於藍者，教使然也”，即是此篇之文。則本作“出於藍”，明矣。⊙王先謙曰：《羣書治要》作“青取之藍”，是唐人所見《荀子》本已有作“取”者。且《大戴禮》即用《荀子》文，亦作“青取之於藍”，不得謂《荀子》本作“出於藍”，而作“取”者爲非也。宋建、監本岐出，亦緣所承各異，故王氏應麟無以定之。⊙劉師培曰：王念孫《雜志》以建本爲是，其説是也。惟“冰，水爲之”亦當作“冰生於水”。劉子《新論・崇學篇》曰“青出於藍而青於藍，染使然也；冰生於水而寒於水，寒使然也”即本此文爲説。“生於水”三字正與“出於藍”對文。馬總《意林》及《藝文類聚》九、《太平御覽》六十八、《事類賦》注八引此文並作“冰生於水”，是其證。其作“冰水爲之”者，涉《大戴禮・勸學篇》“水則爲冰”誤改也。《羣書治要》所引與今本同，是唐代亦有二本，溯其改竄，蓋出唐前。⊙天海案：宋錢佃《荀子考異》曰“青取之於藍”蜀一本無“於”字，一本作“青出於藍”。王應麟《困學紀聞》稱建本作“青出之藍”。巾箱本、《題注》本、遞修本並作“青出之藍”，與建本同。明世本、《四庫》本俱作“青出之於藍”。盧謝本、《增注》本、《集解》本皆從宋浙本、宋台本。

〔五〕高正曰：句中兩“中”字均讀去聲，動詞，義爲符合。⊙天海案：繩，木工之墨綫，取直也。規，木工畫圓之具。《墨子・天志上》：“譬若輪人之有規。”

〔六〕楊倞注：輮，屈；槁，枯；暴，乾；挺，直也。《晏子春秋》作“不復贏矣”。⊙朝川鼎曰：輮，或作煣。《説文》：“煣，屈申木也。”又或作“揉”，《考工記》“揉輻必齊”，鄭氏注“揉，謂以火槁之”。輮、煣、揉，音義皆同，或相通用。注“贏”，《晏子春秋》改正作“嬴”，孫星衍《音義》云：“嬴、挺聲相近。”鼎按：贏，疑當作嬴。《考工記・弓人》：“撟幹欲孰於火，而無嬴。”嬴，音盈，過多也。⊙梁啓超曰：言木性本直，與繩相適應；若用人力屈之爲輪，則亦能曲而與規相適應；雖至枯乾，終不復直。以喻人之才質，非由先天本性而定，乃後起人功而定也。⊙梁啓雄曰：有，借爲又。⊙楊柳橋曰：槁，借爲熇。《説文》："熇，火熱也。"今所謂烤也。《説文》："暴，晞也。"《小爾雅》："暴，曬也。"⊙天海案：盧校云："注'羸'，舊本譌作'羸'，案羸，緩也。今據《晏子·雜上篇》改正，亦作羸。"海案：楊倞注文"羸"字，音雷，本義爲瘦弱，"不復羸矣"用於此文甚爲不辭。而"羸"有伸義，伸即挺也。《吕氏春秋·執一》："故凡能全國完身者，其唯知長短羸絀之化邪。"此羸絀，即伸屈也。故知楊注中"羸"字必當作"羸"，形近而誤，可依盧説正之。

〔七〕高亨曰：礪，乃厲之俗字。《説文》："厲，旱石也。"是厲之名義爲磨刀劍之石。金就厲者，謂刀劍之屬，就砥石而磨之也。此二句相對爲文。繩爲正木所用之物，礪爲砥金所用之物。⊙楊柳橋曰：郭璞《山海經》注："砥礪，磨石也；精曰砥，粗曰礪。"

〔八〕楊倞注：參，三也。曾子曰："日三省吾身。"行，下孟反。⊙朝川鼎曰：參，謂以彼參諸己也，不必讀作"三"字。方苞《删定荀子注》云："以所學於古者，參驗省察於己之所行也。"是也。⊙俞樾曰："省乎"二字，後人所加也。《大戴記·勸學篇》作"君子博學如日參己焉"，"如"、"而"古通用，無"省乎"二字，可據以訂正。⊙王先謙曰：《大戴記》一本作"君子博學如日參己焉"，與俞説同。孔氏廣森云："參己者，學乎兩端，以己參之。"一本作"而日參省乎己焉"，與《荀子》文同。此後人用《荀子》改《大戴記》也。荀書自作"而日參省乎己"。參、三義同。《羣書治要》作"而日三省乎己"，易"參"爲"三"，是本文有"省乎"二字之明證，與楊注義合。俞説非。⊙于鬯曰："參省"二字蓋平列，"參"亦省義。"參"與"三"字通，魏徵《羣書治要》載《孫卿子》作"而日三省乎己"，要彼"三"即當讀爲"參"，不可以此"參"讀爲"三"也。而楊此注竟訓"參"爲"三"，援曾子曰"三省吾身"爲證。《論語·學而》曾子曰"吾日三省吾身"，彼下文列三者之目，此下文無三者之目也。且《大戴·勸學記》作"君子博學如日參己焉"，若"參省"爲"三省"，安得去"省"字而單言"參己"？明"參"即"省"義。詳言之曰"參省乎己"，簡言之曰"參己"，一也。⊙梁啓超曰：省，有察驗之義，謂博學則智識日明，常以所學切己參驗省察，則行無過。⊙梁啓雄曰：《莊子·天下》"以參爲驗"。本書《解蔽》"參稽治亂而通其度"。《韓子·顯學》："無參驗而必之者，愚也。"《難二》"以形名參之"。《揚權》《主道》並云"形名參同"。歸納其義，"參"字實含"徵驗"的意思。《爾雅·釋詁》："省，察也。"乎，借爲"於"。⊙天海案：參省，當訓爲參驗反省之義，于氏及二梁所説是也。然《治要》作"三省"者，疑傳抄之誤也。于説"三"當讀爲"參驗"之"參"似無據。又，正文"智明"之"智"，巾箱本、《題注》本、遞修本、明世本、《四庫》本並作"知"，且注文並有"知讀爲智"四字，盧謝本、《集解》本從之。

〔九〕劉師培曰：《大戴禮》"言"作"道"，《御覽》三十八引《孫卿子》云："不聞先王之道，不知學問之爲大。"與《大戴》同。⊙天海案："遺言"一語，荀書凡二見，一見於此，二見於《堯問》："今之學者，得孫卿之遺言餘教，足以爲天下法式表儀。"顯爲荀子後學之語，故此作"道"於義爲長。

〔一〇〕楊倞注：大，謂有益於人。⊙久保愛曰：大，廣大也。⊙天海案：大，廣大弘深也。

〔一一〕楊倞注：干越，猶言吴越。《吕氏春秋》"荆有次非得寶劍於干越"，高誘曰："吴邑也。"貉，東北夷。同聲，謂啼聲同。貉，莫革反。⊙物雙松曰：《通雅》所引《荀子》作"于越"外，《吕覽》《漢書》皆作"于越"，《春秋》《王會》篇皆作"於越"，而曰方子謙收入《寒韻》作"干"，非。⊙冢田虎：于越，倞注"猶言吴越"，非矣。《經》曰"於越入吴"，《史記》"與閩中于越雜俗"，于、於同發聲耳，注所引之《吕覽》亦同。高誘固謬矣，物茂卿亦嘗辨之。⊙久保愛曰：《春秋》定公五年"於越入吴"，杜預曰："於，發聲也。"本注非。夷，《王制》所謂"東方曰夷"，是也。此言性相近也，其異俗者，在習也。⊙盧文弨曰：于越，宋本作"干越"，今從元刻，與《大戴禮》同。注"於越"，舊作"吴越"，訛。所引《吕氏春秋》，見《知分篇》。⊙劉台拱曰：《淮南·原道訓》"干越生葛絺"，高注："干，吴也。"楊氏此注以干越爲吴越，蓋用高義。觀下文引《吕氏春秋》注可見。宋本"干越猶言吴越"，是也。今盧本"干"作"于"，並注"吴越"改作"於越"，非也。"干"與吴城邗溝通江淮之"邗"同，今《原道訓》作"于越"，亦妄庸人所改。⊙王念孫曰：劉説是也。宋刻吕夏卿本、錢佃本竝作"干越"。干、越、夷、貉四者皆國名，不得改"干越"爲"吴越"。⊙俞樾曰：盧刻誠非，而楊注原文"猶言吴越"，亦恐不然。干與越竝言，則干亦國名。古書言干越者，則當從國名之本訓，不得因其後爲吴邑而即訓爲吴也。⊙王先謙曰：吴、干先爲敵國，後干併於吴，《管子》"吴、干戰"及《左傳》"吴城邗"，即其明證。干爲吴滅，而吴一稱干，猶鄭爲韓滅而韓亦稱鄭。俞氏所駁，亦非也。今依劉、王説改從宋本。⊙劉師培曰：《治要》亦誤"干"爲"于"，吴仁傑《兩漢書刊誤補遺》正引作"干"。⊙于省吾曰：劉端臨、王念孫謂干越即吴越，是也。"干"字亦作"邗"。"邗"字見於法人刻爾氏所藏之邗王壺，其銘曰"禺邗王于黄池，爲趙孟庎，邗王之惖金，台爲祠器"，計十九字。黄，古"黄"字，亦見於弭仲簠。庎，即介字；趙孟即趙鞅；邗王即吴王夫差。《左》哀十三年《傳》："夏，公會單平公、晉定公、吴夫差于黄池。"據此，則邗王即吴王。尤可證成劉、王二氏説。⊙駱瑞鶴曰：鄧戛鳴引張懷民云："教，讀爲學。"無説，張説是。《禮記·學記》引《兑命》曰"學學半"，孔穎達疏："上'學'爲教，音斆；下'學'者，謂習也。"《學記》又云："幼者聽而弗問，學不躐等也。"鄭玄注："學，教也。"《説文》："斆，覺悟也。學，篆文斆省。"然則"學"爲秦篆，古文作"斆"。《説文》另有"教"，别爲一字。據《兑命》，則學、斆二字本相亂，故今本《尚書》改上"學"字爲"斆"，失古字也。本篇主言學，不主於教，又以學字起首，其博用比諭，亦明學習之義，故曰"勸學"。

⊙天海案：干越夷貉，《大戴禮》作"於越戎貉"，《治要》録《孫卿子》作"于越夷貉"。楊倞注引《吕氏春秋》及高注與今本《吕覽》略異，盧氏略辨之而無説。劉台拱、王念孫、俞樾、王先謙、劉師培等皆泥于"干越"，所釋皆迂曲牽强，未必與《荀子》原意相洽。竊以爲"干"乃"于"之字誤。《隋志·儒家·志林新書》附注"《干子》十八卷，于寶撰"，宋洪邁《容齋隨筆》引録《意林》書目又作《于子》，此乃唐宋間人"干""于"相誤之證。《治要》正作"于越"，亦是明證。"于"、"於"二字本同，讀作烏。《説文》："于，於也，象氣之舒于。"段注："蓋于於二字在周時爲古今字。"《廣雅》："於，于也。"是知"于越"即"於越"。《春秋》定公五年"於越入吴"，杜注"於，發聲也。"孔疏："越是南夷，夷言有此發聲。史官或正其名，或從其俗。越與於越，史異辭，無義例。"《春秋》哀公十三年、《公羊傳》定公五年、十四年，《左傳》《穀梁傳》定公十四年，"於越"一詞凡六見。《史記·越王勾踐世家》正義引《輿地志》云："越侯傳國三十餘葉，歷殷至周敬王時，有越侯夫譚，子曰允常，拓土始大，稱王。《春秋》貶爲子，號爲於越。"又《漢書·貨殖傳》："辟猶戎翟之與于越，不相入矣。"顔注："孟康曰：'于越，南方越名也。'于，發語聲也，戎蠻之語則然。于越，猶句吴耳。"祝廉先《文選·六臣注訂譌》云："于越爲百越之一種，在今浙江。"由上可知，于越即古代南方之越族，所建國亦名越國。楊倞注"猶言吴越"，語本含混，而王念孫等又訓爲二國名，更嫌辭費而無當。夷貉，亦部族名。楊注"貉，東北夷"不誤，然疑注文"貉"上當脱"夷"字。古代常蔑稱東北方少數民族爲夷貉，也作"夷貊"。《管子·小稱》："審行之身毋怠，雖夷貉之民，可化而使之愛。"又《史記·日者列傳》："盜賊發不能禁，夷貊不服不能攝。"《禮·王制》："東方曰夷。"《漢書·高帝紀》"北貊"條下，顔注："貊在東北方，三韓之屬皆貊類也。"故知楊注可信，而王念孫又指"夷貊"爲二國名，實不可取。且"生而同聲，長而異俗"，分明是説南方于越與北方夷貉二族之人，雖初生時啼聲相同，但因爲居處懸遠，故長大後語言風俗各異。如坐實爲國名，反使原文之意隱而不顯。故知"于越"即"於越"，文中泛指南方越族，他説者皆誤。又案："教使之然也"之"教"，其義爲效，引申爲仿效、學習。《説文》："教，上所施，下所效也。从攴，从孝。"《説文》："效，象也。"段注："象，當作像。《人部》曰：像，似也。"可知效即摹仿、學習之意。清陳澧《東塾讀書記·論語》云："學之爲言，效也。後覺者必效先覺者之所爲。"桂馥《義證》云："从孝者，本《書》：'孝，效也。'《書·洛誥》'乃汝其悉教工'，《大傳》作'學工'，云：'學，效也。'"由此可證"教使之然"，即"學使之然"。駱瑞鶴認爲"教"字即秦篆之"學"字，雖可備一説，然忽略了"教"字本有"學"字之義，故無須改讀，其義本通。又，"貉"字，巾箱本、《題注》本、明世本、《四庫》本並作"貊"，二字音義同。

〔一二〕安積信曰：靖共爾位，《集傳》："靖，與靜同。介、景，皆大也。"⊙梁啓雄曰：《廣雅·釋詁》："靖，安也。"共，借爲供。靖共爾位，猶言安心供奉你的職位。

⊙熊公哲曰：靖，同静；共，同恭。⊙楊柳橋曰：《韓詩外傳》："靖，善也。"顔師古《漢書》注："共，讀曰供。"共位，猶言供職。⊙天海案：靖，通静。《韓詩外傳》卷四、卷七並引作"静恭爾位"。共，通恭，恭謹忠實。三家詩皆作"恭"。《左傳》襄公七年引此詩，楊伯峻注曰："靖共爾位，即《大雅・韓奕》之'虔共爾位'，謂忠實謹慎於職位。"好，讀去聲，喜好。正直，正身直行。意謂糾正邪曲而使之正直。《書・洪範》："三德：一曰正直；二曰剛克；三曰柔克。"孔疏："一曰正直，言能正人之曲使直。"

〔一三〕楊倞注：《詩・小雅・小明》之篇。靖，謀；介，助；景，大也。無恒安息，戒之不使懷安也。言能謀恭其位，好正直之道，則神聽而助之福。引此詩以喻勤學也。⊙久保愛曰：好是正直，好學嗜道之意。⊙俞樾曰：襄七年《左傳》，穆子引此詩而説之云："正直爲正，正曲爲直。"《荀子》之意，以人性本惡，必以學正之。上所謂"木受繩則直，金就礪則利"也，故引此詩以證之。毛傳："正直爲正，能正人之曲曰直。"即本古意爲説。⊙天海案：神，天神、神靈。《説文》："神，天神引出萬物者也。"聽，察也。《周禮》："鄉師之職，各掌其所治鄉之教，而聽其治。"鄭玄注："聽，謂平察之。"

〔一四〕楊倞注：爲學則自化道，故神莫大焉。脩身則自無禍，故福莫長焉。⊙物雙松曰：兩"神"字似意脉不相接應，其實不然。蓋謂神之聽之，莫大於化道也。化道者，教化之道，謂學也。無禍，當作"無過"，即上文"行無過"。又見《議兵篇》。⊙冢田虎曰：茂卿曰"無禍當作無過"，不是也。《文子》曰"福莫大於無禍，利莫大於不喪"，同文也。⊙久保愛曰：爲學化道，與鬼神合其德，故"神之聽之，介爾景福"，即自求多福者也，不必别有神也。⊙俞樾曰：按上引《詩》云"神之聽之，介爾景福"，此文"神"字、"福"字即本《詩》文也。今本此二句提行屬下節，非是。⊙帆足萬里曰："《詩》曰"以下三十八字，文義不相屬，疑他篇錯簡。⊙高亨曰：神，即《孟子》"大而化之之謂聖，聖而不可知之之謂神"之"神"。⊙北大組曰：神，這裏指最高的精神境界。《詩》中所謂神，指神靈，荀況引《詩》對於神作了新的解釋。⊙熊公哲曰：化道，言心與道同化。蓋道德成熟之候。長，猶優也。⊙楊柳橋曰：神，謂神智。高誘《淮南子》注："化，從也。"《韓非子・解老篇》："道者，萬物之所然也，萬理之所稽也。"⊙駱瑞鶴曰：楊倞似未解"神"字。楊柳橋氏所説，則秦、漢道家之言，與《荀子》言神不類。《荀子》言神，謂臻於仁義誠信之境者，非所謂神智。神，神妙也；化道，謂化於道，言爲道所化也。化道而入於神，是無禍矣。此文"長"與"大"對舉，二字同義。⊙天海案：《荀子》此"神"係引《詩》而借題發揮，意謂神力。化道，教化之道。《説文》："化，教行也。"長，久也。此二句意謂：没有比教化之道的神力更廣大，没有比無災禍的幸福更久長。楊倞注"爲學則自化道"已肇"化道"之疑，故後之解者泥而不化也。此"教化之道"上承"學不可以已"，下貫"教使之然也"，引《詩》以證之，文氣相生，邏輯嚴密，結論自然。又，此二句原提行屬下節，俞氏已指其非，現移上而分節。

吾嘗終日而思矣〔一〕,不如須臾之所學也;吾嘗跂而望矣〔二〕,不如登高之博見也。登高而招,臂非加長也,而見者遠;順風而呼,聲非加疾也,而聞者彰〔三〕。假輿馬者,非利足也,而致千里〔四〕;假舟楫者,非能水也,而絶江河〔五〕。君子生非異也,善假於物也〔六〕。

南方有鳥焉,名曰蒙鳩,以羽爲巢而編之以髮,繫之葦苕,風至苕折,卵破子死。巢非不完也,所繫者然也〔七〕。西方有木焉,名曰射干,莖長四寸,生於高山之上,而臨百仞之淵。木莖非能長也,所立者然也〔八〕。蓬生麻中,不扶而直〔九〕。蘭槐之根是爲芷,其漸之滫,君子不近,庶人不服。其質非不美也,所漸者然也〔一〇〕。故君子居必擇鄉,遊必就士,所以防邪僻而近中正也〔一一〕。

【校釋】

〔一〕冢田虎曰:《孔叢子》"子思謂子上曰:白乎,吾嘗深有思而莫之得也",《説苑》所記與今《荀子》文大同,亦以爲子思之言。然則荀卿取之子思也矣。其本出於"吾嘗終日不食,終夜不寢"之語也。⊙久保愛曰:《大戴禮》"吾嘗"上有"孔子曰"三字。

〔二〕楊倞注:跂,舉足也。⊙梁啓雄曰:跂,借爲企。《説文》:"企,舉踵也。"⊙天海案:《詩·衛風·河廣》:"誰謂宋遠,跂予望之。"高亨注:"跂,通企,踮起脚尖。"踵,脚後跟。舉踵,應是抬起脚後跟。楊注未確。

〔三〕物雙松曰:聞者彰,謂順風而呼,雖聲不加疾,而益彰著明白也。⊙梁啓雄曰:《爾雅·釋言》:"疾,壯也。"言順風而呼的人,他的聲非比尋常增加雄壯。⊙嚴靈峰曰:《國語·周語》"高位寔疾僨",注:"疾,速也。"《易·繫辭》傳:"惟神也,故不疾而速。"此謂"順風而呼",故傳播之速,易於聽聞,乃云"而聞者彰"。當以訓"速",於義爲長。⊙楊柳橋曰:皇侃《論語》疏:"疾,高急也。"⊙天海案:見者遠,猶遠者見。疾,此謂聲音激越宏大。《穀梁傳》桓公十四年:"聽遠音者,聞其疾而不聞其舒。"范寧注:"疾,謂溉揚之聲。"又案:以上之文,《説苑·建本》作"子思曰",文略同。向宗魯《校證》云:"此《子思子》佚文也。又《大戴記》《荀子·勸學篇》亦皆用子思語。《吕氏·順説篇》:'順風而呼,聲不加疾也;際高而望,目不加明也。所因便也。'亦本《子思子》而加簡。"

〔四〕冢田虎曰：《文子》曰"乘輿馬者，不勞而致千里；乘舟楫者，不能游而濟江海。"⊙朝川鼎曰："利足"字又見《非十二子篇》。《吕氏春秋·簡選篇》："多力者五百人，利趾者三千人。"利趾即利足。⊙天海案：利足，猶言快腿，謂善於奔跑也。

〔五〕楊倞注：能，善。絶，過。⊙物雙松曰：善假於物也，自是荀子見處，性惡、善僞，同一發揮。⊙久保愛曰：直渡曰絶。⊙王念孫曰：江河，本作"江海"，"海"與"里"爲韻。下文"不積小流，無以成江海"，亦與"里"爲韻。今本"海"作"河"，則失其韻矣。《文選·海賦》注引此正作"絶江海"，《大戴記·勸學篇》《説苑·説叢篇》竝同。《文子·上仁篇》作"濟江海"，文雖小異，而作"江海"則同。⊙俞樾曰：能，當讀爲"耐"。《漢書·食貨志》"能風與旱"，《鼂錯傳》"其性耐寒"，《趙充國傳》"漢馬不能冬"，師古竝注曰："能，讀曰耐。"此文"能"字正與彼同。⊙劉師培曰：《淮南·主術訓》《説苑·尊賢篇》《鹽鐵論·貧富篇》，均約此文爲説，亦作"海"不作"河"之證也。⊙潘重規曰：能水，猶言善游耳。楊注甚安，未可非也。⊙天海案：江河，《説苑·談叢》作"乘輿馬不勞致千里，乘船楫不游絶江海"。《治要》録《孫卿子》作"江河"，可見唐時《荀子》此文即如此。然則作"海"於義爲長。能水，楊注是，俞説非。絶，横渡。久説非。

〔六〕楊倞注：皆以喻脩身在假於學。生非異，言與衆人同也。⊙久保愛曰：《吕氏春秋》曰："善學者，假人之長，以補其短。"⊙王念孫曰：生，讀爲性，《大戴記》作"性"。⊙嚴靈峰曰：上文"干越夷貉之子，生而同聲，長而異俗，教使之然也"，因"教使之然"，故能"善假於物"，作"生"本自可通，似不必改讀爲"性"。⊙熊公哲曰：物，即謂學也。⊙天海案：生，不必讀爲性，嚴説是也。物，外物。當包舉事物與人而言，非僅指輿馬、舟楫之類也。

〔七〕楊倞注：蒙鳩，鷦鷯也。苕，葦之秀也。今巧婦鳥之巢至精密，多繫於葦竹之上是也。蒙，當爲"蔑"，《方言》云："鷦鷯，自關而西謂之桑飛，或謂之蔑雀。"或曰：一名蒙鳩，亦以其愚也。言人不知學問，其所置身，亦猶繫葦之危也。《説苑》："客謂孟嘗君曰：鷦鷯巢於葦苕，箸之以髮，可謂完堅矣！大風至則苕折卵破者，何也？所託者然也。"⊙物雙松曰：葦苕，蓋葦之末梢翹然者。苕與翹，古昔方言或通用，故知葦苕亦爾。⊙朝川鼎曰：《爾雅·釋鳥》："鷦鷯剖葦。"郭注："好剖葦皮，食其中蟲，因名云。江東呼爲蘆虎，似雀，青斑，長尾。"⊙盧文弨曰：所引《説苑》，見《善説篇》。⊙于鬯曰：此"者"字止是語辭。下文云"所立者然也"，"所漸者然也"，"者"字並止語辭。⊙劉師培曰：《御覽》一千引"繫"作"憑"，《文選》陳孔璋《檄吴將校部曲》注引作"巢非不牢，所繫之弱也"。⊙天海案：《韓詩外傳》卷八："有鳥於此，架巢於葭葦之顛，天喟然而風，則葭折而巢壞。何？其所託者弱也。"葦苕，蘆葦梢。完，堅也。

〔八〕楊倞注：《本草》藥名有射干，一名烏扇。陶弘景云："花白莖長，如射人之執竿。”又引阮公詩云“射干臨層城”，是生於高處也。據《本草》，在《草部中》，又生南陽川谷，此云“西方有木”，未詳。或曰：長四寸即是草，云木誤也。蓋生南陽，亦生西方也。射，音夜。⊙物雙松曰：莖長四寸，此非木明矣。謂草爲木，古人不拘，往往如此。⊙久保愛曰：木，當作草。案篆文“木”作“𣎳”，草作“屮”，其形相似，故誤耳。⊙盧文弨曰：注“烏扇”，宋本與《本草》同，元刻作“烏翣”。《廣雅》：“烏蓮，射干也。”蓮、翣同，所夾反，是二字皆可通。⊙帆足萬里曰：射干，和名檜扇。檜扇一種，和名射牙，白花，有紫斑點。蓋射牙，射干之訛音也。⊙劉師培曰：王觀國《學林》四引同。《御覽》九百六十引，“上”作“崖”。⊙楊柳橋曰：木稱幹，草稱莖；木，當係由傳寫者誤屮爲𣎳。屮，古借爲“草”字。⊙駱瑞鶴曰：屮、𣎳二形之異，一望而知，故典籍中不相誤。射干莖長四寸，實爲草，今説爲木者，原係上古之人於草木二者可以混通言之。草與木渾言則同，析言則分。《王制篇》：“草木有生而無知”，是析言之；此文則渾言之，故射干得稱木。正如禽可謂之獸，獸得謂之禽，其指不殊。王觀國《學林》卷四云：“射干雖草類，而通以木名之，不害於義。夫以荀卿之博學，豈不能區别草木邪？而云誤者，非也。”⊙天海案：西方、南方，皆泛指也，未可指實爲何地。木，猶草也。物氏已先言之。朱駿聲《説文通訓定聲・需部》：“五行不言艸，艸亦木也。”是其證。

〔九〕王念孫曰：此下有“白沙在涅，與之俱黑”二句，而今本脱之。《大戴記》亦脱此二句，今本《荀子》無此二句，疑後人依《大戴》删之也。⊙劉師培曰：《大戴・勸學篇》《説苑・談叢篇》《論衡・率性篇》《御覽》四百八引譙周《法訓》並有此文。惟《論衡》此下有“白紗在緇，不練自黑”二語，《説苑》作“白沙入泥，與之皆黑”。《雜志》謂此下當有“白沙”二句，是也。⊙天海案：向宗魯《説苑校證》云《論衡・程材篇》有“白紗入緇，不染自黑”二句在此二句下，又云《孟子》趙注引諺曰有“白沙在涅，不染自黑”二句在此二句之上。今案：上文言“南方有鳥”，結以“所繫者然也”；“西方有木”，結以“所立者然也”。下文言“蘭槐之根”，結以“所漸者然也”。依此文例，此二句下脱文不止“白沙”二句，然無可考也。

〔一〇〕楊倞注：蘭槐，香草，其根是爲芷也。《本草》“白芷一名白茝”，陶弘景云“即《離騷》所謂蘭茝也”。蓋苗名蘭茝，根名芷也。蘭槐當是蘭茝别名，故雲“蘭槐之根是爲芷”也。漸，漬也，染也。滫，溺也。言雖香草，浸漬於溺中，則可惡也。漸，子廉反；滫，思酒反。⊙盧文弨曰：蘭槐之根，《大戴禮》作“蘭氏之根，懷氏之苞”。《晏子》作“今夫蘭本，三年而成”。《説苑・雜言篇》同。又案，滫，久泔也，《説文》《廣韻》訓皆同。楊氏乃訓滫爲溺，未見所出。又曰，高誘注《淮南・人間訓》云：“滫，臭汁也。”意亦相近。⊙久保愛曰：蘭槐必二物。《大戴禮》作“蘭氏之根，懷氏之苞”可以見。古屋鬲曰：“槐，通作櫰，蓋櫰香也。《本草》曰：根如枸杞根而大，煨之甚香。”或曰：芷，蓋香草根通名。⊙郝懿行曰：《大略篇》云：“蘭茝槀本，漸於蜜醴，一佩易之。”與此義近。《晏子春秋·雜上篇》云：“蘭本三年而成，湛之苦酒，則君子不近，庶人不佩；湛之麋醢，而賈匹馬矣。”麋，《說苑·雜言篇》作“鹿”。滫，久泔也。芷，即茝也。⊙劉師培曰：《史記》補《三王世家》引傳作“漸之滫中”，《集解》引徐廣說：“云滫者，淅米汁也。”《索隱》云：“滫，如《禮》‘滫、溲’之滫，謂洗也。”蓋本書古說。⊙梁啓雄曰：《吕覽·孟春紀》注：“服，佩也。”⊙楊柳橋曰：韋昭《國語》注：“服，執也。”⊙駱瑞鶴曰：此文疑有脱誤。《大戴禮記》作“蘭氏之根，懷氏之苞”，依《大戴》，則槐與懷通。疑二者本地名，二地善生蘭與槐，即以蘭、槐名其地，又因以爲姓氏耳。⊙天海案：蘭槐之根是爲芷，釋義歧出，諸家解說皆未得也。楊倞注“蘭槐當是蘭茝别名”，似無據可考。今謂“蘭槐”乃“蘭茝”之音訛也。槐，上古音屬匣聲微部，《廣韻》户乖切，平聲皆韻，又户恢切，平聲灰韻。茝，上古音屬昌聲之部，《廣韻》諸市切，上聲止韻，又昌紿切，上聲海韻。上古之微韻近，中古皆海韻同，故茝得音誤爲槐。《說文》段注：“茝，《本草經》謂之白芷。茝、芷同字。㑒聲、止聲，同在一部也。”《楚辭·九歌·湘夫人》“沅有茝兮醴有蘭”，蘭與茝皆爲香草，故常並稱之。《荀子·大略篇》“蘭茝槀本，漸於蜜醴”，此亦證“蘭槐”當爲“蘭茝”之誤。荀書中另有“芝蘭”一見，“椒蘭”二見，“芷蘭”一見，皆以香木香草並稱之，而槐非其類。且蘭根、茝根俱香草之根，而芷單名與茝無異，在此則爲香草根之共名，故云：“蘭茝之根是爲芷。”是，通寔，實也。楊倞無注，諸家亦無說，疏之也。久保愛引古屋鬲說槐通懷，爲懷香，並引《本草》證之。然懷香一詞不見於先秦載籍，故明人《本草》之說難以爲據。且《本草》稱其“大者近丈許，小者多被樵采”，顯非香草香木之類，豈可與蘭並稱？又何談“其根是爲芷”也！駱氏疑蘭槐爲二地名，其說迂遠而隔矣。“其漸之滫”之“其”，猶“若”也，假設之詞，說見王引之《釋詞》卷五。滫，楊注訓爲“溺”，當本於《禮·内則》鄭注：“秦人溲曰滫，齊人滑曰瀡也。”又注：“滫，思酒反，溲也。”《國語·晉語》四“少溲於豕牢”，韋注：“少，小也……溲，便也。”盧氏不察，輕言“未見所出”。然楊倞將鄭注中“溲”目爲溺，並以此訓滫，實乃大謬也。孔穎達於鄭注後疏曰：“以滑之者，謂用堇，用苣及枌榆，及新生乾薧相和滫瀡之，令柔滑之……此等總謂調合飲食也。”可知鄭注“秦人溲曰滫”之溲，絶非便溺之溲，豈有用小便調合食物之理！溲之本義爲浸，爲泡。《說文》：“溲，浸沃也。从水，叜聲。”《儀禮·士虞禮》“明齊溲酒”，賈疏：“以新水漬麴，乃溲釀此酒。”溲，又有以液體調合粉狀食物之義。《禮·内則》“糔溲之以爲酏”，鄭注：“糔溲，亦博異語也，糔，讀與滫瀡之滫同。”考《大略篇》“蘭茝槀本，漸於蜜醴”，《晏子春秋·雜上》“蘭本三年而成，湛之苦酒……湛之麋醢”，《說苑·雜言》與此略同（麋醢，作鹿醢）。蜜醴、苦酒、麋醢皆飲食之類，若“滫”如楊注訓爲“溺”，豈非風馬牛不相及也！或因其“君子不近，庶人不服”而惡之甚也？《說文》：“滫，久泔也。”《玉篇》：“滫，米泔也。”《史記·三王世家》“漸之滫中”，徐廣曰：“滫者，淅米汁也。”《淮南·人間訓》“及漸之於潃”，高注：“潃，臭汁也。”可知“潃”的本義即存久而發臭之濾米水，或俗稱之爲潲水。以濾米水浸漬食物，古已有之。《荀書·大略篇》：“曾子食魚有餘，曰‘泔之’。門人曰‘泔之傷人，不若奥之。’”盧文弨曰：“曾子以魚多，欲藏之耳。泔，米汁也。泔之，謂以米汁浸漬之。”庶人不服，楊倞無注。梁氏訓“服”爲“佩”，楊柳橋訓“服”爲“執”，皆非也。此俱因古人喜佩飾香草而誤也。蘭茝類香草，其莖葉確爲古人所把玩、佩飾，《楚辭》中常見之。然此文所稱乃“蘭茝之根”並非莖葉，更何況以臭米汁浸漬之，此何能佩之、執之？且蘭根芷根俱爲芳香開竅之藥，浸漬之汁可供人飲用以驅病。故此“服”字只能訓爲服用、飲用之義。然因其浸漬之液爲臭泔水，故“君子不近，庶人不服”也。

〔一一〕久保愛曰：擇鄉，擇鄰之類也。就士，友其士之仁者也。⊙熊公哲曰：此“遊必就士”，自係士君子之士。⊙李中生曰：士，指賢士。⊙天海案：《大戴》“君子”下有“靖居恭學，修身致志”八字。《治要》録《孫卿子》同此文。《意林》録《荀卿子》此文略異。《説苑·雜言》之文略繁於此。要皆本於《論語·里仁》：“子曰：里仁爲美，擇不處仁，焉得知？”遊，交遊也。就，亦擇也。士，仁人賢士。邪僻，乖戾不正，品行不端。中正，正直公正。又，此下原未分段，現依文意分之。

物類之起，必有所始；榮辱之來，必象其德〔一〕。肉腐生蟲，魚枯生蠹；怠慢忘身，禍災乃作〔二〕。强自取柱，柔自取束〔三〕；邪穢在身，怨之所構〔四〕。施薪若一，火就燥也〔五〕；平地若一，水就濕也。草木疇生，禽獸羣焉，物各從其類也〔六〕。是故質的張而弓矢至焉，林木茂而斧斤至焉〔七〕，樹成蔭而衆鳥息焉，醯酸而蜹聚焉〔八〕。故言有召禍也，行有招辱也，君子慎其所立乎〔九〕！

## 【校釋】

〔一〕梁啓雄曰：象，借爲像。《易·繫辭》：“象也者，像此者也。”⊙章詩同曰：必和他的德行好壞相適應。⊙熊公哲曰：始，原始緣由。象，猶如也，相稱也。⊙楊柳橋曰：高誘《淮南子》注：“象，猶隨也。”⊙天海案：始，本也，依據也。本書《王制篇》：“天地者，生之始也；禮義者，治之始也；君子者，禮義之始也。”楊倞注：“始，猶本也。言禮義本於君子也。”象，象徵。德，品行，操守。《大戴》“起”作“從”，“始”作“由”。

〔二〕熊公哲曰：忘身，謂不顧後患，若自忘其身。⊙天海案：此四句《意林》録作：“肉腐出蟲，木枯生蠹，驕慢在身，災禍作矣。”巾箱本、《題注》本、遞修本並作“出蟲”，明世本、《四庫》本、《增注》本、盧謝本、《集解》本俱從之。蠹，蛀蟲。《説文》：

“木中蟲，从蚰，橐聲。”故《意林》作“木枯生蠹”，於義爲長。

〔三〕楊倞注：凡物强，則以爲柱而任勞，柔則見束而約急，皆其自取也。⊙物雙松曰：言彊木可以爲柱，弱物可以束物，皆其自取也。⊙久保愛曰：柞，當作“折”。《大戴禮》作“折”。又案，《六韜》云“大强必折”，《列子》引《老子》云“木强則折”，《淮南子》云“大剛則折，大柔則卷”。⊙王引之曰：柱，當讀爲“祝”。哀十四年《公羊傳》“天祝予”，十三年《穀梁傳》“祝髮文身”，何、范注竝曰：“祝，斷也。”此言物强則自取斷折，謂太剛則折也。《大戴記》作“强自取折”，是其明證矣。⊙于鬯曰：柱，蓋讀爲“仆”。或荀子本借“朴”爲之，故誤“朴”爲“柱”。要論音，柱、朴、仆無不可通也。《説文·人部》云：“仆，頓也。”强自取仆，謂强自取其頓踣也。《大戴·勸學記》作“强自取折”，頓踣即折義，是其證。⊙劉師培曰：柱，通作“拄”。《漢書·西域傳》“以道爲拄置”，注云：“支拄也。”强自取柱者，言强則直立不撓，可與外物相支距也。柔自取束，凡物之束者，必曲，故與“柱”義爲相反。上言“榮辱之來，必象其德”，蓋强則致榮，柔則取辱。此文之强弱，正與榮辱相應也。若《大戴禮》作“折”，亦“拄”字之譌文。⊙鍾泰曰：柱，即拄也。强則可取以拄物，如竹木是也；柔則可取以束物，如皮韋是也。而自竹木與皮韋言之，則皆所自取也。楊注不誤，特言之未分明耳。王訓“柱”與“祝”通，謂之斷，斷與束義豈相稱乎？⊙天海案：柱，疑“拄”之形誤也。“拄”、“束”相對爲文，劉、鍾二説近是。

〔四〕楊倞注：搆，結也。言亦所自取。⊙天海案：正文“構”，巾箱本、遞修本、明世本、《四庫》本竝作“搆”，搆、構二字可通。又，此下原分段，現據文意當與下相屬。

〔五〕楊倞注：布薪於地，均若一，火就燥而焚之矣。⊙物雙松曰：施，置也。⊙冢田虎曰：《尸子》曰：“平地而注水，水流濕；均薪而施火，火從燥。召之類也。”尸佼，魯人，商鞅師之，荀卿取此語也。《易》曰：“水流濕，火就燥。”此其所本矣。⊙天海案：《大戴記》“施”作“布”。就，趨向，擇取。《易·乾卦》：“同聲相應，同氣相求；水流濕，火就燥。”亦此文所本。

〔六〕楊倞注：疇，與儔同，類也。⊙久保愛曰：疇，如《國語》“人與人相疇，家與家相疇”之“疇”。《大戴禮》“羣焉”作“羣居”，似是。⊙朝川鼎曰：疇，讀爲擣。《史·龜策傳》：“上有擣蓍，下有神龜。”《索隱》曰：“擣，音逐留反。擣蓍即藂蓍。擣，古稠字。”鼎案：《管子·地員篇》“五臭疇生”，亦同。⊙劉台拱曰：羣焉，當從《大戴禮》作“羣居”。⊙王念孫曰：“羣居”與“疇生”對文，今本“居”作“焉”者，涉下文四“焉”字而誤。⊙天海案：疇生，依類而生。羣焉，分羣而居。

〔七〕楊倞注：所謂召禍也。質，射侯。的，正鵠也。⊙物雙松曰：《正字通》引此注而按曰：“《周禮·弓矢職》‘椹質’注：質，正也。樹椹以爲射正。”由此觀之，質亦正也。注非矣。⊙冢田虎曰：《文子》曰：“質的張而矢射集，林木茂而斧斤入，非或召之也，形勢之所致也。”《文子》之書，固似擬作焉。《淮南子》有此語，不知取於《文子》乎，將取於《荀子》乎？⊙梁啓雄曰：《淮南·原道》"弓矢質的"，注："質的，射者之準埶也。"即射布上的"鵠的"，或箭靶。⊙天海案：質的，《大戴記》作"正鵠"。

〔八〕楊倞注：喻有德則慕之者衆。⊙冢田虎曰：上句喻榮之來，下句喻辱之來。倞注是上句之注耳。⊙天海案：醯，醯之俗字，即醋也。蜹，又作"蚋"，蚊類害蟲，形似蠅而小，吸人畜之血。

〔九〕楊倞注：禍福如此，不可不慎所立。所立，即謂學也。⊙盧文弨曰：慎其，元刻作"其慎"。《大戴》作"慎其所立焉"。⊙久保愛曰：《易》曰："言行，君子之樞機。樞機之發，榮辱之主也，君子慎之。"所立，謂禮也。⊙北大組曰：立，立脚點。這裏指學什麽，以什麽爲指導。⊙天海案：慎其，巾箱本、《題注》本、遞修本並作"其慎"。《文子·微明篇》："行有招寇，言有致禍。"與此文意同。所立，謂立身處世也。《説苑·敬慎篇》"修身正行，不可以不慎"或本此文。

積土成山，風雨興焉；積水成淵，蛟龍生焉〔一〕；積善成德，而神明自得，聖心備焉〔二〕。故不積蹞步，無以至千里〔三〕；不積小流，無以成江海〔四〕。騏驥一躍，不能十步；駑馬十駕，功在不舍〔五〕。鍥而舍之，朽木不折；鍥而不舍，金石可鏤〔六〕。蚯螾無爪牙之利，筋骨之强，上食埃土，下飲黄泉，用心一也〔七〕。蟹六跪而二螯，非蛇蟺之穴無可寄託者，用心躁也〔八〕。是故無冥冥之志者，無昭昭之明；無惛惛之事者，無赫赫之功〔九〕。行衢道者不至，事兩君者不容〔一〇〕。目不能兩視而明，耳不能兩聽而聰〔一一〕。螣蛇無足而飛〔一二〕，梧鼠五技而窮〔一三〕。《詩》曰："尸鳩在桑，其子七兮。淑人君子，其儀一兮。其儀一兮，心如結兮。"故君子結於一也〔一四〕。

## 【校釋】

〔一〕劉師培曰：《文選·勵志詩》注、《御覽》九百二十九、九百三十並引"淵"作"川"，《説苑·建本篇》亦作"川"。⊙天海案：《説苑·建本》作："水積成川，則蛟龍生焉；土積成山，則豫樟生焉；學積成聖，則富貴尊顯至焉。"《藝文類聚》引此，"淵"作"川"。《治要》録此，四句文同。

〔二〕楊倞注：神明自得，謂自通於神明。⊙錢佃曰：聖心備焉，諸本皆作"循焉"。⊙物雙松曰："積善"二句即上文所謂"神莫大於化道"意。《管子》亦曰"思之不得，鬼神教之"，此意。⊙朝川鼎曰：《性惡篇》："積善而不息，則通於神明，參於天地矣。”亦此意。“聖心”字，又見《史記·律書》，猶言聖智也。⊙王念孫曰：吕、錢本作“備”。此言積善成德而通於神明，則聖心於是乎備也。“成德”與“聖心備”上下正相應。元刻“備”作“循”，則與上下文不應矣。⊙王先謙曰：《榮辱篇》云：“堯、禹者，非生而具者也。起於變故，成乎修爲，待盡而後備者也。”與此言積善成德，聖心乃備義合。⊙天海案：《治要》録此，無“神明自得”一句。《困學紀聞》亦稱監本作“聖心備焉”，然巾箱本、《題注》本、遞修本、明世本、《四庫》本並作“循焉”。王念孫《雜志》辯之甚詳，可參閲。

〔三〕楊倞注：半步曰蹞。蹞與跬同。⊙天海案：蹞，《治要》《初學記》引此並作“跬”，二字音義同。

〔四〕盧文弨曰：江海，宋本與《大戴》同。元刻作“江河”。⊙久保愛曰：宋本、韓本“江河”作“江海”，《大戴禮》《羣書治要》作“河海”。⊙劉師培曰：元本非也。《初學記》六、《事類賦》注六引此文並作“江海”。《文選·海賦》注、《白帖》六並引作“河海”。“海”與“里”叶韻，若作“江河”，失其韻矣。

〔五〕楊倞注：言駑馬十度引車，則亦及騏驥之一躍。據下文云“駑馬十駕，則亦及之”，此亦當同，疑脱一句。⊙物雙松曰：不舍，即“不舍晝夜”之不舍。⊙盧文弨曰：“不能十步”，十，當作“千”。《玉篇》引《大戴禮》“騏驥一躒，不能千步”。今《大戴禮》“步”作“里”，此“千”作“十”，皆是訛字。里、海爲韻，步、舍爲韻，古音如是。⊙劉台拱曰：不能十步，義最長。《大戴禮》作“千里”，於義疏矣。若《玉篇》作“千步”，直是訛字，盧反引以爲據，非也。十駕，十日之程也。旦且受駕，至暮脱之，故以一日所行爲一駕。若十度引車，則非駕義也。⊙王念孫曰：《吕氏春秋·貴卒篇》曰：“所爲貴驥者，爲其一日千里也；旬日取之，則與駑駘同。”《淮南·齊俗篇》曰：“夫騏驥千里，一日而通；駑馬十舍，旬亦至之。”此皆駑馬十日行千里之證。⊙天海案：楊注疑“駑馬十駕”下脱“則亦及之”一句，非也。其“功在不舍”正承“十駕”之義，不得以下文律此。又楊注原在“十駕”句下，似將“功在不舍”屬下，亦非。

〔六〕楊倞注：言立功在於不舍，舍與捨同。鍥，刻也，苦結反。《春秋傳》曰：“陽虎借邑人之車，鍥其軸。”⊙天海案：《晉書·虞溥傳》：“剨而舍之，朽木不知；剨而不舍，金石可虧。”亦本此文。

〔七〕楊倞注：螾，與蚓同。⊙盧文弨曰：正文“螾”字上，宋本有“蚯”字，無注末“蚯蚓也”三字，今從元刻。⊙帆足萬里曰：埃，塵埃之埃。埃土，猶糞土也。⊙駱瑞鶴曰：埃土，《大戴禮記》作“晞土”。《説文·日部》：“晞，乾也。”《孟子·滕文公下》《淮南子·説山》亦有類似之文，當是古人常語。⊙天海案：蚯螾，宋浙本同。其餘諸本多無“蚯”字，且引楊注多出“蚯蚓也”三字。《文子·上德》《説苑·雜言》亦有類似之文，小異。

〔八〕楊倞注：跪，足也。《韓子》以刖足爲刖跪。螯，蟹首上如鉞者。許叔重《説文》云“蟹六足二螯”也。⊙盧文弨曰：案《説文》“蟹有二敖八足”，《大戴禮》亦同。此文及注“六”字，疑皆“八”字之譌。⊙久保愛曰：《大戴禮》“蟺”作“蛆”。今案，蟺與鱣、鮔、鱓通，魚似蛇者也。⊙王先謙曰：蟺同鱓。⊙安積信曰：《爾雅翼》：“八足折而容俯，故謂之跪；兩敖倨而容仰，故謂之敖。”⊙劉師培曰：《御覽》九百四十四引《大戴禮》云“蟹二螯八足”，注云：“《孫卿子》同。”似本書舊文“六”字亦或作“八”。《晉書·蔡謨傳》《世説新語·紕漏篇》載謨語曰“蟹有八足加以二螯”。又引謝尚語云“幾爲《勸學》死”，所云《勸學》，亦指本篇。惟“六”字弗知何時所誤。⊙梁啓雄曰：蟺，借爲鱔。⊙楊柳橋曰：蛇，“鮀”之誤字或借字。《説文》：“鮀，鮎也。”蟺、鱓，今作鱔。鮀、鱔均在泥土中作穴以居。⊙高正曰：跪，當指雙脛。後來脛亦稱腿，故“跪”應指雙腿。楊注以足訓跪，未允當。“六跪”之六，似當爲“四”字之誤。六跪當作四跪，乃指四對蟹腿。故《説文》言“八足”可，若稱八跪，則大謬矣。⊙龍宇純曰：今以爲“六”原當作“四”。《説文》壁中古文“四”作“”，與“六”字篆書“”近似。壁中書爲六國文字，時地皆與《荀子》契合。云四跪者，跪是足半數之稱，兩足刖其一者謂之刖跪，故蟹八足謂之四跪矣。此文原作“四跪”，四跪義同八足，信其言之不誣也。楊引《説文》，蓋存蟹足數之異，原當同今本作“八足”，今作“六足”，則淺人據正文改之。⊙天海案：高、龍二説可從，六跪或爲四跪之誤。正文“可”字，《題注》本、遞修本、明世本、《四庫》本並作“所”。可，猶“所”也。説見王引之《釋詞》卷五。

〔九〕楊倞注：冥冥、惛惛，皆專默精誠之謂也。⊙物雙松曰：明，即名。惛惛，《莊子》：“惛然若存、若亡。”《正字通》謂恨、惛，昏、殙，音義通。則亦“冥冥”同意。⊙冢田虎曰：或云“明”當作“名”，是也。《文子》曰：“有隱行者，必有昭名。”⊙朝川鼎曰：惛惛，即昏昏。⊙王先謙曰：《大戴記》“冥冥”作“憤憤”，“惛惛”作“緜緜”。⊙梁啓雄曰：《廣雅·釋訓》：“冥冥，暗也。”《老子》注：“昭昭，明且達也。”《管子·四時》：“惛惛，微闇貌。”《廣雅·釋訓》：“赫赫，明也。”⊙天海案：寞寞，同冥冥。《説文》：“冥，幽也。”冥冥，猶幽幽，深遠之貌也。《詩·小雅·斯干》：“秩秩斯干，幽幽南山。”此“冥冥”借以形容潛深專一之貌。“昭昭之明”之明，乃“名”之音誤也。物説是。“昭昭之名”正與“赫赫之功”相對爲文。惛惛，亦作“惽惽”。《説文》：“惽，不憭也。”《廣雅》：“惽，癡也。”“惛惛之事”乃形容沉迷癡心於事業之中也。

〔一〇〕楊倞注：《爾雅》云：“四達謂之衢。”孫炎云：“衢，交道四出也。”或曰：衢道，兩道也。不至，不能有所至。下篇有“楊朱哭衢涂”。今秦俗猶以兩爲衢，古之遺言歟？⊙郝懿行曰：“楊朱哭衢涂”，見《王霸篇》，楊注大意與此注同，俱兼二義訓釋。實則楊朱見歧路而悲，即《莊子》云“大道以多歧亡羊”之意，不必泥《爾雅》“四達謂之衢”也。⊙王念孫曰：《爾雅》“四達謂之衢”，又云：“二道謂之歧旁。”歧、衢，一聲之轉，則二達亦可謂之衢。故《大戴記》作“行歧途者不至”。

〔一一〕盧文弨曰：兩"不"字下，宋本俱有"能"字，與《大戴》同，元刻無。⊙王念孫曰：吕、錢本俱有"能"字，元刻無兩"能"字者，以上下句皆六字，此二句獨七字，故删兩"能"字，以歸畫一。不知古人之文不若是之拘也，若無兩"能"字，則文不足意矣。⊙天海案：巾箱本、《題注》本、遞修本、明世本、《四庫》本皆無兩"能"字。

〔一二〕楊倞注：《爾雅》云："螣，螣蛇。"郭璞云："龍類，能興雲霧而遊其中也。"⊙安積信曰：螣與騰同，音義相通。《文子》曰："騰蛇無足而騰也。"⊙天海案：螣蛇，一名顥蛇，傳説中能騰飛之蛇。《釋文》云："螣，字又作騰。《字林》云，神蛇也。"

〔一三〕楊倞注：梧鼠，當爲"鼫鼠"。蓋本誤爲"鼯"字，傳寫又誤爲"梧"耳。技，才能也。言技能雖多，而不能如螣蛇專一，故窮。五技，謂能飛不能上屋，能緣不能窮木，能游不能度谷，能穴不能掩身，能走不能先人。⊙盧文弨曰：《本草》云："螻蛄一名鼫鼠。"《易·釋文》及《正義》皆引之，崔豹《古今注》亦同。蛄與梧音近，楊説似未參此。⊙王念孫曰：《大戴記》正作"鼫鼠五技而窮"，鼫與梧音不相近，則"梧"爲誤字明矣。當以楊説爲是。⊙帆足萬里曰：鼯鼠，累鼠也。⊙朝川鼎曰：《大戴禮》作"鼫鼠"，可從。《周易·晉卦·正義》亦引蔡邕《勸學篇》云："鼫鼠五能，不成一伎。"⊙劉師培曰：案《顔氏家訓·省事篇》云："鼯鼠五能，不成伎術。"是所據之本正作"鼯"。⊙天海案：《説文》："鼫，五技鼠也。"楊注之五技，亦本之《説文》。《顔氏家訓》之文或本此文，或本蔡邕之文，已誤鼫爲鼯，劉氏不察，引以爲據，未當也。楊注不誤。

〔一四〕楊倞注：《詩·曹風·尸鳩之篇》。毛云："尸鳩，鴶鞠也。尸鳩之養七子，旦從上而下，暮從下而上，平均若一。善人君子其執義亦當如尸鳩之一。執義一則用心堅固。"故曰"心如結"也。⊙久保愛曰：儀，威儀也。⊙盧文弨曰：注"鴶鞠"，元刻作"秸鞠"，毛傳作"秸鞠"。⊙熊公哲曰：儀，準程也。⊙天海案：儀，舉止儀表。此引申爲行爲。結，堅定，專注、凝結也。又，此下原文未分段，現據文意分之。

昔者瓠巴鼓瑟而流魚出聽〔一〕，伯牙鼓琴而六馬仰秣〔二〕。故聲無小而不聞，行無隱而不形〔三〕。玉在山而草木潤，淵生珠而崖不枯〔四〕。爲善不積邪，安有不聞者乎〔五〕！

學惡乎始，惡乎終〔六〕？曰：其數則始乎誦經，終乎讀禮〔七〕。其義則始乎爲士，終乎爲聖人〔八〕。真積力久則入〔九〕，學至乎没而後止也〔一〇〕。故學，數有終，若其義則不可須臾舍也。爲之，人也；舍之，禽獸也。故《書》者，政事之紀也〔一一〕；《詩》者，中聲之所止也〔一二〕；《禮》者，法之大分，羣類之綱紀也〔一三〕。故學至乎《禮》而止矣。夫是之謂道德之極。《禮》之敬文也〔一四〕,《樂》之中和也〔一五〕,《詩》《書》之博也〔一六〕,《春秋》之微也〔一七〕,在天地之閒者畢矣〔一八〕!

【校釋】

〔一〕楊倞注:瓠巴,古之善鼓瑟者,不知何代人。流魚,中流之魚也。《列子》云:"瓠巴鼓琴,鳥舞魚躍。"⊙盧文弨曰:流魚,《大戴禮》作"沈魚",《論衡》作"鱏魚",亦與"沈魚"音近,恐"流"字誤。《韓詩外傳》作"潛魚"。或説流魚即游魚,古流、游通用。⊙久保愛曰:《淮南子》"流魚"作"游魚"。今案,流、游互通。《左氏傳》"游纓",《漢書·韋玄成傳》"德盛而游廣",皆與"流"通。⊙王先謙曰:流魚,《大戴禮》作"沈魚",是也。魚沈伏,因鼓瑟而出,故云"沈魚出聽"。《外傳》作"潛魚",潛亦沈也。作"流"者,借字耳。《書》"沈湎",《非十二子》《大略篇》作"流湎",《君子篇》"士大夫無流淫之行",《羣書治要》引作"沈淫",此沈、流通借之證。盧引或説"流魚即游魚",既是游魚,何云"出聽"?望文生義,斯爲謬矣!⊙安積信曰:《淮南子》作"潛魚",《文選》李善引《孫卿子》亦同。⊙劉師培曰:《文選·七命》注引《孫卿子》作"鱏魚出聽",與《論衡》合。⊙屈守元曰:《慎子·外篇》亦作"潛"。竊疑潛、沈、淫諸字皆音之轉。至於作"流",當是字誤。《荀子·非十二子篇》《大略篇》《君子篇》之"流"字,亦即"沈"之字誤。"游"則作"流",而又誤者也。潛、沈、淫三字音假,其義當如王先謙所説。而王氏未指出流、游爲字誤耳。⊙駱瑞鶴曰:古流、游通用。游魚,謂游於水中之魚,義與"出聽"不悖。蓋後人以文有"出"字,故改爲沈、潛字,王氏據以爲説,斯亦謬矣。⊙天海案:瓠巴,人名。傳説春秋時楚國著名琴師。《淮南子·説山訓》高注:"瓠巴,楚人也。"流魚,即游魚。流、游一聲之轉,古時通用之例甚多。《楚辭·大招》:"螭龍竝流,上下悠悠只。"聞一多疏證:"流、游,古通。謂螭龍相傍而浮游也。"馬王堆漢帛書《經法·道原》:"鳥得而蜚,魚得而流,獸得而走。"皆"流"借爲"游"之證。"游魚出聽",其文本妙,何煩改爲沈、潛?"流"字不誤。楊注雖未得,然説"流"字誤者,皆穿鑿也。

〔二〕楊倞注:伯牙,古之善鼓琴者,亦不知何代人。六馬,天子路車之馬也。《漢書》曰:"乾六車,坤六馬。"《白虎通》曰:"天子之馬六者,示有事於天地四方也。"張衡《西京賦》曰:"天子御雕軫,六駿駮。"又曰:"六玄虬之奕奕,齊騰驤而沛艾。"仰秣,仰首而秣,聽其聲也。⊙物雙松曰:六馬,以在駕者言。畜獸之欲,專在啖食,方秣之時,仰首貪聽,以忘其欲。至聲之感異類者深也。⊙冢田虎曰:注:"六馬,天子路車之馬也"非也。蓋馬有六種,故謂六馬耳。《周禮》:"校人職掌王馬之政,辨六馬之屬:種馬一物,戎馬一物,道馬一物,田馬一物,駑馬一物,齊馬一物"是也。⊙久保愛曰:《韓詩外傳》曰:"鼗賓有聲,鵠震馬鳴。及倮介之蟲,無不延頸以聽。"謂感之甚也。⊙盧文弨曰:"駕雕軫",元刻與今《文選》同,宋本"駕"作"御"。又案：下所引二句出《東京賦》。⊙朝川鼎曰：此言至聲感物，雖六馬之多，亦皆駢頭仰秣，以聽其聲也。所謂六馬，即一車所駕，古者車皆四馬，惟天子之車，則特駕六馬。⊙楊柳橋曰：六馬，謂駕車之馬也。高誘《淮南子》注："仰秣，仰天噴吐，謂馬笑也。"秣，當借爲末，《説文》："木上曰末。"高誘《吕氏春秋》注："末，首也。"《周書·武順篇》："元首爲末。"仰末，謂仰首而聽也。⊙天海案：伯牙，人名，春秋時人。以精琴技而聞名。《吕氏春秋·本味》："伯牙鼓琴，鍾子期聽之。"高誘注："伯，姓。牙，名，或作雅。"六馬，此泛指所有的馬。仰秣，仰首而停秣。楊注"仰首而秣"，亦通。又，"琴"下原無"而"字，此據諸本及《外傳》加之。

〔三〕楊倞注：形，謂有形可見。⊙久保愛曰：《禮記》曰："莫顯乎隱，莫顯乎微。"⊙帆足萬里曰：以小聲必聞，喻細行必形也。⊙劉師培曰：《文選·吴都賦》李注引"聲"作"言"。⊙天海案：《説苑談叢》："聲無細而不聞，行無隱而不明。"或本此文。無小，無論怎樣細小。無隱，無論如何隱蔽。形，現形、表露也。

〔四〕楊倞注：崖，岸。枯，燥。⊙冢田虎曰："玉在山"二句，《文子》有之。"崖"作"岸"耳。⊙王念孫曰：元刻無"草"字，案元刻是也。木與崖爲對文，故上句少一字。宋本"木"上有"草"字者，依《淮南·説山篇》加之也。⊙劉師培曰：《治要》有"草"字。《文子·上德篇》《劉子新論·崇學篇》並作"山抱玉而草木潤"，草木並文，似非後人所加。⊙天海案：《困學紀聞》稱建本作"木潤"。巾箱本、《題注》本、遞修本皆無"草"字，然明世本、《四庫》本又作"木草潤"。今案：有"草"者於義爲長，王説拘之。

〔五〕王念孫曰："不積"之"不"，涉上下文而衍，當依《羣書治要》删。説見《大戴記》述聞《勸學篇》。⊙朝川鼎曰：邪，助語，與"耶"同。⊙王先謙曰：《大戴記》作："爲善而不積乎，豈有不至哉！"盧辯注："至，一作聞。"孔廣森注云："言爲善或不積耳，積則未有不至於成者。"此文亦言："爲善或不積邪，積則安有不聞者乎？"語意曲而有味。《治要》作"爲善積也"，徑删"不"字，意味索然。王氏反從之，欲並删《大戴記》，何也？⊙鍾泰曰：此一段當併入上節。首以"積土成山"、"積水成淵"、"積善成德"起，末以"爲善不積"積字終，首尾正相應。劃入下節，則於前語氣爲未完，而於後文反爲冗贅矣。⊙裴學海曰：邪，猶"耳"也。⊙駱瑞鶴曰："不積"之"不"不可删。爲，讀曰"謂"，以爲之義。爲善不積邪，言"以爲善德不可積乎"，實謂可積。故前文云"積善成德，而神明自得，聖心備焉"。王説非是。⊙天海案：王先謙之説可從。邪，通耶，疑問語詞，朝説是。又，此下原未分段，現據文意分之。

〔六〕楊倞注：假設問也。⊙天海案：惡乎，猶"於何"也。説見王引之《釋詞》卷四。

〔七〕楊倞注：數，術也。經，謂《詩》《書》。禮，謂典禮之屬也。⊙盧文弨曰：典禮，疑當是"曲禮"之誤。⊙冢田虎曰：此乃博文約禮之序，而實孔門之學則也。然其曰“終乎爲聖人”者，乃是子思、孟子之流而已。孔子之教，言學以爲聖人者，未之見也。⊙久保愛曰：數，即下“誦數以貫之”之“數”。⊙帆足萬里曰：數，次序也。誦經讀禮，所謂博學於文，約之以禮。是也。⊙朝川鼎曰：數，數目。猶言科條，即下文《禮》《樂》《詩》《書》《春秋》是也。⊙鍾泰曰：數，猶言程也。“術”字之訓未確。⊙梁啓雄曰：“數”字是指《詩》《書》《禮》《樂》《春秋》各種課程的數。指學的途徑。⊙嚴靈峰曰：“經”字疑係“詩”字之誤。詩則言誦，《論語·子路篇》《禮記·禮器篇》並云“誦《詩》三百”，可證。⊙楊柳橋曰：數，謂順序也。經，應爲“書”字之誤。下文提出三經：首言《書》、中言《詩》、末言《禮》，正其義也。高誘《淮南子》注：“經，《書》也。”《論衡·正説篇》：“五經總名爲書。”當爲“書”誤爲“經”之所由。“書”謂《尚書》。⊙駱瑞鶴曰：此文“禮”字，當泛指禮法典制，不專指《禮書》。《荀子》之意，言爲學在乎明禮，禮明而後學成，故云“終乎讀禮”。終乎讀禮，“讀”，謂理解之。盧説已然無據，改“經”爲“書”，尤非其義。⊙天海案：數，術也，法也。楊注不誤。《商君書·算地》：“故爲國之數，務在墾草。”此數，即治國之法。《禮·祭統》：“惠術也，可以觀政矣。”鄭玄注：“術，猶法也。”此言學習的方法從誦經開始，故下文云“學數有終”，即學之方法有止盡也。誦經之經，此泛指一切常讀之聖哲彝訓及重要典籍。“讀禮”之禮，當如駱説，與下文之《禮》書有别也。

〔八〕楊倞注：義，謂學之意。言在乎脩身也。⊙王先謙曰：荀書以士、君子、聖人爲三等，《修身》《非相》《儒效》《哀公篇》可證。故云始士終聖人。⊙楊樹達曰：“數”者，上文所謂“博學”也；“義”者，上文所謂“日參省乎己”也。⊙天海案：義，即向學之意義，正與“數”（學之方法）相承相應，楊注不誤。注〔七〕梁氏訓“數”兼用楊倞之注、楊樹達之説，難以圓通。

〔九〕楊倞注：真，誠也。力，力行也。誠積力久，則能入於學也。⊙久保愛曰：入，《國語》“非學不入”之“入”。謂得於身也。⊙陶鴻慶曰：“則入”二字當屬下讀之。入學，指十歲入小學，十五入大學而言。言真積力久之功，始於入學，終於没世也。下文“其義不可須臾舍”，正申言此義。⊙朝川鼎曰：積，積力也，非“真”之積也。真，讀作虚字。桃源藏曰：“入，入於聖域也。”鼎曰：唯積力之久，則能入於學。故學至乎没而後止也。楊注似優。⊙熊公哲曰：積，累積。力，工力。入，入德也。⊙高正曰：《廣雅·釋詁》：“入，得也。”另《墨子·親士》“入國而不存其士”之“入”，亦當訓得，指得到君位，享有國家。⊙天海案：真，誠也，信也。真積力久，謂確實勤力積久。入，訓得。此承上，得爲聖人也。《左傳》文公十五年：“獲大城焉，曰入之。”入之，即得之。《淮南·主術》“曲直之不相入”，高注：“入，中也。”中，亦得也。愛、高二説是。

〔一〇〕楊倞注：生則不可怠惰。⊙物雙松曰：“真積力久則入學至乎没而後止也”當作一句讀。蓋始自入學以至没而後止，是真積力久者也。⊙久保愛曰：《禮記》曰："俛焉，日有孳孳，斃而後已。"是也。⊙羅焌曰：謂自入學之始至於没身而後止息也。⊙天海案："入"下斷句，楊讀不誤，凡"入學"連讀者，非也。没，通殁，死也。《易·繫辭》下："包犧氏没，神農氏作。"學至乎没而後止，照應開篇"學不可以已"之意也，非專指"入學"者言。



〔一一〕楊倞注：《書》，所以紀政事。此説《六經》之意。⊙朝川鼎曰：紀，綱紀也。桃源藏曰："紀與'滔滔江漢，南國之紀'同意。"⊙天海案：紀，通記，記載。《釋名·釋言語》："紀，記也，記識之也。"楊注是。

〔一二〕楊倞注：《詩》，謂樂章，所以節聲音，至乎中而止，不使流淫也。《春秋傳》曰："中聲以降，五降之後，不容彈矣。"⊙物雙松曰：倞注非也。止者，猶存也，言中聲存乎《詩》。謂之止者，高庳疾徐不過中也。⊙冢田虎曰：所止，猶"邦畿千里，惟民所止"之言也。⊙久保愛曰：《詩》，謂《詩經》。⊙朝川鼎曰：先君曰："中聲，所謂中和之音。止即止於至善之止。"⊙郝懿行曰：按下文方云"樂之中和，《詩》《書》之博"，《詩》《樂》分言，則此"中聲"疑非即謂樂章。且《詩》三百，未必皆合中聲。夫子謂《關雎》不淫不傷，可知它詩未必盡然。⊙王先謙曰：下文《詩》《樂》分言，此不言《樂》，以《詩》《樂》相兼也。郝説非也。⊙梁啓雄曰：楊引的《春秋傳》見《左》昭元年《傳》。《周語》："古之神瞽，考中聲而量之以制。"注並曰"中和之聲"。⊙熊公哲曰：止，猶極也。三百篇本皆樂章也。⊙楊柳橋曰：高誘《淮南子》注："中，心也。"中聲，猶言心聲也。毛《詩》序："詩者，志之所之也。"即其義。⊙天海案：中，内心也。《戰國策·趙策》："夫知伯爲人也，麤中而少親。"高誘注："言心粗也。"故中聲猶心聲也。《書·舜典》"詩言志"，志即心聲也。楊柳橋説是。止，通至，至猶極也。此言《詩》乃心聲之所極也。楊注非是，然王説兼言《詩·樂》，亦非。此自言《詩》，下自言《樂》。

〔一三〕楊倞注：禮，所以爲典法之大分，統類之綱紀。類，謂禮法所無，觸類而長者，猶律條之比附。《方言》云"齊謂法爲類"也。⊙物雙松曰：是荀子大見處。"群類"二字，一部中屢出。⊙久保愛曰：羣類，謂衆類也。⊙王念孫曰：元刻無"羣"字，元刻是也。宋本作"羣類"者，蓋不曉"類"字之義而以意加"羣"字也。不知"類"者，謂與法相類者也。⊙梁啓雄曰：類，指與法相類的律例。又按：分，疑"本"字之訛。⊙熊公哲曰：分，分際。⊙章詩同曰：大分，總綱。⊙楊柳橋曰：大分，即大節。猶今言前提。趙岐《孟子》注："類，事也。"謂禮乃事物之綱紀也。⊙天海案：分，界也，限也。《商君書·修權》"公私之分明"，《禮·樂記》："哀樂之分，皆以禮終。"皆言分界、界限也。《淮南子·本經訓》："各守其分，不得相侵。"高注："分，猶界也。"大分，即大界限。此言禮是法的最大界限，即法以禮爲界，不得踰越也。類，事理也。《孟子·告子》上："心不若人，則不知惡，此之謂不知類也。"趙岐注："類，事也。"《吕氏春秋·達鬱》："得其細，失其大，不知類耳。"不知類，即不知事理也。羣類，猶言衆多之事理。荀書此二句正揭示了禮的範圍及重要作用,故下文云“學至乎禮止矣”。楊注及他説皆未得也。又巾箱本、《題注》本、遞修本並脱“羣”字。

〔一四〕楊倞注:禮有周旋、揖讓之敬,車服等級之文也。⊙楊柳橋曰:鄭玄《毛詩》箋:“敬,慎也。”敬文,謂慎守禮文也。⊙天海案:敬,重也。敬文,注重禮節、儀式。俞樾《古書疑義舉例》曰:“敬文,古語也。”

〔一五〕楊倞注:中和,謂使人得中,和悦也。⊙冢田虎曰:喜怒哀樂之未發,謂之中;發而皆中節,謂之和之意。而所謂中和,非使人得之之謂也。樂即節人心之所發者,而其聲音中和之謂也。注失之。⊙久保愛曰:《周官·大司樂》職曰:“以樂德教國子,中和,祗庸,孝友。”⊙熊公哲曰:《虞書·舜典》:“詩言志,歌詠言,聲依詠,律和聲。”樂之所以爲中和者,爲有律以節之。合乎律,即合乎禮矣。⊙天海案:中和,即心和。樂之中和,言樂能使人内心和悦也。《禮·樂記》:“情動於中,故形於聲。聲成文謂之音。是故治世之音安以樂,其政和。”又云“樂由中出”;“禮節民心,樂和民聲”。鄭玄並注:“和在心也。”

〔一六〕楊倞注:博,謂廣記土風、鳥獸、草木及政事也。⊙熊公哲曰:《詩》詠人事,取喻草木、鳥獸、魚蟲;《書》記堯、舜、禹、湯、文、武之事。所包者博。

〔一七〕楊倞注:微,謂褒貶、沮勸,微而顯,志而晦之類也。⊙梁啓雄曰:微,借爲覹。《六書故》引《説文》:“覹,見其端也。”《春秋》專用字句體例表達褒貶、沮勸,是用幽隱微妙之言暗示批判的端倪。⊙熊公哲曰:《春秋》褒貶,其辭微,其旨遠。⊙天海案:微,奥妙精深之謂也,猶言微言大義。

〔一八〕冢田虎曰:在天地之間者,人事也。言人事盡於《禮》《樂》《詩》《書》《春秋》也。⊙鍾泰曰:偏言之禮,與《詩》《書》《禮》《樂》《春秋》對;專言之禮,則《詩》《書》《禮》《樂》《春秋》皆在其中。故曰“在天地之間畢矣”。⊙天海案:畢,盡也。謂天地之間萬事盡在其中矣。

君子之學也,入乎耳,箸乎心,布乎四體,形乎動静〔一〕,端而言,蝡而動,一可以爲法則〔二〕。小人之學也,入乎耳,出乎口〔三〕,口耳之間則四寸,曷足以美七尺之軀哉〔四〕!

古之學者爲己,今之學者爲人〔五〕。君子之學也,以美其身;小人之學也,以爲禽犢〔六〕。故不問而告謂之傲〔七〕,問一而告二謂之囋〔八〕。傲、囋,非也,君子如嚮矣〔九〕。學莫便乎近其人〔一〇〕。《禮》《樂》法而不説〔一一〕,《詩》《書》故而不切〔一二〕,《春秋》約而不速〔一三〕。方其人之習,君子之説則尊以徧矣,周於世矣〔一四〕。故曰:

學莫便乎近其人。

## 【校釋】

〔一〕楊倞注：所謂古之學者爲己。"入乎耳，箸乎心"，謂聞則志而不忘也。"布乎四體"，謂有威儀潤身也。"形乎動靜"，謂知所措履也。⊙劉師培曰：《御覽》三百七十六及六百七並引"體"作"肢"，《意林》作"支"。⊙梁啓雄曰：箸，借爲"貯"。《說文》："貯，積也。"⊙章詩同曰：箸，同著，明曉。⊙熊公哲曰：箸，刻也。心中領會得十分深刻。⊙天海案：箸，巾箱本、《題注》本、遞修本、明世本、《四庫》本俱作"著"。二字可通。《國語·晉語》四："底著滯淫，誰能與之？"韋注："著，附也。"箸乎心，即附着于心也。梁、章、熊三說皆未允。四體，四肢也。

〔二〕楊倞注：端，讀爲喘。喘，微言也。蝡，微動也。一，皆也。或喘息微言，或蝡蠢微動，皆可以爲法則。蝡，人允反。或曰：端而言，謂端莊而言也。⊙久保愛曰：《禮記》曰："行而世爲天下法，言而世爲天下則。"⊙王先謙曰：《臣道篇》云："喘而言，臑而動，而一皆可爲法則。"與此文同。則讀"端"爲"喘"是也。《說文》："喘，疾息也。""蝡，動也。"⊙朝川鼎曰：端，當作喘，字之誤也。《臣道篇》作"喘"，可從。蝡，《臣道篇》作"臑"，臑與蝡同。蠕，蟲動也。《莊子·胠篋篇》"惴耎之蟲"，惴耎即喘蝡。喘、蝡二字以蟲言之，亦微小之義。⊙鍾泰曰：喘，言貌；蝡，動貌。注謂微言微動，失之支。⊙天海案：喘，疾言之貌；蝡，緩動之貌。然"喘而言，蝡而動"互文也，概指言行之疾緩，故云"皆可以爲法則"。鍾以楊注失之支，是也。

〔三〕楊倞注：所謂今之學者爲人，道聽涂說也。⊙天海案：《韓詩外傳》卷九："小人之聞道，入之於耳，出之於口，苟言而已。"或本此文。

〔四〕楊倞注：韓侍郎云："則，當爲財，與纔同。"⊙劉台拱曰："則"字自可通，不必如韓說。⊙劉師培曰：《意林》引"則"作"才"，"曷"作"何"。此文"則"字疑"財"訛。才、財，並與纔同。⊙李中生曰：則，乃"才"的借字。則、才聲紐相近，古韻部"則"陰聲和入聲對轉，不必輾轉爲訓。⊙天海案：則，猶就也。就，含僅、纔之義。"則四寸"，就四寸，此意極明，台拱早言之。牽"則"訓"纔"，疑"財"之訛者，皆韓肇其端也。又，"寸"下，巾箱本、《題注》本、遞修本、明世本、《四庫》本並有"耳"字。美，使之美。此"七尺之軀"以代人之言行儀表。

〔五〕熊公哲曰：入耳箸心，是謂爲己之學；入耳出口，是謂爲人之學。爲己，自得於己；爲人，求悅於人。⊙天海案：《論語·憲問》："子曰：古之學者爲己，今之學者爲人。"何晏注："孔曰爲己，履而行之；爲人，徒能言之。"《北堂書鈔》引《新序》齊王問墨子亦有此二語。墨子："對曰：古之學者得一善言，以附其身；今之學者得一善言，務以悅人。"《荀子》"爲人"、"爲己"之說當本於《論語》。

〔六〕楊倞注：禽犢，餽獻之物也。⊙郝懿行曰：小人之學，入乎耳，出乎口，無裨於身心，但爲玩好而已，故以禽犢譬況之。注據《致士篇》"貨財禽犢之請，君子不許"，故云"禽犢，餽獻之物"，不知貨財謂賄賂，禽犢謂玩好耳。⊙王先謙曰：楊注固非，郝説尤誤。上言君子之學入耳箸心而布於身，故曰學以美其身也。小人入耳出口，心無所得，故不足美其身，亦終於爲禽犢而已，文義甚明。《荀子》言學，以禮爲先，人無禮則禽犢矣。⊙陶鴻慶曰：以上下文考之，楊注未可非也。"君了之學"三句，承上"古之學者爲己"而言，"小人之學"三句，承上"今之學者爲人"而言。上文云"小人之學也，入乎耳，出乎口"，下文云"故不問而告謂之傲，問一而告二謂之嚽"，皆所謂爲人之學，以爲餽獻者也。如郝、王二説，則上下文義不相屬。⊙劉師培曰：楊説是。《意林》引《墨子》云"齊王問墨子"數語，意與此文略符。"以爲禽犢"，亦即悦人之意。猶《莊子·列禦寇篇》所云"苞苴竿牘"也。《致士篇》"貨財禽犢"並文，是其證。又曰："以爲禽犢"句，係承上文"爲人"言，即"以學爲贄"之謂也。《禮記·曲禮》言："凡贄：卿羔，大夫雁，士雉，庶人鶩。"是所執之贄，非獸即禽，特此文以犢代羔耳。以學爲贄，猶言執所學以取信於人耳。《新序》載"齊王問墨子"數語同《意林》，其中"今之學者務以悦人"，即"以爲禽犢"之確解。言小人自炫其學，欲以學自見於人。與上文小人之學入耳出口三語前後相應，乃隱曲取喻之例也。⊙天海案："以美其身"，則"爲己"也；"以爲禽犢"，則以所學爲餽獻之禽犢，以取悦於人，亦即"爲人"也。後世所謂"學得文武藝，貨與帝王家"，信有源矣。楊注不誤，惟惜未詳。陶、劉之説深得《荀子》之意也。

〔七〕楊倞注：傲，喧噪也。言與戲傲無異。或曰：讀爲噭聲，曰噭噭然也。噭與敖同。⊙盧文弨曰："口噭噭"，舊本作"聲曰噭噭"，今改正。⊙郝懿行曰：傲與謷通。《説文》云："謷，不省人言也。"與此義合。⊙俞樾曰：《論語·季氏篇》"言未及之而言謂之躁"，《釋文》曰："魯讀躁爲傲。"《荀子》此文蓋本《魯論》。下文曰："故未可與言而言謂之傲，可與言而不言謂之隱，不觀氣色而言謂之瞽。"皆與《論語》同。惟變躁爲傲，可證也。傲，即"躁"之假字。"不問而告"，"未可與言而言"，皆失之躁，非失之傲也。《魯論》之説今不可得而詳，以意度之，殆亦假傲爲躁。自古文《論語》出，得其本字，遂謂《魯論》讀"躁"爲"傲"，實不然也。躁字義長，傲字義短，魯之經師豈不知此而改躁爲傲乎？⊙劉師培曰：案《曲禮》云："不妄説人，不辭費。"蓋"不問而告"，即"妄説人"也。傲，即傲誕之意，所謂妄也。"問一而告二"，即"辭費"也。⊙楊樹達曰：人不知故問，人若不問，則非不知。我逆億其不知，不待其問而告之，非傲而何？盧、郝、俞諸説並非。俞云"非失之傲"，尤謬。⊙龍宇純曰：傲與躁聲不相及，"傲"不得爲"躁"之假借也。魯之《論語》"傲"作"躁"者，"躁"疑本作"噪"，"噪"與"傲"義相通，遂成異文。"傲"、"囂"音近通作，故傲與噪義同。傲謂聒噪，非謂急躁也。仍以楊注爲是。⊙天海案：楊注"聲曰"二字，盧改作"口"字，不知何據？明世本、《四庫》本仍作"聲曰"。《增注》本稱"聲"字衍，改"曰"作"口"。

《增評》本、《集解》本、《點勘》本皆從盧校。竊以爲"嗷"字通"敖"，《説文》："傲，倨也，从人，敖聲。"又："嗷，衆口愁也，从口，嗷聲。"楊注本《説文》，盧校改似無據。然楊注以"嗷"訓"傲"則於古無徵。今謂傲，有輕慢、倨傲之意。《廣雅》："傲，輕也，慢也，倨也。"《左傳》文公九年："傲其先君，神弗福也。"此即輕慢、倨傲之義。上文言"小人之學以爲禽犢"，即指小人自炫其學；此云"不問而告"，亦即炫鬻其學，自傲、驕人之意。《孟子·離婁》"孟子曰：人之患在好爲人師"，豈非"不問而告"之的解乎？楊注啓"傲"、"噪"之説，後之説者唯楊、劉二氏所訓近之。

〔八〕楊倞注：囋，即"讚"字也。謂以言强讚助之。今賛禮謂之賛唱，古字口與言多通。⊙物雙松曰：《通雅》曰："周密云：俗以人言煩數曰嚌，蓋囋也，音贊。《荀子》云云。"嚌字《正字通》不載，要之入聲从朁者爲是，其義則煩瀆之謂已。⊙朝川鼎曰：先君曰"囋，蓋躁也。"⊙盧文弨曰：李善注《文選》引《埤蒼》云："嘈啐，聲皃。啐與囋及囐同，才曷反。"《荀子》上句謂其躁，此句謂其多言。下文云"如嚮"，則不問不告，問一不告二。楊注非也。啐，今《文選》注誤爲"啐"。⊙郝懿行曰：囋者，嘈囋，謂語聲繇碎也。陸機《文賦》"務嘈囋而妖冶"，義與此近，楊注非。⊙劉師培曰：囋，疑"嘖"之訛。⊙高亨曰：《説文》無"囋"，當讀爲"譾"。《説文》："譾，善言也。"善言猶云巧言。囋、譾古通用。⊙熊公哲曰：囋，謂多言無節也。⊙楊柳橋曰：囋，當爲"嘖"字之誤。本書《正名篇》"嘖然而不類"，楊倞注："嘖，爭言也。"《左傳》定公四年"嘖有煩言"，是其義。⊙天海案：囋，今《説文》《爾雅》《廣雅》不見載，《字彙·口部》："囋，囋俗字。"《集韻》："囋，《博雅》嘈囋，才達切。"章炳麟《新方言·釋言》："今蘄州謂不問而告爲囋，杭州亦謂多言無節爲囋，通言謂多聲爲嘈囋。"蘄州乃楚地，荀子曾居楚，或用其方言歟？且"不問而告謂之囋"與"問一告二謂之囋"在本質上無異，皆多言煩人之貌。楊注非也。

〔九〕楊倞注：如響應聲。⊙冢田虎曰：《學記》所謂"善待問者如撞鐘，叩之以小者則小鳴，叩之以大者則大鳴"也。⊙久保愛曰：響，舊作嚮，有"嚮與響同"注。⊙天海案：錢佃《考異》稱"傲"下諸本皆有"非也"二字。巾箱本、《題注》本、遞修本、明世本、《四庫》本亦皆有此二字。且"如響矣"，上述諸本並作"如嚮矣"，所引楊注亦多出"嚮與響同"四字。"君子如響"，乃有問而告，問一告一，如響應聲之意，正與小人之倨傲多言文意相對也。

〔一〇〕楊倞注：謂賢師也。⊙物雙松曰：按《脩身篇》"莫徑由禮，莫要得師"，徑、要、便，三字同意。思近其人，即《論語》"親仁"。⊙熊公哲曰：其人，觀下文《詩》《書》《禮》《樂》之云，蓋通經之士。近，謂親近之也。便，便易也。⊙天海案：便，便利。其人，賢人、賢師也。"其人"一詞，此節文中三見，下文又三見，楊注爲"賢師"，不誤。《毛詩·小雅·白駒》"其人如玉"，鄭箋"賢人其德如玉然"，《毛詩·齊風·盧令》"其人美且仁"、"其人美且偲"，皆謂賢人美德。此或楊注所本。

〔一一〕楊倞注：有大法而不曲説也。⊙朝川鼎曰：《禮》《樂》徒傳先王遺法，而不説其義。⊙于鬯曰：此"説"蓋喜説之"説"，非辭説之"説"。蓋學《禮》《樂》者，非徒學其法也，貴悦於心也。法而不説，是不近其人而徒學之弊也。上文云"學莫便乎近其人"，此下三句反承之，言不近其人而徒學，則《禮》《樂》法而不説矣，《詩》《書》故而不切矣，《春秋》約而不速矣。謂學《禮》《樂》，學《詩》《書》，學《春秋》也。楊注不指學者言，而即指《禮》《樂》《詩》《書》《春秋》言，則書理既失，以"不説"爲"不曲説"，遂誤"説"爲辭説矣。況《禮》《樂》何嘗不委曲陳説乎？⊙楊柳橋曰：説，讀爲"脱"，古通字。《史記·禮書》作"脱"，司馬貞《索隱》："脱，猶疏略也。"言《禮》《樂》有法度而不疏略也。⊙天海案：法而不説，有法度而無解説。楊注不誤。于氏以"悦"訓"説"，且增字爲訓，辭費而無當也。楊柳橋以"脱"訓"説"，亦非。唯朝氏之説得之。

〔一二〕楊倞注：《詩》《書》但論先王故事，而不委曲切近於人。故曰："學《詩》三百，使於四方，不能專對也。"⊙久保愛曰：本注"故曰"以下，失《論語》之意。⊙熊公哲曰：切，謂不切合於時世。⊙天海案：故而不切，謂陳舊而不切合現實。

〔一三〕楊倞注：文義隱約、褒貶難明，不能使人速曉其意也。⊙于省吾曰："《禮》《樂》法而不脱"，言有條理而不簡脱也。"《詩》《書》故而不切"，言《詩》《書》甚高古而不淺近也。"《春秋》約而不速"，謂簡約而不繁數。綜之，法與脱，故與切，約與數，均上下相對爲文。⊙天海案：楊注是，于説非。此上三句，皆言《禮》《樂》《詩》《書》《春秋》無師自學之難處，故上文云"學莫便乎近其人"，下文又云"方其人之習"也。

〔一四〕楊倞注：當其人習説之時，則尊高而徧周於世事矣。六經則不能然矣。⊙物雙松曰：按"習"是親炙意。既親炙君子，必有言説。故"説"字當輕看。⊙冢田虎曰：言習君子之説於其人也。"矣"字恐衍，"尊以徧周於世矣"，一句耳。⊙久保愛曰：《集韻》曰："方，效也。"愛案：方、放、倣通。與《禮記》"哲人其萎，吾將安放之"之"放"同。之，與而通。《禮記》"惡夫，涕之無從"，《家語》"之"作"而"。"徧矣"之"矣"衍。⊙郝懿行曰：方，當讀如傍，依傍之傍。言親近其人而習聞其説，則稟仰師承，周徧於事務矣。⊙朝川鼎曰：習，學習。君子，上文君子即其人所貴。尊，疑當作"足"，字之誤也。《君道篇》："有君子，則法雖省，足以徧矣。"與此全同。⊙王先謙曰："習"有積貫之義，非近其人則不能常習其説。《吕覽·任教篇》"習者曰"，高注："習，近習。"是習與近義亦相通。不必讀"方"爲傍，轉致文義支離也。⊙于鬯曰：方，法也。蓋實"仿"之假借，仿效之義，亦即法則之義。"習"字當斷句，下文"君子之説"自爲句。⊙鍾泰曰：君子，謂孔子也。言其習孔子之説，通於《詩》《書》《禮》《樂》之故，非僅得其一體也，故曰"尊以徧"。以此應世則無有不周，故又曰"周於世"。⊙天海案：方，通仿，效也。習，學習之方法。"習"下讀斷，于鬯説是。

君子之説,《論語·學而》:"子曰:學而時習之,不亦説乎?"《爲政》:"子曰:温故而知新,可以爲師矣。"《述而》:"子曰:學而不厭。"故知君子當指孔子而言。鍾説是也。能够仿效賢師的學習方法,那麽孔子的學説就會受到普遍的尊崇並周傳於世了。



學之經莫速乎好其人,隆禮次之〔一〕。上不能好其人,下不能隆禮,安特將學雜識志,順《詩》《書》而已爾,則末世窮年,不免爲陋儒而已〔二〕。將原先王,本仁義,則禮正其經緯蹊徑也〔三〕。若挈裘領,詘五指而頓之,順者不可勝數也〔四〕。不道禮憲,以《詩》《書》爲之〔五〕,譬之猶以指測河也,以戈舂黍也,以錐飡壺也〔六〕,不可以得之矣。故隆禮,雖未明法,士也〔七〕;不隆禮,雖察辯,散儒也〔八〕。

問楛者,勿告也〔九〕;告楛者,勿問也;説楛者,勿聽也;有爭氣者,勿與辨也〔一〇〕。故必由其道至,然後接之;非其道,則避之〔一一〕。故禮恭而後可與言道之方,辭順而後可與言道之理,色從而後可與言道之致〔一二〕。故未可與言而言謂之傲〔一三〕,可與言而不言謂之隱,不觀氣色而言謂之瞽。故君子不傲、不隱、不瞽,謹慎其身〔一四〕。《詩》曰:"匪交匪舒,天子所予。"此之謂也〔一五〕。

## 【校釋】

〔一〕楊倞注:學之大經,無速於好近賢人。若無其人,則隆禮爲次之。⊙王念孫曰:經,讀爲徑,即下文所謂蹊徑。言人學之蹊徑莫速乎好賢,而隆禮次之。楊以爲學之大經,失之。⊙郭嵩燾曰:近其人,謂得其人而師之。好其人,則是中心悦而誠服,親炙之深者也。隆禮,謂自以禮檢束其身。⊙王先謙曰:《吕覽·當染》《有始》《知分》《驕恣》諸篇,高注並云:"經,道也。"學之經,猶言學之道耳。⊙熊公哲曰:其人,疑係明禮有道之儒。好,謂心悦誠服其德業。速,當訓"亟",急也。謂急於求師,不可解爲欲速成之速。《孟子·引詩》"經始勿亟",朱注:"亟,速也。"是亟之爲速,猶速之爲亟也。《修身篇》"禮者所以正身,師者所以正禮",故曰"隆禮次之"。⊙天海案:上文云"學莫便乎近其人",此云"學之經莫速乎好其人"。經,途徑也。速,快捷也。好,喜好。"速"較之"便","好"較之"近",義相近而深之也。隆,重也,崇也。隆禮,即崇禮。

〔二〕楊倞注:安,語助,猶言抑也。或作安,或作按,《荀子》多用此字。《禮記·

三年問》作"焉"。《戰國策》:"謂趙王曰:'秦與韓爲上交,秦禍案移於梁矣。秦與梁爲上交,秦禍案攘於趙矣。'"《吕氏春秋》:"吴起謂商文曰:'今置質爲臣,其主安重;釋璽辭官,其主安輕。'"蓋當時人通以"安"爲語助,或方言耳。特,猶言直也。雜識志,謂雜志記之書,百家之説也。言既不能好其人,又不能隆禮,直學雜説,順《詩》《書》而已,豈免爲陋儒乎!言不知通變也。⊙物雙松曰:末,當作"没",又見《解蔽篇》。"志"字衍,當是習讀者音以"志"字,後來傳寫誤錯本文也。⊙冢田虎曰:末,如"武王末受命"之末,爲季氏之謂,亦可通也。⊙帆足萬里曰:志,是注文,解上"識"字。⊙朝川鼎曰:安特將,《君道篇》作"安值將",《解蔽篇》作"安直將"。先君曰:"特、直、值,古字通用。"方苞曰:"將學雜識,句;志,心所之也;順,循習也。學雜記,志于循習《詩》《書》而已,終不免爲陋儒也。"先君曰:"志,乃志意之志,屬下句讀。"末,終也。末世,猶言終世。⊙郝懿行曰:安,猶然也,焉也。特,直也,猶言但也。學雜識者,識,記也,所謂記醜而博也。志順《詩》《書》者,志與幟同,謂幖題也。如今學僮課讀,用紙爲號記也。順者,順其文也。此謂陋儒但能幖志順讀《詩》《書》,末世窮年,不知理解也。⊙王引之曰:此文本作"安特將學雜志,順《詩》《書》而已耳"。志,即古"識"字也。今本竝出識、志二字者,校書者旁記"識"字而寫者因誤入正文耳。⊙高亨曰:順,借爲"訓"。《説文》:"訓,説教也。"訓《詩》《書》,即説解《詩》《書》,詁釋《詩》《書》。順、訓古通用。⊙鍾泰曰:王説未必然。"雜識志"與"順《詩》《書》"對文,"學"字當略讀,言所學如此也。"學"字爲一篇之綱,故處處特提之。⊙天海案:安,乃也;特,但也;將,爲也。安特將,猶言"乃但爲"。學雜識志,猶言所學雜亂,但知識記。順《詩》《書》,猶言訓釋《詩》《書》,高説是也。

〔三〕楊倞注:所成、所出,皆在於禮也。⊙物雙松曰:如《論語》"正、唯",皆虚字。⊙久保愛曰:正,"正其心,正其口腹也"之正。⊙朝川鼎曰:先君曰:"正,當也。"⊙天海案:正,使之端正。經緯蹊徑,以喻"原先王,本仁義"之縱横道路也。

〔四〕楊倞注:言禮亦爲人之綱領。挈,舉也。詘,與屈同。頓,挈也。順者不可勝數,言禮皆順矣。⊙盧文弨曰:頓,猶頓挫,提舉高下之狀若頓首然。注"挈也",疑誤。順者不可勝數,言全裘之毛皆順矣。⊙王念孫曰:楊訓"頓"爲"挈",於古無據。且上文已有"挈"字,此不得復訓爲"挈"。盧以"頓"爲"頓挫",於義尤迂。頓者,引也。言挈裘領者詘五指而引之,則全裘之毛皆順也。《廣雅》曰:"扽,引也。"曹憲音"頓"。古無"扽"字,借"頓"爲之。⊙久保愛曰:本注下"禮"字衍。⊙安積信曰:順者不可勝數,言由禮則諸德百行皆順矣。楊注"禮皆順",謬甚。⊙朝川鼎曰:頓,整也。⊙天海案:挈,提也。頓,一上一下抖動之。

〔五〕楊倞注:道,言説也。憲,標表也。⊙冢田虎曰:道,如字。憲,法也。⊙王念孫曰:道者,由也。言作事不由禮法而以《詩》《書》爲之,則不可以得之矣。楊云"道,言説也",失之。⊙龍宇純曰:憲,當爲"案",字之誤也。本讀"禮"下逗,"案以

《詩》《書》爲之”别爲句。案，爲發語辭。⊙天海案：道者，行也，遵行也。《説文》：“道，所行道也。”段注：“《毛傳》每云：‘行，道也。’道者，人所行，故亦謂之行。”禮憲，即禮法。荀書“禮憲”並言僅此一見，而“禮法”並言凡四見。不道禮憲，即不遵行禮法，故下文云“以《詩》《書》爲之”。

〔六〕王念孫曰：宋錢佃本“湌”作“飡”，元刻作“飱”。盧從元刻作“飱”，云“飱同餐”，非是。⊙王先謙曰：以錐飡壺，言以錐代箸也。古人貯食以壺，《中山策》“臣下壺飡臣父”，《韓非子》“晉文公出亡，箕鄭挈壺飡以從”，皆其證。⊙鍾泰曰：“以戈舂黍，以錐飡壺”，壺與黍對文。即《詩》“八月斷壺”之壺，蓋“瓠”之假借字也。王以“壺飡”解之，尚未的。⊙楊柳橋曰：以錐飡壺，即以錐投壺也。古者投壺之戲，以矢投向壺中，中者爲勝。以錐，則壺毁矣。飡，即餐字，當借爲“㕡”。《説文》：“㕡，殘穿也。”是㕡有穿義。穿壺，即投壺也。⊙天海案：“以指”、“以錐”二“以”上，巾箱本、《題注》本、遞修本俱有“猶”字；飡，三本皆作“飱”；明世本、《四庫》本與之同。今案：飡，爲“湌”之俗字；湌，爲“餐”之異體；飱，《釋文》云：“餐，《字林》作飱。云：吞食。”盧校本正作“飱”。故知飡、湌、飱、餐，四字音義同。然王念孫所云元刻、盧校之“飱”字，元、盧本俱作“飱”，且字書並無“飱”字，不知王氏何據。或手民之誤也？王先謙訓“飡壺”爲“以錐代箸”，意即用錐就壺而食。然所引二證皆以“壺飡”爲辭，而非“飡壺”也。且依此解，則壺爲器，黍爲食，兩不相對也。楊柳橋之説尤謬，“飡”與“穿”不相干，即或以錐穿壺，何謂“不可得之”？以矢投壺尚不懼穿，何況錐乎？鍾氏所言極是。壺與瓠，古聲韻並同，二字可通。《詩·豳風·七月》：“七月食瓜，八月斷壺。”《毛傳》：“壺，瓠也。”《鶡冠子·學問》：“中流失船，一壺千金。”陸佃注：“壺，瓠也。”此皆壺通瓠之證。且壺通作瓠，正與黍相對，黍可食而瓠亦可餐也。然“以戈舂黍”，“以錐餐瓠”，皆難爲之事，故下文云“不可以得之矣”。

〔七〕王先謙曰：法士，即好禮之士。下文“散儒”，楊注云：“散，謂不自檢束。”是以“散儒”爲無禮法之儒，正與法士對文。⊙朝川鼎曰：“雖未明法”，句。法，禮法也。《修身篇》“好法而行，士也”，可見。⊙天海案：朝氏句讀可從。“隆禮雖未明法”與下文“不隆禮雖察辯”相對爲文，士與散儒對文，義自可通。若“法士”連文，荀書僅此一見，先秦典籍亦罕見，不得憑空臆説也。

〔八〕楊倞注：散，謂不自檢束。《莊子》以不才木爲散木也。⊙物雙松曰：楊倞注“散，謂不自檢束”，亦非也。如《莊子》“散木”之散，謂其無用也。⊙梁啓雄曰：辯者，智也，慧也。⊙天海案：察辯，明察善辯。巾箱本、《題注》本、遞修本、明世本、《四庫》本“辯”俱作“辨”。

〔九〕楊倞注：楛，與苦同，惡也。問楛，謂所問非禮義也。凡器物堅好者謂之功，濫惡者謂之楛。《國語》曰“辨其功苦”，韋昭曰：“堅曰功，脆曰苦。”故《西京賦》曰“鬻良雜苦”，《史記》曰“器不苦窳”。或曰：楛，讀爲沽。《儀禮》“有沽功”，鄭云：

"沽，麤也。"⊙物雙松曰：問楛、告楛、説楛，蓋苟且不用心之義，如《莊子》"鹵莽滅裂"也。⊙久保愛曰：楛，讀爲盬，下同。謂不堅固也。言問不堅固者，告之無益，必悱悱憤憤者，而後爲有益也。⊙劉師培曰：楛與盬同。《方言》曰："盬，且也。""且"即苟且之"且"。且與姑同，姑與沽同，沽又訓略，故亦訓爲麤。此數字者，在古代均爲同義，與楛字同。《荀子》所言之楛，均指苟且言，即下文所謂"非其道"也。⊙于省吾曰：楛，應讀作固。楛、固並諧古聲。《大戴記·曾子立事》："弗知而不問焉，固也。"注："固，專固也。"《家語》："五帝德，則予之問也，固矣。"注："固，陋。"是問與固相屬爲文也。然則問固者、告固者、説固者，三"固"字均謂固陋，不訓惡也。⊙屈守元曰：《荀子》"問楛"、"告楛"、"説楛"，皆指問者、告者、説者之詞氣，非其所問、所告、所説之事，楊注諸説皆不可通。竊疑楛者，迫急不從容之意，即所謂"有爭氣者"也。《莊子·天道篇》："斲輪徐則甘而不固，疾則苦而不入。"成疏："甘，緩也；苦，急也。"是苦有急迫之意。楛，即苦字也。⊙李中生曰：從上下文意來看，"問楛"、"告楛"、"説楛"的"楛"，當指言談時態度惡劣。⊙天海案：楛，通苦，苦又通盬，本指器物粗劣。荀書用"楛"字凡十一處，多以之喻人言談行爲之粗劣、惡濫，不依禮法。楊注"所問非禮也"，即指問者之行爲、儀態不合禮制，非謂所問之事。問楛、告楛、説楛，三者皆指其言説時之詞語、儀態粗劣非禮，正與下文"有爭氣"相應成文。楊注不誤。

〔一〇〕章詩同曰：爭氣，意氣用事。⊙天海案：爭氣，《外傳》卷四作"諍氣"，"辨"作"論"。爭氣者，以意氣相爭也，正與上三"楛"字相應成文。

〔一一〕楊倞注：道不至則不接。⊙朝川鼎曰：先君曰："由，猶以也。道與楛反。由其道至者，言以其禮來問之也。"⊙天海案：其道，禮義之道。即下文所云"禮恭"、"辭順"、"色從"之謂也。

〔一二〕楊倞注：致，極也。此謂道至而後接之也。⊙物雙松曰：禮恭，是初接時觀其禮貌。辭順，是答問時觀其言語。色從，是其心意肎否見於顏色。語自有次第：道之方，言大綱也；道之理，言條理細密處也；道之致，言其極處。自淺至深。⊙天海案：道之方、道之理、道之極，此三"道"與前"由其道"、"非其道"之"道"不同，皆言爲學之道也。

〔一三〕楊倞注：傲，亦戲傲也。《論語》曰："言未及而言謂之躁。"⊙郝懿行曰：傲與敖同。敖者，謂放散也。⊙天海案：此承上文"不問而告謂之傲"之意，即輕慢、自傲也。

〔一四〕楊倞注：瞽者，不識人之顏色。⊙郝懿行曰：謹順其身，身，猶人也。此謂君子言與不言，皆順其人之可與不可，所謂"時然後言，人不厭其言"也。⊙劉師培曰：《韓詩外傳》卷四"謹"上有"言"字，"身"作"序"，義似較長。身，疑"序"誤。⊙駱瑞鶴曰：謹慎其身，猶言謹慎於己耳。《外傳》作"序"，疑"身"誤字。⊙天海案：

"慎"字,諸本亦作"順",二字可通。《外傳》卷四作"言謹其序"。屈守元曰:"《荀子》'序'作'身',乃誤字。"屈氏又云《荀子》"謹"或當作"言","慎"乃宋孝宗名諱,故一本改作"順",或改作"謹",不知者合而録之,遂成誤衍。此可備一説,然"謹慎其身"義本通,不必以《外傳》律此文。《論語·季氏篇》:"孔子曰:侍於君子有三愆:言未及之而言謂之躁,言及之而不言謂之隱,未見顔色而言謂之瞽。"此或《荀子》所本。



〔一五〕楊倞注:《詩·小雅·采菽》之篇。匪交,當爲"彼交",言彼與人交接,不敢舒緩,故受天子之賜予也。⊙盧文弨曰:匪,亦有彼義。宋本與《詩攷》合。元刻及《讀詩記》所引皆作"匪紓"。⊙久保愛曰:匪,上與"彼"通,下非鬼反,不也。紓,式居反。予,音與。⊙王引之曰:此引《詩》"匪交匪舒"正申明上文之"不傲、不隱、不瞽",則作"匪"者正字,作"彼"者借字也。交,讀爲姣。《廣雅》:"姣,侮也。"言不侮慢、不怠緩也。⊙俞樾曰:交,讀爲絞,是絞、交聲近義通。匪絞,言不急切;匪紓,言不舒緩。上文"君子不傲、不隱、不瞽",傲與瞽皆失之急切,隱則失之紓緩也。⊙天海案:《毛詩》作"彼交匪紓,天子所予",鄭箋:"紓音舒,予音與。"楊注是也。

百發失一,不足謂善射;千里蹞步不至,不足謂善御〔一〕;倫類不通,仁義不一,不足謂善學〔二〕。學也者,固學一之也。一出焉,一入焉,涂巷之人也〔三〕。其善者少,不善者多,桀、紂、盜跖也〔四〕。全之,盡之,然後學者也〔五〕。

君子知夫不全不粹之不足以爲美也,故誦數以貫之〔六〕,思索以通之〔七〕,爲其人以處之〔八〕,除其害者以持養之〔九〕。使目非是無欲見也,使耳非是無欲聞也,使口非是無欲言也,使心非是無欲慮也〔一〇〕,及至其致好之也。目好之五色,耳好之五聲,口好之五味,心利之有天下〔一一〕。是故權利不能傾也,羣衆不能移也,天下不能蕩也〔一二〕。生乎由是,死乎由是,夫是之謂德操〔一三〕。德操然後能定,能定然後能應〔一四〕,夫是之謂成人〔一五〕。天見其明,地見其光,君子貴其全也〔一六〕。



【校釋】

〔一〕楊倞注:未能全盡。⊙冢田虎曰:對於下文,似當作"百發一矢不中"。⊙帆足萬里曰:"蹞步"二字,疑古注誤入正文。⊙天海案:失一,諸本又作"一失"。

“百發失一”與“千里蹞步不至”文意正相應。

〔二〕楊倞注：通倫類，謂雖禮法所未該，以其等倫比類而通之。謂一以貫之，觸類而長也。一仁義，謂造次不離，他術不能亂也。⊙久保愛曰：本注“謂一”上脱“所”字。⊙梁啓雄曰：《書·堯典》傳：“倫，理也。”類，猶法也。“不一”及下文“固學一”之“一”，均指全、盡、粹，謂全面和深入。⊙熊公哲曰：“倫類”二字極難作解。原夫禮，本是聖王之法制；就禮法而言，則曰倫類，如此“倫類不通”是也。或簡言曰類，上文“禮者，法之大分，類之綱紀”是也。一，謂純一，或全一。⊙楊柳橋曰：倫類，猶事理也。⊙天海案：倫，指人倫。《孟子·公孫丑下》：“内則父子，外則君臣，人之大倫也。”類，指事理。《孟子·告子上》：“此之謂不知類也。”趙岐注：“類，事也。”倫類，即人倫事理。一者，專一也。如前文“君子結於一”之“一”，“固學一之也”之“一”亦同。

〔三〕楊倞注：或善或否。⊙久保愛曰：一，謂一於道也。子張所謂：“執德不弘，信道不篤者也。”⊙梁啓雄曰：涂，借爲途。謂一時學習，一時不學習，是思想混亂的途巷之人。⊙章詩同曰：一善一不善，是卑賤的人。⊙楊柳橋曰：一半學不進，一半學得進，這便是鄉里的普通人。⊙駱瑞鶴曰：此“固學之一也”，一，謂全徧。“一出焉，一入焉”，一，謂事之一面，與《天論篇》“一廢一起”之“一”略同。一出一入，又即本篇前文“入乎耳，出乎口”之義。涂巷之人，《論語》所謂“道聽涂説”之人，淺薄學無根基者也。若普通人，《性惡篇》謂之“涂之人”，與此涂巷之人爲異。⊙天海案：《王制篇》：“孔子曰：大節是也，小節非也，一出焉，一入焉，中君也。”楊注：“謂一得一失也。”

〔四〕楊倞注：盜跖，柳下季之弟，聚徒九千人於太山之傍，侵諸侯，孔子説之而不入者也。⊙盧文弨曰：柳下季在魯僖公時，與孔子年數懸遠。《莊子》所載，亦寓言耳。⊙楊柳橋曰：盜跖之名，始見於《孟子》。《盡心篇》：“鷄鳴而起，孳孳爲利者，跖之徒也。”⊙天海案：“善者少，不善者多”，指善學者少，不善學者多。不善學者，即以夏桀、商紂、盜跖爲甚也。

〔五〕楊倞注：學然後全盡。⊙久保愛曰：二“之”字指善。《儒效篇》：“涂之人百姓，積善而全盡，謂之聖人。”⊙梁啓雄曰：《説文》：“全，完也；純玉曰全。”引申爲“凡完備純粹之稱”。《墨子·經》：“盡，莫不然也。”⊙天海案：全之，謂全通倫類；盡之，謂盡心仁義。然後才可謂善學也。

〔六〕楊倞注：使習《禮》《樂》《詩》《書》之數，以貫穿之。⊙物雙松曰：《國語》：“士朝而受業，晝而講貫，夕而習復。”注：“貫，習也。”⊙俞樾曰：誦數，猶誦説也。凡稱説必一一數之，即謂之數。“誦數以貫之”，猶云“誦説以貫之”，與下句“思索以通之”一律。“誦數”、“思索”，皆二字平列。⊙楊樹達曰：上文云“其數則始乎誦經，終乎讀禮”，即所謂“誦數”也。俞樾説非是。⊙安積信曰：誦數，言誦讀累數十百遍也。⊙朝川鼎曰：誦數，猶言誦經。⊙劉師培曰：誦者，誦其文也；數者，誌其條目也。非誦數，則不能貫穿。⊙于省吾曰：數，應讀作"述"。《儀禮》"不述命"，注："述，循也。"古文"述"皆作"術"。然則"誦數以貫之"即"誦述以貫之"。述，即《論語》"述而不作"之"述"，謂沿循也。⊙熊公哲曰：貫，同串，謂講習也。⊙章詩同曰：誦數，反覆誦讀；貫，全面不偏廢。⊙天海案：誦數，猶誦讀。數、讀，上古同屬屋韻，故得相通。《正名篇》"誦數之儒"，亦誦讀之儒也。"誦數以貫之"，與下文"思索以通之"，此二句互文見義。猶言誦讀、思索以貫通之。

〔七〕楊倞注：思求其意也。⊙天海案：此與上句互文見義。《論語・爲政》"學而不思則罔"，或此文所本。

〔八〕楊倞注：爲擇賢人與之處也。⊙物雙松曰：即近其人意。⊙冢田虎曰：照於上文，"爲"似當作"近"。⊙久保愛曰：本注"爲"字當作"謂"，音之誤也。⊙劉台拱曰：雖誦數思索而不體之於身，則無以居之，故必自爲其人以居其道也。⊙郭嵩燾曰：猶言設身處地，取古人所已行者爲之程式，而得其所處之方也。⊙天海案：爲，猶"與"也，説見王引之《釋詞》卷二。其人，此篇屢言之，謂賢人也。

〔九〕梁啓雄曰：貫之、通之、處之、持養之的"之"字，都是指全粹之學。其人，指學習者敬愛的導師。害者，指妨害全粹之學的事物。持養，謂扶持保養。⊙天海案：持養，保養。《墨子・天志中》"持養其萬民"。

〔一〇〕楊倞注：是，猶此也，謂學也。或曰：是，謂正道也。⊙帆足萬里曰：是，謂仁義也。⊙天海案：是，此也。此，指上文所言全粹之學也。

〔一一〕楊倞注：致，極也。謂不學，極恣其性，欲不可禁也。心利之，有天下之富也。或曰：學成之後，必受榮貴，故能盡其欲也。⊙物雙松曰："目好之"四句"之"字下，皆藏"於"字，言其此甚於彼也。⊙劉台拱曰：言耳目口之好之與五色、五聲、五味同，心利之與有天下同。⊙俞樾曰：古"之"字、"於"字通用。此文四"之"字，竝猶"於"也。⊙安積信曰：四句"之"字下，若補"如"字看，則文義通順。蓋省文句法也。⊙天海案：此言"及至其極好之"，則甚於目耳口之好五色、五聲、五味，心受益甚於有天下也。"目"上疑脱"猶"字。楊注"致，極也"，是；其下所注非也。劉、俞、物三説是也。

〔一二〕楊倞注：蕩，動也。覆説爲學則物不能傾移矣。⊙天海案：此上承"致好之"數語，再言權利、羣衆、天下皆不能傾、移、動摇其爲學之信念。楊注"則"上諸本多一"學"字。

〔一三〕楊倞注：死生必由於學，是乃德之操行。⊙久保愛曰：由是，由禮也。⊙郝懿行曰：謂有德而能操持也。生死由乎是，所謂"國有道，不變塞"，"國無道，至死不變"者，庶幾近之。⊙熊公哲曰：德操，謂守德不變之情操。⊙天海案：由，行也，奉行，遵從之義。《禮記・解經》："是故隆禮由禮，謂之有方之士。"孔疏："由，行也。”是，此也。此指上文爲學之堅定不移之信念。德操，謂道德與操守。

〔一四〕楊倞注：我能定，故能應物也。⊙久保愛曰：應，《禮記》所謂方物，出謀發慮是也。⊙梁啓雄曰：正、定二字通用。此謂掌握着“德”才能正確堅定。《管子·内業》：“能正能靜，然後能定。”似是《荀子》造句之所本。⊙熊公哲曰：定，謂定力；能應，謂能以有定應無定，以禮法所有，應禮法所無。⊙天海案：定，信念堅定。應，應變萬物也。

〔一五〕楊倞注：内自定而外應物，乃爲成就之人也。⊙熊公哲曰：成人，即全之盡之之學者。《論語》“子路問成人”，朱注：“成人，全人也。”但與完人略異。⊙天海案：成人，心智完全成熟的人。

〔一六〕楊倞注：見，顯也。明，謂日月。光，謂水火、金玉。天顯其日月之明也，地顯其水、火、金、玉之光，君子則貴其德之全也。⊙物雙松曰：二“見”皆音現，言著於天地也。⊙久保愛曰：全，謂全禮義也。⊙劉台拱曰：光、廣，古通用。⊙王念孫曰：劉讀“光”爲“廣”，是也。明者，大也。大者，天之全體。廣者，地之全體。故君子之德貴其全也。⊙俞樾曰：兩“見”字竝當作“貴”。蓋“貴”字漫漶，止存其下半之“貝”，因誤爲“見”耳。光與廣通。言天貴其明，地貴其廣，君子貴其全。“貴”誤作“見”，則與“君子”句不一律，失《荀子》語意矣。⊙鍾泰曰：天見其明，高明配天之義；地見其廣，博厚配地之義；君子德配天地之謂全。故言君子貴全，先舉天地以發之。如俞説改“見”爲“貴”，文則順矣，而義則淺矣。⊙天海案：見，同現；光，通廣；全，即上文“君子知夫不全不粹之不足以爲美也”之“全”。應指全粹之學，非指德行也。楊注失之，諸説亦未盡得也。

# 脩身篇第二〔一〕

見善，脩然必有以自存也〔二〕；見不善，愀然必有以自省也〔三〕。善在身，介然必以自好也〔四〕；不善在身，菑然必以自惡也〔五〕。故非我而當者，吾師也；是我而當者，吾友也；諂諛我者，吾賊也〔六〕。故君子隆師而親友，以致惡其賊〔七〕。好善無猒，受諫而能戒〔八〕，雖欲無進，得乎哉！小人反是，致亂而惡人之非己也，致不肖而欲人之賢己也；心如虎狼，行如禽獸，而又惡人之賊己也〔九〕。諂諛者親，諫爭者疏〔一〇〕；脩正爲笑，至忠爲賊，雖欲無滅亡，得乎哉〔一一〕！《詩》曰：“潝潝訿訿，亦孔之哀。謀之其臧，則具是違。謀之不臧，則具是依。”此之謂也〔一二〕。

## 【校釋】

〔一〕梁啓超曰:《修身篇》教人以矯正本性之方法,結論歸於隆禮而尊師。⊙天海案:本篇論述脩身養性之道在於"由禮、得師、一好",如此方能由士而君子,由君子而達聖人之境。

〔二〕楊倞注:脩然,整飭貌。言見善必自整飭,使存於身也。⊙久保愛曰:《論語》"見賢思齊焉"之意。⊙王念孫曰:《爾雅》:"在、存、省,察也。"見善必以自存者,察己之有善與否也;見不善必以自省者,察己之有不善與否也。楊解"自存",失之。⊙于鬯曰:修,當讀爲肅。肅、修在今爲雙聲,在古爲疊韻,故可通借。修然,即肅然也。楊注雖得其義,而未得其字。⊙高亨曰:"修然"與"愀然"相對爲文,修,疑借爲"嗂"。《説文》:"嗂,喜也。"嗂然,喜貌。⊙鍾泰曰:楊注"見善必使存於身",説未爲失。如王訓"存"爲察,則與"修然"字義反不貫。前篇曰"爲其人以處之",存,在也;在,居也;居,處也。自存者,即"爲其人處之"之謂。且下文曰"善在身"、"不善在身"云云,即根"存"字來。"存"之訓"在"而不訓察,明矣。⊙高正曰:《廣雅・釋詁》卷二:"修,長也。"《禮記・中庸》"征則悠遠",孔疏:"悠,長也。"修然當與悠然同義,爲思念之貌也。存,則以訓思念爲佳。⊙天海案:"必"下之"有"字,諸本竝無,《治要》録《孫卿子》亦無。據下文三"必"下亦皆無"有"之例,此"有"字衍,當删也。修然,同肅然,于説是。自存、自省,皆反思也;自好、自惡,皆自律也。王訓"在"爲察,不誤,他説皆失之。

〔三〕楊倞注:愀然,憂懼貌。自省其過也。⊙冢田虎曰:此變"見賢思齊之,見不賢内自省也"之語。

〔四〕楊倞注:介然,堅固貌。《易》曰"介如石焉"。自好,自樂其善也。⊙物雙松曰:介者,特立貌。介然特立,不隨人轉,謂之自好。⊙天海案:介,當讀爲"潔"。介、潔,上古並屬見母月部,故得相通假。介然,猶潔然。此言善在身必潔身以自好也。潔然,正與下文"菑然"相對爲義。楊注、物説皆非也。

〔五〕楊倞注:菑,讀爲災。災然,災害在身之貌。⊙物雙松曰:注讀菑爲"災",不如菑、緇音同通用。蓋如泥滓污身然。⊙郝懿行曰:《輪人》注:"鄭司農云:泰山平原所樹立物爲菑,聲如胾。博立梟棊亦爲菑。"《詩・皇矣・毛傳》:"木立死曰菑。"然則菑者植立之意。楊注《非相篇》是,此讀菑然爲災然,非。⊙帆足萬里曰:菑,埶鬬也。菑然,分辨之貌。⊙安積信曰:菑、葸音通。何晏云:"葸,畏懼之貌。"⊙劉師培曰:菑與淄同。《漢書・地理志》"臨淄武班碑"作"臨菑",《周禮》"菑時",《水經》作"淄",此其確證。又《論語》云"不曰白乎,涅而不淄"。淄與緇同,《釋名》云:"緇,滓也。泥之黑者曰滓。"淄又與滋同,《左傳》哀公八年"何故使吾水滋",杜注:"滋,濁也。"蓋字之從菑得聲,及與菑音相近者,義均訓黑,引申之則爲渾濁之貌。菑然者，猶言以不善污己也。⊙天海案：菑，一音緇，一音災，此當與“緇”通。緇，黑也，污也。緇然，即污然，骯髒貌，正與上句“潔然”相對成文。故楊注、郝説、帆説、安説皆非，物、劉二説是也。又，“身”下，諸本有“也”字，衍也。

〔六〕天海案：諂，原誤作“謟”，徑改。下“諂”字同此。賊，猶寇也。寇，敵也。

〔七〕楊倞注：致，極也。下同。

〔八〕天海案：猒，通厭，倦也。無厭，猶不倦。戒，諸本並作“誡”，《治要》亦作“誡”，此二字通。

〔九〕劉師培曰：此節之“賊”字，均“賤”字之訛。其誤爲“賊”字者，則以賤、賊形近，且因下之有“至忠爲賊”一語，遂一律改“賤”爲“賊”耳。⊙李中生曰：劉氏之説，純屬臆斷。⊙天海案：非己，以己爲非；賢己，以己爲賢；賊己，以己爲賊。此“賊”與上文之“賊”義略同。劉説非也。又，“惡人”之“惡”，《治要》作“怨”，諸本亦作“怨”。

〔一〇〕天海案：爭，《治要》作“諍”，諸本亦作“鬭”。爭、諍二字可通。

〔一一〕楊倞注：至忠反以爲賊。⊙物雙松曰：修正爲笑，謂以爲笑具也。⊙劉師培曰：“爲賊”與“爲笑”對文。言修正者反爲小人所笑，至忠者反爲小人所賊。賊與害同，楊注非。⊙梁啓雄曰：此“賊”字疑當爲“賤”，形近而誤。⊙嚴靈峰曰：“笑”字，疑當作“戾”，形近致譌。《説文》：“戾，曲也。”此以“正”爲“曲”，與下文以“忠”爲“賊”相對。作“笑”則無義矣。⊙龍宇純曰：諂諛、諫爭、修正，並二字平列，“至忠”亦平列爲義。今人言摯，古人言至。⊙天海案：修正，《治要》作“循正”，義同。爲笑，被嘲笑。爲賊，被殘害。楊注誠非，諸説亦未切也。

〔一二〕楊倞注：《詩·小雅·小旻》之篇。毛云：“潝潝然，患其上；訿訿然，不思稱乎上。”鄭云：“臣不事君，亂之階也，故甚可哀。”潝，許急反。訿，音紫。⊙盧文弨曰“噏噏呰呰”，元刻與《詩攷》合，宋本作“潝潝訿訿”，注同。⊙帆足萬里曰：潝潝，相黨之貌。訿訿，相訾之貌。⊙安積信曰：《集傳》：“潝潝，相和也。訿訿，相詆也。言小人和而不同。”《爾雅》：“潝潝訿訿，莫供職也。”徐曰：“不思稱事之意。”⊙天海案：巾箱本、《題注》本、遞修本並作“噏噏呰呰”。《爾雅·釋訓》孔疏：“潝潝爲小人之勢，是作威福也；訿訿者，自營之狀，是求私利也。”潝字又作噏、翕、歙，訿字又作訾、呰。鄭箋：“謀之善者，俱違背之；其不善者，依就之。我視今君臣之謀道，往行之，將何所至乎？言必至於亂。”潝潝，衆口附合之貌。訿訿，相互詆毁貌。孔，很，甚也。臧，善也。

扁善之度。以治氣養生則後彭祖，以脩身自名則配堯、禹〔一〕。宜於時通，利以處窮，禮信是也〔二〕。凡用血氣、志意、知慮，由禮則治通，不由禮則勃亂提僈〔三〕；食飲、衣服、居處、動静，由禮則和節，不由禮則觸陷生疾〔四〕；容貌、態度、進退、趨行，由禮則雅，不由禮則夷固僻違、庸衆而野〔五〕。故人無禮則不生，事無禮則不成，國家無禮則不寧〔六〕。《詩》云：“禮儀卒度，笑語卒獲。”此之謂也〔七〕。

以善先人者，謂之教；以善和人者，謂之順〔八〕。以不善先人者，謂之諂；以不善和人者，謂之諛〔九〕。是是，非非，謂之智〔一〇〕；非是，是非，謂之愚〔一一〕。傷良曰讒，害良曰賊。是謂是，非謂非，曰直〔一二〕。竊貨曰盜，匿行曰詐，易言曰誕〔一三〕。趣舍無定，謂之無常〔一四〕；保利弃義，謂之至賊〔一五〕。多聞曰博，少聞曰淺；多見曰閑，少見曰陋〔一六〕。難進曰偍〔一七〕，易忘曰漏〔一八〕；少而理曰治，多而亂曰耗〔一九〕。

【校釋】

〔一〕楊倞注：扁，讀爲辨。《韓詩外傳》曰“君子有辨善之度”，言君子有辨别善之法，即謂禮也。言若用禮治氣養生，壽則不及於彭祖；若以脩身自爲名號，則壽配堯、禹，不朽矣。言禮雖不能治氣養生，而長於脩身自名。以此辨之，則善可知也。彭祖，堯臣，名鏗，封於彭城，經虞夏至商，壽七百歲也。⊙物雙松曰：修身自名，自命以君子也。⊙久保愛曰：桃源藏曰“後”，如“松柏後凋”之“後”。愛曰：“後彭祖”，謂壽於彭祖也。⊙盧文弨曰：扁，《外傳》作“辯”，則“扁”當訓平。《尚書》“平章”、“平秩”，古作“辯章”、“辯秩”。此謂隆禮之人有平善之度，不當作辨别解。“後彭祖”則得年亦永矣，然壽身之益尚小，壽世之益更大也。⊙郝懿行曰：扁，當爲“辯”，《韓詩外傳》一作“辯”，是也。辯訓平，治也。楊讀爲“辨”而訓别，非。荀書多以“辨”爲“辯”。⊙王念孫曰：扁，讀爲徧。《韓詩外傳》作“辯”，亦古徧字也。徧善者，無所往而不善也。君子依於禮則無往而不善，故曰“徧善之度”。⊙王引之曰：“以脩身自名”，文義未安，當有脱誤。楊云“以修身自爲名號”，則所見本已同今本。《韓詩外傳》作“以治氣養性則身後彭祖，以修身自强則名配堯、禹”，於義爲長。《王霸篇》云：“名配堯、禹。”又云：“名配禹、舜。”⊙陶鴻慶曰：楊注云“禮雖不能治氣養生，而長於修身自名”，此失其旨。養生，當從《韓詩外傳》讀爲“養性”。後彭祖，乃極論修養之效，猶言壽過彭祖耳，非不及彭祖之謂也。⊙帆足萬里曰：扁、徧同。名，猶顯也。⊙鍾泰曰：盧、郝訓扁爲平，是也，而意尚未盡。平者，中也。《禮論》曰：“禮者，斷長續短，損有餘益不足，無餘無不足之謂中。”觀用“度”字可見也。⊙楊樹達曰：“扁善之度”四字，標題也。古書中有作者自標之題，其初本與正文分析者也，後經傳寫，遂致混淆，讀者之不知，遂竟誤認爲正文矣。⊙蔣禮鴻曰：“修身自名”實在是“修身白名”之誤。根據形誤的原則,“白”和“自”形近;根據對偶的原則,“修身”和“白名”是動賓相對,“自强”和“修身”不相對。而“修身白名”又與上面的“治氣養生”相對稱。⊙楊柳橋曰:扁,應讀爲“徧”。《爾雅》:“循,徧也。”是徧有循義。扁善,謂遵循善行也。後,謂繼其後也。自名,自明也,自潔也。名,通明。《釋名》:“名,明也。”鄭玄《禮記》注:“明,猶潔也。”⊙駱瑞鶴曰:扁,爲古“徧”字,在此訓爲全。扁善之度,即全善之法,謂由禮而行。又按:後彭祖,楊注誤,愛説是。後,猶踵也,謂踵其後。與後文“配”字義近。又按:名,讀爲“銘”,本刻治之意。《周禮》《儀禮》“銘”下鄭玄並注“今文銘皆作名”。言以扁善之度修身自銘,則可以爲聖人而比堯、禹矣。⊙龍宇純曰:後彭祖,猶云“下彭祖”,謂使彭祖次己之後也。以“後”爲動詞,故與“配堯、禹”句相儷。《外傳》不解“後”字,增“身”字爲“身後彭祖”,其義大乖。⊙天海案:扁,通徧。徧,古“遍”字。秦漢古籍徧、辯、辨字常通用。遍善之度,即全善之法,駱説是也。此四字總領下文,爲目下小題,楊樹達説是也。治氣,謂理元氣;養生,保養身心以延年。此養生重在延年,故舉彭祖以例之。《外傳》作“養性”,亦當讀爲“養生”。後彭祖,即繼彭祖之後,楊柳橋説是也。然“脩身自名”,諸説皆未得。駱説“自名”當作“自銘”,近之,仍未切也。今案:“自名”一詞又見於《禮記·祭統》,其文曰:“夫鼎有銘,銘者自名也。自名以稱揚其先祖之美,而明著之後世者也。”又云:“自成其名焉,以祀其先祖者也。”鄭玄注:“自名,謂稱揚其先祖之德,著己名於下。”此言“修身自名”,即修身可以自成其名,然後可與堯、禹相配。《外傳》以“自名”不辭,故改作“自强”,非也。楊注又望文生訓,近世之人又加以脱誤之説,皆未溯其源也。

〔二〕楊倞注:信,誠也。言所用脩身及時通處窮,禮誠是也。《孟子》曰:“君子窮則獨善其身,達則兼善天下。”⊙物雙松曰:處通之時,謂之時通。處窮之時,謂之處窮。富貴儻來之物,故以時言。貧賤當安處,故以處言。“信”是語辭,非謂禮與信也。⊙冢田虎曰:“以”字,“於”誤耳。⊙盧文弨曰:《韓詩外傳》作:“宜於時則達,厄於窮則處。”⊙王引之曰:時,亦處也。言既宜於處通,而又利以處窮也。《外傳》未達“時”字之義而增改其文,蓋失之矣。⊙天海案:通,亦達也。此言君子修身,既合宜於適時而通達,亦有利於處於窮困之境。故下云“禮信是也”。

〔三〕楊倞注:提,舒緩也。《爾雅》“媞媞,安也”,《詩》曰“好人提提”,皆舒緩之義也。⊙久保愛曰:知,音智;治,直吏反。勃與悖通,《外傳》作“悖”。提,音題;僈,與漫同。⊙郝懿行曰:勃與悖,僈與嫚,竝同。嫚,謂相侮易也。荀書多以“僈”爲“嫚”,或以爲“慢”。慢,謂惰也。提者,《詩·小弁》傳:“提提,羣貌。”箋云:“提提然樂。”然則提者,羣居相樂;僈者,狎侮相輕;皆不由禮使然。⊙王先謙曰:下文“難進曰偍”,注云:“偍與提、媞皆同,謂弛緩也。”是“提”、“僈”二字義同,故與“勃亂”對文。言不由禮則血氣强者多悖亂,弱者多弛慢也。郝説非。⊙于鬯曰:竊謂“提”

之言"怠"也。怠、提一聲之轉，故借"提"爲"怠"，是爲雙聲假借之例也。提僈，即怠慢也。下文云"怠慢僄弃"，是其證矣。又云"難進曰偍"，偍即提。提爲難進之義，則亦即怠義。難進曰偍，即難進曰怠也。⊙天海案：治通者，理通也。唐人避諱，改"治"作"理"。《外傳》卷一："凡用心之術，由禮則理達，不由禮則悖亂。"意與此同。治通者，調理暢達之謂也。提僈，即怠慢。于說是也。

〔四〕物雙松曰：觸陷，《外傳》作"墊陷"，兩通。⊙久保愛曰：觸陷，謂居處，動靜無禮，觸物陷禍也。生疾，謂食飲、衣服無禮，生疾病也。⊙王先謙曰：和節，猶和適。⊙天海案：和，調和，協調，指食飲、衣服而言。節，節制、適度，指居處、動靜而言。陷，原文訛作"檻"，徑改。觸陷生疾，久說是也。又，"居處"二字，巾箱本、《題注》本、遞修本並在"動靜"二字下。

〔五〕楊倞注：夷，倨也。《論語》曰："原壤夷俟。"固，陋也。庸，凡庸。衆，衆人。野，郊野之人。⊙物雙松曰：下文有"倨固"，夷、倨當有一誤。⊙久保愛曰：野，不中禮之謂也。《禮記》曰："敬而不中禮謂之野。"⊙郝懿行曰：雅對野言，則兼正也、嫻也二義，野者反是。⊙王引之曰：楊分"夷固"爲二義，非也。夷固猶夷倨也。夷固僻違，猶言倨傲僻違。⊙天海案：夷固，猶倨傲也，王說是。僻違，猶乖邪也。諸本一作"辟違"，音義同。庸衆，猶庸人也。

〔六〕天海案：此上之文，《外傳》卷一所載略同。

〔七〕楊倞注：《詩·小雅·楚茨》之篇。卒，盡也。獲，得也。

〔八〕楊倞注：先，謂首唱也。和，胡卧反，下同。⊙朝川鼎曰：已下至"多而亂曰秏"，《孟子》所謂知言之説。⊙天海案：先人，爲人表率；和人，附和他人。順，應也。

〔九〕楊倞曰：諂之言陷也，謂以佞言陷之。諛與俞義同，故爲不善和人也。⊙久保愛曰：本注"諂諛"，解似附會。⊙王念孫曰：楊説"諂"字義未確。諂之言導也，導人以不善也，故曰"以不善先人謂之諂"。而《莊子·漁父篇》亦曰"希意道言謂之諂"，《不苟篇》"非諂諛也"，《賈子·先醒篇》"君好諂諛而惡至言"，《韓詩外傳》竝作"道諛"，是"諂諛"即"導諛"也。導與諂，聲之轉。⊙鄧戛鳴曰："諂"作本義解，"先"字已有導義，不當又訓諂爲導也。逢迎之人，自多脅肩諂笑之態，故謂之諂。⊙李中生曰：諂，當從楊注。以不善導人，即以佞言使人墮落，所以稱爲"諂(陷)"。⊙天海案：正文及注"諂"原訛作"謟"，注"陷"字誤作"檻"，現徑改。諂諛，本同義復詞，於此分而用之。諂者，佞也。《論語》"貧而無諂"，《正義》曰："乏財曰貧，佞説爲諂。"《三蒼》："佞言曰諂。"《公羊傳》隱四年"公子翬諂於隱公"，何休注："諂，猶佞也。"故諂言，以佞言諛人也。諛者，諂也。《莊子·漁父》"希言道言謂之諂，不擇是非謂之諛"，故諛者，以諂佞之言曲從於人也。楊注非，諸說亦未洽也。

〔一〇〕楊倞注：能辨是爲是、非爲非，謂之智也。⊙天海案：智，《藝文類聚》引此文同，諸本一作"知"，二字可通。

〔一一〕楊倞注:以非爲是,以是爲非,則謂之愚。

〔一二〕天海案:讒,以言語中傷人也。《左傳》昭五年"敗言爲讒"。《莊子·漁父》"好言人惡謂之讒"。

〔一三〕天海案:匿行,隱藏行迹。詐,詭詐。易言,輕率而言。

〔一四〕楊倞注:不恒之人。⊙楊柳橋曰:趣舍,讀取舍。⊙天海案:無常,謂無常性,猶言没有恒心。

〔一五〕楊倞注:保,安。⊙久保愛曰:保,保有也。⊙王念孫曰:盧本作"非"者,爲影鈔宋本所誤也,刻本正作"弃"。弃與保,義正相反,作"非"者,字之誤耳。吕、錢、元刻及世德堂本皆作"弃"。⊙天海案:保,守也。至賊,至壞之人。賊,《題注》本、遞修本、《標注》本竝作"賤"。

〔一六〕楊倞注:閑,習也。能習其事,則不迫遽也。⊙物雙松曰:閑,如"閑于威儀"、"閑于辭令",皆多以禮言之。⊙楊柳橋曰:閑,猶博也。《莊子·齊物論》"大知閑閑",簡文注:"閑閑,廣博之貌。"⊙天海案:楊注:"閑,習也。"本《爾雅·釋詁》,今謂閑大也。此四句互文見義,猶言多聞多見曰博大,少聞少見曰淺陋。

〔一七〕楊倞注:偍與提、媞皆同,謂弛緩也。⊙天海案:偍,音題,又讀爲"怠",參見上文"提僈"校釋。又案:注"弛緩",明世本、《四庫》本、《增注》本並作"舒緩"。

〔一八〕郝懿行曰:漏,與屚同。屚之爲言猶漉也。屋下水穿,俄頃滲漉,故易忘者似之。⊙天海案:漏,遺也,失也。

〔一九〕楊倞注:少,謂舉其要,而有條理謂之治。秏,虚竭也。凡物多而易盡曰秏。⊙郝懿行曰:秏,猶暴也,傷敗之名。《詩·雲漢·釋文》引《韓詩》云:"秏,惡也。"然則多而雜亂,斯之謂惡矣。⊙王念孫曰:楊讀"秏"爲虚秏之"秏",則與"多而亂"之義不合,故又爲之説曰"凡物多而易盡曰秏",其失也鑿矣。今案:秏,讀爲眊。眊,亂也。少而理曰治,多而亂曰秏。秏與治正相反,而"秏"爲眊亂之"眊"明矣。⊙朝川鼎曰:先君曰:"秏,當讀爲荒。"⊙天海案:秏,一作"耗"。秏,通眊。訓爲昏暗不明,故"多而亂曰秏",即多而亂曰昏暗。王説秏讀爲眊,是也,然訓爲亂則未妥。若多而亂曰亂,幾同未釋。楊注非,他説亦未得也。

治氣養心之術〔一〕:血氣剛强,則柔之以調和;智慮漸深,則一之以易良〔二〕;勇膽猛戾,則輔之以道順〔三〕;齊給便利,則節之以動止〔四〕;狹隘褊小,則廓之以廣大;卑溼重遲貪利,則抗之以高志〔五〕;庸衆駑散,則刦之以師友〔六〕;怠慢僄弃,則炤之以禍災〔七〕;愚款端愨,則合之以禮樂,通之以思索〔八〕。凡治氣養心之術,莫徑由禮,莫要得師,莫神一好〔九〕。夫是之謂治氣養心之術也。

志意脩則驕富貴，道義重則輕王公，内省而外物輕矣〔一〇〕。傳曰：“君子役物，小人役於物。”此之謂也〔一一〕。身勞而心安，爲之；利少而義多，爲之。事亂君而通，不如事窮君而順焉〔一二〕。故良農不爲水旱不耕，良賈不爲折閱不市〔一三〕，士君子不爲貧窮怠乎道〔一四〕。



## 【校釋】

〔一〕楊倞注：言以禮脩身，是亦治氣養心之術，不必如彭祖也。⊙冢田虎曰：此亦《子思》《孟子》之化而已，孔門之學，未有治氣養心者也。⊙王先謙曰：此與上言“扁善之度”各自爲義。上言“治氣養生”，故以“後彭祖”爲説，然其道不外由禮，故下文曰“禮信是也”。此自論治氣養心之術，與上不相蒙，楊迺云“以禮脩身，不必如彭祖”，謬矣。⊙楊樹達曰：治氣養心之術，此與下文不相屬，亦標題也。⊙鍾泰曰：此節所論正是禮。蓋禮者，損有餘益不足，裁之以歸於至正。楊注本不誤，王氏乃斥之爲謬，異矣。⊙天海案：上節“扁善之度”言治氣養生，側重於生活、儀表、行止的節制，總論禮於人、事、國家的重要性。此節言治氣養心，重在人的心性、品行、才智的修養，故云“由禮”、“得師”、“一好”，是其術也。

〔二〕楊倞注：漸，進也。或曰：漸，浸也，子廉反。《詩》曰：“漸車帷裳。”言智慮深則近險詐，故一之以易良也。⊙物雙松曰：漸深，即沈潛，有潛藏深阻，内含機械意，故下曰“易良”。易則不險，良則不賊。一之云者，一當是“輯”字。⊙郝懿行曰：漸，與“潛”古字通，《外傳》二作“潛”，是。良，作“諒”，亦古字通用。《樂記》云“易直子諒之心生”，易諒，即“易良”也。⊙王念孫曰：漸，讀爲“潛”。楊訓皆失之。⊙朝川鼎曰：一之，猶平之也。⊙梁啓雄曰：伯兄曰：“漸深，猶深沈。易良者，《樂記》‘易直子諒之心生’，易良，即彼文之易諒。”易，謂坦率；諒，謂忠直。言知慮深沉之人，以率直之德斂節之。⊙熊公哲曰：易，平易；良，温良也。一之以易良，謂使歸向平易温良。⊙楊柳橋曰：一，猶正也。高誘《淮南子》注：“一，齊也。”毛《詩》傳：“齊，正也。”陸績《周易》注：“易，平易也。”⊙天海案：漸深，猶言詐深，狡詐陰險之義。《書·吕刑》：“民興胥漸，泯泯棼棼。”孫星衍疏：“漸，猶詐也。”《不苟篇》“知則攫盜而漸，愚則毒賊而亂”，楊倞注“言智慮深則近險詐”；《正論篇》曰“上幽險則下漸詐矣”，亦“漸詐”並言。一者，抑也，平抑之謂也。一、抑，上古皆影母質部，故得相通。易良，謂簡易良善。《禮記·經解》：“廣博易良，樂教也。”孔疏：“簡易良善，使人從化，是易良。”“智慮漸深，則一之以易良。”言智謀詐深，就以簡易良善來平抑之。諸説皆未得也。

〔三〕楊倞注：膽，有膽氣。戾，忿惡也。此性多不順，故以道順輔之也。⊙物雙松曰：輔之以道順，謂道德孝順以夾輔之也。若解爲誘導將順，則似穩當，然“輔”字説不去。勇膽猛戾自比“血氣剛强”更狠，故别用道德孝順夾輔之。若血氣剛强，直以調和優柔之耳。語自有次第。⊙郝懿行曰：“膽”字疑誤，《外傳》作“勇毅强果”。⊙俞樾曰：“道順”二字不可通。順，當讀爲“訓”。古順、訓字通用，道順，即導訓也。楊注非是。⊙朝川鼎曰：先君曰：“道，疑當作遜。”⊙鍾泰曰：道順一義，《書·禹貢》“九河既道”，謂順其道也。是道亦有順義。道順，皆猛戾之反。⊙李中生曰：“道順”所指應是能開導人、寬容人。⊙天海案：勇膽，勇敢也。膽、敢同韻，一聲之轉，故得通。猛戾，猶兇暴也。道，此指道義；順，和順也。《易·豫卦》“聖人以順動”，孔疏：“若聖人和順而動，合天地之德。”故勇猛兇暴，就用道義、和順來輔正他。“道順”一語，楊注非，諸説亦未得。此句《外傳》作“勇毅强果，則輔之以道術”，乃傳寫各異耳，不得以彼律此。

〔四〕楊倞注：《爾雅》云：“齊，疾也。”齊給便利，皆捷速也。懼其太陵遽，故節之使安徐也。⊙物雙松曰：動止，動止之節。⊙王先謙曰：注“給”，各本作“急”。⊙龍宇純曰：“動止”二字義反，疑原作“容止”，似音近而誤。⊙天海案：齊給便利，猶迅疾便捷。《非十二子篇》“齊給速通不爭先人”，《外傳》卷二作“齊給便捷”，義皆同。動止，復詞偏義，言静止也。《莊子·天地》：“其動止也，其死生也。”動止亦訓静止。《外傳》作“安之以静退”，其意亦同。

〔五〕楊倞注：卑，謂謙下；溼，亦謂自卑下如地之下溼然也。《方言》：“溼，憂也。自關而西，凡志而不得，欲而不獲，高而有墜，行而中止，皆謂之溼。”亦謂之過謙恭而無禮者。重遲，寬緩也。夫過恭則無威儀，寬緩常不及機事。貪利則苟得，故皆抗之以高志也。或曰：卑溼亦爲遲緩也。言遲緩之人如有卑溼之疾，不能運動也。⊙物雙松曰：卑溼，不爽利也。⊙久保愛曰：本注“高志”上脱“以”字。⊙盧文弨曰：卑溼，“溼”，元刻作“濕”。注“憂也”，作“優也”。又“卑溼，謂過謙恭”，舊本作“亦謂之過謙恭”，訛。⊙郝懿行曰：卑溼，猶卑下也。《外傳》二作“卑攝貪利”。⊙王念孫曰：卑溼，謂志意卑下也。《説文》：“㬎，下入也。”㬎、濕古字通。抗，舉也。志意卑下，故舉之以高志也。楊注皆失之。⊙帆足萬里曰：“卑溼”二字蓋衍文。⊙徐復曰：王説“高志”之義，似未盡核。疑“高志”爲“高急”形近之誤。抗之以高急，正承上文“卑濕重遲”四字言之。正猶上文“廣大”對“狹隘褊小”言矣。“貪利”二字亦係衍文。⊙天海案：卑溼重遲，猶言低下遲緩。“貪利”二字與上下文例不符，疑衍文。高志，徐説當爲“高急”，可從。抗之以高急，猶言以高上急進來振奮之。抗，同“亢”。亢之，使之昂揚振奮也。又楊注“高志”上原脱“以”字，依久説補。

〔六〕楊倞注：庸衆，已解上。駑，謂材下如駑馬者也。散，不拘檢者也。刦，奪去也。言以師友去其舊性也。⊙久保愛曰：刦，與“劫”通。《説文》：“欲去，以力脅止曰劫。”⊙羅焌曰：劫，脅也。謂夾持之也。⊙天海案：庸衆，凡庸也。駑散，低劣之謂也。刦，脅也。脅，督責也。《公羊傳》莊公二十五年：“以朱絲營社，或曰脅之。”何休注："或曰脅之，與責求同義。"刦之以師友，猶言以師友督責之。楊注非，他説亦未得也。

〔七〕楊倞注：僄，輕也。謂自輕其身也。音匹妙反。《方言》："楚謂相輕薄爲僄。"炤之以禍災，謂以禍災照燭之，使知懼也。炤與照同。⊙物雙松曰：僄弃，當作"儽弃"，乃以字畫近誤寫也。今檢《龍龕手鑑》："儽，力追切，嬾解貌也。"《外傳》作"摽弃"，《爾雅》摽訓落，亦通。⊙久保愛曰：《不苟篇》本注云："弃，自弃也。"⊙朝川鼎曰：先君曰："僄弃，疑當作僄疾。"⊙劉師培曰：僄弃，即暴弃。《廣雅》："瞟，曝也。"是僄、暴互訓之證，故古字亦通用。《孟子》謂："言非禮義，謂之自暴；吾身不能居仁由義，謂之自弃。"自暴自弃與此文"暴弃"同。⊙于省吾曰：炤，應讀昭。《禮記·中庸》"亦孔之昭"，《釋文》："昭，本又作炤。"《禮記·樂記》"蟄蟲昭蘇"，注："昭，曉也。"然則"昭之以禍災"，謂曉之以禍災也。⊙朱起鳳曰：《外傳》作"摽棄"。"摽"字從手會意，今俗呼拋棄，義即本此。僄與摽同音通用。⊙天海案：僄、摽，上古並屬滂母宵部，故得通假，《外傳》正作"摽棄"。摽，又同"拋"。《集韻·爻韻》："拋，弃也。或作摽。"《公羊傳》莊公十三年："曹子摽劍而去之。"何休注："摽，辟也。"《釋文》："劉兆云：辟，捐也。"，故僄弃、摽弃，皆拋弃也。朱説是，楊注及他説皆非。炤，同照，照，亦明也。炤之以禍災，猶言以禍災明示之。《外傳》"炤"作"慰"，慰與畏通。禍災，巾箱本、《題注》本、遞修本並作"災禍"。

〔八〕楊倞注：款，誠款也。《説文》云："款，意有所欲也。"愚款端慤，多無潤色，故合之以禮樂。此皆言脩身之術在攻其所短也。⊙俞樾曰：自"血氣剛强"以下八句，文法皆同。此獨多"通之以思索"五字，與上文不一律。據《外傳》無此五字，當爲衍文。楊注不及"思索"之説，是其所見本未衍也。⊙安積信曰：愚款端慤之人，有質而無文，故合之以禮樂。合者，文質和適之義。然愚款之人，徒拘守禮樂，而不通其精義，則有迂腐拘滯之弊，故又通之以思索。倞注缺"通"明。⊙龍宇純曰：《外傳》卷二"愚款"作"愿婉"，爲叠韻詞。"愚"與"愿"形似，疑爲"愿"字之誤，"愿款"亦叠韻。楊注"款"爲誠款，與"愿"字義亦相近。⊙天海案：愚，敦厚也。《孔子家語·問玉》："故《詩》之失愚，《書》之失誣。"王肅注："愚，敦厚。"款，誠懇也。愚款，即敦厚誠樸之義。以《外傳》之"愿婉"律此，非也。以禮樂與敦厚誠樸相合，並以思索使二者相通，即"文質相彰"也。"通之以思索"正足其意，非衍文也。

〔九〕楊倞注：徑，捷速也。神，神明也。一好，謂好善不怒惡也。⊙物雙松曰：一好，專一其好學之心也。⊙王念孫曰：一好，謂所好不二也。《儒效篇》曰："並一不二，則通於神明。"《成相篇》曰："好而一之神以成。"皆其證。非好善不怒惡之謂。⊙梁啓雄曰：元李冶《敬齋·古今黈》五："一好，謂純一其好，思慮不雜也。用志不分，乃凝於神。此'神一好'之説也。"⊙熊公哲曰：神，謂神化，純熟之候。⊙天海案：徑，直捷也。要，重要。神，聖明。一好，專一其好。要、神二字，《外傳》分別作

“優”、“慎”。楊注“不怒惡”，諸本一作“不好惡”。

〔一〇〕王念孫曰：元刻於“富貴”、“王公”下各加一“矣”字，以對下文。又改下文之“而”字爲“則”，以對上文，而盧本從之。案元刻非也。“内省而外物輕”，乃申明上文之詞，非與上文作對句也。⊙安積信曰：“志意脩”三句，有大小深淺之次第，不可做平等看。“内省”中含道德全具之意。⊙朝川鼎曰：桃源藏曰：“《諸子彙函》載《文中子·問易篇》注引《荀子》‘省’作‘重’。”⊙熊公哲曰：修，謂修正。荀書每以修正、辨治連文。外，富貴貧賤，皆外來事物也。⊙天海案：脩，美好之謂也。驕，此指傲視。輕，輕視也。内省，内心自省。《論語·顔淵》：“内省不疚，夫何憂何懼？”志意修、道義重，乃内心所省也；富貴、王公，皆所輕之外物也。又，“貴”、“公”下，諸本並有“矣”字，“而”又作“則”字。

〔一一〕楊倞注：君子能役物，小人爲物所役。凡言“傳曰”，皆舊所傳聞之言也。⊙安積信曰：傳，去聲，謂古書也。注非。⊙天海案：役物，役使外物，使物爲己用。役於物，受物所役使。

〔一二〕楊倞注：窮君，小國迫脅之君也。言事大國暴亂之君違道而通，不如事小國之君順行其道也。⊙物雙松曰：通，言榮達；順，言聽道行也。⊙郭嵩燾曰：通則言聽計從，恣其所欲爲。順則委身以從之而已。文義在亂君、窮君之分。亂君爲暴，而窮君不能爲暴者也。⊙顧千里曰：窮、順二字，疑當互錯。順君、亂君、對文也；而通，而窮，亦對文也。《荀子》每以“通”與“窮”爲對文。楊注已互錯，望文説之，非也。⊙俞樾曰：荀子之意，以爲事亂君則不順矣，事窮君則不通矣。然與其事亂君而通，不如事窮君而順，正上文“身勞而心安，爲之；利少而義多，爲之”之意。若從顧校，則全失其旨矣。⊙王先謙曰：仕能得君曰通。《仲尼篇》云：“以事君則必通。”⊙鍾泰曰：得位之謂通，行道之謂順。郭以順爲委身從之，非也。⊙梁啓雄曰：《説文》：“通，達也。”謂顯達。《詩·女曰鷄鳴》箋：“順，謂與己和順。”謂言聽計從。⊙天海案：楊注未切，俞、物、梁三説是。

〔一三〕楊倞注：折，損也。閲，賣也。謂損所閲賣之物價也。賈，音古。⊙物雙松曰：《正字通》引此而曰“不以折損所賣物價輟業也”。⊙久保愛曰：閲，謂不急賣，而積日月也。⊙盧文弨曰：《説文》：“閲，具數於門中也。”《史記》：“積日曰閲。”此當謂計數歲月之所得有所折損耳。折，常列切。⊙帆足萬里曰：折閲，謂凡物因數閲折耗也。⊙朝川鼎曰：《標注》曰：“折閲，虧息也。”⊙于省吾曰：閲，説，古通用。説，古“脱”字。然則折脱即折損也，注説不可爲據也。⊙朱起鳳曰：閲與減音近義通。楊注失之。《夏書·五子之歌》“關石”注：“彼此通同，而無折閲，謂之關。”今俗於商業失敗，謂之蝕耗，猶言虧損也。⊙天海案：折，虧損也；閲，脱也，損耗也。合言之，折閲，即虧損蝕耗也。楊注非，于、朱二説是。

〔一四〕天海案：士君子，賢士、君子並言也。《論語·衛靈公》“君子憂道不憂貧”，或此文所本。

體恭敬而心忠信，術禮義而情愛人〔一〕，横行天下，雖困四夷，人莫不貴〔二〕。勞苦之事則爭先，饒樂之事則能讓，端愨誠信，拘守而詳〔三〕，横行天下，雖困四夷，人莫不任〔四〕。體倨固而心執詐，術順墨而精雜汙〔五〕，横行天下，雖達四方，人莫不賤〔六〕。勞苦之事則偷儒轉脱〔七〕，饒樂之事則佞兑而不曲〔八〕，辟違而不愨〔九〕，程役而不録〔一〇〕，横行天下，雖達四方，人莫不弃。

行而供冀，非漬淖也〔一一〕；行而俯項，非擊戾也〔一二〕；偶視而先俯，非恐懼也〔一三〕。然夫士欲獨脩其身，不以得罪於比俗之人也〔一四〕。

【校釋】

〔一〕楊倞注：術，法也。⊙久保愛曰：術，道術也。⊙郝懿行曰：術，與述同，古字通用。注云“術，法”，非也。情者，實也。《大學》云“無情者”，鄭注“情猶實”，是也。⊙王引之曰：人，讀爲仁。言其體則恭敬，其心則忠信，其術則禮義，其情則愛仁也。愛仁，猶言仁愛。恭敬、忠信、禮義、愛仁，皆兩字平列，下文之倨固、執詐、順墨、雜汙，亦兩字平列。古字“仁”與“人”通，此“人”字即仁愛之“仁”，非“節用愛人”之“人”。⊙于鬯曰：術，當讀爲述。《儀禮・喪禮》鄭注云：“古文‘述’，皆爲‘術’。”《小戴・樂記》注云：“術，當爲述。”並可例。術禮義，即述禮義也。⊙安積信曰：術，即事業之義，與體、心相對，注非。⊙楊柳橋曰：術，猶行爲也。⊙天海案：體，此指外貌，與“心”相對。術，本義爲道，引申爲行。《廣雅》：“術，道也。”鄭玄《禮記》注：“道，猶行也。”情，性也。《淮南子・本經》：“地愛其平，人愛其情。”高注：“情，性也。”愛人，猶仁愛，王説是。

〔二〕楊倞注：横行，不順理而行也。困，窮也。言所至皆貴也。⊙盧文弨曰：横行天下，猶《書》所云“方行天下”，言周流之廣。注謬甚。⊙郝懿行曰：“横”之爲言“光”也，“廣”也。古三字多通用。《書》言“光被”，亦作“横被”。此言“横行天下”句凡四見，横亦廣也。⊙朝川鼎曰：王納諫本《標注》曰：“横行，言隨其所之也。”注非。⊙駱瑞鶴曰：四夷，四方極邊之地。⊙天海案：横行，即遠行。《莊子・徐無鬼》：“吾所以説吾君者，横説之則以《詩》《書》《禮》《樂》，從説之則《金版》《六弢》。”成玄英疏：“横，遠也。從，近也。”困，窘也，處境艱難。四夷，猶四裔。《方言》“裔，夷狄之總名”，郭注：“邊地爲裔，亦四夷通以爲號也。”四夷，四方極邊遠之地。

駱説是。

〔三〕楊倞注：拘守，謂守而勿失。詳，謂審於事也。⊙楊柳橋曰：詳，通祥。高誘《淮南子》注："詳，善也。"⊙天海案：饒樂，猶逸樂。拘守，謹守也。詳，善也。《公羊傳》宣公十二年："吾以不詳道民，災及吾身。"何休注"善用心曰詳"。上言爭先、能讓、誠信三事，皆善行也，故曰"拘守而詳"也。楊注訓"詳"爲"審於事"，非也。

〔四〕李中生曰：任，指任用，使用。⊙大海案：任，信任。上言"端慤誠信"，故此云"人莫不任"。《戰國策·魏策》"王聞而弗任也"，高注："任，信也。"李説失之。

〔五〕楊倞注：倨，傲也。固，鄙固。順墨，當爲慎、墨。謂齊宣王時處士慎到也，其術本黄老，歸刑名，先申、韓，其意相似，多明不尚賢、不使能之道，著書四十一篇。墨翟，宋人，號墨子。墨子著書三十五篇，其術多務儉嗇。精，當爲情。雜汙，謂非禮義之言也。⊙盧文弨曰：《墨子》書本七十一篇，今在者尚有五十四篇。此云三十五篇，反少於今所傳者，疑三十五當是五十五之訛，蓋有分并之故也。⊙久保愛曰：觀《吕子》所載，墨子似魯人。本注"三十五篇"，當爲"五十三"，互誤也。⊙王引之曰：執詐，當爲"埶詐"，字之誤也。《議兵篇》曰："隆埶詐，尚功利。"又曰"埶詐險阸"，埶與詐，義相近。⊙于鬯曰：術順墨，亦謂述順墨也。彼注云"順墨當爲慎墨"，則術字之爲"述"，其義益明。⊙劉師培曰：此文"順墨"與"禮義"對文，與倨固、執詐、雜汙並文，均就人行言，似與慎到、墨翟無涉。古籍"順"字，凡唐人所書，字皆作"慎"。故知此"順"字舊亦作"慎"也。惟作"慎"乃"脊"字之訛。脊，即瘠省，與慎字古文相似。《禮論篇》"送死不忠厚，不敬文，謂之瘠"，又云"刻死而附生，謂之墨"。《樂論篇》云"其送死瘠墨"，蓋墨義兼該利己言，瘠義兼該損禮言。不敬文則與禮違，附生則與義背。故以"瘠墨"與"禮義"對文。⊙章詩同曰：執詐，勢利狡詐。順，阿諛順從。墨，貪污營私。⊙熊公哲曰：順墨，姚鼐云"墨如昏墨之墨"。順墨，言順其貪欲也。姚蓋訓"順"爲"循"。⊙楊柳橋曰：高誘《淮南子》注："執，蟄也。"蟄伏，僞詐之意。《釋名》："墨，晦也。"《左傳》昭公十四年"貪以敗官爲墨"。順墨，謂柔順而晦暗。⊙天海案：固，鄙陋也。執詐，當爲"埶詐"之誤，荀書"埶詐"一語《議兵篇》中凡五見，其義皆謀詐，亦狡詐之謂也。而"執詐"僅此一見，故知"執"乃"埶"之形誤也。術順墨，猶言行慎墨之道，正與上文"行禮義"相對爲文。楊注不誤，劉説迂曲，他説皆非也。精，通"情"，亦性也。"精"字，明世本、《四庫》本並作"清"，形誤也。

〔六〕天海案：達，顯達。"達四方"正與上文"困四夷"相對成文。賤，輕賤，鄙視也。

〔七〕楊倞注：偷，謂苟避於事。儒，亦謂懦弱畏事，皆嬾惰之義。或曰"偷"當爲"輸"。揚子雲《方言》云："儒輸，愚也。"郭璞注："謂愞撰也。"又云：轉脱者，謂偷懦之人苟求免於事之義。⊙物雙松曰：轉脱，宛轉苟脱也。⊙久保愛曰：本注"解輸儒"，今《方言》作"解輸棁"。郭璞注："棁，猶脱也。儒，與懦通。"⊙盧文弨曰：此注多訛脱，今案文意改正。⊙郝懿行曰：注引或説，失之。儒者，柔也，弱也，選懦畏事之意。注義甚明，何必改此爲"輸"，而援《方言》爲訓？⊙章詩同曰：偷儒，懦弱怕事；轉脱，取巧逃避。⊙熊公哲曰：偷，謂苟且避事；儒，懦也；轉脱，婉轉推脱也。⊙天海案：偷，苟且；儒，同懦，懦弱。偷儒，猶言苟且怯懦。楊注前説是。轉脱，即逃避。轉，避也；脱，逃也。《管子·法言》："引而使之，民不敢轉其力。"尹知章注："轉，猶避也。"楊注引或説"愚"下原無"也"字，"愞撰"作"懦蝡"，"轉脱者"作"解輸儒"，"偷懦"作"懦"，此全據盧校改之。又"偷儒"一語，荀書凡四見，"偷懦"僅一見，然皆苟且怯懦之義。是儒、懦二字古可通用。

〔八〕楊倞注：兑，悦也。言佞悦於人以求饒樂之事。不曲，謂直取之也。⊙俞樾曰："不"字涉下"不愨"、"不録"而衍。曲者，委曲也。言遇饒樂之事，必委曲以取之。楊注誤。⊙王先謙曰：俞説非也。兑與"鋭"同字，佞兑即"佞鋭"也。佞是口才捷利之名，鋭亦利也。此言遇勞苦之事則偷脱以避之，遇饒樂之事則身口捷利以取之，不畏人言，無所委曲，故曰"不曲"。楊訓"不曲"爲直取之，是也。而言"佞悦於人以求饒樂之事"，則非其義矣。⊙帆足萬里曰：不曲，謂不委曲詳審也。⊙劉師培曰：衆説均非。蓋"而不"二字，本係"耎"字之訛。《廣雅·釋詁》："耎，弱也。"耎曲者，即柔曲也。佞兑，當從楊説，王氏訓兑爲鋭，亦非。⊙于省吾曰：《釋名·釋言語》："曲，局也。"《詩·正月》"不敢不局"，傳："局，曲也。"則佞悦而不曲，謂恣意爲樂，佞媚喜悦而不局曲。正形容小人之無忌憚也。⊙楊柳橋曰：《莊子·漁父篇》："莫之顧而進之，謂之佞。"佞兑，謂悦之不顧也。⊙天海案：佞兑，荀書多用之。《王制》篇作"佞倪"，《君道》《臣道》二篇又作"佞説"。是兑、倪、説三字古皆可通"悦"也，楊訓兑爲悦，是也。曲，與句通。《説文》："句，曲也。"句，又通拘。拘、曲一聲之轉。不曲，即不拘，猶言佞悦而無所拘束也。楊注非，他説亦未得。惟于説近之。

〔九〕楊倞注：乖僻違背，不能端愨誠信。辟，讀爲僻。⊙王念孫曰：楊分"僻違"爲二義，非也。"僻違"皆邪也。⊙天海案："辟違"一語，前文及《不苟》《非十二子》並作"僻違"，《成相篇》又作"辟回"，其義皆爲乖邪，王説是也。

〔一〇〕楊倞注：程，功程。役，勞役。録，檢束也。於功程及勞役之事怠惰而不檢束，言不能拘守而詳也。⊙物雙松曰：蓋謂立程就役不敢盡力也。⊙冢田虎曰：程，猶量。言程量力役之事而不總録也。⊙久保愛曰：録，拘録之録，勉强之意也。⊙朝川鼎曰：程者，程功之程，猶言課也。録，即《榮辱篇》軥録之録。⊙劉師培曰：程役與辟違對文，則程役係指性情而言，非指事言。程，當作逞，程役，即逞欲。逞欲者，猶言快意也。惟録訓檢束，當從楊説。逞欲與拘束相反，故言逞欲而不録也。⊙于省吾曰：録，應讀爲"勞"，雙聲字也。程役而不勞，謂有功程役使之事而不勞也。⊙鍾泰曰：程役不録，對"拘守而詳"言。録與慮同聲相借，慮之言省也。程役謂勉應期程，如赴役然。謂其非出自本心也，故曰不省。⊙高亨曰：程，疑借爲

"逞"。《説文》:"逞,楚謂疾行爲逞。"《廣雅·釋詁》:"逞,疾也。"役,當作"彶",形似而誤。《説文》:"彶,急行也。"是逞、彶皆急遽之義。録,借爲逯。《説文》:"逯,行謹逯逯也。"楊訓"録"爲檢束,檢束即謹慎之意。程役而不録,言其行動急遽而不謹慎也。⊙楊柳橋曰:王逸《楚辭》注:"役,賤也。"程,疑借爲輕,輕亦賤也。録,應讀作"禄"。《白虎通·京師篇》:"禄者,録也。"《廣雅》:"禄,善也。"⊙天海案:程,當讀爲"征"。程、征一聲之轉。征役,賦税與繇役。《周禮·地官·小司徒》"凡征役之施舍",賈公彦疏:"征謂税之,役謂繇役。"録,記載、登記也。《公羊傳》隱公十年"《春秋》録内而略外",《廣雅疏證》:"録,具也。録者,記之具也。"程役不録,猶言賦税、兵役皆未應征登記在册,故下文云"人莫不弃"也。楊注固未得,諸説迂曲致惑也。

〔一一〕楊倞注:供,恭也。冀,當爲翼。凡行自當恭敬,非謂漬於泥淖也。人在泥淖中則兢兢然。或曰:李巡注《爾雅》:"冀州曰冀,近也。"恭近,謂不敢放誕也。⊙盧文弨曰:供,疑是張拱之義。⊙久保愛曰:供與拱通。古屋鬲曰:"拱翼,謂拱手翼如也。"⊙郝懿行曰:供與拱,冀與覬,俱音同字通,其義則冀、覬俱訓望也。此言行而張拱顧望,乃是恭敬審諦,非恐漸漬於泥淖也。⊙王先謙曰:楊前説是。《賈子·容經》:"趨從微罄之容,飄然,翼然,肩狀若流,足如射箭。"以此文推"供冀"之義,正狀其趨走疾速,是爲禮之容,非因有泥淖漬之也。若張拱顧望,非所以爲禮矣。⊙帆足萬里曰:漬,漸漬。淖,泥污也。⊙天海案:供,通共,共,恭也。冀,當讀爲"己"。上古"冀"屬見母微部,"己"屬見母之部,聲同韻近,故二字可通。供冀,即恭己,謂態度恭敬而嚴肅。《論語·衛靈公》:"夫何爲哉?恭己正南面而已矣。"字又作"共己",《荀子·王霸篇》:"天子共己而已。"《漢書·高后紀》作"惠帝拱己",《家語·五帝德》:"舜命二十二臣,率堯舊職,躬己而已。"是供冀與恭己、共己、拱己、躬己音義並同也。楊注前説近是,然未洽也。他説皆未得也。

〔一二〕楊倞注:擊戾,謂項曲戾不能仰者也。擊戾,猶言了戾也。⊙物雙松曰:擊,當作繫。⊙久保愛曰:方苞曰:"俯項,猶俯首。"⊙盧文弨曰:《方言》三:"軫,戾也。"郭注云:"相了戾也。"正與此同。了戾,乃屈曲之意。⊙王念孫曰:然則擊戾者,謂有所抵觸也。"行而俯項,非擊戾也"者,謂非懼其有所抵觸而俯項以避之也。與上下文同一例,楊説失之。⊙俞樾曰:擊戾者,拂戾也。《考工記·工人》"和弓毄摩",鄭注:"毄,拂也。"擊與毄通。⊙帆足萬里曰:擊,爲人所折。曲,戾也。⊙朝川鼎曰:君子行而俯項,是卑躬恭體,不敢仰視也,非以頭頓地,以欲擊戾人也。《説苑·奉使篇》"布衣韋帶之士怒也,解冠徒跣,以頭頓地耳",是即擊戾之狀。⊙楊柳橋曰:擊,當讀爲"蛹"。《説文》:"蛹,虜也。"又:"戾,曲也。"《通俗文》:"疲極曰憊。"憊,即"虜"字。蛹戾,謂疲極而曲背也。⊙天海案:正文及注中"項"字,原並作"頃",形之誤也,現據諸本改之。俯項,謂低頭也。擊戾,猶係罪、係囚也。擊,係，上古同屬見母錫部，聲韻同，故得相通。且擊、繫亦通，繫與係意義亦同。戾，罪也。《爾雅·釋詁》上："戾，辠也。"郝懿行義疏："辠，古罪字。"《廣韻·霽韻》："戾，罪也。"《書·湯誥》："兹朕未知獲戾於上下。"孔傳："未知得罪於天地。"《左傳》文公四年："君辱貺之，其敢干大禮以自取戾。"杜預注："戾，罪也。"是擊戾猶言被係之罪囚也。楊注未得，諸説亦未會此意也。

〔一三〕楊倞注：偶視，對視也。⊙天海案：先俯，先低頭俯身以示敬也。

〔一四〕梁啓雄曰：《釋詞》七："然，乃也。"言士之恭敬如此，乃欲自修其身，非恐得罪於流俗也。⊙楊柳橋曰：然夫，猶然則也。《古書虚字集釋》："夫，猶則也。"鄭玄《禮記》注："比，猶同也。"⊙天海案：然夫，訓爲"然則"，是也。不以，猶不用、不必也。比俗，即流俗，世俗。"比"字，原作"此"，現依諸本徑改。

夫驥一日而千里，駑馬十駕則亦及之矣〔一〕。將以窮無窮，逐無極與〔二〕？其折骨絶筋，終身不可以相及也〔三〕。將有所止之〔四〕，則千里雖遠，亦或遲或速、或先或後，胡爲乎其不可以相及也〔五〕？不識步道者，將以窮無窮逐無極與？意亦有所止之與〔六〕？夫堅白、同異、有厚無厚之察，非不察也〔七〕，然而君子不辯，止之也〔八〕。倚魁之行，非不難也，然而君子不行，止之也〔九〕。故學曰遲，彼止而待我，我行而就之〔一〇〕，則亦或遲或速，或先或後，胡爲乎其不可以同至也？故蹞步而不休，跛鼈千里；累土而不輟，丘山崇成〔一一〕。厭其源，開其瀆，江河可竭〔一二〕；一進一退，一左一右，六驥不致〔一三〕。彼人之才性之相縣也，豈若跛鼈之與六驥足哉〔一四〕？然而跛鼈致之，六驥不致，是無他故焉，或爲之，或不爲爾〔一五〕！道雖邇，不行不至；事雖小，不爲不成。其爲人也多暇日者，其出入不遠矣〔一六〕。

**【校釋】**

〔一〕物雙松曰："夫驥"至"其出入不遠矣"語意不與上下文相接，蓋上篇錯簡。⊙冢田虎曰：上篇騏驥、駑馬之辯，以喻功之在不舍。此篇始末，論君子脩身止於禮義，故又比驥與駑馬，以喻其有所止。不敢爲錯簡。⊙郝懿行曰：駑馬日可百里，十日則亦可及千里，遲速先後不同，其歸一也。⊙熊公哲曰：馬行一日爲一駕。⊙天海案：《類聚》引此，作"不及之矣"。《意林》所鈔同此文。

〔二〕楊柳橋曰：《釋詞》補："將，猶如也。"⊙天海案：此"將"與下"將"，並同

"抑"也,於此作選擇之語首詞。説見王引之《釋詞》卷八。與,同歟。

〔三〕久保愛曰:元本"其"作"則"。⊙梁啓雄曰:《釋詞》五:"其,猶殆也。"⊙楊柳橋曰:"其"與下"則"對文。《古書虚字集釋》:"其,猶則也。"⊙天海案:其,巾箱本、《題注》本、遞修本並作"則",是"其"猶"則"也。

〔四〕物雙松曰:止之,非謂止而不行也,謂不行無用之路也。故曰"有所"。⊙冢田虎曰:言君子之行止於禮義,過於禮義,乃不行焉。物説失之。⊙安積信曰:止之,謂到其所當至,則止而又不行也。⊙熊公哲曰:止,心所專注。譬之於射,其所射之鵠的,即所止也。⊙劉如瑛曰:"將有所止之"下脱"與"字。此亦設問句,與上"將以"句組成選擇問句。⊙天海案:止,至也。所止之,言所至之目標。《詩·魯頌·泮水》:"魯侯戾止,言觀其旂。"毛傳:"止,至也。"或曰:有所罷止也。

〔五〕天海案:《治要》録此文,"後"下有"耳"字,"可"下無"以"字。

〔六〕楊倞注:步,行。⊙物雙松曰:不識步道,謂不識道路也。⊙冢田虎曰:步行道路者,必有所期之地,而豫計其里數遠近,而定所止舍也。⊙久保愛曰:不識,謂不知也。⊙安積信曰:或疑"步"字衍,"不識"二字是設問之詞。⊙朝川鼎曰:"不識"二字管下十九字。先君曰:"意,讀爲抑。"⊙天海案:注:"步,行。"明世本、《四庫》並作:"遠,行。"誤也。步道者,即行道者。"意亦"同"抑亦",與"將以"同爲選擇句首疑問之詞。

〔七〕楊倞注:此言公孫龍、惠施之曲説異理,不可爲法也。堅白,謂離堅白也。公孫《堅白論》曰:"堅、白、石三,可乎? 曰:不可。二,可乎? 曰可。"謂目視石,但見白,不知其堅,則謂之白石。手觸石,則知其堅,而不知其白,則謂之堅石。是堅、白終不可合爲一也。司馬彪曰:"堅白,謂堅石非石,白馬非馬也。同異,謂使異者同,同者異。"或曰:即《莊子》所謂:"大同而與小同異,此之謂小同異。"言同在天地之間,故謂之大同;物各有種類所同,故謂之小同。是大同與小同異也。此略舉同異,故曰:"此之謂小同異。"《莊子》又曰:"萬物畢同畢異,此之謂大同異。"言萬物總謂之物,莫不皆同,是萬物畢同。若分而别之,則人耳目鼻口面體,草木枝葉花實,無不畢異,是物畢異也。此具舉同異,故曰:"此之謂大同異。"《莊子》又曰:"無厚不可積也,其大千里。"無厚,謂厚之極,不可爲厚薄也。不可積,言其委積至多,不可復積也。凡無厚不可積,因於有厚可積,故得其大千里。千里者,舉大之極也。⊙久保愛曰:《莊子·秋水篇》:"公孫龍問於魏牟曰:'龍少學先生之道,長而明仁義之行,合同異,離堅白,然不然,可不可,困百家之知,窮衆口之辯。'"是則荀卿所非也。⊙朝川鼎曰:鄧析著書四篇,漢劉歆復校爲二篇,内有《無厚篇》,今現存。⊙天海案:察,猶辯也。

〔八〕楊倞曰:止而不爲。⊙冢田虎曰:注非也。言君子之所辨與所行,皆止於禮義也。⊙久保愛曰:《標注》曰:"止之也,道無取於過中也。"⊙王先謙曰:楊注非也。

止，與《大學》“止於至善”同意。言君子之辯、之行，皆不止乎此。《解蔽篇》云：“固學也者，固學止之也。惡乎止之？曰：止諸至足。”與此“止”之義合。⊙熊公哲曰：不辯止之，謂辯不以是爲至足而止之。凡九字爲句，下“不行止之”同。辯，指堅白、同異之辯；行，指倚魁之行。楊注非是。⊙楊柳橋曰：“止”與“之”篆文略同，涉上文“止之”而衍。⊙天海案：止之，止於無窮之辯也。

〔九〕楊倞注：倚，奇也。“奇”讀爲“奇偶”之奇。《方言》云：“秦、晉之間，凡物體全而不具謂之倚。”魁，大也。倚、魁皆謂偏僻狂怪之行。《莊子》曰：“南方有倚人，曰黄繚也。”⊙盧文弨曰：今《方言》作：“凡全物而體不具謂之倚。”⊙久保愛曰：倚魁，讀爲奇傀。《周禮》“大傀異烖”，注云：“傀，猶怪也。”⊙郝懿行曰：倚與奇，魁與傀，俱聲近假借字。奇傀，言其事譎觚不常也。⊙王先謙曰：《不苟篇》：“申徒狄，行之難爲者也；惠施、鄧析，説之難持者也；然而君子不貴。”亦即此義，文可互證。⊙劉師培曰：倚魁，即“詭隨”之倒文，乃疊韻字之表象者也。楊注分訓，失之。⊙梁啓雄曰：倚魁之行，即奇怪之行。⊙熊公哲曰：倚魁，謂怪誕駭俗之行。⊙楊柳橋曰：難，讀爲“儺”。鄭玄《周禮》注“故書難或爲儺”，是其證。《説文》：“儺，行有節也。”⊙天海案：倚魁，讀爲畸傀，奇異怪僻之謂也。又“難”字，巾箱本、《題注》本、遞修本並作“離”，形誤也。止之，止於怪異之行也。

〔一〇〕楊倞曰：學曰，謂爲學者傳此言也。遲，待也，直吏反。⊙物雙松曰：學曰，當斷爲古書名，如識、傳、記之類。⊙冢田虎曰：學曰遲，謂學以爲遲也。⊙久保愛曰：“學”當移“曰”下，“學遲”當是古語。《解蔽篇》“故曰心容”，文法合符。⊙郝懿行曰：古人名遲，字須。須者，待也。故“遲”之訓爲待，音直吏切。“學曰”者，蓋古學侣虚設此言以相警厲。⊙王念孫曰：學曰，疑當作“學者”。謂學者或遲或速，或先或後，皆可同至也。今本“者”作“曰”，寫者脱其半耳。楊云“學曰，謂爲學者傳此言也”，此不得其解而爲之詞。⊙帆足萬里曰：謂學問之方爲遲，當時蓋有此語也。⊙朝川鼎曰：彼者，指禮而言；我，即行禮之人。⊙鍾泰曰：“學曰遲”句，猶學之爲言遲也。疑古有是語而荀子引之。遲，訓待不誤。王氏改“學曰”爲“學者”，則“遲”字不屬矣。⊙楊柳橋曰：《古書虚字集釋》：“曰，猶若也。”⊙天海案：學曰遲，猶言“學若遲”也。此假設之詞。遲，謂遲緩、滯後之意，非謂“待”也。止，停止也。

〔一一〕物雙松曰：崇成，《爾雅》“丘一成爲敦丘”，郭注：“成，猶重也。”⊙梁啓雄曰：崇，借爲“終”。⊙天海案：崇，聚也。《左傳》隱公六年“芟夷蕰崇之”，杜注：“蕰，積也；崇，聚也。”故“崇成”猶言聚成，梁説非也。《類聚》《治要》所引與此文同。兩“而”字，《意林》所引無，諸本亦並無。

〔一二〕楊倞注：厭，塞也。音一涉反。瀆，水竇也。⊙天海案：瀆，疏水之溝也。《説文》：“瀆，溝也。”

〔一三〕楊倞注：言不齊，故不能致道路也。⊙天海案：不致，猶不至也。

〔一四〕久保愛曰：縣，懸隔也。足，當作“矣”，字之誤也。⊙梁啓雄曰：《淮南·主術》注：“縣，遠也。”⊙天海案：縣，通懸。懸，殊也。“足”字衍。

〔一五〕王念孫曰：吕、錢本並作“或不爲爾”，盧從元刻於“不爲”下增“之”字，“爾”改“耳”。案下句無“之”字者，蒙上而省也。《治要》亦無“之”字。耳、爾古字通。⊙天海案：或不爲爾，諸本並作“或不爲之耳”。

〔一六〕楊倞注：多暇日，謂怠惰。出入，謂道路所至也。⊙物雙松曰：言雖有所出入也，亦不甚相遠矣。注非。⊙桃源藏曰：出人，超出於人也。管子曰“其道非獨出人也”，是也。方氏删定《荀子》，亦“入”作“人”。⊙郝懿行曰：爲善惟日不足，多暇日者，遊閑不事事也。出入，疑當作“出人”，言不能出人前也。⊙王念孫曰：出入，必當爲“出人”。言爲學而多暇日，則或作或輟，其出人必不遠也。《外傳》曰：“日日多者，出人不遠矣。”義本《荀子》。⊙安積信曰：“出入”就學者説，即《勸學篇》所謂“一出一入”之義。不遠，猶言不定也。注誤。⊙天海案：出入，謂出道入道，楊注不誤。不得以《外傳》之文律此。又，“道雖邇”以下數語，原提行分屬下節，然此與上文相貫，故移之相接也。

好法而行，士也〔一〕；篤志而體，君子也〔二〕；齊明而不竭，聖人也〔三〕。人無法則倀倀然〔四〕；有法而無志其義，則渠渠然〔五〕；依乎法而又深其類，然後温温然〔六〕。

禮者，所以正身也；師者，所以正禮也。無禮何以正身？無師吾安知禮之爲是也？禮然而然，則是情安禮也；師云而云，則是知若師也。情安禮，知若師，則是聖人也〔七〕。故非禮是無法也，非師是無師也〔八〕。不是師、法而好自用，譬之是猶以盲辨色，以聾辨聲也，舍亂妄，無爲也〔九〕。故學也者，法禮也。夫師以身爲正儀，而貴自安者也〔一〇〕。《詩》云：“不識不知，順帝之則。”此之謂也〔一一〕。

【校釋】

〔一〕楊倞注：好法而能行，則謂之士。士，事也，謂能治其事也。⊙王先謙曰：法即禮也。⊙朝川鼎曰：法，禮法也。⊙楊柳橋曰：好法，謂遵守法度也。⊙天海案：好法，喜好禮法。若謂遵守法度，則“好”字不屬，又與“行”字相復，故楊柳橋之説非也。士、君子、聖人，爲修身之三層次。此士當爲向學而好禮法之賢士。《議兵篇》“好士”，楊倞注：“士，賢士也。”是也。

〔二〕楊倞注：厚其志而知大體者也。⊙久保愛曰：體於法也。⊙王念孫曰：《爾雅》："篤，固也。"體，讀爲履。篤志而體，謂固其志而履道，非謂厚其志而知大體也。履，體古字通。⊙帆足萬里曰：體，如具體之體。謂於聖人之道，形體具足也。⊙桃源藏曰：志，識也。篤識其義而體之也。⊙朝川鼎曰：體，即體行之體。⊙楊柳橋曰：高誘《淮南子》注："體，行也。"⊙天海案：篤志，堅定志向。《釋名・釋言語》："篤，築也。堅實稱也。"體，體現於己身也。《易・繫辭》："陰陽合德，而剛柔有體，以體天地之撰。"孔《正義》："或以剛柔體象天地之數也。"上已言"好法而行"，此"體"不當復訓爲"行"也。楊注固非，他説亦未得也。或曰：篤志，猶篤識也。體，體悟也。亦通。

〔三〕楊倞注：齊，謂無偏無頗也。不竭，不窮也。《書》曰："成湯克齊聖廣淵。"⊙物雙松曰：齊明，齊音側皆切。⊙王引之曰：齊者，智慮之敏也，故以"齊明"連文，楊説失之。⊙朝川鼎曰：齊明而不竭，猶言至誠無息也。齊明者，齊明其心也，即誠之之義。《國語・周語》上"齊明衷正"，《禮・中庸篇》"齊明盛服"，亦與此同。⊙李中生曰："齊明"之"齊"，當指全。齊明，即無所不明，故楊倞以"無偏無頗"申説之。⊙天海案：齊明，整齊嚴明。《禮記・中庸》："齊明盛服，非禮不動，所以修身也。"孔疏："齊，謂整齊；明，謂嚴明。盛服謂正其衣冠，是修身之體也。"不竭，不衰也。楊注非是，他説皆未得也。又案：此上之文原與"道雖邇"以下數語共作一小節，現據文意與下文連屬之。

〔四〕楊倞注：倀倀，無所適貌。言不知所措履。《禮記》曰："倀倀乎其何之。"⊙楊柳橋曰：《説文》："倀，狂也。"今作"猖"。⊙天海案：倀，《玉篇・人部》："倀，失道貌。"倀倀然，迷惘不知所措貌。楊注是，楊柳橋之説非。又，倀，通悵，義亦同。此句上承"好法而行"而言。

〔五〕楊倞注：渠，讀爲遽。古字渠、遽通。渠渠，不寬泰之貌。志，識也。不識其義，謂但拘守文字而已。⊙陳奂曰：渠渠，猶瞿瞿。《齊風》傳云："瞿瞿，無守之貌。"楊注失之。⊙鍾泰曰：志，即"篤志"之"志"，楊訓志爲識，非也。"有法而無志其義"承"篤志而體"言。⊙楊柳橋曰：《説文》："遽，窘也。"顔師古《漢書》注："遽，惶也。"⊙天海案：志，識也，楊注是。渠渠，通瞿瞿。《易・震卦》："震索索，視瞿瞿。"《禮記・玉藻》："視容瞿瞿梅梅。"孔疏："瞿瞿，驚遽之貌。"故渠渠然，亦驚惶不安之貌。楊注未切。

〔六〕楊倞注：深其類，謂深知統類。温温，有潤澤之貌。舉類，君子所難，故屢言之也。⊙久保愛曰：類，以其本知其末，以其左知其右之謂也。詳見乎《大略篇》。⊙王先謙曰：凡荀書法類竝言者，解依《勸學篇》。⊙帆足萬里曰：温温，和順貌。⊙朝川鼎曰：王納諫本《標注》曰："深其類，言能觸類而長也。"先君曰："温，讀爲藴藉之藴，有所含蓄之貌。"⊙梁啓雄曰：類，指與法相類似的律例。⊙熊公哲曰：温温，優遊有餘貌。⊙鍾泰曰：依乎法而又深其類，承"齊明而不竭"言，惟深其類，所以不竭也。⊙天海案：類，此指事理。《禮・學記》："九年知類而達，强立而不反，謂之大成。"鄭注："知類，知事義之比也。"《吕氏春秋・達鬱》："得其細，失其大，不知類耳。"高注："類，事也。"深其類，即深究其事理。温温然，温和寬厚之貌。《詩・小雅・小宛》："温温恭人，如集于木。"毛傳："温温，和柔貌。"又《小雅・賓之初筵》："賓之初筵，温温其恭。"鄭箋："温温，柔和也。"又《大雅・抑》："温温恭人，惟德之基。"毛傳："温温，寬柔也。"楊注並失之，他説亦未切。又案："人無法"以下至此，原爲一小節，現依文意與上節併之。

〔七〕楊倞注：情安禮，謂若天性所安，不以學也。行不違禮，言不違師，則與聖人無異。言師法之效如此也。⊙物雙松曰：師云而云，云者，如是也。云云、云爾，皆然。⊙久保愛曰：知若，音智。⊙桃源藏曰：上"然"謂禮若是，下"然"謂學禮者若是。知，去聲。若，順也。⊙天海案："則是聖人也"，《外傳》作"則是君子之道"。

〔八〕楊倞注：無師，謂不以師爲師。⊙安積信曰：非，詆毁也。無，蔑視也。注意亦似若此。⊙梁啓雄曰：非禮，違禮也。非師，違師也。⊙天海案：無師，目中無師。

〔九〕楊倞注：舍，除也。除亂妄之人，孰肯爲此也。⊙王念孫曰：舍亂妄無爲，言所爲皆亂妄耳。楊説非。⊙天海案：王説是。不是師、法，即不以師和禮法爲是。

〔一〇〕楊倞注：效師之禮法，以爲正儀，如性之所安，斯爲貴也。禮，或爲"體"。⊙冢田虎曰：言爲師者以己之身行爲學者之正儀，而貴自安於禮法也。注非也。⊙久保愛曰：法禮，舊作"禮法"。言學者效師之禮也。師者躬親行禮，以爲正儀而貴，弟子自安之也。⊙駱瑞鶴曰："禮"當作"體"。此涉前七用"禮"字而誤。體，體行也。體法，即謂體行禮法。⊙天海案：法禮，諸本又作"禮法"，故駱依楊注或説以爲當作"體法"。然諸本中無作"體法"者，如作"禮法"，亦猶履行禮法也。《説文》："禮，履也。"《釋言》："履，禮也。"《大略篇》："禮者，人之所履也。"故"禮法"與"法禮"二詞在荀書中皆有履行、效法禮法之義。此文當以"法禮"爲是。正儀，即準則、典範。以身爲正儀，猶言以身作則。自安，自安於禮也。此指師而言。

〔一一〕楊倞注：《詩・大雅・皇矣》之篇。引此以喻師、法暗合天道，如文王雖未知，已順天之法則也。⊙久保愛曰：引此《詩》以喻師順禮儀者，宜則效之也。⊙桃源藏曰：帝假比師。言爲師者如上所言，則學者不用私智，當順師之則也。⊙天海案：《詩》云，諸本一作"《詩》曰"。

端慤順弟，則可謂善少者矣〔一〕；加好學遜敏焉，則有鈞無上，可以爲君子者矣〔二〕。偷儒憚事，無廉恥而嗜乎飲食，則可謂惡少者矣〔三〕；加惕悍而不順，險賊而不弟焉〔四〕，則可謂不詳少者矣，雖陷刑戮可也〔五〕。老老而壯者歸焉〔六〕，不窮窮而通者積焉〔七〕，行乎冥冥而施乎無報，而賢不肖一焉〔八〕。人有此三行，雖有大過，天其不遂乎〔九〕？君子之求利也略，其遠害也早，其避辱也懼，其行道理也勇〔一〇〕。



君子貧窮而志廣，富貴而體恭，安燕而血氣不惰，勞勸而容貌不枯〔一一〕。怒不過奪，喜不過予〔一二〕。君子貧窮而志廣，隆仁也〔一三〕；富貴而體恭，殺埶也〔一四〕；安燕而血氣不惰，柬理也〔一五〕；勞勸而容貌不枯，好交也〔一六〕；怒不過奪，喜不過予，是法勝私也〔一七〕。《書》曰："無有作好，遵王之道；無有作惡，遵王之路。"此言君子之能以公義勝私欲也〔一八〕。

## 【校釋】

〔一〕楊倞注：弟，與悌同。⊙章詩同曰：善少，好少年。⊙熊公哲曰：善事長者曰悌。⊙天海案：端愨，正直誠實也。順弟，尊長愛幼也。朱起鳳曰："順、長同義。《禮·祭義》曰：'立敬自長始，教民順也。'《意林》引《新論》作'順悌'，蓋因此。"熊説非也。

〔二〕楊倞注：既好學遜敏，又有鈞平之心，而無上人之意，則可以爲君子矣。或曰："有鈞無上"四字衍耳。⊙物雙松曰：有鈞無上，言端愨順弟，本立焉；好學遜敏，可以進聖焉；故雖聖亦有能均之，而莫有上之者也。倞注非矣。⊙冢田虎曰：觀上下文勢，宜以爲衍也。⊙俞樾曰：有鈞無上，但謂有與之齊等，更無在其上者也，故謂之君子。楊注非。⊙帆足萬里曰：鈞，猶敵也。言有能鈞敵之人，而無有能爲之上者。⊙安積信曰："遜敏"二字，乃學問力行之要。《説命》曰："惟學遜志，務時敏，厥修乃來。"《荀子》所言，正與《書》合。⊙章詩同曰：遜敏，謙虚明敏。⊙熊公哲曰：遜敏，謂謙虚以受人，勤敏以勵己。鈞，同均，平也。上，謂陵駕他人之上也。⊙天海案：依上下文例皆爲"則可"句式，此"有鈞無上"四字文意晦澀。楊注引或説以爲衍文，是也。

〔三〕楊倞注：偷儒憚事，皆謂懦弱怠惰，畏勞苦之人也。⊙物雙松曰：偷儒，即上文"偷懦"。"懦"字爲正，"儒"借用。⊙天海案：惡少，品行不端的無賴子弟，與上"善少"相對爲文。

〔四〕楊倞注：韓侍郎云："惕與蕩同字，作心邊易。謂放蕩兇悍也。"⊙久保愛曰：本注"謂"上，當有"惕悍"二字。⊙天海案：不順，不尊長。不弟，不愛幼。險賊，陰險歹毒之謂也。

〔五〕楊倞注：詳，當爲"祥"。⊙盧文弨曰：二字古通用。⊙冢田虎曰：可謂不詳少者矣，對於上文"君子者矣"，"少"字衍。⊙王先謙曰：不詳少，承上"惡少"言之，謂少年而不祥者，猶言不祥人矣，知其將陷刑戮也。⊙天海案：不詳，即不祥。謂不善而有兇事之人。《易困卦》："入於其宫，不見其妻，不祥也。"孔疏："祥，善也，吉也。不吉，必有兇也。"刑戮，乃兇事，故曰"不詳"。"少"字乃沿上而衍，冢説是也。

〔六〕楊倞注：老老，謂以老爲老而尊敬之也。《孟子》曰："伯夷、太公二老者，天下之達老，是天下之父也，其父歸之，其子焉往矣。"⊙盧文弨曰：大老，宋本作"達老"。⊙天海案：老老，與《孟子・梁惠王》上"老吾老，以及人之老"義同。彼趙歧注："老，猶敬也。"故老老，猶言敬老也。又，楊注引《孟子》見《離婁》上，文略異。句末"往"字誤作"住"，徑改。

〔七〕楊倞注：窮者則寬而容之，不迫蹙以苛政。謂惠卹鰥寡窮匱也。積，填委也。既然，則通者歸亦多矣。覆巢毁卵，則鳳皇不至；竭澤涸漁，則蛟龍不遊。義與此同。⊙物雙松曰：不窮窮，言不窮侮其貧賤也。⊙冢田虎曰："不窮窮而通者積焉"，亦衍"不"字，與"老老"同義。積焉，言積聚於我，歸者衆也。⊙俞樾曰：楊注非也。窮通以賢不肖言。不窮窮者，不强人以所不知不能，《中庸》所謂"矜不能"也。若以窮爲鰥寡，則窮者豈不鰥寡之謂乎？《非十二子篇》"聰明聖知，不以窮人"，即可説此文"不窮窮"之義。⊙安積信曰：不窮窮，本就學者言，不必爲"不以苛政"。⊙熊公哲曰：上"窮"字謂迫蹙之也，動詞；下"窮"字謂窮困無能之人，名詞。⊙天海案：不窮窮，謂不使窮困者走上絶路。故上"窮"字，絶也，使之絶也。下"窮"字，爲窮困者，正與"通者"反。楊注非，他説亦未洽。

〔八〕楊倞注：行乎冥冥，謂行事不務求人之知。施乎無報，謂施不務報。如此，賢不肖同慕而歸之。⊙久保愛曰：本注"務報"，疑"望報"誤。⊙梁啓雄曰：一，當爲"壹"。《左》昭十年《傳》："壹，同也。"《禮記・玉藻》注："壹，猶聚也。"⊙熊公哲曰：冥冥而行，不務求人知也。無報，謂無所企求。一，皆也。⊙天海案：冥冥，本皆暗貌，此引申爲暗中、隱藏。行乎冥冥，猶言暗中行善。無報，不求回報。楊注"不務報"，亦不求報，久氏疑"務"爲"望"誤，非也。一，此指一視同仁。《莊子・大宗師》："故其好之也一，其弗好之也一。"郭象注："好與不好，所喜所惡，與彼無二也。"此言暗中行善，施惠不求報，對賢不肖者皆一視同仁也。楊注"同慕而歸之"，非也。

〔九〕楊倞注：若不幸而有過，天亦祐之矣。此固不宜有大災也。⊙俞樾曰：人有此三行，則君子矣，小過或有之，安有大過乎？"過"當爲"禍"。《漢書・公孫弘傳》"雖陽與善，後竟報其過"，《史記》過作禍，是過與禍通。遂，成也。言雖有大禍，天必不成之也。楊注"大災"二字，正可釋正文之"大過"，特不知"過"爲"禍"之假字，故不得其解耳。⊙古屋鬲曰：據注考之，過，恐"禍"誤，注同。⊙于省吾曰：俞説非是。遂、墜，古通用。《王制篇》"小事殆乎遂"，《正論篇》"不至放廢易遂亡",王念孫並讀"遂"爲"墜"。金文"墜"作"劔"。然則天其不墜乎,謂天不隕墜之也。《墨子·法儀》:"故天禍之,使遂失其國家。"孫詒讓讀"遂"爲"墜",與此義亦相仿。⊙大海案:俞説"過"、"禍"通,于説"遂"、"墜"通,皆是也。墜,隕落也,於此引申爲消除之義。其,通豈。天豈不墜乎,猶言上天難道不會消除(大禍)嗎?



〔一〇〕王引之曰:懼,怯也。故與勇對文。《吕氏春秋·知度篇》"工拙、愚智、勇懼",亦以懼對勇。⊙章詩同曰:略,疏略,不計較。⊙熊公哲曰:遠,讀去聲,喻勸切,去而離之也。⊙楊柳橋曰:顔師古《漢書》注:"懼,讀曰瞿。瞿然,失守貌。"與怯義近。⊙天海案:略,簡也,少也。《管子·侈靡》:"略近臣,合於其遠者,立。"尹知章注:"略,禮爲不繁也。"不繁,即少。本書《天論篇》:"養略而動罕,則天不能使之全。"楊倞注:"略,減少也。"章説非。懼,通遽。《廣雅》:"遽,懼也。"《玉篇》:"遽,疾也。"《左傳》僖公二十四年"公遽見之",楊伯峻注:"遽,急忙。"《漢書·嚴助傳》"事薄遽",顔注:"遽,速也。"其避辱也懼,猶言其避辱也速。君子是當如此。若依王訓"懼"爲"怯",雖能與"勇"對,然"避辱也怯",非君子也。此文略、懼、勇三者各言其事,不必上下工對也。又案:"遠害"二字,諸本又作"遠思"。故盧文弨曰"遠思"當是"遠患";王念孫曰:"吕、錢本作'遠害'。"今案:"害"正與上"利"相對爲文,作"思"字誤也。遠害,遠離其害也。"行道理"不辭,"理"字衍。行道也勇,正與上"求利也略"、"遠害也早"一律,故"理"字必衍也。又"君子之求利"數語,原文單作一小節,現與上文併作一節。

〔一一〕王念孫曰:枯,讀爲楛。言君子雖安燕而血氣不懈惰,雖勞勌而容貌不楛慢。楛慢,猶苟且也。⊙久保愛曰:勌,與倦同。⊙梁啓雄曰:燕,借爲晏。晏,烏諫切。《説文》:"晏,安也。"陶詩"辛苦無此比,常有好容顔",意義與此句暗合。⊙章詩同曰:安燕,安逸。不枯,苟且、馬虎。⊙熊公哲曰:體,與禮通。安燕,猶安閒也。⊙天海案:此節言志、言體、言容貌、言喜怒,皆人之身心性情也。熊説體與禮通,失之。體恭,即外貌舉止恭敬,與上文"體恭敬"義同。安燕,猶安居也。枯,憔悴之貌也。《説文》:"枯,槀也。"容貌不枯,謂容貌不因勞倦而憔悴也。王説枯讀爲楛,失之。

〔一二〕楊倞注:予,賜也。《周禮》"八柄",三曰"予以馭其幸"。⊙久保愛曰:予,音與,下同。⊙安積信曰:不過奪、不過予,即伊尹"一介不以與人,一介不以取諸人"之意,本就學者説。而注引《周禮》"八柄",殆屬蛇足。⊙章詩同曰:予、奪,原意爲賜予與剥奪,這裏引申爲嘉許、貶抑。⊙天海案:過,錯也。過奪,錯奪。過予,錯予。此言不因喜怒而任意處罰、獎賞人。



〔一三〕楊倞注:仁愛之心厚,故所思者廣。言務於遠大濟物也。⊙朝川鼎曰:先君曰:"《性惡篇》:'仁之所在,無貧窮;仁之所亡,無富貴。'即此義。"⊙鍾泰曰:隆,尊也。以仁爲尊,故雖貧窮而志廣。⊙天海案:志廣,志向遠大。隆仁,重仁也。

〔一四〕楊倞注:減權埶之威,故形體恭謹。殺,所介反。⊙鍾泰曰:殺與隆對。隆,尊也;殺,卑也。不得作"減"字解。⊙梁啓雄曰:此文"隆仁"謂尊大仁;"殺勢",謂減省勢。⊙天海案:殺,減省、裁削。《周禮·地官》"詔王殺邦用",鄭注:"殺,猶減也。"殺埶,此言自減其威勢也。楊注是,鍾説非。

〔一五〕楊倞注:柬,與簡同。言簡擇其事理所宜而不務驕逸。故雖安燕,而不至怠惰。⊙物雙松曰:簡、閒,形似音近。理、禮,則因音訛。此"柬理"當作"閑禮"也。⊙久保愛曰:柬理,未詳。方苞曰:"柬與檢同,謂檢束於義理也。"⊙劉師培曰:柬,當作嫺。古字柬與簡通,簡與閒同,閒與嫺通。嫺者,嫺習之謂也。嫺理,猶言明理。⊙章詩同曰:柬理,謂生活合理而不驕惰。⊙天海案:柬理,不辭。楊注及諸説皆牽强難通。今謂"柬"乃"束"之形誤也。束理,即約束於情理之中也,故"安燕而血氣不惰"。

〔一六〕楊倞注:以和好交接於物,志意常泰也。⊙物雙松曰:交、爻、學、覺、孝、教、效、斆,淵源相通,見《通雅》。此"好交"當作"好學"也,但頗涉宛轉,或招人疑耳。⊙郝懿行曰:《榮辱篇》"豢之而俞瘠者,交也",注云:"所交接非其道,則必有患難,雖食芻豢而更瘠也。"⊙王念孫曰:"好交"二字,與"容貌不枯"無涉,楊説非也。交,當爲文。隸書"交"字或作"文",與"文"相似而誤。上言"柬理",下言"好文",理與文皆謂禮也。⊙天海案:好交,當作"好文",王説是也。然則好文即注重文飾儀表也,故"勞倦而容貌不枯"也。楊注及他説皆非。

〔一七〕楊倞注:以公滅私,故賞罰得中也。⊙天海案:"是"字諸本並無。

〔一八〕楊倞注:《書·洪範》之辭也。⊙天海案:作好、作惡,皆以個人好惡行事。公義,猶言公理也。《墨子·尚賢》上:"舉公義,辟私怨。"

# 荀子校釋　卷第二

## 不苟篇第三[一]

君子行不貴苟難，説不貴苟察[二]，名不貴苟傳，唯其當之爲貴[三]。故懷負石而赴河[四]，是行之難爲者也，而申徒狄能之[五]。然而君子不貴者，非禮義之中也[六]。山淵平，天地比[七]，齊秦襲[八]，入乎耳，出乎口[九]，鉤有須[一〇]，卵有毛[一一]，是説之難持者也，而惠施、鄧析能之[一二]。然而君子不貴者，非禮義之中也。盜跖吟口，名聲若日月[一三]，與禹、舜俱傳而不息。然而君子不貴者，非禮義之中也。故曰：君子行不貴苟難，説不貴苟察，名不貴苟傳，唯其當之爲貴[一四]。《詩》曰："物其有矣，唯其時矣。"此之謂也[一五]。

### 【校釋】

〔一〕梁啓超曰：《不苟篇》教人審度事理，爲適宜之因應。⊙吕思勉曰：《不苟篇》"君子養心莫善於誠"一節，義與《禮記·中庸篇》通。又"君子位尊而志恭"一節，論法後王之義。⊙天海案：此篇論君子立身處世應謹守禮義，切不可苟且妄爲，並以禮義爲其道德行爲之準則。

〔二〕楊倞注：行，如字。察，聰察。⊙冢田虎曰：《管子》曰："言必中務，不苟爲辯；行必思善，不苟爲難。"古已有此語。⊙久保愛曰：察，精察也。⊙梁啓雄曰：《匡謬正俗》："苟者，媮合之稱。"《儀禮》注："苟，假也。"苟察，謂苟且分辨事物之理，而自以爲纖微皆審的假明察。⊙天海案：行，行爲也。苟，輕易、隨便之謂。《詩·大雅·抑》："無易由言，無曰苟矣。"鄭箋："女無輕易於教令，無曰苟且如是。"《論語·子路》："君子於其言，無所苟而已矣。"《禮·曲禮》："不苟訾，不苟笑。"苟難，輕易犯難。察，辯也。冢引《管子》是其證。苟察，隨意論辯。

〔三〕楊倞注：當，謂合禮義也。當，丁浪反。⊙天海案：苟傳，隨便傳揚也。當之，與禮義相適合。

〔四〕盧文弨曰：宋本正文"負石"上有"故懷"二字，案文不當有。或"負"字本有作"故懷"二字者，校者注異同於旁，因誤入正文耳。⊙王念孫曰：案吕、錢本竝有"故懷"二字，是也。"故"字乃總冒下文之詞。懷負石而赴河者，負，抱也，謂抱石於懷中而赴河也。《韓詩外傳》曰"申徒狄抱石而沈於河"，是其證。⊙劉師培曰：惟"懷"疑後人旁注之字，以"懷"釋"負"，非正文亦有"懷"字也。⊙天海案："故懷"二字，宋錢佃《考異》曰"諸本皆無"。今存諸本除宋浙本、宋台本外，亦無此二字。《外傳》"故"作"夫"，無"懷"字，《説苑·談叢》亦無"懷"字。故"懷"字或旁注之文混入正文，盧、劉二説可從。

〔五〕楊倞注：申徒狄恨道不行，發憤而負石自沈於河。《莊子·音義》曰"殷時人"。《韓詩外傳》曰："申徒狄將自投於河，崔嘉聞而止之，不從。"⊙劉台拱曰：服虔《漢書》注亦曰"殷之末世介士也"，高誘《説山訓》注亦曰"殷末人"。然《外傳》及《新序》竝載申徒狄事，其答崔嘉有"吴殺子胥，陳殺泄冶"語，據此言之，則非殷時人。⊙久保愛曰：申徒即司徒。《史記》曰："項梁使良求韓成立以爲韓王，以良爲韓申徒。"徐廣曰："即司徒耳。"但語音訛轉，故字亦隨改。⊙天海案：申徒狄乃傳説中人。《莊子》《尸子》《外傳》《説苑》《新序》《風俗通》《論衡》諸書皆有載，申徒，又作申屠、信都、司徒，皆音轉而異。説爲夏人、殷人、周末人、六國時人，亦各異。因首見於《莊子》，爲周末人近是。

〔六〕楊倞注：禮義之中，時止則止，時行則行，不必枯槁赴淵也。揚子雲非屈原曰："君子遭時則大行，不遇則龍蛇。何必沈身！"⊙盧文弨曰：注"不遇"下，一本有"時"字。子雲語見《本傳》，此約取之。⊙鍾泰曰：中，猶"當"也。觀後文曰"唯其當之爲貴"，以"當"爲言，可知。⊙天海案：禮義亦受時勢制約，違時而行，必不在禮義之中也。

〔七〕楊倞注：比，謂齊等也。《莊子》曰："天與地卑，山與澤平。"《音義》曰："以平地比天，則地卑於天。若以宇宙之高，則似天地皆卑。天地皆卑，則山與澤平矣。"或曰：天無實形，地之上空虚者，盡皆天也。是天地長親比相隨，無天高地下之殊也。在高山則天亦高，在深泉則天亦下。故曰"天地比"。地去夫天遠近皆相似，是山澤平也。⊙盧文弨曰：張湛注《列子》云"地之上皆天也"，意亦與此同。⊙朝川鼎曰：比，相並也。⊙金德建曰："山淵平，天地比"，應該同於《天下篇》惠施所説的"天與地卑，山與澤平"。"卑"字可以假爲"比"字，"澤"字和"淵"字意義也相同。⊙天海案：山與淵同在大地，由天視之，無高下，故曰"山淵平"。天與地處處相連，故曰"天地比"。比，連也。此説見《莊子·天下篇》惠施之語，略變其詞耳。

〔八〕楊倞注：襲，合也。齊在東，秦在西，相去甚遠。若以天地之大包之，則曾無隔異，亦可合爲一國也。⊙久保愛曰：襲，猶鄰也。⊙朝川鼎曰：襲，因也。⊙金德建曰：設使楊倞注得當，那末跟《天下篇》所説"我知天下之中央，燕之北，越之南"語意相通。否則《不苟篇》這句，也是惠施遺説，爲《天下篇》所未記載。⊙天海案：《淮南子·天文》"天地之襲精爲陰陽"，高誘注："襲，合也。"楊注是。

〔九〕楊倞注：未詳所明之意。或曰：即山出口也，言山有耳口也。凡呼於一山，衆山皆應，是山聞人聲而應之，故曰："入乎耳，出乎口。"或曰：山能吐納雲霧，是以有口。⊙物雙松曰：謂言發而耳聞，是人所知也。然必聽於未言之前，而其言可聽。不但穎悟士，雖常人往往如此。當時惠施輩想當有此論，但未詳所出耳。⊙盧文弨曰：注末句，宋本作"是以有口"，訛。⊙久保愛曰：此六字，《勸學篇》之語，錯亂入此而已，今爲衍文。⊙楊樹達曰：此節皆難持之説，若"入耳出口"，非難持之説矣。原文蓋本作"出乎耳，入乎口"，淺人據《勸學篇》文妄改耳。⊙金德建曰："入乎耳"一句，我疑心是"人三耳"之訛。"出乎口"，應當原來《天下篇》惠施話裏的"山出口"之訛。⊙天海案：《天下篇》"山出口"，《釋文》引司馬云："呼於一山，一山皆應。一山之聲入於耳，形與聲並行。是山猶有口也。"此即楊注所本。今案：據《莊子·釋文》及楊倞之注，疑此六字當作"入乎耳，山出口"。

〔一〇〕楊倞注：未詳。自"齊秦襲，入乎耳，出乎口，鉤有須"皆淺學所未見。或曰：鉤有須，即丁子有尾也。丁之曲者爲鉤，須與尾皆毛類，是同也。《莊子·音義》云："夫萬物無定形，形無定稱。在上爲首，在下爲尾。世人謂右行曲波爲尾。今丁、子二字雖左行，曲波亦是尾也。"⊙久保愛曰：須，讀爲鬚。⊙俞樾曰：鉤，疑"姁"之假字。《説文·女部》："姁，嫗也。"嫗無須而謂之有須，故曰"説之難持者也"。⊙沈瓞民曰：《爾雅·釋草》"鉤芺"，又"鉤藈姑"，注："一名王瓜。"凡植物皆花時有須，所謂雄蕊、雌蕊是也。果成則須落。鉤本有須，成熟則不見。下文"卵本無毛，胎卵之生，必有毛羽"。二者相對成文。⊙天海案：自"齊秦襲"至"鉤有須"之文，疑爲惠施、鄧析之遺説，然載籍無可考，諸説歧出，多臆測也。不妨闕疑待考。

〔一一〕楊倞注：司馬彪曰："胎卵之生，必有毛羽。鷄伏鵠卵，卵不爲鷄，則生類於鵠也。毛氣成毛，羽氣成羽，雖胎卵未生，而毛羽之性已箸矣。"故曰"卵有毛"。⊙天海案："卵有毛"，亦見《莊子·天下篇》。楊注本於《莊子·釋文》。

〔一二〕楊倞注：皆異端曲説，故曰難持。惠施，梁相，與莊子同時，其書五車，其道舛駁。鄧析，鄭大夫。劉向云："鄧析好刑名，操兩可之説，設無窮之辭，數難子產爲政，子產執而戮之。"按《左氏傳》"鄭駟歂殺鄧析而用其竹刑"，而云"子產戮之"，恐誤也。⊙盧文弨曰：正文"能之"，俗本作"能精之"。⊙久保愛曰：以不平爲平，以不比爲比，以不襲爲襲，以無須爲有須，以無毛爲有毛，故荀子以爲難，而諸家强解之者，非也。⊙天海案：惠施，戰國時宋人，與莊子同時。屬名家，主張"合同異"之説。《漢志》著録《惠子》一篇，今佚。其事散見於《莊子》《列子》《荀子》《吕覽》《韓非子》《戰國策》諸書中。鄧析，春秋時鄭人，傳爲名家之祖。《左傳》定公九年載爲駟歂所殺。《漢志》著録《鄧析子》二篇，今存本分爲《無厚》《轉辭》兩篇，合爲一卷。然疑爲晉人托名而作。其事見於《左傳》《列子》《吕覽》中。正文“能之”二字，明世本、《四庫》本作“能精之”。

〔一三〕楊倞注：吟口，吟咏長在人口也。《説苑》作“盜跖匈貪”。⊙盧文弨曰：見《説苑·説叢篇》。《韓詩外傳》三亦作“吟口”，與此同。⊙郝懿行曰：案“吟口”，《説苑》作“凶貪”，此本必作“貪凶”，轉寫形誤，遂成“吟口”。楊氏據誤本作注，不知其不可通耳。《韓詩外傳》誤與此同，可知此本相傳已久，楊氏所以深信不疑。⊙俞樾曰：吟，蓋“黔”之假字。黔口即黔喙。《周易·説卦》傳“爲黔喙之屬”，《釋文》引鄭注曰：“謂虎豹之屬，貪冒之類。”然則盜跖黔口，乃以虎豹擬之，《正論篇》所謂“禽獸行，虎狼貪”也。⊙王先謙曰：《後漢書·梁冀傳》“口吟舌言”，章懷注：“謂語吃不能明了。”吟口，當與“口吟”同義。“盜跖吟口”三句，與揚雄《解嘲》“孟軻雖連蹇，猶爲萬乘師”文意近似。諸説皆非。⊙帆足萬里曰：吟口，或是人名，猶《梁冀傳》所謂“口吟”也。⊙劉師培曰：“吟口”者，即“貪”字也，轉寫分爲二字，遂誤“貝”爲“口”，另加口旁於“今”側，遂成“吟口”。且“名”、“聲”同義，“聲”字亦係衍文。蓋《荀子》本文衹作“盜跖貪名若日月”，“貪名”連文，猶言清名、高名耳。“聲”字亦後人妄增，以訛傳訛，遂妄分一語爲二語矣。⊙潘重規曰：文意謂盜跖惡名長在人口，故曰名聲若日月，與禹、舜俱傳。楊注得之，郝、俞、王説皆未諦。⊙楊柳橋曰：吟口，吟咏之口，所謂出口成章也。《莊子·盜跖篇》稱其“辯足以飾非”，是也。⊙屈守元曰：楊以“吟咏長在人口”以釋“吟口”，本甚通暢，惟吟咏之義，尚未闡明耳。今尋本卷(《外傳》卷三)“人主之疾”章：“無使百姓歌吟誹謗，則《風》不作。”以“歌吟”與“誹謗”同列，則誹謗之言亦得人歌吟矣。所謂“遺臭萬年”亦非“名聲若日月，與禹、舜俱傳而不息”乎？以此釋“吟口”之義，似較諸家之説簡易通暢。⊙天海案：吟口，風嘆於人口。《説文》：“吟，呻也。”桂馥《説文義證》：“呻也者，《藝文類聚》《太平御覽》引作‘嘆也’。本書(即《説文》)：‘嘆，吟也。’”《蒼頡篇》：“吟，嘆也。”鄭注《檀弓》云：“嘆，吟息也。”《楚策》“晝吟宵哭”，《楚辭·漁父》“行吟澤畔”。此皆證“吟”有憂嘆之義。又案：《夏書》：“太康失邦，昆弟五人，須於洛汭，作《五子之歌》。”孔傳：“太康五弟與其母待太康於洛水之北，怨其不反，故作歌。”《詩·周南·關雎》毛《傳序》：“明乎得失之跡，傷人倫之廢，哀刑政之苛，吟詠情性，以風其上。”楊注“吟咏長在人口”或本此，彼已得其意，惜其未詳耳。吟口，即怨嘆風咏長在人口，故名聲若日月一樣顯赫，並與禹、舜俱傳而不息。

〔一四〕盧文弨曰：苟傳，與上文同，俗間本作“苟得”，非。案《外傳》亦作“苟傳”。⊙久保愛曰：元本無“曰”字，無“説不貴苟察，名不貴苟傳”十字。⊙天海案：傳，原作“得”，據上文當作“傳”，轉寫形似而誤，徑改。又“曰”字諸本皆無，“説不貴苟察，名不貴苟傳”十字，巾箱本、《題注》本、遞修本三本俱無。

〔一五〕楊倞注：《詩·小雅·魚麗》之篇。言雖有物，亦須得其時，以喻當之爲貴也。⊙楊柳橋曰：張湛《列子》注：“有，猶富也。”《爾雅》：“時，是也。”⊙天海案：正文句末“也”字，巾箱本、《題注》本、遞修本並作“矣”。



君子易知而難狎〔一〕，易懼而難脅〔二〕；畏患而不避義死，欲利而不爲所非〔三〕；交親而不比〔四〕，言辯而不辭〔五〕。蕩蕩乎其有以殊於世也〔六〕。

君子能亦好，不能亦好；小人能亦醜，不能亦醜。君子能則寬容、易直以開道人〔七〕，不能則恭敬、繜絀以畏事人〔八〕；小人能則倨傲、僻違以驕溢人〔九〕，不能則妬嫉、怨誹以傾覆人。故曰：君子能則人榮學焉，不能則人樂告之；小人能則人賤學焉，不能則人羞告之〔一〇〕。是君子、小人之分也〔一一〕。

君子寬而不僈〔一二〕，廉而不劌〔一三〕，辯而不爭，察而不激〔一四〕，寡立而不勝，堅彊而不暴〔一五〕，柔從而不流，恭敬謹慎而容〔一六〕，夫是之謂至文〔一七〕。《詩》曰：“温温恭人，惟德之基。”此之謂也〔一八〕。

## 【校釋】

〔一〕楊倞注：坦蕩蕩，故易知。不比黨，故難狎。⊙郝懿行曰：《韓詩外傳》二“知”作“和”，於義較長。此形訛。⊙王念孫曰：案《外傳》是也。和與狎義相近，懼與脅義相近。故曰“易和而難狎，易懼而難脅”。今本“和”作“知”，則於義遠矣。⊙俞樾曰：案《外傳》作“和”，字之誤也。知者，接也。《墨子·經篇》：“知，接也。”古謂相交接曰知。故《後漢書·宋弘傳》“貧賤之交不可忘”，《羣書治要》作“貧賤之知”，是“知”有交接之義。易知而難狎，謂易交接而難狎也。《詩·芄蘭篇》首章曰“能不我知”，次章曰“能不我甲”，毛傳訓甲爲狎，蓋首章言不與我交接，次章言不與我狎習也。説詳《群經平議》。《荀子》以“知”、“狎”對文，正本乎《詩》。韓嬰改“知”爲“和”，失之。王氏謂當從《外傳》，非也。⊙天海案：《治要》録此文正作“知”，俞説是也。

〔二〕楊倞注：小心而志不可奪也。⊙安積信曰：君子小心翼翼，故易懼。⊙朝川鼎曰：二“易”字屬於君子，二“難”字屬於小人。⊙天海案：懼，警懼之謂也。脅，以武力相逼也。“難脅”，《外傳》作“不可劫”。

〔三〕楊倞注：心以爲非則捨之。⊙久保愛曰：《禮記》曰："委之以貨財，淹之以樂好，見利不虧其義；劫之以衆，沮之以兵，見死不更其守。"⊙鍾泰曰：所非，謂非義也，楊注迂。⊙天海案：義死，爲正義而死。

〔四〕楊倞注：親，謂仁恩。比，謂暱狎。⊙安積信曰：比，是比黨之義，注謂"暱狎"，未的。⊙朝川鼎曰：即《論語·爲政篇》"君子周而不比"之義。周，親也。⊙天海案：交親，謂與人交接親善。不比，謂不偏私結黨。《論語·爲政》注："忠信爲周，阿黨爲比。"

〔五〕楊倞注：辯足以明一，不至於騁辭。⊙物雙松曰：不辭，言不飾辭也。⊙久保愛曰：《易》曰"吉人辭寡"。⊙郝懿行曰：《韓詩外傳》二"辭"作"亂"，其義較長，此形譌。⊙王念孫曰：不辭，當作"不亂"，楊加"騁"字以釋之，其失也迂矣。⊙潘重規曰：君子言辯而不辭，即下文"君子辯而不爭"之意。《説文》："辭，訟也。"又："訟，爭也。"辭即爭也。《榮辱篇》："辯而不説者，爭也。"義可互證。⊙章詩同曰：不辭，不强詞奪理。⊙天海案：不辭，即不爭辯也。潘説是，王、郝二説非。又，楊注"明一"，明世本、《四庫》本、盧謝本、《集解》本俱作"明事"。

〔六〕楊倞注：與俗人有異。⊙章詩同曰：蕩蕩乎，形容廣大。殊，不同。⊙楊柳橋曰：高誘《吕氏春秋》注："蕩蕩，平易也。"⊙天海案：蕩蕩，廣闊遠大之貌。《書·洪範》："無偏無私，王道蕩蕩。"《論語·泰伯》："巍巍乎，唯天爲大，唯堯則之。蕩蕩乎！民無能名焉。"又《述而》："君子坦蕩蕩，小人長戚戚。"亦此文所本。

〔七〕楊倞注：道，與導同。⊙天海案：能，有才藝之謂也。《周禮·大宰》"以八柄詔王馭萬民，四曰使能"，鄭注："能，多才藝者。"《孟子·公孫丑》上"能者任職"，又《盡心》上"能者從之"，義皆同。醜，惡也，臭也。《詩·小雅·十月之交》"亦孔之醜"，毛傳："醜，惡也。"《釋名》："醜，臭也，如臭穢也。"易直，平易正直。《禮·樂記》："致樂以治心，則易直子諒之心油然生矣。"孔疏："易謂和易，直謂正直。"

〔八〕楊倞注：縛，與撙同。絀，與黜同。謂自撙節貶損。⊙安積信曰：絀與詘同，不必訓爲黜。⊙朝川鼎曰：先君曰："詘與屈同。屈，節也。撙詘即撙節。"⊙劉師培曰：楊氏讀縛爲撙，是也。惟以"撙節"二字訓縛，别讀絀爲黜，訓爲貶損，則其説大非。縛絀者，即撙節之轉音也。絀與屈同，節、屈雙聲，義亦相近。《禮·曲禮》："是故君子恭敬、撙節，退讓以明禮。"即此文之"恭敬縛絀"也。《管子·五輔篇》曰"整齊撙詘以辟刑戮"，撙詘，亦即撙節。若楊注以絀爲貶損，則與枉道事人者何異？非君子也。⊙章詩同曰：縛絀，謙虚退讓。⊙天海案：縛絀，自謙而退讓之貌。劉、章二説是。《仲尼篇》："主損絀之，則恐懼而不怨。"朱起鳳曰："損與撙音近義同，絀即詘字之假。"此又一説也。

〔九〕楊倞注：溢，滿。⊙梁啓雄曰：驕溢，猶驕侮。溢，借爲"恤"。《詩·維天之命》"假以溢我"，襄廿七年《左傳》引作"何以恤我"，即溢、恤通用之證。《廣雅·

釋詁》:"恤,駇也。"《説文》:"駇,侮也。"⊙天海案:僻違,邪僻乖戾。上文言君子"以畏事人",此言小人"以驕溢人",相對爲文。故"驕"與"畏"對,"溢"當與"事"對。《爾雅》:"溢,盈也。"《廣雅》:"溢,滿也。"盈、滿皆謂水漫出器外,是溢有漫義。漫與僈通。僈,侮也。故"以驕溢人",即以驕侮人也。楊注未的,梁説是也。

〔一〇〕章詩同曰:榮學,以向之學習爲榮。⊙駱瑞鶴曰:榮,猶喜。與下句"樂"字相對舉而義同。後文云"小人能則人賤學焉,不能則人羞告之",賤、羞亦近似,爲不屑之義。《君道篇》"善藩飾人者,人榮之",《韓詩外傳》卷五作"善粉飾人者,故人樂之",亦可證榮、樂義同。⊙天海案:榮學,即樂學,駱説是。賤學,猶鄙學。羞,恥也。羞告之,以告之爲恥也。

〔一一〕楊倞注:分,異也,如字。⊙朝川鼎曰:分,辨也。猶言君子、小人之辨。⊙天海案:分,别也。此言君子、小人之區别。

〔一二〕楊倞注:僈與慢同,怠惰也。⊙天海案:寬,猶舒緩也。

〔一三〕楊倞注:廉,稜也。《説文》云:"劌,利傷也。"但有廉隅,不至於刃傷也。⊙盧文弨曰:注"刃傷",疑是"刅傷",本或作"兩傷"者訛。⊙天海案:廉,事物的棱角。劌,割傷也。《禮記·聘義》:"廉而不劌,義也。"孔疏:"廉,棱也;劌,傷也。言玉體雖有廉棱而不傷割於物;人有義者亦能斷割而不傷物,故云義也。"《老子》亦云:"是以聖人方而不割,廉而不劌。"此文"廉而不劌",亦喻君子品行方正而不傷害人。故楊注"不至於刃傷",是也。明世本、《四庫》本注文並作"兩傷",疑傳寫誤"刃"爲"刅",又訛作"兩",盧説作"兩傷"者訛,是也。

〔一四〕楊倞注:但明察而不激切也。⊙久保愛曰:激,當作徼,字似而誤也。《論語》曰"惡徼以爲知者"。⊙劉師培曰:案"激"當作"徼"。《漢書·藝文志》"名家苛察繳繞",察而不激,言但明察而不繳繞耳。⊙天海案:激,疑本作"徼"。激、徼二字漢隸形似而誤。徼,通繳。《史記·龜策傳》:"黄昏龜之徼也,不可以卜。"司馬貞索隱:"徼,謂繳繞不明也。"徼,糾纏不休之謂也。楊注望文生訓,非也。

〔一五〕楊倞注:雖寡立,人不能勝。雖堅强而不兇暴。⊙物雙松曰:寡立而不勝,言不求勝也。即《榮辱篇》:"直立而不見知者,勝也。"意義相關。⊙王念孫曰:楊説非也。寡立,當作"直立",字之誤也。勝,讀若升。《漸》六四"終莫之勝",虞翻曰:"勝,陵也。"此言君子雖特立獨行而不以陵人,非謂人不能勝君子也。⊙天海案:王説是也,楊注非。或曰:寡立,猶獨立也。不勝,不好勝人也。

〔一六〕楊倞注:不至於孤介也。⊙王念孫曰:楊説未確。容之言裕也。言君子謹慎而不局促,綽綽有裕也。《非十二子篇》"儞告導寬容之義",《韓詩外傳》作"寬裕",是容、裕古字通。⊙久保愛曰:《禮記》曰:"君子和而不流。"⊙朝川鼎曰:容,讀作"從容"之容。⊙熊公哲曰:不流,不苟隨也。⊙楊柳橋曰:鄭玄《禮記》注:"容,威儀也。"⊙天海案:柔從,即柔順也。《易·坤》"内文明而外柔順",又"柔順利貞,君子攸行"。朱起鳳曰:"從字古讀若成,故與順通。"不流,不放縱。《禮記·樂記》:"先王恥其亂,故制《雅·頌》之聲以道之,使其聲足樂而不流。"鄭玄注:"流,謂淫放也。"容,從容。朝説是。

〔一七〕楊倞注:言德備。⊙安積信曰:至文,謂道德之發現而燦然有文。⊙楊柳橋曰:至文,禮文大備也。⊙天海案:至文,猶至德也。《書·文侯之命》:"追孝於前文人。"孔傳:"使追孝於前文德之人。"《國語·周語》下:"夫敬,文之恭也。"韋昭注:"文者,德之總名也。"故"至文"即"至德",猶極高之美德。楊注是,惜其略也。

〔一八〕楊倞注:《詩·大雅·抑》之篇。温温,寬柔貌。⊙楊柳橋曰:《玉篇》:"惟,爲也。"⊙天海案:温温恭人,温良恭儉之人。基,通極,標準、準則也。于省吾《新證》曰:"基,應讀爲極。極,猶言標準。"

君子崇人之德,揚人之美,非諂諛也;正義直指,舉人之過惡,非毁疵也〔一〕;言己之光美,擬於禹、舜,參於天地,非夸誕也〔二〕;與時屈伸,柔從若蒲葦,非懾怯也〔三〕;剛彊猛毅,靡所不信,非驕暴也〔四〕;以義變應,知當曲直故也〔五〕。《詩》曰:"左之左之,君子宜之。右之右之,君子有之。"此言君子能以義屈信變應故也〔六〕。

君子,小人之反也〔七〕。君子大心則天而道,小心則畏義而節〔八〕;知則明通而類〔九〕,愚則端慤而法〔一〇〕;見由則恭而止〔一一〕,見閉則敬而齊〔一二〕;喜則和而理,憂則静而理〔一三〕;通則文而明〔一四〕,窮則約而詳〔一五〕。小人則不然。大心則慢而暴,小心則流淫而傾〔一六〕;知則攫盜而漸〔一七〕,愚則毒賊而亂〔一八〕;見由則兑而倨〔一九〕,見閉則怨而險〔二〇〕;喜則輕而翾〔二一〕,憂則挫而懾;通則驕而偏〔二二〕,窮則弃而儑〔二三〕。傳曰:"君子兩進,小人兩廢。"此之謂也〔二四〕。

## 【校釋】

〔一〕楊倞注:疵,病也。或曰:讀爲訾。⊙盧文弨曰:正文"美",元刻作"善"。又"舉人之過"下,宋本有"惡"字,元刻無。⊙王引之曰:義,讀爲議。《韓詩外傳》作"正言直行,指人之過",言,亦議也。《韓策》曰:"嚴遂政議直指,舉韓傀之過。"是其證。⊙冢田虎曰:"揚人之美,舉人之過惡",孔子之論管仲、晏子、子産、臧文仲等之類。⊙久保愛曰:指,與旨同。⊙梁啓雄曰:伯兄曰:"疵,即瑕疵之疵。"《左傳》:"予取予求,不汝瑕疵。"瑕疵,猶挑剔指摘也。⊙天海案:正義,即正議,公正的議論。王説是也。過惡,過錯與醜惡。“惡”字,錢佃《考異》曰“諸本無”,今存巾箱本、《題注》本、遞修本亦並無。而“美”字,此三本又作“善”。

〔二〕傅山曰:論君子,如“非諂諛”、“非毁疵”、“非懾怯”、“非驕暴”,可也。而其中乃厠言“己之光美”一句,焉有君子言己之光美者哉!老荀當爾爾耶?君子不但不言,並不自知其光美也。⊙陶鴻慶曰:“己”字不當有。“言之光美,擬於禹、舜,參於天地”,如孟子言必稱堯、舜,孔子言性與天道是也。“光美”指言言,不指己言。增“己”字,則文義乖違矣。“己”、“之”二字隸書相似,蓋即“之”字之誤而衍者。⊙梁啓雄曰:若删去一“己”字,那是就“言之美”而言;不删“己”字,是就“身之美”言。二説都通。⊙金德建曰:這裏所講的“參於天地”,也指如果有誰能够具有光輝完美的人格,誰就可以比擬於舜和禹,就有資格被稱美爲“參於天地”。這樣比擬不能視爲夸誕。⊙天海案:上文“崇人”、“揚人”皆言人,此“言己”正相對,故“己”字非衍也,陶説非。然此“言己”乃自勉之詞也,有假設、泛指之意,如《性惡篇》“涂之人可以爲禹”之義。光,同廣。光美,即廣美,推廣美德也。擬,比也。此文謂“言己推廣美德,向禹、舜比齊,就可參於天地,此非夸誕之詞也”,傅山以“言己”爲夸己,亦非。

〔三〕楊倞注:蒲葦所以爲席,可卷者也。⊙郝懿行曰:屈伸,當作“詘信”,荀書皆然,俗妄改之。此言君子屈伸,隨時之宜。當其屈也,柔從若蒲葦;當其伸也,剛强猛毅,靡所不信。知當曲直,曲直即屈伸。⊙天海案:柔從,柔順也,説見前。蒲草與蘆葦性韌,可織席,故並言之。《淮南子·説林》:“時屈時伸,卑弱柔如蒲葦,非攝奪也。”或本《荀子》。懾怯,膽小怕事。

〔四〕楊倞注:信,讀爲伸,下同,古字通用。⊙天海案:靡,同無。信,同伸,挺也。靡所不信,猶言無所不挺也。

〔五〕楊倞注:以義隨變而應,其所知當於曲直也。⊙久保愛曰:義之與比,故其知當曲直也。知音智。⊙俞樾曰:變,讀爲辯。變與辯,則亦可借爲“徧”。以義變應者,以義徧應也。⊙王先謙曰:以義應變者,以義變通應事也。義本無定,隨所應爲通變,故曰“變應”。不必如俞説改讀。⊙劉師培曰:下文“物至而應,事起而辨”,應、辨並言,即此文“變應”之確解。王念孫訓辨爲治,又引《説文》訓辨爲治之説,謂事起而辨,猶言事起而能治之也。其説甚確。用彼注以釋此文,則“以義變應”者,言治事應物無一不準於義也。又案:當,讀爲黨。黨者,所也。《左傳》:“何黨之乎?”杜預注:“黨,所也。”皆黨字訓所之證。“知當曲直”,猶言知所曲直也。楊説非。⊙龍宇純曰:義,猶言類,謂統類也。此文“以義應變”者,猶言以類應變,言識其統類以應無窮也。⊙天海案:此承上文“與時屈伸”而言。義,宜也。以義變應,猶言以宜變通適應之。《釋名·釋言語》:“義,宜也。裁制事物使合宜也。”《易·旅卦》:“其義焚也。”《釋文》云:“馬云:義,宜也。一本作宜其焚也。”《書·康誥》"用其義刑、義殺",孔傳:"義,宜也。用舊法典刑宜於時世者以刑殺。"故知此"義"只當訓作"宜"也。知,知道。當,應當。曲直,猶言屈伸也。此正與前文"與時屈伸"相應。楊注未切,他説皆非也。下所引《詩》,亦證成此義也。

〔六〕楊倞注:《詩·小雅·裳裳者華》之篇。以能應變,故左右無不得宜也。⊙盧文弨曰:"此言君子"下,一本有"之"字。⊙天海案:此所引《詩》及楊注,亦可證"以義變應"、"以義屈信"之"義"當訓"宜"。變應,既可訓爲變通適應,亦可訓爲隨時應變。又,今諸本"此言君子"下並有"之"字,而"變應"下皆無"故"字,且"信"並作"伸"。又,此下原未分段,現據文意分之。

〔七〕楊倞注:與小人相反。⊙盧文弨曰:此段舊不提行。今案,當别爲一節。⊙天海案:今從盧校。

〔八〕楊倞注:天而道,謂合於天而順道。⊙物雙松曰:大心,猶言放膽。《春秋》有"欒大心",知古有此語。⊙冢田虎曰:作"敬天"爲是。大心,謂心志之大耳,與"放膽"不同。⊙盧文弨曰:正文"則天而道",《韓詩外傳》作"即敬天而道"。⊙王念孫曰:"天而道"三字文義不明。當依《外傳》作"敬天而道",與"畏義而節"對文。楊注失之。⊙安積信曰:君子大心,則志氣高大,以天下自任,是也。小心則戒慎恐懼,一毫不放過,是也。小人反之。⊙朝川鼎曰:先君曰:"大心者,《孟子·盡心上篇》所謂達則兼善天下時之心;小心即窮則獨善其身時之心。"⊙劉師培曰:案"而道"與下"而節"對文,道,覃假,乃覃延之義。⊙楊柳橋曰:疑傳寫者漏一"則"字。⊙高正曰:"敬天"與荀子思想不合,《外傳》所引《荀子》之文未必可靠。此似因傳抄而誤脱一"則"字。故"則天而道",即法天而行。⊙駱瑞鶴曰:大心,用心於大者;小心,用心於小者。⊙天海案:大心,志向遠大。小心,恭敬謹慎。"則天而道"之"則"下疑脱一"制"字,本當作"君子大心,則制天而道"。説脱"敬"字者非,高已言之。然以爲脱"則"字亦非,因"則天"與"敬天"相去不遠,並無實質區别。通檢《荀子》全書,亦無"則天"、"法天"之語,故所脱者當爲"制"。"制天"與"畏義"相對成文,且荀子之天道觀正注重於"制天命而用之",《天論篇》之文可證。"制"與"則"形近而訛,故先傳寫者已作"則則天而道",後校者又以"則"字衍而删之,並删楊注文"則",使其一律,然則文意已隔。"制天而道",即制天命而行,正承"大心"而言,若作"敬天"、"則天",其心何大也? 楊注已誤,諸説亦非。

〔九〕楊倞注:類,謂知統類。⊙久保愛曰:知,音智,下同。⊙章詩同曰:類,能觸類旁通。⊙北大組曰:明通,精明通達。類,類推,指能根據禮義法度的規定類推。⊙楊柳橋曰:《爾雅》:"類,善也。"⊙天海案:類,比類。比照事理而歸類。《左傳》襄公九年:"晉君類能而使之。"《禮·月令》:"察物也,必比類。"孔疏:"已行故事曰比,品物相隨曰類。"《非十二子篇》"齊言行,壹統類",楊倞注云:"統,謂綱紀。類,謂比類。大謂之統,分别謂之類。"且此文之"類"必作動詞,方與下文"端慤而法”之“法”相對成文。楊注“知統類”近是，然失之籠統也。

〔一〇〕楊倞注：愚，謂無機智也。法，謂守法度也。

〔一一〕楊倞注：由，用也。止，謂不放縱也。或曰：止，禮也，言恭而有禮也。⊙久保愛曰：《標注》本“止”作“正”，注同。⊙熊公哲曰：止，謂止於禮義而不妄動。⊙天海案：見由，被任用。止，遏止，自我節制。《爾雅》：“曷，止也。”朱駿聲曰：“曷，假借爲遏。”《詩·商頌·長發》“則莫我敢曷”，《漢書·刑法志》引作“莫我敢遏”。此正承上文“畏義而節”之義。

〔一二〕楊倞注：謂閉塞，道不行也。敬而齊，謂自齊整而不怨也。⊙物雙松曰：見由、見閉，頗新。敬而齊，齊訓疾，正與“止”反。⊙于省吾曰：應讀作：“見由則恭而之，見閉則敬而次。”之，往也。次，舍也，亦止也。言見用而道行，則恭而往；見閉而道塞，則敬而止。“之”與“次”相對爲文。⊙梁啓雄曰：《詩·小宛》傳：“齊，莊也。”⊙楊柳橋曰：王冰《素問》注：“閉，絶也。”《釋名》：“敬，警也。”齊，讀爲“齋”，《毛詩》傳：“齋，莊也。”⊙天海案：敬，警戒也。《詩·大雅·常武》：“既敬既戒，惠此南國。”鄭玄箋：“敬之言警也，警戒六軍之衆。”又《周頌·閔予小子》：“維予小子，夙夜敬止。”鄭箋：“言不敢懈怠也。”齊，戒敕。《書·洛誥》：“予齊百工，伻從王於周。”王闓運箋：“齊，敕也。”曾運乾《正讀》：“齊，整齊之，猶禮言戒肅也。”是“敬而齊”，猶言自警戒而肅整也。楊注未洽。

〔一三〕楊倞注：皆當其理。⊙冢田虎曰：《外傳》似是矣。照於下文，治與翾反，違與慴反。違，去也。言能去其憂也。⊙盧文弨曰：《外傳》四作“喜即和而治，憂即静而違”，此作“和而理”，避時諱。下句舊本俱作“静而理”，當由誤會注文耳。⊙劉台拱曰：注云“皆當其理”，則楊氏所據本兩句竝是“理”字。盧據《外傳》改下“理”字作“違”，《易》曰：“樂則行之，憂則違之。”此“違”字所本。然《易》言出處，此言性情，義各有當。《外傳》引《荀》頗多改竄，恐不得徑據彼以易此也。又《仲尼篇》云：“福事至則和而理，禍事至則静而理。”與此文義略同。彼注云：“理，謂不失其道。和而理，謂不充屈；静而理，謂不隕穫也。”亦並是“理”字，則不當依《外傳》作“違”，又明矣。竊疑《荀子》本文上句作“治”，下句作“理”。唐初避諱，凡“治”字悉改作“理”，中葉以後，又復回改作“治”。惟此兩處文義相混，校書者不能定其孰爲本文，故仍而不革。楊氏作注時未能審正，而從爲之辭爾。今上句依《外傳》作“和而治”，下句作“静而理”，庶幾得之。《仲尼篇》放此。⊙王念孫曰：宋吕、錢本竝作兩“理”字，劉説甚允。⊙天海案：兩“理”字皆訓“治”，楊注失之，劉説是也。

〔一四〕楊倞注：有文而彰明也。⊙物雙松曰：正《論語》好禮意。⊙朝川鼎曰：明，即下文“公生明”之明。⊙駱瑞鶴曰：文，就禮法而言。文而明，言重禮法而明達也。⊙天海案：此與下句“窮則約而詳”相對爲文。故“文而明”言重禮文而顯明也，楊注是。

〔一五〕楊倞注：隱約而詳明其道也。⊙物雙松曰：詳有閑暇意。⊙帆足萬里曰：約，簡約自守也。⊙熊公哲曰：約而詳，謂謙約而詳審。⊙李中生曰：約，指約束、檢束。詳，通祥，善。窮則約而詳，指君子處於困境時能自我約束而善其身。與下文所説小人窮則弃而儑，文義正好相反。⊙天海案：約而詳，即簡約而審慎。荀書多約、詳連文，其義略同。楊注未的，他説亦未當。

〔一六〕楊倞注：以邪諂事人也。⊙盧文弨曰：宋本"淫"上有"流"字。今案，元刻及《外傳》俱無。⊙天海案：大心，野心大。小心，心胸狹小。此與上文君子之"大心"、"小心"有異。慢而暴，傲慢而兇暴。流淫而傾，放縱而邪僻。楊注未當。又"流"字，今存諸本並無。按文當有。

〔一七〕楊倞注：漸，進也。謂貪利不知止也。⊙郝懿行曰：漸，與潛同。此言小人知則攫盜而潛深，不敢發也。愚則毒賊而爲亂，不知懼也。語意甚明。⊙王引之曰：漸，詐欺也。小人之智，則攫盜而已矣，詐欺而已矣。《議兵篇》："招近募選，隆埶詐，尚功利，是漸之也。"《正論篇》"上幽險則下漸詐矣"，義並與此同。⊙帆足萬里曰：漸，污也。《外傳》"漸"作"激"，似是。⊙朝川鼎曰：漸，音巉，爲嶄巖之嶄。⊙楊柳橋曰：漸，借爲僭，與借爲"潛"同例。僭，僞也。⊙天海案：攫盜，掠奪、搶劫。猶言明搶暗盜。漸，猶姦也，詐也。王説是，楊注及他説皆非。

〔一八〕楊倞注：毒，害也。愚而無畏忌也。⊙熊公哲曰：毒賊，好傷害人也。⊙天海案：毒賊，歹毒而殘忍。

〔一九〕楊倞注：兑，悦也。言喜於儌幸而倨傲也。⊙王先謙曰：兑，與鋭同。謂捷利也，楊注非。説見《脩身篇》。⊙天海案：兑，喜悦。《説文》："兑，説也。"林光義《文源》曰："兑，即悦之本字。"《易・序卦》："兑者，説也。"《莊子・德充符》："使之和豫，通而不失於兑。"《釋文》："兑，悦也。"此文言小人見用，喜而倨傲之情；正與上文君子見用，恭而自制之情相對。兩者皆言其情態也。若訓"兑"爲"鋭"，爲捷利，則與原文相乖也！故楊注是，王説非，其《脩身篇》説"侻"亦非。

〔二〇〕楊倞注：怨上而險賊也。⊙久保愛曰：《論語》曰："唯女子與小人爲難養也，近之則不遜，遠之則怨。"⊙天海案：險，心中不平。

〔二一〕楊倞注：輕，謂輕佻失據。翾，小飛也。言小人之喜輕佻，如小鳥之翾然。翾，許緣反；或曰：與懁同，《説文》云："懁，急也。"⊙物雙松曰：翾，如《齊風》"揖我謂我儇兮"，及《非相篇》"鄉曲之儇子"，蓋字相通。《方言》："虔儇，慧也。"⊙梁啓雄曰：翾，與儇同，輕薄的意思。《方言》："儇，疾也，慧也。"《非相》"鄉曲之儇子"，注云："輕薄巧慧之子也。"⊙天海案：翾，此通懁。懁，《集韻》呼關切，《廣韻》古縣切，上古見母元部，與翾聲近韻同，故可通。《玉篇・心部》："懁，慢也，輕也。"輕而懁，此言小人喜則輕而慢也，正與下文"憂則挫而懾"相對爲文。楊注未得，他説亦未當。又，楊注"翾然"下原脱"翾"字，此據文意補。《集解》本補作"音"

字，未妥。

〔二二〕楊倞注：偏，頗也。⊙久保愛曰：挫，自屈節也。⊙朝川鼎曰：偏，即下文“偏生闇”之偏。⊙劉師培曰：偏，當作褊。《爾雅·釋言》：“褊，急也。”《廣雅·釋詁》：“褊，陋也。”是褊即局量褊淺之義。器小易盈，故褊者必驕。此《荀子》所由驕、褊並言也。⊙天海案：挫，痿屈也。《莊子·天地》：“不以物挫志之謂完。”成玄英疏：“挫，屈也。”偏，偏激，邪僻。《尉繚子·十二陵》：“偏在於多私，不詳在於惡聞己過。”楊注是，劉說非也。

〔二三〕楊倞注：弃，自弃也。傫，當爲溼。《方言》云：“溼，憂也。”字書無“傫”字，《韓詩外傳》作“弃而累也”。⊙傅山曰：今行《五音集韻》：“傫，五甘切，不慧也。”與譹並列。《廣韻》有“譹”字，無“傫”字。此最易解，從人從㬎，當與濕濟之濕同音，讀如塌。小人窮則不自奮立，但有倒塌。⊙冢田虎曰：《集韻》：“傫，五含切，不慧也。又五紺切，不自安也。”《正字通》：“五葛反，音櫱。不慧也。”言累於窮，故自弃而爲愚也。俚諺所謂“爲貧則爲鈍”之意。注非也。⊙久保愛曰：傫字，《玉篇》《字彙》皆訓“不慧也”。⊙郝懿行曰：此言小人窮則卑弃失志，不能自振，往往如此。楊氏未見《玉篇》《廣韻》，故云“字書無傫字”，又云“傫，當爲濕”，竝非。《韓詩外傳》四“傫”作“累”，恐字形之訛。⊙帆足萬里曰：傫、濕，元一“㬎”字，从水爲濕重義，从人爲憂義。《玉篇》《字彙》訓“不慧”，依偏旁改音義，誤。⊙劉師培曰：楊說近是。弃而濕者，即《論語》所謂“下達”，亦即《論語》所謂居下流也。⊙梁啓雄曰：《淮南·時則》注：“隰，卑也。”《廣雅》：“壔，下也。”傫與隰、壔並通。傫，正謂其志趣卑下。⊙楊柳橋曰：郭璞《方言》注：“濕者，失意潛沮之名。”⊙天海案：傫，不見於《説文》《爾雅》諸書，首見於《玉篇》。《玉篇》爲南梁顧野王所編，唐人當見之。楊注云“字書無傫字”，失檢也。然《玉篇》訓“傫”爲不慧，則不合此文之義。楊注以“傫”當爲“濕”，是也。二字形近易誤，且《脩身篇》“卑濕重遲”之“濕”正與此文同義。故“窮則弃而濕”，言小人窮則自卑自弃也。楊注未治，他説亦未的也。

〔二四〕章詩同曰：兩進，指在兩種情況下（即上文的大心和小心，知和愚等）都有所前進。⊙楊柳橋曰：《爾雅》：“廢，止也。”

君子治治，非治亂也〔一〕。曷謂耶？曰：禮義之謂治，非禮義之謂亂也。故君子者，治禮義者也，非治非禮義者也〔二〕。然則國亂將弗治與〔三〕？曰：國亂而治之者，非案亂而治之之謂也，去亂而被之以治〔四〕。人汙而脩之者〔五〕，非案汙而脩之之謂也，去汙而易之以脩〔六〕。故去亂而非治亂也，去汙而非脩汙也。治之爲名，猶曰君子爲治而不爲亂，爲脩而不爲汙也〔七〕。

君子絜其辯，而同焉者合矣〔八〕；善其言，而類焉者應矣〔九〕。故馬鳴而馬應之〔一〇〕，非知也，其勢然也〔一一〕。故新浴者振其衣，新沐者彈其冠，人之情也〔一二〕。其誰能以己之潐潐，受人之掝掝者哉〔一三〕！

【校釋】

〔一〕冢田虎曰：《商君書》曰"聖人治治不治亂也"，《吴子》亦同焉。荀卿以前，舊有此語也。⊙久保愛曰：治治，上如字，下直吏反。下謂治以治治之爲治，同。⊙帆足萬里曰：治治，下治，治道也。⊙梁啓雄曰：上"治"字是動詞，下"治"字及"亂"字是抽象名詞，指禮義及違禮義。⊙熊公哲曰：上"治"字音持，動詞，謂從事整理。下"治"字音穉，名詞，即長治久安之治。⊙楊柳橋曰：上"治"字理也，猶言整頓。下"治"字平治也。高誘《淮南子》注："平，治也。"謂安定。⊙天海案：治治，治理禮義制度；亂，禮義混亂之世。

〔二〕天海案：此上二"也"字，巾箱本、《題注》本、遞修本俱無。

〔三〕天海案：與，同歟。"則"字，巾箱本、《題注》本、遞修本作"而"，"弗"字又並作"不"。

〔四〕楊倞注：案，據也。據亂而治之也。《荀子》"安"、"案"多爲語助，與此不同也。⊙久保愛曰：案，抑案也。⊙天海案：去亂，除去非禮義之事。被，加也。被之以治，猶言加之以禮義。《廣雅・釋詁》："被，加也。"又，楊注"據亂"原作"舊亂"，明世本、《四庫》本作"據舊亂"，盧謝本、《增注》本、《集解》本皆從之。今疑"舊"乃"據"之音誤，徑改之。

〔五〕楊倞注：人有汙穢之行，將脩爲善。⊙久保愛曰：脩，脩潔也。⊙俞樾曰：脩，當讀爲"滌"。《周官・司尊彝職》曰"凡酒修酌"，鄭注曰："修，讀如滌濯之滌。"是其證也。⊙朝川鼎曰：汙者，雜汙之汙。脩即脩潔之脩。《賦篇》："修潔之爲親，而雜汙之爲狄者耶。"⊙楊樹達曰：《説文》修訓飾，如字大可通。俞説讀修爲滌，下二句文義全不可通矣。⊙鍾泰曰：修，即修身之修。修之，即潔之也。且言去汙而易之以修可言，去汙而易之以滌，尚復成何辭乎！俞説殊非是。⊙駱瑞鶴曰：汙，邪也；修，猶正也。不必改讀。⊙天海案：汙，穢也。修，潔也。鍾説是。

〔六〕天海案：案汙，據汙。去汙，除去汙穢。

〔七〕楊倞注：治之名號如此。

〔八〕楊倞注：絜，脩整也。謂不煩雜。⊙物雙松曰：絜，如《勸學篇》"挈裘領"。辯，辨通，即下文禮義之統，是非之分。注非。⊙冢田虎曰：絜，通潔也。"絜其辯"與"善其言"一類，注不是也。茂卿之説亦失之。⊙盧文弨曰：《韓詩外傳》一亦有此文，彼“辯”作“身”。⊙王先謙曰：《外傳》作“身”，是也。“絜其身”、“善其言”對文，若作“辯”，則與“言”復，“絜辯”二字亦不辭。《荀子》原文自作“絜其身”，傳寫誤“辯”。下文“故新浴”云云，正申言絜身之義。楊注“謂不煩雜”，似所見本已誤爲“辯”矣。⊙駱瑞鶴曰：今謂此文自當作“辯”。辯，察辯，據理而論定之謂。絜，字同潔，作“挈”者誤。“絜其辯”，言不使雜汙邪説浸淫之也。⊙天海案：絜，潔也。絜其辯，猶言其辯簡潔。楊注非。王説“辯”乃“身”之誤，當從《外傳》作“身”，亦非也。二字形、音相去皆遠，無由致誤。“絜”字，宋錢本作“挈”，明世本、《四庫》本從之，誤也。巾箱本、《題注》本、遞修本並作“吉”，形之異也。

〔九〕楊倞注：出其言善，千里之外應之。⊙梁啓雄曰：《易·乾·文言》：“同聲相應，同氣相求。水流溼，火就燥，各從其類也。”義與此及《勸學》論物類文多同。⊙天海案：言，《外傳》作“音”。善其言，猶其言善。

〔一〇〕盧文弨曰：《外傳》此下尚有“牛鳴而牛應之”六字。

〔一一〕楊倞注：知，音智。⊙天海案：勢，形勢。此指馬鳴而馬應言。

〔一二〕楊倞注：言吉其身者，懼外物之汙也。猶賢者必不受不善人之汙者也。⊙天海案：情，常情也。“新浴”、“新沐”二句又見《楚辭·漁父》。

〔一三〕楊倞注：潐潐，明察之貌。潐，盡，謂窮盡明於事。《易》曰：“窮理盡性。”掝，當爲惑。掝掝，昏也。《楚辭》曰：“安能以身之察察受物之昏昏者乎？”潐，予誚反。⊙盧文弨曰：案：“潐，盡也。”本《説文》，此脱“也”字。⊙郝懿行曰：《外傳》一作：“莫能以己之皭皭，容人之混汙。”然皭與潐，古音同；混汙與掝掝，音又相轉，此皆假借字耳。《楚辭》作“察察”，“汶汶”，當是也。⊙久保愛曰：潐潐，舊作“僬僬”。觀訓盡，則誤也。本注“昏昏”，今《楚辭》作“汶汶”。⊙王先謙曰：焦，爵雙聲，故从焦从爵之字相通假，而義皆訓盡。如嚼之與嚼，醮之與釂，竝是。故“皭皭”亦爲“潐潐”也。掝，當爲惑。楊説是也。字書無“掝”字，蓋“惑”亦作“惐”，遂轉寫爲“掝”耳。⊙屈守元曰：潐潐、皭皭、察察、泠泠，皆清明之意；掝掝、混汙、惛惛、汶汶、嘿嘿，皆昏暗之意也。⊙高亨曰：潐潐者，潔白也；掝掝者，汙黑也。言誰能以己之潔白，受人之汙黑也。潐，借爲“皭”，郝、王説是也。掝，借爲“黬”。《説文》：“黬羔裘之縫，从黑，或聲。”黬既从黑，則必有黑義，黑者必汙。故黬亦兼有汙義。⊙天海案：潐潐，諸本一作“僬僬”，形誤也。潐潐，明察貌。掝掝，疑“惐惐”之訛。惐惐，昏惑之貌。又案：《楚辭·漁父》：“吾聞之：新沐者必彈冠，新浴者必振衣。安能以身之察察，受物之汶汶者乎？”王逸注：“察察，己清潔也。”朱注：“察察，潔白也。汶汶，玷辱也。”如此，則“潐潐”可讀作“皎皎”，即潔白之貌；“掝掝”可讀作“黑黑”，即汙黑之貌。如此則勝於楊注也。王應麟《困學紀聞》曰：“荀卿適楚，在屈原後，豈用《楚辭》語歟，抑二子皆述古語也。”《外傳》用此文稱“傳曰”，惟略異其文耳。

君子養心莫善於誠〔一〕，致誠則無它事矣〔二〕。唯仁之爲守，唯義之爲行〔三〕。誠心守仁則形，形則神，神則能化矣〔四〕。誠心行義則理，理則明，明則能變矣〔五〕。變化代興，謂之天德〔六〕。天不言而人推高焉，地不言而人推厚焉，四時不言而百姓期焉〔七〕。夫此有常，以至其誠者也〔八〕。君子至德，嘿然而喻，未施而親，不怒而威〔九〕。夫此順命，以慎其獨者也〔一〇〕。善之爲道者，不誠則不獨〔一一〕，不獨則不形〔一二〕，不形則雖作於心、見於色、出於言，民猶若未從也，雖從必疑〔一三〕。天地爲大矣，不誠則不能化萬物；聖人爲知矣，不誠則不能化萬民〔一四〕；父子爲親矣，不誠則疏；君上爲尊矣，不誠則卑〔一五〕。夫誠者，君子之所守也〔一六〕，而政事之本也，唯所居以其類至〔一七〕。操之則得之，舍之則失之〔一八〕。操而得之則輕〔一九〕，輕則獨行〔二〇〕，獨行而不舍，則濟矣〔二一〕。濟而材盡，長遷而不反其初，則化矣〔二二〕。

君子位尊而志恭，心小而道大〔二三〕，所聽視者近，而所聞見者遠。是何邪？是操術然也〔二四〕。故千人萬人之情，一人之情是也〔二五〕。

天地始者，今日是也；百王之道，後王是也〔二六〕。君子審後王之道，而論於百王之前，若端拜而議〔二七〕。推禮義之統，分是非之分〔二八〕，總天下之要，治海内之衆，若使一人。故操彌約而事彌大〔二九〕，五寸之矩，盡天下之方也〔三〇〕。故君子不下室堂，而海内之情舉積此者，則操術然也〔三一〕。

## 【校釋】

〔一〕楊倞注：無姦詐則心常安也。⊙冢田虎曰：此一段全爲《子思》《孟子》所化者也。下文勢亦倣《中庸》者必矣。⊙劉台拱曰：誠者，君子所以成始而成終也。以成始，則《大學》之“誠其意”是也。以成終，則《中庸》之“至誠無息”是也。此言養心莫善於誠，即誠意之事，故下文亦言“慎獨”。⊙天海案：養心，修養心性。《孟子・盡心下》：“養心莫善於寡欲。”誠，真誠不二之謂也。

〔二〕楊倞注：致，極也。極其誠則外物不能害。⊙久保愛曰：無他事，言別無方法也。⊙王念孫曰：君子非仁不守，非義不行，故曰“無它事”。下文“唯仁之爲守，唯義之爲行”，是其明證。楊説非。⊙王先謙曰：王説是。《羣書治要》引作“致誠無它，唯仁之守，唯義之行”，删數字而語意明顯，是唐人解此文與楊注義異。⊙梁啓雄曰：致誠無它事，謂不用從事於其他養心術，唯守仁行義已足矣。此冒下文言之。⊙天海案：無它事，除守仁、行義外，無他事。

〔二〕楊倞注：致其誠，在仁義。⊙天海案：此二句互文見義，猶言唯仁義之爲守，唯仁義之爲行。



〔四〕楊倞注：誠心守於仁愛，則必形見於外，則下尊之如神，能化育之矣。化，謂遷善也。⊙久保愛曰：守仁而身化焉，故如神。唯其如神，故下化順之也。⊙安積信曰：謂神妙不可測也。化謂物自變化，而不知其所以然也。⊙朝川鼎曰：神，即下文"誠信生神"及《勸學篇》"神莫大於化道"之神，即其德也。非"下尊之如神"也。化，謂民化於道也。⊙鍾泰曰：形之爲言顯也，《易》曰"顯諸仁"。非"形見於外"之謂也。楊注失之。⊙梁啓雄曰：形，即《中庸》"誠則形"之形。朱注："形者，積中而發外。"神，即《中庸》"致誠如神"之神。⊙天海案：形，通型。猶言楷範、典型。《左傳》昭公十二年"形民之力"，杜注："言國之用民，當隨其力任，如金冶之器，隨器而制形。"孔疏："鑄冶之家，將作器而製其模，謂之形。"朱駿聲曰："形，假借爲型。"神，神奇之力也。形則神，謂典型則具有神力。化，教化也。

〔五〕楊倞注：義行則事有條理，明而易，人不敢欺，故能變改其惡也。⊙久保愛曰：誠心行義，《王霸篇》所謂"誠義乎志意，加義乎身行也"。案：本注"易"下脱"知"字。⊙安積信曰：明，謂事業光明。變，謂物從而變。變者化之漸，化者變之成，其實亦相通。⊙梁啓雄曰：《中庸》："義者，宜也。"宜，謂所安之事也。《孟子·告子》注："理者，得道之理。"⊙天海案：理，順也。《廣雅》："理，順也。"王念孫疏證："理者，《説文》：'順，理也。'《説卦》傳云：'和順於道德而理於義。'"是其證。誠心行義則順，謂順物理民心也。明，明其事理也。變，改其舊貌也。楊注未的，他説亦未切也。

〔六〕楊倞注：既能變化，則德同於天。馴致於善，謂之化；改其舊質，謂之變。言始於化，終於變也。猶天道陰陽運行則爲化，春生冬落則爲變也。⊙久保愛曰：《禮記》曰："唯天下至誠爲能盡其性。能盡其性，則能盡人之性；能盡人之性，則能盡物之性；能盡物之性，則可以贊天地之化育；可以贊天地之化育，則可與天地參矣。"與此相類。⊙安積信曰：變化代興，謂誠心守仁義，則其功能變能化，以至於無窮。天德，天字中該地字，故下文舉天地。⊙朝川鼎曰：上文屬化於仁，屬變於義，本自互文，不必拘拘。或變或化，與時俱行，故曰天德。⊙天海案：代興，興替也。天德，猶言天之本性。此言自然之道。

〔七〕楊倞注：期，謂知其時候。⊙安積信曰：期，即期必之期，言不疑也。⊙北大組曰：推，推許，承認。期，預期，指知道節氣的變化。⊙熊公哲曰：期，謂知時序。如春耕夏種，秋收冬藏，百姓循期而爲。⊙天海案：推，舉也。舉，譽也。稱譽之謂也。四時，四季也。期，本謂周期。一年四季周而復始，至期必至，故又引申爲信。

《廣韻·之韻》:“期,信也。”《馬王堆漢墓帛書·經法·論》:“適者,天度也;信者,天之期也。”注:“日月星辰依期而行,無差忒,故稱信。”是期可訓信之證。上言人推天高地厚,推即譽也。正與“四時不言,百姓期焉”相對。期,即信也。如此方切文意。楊注未是,北、熊之説承其誤也。唯安説近之。《意林》引此文作“歸厚”,意同。

〔八〕楊倞注:至,極也。天地四時所以有常如此者,由極其誠所致。⊙久保愛曰:言天地四時有常致誠,故百姓期焉。至、致古字通。⊙羅焌曰:有常,謂天之高,地之厚,四時之行,不改其常也。

〔九〕楊倞注:君子有至德,所以嘿然不言而人自喻其意也。⊙久保愛曰:嘿,與默同。⊙安積信曰:《中庸》:“君子不賞而民勸,不怒而民威於鈇鉞。”亦此言。⊙朝川鼎曰:威,畏,古字通用。⊙天海案:至德,極高之德。喻,使人喻。施,施惠。親,使人親近。威,畏也,使人畏。

〔一〇〕楊倞注:人所以順命如此者,由慎其獨所致也。慎其獨,謂戒慎乎其所不睹,恐懼乎其所不聞。至誠不欺,故人亦不違之也。⊙郝懿行曰:此語甚精,楊氏不得其解,而以謹慎其獨爲訓。今正之云:獨者,人之所不見也。慎者,誠也。誠者,實也。心不篤實,則所謂獨者不可見。口不能言,人亦不能傳,故曰獨也。又曰“不獨則不形”者,形非形於外也,形即形此獨也。又曰“不形則雖作於心,見於色,出於言”,三句皆由獨中推出,此方是見於外之事。順命,謂順天地四時之命。推尋上下文意,慎,當訓誠。據《釋詁》云:“慎,誠也。”非“慎”訓謹之謂。《中庸》“慎獨”與此義别。楊注不援《爾雅》而據《中庸》,謬矣。⊙王念孫曰:《中庸》之“慎獨”,“慎”字亦當訓爲誠,非上文戒慎之謂。⊙久保愛曰:言君子則效天之明命,以篤身行。故有此威親。⊙安積信曰:順命,謂順天命之理,注未允。慎其獨,内含致其誠之意。⊙朝川鼎曰:順命,猶言順道也。桃源藏曰:順命,順帝之則也。⊙羅焌曰:順命,謂人懷君子之德,畏君子之威,皆順其命也。以者,由也,因也。鄭氏《禮器》注亦釋慎獨爲誠獨。⊙天海案:上文云“夫此有常”,乃上承天地四時而言;此云“夫此順命”,當必承君子而言。故順命是指君子順應天地四時之運也。郝説是,楊注非。慎其獨,慎,誠也,郝説是。獨,一也,專也。前文言君子致誠則無它事,唯仁之守,唯義之行,即獨專於仁義也。誠其獨,猶言誠其獨守仁義也。下“獨”字意同此。楊注未得,諸家所説亦辭費而無當。

〔一一〕楊倞注:無至誠則不能慎其獨也。⊙朝川鼎曰:善,即謂仁義也。獨,猶一也。讀若《成相篇》“好而一之,神以成之”之“一”。下文“獨行”之“獨”,亦同意。⊙熊公哲曰:不獨,謂不能守仁行義,修於人所不見之地,即非真誠矣。⊙天海案:善之爲道者,猶言善行此道者。善,即前文“君子養心莫善於誠”之善。道,即守仁行義之道。不誠則不獨,謂不真誠就不會專一。下“不獨”同此。

〔一二〕楊倞注:不能慎其獨,故其德亦不能形見於外。⊙俞樾曰:所謂獨者,即無它事之謂。唯仁、唯義，故無它事。無它事是謂獨，故曰："不誠則不獨，不獨則不形。"言不能誠實則不能專一於内，不能專一於内則不能形見於外。⊙天海案：俞説"不獨"爲"不能專一於内"，是也。然説"不形"爲"不能形見於外"，乃襲楊注，則非也。形，通型，説見前"誠心守仁則形"之釋。不形，猶言不能成爲型範。若訓爲"見形於外"，豈不與下文"見於色"、"出於色"相悖耶？此節言形，皆型範之型，楊注皆誤也。



〔一三〕楊倞注：若，如也。無至誠，故雖出令，民猶如未從者。雖彊使之從，亦必疑之也。⊙王念孫曰：若，猶然也。言雖出令，民猶然未從，非謂猶如未從也。古謂猶然爲猶若，説見《釋詞》"若"字下。⊙朝川鼎曰：若，語助。《墨子·尚賢》中篇："未知所以行之術，則事猶若未成。"與此同。⊙天海案："見於色、出於言"，正所謂見形於外也。此亦可證此節之"形"字，不當訓作"見形於外"。猶若，即猶然。王説是，楊注非。

〔一四〕天海案：化萬物，化育萬物。知，同智。化萬民，教化萬民。

〔一五〕楊倞注：卑，謂不爲在下所尊。⊙久保愛曰：謂不誠無物也。

〔一六〕劉師培曰：《治要》無"所"字，此疑衍。⊙天海案：《治要》引此句無"所"、"也"二字，巾箱本、《題注》本、遞修本並無"也"字。

〔一七〕楊倞注：所居，所止也。唯其所止至誠，則以類自至。謂天地誠則能化萬物，聖人誠則能化萬民，父子誠則親，君上誠則尊也。⊙冢田虎曰：註："所居，所止也。"其解非也。言或富貴、或貧賤，或華夏、或夷狄，其所居而人應之也。即上文"類焉者應"也。⊙久保愛曰：所居，君子所居也。"德不孤必有鄰"之意。⊙安積信曰：其所居，謂其身所居之位，注非。又曰：此一章大意與《中庸》相似。⊙朝川鼎曰：所居者，言誠所在也。萬民亦化於道，故曰其類。⊙天海案：所居，所據也。《廣雅》："居，據也。"類，同類。此言只要據有至誠，因此同類的人就會來到。楊注未允。

〔一八〕楊倞注：操，持。⊙天海案：操之、舍之之"之"，謂至誠；得之、失之之"之"，指同類之人。

〔一九〕楊倞注：持至誠也，而得之則易舉也。《詩》曰"德輶如毛"。⊙天海案：操而得之則輕，言掌握至誠得到同類就會身心輕鬆。楊注未允。

〔二〇〕楊倞注：舉至誠而不難，則慎獨之事自行矣。⊙鍾泰曰："獨"是本體，"慎獨"是工夫。楊屢以慎獨解獨，混工夫於本體，非也。⊙梁啓雄曰：獨，即專精沉默的誠。指養心克己的根本原則。⊙天海案：輕則獨行，謂身心輕鬆就能專一而行。《禮·儒行》："其特立獨行有如此者。"義同此。獨行，謂專一而行道。下同此。

〔二一〕楊倞注：至誠在乎不已。⊙熊公哲曰：濟，成於己也。⊙天海案：舍，止也，停也。濟，成也，就也。

〔二二〕楊倞注:既濟則材性自盡。長遷不反其初,謂中道不廢也。⊙冢田虎曰:此以上,"君子養心"以下,自是子思、孟子之餘風,唯至此一句,以其性惡之見結也已。不反其初,言不反性之惡也。所謂"雖有槁暴,不復挺"之意。注失之。⊙陶鴻慶曰:上文云"獨行而不舍則濟矣",即中道不廢之意。如楊注,於義復矣。材,疑"利"字之誤。遷,猶變也。事成之後,利盡則害生,故當隨時遷徙而不反其初。言物窮則變,變則通,通而後能久。⊙帆足萬里曰:材盡,謂盡其材。《論語》"既竭吾才",是也。⊙梁啓雄曰:盡,即《中庸》"能盡其性"之"盡"。長久遷流而不返回性惡之初。⊙熊公哲曰:長遷,謂久與道遷則與道同化矣。⊙天海案:材盡,謂盡其材性,帆説是。長,永也。遷,移也,變也。長遷而不反其初,謂永远地改變而不返回他當初之本性。化,同化於道矣。楊注未當也。

〔二三〕天海案:志恭,即意恭。心小,謂小心謹慎。道大,道行廣大。

〔二四〕楊倞注:謂以近知遠,以今知古,所持之術如此也。⊙天海案:"是操術"之"是",《治要》引此文作"則",巾箱本、《題注》本、《四庫》本並同。

〔二五〕楊倞注:人情不相遠。⊙王應麟曰:《阿房宫賦》之語本此。⊙天海案:原文此下未分段,現據文意分之。

〔二六〕楊倞注:後王,當今之王。言後王之道與百王不殊。行堯、舜則是亦堯、舜也。⊙物雙松曰:老莊多言天地之先,諸子百家盛稱無懷、葛天、神農、黄帝,墨子宗禹,故荀子有此論。⊙冢田虎曰:注"後王,當今之王",非也。荀子之意,對唐虞夏商之先聖王,謂周王爲後王也。至《非相篇》可以見焉。⊙久保愛曰:謂古今一度也。⊙天海案:百王,先前所有君王之總稱。後王,總言後繼之王。楊注未允,他説亦未得。

〔二七〕楊倞注:端,玄端,朝服也。端拜,猶言端拱。言君子審後王所宜施行之道,而以百王之前比之,若服玄端拜揖而議。言其從容不勞也。時人多言後世澆醨,難以爲治,故荀卿明之。⊙郝懿行曰:端者,正也。謂正容拜議,非必衣玄端也。注言"端拱",又言"玄端",二義似歧。⊙王念孫曰:古無拜而議事之理,且"端拜"二字義不相屬。拜,當爲"拜",今"拱"字也,形與"拜"相似,因譌爲"拜"。端拱而議,即楊注所云"從容不勞也"。楊云"端拜,猶言端拱",近之,乃又云"拜揖而議",則未知"拜"爲"拜"字之譌耳。⊙朱起鳳曰:端與垂聲相近,梁、周、興嗣云"坐朝問道,垂拱平章",即其義也。⊙天海案:審,察也。論,推論也。拜,"拜"之形誤,王説是也。楊注未的。

〔二八〕楊倞注:上"分"如字,下扶問反。分之使當其分。⊙天海案:推,舉也。統,總綱也。分是非之分,即區别是非之界限。楊注非。

〔二九〕楊倞注:約,少也。得其宗主也。⊙龍宇純曰:大,非大小之大。大之言,衆也。衆與約義相反相承。⊙天海案:約,簡要。大,重大。楊注、龍説皆非。

〔三〇〕楊倞注：矩，正方之器也。⊙郝懿行曰：荀意當以句股法開方而言，故以五寸盡之，言操彌約也。⊙楊柳橋曰：謂矩之勾、股各五寸也，其弦爲七。⊙天海案：矩，取方及直角之曲尺。此言矩雖五寸，却能盡正天下之方。又，“也”字，巾箱本、《題注》本、遞修本竝無。

〔三一〕楊倞注：舉，皆也。⊙錢佃曰：諸本無“室”字。⊙盧文弨曰：正文“堂”上，宋本有“室”字。⊙王念孫曰：“室”非衍字也。《内則》“灑埽室堂”，書傳中言“室堂”者多矣。“君子不下室堂而海内之情舉積此”，猶《老子》“不出户，知天下”也。元本無“室”字者，後人以意删之耳。《治要》引此有“室”字，錢本、世德堂本同。⊙天海案：情，實情、情形也。“室”字，巾箱本、《題注》本、遞修本、明世本、《四庫》本俱有之。



有通士者，有公士者，有直士者，有慤士者，有小人者〔一〕。上則能尊君，下則能愛民；物至而應，事起而辨；若是則可謂通士矣〔二〕。不下比以闇上，不上同以疾下〔三〕；分爭於中，不以私害之；若是則可謂公士矣〔四〕。身之所長，上雖不知，不以悖君〔五〕；身之所短，上雖不知，不以取賞〔六〕；長短不飾，以情自竭；若是則可謂直士矣〔七〕。庸言必信之，庸行必慎之〔八〕，畏法流俗而不敢以其所獨甚〔九〕，若是則可謂慤士矣〔一〇〕。言無常信，行無常貞，唯利所在，無所不傾〔一一〕，若是則可謂小人矣。

公生明，偏生闇，端慤生通，詐僞生塞〔一二〕，誠信生神〔一三〕，夸誕生惑〔一四〕。此六生者，君子慎之，而禹、桀所以分也〔一五〕。

欲惡取舍之權〔一六〕：見其可欲也，則必前後慮其可惡也者〔一七〕；見其可利也，則必前後慮其可害也者；而兼權之、孰計之〔一八〕，然後定其欲惡取舍〔一九〕。如是，則常不大陷矣〔二〇〕。凡人之患，偏傷之也〔二一〕。見其可欲也，則不慮其可惡也者；見其可利也，則不顧其可害也者。是以動則必陷，爲則必辱，是偏傷之患也〔二二〕。

人之所惡者，吾亦惡之〔二三〕。夫富貴者，則類傲之〔二四〕；夫貧賤者，則求柔之〔二五〕；是非仁人之情也〔二六〕，是姦人將以盜名於晻世者也，險莫大焉〔二七〕。故曰“盜名不如盜貨”，田仲、史鰌不如盜也〔二八〕。

## 【校釋】

〔一〕天海案:此五句總冒下屬之文。

〔二〕楊倞注:物有至則能應之,事有疑則能辨之。通者,不滯之謂也。⊙王念孫曰:辨者,治也。謂事起而能治之,非謂事有疑而能辨之也。《説文》:"辯,治也。"昭元年《左傳》"主齊盟者誰能辯焉",杜注與《説文》同。《王霸篇》"儒者爲之,必將曲辯",楊注曰:"辯,治也。"字或作"辨"。《議兵篇》"城郭不辨",注曰:"辨,治也。"合言之,則曰"治辯"。⊙熊公哲曰:事,變也。《王制篇》"事變得其應"。辨,治也。⊙天海案:"物至而應",物即事也。"事起而辨",猶變起而治。王、熊二説是。

〔三〕楊倞注:闇上,掩上之明也。疾與嫉同。⊙冢田虎曰:疾,謂疾苦之,注非也。⊙久保愛曰:岡白駒曰:"疾下,謂瘼下民也。訓嫉,非也。"⊙王先謙曰:上同,苟合於上。《成相篇》云:"愚而上同,國必禍。"⊙朝川鼎曰:疾,病也。杜恕《體論》云:"不下比以闇上,不上同以病下。"⊙熊公哲曰:比,筆肄切,音畀,阿私比黨也。闇,猶蒙蔽。上同,曲徇上意。⊙楊柳橋曰:李賢《後漢書》注:"疾,害也。"⊙天海案:下比,結黨於下。闇上,欺瞞主上。上同,苟合於上。疾下,危害於下。

〔四〕楊倞注:謂於事之中有分爭者,不以私害之,則可謂公正之士也。⊙冢田虎曰:分爭於中,言有爭訟之事,則於心中分散之,而不敢爭也。注非。⊙久保愛曰:分爭於中,謂爭訟之事比中而斷之也。⊙陶鴻慶曰:分爭於中者,猶言分爭於公也,而不以私,故爲公士。⊙安積信曰:分爭於中,言我身在上下之間,而分爭其事也。⊙天海案:陶説是也,楊注非。

〔五〕楊倞注:不怨君而違悖也。⊙郝懿行曰:悖者,"倍"之假借字。倍訓反,與"背"同。⊙王引之曰:悖,讀如"勃"。悖,怨懟也。謂君雖不知而不怨君也。《仲尼篇》曰"君雖不知,無怨疾之心",是也。楊注非。⊙張覺曰:悖,掩蔽,引申爲隱瞞。⊙天海案:悖,叛逆也。《玉篇・心部》:"悖,逆也。"《國語・周語》上:"是以事行而悖。"韋注:"悖,逆也。"《史記・秦皇本紀》:"殄熄暴悖,亂賊滅亡。"不以悖君,不因此叛君。郝説是,楊注及他説皆非。

〔六〕楊倞注:受禄不誣。⊙天海案:不以取賞,不以己短而騙賞。

〔七〕楊倞注:不矜其長,不掩其短,但任直道而竭盡其情也。⊙郝懿行曰:情,實也。竭,舉也。言短長皆以實偁説,不加文飾,所以爲直士。⊙王念孫曰:郝説是也。《説文》:"竭,負舉也。""揭,高舉也。"《廣雅》:"揭,舉也。"《禮運・釋文》:"竭,本亦作揭。"是揭、竭古字通。⊙熊公哲曰:竭,袒白自舉也。⊙天海案:郝説是,楊注非。

〔八〕楊倞注:庸,常也。謂言常信,行常慎。⊙天海案:庸言,平常之言。庸行,平常之行。

〔九〕楊倞注：法，效也。畏效流移之俗，又不敢以其所獨善而甚過人。謂不敢獨爲君子也。⊙王念孫曰：甚，當爲"是"。言不從流俗而亦不敢用其所獨是也。隸書"甚"字作"𡗞"，"是"字作"昰"，二形相似，故"是"譌爲"甚"，楊注非。⊙久保愛曰：所謂和而不流也。⊙安積信曰：不敢以其所獨甚，即仲尼不爲已甚之意，注非。⊙朝川鼎曰：流俗，猶言從俗也。⊙劉師培曰：甚，疑"堪"挩。謂不敢用其所獨能也。⊙于省吾曰：按注讀"畏"如字，不詞甚矣。畏，應讀作"猥"。《文選》楊惲《報孫會宗書》"而猥隨俗之毁譽也"，注："猥，猶曲也。"然則猥法流俗，謂曲效流俗也。⊙高亨曰：流，當作"沇"，形似而誤。沇，借爲沿。畏法沿俗，言上畏國法，下循民俗也。沿、沇古通用。⊙梁啓雄曰：荀子這句話和戴震"勿以人蔽己，勿以己自蔽"一意相合。⊙楊柳橋曰：《公羊傳》桓公十四年："以者，行其義也。"甚，猶樂也，謂愛好也。《説文》："甚，尤安樂也。"經傳多借用"湛"字。⊙天海案：畏法流俗，即畏效流俗。楊注是，他説皆非。此言畏效流俗，下言不敢以其所專爲是，正與慤士品行合。若作他解，則扞格不通矣。甚，"是"之形誤，王説可從。獨，專也，説見前。

〔一〇〕楊倞曰：端慤不回。⊙天海案：楊注"回"字，明世本、《四庫》本、盧謝本、《集解》本皆作"貳"字。《增注》本仍作"回"。不回，猶不違。《詩・大雅・常武》"徐方不回，王曰還歸"，鄭箋："回，猶違也。"《孟子・盡心》下："經德不回，非以干禄也。"故作"不回"於義爲長。

〔一一〕楊倞注：利之所在，皆傾意求之。⊙冢田虎曰："言無常信，行無常慎"，"庸言必信，庸行必慎"之反也。慎作貞，缺偏旁耳。⊙俞樾曰：《文選》孫子荆詩"傾城遠追送"，李善注："傾，猶盡也。"無所不傾，即無所不盡。楊注非。⊙鍾泰曰：傾，頗也。俞訓爲盡，與上文不屬。且下二節"偏生闇"，言偏傷之也，皆承此而言。則傾之爲偏無疑。⊙梁啓雄曰：伯兄曰："傾，傾邪也。"⊙北大組曰：傾，任何事情都能使他動摇。⊙龍宇純曰：楊注謂傾意求之，蓋亦以傾謂盡，惟以盡訓傾，亦非善詁。《説文》："傾，仄也。"是傾有偏向之義。今人言傾向，亦並仄義引申。此言惟利所在，無不嚮往之也。⊙天海案：貞，堅定之操守。此與上"行必慎之"之"慎"有異，冢説非也。《新書・道術》："言行抱一謂之貞。"是也。傾，盡也。盡，極也。無所不傾，猶言無所不用其極也。楊注不誤，他説皆未得也。

〔一二〕楊倞注：多窮塞也。⊙熊公哲曰：無偏私曰公。只看著一面曰偏。端是端正。慤是謹慤。塞，窮塞不通也。

〔一三〕楊倞注：誠信至則通於神明。《中庸》曰："至誠如神。"⊙安積信曰：神，謂神妙不測之德。注屬歧解。⊙天海案：神，謂神力。

〔一四〕楊倞注：矜夸妄誕，則貪惑於物也。⊙帆足萬里曰：己夸誕則人亦以夸誕應之，所以生疑惑也。⊙楊柳橋曰：《廣雅》："惑，亂也。"楊倞《禮論篇》注："惑，謂惑亂過禮也。"⊙天海案：惑，迷亂困惑。

〔一五〕楊倞注：所以分賢愚也。⊙天海案：分，區别。

〔一六〕楊倞注：舉下事也。⊙天海案：此句總領下文，標目之詞也。權，權衡也。欲惡，好惡也。

〔一七〕久保愛曰：恐禍之託於福故也。

〔一八〕楊倞注：權，所以平輕重者。孰，甚也，猶成孰也。⊙天海案：正文及注中“孰”字，諸本並作“熟”，二字可通。

〔一九〕顧千里曰：案“欲惡取舍之權”，疑當作“欲惡利害，取舍之權”，脱“利害”二字。“然後定其欲惡取舍”，疑當作“然後定其取舍”，衍“欲惡”二字。《榮辱篇》“其定取舍楛慢”，上下文皆即此義，明甚。楊注已脱衍，非也。

〔二〇〕天海案：大陷，諸本並作“失陷”。大，或“失”之形誤也，可據改。

〔二一〕楊倞注：偏，謂見其一隅。⊙天海案：偏傷，傷於偏見、片面之見也。

〔二二〕天海案：此“傷”字，巾箱本、《題注》本、遞修本俱作“人”，誤也。

〔二三〕楊倞注：賢人欲惡之，不必異於衆人矣。⊙物雙松曰：言好惡與人同也。⊙冢田虎曰：此似《老子》“人之所教，我亦教之”，又“人之所畏，不可不畏”等之語氣。⊙盧文弨曰：正文首疑當有“人之所欲者，吾亦欲之”字。注“賢人欲惡之”下疑脱一字。⊙王念孫曰：盧以注云“賢人欲惡，不必異於衆人”，故疑正文之上有“人之所欲者”云云也。不知注言欲惡不異者，加一“欲”字以通其義，非正文所有也。下文皆言惡，不言欲，是其證。⊙久保愛曰：好惡與人同者，仁人之情也，荀卿之所取也。本注“之”字當在“欲”上。⊙龍宇純曰：下文云：“夫富貴者，則類傲之；夫貧賤者，則求柔之；是非仁人之情也。”正自富貴、貧賤，人所共欲，共惡兩面言之，以見姦人之情不與衆同。王謂“下文皆言惡，不言欲”，失之。當從盧説補九字。富與貴，是人之所欲；貧與賤，是人之所惡；自孔子嘗言之，以故荀子有如斯之言。據下文“是非仁人之情”，盧疑注文“之”下所脱，疑即“情”字。⊙天海案：盧、龍二説可取，王説失之。

〔二四〕楊倞注：富貴之類，不論是非，皆傲之也。⊙久保愛曰：古屋鬲曰：“類，率也。”⊙朝川鼎曰：先君曰：“類，疑當作須。字似而誤。”須，貌古字。《禮論篇》多用須字。貌傲者，貌恭之反。⊙王先謙曰：荀書用“夫”字，俱訓“彼”。它篇竝同。⊙孫詒讓曰：類，與戾通。《逸周書·史記篇》云“昔穀平之君愎類無親”，孔晁注云：“類，戾也。”類、傲二字平列，與“求柔”文正相對。⊙于鬯曰：竊謂“類”當作“須”，二字形相似，故古書有誤者。貌、須同字，唯此須字又爲“藐”之借字。《説文·艸部》有藐字，無藐字，《書》傳又用藐字居多。“藐傲”叠韻，與下“求柔”叠韻正可比。⊙熊公哲曰：類，猶例也。⊙楊柳橋曰：李賢《後漢書》注：“類，皆也。”⊙天海案：類，率也、皆也。楊注是也。下“求柔之”之“求”訓盡，訓全，正相對。

〔二五〕楊倞注：見貧賤者，皆柔屈就之也。⊙物雙松曰：求柔之，務求柔安之也。

⊙冢田虎曰：求，等也。《書》曰："康乂民作求。"孔傳、蔡注皆以爲"求，等"，類、等皆猶言同。⊙久保愛曰：柔，懷柔也。⊙俞樾曰：注不釋"求"字。《禮曲禮》："君子行禮，不求變俗。"鄭注："求，猶務也。"求柔之，猶言務柔之矣。⊙楊柳橋曰：求，與類對文。《爾雅》："求，終也。"趙岐《孟子》注："終，竟也。"顔師古《漢書》注："竟，周偏也。"是"求"有周偏之義。⊙天海案：求，盡也，全也。柔，柔和也。求柔之，謂皆柔和對待貧賤者，正與上皆倨傲對待富貴者相對成文。楊注上言"皆傲之"，此言"皆柔屈就之"，已訓類、求爲皆，而説者不察，故多歧説也。

〔二六〕俞樾曰："仁"字衍。上文泛言人，則此文亦不當言仁人。後人因下云"是姦人將以盜名於晻世者也"，故於上句加"仁"字，以對下"姦"字，而不知其義之非耳。⊙潘重規曰：類傲富貴，求柔貧賤，本非凡人之情，而亦非仁人之情也。然非凡人之情易知，非仁人之情則難知。故曰"是姦人將以盜名於晻世者也"，"仁"字非衍。⊙天海案：潘説是，"仁"字不衍。

〔二七〕楊倞注：姦人盜富貴、貧賤之名於昏暗之世。晻，與暗同。⊙久保愛曰：求"傲富貴、柔貧賤"之名也。險，以險徼幸之險。⊙于鬯曰：富貴、貧賤，何名之有？且世有盜富貴者，無盜貧賤者。誠盜富貴，竟是盜實矣，非盜名也。楊注轉不可解矣。⊙楊柳橋曰：杜預《左傳》注："險，猶惡也。"⊙天海案：盜名，謂盜傲視富貴、和柔貧賤之名。楊注非不知也，然語未了，致使于氏譏之。險，詐也。陰險狡詐之謂也。

〔二八〕楊倞注：田仲，齊人，處於陵不食兄禄，辭富貴爲人灌園，號曰於陵仲子。史鰌，衛大夫，字子魚，賣直也。⊙傅山曰：此語微中，而乃足之以田仲、史鰌不如盜也，則非矣。田、史非盜名者然。⊙冢田虎曰：荀卿每惡此二子者，何也？其惡仲子，無乃示傚孟軻氏乎！至乎史魚，則聖人每所以稱其直，而比之盜者，何爲其怫焉哉！⊙盧文弨曰：田與陳，古多通用。⊙郝懿行曰：陳仲之廉，史鰌之直，雖未必合於中行，衡之末俗，固可以激濁流、揚清波。荀之此論，將無苛歟？然則荀卿此論，蓋欲針砭於流俗，而非持論於衡平矣。⊙朝川鼎曰：田仲，即《孟子·滕文公下》陳仲子。史鰌蓋與陳仲子同行，故荀子並言非之。⊙楊柳橋曰：杜預《左傳》注："故，舊典。"衛靈公不用蘧伯玉而任彌子瑕，史死以尸諫，孔子稱之爲直。⊙天海案：貨，財也。田仲之事見《孟子·滕文公下》，作"陳仲子"。《孟子》文中亦非之。《戰國策·齊策·趙威后問齊使》一章亦言及於陵子仲，曰："是爲人也，上不臣於王，下不治其家，中不索交諸侯。此率民而出於無用者，何爲至今不殺乎？"可知荀子之時，多有非議田仲者。故王應麟《困學紀聞》曰："陳仲子猶可議，'直哉史魚'，以爲盜名，可乎？《非十二子》史鰌與子思、孟軻皆在焉，豈有法仲尼而非三子者乎？"

# 榮辱篇第四〔一〕

憍泄者，人之殃也〔二〕；恭儉者，偋五兵也〔三〕。雖有戈矛之刺，不如恭儉之利也〔四〕。故與人善言，煖於布帛〔五〕；傷人之言，深於矛戟〔六〕。故薄薄之地，不得履之。非地不安也，危足無所履者也，凡在言也〔七〕。巨涂則讓，小涂則殆，雖欲不謹，若云不使〔八〕。

快快而亡者，怒也〔九〕；察察而殘者，忮也〔一〇〕；博之而窮者，訾也〔一一〕；清之而俞濁者，口也〔一二〕；豢之而俞瘠者，交也〔一三〕；辯而不說者，爭也〔一四〕；直立而不見知者，勝也〔一五〕；廉而不見貴者，劌也〔一六〕；勇而不見憚者，貪也〔一七〕；信而不見敬者，好剸行也〔一八〕。此小人之所務，而君子之所不爲也。

## 【校釋】

〔一〕梁啓超曰：《榮辱篇》論榮辱皆由人所自取。中多闡發性惡語。⊙吕思勉曰：此篇義亦主於修爲，與前數篇同。"凡人有所一同"一節，謂人之行爲，爲生理所限，而生理受制於自然律，實性惡説之所本也。⊙天海案：本篇專論榮辱觀。上承《勸學》"榮辱之來，必象其德"，此直論人之榮辱乃其修爲所致，並及榮辱、義利、安危之關係。

〔二〕楊倞注：泄，與媟同，嬻也，慢也。殃，或爲袂。⊙物雙松曰：橋枻當作驕嫚之義，以對恭儉。⊙冢田虎曰：橋、驕通。泄，先結反，漏溢也。上篇所謂"倨傲僻違，以驕溢人"是也。高而驕，滿而溢，此與恭儉相反。⊙王念孫曰：憍泄，即"驕泰"之異文。《荀子》他篇或作"汰"，或作"忕"，或作"泰"，皆同。古字世、大通用，大室亦爲世室，大子亦爲世子，大叔亦爲世叔。漏泄之泄，古多與外、大、害、敗等字爲韻，聲與"泰"亦相近也。《賈子》曰："簡泄不可以得士。"亦以泄爲汏。⊙梁啓雄曰：憍，同喬。《説文》："喬，高而曲也。"古書多以"驕"代之。泄，當作"媟"。《賈子·道術》"反恭爲媟"。古書多以"褻"代之。⊙天海案：憍，同驕，《廣韻》《集韻》皆同。《戰國策·魏策》："知伯必憍，憍而輕敵。"即通"驕"之證。泄，通褻，侮狎、輕慢也。故憍泄猶言驕慢也。朱駿聲《説文通訓定聲》："泄，假借爲褻。"《孟子·離婁下》："武王不泄邇，不忘遠。"趙岐注："泄，狎。"孫奭疏："孟子言武王於在邇之臣，則常欽之，而不泄狎。"泄，亦通作媟，有輕慢、褻瀆義。《孔叢子·答問》："梁人有陽由者，其力扛鼎，伎巧過人，骨騰肉飛，手搏𪁪獸，國人懼之。然則無治室之訓，禮教不立，妻不畏憚，浸相泄瀆。"一本作"媟瀆"。泄、媟、褻三字上古同爲心母月部，故得通假。楊注"泄"不誤，王氏輾轉爲説，不可取也。殃，禍害也。古文作"袂"。《説文》："殃，咎也。"《廣雅·釋言》："殃，禍也。"《易·坤卦》"必有餘殃"，鄭注："殃，禍惡也。"《吴語》"其民不忍飢勞之殃"，韋注："殃，害也。"是其證。又楊注"嬻也，慢也"，明世本、《四庫》本、盧本、《集解》本皆作"嫚也"，無"嬻也"二字。



〔三〕楊倞注：屏，當爲屏，却也。《説文》有"屏"字，"僻寠也"。與此義不同。屏，防正反。⊙盧文弨曰：五兵，元刻與俗間本俱作"五六"，今從宋本。⊙王先謙曰：屏，當爲"併"。《彊國篇》"併己之私欲"，《君道篇》"併耳目之樂"。併，皆讀屏，是荀書例以併爲屏也。此言屏却五兵，其文亦必作"併"，妄人誤加尸爲屏耳。五兵，説見《儒效篇》。⊙安積信曰：屏五兵，謂無殃也。《孝經》"在醜而爭則兵"，亦此意。屏、屏、迸同。⊙于省吾曰：王説非是。《説文》有"屏"字，且屏、并古通。《書·君奭》"小臣屏侯甸"，魏三體石經"屏"作"并"。屏之通并，猶屏之通併矣。⊙梁啓雄曰：屏、屏、併都通用，不煩改字。五兵，《周禮·司兵》注："五兵：戈、殳、戟、酋矛、夷矛。"《國語·齊語》注："五兵：刀、劍、矛、戟、矢。"《穀梁》莊二十五年《傳》注："五兵：矛、戟、鉞、楯、弓矢。"⊙天海案：恭儉，恭謹謙遜。《書·周官》："恭儉惟德，無載爾僞。"屏，通屏，亦通摒。《廣雅·釋詁》："摒，除也。"王念孫《疏證》："摒，字通作屏。"故知楊注不誤。《説文》"屏，僻寠也"，段注："屏，與屏、庰義略同。"是摒五兵即除五兵也，意謂恭儉者可免除五兵之刑。

〔四〕楊倞注：言入人深。⊙楊柳橋曰：高誘《淮南子》注："刺，鋒也。"⊙天海案：刺，原作"刺"，形似而誤，《集解》本亦作"刺"，據改。此言雖有戈矛之刺，但不如恭儉之利深入人心也。

〔五〕物雙松曰：與人善言，謂善交之言。⊙冢田虎曰：此與下文對，似疑作"善人之言"。《管子》曰："善氣迎人，親如兄弟；惡氣迎人，害於戈兵。"文意相似焉。⊙久保愛曰：煖於布帛，言其利於人勝於布帛之煖也。⊙北大組曰：與，贊揚。⊙天海案：善言，美言也。布帛，《意林》引此作"錦帛"。

〔六〕王念孫曰：傷人之言，"之"本作"以"。謂以言傷人較之以矛戟傷人者爲更深也。今本"以"作"之"，則與下句不甚貫注矣。《非相篇》"故贈人以言……"三"以"字與此文同一例。《類聚·人部》三、《御覽·兵部》八十四引此竝作"傷人以言"。⊙久保愛曰：其害人深於矛戟，故譖言害人者，終至於危足無所履。⊙天海案：《説苑·談叢》："言人之善，澤於膏沐；言人之惡，痛於矛戟。"同此意。《類聚》引此作："傷人以言，甚於劍戟。"傷人之言，《意林》引作"與人惡言"，正與"與人善言"相對，於義爲長。然則"傷人之言"其義甚明，不必改"之"作"以"。



〔七〕楊倞注：薄薄，謂旁薄廣大之貌。危足，側足也。凡，皆也。所以廣大之地，側足無所容者，皆由以言害身也。⊙傅山曰：薄字習以厚對，而此逕作廣博之博矣。⊙帆足萬里曰：危、幾通，殆也。"凡在言也"四字，當在"怏怏而亡"之上。"言也"之"也"，疑衍文。⊙安積信曰：在言，謂以言罹禍也。⊙北大組曰：凡在言，全在於他以惡言傷人。⊙熊公哲曰：危足，立不安穩也。⊙天海案：此條楊注皆是也。又，"者"下"也"字，巾箱本、《題注》本、遞修本俱無，"也"字疑衍。

〔八〕楊倞注：殆，近也。凡行，前遠而後近，故近者亦後之義。謂行於道涂，大道並行則讓之，小道可單行則後之。若能用意如此，雖欲爲不謹敬，若有制物而不使之者。《儒行》曰："道涂不爭險易之利。"⊙物雙松曰：蓋言巨涂則可讓，小涂不得讓，則爭鬬將生。故曰殆也。⊙冢田虎曰：廣大之道則得讓其行，狹小之路則不得相讓，欲讓則危。故行於小塗者，不得不謹也。言人之出言，宜如行於小塗也。注不通。⊙久保愛曰：本文"巨涂"以下十六字，必有脱誤。案《諸子品節》無此十六字，然則陳深亦疑而省之。⊙王念孫曰：楊説迂回而不可通。余謂"殆"，讀爲"待"。言共行於道涂，大道可並行則讓之，小道只可單行，則待其人過乃行也。作"殆"者，假借字耳。⊙俞樾曰：讓，當讀爲擾攘之"攘"。《説文・女部》："孃，煩擾也。"經典無"孃"字，多以"讓"爲之。《禮・曲禮》鄭注曰："攘，古讓字。"故此又以"讓"爲之也。巨涂人所共行，故擾攘而不止；小涂人所罕至，故危殆而不安。是涂無巨小，皆不可不謹。故曰"雖欲不謹，若云不使"也。⊙朝川鼎曰："凡在言也"四字，屬下句。言薄薄之地，猶無所履，況於謹言乎！故君子之在言也，巨塗雖廣大，讓而後之；小塗雖狹隘，危而履之。上文既以履地喻謹言，故又以巨塗小塗，無言不謹之義。殆，危也，與危足之危同。"雖"上蓄"然則"二字而讀。謹，謹言也。若云不使，猶言"其可得乎"。⊙梁啓超曰：殆，行路相擠也。⊙駱瑞鶴曰："若云"二字，楊倞實增字爲訓。今謂"云"猶"其"也，今以爲語助詞。不使，猶云不得不如此耳。⊙天海案：讓，通攘，擁擠也。俞説是。殆，危也。不謹，不慎也。不使，猶言不能從也。《爾雅》："使，從也。"《詩・小雅・雨無正》："云不可使，得罪于天子。"鄭箋："不可使者，不正不從也。"《管子・小匡》："謂爲關内之侯，而桓公不使也。"又，二"涂"字，諸本並作"塗"，涂，通塗。

〔九〕楊倞注：肆其快意而亡，由於忿怒也。⊙物雙松曰："快快"以下，所謂小人之所務也。⊙王先謙曰：快快，即肆意之義。《大略篇》云："賤師而輕傅，則人有快，人有快則法度壞。"楊注云："人有肆意。"是快猶肆也。"快快"與"有快"同義。肆意而亡其身者，由怒害之。下文所謂"行其少頃之怒，而喪終身之軀"矣。⊙陶鴻慶曰：快快，蓋《周易》之"夬夬"，斷決而以忿怒行之，必多失當，所以致亡。⊙梁啓雄曰：快快，伯兄曰："快快，疑當作怏怏。"⊙天海案：快快，楊注"肆其快意"，是也。然訓"怒"爲忿怒，則非。怒，過分，過度。本書《君子篇》："刑罰不怒罪，爵賞不踰德"，王念孫曰："怒、踰，皆過也。"是其證。《淮南子・繆稱訓》："故唐虞日孳孳以致於王，桀、紂日快快以致於死。”即謂肆意而快以致滅亡。肆意，當然是過度。若云由於忿怒而亡，風馬牛不相及也。王引“行其少頃之怒，而喪終身之軀”則與此文無涉。陶、梁之説亦非。

〔一〇〕楊倞注：至明察而見傷殘者，由於有忮害之心也。⊙物雙松曰：察察，言明雖爲美德，至以殘身者，以忮也。⊙安積信曰：殘者，自殘其身也。注不妥。⊙章詩同曰：察察，精明；忮，忌恨。⊙熊公哲曰：察察，皎潔也；殘，傷殘。⊙天海案：察察，苛察、煩細。《老子》：“其政察察，其民缺缺。”殘者，自傷也。忮，違逆也。《説文》：“忮，很也。”段注：“很者，不聽從也。”《尹文子·大道》：“苟違於人，俗所不與；苟忮於衆，俗所共去。”察察而殘者，忮也，此謂苛察而自傷者，由於違背衆人之心。楊注及他説皆未得也。

〔一一〕楊倞注：言詞辯博而見窮蹙者，由於好毁呰也。⊙物雙松曰：呰則多怨，多怨則窮。故愈博愈窮者，呰也。⊙天海案：博之，指博識。窮，指困窘。呰，詆毁人。“之”字，宋錢佃《考異》云“諸本無”，今存他本亦並無。據下文“清之”、“豢之”之文例，當有。

〔一二〕楊倞注：欲求其清而俞濁者，在口説之過，謂言過其實也。或曰：絜其身則自清矣，但能口説，斯俞濁也。俞，讀爲愈。⊙傅山曰：止謗不若無辯。此寡言之訓也。⊙物雙松曰：清濁，言明昏也。以爭心言之，則所言之理俞明，而人俞不受，故曰俞濁。⊙于鬯曰：“口”字與上文“怒”字、“忮”字及下“交”、“勝”、“劌”等虚實失類，必借字也，疑當讀爲“詬”。“詬”諧“后”聲，后聲與口聲古音同部，故借口爲詬。《解蔽篇》楊注云：“詬，詈也。”則與上下文字例正合矣。詬之言垢也。《説文·土部》云：“垢，濁也。”故曰：“清之而愈濁者，詬也。”⊙劉師培曰：口，當作“句”。《説文》：“句，曲也。”凡從句之字，均有曲義。“清之而俞濁者”，蓋其人外託於清，而陰以行其鄙，如漢公孫弘是，即《孟子》所謂“同流合污而行之似廉潔也”。《荀子》謂之“句”，亦以其行不由衷，近於曲意媚世耳。若以“口”爲口説，失之遠矣！⊙高亨曰：《大略篇》亦有此句。口，疑當作厶，形似而誤。厶，古私字。《説文》：“厶，姦衺也。《韓非》曰：‘蒼頡作字，自營爲厶。’”“私，禾也，从禾，厶聲。北道名禾主人曰私主人。”是厶乃公私之私。私，疑是私田之私，二字義亦相通。⊙天海案：口，此引申爲言論，口説之詞。《詩·小雅·十月之交》“讒口囂囂”，讒口即讒言。《公羊傳》隱公四年“吾爲子口隱矣”，何休注：“口，猶口語相發動也。”故知單言“口”亦可，即口説之義。但此文訓“口説”則含義不清，楊注解爲“口説之過”，確爲增字釋義，不可從。于説借爲“詬”，於義爲長。諸説皆未當。

〔一三〕楊倞注：所交接非其道，則必有患難，雖食芻豢，而更瘠也。故上篇云：“勞倦而容貌不枯，好交也。”⊙傅山曰：解甚無味。不擇人不濫交，以爲朋友之益。若比之匪人，有損無益。正如貪芻豢而俞瘦耳。此寡交之訓也。⊙物雙松曰：交道競相高，則養佼雖厚，人愈不附，故曰愈瘠。⊙冢田虎曰：豢，養也。言交接之道，欲養長之，則反見疏也。所謂"事君數，斯辱矣；朋友數，斯疏矣"之意。曰豢、曰瘠，只假辭耳。注可謂陋矣。⊙久保愛曰：豢，養也。言與暴國結交，則求無厭，邦國益愈顛頓也。養交之語，見於《臣道篇》。⊙王先謙曰：以利交者，利盡則絶，故曰"豢養之而愈瘠"也。此言小人之交，故下文以小人總結之。"好交"乃"好文"之誤，説見上篇，楊引以證本文，非。⊙朝川鼎曰：交可好而不可養，故養交而容貌愈瘠也。⊙劉師培曰：交，應讀爲"矯"。古代喬與交同。如佼訓爲交，義與蹻、趫相通。《漢書》"女趫"或本作"佼"，《月令》"壯佼"即《詩》"四牡蹻蹻"之蹻。故人之屈撓其情致拂其本性者，亦謂之矯。矯出於僞，與自然相反。豢之而俞瘠，不必拘豢養之義以爲解也。⊙梁啓雄曰：交，猶驕也。《勸學》引《詩》曰"匪交匪舒"，王引之曰："交，讀爲姣。"《廣雅》："姣，侮也。"此"交"字義亦同。這裏指酒肉之友。瘠，瘦，引申爲淡薄。⊙天海案：豢之而俞瘠者，此喻以利養交而交愈疏也。交，同佼，借爲狡，狠詐也。《説文》："佼，交也。"《廣雅》："佼，交也。"故二字可通。《管子·小臣》："持禄養佼，不以官爲事。"又借爲狡，《管子·七臣七主》"好佼反而行私情"，尹知章注"很詐也"。"豢之而俞瘠者，交也"，謂養之而愈疏，是由於狠詐的緣故。楊注未允，諸家説"交"之義皆未得也。

〔一四〕楊倞注：不説，不爲人所稱説。或讀爲悦。⊙久保愛曰：辯者宜爲説，今不能然者，與人爭故也。⊙王念孫曰：後説是。⊙俞樾曰：楊注二義皆非。《淮南子·俶真篇》"辯者不能説也"，高誘注："説，釋也。"斯得之矣。辯而不説，謂辯而人不解説，由其好與人爭而不能委曲以曉人也。⊙朝川鼎曰：説音悦。有爭氣者雖辯，亦人不悦之。⊙高亨曰："不"下當有"見"字，轉寫誤脱。説，當從或説讀爲"悦"。此謂辯而不見悦於人，以其爭也。下文云"不見知"、"不見貴"、"不見憚"、"不見敬"，足證此句亦當有"見"字。⊙天海案：説，通悦。不悦，即不爲人所悦。高説"不"下脱一"見"字，是也，可據補。

〔一五〕楊倞注：直立，謂己直人曲。勝，謂好勝人也。⊙朝川鼎曰：直立即特立，直、特通用，已見《勸學篇》。⊙梁啓雄曰：《不苟》"直立而不勝"，王引《易》虞翻注："勝，陵也。"⊙章詩同曰：直立，立身正直。勝，好勝陵人。⊙駱瑞鶴曰：楊説誤。直，借爲犆。犆與特同。《釋文》："犆，音特，獨也。本或作特。"凡直立訓爲特立者，並當爲"犆"借字。勝，訓爲陵，實爲凌借字。此言才學出衆而不爲人所知者，好凌人故也。⊙天海案：楊注非，駱説是。

〔一六〕楊倞注：劌，傷也。刻己太過，不得中道，故不見貴也。⊙冢田虎曰：劌，謂傷害人也。《家語》《戴記》"廉而不劌，義也"，是也。注不穩也。⊙王念孫曰：廉而劌，謂有廉隅而傷人也，如此則人不貴之矣。《不苟篇》注云："廉，稜也。劌，利傷也。"較此注爲勝。⊙章詩同曰：廉，謂棱角，以喻人品行端方，有志節。劌，刺傷。

⊙天海案:《不苟篇》謂君子"廉而不劌",正與此相發揮。

〔一七〕楊倞注:貪利則委曲求人,故雖勇而不見憚。⊙安積信曰:言外雖勇悍,而内抱貪利之實,所謂色厲而内荏者,故不見憚。⊙天海案:憚,懼也。貪,愛財。《説文》:"貪,欲物也。"



〔一八〕楊倞注:剸,與專同。專行,謂不度是非,好復言,如白公者也。⊙梁啓雄曰:剸,正字作"專"。專借爲"嫥",《説文》:"嫥,壹也。"專行,嫥擅獨行也。⊙天海案:以上皆論小人所爲。每句必先言小人之言行品節之趨向及後果,次言此後果皆因自己的怒、忮、呰、口、交、爭、勝、劌、貪、剸行等行爲導致。

鬬者,忘其身者也,忘其親者也,忘其君者也〔一〕。行其少頃之怒,而喪終身之軀,然且爲之,是忘其身也〔二〕;家室立殘,親戚不免乎刑戮,然且爲之,是忘其親也〔三〕;君上之所惡也,刑法之所大禁也,然且爲之,是忘其君也〔四〕。憂忘其身〔五〕,内忘其親,上忘其君,是刑法之所不舍也〔六〕,聖王之所不畜也〔七〕。乳彘不觸虎,乳狗不遠遊,不忘其親也〔八〕。人也〔九〕,憂忘其身,内忘其親,上忘其君,則是人也,而曾狗彘之不若也〔一〇〕。

凡鬬者,必自以爲是,而以人爲非也。己誠是也,人誠非也,則是己君子而人小人也,以君子與小人相賊害也。憂以忘其身,内以忘其親,上以忘其君,豈不過甚矣哉〔一一〕! 是人也,所謂以狐父之戈钃牛矢也〔一二〕。將以爲智邪? 則愚莫大焉;將以爲利邪? 則害莫大焉;將以爲榮邪? 則辱莫大焉;將以爲安邪? 則危莫大焉。人之有鬬,何哉? 我欲屬之狂惑、疾病邪,則不可,聖王又誅之〔一三〕;我欲屬之鳥鼠禽獸邪,則不可,其形體又人而好惡多同〔一四〕。人之有鬬,何哉? 我甚醜之〔一五〕。

## 【校釋】



〔一〕楊柳橋曰:鄭玄《禮記》注:"親,父母也。"下文"親戚",戚,親也,亦謂父母。⊙天海案:此數句總冒本節之文,言好鬬者不知榮辱之分。《説苑・貴德》用此文,句首有"夫"字。

〔二〕久保愛曰:《論語》所謂:"一朝之怒,忘其身以及其親也。"⊙天海案:《説苑·貴德》作:“行須臾之怒,而鬬終身之禍,然乃爲之,是忘其身也。”

〔三〕楊倞注:蓋當時禁鬬殺人之法戮及親戚。《尸子》曰:“非人君之用兵也,以爲民傷鬬,則以親戚徇。一言而不顧之也。”⊙天海案:立殘,立即破敗也。“家室”,巾箱本、《題注》本、遞修本、明世本、《四庫》本竝作“室家”。“免乎”,前三本俱作“免于”。《説苑》作:“家室離散,親戚被戮,然乃爲之,是忘其親也。”

〔四〕天海案:大禁,大力禁止也。“惡也”之“也”,諸本無。《説苑》作“君上之所致惡”,餘皆同此文。

〔五〕楊倞注:遭憂患刑戮,而不能保其身,是憂忘其身也。或曰:當爲“下忘其身”,誤爲“夏”,又“夏”轉誤爲“憂”字耳。⊙物雙松曰:下,因音訛“夏”,“夏”因形誤“憂”耳。⊙王念孫曰:後説爲長。⊙天海案:下文親言内,君言上,此言自身,必當爲下矣!此作“憂”,與文例不合。《説苑》正作“人而下忘其身”,與楊注或説合。楊注“下忘其身”下,疑脱一“下”字。正文兩“憂”字,亦“下”之轉誤。

〔六〕天海案:舍,諸本並作“赦”。今案:舍,通赦。《詩·小雅·雨無正》“舍彼有罪”,《釋文》曰:“舍,音赦。”《逸周書·玉佩》“施舍在平心”,孔晁注:“舍,謂赦罪。”是其證。

〔七〕熊公哲曰:不畜,不容其存在也。⊙天海案:不畜,不養也。《易·離卦》“畜牝牛”,《論語·鄉黨》:“君賜生,必畜之。”古代君王治民爲牧民,牧,亦畜也,養也。

〔八〕久保愛曰:乳彘、乳狗,謂彘子、狗子也,與《漢書·甯成傳》“乳虎”之乳不同。⊙王先謙曰:觸虎者,蓋衛其子,當時有此語耳。⊙楊樹達曰:乳彘觸虎,蓋衛其母,王云“衛子”,非。⊙潘重規曰:乳彘、乳狗,即幼彘、幼狗也。故曰“不忘其親”。⊙梁啓雄曰:乳彘、乳狗,指哺乳的母彘、母狗。不觸虎,謂爲哺養幼彘而愛身也。不遠遊,謂爲哺養幼狗不遠離也。親,指親愛的幼子。⊙天海案:“不觸虎”之“不”字,今諸本多無,然宋浙本、明《標注》本皆有之。錢佃《考異》亦曰“監本作‘不觸虎’”。盧謝本、《集解》本並從諸本作“觸虎”,致使文意混雜而諸説多歧也。今案:荀文此節乃斥鬬者,依文意“不”字必有。《説苑》作:“今禽獸猶知近父母,不忘其親也。”故知乳彘、乳狗乃哺乳中的幼猪、幼狗也。故久、潘二説是,王、梁二説非。

〔九〕盧文弨曰:人也,各本作“小人”。⊙王先謙曰:“人也”二字下屬爲句。⊙天海案:錢佃《考異》稱諸本“人也”作“小人”。今存他本亦並作“小人”。

〔一〇〕天海案:曾,乃也,竟也。《説苑》作“是不若禽獸之仁也”。此下原未分段,現據文意分之。此節言好鬬者忘身、忘親、忘君,猪狗不如。下節則言好鬬者愚不可及,榮辱不分,甚可鄙也。

〔一一〕天海案:此上三“其”字,巾箱本、《題注》本、遞修本俱無。

〔一二〕楊倞注:時人舊有此語,喻以貴而用於賤也。狐父,地名。《史記》“伍被曰：吴王兵敗於狐父”，徐廣曰：“梁、碭之間也。”蓋其地出名戈，其説未聞。《管子》曰：“蚩尤爲雍狐之戟，狐父之戈。”豈近此耶？钃，刺也，之欲反。故良劍謂之屬鏤，亦取其刺也。或讀斸爲斫。⊙郝懿行曰：斸、斫音讀不同，斸雖訓斫，而不讀爲斫也。《玉篇》“斸”或作“钃”，與斫音異，不知楊氏何故同之？正文又無“斸”字，此注當有脱誤。钃訓刺，亦未聞。⊙久保愛曰：矢，與屎通。父，音甫。⊙劉師培曰：“矢”乃衍文。據注亦無矢字，矢即牛字誤羨之文。《御覽》三百五十三引此文云：“狐父戈以钃牛，愚莫甚焉。”是所據之本僅作“钃牛”。此即彤弓彈鳥之喻。钃，當訓斫。謂以重器賤施也。黄氏《日鈔》引有“矢”字，亦據誤本。⊙徐復曰：按楊注本作“或讀爲斸斫”，所以注钃字讀音，此注“斸爲”二字誤倒，非有脱字。《山海經·海内經》郭璞注：“欘，讀如斤斸之斸。”此其例也。又钃訓刺，當爲“擉”之假借。《莊子·則陽》“冬則擉鱉於江”，司馬彪云：“擉，刺也。”其訓當本於此。郝氏於此二説似未深考。又劉師培據《御覽》引文謂“矢”字乃衍文，即“牛”字誤衍之文，其説亦非。⊙天海案：狐父，地名，在今江蘇碭山市南三十里。《管子》《史記》皆見之。钃，同斸。《釋名》：“钃，誅也，主以誅鉏根株也。”《玉篇》：“钃，鉏也。”《集韻》：“斸，《説文》：斫也，或从金。”《正字通》：“钃，同斸。”民國元年修《定海縣志·方言》：“今謂以小鉏拾狗糞曰钃。”此皆可證“钃”當爲“鋤”一類農具，引申爲鋤拾之動作。《説文》：“鉏，立薅所用也，从金，且聲。”又作鐽除用。屈原《卜居》：“寧誅鉏草茅，以力耕乎。”此亦證钃可訓爲動詞。狐父之戈，或當時著名之兵器，用以鋤牛矢，非其用也。楊注訓钃爲刺，非也。注中“出”字原作“山”，義不可通，此據盧校本改。劉説“矢”字衍，亦非。《説苑》用此文作：“所謂以狐白補犬羊，身塗其炭，豈不過甚矣哉！”又與此文大異。然以“狐白補犬羊”以喻鬭者，似非其類。

〔一三〕楊倞注：屬，託也。之欲反。⊙龍宇純曰：楊注至迂曲難通。《説文》：“屬，連也。”引申有同合之義。屬之，猶言“以之屬於”，即以之合於也。下文義亦同此。⊙楊柳橋曰：鄭玄《禮記》注：“誅，罰也。”⊙天海案：屬，歸屬、比屬也。楊注訓爲託，猶託付，比附也，義亦通，未可斥爲“迂曲難通”。下“屬”亦同此義。

〔一四〕楊倞注：視其形體則又人也，其好惡多與賢人同，但好鬭爲異耳。⊙安積信曰：好惡同，言與衆人同也，不必言與賢人同。⊙天海案：《説苑》用此文作：“面目人也，而好惡多同。”安説是。

〔一五〕楊倞注：其禍如此，何爲鬭也？⊙楊柳橋曰：高誘《吕氏春秋》注：“醜，猶恥也。”⊙天海案：《説苑》作“人之鬭，誠愚惑失道者也。”



有狗彘之勇者，有賈盜之勇者〔一〕，有小人之勇者，有士君子之勇者〔二〕。爭飲食，無廉恥，不知是非，不辟死傷，不畏衆彊，恈恈然惟利飲食之見，是狗彘之勇者也〔三〕。爲事利〔四〕，爭貨財，無辭讓，果敢而振，猛貪而戾，恈恈然唯利之見，是賈盜之勇也〔五〕。輕死而暴，是小人之勇也〔六〕。義之所在，不傾於權，不顧其利，舉國而與之，不爲改視〔七〕，重死持義而不橈，是士君子之勇也〔八〕。

鯈鉌者，浮陽之魚也〔九〕，胠於沙而思水，則無逮矣〔一〇〕。挂於患而欲謹，則無益矣〔一一〕。自知者不怨人，知命者不怨天。怨人者窮〔一二〕，怨天者無志〔一三〕。失之己，反之人，豈不迂乎哉〔一四〕！

榮辱之大分〔一五〕，安危利害之常體〔一六〕。先義而後利者榮，先利而後義者辱。榮者常通，辱者常窮；通者常制人，窮者常制於人〔一七〕。是榮辱之大分也〔一八〕。材慤者常安利，蕩悍者常危害〔一九〕；安利者常樂易，危害者常憂險〔二〇〕。樂易者常壽長，憂險者常夭折，是安危利害之常體也〔二一〕。

【校釋】

〔一〕楊倞注：狗彘勇於求食，賈盜勇於求財。賈音古。⊙物雙松曰：賈盜，想是賈豎之貪者。荀子時或有此語。⊙朝川鼎曰：賈盜，謂賈與盜也，與上狗彘相對爲二。

〔二〕楊倞注：小人勇於暴，士君子勇於義。言人有此數勇也。⊙天海案：此四句總言人之四勇，下文則析而言之。

〔三〕楊倞注：辟，讀爲避。恈恈，愛欲之貌。《方言》云："牟，愛也。宋、魯之間曰牟。"⊙王引之曰："飲食"上本無"利"字。今本作"利飲食之見"，"利"字即涉下文"利"字而衍。⊙天海案：依下文例，"利"字必衍，王説是。又，"勇"下"者"字，今存他本並無。

〔四〕楊倞注：爲事及利也。爲，于僞反。⊙朝川鼎曰：三字疑衍。

〔五〕楊倞注：振，動也。戾，乖背也。《春秋·公羊傳》曰："葵丘之會，桓公振而矜之。"何休云："亢陽之貌也。"⊙王引之曰：振，當爲"很"，字之誤也。"果敢而很，猛貪而戾"，二句一意相承。故《廣雅》曰："戾，很也。"若"振"，則非其類矣。楊注非。⊙久保愛曰：古屋鬲曰："振，奮也。"⊙帆足萬里曰：振，振厲也。⊙天海案：振，奮疾也。《爾雅·釋言》："振，訊也。"郭璞注："振者，奮迅。"郝懿行《義疏》："訊即迅，迅訓疾，疾有奮厲之意。"《説文》："振，奮也。"果敢而振，謂其果敢而奮疾，其意顯明，不必改爲"很"。楊注非，王説亦非。戾，暴虐也。《玉篇》："戾，虐也。"《莊子·天道》"整萬物而不爲戾"，成玄英疏："戾，暴也。"猛貪而戾，言其猛貪而暴虐也。楊注亦非。又，"戾"字，巾箱本、《題注》本、遞修本並作"利"，音誤也。

〔六〕久保愛曰：據前後文例，"輕死"上當有脱文。⊙天海案：上言狗彘之勇、賈盜之勇，下言士君子之勇，皆不煩其言；此言小人之勇，僅"輕死而暴"四字，不當其略也！必有脱文，久説是。輕死，輕率赴死。暴，兇殘、暴虐。

〔七〕熊公哲曰：與，付與也。不改視，目之所注，不爲之改。⊙北大組曰："不傾於權"，不屈服於權勢。與，對付，這裏指反對。改視，不改變看法。⊙天海案：傾，倒、偏也。不傾於權，不偏向於權勢者。舉國，全國。與之，干與之。改視，猶改容也。又"傾於"之"於"，巾箱本、《題注》本、遞修本並作"其"字。

〔八〕楊倞注：雖重愛其死，而執節持義不橈曲以苟生也。《儒行》曰："愛其死，以有待也。"⊙俞樾曰：此本作"重死持義而不橈"，故楊注曰："雖重愛其死，而執節持義不橈曲以苟生也。"是楊氏所據本"而"字在"持義"上。⊙帆足萬里曰：死，死節也。⊙熊公哲曰：重死，不輕其生。古云："死或重於泰山，或輕於鴻毛。"⊙天海案：重死，看重死的價值。持義，堅持正義。不橈，不屈也。橈，今諸本又作"撓"，撓，通橈。

〔九〕楊倞注：儵鉢，魚名。浮陽，謂此魚好浮於水上就陽也。今字書無"鉢"字，蓋當爲"鮁"。《説文》云："即'鱣鮪鮁鮁'字。"蓋儵魚一名儵鮁。莊子與惠子遊於濠梁之上，儵魚出遊，是亦浮陽之義。或曰：浮陽，渤海縣名也。儵，音稠。鮁，布末反。⊙物雙松曰：《通雅》："字書無鉢字。"惟《字彙》載之，音喬。《轉注略》曰："鉢，从本，音叨。"故鉢音喬，今作鉢則音鉢。故或以爲白魚之轉聲。開寶《本草》以鱎魚爲白魚，言其頭尾向上也。《説苑》"陽橋之魚"，豈其此乎？⊙冢田虎曰：儵音由，鉢音喬。《莊子·音義》："儵，白魚也。"今疑鉢、鮇誤與？鮇，音未。《正字通》："鮇，長身細鱗，肉白如玉。"此與儵類也。⊙久保愛曰：陽、揚互通。然則此"陽"字當與"揚"字通而誤之也。⊙郝懿行曰："鉢"不成字，"鮁"非魚名，疑當爲"鱧"。俗書"體"或作"体"，然則"儵鉢"即"儵鱧"矣。⊙王念孫曰：楊説非也。竊疑"鉢"乃"魾"字之誤。《爾雅》云"魴魾"，魾即魴之異名，則儵、魾爲二魚也。隸書"丕"字或作"平"，"本"字或作"夲"，二形相似，故魾誤爲鉢與？⊙朝川鼎曰：儵鉢皆小魚總名，不可强別爲何物焉。小魚多是就淺而出遊，故曰浮陽。以喻小人之驕溢。浮陽，陽橋，音近義同。⊙梁啓雄曰：浮陽，猶浮蕩也。陽與湯通。《莊子·應帝王》"天根遊於殷陽"，《釋文》："陽，或作湯。"是其證。⊙駱瑞鶴曰：疑"鉢"本當作"鰶"，因右半與"柒"音同，與"來"形近，而轉寫誤爲"鉢"耳。《爾雅·釋魚》有"鯠"字，《釋文》："鯠，郭音來。《字林》作鰶，音七。"⊙天海案：儵，《説文》"儵，魚名。从魚，攸聲。"儵魚，又名白鰷，長僅數寸，生江湖中。《説文》段注："白儵，即今白鰷條。"鉢，當爲"鰷"之形誤也。鰷，鰷之俗體，儵鰷連稱者，皆言白儵之魚也。楊注及諸説未思鉢乃鰷之形誤，又以"儵鉢"爲二魚，故歧説紛紜，莫衷一是也。浮陽，浮於水而向陽也，由下文“胠於沙而思水”可知，楊注前説是也，或説非。

〔一〇〕楊倞注：胠與祛同。揚子雲《方言》云：“祛，去也。齊、趙之總語。”去於沙，謂失水去在沙上也。《莊子》有《胠篋篇》，亦取“去”之義也。⊙物雙松曰：胠，《爾雅》所謂須也。胠訓發也，開也。《莊子·胠篋》注：“胠，從旁開也。”故以謂魚倦罷鼓動兩腮也。⊙久保愛曰：胠，與呿通。呿，張口貌。《吕氏春秋》曰：“呿而不唫。”《莊子》亦云：“口呿而不合。”可以見矣。⊙盧文弨曰：案《方言》“祛”作“抾”。⊙王引之曰：魚去沙上，不得謂之去於沙，楊説非也。案“胠”當爲“俗”。然則俗者，窮困之謂。言魚困於沙而思水，則無及也。⊙俞樾曰：胠，當作“阹”。《文選·吴都賦》曰“阹以九疑”，注曰：“阹，闌也。因山谷以遮獸也。”阹於沙，義亦同。此言遮闌於沙而思水，則無及矣。⊙章詩同曰：胠於沙，擱淺在沙灘上。⊙楊柳橋曰：胠，應讀爲劫。《説文》：“人欲去，以力脅止曰劫。”經傳多借“脅”爲之。《廣雅》：“胠，脅也。”高誘《淮南子》注：“脅，迫也。”⊙天海案：胠，呿也。二字古音同屬溪母魚部，故得通。呿，張口喘息之貌。《玉篇·口部》：“呿，張口貌。”又：“呿，卧聲。”《集韻》：“呿，卧息。”《素問·寶命全形論》“呿吟至微”，張隱庵集注：“呿，卧聲；口張而不合，氣之虚也。”呿於沙，猶言魚在沙上張口喘息也。物、久二説皆是，章説以意會，楊注及他説皆非也。

〔一一〕楊倞注：人亦猶魚也。⊙天海案：挂，通絓。絓，結也，構也。《漢書·嚴安傳》：“秦禍北構於胡，南挂於越也。”王念孫《雜志》曰：“挂，讀爲絓。絓，結也。言禍結於越也。”絓於患，猶言結於患中。楊倞失注。

〔一二〕楊倞注：徒怨懟於人不自修者，則窮迫無所出。

〔一三〕楊倞注：有志之人但自修身，遇與不遇，皆歸於命，故不怨天。⊙王念孫曰：志，讀爲“知識”之“識”。不知命而怨天，故曰無識。《法行篇》正作“怨天者無識”，楊彼注云：“無識，不知天命。”是也。此注以“志”爲志氣之志。失之。⊙梁啓雄曰：伯兄曰：“志謂志氣。”荀子意謂當以人力制服天命。故不自振而怨天，則無志也。⊙天海案：兩説皆通，以王説爲長也。

〔一四〕楊倞注：迂，失也。反，責人也。⊙王念孫曰：失與迂義不相近，古無此訓也。《廣雅》曰：“迂，遠也。”《外傳》曰：“身不善而怨他人，不亦遠乎！”語意正與此同。⊙王先謙曰：三句與《法行篇》同。反之人，與《君道篇》“反之民”、“反之政”同意，言反求也。⊙安積信曰：君子有所失，必反求諸己。小人乃不自反，而反之人也。⊙章詩同曰：反之人，歸罪於人。⊙天海案：豈不迂乎哉，錢佃謂諸本作“豈不亦迂哉”，今存諸本亦同錢説。迂，遠也。王説是，楊注非。又，此下原未分段，此據文意分之。

〔一五〕盧文弨曰：舊本不提行，今案當分段。⊙北大組曰：大分，根本區别。⊙天海案：大分，最大分界。

〔一六〕楊樹達曰：二句目下之詞。以《勸學》《修身》《不苟》《仲尼》《儒效》諸篇例之，此蓋《榮辱篇》之首節。此則並標兩題，故下文兩段各以"大分也"、"常體也"爲結。⊙朝川鼎曰：常體，猶言定體也。⊙北大組曰：常體，常規，通常的情況。⊙天海案：常體，通常的體現。《易·繫辭下》："陰陽合德而剛柔有體，以體天地之撰。"孔疏："體象天地之數也。"故體可訓體現也。又，此上二句總冒下文，楊説爲本篇之首節，或是。

〔一七〕楊倞注：受制於人。

〔一八〕楊倞注：其中雖未必皆然，然其大分如此矣。

〔一九〕楊倞注：材愨，謂材性愿愨也。蕩悍，已解於《修身篇》。⊙汪中曰：材，疑當作"朴"，字之誤也。朴愨與蕩悍、安利與危害、樂易與憂險、壽長與夭折，皆對文。⊙帆足萬里曰：材愨，有材樸而愿愨也。⊙梁啓雄曰：蕩悍，放蕩兇悍之意。⊙天海案：材，資質也。《禮·中庸》："故天之生物，必因其材而篤焉。"材愨，即資質樸實忠厚也。楊注材性連言，亦謂資質也。汪説亦可參。

〔二〇〕楊倞注：樂易，歡樂平易也。《詩》所謂愷悌者也。⊙王念孫曰：險以心言，非以境言。憂險猶憂危，謂中心憂危之也，故與"樂易"對文。下文"樂易者常壽長，憂險者常夭折"，亦以心言之也。⊙楊柳橋曰：樂易，猶和樂也。⊙李中生曰：憂險指憂危，則樂易指樂安。⊙天海案：樂易，和樂而平易。憂險，憂危也。王説是。

〔二一〕楊倞注：亦大率如此。

夫天生蒸民，有所以取之〔一〕。志意致脩，德行致厚，智慮致明，是天子之所以取天下也〔二〕。政令法，舉措時，聽斷公〔三〕，上則能順天子之命，下則能保百姓，是諸侯之所以取國家也。志行脩，臨官治，上則能順上，下則能保其職，是士大夫之所以取田邑也〔四〕。循法則、度量、刑辟、圖籍〔五〕，不知其義，謹守其數，慎不敢損益也〔六〕，父子相傳，以持王公〔七〕。是故三代雖亡，治法猶存，是官人百吏之所以取禄秩也〔八〕。孝弟愿愨，軥録疾力〔九〕，以敦比其事業而不敢怠傲〔一〇〕，是庶人之所以取煖衣飽食、長生久視，以免於刑戮也〔一一〕。飾邪説，文姦言，爲倚事〔一二〕，陶誕突盜〔一三〕，惕悍憍暴〔一四〕，以偷生反側於亂世之間，是姦人之所以取危辱死刑也〔一五〕。其慮之不深，其擇之不謹，其定取舍楛僈，是其所以危也〔一六〕。

## 【校釋】

〔一〕楊倞注：言天生衆民、其君臣上下職業，皆有取之道。非其道，所以敗之也。⊙盧文弨曰：注“取之道”，當重一“之”字。“之也”，之字衍。⊙北大組曰：有所以取之，各有取得自己地位的道理。⊙天海案：蒸，同烝。蒸，衆也。《詩·大雅·烝民》“天生烝民”，《孟子》作“蒸”。故今存諸本一作“烝”。此二句總冒本節之文。

〔二〕楊倞注：致，極也。言如此，是乃天子之所以取天下之道也。⊙北大組曰：致修，最美好、完美；厚，純厚、忠厚；明，明察。⊙熊公哲曰：修，修正也。⊙天海案：致，通至。至，極也。脩，飾也。飾，整飭之謂也。引申爲美善。厚，深廣。明，英明。

〔三〕楊倞注：舉措時，謂興力役不奪農時也。⊙盧文弨曰：元刻首句作“政法令”。⊙冢田虎曰：政令法，舊本作“致令法”，故倞注改之。注或曰“政當爲正”，亦舊本作“致當爲政”。今本後人依倞注改之耳。⊙鍾泰曰：舉措時，謂舉措得其時宜也，非使民以時不違農時之謂。楊注誤。⊙北大組曰：政令法，政令符合法制。舉措時，措施適時。聽斷公，處理政事公正。⊙天海案：法，合於禮法，非單指法制也。巾箱本、《題注》本、遞修本並作“政法令”。

〔四〕天海案：臨官治，居官善任。田邑，士大夫之封地采邑。

〔五〕楊倞注：度，尺丈。量，斗斛。刑辟，刑法之書。《左氏傳》曰：“先王議事以制，不爲刑辟。”圖，謂模寫土地之形。籍，謂書其户口之數也。⊙盧文弨曰：正文“循”，元刻作“修”，各本同。⊙熊公哲曰：法則，謂規章也。⊙天海案：循，遵從、沿襲也。法則，禮法準則。

〔六〕楊倞注：若制所然。⊙北大組曰：義，道理。謹守其數，嚴格遵守它的條文。損益，減增、更改。⊙熊公哲曰：義，意義。數，術數，猶今言方法也。⊙天海案：義，宜也。數，數目也，此言嚴守法則、度量、刑法、圖籍之數目，故下言“父子相傳”。損益，此指損失、減少，乃單義復詞也。若“數”訓爲條文，“損益”又訓爲增減、更改其條文，此本不當爲官人百吏之職守，何言“不敢”也？

〔七〕楊倞注：世傳法則所以保持王公，言王公賴之以爲治者也。⊙物雙松曰：“持”字有味。疇人傳家，典章賴存，足以維持王公之治也。⊙久保愛曰：持，扶持也。⊙王念孫曰：持，猶奉也。言官人百吏謹守其法則、度量、刑辟、圖籍，父子相傳，以奉王公也。《廣雅》：“奉，持也。”是持與奉同義。楊以爲保持，未確。⊙劉師培曰：持，訓爲佐。以持王公，猶言佐助王公也。⊙天海案：諸説中當以王説爲是。以持王公，即以奉王公。

〔八〕王先謙曰：《君道篇》云“官人守數”，《正論篇》云“官人以爲守”，注：“官人，守職事之官也。”《王霸篇》注：“官人，列官之人。”荀書每以“官人百吏”竝言，猶《周官》所云“府吏胥徒”之屬耳。⊙北大組曰：三代，夏、商、周。禄，俸禄。秩，指官位。⊙天海案：禄秩，即官位也。

〔九〕楊倞注：軥與拘同。拘録，謂自檢束也。疾力，謂速力而作也。⊙傅山曰：今人謂少年敏快不委罷者，曰"疾力轂轆"，即此意。但字稍轉變耳。軥，本音構，又音溝，其入聲即轂。猶之呼"轂轆疾力"也。⊙物雙松曰：按《通雅》："軥録，拘摟之轉也。"拘摟，傴僂之轉也。丁度曰："拘摟，聚也，言卷聚也。"《荀子》"軥録疾力"正言拘摟用力之疾也。⊙久保愛曰：軥録，勉强之意。如《列子》："拘此廢虐之主，録而不舍。"《淮南子》"察慧、捷巧、劬録疾力"。是也。⊙盧文弨曰：《淮南子·主術訓》："人之性莫貴於仁，莫急於智，兩者爲本而加之以勇力、辨慧、捷疾、劬録。"正與此"軥録疾力"語相似。軥録，蓋勞身苦體之意。孝弟愿愨以行言，軥録疾力以事言。楊訓爲拘録，非也。⊙郝懿行曰：軥與局同。録與逯同。逯者，行謹逯逯也。軥録，猶局促，竝叠韻字也。《君道篇》作"拘録"。⊙劉師培曰：案盧説近是。軥録，即劬勞之異文。勞碌雙聲，勞録亦爲雙聲，古代雙聲之字多通用，故易勞爲録。蓋劬勞即勤勞。漢代孝弟與力田並舉，孝弟即上文所謂"孝弟愿愨而力田"，即此文所謂"劬勞疾力"也。⊙章詩同曰：疾，積極。⊙天海案：孝弟，孝順父兄。愿愨，忠厚樸實。軥録，又作"劬録"，例見盧氏所引；又作"劬禄"，例見久氏所引《淮南子·泰族訓》；又作"拘録"，見本書《君道》"愿愨拘録"、《續漢書·五行志》"旦夕拘録"。皆可訓爲勞苦之義，故盧、劉二説是，楊注非。疾力，猶奮力、努力之義。軥録疾力，猶言勞碌努力之意。

〔一〇〕楊倞注：敦，厚也。比，親也。言不敢怠惰也。⊙物雙松曰：《説文》："比，密也。"⊙冢田虎曰：比，猶屬辭比事之比，謂次序其事業也。⊙久保愛曰：比，君子比義，農夫比穀之比。事見《説苑》。⊙王引之曰：敦、比，皆治也。敦比其事業，猶云治其事業耳。《彊國篇》"敦比於小事"，楊注以爲"精審躬親"，亦失之。⊙于省吾曰：《詩北門》"王事敦我"，《釋文》："韓《詩》云：敦，迫。"然則"敦比"猶今人言迫切。以敦比其事業，謂以迫切於事業也。⊙梁啓雄曰：《爾雅·釋詁》："敦，勉也。"《説文》："比，密也。"謂勤勉而審密於其事業。⊙天海案：敦，勤勉也。《管子·君臣》上："上惠其道，下敦其業。"《史記·蒙恬列傳》"帝以高之敦於事也，赦之，復其官爵。"敦，即勤勉之意。比，同庀，治理也。王説可從。然則謂"敦比皆治也"，則非。"敦比其事業"，猶言勤治其事業，正上承劬勞努力之意，下明不敢怠傲之情。楊注未允，他説亦未得。

〔一一〕物雙松曰：長生久視，後世必以神仙言之。⊙梁啓雄曰：《吕覽·重己》"莫不欲長生久視"，注："視，治也。"⊙天海案：長生久視，猶今言長壽不老也。《老子》："是謂深根固柢，長生久視之道。"

〔一二〕楊倞注：倚，已解上。倚事，怪異之事。⊙天海案：飾邪説，文姦言，此二句互文見義。猶言粉飾邪説姦言也。

〔一三〕楊倞注：陶，當爲檮杌之檮，頑嚚之貌。突，凌突不順也。或曰：陶，當爲逃，隱匿其情也。⊙郝懿行曰：陶，古讀如謡。謡者毁也。《離騷》云："謡該謂予以善淫。"陶誕即謡誕，謂好毁謗誇誕也。突盜，謂好侵突掇盜也。每二字爲義，注似失之。⊙物雙松曰：陶誕，當爲逃誕也。突盜只是淩奪貪利意。⊙久保愛曰：陶，疑當爲啕。《廣韻》曰："多言也。"⊙王念孫曰：余謂"陶"讀爲"謟"。謟誕，雙聲字，謟亦誕也。《性惡篇》曰："其言也謟，其行也悖。"謂其言誕也。作"陶"者，借字耳。《彊國篇》曰："陶誕比周以爭與，汙漫突盜以爭地。""陶誕""突盜"四字，義竝與此同。⊙王紹蘭曰：陶即曰之借字。《説文》："曰，往來言也。"謂行道往來不根之流言。⊙安積信曰：恐"陶"、"唐"古通用，即荒唐之義。⊙章詩同曰：突盜，凶暴而倔强，不能馴服。⊙張覺曰：突盜，冲撞强奪。⊙天海案：陶誕，讀爲謡誕，虚妄夸誕之言也。郝説是，楊注非。突盜，欺詐掠奪。突，欺詐也。《廣雅·釋詁》："突，欺也。"王念孫《疏證》："謂詐欺也。"《彊國篇》"陶誕""突盜"四字，義亦同此。楊注未得，他説皆未切也。

〔一四〕楊倞注：愓與蕩同。⊙郝懿行曰：憍，即驕字。經典俱借"驕"爲"憍"耳。此皆姦人邪説詖行之事。⊙天海案：愓悍，放蕩兇悍。憍暴，驕横殘暴。

〔一五〕久保愛曰：反側，輾轉居住不定貌。⊙章詩同曰：反側，不循正道。⊙北大組曰：反側，搗亂。⊙天海案：反側，此指反覆無常，正與"偷生"相承。《詩·小雅·何人斯》："作此好歌，以極反側。"《毛傳》："反側，不正直也。"《楚辭·天問》："天命反側，何罰何佑？"朱《集注》："反側，言無常也。"

〔一六〕楊倞注：小人所以危亡，由於計慮之失也。楛，惡也，謂不堅固也。⊙久保愛曰：舍，音捨。楛，讀爲盬。僈，與漫同。⊙劉師培曰：楛，即姑字，姑即苟且之且。言姦人之定取舍既苟且而復怠慢也。⊙梁啓雄曰：楛，是説他麤疏。僈，是説他不經心。⊙熊公哲曰：楛僈，謂粗率不慎也。⊙天海案：楛，讀爲苦，此指粗率。僈，有輕忽義。故楛僈，猶言粗率。熊説是也。又，此下原文未分段，現依文意分之。

材性知能，君子、小人一也〔一〕。好榮惡辱，好利惡害，是君子、小人之所同也。若其所以求之之道則異矣！小人也者，疾爲誕而欲人之信己也，疾爲詐而欲人之親己也〔二〕，禽獸之行而欲人之善己也〔三〕。慮之，難知也；行之，難安也；持之，難立也〔四〕。成則必不得其所好，必遇其所惡焉〔五〕。故君子者信矣，而亦欲人之信己也〔六〕；忠矣，而亦欲人之親己也；脩正治辨矣，而亦欲人之善己也〔七〕。慮之，易知也；行之，易安也；持之，易立也〔八〕。成則必得其所好，必不遇其所惡焉。是故窮則不隱，通則大明，身死而名彌白〔九〕。小人莫不延頸舉踵而願曰："知慮材性，固有以賢人矣〔一〇〕！"夫不知其與己無以異也！則君子注錯之當，而小人注錯之過也〔一一〕。故孰察小人之知能，足以知其有餘可以爲君子之所爲也〔一二〕。譬之越人安越，楚人安楚，君子安雅〔一三〕。是非知能材性然也，是注錯習俗之節異也〔一四〕。仁義德行，常安之術也，然而未必不危也；汙僈突盜，常危之術也，然而未必不安也〔一五〕。故君子道其常，而小人道其怪也〔一六〕。

【校釋】

〔一〕久保愛曰：知，音智。下"知慮"、"知能"同。⊙天海案：材性，資質、稟賦也。知能，即智能。一，一樣，相同也。

〔二〕物雙松曰：疾，皆當訓敏速。⊙王念孫曰：疾，猶力也。言力爲誕，力爲詐也。上文"軥録疾力"，《仲尼篇》"疾力以重申之"，是疾與力同義。《吕氏春秋·尊師篇》"疾諷誦"，高注云："疾，力也。"⊙天海案：疾，盡力也。王説是。誕，荒誕。

〔三〕劉師培曰：案"行"上"之"字衍。《非十二子篇》"安恣睢、禽獸行"，《正論篇》"安禽獸行虎狼貪"，《性惡篇》"禽獸行虎狼貪"，並無"之"字，是其證也。《治要》引此文正無"之"字。⊙天海案：善己，善待自己。

〔四〕楊倞注：慮之難知，謂人難測其姦詐。行之難安，言易顛覆也。持之難立，謂難扶持之也。⊙王念孫曰：此言小人慮事不能知也。蓋公生明，私生暗，小人之思慮不足以知事，故曰"慮之難知"。下文"行之難安"、"持之難立"，與此文同一例。楊注"難測其姦詐"，則與下二句不合。⊙久保愛曰：慮之難知，謂用智慮於所難知也。⊙朝川鼎曰：小人所慮之意難知者，以其索隱也。其所行之事難安者，以其行怪也。其所持之説難立者，以其不由禮義也。下文"小人道其怪"。⊙鍾泰曰：案"慮之難知，行之難安，持之難立"，皆言其勢不順。王説亦未得其意。蓋難者，其事之本難，非由小人不能知、不能行、不能持也。⊙天海案：此言小人所慮爲難以理喻，所行爲難安之事，所持爲難立之説。朝、鍾二説近之，他説非。

〔五〕楊倞注：雖使姦詐得成，亦必有禍無福。⊙俞樾曰：楊説非也。《尚書·皋陶謨篇》"《簫韶》九成"，鄭注曰："成，猶終也。"古謂終爲成。言終則必不得其所好，必遇其所惡焉。下文於君子曰"成則必得其所好"並以其終竟言之。⊙北大組曰：所好，指取得榮利的欲望。所惡，指遭到辱害的結果。⊙天海案：成，最終、結果。楊注非也。

〔六〕天海案：信矣，誠信、守信也。信己，信任、相信自己。又"君子者"之"者"

字，巾箱本、《題注》本、遞修本俱無。

〔七〕久保愛曰：脩正，以身言。治辨，以事言。⊙章詩同曰："修正治辨"，整飭正直，而且善於處理事物。辨，治理。⊙熊公哲曰：修正，屬德言，謂修潔端正也。治辨，屬才言，謂事至而能治。

〔八〕朝川鼎曰：三易者，以其道其常也。下文"君子道其常"，則此。

〔九〕楊倞注：不隱，謂人不能隱蔽。白，彰明也。⊙傅山曰：隱，憂也。⊙于鬯曰：不隱者，謂名不隱也。大明者，謂名大明也。兩句皆指"名"言，而没去"名"字，故終之云"身死而名彌白"。⊙章詩同曰：不隱，指不隱居。大明，指超過賢明。⊙天海案：不隱，其德行不會隱没。大明，如日月也。《管子·内業》："鑒於大清，視於大明。"注："大明，日月也。"又，《治要》引文自"好惡榮辱"至此，文小異。

〔一〇〕楊倞注：願，猶慕也。賢人，謂賢過於人也。⊙龍宇純曰：上下文皆材性知能連言，此文"知慮"當是"知能"之誤。⊙天海案：延頸舉踵，伸長脖子踮起脚，極寫仰望之貌。願，仰慕也。《字彙》："願，羡慕也。"知慮，依上下文例，當爲"知能"之誤。龍説是。有，通又。以，同已。賢人，賢於人。以，諸本又作"似"。

〔一一〕楊倞注：注錯，謂所注意錯履也。亦與措置義同也。⊙物雙松曰：亦舉厝意。"注"字音或近"處"。錯，去聲。⊙冢田虎曰：意之所嚮曰"注"。錯，去聲。謂所以注錯其心之當不也。⊙王念孫曰：楊後説得之。注、錯二字同義。《廣雅》："措、鉒，置也。"措鉒即注錯，是注錯同訓爲置，非注意錯履之謂也。⊙章詩同曰：注錯之當，措置得當。⊙天海案：注錯，當爲"舉措"。注，乃舉之音轉。錯，通措。荀書用"注錯"凡六次，本篇四次，《儒效篇》兩次，其義皆同舉措。荀書直接用"舉措"兩次，而用"舉錯"七次，《非相篇》又用"居錯"一次，義皆同"舉措"。舉措之當，猶言舉動措置皆得當也。楊注後説近是。王説注、錯同義，則非當。又，正文上"注"字原誤作"汪"，據下文及諸本改。

〔一二〕龍宇純曰：據上下文，"能"下疑奪"材性"二字。⊙北大組曰：熟察，仔細分析。有餘，充分。⊙天海案：孰，通熟。諸本俱作"熟"。

〔一三〕楊倞注：雅，正也。正而有美德謂之雅。《詩》曰："弁彼鷽斯，歸飛提提。"鷽斯，雅烏也。⊙盧文弨曰：楊引《詩》之意，當以"提提"爲安舒之貌，與《魏風》"好人提提"之義同。烏之飛以安舒而得雅名，故舉以爲況，然亦太迂曲矣。⊙久保愛曰：本注"《詩》曰"以下可删。⊙王引之曰：雅，讀爲夏。夏，謂中國也。故與楚、越對文。《儒效篇》："居楚而楚，居越而越，居夏而夏。"是其證。古者夏、雅二字互通。⊙章詩同曰：安雅，安於正道。⊙天海案：雅，夏也。王説是，楊注及他説皆非。

〔一四〕楊倞注：習俗，謂所習風俗。節，限制之也。⊙盧文弨曰：注"制"下"之"字，宋本有，元刻無。⊙王念孫曰：習、俗，雙聲字。俗即是習，非謂"所習風俗"也。

《説文》:"俗,習也。"⊙王先謙曰:節異,猶言適異也。節與適同義,説見《彊國篇》。⊙天海案:注錯,即舉錯,説見上。習俗,即風俗習慣。楊注未洽,王説亦非。節異,節制不同也。《管子·牧民》:"如月如日,惟君之節。"《廣韻》:"節,制也。"楊注不誤,王説非也。

〔一五〕楊倞注:僈,當爲漫,漫亦汙也。水冒物謂之漫。《莊子》云:"北人無擇曰:舜以其辱行汙漫我。"漫,莫半反。《莊子》又曰"澶漫爲樂",崔云:"淫衍也。"李云:"縱逸也。"一曰:漫,欺誑之也。⊙物雙松曰:汙漫當作汗漫。謂漫然無義理也。⊙朝川鼎曰:汙漫者,塗汙之義。⊙梁啓雄曰:汙僈,疑借爲"訏謾"。《説文》:"僈,詭譌也。""謾,欺也。"汙僈突盜,與前"陶誕突盜"同意。⊙章詩同曰:汙僈,詭詐。⊙北大組曰:汙僈,污濁放縱。⊙熊公哲曰:術,《説文》:"邑中道也。"即人所共由之道路。⊙天海案:術,道也,路也。熊説是。汙僈,亦作汙漫。《荀子》全書,用"汙僈"者二見,用"汙漫"者凡七見,皆指行爲卑污狡詐。梁説與"陶誕"同義,非也。楊注未免迂曲也。又,二"之"字,巾箱本、《題注》本、遞修本並無。

〔一六〕楊倞注:道,語也。怪,謂非常之事,取以自比也。⊙冢田虎曰:道,如字。所謂道中庸也。下句同。⊙朝川鼎曰:道,由也。即君子由中庸,小人反中庸之意。⊙劉師培曰:道其常者,言君子所由者常道,即前文所謂"仁義德行"也。道其怪者,言小人所由者邪僻之道,即前文所謂"汙僈突盜"也。楊注失之。⊙潘重規曰:道,亦當訓爲行。⊙章詩同曰:道,遵循。常,正常。⊙天海案:道,行也。《爾雅》:"行,道也。"《説文》:"道,所行道也。"道是由人行走的,故得訓爲行。道其常,行其常路,即上文"常安之術"。道其怪,行其怪異之路,即上文"常危之術"也。楊注未是。

凡人有所一同〔一〕:飢而欲食,寒而欲煖,勞而欲息,好利而惡害。是人之所生而有也,是無待而然者也〔二〕,是禹、桀之所同也。目辨白黑美惡,而耳辨音聲清濁,口辨酸鹹甘苦〔三〕,鼻辨芬芳腥臊,骨體膚理辨寒暑疾養〔四〕。是又人之所常生而有也,是無待而然者也,是禹、桀之所同也〔五〕。可以爲堯、禹,可以爲桀、跖,可以爲工匠,可以爲農賈,在勢注錯習俗之所積爾〔六〕。是又人之所生而有也,是無待而然者也,是禹、桀之所同也〔七〕。爲堯、禹則常安榮,爲桀、跖則常危辱。爲堯、禹則常愉佚,爲工匠、農賈則常煩勞。然而人力爲此而寡爲彼,何也〔八〕?曰:陋也〔九〕。堯、禹者,非生而具者也。夫起於變故,成乎脩爲。脩之待盡,而後備者也〔一〇〕。

## 【校釋】

〔一〕北大組曰:一同,相同。⊙熊公哲曰:一,猶皆也。⊙天海案:一,全也。一同,即全同,完全相同。

〔二〕北大組曰:無待,無條件。⊙熊公哲曰:無待而然,謂生而即然,無待借助於外也。⊙天海案:無待,無須也。

〔三〕龍宇純曰:"清濁"義相反,"音聲"義亦當有别,故曰辨也。⊙天海案:"耳"上之"而"字,今諸本並無,"酸鹹",皆作"鹹酸"。

〔四〕楊倞注:膚理,肌膚之文理。養,與癢同。⊙北大組曰:骨體膚理指身體。疾養,指痛癢。⊙天海案:骨體,身體。膚理,肌膚。

〔五〕久保愛:"常"字衍。⊙王先謙曰:此"常"字緣上下文而衍。⊙陶鴻慶曰:"所常"二字誤倒,"是又人之常"爲句。上下文兩言"是人之所生而有也","之"下亦當有"常"字,而寫者脱之。皆承上節末"君子道其常"而言。⊙天海案:久、王二説是,"常"字可删。

〔六〕楊倞注:在所積習。⊙冢田虎曰:"在勢"二字倒置。⊙久保愛曰:"勢"字衍。⊙王先謙曰:"埶"字無義。以上文言"注錯習俗"證之,則"埶"字爲衍文。⊙于省吾曰:言在於注錯習俗之所積耳。無"勢"字則積之語意猶未足。⊙天海案:勢,或"其"之音譌也。"在其注錯習俗之所積爾",文氣通暢。又,冢説亦通。

〔七〕王念孫曰:此二十三字,涉上文而衍。下文"爲堯、禹則常安榮,爲桀、跖則常危辱"云云,與上文"在注錯習俗之所積"句緊相承接。若加此二十三字,則隔斷上下語脉,故知爲衍文。⊙天海案:王説可從。

〔八〕俞樾曰:"力"乃"多"字之誤。多與寡,對文成義,下同。⊙久保愛曰:佚與逸同。⊙鍾泰曰:"力爲",力字不誤。上言"疾爲誕"、"疾爲詐",彼言"疾爲",此言"力爲",疾、力,一也。俞欲改"力"爲"多",殊非書恉。⊙潘重規曰:力爲,此猶云孳孳爲之,義自可通,不煩改字。古人儷辭未必若斯之泥也。⊙北大組曰:爲此,指爲桀、跖;爲彼,指爲堯、禹。⊙楊柳橋曰:鄭玄《禮記》注:"力,猶務也。"⊙天海案:力爲,猶言盡力而爲。鍾、潘二説是,俞改字爲訓,恐非。

〔九〕楊倞注:言人不爲彼堯、禹而爲此桀、跖,由於性之固陋也。⊙鍾泰曰:案《修身篇》曰"少見曰陋",後文以陋與塞、與"愚"竝言,正少見謂,蓋言不學也。楊注以陋屬性言,非是。⊙天海案:陋,此指見識淺陋。楊注非,鍾説是。

〔一〇〕楊倞注:變故,患難事故也。言堯、禹起於憂患,成於脩飾,由於待盡物理,然後乃能備之。《孟子》曰"天將降大任於是人也,必先苦其心志,勞其筋骨,窮餓其體膚,空乏其身,行拂亂其所爲,所以動心忍性,增益其所不能"也。"智生於憂患,而死於安樂。"爲,于僞反。⊙冢田虎曰:故者,猶《孟子》所謂"天下之言性也,則故而已矣"之"故"。謂性之故也,此乃荀子見處。言爲堯、禹者,乃非其性異也,起於變化性之所以惡,而成乎脩飾之,待性之惡盡,而後德義備具者也。正文衍一"脩"字,注皆失之解矣。茂卿曰"謂變更其故舊",亦不得之。⊙古屋鬲曰:變故,謂變化其性質也。⊙朝川鼎曰:《列子·黃帝篇》:"吾始乎故,長乎性,成乎命。"張湛注:"故,猶素也。"亦此"故"字。⊙俞樾曰:"修之"二字衍。"起於變故,成乎修爲"二語相對成文。下文曰"非孰修爲之君子莫之能知也",正以"修爲"二字連文,可證。⊙鍾泰曰:變,猶化也,即化性之謂。故,猶習也。楊注謂患難事故,非是。⊙于省吾曰:注及俞説並非。修修,應讀作"攸攸"。修從攸聲,故得通用。攸攸,亦即悠悠,古書尤多通用。悠悠乃久遠之意,不煩舉證。上言"堯、禹者,非生而具者也",故接以"夫起於變難事故,成乎悠久之所爲,待盡而後備者也"。⊙梁啓雄曰:變故,謂改變他故舊的本性。⊙章詩同曰:等到盡知事物之理,然後才達到德行完備的境界。⊙熊公哲曰:盡,即"全之盡之"之"盡"。備,即"聖心備焉"之"備"。《儒效篇》:"積善而全盡,謂之聖人。"⊙李中生曰:此句應斷爲:"夫起於變故,成乎修,修之爲,待盡而後備者也。"荀子認爲人性本惡,堯、禹不是天生就具有良好的品質的。其之所以能具有好的品質,是起於改變舊質,成於修身。對於修身,荀子在《修身篇》曾强調過"扁善之度"。此處的"修之爲,待盡而後備也",與"扁善之度"意旨相同。⊙天海案:李之句讀,已見於世界書局《諸子集成》之《集解》本,彼本"爲"下無逗。余謂當讀爲"夫起於變故,成乎脩爲。脩之待盡,而後備者也"。"爲"字原誤在"之"下,故有讀爲"成乎修修之爲","成乎修,修之爲","成乎修,修之爲待盡而後備者也"之異,由此歧説難通。故徑移"爲"字於"修之"之上,此即文從字順也。此言堯、禹由變其本性開始,成於個人修爲。修爲至盡善盡美之時,然後才具備了聖人的德行。楊注未允也。又,楊注中"所以"二字原作"不能","所不能"作"所不爲",現據今本《孟子》及盧校本、諸本改之。又,原文此下未分段,現依文意分之。

人之生固小人〔一〕,無師無法則唯利之見爾。人之生固小人,又以遇亂世、得亂俗,是以小重小也,以亂得亂也〔二〕。君子非得勢以臨之,則無由得開内焉〔三〕。今是人之口腹,安知禮義,安知辭讓,安知廉恥隅積〔四〕?亦呥呥而噍,鄉鄉而飽已矣〔五〕。人無師無法,則其心正其口腹也〔六〕。今使人生而未嘗睹芻豢稻粱也,唯菽藿糟糠之爲睹〔七〕,則以至足爲在此也〔八〕!俄而粲然有秉芻豢而至者,則瞲然視之曰:"此何怪也?〔九〕"彼臭之而無嗛於鼻〔一〇〕,嘗之而甘於口,食之而安於體,則莫不弃此而取彼矣〔一一〕。今以夫先王之道,仁義之統,以相羣居,以相持養,以相藩飾,以相安固邪〔一二〕,以夫桀、跖之道〔一三〕?是其爲相縣也,幾直夫芻豢稻粱之縣糟糠爾哉〔一四〕!然而人力爲此而寡爲彼,何也?曰:陋也。陋也者,天下之公患也〔一五〕,人之大殃大害也!故曰:仁者好告示人〔一六〕。告之、示之、靡之,儇之、鈆之、重之〔一七〕,則夫塞者俄且通也,陋者俄且僩也,愚者俄且知也〔一八〕。是若不行,則湯、武在上曷益?桀、紂在上曷損〔一九〕?湯、武存則天下從而治,桀、紂存則天下從而亂。如是者,豈非人之情固可與如此、可與如彼也哉〔二〇〕!



**【校釋】**

〔一〕王先謙曰:生、性,字通用。此即性惡意。⊙天海案:生,亦情也。此節末語曰"豈非人之情"云云,是其證。

〔二〕龍宇純曰:以亂得亂,得,當爲"復"。蓋二字篆文形近,又涉上文"得"字而誤也。《廣雅·釋詁》四:"復,重也。""以亂復亂"與"以小重小",文句一律。⊙章詩同曰:重,更加。⊙李中生曰:重,作動詞,又爲增加、加上,而非副詞"更加"。以小重小,意思是:以小人的本性再加上小人的行爲。⊙天海案:得亂俗,遇亂俗。以小重小,以小人之性加小人之行。以亂得亂,以亂遇亂也。得,亦訓爲遇。《史記·匈奴列傳》"單于久不與其大衆相得",柳宗元《童區寄傳》:"市者還,得童大駭。"此皆"得"訓"遇"之證。龍説非也。

〔三〕楊倞注:開小人之心而内善道也。⊙久保愛曰:内,音納。⊙朝川鼎曰:先君曰:"開内,猶启迪也。"⊙天海案:得勢,取得地位。臨之,治理之。《性惡篇》:"故爲之立君上之勢以臨之,明禮義以化之。"正同此義。開内,猶言開納。謂開其心志,使納善言。

〔四〕楊倞注:言口腹無所知。隅,一隅,謂其分也。積,積習。⊙物雙松曰:隅積,亦一連語。積者,實也。有外矜持廉節而内無其實者,故云。⊙冢田虎曰:隅積,其所積廉隅之謂也耳。⊙久保愛曰:廉、隅,各一德,如"砥厲廉隅",是也。此分以爲文。⊙王念孫曰:今是,猶言"今夫"也。説見《釋詞》"是"字下。⊙王先謙曰:隅,道之分見者也。積,道之貫通者也。⊙朝川鼎曰:隅積,蓋後世所謂脩邊幅之義。⊙龍宇純曰:是、寔、實三字古通。此以"是"借爲"實"。《左》宣十二年《傳》"實其言必長晉國",注:"實,猶充也。"是人之口腹,猶充實人之口腹。⊙天海案:今是人之口腹,猶言"若夫人之口腹"。今,猶若也。説見《釋詞》卷五。"今是",猶"若夫",發語之詞也。人者,未學之小人。王説"今是"爲"今夫",是也。龍説"是"爲充實,則非。隅積,疑爲"齵差"之音誤。朱起鳳曰:"齵差,即齟齬之義。積,則'眥'字混亂也。"《君道篇》:"有弛易齵差者矣,而人主無由知之。"齵差,有抵觸、相惡之義。上言"安知禮義,安知辭讓",禮義、辭讓,皆義近並列之詞,唯"廉恥"爲反義相對,故以"齵差"連言之。"安知廉恥齵差",猶言安知廉恥相惡也? 楊注固未得,他說尤迂曲。

〔五〕楊倞注:呥呥,噍貌。如鹽反。噍,嚼也,才笑反。鄉鄉,趨飲食貌,許亮反。⊙物雙松曰:鄉鄉,當是"享享"。⊙帆足萬里曰:呥呥,食不輟之貌。⊙王先謙曰:楊讀鄉爲向,故訓爲趨飲食貌。但呥呥是噍貌,則鄉鄉當是飽貌。若解爲趨飲食貌,文義不一律。且趨飲食反在噍嚼之後,未免倒置。楊說非也。鄉,當爲"薌"之渻,薌亦香字也。重言之則曰"鄉鄉",猶美之爲美美,苾芬之爲苾苾芬芬。正飽食甘美意。⊙天海案:呥呥,亦作"呥呥",字異而義同,咀嚼之貌。鄉,讀爲享,通饗。《墨子·耕柱》:"以祭於昆吾之虚,上鄉。"孫詒讓《間詁》引畢沅曰:"上鄉,疑同尚饗。"《漢書·文帝紀》:"而專鄉獨美之福。"王先謙《補注》引周壽昌曰:"鄉,音享。《祭義》:饗者,鄉也。"故鄉鄉,猶言饗饗,喻其享用之貌。物讀是,楊注及他說皆非也。

〔六〕楊倞注:人不學,則心正如口腹之欲也。⊙冢田虎曰:正,猶曰治。如正罪之正。言爲口腹所正也。⊙陶鴻慶曰:正,蓋止字之誤。人無師法,但措意於口腹,故曰止其口腹。楊注"正如"二字,疑本作"止如",後人依誤本正文改之耳。⊙天海案:正,猶定也,決定也。《玉篇》:"正,定也。"《周禮·天官》:"歲終,則令羣吏正歲會。"鄭注:"正,猶定也。"孫詒讓正義:"《說文·正部》云:'正,是也。'事必是而後定,故引申之,定亦曰正。"其心正其口腹,謂小人之心決定其貪口腹之欲也。楊注非,他說亦未得也。

〔七〕天海案:今使,猶若使。假設之詞也。芻豢,牛羊犬豕之類家畜。此指肉食類。稻粱,穀物總稱。此指稻米類細糧。菽藿,豆類與野菜。

〔八〕天海案:至足,最大的滿足。

〔九〕楊倞注:粲然,精絜貌。牛羊曰芻,犬豕曰豢。豢,圈也,以穀食於圈中。瞲然,驚視貌,與眓狘同。《禮記》曰:"故鳥不狘。"許聿反。眓,或爲俄。⊙盧文弨曰:宋本注與元刻微異。⊙天海案:盧謝本楊倞注文與此略異,"與眓狘同",盧本作"與獝同";"故鳥不狘"作"故鳥不獝";"眓或爲俄"四字無。今案,楊倞此注或有錯亂,注"芻豢"當在正文"稻粱"句下。注"瞲然"之文盧本較長,然訓"粲然"與"瞲然",義不明也。今謂粲然,本鮮明貌,此指顯明、清楚貌。此言人粲然秉芻豢而至,非言芻豢也,故楊訓爲精絜貌,非也。瞲然,《廣韻》:"驚視貌。"呼決切。今《禮記·禮運》曰:"鳳以爲畜,故鳥不獝;麟以爲畜,故獸不狘。"孔疏:"獝,驚飛也。狘,驚走也。"故知楊注文必有脱誤也。又,正文"秉芻豢"下,諸本皆有"稻粱"二字,或可據補之。

〔一〇〕楊倞注：臭，許又反。嗛，當爲慊，厭也，苦廉反，或下忝反。⊙盧文弨曰：下忝，元刻作"胡簟"。⊙郝懿行曰：臭，今作嗅。嗛，不足也，與"歉"同。言"嗅之而無歉於鼻"，與"嘗之而甘於口"句相儷。⊙王念孫曰：無，衍字也。嗛，苦簟反，快也。此下三句文同一例，若"嗛"上有"無"字，則與下文不合矣。⊙章詩同曰：嗛，不滿足。⊙天海案：嗛，當讀爲"嫌"。嫌，厭惡也。無嫌於鼻，猶言於鼻無厭惡之氣味。慊，亦通嫌，故楊注是。王訓嗛爲快，所引《莊子》《趙策》《魏策》用"嗛"之例，皆與嗅、鼻無涉，而多指口之快感而已。言快於鼻者，似於古無徵。又因訓嗛爲快，則"無"字難安也，故又云其衍。此非削文以就意乎？故王説非，郝、章二説亦非。

〔一一〕天海案：弃此，弃此菽藿糟糠。取彼，取彼芻豢稻粱。

〔一二〕楊倞注：持養，保養也。藩飾，藩蔽文飾也。⊙物雙松曰：藩飾，即繁飾。繁、藩音同，借用。⊙于鬯曰："今以夫"三字，無此語詞。"今夫先王之道"句甚平易，"以"字必衍文也。下文云"以夫桀、跖之道"，蓋即涉彼而衍。不知下文"以"當訓"與"。⊙天海案：物説可從。

〔一三〕久保愛曰：以、與，古通用。⊙王先謙曰：《鄉射禮》鄭注："以，猶與也。"⊙龍宇純曰：上文"以"字不訓"與"，此文"以"字亦不得訓"與"。"道"下原當有脱文。王説誤。⊙駱瑞鶴曰：王、于説非是，未得其讀也。此當讀爲"今以夫先王之道，仁義之統，以相羣居，以相持養，以相藩飾，以相安固邪？以夫桀、跖之道？是其爲相縣也"云云。"以夫"之"以"訓"用"，而非衍文；"以相羣居"之"以"則爲連詞。其"今"字冒下兩"以夫"而言。兩"以夫"爲並列語，唯後者省"以相羣居"等語，似有未明，宜後人失其讀。若依于説，則此文實甚平易，然非《荀子》本旨。⊙天海案：駱説是也，其讀可從。

〔一四〕楊倞注：言以先王之道與桀、跖相縣，豈止糟糠比芻豢哉！幾，讀爲豈，下同。⊙物雙松曰：相縣者，相懸絶也。⊙朝川鼎曰：縣，當作與。⊙天海案：縣，同懸，相懸，相差甚遠。幾直，當讀作"豈止"。又，巾箱本、《題注》本、遞修本皆無"其爲"、"稻粱"四字，"縣"作"懸"、"爾"作"耳"。明世本、《四庫》本無"稻粱"二字。

〔一五〕楊倞注：公共有此患也。⊙朝川鼎曰：先君曰"公患，猶言通患也。公患字，又見《解蔽篇》。"⊙天海案：公患，共患也。

〔一六〕北大組曰：告示，宣傳、教育。⊙天海案：仁者，明世本、《四庫》本皆作"人者"。告，與人言。示，與人看。

〔一七〕楊倞注：靡，順從也。儇，疾也，火緣反。靡之儇之，猶言緩之急之也。鈆，與沿同，循也。撫循之，申重之。⊙王引之曰：楊説非也。靡之儇之，即《賈子》所云"服習積貫"也。《儒效篇》："故人知謹注錯，慎習俗，大積靡，則爲君子矣。"《性惡篇》："身日進於仁義而不自知者，靡使然也。"《方言》："還，積也。"還與儇聲近而義同。是靡之儇之皆積貫之意也。⊙高亨曰:靡,當讀爲琢磨之磨。儇,當讀爲鋻。《廣雅》:"鋻,磨也。"字亦作"鎣"。儇、鋻古通用。靡之儇之即磨之鋻之。謂仁人之於人,磨之鋻之,使之成器也。⊙北大組曰:靡,磨煉。儇,積累。靡之儇之,使他逐漸養成習慣。鈆,順從,這裏指誘導。重,反復重申。⊙駱瑞鶴曰:竊謂靡借爲縻。靡、縻同聲,故可通用。《正論篇》"籍靡舌縪",楊倞注:"靡,繫縛也,與縻義同。"儇,借爲繯。《説文》《廣雅》並云:"繯,絡也。"則儇亦有連絡義。然則靡、儇相類,爲繫縻連絡之義。⊙牟瑞平曰:鈆,通沿,誘導,這裏是服膺的意思。重,感動。⊙天海案:靡之,使之親順。儇之,使之聰慧。《説文》:"儇,慧也。"鈆之,使之循禮。鈆,通沿,沿,依循也。重之,使之惇重。《論語・學而》:"君子不重則不威,學則不固。"《國語・晉語》:"其爲人也,小心精潔而大志重。"韋注:"重,惇重也。"

〔一八〕楊倞注:僴,與撊同,猛也。《方言》云:"晉、魏之間謂猛爲僴。"陋者俄且僴,言鄙陋之人俄且矜莊,有威儀也。《詩》曰"瑟兮僴兮",鄭云:"僴,寬大也。"下板反。⊙盧文弨曰:注"撊",宋本作"憪",今從元刻,與《方言》合。案此注説頗歧出,竊疑"僴"當爲"嫺雅"之義。賈誼書《傅職篇》云:"明僴雅以道之文。"又《道術篇》:"容志審道謂之僴,反僴爲野。"此以"僴"與"陋"對,義亦合。又曰:注"陋者俄而僴"之上,當本有"或曰"二字。⊙郝懿行曰:注前説謬。後説引《詩》及鄭注是矣。⊙王念孫曰:盧説是也。《修身篇》:"多見曰閑,少見曰陋。""閑"與"陋"對文,是其證。僴、閑,古字同耳。楊後説以僴爲寬大,近之。⊙久保愛曰:僴,讀爲閑習之閑,謂知禮義,閑習於威儀也。⊙天海案:僴,通閑,王説是也。"俄且",猶俄而,須臾也。知,同智。又,楊注"撊"原作"憪",無"威"字,此據盧校補正。

〔一九〕楊倞曰:若不行告示之道,則湯、武何益於天下,桀、紂何損於百姓?所以貴湯、武,賤桀、紂,以行與不行耳。⊙王念孫曰:是若不行,"是"字承上文"告之示之"四句而言。言民從告示,故湯、武在上則治,桀、紂在上則亂。若民不從告示,則湯、武在上何益?桀、紂在上亦何損乎?楊注失之。⊙鍾泰曰:是若不行,即不告之示之。《孟子》所謂"中也弃不中,才也弃不才"也。楊注意是而辭未達,王氏改爲民不從告示,轉支離矣。⊙天海案:楊注本明,王説則迂,非也。

〔二〇〕王念孫曰:豈,本作幾,古豈字也。今作"豈"者,後人不識古字而改之耳。今改"幾"爲"豈",則前注所謂"下同"者,竟不知何指矣。⊙久保愛曰:與,以,古通用。⊙安積信曰:此,指湯、武。彼,指桀、紂。⊙天海案:從,隨也。下同。人之情,同人之性。固,原本。可與,可以。如此,如此隨桀、紂而亂。如彼,如彼隨湯、武而治。

人之情,食欲有芻豢,衣欲有文繡,行欲有輿馬,又欲夫餘財蓄積之富也〔一〕。然而窮年累世不知不足,是人之情也〔二〕。今人之生也，方知畜鷄狗豬彘，又畜牛羊〔三〕，然而食不敢有酒肉；餘刀布、有囷窌〔四〕，然而衣不敢有絲帛；約者有筐篋之藏，然而行不敢有輿馬〔五〕。是何也？非不欲也，幾不長慮顧後而恐無以繼之故也〔六〕。於是又節用御欲〔七〕，收斂畜藏以繼之也。是於己長慮顧後，幾不甚善矣哉〔八〕！今夫偷生淺知之屬，曾此而不知也〔九〕，食太侈，不顧其後，俄則屈安窮矣〔一〇〕。是其所以不免於凍餓操瓢囊，爲溝壑中瘠者也〔一一〕！況夫先王之道，仁義之統，《詩》《書》《禮》《樂》之分乎〔一二〕？彼固天下之大慮也，將爲天下生民之屬長慮顧後而保萬世也！其汴長矣，其温厚矣，其功盛姚遠矣〔一三〕。非孰脩爲之君子，莫之能知也〔一四〕。故曰："短綆不可以汲深井之泉，知不幾者，不可與及聖人之言。"〔一五〕夫《詩》《書》《禮》《樂》之分，固非庸人之所知也。故曰：一之而可再也〔一六〕，有之而可久也〔一七〕，廣之而可通也〔一八〕，慮之而可安也〔一九〕，反鉛察之而俞可好也〔二〇〕。以治情則利〔二一〕，以爲名則榮，以羣則和，以獨則足〔二二〕。樂意者其是邪〔二三〕！



【校釋】

〔一〕楊倞注：皆人之所貴也。⊙天海案：人之情，謂人之性也。

〔二〕楊倞注：不知不足，當爲"不知足"，剩"不"字。或曰：不足，猶不得也。⊙帆足萬里曰："不足"之"不"，疑是訛文。或曰："不足"當作"厭足"。⊙天海案：楊注前説是，下"不"字衍，當作"不知足"。

〔三〕盧文弨曰：正文"方知"，元刻作"方多"。⊙郝懿行曰：《説文》："豕，三毛叢居謂之豬。""後蹏廢謂之彘。"是豬、彘異，故此分别言之。⊙天海案：生，通性。知，諸本一作"多"。二"畜"字並作"蓄"，下同此。豬，小豕也。《爾雅》："豕子，豬。"彘，《説文》："彘，豕也。"當爲大豬。

〔四〕楊倞注：刀、布，皆錢也。刀取其利，布取其廣。囷，廩也。圜曰囷，方曰廩。窌，窖也。地藏曰窖。窌，匹貌反。⊙帆足萬里曰：布，布帛之布。《詩》："抱布貿絲。"⊙天海案：刀錢布幣，皆錢也。帆説非。

〔五〕楊倞注：約，儉嗇也。筐篋，藏布帛者也。言又富於餘刀、布也。⊙俞樾曰：楊注非也。《淮南子·主術篇》"所守甚約"，高注曰："約，要也。"《漢書·禮樂志》"治本約"，師古曰："約，讀曰要。"是約與要一聲之轉，古亦通用。約者，猶云要者。蓋物之藏於筐篋者，必是貴重之物，故特以"要者"言之，非儉嗇之謂也。⊙帆足萬里曰:約,如約略之約。猶言約之也。筐篋,言其所藏之少。行有輿馬,是古人常事。⊙劉師培曰:《荀子》所言之"約",係指卑屈之人。言卑屈之人雖致巨富,亦不敢乘車馬。猶漢初之制,賈人不得衣絲乘車也。此蓋當時所立之法如此,故荀子述之。⊙龍宇純曰:俞所舉《淮南》《漢書》例,則其義謂簡要,非所取貴重之意。且如所言,筐篋所藏必是貴重之物,其上不待更言"要者"矣,是俞説明誤。此仍當從楊注。⊙天海案:約者,此指節約儉嗇者,筐篋之藏必貴重之物,不必盡布帛也。行不敢有輿馬,亦儉嗇之意,與立法無涉。劉説非也。

〔六〕王念孫曰:案"非不欲也"二句,文意緊相承接,中不當有"幾不"二字。蓋涉下文"幾不甚善"而衍。⊙于鬯曰:幾不,猶"豈不"也。然則此句末"也"字當讀爲"邪"。王念孫未察此,乃云二句中不當有"幾不"二字。⊙天海案:于説是,王説非。幾不,猶言豈非。二字不衍。

〔七〕楊倞注:御,制也。或作"禦",禦,止也。⊙天海案:正文及楊注"御"原作"禦",楊注"禦"下原脱一"禦"字。現據盧校本補正。

〔八〕楊倞注:幾,亦讀爲"豈"。⊙天海案:已,原誤作"巳",徑改。善,巾箱本、《題注》本、遞修本並作"美",疑形誤。或曰:美亦善也。

〔九〕楊倞注:偷者,苟且也。⊙久保愛曰:而,與之通,語助也。"知"音智。⊙天海案:淺知,即淺智。曾此而不知者,竟然不知此也。而,猶然。

〔一〇〕楊倞注:屈,竭也。安,語助也。猶言屈然窮矣。安,已解上也。⊙久保愛曰:則,猶而也。屈、窮,言屈竭窮困也。⊙章詩同曰:安,作連詞用,相當於"而"。⊙天海案:王引之《釋詞》:"安,焉也,然也。"並引此文爲例。今謂"安"猶"乃"也,荀書此例甚多,不煩舉證。乃,猶且。屈且窮,猶言財竭盡而窮困也。故"安"訓"乃"爲是。又,正文"食太侈",他本並作"糧食大侈",亦有楊倞注文"大,讀爲太"四字。

〔一一〕楊倞注:乞食羸瘦於溝壑者。言不知久遠生業,故至於此也。⊙王念孫曰:瘠,讀爲"掩骼埋胔"之"胔"。露骨曰骼,有肉曰胔。言凍餓而轉死於溝壑,故曰"爲溝壑中胔"。作"瘠"者,借字耳。楊以瘠爲羸瘦,失之。⊙久保愛曰:瓢,所以盛飲。囊,所以盛食。共乞匄者所操也。⊙北大組曰:瘠者,餓死者。⊙天海案:操瓢囊,謂乞食者。瘠,通胔。即凍餓而死之弃尸。王説是也。

〔一二〕楊倞注:爲生業尚不能知,況能知其遠大者。分,制也,扶問反。⊙天海案:分,區别。《説文》:"分,别也。"道、統,與《詩》《書》《禮》《樂》並言之,則自當區别也。若訓制,則義不明也。

〔一三〕楊倞注:㳅,古"流"字。温,猶足也。言先王之道於生人,其爲温足也亦厚矣。姚,與遥同。言功業之盛,甚長遠也。⊙冢田虎曰:温,猶潤澤耳。⊙郝懿行曰:温,與藴同。藴者,積也。《左傳》"藴利生孽",經典通作"藴",此作"温",皆假借耳。楊注非。⊙王引之曰：盛，讀爲成。成，亦功也。姚，亦遠也。言其功甚遠也。⊙久保愛曰：温，當爲“澤”，字之誤也。⊙安積信曰：温，疑“恩”音誤。⊙嚴靈峰曰：疑“姚”字原當作“祧”，形似致誤，上並脱“矣”、“其”二字。句當作：“其功盛矣，其祧遠矣。”《廣雅》：“祧，祭先祖也。”謂功業鼎盛而子孫不絶也。楊注非。⊙天海案：汗長，即流澤長。温厚，即藴厚，藴積厚也。盛，甚也，音近可通。《莊子·德充符》：“平者，水停之盛也。”水停之盛，即水停之極也。極，亦甚也。甚姚遠，言其功極遥遠也。楊注先言“功業之盛”，又言“甚長遠也”，兩説並用，致生歧義。或注“之盛”二字不當有，則義自明矣。

〔一四〕楊倞注：孰，甚也。甚修飾作爲之君子也。⊙王念孫曰：《禮論篇》曰：“非順孰修爲之君子，莫之能知也。”楊彼注云：“順，從也。孰，精也。修，治也。爲，作也。”此文脱“順”字，楊望文生義，當從《禮論篇》補“順”字。⊙梁啓雄曰：孰，精熟。修爲，作修行之意。⊙天海案：孰，通熟，精熟之謂。修爲，即修養品行之謂。王説可從。

〔一五〕楊倞注：綆，索也。幾，近也。謂不近於習也。⊙物雙松曰：知，去聲。幾，平聲。言其智未可以企及者也。⊙冢田虎曰：幾，多也。《韻會》“物無多曰無幾”。《管子》曰：“夫短綆不可以汲深井，知鮮不可以與聖人之言。”⊙陶鴻慶曰：幾者，猶言庶幾。不幾，謂不近於道也。⊙梁啓雄曰：《廣雅》：“幾，微也。微，明也。”知不幾，等於説知不明了。又按《釋詞》一：“與，猶以也。”⊙楊柳橋曰：《説文》：“幾，微也。”虞翻《周易》注：“幾者，神妙也。”⊙熊公哲曰：知不幾，謂知識不彀也。⊙天海案：知不幾，猶言智不繼。幾，繼，上古聲同韻近，故可通。智不繼，即智不够。上言“綆短”，即井繩不够長，以喻其智短也。與，如字，不當作“以”。楊注未得，諸説亦非。

〔一六〕楊倞注：既知一，則務知二。⊙冢田虎曰：言一而不可知，必可再復也。注非。⊙天海案：楊説是，冢説非。再，巾箱本、《題注》本、遞修本皆作“載”。

〔一七〕楊倞注：不可中道而廢。⊙天海案：有，通又。有之，再之也。

〔一八〕楊倞注：知禮樂廣博，則於事可通。⊙天海案：廣之，推廣之也，非知其廣博。楊注未允。

〔一九〕楊倞注：思慮禮樂，則無危懼。⊙天海案：慮之，思索之也。

〔二〇〕楊倞注：鉛，與沿同，循也。既知禮樂之後，却循察之，愈可好而不厭。俞，音愈。⊙王先謙曰：楊“反”字無注，而以“却”字代釋之，非也。反者，反復也。反鉛察之者，反復沿循而察之。⊙帆足萬里曰：反鉛，猶反覆也。⊙朝川鼎曰：好，猶善也。⊙鍾泰曰：反鉛二字連文。鉛，循也，還也。反鉛，猶反還也。⊙天海案：反鉛，即返沿。返、沿皆有循義，不必訓爲反復沿循。禮論篇“則必反鉛過故鄉”，《禮記》作“反巡過故鄉”，意爲循原路返回故鄉。此借用其義，指對所習《詩》《書》《禮》

《樂》再次詳審之。察，詳審也。好，喜好。

〔二一〕楊倞注：利，益也。《禮記》曰：“聖王之所以治人之七情，脩十義，捨禮何以治之？”⊙久保愛曰：利，通利之謂。⊙天海案：治，修也。情，性也。利，有益也。楊説是。又楊注所引《禮記》不見於今本。

〔二二〕楊倞曰：知《詩》《書》《禮》《樂》，羣居則和同，獨處則自足也。⊙天海案：以爲名，即以之成名。羣，與人羣處。和，平和。獨，獨處。足，知足。或曰：當讀爲“以獨則足樂”，説見下。

〔二三〕楊倞注：樂意莫過於此。⊙久保愛曰：《子道篇》曰：“君子其未得也，則樂其意。”《吕氏春秋》曰：“高節厲行，獨樂其意。皆謂不達之君子獨樂其道也。”⊙王念孫曰：此當讀“以獨則足樂”爲句，言獨居而説《禮》《樂》，敦《詩》《書》，則致足樂也。“意者其是邪”自爲一句。意者，語詞也。“其是邪”，指《詩》《書》《禮》《樂》而言。《吕氏春秋·重言篇》曰“意者其是邪”，句法正與此同。⊙王先謙曰：《吕覽》文義與此不同。此文若作“意者其是邪”，爲懸擬之詞，則上下文理不相貫注，雖有《吕覽》句例，不得取以爲比。且上文“以羣則和，以獨則足”，句法一律，語意亦完足，若於“足”下加“樂”字，反爲贅設。仍當從楊注斷讀。⊙陶鴻慶曰：王氏《雜志》句讀是也。今案：“和”下當奪“一”字，“以羣則和一，以獨則足樂”，相對爲文。下文云“是羣居和一之道也”，《禮論篇》云：“人所以羣居和一之理盡矣。”並其證。“意者其是邪”，即上文“反鉛察之而俞可好”之意，王解失之泥矣。⊙帆足萬里曰：言足以自樂其意者也。⊙朝川鼎曰：先君曰：“以獨則足樂意，六字一意連讀。”鼎案：《儒效篇》“窮處則榮，獨居則樂”，與此同。⊙天海案：楊注句讀是。今謂“樂意者”或當作“樂易者”。意、易，音近而誤也。本篇前文曰“樂易者常壽長”，樂易，和樂平易，正承“治情而利”以下之文而言。“其是邪”，猶言該是如此吧！王念孫等改讀與陶氏增字爲訓，皆非。又，此下原未分段，現依文意分之。

夫貴爲天子，富有天下，是人情之所同欲也。然則從人之欲，則勢不能容，物不能贍也〔一〕。故先王案爲之制禮義以分之〔二〕。使貴賤之等，長幼之差，知賢愚、能不能之分〔三〕，皆使人載其事而各得其宜〔四〕。然後使慤禄多少、厚薄之稱〔五〕。是夫羣居和一之道也〔六〕。故仁人在上，則農以力盡田，賈以察盡財，百工以巧盡械器〔七〕。士大夫以上至於公侯，莫不以其仁厚知能盡官職，夫是之謂至平〔八〕。故或禄天下而不自以爲多〔九〕，或監門、御旅、抱關、擊柝而不自以爲寡〔一〇〕。故曰：“斬而齊，枉而順，不同而一。”夫是之謂人倫〔一一〕。

《詩》曰:“受小共大共,爲下國駿蒙。”此之謂也〔一二〕。

## 【校釋】

〔一〕王念孫曰:然則,猶言然而也,説見《釋詞》“則”字下。⊙王先謙曰:從,讀爲縱。⊙天海案:容,容許。贍,豐裕,滿足。

〔二〕楊倞注:以禮義分别上下也。⊙天海案:案,語助,猶安,安,乃也。荀書多有此例,不煩引證。分之,區别之。

〔三〕王念孫曰:元刻無“賢”字,是也。知,讀爲智。智對愚,能對不能,則不得有“賢”字明矣。下文“以仁厚知能盡官職”,“知能”二字正與此相應,是其證。宋本有“賢”字者,蓋誤讀“知”爲知識之知,故於“愚”上加“賢”字,而以爲“知賢愚,能不能之分”也。不知“使有”二字直貫至“智愚能不能之分”而止。若讀“知”爲知識之知,則與“使有”二字不相聯屬矣。⊙天海案:之等、之差、之分,三“之”字皆當訓“有”。淺者不知,故於“使”字下加“有”字,巾箱本、《題注》本、遞修本並從之。王氏不審,故讀“知”爲“智”,反謂不得有“賢”字,誤也。下文“多少厚薄之稱”,其“之稱”亦訓“有稱”。有稱,即有當也。吴昌瑩《經詞衍釋》曰:“之,猶有也。”《書·牧誓》“牝鷄之晨,惟家之索”之晨,即有晨鳴之事。《商君書·定分》:“主法令之吏不告,及之罪,而法令之所謂也。”及之罪,即“及有罪也”。本書《富國篇》《禮論篇》並云:“貴賤有等,貧富、輕重皆有稱。”是其證。

〔四〕楊倞注:載,行也,任之也。⊙天海案:載,負也、承也。《正字通·車部》:“載,承也。”《易·坤卦》:“君子以厚德載物。”

〔五〕楊倞注:慤,實也。謂實其禄,使當其才。稱,尺證反。⊙郝懿行曰:慤者,謹也。謹,謹其多少厚薄之數,使禄各稱其事,不失均平。楊注“載,行”,“慤,實”,古無此訓。⊙俞樾曰:慤,當作“穀”。《孟子·滕文公篇》“穀禄不平”,趙注:“穀,所以爲禄也。”此文言“穀禄”,正與彼同。作“慤”者,聲之誤也。楊以本字讀之,失其旨矣。《王霸篇》曰“心好利而穀禄莫厚焉”,此“穀禄”二字見於本書者。⊙陶鴻慶》曰:“使”下當有“有”字。上文“使有貴賤之等”云云,與此文例同。⊙于省吾曰:之,是也,詳《經傳釋詞》。然後使穀禄多少厚薄是稱也。⊙天海案:慤,當作“穀”,字之誤也。日人物、冢、久三氏皆先俞説。陶説“使”下脱“有”字,又以誤本之文爲證,非也。之稱,即有稱,説見上。于説非是。

〔六〕天海案:和一,同心和一,猶言團結一致。《書·咸有一德》:“其難其慎,惟和惟一。”又作“和壹”,《禮》三年問:“人之所以羣居和壹之理盡矣。”

〔七〕楊倞注:盡,謂精於事。察,謂明其盈虚。《説文》云:“有盛爲械,無盛爲器。”⊙北大組曰:盡,盡力、精心。⊙天海案:仁人,此指仁君、仁王,故稱“在上”。以力盡田,猶言盡力於田;以察盡財,猶言盡察於財;以巧盡械器,猶言盡巧於械器。

盡,極也。

〔八〕楊倞注:各當其分,雖貴賤不同,然謂之至平也。⊙北大組曰:至平,最公平。⊙張覺曰:至平,大治,極其公正有序。⊙天海案:至平,猶治平,即太平治世。

〔九〕楊倞注:謂爲天子以天下爲禄也。⊙章詩同曰:禄天下,指統治天下的帝王。⊙天海案:禄天下,以天下爲禄,意即享有天下。

〔一〇〕楊倞注:監門,主門也。御,讀爲迓,迓旅,逆旅也。抱關,門卒也。擊柝,擊木所以警夜者。皆知其分,故雖賤而不以爲寡也。⊙天海案:監門,古代守城門之吏。御、逆同聲音近,故通。逆旅,指旅店主人。抱關,古代守城門之卒。擊柝,敲梆之更夫。以爲寡,以爲俸禄少。

〔一一〕楊倞注:舊有此語,引以喻貴賤雖不同,不以齊一,然而要歸於治也。斬而齊,謂彊斬之使齊,若《漢書》之"一切"者。枉而順,雖枉曲不直,然而歸於順也。不同而一,謂殊途同歸也。夫如此,是人之倫理也。⊙物雙松曰:斬而齊,枉而順,是兩樣,故曰"不同而一"。人倫,人之倫類也。即上所謂天子、諸侯、士大夫、官人、百吏、庶人、君子、小人,是也。⊙久保愛曰:荀卿主意在"不同而一"之一句。《王制篇》曰"勢齊則不一",與此相反。⊙劉台拱曰:斬,讀如儳。《説文》:"儳,儳互不齊也。"《周語》"冒没輕儳",韋注云:"儳,進退上下無列也。"言多儳互不齊,乃其所以爲齊也。⊙王念孫曰:僖二十三年《左傳》"鼓儳可也",杜注:"儳巖未整陳。"義與此同。儳而齊,即《正名篇》所謂"差差然而齊"。⊙章詩同曰:斬,不齊。斬而齊,謂不齊即所以爲齊。⊙北大組曰:不齊才能齊,不直才能順直,不同才能統一。人倫,人們的等級秩序。⊙天海案:斬,不齊之謂也。《儀禮·喪服》:"斬者何,不緝也。"喪服不緝邊即不齊整也。斬而齊,猶言不齊才有齊。枉而順,不順才有順。不同而一,不同才有統一。人倫,人的等級倫理。即上文所言貴賤、長幼等。

〔一二〕楊倞注:《詩·殷頌·長發》之篇。共,執也。駿,大也。蒙,讀爲厖,厚也。今《詩》作"駿厖"。言湯執大玉、小玉,厚於下國。言下皆賴其德也。⊙久保愛曰:共,珙通。珙,璧也。小國大國諸侯執以爲贄者,天子受之。駿蒙,齊《詩》作"駿厖",蓋馬英儁者,以比强力奔走,帥治下國也。⊙俞樾曰:傳訓"共"爲"法",與《荀子》意合。小共大共,謂大小各有法度,即上文所謂"貴賤之等,長幼之差"也。⊙王先謙曰:厖,作"蒙",魯《詩》也。《方言》:"秦、晉之間,凡大貌謂之朦,或謂之龐。"明"厖"、"蒙"聲近通用。⊙帆足萬里曰:兩手奉物曰共。⊙朝川鼎曰:《詩》言湯王受諸侯之命圭,而鎮撫天下,以爲下國駿蒙也。荀卿引之以明小大貴賤之等不同,而其治皆歸於一。⊙天海案:共,猶供也。此言小國大國之供奉。駿蒙,又作駿厖、駿駹、恂蒙、駿龐、徇蒙,皆覆庇之義也。《毛詩傳箋通釋》云:"駿與恂古通用,恂讀爲徇。《吕氏·忠廉》注:'徇,猶衛也。'是徇有庇衛之義。蒙,通作幪。《説文》:'幪,蓋衣也。'《廣雅·釋詁》:'幪,覆也。'爲下國恂蒙,猶云:爲下國庇覆耳。"是也。

# 荀子校釋　卷第三

## 非相篇第五〔一〕

相人,古之人無有也,學者不道也〔二〕。古者有姑布子卿〔三〕,今之世,梁有唐舉〔四〕,相人之形狀顔色,而知其吉凶妖祥,世俗稱之〔五〕。古之人無有也,學者不道也〔六〕。

故相形不如論心,論心不如擇術〔七〕。形不勝心,心不勝術,術正而心順〔八〕,則形相雖惡而心術善,無害爲君子也;形相雖善而心術惡,無害爲小人也〔九〕。君子之謂吉,小人之謂凶。故長短、小大、善惡形相非吉凶也〔一〇〕。古之人無有也,學者不道也〔一一〕。

【校釋】

〔一〕楊倞注:相,視也。視其骨狀以知吉凶貴賤也。妄誕者多以此惑世。時人或矜其狀貌而忽於務實,故荀卿作此篇非之。《漢書·刑法·家》有《相人》二十四篇。⊙久保愛曰:相,息亮反。篇内"相人"、"形相"並同。⊙梁啓超曰:篇首一段,辟相術之迷信,編録者因取以爲篇名。内中有"法後王"一段,實荀卿學説特色之一。篇末論談説之術兩段亦甚要。⊙吕思勉曰:此篇只首節非相,蓋以首節之義名篇也。與《論衡·骨相》等篇參看,可見古者對於相人之術迷信頗甚。⊙熊公哲曰:荀子之《非相》,亦猶墨子之《非命》,所以策勉學者求之於己,而無惑於妄誕之説也。

〔二〕楊倞注:道,説。⊙王念孫曰:元刻"相"下無"人"字,宋龔本同。案無"人"字者是。此謂古無相術,非謂古無相人也。謂學者不道相術,非謂不道相人也。下文云"長短、小大、善惡形相,古之人無有也,學者不道也",是其證。宋本作"相人"者,涉下"相人之形狀"而誤。⊙王先謙曰:有相人即有相術,王説似泥。下云“古者有姑布子卿”，是古明有相術、相人矣。荀子以爲“無有”者，世俗所稱，學者不道，故雖有，直以爲無有耳。因當時崇尚，儒者惑也，故極論之。⊙熊公哲曰：相人，謂相人之術。⊙天海案：相人，相人之説。此“人”字不衍，説詳下。無有，即無囿也。有，通囿。囿，拘束、局限也。《管子·山國軌》：“有田倍之内，毋有其外。”郭沫若《集校》案：“當讀爲：有田倍（培）之内，毋有（囿）其外。”《穆天子傳》卷五：“咎氏宴飲毋有禮。”劉師培補釋曰：“有禮，當作囿禮，無囿禮者，不域於禮也，猶今語晏會所謂不拘禮矣。”是其證。“古之人無有也”，謂古之人不拘於相人之説也。非謂古之人無有相人、相術矣。諸説讀“有”爲“有無”之“有”，故認爲與下文“古者有姑布子卿”相乖，於是或删“相人”之“人”，或爲之曲説，然則皆不能自圓其説。今讀爲“無囿”，則合於荀卿之旨矣。且不拘、不道，文意正相承。下文二“無有”亦作“無囿”。又，“相”下“人”字，巾箱本、《題注》本、遞修本皆無，而明世本、《四庫》本則俱有。無“人”字者，誤删也。

〔三〕楊倞注：姑布，姓；子卿，名。相趙襄子者。或本無“姑”字。⊙久保愛曰：姑布子卿，相孔子者也。事見於《韓詩外傳》。⊙梁啓雄曰：姑布子卿，《春秋》鄭人，字子卿。曾經看過孔子和趙無恤的相。⊙天海案：姑布子卿之事見《外傳》卷九，又略見於《史記·孔子世家》《趙世家》《白虎通·壽命篇》《論衡·骨相篇》《家語·困誓篇》。《類聚》引此略同。

〔四〕楊倞注：相李兑、蔡澤者。⊙久保愛曰：唐舉事見於《史記·蔡澤傳》及《戰國策》。⊙蔣禮鴻曰：《史記·范雎蔡澤列傳索隱》曰“荀卿書作唐莒”，是古本與今本不同。⊙天海案：唐舉，一作唐莒，戰國時人，善相。曾相李兑曰：“百日之内，持國秉政。”蔡澤問以壽，曰：“從今以往四十三歲。”其後皆驗。又，楊注“李兑”，明世本、《四庫》本並作“李斯”，錢佃《考異》亦稱“諸本作李斯”。

〔五〕天海案：“妖祥”二字，《類聚》引此文無。

〔六〕楊倞注：再三言者，深非之也。⊙冢田虎曰：此注宜置下“學者不道也”下，在此，寫誤耳。⊙天海案：冢説是。

〔七〕楊倞注：術，道術也。⊙朝川鼎曰：擇術，謂下文“比類文學”。⊙北大組曰：擇術，選擇正確的思想方法。⊙張覺曰：論，察。擇，區别，引申爲鑒别。⊙天海案：論心，分析思想。擇術，選擇認識事物的方法。

〔八〕章詩同曰：不勝，不能決定，不及。⊙天海案：順，從也。《類聚》引此文正作“術正而心從之”。

〔九〕北大組曰：無害，不妨碍，不影響。⊙天海案：惡，醜也，邪惡也。善，美也，端正也。

〔一〇〕趙紹祖曰：《荀子》列舉長短、小大、美惡以非相，是形狀之末，故未足以服相人者之心，而屈其説也。⊙高亨曰：善惡，當爲“美惡”，字之誤也。⊙包遵信曰:善,即美也。荀書亦多以善、美通用。⊙天海案:善惡形相,即美醜之形,善惡之相。非,不關也。

〔一一〕熊公哲曰:"古之人"上,疑脱"相人"二字。重復言之,所以加重其語意。⊙天海案:古之人無囿也,言古人不拘於形相之説,文意本明,不必再有"相人"二字。熊説非。此二語三言之,上文楊注:"再三言者,深非之也。"當移此"不道也"下,《增注》本楊注即在此。又,原文此下未分段,現據文意分之。



蓋帝堯長,帝舜短[一];文王長,周公短;仲尼長,子弓短[二]。昔者,衛靈公有臣曰公孫吕[三],身長七尺,面長三尺,焉寬三寸,鼻目耳具而名動天下[四]。楚之孫叔敖,期思之鄙人也[五],突秃長左,軒較之下而以楚霸[六]。葉公子高微小短瘠,行若將不勝其衣[七],然白公之亂也,令尹子西、司馬子期皆死焉[八]。葉公子高入據楚,誅白公,定楚國,如反手爾,仁義功名善於後世[九]。故士不揣長,不揳大,不權輕重,亦將志乎心爾[一〇]。長短、小大、美惡形相,豈論也哉[一一]!

且徐偃王之狀,目可瞻馬[一二];仲尼之狀,面如蒙倛[一三];周公之狀,身如斷菑[一四];皋陶之狀,色如削瓜[一五];閎夭之狀,面無見膚[一六];傅説之狀,身如植鰭[一七];伊尹之狀,面無須麋[一八];禹跳湯偏[一九],堯、舜參牟子[二〇]。從者將論志意,比類文學邪?直將差長短、辨美惡而相欺傲也[二一]!

## 【校釋】

〔一〕天海案:長,身高。短,身矮。下同此。

〔二〕楊倞注:子弓,蓋仲弓也。言子者,著其爲師也。《漢書·儒林傳》:"馯臂,字子弓,江東人,受《易》者也。"然馯臂傳《易》之外,更無所聞。荀卿論説,常與仲尼相配,必非馯臂也。馯,音寒。⊙久保愛曰:朱熹曰"荀卿,趙人,名況,學於孔氏門人馯臂子弓者",未知所據。又《論語》皇侃義疏:"王弼曰:朱張字子弓,荀卿以比孔子。"俱録以備一考。⊙俞樾曰:楊注"子弓,蓋仲弓",是也。又曰"言子者,著其爲師也",則恐不然。仲弓稱子弓,猶季路稱子路耳。子路也,子弓也,曰季曰仲,至五十而加以伯仲也。⊙劉師培曰:此篇及《非十二子篇》均以子弓與仲尼並稱,故知子弓即仲弓。⊙天海案:此文堯、舜,文王、周公並稱,皆同時人也。此子弓與孔子並稱,亦當爲同時人也。冉雍,字仲弓,孔子弟子,居德行科,孔子嘗謂"可使南面",故楊注認爲子弓即仲弓是也,俞説亦當。馯臂雖字子弓,但爲戰國時人,且未載其賢,難與孔子並稱。

〔三〕天海案:衛靈公,名元,春秋時衛國國君,公元前五三四年繼位,前四九三年卒。在位四十二年。公孫吕,人名,事未詳。

〔四〕楊倞注:面長三尺,廣三寸,言其狹而長甚也。鼻目耳雖皆具,而相去踈遠,所以爲異。名動天下,言天下皆知其賢。或曰:狹長如此,不近人情,恐文句誤脱也。⊙盧文弨曰:案"焉"字,古多以爲發聲。如《周禮》"焉使則介之",《淮南子》"天子焉始乘舟",是也。荀書或用"焉"、或用"案",字異語同,皆以爲發聲。⊙王紹蘭曰:焉,安,古通。此"焉"則"頞"之借字也。蓋稱其鼻莖曰頞,舉其全則鼻矣。若以"焉"爲發聲,則面長三尺,乃其廣僅三寸,公孫吕雖有異相,恐無如此狹長之面也。楊、盧之説非是。⊙于鬯曰:竊疑"焉"爲"彖"字之誤。彖,焉,篆文略相似,故"彖"誤爲"焉"。而"彖"實爲"喙"字之借。《説文・口部》:"喙,口也。"面長三尺,喙廣三寸,義自顯見。則或者可備一説也。⊙帆足萬里曰:焉,當作"安",頞同,額也。《事文類聚》作"額"。⊙朝川鼎曰:"焉"字,當從《廣文選》作"眉"爲是。⊙劉師培曰:《類聚》引曹植《相論》有"宋臣有公孫吕者"云云,文同此,而無"焉"字。"焉"非發聲詞,乃"咽"字之異文。焉、咽古通,故焉字訓咽。咽廣三寸,亦形容其大,非面長而咽狹也。⊙高亨曰:焉,疑借爲"顔",音同通用。顔之作焉,猶眉之作麋也。《説文》:"顔,眉目之間也。"此其一義也。《小爾雅》:"顔,額也。"《廣雅》:"顔,頟也。"此又其一義也。此文乃用額義。面長三尺,顔廣三寸,謂面長而額短,所以爲奇也。⊙天海案:面長三尺,乃言背長三尺。《正字通》:"面,背也。"《漢書・項籍傳》"馬童面之",顔注:"面,謂背之。"《後漢書・光武帝紀》"丙午,赤眉君臣面縛",李賢注:"面,偝也。謂反偝而縛之。"此皆"面"訓"背"之證。身長七尺,背長三尺,亦非常人之體;然面長三尺則不可思議也。"焉"字,《初學記》引作"而"字,其義亦難解。高説借爲"顔",此乃用額義,可從。額廣三寸,非指左右之寬也,當言眉上至髮際之闊也。此額闊三寸,亦非常人之相。

〔五〕楊倞注:杜元凱云:"期思,楚邑名,今弋陽期思縣。"鄙人,郊野之人也。⊙久保愛曰:孫叔敖,名饒。見歐陽公《集古録・吕子》:"沈尹莖辭曰:'期思之鄙人,有孫叔敖者,聖人也。王必用之,臣不若也。'荆王於是使人以王輿迎叔敖,以爲令尹。十二年而楚王霸。"期思縣,《漢書・地理志》屬南陽郡。再考:孫叔,字;敖,名;蔿,姓。見《左傳》宣十二年。⊙梁啓雄曰:孫叔敖,春秋時楚相,蔿賈的兒子。⊙天海案:孫叔敖,人名。相傳三爲楚令尹而不喜,三去相位而不憂。《外傳》卷七載其遇狐丘丈人事,卷十載其諫楚伐晉事。

〔六〕楊倞注:突,謂髮短可陵突人者。故《莊子》説趙劍士"蓬頭突鬢"。長左,左脚長也。"軒較之下而以楚霸",言脩文德,不勞甲兵遠征伐也。《説文》云:"軒,曲輈也。”鄭注《考工記》云：“較，兩輢上出式者。”《詩》曰“猗重較兮”。⊙物雙松曰：蓋謂頭秃無髮，如突出然。又《説文》：“滑也。”亦通矣，言其光滑然。⊙久保愛曰：軒較之下，未詳。謂“長”爲去聲，“左”爲“在”誤，亦未穩。⊙盧文弨曰：今《毛詩》本“倚”誤作“猗”。《正義》明云“倚此重較之車”，則本作“倚”字。宋本、足利本皆不誤。⊙帆足萬里曰：長左，左手長也。軒較之下，兩足長短不同也。⊙安積信曰：軒較之下，謂孫叔敖起於軒較之下，僕從之間。猶婁敬出於輓輅之間。《孟子》：“孫叔敖舉於海。”即是也，注恐非。⊙朝川鼎曰：《莊子·徐無鬼》：“孫叔敖甘寢秉羽，而郢人投兵。”《淮南子·主術訓》：“孫叔敖恬卧，而郢人無所害其鋒。”蓋叔敖以步不相過，常卧車中爲指麾，猶孫臏居輜重中坐爲計謀也。⊙劉師培曰：長左者，亦指髮而言，謂其髮長短不均也。軒較者，骸形高大之謂也。之下，當作“乏下”。“乏”爲少義，乏下者，言叔敖之足其脛既偏於大而徑下復偏於短狹。謂其足高下不均也。⊙鍾泰曰：如劉説則“長左”當爲臂，又案：較，讀如“角”。軒較者，頭角隆起也。乏下者，面下削也。劉以“乏下”爲短脛，亦非。“長左”仍當依楊注。⊙章詩同曰：軒較之下，意爲坐在車子上指揮、策劃。軒，古時駕車的直木。較，古時車前的横木。⊙北大組曰：軒較之下，身體低於車上的軒較。形容孫叔敖身材十分矮小。⊙天海案：突，出也。突秃，猶言秃頭突出。長左，左臂長。《説文》：“左，手相左助也。從𠂇工，凡左之屬皆從左。”又：“𠂇，手也，象形。凡𠂇之屬皆從𠂇。”軒較之下，車廂横木之下。軒，車也。較，車廂兩旁横木跨於輢上者。此言孫叔敖身材矮小，身高還在車廂横木之下。

〔七〕楊倞注：葉公，楚大夫沈尹戌之子，食邑於葉，名諸梁，字子高。楚僭稱王，其大夫稱公，白公亦是也。微，細也。葉，音攝。⊙郝懿行曰：白公之亂，子高入國門不介胄。蓋由微小短瘠，形不勝衣故耳。⊙劉師培曰：《初學記》十九引作“其行將若不勝衣”。⊙裴學海曰：將，猶殆也。⊙天海案：葉公，如楊注。短瘠，矮瘦。

〔八〕楊倞注：白公，楚太子建之子，平王之孫。子西，楚平王長庶子公子申。子期，亦平王子公子結。⊙久保愛曰：白公之亂，見於《左氏》哀公十六《傳》。⊙天海案：白公，名勝，楚平王之孫。太子建死，幼年流落在吴。後子西奉命召還，封爲白公。公元前四七九年發動政變，殺子西、子期於朝，並劫楚惠王。葉公討之，白公勝兵敗奔山而自縊。

〔九〕古屋鬲曰：善，賞譽也。《易》曰“善世而不伐”。⊙王引之曰：“善”字文義不明，疑“著”字之譌。隸書“著”字或作“着”，形與“善”相似。⊙俞樾曰：善，乃“蓋”之誤。隸書“蓋”字或作“盖”，兩形相似而誤。⊙潘重規曰：言仁義功名見善於後世也。⊙天海案：善於後世，猶言爲後世所稱善。潘説是也。

〔一〇〕楊倞注：挈，與絜同，約也。謂約計其大小也。絜，户結反。《莊子》：“匠石見社樹，絜之百圍。”權，稱也。輕重，體之輕重也。言不論形狀長短、大小、肥瘠，唯在志意修飭耳。⊙盧文弨曰：案注以“志意”二字訓“志”，增一字成文耳。宋本作

"亦將志乎心爾","心"字衍。⊙久保愛曰:揣,與《左氏》昭公三十二年《傳》"計丈數,揣高卑"之"揣"同,度也。挈,與《過秦論》"度長絜大"之"絜"同,又度也。志,讀爲"識",言不謀長、大、輕、重,唯識其心耳。謝墉以"心"字爲衍,於文似穩,然觀上文論心術,則難從也。⊙王先謙曰:《廣雅》:"將,且也。"此承上文,言古之聞人不以相論,故事不揣絜長大輕重,亦且有志於彼數聖賢也。楊注非。⊙潘重規曰:此言人之吉凶,惟論志之美惡,不論相之好醜。王《解》使文脉不貫。⊙鍾泰曰:宋本有"心"者是也。志,讀如識。識,量也,度也。意謂不必揣長短,絜大小,權輕重,固將度之心耳。⊙高亨曰:將志,意不完足,疑"將"下脱一"論"字。下文曰"從者將論志意,比類文學耶",是其證。⊙天海案:"士"字,今存諸本並作"事",非也。此文謂不必猜度士人身高、形之大小輕重,只須識别其心志罷了。亦,只也,但也。説見楊樹達《詞詮》。將,當也。説見劉淇《助字辨略》。志,識也。心,此言心志。盧説"心"字衍,高説"論"字脱,皆非也。

〔一一〕章詩同曰:豈論也哉,難道值得一談嗎?⊙天海案:此下原未分段,現據文意分之。

〔一二〕楊倞注:徐,國名,僭稱王。其狀偃仰而不能俯,故謂之偃王。周穆王使楚誅之。瞻馬,言不能俯視細物,遠望纔見馬。《尸子》曰"徐偃王有筋而無骨"也。⊙盧文弨曰:馬,元刻作"焉",注同。今按楊注,正謂不能見小物,而但見馬耳。可者,僅可之詞。瞻,《説文》云:"臨視也。"《莊子》云"不辨牛馬"。今從宋本。⊙久保愛曰:《史記·秦本紀》曰:"繆王西巡狩,樂而忘歸,徐偃王作亂,造父爲繆王御,長驅歸周以救亂。"《韓非子》曰:"徐偃王處漢東,地方五百里,行仁義,割地而朝者,三十有六國。"馬,舊作"焉",今據宋本改之。蓋考本注意,古作"馬"必矣。且焉、馬易誤。《君道篇》"有數十焉",元本作"有數十馬"之類,皆以字形似而誤也。⊙帆足萬里曰:馬,"焉"誤。目可瞻焉,目淺露睛,人可望而瞻視也。⊙高亨曰:馬,當作"焉",焉,借爲顔。目可瞻顔,謂其目可見其額,因其額特高也。⊙天海案:徐偃王,西周穆王時徐國國君。曾據淮河中下游以叛周,穆王命楚滅之。目可瞻馬,言其只能仰視見馬。通觀全句"且徐偃之狀,目可瞻馬",知徐偃王之狀,必是身體後仰,故只能見遠處之馬。楊注是,盧校亦是。凡作"焉"者,形誤也。

〔一三〕楊倞注:倛,方相也,其首蒙茸然,故曰蒙倛。《子虚賦》曰:"蒙公先驅",韓侍郎云:"四目爲方相,兩目爲倛。"倛,音欺。《慎子》曰:"毛嬙、西施,天下之至姣也,衣之以皮倛,則見之者皆走也。"⊙物雙松曰:按"倛"爲假面,故曰"蒙"。如《左傳》"蒙皋比"之蒙。⊙劉師培曰:案《治要》本《慎子》注引此作"蒙僛"。倛、僛,均即《説文》"䫏"字。⊙楊樹達曰:楊訓倛爲方倛,是也。訓"蒙"爲"蒙茸然",大非。《周禮·夏官》方相氏"蒙熊皮,黄金四目"云云,鄭注:"蒙,冒也。"即此"蒙"字之義。⊙高亨曰:蒙倛,即彭蜞,蟹屬也。面如蒙倛,猶言面如螃蟹耳。⊙天海案:蒙,罩之於頭曰蒙。倛,古代面具,多爲猙獰醜惡之相。《子華子·大道》:"蒙之以倛首,則見之者棄之而走。"楊注大致不差,然訓"蒙"爲"蒙茸然",則非。"面如蒙倛",猶言面如蒙上面具一樣。

〔一四〕楊倞注:《爾雅》云"木立死曰椔",與菑同。⊙郝懿行曰:《皇矣·詩》傳"木立死曰菑"。菑者,植立之貌。周公背傴,或曰韈僂,其形曲折,不能直立,故"身如斷菑"矣。⊙劉師培曰:案《廣韻·九麌》引《荀子》"周公傴僂",《御覽》七百四十引《荀子》"周公僂背希鱗",《續一切經音義》六引《荀子》"周公背傴",疑即此句異文或本書别有此句而今挩也。⊙天海案:身如斷菑,猶言身如折斷之枯木也。意指周公背傴之狀。

〔一五〕楊倞注:如削皮之瓜,青緑色。⊙天海案:皋陶,人名,姓偃,也稱咎繇。傳説爲舜之臣,掌刑獄之職。

〔一六〕楊倞注:閎夭,文王臣,在十亂之中。言多鬢髯蔽其膚也。⊙盧文弨曰:注"鬢",一作"鬚"。⊙熊公哲曰:《論語》:"武王謂:'予有亂臣十人。'閎夭其一也。"亂臣,平亂之臣。⊙天海案:亂臣,治世之臣。

〔一七〕楊倞注:植,立也,如魚之立也。⊙物雙松曰:《正字通》鰭注"魚脊上鬣",《荀子》云云,言"如魚脊之立"。以此觀之,恐脱"脊"字。意翅亦鬣類,當通呼鰭。豈謂肩軒然歟?⊙郝懿行曰:鰭在魚之背,立而上見,駝背人似之。然則傅説亦背僂歟?⊙于鬯曰:鰭,蓋當讀爲"楮"。《爾雅》云:"楮,柱也。"植楮者,植柱也。謂直立不動之狀。⊙帆足萬里曰:植鰭,謂身廣如立魚也。⊙安積信曰:注"魚"字,恐"鰭"字訛。⊙天海案:高亨亦用于説,然則楊注與諸説皆牽强也。今謂"鰭"或"鱗"字之誤也。《説文》《爾雅》《廣雅》並無"鰭"字,《左傳》《詩經》《論語》《孟子》皆無"鰭"字,故疑"鱗"字之訛。《説文》:"鱗,魚甲也。"植鱗,植被魚甲。身如植鱗,謂身上如同布滿魚甲,猶今魚鱗病也。傅説,人名。本爲奴隸,曾築墻於傅巖之野,爲商王武丁訪得,舉以爲相,殷商由此中興。因得於傅巖,故命爲傅姓。《書·説命》《離騷》《吕覽》《史記·殷本紀》皆載其事。

〔一八〕楊倞注:麋,與眉同。⊙物雙松曰:須,即鬚字。⊙朝川鼎曰:《晏子春秋·諫上篇》:"伊尹墨而短,蓬而髯,豐上兑下,僂身而下聲。"與此異。⊙天海案:伊尹,人名,原名摯,是湯妻陪嫁之奴,後佐湯伐夏,任爲相,世稱伊尹。須麋,即鬍鬚、眉毛。

〔一九〕楊倞注:《尸子》曰:"禹之勞,十年不窺其家,手不爪、脛不生毛。偏枯之病,多步不相過,人曰禹步。"鄭注《尚書大傳》云:"湯半體枯。"《吕氏春秋》曰:"禹通水濬川,顏色黎黑,步不相過。"⊙物雙松曰:《尚書大傳》曰"禹其跳",《通雅》:"其跳,踦跳也。"⊙帆足萬里曰:跳,兩足並舉,其行如跳躍也。偏,一足短也。⊙高亨曰:余謂跳、偏,皆足跛也。《説文》:"跳,蹶也。"蹶、蹷同字,足跛曰蹷。則"禹跳"猶言禹蹶、禹跛耳。偏,借爲蹁。《説文》:"蹁,足不正也。""跛,行不正也。"是蹁、跛同義，亦一語之轉。湯偏即湯蹁，猶湯跛耳。⊙天海案：禹跳，即禹癘。《説文》："跳，蹶也。""蹶，僵也。""蹷，或從闕。"故蹶可通癘。湯偏，即湯跛，楊注非，高説是。楊注"《尸子》"原誤作"《尹子》"，此據諸本及盧校本改之。

〔二〇〕楊倞注：牟，與眸同。參牟子，謂有二瞳之相參也。《史記》曰"舜目重瞳"。重瞳，蓋堯亦然。《尸子》曰："舜兩眸子，是謂重明。作事成法，出言成章。"當時傳聞，今書傳亦難盡詳究所出也。⊙久保愛曰：今世間有三瞳子者，愛得見之。然則重瞳、三瞳，傳聞之異也。堯之重瞳，見於《淮南子》。⊙于鬯曰：堯、舜之目，蓋一目重瞳，一目否，則合計有三瞳，故曰"參眸子"也。⊙劉師培曰：疑此文本作"堯八眉，舜四瞳"，古字三、四積画相近，瞐恒訛三，嗣又易三爲参，捝八眉二字。⊙天海案：参牟子，即三眸子。于説是，楊注、劉説皆非。

〔二一〕楊倞注：從者，荀卿門人。問將論志意、文學邪，但以好醜相欺傲也？⊙盧文弨曰：從者，猶言學者，注非。⊙久保愛曰：差，擇也。⊙蔣禮鴻曰：《樂論篇》曰："弟子勉學，無所營也。"是荀卿自有告門人語，楊注當依用。解"從者"爲"學者"，玆所未聞。⊙熊公哲曰："文"謂先生遺文，"學"謂其學識。⊙駱瑞鶴曰：《説文》："从，相聽也。"明"从"有聽義。今謂"從者"猶言"聽者"。《非十二子》云："上則取聽於上，下則取從於俗。"聽、從對舉，則從亦聽也。荀卿作辯論之語，云聽者更欲何如乎？其辯論非是與其門人辯論，則楊倞説未當。⊙天海案：從者，此指從其形相之説者。荀卿故詰問之。楊注及他説皆非。比類，排比歸類。文學，文章學問。直將，猶"只以"，語詞。差，别也，比較也。又，此下原未分段，現據文意分之。

古者桀、紂長巨姣美，天下之傑也；筋力越勁，百人之敵也〔一〕。然而身死國亡，爲天下大僇，後世言惡則必稽焉〔二〕。是非容貌之患也，聞見之不衆，論議之卑爾〔三〕。

今世俗之亂君，鄉曲之儇子〔四〕，莫不美麗姚冶，奇衣婦飾，血氣態度，擬於女子〔五〕。婦人莫不願得以爲夫，處女莫不願得以爲士〔六〕。棄其親家而欲奔之者，比肩並起〔七〕。然而中君羞以爲臣，中父羞以爲子，中兄羞以爲弟，中人羞以爲友〔八〕。俄則束乎有司，而戮乎大市〔九〕，莫不呼天啼哭，苦傷其今而後悔其始〔一〇〕。是非容貌之患也，聞見之不衆，而論議之卑爾！然則從者將孰可也〔一一〕？

人有三不祥：幼而不肯事長，賤而不肯事貴，不肖而不肯事賢，是人之三不祥也〔一二〕。人有三必窮：爲上則不能愛下，爲下則好非其上，是人之一必窮也〔一三〕；鄉則不若，偝則謾之，是人之二必窮也〔一四〕；智行淺薄，曲直有以相縣矣，然而仁人不能推，知士不能明，是人之三必窮也〔一五〕。人有此三數行者〔一六〕，以爲上則必危，以爲下則必滅。《詩》曰："雨雪瀌瀌，宴然聿消；莫肯下隧，式居屢驕。"此之謂也〔一七〕。



【校釋】

〔一〕楊倞注：姣，好也。倍萬人曰傑。越，過人也。勁，勇也。⊙物雙松曰："越"字，俗語"愈"也。⊙久保愛曰：越勁，其强勁超越於衆也。⊙王念孫曰：如楊説，則"越勁"二字義不相屬。今案：越者，輕也。言筋力輕勁也。《説文》云："赹，輕勁有材力。"是也。"越"字本作"娍"，《説文》曰："娍，輕也。"⊙于省吾曰：《廣雅·釋詁》："越，疾也。"疾，謂敏疾也。⊙北大組曰：長巨姣美，魁梧而英俊。傑，傑出，指相貌超群。越勁，敏捷有力。百人之敵，能抵御百人。⊙天海案：長巨，高大。傑，出衆而特異不凡。越勁，超越常人之勁力，猶强勁。

〔二〕楊倞注：僇，與戮同。稽，考也。後世言惡必考桀、紂爲證也。⊙盧文弨曰：稽，止也。此即"天下之惡皆歸焉"之意。稽，猶歸也。⊙郝懿行曰：稽者，同也。後世凡言惡者，比之桀、紂，是與之同。楊訓稽考，疏矣。⊙王先謙曰：《王霸篇》《正論篇》文與此同，楊並訓稽爲考。《儒效篇》"是大儒之徵也"，又云"是大儒之稽也"，楊注："徵，驗也。""稽，攷也。"稽、徵對文，義當訓考，即《尚書》"稽古"之義。荀書他篇用"稽"字，亦無二義，當從楊説。⊙包遵信曰：僇，與戮同。戮訓辱也，然僇亦訓辱。⊙天海案：大僇，猶大辱也。包説是。稽，考也。楊注是，盧、郝二説非。

〔三〕楊倞注：亦非以容貌害身。言美惡皆非所患，但以聞見不廣，論議不高，故致禍耳。⊙張覺曰：此句承上文，"聞見"上省"從者"二字。⊙天海案：此"聞見不衆，論議之卑"當指從相人者之説而言，楊注非。又，此下原未分段，現據文意分之。

〔四〕楊倞注：《方言》云："儇，疾也，慧也。"與"喜而翾"義同，輕薄巧慧之子也。儇，火玄反。⊙俞樾曰：按下文云"中君羞以爲臣"，則此不應言君，且與"婦人莫不願得以爲夫，處女莫不願得以爲士"及"束乎有司，戮乎大市"諸語皆不合，疑本作"世俗之亂民"，傳寫誤耳。⊙于省吾曰：俞説非是。"亂民"二字，於此殊費解。君，非指王侯言，凡有權勢封邑者，均可通稱爲君。⊙北大組曰：鄉曲，偏遠的地方。儇子，輕薄巧慧的男子。⊙李中生曰："今世俗之亂君"的"君"，也指夫君。下文"中君以爲臣"，"君"所指則是君主。語境不同，訓義自可不同。⊙天海案：亂君，品行不正之人。古時妻稱夫亦謂君。《詩·王風·君子于役》："君子于役，不知其期。"是其證。亂君、儇子，上下句互文見義，猶言今世俗、鄉曲之品行不正，輕薄之人。君、子皆言其男子也，此二句總冒下文。俞説非，李説是。

〔五〕楊倞注：《説文》云："姚，美好貌。"冶，妖。奇衣，珍異之衣。婦飾，謂如婦人之飾，言輕細也。擬於女子，言柔弱便辟也。⊙物雙松曰：姚，妖通。⊙帆足萬里曰：姚，佻同，輕佻也。⊙朝川鼎曰：姚冶，妖美也。⊙熊公哲曰：血氣，指其性格。態度，指言語形於外者。擬於女子，謂柔媚如女子也。⊙天海案：姚冶，即妖冶，又作窕冶。上古姚、妖、窕三字聲近韻同，故可通。姚冶，謂妖艷之貌。奇，讀作綺。綺衣，織素爲文曰綺。即素底織花的絲織衣。婦飾，婦人之裝飾打扮。血氣態度，指氣性姿態而言。"擬於女子"四字承上三句而言，非僅指"血氣態度"言。故楊注未允。

〔六〕楊倞注：士者，未娶妻之稱。《易》曰"老婦得其士夫"。⊙郝懿行曰：女、士對言，如《詩》之《氓》，《易》之《大過》，皆是。古以士、女爲未嫁娶之稱。⊙久保愛曰：士，蓋少年之稱。毛萇《詩傳》訓"子弟"。⊙金其源曰：士者，《論語·泰伯》皇疏："爲丈夫之通稱。"《書·泰誓》孔疏、《詩·棫樸》鄭箋皆云："男子之大號。"如作未娶之稱，則《詩》何以云"女曰鷄鳴，士曰昧旦"乎？⊙天海案：士、夫，皆可作丈夫解，此二句互文見義。猶上文"亂君"、"儇子"之君、子皆指男子。荀書此文例頗多，不煩引證。金説是，楊注及他説皆非。

〔七〕劉台拱曰：親，謂父母。家，謂夫。⊙駱瑞鶴曰：棄其親，就處女而言；棄其家，就婦人而言。蓋處女未嫁，尚從父母；婦人已婚，即從夫道也。

〔八〕楊倞注：不必上智，皆知惡也。⊙北大組曰：中，普通的。⊙天海案：中，中等才智的，一般的。上三"中"同此。

〔九〕楊倞注：犯刑法爲有司所束縛也。⊙北大組曰：戮乎大市，在大街上被處死。⊙天海案：周時集市有朝市、大市、夕市之分，大市於午後舉行，交易者以百族爲主。説見《禮·地官·司市》。此"戮乎大市"，猶言在人流最多的午後集市上行刑。北大組之説望文生義。

〔一〇〕楊倞注：苦傷今之刑戮，悔其始之所爲。⊙久保愛曰：《既夕記》曰："主人啼，兄弟哭。"鄭玄曰："啼哭，哀有甚有否。"呼，火故反。⊙天海案：苦傷，猶痛苦悲傷之謂也。

〔一一〕楊倞注：問從者形相與志意孰爲益乎？⊙盧文弨曰：《非相篇》當止於此。下文所論較大，竝與"相人"無與，疑是《榮辱篇》錯簡於此。⊙鍾泰曰：下文所論乃所謂論心擇術之道，正承上文來，不得謂之非本篇之文。⊙天海案：此"從者"，亦從其相人之説者。

〔一二〕楊倞注：言必有禍災也。⊙久保愛曰：《禮記》曰："愚而好自用，賤而好自專，生乎今之世，反古之道，如此者，烖及其身者也。"⊙天海案：不祥，不善也。《説文》："祥，善。"《爾雅》："祥，善也。"《墨子·天志中》"且夫天下蓋有不仁不祥者"。又，此上之文，《意林》所引略同。

〔一三〕包遵信曰：窮，困也。⊙北大組曰：窮，困窮，指碰壁。非，反對，責難。⊙天海案：非，非議。或通誹。

〔一四〕楊倞注：鄉，讀爲向。若，如也。謾，欺毁也。莫干反。⊙久保愛曰：偝，或作背，音倍。謾，與慢同。⊙王先謙曰：若，順也。向則不順，背又謾之，故必窮。下文方言與人相縣，則此"若"字不得訓爲如，楊注非。⊙劉師培曰：楊説近是。蓋世有心口相違之人，與人相晤則枉爲服從，自以爲不若，及既退之後，則加以詆毁。《荀子》所指之人即屬此輩。所謂貌從心違也。杜甫詩云"當面輸心背面笑"，可爲此語的解。⊙龍宇純曰：此亦借"若"爲"諾"，應辭也。《禮記・玉藻》："父命呼，唯而不諾。"注："應辭：唯，速而恭；諾，緩而謾。"唯即不諾也。"鄉則不若，偝則謾之"，猶言鄉則唯，背則謾也。不若與謾，義正相對。鄉則不若，亟言其當面之恭敬也。⊙天海案：向背之言行相反者必窮。此言當面唯唯，背後又辱毁之。龍説是也，楊注及他説皆非。

〔一五〕楊倞注：曲直，猶能否也。言智慮德行至淺薄，其能否與人又相縣遠，不能推讓明白之。言不知己之不及也。知，音智。行，下孟反。縣，讀爲懸。⊙王念孫曰：曲直有以相縣矣。（吕、錢本竝如是，元刻脱"相"字。盧依元刻删"相"字，非。）楊以"明"爲明白，非也。明者，尊也。言不能尊智士也。古者多謂尊爲明。⊙于鬯曰：以，當讀爲已。已、以，古本通用。已，當訓甚。已縣者，甚縣遠也。⊙蔣禮鴻曰：薄，當作"博"，字之誤也。淺與博爲對，曲與直爲對。⊙天海案：智行淺薄，言其智淺行薄也。淺，不必與博對。曲直，疑"曲知"之誤。《解蔽篇》："曲知之人，觀於道之一隅，而未之能識也。"曲知，謂一知半解。有以，當如于説，同"又已"，即又甚。此言一知半解又甚相懸遠也。故仁人不能推舉他，智士不能尊重他。非不能推仁人、尊智士也。楊注非，他説亦未當。又，"相"字諸本竝無，"仁人"、"知士"之"人"、"士"二字，錢佃稱諸本無，今巾箱本、《題注》本、遞修本亦無。

〔一六〕王引之曰：三數行，文不成義，當作"有此數行"。數行，謂上文之"三不祥"與"三必窮"也。其"三"字即涉上文而衍。⊙潘重規曰：三數，猶言再三、三四耳，俗語則然。⊙李中生曰：古書中"數"可言多，如《論語・里仁》："朋友數，今疏矣。""三"也可言多，如《詩經》中的"一日不見，如三秋兮"，人有此三數行，指人有此多種行爲。三數，古人自有復語，並非文不成義。⊙天海案：潘、李二説是，王説非。

〔一七〕楊倞注：《詩・小雅・角弓》之篇。今《詩》作"見晛曰消"，作"宴然"，蓋聲之誤耳。晛，日氣也。隧，讀爲隨。屢，讀爲婁。婁，歛也。言雨雪瀌瀌然，見日氣而自消。喻欲爲善，則惡自消矣。幽王曾莫肯下隨於人，用此居處，歛其驕慢之過也。⊙郝懿行曰：《毛詩》本出荀卿，《荀》所引《詩》多與毛合。隧，與隊同。隊、墜，古今字也。下隧者，以言小人莫肯降下引退，如雪宴然消滅，方用居位而數以驕人也。屢，當作婁。婁，亟也，數也。《毛詩》傳自荀卿，今推《荀》義以補毛傳，義或當然。鄭箋："遺，讀曰隨。婁，斂也。"與毛異，不當援以注《荀》，楊注失檢。⊙久保愛曰：案《詩》意，以雪比當時之小人。莫肯下遺，謂消盡也。婁，宋本作"屢"，是也。不必讀爲婁。言雨雪瀌瀌然，見日氣遂消。無有遺者，而不知之，居常屢驕傲而已。雨，羊遇反。瀌，符嬌反。晛，乃見反。聿與曰通，婁與屢通。⊙王先謙曰：此《詩》毛作"見晛"，韓作"曣晛"，魯作"宴然"。宴然，曣然之渻文，宴、燕，古文通用字。荀子傳詩浮丘伯，伯傳申公，爲魯《詩》之祖。荀書引《詩》異毛者，皆三家義，而郝氏强爲毛傳合，失之遠矣。⊙梁啓雄曰：這詩文和今《毛詩》不同，大概是魯《詩》的異文。⊙天海案：正文"宴然"、"隧"、"屢"四字，今諸本並作"見晛"、"遺"、"婁"四字，其注文亦少"作宴然"、"屢讀爲婁"七字。疑後人改之。

人之所以爲人者，何已也〔一〕？曰："以其有辨也〔二〕。"飢而欲食，寒而欲煖，勞而欲息，好利而惡害，是人之所生而有也，是不待而然者也〔三〕，是禹、桀之所同也。然則人之所以爲人者，非特以二足而無毛也，以其有辨也〔四〕。今夫狌狌形笑亦二足而毛也〔五〕，然而君子啜其羹，食其胾〔六〕。故人之所以爲人者，非特以其二足而無毛也，以其有辨也〔七〕。夫禽獸有父子而無父子之親，有牝牡而無男女之别，故人道莫不有辨〔八〕。

辨莫大於分〔九〕，分莫大於禮〔一〇〕，禮莫大於聖王〔一一〕。聖王有百，吾孰法焉〔一二〕？故曰：文久而息，節族久而絶〔一三〕。守法數之有司極禮而褫〔一四〕。故曰：欲觀聖王之跡，則於其粲然者矣，後王是也〔一五〕。彼後王者，天下之君也。舍後王而道上古，譬之是猶舍己之君而事人之君也。故曰：欲觀千歲，則數今日〔一六〕；欲知億萬，則審一二；欲知上世，則審周道〔一七〕；欲知周道，則審其人所貴君子〔一八〕。故曰："以近知遠，以一知萬，以微知明〔一九〕。"此之謂也。

【校釋】

〔一〕楊倞注：已，與以同。問何以謂之人而貴於禽獸也。⊙久保愛曰：已，與居同，語助也。本注非。⊙天海案：何已，猶何以，即以何。觀下文"以其有辨也"，必爲"以"無疑。楊注是，久説非。

〔二〕楊倞注:辨,别也。⊙天海案:有辨,對各種事物皆有辨别。

〔三〕楊倞注:不待學而知也。⊙天海案:無待,無須依待也。

〔四〕帆足萬里曰:毛,蓋尾誤。⊙包遵信曰:"非特以","以"下疑奪一"其"字。若無"其"字,義雖勉强可通,然終嫌欠順。下文此句正有"其"字,可證此句亦當有"其"字。⊙天海案:毛,當作"尾",因上脱"尸"而誤作"毛"。人非無毛,鬚髮是也;人無尾方與禽獸異。故帆説是。又,"爲人者",巾箱本、《題注》本、遞修本並作"爲人也"。"特"下"以"字、"足"下"而"字,今存諸本皆無。

〔五〕楊倞注:狌狌,獸似人而能言,出交阯。形笑者,能言笑也。⊙物雙松曰:形笑,當是"語笑"誤。⊙久保愛曰:《本草》注:"形笑,作言笑。"《類聚》引此文曰:"猩猩能言笑,亦二足無尾,而君子啜其羹,食其胾。故人非二足無尾,以知禮也。"今案:《類聚》大異同,而難爲徵。然"形笑"則古當是"言笑","毛"上亦當有"無"字。⊙郝懿行曰:狌狌人形,言笑如人,亦二足,惟有毛而異耳。⊙俞樾曰:"形笑"二字,甚爲不詞。注云"形笑者,能言笑也",望文生義,未足爲據。笑,疑當作"狀",傳寫者失爿旁,但存犬字,而俗書笑字亦或從犬,後人以"形犬"二字難通,因猩猩能笑,遂改作"笑"字耳。"毛"上當有"無"字。上下文皆云"無毛也",則此文亦當作"無毛"明矣。⊙王先謙曰:狌狌即猩猩。宋羅願《爾雅翼》説猩猩云:"其狀皆如人,與狒狒不甚相遠。荀卿曰:'今夫猩猩形相,二足,無毛也。'既言二足,而又言無毛,則去人不遠矣。"據此,宋人所見《荀子》本"形笑"作"形相",而"毛"作"無毛"。李時珍《本草》言:"猩猩黄毛如猨,白耳如豕,人面人足,長髮、頭顔端正。"是猩猩身非無毛,其面如人無毛耳。李又引《荀子》言:"猩猩能言笑,二足無毛。"是李所見《荀子》已作"笑"字,而云"無毛"則同。此文當作"無毛",俞説是也。自來説狌狌者,謂其能言能嘑,無謂其能笑者。能笑,迺狒狒,食人之物也。疑注"形笑者"七字,後人據誤本《荀子》加之,非楊氏原文,荀子固不當云狌狌笑也。⊙劉師培曰:"而毛"二字乃"無尾"之訛,"形笑"二字舊本均作"能言笑"。知者:《類聚》九十五引此文云:"猩猩能言笑,亦二足無尾。"《通典·邊防》三注文亦引"猩猩能言笑"五字,《御覽》引同,惟引"無尾"作"無毛"。蓋唐人所見之本均作"無尾",宋初之本已訛"尾"爲"毛"。校者以"無毛"爲疑,又易"無"爲"而",此非楊本之舊也。若夫"能言笑"三字雖爲古本所同,楊本蓋作"形相",羅願《介雅翼》所引是也。注文云:"形笑者,能言笑也。"義不可通,疑當作"形相",或作"能言笑也"。所云"能言笑",即《類聚》《通典》所據之本。宋人以楊本與舊本合勘,因以"能言笑"之"笑"易楊本之"相",注文或作二字,復訛爲者而舊義遂失矣。⊙于省吾曰:注及俞説並非。笑、狀二字形不相近,無由致誤。笑,應讀爲"肖",二字聲韻並同。《老子》六十七章中三"肖"字,羅氏《考異》引敦煌辛本均作"笑",是其證。《淮南子·墬形》"肖形而蕃",注:"肖,像也。"然則"形肖",猶言形像也。⊙天海案:狌狌,明世本、《四庫》本、《增注》本並作“猩猩”，二者音義同。“形笑”，當作“形相”，音近致誤也。王、劉二説是。“而毛”，亦當作“而無尾”，劉説是也。此猶言猩猩形相類人，亦二足無尾也。下文“無毛”，亦當作“無尾”，説參本節校釋〔四〕。又，楊注“形笑者”，原誤作“笑笑者”，據諸本改。



〔六〕楊倞注：胾，臠也。禽獸無辨，故賤而食之。胾，側吏反。⊙天海案：啜，飲也。楊注“食之”下原脱“胾”字，據諸本補。又，《類聚》引《孫卿子》此文略同。

〔七〕劉師培曰：《類聚》九十五、《御覽》九百八引“有辨”作“知禮”，與楊本異。⊙天海案：巾箱本、《題注》本、遞修本俱無“故”字，“二足”之上“其”字、之下“而”字亦並無。《類聚》引此文作：“故人非以二足無毛，以知禮也。”

〔八〕天海案：“有父子”，今諸本並作“爲父子”。牝牡，即雌雄。人道，此指人倫。又，此下原未分段，現據文意分之。

〔九〕楊倞注：有上下親疏之分也。⊙北大組曰：分，等級名分。

〔一〇〕楊倞注：分生於有禮也。⊙天海案：名分由禮而産生。

〔一一〕楊倞注：聖王，制禮者。言其人存，其政舉。

〔一二〕楊倞注：問聖王至多，誰可爲法也。⊙天海案：法，效法。

〔一三〕楊倞注：文，禮文。節，制度也。言禮文久則制度滅息，宗族久則廢也。⊙傅山曰：下又有“文久而滅，節族久而絶”，則此“族”字非宗族之族矣。族、奏，聲近也。⊙郝懿行曰：族者，聚也，湊也。湊與奏，古今字。《漢律志》：“族，奏也。”是其義也。奏、湊、蔟、族，竝聲義同。然則“節族”即節奏矣。⊙王念孫曰：故，衍字。自“曰文久而息”下，皆與上文“聖王有百，吾孰法焉”二句自相問答，則“曰”上不當有“故”字明矣，蓋涉下文三“故曰”而衍。下文曰“是以文久而滅，節族久而絶”，滅與絶爲韻，則此亦當然。今本“滅”作“息”，則失其韻矣。“息”字蓋涉注文“滅息”而誤。⊙久保愛曰：《前漢·嚴安傳》：“調五聲，使有節族。”蘇林曰：“族，音奏。”師古曰：“節，止也；奏，進也。”然則族、奏古通用。且《荀子》中節奏或以禮言之，或以樂言之，其義皆可以止、進解之。⊙帆足萬里曰：“故曰”二字，蓋衍文。⊙龍宇純曰：正文“文久而息”，當作“文久而節滅”。禮義、節奏對言，節奏，猶法度也。下文“文久而滅”，“滅”上亦當有“節”字。⊙嚴靈峰曰：疑此文“息節”二字倒誤，依注此句當讀作“文久而節息，族久而絶”，方與注合。⊙梁啓雄曰：《臣道》“禮義以爲文”，此“文”字似指禮義，與節族、法數對文。⊙天海案：正文“節族”，錢佃《考異》稱諸本作節奏。注“宗族久則廢”，錢佃稱諸本作“節奏久而廢”。今存巾箱本、《題注》本、遞修本正文“節族”並作“節奏”，注“宗族”亦作“節奏”。荀書他篇言“節奏”者凡九見，而傅、郝、久等皆言“節族”即“節奏”，是也，楊注未允。文，即禮義，梁説可見。且荀書禮義與節奏連文屢見，故知節奏當訓爲制度。王説“故”字衍，是也，然説“息”當爲“滅”，則未當。“息”，止也，滅也，不煩改爲“滅”以湊韻，下文雖用“滅”，變文耳。

〔一四〕楊倞注：褫，解也。有司世世相承，守禮之法數，至於極久亦下脱也。《易》曰："或錫之鞶帶，終朝三褫之。"言此者，以喻久遠難詳，不如隨時興治。褫，直吏反。⊙劉台拱曰：極，疲極也。⊙王念孫曰：褫之言，弛也。如疲於禮而廢弛也。⊙俞樾曰："極禮而褫"，文不可通，疑"禮"字衍文也。"極而褫"三字爲句，正與上文"久而息"、"久而絶"一律。今作"極禮而褫"，即因注文而衍。⊙王先謙曰：俞説是也。法即禮也，法數即禮數也。守法數之有司，即《榮辱篇》所謂"不知其義，謹守其數之官人百吏"也。"極"下自不當有"禮"字。⊙朝川鼎曰：先君曰："極，疑當作拘，字似而誤。褫，疑當作議，畫壞而訛。"鼎曰：極者，窮盡之義。⊙李中生曰：俞説實不可信。原文"禮"字不可少。此句意爲守法數之有司遠舉古禮而脱離今世。楊注："守禮之法數，至於極久"，包含有"極禮"之意。⊙天海案：法數，猶言法度。極，疲也。劉、王二説是。禮，此指禮法。褫，同弛，王説是。此言拘守法度之有司疲困於禮法，因而禮法廢弛。

〔一五〕楊倞注：後王，近時之王也。粲然，明白之貌。言近世明王之法，則是聖王之跡也。夫禮法所興，以救當世之急，故隨時設教，不必拘於舊聞。而時人以爲君必用堯、舜之道，臣必行禹、稷之術，然後可，斯惑也！孔子曰："殷因於夏禮，所損益可知也。"故荀卿深陳以後王爲法，審其所貴君子焉。司馬遷曰："法後王者，以其近己而俗相類，議卑而易行也。"⊙物雙松曰：後王，倞注"近時之王也"，非矣。下曰："知周道。"曰："禹、湯有傳政，而不若周之察也。"可見是周王。⊙劉台拱曰：後王，謂文、武也。楊注非。⊙汪中曰：《史記》引"法後王"，蓋如賦詩之斷章耳。此注承其誤，名爲解《荀子》而實汩之。⊙王念孫曰："後王"二字，本篇一見，《不苟篇》一見，《儒效篇》二見，《王制篇》一見，《正名篇》三見，《成相篇》一見，皆指文、武而言，楊注皆誤。⊙俞樾曰：劉、汪、王三君之説，皆有意爲《荀子》補弊扶偏，而實非其雅意也。據下文云："彼後王者，天下之君也。舍後王而道上古，譬之是猶舍己之事而事人之君也。"然則荀子生於周末，以文、武爲後王可也。若漢人則必以漢高祖爲後王，唐人則必以唐太祖、太宗爲後王。設於漢唐之世，而言三代之制，是所謂舍己之君而事人之君矣！豈其必以文、武爲後王乎？蓋孟子言"法先王"，而荀子言"法後王"，亦猶孟子言"性善"，而荀子言"性惡"，各成其事，初不相謀，比而同之，斯惑矣。《吕氏春秋·察今篇》曰："上胡不法先王之治？非不賢也，爲其不不得而法。"又曰："世易時移，變法宜矣。"蓋當時之論，固多如此。其後李斯相秦，廢先王之法，一用秦制，後人遂以爲荀卿罪，不知此固時爲之也。後人不達此義，欲數千年後欲胥先王之道而復之，而卒不可復。吾恐其適爲秦人笑矣。⊙朝川鼎曰：先君曰："後王，楊注爲是。於前後議論合，又與太史公之言合。"⊙鍾泰曰：《荀子》所言後王，或指三代，或指周。周之道盛於文、武，稱述周道必曰文、武，荀子固亦猶是耳。⊙劉師培曰：

後、后古通。后，斷體君也。蓋開創爲君，守成爲后。開創之君法艸創，而成文之法，大抵定於守成之君。如周之禮制定於周公、成王是也。《荀子》所言後王，均指守成之主言，非指文、武也。⊙熊公哲曰：粲然，明備之意。⊙天海案：粲然，鮮明突出者。後王，楊注是也。下文明言"彼後王者，天下之君也"，意即時下掌天下之君。俞、劉二説是，他説非。

〔一六〕天海案：數，審也、察也。《易·説卦》："數往者順，知來者逆。"又，今存諸本"數"並作"審"。

〔一七〕章詩同曰：周道，周遍全備的道理。⊙北大組曰：周道，周朝治國的原則。一説完備的道理。⊙熊公哲曰：周道，文武、周公之道，即所謂後王也。⊙天海案：千歲與今日對，億萬與一二對，上世與周道對。故知上世指遠古治世，周道則指周朝所行之道。

〔一八〕楊倞注：謂己之君也。審，謂詳觀其道也。⊙物雙松曰：言詳觀周人所尊信以爲君子者也。⊙久保愛曰：其人，謂如仲尼、子弓者也。⊙劉台拱曰：案其人，荀卿自謂也。所貴君子，其人所宗仰，若仲尼、子弓也。⊙陶鴻慶曰：其人，泛指當世之人。所貴君子，謂一代興王創顯庸者。上文云"彼後王者，天下之君也"，即此義。⊙帆足萬里曰："所貴君子"，古注文攙入。⊙羅焌曰：其人，謂後王。人之所貴者，惟知道之君子。⊙梁啓雄曰：其人，指人們所尊貴的君子，即後王。⊙包遵信曰：其人，謂貴後王之人。君子，即指後王。⊙天海案：《勸學篇》"學莫便乎近其人"，楊倞注："謂賢師也。"又"方其人之習君子之説"，則知此"其人"必當世推崇周道之賢人。"所貴君子"，言賢人所貴重之當世君主，即後王也。楊注近是，他説者皆偏而不切。

〔一九〕梁啓雄曰：以近，指"審今日"；知遠，指"觀千歲"；就時間上説。以一，指"一二"；知萬，指"知億萬"；就空間上説。以微，指"審其人"；知明，指"知上世"、"知周道"；兼時間空間説。《王制》"以類行雜"，就是指用這種統類來審察古今繁雜的事物。⊙熊公哲曰：謂以禮法所有，而推知禮法所無。⊙天海案：此即執簡馭繁，以要統類之術。

夫妄人曰："古今異情，其以治亂者異道，而衆人惑焉〔一〕。"彼衆人者，愚而無説，陋而無度者也〔二〕。其所見焉，猶可欺也，而況於千世之傳也〔三〕。妄人者，門庭之間猶可誣欺也，而況於千世之上乎〔四〕！

聖人何以不欺？曰：聖人者，以己度者也〔五〕。故以人度人，以情度情〔六〕，以類度類〔七〕，以説度功〔八〕，以道觀盡〔九〕，古今一度也〔一〇〕。類不悖，雖久同理〔一一〕。故鄉乎邪曲而不迷，觀乎雜物而不惑。以此度之〔一二〕：五帝之外無傳人〔一三〕，非無賢人也，久故也；五帝之中無傳政，非無善政也，久故也〔一四〕。禹、湯有傳政而不若周之察也，非無善政也，久故也〔一五〕。傳者久則論略，近則論詳。略則舉大，詳則舉小〔一六〕。愚者聞其略而不知其詳，聞其詳而不知其大也〔一七〕。是以文久而滅，節族久而絶〔一八〕。



【校釋】

〔一〕王念孫曰：此文本作"其所以治亂者異道"，謂古今之所以治亂者，其道不同也。吕、錢本"以其"作"其以"，而脱去"所"字，盧本又誤作"以其"，則義不可通。《外傳》正作"其所以治亂異道"。⊙冢田虎曰：《書》曰："道有升降，政因俗革。"故《洪範》有三德之治。且夏道尊命，殷人尊神，周人尊禮之類。三代之治道其不全同焉。其末世之敝，亦不全一焉。以聖語可觀也。然則曰"其治亂異道"，寧謂妄人之言哉！⊙梁啓雄曰：此"情"字或指人類性情。此"道"字或指修德之道。⊙北大組曰：妄人，荒誕騙人的人。異情，政治情況不同。道，方法、措施。⊙包遵信曰：情，實。梁氏釋作性情，尤失《荀》文原意。"治亂"二字均是動名詞。⊙天海案：妄人，妄言之人。《外傳》作"詐人"。異情，情形不同。"其以"，今諸本並作"以其"，當從《外傳》作"其所以"，王説是。異道，治政之道不同。"而衆人惑焉"五字，《外傳》無。

〔二〕楊倞注：言其愚陋而不能辨説測度。度，大各反，下同。⊙天海案：無説，《外傳》作"無知"。度，音奪。《爾雅》："度，謀也。"《玉篇》："度，揆也。"《書·泰誓》："同心度德，同德度義。"孔傳："揆度優劣，勝負可見。"無度，猶言無謀慮也。

〔三〕楊倞注：傳，傳聞也。⊙久保愛曰：焉，案同，助聲也。⊙劉師培曰：《外傳》"傳"作"後"，與"上"對文，義較長。傳、後艸書相近，故訛"後"爲"傳"。⊙天海案："傳"與"見"相對爲文。見，親見；傳，傳聞。不必以《外傳》律此。劉説非。

〔四〕俞樾曰："可"字衍文，涉上文"猶可欺也"而衍。誣，乃"挾"字之誤。上言衆人乃受欺者，此言妄人乃欺人者，若云"猶可誣欺"，則與人之可欺者同矣。且"誣欺"二字連文，亦爲不倫。《外傳》作"彼詐人者，門庭之間猶挾欺，而況乎千歲之上乎"，可據以訂正。⊙鍾泰曰：誣，即欺也。可誣、可欺對文，"誣"下不當有"欺"字，蓋涉上文而衍。又荀書自作"可誣"，不必用《外傳》改荀書也。⊙李中生曰：誣欺，相當於後世所説的"自欺欺人"。然"誣欺"連文，不見得不倫。其與"可欺"語義並不相同。⊙天海案："可"字非衍文。前"猶可欺"，言被欺；此"猶可誣欺"，言自欺欺人也。無"可"字，則語意不足也。又，此下原未分段，現依文意分之。

〔五〕楊倞注：以己意度古人之意，故人不能欺，亦不欺人也。⊙王念孫曰："不欺”，當作“不可欺”。聖人不可欺，正對上文衆人可欺而言。下文“鄉乎邪曲而不迷”云云，正所謂聖人不可欺也。今本脱“可”字，則失其義矣。楊注云：“人不能欺，亦不欺人”，則因所見本已脱“可”字，故曲爲之説，而不知與上下文不合也。《外傳》正作“不可欺”。⊙天海案：王説是，當據《外傳》補“可”字作“不可欺”。

〔六〕楊倞注：以今之人情度古之人情。既云欲惡皆同，豈其治亂有異？⊙天海案：以人度人，即以此人度彼人；以情度情，即以此情度彼情。楊注以“人情”合訓之，非也。“以人度人”，《外傳》作“以心度心”。

〔七〕楊倞注：類，種類。謂若牛馬也。⊙陶鴻慶曰：類，亦法也。《勸學篇》：“禮者，法之大分，類之綱紀也。”楊注云：“類，謂禮法所無，觸類而長者，猶律條之比附。”是也。類以事言，不以物言。此注失之。⊙天海案：此言由此類推度彼類也。類，即事理也。説詳見《勸學篇》。楊注非，陶説引《勸學》之楊注，亦非其“類”也。

〔八〕楊倞注：以言説度其功業也。⊙朝川鼎曰：以今人之説，度古之功也。⊙于省吾曰：按注“説”，誤矣。言説與度功不相屬。説，應讀作“閲”，詳《修身篇》。閲，閲歷也。言聖人以今之閲歷，度古人之功業也。⊙楊柳橋曰：顔師古《漢書》注：“説，所説之義也。”説，謂意義。功，謂作用。⊙天海案：説，論説也。以説度功，即以今人之論説度古人之功業。楊注是，異説者非。

〔九〕楊倞注：以道觀盡物之理。《儒效篇》曰“涂之人百姓，積善而全盡，謂之聖人”也。⊙章詩同曰：盡，一切事物之理。⊙熊公哲曰：道，謂禮法。通乎禮法可以盡萬物之理。所謂“五寸之矩，盡天下之方”也。⊙楊柳橋曰：《墨經》：“盡，莫不然也。”盡，猶全也。⊙天海案：道，理也，此指常理。盡，全部、所有之事物。“以道觀盡”，猶言以此理觀察所有事物。楊注前説近是，後説未妥。熊説“道”尤非。

〔一〇〕楊倞注：古今不殊，盡可以此度彼，安在其古今異情乎？⊙王念孫曰：古今一度也，當作“古今一也”。言自“以人度人”以下，皆無古今之異，故曰“古今一也”。《彊國篇》《正論篇》《君子篇》皆有“古今一也”一語，文意竝與此同，則“一”下不當更有“度”字。蓋涉上數“度”字而衍。據楊注，則所見本已有“度”字。《外傳》無。⊙帆足萬里曰：盡，極也。度，律也。⊙朝川鼎曰：道，猶術也。言以四“度”之術盡觀古今，則古今雖異，所度則同也。⊙天海案：《説文》：“度，法制也。”法制亦法律，故度可引申爲律。一度，即一律也。帆説是，楊注及諸説皆非。此“度”不爲衍文，亦不與上四“度”同，他篇之文不可律此。

〔一一〕楊倞注：言種類不乖悖，雖久而理同。今之牛馬與古不殊，何至人而獨異哉！⊙物雙松曰：類，即倫類。《荀子》屢言。⊙陶鴻慶曰：上“度”字當在“類”字上。“度類不悖”，承上文“以類度類”而言。楊注於《修身篇》注云“舉類君子所難，故屢言之”，是也。删“度”字，則文不足義。⊙朝川鼎曰：三代不同道，五霸不同法，但推其類而不悖於義道，則雖久遠之世，亦與今同理。⊙天海案：此言事理不相違逆，即使歷時長久，亦同一理也。

〔一二〕楊倞注：以測度之道明之，故向於邪曲不正之道而不迷，雜物炫耀而不惑。鄉，讀爲向。⊙帆足萬里曰："以此度之"，蓋古注文入正文。⊙朝川鼎曰："以此度之"，當屬下讀。下文"五帝之外"云云，即度之之事。⊙梁啓雄曰："故鄉乎邪曲"二句，疑當在"古今一也"之下。⊙天海案："以此度之"，當屬下讀，朝説是，楊注斷句非。又，此三句《外傳》僅作"故性緣情而不迷也"，文異而義殊。

〔一三〕楊倞注：外，謂已前也。無傳人，謂其人事跡後世無傳者。⊙梁啓雄曰：無傳人，謂其時之聖賢皆湮没不傳也。⊙天海案：之外，此指"之前"。《外傳》正作"之前"。傳人，傳頌之人。

〔一四〕楊倞注：中，間也。五帝：少昊、顓頊、高辛、唐、虞也。⊙天海案：五帝之説不一。楊注依《帝王世紀》之説。又，此三句十五字，明世本、《四庫》本皆誤入注文中。

〔一五〕于鬯曰：既言"有傳政"，即有善政矣。而又曰"非無善政也，久故也"，於義不協。此必涉上文而誤。善，當爲"詳"字之誤。論篆文，字體正同，又涉上文，故誤詳爲善。"非無詳政也，久故也。"正承"有傳政而不若周之察"言也。下文云"近則論詳"，又云"詳則舉小"，此作"詳"之證。⊙梁啓雄曰：《禮記・中庸》注："察，猶著也。"⊙北大組曰：不若周之察，不像周朝的政事那樣詳細明白。⊙天海案：察，詳也、審也。《説文》："察，覆也。"徐鍇《繫傳》："察，覆審也。"段注："從宀者，取覆而審之。從祭爲聲，亦取祭必詳察之意。"善政，于説當爲"詳政"，是也。又，"禹湯"，《外傳》作"虞夏"；"周"，作"殷周"。

〔一六〕楊倞注：略，謂舉其大綱。詳，周備也。⊙俞樾曰：兩"論"字，皆"俞"字之誤。俞，讀爲愈。"俞"誤作"侖"，因誤作"論"矣。《外傳》正作"久則愈略，近則愈詳"，可據訂。⊙鍾泰曰："論"字不誤。"論"與下"舉"字對。論有詳略，故舉有大小也。俞説非是，《外傳》亦未可據。⊙天海案：鍾説是，俞説非。

〔一七〕楊倞注：唯聖賢乃能以略知詳，以小知大也。⊙王念孫曰：聞其詳，本作"聞其小"。略與詳對，小與大對。據楊注，本作"聞其小"明矣。今本"小"作"詳"，涉上句"詳"字而誤。《外傳》作"聞其細，不知其大"，細，亦小也。⊙天海案：詳，有細義。《莊子・天道》"要在於主，詳在於臣"，成玄英疏："詳，繁多也。"聞其詳，猶言"聞其細"，其義本通，不得謂"本作'聞其小'"。"詳"字作"細"解，不誤也。

〔一八〕陶鴻慶曰：上文云"愚者聞其略而不知其詳，聞其詳而不知其大也"，與節首"衆人者愚而無説"云云語意前後相承，當爲本段之結語。此二句與上文意不相屬，疑本在"非無善政也，久故也"之下，"傳者久而論略"之上，傳寫奪去而誤補於此者。⊙天海案：節族，義同節奏，説見前。巾箱本、《題注》本、遞修本並作"節奏"。此二句《外傳》僅作"是以久而差"。又，原文此下未分段，現據文意分之。

凡言不合先王，不順禮義，謂之姦言，雖辨，君子不聽〔一〕。法先王，順禮義，黨學者〔二〕，然而不好言，不樂言，則必非誠士也〔三〕。故君子之於言也，志好之，行安之，樂言之，故君子必辯〔四〕。凡人莫不好言其所善，而君子爲甚〔五〕。故贈人以言，重於金石珠玉；觀人以言，美於黼黻文章〔六〕；聽人以言，樂於鍾鼓琴瑟〔七〕。故君子之於言無厭〔八〕。鄙夫反是，好其實不卹其文〔九〕，是以終身不免埤汙傭俗〔一〇〕。故《易》曰："括囊，無咎無譽〔一一〕。"腐儒之謂也〔一二〕。

凡説之難，以至高遇至卑，以至治接至亂〔一三〕。未可直至也，遠舉則病繆，近世則病傭〔一四〕。善者於是閒也，亦必遠舉而不繆，近世而不傭，與時遷徙，與世偃仰，緩急嬴絀〔一五〕，府然若渠匽、檃栝之於己也〔一六〕。曲得所謂焉，然而不折傷〔一七〕。故君子之度己則以繩，接人則用枻〔一八〕。度己以繩，故足以爲天下法則矣；接人用枻，故能寬容，因求以成天下之大事矣〔一九〕。故君子賢而能容罷〔二〇〕，知而能容愚，博而能容淺，粹而能容雜，夫是之謂兼術〔二一〕。《詩》曰："徐方既同，天子之功。"此之謂也〔二二〕。

【校釋】

〔一〕楊倞注：公孫龍、惠施、鄧析之屬也。⊙天海案：順，循也。姦言，即邪説。辨，同辯。辯，巧言也。《老子》八十一章："善者不辯，辯者不善。"河上公注："辯，巧言也。"今諸本皆作"辯"。不聽，不采納。

〔二〕楊倞注：黨，親比也。⊙物雙松曰：此當是鄉黨學者，即下文腐儒耳。⊙冢田虎曰：黨，猶人之過也，各於其黨之黨。⊙久保愛曰：黨，猶類也。⊙郝懿行曰：注非也。《方言》："黨，知也。"郭注："黨，朗也，解悟貌。"此則"黨"爲曉了之意。法先王，順禮義，出言可以曉悟學者，非朋黨親比之義也。⊙朝川鼎曰：先君曰："黨，即下文'博而黨正'之'黨'。"鼎案：三字疑衍。⊙劉師培曰：黨，與讜同。下文"博而黨正"，楊注讀黨爲讜，以讜爲直言。實則此黨亦與彼同。彼文"讜"、"正"並言，則讜有正義。"黨學者"，猶言匡正學者也。郝説非。⊙天海案：黨學者，即親近學者。楊注是，鍾泰、潘重規等亦從之。《禮・雜記》："其黨也食之，其非黨弗食也。"鄭注："黨，親也。"是其證。劉説與"讜"同，案《説文》："讜，直言也。"顯與此文意不合，故非。

〔三〕楊倞注：言，講説也。誠士，謂至誠好善之士。⊙久保愛曰：誠，《孟子》"誠大丈夫”之“誠”。⊙陶鴻慶曰：不好言，本作“好善”。善，或作“譱”，脱去上半，又涉上下文而誤耳。“好善不樂言”，即下文“好其實不卹其文”之意。楊注云：“誠士，謂至誠好善之士。”蓋其所見本作“好善”，故注云然。今本“善”誤爲“言”，後人依下文增“不”字，則與下句複矣。⊙天海案：陶説乃襲下文王引之之説而延伸之，然非也。言，論辯也。故下文云“故君子必辯”。楊注是，陶説非。説參見下。

〔四〕楊倞注：辯，謂能談説也。⊙王引之曰：“故君子之於言也”，言，當爲“善”。善字本作“譱”，脱其半而爲“言”，又涉上下文“言”字而誤也。“志好之，行安之，樂言之”，三“之”字皆指善而言。下文云：“凡人莫不好言其所善，而君子爲甚。”是其明證矣。下文又云：“故君子之行仁也無厭”，仁，即所謂善也。今本“善”作“言”，則下文三“之”字義皆不可通。⊙朝川鼎曰：先君曰：“樂言，疑倒。下文亦同。”⊙鍾泰曰：“言”字不誤。下文亦曰：“君子之於言無厭”。言，謂先王之言，於“樂言”字不相犯也。詳上下文義可知。王説殊失之武斷。⊙包遵信曰：王説不妥。此上下文均就“言”論述之，此亦當是“言”字。下文“凡人莫不好言其所善”之“善”，據楊注仍是“好尚”之意，亦非如王氏所釋，謂當作“仁”字解。⊙天海案：“君子之於言”正與下文“君子必辯”相貫，故此“言”不當作“善”。志好之，即心好言。行安之，即行安言。樂言之，即樂道言。三“之”字皆謂“言”，義無不可通。《後漢書·鄭玄傳》：“仲尼之門，考以四科。”德行、言語、政事、文學，爲孔門四科。《論語·先進》：“言語：宰我、子貢。”此文之“言”，即當“言語”一科。

〔五〕楊倞注：所善，謂己所好尚也。

〔六〕楊倞注：觀人以言，謂使人歡其言。黼黻文章，皆色之美者。白與黑謂之黼，黑與青謂之黻，青與赤謂之文，赤與白謂之章。⊙王念孫曰：觀，本作“勸”。勸人以言，謂以善言勸人也，故曰“美於黼黻文章”。若觀人以言，則何美之有？楊注云“謂使人觀其言”，則所見本已譌作“觀”。《御覽》所引亦然。《類聚》正引作“勸人以言”。⊙朝川鼎曰：觀，觀示也。《書·益稷篇》：“予欲觀古人之象。”⊙劉師培曰：觀，與示同，與聽並文，故以黼黻文章相喻。則“觀人以言”亦猶“示人以言”矣。《文心雕龍·章表篇》云：“荀卿以爲觀人美辭，麗於黼黻文章。”詞雖稍别，字正作“觀”。《金樓子·立言篇》述此文，正作“觀人以言”，述下文亦作“聽人以言”，與吕、錢本合。⊙楊樹達曰：“觀人以言”之“觀”與《周語》“先王耀德不觀兵”之“觀”同，謂示也，必爲“觀”字，文義乃貫。⊙嚴靈峰曰：《説文》：“觀，諦視也。”謂使人觀察其言也，説亦通。⊙天海案：贈人以言、觀人以言，下文“聽人以言”中三“以”字，當並訓“之”。《楚辭·離騷》：“依前聖以節中兮”，《文選》“以”正作“之”。説見《古書虚字集釋·論語》：“君子義以爲上。”《史記·子路傳》作“義之爲上”。《左傳》閔二年：“佩以金玦。”《晉語》作“珮之金玦”，是“以”義同“之”之證。説又見吴昌瑩《經詞衍釋》卷一。故“觀人以言”，即“觀人之言”，言觀人言語甚於觀錦繡文章之美。觀，亦如字，不必作勸、作示。“贈人之言”者，由己贈人；“觀人之言”者，己觀人言。楊注與諸説皆未得。《文心雕龍》《金樓子》皆在《類聚》之前，引此文正作“觀”，故知《類聚》引作“勸”必誤，不得徵以爲據，王氏欲改作“勸”，非也。又楊注中“使人歡其言”之“歡”字，諸本並作“觀”，乃不明楊注原意所誤改，不可從也。

〔七〕楊倞注：使人聽其言。⊙冢田虎曰：己聽人之善言也。注非也。⊙王念孫曰：案此句與上二句文同一例，聽人以言者，我言之而人聽之也。⊙天海案：“聽人以言”，《類聚》《御覽》所引並同，今存諸本則作“聽人之言”。此謂己聽人言而樂甚於聽鍾鼓之樂也。故冢説是，楊注、王説皆非。

〔八〕楊倞注：無厭倦也。⊙天海案：此句總括上文“君子好言其所善爲甚”之意。

〔九〕楊倞注：但好其質，而不知文飾，若墨子之屬也。⊙章詩同曰：不鄙，不顧。⊙熊公哲曰：但好其實質，而不注重儀文，若《論語》棘子成之類。⊙天海案：鄙夫，鄙陋淺薄之人。實，質實也。文，此指言語文飾也。

〔一〇〕楊倞注：埤汙，皆下也，謂鄙陋也。埤與庳同。瀦水處謂之汙，亦地之下者也。庳，音婢。汙，一孤反。⊙久保愛曰：傭，讀爲庸。庸，凡庸也。⊙劉師培曰：埤，即卑。傭，即庸。下文“近世則病傭”，傭與庸同，即庸碌無能之義。⊙天海案：埤汙傭俗，即卑污平庸，俗不可耐。楊注“瀦”字，原作“豬”，徑改。

〔一一〕久保愛曰：《易卦・六四爻》之言也。⊙梁啓雄曰：《易・坤・六四爻辭》正義：“括，結也。囊所以貯物，以喻心藏知也。閉其知而不用，故曰括囊。功不顯物，故曰無譽。不與物忤，故曰無咎。”比喻不談説的人們，無惡可紀，老是采取旁觀的態度，所以呵斥他們爲腐儒。⊙天海案：括囊，扎住袋口，此喻閉口不言。無咎無譽，只求無過，不求有譽之意。此引自《易・坤卦・六四爻》，二“無”字亦作“无”。

〔一二〕楊倞注：腐儒，如腐朽之物，無所用也。引《易》以喻不談説者。

〔一三〕楊倞注：以先王之至高至治之道，説末世至卑至亂之君，所以爲難也。説，音税。⊙久保愛曰：卑，議論卑也。⊙朝川鼎曰：孫鑛曰：“此乃《説難》所自出。”韓非《説難篇》原出於此。⊙熊公哲曰：説，即談説之説。《韓非子・説難》文乃指游説言。⊙天海案：説，論説。至高，極高尚之論。至卑，極低下之人。至治，至治之道。接至亂，猶言接待極亂之君。楊注近是。

〔一四〕楊倞注：未可直至，言必在援引古今也。遠舉上世之事則患繆妄，下舉近世之事則患傭鄙也。⊙物雙松曰：直至，直致也。近世，近去聲，言與世俗近比也。⊙久保愛曰：未可直至，謂難遽喻也。《韓子》曰：“言而近世，辭不悖逆，則見以爲貪生而諛上；言而遠俗，詭躁人間，則見以爲誕。”⊙俞樾曰：“世”字當作“舉”，下同。“遠舉”、“近舉”相對爲文。楊注曰：“遠舉上世……下舉近世……”蓋正文有兩“舉”字，故注亦云然也。不曰“近舉下世”而曰“下舉近世”者，避不詞耳。今本作

"近世"者,即涉注文而誤。⊙安積信曰:直至,猶言直情徑行。⊙于省吾曰:俞説非是。遠舉之舉,貫下句爲言,義自相函。下文"亦必遠舉而不繆,近世而不傭",句例同。⊙梁啓雄曰:至,猶達也。世,借爲"抴"。説文:"抴,捈也。捈,卧引也。"《廣雅·釋詁》:"捈,引也。"遠舉、近抴,猶言遠稱近引耳。⊙熊公哲曰:病,憂恐也,下同。繆,同謬。⊙天海案:直至,直接達到言説之目的。遠舉,遠舉上世之事。病,患也,下同。近世,貼近當世。傭,俗也。近世,不必作"近舉",亦不必訓爲"下舉近世"。

〔一五〕楊倞注:贏,餘也。贏絀,猶言伸屈也。⊙梁啓雄曰:偃,僵也,仆也,卧也,均倒地之意。與時遷徙,謂適時,即因時制宜。與世偃仰,謂從俗,即因地制宜。⊙天海案:善者,指善於言説者。與時遷徙,即隨時代而變化。與世偃仰,即隨世俯仰。贏絀,猶言伸縮進退。

〔一六〕楊倞注:府,與俯同,就物之貌,或讀爲附。渠匽,所以制水。檃栝,所以制木。君子制人亦猶此也。⊙物雙松曰:府,若府藏然。言雜然有諸己也。⊙冢田虎曰:府然,蓋聚蓄貌。⊙久保愛曰:府然,猶偃然也。⊙王引之曰:正文、注文"渠"字,疑皆"梁"字之誤。《爾雅》:"隄,謂之梁。"鄭仲師注《周官·𠥏人》云:"梁,水偃也。"偃與匽通,即堰字也。梁與匽同義,故以"梁匽"連文。梁、渠形相似,遂誤爲"渠"耳。⊙朝川鼎曰:《通雅》云:"府然,即俯然。《管子》:'腐儒府然若渠堰。'注:'即俯然。'"⊙天海案:府然,即俯然,俯身相就之貌。楊注是。渠,引水之道。匽,同堰,蓄水之庫。檃栝,矯正竹木之工具。此言善説者俯身就受説者,如水渠水庫引水蓄水、檃栝矯正竹木一樣,控制並矯正自己的言説。匽、栝二字,今存諸本一作"堰"、"括"。又,楊注中"猶此也"之"此"原誤作"比",據諸本改。

〔一七〕楊倞注:言談説委曲,皆得其意之所謂,然而不折傷其道也。⊙冢田虎曰:言不以辯言折傷人也。注非也。⊙梁啓雄曰:荀卿書"曲"字多半有周徧的意義。⊙李中生曰:然而不折傷,即然而没有什麽減損殘缺。⊙天海案:曲得所謂,言説者委曲婉轉而達到言説的目的。不折傷,不挫傷其受説者。冢説是,楊注非。

〔一八〕楊倞注:枻,牽引也。度己,猶正己也。君子正己則以繩墨,接人則牽引而致之,言正己而馴致人也。或曰:枻,當爲拽。枻,檝也。言如以檝櫂進舟船也。度,大各反。枻,以世反。韓侍郎云:"枻者,檠枻也,正弓弩之器也。"⊙物雙松曰:接人則用抴,想當作"枻",迺舟柁也。言其進退緩急,方便佗也,方與繩字對。《正字通》以爲檠,非矣。⊙盧文弨曰:舊本"抴"、"枻"多訛。韓説本《考工記》。⊙郝懿行曰:言君子裁度己身則以準繩,接引人倫則用舟檝。謂律己嚴而容物寬也。⊙劉台拱曰:韓説是也。《淮南·説山訓》曰"檠不正而可以正弓"。此即用"枻"之義。⊙王念孫曰:紲與枻同,閉與柲、鞑同,即《淮南》所謂"可以正弓"者也。枻與繩對文,若訓爲牽引,則與繩不相對,若訓爲檝,則於義愈遠矣。⊙帆足萬里曰:抴,紲通，猶言羈縻置之也。⊙朝川鼎曰：先君曰："枻，讀若《禮記·少儀篇》'犬則執緤'之緤。蓋緤轉爲紲，又訛爲枻。"鼎按：楊注或説似優。《成相篇》"直而用枻，必參天"，亦同義。⊙鍾泰曰："度己"之"度"，即前"聖人以己度者也"之"度"。此言"度己以繩"，猶《大學》言"絜矩之道"，非謂正己也。楊注非。又案：抴者弓抴，言繩者取其直，抴者取其曲。故上文一則曰"未可直"，再則曰"曲得所謂"。⊙天海案：度，測度，估量也。度己，猶言估量、評價自己。繩者量直之器。"度己則以繩"，謂君子對己以繩正之。"度己"正與"接人"對文，故"度己"亦可引申爲"待己"。楊注謂"正己"，乃用"以繩"之意，近是而不確。枻，考注文之義，則所見本當作"抴"，且今存諸本俱作"抴"。枻，船舷，引申爲船。《楚辭·九歌·湘君》"桂櫂兮蘭枻"，王逸注："枻，船旁板也。""接人則用枻"，言待人接物則如船一樣寬容。下文"接人用枻，故能寬容"，正承此意。諸説中唯郝説近是，楊注及他説皆非也。

〔一九〕楊倞注：成事在衆。⊙王念孫曰："因求"二字義不可通。求，當爲"衆"，字之誤也。唯寬容，故能因衆以成事。楊注云"成事在衆"，言衆而不言求，則"求"爲"衆"之誤甚明。⊙陶鴻慶曰："因求"二字即"衆"之異文，"寬"字後人所加。原文本云"故能容衆，以成天下之大事矣"，下文連用四"容"字與此相承，即其證也。"衆"字上下相距太疏，誤爲"因求"，後人輒於上文增"寬"字爲句耳。⊙鍾泰曰："求"字不誤。求，讀如救，即下文"謀救"是也。又案："因救"亦二字連文，因者因其善，救者救其不善也。⊙天海案：因求，當作"因衆"，王説是。陶、鍾二説迂曲而無當。

〔二〇〕楊倞注：罷，弱不任事者，音疲。⊙天海案：罷，疲弱無能也。

〔二一〕楊倞注：粹，專一也。兼術，兼容之法。⊙天海案：知，同智。粹，純也、精也。兼術，包容之術。

〔二二〕楊倞注：《詩·大雅·常武》之篇。言君子容物，亦猶天子之同徐方也。⊙天海案：徐方，古諸侯國徐國之地。周初徐戎所建，公元前五一二年爲吴所滅。既同，已同化。此專指周穆王平定徐偃王之亂。

談説之術〔一〕：矜莊以莅之，端誠以處之〔二〕，堅彊以持之，分别以諭之，譬稱以明之〔三〕，欣驩芬薌以送之〔四〕。寶之，珍之，貴之，神之，如是則説常無不受〔五〕。雖不説人，人莫不貴〔六〕。夫是之謂爲能貴其所貴〔七〕。傳曰："唯君子爲能貴其所貴。"此之謂也〔八〕。

君子必辯〔九〕。凡人莫不好言其所善〔一〇〕，而君子爲甚焉。是以小人辯，言險；君子辯，言仁也〔一一〕。言而非仁之中也，則其言不若其默也，其辯不若其吶也〔一二〕。言而仁之中也，則好言者上矣，不好言者下也。故仁言大矣，起於上所以導於下，政令是也〔一三〕；起於下所以忠於上，謀救是也〔一四〕。故君子之行仁也無厭〔一五〕，志好之，行安之，樂言之，故言君子必辯〔一六〕。小辯不如見端〔一七〕，見端不如見本分〔一八〕。小辯而察，見端而明，本分而理，聖人、士君子之分具矣〔一九〕。

有小人之辯者，有士君子之辯者，有聖人之辯者。不先慮，不早謀，發之而當，成文而類〔二〇〕，居錯遷徙，應變不窮〔二一〕，是聖人之辯者也。先慮之，早謀之，斯須之言而足聽〔二二〕；文而致實，博而黨正，是士君子之辯者也〔二三〕。聽其言則辭辨而無統〔二四〕，用其身則多詐而無功，上不足以順明王，下不足以和齊百姓〔二五〕，然而口舌之於噡唯則節〔二六〕，足以爲奇偉偃却之屬〔二七〕。夫是之謂姦人之雄。聖王起，所以先誅也，然後盜賊次之。盜賊得變，此不得變也〔二八〕。

【校釋】

〔一〕楊樹達曰：亦標題也。⊙冢田虎曰：此段《外傳》以爲孔子之言，非也。自是戰國說士之術也耳。

〔二〕劉師培曰：《說苑·善說篇》引此文，"矜"作"齊"，"莅"作"立"。⊙章詩同曰：矜莊，嚴肅莊重。⊙北大組曰：莅，對待。⊙熊公哲曰：端誠，端正誠慤也。⊙天海案：矜莊以莅之，《外傳》《說苑》引此並作"齊莊以立之"。《外傳》稱"孔子曰"，向宗魯疑"孔"字爲"孫"字之誤。又，"矜"字，今諸本俱作"齊"字。

〔三〕王念孫曰："分別"當在下句，"譬稱"當在上句。譬稱所以曉人，故曰"譬稱以喻之"；分別所以明理，故曰"分別以明之"。今本"譬稱"與"分別"互易。《外傳》及《說苑》引此竝作"譬稱以喻之，分別以明之"。⊙天海案：王說是，可據之互易。又，"諭"字，巾箱本、《題注》本、遞修本皆作"論"，明世本、《四庫》本又作"喻"。

〔四〕楊倞注：芬薌，言至芳絜也。薌，與香同。⊙王念孫曰：芬薌，和也。《方言》："芬，和也。"郭璞注："芬香和調。"欣驩芬薌，皆謂和氣以將之也。⊙天海案：欣驩，同歡欣。芬薌，即芳香。歡欣芳香以送之，此謂熱情和悦以傳送之。《外傳》引此作"歡忻芬芳"，《說苑》引此作"歡欣憤滿"。又楊此注原與下文之注相連，現依文意分之。

〔五〕楊倞注：言談說之法如此，人乃信之。神之，謂目神異其說，不敢慢也。說，並音稅。⊙天海案：正文"貴"，原誤作"責"，據《外傳》《說苑》及諸本改。"不受"，

《外傳》《説苑》引此皆作“不行”。又,楊注“目神異其説”之“目”字,諸本並作“自”。

〔六〕楊倞注:不説猶貴,況其説之。⊙冢田虎曰:不説,猶曰不辯也。既是談説之術也,不言説,而有其術哉! 注非也。⊙久保愛曰:如孟子於齊宣、梁惠是也。⊙安積信曰:“説人”之“人”,當是“之”字之誤。謂雖不悦辨談之,人莫不貴也。説,音悦。⊙鍾泰曰:“不説人”之“説”,當讀悦。謂雖不取悦於人也。⊙天海案:鍾説是。

〔七〕楊倞注:不使人賤之也。⊙王引之曰:上“爲”字涉下文“爲”字而衍。《外傳》《説苑》皆作“夫是之謂能貴其所貴”,無“爲”字。⊙駱瑞鶴曰:所衍者,疑是上“謂”字。⊙天海案:上“爲”字疑衍,王説是。若駱説所衍者是“謂”字,則與上文“夫是之”不協,故非是。

〔八〕天海案:以上之文,《外傳》卷五、《説苑・善説》引之,文略異。

〔九〕天海案:此亦標目之詞。辯,能言善辯。

〔一〇〕楊倞注:所善,謂所好也。⊙天海案:所善,己所好尚也。參見前文楊注。

〔一一〕楊倞注:仁,謂忠愛之道。⊙北大組曰:言險,宣揚邪惡。⊙天海案:“險”字下,今諸本皆有“而”字。險,邪不正也。

〔一二〕楊倞注:吶,與訥同。或引《禮記》“其言吶吶然”,非。⊙章詩同曰:吶,同訥,説話遲鈍。⊙久保愛曰:非仁之中,即非先王之法言也。言君子言有壇宇宫庭,不出其中。⊙天海案:默,沉默不語。吶,同訥,口笨難言。

〔一三〕天海案:“導”、“政”二字,今諸本分别作“道”、“正”,並有楊倞注文“道與導同,正或爲政”八字。然宋浙本無。

〔一四〕楊倞注:謀救,謂嘉謀匡救。此言談説之益不可以已也如是。⊙王念孫曰:“謀救”二字,於義無取,楊注以爲嘉謀匡救,於“謀”上加“嘉”字,以曲通其義,其失也迂矣。余謂“謀救”當爲“諫救”,字之誤也。《周官》有司諫、司救。《説文》:“救,止也。”然則諫止其君之過謂之諫救,故曰:“起於下所以忠於上,諫救是也。”⊙天海案:謀救,當作“謀猷”。救、猷同韻,一聲之轉。故通。《書・文侯之命》:“越小大謀猷,罔不率從。”又作“謀猶”。《詩・小雅・小旻》:“我視謀猶,伊于胡底。”故謀救即謀猷也,猶言計謀、謀畫。此謂“起於下而忠於上,謀畫是也”,其義顯明通暢。楊注未穩,王説則迂而不通。

〔一五〕楊倞注:無厭倦時。⊙朝川鼎曰:行仁,上文作“於言”,似是。⊙龍宇純曰:君子之行仁也,“行”當爲“於”。下文“行安之”始言行仁也,若此即云“行仁”。下文“志好之,樂言之”則義不可通,而“行安之”與此文意重複矣。上文“君子之於言無厭”,並與此句同一例,可爲其證。⊙天海案:當作“君子之於仁也”,“行”乃“於”之誤,龍説是。

〔一六〕楊倞注：所以好言説，由此三者也。行，如字。⊙王念孫曰：楊讀"故言"爲一句而釋之，非也。"故君子必辯"爲一句，"故"下本無"言"字。上文云"故君子必辯"，是其證。今本作"故言君子必辯"，"言"字乃涉上文而衍。楊斷"故言"爲一句以結上文，則"君子必辯"四字竟成贅語矣。⊙朝川鼎曰："故言"當作"故曰"，字之誤也。此段首以"君子必辯"起端，末段以"故曰君子必辯"結之。⊙天海案：楊注原在"故言"二字下，其斷句誤也，王説是。"故言"當作"故曰"，朝説是。又"必辯"，巾箱本、《題注》本、遞修本俱作"必異辯"，此"異"字，淺人所加也。

〔一七〕楊倞注：端，首。⊙物雙松曰：見端，是知幾。⊙天海案：見，讀如現，下同。見端，顯現頭緒。又，"小辯"，巾箱本作"不辯"；遞修本作"小辯不辯"。

〔一八〕楊倞注：分，上下貴賤之分。小辯謂辯説小事則不如見端首，見端首則不如見本分。言辯説止於知本分而已。⊙物雙松曰：見本分，是睿明所照。本分，語始見。本，即上節所謂禮義之統。分，即上所謂是非之分。⊙冢田虎曰：不如見本分，上所謂"辨莫大於分，分莫大於禮"也。⊙王引之曰："本分"上本無"見"字，此涉上兩"見端"而衍。本分者，本其一定之分也。楊注已作"見本分"，則所見本已衍"見"字。下文"小辯而察，見端而明，本分而理"，皆承此文見之，而"本分"上無"見"字，故知"見"爲衍文。⊙帆足萬里曰：見，如字。本分，猶言全體也。⊙朝川鼎曰：小辯，即小人之辯。小人之辯可謂察矣，而不見道之端首也。士君子之辯能見端首，可謂明矣，而不見道之本分也。聖人之辯能見本分，可謂理矣，故千舉萬變，其統類一也。於是乎，辯之能事畢矣。見，如字。先君曰："見，去聲。端者，道之端首。本分者，猶言大分也。"⊙天海案："見本分"，"見"字疑衍，王説是。本，依據。分，等級名分。見端不如本分，謂顯現頭緒不如依據名分也。故下文云"本分而理"。楊注非，他説亦未得。

〔一九〕楊倞注：此言能辯説，然後聖賢之分具。⊙安積信曰：小辯而察，小、少通。小辯，謂辭少而意盡。⊙天海案：察，細也。明，析也。理，治也。分，名分也。具，具備。又，此下原未分段，現據文意分之。

〔二〇〕楊倞注：言闇與理會，成文理而不失其類。謂不乖悖也。⊙久保愛曰：《非十二子篇》"所謂多言而類"者也。當，丁浪反。⊙朝川鼎曰：成文而類，《性惡篇》"多言則文而類"，注云："類，謂其統類不乖謬也。"⊙天海案：成，通盛。盛文，即文采豐茂。類，有條理也。此謂言辯文采飛揚而有條理。

〔二一〕楊倞注：錯，置也。居錯，安居也。錯，千故反。⊙王念孫曰：居，讀爲"舉"。言或舉、或錯、或遷徙，皆隨變應之而不窮也。⊙冢田虎曰：居錯遷徙，錯，置也。與前篇"舉措時"之"措"同。居錯遷徙，皆以所辯之事言之，注非也。⊙鍾泰曰：居錯一義，遷徙一義，不得如王説謂或舉、或錯也。《君道篇》《禮論篇》"舉錯遷徙"並同。⊙張覺曰：居錯，通舉措。此指措辭。遷徙，變動。⊙天海案：居錯，即舉措，説詳《榮辱篇》。舉措遷徙，此言聖人之辯於舉手投足之間隨機變化，故曰“應變不窮”。楊注非，他説亦未切。

〔二二〕楊倞注：斯須發言，已可聽也。⊙章詩同曰：斯須，須臾、俄頃、一會兒。⊙天海案：斯須，片刻也。足聽，值得聽。

〔二三〕楊倞注：文，謂辯説之詞也。致，至也。黨，與讜同，謂直言也。凡辯則失於虚詐，博則失於流蕩，故致實黨正爲重。⊙郝懿行曰：致，緻。黨，讜。竝古今字。讜言即昌言，謂善言也。此明士君子之辯，文而緻密堅實，博而昌明雅正，斯辯之善者也。⊙王念孫曰：致，讀爲質。質，信也，謂信實也。“致實”與“黨正”對文，楊注失之。⊙久保愛曰：致，如字。黨，猶類也。本注非。⊙鍾泰曰：文與實對，文而致實，文而盡於實也。博與正對，博而黨正。黨，比也，博而比於正也。⊙天海案：文，文采。致，質也。二字上古皆端母質部，故可通。文而質實，即有文采而内容充實。《論語・雍也》：“文質彬彬，然後君子。”黨，“讜”之古字。讜，正直。博而黨正，言士君之辯廣博而正直公正。楊注未恰，諸説亦未得也。又，諸本“文”下有“辯”字，“辯者也”作“辯也”。

〔二四〕楊倞注：無根本也。⊙章詩同曰：無統，無綱紀。⊙天海案：辭辨，即辭辯，謂言詞巧辯。巾箱本、《題注》本、遞修本皆作“辯”。無統，無系統、無主旨。又楊注“無根本”原作“無根木”，據諸本改。

〔二五〕天海案：用其身，即用其人。順，循也。明王，聖明之主。和齊，讀作“和集”。齊、集一聲之轉。和集，和協安撫。《晏子春秋・諫上》“天下治平，百姓和集”。《史記・衛世家》“能和集其民”，又作“和輯”，《管子・五輔》“舉錯得則民和輯”，《淮南子・兵略》“百姓和輯”。齊、集、輯三字，上古聲同韻近，且義亦相通，故得假借。

〔二六〕楊倞注：蓋謂騁口舌之辯也。“噡唯則節”四字未詳，或剩少錯誤耳。⊙傅山曰：噡，《篇韻》曰瞻。又讀如甿，多口舌也。⊙物雙松曰：“口舌之均”，即口舌之韻。言其聲音圓諧流利之美也。“噡唯則節”，言其詹詹唯唯之節也。⊙冢田虎曰：噡，《廣韻》“言語也”，《集韻》“多言也”。唯，應聲。言其辯舌之聲音，言語應對，則有曲節也。⊙久保愛曰：噡，言語。唯，“男唯女俞”之“唯”。噡唯則節，或言語，或唯俞，皆合節也。⊙郝懿行曰：噡唯，猶唯諾也。節，謂節制也。⊙俞樾曰：“噡”字，疑“諾”字之誤。俗書“諾”字或作“喏”，因誤爲“噡”矣。⊙王先謙曰：《説文》：“詹，多言也。”《莊子・齊物論》“小言詹詹”，《釋文》引李頤注：“詹詹，小辯之貌。”俗加言作“譫”，從言之字或從口，故譫又爲噡。噡唯則節者，或辯或唯，皆中其節也。義自分明，不煩改字。⊙帆足萬里曰：噡，小言也。或曰：噡，喘也。⊙朝川鼎曰：猶言均口舌節噡唯也。孫鑛曰：“噡唯則節，亦只是應對有節耳。”⊙劉師培曰：噡，即“應”字之訛。此二句既相對成文，上句“口舌則均”與上文“聽其言”相應，下句"應唯則節"與上文"用其身"相應。言其人儻承君上之使令,于所諸之事均能中節。非僅指言語也。⊙高亨曰:宋本作"於"亦"秎"之誤。秎,即古"利"字。《説文》:"利,古文作𥝢。"隸省作"秎"。讀者不識,因誤爲"均"、爲"於"矣。王先謙説噡即詹字,多言也,是也。唯,疑借爲"讙"。《説文》:"讙,譟也。譟,擾聒也。"是讙亦歡呶多言之義。古無讙字,故荀以"唯"字爲之耳。則,乃古賊字,傷也。噡唯則節,謂以多言巧辯敗壞名節也。⊙章詩同曰:之,通則。均,調匀。説話口辭調匀。噡,同譫,多言。唯,唯諾,少言。節,有節度。言談多少有節度。⊙天海案:"然而口舌之於噡唯則節"應作一句讀。口舌,即上文所言"辭辯"也。之於,猶至於。諸本作"之均"者,字之誤也。諸説凡以"均"爲訓者,亦誤也。噡唯則節,即言之多少能節制,王説是也。全句意謂辭辯至於多少則能節制。他説未是也。

〔二七〕楊倞注:奇偉,誇大也。偃却,猶偃仰,即偃蹇也。言姦雄口辯,適足以自誇大偃蹇而已。⊙久保愛曰:奇偉偃仰,謂違拂於世以求名聲者也。⊙朝川鼎曰:偃却,當作"偃卬",字似而誤。偃仰,古作"偃卬"。《小雅·北山詩》"棲遲偃仰",《釋文》作"偃卬",可證偃仰即驕傲之義。⊙章詩同曰:偃却,同偃蹇,高傲。⊙張覺曰:偃却,同偃蹇,高聳,引申爲出衆。⊙天海案:奇偉,奇特雄偉。引申爲自高自大。偃却,即偃卻,與偃蹇同。偃蹇,本高聳貌,此引申爲驕傲、傲慢。此謂小人之辯者皆自誇自傲之輩,故下文云:"夫是之謂姦人之雄。"

〔二八〕楊倞注:變,謂教之使自新也。⊙久保愛曰:姦人之雄,如少正卯是也。⊙蔣禮鴻曰:二"變"字當讀作"辨"。蓋此篇之要,歸於擇術。故篇末辨明小人、士君子、聖人之辯説,欲人之慎擇也。此云"盜賊得變,此不得變"者,即下篇"足以欺惑愚衆"之意。⊙天海案:變,化也。言盜賊可受教化而改過自新,而姦人之雄則不可教化改變也。故聖王必先誅之。"盜賊得變,此不得變",乃釋聖王先誅姦雄,然後盜賊次之之義。楊注是,蔣説非。

## 非十二子篇第六〔一〕

假今之世〔二〕,飾邪説、文姦言,以梟亂天下〔三〕,欺惑愚衆,矞宇嵬瑣〔四〕,使天下混然不知是非治亂之所存者,有人矣〔五〕。

縱情性,安恣睢,禽獸行〔六〕,不足以合文通治〔七〕。然而其持之有故,其言之成理,足以欺惑愚衆〔八〕,是它囂、魏牟也〔九〕。

忍情性,綦谿利跂〔一〇〕,苟以分異人爲高〔一一〕,不足以合大衆、明大分〔一二〕,然而其持之有故,其言之成理,足以欺惑愚衆,是陳仲、史鰌也〔一三〕。

不知一天下，建國家之權稱〔一四〕，上功用，大儉約而僈差等〔一五〕，曾不足以容辨異、縣君臣〔一六〕，然而其持之有故，其言之成理，足以欺惑愚衆，是墨翟、宋鈃也〔一七〕。



## 【校釋】

〔一〕王應麟曰：荀卿《非十二子》，《韓詩外傳》引之，止云十子，而無子思、孟子。愚謂荀卿非子思、孟子，蓋其門人如韓非、李斯之流，托其師説以毁聖賢，當以《韓詩》爲正。⊙冢田虎曰：《非十二子》之文勢，類乎《莊子·天下篇》論十子者。而《莊子》之論，則文艷可愛也，荀卿之非，則苛酷可惡也。方其才量，似頗有優劣矣。⊙梁啓超曰：本篇批評當時各家學派之錯誤，並箴砭學風之闕失。内中所述各派，實爲古代學術史之重要史料。⊙吕思勉曰：荀子書吾頗疑其爲西漢末人所集，然其所取資，固不能盡僞。墨子學於孔子，説似不誣。頗疑此篇中攻子思、孟軻之語，爲後人所造；而其非子張、子夏氏之賤儒之語則真。⊙天海案：本篇論先秦諸子之説，舉十二子歸爲六類進行評述。並以舜、禹、仲尼、子弓爲法，務息十二子之害。兼論士君子之儀容德行，以斥小人賤儒之陋。

〔二〕楊倞注：假如今之世也。或曰：假，借也。今之世，謂戰國昏亂之世。治世則姦言無所容，故十二子借亂世以惑衆也。⊙物雙松曰：假，當訓爲"至"，音格爲是。⊙久保愛曰：本注"如今"上，疑脱"今之世"三字。⊙王念孫曰：《彊國篇》："假今之世，益地不如益信之務也。"則前説爲是。⊙朝川鼎曰：假，訓如。"假今"猶言"如今"。⊙裴學海曰：假，猶"當"也。⊙天海案：假今，猶言"當今"，裴説是。

〔三〕楊倞注：澆，與澆同。⊙盧文弨曰：注"澆與僥同"。案"澆"字無攷，僥亦澆字之訛。元刻作"鴞"，亦未是。《莊子·繕性篇》"澆醇散樸"，《釋文》云："澆，亦本作澆。"當從之。⊙久保愛曰：澆，舊作梟，注同。《淮南·俶真訓》《後漢·循吏傳》皆作"澆淳散樸"，可見。澆，《類篇》云"水洄洑貌"。王逸《楚辭》注云"回波爲澆"，可以見澆亂之形矣。⊙天海案：正文及注之"澆"字，原作"澆"，而字書無。據《莊子·繕性·釋文》："澆，古堯反，本亦作澆。"故知必字誤，徑改。盧校引《莊子》及《釋文》作"澆"，亦誤也。注中"澆"字原誤作"僥"，並改之。澆，見《莊子·繕性》"澆淳散樸"，《釋文》云"本亦作澆"。《説文》云："澆，泆也。"段注："凡醲者，澆之則薄，故其引伸之義爲薄。澆、撓同韻，其義可通。故澆亂，即撓亂。《説文》："撓，擾也。"《廣雅》："撓，亂也。"《左傳》成公十三年："撓亂我同盟，傾覆我國家。"義與此同。澆亂天下，即擾亂天下。澆，今諸本作"梟"，注文作："梟，與鴞同。"皆非也。

〔四〕楊倞注：矞，與譎同，詭詐也，又余律反。宇，未詳。或曰：宇，大也，放蕩恢大也。嵬，謂爲狂險之行者也。瑣者，謂爲姦細之行者也。《説文》云：“嵬，高不平也。”今此言嵬者，其行狂險，亦猶山之高不平也。《周禮·大司樂》云“大傀烖則去樂”，鄭云：“傀，猶怪也。”《晏子春秋》曰：“不以上爲本，不以民爲憂；内不恤其家，外不顧其游；夸言傀行，自勤於飢寒；命之曰狂僻之民。明上之所禁也。”嵬，當與傀義同。音五每反，又牛彼反。⊙郝懿行曰：矞，滿溢也。宇，張大也。嵬者，崔嵬，高不平也。瑣者，細碎聲也。此謂飾邪説，文姦言，以欺惑人者。矞宇，所謂大言炎炎也。嵬瑣，所謂小言詹詹也。此皆謂言矣，注以行説，失之。⊙久保愛曰：宇，與迂同。或曰：本注“明上”當作“明主”。⊙王念孫曰：元刻無“欺惑愚衆”四字，元刻是也。宋本有此四字者，依《外傳》加之也。楊注不釋此四字，至下文始釋之，是此處無此四字明矣。若據《外傳》增入，則既與下文重複，又與楊注不合矣。⊙俞樾曰：楊讀矞爲譎，是矣。訓宇爲大，則與譎誼不倫。宇，當讀爲訏。《説文》：“訏詭譌也。”然則“矞宇”猶言“譎詭”矣。⊙王先謙曰：矞宇，俞説是。嵬瑣，猶言委瑣也。委、嵬聲近，故相通借。⊙劉師培曰：“嵬瑣”二字對文。嵬，即《勸學篇》之“倚傀”。凡高峻之行，奇僻之言，均謂之“嵬”，以其高不平也。凡卑污之行，庸陋之言，均謂之瑣，以其卑微不足論也。⊙楊柳橋曰：宇，當讀爲“紆”。《説文》：“紆，詘也。”《考工記》：“紆，曲也。”亦通作“迂”。韋昭《國語》注：“迂，邪也。”《漢書·楊雄傳》：“超紆譎之行。”紆譎，即矞宇也。⊙天海案：欺惑愚衆，即欺愚惑衆。此四字總冒以下所非十二子之文，必當有。楊注時有疏漏，不煩引證，王念孫以此爲據，非也。宋浙本、明世本、《四庫》本俱有此四字。矞宇，即譎訏，俞説是。嵬瑣，猶委瑣，王先謙説是。《儒效篇》：“英傑化之，嵬瑣逃之。”《正論篇》：“堯、舜者，天下之善教化者也，不能使嵬瑣化。”嵬瑣，指言行卑鄙狹邪之人。譎詭委瑣，兼指言行詭譎卑邪，不專指言也。《外傳》用此文無“矞宇嵬瑣”四字。

〔五〕楊倞注：混然，無分别之貌。存，在也。⊙物雙松曰：篇首至此統説，汎言有若是之人。即下文十二子。⊙冢田虎曰：今曰：人，疑“之”字誤與？⊙朝川鼎曰：“有人矣”，猶言有若干人矣。⊙北大組曰：“有人矣”，大有人在。⊙天海案：“使”字，巾箱本、《題注》本、遞修本皆作“彼”，形誤也。又，此下原未分段，現依文意分之。

〔六〕楊倞注：恣睢，矜放之貌。言任情性所爲而不知禮義，則與禽獸無異，故曰“禽獸行”。睢，許季反。⊙章詩同曰：恣睢，放蕩乖張，行如禽獸。⊙熊公哲曰：縱，放縱也。情性，謂好利惡害之情，好佚惡勞之性。安，謂中心安之無所愧悔。恣睢，謂肆意妄行，無所忌憚。⊙天海案：“獸”下，今諸本並有“之”字，非也。

〔七〕楊倞注：不足合於古之文義，通於治道。⊙物雙松曰：言合其禮文，通其治理也。⊙帆足萬里曰：文，文理。合文，文理洽通也。⊙章詩同曰：文，禮節。治，治道。⊙天海案：物説似長。

〔八〕楊倞注：妄稱古人亦有如此者，故曰"持之有故"。又其言論能成文理，故曰"言之成理"。足欺惑愚人衆人矣。⊙郝懿行曰：故者，咨於故實之故，謂其持論之有本也。成理，謂其言能成條理也。故皆足以欺惑愚衆。

〔九〕楊倞注：它囂，未詳何代人。《世本》楚平王孫有田公它成，豈同族乎？《韓詩外傳》作"范睢、魏牟"。牟，魏公子封於中山。《漢書·藝文志》道家有《公子牟》四篇。班固曰："先莊子，莊子稱之。"今《莊子》有公子牟稱莊子之言以折公孫龍，據即與莊子同時也。又《列子》稱公子牟解公孫龍之言。公孫龍，平原君之客，而張湛以爲文侯子，據年代，非也。《説苑》曰："公子牟東行，穰侯送之。"未知何者爲定也。⊙梁啓超曰：它囂，本書外不見，無考。⊙金德建曰：它囂，一定就是范睢之誤。范，訛作它；睢，訛作囂。蓋涉字形相近而傳寫誤訛。⊙章詩同曰：它囂，人名，或説即環淵，戰國時曾在齊國的稷下講學。⊙天海案：正文"魏牟"上，《外傳》卷四作"范睢"。楊注中引《外傳》脱"睢"字，楊注"田公"原作"曰公"，此皆據諸本補正之。它囂，史籍無考，金説定爲"范睢"之形誤，是也。"范"、"它"形近，而"囂"字則因"睢"字漶漫而誤成。故范睢得誤作它囂。范睢、魏牟二人皆戰國時著名舌辯之士，故荀子斥之。又，此下原未分段，現分之。

〔一〇〕楊倞注：忍，謂違矯其性也。綦谿，未詳，蓋與跂義同也。利，與離同。離跂，違俗自絜之貌，謂離於物而跂足也。《莊子》曰："楊、墨乃始離跂，自以爲得。"離，力智反。跂，丘氏反。⊙物雙松曰："綦"字《荀子》多言之，其義爲極。谿利，當是"谿刻"之誤，"跂"爲衍文。⊙冢田虎曰：《荀子》中有"離跂"之徵，乃須爲極離跂之意而已。⊙郝懿行曰：此謂矯異於人以爲高者。綦谿者，過於深陗；利跂者，便於走趨。谿，讀爲鷄。跂，音企。四字雙聲疊韻。⊙久保愛曰："綦谿"難讀。《淮南子》有"懈鮭離跂"之語，懈訓忘，鮭訓傒徑，即蹊徑，謂細小狹路也。仍案此"綦"，當訓極。谿當讀爲蹊。蓋僅極狹路以爲己道貌。本注"跂義"上，疑脱"利"字。⊙王先謙曰：《荀子》多以"綦"爲"極"。谿之爲言，深也。《老子》"爲天下谿"，河上公注云："人能謙下如深谿。"是谿有深義。綦谿，猶言極深耳。利，與離同，楊説是也。離世獨立，故曰"離跂"。跂，企同字。⊙朝川鼎曰：綦谿，讀爲忌刻。⊙梁啓超曰："忍情性"與前段"縱情性"正反對。綦，極也。"谿利跂"三字不可解。疑本作"谿跂"。雙聲字，即"谿刻"之通借。讀荀書者注"刻"字於"跂"字之旁，傳寫者錯入正文，又訛爲"利"字而夾於兩字之間，遂不可讀矣。⊙高亨曰：綦谿者，譏呰人也。綦，借爲諆。《説文》："諆，忌也，從言，其聲。"蓋諆者，忌惡之心表之於言語也。故字從言，而訓爲忌也。谿，借爲謑。《説文》："謑，恥也，從言，奚聲。"蓋謑者，以言語恥辱人也。故字從言而訓恥也。利跂者，忌恨人也。利，借爲黎。《説文》："黎，恨也。"跂，借爲忮。《説文》："忮，很也。"陳仲、史鰌以刻毒之辭譏呰世人，以憤懣之心忌恨世人，故《荀子》謂之諆謑黎忮耳。⊙于省吾曰：綦谿利跂，應讀作"極蹊利歧"。

極蹊與利歧爲對文，言極其邪徑而利其歧途也。⊙熊公哲曰：綦谿利跂，言意極深沉，行極孤僻。⊙天海案：綦，通極。谿，通蹊，蹊，徑也。極蹊，猶言極徑，此謂好走極端之路。利跂，猶言利足。綦谿利跂，言其以捷足而走極端。正與隱忍情性而偏激者合，故下文云"以分異人爲高"。

〔一一〕楊倞注：苟求分異，不同於人，以爲高行也。⊙于鬯曰："苟以分"三字不成句，據楊注似當作"苟以分異，異人爲高"，應疊一"異"字。⊙章詩同曰：苟，但，只是。分異，别異。只求和别人的思想行爲不同，而自鳴清高。⊙天海案：分異人，别異於他人。爲高，自以爲高尚。此句七字連讀，于破讀之，非也。

〔一二〕楊倞注：既求分異，則不足合大衆。苟立小節，故不足明大分。大分，謂忠孝之大義也。⊙久保愛曰：大分，謂禮也。《非相篇》"分莫大於禮"。⊙鍾泰曰：分，謂上下貴賤之分。楊注非荀旨。⊙梁啓雄曰：合大衆，指社會上的合羣。明大分，指社會上的各種分際。⊙熊公哲曰：大分，君臣上下之大分。⊙天海案：明大分，深明大義。楊注不誤，他説未得。

〔一三〕楊倞注：已解上。⊙盧文弨曰：解見《不苟篇》。彼作"田仲"，田與陳通。⊙冢田虎曰：史鰌以直稱焉，陳仲以廉聞焉。二子之欺惑愚衆者，抑以何等之言乎？傳記之所以未嘗見也。⊙熊公哲曰：陳仲，本書《不苟篇》作"田仲"，當即孟子所譏避兄離母之於陵仲子。至如史鰌，孔子稱其"邦有道如矢，邦無道如矢"，語見《論語》。《外傳》《新序》並記其尸諫，退彌子瑕之事。《説苑·雜言》並云："孔子稱其有君子之道三"云云。而荀子乃以之與陳仲並譏，目之爲欺世盜名之姦人，毋乃太甚乎？⊙天海案：此下原未分段，現分之。

〔一四〕楊倞注：不知齊一天下，建立國家之權稱。言不知輕重。稱，尺證反。⊙梁啓超曰：權稱者，權衡稱量也。⊙熊公哲曰：非譏其不知壹天下建國家也，乃譏其不知壹天下建國家固有其權衡，則禮義是也。⊙張覺曰：權稱，喻指法度。⊙天海案：權稱，此喻禮義與法度。楊注未洽。

〔一五〕楊倞注：功用，功力也。大，讀曰太。言以功力爲上而過儉約也。僈，輕也。輕僈差等，謂欲使君臣上下同勞苦也。⊙王念孫曰：上，與尚同。大，亦尚也，謂尊尚儉約也。楊讀"大"爲"太"，而以爲過儉約，失之。僈，讀爲曼。《廣雅》："曼，無也。"曼差等，即無差等，作"僈"者，借字耳。楊以"僈"爲輕僈，亦失之。⊙天海案：大，重也。大儉約，即重視儉約。僈差等，不講等級差别，王説是也。尚功用、重節儉、無等差，皆墨翟、宋鈃當時之主張。

〔一六〕楊倞注：上下同等，則其中不容分别而縣隔君臣也。⊙物雙松曰：縣，懸同，懸隔之懸，言不能使其君臣等威，懸遠相望也。⊙久保愛曰：辨異，謂上下等差辨别殊異也。⊙王先謙曰：《富國篇》云："羣衆未縣，則君臣未立也。無君以制臣，無上以制下。"即縣君臣之義。⊙朝川鼎曰："辨異"是事，"君臣"是物，原自二項，注爲一事，恐非。⊙鍾泰曰：縣之爲言，殊也。⊙梁啓雄曰：由於太儉約，故任何人對於物質享受一律平等，不容有差異存在着，就是君臣之間也不容有懸殊。⊙天海案：曾，竟然。此句承上文而言，謂不容分别等差、不容君臣地位懸遠。

〔一七〕楊倞注：宋鈃，宋人，與孟子、尹文子、彭蒙、慎到同時。《孟子》作宋牼，牼與鈃同，音口莖反。⊙梁啓雄曰：伯兄曰："宋鈃，《孟子》作宋牼，《莊子・逍遥遊》《韓非子・顯學》竝作宋榮子。《莊子・天下》以之與尹文子並稱。本書《正論》之子宋子即宋鈃之尊稱也。"⊙天海案：此下原文未分段，現依文意分之。



尚法而無法，下脩而好作〔一〕；上則取聽於上，下則取從於俗〔二〕；終日言成文典，及紃察之，則倜然無所歸宿〔三〕，不可以經國定分〔四〕。然而其持之有故，其言之成理，足以欺惑愚衆，是慎到、田駢也〔五〕。

不法先王，不是禮義〔六〕，而好治怪説、玩琦辭〔七〕，甚察而不惠〔八〕，辯而無用，多事而寡功，不可以爲治綱紀。然而其持之有故，其言之成理，足以欺惑愚衆，是惠施、鄧析也〔九〕。

略法先王，而不知其統〔一〇〕，然而猶材劇志大，聞見雜博〔一一〕。案往舊造説，謂之五行〔一二〕，甚僻違而無類，幽隱而無説，閉約而無解〔一三〕。案飾其辭而祗敬之曰："此真先君子之言也〔一四〕。"子思唱之，孟軻和之〔一五〕，世俗之溝猶瞀儒，嚾嚾然不知其所非也〔一六〕，遂受而傳之，以爲仲尼、子游爲兹厚於後世〔一七〕。是則子思、孟軻之罪也〔一八〕。

## 【校釋】

〔一〕楊倞注：尚，上也。言所著書，雖以法爲上而自無法。以脩立爲下，而好作爲。言自相矛盾也。⊙王念孫曰：下修而好作，義不可通。"下修"當作"不循"，謂不循舊法也。⊙久保愛曰：脩，脩古也。作，自作也。⊙梁啓超曰：脩，爲也，治也。尚法，謂以法爲上。下脩，謂以脩爲、脩治爲下。《莊子・天下篇》述慎到説"選則不徧，教則不至"，即"下脩"之義也。慎到爲法家之祖，然"棄知去己"而學"無知之物"，故曰"尚法而無法"。既尚法必須立法，故曰"好作"。⊙于省吾曰：蓋荀書本作："尚法而無法，上循而好作。"言既以法爲上而反無法，以循爲上而反好作。無法則非上法矣，好作而非上循矣。注謂自相矛盾，是也。⊙章詩同曰：下修，以賢智爲下。修，賢智。作，創制。⊙北大組曰：好作，好另搞一套。⊙熊公哲曰：脩，謂脩正、脩爲。下脩，與尚法對文，謂以脩正爲下，即尚法不尚賢之意。好作，謂不遵先王之禮制。⊙天海案：尚法，以法制爲上。無法，無視禮法。下脩，以脩爲爲下，正與"尚法"對文。好作，好自作爲也。慎到、田駢當時以崇法名世，自好立法創説，"好作"即指此也。楊注未得，王、于二氏改字爲訓，不可取也。

〔二〕楊倞注：言苟順上下之意也。⊙王念孫曰：取聽、取從，言能使上下皆聽從之耳。楊注失之。⊙鍾泰曰：如王説，則與下"欺惑愚衆"意復。仍以依楊注爲是。⊙章詩同曰：聽上之意，從下之俗，而不尊法。⊙裴學海曰：取，猶得也。⊙天海案：取，同"趨"。《釋名·釋言語》："取，趣也。"王先謙疏證："趣，取，字同。事之有可取者，人争趣之，故訓取爲趣。趣與趨同。"在上則趨聽於君主，在下則趨從於流俗。楊注近是，王説非。

〔三〕楊倞注：紃，與循同。倜然，疏遠貌。宿，止也。雖言成文典，若循察，則疏遠無所指歸也。⊙物雙松曰：倜，當是"逖"字通用。⊙冢田虎曰：倜然，《彊國篇》："天下倜然舉去桀、紂而奔湯、武。"《君道篇》："倜然乃舉太公於州人。"皆倜儻不羈之意。注非也。⊙帆足萬里曰：紃，組紃之紃。⊙北大組曰：終日言成文典，整天講述法律條文。⊙天海案：成，讀爲稱。成、稱，一聲之轉，故可通。文典，即法典。此謂其整日言稱法典。紃察，即循察，又作鈆察、徇察，亦近世之巡察，指反復考察。倜然，形容迂闊之貌。又案，"及紃察"之"及"字，巾箱本、《題注》本、遞修本皆作"反"。錢佃《考異》未及此，故知宋本無作"反"者。頗疑"反"字乃淺人因《榮辱篇》"反鈆察之"而改，又於楊注中加"反覆"二字，致使後説者多以"反紃察之"爲訓，實謬也。"及紃察之"，上承"言成文典"，下啓"倜然無所歸宿"，其義顯明，不得改"及"爲"反"。凡據"反"爲訓者，皆誤也。

〔四〕楊倞注：取聽於上，取從於俗，故法度不立也。⊙北大組曰：經國定分，治理國家，确定名分。⊙熊公哲曰：禮所重者，在一"分"字；法所重者，亦在一"分"字。《意林》引《慎子》佚文："一兔在野，衆共逐之。積兔於市，過而不顧。分定故也。"此法家重分之説也。荀子乃譏其"不可以經國定分"者，蓋謂其不知以禮爲之法故也。荀子之非諸子，要皆以禮爲衡。

〔五〕楊倞注：田駢，齊人，遊稷下，著書十五篇。其學本黄、老，大歸名法。慎到，已解上。⊙梁啓超曰：《漢藝文志》有《慎子》四十二篇，原注云："名到，先申、韓。"書已佚，今所傳五篇，乃後人輯本。《志》又有《田子》二十五篇，在道家，原注云："名駢，齊人，游稷下，號天口駢。"書今佚。《尹文子·大道》下引田駢學説。《莊子·天下》彭蒙、田駢、慎到合論。《史記·孟荀傳》謂："慎到，趙人。田駢，齊人。"⊙天海案：此下原未分段，現依文意分之。

〔六〕楊倞注：不以禮義爲是。⊙朝川鼎曰：先君曰："是，諟同。"⊙熊公哲曰：不是，謂非毁也。⊙天海案：不法，不效法。不是，不贊同也。荀子所推崇之先王，皆堯、禹也。

〔七〕楊倞注:玩,與翫同。琦,讀爲奇異之奇。⊙久保愛曰:《解蔽篇》云:"治怪説,玩奇辭。"⊙天海案:治,研也。玩,習也。此謂好研習奇談怪論。又"辭"字,今諸本一作"辯"。

〔八〕楊倞注:惠,順。⊙王念孫曰:惠,當爲"急",字之誤也。其察而不急,謂其言雖甚察而不急於用,故下句云"辨而無用"也。下文亦當作"急"。《天論篇》"不急之察",《性惡篇》"孰而不急",皆其明證也。⊙李中生曰:《説文》:"惠,仁也。""甚察而不惠"的"惠",也當訓爲仁。王念孫引《天論篇》《性惡篇》的"不急",當作"不惠"。"惠"字壞筆易訛爲"急"。⊙天海案:察,苛細也。惠,實惠,好處。《左傳》莊公十年:"小惠未徧,民弗從也。"本書《王制篇》:"庶人駭政,則莫若惠之。"不惠,没有好處之謂也。楊注非,王説亦非。李説《天論》《性惡》之"不急"爲"不惠",是。

〔九〕朝川鼎曰:治綱紀,猶言治之綱紀也。⊙天海案:惠施、鄧析,參見《不苟篇》首段。又,此下原未分段,此據文意分之。

〔一〇〕楊倞注:言其大略雖法先王,而不知體統。統,謂綱紀也。⊙天海案:略,大略,粗略。《儒效篇》:"略法先王,而注亂世術。"楊彼注云:"略,粗也。"義同此。其統,先王之傳統。楊注未切。

〔一一〕天海案:"然而猶",宋浙本同,然而諸本並作"猶然而",盧謝本、《集解》本、《增注》本等皆從之。蓋以"雜博"下諸本有楊倞注文"猶然,舒遲貌。《禮記》曰'君子蓋猶猶爾'。劇,繁多也"十八字。郝懿行曰:"當依宋本作'然而猶',此誤本也。"故諸説訓"猶然"者,此皆不録也。猶,猶如,正承上文而言。劇,通巨。《説文新附》:"劇,尤甚也。"《釋名》:"勮,巨也,事功巨也。"勮,劇之俗體。材劇志大,言其材大志大也。聞見雜博,即見聞雜亂而廣博。

〔一二〕楊倞注:案前古之事而自造其説,謂之五行。五行,五常,仁、義、禮、智、信是也。⊙物雙松曰:"案往舊"至"爲玆厚於後世",皆謂五行也。"案往舊造説",言案據往世舊家之言,創造其説。與《儒效篇》所謂"不知法後王而壹制度"意相發明矣。"謂之五行",倞注"五行,五常",亦非。蓋五行,即陰陽五行,其説原《易·範》。故曰"按往舊"。子思、孟子之徒,蓋盛稱之。"甚僻違"以下三句,正其剖擊五行處。⊙冢田虎曰:五行,注非矣。五常:父、母、兄、弟、子也。其説詳於《聖道合語》。茂卿曰:"五行,即陰陽五行。"失之。思、孟之書,何處稱陰陽五行邪?⊙久保愛曰:豐島幹曰:"五行,《中庸》'天下達道五',及《孟子》'親、義、别、序、信'也。"⊙梁啓超曰:今《子思書》雖佚,然孟子書則實無五行之説。⊙帆足萬里曰:五行,蓋謂木、火、土、金、水。然今所傳二子書絶無言五行者。⊙桃源藏曰:五行,蓋"王道",字之轉誤。王與五,一鉤畫之添除耳。行,當作"衜"。衜,古文"道"字。意古人寫《荀子》者，此道字偶用古文，後人傳寫有誤“王”爲“五”，又其後人不深考，遂因“五”寫“衜”爲“行”者也。⊙熊公哲曰：章太炎據鄭玄注《中庸》，以爲此子思之遺説。然徧檢《中庸》《孟子》，無一字涉於五行。戰國諸子，自鄒衍興於齊，五行之説漸趨昌盛。⊙楊柳橋曰：按馬王堆漢墓帛書《老子》甲本後佚書中言：“五行皆形厥内，時行之，謂之君子。”又謂：“五行形，德心起。”則五行爲五常，於古有徵矣。五行，古亦謂之“五德”。此與金木水火土之五行有别。今或本此文，以爲五行相勝之説創自子思、孟子，不類。⊙天海案：“案往舊”，據古往舊事。造説，自造其説。五行，當“王行”之誤也。五、王，形近致誤。行，道也。《易·復》：“反復其道，七日來復，天行也。”《爾雅》：“行，道也。”《禮記·緇衣》：“《詩》云：人之好我，示我周行。”鄭注：“行，道也。”此上承“案往舊造説”，當與“五行”之説無涉。下文云“此真先君子之言”，“先君子”爲孔子，孔子亦不言五行。子思、孟軻未言五行，唱和者，王道也。故知此“王行”必爲王道之義。《説文》：“行，人之趨也。”羅振玉《殷虚書契考釋》：“𠁩象四達之衢，人之所行也。”故“行”之本義即爲道，王行，即王道也。桃源藏之説可從。又，楊注“智”下原脱“信”字，“是”字原誤作“者”，據諸本補正。

〔一三〕楊倞注：約，結也。解，説也。僻違無類，謂乖僻違戾而不知善類也。“幽隱無説，閉約無解”，謂其言幽隱閉結而不能自解説，謂但言堯、舜之道而不知其興作方略也。荀卿常言法後王治當世，而孟軻、子思以爲必行堯、舜、文、武之道，然後爲治，不知隨時設教救當世之弊，故言“僻違無類”。《孟子》曰：“管仲，曾西之所不爲。”解，佳買反。⊙王念孫曰：楊説非也。僻、違，皆邪也。類者，法也。言邪僻而無法也。《方言》：“類，法也，齊曰類。”⊙安積信曰：無類，謂漫然無統類。⊙鍾泰曰：荀書每言倫類、統類，僻違而無類，言其無統無倫耳。依本字可解，不必用《方言》解作“法”也。⊙天海案：僻違，邪僻也。無類，無統類。幽隱，晦澀不明。閉約，阻結難通。此言思、孟所唱王道之説，邪僻而無統類，晦澀而不明、阻結難通而不能自解其説。

〔一四〕楊倞注：言自敬其辭説。先君子，孔子也。⊙于省吾曰：按郾侯《𡙇毁》“𠫓敬禋祀”，郭沫若謂即“祇敬禋”，是也。𠫓，即甾字。甾、祇音近字通。⊙熊公哲曰：案，猶乃也。祇，音脂，敬也。⊙天海案：案飾其辭，乃矯飾其言説。祇敬，恭敬也。《楚辭·離騷》：“湯、禹儼而祇敬兮，周論道而莫差。”朱集注：“祇，亦敬也。”

〔一五〕楊倞曰：子思，孔子之孫，名伋，字子思。孟軻，鄒人，字子輿。皆著書七篇。⊙天海案：子思，孔鯉之子。曾爲魯繆公師，著《子思子》二十三篇，今佚。孟軻，子思門徒，著《孟子》十一篇，存七篇。

〔一六〕楊倞注：溝，讀爲拘。拘，愚也。猶，猶豫不定也。瞀，闇也。《漢書·五行志》作“區瞀”，與此義同。嚾嚾，喧囂之貌，謂争辯也。拘，音寇。猶，音柚。⊙傅山曰：如此音義，俱不知何謂。“儒”字，《荀子》屢見，皆與“偷儒”連言，而此則“瞀儒”。若“儒”如本音讀，則謂之瞎儒也，儒真多瞎子。“溝猶”如本音讀，則謂如在溝瀆之中而講謀猷。是瞀儒之大概也。⊙冢田虎曰：今按，猶，謀也。瞀、霿，皆暗也。然則溝猶瞀儒，言謀慮愚暗之儒也。《康熙字典》《集韻》“傋，與怐同”，訓無知。《荀子》“愚陋傋瞀”，俗本《荀子》譌作“溝”。⊙盧文弨曰：案“怐愗”，愚貌。溝猶瞀儒，合四字爲疊韻。⊙郝懿行曰：溝猶瞀儒，四字叠韻，其義則皆謂愚蒙也。嚾者，呼也。《玉篇》《廣韻》音涣，義與唤同。《集韻》或作“讙”，音歡，則其義當爲讙譁矣。⊙王先謙曰：溝瞀，訓愚闇，中不當有“猶”字。溝猶叠韻，語助耳。《儒效篇》“愚陋溝瞀”，無“猶”字，是其明證。⊙高亨曰：溝猶瞀儒，當作“溝瞀猶儒”，蓋“瞀猶”二字轉寫誤倒。溝瞀，叠韻連語，愚昧也。即《儒效篇》之“溝瞀”、《楚辭》九辯之“怐愗”、《漢書・五行志》之“傋霿”，《説文》之“瞉瞀”、“佝瞀”。則溝瞀之間不得有“猶”字明矣。猶，疑借爲“猷”。《説文》：“猷，丑也。”猷儒，謂丑儒，與《勸學篇》之“陋儒”、《非相篇》之“腐儒”、《儒效篇》之“俗儒”、本篇下文之“賤儒”，皆鄙之之辭也。⊙駱瑞鶴曰：“所非也”，之“所”字必衍文。此文“其”字指子思、孟軻而言，文意言其非，不言其所非，故知“所”字不當有。⊙天海案：溝，愚也。猶，如也。瞀，闇也。《玉篇》：“瞀，目不明貌。”是瞀儒猶瞎儒，傅説是也。嚾嚾然，喧囂貌。此當讀作：“世俗之溝猶瞀儒，嚾嚾然不知其所非也。”謂世俗之愚者，如瞎眼之儒般喧囂附從，不知思、孟之錯誤所在。“所”字非衍文，駱説非。又，楊注中“拘”字，盧本、《集解》本皆作“怐”字。

〔一七〕楊倞注：仲尼、子游爲此言，垂德厚於後世也。⊙郝懿行曰：兹者，益也，多也，與滋義同。⊙俞樾曰：厚，猶重也。兹，指子思、孟子而言。蓋荀子之意，謂仲尼、子游之道不待子思、孟子而重，而世俗不知，以爲仲尼、子游因此而後得重於世。故曰：“是則子思、孟軻之罪也。”⊙郭嵩燾曰：《荀子》屢言仲尼、子弓，不及子游。本篇後云“子游氏之賤儒”，與子張、子夏同譏，則此子游必爲子弓之誤。⊙久保愛曰：子游，當作“子弓”，注同。⊙劉師培曰：“爲兹”者，即用此也。實則“子游”二字非訛。《孟子》之學説，未嘗不出於子游。蓋尊孔爲荀、孟所同，一尊子弓，一法子游，則所趨各異。若此文作“子弓”，則子思、孟子之書固無一語及子弓也。⊙鍾泰曰：厚於後世，猶云賜於後世。⊙高亨曰：按郭説是也。但“弓”無由誤爲“游”。疑“游”本作“泓”，形似而誤。子泓即子弓。古人姓名雖在同書之中，往往異字。謂世人以爲仲尼、子弓爲子思、孟軻之唱和、明道，而始見重於後世也。余謂子弓確即仲弓。⊙天海案：子游，當是“子泓（即子弓）”之誤。荀書仲尼、子弓並言，此外凡三次，然無孔子、子游並言者。思、孟之書縱不及子弓，然此乃言世俗之見也。故劉説非，郭、高二説是。爲兹，爲此言，謂思、孟唱和之言。“厚於後世”，被後世所推重。

〔一八〕天海案：此下原未分段，現依文意分之。

若夫總方略，齊言行，壹統類，而羣天下之英傑，而告之以大古，教之以至順〔一〕，奧窔之間，簟席之上，斂然聖王之文章具焉，佛然平世之俗起焉〔二〕，則六説者不能入也，十二子者不能親也〔三〕。無置錐之地而王公不能與之爭；名在一大夫之位，則一君不能獨畜，一國不能獨容〔四〕。成名況乎諸侯，莫不願以爲臣〔五〕。是聖人之不得埶者也，仲尼、子弓是也〔六〕。

一天下，財萬物〔七〕，長養人民，兼利天下，通達之屬莫不從服〔八〕。六説者立息，十二子者遷化〔九〕，則是聖人之得勢者，舜、禹是也〔一〇〕。

今夫仁人也，將何務哉〔一一〕？上則法舜、禹之制，下則法仲尼、子弓之義，以務息十二子之説〔一二〕。如是，則天下之害除，仁人之事畢，聖王之跡箸矣〔一三〕。

【校釋】

〔一〕楊倞注：總，領也。統，謂綱紀。類，謂比類。大謂之統，分别謂之類。羣，會合也。大，讀曰太。⊙久保愛曰：《外傳》"太古"作"大道"，似是。⊙北大組曰：總方略，總括治國的方針、策略。齊言行，統一人們的言論、行動。壹統類，統一治事的綱紀。羣，聚集。大古，指古代帝王的業跡。至順，最高的治國道理。⊙熊公哲曰：方略，即謂道術。統，聖王相傳之統。類，禮法同異之倫類。一者，貫通而爲一也。太古，先王也。順，循也，循其理也。⊙楊柳橋曰：告，亦教也。鄭玄《禮記》注："告，謂教使也。"作"大古"義不順，當從《外傳》作"大道"。至順，與"大道"對文。至順，猶至理也。⊙天海案：告，昭示也。與"教"對文，非教也。大古，猶遠古。《儀禮·士冠禮》"大古冠布"，鄭注"唐虞以上"。荀書屢言堯舜、舜禹，亦尚太古之意。至順，猶言至理。

〔二〕楊倞注：西南隅謂之奥，東南隅謂之窔，言不出室堂之内也。斂，聚集之貌。佛，讀爲勃，勃然興起貌。窔，一弔反。⊙王引之曰：古無以"斂然"二字連文者。斂，當爲"歙"，字之誤也。歙然者，聚集之貌。言聖王之文章歙然皆聚於此也。楊注亦當作"歙然"，今隨正文而誤。⊙潘重規曰：斂然，及下文儼然、壯然、儉然、恀然之屬"然"字皆助詞。荀書若此者甚多，無不可連文之理。⊙天海案：奥窔，此喻堂室内。簟席，竹席，古人坐卧之具。斂然，猶儼然。斂、儼一聲之轉，故可通假。斂，本有約束、整肅之義，與儼之矜莊之義亦相近。文章，此謂禮樂制度。言聖王之文章整肅莊重地具備於堂室之内，簟席之上。楊注訓"斂"，王説改字爲訓，皆非。佛然，即勃然。古無輕唇音，故"佛"讀爲"勃"。平世，猶治世。正文"平"字原誤作"乎"，據《外傳》及諸本改。俗，風俗也。非世俗之俗。

〔三〕王念孫曰：元刻無"則"字，是也。⊙久保愛曰：親，近也。説，音税，下同。⊙蔣禮鴻曰："親"字有干犯之義。⊙天海案："則"字，巾箱本、《題注》本、遞修本並無。六説，上文十二子每二人爲一説，故云。説，如字，不必讀爲税。親，近也。久説是。

〔四〕楊倞注：言王者之佐雖在下位，非諸侯所能畜，一國所能容。或曰：時君不知其賢，無一君一國能畜者，故仲尼所至輕去也。⊙久保愛曰：置，與植通。《荀子》中"置錐"倣此。⊙王懋竑曰："在"下，"一"字衍。⊙鍾泰曰：楊注前説是，後説非。⊙駱瑞鶴曰：言其人德高才大，非一國一君能羈縻之。若道不行，則去而之他。孔子去魯、去衛是也。⊙天海案："爭"下當逗，"名"屬下句。"爭名"連讀則誤。"名在"，猶"名列"。"在"下"一"字涉下文而衍，王説是。獨畜，即獨蓄、獨留。獨容，獨用也。容，通"用"。《釋名》："容，用也。"《老子》："虎無所措其爪，兵無所容其刃。"即"容"作"用"之證。

〔五〕楊倞注：況，比也。言其所成之名，比況於人，莫與爲偶，故諸侯莫不願得以爲臣。或曰：既成名之後，則王者之輔佐也，況諸侯莫不願得以爲臣乎？未知其賢，則無國能容也。或曰：況，猶益也。《國語》："驪姬曰：衆況厚之。"⊙物雙松曰：言比況諸侯也。⊙郝懿行曰：況，古作"兄"，其訓滋也、益也、長也。⊙王引之曰："成名況乎"，下有脱文，不可考。楊注非。《儒效篇》"願"下有"得"字，彼文因此而衍，則此文當有"得"字也。⊙俞樾曰：此當以"成名況乎諸侯"爲句。成，與盛通。然則成名猶盛名也。況者，賜也。言以盛名爲諸侯賜也。⊙孫詒讓曰：俞以"成名"爲"盛名"，又讀以"盛名況於諸侯"爲句，竝得其義。而釋"況"爲"賜"，則非也。況，與皇通。《書》無逸"則皇自敬德"，孔疏引王肅本"皇"作"況"。《詩·周頌·烈文》《毛傳》云："皇，美也。"⊙于鬯曰：不惟彼"得"字不必補，並此"以"字亦可删，曰"莫不願爲臣"，謂人莫不願爲之臣，非願以之爲臣也。⊙包遵信曰：據楊注，"況乎"下似脱"無偶"二字。⊙天海案：成名況乎諸侯，言盛名美於諸侯。俞、孫二説是。

〔六〕天海案：埶，同勢。又此下原文未分段，現依文意分之。

〔七〕楊倞注：財，與裁同。⊙王念孫曰：財，如《泰·象》傳"財成天地之道"之財。財，亦成也。財萬物，即成萬物。⊙金德建曰：一天下，指舜。財萬物，指禹。長養人民，指舜。兼利天下，指禹。⊙天海案：財萬物，制裁萬物。説詳《王制篇》"財萬物"之校釋。楊注是，王説非。

〔八〕楊倞注：通達之屬，謂舟車所至，人力所通者也。⊙天海案：長養，撫養，培育。長，知丈切。諸本作"養長生民"，"從服"作"服從"。兼利天下，謂使天下共受其利。屬,謂統屬之地、之人。或曰:屬,及也,至也。《戰國策·西周策》"除道屬之於河",高誘注:"屬,猶至也,通也。"楊注或本此。

〔九〕楊倞注:遷而從化。⊙北大組曰:立息,立即被制止。遷化,隨着轉變。⊙天海案:立息,立止。遷化,移而化之。

〔一〇〕天海案:"則是"之"是",諸本無。此下原文未分段,現依文意分之。

〔一一〕熊公哲曰:《荀子》所謂仁人,乃習於禮義之人。與《孟子》仁義之人略異。⊙天海案:"也"字,巾箱本、《題注》本、遞修本皆無。

〔一二〕熊公哲曰:舜、禹之制,即謂禮也,禮即王制。義,猶今言教義、主義。⊙天海案:制,謂禮法制度。義,謂遵守禮法的原則。

〔一三〕楊柳橋曰:《非十二子》正篇止此,以下與此不相屬。⊙天海案:箸,荀書多通"著",諸本並作"著"。著者,顯著之謂也。

信信,信也;疑疑,亦信也〔一〕。貴賢,仁也;賤不肖,亦仁也。言而當,知也;默而當,亦知也。故知默由知言也〔二〕。故多言而類,聖人也;少言而法,君子也〔三〕。多少無法而流,湎然雖辯,小人也〔四〕。故勞力而不當民務,謂之姦事〔五〕;勞知而不律先王,謂之姦心〔六〕。辯說譬喻、齊給便利而不順禮義,謂之姦説〔七〕。此三姦者,聖王之所禁也。知而險,賊而神〔八〕,爲詐而巧〔九〕,言無用而辯,辯不給惠而察〔一〇〕,治之大殃也。行辟而堅,飾非而好,玩姦而澤,言辯而逆,古之大禁也〔一一〕。知而無法〔一二〕,勇而無憚〔一三〕,察辯而操僻,淫大而用之〔一四〕,好姦而與衆〔一五〕,利足而迷,負石而墜〔一六〕,是天下之所弃也。

兼服天下之心〔一七〕。高上尊貴,不以驕人〔一八〕;聰明聖知,不以窮人〔一九〕。齊給速通,不爭先人〔二〇〕;剛毅勇敢,不以傷人。不知則問,不能則學;雖能必讓,然後爲德〔二一〕。遇君則脩臣下之義,遇鄉則脩長幼之義〔二二〕,遇長則脩子弟之義,遇友則脩禮節辭讓之義。遇賤而少者則脩告導寬容之義〔二三〕。無不愛也,無不敬也,無與人爭也,恢然如天地之苞萬物〔二四〕。如是,則賢者貴之,不肖者親之。如是而不服者,則可謂訞怪狡猾之人矣〔二五〕。雖則子弟之中,刑及之而宜〔二六〕。《詩》云:"匪上帝不時,殷不用舊。雖無老成人,尚有典刑。

曾是莫聽,大命以傾。"此之謂也〔二七〕。

## 【校釋】



〔一〕楊倞注:信可信者,疑可疑者。意雖不同,皆歸於信也。⊙天海案:信其可信者,誠也;疑其可疑者,亦誠也。《説文》:"信,誠也。"

〔二〕楊倞注:《論語》曰:"知之爲知之,不知爲不知,是知也。"當,丁浪反。⊙物雙松曰:四"知"字皆去聲,與《孟子》"知言"不同。⊙冢田虎曰:知與信、仁並,音智。⊙天海案:上二"知"讀爲"智",下二"知"如字,知道。由,通猶。諸本皆作"猶"。

〔三〕楊倞注:言雖多而不流湎,皆類於禮義,是聖人之制作者也。少言而法,謂不敢自造言説,所言皆守典法也。⊙安積信曰:類即禮義之統類,法謂中法度。注非。⊙天海案:類,係統、條理。法,謂合於禮法。

〔四〕楊倞注:湎,沈也。流者不復反,沈者不復出也。⊙冢田虎曰:《樂記》"流湎以忘本",移而不及之貌也。⊙盧文弨曰:此數語又見《大略篇》。彼作"多言無法",此"少"字訛。⊙王念孫曰:而,與如同。⊙久保愛曰:"流"字絶句。湎然,《大略篇》作"喆然"。今案,"喆"以音誤爲"靦",復以形似誤爲"湎"也。當以《大略篇》爲正也。⊙王先謙曰:流湎,猶沈湎。説見《勸學篇》。⊙龍宇純曰:當讀"多少無法而流"句,"湎然雖辯"句,"小人也"句。惟"湎"字義不可通。《大略篇》:"多言無法而流,喆然雖辯,小人也。"自來亦讀"喆"爲下句。楊注云:"喆,當作湎。《非十二子》篇有此語,此當同。或曰:當爲梏。"其説大誤。湎,當作"喆",即"哲"字。"喆然"形容"辯"字,謂言無論多少,若不合於法而游移不定,翻空易奇,則雖哲然善辯,亦小人而已。"喆"作"湎"則義不可通。《大略篇》"言"字當作"少"耳,盧説非。⊙天海案:"流"下、"辯"下當逗,久、龍二氏句讀是也。"多少無法而流",正上承聖人多言,君子少言而言,故"少"字不誤。流,放縱而無類無法之謂也。湎,疑"靦"誤也。靦,讀爲他典切。《説文》:"靦,面見也。"桂馥《義證》曰:"當作'面皃也'。"《國語・越語》下"吾雖靦然而人面哉",韋注:"靦,面目之貌也。"靦然亦厚顔無恥之貌。慧琳《一切經音義》:"靦,《考聲》云:謂不知慙也。"靦,後亦作"覥",音義同。靦然雖辨,謂其雖厚顔善辯,亦小人也。巾箱本、《題注》本、遞修本"流湎"作"湎流",亦誤也。

〔五〕楊倞注:民務,四民之務。⊙北大組曰:勞力,費盡氣力。不當民務,不適合人民的正當事務。⊙李中生曰:勞力,當指勤勉勞役。⊙天海案:勞力,辛勞費力。此指小人而言,非指民也。李説非。民務,百姓所務之事。楊注是。不當,不合也。姦,邪也。下"姦"皆同此。



〔六〕楊倞注:律,法。⊙北大組曰:勞知,用盡心思。律,效法、遵循。⊙天海案:勞知,即勞智、勞心。《孟子・滕文公》上:"或勞心,或勞力。勞心者治人,勞力者治於人。”

〔七〕楊倞注：齊，疾也。給，急也。便利，亦謂言辭敏捷也。⊙冢田虎曰：齊給，如字。言足成其理也。下文“齊給速通”同，注非。⊙劉師培曰：《文選·魏都賦》劉淵林注引，“説”作“論”，“順”作“慎”。⊙北大組曰：齊給便利，迅速敏捷。不順禮義，不遵守禮義。⊙天海案：齊給便利，楊注是，冢説非。不順，不循也。

〔八〕楊倞注：用智於險，又賊害，不測如神也。⊙郝懿行曰：小人雖有才智，而其心險如山川；賊害於物，而其機變若鬼神。如曹孟德、司馬仲達之類。楊注未了。⊙王念孫曰：“知而險”與“賊而神”對文，則知非美稱。知者，巧也，故下句即云“爲詐而巧”，言即智巧而又險巇也。⊙梁啓雄曰：神，似當作“狠”，或“思”，音近而譌。⊙北大組曰：知而險，狡猾而陰險。賊而神，爲非作歹而變幻莫測。⊙李中生曰：古書“神”字也可用於貶義，如《左傳》等書的“神姦”，以及漢以後古籍中的“神祟”等。王忠林《新譯荀子讀本》將此“神”字解作“鬼詐莫測”，可取。⊙天海案：知而險，心地險惡。知，指心智。賊而神，狠毒而莫測。賊，此言狠毒。神，不測也。《易·繫辭》上：“陰陽不測之謂神。”此楊所本，是也。

〔九〕楊倞注：巧於爲詐。⊙物雙松曰：爲詐而巧，“爲”字讀與下句“言”字對，言其行爲也。⊙俞樾曰：爲，與“僞”通。爲詐，即僞詐也。⊙天海案：爲詐，行爲狡詐，非“僞詐”、“詐僞”，俞説非，物説是。

〔一〇〕楊倞注：言辯而無用也。惠，順也。辭辯不順道理而聰察也。⊙王念孫曰：本作：“無用而辯，不急而察。”辯者，智也，慧也。《廣雅》：“辯，慧也。”慧，通作“惠”。辯，通作“辨”。無用而辯，即辨而無用，非謂言無用而辯也。不急而察，非謂辯不惠而察也。⊙朝川鼎曰：“言無用而辨”，與下句“辨不惠而察”對，不與上句相對。不惠，宋本作“不給惠”，恐非。⊙鍾泰曰：“言”、“辯”字非衍文。荀書所謂辯，皆辯説，觀上言“辯而無用”，乃以論名家之鄧析、惠施可見也。至下文言“辯而逆”亦正承此而言，不得謂下始及言論，而此談智慧。王説非是。⊙梁啓雄曰：言説無用的姦説，却辯説得很明白。辯説不仁的邪説，却分析得很細微。⊙天海案：“言無用”，言論無用。辯，巧言也。此謂言論無用而巧辯也。“給”字疑衍，諸本皆無，當作“辯不惠而察”，謂巧辯不實用却又苛細。參見上文“甚察而不惠，辯而無用”之校釋。楊注及他説皆非。

〔一一〕楊倞注：辟，讀曰僻。好，飾非也。玩與翫同，習姦而使有潤澤也。逆者，乖於常理。⊙冢田虎曰：“行辟而堅”至“古之大禁也”，《王制》《管子》《家語》可合見也。⊙久保愛曰：本注“習姦”當爲“翫姦”。⊙王念孫曰：飾非而好，言其飾之工也。“好”字當讀上聲，不當讀去聲。楊説非。⊙劉師培曰：飾非而好，言所飾者非而好也。玩姦而澤，言所玩者姦而澤也。不得解“非”、“姦”二字實詞也。⊙于省吾曰：注訓澤爲潤澤，非是。澤、釋古字通，釋謂自得也。《宥坐》“順非而澤”，《管子·

法禁》"順惡而澤",句例同。⊙楊明照曰:《禮記·王制》"順非而澤",《正義》:"順非而澤者,謂順從非違之事,而能光澤文飾。"所解與楊注正合。⊙章詩同曰:行爲邪僻而堅定。好,巧妙。澤,光潤,玩弄手段却不見痕跡。逆,違反常理。⊙包遵信曰:"好"與"姦""澤"平列,則當讀去聲。"飾非而好",謂其文飾本非,但好之也。澤,讀爲"懌",悦也,好也。"玩姦而澤",謂其玩習本爲姦邪,而却悦懌也。王説非。⊙天海案:飾非而好,掩飾錯誤而巧妙。玩姦而澤,玩弄姦詐而光潤。言辯而逆,論説詭辯而違常理。又,楊倞注文原散在各句之下,現酌移之。

〔一二〕楊倞注:騁其異見也。知,如字。⊙久保愛曰:本注"知如字"三字可删。⊙天海案:知,同智,與下文"勇"相對,楊注非。

〔一三〕楊倞注:輕死。⊙天海案:無憚,無所忌憚。楊注失之泛。

〔一四〕楊倞注:爲察察之辯,而操持僻淫之事。操,七刀反。以前數事爲大,而用之也。⊙王念孫曰:察、辯二字平列,言能察能辯,而所操皆僻淫之術也。荀子書皆以察、辯對文,不可枚舉。⊙俞樾曰:楊注讀"察辯而操僻淫"爲句,誤也。當以"察辯而操僻"五字爲句。《大略篇》亦云"察辯而操僻",是其證。大,讀爲汰,淫汰連文。《仲尼篇》曰:"若是其險汙淫汰也",是其證。"之"者,"乏"之壞字。襄十四年《左傳》曰"匱神乏祀",《釋文》曰:"本或作'之祀'。"蓋之、乏形似,故易誤耳。"淫汰而用乏",與"察辯而操僻"相對成文。此文自"知而無法"至"負石而墜",凡七句,語皆一律,而總之曰"是天下之所弃也"。楊以"大而用之"四字爲句,而釋之曰"以前數事爲大而用之",則上下文意隔矣。⊙桃源藏曰:"淫"字屬下句,言度外自用也。其義自通。⊙龍宇純曰:俞讀上五字爲句,是也。以"之"爲"乏"字譌誤,則不得然。今以爲"之"或是"文"之誤,"淫汰而用文",謂奢汰之惡,藉口修文之名以行也。⊙天海案:察辯,即明察善辯;操僻,掌握邪術。"僻"下當逗,俞説是也。楊句讀及注皆非,王説亦非。淫大,淫太也。仲尼篇"若是其險汙淫汰也";《富國篇》兩見,則作"淫泰",義並同。淫汰而用之,謂驕淫奢侈而自用。楊注非是,他説亦未允。

〔一五〕楊倞注:好姦而與衆人共之,謂使人同之也。⊙陶鴻慶曰:與衆,言黨與衆多,楊注非是。⊙天海案:好姦,猶玩姦。與衆,附合者衆。楊注未確。

〔一六〕楊倞注:苟求利足,而迷惑不顧禍患也。謂申徒狄負石投河,言好名以至此也。亦利足而迷者之類也。⊙物雙松曰:疾足之人迷途則迷愈遠,負石之人墜淵則愈沈也。⊙郝懿行曰:利足而迷,所謂"捷徑以窘步"也。負石而墜,謂"力小而任重,高位實疾顛"也。二句皆譬況之詞。⊙朝川鼎曰:以喻進取,志大也。⊙潘重規曰:利足而迷,小人有才而陷惡益深者也。楊注非。⊙天海案:利足而迷,急進而入迷途。負石而墜,謀虚名而沈没。

〔一七〕楊樹達曰:目下之詞。⊙北大組曰:使天下人民都心悦誠服的方法。

⊙天海案:《外傳》用此文作"夫服人之心"。

〔一八〕楊倞注:在貴位不驕人。⊙天海案:高上,《説苑·敬慎》引作"高尚","不"作"無"。驕人,傲氣凌人。

〔一九〕盧文弨曰:元刻"知"作"智"。⊙久保愛曰:窮人,謂困苦人也。⊙章詩同曰:窮,窘。不叫别人難堪。⊙天海案:知,同智。諸本亦並作"智"。《治要》《説苑》引此亦作"智"。窮人,使人陷於困境。《外傳》引此作"幽人"。

〔二〇〕王念孫曰:不爭先人,當依上下文作"不以先人"。今本"以"作"爭",涉下文"與人爭"而誤也。《外傳》作"不以欺誣人",《説苑·敬慎》作"無以先人"。文雖不同,作"以"字則同。⊙李中生曰:换一"爭"字,使行文有錯綜之妙。⊙天海案:《治要》録此文仍作"爭",可知唐本已作"爭"。疑唐時傳寫之本誤將旁注之文"爭先人"混入正文而删"以"字,當依《外傳》《説苑》作"不以先人"。先人,即爭先於人。王説是,李説非。

〔二一〕楊倞注:然後爲聖賢之德也。⊙天海案:《外傳》作:"勇猛彊武,不以侵人。""不能則學,不知必問。"《説苑》"勇敢"作"勇猛","傷人"作"勝人"。"雖能"二句作:"雖智必質,然後辯之;雖能必讓,然後爲之。"與此略異。

〔二二〕楊倞注:在鄉黨之中也。⊙天海案:"遇鄉",《外傳》作"出鄉"。脩,行也。義,禮也。下同此。

〔二三〕天海案:告導,猶教導。《外傳》作"告道寬裕"。

〔二四〕久保愛曰:恢,古回反。苞,與包同。⊙天海案:"無不愛也"上,巾箱本、《題注》本、遞修本並有"故"字,《外傳》亦有。恢然,恢宏廣大貌。《外傳》作"曠然"。苞,同包。《外傳》引此文至此。

〔二五〕楊倞注:訞,與妖同。⊙久保愛曰:狡猾,狡獪猾賊也。

〔二六〕楊倞注:妖怪狡猾之人雖在家人子弟之中,亦宜刑戮及之,況公法乎?⊙久保愛曰:宜,猶可也、是也。⊙裴學海曰:則,猶在也。而,猶尚也。

〔二七〕楊倞注:《詩·大雅·蕩》之篇,鄭云:"老成人,伊尹、伊陟、臣扈之屬也。典刑,常事、故法也。"⊙久保愛曰:時,是也。⊙章詩同曰:典刑,準則,常規。刑,同型。曾,乃。是,此。指上文典刑。聽,從。大命,政權。⊙熊公哲曰:匪,同非。刑,同型。典型,猶言模範也。所引《詩》以喻禮法不可失也。⊙天海案:"不時"二句,鄭箋云:"此言紂王之亂非生不得其時,乃不用先王之故法之所致。""曾是"二句,鄭箋云:"莫,無也。朝廷君臣皆任喜怒,曾無用典刑治事者,以至誅滅。"

古之所謂士仕者,厚敦者也,合羣者也〔一〕,樂富貴者也〔二〕,樂分施者也,遠罪過者也,務事理者也〔三〕,羞獨富者也〔四〕。今之所謂士仕者,汙漫者也,賊亂者也,恣睢者也〔五〕,貪利者也,觸抵者也〔六〕,無禮義而唯權埶之嗜者也〔七〕。

古之所謂處士者，德盛者也，能靜者也〔八〕，脩正者也，知命者也，箸是者也〔九〕。今之所謂處士者，無能而云能者也〔一〇〕，無知而云知者也，利心無足而佯無欲者也〔一一〕，行僞險穢而彊高言謹慤者也，以不俗爲俗〔一二〕，離縱而跂訾者也〔一三〕。

士君子之所能不能爲〔一四〕：君子能爲可貴，不能使人必貴己〔一五〕；能爲可信，不能使人必信己；能爲可用，不能使人必用己〔一六〕。故君子恥不脩，不恥見汙〔一七〕；恥不信，不恥不見信；恥不能，不恥不見用。是以不誘於譽，不恐於誹〔一八〕，率道而行，端然正己，不爲物傾側，夫是之謂誠君子〔一九〕。《詩》云："温温恭人，維德之基。"此之謂也〔二〇〕。

【校釋】

〔一〕楊倞注：士仕，謂士之入仕。合，謂和合羣衆也。⊙王念孫曰：士仕，當爲"仕士"，與下"處士"對文。今本"仕士"二字倒轉，楊曲爲之説，非。⊙梁啓雄曰：《老子》"敦兮其若朴"，注："敦，質厚也。"⊙熊公哲曰：敦，《爾雅·釋詁》："勉也。"厚敦，謂深自勉也。⊙天海案：士仕，王説當作"仕士"，日人物、冢、久、安諸説亦同，是也。仕士，出仕之士，與下"處士"相對。厚敦，忠厚樸實。巾箱本、《題注》本、遞修本又作"敦厚"。

〔二〕楊倞注：樂其道也。⊙俞樾曰：樂富貴，豈得爲樂其道？正文"樂"字，疑涉注文而誤。下云"羞獨富者也"，以獨富爲羞，必不以富貴爲樂。今雖不知爲何字之誤，大要是不慕富貴之意，故注以樂道説之也。⊙王先謙曰："富"字當是"可"字之誤。正文言"樂可貴者也"，故注以"樂其道"釋之，惟道爲可貴也。下文"君子能爲可貴"，注云："可貴，謂道德也。"可互證。⊙潘重規曰：《易·繫辭》傳曰"崇高莫大於富貴"。本書《子道篇》："君子其未得也，則樂其意；既已得之，又樂其治。"《孟子》云："窮則獨善其身，達則兼善天下。"所謂崇高、樂其治、兼善天下，即此文樂富貴之意。楊注"樂其道"，謂樂得行其道也。與"羞獨富"不嫌違忤。毋事輒改。⊙劉師培曰："富貴"二字係"良貴"之訛。《孟子·告子篇》曰："人之所貴者，非良貴也？"焦氏正義云："以良爲善，又引伸爲上。此良貴指仁義廣譽。"疑《荀子》所言"良貴"亦與《孟子》"良貴"同。⊙鍾泰曰："富貴"字不誤。其曰"樂富貴"者，根上"仕士"來。《孟子》亦曰："中天下而立，定四海之民，君子樂之。"《中庸》曰："大德者必得其位，必得其禄。”古人未嘗以富貴爲諱，以其不徒富貴也。楊注“樂其道”者，非解本文，乃因本文而推言之，以足其意。若曰樂富貴者非果以富貴爲樂，亦樂其道之得行於天下耳。不得因注遽斷本文之有誤也。⊙梁啓雄曰：謂樂合於分際的富貴。《孟子·滕文公》“富貴不能淫”，本書《修身》“富貴而體恭”，是“樂富貴”的兩種表徵。⊙楊柳橋曰：“易富貴”本作“樂富貴”，文義相反。蓋涉下句“樂分施”及古有“樂易”一詞，而誤“易”爲“樂”。韋昭《國語》注、高誘《國策》注：“易，輕也。”今以意改。⊙天海案：樂富貴，楊注“樂其道也”，似與正文不切，故致歧説紛起。或疑正文有誤，或説不誤。然則，説不誤者，迂曲而難服人；説“樂”字爲“可”、“良”、“易”諸字之誤者，其音形俱殊，無由致誤。竊疑“富”乃“當”之訛誤也，正文似應作“樂當貴者也”。當貴者，道也，故注云：“樂其道也。”當貴，亦“可貴”，王先謙舉下文“君子能爲可貴”爲證，是也。且“當”、“富”二字，形似而易誤也。《不苟》“唯其當之爲貴”，是證。

〔三〕楊倞注：施，或所宜反。遠，于願反。務，使事有條理。⊙王先謙曰：《君道篇》云“以禮分施，均徧而不偏”，均徧而不偏，即分施之義。⊙鍾泰曰：“事理”二字並列，謂務事務理，與上“遠罪過”一例。楊注殊迂而失實。⊙章詩同曰：施，惠。分施，君上按等級給與的恩惠。⊙天海案：分施，分惠也。《左傳》僖公十三年“重施而報”，杜注：“施，施惠也。”《國語·晉語》：“夫齊侯好示，務施與力，而不務德。”韋注：“施，惠也。”遠，遠離也，遠離罪過。務，求也。事理，事物之原理。《韓非子·喻老》：“思慮熟則得事理，得事理則必成功。”

〔四〕楊倞注：使家給人足也。⊙久保愛曰：《家語》曰：“獨貴獨富，君子羞之。”⊙天海案：羞，恥也。以獨富爲羞恥。

〔五〕楊倞注：汙漫，已解在《榮辱篇》。恣睢，已解於上。⊙安積信曰：汙漫，當作“汗漫”。⊙天海案：汙漫，荀書屢言之，安説非。士仕，亦當作“仕士”，與上文同。賊亂者，敗壞、搗亂者。恣睢，狂妄、凶暴。參見本篇首段“縱情性，安恣睢”之校釋。

〔六〕楊倞注：恃權埶而忤人。⊙王念孫曰：觸抵，謂觸罪過也。此對上文“遠罪過”而言。楊注失之。⊙北大組曰：觸抵，觸犯法令。⊙天海案：貪利者不惜觸犯法網也。王説是，楊注非。

〔七〕朝川鼎曰：下文所云處士古今相反，亦與此同例。⊙天海案：唯權埶之嗜者，猶言唯嗜權勢者。又，此下原未分段，現分之。

〔八〕楊倞注：處士，不仕者也。《易》曰“或出或處”。能静，謂安時處順也。⊙朝川鼎曰：静，謂正無欲也，與下文“利心無足而佯無欲”相反。⊙章詩同曰：能静，能圖謀。⊙天海案：德盛，德高。能静，能静心養性。楊注是，章説非。

〔九〕楊倞注：明箸其時是之事，不使人疑其姦詐也。⊙物雙松曰：著是者，以一事言之。士偶有一事，但欲成就其是，以使昭著明白，故遂隱不仕也。⊙冢田虎曰：

著是者也，言所發聞，終無非也。⊙久保愛曰：《標注》本"是"作"時"，觀本注意似是。本注"是"字疑衍。⊙劉台拱曰：著是，疑當作"著定"，與上文"盛"、"靜"等字爲韻。言有定守，不流移也。⊙帆足萬里曰：是，謂事之中是者。⊙朝川鼎曰：是，一本作"時"。時亦"是"也，時、是，古字通用。箸是，猶言行善也。⊙潘重規曰：箸，讀如《勸學篇》"入乎耳，箸乎心"之箸。箸是，猶云"生乎由是，死乎由是"，《易》所謂確乎不可拔者也。上下文初不盡韻，劉改爲"定"，非也。⊙楊柳橋曰：箸，通著。《小爾雅》："著，明也。"⊙天海案：箸，即著。荀書二字多通用，諸本並作"著"。著，明也。是，通時，明《標注》本作"時"。著是，猶言"明時"。上言"知命"，此言"明時"，文意相生相承。楊注未得，諸說亦非。

〔一〇〕楊倞注：云能，自言其能也。慎子曰："勁而害能，則亂也；云能而害無能，則亂也。"蓋戰國時以"言能"爲"云能"，當時之語也。

〔一一〕楊倞注：好利不知足，而詐爲無欲者也。⊙久保愛曰：知，音智。⊙天海案：此二"知"如字，不讀智。佯無欲，僞裝無欲。

〔一二〕楊倞注：以不合俗人，自爲其俗也。⊙冢田虎曰：行僞險穢，僞，恐"爲"之誤。言其行事危險汙穢也。⊙劉師培曰：僞、爲，古通。如《性惡篇》"爲"字均作"僞"，是也。⊙章詩同曰：以不俗爲俗，以不合流俗爲常。下"俗"字是"常"的意思。⊙北大組曰：行僞險穢，行爲陰險骯髒。彊高言，硬要自我吹噓。謹愨，謹慎誠實。以不俗爲俗即自命清高的意思。⊙天海案：高言，大言不慚。《管子·任法》："羣臣無詐僞，百官無姦邪，奇術技藝之人，莫敢高言孟行以過其情，以遇其主矣。"《商君書·農戰》："高言僞議，舍農游食，而以言相高也。"以不俗爲俗，以不合常情作爲自己的常習。此言所謂處士者，故意矯情以爲不俗，並以此爲常，我行我素，以示異於常人也。

〔一三〕楊倞注：訾，讀爲恣。離縱，謂離於俗而放縱。跂恣，謂跂足違俗而恣其志意。皆違俗自高之貌。或曰：縱，當爲縰，傳寫誤耳。縰與𨇤同，步也。離縰，謂離於俗而步去。跂訾，亦謂跂足自高而訾毁於人。離，力智反。跂，丘氏反。縰，所綺反。⊙傅山曰：蹤，從足，謂踪也，非縱也。離於常人之踪，而跂足高步，信口訾議。跂是不穩其足，晉諺謂之立能能起也。⊙物雙松曰：以離跂縱恣分而言之。或是一句，言離違世俗而縱恣也。⊙郝懿行曰：縱，與蹤同，本作軌，謂車迹也，俗作"蹤"，假借作"縱"耳。離縱者，謂離其尋常蹤迹而令人敬異也。舉足望曰跂，訾訓思也，量也。跂訾者，謂跂望有所思量而示人意遠也。此皆絶俗離羣，矯爲名高之事，故曰"士君子所不能爲"也。⊙王念孫曰：楊有前後二説，後説謂"縱"爲"縰"之誤，是也。莊子《在宥篇》："儒、墨乃始離跂攘臂乎桎梏之間。"離跂，叠韻字。離縱、跂訾亦叠韻字。大抵皆自異於衆之意。楊所訓亦非。⊙梁啓雄曰：跂，借爲企。《説文》："企，舉踵也。"訾，借爲跐。《廣雅》："跐，履也。"企跐，謂舉踵而步，表示自異於衆人。⊙于省吾曰:離縱跂訾,應讀作"離蹤歧跐",謂離叛其蹤迹,而歧異其踐履也。⊙天海案:離縱,依傅山説,當爲"離蹤",謂離常人之踪迹。跂訾,依俞説,當讀爲"歧跐"。《説文》:"跂,足多指也。"歧,異也。跂、歧二字,上古並羣母支部,故音義皆可通。訾、跐聲近韻同,故跐通訾。《廣雅》:"跐,履也。"《廣韻》:"跐,行貌。"歧跐,即異行也。離縱而跂訾,猶言背離常軌而異行也。此正承上文"以不俗爲俗"而言。楊倞二説皆未得,唯于説近是也。

〔一四〕盧文弨曰:宋本"之所"下衍一"能"字,今從元刻删。或疑此句因下文首句而誤衍。⊙冢田虎曰:此句宜屬上文,謂今之處士也。⊙王念孫曰:吕、錢本竝作"士君子之所能不能爲",世德堂本同。此文本作"士君子之所能爲不能爲",乃總冒下文之詞。下文"君子能爲可貴"六句,皆承此文而言。宋本脱上"爲"字,元刻又脱上"能"字。盧既依元刻删"能"字,又不知此句爲冒下之詞,而以爲承上之詞,遂劃出此句爲上段之末句,誤矣。又疑此句因下文而衍,則誤之又誤也。⊙王先謙曰:宋台州本此句連上。台州本即祖吕本,是分段之誤不自盧始也。然王説自是,今分屬下段。⊙潘重規曰:王説是也。然"士君子之所能不能爲"乃省文,非脱字也。⊙楊樹達曰:此句爲目下之詞。⊙天海案:上"能"下省"爲"字,此句原屬上段,據本段文意,應作段首總説之例看。故依王念孫之説屬於本段之首。又,巾箱本、《題注》本、遞修本删上"能"字,以合上段句末之意。

〔一五〕楊倞注:可貴,謂道德也。⊙北大組曰:能爲可貴,能做到道德高尚。必貴己,必須尊重自己。⊙天海案:能爲可貴,能成爲可貴之人。

〔一六〕楊倞注:可用,謂才能也。⊙天海案:可用,可用之才也。

〔一七〕楊倞注:見汙,爲人所汙穢也。⊙久保愛曰:脩,脩潔也。⊙天海案:不脩,學行不脩。見汙,被人污毁。

〔一八〕楊倞注:虚譽不能誘,誹謗不能動。⊙天海案:不信,無誠信。不見信,不被信任。不能,無能。

〔一九〕楊倞注:誠,實也。謂無虚僞也。⊙安積信曰:誠,真也。⊙北大組曰:率,遵循。物,外界事物。傾側,動摇。誠,名符其實。⊙天海案:率,直也。率道而行,猶直道而行。物,人也。《左傳》昭公十一年"物以無親",杜注:"物,人也。"上文言"不誘於譽,不恐於誹",皆人所爲,此"物"承上亦當指人。傾側,左右摇擺。"不爲物傾側",猶言不爲人左右。誠君子,真君子。

〔二〇〕楊倞注:已解在《不苟篇》。⊙天海案:引此詩以證"真君子"是維繫道德的基礎。

士君子之容〔一〕:其冠進,其衣逢,其容良〔二〕。儼然、壯然、祺然、蕼然、恢恢然、廣廣然、昭昭然、蕩蕩然,是父兄之容也〔三〕。其冠進,其衣逢,其容愨〔四〕。儉然、恀然、輔然、端然、訾然、洞然、綴綴然、瞀瞀然,是子弟之容也〔五〕。

吾語汝學者之嵬容〔六〕:其冠絻,其纓禁緩,其容簡連〔七〕。填填然、狄狄然、莫莫然、瞡瞡然、瞿瞿然、盡盡然、盱盱然〔八〕。酒食聲色之中,瞞瞞然、瞑瞑然〔九〕;禮節之中,則疾疾然、訾訾然〔一〇〕;勞苦事業之中,則儢儢然、離離然,偷儒而罔,無廉恥而忍謑詢,是學者之嵬也〔一一〕。

弟佗其冠,神禫其辭〔一二〕,禹行而舜趨,是子張氏之賤儒也〔一三〕。正其衣冠,齊其顔色,嗛然而終日不言,是子夏氏之賤儒也〔一四〕。偷儒憚事,無廉恥而嗜飲食,必曰:"君子固不用力。"是子游氏之賤儒也〔一五〕。彼君子則不然,佚而不惰,勞而不優〔一六〕,宗原應變,曲得其宜。如是,然後聖人也〔一七〕。

## 【校釋】

〔一〕楊樹達曰:此爲目下之詞。⊙天海案:容,儀容。此句總冒下文。

〔二〕楊倞注:進,謂冠在前也。逢,大也,謂逢掖也。良,謂樂易也。⊙物雙松曰:其冠進,"進"字當是"追"或"堆"誤矣。⊙久保愛曰:自此以下説形容者,其字義不可詳辨,暫從舊説。後世諸家巧説者,皆以己意私作者也,且不知無妨於義者也。⊙俞樾曰:楊注以冠在前爲進,不詞甚矣。進,讀爲峻,峻,高也。言其冠高也。下云"其衣逢",注曰:"逢,大也。"於冠言高,於衣言大,義正相類。進、峻,音近,故得通用。⊙安積信曰:注"謂逢掖也",逢掖謂肘掖之處,裁制寬大。⊙朝川鼎曰:逢掖之衣,大袂禪衣也。逢、縫,古字通用。⊙章詩同曰:良,温和平易,使人樂於親近。⊙天海案:進,通緊。上古此二字聲近韻同,故通。其冠緊者,冠正纓緊以示敬也。逢,通龐。上古此二字皆並母東部,故得通。其衣龐者,其衣寬大也。良,善也。其容良,其面容和善。

〔三〕楊倞注:儼然,矜莊之貌。壯然,不可犯之貌。或當爲莊。祺然、蕼然未詳。或曰:祺,祥也,吉也,謂安泰不憂懼之貌。蕼,當爲肆,謂寬舒之貌。恢恢、廣廣,皆容衆貌。昭昭,明顯之貌。蕩蕩,恢夷之貌。⊙劉師培曰:《左傳》襄公三十一年引《詩》"威儀棣棣",《賈子新書·容經》釋此文曰:"棣棣,富也。"蕼,蓋"隸"字之訛。隸從隶,聲與古"棣"通,則蕼然即棣棣,所以表其富有威儀也。⊙鍾泰曰:壯,讀如莊。注"或當爲莊",是也。⊙章詩同曰:昭昭然,光明磊落的樣子。蕩蕩然,坦率開朗的樣子。⊙天海案：儼然、壯然，整肅、莊敬之貌。祺然、肆然，祥和寬舒之貌。恢恢然、廣廣然，恢宏、軒昂之貌。昭昭然、蕩蕩然，光明坦蕩之貌。此皆兩組一對釋之。

〔四〕楊倞注：謹敬。⊙章詩同曰：慤，誠實謹慎。

〔五〕楊倞注：儉然，自卑謙之貌。恀然，恃尊長之貌。《爾雅》曰："恀，恃也。"郭云："江東呼母爲恀，音紙。"輔然，相親附之貌。端然，不傾倚之貌。訾然，未詳。或曰：與孳同，柔弱之貌。洞然，恭敬之貌。《禮記》曰："洞洞乎其敬也。"綴綴然，不乖離之貌。謂相連綴也。瞀瞀然，不敢正視之貌。⊙俞樾曰：《漢書·叙傳》"婌婌公主"，師古曰："婌婌，好貌。"恀，即"婌"之假字。嚴威儼恪，成人之道，非所以事親，故子弟之容必婌婌然好也。楊注失之迂曲。⊙劉師培曰：此與上文"父兄之容"節對文。儉與儼反，恀，即《説文》"禾倚移"之"移"，義符柔弱，亦與莊反。又"肆"爲寬舒，"端"爲謹敬。訾、洞、綴、瞀，蓋均斂、抑，無知之意，故與恢、廣、昭、蕩不同。惟祺、輔未詳。⊙鍾泰曰：儉，讀如斂，謂自斂約也。又訾與疵同，訾然，不安貌。下"訾訾然"同。⊙梁啓雄曰：訾，疑借爲"玼"。《説文》："玼，玉色鮮也。"《詩·君子偕老》"玼兮玼兮"，王肅曰："玼，顔色衣服鮮明貌。"⊙北大組曰：訾然，勤勉的樣子。⊙天海案：儉然、恀然，謙卑依順之貌。楊注是。輔然、端然，匍身恭敬貌。輔、匍二字，上古同屬並母魚部，故得通。《孟子·滕文公》上："赤子匍匐將入井，非赤子之罪也。"匍，伏地也，此以喻見長輩之敬。端，亦敬也。楊注"訾然"十三字原脱，據諸本加。訾，或作咨。訾、咨二字聲同韻近，故可假借。咨，徵詢也。咨然，下以請示上之敬貌。洞然，恭敬婉順貌。訾然、洞然，此喻子弟向長輩請教時恭敬之貌。楊注"訾然"，失之。訾，諸本作"紫"，亦誤。綴綴，依戀不舍之貌。瞀，疑通懋。此二字上古聲韻並同，故得通。懋，勤勉、努力。《説文》："懋，勉也。"《書·盤庚》："無戲怠，懋建大命。"孔疏："戒無戲怠，勉力大教。"瞀瞀然，即懋懋然，勤勉之貌。楊注失之。又，此下原未分段，現據文意分之。

〔六〕楊倞注：説學者爲嵬行之形狀。嵬，已解於上。⊙郝懿行曰：嵬容者，怪異之容，故其下遂以重文疊句寫貌之。⊙王先謙曰：猶言學者之嵬之容耳。"嵬容"二字不連，下文言"是學者之嵬也"，即其明證。楊注亦不以"嵬容"連文，郝説誤。⊙北大組曰：嵬容，丑態。⊙天海案：嵬，當讀作"委瑣"之委。嵬容，即委瑣之形狀。參見本篇首節"嵬瑣"之校釋。又，今諸本無"容"字，或據下文而删。然則單言"嵬"字，詞不達意。荀子上言"君子"、"父兄"、"子弟"之容，皆褒也，此言"學者"之容，貶也，故加"嵬"字以鄙之。下文"容"字必脱。王説非也。

〔七〕楊倞注：絻，當爲俛，謂太向前而低俯也。纓，冠之繫也。禁緩未詳。或曰：讀爲紟，紟，帶也。言其纓大如帶而緩也。簡連，傲慢不前之貌。紟，其禁反。連，讀如"往蹇來連"之連。⊙梁啓雄曰：其纓紟緩，謂冠繫和要帶都緩了。⊙天海案：其冠絻，絻，周制，大夫以上冠也。然則於此則未通。上文言"君子之容，其冠進"，謂其冠正而纓緊。此與上對文，絻，則爲"免"字之假。絻、免二字上古聲韻並同，故通。免，除也，去也。《禮・曲禮》："冠毋免。"鄭注："免，去也。"其冠免，言除去其冠，乃散漫之狀也。正與上文"其冠緊"相對。楊注非。纓，束冠之帶。禁，通襟。禁、襟二字上古同屬見母侵部，故通。《爾雅》"衣眥謂之襟"，郭注："交領。"《釋名》："襟，禁也，交於前所以禁御風寒也。"纓襟緩，言冠纓、衣襟弛緩不整之貌。楊注非，梁説未確。簡連，楊注引見《易・蹇》"六四，往蹇來連"，注："往則無應，來則乘剛，往來皆難。"此謂行路艱難之貌，與《荀》旨不合。今謂簡連，同於簡慢，方有倨傲怠慢之義。《管子・形勢》："解惰簡慢，以之事主則不忠，以之事父母則不孝，以之起事則不成。"正與此義同。楊注非。

〔八〕楊倞注：填填，滿足貌。狄，讀爲趯，跳躍之貌。莫，讀爲貊，貊，静也，不言之貌。或動而跳躍，或静而不言，皆謂舉指無恒也。瞡瞡，未詳。或曰：瞡與規同，規規，小見之貌。瞿瞿，瞪視之貌。盡盡，極視盡物之貌。盱盱，張目之貌。皆謂視瞻不平或大察也。盱，許于反。⊙郝懿行曰：狄，與逖同，遠也。填填者，盈滿之容。狄狄者，疏散之容。莫者，大也。瞡，疑與嫢同，嫢者，細也。《方言》"細而有容謂之嫢"。然則莫莫者，矜大之容；瞡瞡者，鄙細之容；瞿瞿者，左右顧望之容；盡盡者，閉藏消沮之容；盱盱者，張目直視之容也。凡此皆以相反相儷爲義。⊙俞樾曰：盡盡，猶津津也。此作"盡盡"者，聲近，故假用耳。⊙久保愛曰：瞡瞡，自得貌，見《正韻》。⊙帆足萬里曰：狄狄然，不親附之貌。莫莫然，閒静自足之貌。瞡瞡然，闚見之貌。⊙朝川鼎曰：狄、莫，即適、莫字。《莊子・秋水篇》："適適然警，規規然自失也。"瞡瞡，即睢睢。《列子・黄帝篇》："老子曰：而睢睢，而盱盱。"⊙劉師培曰：《莊子・秋水》"規規然自釋"，《釋文》云："規規，驚視自失貌。"唯"瞡"義當與"規"同。⊙章詩同曰：填填然，遲重的樣子。狄狄然，上竄下跳的樣子。瞡瞡然，淺陋拘泥的樣子。⊙楊柳橋曰：《廣雅》："狄，辟也。"狄狄，邪僻之貌也。《文選》注引《韓詩章句》："莫，散也。"莫莫，散漫之貌也。《説文》："盡，器中空也。"盡盡，蓋空虚之貌也。⊙天海案：填填然，重遲懶散之貌。《莊子・馬蹄》"其行填填"，《釋文》："崔云：重遲也。"楊注非。狄狄然，憂懼之貌。又作"惄惄"。《楚辭・九章・悲回風》："吾怨往昔之所冀兮，悼來者之惄惄。"朱集注："惄惄，憂懼貌。"又作"惕惕"，《國語・楚語》"豈不使諸侯之心惕惕焉"，韋注："惕惕，恐懼也。"楊注非。莫莫然，猶漠漠然，冷漠之貌。瞡、窺一聲之轉，故通。窺窺然，竊視之貌。瞿瞿然，驚遽之貌。盡盡然，猶空空然，腹内空空之貌。盱盱然，張目仰視貌，猶目中無人之貌。《易・豫》："盱豫，悔。"朱熹本義："盱，上視也。"楊注多未得，他説亦非。

〔九〕楊倞注：瞞瞞，閉目之貌。瞑瞑，視不審貌，謂好悦之甚，佯若不視也。瞞，莫干反。瞑，母丁反。⊙郝懿行曰：謂於酒食聲色，惛瞀迷亂之容也。⊙帆足萬里曰:瞞瞞,注視之貌。瞑瞑,視不明之貌。⊙劉師培曰:瞞瞞,即侔侔。本書《榮辱篇》"侔侔然唯利飲食之見",楊注云:"侔侔,愛欲之貌。"侔、瞞雙聲,故可通用。瞑瞑,即泯泯。古代訓民爲冥,又訓爲瞑,則瞑、泯古通。《書·吕刑》"泯泯棼棼"。或作"湎湎",蓋泯、湎義同,即沈溺其中之義也。上句顯其愛欲之情,下句即表其沈冥之態。⊙北大組曰:瞞瞞然,瞑瞑然,沉醉迷亂的樣子。⊙天海案:劉説於義爲長。又,"瞞瞞"上諸本有"則"者,依下文之例,似當有。

〔一〇〕楊倞注:謂憎嫉毁訾也。⊙郝懿行曰:疾疾、訾訾,謂苦於禮節拘迫,畏憚惰窳之容也。⊙鍾泰曰:疾疾、訾訾,皆言其不安。疾疾,猶蹙蹙。楊注失之。⊙北大組曰:疾疾然,憎惡的樣子。訾訾然,駡駡咧咧的樣子。⊙天海案:疾疾然,疾惡之貌。訾訾然,怨毁不休之貌。楊注是,他説皆未穩。

〔一一〕楊倞注:事業,謂作業也。儢儢,不勉彊之貌。離離,不親事之貌。陸法言云:"儢,心不力也,音吕。"偷儒,謂苟辟事之勞苦也。罔,謂罔冒不畏人之言也。謑詢,謂詈辱也。謑,音傒。此一章皆明視其狀貌而辨善惡也。今之所解,或取聲韻假借,或推傳寫錯誤,因隨所見而通之也。⊙盧文弨曰:正文"謨詢",元刻作"謑詢"。案《説文》:"謑,胡禮切。"重文"謨",實一字也。洪興祖《楚辭》補注《九思》篇"謑詢"下引《荀子》作"謨詢",正與宋本合;其注引"罵辱也",又與元刻同。案《漢書·賈誼傳》有"奊詢亡節"語,同此。彼"奊"音絜。元刻"罵辱也"下有"謑音奚"三字,宋本無。⊙郝懿行曰:儢儢、離離,謂不耐煩苦勞頓,嬾散疏脱之容也。皆以四字合爲雙聲,狀其醜態,爲學者戒。偷儒,已見《修身篇》。謨詢,楊注以爲詈辱,是也。本或作"謑詢",《賈誼書》所謂"奊詢亡節",亦其義也。⊙久保愛曰:儒與懦通。詢與詬通。⊙章詩同曰:罔,不怕人議論。⊙天海案:儢儢然,心不欲爲之貌。《玉篇·人部》:"儢,儢拒,心不欲爲也。"離離然,若即若離之貌。偷儒,即偷懦,苟且怯懦。罔,同亡,《説文》:"亡,逃也。"偷儒而罔,言其苟且怯懦而逃避。楊注失之。謑詢,即謑詢。盧説是也。忍謑詢,即忍受詈辱。楊注是。又,正文"謑",明世本作"謨",《四庫》本作"謑",今據朝鮮本、《龍龕》及盧校似當作"謨",注文亦同。他本誤者亦應從此。又,正文"謨"下,楊注"音傒",明世本、《四庫》本同。爲使注文一律,現移"音傒"二字於注文"詈辱也"之下。"是學者之嵬也",當從上文作"是學者之嵬容也"。又,此下原文未分段,現分之。

〔一二〕楊倞注:弟佗其冠,未詳。神禫,當爲沖澹,謂其言淡泊也。⊙傅山曰:第作其冠,第,除次第、第宅之第,無所用。作,起也。想爲高起之義,猶高冠也。神字亦恐爲神字少訛。覃,長也。神長其詞也。⊙盧文弨曰:弟,本作"弟",《集韻》音徒回反。《莊子·應帝王篇》有"弟靡",此"弟佗"義當近之,與上所云"其冠絻"亦頗相似。俗間本俱作"第作"。⊙劉師培曰:弟,當作"弟",是也。弟佗,即委蛇之異文。⊙帆足萬里曰:佗,宅也。第佗,謂其冠大也。神禫,皆從示,謂言辭高妙也。

⊙鍾泰曰：前言士君子之容，皆上冠而下衣，無道其辭者，此辭疑"衣"字之訛。且"神禫"字皆從衣，若非言衣，無爲用衣旁之字也。或本爲"裔"字，裔與辭右旁相似，不知者誤加辛爲辭耳。⊙梁啓雄曰：《儒效》有"解果其冠"，解果與弟佗音近，疑都是當時的俗語。⊙章詩同曰：弟佗，頽唐，帽子戴得歪歪邪邪。⊙天海案：弟佗，當讀作"頽墮"。《莊子·應帝王》"因以爲弟靡"，《釋文》引徐邈："弟，音頽，文回反。"佗、墮二字，上古並屬定母歌部，故通。弟佗者，頽墮也，言其冠傾斜欲墜之貌。《儒效篇》"解果其冠"，即懈裸其冠，義亦近之。神，《玉篇·示部》："神，神也。"禫，《説文》："禫，除服祭也。""神禫"連文，甚爲不辭。楊訓爲："沖澹，其言淡泊。"是用音訓，然則如鍾説，依文例，上言冠，此當言衣，不得言辭也。故知"神禫"或爲"神襌"，音與形近似而誤。《玉篇·衣部》："神，袴也。"《説文·衣部》："襌，衣不重。"即單衣也。故神襌即衣褲之稱。辭，或本作"𤔔"，即古"亂"字。後人不識，遂右旁添"辛"，訛成"辭"字。"神襌其𤔔"，謂其衣褲亂穿也，正上承"頽墮其冠"，言衣冠之不正，下與"正其衣冠"相對爲文。楊注非。凡以"神禫"爲訓者，亦非。又，弟佗，巾箱本、《題注》本、遞修本、明世本並作"第佗"，《四庫》本作"第作"。

〔一三〕楊倞注：但宗聖人之威儀而已矣。⊙久保愛曰：謂唱子張氏學者之弊也。下文子夏氏、子游氏倣此。⊙天海案：禹行，即禹步。相傳禹治水辛勞而病偏枯，步履艱難而跛行。故後稱跛行者爲禹步。事見《尸子》。舜趨，傳説舜事父母極孝，聞其召，快步趨前，故曰舜趨。又，杜甫《朝獻太清宫賦》："太一奉引庖犧，左右堯步、舜趨、禹馳、湯驟。"此言子張氏等學者只會模仿聖人之外表。子張氏，姓顓孫，名師，字子張，孔丘弟子，春秋時陳國陽城人。《論語》有《子張篇》。

〔一四〕楊倞注：嗛，與慊同，快也，謂自得之貌。終日不言，謂務於沈默。《史記·樂毅與燕惠王書》曰"先王以爲嗛於志"也。⊙冢田虎曰：嗛然，嗛、慊、謙同，退遜也。⊙久保愛曰：案字書，嗛，訓"口有所銜"，然則默而不言貌。⊙郝懿行曰：嗛，猶謙也，抑退之貌。楊注非。《仲尼篇》云"滿則慮嗛"，注云："嗛，不足也。"與此"嗛"同。⊙鍾泰曰：《説文》："嗛，口有所銜也。"此"嗛然"正用本義，蓋譏之也，非謙退之謂，亦非自得之貌也。⊙北大組曰：正其衣冠，衣冠整齊。齊其顔色，表情莊重。⊙天海案：齊，肅也。顔色，面容。嗛然，久、鍾二説是，楊注非。子夏氏，姓卜名商，字子夏，春秋時衛國人，孔子弟子，長於文學，相傳講學於西河，序《詩》、傳《易》，爲魏文侯師。

〔一五〕楊倞注：偷儒，已解上。耆，與嗜同。此皆言先儒性有所偏，愚者效而慕之，故有此敝也。⊙郝懿行曰：此三儒者，徒似子游、子夏、子張之貌而不似其真，正前篇所謂陋儒、腐儒者，故統謂之賤儒。言在三子之門爲可賤，非賤三子也。⊙天海案：固不用力，本不用力。子游氏，姓言，名偃，字子游，春秋時吴人，孔子弟子，長於文學，仕魯，曾爲武城宰。

〔一六〕楊倞注：雖逸而不懈惰，雖勞而不弛慢。⊙天海案："則"字，巾箱本、《題注》本、遞修本並無，惰、僈二字，此三本皆作"墮"、"慢"。

〔一七〕楊倞注：宗原，根本也。言根本及應變，皆曲得其宜也。⊙傅山曰：篇末復列此三賤儒，豈敢逕指斥先賢如此也！抑謂三種是三賢所賤之儒耶？若斥三賢，則無忌憚亦至於此。⊙冢田虎曰：宗，尊也。言宗其原，應其變也。⊙王先謙曰：《王制篇》云："舉措應變而不窮，夫是之謂有原。"注云："原，本也。"宗原者，以本原爲宗也。應萬變而不離其宗，各得其宜，是謂聖人。注失之。⊙北大組曰：曲，委曲，全面。曲得其宜，各方面都做得恰當。⊙楊柳橋曰：宗原，謂以師法爲本。⊙李中生曰：此"本原"指禮義而非師法。⊙天海案：宗原，尊崇其本原。本原，禮法也，爲荀書所宗。"如"字，《題注》本、遞修本並無。



# 仲尼篇第七〔一〕

仲尼之門人，五尺之豎子，言羞稱乎五伯〔二〕。是何也？曰：然。彼誠可羞稱也〔三〕。齊桓，五伯之盛者也〔四〕，前事則殺兄而爭國〔五〕；内行則姑姊妹之不嫁者七人〔六〕，閨門之内，般樂奢汰〔七〕，以齊之分奉之而不足〔八〕；外事則詐邾、襲莒，并國三十五〔九〕。其事行也若是，其險汙淫汰也如彼〔一〇〕，固曷足稱乎大君子之門哉〔一一〕！若是而不亡，乃霸，何也？曰：於乎！夫齊桓公有天下之大節焉，夫孰能亡之〔一二〕！倓然見管仲之能足以託國也，是天下之大知也〔一三〕。安忘其怒，出忘其讎，遂立以爲仲父，是天下之大決也〔一四〕。立以爲仲父，而貴戚莫之敢妬也〔一五〕；與之高、國之位，而本朝之臣莫之敢惡也〔一六〕；與之書社三百，而富人莫之敢距也〔一七〕。貴賤長少秩秩焉，莫不從桓公而貴敬之〔一八〕，是天下之大節也。諸侯有一節如是，則莫之能亡也；桓公兼此數節者而盡有之，夫又何可亡也？其霸也，宜哉！非幸也，數也〔一九〕。

## 【校釋】

〔一〕梁啓超曰：本篇多雜論，無甚精采。⊙吕思勉曰：此篇言"仲尼之門，五尺之豎子，羞稱五霸"，與《春秋繁露·對膠西王篇》合，是今文家義也。而此篇下文論擅寵於萬乘之國，而無後患之術，幾於鄙夫之談，亦可見《荀子》書之雜矣。⊙天海案：本篇以首二字爲題，然所論與仲尼言行無涉。此篇所論内容甚雜，其要有三：一爲崇揚王道；二爲固寵保身之術；三爲立身處世之道。

〔二〕王念孫曰："仲尼之門人"，"人"字後人所加也。（下文同）下文兩言"曷足稱乎大君子之門"，皆與此"門"字相應，則無"人"字明矣。《春秋繁露·對膠西王篇》："仲尼之門，五尺之童子言羞稱五伯，爲其詐以成功，苟爲而已也，故不足稱於大君子之門。"（《漢書·董仲舒傳》同）《風俗通義·窮通篇》"孫卿小五伯，以爲仲尼之門羞稱其功"，語皆本於《荀子》而亦無"人"字。《文選·陳情事表》注、《解嘲》注兩引《荀子》，皆無"人"字。⊙劉師培曰：《治要》引同。《文選·陳情表》注並引"稱"作"言"，無上"言"字。劉向《書録》亦云"皆羞稱五霸"，無"言"字。⊙冢田虎曰：此與《孟子》所謂"仲尼之徒無道桓文之事者"，同意焉。然仲尼猶稱齊桓、晉文、秦穆等者，往往有焉，而門人小子寧可謂羞稱之乎？且至乎齊桓，乃盛稱其九合一匡之功，何以爲羞稱也！⊙梁啓雄曰：五伯，古書亦作"五霸"。伯，本字。霸，假字。本書《王霸》"五伯……齊桓、晉文、楚莊、吴闔閭、越句踐。"⊙天海案：《治要》所録《荀子》已有"人"字。且"門人"指生徒，"豎子"指僮僕，於義無隔。從王説删"人"字者未妥。

〔三〕鍾泰曰：然，猶則也，屬下爲句，不得讀斷。下文"然彼非平政教也"同。⊙天海案："然"，於此作應對副詞，猶唯也，諾也，理當讀斷，不得與下文連讀。説見楊樹達《詞詮》、王引之《釋詞》。鍾説非是。

〔四〕楊倞注：言盛者猶如此，況其下乎。伯，讀爲霸。或曰：伯，長也，爲諸侯之長。《春秋傳》曰"王命内史叔興父策命晉侯爲侯伯"也。⊙天海案：齊桓，即齊桓公，姓姜，名小白，公元前六八五年立爲齊國國君，任管仲爲卿。齊桓公七年，會諸侯於鄄，始稱霸。

〔五〕楊倞注：兄，子糾也。⊙久保愛曰：莊子曰："桓公小白，殺兄入嫂。"⊙天海案：齊桓公之兄名糾，史稱公子糾，皆僖公之子，襄公之弟。齊桓公元年，齊敗魯師於乾時，迫其殺公子糾，交出管仲。

〔六〕天海案：《意林》卷一引《管子》《新語·無爲篇》《説苑·尊賢篇》《論衡·書虚篇》等，皆言及桓公淫其姑姊妹之事。又，久保愛所引，見《莊子·盜跖篇》載滿苟得對子張之言。内行，即内事，房室内之行事。

〔七〕楊倞注：般，亦樂也。汏，侈也，音太。下同。⊙天海案：般樂，盛大之樂。《孟子·盡心》下："般樂飲酒，驅騁田獵。"趙《注》："般，大也，大作樂而飲酒。"

〔八〕楊倞注：分，半也，用賦税之半也。《公羊傳》曰："師喪分焉。"⊙于省吾曰：注説非是。分，應讀今字去聲，謂分際。春秋時齊處海岱之間，最稱富饒，言以齊之分際奉之而猶不足也。若云用賦税之半，則望文演訓矣。⊙天海案：分，半也。《公羊傳》莊公四年："師喪分焉。"何休注："分，半也。師喪其半。"《列子·周穆王》："人生百年，晝夜各分。"張湛注："分，半也。""以齊之分奉之"，猶言以齊國一半的財富奉之。楊注不誤，于説較爲迂遠也。

〔九〕楊倞注：詐邾，未聞。襲莒，謂桓公與管仲謀伐莒，未發，爲東郭牙先知之，是也。并國三十五，謂滅譚、滅遂、滅項之類，其餘所未盡聞也。⊙魯實先曰：詐邾事無攷，邾蓋邢之譌。《韓非子·説林》上云："晉人伐邢，齊桓公將救之，鮑叔曰：'待邢亡而復存之，其名實美。'桓公乃弗救。"此蓋伐邢之事也。

〔一〇〕楊倞注：事險而行汙也。行，下孟反。⊙朝川鼎曰："彼"上多一"如"字，恐非。"彼"字指桓公而言，屬下句讀，與下文同例。⊙王念孫曰：吕、錢本"險汙淫汰也"下有"如彼"二字，元刻無"如"字，以"彼"字屬下讀，元刻是也。下文云"彼固曷足稱乎大君子之門哉"，正與此句相應，則"彼"字屬下讀明矣。吕、錢本"彼"上衍"如"字，則以"如彼"與"若是"對文，與楊注不合矣。⊙天海案：巾箱本、《題注》本、遞修本皆作"行事若是，是其險汙淫汰也"，"彼"字屬下句讀；明世本、《四庫》本作"其行事也若是其險汙淫汰也"，"彼"字仍屬下句讀。此與宋浙本、錢佃本同，且楊倞注文皆在"如彼"二字下。此二句乃互文見義，總言其前事、内行、外事諸行事皆險汙淫汰也，故"彼"字不當屬下句讀。雖下文有"彼固曷足稱乎大君子之門哉"之句，然其自承上之二"彼"字，專指"小人之傑"而言，不得與此文同例。故朝、王二説非是。

〔一一〕物雙松曰：大君子，始見。⊙天海案：固，猶故；曷，同何。下同此。大君子，此或尊稱仲尼，下同。

〔一二〕楊倞注：於乎，讀爲嗚呼，歎美之聲。大節，謂大節義也。⊙久保愛曰：大節，"大節是也，小節是也"之大節。⊙朝川鼎曰：先君曰："大節，謂大節目也。"昭元年《左傳》"國之大節"，即與此同義。⊙楊柳橋曰：高誘《淮南子》注："節，策也。"⊙王雲路曰：大節，關鍵品行。⊙天海案：大節，此指最重要的品節，亦下文所言"大知"、"大決"之類。《論語·泰伯》："臨大節而不可奪也"，何晏《集解》："大節，安國家定社稷"是也。

〔一三〕楊倞注：倓，安也，安然不疑也。大知，謂知人之大也。倓，他坎反。⊙俞樾曰：《説文》："覢，暫見也。""睒，暫視貌。"二字音義俱近，"倓"即其假字也。倓然，暫見之謂。暫見而即知其足以託國，是以謂之大知。楊注失之。⊙久保愛曰：能，才能也。知，音智。⊙朝川鼎曰：先君曰："倓然，明斷貌。"⊙劉如瑛曰：按《説文·人部》："倓，或从剡（作倂）。""倓"即"剡"的通假字。《楚辭·離騷》："皇剡剡其揚靈兮。"王逸注："剡剡，光貌。"《玉篇·刀部》同。倓然，猶灼然。齊桓公灼然地看到管仲之才可以託付國事。楊注："倓，安也。"乃據《説文》本義，不切。俞樾以爲倓是"覢、睒"的假字，義爲暫見，亦不切。因齊桓公託管仲以國事之前，相識已非一日,並不如俞所説"暫見而即知其足以託國"。⊙天海案:《説文》:"倓,安也,从人,炎聲。讀若談。倜、倓或从剡。"是倓能與剡通。《爾雅·釋詁》:"剡,利也。"《廣雅·釋詁》:"剡,鋭也。"故"倓然見管仲之能",即敏鋭地發現管仲的才能。楊注未切,俞、朝、劉三説亦非是。大知,即大智,楊注非是。

〔一四〕楊倞注:安,猶内也;出,猶外也。言内忘忿恚之怒,外忘射鉤之讎。仲者,夷吾之字,父者,事之如父,故號爲仲父。大決,謂斷決之大也。⊙王念孫曰:安,語詞。"忘其怒,忘其讎,遂立以爲仲父"三句,文義甚明,則"忘其讎"上不當有"出"字,蓋衍文也。楊注不得其解而爲之詞。⊙久保愛曰:安,語詞也;"出"字衍。仲父,猶言伯父、叔父也,本注非。⊙于省吾曰:按注及王説並非。蓋"安"與"出"均指桓公當時與公子糾爭國脱險而言。安則忘其危急之怒,出則忘其困厄之讎。古書有本義甚明,因改而誤者,此類是也。如王説荀子書通以安、案二字爲語詞,豈因此而無平安之義訓乎?⊙帆足萬里曰:安,安居也;出,出亡也。⊙楊柳橋曰:出其讐,本作"出忘其讐","忘"字係涉上句而衍。安,爲語辭,二句對文。高誘《吕氏春秋》注:"出,去也。"又:"出,罷也。"謂棄去射鉤之讐。⊙天海案:句當作"安忘其怒,出其讎"。安,乃也,語詞;出,去也。楊柳橋説"出"下之"忘"涉上而衍,甚是。仲父,父之次弟。《釋名·釋親屬》"父之弟曰仲父,仲父之弟曰叔父。"因管仲非齊桓公父之弟,故"立以爲仲父"。若因其字仲,事之如父,號爲仲父即可,又何須"立以爲仲父"?楊注非是。

〔一五〕楊倞注:不敢妬其親密。⊙天海案:"莫之敢妬",即"莫敢妬之",下"莫之"二句同此。

〔一六〕楊倞注:高子、國子,世爲齊上卿,今以其位與之。本朝之臣,謂舊臣也。《春秋傳》:"管仲曰:有天子之二守國、高在。"⊙久保愛曰:本者,對末之言。天下以天子之朝爲本朝,以諸侯之朝爲末。一國以公朝爲本朝,以都邑之朝爲末。《漢書·蕭望之傳》云:"以望之爲平原太守,望之雅意在本朝,遠爲郡守,内不自得。"又見《李尋》及《匡衡傳》。⊙包遵信曰:本朝猶朝廷也。《孟子·萬章下》:"立乎人之本朝,而道不行,恥也。"又本書《儒效》:"儒者在本朝則美政,在下位則美俗。"皆當朝廷講,楊注非。⊙天海案:本朝,指齊國之朝廷。又,"與之"之"之",巾箱本、《題注》本、遞修本皆脱。

〔一七〕楊倞注:書社,謂以社之户口書於版圖。《周禮》:"二十五家爲社。"距與拒同,敵也。言齊之富人莫有敢敵管仲者也。⊙盧文弨曰:案注所引《周禮》出《説文》,乃古《周禮》説也。距,古字;拒,俗字。《論語》石經殘字:"其不可者距之。"⊙郝懿行曰:《論語》"奪伯氏駢邑三百,飯疏食,没齒無怨言",朱熹《集注》援此説之。⊙帆足萬里曰:村居同祀一社,因籍其户口,謂之書社。⊙天海案:古制二十五家立社,將社内人名登録在册,名書社。《左傳》哀十五年"書社五百",杜注:"二十五家爲一社，籍書而致之。”

〔一八〕楊倞注：秩秩，順叙之貌。⊙天海案：“莫不”二字，巾箱本、《題注》本、遞修本、明世本、《四庫》本、《增注》本皆在“少”字下。

〔一九〕楊倞注：其術數可霸，非爲幸遇也。⊙安積信曰：數是理數之數。⊙鍾泰曰：言數，猶言理，言勢，非術數之謂。注誤。⊙梁啓雄曰：《管子·法法》注：“數，理也。”⊙熊公哲曰：數，法也，謂治國得其法。⊙天海案：幸，幸運。數，道數也。《吕氏春秋·壅塞》：“世之直士，其寡不勝衆，數也。”高誘注：“數，道數也。”道數，即道之精理。又，原文此下未分段，現據文意分之。

然而仲尼之門人〔一〕，五尺之豎子，言羞稱乎五伯，是何也？曰：然。彼非本政教也〔二〕，非致隆高也〔三〕，非綦文理也〔四〕，非服人之心也〔五〕。鄉方略、審勞佚〔六〕，畜積脩鬬，而能顛倒其敵者也〔七〕，詐心以勝矣。彼以讓飾爭，依乎仁而蹈利者也〔八〕，小人之傑也！彼固曷足稱乎大君子之門哉〔九〕！

彼王者則不然，致賢而能以救不肖，致强而能以寬弱〔一〇〕；戰必能殆之，而羞與之鬬〔一一〕；委然成文，以示之天下〔一二〕，而暴國安自化矣〔一三〕；有災繆者，然後誅之〔一四〕。故聖王之誅也，綦省矣〔一五〕。文王誅四〔一六〕，武王誅二〔一七〕，周公卒業〔一八〕，至於成王，則安以無誅矣〔一九〕。故道豈不行矣哉〔二〇〕！文王載百里地而天下一〔二一〕，桀、紂舍之，厚於有天下之勢，而不得以匹夫老〔二二〕。故善用之，則百里之國足以獨立矣；不善用之，則楚六千里而爲讎人役〔二三〕。故人主不務得道而廣有其埶，是其所以危也〔二四〕！

**【校釋】**

〔一〕天海案：“然而”二字，巾箱本、《題注》本、遞修本、明世本、《四庫》本皆無，《治要》録《荀子》亦無。

〔二〕王引之曰：五伯亦有政教，不得言五伯非本政教。本，當爲“平”，字之誤也。《致士篇》曰：“刑政平而百姓歸之。”《孟子·離婁篇》曰：“君子平其政。”昭二十年《左傳》曰：“是以政平而不干。”《周南·芣苢序》箋曰：“天下和，政教平。”五伯猶未能平其政教，故曰“非平政教也”。“平政教”三字，本篇一見，《王制篇》兩見，《王霸篇》兩見，其誤爲“本政教”者四，唯《王制篇》之一未誤，今據以訂正。⊙潘重規曰:《議兵篇》曰:“齊桓、晉文、楚莊、吴闔閭、越勾踐,是皆和齊之兵也,可謂入其域矣,然而未有本統也。故可霸而不可以王。”未有本統,即非本政教,説自可通。王氏欲盡改荀書中“本政教”之語,未免近於臆斷矣。⊙龍宇純曰:本政教,是自所賴以致治之本源言;平政教,則是由勘驗推行政教之結果爲説,兩者根本相異。今據下文“非致隆高也,非綦文理也”言其不以禮義、文理爲尚,則此原作“非本政教”,不作“非平政教”甚明。下文又云“鄉方略”,明言其所操持之術,與本政教之取徑相反,亦“本”字不誤之證。⊙天海案:本政教,即以政教爲本。其意自通,而王氏以爲“平”字之誤,非也。且《治要》録此文正作“本政教”,亦不誤之證。

〔三〕楊倞注:致,至極也。⊙久保愛曰:隆高,謂禮也。本注“至”字似剩。⊙北大組曰:隆高,指推崇禮義。

〔四〕楊倞注:非極有文章條理也。⊙北大組曰:綦,極。文理,指禮義制度完備。⊙天海案:文理,荀書中共十六見,多指禮文儀節。“非綦文理”,猶言非極盡禮文儀節。楊注非。

〔五〕楊倞注:非以義服之也。⊙天海案:“之”字,巾箱本、《題注》本、遞修本、明世本、《四庫》本皆無,《治要》引此文亦無,“之”字疑衍。

〔六〕楊倞注:鄉,讀爲向,趨也。審勞佚,審知使人之勞佚也。⊙久保愛曰:佚與逸同。⊙朝川鼎曰:先君曰:“鄉,當作總。”《非十二子篇》:“總方略,齊言行。”⊙熊公哲曰:“方略”有二義,如《非十二子篇》“總方略”謂道術也。此云“鄉方略”,謂策略也。⊙楊柳橋曰:《廣雅》:“趨,行也。”向方略,謂行方略也。⊙天海案:鄉,《治要》引此正作“向”。又“非本政教也”至“審勞佚”之文又見《王霸篇》,文全同。

〔七〕楊倞注:畜積倉廩,修戰鬭之術,而能傾覆其敵也。⊙王引之曰:“修鬭”二字,殊爲不詞,楊注加數字以解之,其失也迂矣。《王霸篇》作“鄉方略,審勞佚,謹畜積,修戰備”,疑此亦本作“謹畜積,修鬭備”,而傳寫有脱文也。此篇及《王霸篇》自“鄉方略”以下,皆以三字爲句,以是明之。⊙于省吾曰:按王説殊不可據。“畜積修鬭”四字,語意甚明,古人自有簡語耳,豈可一一比齊而改之也?《王制篇》“是以厭然畜積脩飾而物用之足也”,與此句例相仿。⊙章詩同曰:畜積,蓄積糧食。修鬭,修戰備。顛倒,打敗。⊙天海案:畜積,同蓄積。荀書用“畜積”者五見,用“蓄積”者二見。脩鬭即脩戰備,其義亦明,不得以《王霸篇》之文律此也。

〔八〕楊倞注:爲讓所以飾爭,非真讓也;行仁所以蹈利,非真仁也。⊙天海案:“詐心以勝”之“以”,《治要》引作“已”。依乎仁,依傍、借用仁的名義。蹈利,謀利。

〔九〕楊倞注:前章言五霸救時,故褒美之。此章明王者之政,故言其失。《孟子》曰:“五霸者,三王之罪人也。”⊙天海案:《治要》録此文,略同。又,原文此下未分段,現據文意分之。

〔一〇〕劉師培曰:案二“致”皆當作“至”,至與極同。言己雖極賢,復能救不肖,己雖極强，復能寬弱。即《非十二子篇》所謂“聰明聖知不以窮人，剛毅勇敢不以傷人”也。⊙梁啓雄曰：“寬”是動詞，《詩·淇奥》傳：“寬，能容衆。”⊙天海案：巾箱本、《題注》本、遞修本無“則”字，《治要》引此文亦無。“致賢而能以救不肖”，“能”字原誤在“賢”下，現據《治要》、諸本及下句文例徑改。二“致”與“至”通，極也。《禮記·禮器》：“禮也者，物之致也。”鄭玄注：“致之言至也，極也。”《國語·吴語》：“飲食不致味，聽樂不盡聲。”韋昭注：“致，極也。”寬弱，寬待弱者。

〔一一〕楊倞注：必以義服，不力服也。⊙物雙松曰：言戰必能使其危亡也。⊙梁啓雄曰：殆之，言我勝敵，使敵危殆也。

〔一二〕楊倞注：委然，俯就之貌。言俯就人，使成文理，以示天下。⊙物雙松曰：委然，《爾雅》：“委委佗佗，美也。”又，文章有委曲意。⊙久保愛曰：徐鉉曰：“委，曲也。从禾垂穗，委曲之貌。”⊙王引之曰：楊説迂回而不可通。竊謂委然，文貌也。委，讀如“冠緌”之“緌”。《儒效篇》“綏綏兮其有文章也”，楊彼注云：“綏，或爲葳蕤之蕤。”蕤與緌同音，此云“委然成文”，即所謂“綏綏（音蕤）有文章”也。《禮記》多以“綏”爲“緌”，而説文“飢餧”字，經典多作“餒”，是從委從妥之字，古多相通。⊙天海案：委，曲也。曲，周徧也。委然成文，猶言周詳地制成禮義文典。若訓委然爲文采之貌，則與下文“暴國安自化矣”文意不切。楊注固非，他説亦未中。又，《治要》引此文作：“委然成文以示之，天下自化矣。”

〔一三〕劉師培曰：案注云“以示天下”，似“示下”不當有“之”字，《治要》所引無“而暴國安”四字，則以“天下”屬下讀，與楊不同。竊以“而”字當在“天”字上，天、而，形近，故傳寫倒乙，《荀子》舊文蓋作：“委然成文以示之，而天下暴國，安自化矣。”《治要》所引省四句，句讀固弗訛也。⊙北大組曰：自化，自然轉變。⊙天海案：暴國，殘暴之國。安，語詞，乃也。自化，自動接受教化。又，《治要》引此作“天下自化矣”。

〔一四〕楊倞注：有災怪繆戾者，然後誅之，非顛倒其敵也。⊙天海案：災繆者，指制造禍害與錯亂的人。繆，通謬，乖錯、逆亂。

〔一五〕楊倞注：省，少也，所景反。⊙天海案：綦，同極。《王霸篇》：“夫人之情，目欲綦色，耳欲綦聲……”楊倞注：“綦，極也，或爲甚。”《治要》引此文，“綦”作“甚”，亦與“極”意近。

〔一六〕楊倞注：四，謂密也、阮也、共也、崇也。《詩》曰：“密人不恭，敢距大邦，侵阮徂共。”《春秋傳》曰：“文王聞崇德亂而伐之，因壘而降。”《史記》亦説文王征伐，與此小異。誅者，討伐殺戮之通名。⊙久保愛曰：古屋鬲曰：“誅四，本注以密、阮、共、崇當之，然阮與共是密人之所侵，非文王所誅。”案《竹書紀年》：“殷紂十七年，西伯伐翟，三十二年伐密，三十四年伐崇，三十六年伐昆夷。”

〔一七〕楊倞注：《史記》云：“武王斬紂與妲己。”《尸子》曰：“武王親射惡來之口，親斫殷紂之頸，手汙於血，不温而食。當此之時，猶猛獸者也。"⊙盧文弨曰：案"温"字有誤，或是"盥"字。⊙俞樾曰：楊注所引，皆不足以爲二。所謂"誅二"者，殆即《孟子》所稱"誅紂、伐奄"與？⊙久保愛曰：古屋鬲曰："誅二，謂伐黎、伐紂也。本注'温'字當作'盥'。"



〔一八〕楊倞注：周公終王業，亦時有小征伐，謂三監、淮夷、商奄也。⊙久保愛曰：《吕氏春秋》曰："文王造之而未遂，武王遂之而未成，周公旦抱少主而成之，故曰成王。"⊙天海案：卒業，終於完成統一天下的大業。

〔一九〕楊倞注：言其化行，刑措也。⊙王念孫曰："安"下本無"以"字，此後人不知"安"爲語詞而誤以爲"安定"之安，故妄加"以"字耳。《大略篇》"至成、康則案無誅已"，"案"下無"以"字，是其明證。⊙帆足萬里曰：安，如其字。⊙天海案：安，安定，不作語詞。如作語詞，則與"則"字義復。以，猶而也。"安以無誅"，即安定而不誅，王説非也。

〔二〇〕楊倞注：以此言之，道豈不行，人自不行耳，故又以下事明之。

〔二一〕楊倞注：所載之地不過百里而天下一，以有道也。⊙物雙松曰：《伊訓》"朕哉自亳"，《詩》"春日載陽"，載、哉通，始也。⊙顧千里曰："載"下當有"之"字。"載之"，"舍之"對文，二"之"字皆指道也。《富國篇》"以國載之"，是其證。楊注"載"下已脱"之"字。⊙帆足萬里曰：載，猶有也。⊙安積信曰：載，猶行也。"載"下恐脱"之"字，"載之"與"舍之"相對。⊙天海案：載，行也，施爲也。《爾雅·釋詁》："載，僞也。"《周禮·春官·大宗伯》："大賓客，則攝而載果。"鄭玄注："載，爲也。果，讀爲祼。"《小爾雅廣言》："載，行也。"《書·皋陶謨》："亦言其人有德，乃言曰，載采采。"孔傳："載，行；采，事也。"孔穎達疏："載者，運行之義，故爲行也。"載百里地，猶言行道百里地。"道"字已承上文而省，不必以"之"字出之。楊注雖未釋"載"字，然其"行之"之義已隱含其中。顧氏以《富國篇》"以國載之"律此，非。

〔二二〕楊倞注：桀、紂舍道，雖有天下厚重之勢，而不得如庶人壽終。⊙天海案：厚，廣也。此對文王百里地而言。《左傳》隱公元年："厚將得衆。"杜預注："厚，謂土地廣大。"下文"人主不務得道，而廣有其埶"，是其證。楊倞以"重"訓"厚"，非也。

〔二三〕楊倞注：善用，謂善用道也。讎人，秦也。楚懷王死於秦，其子襄王又爲秦所制而役使之也。

〔二四〕朝川鼎曰：先君曰："廣，當作厚。"上文云："厚於有天下之勢。"⊙包遵信曰：廣，乃曠字之假。曠可訓遠、訓大，由大而遠，遂有空曠之義，故亦可訓空。⊙天海案：廣，厚也。"廣有其勢"，此承上文"厚於有天下之勢"而言，互文而見義。本篇言王霸之道至此而止。



持寵處位，終身不厭之術〔一〕。主尊貴之，則恭敬而僔〔二〕；主信愛之，則謹慎而嗛[三]；主專任之，則拘守而詳[四]；主安近之，則慎比而不邪[五]；主踈遠之，則全一而不倍[六]；主損絀之，則恐懼而不怨。貴而不爲夸[七]，信而不忘處謙[八]，任重而不敢專，財利至則言"善而不及"也，必將盡辭讓之義然後受[九]。福事至則和而理，禍事至則靜而理[一〇]。富則施廣，貧則用節。可貴可賤也，可富可貧也，可殺而不可使爲姦也[一一]。是持寵處位，終身不厭之術也[一二]。雖在貧窮徒處之埶[一三]，亦取象於是矣，夫是之謂吉人[一四]。《詩》曰："媚茲一人，應侯順德。永言孝思，昭哉嗣服。"此之謂也[一五]。

【校釋】

〔一〕楊倞注：論人臣處位，可終身行之之術。⊙楊樹達曰：此目下之詞。⊙天海案：不厭，不棄也。此爲本節之小標題。

〔二〕楊倞注：僔與撙同，卑退也。⊙熊公哲曰：僔，祖隱切，音撙，義同。裁抑也。⊙天海案：撙，謙抑也。《管子·五輔》："整齊撙絀，以辟刑僇。"注："撙，節也，言自節而卑屈也。"

〔三〕楊倞注：嗛與歉同，不足也，言不敢自滿也。按《春秋·穀梁傳》曰："一穀不升謂之嗛。"⊙王引之曰：嗛與謙同。《周易·釋文》曰："謙，子夏作嗛。"故與"謹慎"連文。⊙天海案：嗛，同謙。下文"信而不忘處謙"，正應此而言。楊倞此注與彼注皆未確。

〔四〕楊倞注：謹守職事，詳明法度。⊙久保愛曰：拘守而詳，《修身篇》所解是也。⊙劉師培曰：案"詳"與下句"不邪"對文，則詳當作祥。古代詳、祥通用，如《逸周書》作"威不詳"，《左傳》成十六年"德刑詳"，義均當作祥，是也。《爾雅》："祥，善也。"善與邪，字相反，拘守而祥，猶言恭敬而慈詳也。⊙李中生曰："詳明法度"與被"專任"，缺少邏輯聯繫，楊注非。詳字之義，當指細心處理事務。《説文》："詳，審議也。"《公羊傳》宣公十二年"不赦不詳"，何休注："善用心曰詳。"《修身篇》"拘守而詳"，楊倞注："詳，謂審於事也。"此注可取。⊙天海案：拘守，謹嚴自守。詳，細心審慎。《書·蔡仲之命》"詳乃視聽"，孔傳"詳審汝視聽"。"主專任之則拘守而詳"，與下文"任重而不敢專"相呼應，非與下"不邪"句對文。楊注未當，劉説亦非是，李説是也。

〔五〕楊倞注：謹慎親比於上，而不回邪諂佞。⊙王引之曰："慎比"即"順比"。言雖順比於君，而不諂諛也。楊分"慎比"爲二義，失之。⊙久保愛曰：慎，讀爲順。《大雅·皇矣·詩》曰"克順克比"。⊙朝川鼎曰：《王制篇》"使天下莫不順比從服”。⊙梁啓雄曰：慎，借爲“順”。《管子·五輔》“比順以敬”，注：“比，和也。”⊙天海案：安近之，樂近之也。《商君書·開塞》：“天下不安無君，而樂勝其法。”朱師轍解詁：“安，樂也。”《孟子·梁惠王上》“寡人願安承教”，《戰國策·楚策》“士卒安難樂死”，安，並訓樂也。慎，當讀爲順。順、慎古通。下文“則慎行此道也”，楊注“慎，讀爲順”，是其證。慎比，猶順比，即柔順親附也。《荀子·王制》《議兵》《禮論》，“順比”一詞共三見，故此“慎比”亦“順比”也。楊注非，王説是。

〔六〕楊倞注：不以疏遠而懷離二之心。⊙久保愛曰：全、純，互通用。《投壺禮》“二算爲純”，純音全，注：“純，全也。”⊙北大組曰：全一，保持一心一意。⊙天海案：全一，猶言全心全意。

〔七〕楊倞注：夸，奢侈也。⊙天海案：損絀，猶貶黜也。夸，炫耀也。

〔八〕楊倞注：謙，讀爲嫌。得信於主，不處嫌疑間，使人疑其作威福也。⊙盧文弨曰：各本無“忘”字，惟宋本有，作“不忘處謙下”解，未嘗不可，但注讀謙爲嫌，云“不處嫌疑間”，則“忘”字衍，當去之。⊙王念孫曰：宋吕本如是，錢及各本俱無“忘”字。⊙王先謙曰：“忘”字依注不當有，從各本删。⊙朝川鼎曰：謙，如字。上文“主信愛之，則謹慎而嗛；主專任之，則拘守而詳”，與此同義。⊙安積信曰：謙，如字。處字恐衍。⊙李中生曰：“信而不處謙”，當從盧校作“信而不忘處謙”。“不爲夸”、“不忘處謙”，都是辭讓之舉，所以下文説：“財利至則善而不及也，必將盡辭讓之義然後受。”“信而不處謙”，文不成義，楊倞所見本脱“忘”字，故曲爲之解。⊙天海案：宋浙本、韓本皆有“忘”字，而諸本無。上文“不爲夸”，下文“不敢專”，皆三字，疑此當作“不忘謙”，衍“處”字。且上文云“主信愛之，則謹慎而嗛”，此云“信而不忘謙”，正相呼應。楊倞上注“嗛”爲“歉”，此注“謙”爲“嫌”，皆不通義理之失。

〔九〕楊倞注：善而不及，而，如也。言己之善寡，如不合當此財利也。⊙王念孫曰：元刻無“言”字，是也。據楊注云“善而不及，而，如也”，則“善”上無“言”字明矣。注又云“言己之善寡，如不合當此財利也”，此“言”字乃申明正文之詞，非正文所有也。宋本有“言”字，即涉注文而衍。⊙久保愛曰：善，疑當作義。《論語》曰“義然後取”。⊙朝川鼎曰：善，即義。《孟子·盡心》上篇：“欲知舜與蹠之分，無他，利與善之間也。”亦言義也。君子見利思義，故言義而不及財利。而，如字。⊙天海案：“言”字，宋浙本、韓本皆有，巾箱本、《題注》本、遞修本俱無。《增注》本從宋本，《集解》本從王校删之。然無此“言”字則上下文意阻隔，楊注首句未及“言”字，而下文補之，正明其原文“言”字不可無。王氏據元刻而曲爲之説，非也。

〔一〇〕楊倞注：理，謂不失其道。和而理，謂不充屈。静而理，謂不隕穫也。⊙久保愛曰：謂不以憂喜害其理也。本注非。⊙天海案：《廣雅·釋詁》：“理，順也。”和而理，即和而順。静而理，即静而順。言其憂喜皆順其事理，臨禍福而不亂也。楊注非。

〔一一〕楊倞注：君雖寵榮屈辱之，終不可使爲姦也。⊙冢田虎曰：孔子曰："事君可貴可賤，可富可貧，可生可殺，而不可使爲亂。"

〔一二〕天海案："位"、"終"二字原無，現據諸本與本節首句文例補之。

〔一三〕楊倞注：徒處，徒行。或曰，獨處也。雖貧賤，其所立志亦取法於此也。⊙朝川鼎曰：徒處者，處而不仕也。⊙帆足萬里曰：徒，役徒也。處，疑虜誤。⊙安積信曰：徒，如徒行、徒食之徒。謂貧賤無侍御僕僮之屬也。⊙天海案：徒處，猶獨居也。《儒效篇》："故君子窮處而榮，獨居而樂。"徒、獨雙聲，古多通用。故徒處與獨處同。楊注引或説是。

〔一四〕天海案：取象，取之作榜樣。《莊子・天道》："天地之行也，故聖人取象焉。"吉人，善人、賢人。《易・繫辭》下："吉人之辭寡。"《詩・大雅・卷阿》："藹藹王多吉人。"

〔一五〕楊倞注：《詩・大雅・下武》之篇。一人，謂君也。應，當。侯，維。服，事也。鄭云："媚，愛。兹，此也。可愛乎武王，能當此順德，謂能成其祖考之功也。""服，事也。明哉武王之嗣行祖考之事，謂伐紂定天下"也。引此者，明臣事君，亦猶武王之繼祖考也。⊙冢田虎曰：今《荀子》引此詩意與《詩》傳不同，以爲雖爲君所媚愛，而應此順德之義，以成持寵處位之意而已。倞注以鄭箋解者，失之。⊙朝川鼎曰：古之引《詩》，斷章取義，不必與本義相同。此言雖爲君所媚愛，而應此順德，永言孝思，則明能嗣服於君，以持寵位，終身不厭也。⊙天海案：冢、朝二説是，楊注未切。

求善處大重，理任大事〔一〕，擅寵於萬乘之國，必無後患之術〔二〕。莫若好同之〔三〕，援賢、博施、除怨，而無妨害人〔四〕。能耐任之，則慎行此道也〔五〕；能而不耐任〔六〕，且恐失寵，則莫若早同之，推賢讓能而安隨其後〔七〕。如是，有寵則必榮，失寵則必無罪，是事君者之寶，而必無後患之術也〔八〕。

故知者之舉事也，滿則慮嗛〔九〕，平則慮險，安則慮危，曲重其豫，猶恐及其旤，是以百舉而不陷也〔一〇〕。孔子曰："巧而好度必節，勇而好同必勝，知而好謙必賢。"此之謂也〔一一〕。愚者反是。處重擅權，則好專事而妬賢能，抑有功而擠有罪，志驕盈而輕舊怨〔一二〕。以吝嗇而不行施道乎上，爲重招權於下，以妨害人，雖欲無危，得乎哉〔一三〕！是以位尊則必危，任重則必廢，擅寵則必辱。可立而待也，可炊而僨也〔一四〕。是行也，則墮之者衆而持之者寡矣〔一五〕。

## 【校釋】



〔一〕楊倞注：大重，謂大位也。⊙俞樾曰："理"字衍文。"處大重，任大事"相對，皆蒙"善"字爲義。楊注不釋"理"字之義，知楊氏作注時尚無"理"字也。"理"字，蓋即"重"字之誤而衍者。⊙物雙松曰："求"下二十二字長句。大重，謂大權也。注以爲大位，非。⊙冢田虎曰："求"字繫於"無後患"則通焉，然疑是衍也。大重，謂重任也，下文曰"處重擅權"，可以見也。理，必有誤，當作"能"與？茂卿曰"大重，謂大權"，亦非也。⊙朝川鼎曰：下文云"位尊則必危，任重則必廢，擅權則必辱"，所謂危、廢、辱，三者即後患。先君曰："大重，兼位權而言。《漢書・霍光傳》：察羣臣，唯光任大重可屬社稷。"⊙徐復曰：按楊注以大重爲大位，於古訓無徵。俞謂"理"即"重"字之誤而衍者，亦嫌專輒。余按此處文義，疑本作"善處重任，理大事"，爲二對句。上句"大"字，即涉下句"大事"而衍。又"理任"二字，寫者誤倒耳。下文云"處重擅權"，處重即處重任之省文。《王霸篇》云："故國者，重任也。"又"重任"二字連文之證矣。⊙包遵信曰：訓"大重"爲大位，古無此例也。此"重"當讀如《禮記・祭統》"而又以重其國也"之"重"，注："猶尊也。"大尊，指其所處之位言，下文"是以位尊則必危"。大尊，即位尊。⊙天海案：大重，大權重位。楊注可從。《史記・燕召公世家》："燕王因屬國于子之，子之大重。"司馬貞《索隱》："大重，謂尊貴也。"理任大事，猶言順任大事。"理任"與"善處"相對爲文。理，猶順也。《易・説卦》："和順於道德而理於義。"理於義，即順於義。《孟子・盡心下》："稽大不理於口。"楊伯峻注："理，順也。"故知此"理"字既非衍文，亦非字誤，諸説皆未得也。

〔二〕王先謙曰："求善處之術"二十二字爲句，與下"必無後患之術也"相應，與前後"持寵處位終身不厭之術"、"天下之行術"一律，楊失其讀。⊙天海案：王説可從。

〔三〕楊倞注：好賢人與之同者也。⊙冢田虎曰：言同於衆之所好而不敢悖焉。下文"莫若早同之"，亦然也。注不是也。⊙陶鴻慶曰：好同，猶言不敢立異。下文云："能而不耐任……而安隨其後。"言君不能任我，則推賢讓能，所以同於君意也。此文義亦當同。⊙天海案："好同之"與下文"早同之"義相通，同者，上同於君，下同於衆，故須"好"、須"早"，"是事君者之實，而必無後患之術也"。

〔四〕楊倞注：除怨不念舊惡。⊙盧文弨曰：正文"人"字，元刻作"之"。⊙朝川鼎曰：援賢則不念舊怨，博施則無妨害人。⊙天海案：此言引賢能廣施惠皆不記舊怨且無害於人。"人"字，巾箱本、《題注》本、遞修本、明世本、《四庫》本皆作"之"，字誤也。

〔五〕楊倞注：耐，忍也。慎，讀爲順。言人有賢能者，雖不欲用，必忍而用之，則順己所行之道。耐，乃代反。⊙物雙松曰：言其人之材能堪任事也。⊙冢田虎曰：能，謂己之才能也。耐，堪也。言己之才能堪任大事，則慎行此道；若己之才能不堪其任，且恐失其寵，則莫若早舍己同衆也。注非也。⊙久保愛曰：慎，如字。⊙王念孫曰："能耐任之"，"能而不耐任"，兩"能"字皆衍文。耐，即"能"字也。今作"能耐任之"者，後人記"能"字於"耐"字之旁，而傳寫者因誤合之也。"而不耐任"云云者，而讀爲如，言如不能任其事，則莫若推賢讓能也。今作"能而不耐任"者，傳寫者既"能"、"耐"並録，而"能"字又誤在"而不"二字之上也。楊氏不得其解，故曲爲之詞。⊙朝川鼎曰：能者，才能之能；耐，勝也。言其才能勝任上文之事，則慎行好同之道也。⊙鍾泰曰：兩"能"字皆非衍文。能、耐，字亦不復。能者，其才能，實字也；耐者，可以堪耐，虚字也。而，亦當以本字讀之，不讀爲如。⊙天海案：楊注、王説"能耐"皆非，諸説是也。慎，讀爲順，楊注是，謂順行好同之道也，久説"如字"，非。

〔六〕楊倞注：有能者不忍急用之。⊙天海案：楊注非，參上注。"而"字，巾箱本、《題注》本、遞修本皆無。

〔七〕久保愛曰：安隨其後，隨賢者之後也。安，語詞。⊙帆足萬里曰：安，如字。⊙天海案：安，樂也。安隨其後，即樂隨其後也。説參前文"主安近之"之注。

〔八〕楊倞注：或曰：《荀子》非王道之書，其言駁雜，今此又言以術事君。曰：不然。夫荀卿生於衰世，意在濟時，故或論王道，或論霸道，或論彊國，在時君所擇，同歸於治者也。若高言堯、舜，則道不必合，何以拯斯民於塗炭乎！故反經合義，曲成其道。若得行其志，治平之後，則亦堯、舜之道也。又荀卿門人多仕於大國，故戒其保身推賢之術，與《大雅》"既明且哲"豈云異哉！⊙盧文弨曰：正文"也"字，元刻在"寶"字下。案推賢讓能，人臣之正道也。以此爲固寵之術，亦不善於持説矣。注曲爲之解，非是。⊙冢田虎曰：荀卿作《臣道篇》，分態臣、篡臣、功臣、聖臣，以論其賢不肖焉。而今以如是術爲寶而事君者，我不知可以名何臣也！士君子之事君，豈可擅寵而恐失之乎哉！用舍行藏，唯道之與進退，何更求持寵之術焉？楊倞曰："荀卿生於衰世，意在濟時。"寧有濟時之志者，可欲擅寵而阿同焉哉！是不能使學者無疑之術也。⊙天海案：正文"也"字，巾箱本、《題注》本、遞修本皆無，然"寶"字下有"也"字。又，此下原文未分段，現據文意分之。

〔九〕楊倞注：嗛，不足也。當其盈滿，則思其後不足之時而先防之。⊙久保愛曰：知，音智。⊙安積信曰：嗛，謙通。以下孔子之言可知矣。⊙天海案：《説苑·權謀篇》："夫知者舉事也，滿則慮謙。"巾箱本、《題注》本、明世本、《四庫》本皆無"兵"字，又此文非論兵也，故據諸本及《説苑》删之。嗛、同謙。説參前文"謹慎而嗛"之注。

〔一〇〕楊倞注：委曲重多而備豫之，猶恐及其既。既與禍同。⊙冢田虎曰：曲重其豫，重，直用反。言委曲以不輕其備豫也。⊙朝川鼎曰：上文三慮，即所謂豫。

⊙安積信曰：曲重，猶言丁寧也。謂丁寧戒慎其備豫之道也，注不允。⊙龍宇純曰："曲"當作"申"，字之誤也。《爾雅·釋詁》："申，重也。"本書《富國》《王霸》二篇，正以"申重"連用。"申重其豫，猶恐及䍐"，言再三謀慮，猶恐及䍐也。"申"誤爲"曲"者，蓋先是"申"壞爲"由"，"由"字行書與漢隸"曲"形近，"由"又誤爲"曲"。⊙天海案：龍説"曲"乃"申"字之誤，可從。其説"申"壞爲"由"，是也。《説苑·權謀》正作："由重其豫"，亦"申"字之壞而訛"由"之證也。漢隸"由"、"曲"形近，故"由"再訛爲"曲"。"曲重"不辭，而"申重"一詞《荀子》凡四見。如下文"疾力以申重之"，楊注："申重，猶再三也。"故"曲重"必爲"申重"之誤。楊注之誤，蓋由所見之本"申"已訛爲"曲"矣。

〔一一〕楊倞注：巧者多作淫靡，故好法度者必得其節。勇者多陵物，故好與人同者必勝之也。⊙郭嵩燾曰：勝，當讀爲職蒸切。《説文》："勝，任也。"言勇而好同，能盡人之力，則可以任天下之大事。⊙鍾泰曰：勝，讀如字。勝負者，勇者之所爭，勉之以好同。故曰"勇而好同必勝"，郭説非。⊙朝川鼎曰：《文子·道自然篇》亦云："智而好問者聖，勇而好同者勝。"⊙天海案：《説苑·雜言篇》引孔子此三語，"節"作"工"，"謙"作"謀"，"賢"作"成"。

〔一二〕楊倞注：擠，排也，言重傷之也。輕舊怨，謂輕報舊怨。⊙王念孫曰：輕，謂輕忽也。楊云"輕報舊怨"，於"輕"下加"報"字，失之。⊙冢田虎曰：擠排有罪，固其所也，不可以爲愚者之事也。按"擠"一訓"推"，此與"抑"對，則推舉之意也。又與"濟"通用乎？輕舊怨，君子不思舊怨，愚者輕慢之也。⊙安積信曰：輕，即輕侮之謂。⊙天海案：楊注"擠"、"輕"皆非，冢説"輕"爲輕慢，是也；説"擠"爲推舉，與"濟"通，於古訓無徵。竊以爲"好專事而妬賢能"爲一事，"抑有功而擠有罪"亦爲一事。擠，乃排斥、陷害之意，即壓抑有功者並陷之於罪。冢氏以"有罪"與"有功"相對爲二事，非也。《莊子·人間世》："故其君因其修而擠之，是好名者也。"《釋文》："司馬云：擠，毒也。一云：陷也。"

〔一三〕楊倞注：施道，施惠之道。欲重其威福，故招權使歸於己。⊙鍾泰曰：當"以忝嗇而不行施"，施字句絶。上言"援賢博施"，此言"不行施"，文正一例。"道乎上爲重"句，道與諂同。"道上以爲重"，與"招權於下以妨害人"對句，或"爲重"上脱一"以"字。楊注不辭，亦失句讀。⊙楊樹達曰：道，讀爲導，此謂以忝嗇不施之行偈導於上。楊以"施道"連讀，非是。⊙劉師培曰：此數語句讀未明。蓋"以忝嗇而不行施道"爲句，"乎上爲重"爲句，"招權於下"另爲句。以者，用也。以與不行對文，然用忝嗇而不行施道也。上文言"富則施廣"，又言"援賢博施，除怨而無妨害人"。此文"不行施道"，正與"博施"相反，是猶妬賢與援賢相反，輕舊怨與除怨相反，妨害人與無妨害人相反也。施道，即施與之道。若"乎上爲重"，"乎"係"平"字之訛，"平上"者，言處重控權之時，其權勢與君匹敵，即《左傳》所謂偶國也。蓋威擬人君，復挾威自重，以招權於下，此荀子所由稱爲危道也。自“平”誤爲“乎”，而其義不可解矣！⊙帆足萬里曰：重招權，謂重招取權勢也。⊙安積信曰：“爲重”二字難解，楊注亦不妥。愚謂，爲重者，爲威福之重也。⊙梁啓雄曰：道乎上爲重，謂愚者處重擅權，他的言行都託稱“依上之指”來自重。即俗語所謂“狐假虎威”之意。⊙駱瑞鶴”曰：楊倞於“道”字下讀斷，謂施道爲施惠之道，實不可易。今據以正其讀云“以吝嗇而不行施道，乎上爲重，招權於下，以妨害人”。上“以”字，義與“用”同。乎，古“呼”字，金文“招呼”字作“乎”。《荀子》此處“乎”即“呼”，義爲稱引。⊙天海案：楊注施道及句讀不誤，然釋“重”字非是，且未明“乎上”之句讀，故諸説歧出，至今猶疑。今試爲讀之：“以吝嗇而不行施道乎上，爲重招權於下，以妨害人。”上“以”字，由也，因也，不當作“用”解。施道，如楊注，乃承上文“富則施廣”、“援賢博施”之道而言。乎，與於同。高誘注《吕氏春秋·貴信篇》曰：“乎，於也。”荀書以“乎”作“於”處比比皆是，不煩例舉。“乎上”，即“於上”，正與下句“於下”相對，且略變其詞耳！《富國篇》“三德者誠乎上”，《臣道篇》“善取寵乎上”，《儒效篇》“忠信愛利形乎下”，《解蔽篇》“湛濁動乎下”，以上“乎上”、“乎下”皆作“於上”、“於下”，是此“乎上”爲“於上”之證。“爲重招權”，即以重位攬權。爲，猶“以”也。説見王引之《釋詞》。“在上因吝嗇而不行施惠之道，在下以重位而攬權，并以此妨害人。”其義昭然而無疑。

〔一四〕楊倞注：炊，與吹同。僥，當爲僵。言可以氣吹之而僵仆。僥，音竟。⊙盧文弨曰：元刻作“音僵”。⊙郭慶藩曰：字書無“僥”字，僥，當讀爲竟。《説文》：“樂曲盡爲竟。”引申之，凡終盡之義皆謂之竟。炊而竟，猶言終食之閒，謂時不久也。⊙帆足萬里曰：僥，竟同，終也。言可一炊之閒待其終也。⊙安積信曰：炊，如字。猶言一炊之頃。謂其僵之速也。注恐非。⊙天海案：僥，字見《篇海類編》，又見《集韻》，於此文讀作“竟”，終也。楊注非，郭説是。

〔一五〕楊倞注：隳，許規反。⊙久保愛曰：持，扶持也。⊙王先謙曰：隳，毁也。持，扶助也。《解蔽篇》云“鮑叔、寧戚、隰朋能持管仲，召公、吕望能持周公”也。⊙天海案：“是行也”，宋浙本外，諸本又作“是何也”，於義似長。

天下之行術〔一〕：以事君則必通，以爲仁則必聖，立隆而勿貳也〔二〕。然後恭敬以先之，忠信以統之，慎謹以行之，端愨以守之，頓窮則從之，疾力以申重之〔三〕。君雖不知，無怨疾之心；功雖甚大，無伐德之色〔四〕。省求多功，愛敬不倦，如是則常無不順矣〔五〕。以事君則必通，以爲仁則必聖，夫是之謂天下之行術〔六〕。

少事長，賤事貴，不肖事賢，是天下之通義也。有人也，埶不在人上而羞爲人下，是姦人之心也〔七〕。志不免乎姦心，行不免乎姦道，而求有君子、聖人之名，辟之是猶伏而咶天，救經而引其足也〔八〕！說必不行矣，俞務而愈遠〔九〕。故君子時詘則詘，時伸則伸也〔一〇〕。



## 【校釋】

〔一〕楊倞注：可以行於天下之術。⊙久保愛曰：桃源藏曰："所爲必行之術也。"⊙楊樹達曰：目下之詞。⊙章詩同曰：行術，通行之術。⊙楊柳橋曰：高誘《吕氏春秋》注："行，通也。"⊙天海案：此亦篇中小目。

〔二〕楊倞注：仁，謂仁人。聖，亦通也。以事君則必通達，以爲仁則必有聖知之名者，在於所立敦厚而專一也。此謂可行天下之術也。⊙冢田虎曰：隆，尊高也。言建立所尊敬而無貳心也。《致仕篇》曰"君者，國之隆也；父者，家之隆也；隆一而治，二而亂"，是也。注失之。《荀子》善用"隆"字，皆尊高之意。⊙久保愛曰：隆，謂禮也。⊙俞樾曰：仁，當作"人"。言以事君則必通達，以爲人則必聖知也。楊注曰"仁，仁人"，失之矣。⊙帆足萬里曰：隆，後世所謂國，是也。⊙朝川鼎曰：通，達也。爲仁，猶言行仁也。⊙王先謙曰："以事君"二句上屬爲義，言行天下之術如此也。"立隆"句下屬爲義。隆，猶中也。立中道而無貳心，然後從而行之，是乃行術也。楊注似未晰。仁、人古通，俞說是。⊙鍾泰曰："爲仁"，"仁"字不誤。爲仁，孔門自有其說，觀《論語》可見，俞說非也。⊙梁啓雄曰：此文"爲仁"謂修爲仁德。《論語》："克己復禮爲仁，爲仁由己。"《周禮》注："爲，作也。"均謂用己力作爲仁德。⊙龍宇純曰：王以"事君"二句上屬，"立隆"句下屬，此最能得荀子之意。此下云："以事君則必通，以爲仁則必聖，夫是之謂天下之行術。"是此文"聖"下終句之明證。⊙天海案：爲仁，猶行仁。聖，聖明。"事君"，立身之道；"爲仁"，處世之道；立身必通達，處世必聖明，故爲天下通行之術。立隆，樹立事君、行仁的崇高地位。勿貳，行此術專一不變也。楊注未切，俞說亦非是。"立隆"句乃針對"事君"、"爲仁"之行術所抱之態度而言，不當下屬爲義。下文不再重復"立隆"句者，乃重申"事君"、"爲仁"之行術，故無須以"立隆而勿貳"之要求連文。王、龍二說皆非。

〔三〕楊倞注：以敦厚不貳爲本，然後輔之以恭敬之屬。頓，謂困躓也。疾力，勤力也。困厄之時，則尤加勤力而不敢怠惰。申重，猶再三也。⊙冢田虎曰：窮、急音通。頓窮，蓋敏速之謂與？則，當作"以"，否則不應乎上下文勢。一本無"從之"二字，然猶於文不穩。上文未曰泰寧之時，而卒曰困危之時乎！⊙久保愛曰：舊本"則"下有"從之"二字，今據元本、孫鑛《標注》本除之。蓋考本注，古無之必矣。⊙朝川鼎曰：頓，讀作"委頓"之頓。《富國篇》有"勞苦頓萃"，與此義同。桃源藏曰："頓窮，困苦也。則，當作'以'。唐刻一本無'從之'二字。"今案：倞注楊氏本，蓋無

"從之"二字,故誤解耳。"從之"與"先之"相應,當以有"從之"二字者爲正。⊙鍾泰曰:"疾力"連文,疾亦力也。⊙天海案:錢佃稱諸本無"從之"二字,巾箱本、《題注》本、遞修本、《四庫》本亦無。然宋浙本、明世本皆有,盧謝本、《集解》本從之。據文意,有"從之"二字於義爲長,朝説是。疾力,猶言加倍努力。《榮辱篇》:"孝弟愿愨,軥録疾力,以敦比其事業而不敢怠傲。"與此文義同,故當以彼注爲是。

〔四〕北大組曰:伐德之色,自夸功勞的表情。⊙天海案:伐德,自夸其德。《正名篇》:"有兼覆之厚,而無伐德之色。"義與此同。

〔五〕楊倞注:省,少也。少所求即多立功勞。省,所景反。⊙物雙松曰:省求多功,言其所請求者少,而其成功者多也。⊙梁啓雄曰:言所求之名利少,而所建樹之功多。⊙天海案:巾箱本、《題注》本、遞修本"愛敬"下有"如"字。

〔六〕天海案:明世本、《四庫》本"術"上無"行"字。

〔七〕劉師培曰:案《説苑·臣道篇》引孫卿語與此略同,惟"有人"二句彼作"貴而不能爲人上,賤而羞爲人下",與此不同。疑此文"埶不在人上"句有挩字,舊文之義當與《説苑》所引同,"而"上亦挩"賤"字。

〔八〕楊倞注:辟,讀爲譬。咶與舐同。經,縊也。伏而舐天,愈益遠也;救經而引其足,愈益急也。經,音徑。⊙俞樾曰:"舐天"二字,甚爲無誼。人豈有能舐天者乎?以此爲喻,近於戲矣。疑《荀子》原文作"眡天","眡"即古"視"字也。伏而視天,則不可見,故曰"説必不行"也。"眡"誤爲"舐",傳寫者又改爲"咶"耳。⊙王先謙曰:《漢書》云:"湯夢咶天而王。"《後漢·和熹鄧后紀》:"湯夢及天而咶之。"古有是語,故《荀子》引以爲喻,俞説非。《彊國篇》亦有此二語。⊙安積信曰:咶,音忝,與餂同。《孟子集注》云:"今人以舌取物曰餂。"⊙天海案:《説苑·臣術篇》引孫卿曰:"身不離姦心,而行不離姦道,然而求見譽於衆,不亦難乎!"與此文略異。"伏而咶天",乃夸張、譏諷之喻,不得視爲戲言。且"咶"字與"眡"字之形相去甚遠,無由傳寫致誤,俞説非。

〔九〕楊倞注:俞,讀爲愈。⊙天海案:務,致力也。

〔一〇〕楊倞注:埶在上則爲上,在下則爲下,必當其分。安有埶不在上而羞爲下之心哉!⊙天海案:詘,讀爲屈。《不苟篇》:"與時屈伸,柔從若蒲葦,非懾怯也。"與此義同。

# 荀子校釋　卷第四

## 儒效篇第八[一]

大儒之效[二]。武王崩,成王幼,周公屏成王而及武王以屬天下,惡天下之倍周也[三]。履天子之籍[四],聽天下之斷,偃然如固有之,而天下不稱貪焉[五]。殺管叔,虚殷國,而天下不稱戾焉[六]。兼制天下,立七十一國,姬姓獨居五十三人,而天下不稱偏焉[七]。教誨開導成王,使諭於道而能揜迹於文武[八],周公歸周[九],反籍於成王,而天下不輟事周,然而周公北面而朝之[一〇]。

天子也者,不可以少當也[一一],不可以假攝爲也[一二]。能則天下歸之,不能則天下去之。是以周公屏成王而及武王以屬天下,惡天下之離周也。成王冠,成人,周公歸周反籍焉,明不滅主之義也[一三]。周公無天下矣！鄉有天下,今無天下,非擅也[一四]。成王鄉無天下,今有天下,非奪也,變勢次序節然也[一五]。

故以枝代主而非越也[一六],以弟誅兄而非暴也[一七],君臣易位而非不順也[一八]。因天下之和,遂文武之業,明枝主之義,抑亦變化矣！天下厭然猶一也[一九],非聖人莫之能爲。夫是謂大儒之效[二〇]。



【校釋】

〔一〕楊倞注:效,功也。⊙梁啓超曰:大旨爲儒術辨護。内中有"隆性隆積"一段,爲性惡論之要語。⊙吕思勉曰:此篇中有辟名家之論,亦及法後王之義。⊙熊公哲曰：儒效推明大儒之功，即周公、孔子是也。篇中有俗儒、雅儒、大儒三等，所謂大儒，殆即聖人矣。⊙天海案：本篇專論儒之功效、徵驗，兼及君子、小人之别。其論"執神而固"，"神固之謂聖人"乃一篇之核心，故曰"百王之道畢是矣"，"天下之道畢是矣"！

〔二〕楊樹達曰：目下之詞。⊙天海案：效，功也，驗也，徵也。以事驗之爲徵，以功考之爲效。《廣雅・釋言》："效，考也。"大儒之效，猶言大儒之考證。此亦爲篇内之小目。

〔三〕楊倞注：屏，蔽。及，繼。屬，續也。屬，之欲反。⊙物雙松曰：屏，蔽也。《詩・大雅》"大邦維屏"。父子曰世，兄弟曰及。武王爲兄，周公爲弟，故曰及。屬天下，言使天下屬附于周。成王雖幼，周公兼制，則天下不敢叛也。倍周，倍，背也。⊙冢田虎曰：孔子曰"大人世及以爲常"，是也。屬，倞注得之。成王幼而不能莅祚，則天下之統將絶矣，故周公續之也。茂卿曰"言使天下屬附于周"，非是也。天下既歸附于周久之，今惡其歸附者之背焉，故周公續天下之謂也。今曰周公相成王、居冢宰之任，以攝政者，古來不易之説也。而謂屏成王及武王者，經傳之所不見焉，孔門之所不言焉，實荀卿一家之見，而可謂僻論也。⊙久保愛曰：屏，《左傳》"屏余一人"之屏。及，顔師古注《漢書》曰："弟代兄位謂之及。"愛曰：屬，會也。《禮記》曰："武王崩，成王幼弱，周公踐天子之位，以治天下。六年，朝諸侯於明堂。"蓋謂朝會也。周公之踐位，猶若魯隱公之踐位乎？雖以成王爲主，數年之間，已有之而已。⊙王念孫曰：屬，繫也。天子者，天下之所繫。言周公屏成王而及武王以繫屬天下，故下句云"惡天下之倍周也"。楊訓屬爲續，"續天下"不詞。⊙孫詒讓曰：屏，猶言置而不立。及，即兄終弟及之及。言周公攝王位若自繼武王而立也。故下文云："成王鄉無天下。"⊙劉師培曰：案《漢書・王莽傳上》載劉歆等議云："周武王既没，周道未成，成王幼少，周公屏成王而居攝。"顔注云："屏，猶擁也。"劉敞《刋誤》云："予謂屏者，即《荀子》所云屏成王而及武王。屏，猶却也。"詁屏爲却，疑亦本書古訓，較顔爲長。又案：屬，即統屬之屬。《周禮》"州長各屬其州之民"，而讀法此"屬"字與彼義近，即統治天下之意也。⊙熊公哲曰：屏，謂藩屏，猶俗言護衛。⊙天海案：總上諸説，因對周公攝政之認識各異，故釋詞亦各執一端。今考荀書之本意，當爲推崇周公乃大儒而立説，其詞語必無貶斥之意。楊注"屏"、"及"二字已得《荀子》之意，不可非也，今再伸其説。屏，蔽護也。《左傳》僖公二十四年："故以親屏周。"楊伯峻注："屏，藩衛，保障。"顔注《漢書・王莽傳》："屏，猶擁也。"亦是。而劉敞之《刋誤》實誤也。及，兄終弟及是及，而"及"亦繼也，其義甚明。屬，劉師培以"統屬"釋之，於義爲長。倍，與背同。倍周，即叛周也。

〔四〕楊倞注：籍，謂天下之圖籍也。⊙物雙松曰：籍，言土地人民。蓋有土地人民，則有圖籍也。後世所謂黄籍也。履者，謂躬據有之也。⊙王念孫曰：宋本作"天子”，是也。《文選》江淹《雜體詩》注引此正作“履天子之籍”。《淮南·氾論篇》“周公籍天子之籍，聽天下之政”，語即本於《荀子》。籍，位也。謂履天子之位也。下文言“周公反籍於成王”，是籍與位同義。《彊國篇》曰“夫桀、紂，執籍之所存，天下之宗室也”，“執籍”，即“執位”。故《韓詩外傳》作“履天子之位，聽天下之政”。楊以籍爲天下之圖籍，非也。圖籍不可以言履。⊙劉師培曰：籍，與阼同。《淮南·氾論訓》“履天子之籍”，高注云：“籍，或作阼。”是其證。《禮記·文王世子篇》云：“周公相，踐阼而治。”此言“履籍”，即彼所云“踐阼”矣。⊙鍾泰曰：籍，通藉。藉，席也。言席猶言位。⊙天海案：履，踐也，登也。天子，原誤作“天下”，下文正作“履天子之籍”，此必因上文兩“天下”而誤，現據王説與下文徑改。然王説此處宋本作“天子”，而今存各宋本以及舊刻諸本（《集解》本從王説已改）皆無作“天子”者，不知王氏所據宋本爲何？且楊注亦曰“天下”，可知唐時此文已誤。籍，席也，位也。王、劉、鍾三説是。履天子之籍，即登天子之位。訓籍爲圖籍者，皆非也。

〔五〕楊倞注：偃然，猶安然。固有之，謂如固合有此位也。⊙包遵信曰：固有之，嘗有之也。《國語·周語》：“王問於内史過曰：是何故，固有之乎？”韋注：“固，猶嘗也。”楊注不確。⊙天海案：聽斷，聽取陳述，作出決斷。《榮辱篇》：“政令法，舉措時，聽斷公。”聽天下之斷，猶言治理天下政事。固，本也。固有之，本有之也。説見楊樹達《詞詮》卷三。

〔六〕楊倞注：虚，讀爲墟。戾，暴也。墟殷國，謂殺武庚，遷殷頑民于洛邑，朝歌爲墟也。⊙天海案：“殺管叔，虚殷國”，事見《史記·周本紀》。管叔，武王弟叔鮮封管（今鄭州），與武庚、蔡叔共反周，被殺。

〔七〕楊倞注：《左氏傳》成鱄對魏獻子曰：“昔武王克商，光有天下，其兄弟之國者十有五人，姬姓之國者四十人，皆舉親也”，與此數略同。言四十人蓋舉成數。又曰：“昔周公弔二叔之不咸，故封建親戚以蕃周室。管、蔡、郕、霍、魯、衛、毛、聃、郜、雍、曹、滕、畢、原、酆、郇，文之昭也。邘、晉、應、韓，武之穆也。凡、蔣、邢、茅、胙、祭，周公之胤也。”餘國名，淺學難盡詳究。⊙郝懿行曰：此總言之，《左傳》（昭廿八年）晰言之，曰“其兄弟之國者十有五人，姬姓之國者四十人”。以校此數，三當爲五，或三、五字形易於混淆，故轉寫致誤耳。⊙物雙松曰：兼制，言兼併而制割之也。⊙久保愛曰：《史記》曰：“武王、成、康所封數百，而同姓五十五。”《吕氏春秋》曰：“周之所封四百餘，服國八百餘。”蓋各傳聞之異而已。⊙朝川鼎曰：又見《君道篇》。先君曰：“兼制，猶統治也。”“兼”字，荀書屢言，皆與此“兼”字義同。⊙天海案：兼制，即統治。朝説是。

〔八〕楊倞注：開導，謂開通導達。揜，襲也。⊙久保愛曰：揜，掩同。⊙章詩同曰：揜迹，繼承先人的事業。⊙天海案：諭，明白，理解。揜，通掩。掩，蓋也。迹，足跡也。揜迹於文武，猶言跟踪於文武之道也。

〔九〕楊倞注：周公所封畿内之國亦名周。《春秋》周公黑肩，蓋其後也。言周公自歸其國也。⊙王先謙曰：歸周者，以周之天下歸之成王，與"反籍於成王"文義一貫，故下文又以"歸周反籍"連言，非謂自歸其國。周公歸政，身在王朝，即使偶至其采邑，固非事理所重，不得以歸周爲詞也。⊙天海案：王説是也，楊注未得。

〔一〇〕楊倞注：待其固安之後，北面爲臣，明攝政非爲己也。⊙天海案：反籍於成王，返王位於成王。輟，停也。事周，臣事於周。又，此下原文未分段，現據文意分之。

〔一一〕楊倞注：不可少頃當此位也。⊙物雙松曰：少，幼也。當，猶當國之當，謂當其任也。此言成王也。⊙久保愛曰：亂世之餘，民心未全定，故不可以少主當之。⊙天海案：少，即上文"成王幼"。物説是也，楊注非。

〔一二〕楊倞注：周公所以少頃假攝天子之位，蓋權宜以安周室也。⊙朝川鼎曰：曰少，曰假攝，皆汎言之，不必言成王與周公也。⊙天海案：此二句泛言之亦可，然"少"指成王，"假攝"謂周公，與上下文氣一貫，不可謂無指也。

〔一三〕帆足萬里曰：主，猶本也。⊙朝川鼎曰：先君曰："滅，讀爲蔑。"⊙天海案：冠，古代男子年二十舉行加冠之禮，以示成人。滅，絶也。主，天子爲天下之主，此指成王。参下文"以枝代主"楊倞注。

〔一四〕楊倞注：鄉，讀爲向，下同。擅與禪同，言非禪讓與成王也。⊙帆足萬里曰："無天下矣"，衍文。⊙朝川鼎曰：先君曰："擅，讀爲禮。《漢・異姓諸侯王表》云'舜、禹受禮積德累功'，又《律曆志》下'堯嬗以天下'，師古注曰：'嬗，古禪讓字也。'"鼎案：單、亶，古字通用，如單父作亶父，路單作路亶可見。故禪亦通作禮。⊙鍾泰曰：擅與奪對，當如本訓，不得作禪。⊙天海案：《正論篇》云"堯、舜擅讓"，楊注與此同。注與朝説是。

〔一五〕楊倞注：節，期也。權變次序之期如此也。⊙王引之曰："節"上有"之"字，而今本脱之，則文義不明。此言周公鄉有天下而今無，成王鄉無天下而今有，皆變埶次序之節如此也。據楊注則正文原有"之"字明矣。《榮辱篇》曰"是注錯習俗之節異也"，文義與此相似。⊙王先謙曰：王説非也。《天論篇》云："君子啜菽飲水，非愚也，是節然也。"與此文一例。節然，猶適然，説詳《彊國篇》楊注亦非。⊙朝川鼎曰：《天論篇》："君子啜菽飲水，非愚也，是節然也。"注云："節，云所遇之時節也。"⊙天海案：節，期也。楊注不誤。《國語・越語下》："天節不遠，五年復反。"韋注："節，期也。"《天論篇》所注"時節"，亦時期也。又，原文此下未分段，現據文意分之。

〔一六〕楊倞注：枝，枝子。周公，武王之弟，故曰枝。主，成王也。⊙冢田虎曰：非越也，言非超越於禮義，亦通也。然對"非暴也"，則顛越之謂與？《書》曰"無越厥命以自覆"，又曰"顛越不恭"。⊙久保愛曰：越，僭越也。⊙天海案：久説"越"爲僭越，是也。

〔一七〕楊倞注：謂殺管叔。管叔，周公之兄也。

〔一八〕楊倞注：時不得不然，故易位非爲不順。

〔一九〕楊倞注：厭然，順從之貌。一涉反。⊙盧文弨曰：正文"仰易變化"，宋本作"抑亦變化矣"，無"仰易，反易也"五字注。⊙郝懿行曰：厭者，合也。《倉頡篇》："符合人心曰厭。"《周語》"克厭天心"，韋昭注："厭，合也。"此"厭"字本義，其音一剡切。楊注義猶近之，其音一涉反，則非。⊙王念孫曰："抑亦變化矣"，宋吕、錢本竝如是，世德堂本同。此五字不須注釋，故楊氏無注。盧從元刻，非。又曰：厭然，安貌。字本作"懕"，或作"猒"，又作"愔"。《方言》："猒，安也。"《説文》："懕，安也。"《爾雅》："懕懕，安也。"《秦風·小戎篇》"厭厭良人"，《毛傳》曰："厭厭，安靜也。"昭十二年《左傳》"祈招之愔愔"，杜注："愔愔，安和貌。"皆其證也。⊙天海案："抑亦變化矣"，錢佃《考異》曰："諸本作'抑易變化'，注又有'仰易，反易也'三字。"（三，當作五。）又，巾箱本、《題注》本、遞修本"抑亦"皆作"仰易"。厭然，猶安然。王説是，楊注未切。

〔二〇〕天海案：依荀書文例，"夫是"當作"夫是之"，"之"字疑脱，當據補。

秦昭王問孫卿子曰〔一〕："儒無益於人之國〔二〕？"孫卿子曰："儒者，法先王，隆禮義，謹乎臣子，而致貴其上者也〔三〕。人主用之，則勢在本朝而宜〔四〕；不用，則退編百姓而慤，必爲順下矣〔五〕。雖窮困凍餧，必不以邪道爲貪〔六〕；無置錐之地，而明於持社稷之大義〔七〕。嗚呼而莫之能應〔八〕，然而通乎財萬物、養百姓之經紀〔九〕。勢在人上，則王公之材也；在人下，則社稷之臣，國君之寶也。雖隱於窮閻漏屋〔一〇〕，人莫不貴之，道誠存也〔一一〕。仲尼將爲魯司寇〔一二〕，沈猶氏不敢朝飲其羊，公慎氏出其妻，慎潰氏踰境而徙〔一三〕。魯之粥牛馬者不豫賈，必蚤正以待之也〔一四〕。居於闕黨，闕黨之子弟罔不分，有親者取多〔一五〕，孝弟以化之也〔一六〕。儒者在本朝則美政，在下位則美俗〔一七〕。儒之爲人下如是矣。"〔一八〕

王曰："然則其爲人上何如？"孫卿曰："其爲人上也，廣大矣！志意定乎内，禮節脩乎朝，法則度量正乎官，忠信愛利形乎下〔一九〕。行一不義，殺一無罪而得天下，不爲也〔二〇〕。此君子義信乎人矣，通於四海，則天下應之如讙〔二一〕，是何也？則貴名白而天下治也〔二二〕。故近者歌謳而樂之,遠者竭蹶而趨之〔二三〕。四海之内若一家,通達之屬莫不從服,夫是之謂人師〔二四〕。《詩》曰:‘自西自東,自南自北,無思不服。’此之謂也〔二五〕。夫其爲人下也如彼,其爲人上也如此,何謂其無益於人之國也〔二六〕?”昭王曰:“善。”



## 【校釋】

〔一〕楊倞注:漢宣帝名詢,劉向編録,故以荀卿爲孫卿也。⊙朝川鼎曰:又見《新序·雜事》五,文頗有異同。⊙熊公哲曰:清胡元儀謂荀爲公孫氏之後,故冒稱孫,其説較爲近理。⊙天海案:秦昭王,戰國時秦武王異母弟,名稷,公元前三〇六年立爲國君,卒於公元前二五一年,在位五十六年,謚曰昭襄,史稱秦昭襄王,或秦昭王。孫卿子,荀子,戰國時趙人,名況,字卿。亦稱孫卿,顧炎武、謝墉等人認爲漢人不避嫌名,“荀”之爲“孫”乃語音之轉。此説近是。楊注之説乃襲司馬貞、顔師古之語。又,“子”字,巾箱本、《題注》本、《遞修》本、明世本皆無,下亦同。案荀子書稱“孫卿”者六見,稱“孫卿子”者十四見,稱“荀卿子”者僅一見(《彊國篇》)。故劉向校録此書,名《孫卿新書》,《漢志》《隋志》皆載之爲《孫卿子》,自楊倞注後,方稱《荀子》,或稱《荀卿子》。

〔二〕天海案:“於”字,巾箱本、《題注》本、遞修本皆無。

〔三〕楊倞注:謹乎臣子,謂使不敢爲非。致,極也。⊙帆足萬里曰:謹乎臣子,謹於臣子之道也。⊙朝川鼎曰:先君曰:“謹,猶嚴也,謂明嚴君臣父子之分也。”鼎案,《王制篇》“謹其時禁”,注云:“謹,嚴也。”又“謹盜賊”,注云:“謹,嚴制也。”⊙鍾泰曰:“致貴”之“致”,即“致君堯、舜”之“致”,注訓爲極,非也。⊙天海案:致貴其上,極尊重在上的君主。楊注是,鍾説非。又,以上《治要》所引,文同。

〔四〕楊倞注:言儒者得權勢在本朝,則事皆合宜也。⊙物雙松曰:本朝,言朝廷也。⊙冢田虎曰:勢,劉向《新序》作“進”。⊙王念孫曰:執者,位也。言位在本朝也。《禮運》“在執者去”,鄭注曰:“執,執位也。”下文曰“執在人上”,《仲尼篇》曰“執不在人上而羞爲人下”,《正論篇》曰“執位至尊”,是執與位同義。楊以執爲權執,失之。⊙帆足萬里曰:宜,適宜也,愜其位之宜。⊙天海案:勢,與位同,王説是,楊注非。

〔五〕楊倞注:必不爲勃亂也。⊙冢田虎曰:編,猶編户之編。言與民俱也。⊙帆足萬里曰:順下,言恭順之臣下也。⊙劉師培曰:《新序·雜事》五述此文云:“人主用之則進在本朝,置而不用則退編百姓而敵(當作慤),必爲順下矣。”持以互勘,則“執在本朝”與“退編百姓”對文,“而宜”當作“置而”,與“不用”聯詞,“而慤”以下七字爲句,與今本句讀不同,未知孰正。⊙天海案:退編百姓,退而編入百姓户籍。

愨，樸實、謹慎。《非十二子篇》“其容愨”，楊注：“謹敬也。”

〔六〕冢田虎曰：貪，《新序》作“食”。⊙劉師培曰：《新序》“貪”作“食”，義較長。⊙包遵信曰：《新序》“貪”作“食”，是也。此謂儒者雖遭窮困凍餒之厄，亦不以邪道求食也。作“貪”，義不可通。貪、食形近，故訛。⊙天海案：餧，同餒，音奴罪切。飢餓也。此言飢，而“貪”必“食”之誤。包説是也。然《治要》已作“貪”，故知楊倞所見本已誤矣。

〔七〕天海案：“持”字，巾箱本、《題注》本、遞修本皆作“爲”字。

〔八〕楊倞注：嗚呼，嘆辭也。財與裁同。雖嘆其莫己知，無應之者，而亦不怠惰困弃，常通於裁萬物、養百姓之綱紀也。⊙傅山曰：“嗚呼”二字用之此處亦別，大概似歎息唤醒人之聲，有悲天憫人之意。⊙物雙松曰：嗚呼而莫之能應，言無勢也。嗚呼，如《莊子》“于喁”，言唱也。⊙郝懿行曰：嗚，俗字，古止作“烏”。烏呼而莫之應，言儒雖困窮凍餧，若不以禮聘致，欲呼召之而必不能應也。此對秦昭王輕儒而言。注以嘆辭爲解，不成文義。⊙王念孫曰：嗚，當爲“嘄”，字之誤也。嘄與叫同。《爾雅》：“祈，叫也。”《周官·大祝》注“叫”作“嘄”。上言“嘄呼”，故下言“莫之能應”，若作“嗚呼”，則與下文義不相屬矣。《新序·雜事篇》作“叫呼而莫之能應”，是其明證也。⊙王先謙曰：楊、郝二説皆非也。嗚呼而莫之能應，言儒處窮困之時，人不聽其呼召也，與“無置錐之地”句相儷，“然而”句與“而明”句相儷，文義甚明。財，成也，説見《非十二子篇》。⊙劉師培曰：《雜志》云“嗚”當爲“嘄”字之誤也，嘄與叫同，其説是也。《文子·精誠篇》云：“聖人不下席而匡天下，情甚於譟呼。”《淮南·謬稱訓》作“叫呼”，此即“嘄”、“叫”互用之比也。⊙天海案：嗚呼，當從《新序》作“叫呼”，猶疾呼唱導也。二王説是，楊注非。財，通裁，制裁、節制。《易·泰》：“天地交泰，后以財成天地之道。”《王制篇》：“王者之等賦政事，財萬物，所以養百姓也。”楊注：“財與裁同。”經紀，綱常、法度也。《管子·版法解》：“天地之位，有前有後，有左有右，聖人法之，以建經紀。”楊以“綱紀”注之，義亦同。

〔九〕楊倞注：在人之上，謂爲人君也。⊙天海案：“勢在人上”，巾箱本、《題注》本、遞修本並作“勢在一人上”。錢佃曰“諸本作‘在一人下’”。《外傳》《治要》皆無“一”字。《外傳》作“大舉在人上”。王公，天子爲王，諸侯稱公。《修身篇》：“志意修則驕富貴，道義重則輕王公。”故“在人上”，即在衆人之上，非專指爲人君也。楊注未切。

〔一〇〕楊倞注：窮閻，窮僻之處。閻，里門也。漏屋，敝屋漏雨者也。⊙王念孫曰：《廣雅》曰：“閻，謂之衖。”窮閻，即《論語》所云“陋巷”，非謂里門也。《新序·雜事篇》作“窮閭”，閭亦巷也。漏，讀爲“陋巷”之陋。非謂弊屋漏雨也。《爾雅》曰：“陋，隱也。”《大雅·抑》篇“尚不愧于屋漏”，鄭箋曰：“漏，隱也。”是陋與漏通。《羣書治要》引作“窮閻陋屋”，《韓詩外傳》作“窮巷陋室”，皆其明證矣。⊙裴學海曰：

於，居也。⊙天海案："閭"字，原訛作"閪"，《敦煌俗字譜》云："夅，閭之訛字。"注文此字亦訛，故據改。漏屋，當作"陋屋"，楊注非，王説是。

〔一一〕王先謙曰：《羣書治要》作"人莫不貴，貴道誠存也"，言人所以莫不貴此人者，其可貴之道在也，文義爲長。《修身篇》云："雖困四夷，人莫不貴"，《非相篇》云："雖不説人，人莫不貴"，句法一律，俱無"之"字。此作"貴之"，不重"貴"字者，下"貴"字或作"〻"，轉寫者誤爲"之"字耳。《君道篇》云"夫文王欲立貴道"，又云"於是乎貴道果立"，正與此"貴道"同義。⊙天海案：王説是。當從《治要》作"人莫不貴，貴道誠存也"。

〔一二〕楊倞注：魯司寇也。⊙久保愛曰：《家語》曰："孔子爲魯司寇，攝行相事。"《史記》云："由大司寇攝行相事。"⊙天海案：除宋浙本外，諸本正文皆無"魯"字，楊既有注，正文"魯"字不當有，可據删。

〔一三〕楊倞注：皆魯人。《家語》曰："沈猶氏常朝飲其羊以詐市人，公慎氏妻淫不制，慎潰氏奢侈踰法，魯之粥六畜者飾之以儲賈。"⊙天海案：楊注文"儲賈"誤作"詣賈"，此據諸本及《家語》改之。

〔一四〕楊倞注：豫賈，定爲高價也。粥牛馬者不敢高價。言仲尼必先正其身以待物，故得從化如此。賈，讀爲價。⊙盧文弨曰：正文"以待之"下，俗本有"者"字。⊙郝懿行曰：豫與序同，古字通用。早正市價以待之，故鬻者不復論序也。⊙劉台拱曰：孔子將爲司寇，而魯之人蚤自修正以待之，所謂"不動而變，無爲而成"也。⊙王念孫曰："蚤正以待之"，與下文"孝弟以先之"，皆指孔子而言。若謂魯人蚤自修正以待，則與下文不類矣。⊙王引之曰：豫，猶誑也。《周官·司市》注曰："使定物賈，防誑豫"是也。《晏子·問篇》曰："公市不豫，宫室不飾"，《鹽鐵論·力耕篇》曰："古者商通物而不豫，工致牢而不僞"，不豫，謂不誑也。"豫"又作"儲"。《家語·相魯篇》："孔子爲政三月，則鬻牛馬者不儲賈。"然則市不豫賈者，市賈皆實，不相誑豫也。《説苑·反質篇》曰"徒師沼治魏而市無豫賈"，義竝與此同。⊙俞樾曰："必"字，衍文也。下文"孝弟以化之也"，與此句相對，下無"必"字，則此亦當無"必"字矣。"蚤"字無義，疑"脩"字之誤。"脩"字闕壞，止存右旁之"备"，故誤爲"蚤"耳。《榮辱篇》曰"脩正治辨矣"，《非十二子篇》曰"脩正者也"，《富國篇》曰"必先脩正其在我者"，《王霸篇》曰"内不脩正其所以有"，皆以"脩正"二字連文，可以爲證。⊙王先謙曰：豫賈，王説是。必蚤正，王、俞説是。⊙裴學海曰：必，猶則也。⊙龍宇純曰：疑此本作"夙正以待之"，夙與肅通，正與政同，夙正即肅政。蓋"夙"字恒義爲"早"，淺人誤據"夙"字恒義讀之，遂爲"蚤正以待之"矣。"必"字誤衍，在"夙"誤"蚤"之後。⊙天海案：不豫賈，猶言不欺價。王引之説"豫"猶"誑"，誑，即欺也。其説是。"必蚤正"疑作"夙正"之誤，龍説可從。又，"待之"下，巾箱本、《題注》本、遞修本皆有"者"字。

〔一五〕楊倞注：居，謂孔子閒居。闕黨之子弟罔不分，均有無於分均之中，有父母者取其多也。⊙盧文弨曰：《新序》五作"罔罟分，有親者取多"，其卷一作"畋漁分，有親者得多"，與此不同。⊙郝懿行曰："必"字誤衍，應依《新序》五作"罔罟分"。《説苑》七云"羅門之羅，有親者取多，無親者取少"，正與《新序》同爲一事。⊙劉台拱曰："罔不分"當作"罔罘分"。罘，兔罟也，一曰麋鹿罟也。《新序》卷一作"畋漁分，有親者取多"，其卷五作"罔罟分，有親者取多"，與此文大同。元刻作"罔不必分"，妄增"必"字，不可從。⊙王念孫曰："罔不分"，宋吕、錢本竝如是。"不"即"罘"字。⊙久保愛曰：《禮記》曰："古之道，五十不爲甸徒，頒禽隆諸長者。"蓋此意也。罔，無也。⊙于鬯曰：竊疑《荀子》原有兩本。一作"罔不"，一作"罔必"。其作"罔不必"者，誤合兩本爲一者也。或謂依讀"不"爲"罘"之説，即兩字並存，云"罔罘必分"，句亦成義。⊙包遵信曰：闕黨，爲孔子所居里也。⊙天海案：不，與"罘"聲近韻同，故可通。"罔罘分"，與《新序》"罔罟分"義同。罔，通网，捕魚网也。罘，獵獸网也。罔罘分，即漁獵所得均分也。郝、劉、王三説皆是也。楊注非。巾箱本、《題注》本、遞修本"不"下皆有"必"字。

〔一六〕楊倞注：由孔子以孝弟化之。

〔一七〕盧文弨曰："下位"，元刻作"其位"。⊙天海案：巾箱本、《題注》本、遞修本"下"字俱作"其"。

〔一八〕天海案：此下原未分段，現據文意分之。

〔一九〕楊倞注：官，百官。形，見也。⊙王念孫曰："官"與"朝"對文。《曲禮》"在官言官，在朝言朝"，鄭注曰"官，謂板圖文書之處"是也。《富國篇》亦曰："節奏齊於朝，百事齊於官。"楊云"官，百官"，失之。⊙鍾泰曰：古之所謂官，即後世之所謂衙署也。鄭注亦未是，此不得引之。⊙天海案：官，官府也。楊注非，鍾説是。形，與"正"對文。正，定也；形，行也。形、行二字古通。《君道篇》"至道大形"，亦用"行"義。

〔二〇〕冢田虎曰：此《孟子》論伯夷、伊尹、孔子之文。⊙天海案：《孟子·公孫丑上篇》："行一不義，殺一不辜，而得天下，皆不爲也。"義同此。

〔二一〕楊倞曰：以君義通於四海，故應之如讙。讙，喧也。言聲齊應之也。⊙物雙松曰：君義信乎人矣，言爲君之義能孚乎人也。⊙王念孫曰：楊説非也。"君"當爲"若"，字之誤也。此若義，猶云此義。若，亦此也。連言"此若"者，古人自有複語耳。"此若義"三字承上文而言。言此義信乎人，通乎四海，則天下莫不應之也。《新序·雜事篇》作"若義信乎人矣"，是其明證也。⊙朝川鼎曰：信，伸通。⊙天海案：依楊倞注文，"君"下似無"子"字，巾箱本、《題注》本、遞修本、明世本、《四庫》本皆無"子"字。然"君子"亦君也，此言君子之義取信於人，故能"通於四海"、"天下應之如讙"。王念孫以《新序》之文律此，以"君"爲"若"之誤，非也。

〔二二〕楊倞注：貴名，謂儒名可貴。白，明顯。⊙盧文弨曰：俗本注末有“之貌”二字。⊙顧千里曰：治，疑當作“願”。《榮辱篇》“身死而名彌白，小人莫不延頸舉踵而願”，楊注：“願，猶慕也。”《王制篇》“若是，名聲白，天下願”，楊注：“願，謂人人皆願。”《致士篇》“而貴名白，天下願”，楊注：“天下皆願從之也。”此“願”同《榮辱篇》之“願”，此“天下願”同《王制篇》《致士篇》之“天下願”，明甚。楊此篇無注，蓋已誤爲“治”，其實非也。⊙于鬯曰：治，蓋讀爲“怡”。《小戴·内則記》鄭注云：“怡，悦也。”天下怡，謂天下悦之也。故下文云“近者歌謳而樂之，遠者竭蹶而趨之”，即承“天下悦”而言。若讀“天下治”，則失義矣。⊙帆足萬里曰：貴名，顯貴之名也。⊙朝川鼎曰：貴名，猶美名也。⊙天海案：治，如字。天下治，即天下安定，太平之意。此句上承“天下應之如讙”，下啓“四海之内……莫不從服”，皆天下太平之意。顧説“治”當作“願”，且以它篇之文例之，于駁是也。然于説“治”讀爲“怡”，“天下怡”於古書無徵，或臆測也。楊氏不注“治”字，足見其義甚明。

〔二三〕楊倞注：竭蹶，顛倒也。遠者顛倒趨之，若不及然。⊙物雙松曰：竭蹶，《曲禮》“足毋蹶”，是行急遽貌。《詩·唐風》“良士蹶蹶”，是勤而敏于事也。竭字亦聲音相近，當是奔走意，乃連語，不必從竭力解。⊙久保愛曰：竭蹶，勞苦不休，以來至之貌。《淮南子》曰：“形勞而不休則蹶，精用而不已則竭。”⊙天海案：《議兵篇》亦有此二語，“蹶”作“蹷”，形異而義同也。《新序·雜事五》引“孫卿曰”有此二語，然“蹶”作“走”也。

〔二四〕楊倞注：通達之屬，謂舟車所至，人力所通之處也。師，長也。言儒者之功如此，故可以爲人師長也。⊙郝懿行曰：師者，衆也。言合四海若一家，成爲大衆，謂衆所歸往也。《王制篇》及《議兵篇》義亦同。《爾雅》：“師，衆也。”此言“人師”，其義則一。注云“師，長”，非也。⊙王先謙曰：如郝説，夫是之謂人衆，不詞甚矣。師長之義甚古。長，亦君也。《周語》“古之長民者”，韋注：“長，猶君也。”《廣雅·釋詁》：“長，君也。”人師，猶言人君矣。《王制篇》《議兵篇》語意大同，楊注並訓：“師，長。”又《王制篇》云“上無君師”，《正論篇》云“海内之民，莫不願得以爲君師”，又云“然則是誅民之父母，而師民之怨賊也”，《禮論篇》云“尊先祖而隆君師”，皆作君長解。若如郝説，豈可通乎？⊙天海案：人師，人之師表也。《孟子·離婁》上：“人之患，在好爲人師也。”楊注未允，郝、王二説亦未得也。

〔二五〕楊倞注：《詩·大雅·文王有聲》之篇。引此以明天下皆歸之也。⊙熊公哲曰：無思不服，言心服也。⊙天海案：無思不服，猶言無不思服也。

〔二六〕久保愛曰：《羣書治要》“謂”作“爲”，似是。⊙劉師培曰：《治要》“謂”作“爲”，“也”作“乎”。《新序》亦作“爲”。⊙天海案：謂，猶“爲”也。説見王引之《釋詞》。

先王之道，仁之隆也，比中而行之〔一〕。曷謂中？曰：禮義是也〔二〕。道者，非天之道，非地之道，人之所以道也，君子之所道也〔三〕。君子之所謂賢者，非能徧能人之所能之謂也；君子之所謂知者〔四〕，非能徧知人之所知之謂也；君子之所謂辨者，非能徧辨人之所辨之謂也〔五〕；君子之所謂察者，非能徧察人之所察之謂也；有所正矣〔六〕。相高下，視墝肥，序五種，君子不如農人〔七〕；通財貨，相美惡，辨貴賤，君子不如賈人〔八〕；設規矩，陳繩墨，便備用，君子不如工人〔九〕；不䘏是非、然不然之情〔一〇〕，以相薦撙，以相恥怍，君子不若惠施、鄧析也〔一一〕。若夫譎德而定次〔一二〕，量能而授官，使賢不肖皆得其位，能不能皆得其官〔一三〕，萬物得其宜，事變得其應，慎、墨不得進其談，惠施、鄧析不敢竄其察〔一四〕，言必當治，事必當務，是然後君子之所長也〔一五〕！

凡行事，有益於治者立之〔一六〕，無益於理者廢之，夫是之謂中事〔一七〕。凡知説，有益於理者爲之，無益於理者舍之〔一八〕，夫是之謂中説。行事失中謂之姦事〔一九〕，知説失中謂之姦道〔二〇〕。姦事姦道，治世之所弃而亂世之所從服也〔二一〕。若夫充虚之相施易也〔二二〕，堅白、同異之分隔也〔二三〕，是聰耳之所不能聽也，明目之所不能見也，辯士之所不能言也。雖有聖人之知，未能僂指也〔二四〕。

不知，無害爲君子〔二五〕；知之，無損爲小人。工匠不知，無害爲巧；君子不知，無害爲治〔二六〕。王公好之則亂法，百姓好之則亂事〔二七〕。而狂惑戇陋之人，乃始率其羣徒，辨其談説，明其辟稱，老身長子，不知惡也〔二八〕。夫是之謂上愚〔二九〕，曾不如好相鷄狗之可以爲名也〔三〇〕。《詩》曰："爲鬼爲蜮，則不可得。有靦面目，視人罔極。作此好歌，以極反側。"此之謂也〔三一〕。





【校釋】

〔一〕楊倞注：先王之道，謂儒學。仁人之所崇高也，以其比類中道而行之，不爲詭異之説，不高不下，使賢不肖皆可及也。⊙王念孫曰：吕本作"仁之隆也"，是也。

此言先王之道乃仁道之至隆者也，所以然者，以其比中而行之也。楊云"仁人之所崇高也"，失之。錢本作"仁人隆也"，即涉注"仁人"而誤。比，順也，從也。言從乎中道而行之也。楊以"比"爲"比類"，未確。⊙王先謙曰：下文以禮義釋"中"，則"比中"即《禮論》"義之與比"之意。王説是也。⊙久保愛曰："仁之隆"，謂隆仁也。雖違本注意，舊來所考，闇與宋、韓二本合，則不得不從而改之。或疑刻宋本時，以文義不明改之乎？⊙陶鴻慶曰：仁，即人字。言先王之道爲人所重，以其依中道而行也。下文云"道者，非天之道，非地之道，人之所道也"。道，亦行也。惟爲人所行，故爲人所重，語意甚明。楊注解爲"仁人之所崇高"，王《志》解爲"仁道之至隆者"，義反迂矣。⊙鍾泰曰：仁者，人也。仁之隆者，人之道之隆也。故下文云"道者，非天之道，非地之道，人之所以道也"。"人之隆"，錢本作"仁人隆"，此必舊有以"人"釋"仁"，注"人"字於"仁"旁，後遂併入正文耳。仁，不作仁義字解。⊙梁啓雄曰：此句"中"字和下文"中事"、"中説"之"中"，都是適當之意。⊙熊公哲曰：隆，猶極也，至此而極謂之隆。比，謂順從也。中，即中庸。⊙天海案：陶、鍾二説是也。"仁之隆"誤作"仁人隆"者，既因楊注，亦因旁注之文羼入。本意即先王之道爲人所崇奉。比，依照也。中，正也，不偏不邪之謂也。《禮·樂記》："中正無邪，禮之質也。"《中庸》："中也者，天下之大本也。"即此"中"之義。《天論篇》："故道之所善，中則可從，畸則不可爲。"亦即此義也。

〔二〕冢田虎曰：《書》曰："王懋昭大德，建中於民，以義制事，以禮制心。"此禮義以建中者，固先王之訓也，荀卿蓋學乎此也。茂卿曰"荀子見處"，豈獨荀子之見處也哉！似不諳《尚書》者矣。⊙久保愛曰：《禮記》曰"夫禮所以制中也"。⊙天海案：《富國篇》云"故先王明禮義以壹之"，亦以禮義爲準的也。

〔三〕楊倞注：重説先王之道，非陰陽、山川、怪異之事，是人所行之道也。⊙冢田虎曰：是亦固聖門之教，而非荀卿之所以特爲見處也。《易》曰："立天之道，曰陰與陽；立地之道，曰柔與剛；立人之道，曰仁與義。"⊙久保愛曰：《禮記》曰："非從天降也，非從地出也，人情而已矣。"桃源藏曰："'所以'二字衍。"⊙王念孫曰：人之所以道者，道，行也，謂人之所以行也。君子之所道者，道爲人之所以行，而人皆莫能行之，唯君子爲能行之也。二句本不同義，後人以爲重複而删之，謬矣。下文"君子之所謂賢者"八句，正承此"君子"而言，則此之非衍文甚明。吕、錢本皆有此句。⊙楊柳橋曰："所以"二字，當係涉下句"君子之所以道也"而誤衍。言道非天之道，非地之道，乃人之道也，君子所行者也。《孟子·盡心篇》："仁也者，人也，合而言之，道也。"可互證。⊙天海案：道者，先王所行之道也。"人之所以道"，人之所以行也，"所以"二字非衍文。"君子之所道"，君子之所倡導也，此"道"與"導"同。《左傳》文公六年"道之禮則"，《禮記·月令》："以教道民，必躬親之。"《釋文》並云："道，音導。"又，"君子之所道也"六字，巾箱本、《題注》本、遞修本皆無，上"所以"之"以"

亦無。

〔四〕冢田虎曰：所謂知者，知，去聲。下文二"知"如字。⊙天海案：此"知"字同"智"，下二"知"爲"知道"之"知"，冢説是。

〔五〕天海案：此三"辨"字皆同"辯"，荀書常通用。巾箱本、《題注》本、遞修本、明世本、《四庫》本俱作"辯"。

〔六〕楊倞注：苟得其正，不必徧能。或曰："正，當爲止。"言止於禮義也。⊙王念孫曰：案後説是也。《解蔽篇》曰："夫學也者，固學止之也。惡乎止之？曰：止諸至足。曷謂至足？曰：聖王也。"是其證。《羣書治要》正作"有所止矣"。⊙天海案：作"止"是，當據《治要》與諸説改。

〔七〕楊倞注：相，視也。高下，原隰也。墝，薄田也。五種，黍、稷、豆、麥、麻。序，謂不失次序，各當土宜也。⊙天海案：墝，《廣韻》口交切，音悄。土堅而瘠也。肥，同肥。《孟子·告子上》："雖有不同，則地有肥墝。"墝肥，即土之肥瘠也。

〔八〕楊倞注：視貨之美惡，辨其貴賤也。賈與估同。⊙物雙松曰：相高下、相美惡，二"相"皆去聲。⊙天海案：二"相"字皆作比較之義。

〔九〕楊倞注：便備用，謂精巧便於備用。⊙物雙松曰：備用，言器用。《左傳》曰："無重器備。"⊙久保愛曰：便備用，謂便備具器用也。《左氏傳》曰"其材不足以備器用"。⊙王先謙曰：備用，猶言械用。説見《王制篇》。⊙朝川鼎曰：先君曰："備，謂豫備以供緩急也；用，謂即今所用之物也。"《王制篇》亦云"便備用"，與此同。⊙于省吾曰：備、服，音近字通，便備用即便服用。服，亦用也。《説文》："服，用也。"古人自有復語耳。⊙天海案：便，讀爲"辨"。上古便、辨二字聲韻並同，故可通。辨備用，即治器用，與"設規矩，陳繩墨"爲對文。楊注非，他説亦未得。參見《王制篇》所解。又，《羣書治要》引此文，無"視墝肥，相美惡，陳繩墨"九字，餘皆同。

〔一〇〕王引之曰："然不然"，本作"然不"，即"然否"也。《哀公篇》"情性者，所以理然不、取舍也"，是其證。"取舍"與"然不"對文，"是非"與"然不"亦對文，後人不知"不"爲"否"之借字，故又加"然"字耳。《性惡篇》"不恤是非，然不然之情"，誤與此同。⊙王先謙曰："卹"、"恤"通用。《秦策》"不恤楚交"，韋注："恤，顧也。"⊙鍾泰曰：然不然，當時自有此語。觀《莊子·齊物論》"言然於然，不然於不然"，可見也。荀書本不誤，王氏乃欲以己意改之，異矣。⊙天海案：然不然，對與不對。其意甚明，鍾説是也，王説非也。情，實也。

〔一一〕楊倞注：薦，藉也。謂相蹈藉、撙抑，皆謂相陵駕也。怍，慙也。⊙劉師培曰：薦撙，當作"踐蹲"。薦，踐義同。蹲字，《説文》訓爲踞。踐蹲者，即驕倨以臨人之義也。楊注訓"薦"爲蹈藉，其訓甚當，唯不知"薦"即"踐"字之異文。若以撙爲抑，則屬不詞。⊙天海案：朱起鳳曰："踐字，古通作藉，薦與藉亦通。慰藉作尉薦，是其證也。撙即踏字之譌，此由噂沓二字連用已久，故譌踏爲撙耳。"朱説"撙"乃"踏"

之譌，未免迂曲也。劉説"薦撙"當作"踐蹲"，近是。然踐爲踩，蹲爲踞，二者實難並列爲詞，且古訓無徵。竊以爲"撙"必先由"蹲"誤。而"蹲"與"蹬"音近，故蹬先譌爲蹲，再譌而爲撙。踐蹬者，又踩又蹬也，其義自通。恥怍，猶羞慚、羞辱也。

〔一二〕楊倞注：謫，與商同，古字。商度其德而定位次。本或亦多作"譎"，譎與决同，謂斷決其德。故下亦有"決德而定次"也。⊙洪頤煊曰：字書無"謫"字。《君道篇》"論德而定次，量能而授官"，文與此同。謫，疑即"論"字之譌。《正論篇》"圖德而定次"，圖謀，亦論也。"謫"字又譌作"譎"。⊙物雙松曰：按《正韻》"謫"注"度也"。《荀子》"謫德而定位"，與"商"同。《正字通》："《荀》古本作商，加言者，俗增也。"又《正字通》"譎"注："譎、決，音同義别。"《讀書通》："譎，通作決。《荀子·儒效篇》'譎德而定次'，又'明主譎德序位'，並與決同，謂決斷用之。"按，《荀》古本作"決"，譌作"譎"，沿譌强通，非。按《正字通》兩處不同，難憑一定，但"決德"未穩，"商德"爲允。而"商"加言作"謫"，豈可斷爲譌字邪！《正字通》妄逞意見，若此字多矣。⊙久保愛曰：謫德，《羣書治要》及《王霸》《君道篇》作"論德"，《正論篇》作"圖德"，下文作"譎德"。今案《禮記》云："司馬辨論官材，論進士之賢者，以告于王，而定其論。論定然後官之。"是則作"論德"者固是也。雖然，謫德、圖德義亦通，則不必改之。唯下文"譎德"當作"謫德"，字似而誤。⊙王念孫曰：作"譎"者是也。作"謫"者，"譎"之譌耳。譎、決，古字通。謂決其德之大小而定位次也。下文"譎德而序位"，是其明證。《韓詩外傳》作"決德"，則《荀子》之本作"譎"甚明。⊙劉師培曰：案王説雖可通，實則"謫"字係"適"字之訛，古字"謫"與"適"通。適德而定位者，猶言各視其德之所宜以定位也。自"適"字訛爲"謫"，故下文又訛爲"譎德"，《君道》《正論》二篇又訛爲"論德"，又由啇訛爲圖，義雖可通，雖律以下文"量能"之句，則當以"適德"爲正。⊙劉如瑛曰：楊注，"謫"本或作"譎"，與"决"同，是。決，同抉，量擇之意。圖、論、譎義均相近。譎（或論、圖）德與量能，乃對文。洪、王二説均誤。古人用詞自有變化，不必雷同。⊙天海案：正文與楊注"謫"字，原誤作"謫"，諸本亦多誤，唯遞修本不誤。據楊注"與商同"，徑改。謫，同商，度量之義。《字彙·言部》："謫，與商同，度也。"《説文》："商，从外知内也。"《易兑》："商兑未寧。"《釋文》："商，商量也。鄭云'隱度也'。"《廣雅》亦云："商，度也。"故謫德即量德，與下"量能"對文，且變化用詞耳。本篇下文有"明主譎德而序位"，義與此同，然"譎"乃"謫"之形誤也。楊注後説訓之爲"決德"，非是。至於《王霸》《君道》作"論德"，《正論》作"圖德"者，論、圖皆有商度之義，與"謫"字並無沖突之處。唯作"譎"字於文不順，且譎德者，不詞甚矣，古訓無徵，釋爲決（或抉）德者，臆也。劉師培又説"謫"係"適"字之譌，不惜輾轉爲訓，意欲强立其説，謬甚。《羣書治要》引此作"論德"，蓋因《説文》未收"謫"字，又不見於當時字書，故據《王霸》《君道》而改之。《正字通》云："《荀》古本作商，加言者，俗增也。"此説極是。

〔一三〕楊倞注：任使各當其才。⊙久保愛曰：所謂器人也。

〔一四〕楊倞注：竄，隱匿也。言二子之察無所逃匿，君子皆識也。⊙物雙松曰：蓋二子所言，皆非理之正，率多遁辭，故曰竄。⊙王先謙曰：楊説非也。不得進其談，不敢竄其察，文義一律，"竄"與"進"，意亦相配，不得解竄爲逃匿也。《大略篇》云"貧窶者有所竄其手矣"，注："竄，容也。"此竄亦當訓爲容。言二子無所容其察辨也。《吕覽·審分篇》"無所竄其姦矣"，"竄"字意正與此同。⊙天海案：《説文》："竄，匿也。"段注："《周易》'逋竄'，《左氏》'無所伏竄'，是也。"《爾雅·釋詁》："竄，微也。"郭注："微，謂逃藏也。"《廣雅·釋詁》："竄，藏也。"《左傳》定公四年"而君又竄之"，杜注："竄，匿也。"《國語·周語》"而自竄于戎狄之間"，韋注："竄，匿也。"《晋語》"可以竄惡"，韋注："隱也。"以上皆爲"竄"之古訓隱匿、逃藏之證。"不敢竄其察"，言二子不敢隱匿其察辯也。楊注此本不誤，而注《大略篇》"貧窶者有所竄其手"之"竄"爲"容"，則誤也。彼"竄其手"當訓爲"放其手"，《玉篇·穴部》："竄，放也。"《書·堯典》"竄三苗於三危"，竄即放逐也。王説以彼誤注律此文之"竄"，謬也。

〔一五〕朝川鼎曰："然後"二字疑衍。⊙安積信曰："然後"二字當做"乃"字看。或曰，《羣書治要》無"是"字。⊙天海案："當治"，原文作"治當"，此據其下"事必當務"文例乙正。巾箱本、《題注》本、遞修本、明世本、《四庫》本皆作"當理"，《治要》引此亦作"當理"。此因唐時避高宗諱，改"治"爲"理"，故後刻本皆從之。"然後"上，《治要》無"是"字，於義似長。又，此下原未分段，現據文意分之。

〔一六〕楊倞注：行，下孟反。⊙久保愛曰：理，音治，下同。避諱改之也。⊙楊樹達曰：理，當作治，唐人避諱改。⊙天海案："凡行事"，原作"凡事行"，據下文"行事失中"徑改。"行事"與"知説"爲對文，皆動賓构詞，非並列构詞也，由"中事"、"中説"可知。"治"字，巾箱本、《題注》本、遞修本、明世本、《四庫》本皆作"理"者，沿舊刻避諱未改之本也。

〔一七〕久保愛曰：中，謂禮義之中也。⊙鍾泰曰：中，當讀仲，言當也。前"比中而行之"之"中"亦同，與中庸之"中"異。⊙天海案：上文云"言必當治，事必當務"，中事，即當務之事，鍾説是也。此亦可證前"事行"必爲"行事"，更非事情與行爲之謂也。"理"字，本"治"字，唐人避諱改之，下"知説"句中二"理"字亦同。

〔一八〕北大組曰：知説，知識學説。中説，正确的學説。⊙天海案：知説，當爲"治説"，"知"與"治"聲韻同，可通也。上言"行事"，此言"治説"，正相對爲文。此作"知"者，蓋唐初（高宗李治之前）本作"治"，而下二句又連用二"治"（今作"理"）字，故改"治"爲"知"。二"理"字者本亦作"治"，宋人回改未盡也。訓"知説"爲知識學説者，乃不明"知説"不辭，望文生訓也。《荀子·非十二子篇》"而好治怪説"，《解蔽篇》"案直將治怪説，玩奇辭以相撓滑也"，又"則天下之治説者方多然矣"，皆

"治説"成辭之例。中説,即當治之説。或曰,"知説"即主張學説。《字彙·矢部》:"知,《增韻》:主也。今之知府、知縣,義取主宰也。"《左傳》襄公二十六年"公孫揮曰:子産其將知政矣",《國語·越語》"吾與之共知越國之政",故"知"有主持之義,引伸之可爲主張之義。"行事"與"主説"亦相對爲文。又正文"凡知説"之"凡"原誤作"几",徑改。

〔一九〕王念孫曰:"行事失中謂之姦事",宋、錢本及各本"行事"皆作"事行"。盧從吕本。上文云"事行無益於理者廢之,知説無益於理者舍之",此云"事行失中謂之姦事,知説失中謂之姦道",皆承上文而言,則作"事行"者是也。《仲尼篇》云"其事行也,若是其險汙淫汏也",《王制篇》云"立身則從傭俗,事行則遵傭故",皆其證。⊙天海案:"行事"不誤,説詳前。諸本作"事行"者,皆因上文"凡事行"之誤而誤改也。《仲尼篇》"其事行也",專指齊桓公而言,不得以彼律此。《王制篇》連用三"事行"皆與"立身"相對爲文,亦當爲"行事"之誤。故王説非也。失中,即失當。

〔二〇〕物雙松曰:姦,如姦色、姦聲之姦,與間同,言不正也。⊙包遵信曰:道,亦説也。"姦道"爲"中説"之反。《廣雅·釋詁》:"道,説也。"此處楊注未釋,蓋以"天道"之道讀之矣,非。⊙李中生曰:"姦道"的"道",諸家無釋。此"道"與"中説"、"知説"相對或相承,當指學説。⊙天海案:姦道,即邪説也。

〔二一〕天海案:"道"下,巾箱本、《題注》本、遞修本有"者"字。

〔二二〕楊倞注:充,實也。施,讀曰移。易,謂使實者虚,虚者實也。⊙天海案:施易,又作"迻易"。《説文繫傳》:"《莊子》曰:天道回轉迻易也。""迻"即"移"之古文。

〔二三〕楊倞注:以堅白、同異之言相分别隔異。同異,已解上也。⊙物雙松曰:分隔,分辨也。⊙天海案:"分隔",分,别也;隔,離也。

〔二四〕楊倞注:僂,疾也。言雖聖人亦不可疾速指陳。僂,力主反。《公羊傳》曰"夫人不僂",何休曰:"僂,疾也,齊人言也。"⊙物雙松曰:僂指,注:"僂,疾也。"欠穩。按僂,佝僂之僂,言屈指也。或與縷通。⊙劉師培曰:僂字訓爲曲。故《白虎通》"周公背僂",即《莊子》之"痀僂"。僂有曲義,則"僂指"猶言曲陳矣。⊙天海案:僂,訓疾,疾,速也。下文"賣之不可僂售也"之"僂",義亦同此。僂指,猶言疾速指陳也。楊注是,物、劉二説皆非。又,此下原文未分段,現依文意分之。

〔二五〕冢田虎曰:《尹文子》曰:"古語曰:'不知,無害爲君子;知之,無損爲小人。工匠不能,無害於巧;君子不知,無害於治。'此言信矣。"然則是《荀子》以前之古語。

〔二六〕楊倞注:君子,卿大夫也。⊙天海案:"治"字,巾箱本、《題注》本、遞修本皆作"理"。

〔二七〕楊倞注:事,謂作業。⊙包遵信曰:"百姓"疑是"百官"之誤。⊙天海案:

百姓，此指百官。《書・堯典》："百姓昭明，協和萬邦，黎民於變時雍。"《詩・小雅・天保》："羣黎百姓，徧爲爾德。"皆以黎民與百姓對言，可知百姓亦指百官。事，謂百官之職事。《論語・衛靈公》"事君敬事而後食"，《仲尼篇》"理任大事"，《富國篇》"百事齊於官"，皆與此"事"同義。故楊注"事謂作業"，非也，其誤在以"百姓"爲黎民、爲工匠技藝之人也。



〔二八〕楊倞注：顤，愚也。辟，言譬。稱，尺證反。身老子長，言終身不知惡之也。⊙物雙松曰：辟稱，言譬喻稱説也。⊙章詩同曰：稱，稱引。老身，身已衰老。長子，子已長大。⊙天海案："而"、"辨"字，巾箱本、《題注》本、遞修本皆作"不"字、"辯"字。

〔二九〕楊倞注：有偏僻之見，非昧然無知，然亦不免於愚，故曰"上愚"。⊙劉台拱曰：上愚，猶言極愚。楊注非。⊙物雙松曰：上愚，猶至愚也。⊙天海案：劉、物二説是，楊注未切。

〔三〇〕楊倞注：有惠施、鄧析之名，尚不如相鷄狗之名也。⊙盧文弨曰：正文"曾不如"下，宋本有"好"字，元刻無。⊙郝懿行曰：古人重畜，問富數焉，門材與焉，不獨相牛馬之有經也，後世蔑如矣。⊙冢田虎曰：鷄狗，人家之所以可畜，故視其形相，而語其可否，猶有益於人也。⊙久保愛曰：古有相鷄狗之術，故《吕氏春秋》曰"齊有善相狗者"，又《周禮》"大人凡相犬，牽犬者屬焉"。蓋末技也。⊙楊柳橋曰：《爾雅》："相，治也。"相鷄狗，謂治鷄狗之醫也。⊙天海案："好"字，巾箱本、《題注》本、遞修本俱無。此"好"字承上文二"好"字，按理當有。相鷄狗，古有爲鷄狗看相而成名者。

〔三一〕楊倞注：《詩・小雅・何人斯》之篇。毛云："蜮，短狐也。靦，姡也。"鄭云："使汝爲蜮也，則汝誠不可得見也。姡然有面目，女乃人也。人相視無有極時，終必與女相見也。"引此以喻狂惑之人也。⊙久保愛曰：韋昭注《國語》曰："靦，面目貌。"蜮，音域。靦，土典反。⊙安積信曰：爲鬼爲蜮。《釋文》曰："蜮形如鼈，三足，一名射工，俗呼之水弩。"《集傳》曰："能含沙以射水中人影，其人輒病，而不見其形。"又曰："靦，面見人之貌。反側，反覆不正直也。言女爲鬼爲蜮，見不可得而見矣。女乃人也，靦然有面目，與人相視，無窮極之時，豈其情終不可測哉！"⊙楊柳橋曰：顔師古《漢書注》："蜮，魅也。"李賢《後漢書》注："靦，姡也。言面姡然無愧。"《一切經音義》引《考聲》："靦，謂不知慚也。"



我欲賤而貴，愚而知，貧而富，可乎？曰：其唯學乎〔一〕！彼學者，行之，曰士也〔二〕；敦慕焉，君子也〔三〕；知之，聖人也〔四〕。上爲聖人，下爲士、君子，孰禁我哉〔五〕？鄉也，混然涂之人也，俄而並乎堯、禹，豈不賤而貴矣哉〔六〕？鄉也，效門室之辨，混然曾不能決也〔七〕，俄而原仁義，分是非，圖回天下於掌上而辨白黑，豈不愚而知矣哉〔八〕？鄉也，胥靡之人，俄而治天下之大器舉在此，豈不貧而富矣哉〔九〕！今有人於此，屑然藏千溢之寶，雖行貣而食，人謂之富矣〔一〇〕。彼寶也者，衣之不可衣也〔一一〕，食之不可食也，賣之不可僂售也〔一二〕，然而人謂之富，何也？豈不大富之器誠在此也〔一三〕？是杅杅亦富人已，豈不貧而富矣哉〔一四〕！

故君子無爵而貴，無禄而富，不言而信，不怒而威，窮處而榮，獨居而樂，豈不至尊、至富、至重、至嚴之情舉積此哉〔一五〕！故曰：貴名不可以比周爭也，不可以夸誕有也，不可以勢重脅也，必將誠此，然後就也〔一六〕。爭之則失，讓之則至；遵道則積，夸誕則虚〔一七〕。故君子務脩其内而讓之於外，務積德於身而處之以遵道。如是，則貴名起如日月，天下應之如雷霆〔一八〕。故曰：君子隱而顯〔一九〕，微而明，辭讓而勝。《詩》曰："鶴鳴于九皋，聲聞于天。"此之謂也〔二〇〕。鄙夫反是〔二一〕，比周而譽俞少，鄙爭而名俞辱〔二二〕，煩勞以求安利其身而俞危〔二三〕。《詩》曰："民之無良，相怨一方。受爵不讓，至于已斯亡。"此之謂也〔二四〕。

## 【校釋】

〔一〕冢田虎曰：孔子謂伯魚曰："鯉乎，吾聞可以與人終日不倦者，其唯學乎！"其語可照以見焉。⊙天海案：此言欲變賤、愚、貧爲貴、智、富，只有學習才行。知，讀爲智。

〔二〕楊倞注：彼爲儒學者，能行則爲士也。士者，脩立之稱。⊙王先謙曰：楊以"彼爲儒學者"釋"彼學者"，非也。下言"行之曰士"，上言"爲儒學之人"，於義爲復矣。"彼學者"三字讀斷，與上"其唯學乎"正相呼應。"曰士也"，猶言"謂之士也"。⊙久保愛曰："曰士"之"曰"衍。⊙安積信曰：彼學者，"學"者承上"學"字而言，非指學者。三字頓，蒙到"聖人也"句，注恐誤。⊙梁啓雄曰："士"上"曰"字猶"則"也。《墨子·天志中》："殺不辜者誰也？曰人也。予之不祥者誰也？曰天也。"句中兩"曰"字《天志上》並作"則"。⊙熊公哲曰：行，謂行禮義。《大略篇》："行也者，行禮義之謂也。"《脩身篇》："學也者，禮法也。"⊙駱瑞鶴曰：楊説誤，王氏已知之，而言有未盡。學，謂學習；彼學者，言彼學習之事也。行之，曰士也，謂實行之，則稱士也。其所學所行，據後文爲治天下之道，在《勸學篇》爲禮。⊙天海案："曰"字非衍，亦非"則"，曰，猶"爲"也。説見王引之《釋詞》、楊樹達《詞詮》。下"君子"、"聖人"上"曰"字承此而省。楊注非也，諸説釋"彼學者"是。

〔三〕楊倞注：敦，厚慕之。⊙王引之曰：楊説非也。敦、慕，皆勉也。《爾雅》："敦，勉也。"《説文》："慔，勉也。"《爾雅》："慔慔，勉也。"《釋文》："慔音墓，亦作慕。"是慕爲勉也。此承上文而言，言能行之則爲士，行而加勉則爲君子。故《曲禮》云："敦善行而不怠，謂之君子。"非徒厚慕之而已也。⊙天海案：敦慕，即敦勉也。言勤勉之可爲君子。朱起鳳曰："慕，當爲莫，勉莫一聲之轉。"故二字可通。裴學海曰："焉，猶之也。"楊注非，王説是也。

〔四〕楊倞注：知之，謂通於學也。於事皆通，則與聖人無異也。⊙冢田虎曰：知之，知義也。所謂蓋有不知而作之者之知也。注非也。⊙安積信曰：知之，知兼行。言深知學問之道而能行之者，謂之聖人也。"行之曰士，敦慕焉君子，知之聖人"三句，字法錯綜，殊雅。注以爲"與聖人無異"，謬甚。⊙熊公哲曰：知，謂通知禮之意義。《大略篇》："禮者，衆人法而不知，聖人法而知之。"⊙龍宇純曰：下文云"見之不若知之，知之不若行之，學至乎行之而止矣。行之，明也，明之爲聖人。"此文"知之"亦當作"明之"。蓋常語"明之"與"知之"同義，因誤"明之"爲"知之"耳。楊氏曲説。⊙天海案：行之、敦慕焉、知之，皆上承"彼學者"而言。猶言實行學習，勤勉學習，通曉學習的内容。故"知之"即通曉之、識别之。《書・皋陶謨》"知人則聖"，《易・乾文言》："知進退存亡而不失其正者，其唯聖人乎。"楊注是也，諸説皆未得。或曰，知，執也。知之，即掌握之。本篇下文云"飛廉、惡來知政"，知，猶執也。是其證。

〔五〕楊倞注：爲學之後，則誰能禁我，使不爲聖人、士、君子也。⊙安積信曰："爲學之後"，注四字頗蛇足。⊙天海案："士"下當頓，不讀爲"士君子"，此聖人、士、君子，與上文相應。

〔六〕楊倞注：混然，無所知之貌。並，比也。鄉，音向。涂與途同。⊙久保愛曰：混然，不分明貌。⊙北大組曰：混然，没有知識的樣子。涂之人，普通老百姓。⊙楊柳橋曰："混然"二字，當係涉下文"混然"二字而誤衍。⊙天海案：鄉，從前。通曏，下同。《論語・顔淵》："鄉也，吾見於夫子而問知。"混然，混同也。涂之人，路上行人，即一般人。

〔七〕楊倞注：效，白。辨，别也。向者，明白門室之别異，猶不能決，言所知淺也。⊙冢田虎曰：效，致也。門室之辨，言家事之分辨也。此與"圖迴天下於掌上"相對，注失之。⊙王引之曰：楊以"效"爲明白。既明白門室之别矣，何又不能決乎？乃又云"言所知淺也"，此則曲爲之解而終不可通。今案：效者，考也，驗也。考驗門室之别，曾混然不能决，言其愚也。古謂考爲效，説見《經義述聞·梓材》及《曲禮》。⊙王先謙曰：王説是。《議兵篇》"隆禮效功"，楊注亦云："效，驗也。"⊙天海案：效，考也。二王説是，楊注非。門室，猶言"門户"也。古時雙扇爲門，乃進院之大門。户爲單扇，内室之門單扇曰户。説見《一切經音義·户扇》。曾，乃也。詳見《釋詞》。

〔八〕楊倞注：原，本也。謂知仁義之本。圖，謀也。回，轉也。言圖謀運轉天下之事如在掌上也。⊙盧文弨曰："而辯"之"而"，與"如"同。⊙俞樾曰：楊注"圖謀運轉"，兩義不倫，恐非其旨。"圖"者，"圓"之誤字。《廣雅·釋詁》："圓，圜也。"圓回，猶圜轉也。《淮南·原道篇》曰"圜者常轉"，是其義也。"圓回天下於掌上"，言天下之大，可圜轉於掌上也。隸書"圖"字或作"圗"，或作"啚"，皆與"圓"字相似，學者多見"圖"，少見"圓"，因誤爲"圖"耳。⊙于鬯曰："原"有"度"義，字當與"謜"通。《廣雅·釋詁》云："謜，度也。"《管子·戒篇》房玄齡注云："原，察也。"察義亦即度義。⊙鍾泰曰：俞説"圖"爲"圓"字之誤，是也。圓與運通。回者，轉也。圓回、運轉一義，《孟子》亦曰"天下猶運之掌上"。⊙天海案：原，推究其源也。《易·繫辭》下："《易》之爲書也，原始要終，以爲質也。"原仁義，猶言推究仁義之本。楊注不誤，然未洽也。圖，謀也。回，運轉也。謀運天下於掌上，其義本通，楊注不誤，俞説迂而無新義也。此"圖"作謀解，正與"愚而知"之智相應。"回"字，巾箱本、《題注》本、遞修本作"迴"。

〔九〕楊倞注：胥靡，刑徒人也。胥，相。靡，繫也。謂鏁相聯、相繫，《漢書》所謂"鋃鐺"者也。舉，皆也。顔師古曰："聯繫使相隨而服役之，猶今囚徒以鏁連枷也。"⊙王引之曰：此胥靡，非謂刑徒人也。胥靡者，空無所有之謂，故《荀子》以況貧。胥之言疏也，疏，空也。靡，無也。胥靡，猶言胥無。《春秋》齊有賓胥無，蓋取此義也。《漢書·揚雄傳》"胥靡爲宰，寂寞爲尸"，"胥靡"與"寂寞"相對爲文，是胥靡爲空無所有之意。⊙天海案：胥，皆也，全也。《爾雅·釋詁》："胥，皆也。"《方言》卷七："僉、胥，皆也。自山而東五國之效曰僉，東齊曰胥。"《詩·小雅·角弓》："爾自遠矣，民胥然矣。"鄭玄箋："胥，皆也。"靡，無，没有。《爾雅·釋言》："靡，無也。"《詩·鄘風·柏舟》"之死矢靡它"，《毛傳》："靡，無。"胥靡，即"皆無"，猶言一無所有也。或曰，胥靡，拘縻之音轉，亦謂刑徒之人也。大器，猶寶器，指鐘鼎圭璋之屬，古人以之爲鎮國之寶。《左傳》文公十二年："鎮撫其社稷，重之以大器。"杜注："大器，圭璋也。""治國之大器"，此指治國之寶器，以喻治天下之才具也。

〔一〇〕楊倞注：屑然，雜碎衆多之貌。行貣，行乞也。貣，士得反。⊙郝懿行曰：屑，瑣細之貌。至寶不必盈握，故以瑣細言之。屑，今作"屑"。溢，作"鎰"。⊙久保愛曰：屑然，尊重之貌。⊙安積信曰：屑，潔也。《孟子》曰"不屑就"，《詩》曰"不吾屑以"，皆訓潔。屑然，明潔藏寶之貌。⊙鍾泰曰：屑，清也，潔也。屑然，猶潔然。又屑、脩,雙聲通轉,屑然,猶脩然矣,非瑣細之貌。千溢之寶,不得謂之瑣細也。⊙梁啓雄曰:《説文》:"屑,動作切切也。"《方言》:"屑,勞也。"屑然,似謂勤勞操切之意。⊙楊柳橋曰:李賢《後漢書》注:"屑,猶介也。俗誤作屑。"鄭玄《禮記》注:"二十兩曰溢。"通作鎰。⊙徐復曰:屑,借爲佾,《廣雅·釋詁》:"佾,列也。"佾然,謂至寶藏之行列粲然,不取細碎爲義明矣。⊙天海案:"屑",巾箱本、《題注》本、遞修本並作"屑"。"溢",並作"鎰"。"貣",此三本與明世本、《四庫》本皆作"貸"。"今有人",若有人也。此下皆假設之詞,以喻學者積學如藏千金之寶,確有大富之器在身,故人謂之富也。《説文》:"屑,動作切切也。从尸,屑聲。"段注:"'《方言》曰:屑屑,不安也。秦晉謂之屑屑。'又曰:'屑,勞也;屑獪也。'《毛傳》曰:'屑,不潔也。'私列切,十二部。按俗从肖,非。"由此可知,以"屑"爲"屑"者,皆誤也。"屑"、"佾"皆古韻質部,故可通。屑然,即列然。徐説是,鍾説近之,他説皆非。

〔一一〕楊倞注:下"衣",於既反,言以爲衣則不可衣箸。⊙久保愛曰:上"衣"亦去聲,本注非。⊙天海案:二"衣"字皆作動詞用。

〔一二〕楊倞注:僂,疾。⊙郝懿行曰:僂,"屢"之假借字。《釋詁》云:"屢,疾也。""售"者,"讎"之俗字。《詩》曰:"賈用不讎。"⊙天海案:僂、屢,古聲韻同,故可通。《玉篇》:"屢,疾也。"屢售,猶急售之也。

〔一三〕楊倞注:喻學者雖未得衣食,亦猶藏千金之寶也。⊙王先謙曰:楊説非也。此言藏寶者不可衣食,不可僂售,然而人謂之富者,以其有大富之器也,不指學者言。下文"是杅杅亦富人",始就學者之富言之。⊙天海案:大富之器,即上言"千溢之寶"。誠,確實。然此"大富之器"又暗喻上文"治天下之大器",並下啓"是杅杅亦富人"句意,必然兼指學者言。故王説非也。

〔一四〕楊倞注:杅杅,即于于也,自足之貌。《莊子》曰"聽居居,視于于"也。⊙傅山曰:《春秋傳》"杅不穿是器也",《荀子》又有"杅方"、"水方",則"杅"與"盂"同矣。解"自足",非義。⊙王引之曰:"聽居居,視于于"與富意無涉。案《方言》:"于,大也。"《文王世子》"于於身以善其君",鄭注曰:"于,讀爲迂。"迂,猶廣也,大也。《檀弓》"易則易,于則于",《正義》亦曰:"于謂廣大。"重言之,則曰于于。上文曰"治天下之大器在此",又曰"大富之器在此",是言學之富如財之富也,故曰"是杅杅亦富人已"。⊙冢田虎曰:《盜跖》:"卧則居居,起則于于。"注所引今《莊子》不見,可疑也。⊙朝川鼎曰:先君曰:"杅杅,自優尊之貌。《莊子·應帝王篇》'其卧徐徐,其覺于于',《盜跖篇》'卧則居居,起則于于',《天地篇》'博學以擬聖,于于以蓋衆',皆當以此義求之。"⊙陶鴻慶曰:"豈不貧而富矣"句重出,與上文"豈不賤而貴矣哉"、"豈不愚而知矣哉"句例不一律。"是杅杅者亦富人已"句,又與上文語意不甚貫注,疑"鄉也"以下二句爲後文錯簡,"豈不貧而富矣哉"七字,則後人妄增也。⊙楊柳橋曰:于,借爲"夸"。⊙天海案:杅杅,猶裕裕,音近可通。裕裕,充足自得之貌。《書・仲虺之誥》:"好問則裕,自用則小。"孔傳:"問則有得,所以足;不問專固,所以小。""是杅杅亦富人已",謂勤學而充裕自得,也同富人一樣。"富"字原作"當",形似而誤,據諸本改。已,同"矣",語終之辭,説見王引之《釋詞》。

〔一五〕楊倞注:舉,皆也。此,此儒學也。其情皆在此,故人尊貴敬之。⊙久保愛曰:本注"儒學"二字當作"身"字,與下文注互誤。⊙天海案:情,實也。積,集也。此,指學也,非專指儒學。久説當指"身",非也。又,《治要》引此無"之情舉積此"五字。楊注似衍一"此"字。

〔一六〕楊倞注:貴名,人所貴儒學之名。此,身也。⊙久保愛曰:本注"身"字,當作"儒學"二字。⊙楊柳橋曰:鄭玄《禮記》注:"誠,猶審也。"⊙天海案:貴名,顯貴之名,亦猶美名。荀書多用之,凡七見,義略同。誠此,即專誠于學。此,學也。楊注非。

〔一七〕楊倞注:遵道則自委積,夸誕則尤益空虚也。⊙王念孫曰:道,當作"遁",字之誤也。遵遁,即"逡巡"。《文選・上林賦》注引《廣雅》曰:"逡巡,卻退也。""遵遁"與"夸誕"對文,言以退讓自處也。若作"遵道",則與"夸誕"不對,且與上文不相應矣。楊依"遵道"爲解,故失之。⊙北大組曰:遵道,遵循正确的原則。積,積聚,指保持貴名。虚、空,指得不到貴名。⊙天海案:遵道,當作"遵遁",亦猶"逡巡",即謙恭退讓之義,下亦同此。楊注非,王説是。積,謂積德也,下文"務積德於身而處之以遵道"可證。

〔一八〕楊倞注:衆應之聲如雷。⊙天海案:巾箱本、《題注》本、遞修本、《四庫》本"貴名起"下皆有"之"字,涉下文"應之"而衍也。

〔一九〕冢田虎曰:孔子曰:"君子隱而顯,不矜而莊,不厲而威,不言而信。"

〔二〇〕楊倞注:《詩・小雅・鶴鳴》之篇。毛云:"皋,澤也。言身隱而名著也。"鄭云:"皋,澤中水溢出所爲坎,自外數至九,喻深遠也。"⊙帆足萬里曰:皋,澤中窿高處。⊙天海案:九皋,曲折而深遠的沼澤。《釋文》云:"《韓詩》云:九皋,九折之澤。"九,言其多也,非實數。

〔二一〕天海案:鄙夫,鄙陋淺薄之人。《論語・陽貨》:"子曰:鄙夫可以事君哉?"

〔二二〕王念孫曰:譽,非名譽,即"與"字也。言雖比周以求黨與,而黨與愈少也。下句"鄙爭而名俞辱",乃言名譽耳。元刻"譽"作"與",本字也,宋本作"譽",借字也。⊙鍾泰曰:上云"貴名不可以比周爭",此云"比周而譽俞少","譽"自如本訓,王説非是。⊙天海案:此二句互文見義,言鄙夫比周鄙爭而稱譽者愈少,其名聲愈辱。鍾説是,王説非。諸本"譽"作"與"者,借字耳。

〔二三〕楊倞注:俞,讀爲愈。⊙天海案:"而"字,巾箱本、《題注》本、遞修本、明世本、《四庫》本俱無。

〔二四〕楊倞注:《詩·小雅·角弓》之篇。引此以明不責己而怨人。⊙久保愛曰:鄭玄曰:"良,善也。民之意不獲,當反責之于身,思彼所以然者而恕之。無善心之人,則徒居一處,怨恚之。"⊙梁啓雄曰:《傳》:"爵禄不以相讓,故怨禍及之。"



故能小而事大,辟之是猶力之少而任重也〔一〕,舍粹折無適也〔二〕;身不肖而誣賢〔三〕,是猶傴身而好升高也,指其頂者愈衆〔四〕。明主譎德而序位,所以爲不亂也〔五〕;忠臣誠能然後敢受職,所以爲不窮也〔六〕。分不亂於上,能不窮於下,治辨之極也〔七〕。《詩》曰:"平平左右,亦是率從。"是言上下之交不相亂也〔八〕。

以從俗爲善〔九〕,以貨財爲寶,以養生爲己至道,是民德也〔一〇〕。行法至堅,不以私欲亂所聞。如是,則可謂勁士矣〔一一〕。行法至堅,好脩正其所聞,以橋飾其情性〔一二〕,其言多當矣,而未諭也〔一三〕;其行多當矣,而未安也;其知慮多當矣,而未周密也〔一四〕;上則能大其所隆,下則能開道不已若者〔一五〕。如是,則可謂篤厚君子矣。脩百王之法,若辨白黑;應當世之變,若數一二〔一六〕;行禮要節而安之,若生四枝〔一七〕;要時立功之巧,若詔四時〔一八〕;平正和民之善〔一九〕,億萬之衆而摶若一人〔二〇〕。如是,則可謂聖人矣〔二一〕。

【校釋】

〔一〕安積信曰:"力之少","之"字衍。⊙天海案:"故"下原有"不"字,涉下文"身不肖"之"不"而衍,諸本皆無,據删。辟,猶譬。

〔二〕楊倞注:舍,除也。粹,讀爲碎。除碎折之外,無所之適。言必碎折。⊙久保愛曰:能,才能也。《易·大傳》曰:"子曰:德薄而位尊,知小而謀大,力少而任重,鮮不及矣。"《易》曰:"鼎折足,覆公餗,其形渥凶。"言不勝其任也。⊙王先謙曰:《正論篇》云"蹎跌碎折,不待頃矣",與此粹折義同,彼用本字。⊙天海案:無適,無所至,猶言别無他路。

〔三〕王先謙曰:不肖而自以爲賢,是誣也。下文云"内不自以誣",可證"誣賢"二字之義。《君道篇》云"臣不能而誣能,則是臣詐也",與此"誣賢"意同。⊙梁啓雄曰:《大略》:"不能而居之,誣也。"⊙章詩同曰:誣賢,妄自稱賢。⊙天海案:誣賢,冒充賢能。

〔四〕楊倞注:傴,傴僂也。傴身之人而强昇高,則頭頂尤低屈,故指而笑者愈衆。

⊙傅山曰:駝背之人,故意莊伸展之貌耳。"指頂"字頗可笑。⊙劉台拱曰:伸,蓋即"僂"字之譌。⊙安積信曰:宋本"伸"作"身"。按"伸"恐"僂"譌。指其頂,即人在高處而下指其頂也。注不明切。⊙金其源曰:按《釋名·釋形體》:"身,伸也,可屈伸也。"身、伸義同,伸猶身也。竝非誤字。⊙天海案:正文"身"字,巾箱本、《題注》本、遞修本、明世本、《四庫》本皆作"伸",其楊倞注文亦又皆與此本異。當以宋浙本、宋台本爲是。又疑正文"升"字本當作"伸",字之音誤也。"伸高",指駝背之人欲挺身而爲高也,非登(升)高之謂也。傅山所解得其意,楊注及他説皆非也。

〔五〕物雙松曰:譎德,當是"商德"。⊙王先謙曰:譎,決也。説見上。⊙天海案:譎,原誤作"譎",據上文"譎德而定次"及楊注改。王説非。

〔六〕熊公哲曰:誠能,謂己實有能,與誣賢、誣能者不同也。⊙天海案:不窮,不陷入困境。

〔七〕楊倞注:不亂,謂皆當其序。不窮,謂通於其職列也。言儒爲治辨之極也。⊙冢田虎曰:分,謂德之分辨也,即所以譎德。⊙王先謙曰:辯,亦治也,説見《不苟篇》。⊙天海案:分,即上所謂"序位之等級也"。能,即上所言"忠臣"之才能也。治辨,即治理。辨,亦治也。字又通"辯",諸本作"辯"者亦同"辨"。

〔八〕楊倞注:《詩·小雅·采菽》之篇。毛云:"平平,辯治也。"交,謂上下相交接也。⊙王念孫曰:交,如"上下交征利"之交。此承上文而言。分不亂於上,能不窮於下,是上下交不相亂也。"交不相亂"四字連讀。《富國篇》云"上下俱富,交無所藏之",文義正與此同。楊云"交,謂上下相交接",則誤以"上下之交"連讀矣。⊙久保愛曰:平平,《韓詩》作"便便"。婢綿反。⊙天海案:平平,形容治理有序。《書·洪範》:"無黨無偏,王道平平。"孔傳"言辯治"。交,皆也。《國語·越語》下"君臣上下交得其志",韋注:"交,俱也。""上下之交不相亂",猶言君臣上下俱不相亂。或曰,交,互也。交不相亂,即互不相亂,義亦通。楊注非,王説是。又,此下原文未分段,現據文意而分之。

〔九〕盧文弨曰:從俗,元刻作"容俗"。今從宋本。⊙楊柳橋曰:宋本作"從俗",今從元刻本作"容俗"。容俗,即"庸俗"。"容易"之容,正字當作"庸"。⊙天海案:從俗,即隨俗。"從俗",巾箱本、《題注》本、遞修本、明世本、《四庫》本皆作"容俗"。《韓詩外傳》引"傳曰",仍作"從俗"。

〔一〇〕楊倞注:養生爲己至道,謂莊生之徒。民德,言不知禮義也。⊙物雙松曰:養生,言治生業也。⊙冢田虎曰:養生,謂世俗之養生也,非謂莊周之養生。民德,言下民之所以爲德也。注非也。⊙劉台拱曰:養生,猶言治生,故曰"民德",未及乎莊生之徒。⊙王念孫曰:"民"字對下"士"、"君子"、"聖人"而言。⊙朝川鼎曰:先君曰:"養生,即《孟子·梁惠王》上篇所謂'養生喪死'之養生。"注謂莊生之徒,非《荀子》之義。⊙天海案:養生,即治生業。劉氏與諸説是,楊注非。民德,民衆之道德。《書·君奭》"君惟乃知民德",《論語·學而》:"慎終追遠,民德歸厚矣。"義與此同。楊注非也。

〔一一〕北大組曰:勁士,剛强的人。⊙天海案:勁士,剛强正直之士。《説文》:"勁,彊也。"

〔一二〕楊倞注:行法,謂行有法度。行,下孟反。橋,與矯同。⊙盧文弨曰:宋本"橋"從木,《臣道篇》亦同。《正韻》引《荀子》亦從木。元刻從手,亦可通。⊙劉台拱曰:《韓詩外傳》引此作"行法而志堅"(下同)。據楊注"行有法度",明"行法"與"志堅"對舉,不當作"至"。⊙久保愛曰:行法,身行法度也。⊙王念孫曰:法者,正也。言其行正,其志堅,故下句云"不以私欲亂所聞"也。古謂正爲法,説見《漢書·賈鄒枚路傳》。⊙王先謙曰:荀書"至"、"志"通借。《正論篇》"其至意至闇也",楊注"至,當爲志",是其證。《臣道篇》云"相與彊君撟君",盧校云:"撟,宋本作橋。"《羣書治要》作"矯",明荀書以"橋"代"矯"也。⊙鍾泰曰:"行法"之法,即《勸學篇》"法士"之法。法曰法,守法亦曰法也。本字義自可明,不必以"正"訓之,轉失其義。"橋飾"之飾,當讀如"飭"。飭,正也。⊙朝川鼎曰:至,當作"志",聲之誤也。⊙龍宇純曰:至、志古音異,不得通假。後世脂、之二韻方音多混,故"志"誤書作"至"字。《正論》"至意",楊云"至,當爲志",是其讀"志"不與"至"同,據音改字之例,非言假借也。⊙天海案:行法至堅,謂身行法度極爲堅定。至,極也。其意本明,既非"志"之誤,亦非與"志"通假,楊不注"至"字,即是明證。然注云"行有法度",亦非也。橋飾,讀作"矯飭",猶言整飭。《性惡篇》"以矯飾人之情性而正之",義同此。情性,猶本性。"橋"字,巾箱本、《題注》本、遞修本、明世本、《四庫》本皆作"撟",《韓詩外傳》作"矯",義皆同。

〔一三〕冢田虎曰:"其言多當"下,至"未周密也",似乎"五儀"之所謂"士人"。

〔一四〕楊倞注:未喻,謂未盡曉其義。未安,謂未得如天性安行之也。周密,謂盡善也。⊙陶鴻慶曰:楊注"未諭"説殊難通。"諭"疑"論"字之誤。下節云"辯則速論",王《志》云:"論,決也。言辯事則速決也。"可釋此文之義。⊙天海案:未諭,楊注作"未喻",當從《荀子》正文。未諭,言不能表明所言之意。《吕氏春秋·離》謂:"言者,以諭意也。"《淮南子·主術》:"辟踊哭泣,所以諭哀也。"高誘皆注云:"諭,明。"是其證。楊注未得其義,陶説亦非也。

〔一五〕久保愛曰:大,猶尊也。隆,言己所尊之人也。道,音導。⊙王先謙曰:所隆,謂其所尊奉者。言能推崇其道而大之。⊙鍾泰曰:"其所隆",謂其所尊事之人。"大其所隆",即前所謂"致貴其上",非言推崇其道而大之也。王氏説誤。⊙天海案:大,尊崇也。《天論》"大天而思之"之大,與此同義。大其所隆,謂尊崇其所推重之人。王説非,諸説是。開道,即開導。不已若,即"不若已"。《韓詩外傳》正作"不若已"。

〔一六〕楊倞曰：如數一二之易。⊙龍宇純曰："脩"字於此義不可通，當是"循"字之誤。此謂篤厚君子遵循百王之法，如辨白黑之易，無有不當者也。⊙天海案："脩"字本有遵循之義，如《商君書·定分》："遇民不脩法，則問法官。"義與此同，並明"脩"字不誤。且"篤厚君子"乃總上文之結句，與"脩百王之法"無涉。"脩百王之法"者，乃直貫其下，謂"聖人"也。龍氏未通文法，其説大謬。又"當世"之"世"，巾箱本、《題注》本、遞修本、明世本、《四庫》本皆作"時"，音之誤也。

〔一七〕楊倞注：要，邀也。節，節文也。言安於禮節，若身之生四枝，不以造作爲也。要，一遥反，及下"要時"同。⊙久保愛曰：《韓詩外傳》"生"作"運"，是也。⊙鍾泰曰："要節"之"要"當訓"約"，下"要時"之"要"則訓"邀"，二字不同義。又"而"字疑衍，疑當"之安"，與下文"之巧"、"之善"三句相對成文。⊙牟瑞平曰：生，通伸。⊙天海案：要節，重節。行禮要節，猶言躬行禮法，注重節操，並安然爲之，故下文云"若生四枝"。四枝，即四肢。"重節"與"生四肢"義正相應，四肢亦人身之四節也。故訓"要"爲"邀"、爲"約"，訓"生"爲"運"、爲"伸"者，皆誤也。

〔一八〕楊倞注："邀時立功之巧"，謂不失機權，若天告四時，使成萬物也。⊙物雙松曰：詔，紹通。言四時相紹代也。《韓詩外傳》作"推"。⊙帆足萬里：詔，告也。言如頒曆有四時不差惑也。⊙楊柳橋曰：《釋名》："詔，照也。"高誘《淮南子》注："照，猶曉也。"⊙天海案：《説文》："詔，告也。"多指上對下而言。四時，即四季。若詔四時，猶如上天宣告四季一樣恰當。巧，即恰當之意。要時，注重時機。

〔一九〕劉台拱曰：平正，當作"平政"。《荀子》多以"正"爲"政"。⊙天海案：平正，公平正直。和民，親和萬民。故下文云"億萬之衆而摶若一人"。劉説非是。

〔二〇〕楊倞注：雖博雜衆多，如理一人之少也。⊙劉台拱曰：博，當作"傅"。《議兵篇》"和傳而一"，亦當作"和傅"，皆字之誤也。而一，如一也。億萬之衆親附若一人，即所謂"和傅如一"也。聖人平政和民，其善如此。⊙王念孫曰：博與傳，皆"摶"字之誤也。摶，即專一之專。億萬之衆而專若一人，即所謂"和專如一"也。古書多以摶爲專，詳見《管子》。⊙天海案：摶，原作"博"，形近而誤，據王説改之。然王訓"摶"爲專一之專則非。摶，讀爲"團"，即團聚之義。《商君書·農戰》："凡治國者，患民之散而不摶也。"即與此文義同。"摶若一人"，團結如一人，正與上文"平正和民"相應。故楊注非，劉説亦非，王説亦未洽也。然"摶"誤作"博"已在唐時也，楊注方以"博雜衆多"釋之。

〔二一〕盧文弨曰：賢人，舊作"聖人"，誤。⊙劉台拱曰：此言聖人之事，下文又爲韻語以贊歎之，故再出"聖人"。盧改此作"賢人"，非也。此上所云者，賢人豈足以當之哉！《韓詩外傳》引此正作"聖人"。⊙王念孫曰：下文"如是則可謂聖人矣"，乃涉此文而衍。盧不知下文之衍，又不知本書之例皆以士、君子、聖人分爲三等，不得於"君子"之上添出賢人名目。各本及《外傳》皆作"聖人"，無作"賢人"者。⊙天海案：本節之文，《韓詩外傳》亦用之，然稱"傳曰"，且文有小異。又，原文此下未分段，現據文意分之。

井井兮其有理也〔一〕，嚴嚴兮其能敬己也〔二〕，分分兮其有終始也〔三〕，猒猒兮其能長久也〔四〕，樂樂兮其執道不殆也〔五〕，炤炤兮其用知之明也〔六〕，脩脩兮其用統類之行也〔七〕，綏綏兮其有文章也〔八〕，熙熙兮其樂人之臧也〔九〕，隱隱兮其恐人之不當也〔一〇〕。如是，則可謂聖人矣〔一一〕！此其道出乎一〔一二〕。曷謂一？曰：執神而固〔一三〕。曷謂神？曰：盡善挾治之謂神，萬物莫足以傾之之謂固〔一四〕。神固之謂聖人。聖人也者，道之管也。天下之道管是矣，百王之道一是矣〔一五〕，故《詩》《書》《禮》《樂》之歸是矣〔一六〕。《詩》言是其志也〔一七〕，《書》言是其事也，《禮》言是其行也，《樂》言是其和也，《春秋》言是其微也〔一八〕。故《風》之所以爲不逐者，取是以節之也〔一九〕。《小雅》之所以爲小者，取是而文之也〔二〇〕；《大雅》之所以爲大者，取是而光之也〔二一〕；《頌》之所以爲至者，取是而通之也〔二二〕。天下之道畢是矣！鄉是者臧，倍是者亡〔二三〕。鄉是如不臧，倍是如不亡者，自古及今，未嘗有也〔二四〕。

## 【校釋】

〔一〕楊倞注：井井兮，良易之貌。理，有條理也。⊙物雙松曰：井井兮，注"良易之貌"非也，即有條理貌。⊙冢田虎曰：井井，即有條理貌也。意取乎井田之有條理與？注非也。⊙久保愛曰：井井，經晝端正之貌。舊本"理"上有"條"字，本注"有"上無"理"字。案：有"條"字者似是，然如此，注文不成語。則楊倞時無"條"字明也。⊙楊柳橋曰：井井，整齊之貌。薛綜《東京賦》注："整，理也。"與"有理"之義正合。⊙天海案：巾箱本、《題注》本、遞修本、明世本，《四庫》本"理"上皆有"條"字，於義爲長。"有條理"乃"井井"之補語也，猶言井井而有條理也。楊倞訓"井井"爲良易之貌，則未詳所出。

〔二〕楊倞注：嚴嚴兮，有威重之貌。能敬己，不可干以非禮也。嚴，或爲"儼"。⊙盧文弨曰：注"干以"，各本皆誤倒，今從明虞、王合訂本移正。⊙牟瑞平曰：敬己，使自己警惕，嚴於律己。敬，通警。⊙天海案：嚴嚴兮，莊重威嚴之貌。敬己，警戒自己。《釋名·釋言語》:"敬,警也。恒自肅警也。"《詩·大雅·常武》:"既敬既戒,惠此南國。"鄭玄箋:"敬之言警也。"又《周頌·閔予小子》:"維予小子,夙夜敬止。"鄭玄箋:"言不敢懈怠也。"楊注"干以",原誤作"以干",此據盧校改。楊注之意,謂使人敬己,人不可以非禮干之。然此節之文皆狀聖人之行貌,故楊注非也。

〔三〕楊倞注:事各當其分,即無雜亂,故能有終始。分,扶問反。⊙王念孫曰:楊說迂曲而不可通。余謂"分分"當爲"介介",字之誤也。《脩身篇》"善在身,介然必以自好也",楊彼注云"介然,堅固貌",引《繫辭傳》"介如石焉"。此介介,亦堅固貌也。固守不變,始終如一,故曰"介介兮其有終始",若作"分分",則義不可通。⊙俞樾曰:分,當讀爲份。《說文·人部》:"份,文質備也,從人,分聲。"《論語》曰"文質份份",份份,即"分分"也,省偏旁耳。《君子篇》"分然各以其誠通",義亦同此。⊙王先謙曰:王、俞二說並通。據下文又言"綏綏兮其有文章",則王義爲允。⊙帆足萬里曰:分分,整齊之貌。⊙鍾泰曰:分,讀如份,俞說是。但此自作分别貌,不言文質備也。⊙楊柳橋曰:分分,明辨之貌。高誘《吕氏春秋》注:"分,明也。"⊙天海案:分分,乃"份份"之省,當讀爲"彬彬"。《論語》"文質彬彬"又作"文質份份",是其證。上言威嚴自警,此言文質相參,有始有終,用詞有變而語意直貫。俞說是也。

〔四〕楊倞注:猒,足也。亂生於不足,故知足然後能長久也。⊙久保愛曰:厭厭,"厭厭夜飲"之厭厭。毛萇訓安。⊙王先謙曰:猒猒兮,猶安安然。說見上。⊙朝川鼎曰:厭者,厭足之義。《詩·秦風·小戎》"厭厭良人",《小雅·湛露》"厭厭夜飲"。⊙梁啓雄曰:厭厭,安静也。說見上。⊙牟瑞平曰:猒猒,通厭厭,安祥和悦的様子。⊙天海案:猒,《說文》:"猒,飽也。"段注:"厭專行而猒廢矣。猒、厭古今字。"故猒猒即厭厭,安然之貌。字又作"懕懕",《爾雅·釋訓》:"懕懕,安也。"郭注:"好人安祥之容。"楊注非,王說是也。

〔五〕楊倞注:殆,危也。⊙俞樾曰:楊氏不釋"樂樂"之誼,蓋以本字讀之。然"樂樂"字,經傳尟見。《王霸篇》曰"櫟然扶持心國",楊注曰:"櫟,讀爲落,石貌也。"此云"樂樂兮",彼云"櫟然",文異義同。《老子》曰:"落落如石。"樂樂,猶落落也。以其執道不殆,故以石形容之。⊙帆足萬里曰:樂樂,安行之貌。⊙楊柳橋曰:《老子·釋文》:"殆,怠也。"又何休《公羊傳》注:"殆,疑也。"均可通。⊙天海案:樂樂,樂意之貌,其意本明,故楊注未釋也。執道,堅守道義。不殆,不懈怠也。楊注"殆,危也",非是。

〔六〕楊倞注:炤炤,明見之貌。炤與照同。⊙郝懿行曰:炤,蓋"照"之或體字也,經典罕用。今讀荀書,可知"炤"字由來已久,蓋起於周秦間矣。《王霸篇》亦有"炤"字。⊙天海案:炤,同昭。《詩·小雅·正月》"亦孔之炤",《禮記·中庸》引作"昭"。炤炤,猶昭昭,明白之貌。《老子》:"俗人昭昭,我獨昏昏。"《孟子·盡心下》"賢者以其昭昭使人昭昭"義同此。知,同智。

〔七〕楊倞注：脩脩，整齊之貌。統類，綱紀也。言事不乖悖也。⊙冢田虎曰：脩脩，脩治之貌。⊙王念孫曰：脩，讀爲條。《春秋繁露·如天之爲篇》曰"行而無留，若四時之條條然"，是"條條"爲行貌。故曰"條條兮其用統類之行也"。作"修"者，借字耳。楊以"脩脩"爲整齊貌，與"行"字義不相屬。⊙王引之曰："統類"上不當有"用"字，蓋涉上句而衍。⊙朝川鼎曰：統類，謂統與類也。統類二字，《荀子》屢言。⊙李中生曰：《説文》："修，飾也。"王説"修修"與"行"義不相屬，不對。修修，也是整飭貌，它用來形容聖人貫通統類的行爲（統類，指禮義）。楊注"脩脩"爲整齊貌，不誤。⊙天海案：脩脩，楊注是。用，猶以也。

〔八〕楊倞注：綏綏，安泰之貌。綏，或爲葳蕤之貌。⊙天海案：綏綏，舒緩之貌。《廣雅·釋詁》："綏，舒也。"王念孫《疏證》："綏者，安之舒也。"文章此指禮樂法度。《論語·泰伯》："巍巍乎其有成功也，焕乎其有文章。"《禮·大傳》："考文章，改正朔。"楊注"葳蕤之貌"，諸本作"葳蕤之蕤"。

〔九〕楊倞注：熙熙，和樂之貌。⊙天海案：熙熙，温和歡喜貌。《老子》："衆人熙熙，如享太牢，如登春臺。""樂人之臧"，悦人之善也。臧，善也。

〔一〇〕楊倞注：隱隱，憂戚貌。恐人之行事不當理。此以上皆論大儒之德也。⊙張覺曰：隱隱，通慇慇，殷殷，憂傷的樣子。⊙天海案：不當，不恰當。謂人之言行不當也。

〔一一〕王先謙曰：此句衍文，説見上。⊙鍾泰曰：乃重言以詠歎之，非衍文也。且下"神固之謂聖人"，正與此句相應。若删此句，則文勢隔遠，不相連屬矣。⊙天海案：鍾説是。

〔一二〕天海案：此其道，此聖人之道。一，純一。《書·皋陶謨》："惟精惟一，允執厥中。"或曰：一，專一，義並通。

〔一三〕楊倞注：執，持。精神堅固。⊙安積信曰：神，謂聖德之神妙而不可測。《孟子》所云"所存者神"，是也。固，謂聖德之堅固而不可撓。《論語》所云"剛"，是也。執神而固，謂執持神妙之德，而堅固不可屈撓也。注疏甚。⊙鍾泰曰：神者，不測之謂，非言精神也。觀下"盡善挾治"之解可見。楊注"執持精神"，大誤。⊙梁啓雄曰：謂堅執"盡善挾治"的治道而能固。⊙天海案：執，持守也。神，謂神明。下文云："並一不二，則通於神明。"神而明之，故能"盡善挾治"。楊注未切。

〔一四〕楊倞注：挾，讀爲浹。浹，周洽也。⊙王念孫曰：正文"挾治"二字，元刻及世德堂本竝作"挾洽"，"洽"字乃涉注文"周洽"而誤。盧從元刻，非也。吕、錢本"洽"竝作"治"。挾與洽同。全體皆善，故曰"盡善"；全體皆治，故曰"浹治"。"挾治"與"盡善"對文，若作"挾洽"，則與"盡善"不對矣。⊙王引之曰："萬物"上當有"曷謂固曰"四字。今本脱去此四字，則與上下文不相應矣。⊙張覺曰："曷謂神"，據上下文，這句當作"曷謂神而固"。⊙天海案：正文"挾治"原作"挾洽"，宋浙本、巾箱本、《題注》本、遞修本皆作“挾治”，王念孫説是，據改。“曷謂神”，當從張説，應爲“曷謂神而固”，方與下文合榫。王引之説竝通。

〔一五〕楊倞注：管，樞要也。是，是儒學。⊙冢田虎曰：“天下之道管是矣”下“是”字皆是聖人也。注不是也。⊙久保愛曰：《標注》云“上下十六‘是’字，皆指聖人。”古屋鬲曰：“管，管籥也。《樂記》云：禮樂之説，管於人情矣。”⊙劉師培曰：《藝文類聚》二十、《御覽》四百一及四百六十三並引“是”作“此”。⊙熊公哲曰：一是，謂一皆在是。⊙駱瑞鶴曰：“道之管也”，管爲名物詞，謂樞要。此“管是”之“管”則動詞，文法與後文“一是矣”、“歸是矣”一律。管，謂包管。《富國篇》云：“而人君者，所以管分之樞要也。”楊注：“管，猶包也。”⊙龍宇純曰：以“樞要”説“管”字，適於“道之管”，於“管是矣”之句則不適。今謂“管”猶言統貫，是指正道而言，即其字正直本義之引申爲用。“管是”，謂統貫於正道。如楊注，以“是”謂儒學，則下文十數“是”字皆無可説。⊙天海案：兩“管”字，皆關鍵也。“道之管”，道之關鍵；“管是”，管鍵在此也。“一是”，全在此。二“是”字皆指聖人，楊訓“是”爲儒學，非也。

〔一六〕劉台拱曰：“之”下當有“道”字，與上兩“之道”對文。⊙天海案：歸是，歸附於此。是，亦承上指聖人。下“是”之義皆同此。據下文言及《春秋》，《樂》下當補“《春秋》”二字。此句總冒其下五事，故《春秋》當在其中矣。

〔一七〕楊倞注：是儒之志。⊙朝川鼎曰：其、之通用。下“是其”皆同。⊙龍宇純曰：楊讀六字爲句，以“是”爲繫詞，“其”爲“儒之”，故“是其志”爲“是儒之志”。然戰國時“是”字不爲係詞，且如楊注之意，云“《詩》言其志也”即可，不當有“是”字。此當讀“是”下逗，“是”即前文“管是”、“一是”、“歸是”之是。全句猶云：“《詩》言正道，屬情志者也。”以下各句並視此。⊙天海案：“《詩》言是其志也”，即《詩》表達聖人的情志。“是其”，猶“是之”，下四“是其”同。故此五句皆應連讀，若於“是”下讀斷，則文意不協矣。楊注固非，龍説亦未當。且荀書“是之”連用者何其多也，不煩列舉矣！

〔一八〕楊倞注：微，謂儒之微旨，一字爲褒貶。微其文、隱其義之類是也。⊙帆足萬里曰：微，蓋徵誤。⊙朝川鼎曰：先君曰：“《春秋》之稱，微而婉，故曰微。”⊙熊公哲曰：行，所行者道。和，即《勸學篇》“樂之中和”之和。微，謂聖人之微旨。《春秋》以一字爲褒貶，其詞微，其義隱。⊙天海案：是其事，聖人的事蹟。是其行，聖人的行爲。是其和，聖人的祥和。是其微，聖人的微旨。

〔一九〕楊倞注：《風》，《國風》。逐，流蕩也。《國風》所以不隨荒暴之君而流蕩者，取聖人之儒道以節之也。《詩序》曰：“變《風》發乎情，止乎禮義。發乎情，人之性也；止乎禮義，先王之澤也。”⊙帆足萬里曰：“故《風》之所以爲不逐”以下五十八字，冗長無味，蓋後人注釋之文。⊙楊柳橋曰：逐，當借爲“流”，叠韻通借字。鄭玄《禮記》注：“流，猶淫放也。”即所謂“《關雎》樂而不淫”者也。⊙天海案：逐，放也。

放，淫蕩也。

〔二〇〕楊倞注：雅，正也，文飾也。

〔二一〕楊倞注：雅，正也，文飾也。⊙郝懿行曰：光，猶廣也。"光"、"廣"古通用。《詩序》所謂"政有小大，故有《小雅》《大雅》"是也。⊙天海案：楊注此六字重出，他本皆無。正文"小者"、"大者"，巾箱本、《題注》本、遞修本、明世本、《四庫》本並作"小雅者"、"大雅者"；二"而"字俱作"以"。

〔二二〕楊倞注：至，謂盛德之極。⊙天海案：《頌》，《詩》有《商頌》《周頌》《魯頌》。至，極也。通，達也。"而"字，巾箱本、《題注》本、遞修本作"以"。

〔二三〕久保愛曰：舊本"畢"下無"是"字。"臧"，當作"存"，音之誤也。⊙章詩同曰：臧，善。⊙裴學海曰：者，猶則也。⊙天海案："畢是"，皆在此。"天下之道畢是矣"與上文"百王之道一是矣"意同而相呼應。鄉，通向，歸向。臧，善也。倍，同背，違背也。

〔二四〕楊倞注：是，皆謂儒也。鄉，讀曰向。⊙盧文弨曰：正文兩"如"字，俱讀爲"而"。⊙天海案：正文"未嘗有"，"有"字，錢佃稱"諸本作聞"；巾箱本、《題注》本、遞修本亦並作"聞"。又，以上説聖人之道結於此。

客有道曰："孔子曰：周公其盛乎〔一〕！身貴而愈恭，家富而愈儉，勝敵而愈戒〔二〕。"應之曰："是殆非周公之行、非孔子之言也。武王崩，成王幼，周公屏成王而及武王，履天子之籍，負扆而坐〔三〕，諸侯趨走堂下。當是時也，夫又誰爲恭矣哉〔四〕？兼制天下，立七十一國，姬姓獨居五十三人焉。周之子孫苟不狂惑者，莫不爲天下之顯諸侯〔五〕，孰謂周公儉哉？武王之誅紂也，行之日以兵忌〔六〕，東面而迎太歲〔七〕，至氾而汎，至懷而壞〔八〕，至共頭而山隧〔九〕。霍叔懼曰：'出三日而五災至，無乃不可乎〔一〇〕？'周公曰：'刳比干而囚箕子，飛廉、惡來知政，夫又惡有不可焉〔一一〕？'遂選馬而進〔一二〕，朝食於戚，暮宿乎百泉〔一三〕，厭旦於牧之野〔一四〕，鼓之而紂卒易鄉〔一五〕，遂乘殷人而誅紂〔一六〕。蓋殺者非周人，因殷人也〔一七〕。故無首虜之獲，無蹈難之賞〔一八〕。反而定三革，偃五兵〔一九〕，合天下，立聲樂〔二〇〕。於是《武》《象》起而《韶》《護》廢矣〔二一〕！四海之内，莫不變心易慮以化順之。故外闔不閉〔二二〕，跨天下而無蘄〔二三〕。當是時也，夫又誰爲戒矣哉〔二四〕！"

## 【校釋】

〔一〕楊倞注：言其德盛。⊙久保愛曰：道，言也。此章蓋詭激之論也，豈荀卿之本意哉！⊙北大組曰：盛，盛大，這里引伸爲品德高尚的意思。⊙天海案：其，殆也，説見《經傳釋詞》。

〔二〕楊倞注：戒，備也。言勝敵而益戒備。荀卿之時，有客説孔子之言如此。⊙天海案：戒，警戒也。《大略篇》"敬戒無怠"，義同此。

〔三〕楊倞注：户牖之閒謂之扆。⊙王念孫曰：《正論篇》："居則設張容，負依而坐，諸侯趨走乎堂下。"汪亦云："坐，當爲立，古無坐見諸侯之禮。鈔者淺陋，以意改之。"⊙天海曰：殆，大概，或然之詞也。"履天子之籍"上至"武王崩"數句，本篇首節已見。"天子"，巾箱本、《題注》本、遞修本皆作"天下"，俱因开篇"履天下之籍"而誤，説見前。扆，户牖閒畫斧屏風也。負扆，古時天子臨朝，背屏而立，故曰負扆。負、背古通。《詩·大雅·公劉》"既登乃依"，鄭箋："公劉既登堂，負扆而立。"《淮南子·氾論》"周公繼文王之業……負扆而朝諸侯"，高誘注："負，背也。扆，户牖之閒，謂南面也。""負扆"又作"負依"，《禮·明堂》："周公朝諸侯於明堂之位，天子負斧依，南鄉而立。"鄭玄注："天子，周公也。負之爲言倍也。斧依，爲斧文屏風於户牖之間，周公於前立也。"此亦"坐"當爲"立"之證也。

〔四〕朝川鼎曰：誰，猶何也。下文"夫又誰爲戒矣哉"，亦同。⊙天海案："誰爲"與下"孰謂周公之儉哉"之"孰謂"全同，此乃變换其詞耳。下文"夫又誰爲戒矣哉"亦同此用法。朝氏未審，其説誤也。

〔五〕久保愛曰：孰，猶何。⊙北大組曰：苟，假如。顯，顯貴。⊙天海案："兼制天下"至"五十三人"數句，開篇已見。狂惑，狂妄昏亂。孰謂，誰謂也。久説非。

〔六〕楊倞注：武王發兵，以兵家所忌之日。⊙帆足萬里曰：兵忌，春秋時始見，武王時未必有也。凡是類因所傳而言之，不足辨也。

〔七〕楊倞注：迎，謂逆太歲。《尸子》曰："武王伐紂，魚辛諫曰：'歲在北方，不北征。'武王不從。"⊙久保愛曰：迎歲星而伐之，必受其凶。事見于左氏昭公三十二年《傳》。⊙天海案：太歲，古代天文學中假設之星名，與歲星相應。又稱歲陰或太陰。方士術數以太歲所在爲凶方，凡舉事皆忌避之。參見王引之《經義述聞·太歲考》。

〔八〕楊倞注：汜，水名。懷，地名。《書》曰"覃懷底績"，孔安國曰："覃懷，近河地名。"謂至汜而適遇水汎漲，而至懷又河水汎溢也。《吕氏春秋》曰："武王伐紂，天雨，日夜不休。"汜，音祀。⊙傅山曰：上既云汎漲，則汜當如范矣，又音祀，何也？⊙物雙松曰：《史記·索隱》載汜音有四：音梵、音凡、音祀、音圯。智按："祀、圯偶通互，而汜、氾形訛。故《説文》以汜、氾别之。"由此觀之，似亦不妨。但音凡於義爲協。⊙盧文弨曰：正文"至汜"，當作"至氾"。《左傳》"鄤在鄭地氾"，《釋文》音凡，字從㔾，不從巳，其地在成皋間。又漢高即位於氾水之陽，在定陶，《漢書》注音敷劒反，非周師所經也。"氾"、"汎"，"懷"、"壞"以音成義。楊氏不知"氾"當爲"氾"，而即音爲祀，誤矣。又注"河水汎溢"下，疑當有"壞道"二字。⊙王念孫曰：汪云"氾當作氾，音汎。字从㔾不从巳。氾、汎，懷、壞以音成義，注非"。念孫案：汪説是也。然《荀子》所謂至氾者，究不知爲今何縣地。盧用汪説而引《左傳》"鄙在鄭地氾"爲證，案杜注云："鄭南氾也，在襄城縣南。"則非周師所至，不得引爲"至氾"之證。⊙朝川鼎曰：氾音祀，氾音凡。《通雅》云："氾、氾古通，而後别也。"文長不載，可併見矣。⊙劉師培曰：此文楊注所釋未得實徵。今考《通典·兵》十五云："周武王伐紂，師至氾水、牛頭山，風甚雷疾，鼓旗毁折，王之驂乘惶震欲死。"此即"至氾而汎"事也。《御覽》四百八十二引《六韜》云："武王伐殷，乘舟濟河，兵車出，壞船於河中。"此即"至懷而壞"事也。《淮南·兵略訓》云："武王伐紂，東面而迎歲，至氾而水，至共頭而山墜"，亦與此文相同。謝應芳《辨惑編》三引此文作"至氾而汎，至懷而壞，至共頭而山隊。"未知所據何本。章絳曰："汎、懷本非地名，因汎而名爲氾，因壞而名爲懷，後世遂沿之以名地。"其説甚確。⊙天海案：正文及楊注中"氾"字當作"氾"。"至氾而汎，至懷而壞"，古人以諧音訓詞，且爲迷信之説，故楊注"氾，音祀"，亦非也。又，所據本楊注"氾音"下原脱"祀"字，此據諸本補之。氾水，河名。在河南氾水縣西境，北流入黄河。《左傳》成公四年"晉伐鄭，取氾祭"，杜預注："成皋縣東有氾水。"《漢書·高祖紀》"項羽大司馬曹咎兵渡氾水"，注："如淳曰：氾，音祀。師古曰：此水舊讀音凡，今彼鄉人呼之音祀。《水經注》之後又皆作'氾'。"竊以爲氾水亦爲氾水，只不過唐時人已讀爲氾水，故楊注音爲"祀"。然楊注謂"至氾而適遇水汎漲"，依"至懷而壞"之文例，必當爲氾，非讀爲"祀"明矣。"至懷而壞"，猶言至覃懷而河堤毁壞。覃懷，二字共爲一地。蔡沈《書傳》曰："《地志》河内郡有懷縣，今懷州也。曾氏曰：覃懷，平地也，當在孟津之東，太行之西。淶水出乎其西，淇水出乎其東。"王鳴盛《尚書後案》曰："今懷縣故城，在河南武陟縣西，即覃懷也。"此二句，巾箱本、《題注》本、遞修本、明世本、《四庫》本皆作"至氾而氾，至懷而懷"。

〔九〕楊倞注：共，河内縣名。共頭，蓋共縣之山名。隧，謂山石崩摧也。隧，讀爲墜。共，音恭。⊙盧文弨曰：案共頭即共首，見《莊子》。⊙王念孫曰：此八字亦汪氏中校語也。共首見《讓王篇》，共頭又見《吕氏春秋·誠廉篇》。⊙久保愛曰：古屋鬲曰："共頭即共首也。《莊子》曰：'許由娱於潁陽，而共伯得乎共首。'《音義》云：'共丘山，在今河内。'"⊙于省吾曰：按《輝縣志》載，共山在方山東南，一名共山首，一名共頭，俗呼爲共山頭。

〔一〇〕楊倞注：霍叔，武王弟也。出，行也。周居豐、鎬，軍出三日，未當至共。蓋文王三分天下有其二，境土已近於洛矣。或曰，至氾之後三日也。⊙朝川鼎曰：出者，出軍之出。⊙天海案：五災，《淮南子·兵略訓》曰："武王伐紂，東面而迎歲，至氾而水，至共頭而墜，彗星出，而授殷人其柄。當戰之時，十日亂於上，風雨擊於中。"水汎、山墜、旗折、船壞、大雨，或其出師所遇五災歟！

〔一一〕楊倞注：比干，紂賢臣。箕子，紂諸父。箕，國名，子爵也。飛廉、惡來，皆紂之嬖臣。飛廉善走，惡來有力也。⊙久保愛曰：知，猶主也。又，惡音烏。⊙于省吾曰：按惡來亦見《成相篇》，本應作"亞來"。亞、惡古同字，《易・繫辭傳》"而不可惡也"，《釋文》："惡，《荀》作亞。"《書・大傳・大誓》"鼓鐘惡，觀臺惡，將舟惡，宗廟惡"，注："惡，皆爲亞。"並其證也。亞來，亞其官，來其名也。亞，古官名，詳《詩經新證・載芟篇》。安陽所出商代彝器，有亞字者多矣。⊙天海案：刳，剖開，挖空。苦胡切，音枯。知政，掌政，執政。惡有，安有。惡，讀爲烏。

〔一二〕楊倞注：選，簡擇也。⊙久保愛曰：《吕氏春秋》曰："武王即位，以六師伐殷，六師未至，以鋭兵克之於牧野。"蓋選馬則是鋭兵也。⊙俞樾曰：荀子之意，方言周公之不戒，若馬必簡擇，則非其義矣。《詩・猗嗟》篇曰"舞則選矣"，《毛傳》曰："選，齊也。"此選字亦當訓齊。《車攻》篇曰"我馬既同"，《傳》曰："同，齊也。"然則"選馬而進"，蓋戎事齊力之義，非簡擇之謂。下文曰"輿固馬選矣"，誼亦同此。⊙劉師培曰：案《説文》："選，遣也。"又《史記・律書》"選蠕觀望"，《索隱》云："謂身動欲有進取之狀也。"則選馬即遣馬使進之謂矣。下文"輿固馬選"，則選當訓善，與此不同。⊙潘重規曰：周公雖非愈恭、愈儉、愈戒，而豈不恭、不儉、不戒乎？三日五災而不止軍，此不愈戒也？下文"輿固馬選"，義亦無不可通處。⊙天海案：選，精選之意也。此言周公伐殷之始，豈得不戒？楊注不誤，俞、劉二説皆非。下文"輿固馬選"，猶言車固馬良。精選之馬必良，義亦與此同。潘説是。

〔一三〕楊倞曰：杜元凱云："戚，衛邑，在頓丘衛縣西。百泉，蓋近朝歌地名。"《左氏傳》曰："晉人敗范氏于百泉。"⊙天海案：戚，地名。春秋時衛邑，在今河南濮陽縣北。《左傳》凡三十六見。百泉，地名。在河南輝縣西北七里蘇門山，一名百門泉。楊注所引，見《左傳》定公十四年，凡一見。

〔一四〕楊倞注：厭，掩也。夜掩於旦，謂未明已前也。厭，於甲反。⊙冢田虎曰：厭，音黶。《書》曰："甲子昧爽，王朝至于商郊牧野。"厭旦，黯旦，乃昧爽之謂耳，注失之。⊙俞樾曰：楊注"未明已前"謂之厭旦，於古無徵。且以文義論之，上云"朝食於戚，暮宿於百泉"，則此文"旦"下亦當有一字。今止云"厭旦於牧之野"，文義殊未足也。"厭旦"當作"旦厭"，厭，讀爲壓。《彊國篇》"如牆厭之"，注曰："厭，讀爲壓。"此文"厭"字正與彼同。旦壓於牧之野，與上文"朝食"、"暮宿"文義一律。成十六年《左傳》"楚晨壓晉軍而陳"。此云"旦厭"，猶彼云"晨壓"矣。⊙天海案：厭旦，乃"旦厭"之誤倒，俞説是也。《書・武成》："甲子昧爽，受率其旅若林，會于牧野。"昧爽，即拂曉，亦旦也。牧，地名。亦稱牧野，在河南淇縣南。周武王大敗紂軍於此。曾運乾《正讀》曰："牧野，在紂都朝歌南七十里。"又，楊注"於甲反"，甲，原誤作“申”，徑改。

〔一五〕楊倞注：倒戈而攻後也。鄉，讀曰向。⊙郝懿行曰：“倒戈”之語，非荀所偁。易鄉者，蓋謂紂卒辟易奔北耳，未必倒戈相殺也。孟子不信漂杵，荀子不偁倒戈，其意正同。楊注援以釋《荀》，恐非。⊙包遵信曰：下文曰：“遂乘殷人而誅紂。蓋殺者非周人，因殷人也。”審此，則“易鄉”當如楊訓爲“倒戈”，郝説非。又“乘殷人”句，亦當以楊注爲“乘其倒戈之勢”，郝訓乘爲覆，亦非。此數句依楊注意正一貫，郝别爲解，不可從。⊙天海案：易鄉，反戈相向。楊注、包説皆是，郝説非。

〔一六〕楊倞注：乘，乘其倒戈之勢。⊙盧文弨曰：正文“誅紂”上，元刻有“進”字。⊙郝懿行曰：乘者，覆也，謂駕其上也，注非。《書序》云“周人乘黎”，僞孔傳“乘，勝也”，亦非。⊙鍾泰曰：楊注云倒戈未然而言乘勢者，是也。故接曰“殺者非周人，因殷人也”，若如郝説訓乘爲覆，則與下文反不相連。郝説非也。⊙天海案：乘，利用，憑借。楊注、鍾説是也，郝説非。又，巾箱本、《題注》本、遞修本、明世本、《四庫》本“誅”上皆有“進”字。

〔一七〕楊倞注：非周人殺之，因殷倒戈之勢自殺之。⊙天海案：楊注三言“倒戈”，以明紂卒易向而反戈相擊也。因，憑借也。

〔一八〕楊倞注：周人無立功受賞者。⊙章詩同曰：首虜，首級和俘虜。蹈難，冲鋒陷陣。⊙天海案：首虜，斬首與俘獲。蹈難，赴難。猶言拼死戰殺。

〔一九〕楊倞注：定，息。偃，仆也。皆不用之義。三革：犀也、兕也、牛也。《考功記》曰：“函人爲甲。犀甲七屬，兕甲六屬，合甲五屬。”《穀梁傳》曰“天子救日，置五麾，陳五兵”，范寧云：“五兵：矛、戟、鉞、楯、弓矢。”《國語》説齊桓“定三革，偃五刃”，韋昭云：“三革：甲、胄、盾也。五刃：刀、劍、矛、戟、矢也。”⊙物雙松曰：意上世銅鐵造，及武王改用革，故曰“定三革”。《國語》以謂桓公者，傳聞不同也。⊙冢田虎曰：注所引《國語》韋注“定，奠也”，茂卿依之，以倞注爲非。今曰韋注反非也。定，《爾雅》曰“止也”。《書》曰“公定我往”，亦訓止。今與“偃”類，則以爲止息之意是也。⊙天海案：反，同返。克商而返。定，停止、停息也。《爾雅·釋詁》：“定，止也。”《玉篇·宀部》：“定，住也，息也。”偃，亦停息之義。《廣韻·阮韻》：“偃，息也。”《書·武成》：“王來自商至于豐，乃偃武修文。”《吕氏春秋·應言》：“公孫龍説燕昭王以偃兵。”高誘注：“偃，止也。”此二句上下互文見義，言周公助武王克商而返，停息兵革之用。楊注訓偃爲仆，未確也。

〔二〇〕楊倞注：合天下，謂合會天下諸侯歸一統也。⊙包遵信曰：合，和也。謂立聲樂合和天下之衆百姓，非僅言諸侯也。《荀子》以禮樂並稱，禮之用在别貴賤，辨是非；樂之用在和百姓，合天下。故本篇上文曰：“《樂》言是其和也。”《勸學》《樂論》皆有樂之和民之語，是其證，楊注非。⊙李亞明曰：此“合”當訓“會合”，非“和”之謂。“合天下”者，一統天下之謂也。通觀《荀子》諸篇，皆爲此義。楊注無誤，包説疑非。⊙天海案：合，美言之爲聚會。如《論語·憲問》："桓公九合諸侯，不以兵車，管仲之力也。"九合，即多次聚會。合，貶言之猶併也。如《史記·張儀列傳》："秦之所不出兵函谷十五年以攻齊、趙者，陰謀有合天下之心。"合天下，即併天下也。此"合天下"誠如楊注、李説，乃一統天下之謂也。包説非。

〔二一〕楊倞注：《武》《象》，周武王克殷之後樂名。《武》亦《周頌》篇名。《詩序》曰："《武》，奏《大武》也。"《禮記》曰："下管象，朱干玉戚，以冕而舞《大武》。"《韶》《護》，殷樂名。《左氏傳》曰"吴季札見舞《韶》《護》"者，蓋殷時兼用舜樂，武王廢之也。⊙盧文弨曰：護與濩同。宋本、元刻竝同。⊙久保愛曰：因左氏襄公二十九年《傳》，《韶》《濩》，殷之樂名；而《韶》《箾》，舜之樂名。是則自二物，非兼用舜樂也。⊙安積信曰：《武》《象》是武王殁後，周公所制之樂也。然則"立聲樂"，即周公之事也。

〔二二〕楊倞注：闔，門扇也。⊙北大組曰：變心易慮，改變思想。⊙天海案：外闔，外户，即大門。《禮記·禮運》："故外户而不閉，是謂大同。"化順，受教化而順從。閇，同閉。

〔二三〕楊倞注：跨，越也。蘄，求也。越天下而無求，言自足也。亦人人皆與之，不待求也。⊙冢田虎曰：跨，猶踞也。《史記·李斯傳》"非所以跨海内制諸侯之術也"，注訓"越"，不穩也。⊙久保愛曰：跨，猶跨馬之跨也。《國語》"跨其國"之"跨"同于此。蘄，舊作"蘄"，今據宋本改之。《字彙》《正字通》亦"蘄"字，注引此文。⊙劉台拱曰：蘄，蓋與"圻"同。言四海一家，無封疆之限也。《淮南·俶真訓》"四達無境，通於無圻"，高注："圻，垠字也。"⊙梁啓雄曰：《國語·晉語》注："跨，猶據也。"⊙天海案：上言"外闔不閉"，此"跨天下"即爲"越天下"，楊注不誤，他説非。劉説"蘄與圻同"，蓋"圻"有二讀，一讀同"蘄（音祈）"，一讀爲"垠（音銀）"。此"無蘄"即無垠，越天下而疆土無邊之謂也。故劉説是，楊注非。又，"蘄"字，明世本，《四庫》本正文與注皆作"蘄"，形誤也。

〔二四〕楊倞注：太平如此，復誰備戒！⊙安積信曰：誰，與"孰"同，指事非常人。⊙天海案："誰爲"，與"孰謂"同。

造父者，天下之善御者也，無輿馬則無所見其能〔一〕；羿者，天下之善射者也，無弧矢則無所見其巧〔二〕；大儒者，善調一天下者也，無百里之地則無所見其功〔三〕。輿固馬選矣，而不能以至遠一日而千里，則非造父也〔四〕；弓調矢直矣，而不能以射遠中微，則非羿也〔五〕；用百里之地，而不能以調一天下，制强暴，則非大儒也〔六〕。

彼大儒者，雖隱於窮閻漏屋〔七〕，無置錐之地，而王公不能與之爭名;在一大夫之位,則一君不能獨畜,一國不能獨容〔八〕,成名況乎諸侯,莫不願得以爲臣〔九〕;用百里之地,而千里之國莫能與之爭勝,笞捶暴國,齊一天下,而莫能傾也;是大儒之徵也〔一〇〕。其言有類,其行有禮〔一一〕,其舉事無悔,其持險應變曲當〔一二〕,與時遷徙,與世偃仰〔一三〕,千舉萬變,其道一也。是大儒之稽也〔一四〕。其窮也,俗儒笑之;其通也,英傑化之,嵬瑣逃之〔一五〕,邪説畏之,衆人愧之〔一六〕。通則一天下,窮則獨立貴名〔一七〕。天不能死,地不能埋〔一八〕,桀、跖之世不能汙,非大儒莫之能立,仲尼、子弓是也〔一九〕。



【校釋】

〔一〕楊倞注:造父,周穆王之御者。⊙天海案:造父,《穆天子傳》:"天子主車,造父爲御。"郭璞注:"造父善御,穆王封之於趙城,餘未聞也。"見,現也。下同此。

〔二〕楊倞注:羿,有窮之君,逐夏太康而遂簒位者。⊙天海案:羿,人名。古代傳説羿有三,皆以善射名。《左傳》襄公四年所載爲夏有窮氏之國君,因夏民以代夏政。因不修民事,爲家臣寒浞所殺。此爲楊注所本。唐堯時射十日之羿,見於《楚辭》《淮南子》。《説文》又稱羿爲帝嚳時射師。又,"弧矢",明世本、《四庫》本作"弓矢"。《外傳》亦作"弓矢"。

〔三〕北大組曰:"善調一天下",善於使天下萬民協調一致。⊙天海案:調一,又作"調壹","調齊",協調、統一之謂也。《富國》《王霸》《議兵》諸篇常用之。"功"字,明世本、《四庫》本作"切",形誤也。

〔四〕傅山曰:"選"字無注,似謂能走。⊙冢田虎曰:"而不能以至遠一日而千里"十一字,《韓詩外傳》作"而不能以致千里者"八字。⊙朝川鼎曰:至,讀爲"致"。⊙于省吾曰:按《獵碣文》:"吾車既工,吾馬既同。"輿固猶車工,馬選猶言馬同。⊙李中生曰:楊樹達《古書疑義舉例·續補》十四:"古人行文,中有自注,不善讀書者,疑其文氣不貫,而實非也。"《荀》文"一日而千里"五字,也是文中自注,解釋前面的"至遠"。⊙天海案:"輿固馬選",猶言車堅馬良。選者,精擇之也。《禮·王制》:"命鄉論秀士,升之司徒,曰選士。"選士,即優秀之士。馬選,即馬中優良之選。于説非也。《荀子·勸學》兩言"致千里",又言:"千里蹞步不致,不足謂善御。"《修身篇》又云"夫驥一日而千里",《性惡篇》亦云:"加之以造父之御,然後一日而致千里也。"故知"一日而千里"五字當爲旁注之文,後混入正文之中,致使文氣不暢。據下文"而不能以射遠中微"例,此五字宜删。李説此五字爲《荀書》自注之文,然於《荀書》無徵,不可從也。

〔五〕楊倞注：善射者既能及遠，又中微細之物也。⊙俞樾曰：此本作"及遠中微"，楊注中"及遠"二字即本正文。注文"射"字包"及遠"、"中微"二意，讀者不察，謂注文作"射及遠"，則正文必是"射遠"，於是盡改爲"射遠中微"，非《荀子》之舊矣。《韓詩外傳》卷四引作"及遠中微"，可據以訂正。而《外傳》卷五引《儒效篇》文亦作"射遠中微"，疑後人依誤本《荀子》改之。⊙天海案："射遠"與"及遠"義同而詞變，俞氏之説泥也，其疑《荀子》舊本皆作"及遠"，臆也，不可從。

〔六〕天海案："制强暴"，《外傳》用此文作"制四夷者"。又，此下原未分段，現據文意分之。

〔七〕天海案："雖隱於窮閻漏屋"，《韓詩外傳》卷五作"雖隱居窮巷陋室"。説見前"秦昭王問孫卿子"一節之注。

〔八〕冢田虎曰："一國不能獨容"，子貢、顔淵皆曰"夫子之道至大，天下莫能容"，是也。⊙天海案：在，處也、居也。《易·乾》："是故居上位而不驕，在下位而不憂。"容，猶用也。《釋名·釋姿容》："容，用也。合事宜之用也。"《老子》"兵無所容其刃"，俞樾《平議》"言兵無所用其刃"。上言"獨畜"，此言"獨容"，相對爲文也。冢氏訓"容"爲容納，非也。

〔九〕楊倞注：已解《非十二子篇》。⊙盧文弨曰：案此段"在一大夫之位"云云，當爲衍文，《韓詩外傳》卷五無。此徑接下文，語勢方脗合。⊙王念孫曰：此三十二字涉《非十二子篇》而衍。⊙陶鴻慶曰："無置錐之地"五字亦衍文。後人依《非十二子篇》糅合成文，盧校知下文之衍，而於此五字無所致疑，蓋考之未審也。⊙天海案："無置錐之地"下至"莫不願得以爲臣"數句，已見《非十二子篇》，疑其錯簡而衍。

〔一〇〕楊倞注：傾，危也。徵，驗也。⊙久保愛曰：笞音痴。棰，主蘂反。⊙安積信曰：謂天下之人莫能傾之也。觀上文可知矣。⊙天海案：笞捶，本爲抽打之義，此形容攻打、征伐。《韓詩外傳》作"箠笞"。巾箱本、《題注》本、遞修本、明世本、《四庫》本俱作"笞棰"。徵，《外傳》作"勳"。

〔一一〕楊倞注：類，善也。謂比類於善，不爲狂妄之言。⊙冢田虎曰：類，統類也。《荀子》多曰類，注非也。⊙王先謙曰：類，法也。説見《非十二子篇》。⊙天海案：類，事理也。其言有類，猶言他的言論符合事理。楊注非。

〔一二〕楊倞注：險，危也。其持危應變皆曲得其宜。當，丁浪反。⊙梁啓雄曰：曲，周徧也。謂扶持艱險的政局，應國内外的事變，都無往而不適當。⊙劉如瑛曰：當依《韓詩外傳》卷五作"其持檢應變曲當"。"險"爲"檢"之誤。檢，檢式、法度。持檢應變，言掌握法度以應非常。⊙天海案：《外傳》作"持檢"，字之誤也。作"險"是，作"持檢"甚爲不辭。劉説以《外傳》律此，非也。《禮論篇》："鸁衰哭泣憂戚，所以持險奉凶也。"是其證。

〔一三〕楊倞注：隨時設教。⊙久保愛曰：《離騷》所謂"能與世推移也"。⊙天海案：遷徙，猶言改變。偃仰，猶言俯仰。

〔一四〕楊倞注：其道一，謂皆歸於治也。故禹、湯、文、武事迹不同，其於爲治，一也。稽，考也。考，成也。⊙安積信曰：孔子曰“吾道一以貫之”，正謂此也。又案注：“稽，考也。考，成也。”是因“稽”、“考”之一轉，而訓爲成，更不妥。此“稽”字，猶《孟子》“先聖後聖其揆一也”之揆。謂歸趣也。⊙楊柳橋曰：稽，通楷。《老子》“稽氏”，河上本作“楷式”。疊韻通借字。⊙天海案：《説文》：“稽，留止也。”稽，止也，亦至也。莊子《逍遥遊》“大浸稽天而不溺”，成玄英疏：“稽，至也。”上文所言，皆大儒之至也。至，猶極也。楊注非，他説亦未得。又，“造父”下至此，《韓詩外傳》卷五用之，文略異。

〔一五〕楊倞注：倍千人曰英，倍萬人曰傑。言英傑之士，則慕而化之；狂怪之人，則畏而逃去之也。⊙北大組曰：俗儒，淺陋庸俗的儒者。英傑化之，英雄豪傑都順從他。嵬瑣，指搞姦詐卑鄙行爲的人。⊙天海案：化，歸順也。嵬瑣，姦險詭詐之人。

〔一六〕楊倞注：衆人初皆非其所爲，成功之後，故自媿也。媿，或爲“貴”。

〔一七〕楊倞注：儒名。⊙龍宇純曰：“獨”字無義，當是誤衍。“窮則立貴名”與“通則一天下”文相儷。⊙天海案：“獨”字因《孟子·盡心》“窮則獨善其身”之熟語而衍。貴名，猶美名。

〔一八〕久保愛曰：死，猶殺也。埋，名不朽也。⊙梁啓雄曰：謂其名永存。⊙天海案：此二句言天地不能埋没其美名。

〔一九〕物雙松曰：“天不能死”至“非大儒莫之能立”，此三句承上“立貴名”而言之。身死而名存，身埋而名顯也。白詩“埋骨不埋名”，荀子既言之。⊙天海案：此下原文未分段，此據文意分之。

故有俗人者，有俗儒者，有雅儒者，有大儒者〔一〕。有不學問，無正義，以富利爲隆，是俗人者也〔二〕。逄衣淺帶，解果其冠〔三〕，略法先王而足亂世術〔四〕，繆學雜舉，不知法後王而一制度，不知隆禮義而殺《詩》《書》〔五〕，其衣冠行僞已同於世俗矣，然而不知惡者〔六〕，其言議談説已無所以異於墨子矣，然而明不能分别；呼先王以欺愚者，而求衣食焉〔七〕；得委積足以揜其口，則揚揚如也〔八〕；隨其長子，事其便辟，舉其上客，億然若終身之虜，而不敢有他志，是俗儒者也〔九〕。

法後王，一制度，隆禮義而殺《詩》《書》，其言行已有大法矣〔一〇〕，然而明不能齊〔一一〕；法教之所不及，聞見之所未至，則知不能類也〔一二〕；知之曰知之，不知曰不知；内不自以誣外，外不自以欺内〔一三〕；以是尊賢畏法而不敢怠傲，是雅儒者也〔一四〕。

法先王，統禮義，一制度，以淺持博，以古持今，以一持萬〔一五〕，苟仁義之類也，雖在鳥獸之中，若別白黑〔一六〕。倚物怪變，所未嘗聞也，所未嘗見也，卒然起一方，則舉統類而應之，無所儗㤐〔一七〕，張法而度之，則晻然若合符節，是大儒者也〔一八〕。

故人主用俗人則萬乘之國亡〔一九〕，用俗儒則萬乘之國存〔二〇〕，用雅儒則千乘之國安。用大儒則百里之地久〔二一〕，而後三年，天下爲一，諸侯爲臣〔二二〕；用萬乘之國則舉錯而定，一朝而伯〔二三〕。

【校釋】

〔一〕楊倞注：辨儒者之異也。⊙帆足萬里曰：雅，常也。謂其有常者也。⊙天海案：雅，正也。雅儒者，正儒也。帆說非。

〔二〕天海案：不，猶無也。隆，重也，崇也。此數句《外傳》作："耳不聞學，行無正義，茫茫然以富利爲隆，是俗人也。""有"、"也"二字，巾箱本、《題注》本、遞修本、明世本、《四庫》本皆無。

〔三〕楊倞注：逢，大也。淺帶，博帶也。《韓詩外傳》作"逢衣博帶"。言帶博，則約束衣服者淺，故曰淺帶。"解果"未詳。或曰：解果，陿隘也。左思《魏都賦》曰"風俗以韰倮爲嫿"。韰音下介反。倮音果。嫿音獲，靜好也。或曰：《説苑》："淳于髡謂齊王曰：'臣笑鄰國之祠田，以一壺酒、三鮒魚，祝曰：蟹螺者宜禾，汙邪者百車。'"蟹螺，蓋高地也，今冠蓋亦比之。謂强爲儒服而無其實也。⊙盧文弨曰：韰，當作"䪥"。所引《説苑》，見《復恩篇》，又見《尊賢篇》。此所引，《尊賢篇》文也。蠏螺，彼作"蠏堁"，"鄰圃"作"臣鄰"，皆當從彼爲是。⊙物雙松曰：淺帶，注"博帶"，不知淺何以訓博也。《周禮》："鞄人之事，眡其著，欲其淺也。"鄭玄謂："鋪著之雖厚，如薄然。"豈薄帶謂之淺帶歟！革帶厚而大帶薄，故爾。淺帶與深衣對，想猶當有意義。《禮論篇》博與淺對，乃知狹帶。《韻補》引《史記》注："裴側之地，猶培側也。"以培塿言冠，言冠之狀，中高而旁擶耳。則"解果"當音"蟹裸"。⊙劉師培曰：案"蟹蜾"，今《説苑》作"蟹堁"，而《史記·滑稽傳》則作"甌窶"，《正義》以爲高地狹小之區。蓋"蟹蜾"倒文爲"螺蟹"，與"甌窶"一聲之轉，猶"果蠃"之一名"括樓"，"果蠃"之一名"蒲蘆"也。又"甌窶"即"岣嶁"、"痀僂"。山顛爲岣嶁，曲脊爲痀僂。凡物之中高而旁下者，其音皆近于"甌窶"。則"解果其冠"，殆亦冠之中高旁下者歟！⊙楊柳橋曰：《周易·彖下傳》釋《解卦》云："天地解，而雷雨作；雷雨作，而百果草木皆甲坼。"《説文》："解，判也。"解果，讀如木果之皮甲坼裂然也。與《莊子·盜跖篇》所謂"枝木之冠"正相類。⊙天海案：逢，鬆也。逢衣，猶衣服寬鬆之貌。逢，與蓬通，故有寬鬆之意。《詩・衛風・伯兮》："自伯之東，首如飛蓬。"淺，與深對，淺帶，腰帶淺扎，亦鬆也。《莊子・盜跖》："縫衣淺帶，矯言僞行，以迷惑天下之主。"亦言衣帶寬鬆，義與此同。解果，當讀作"懈墮"。解，通懈，鬆懈也。果、墮一聲之轉。懈墮其冠，猶言冠纓不繫，其冠鬆懈欲脱之狀。《詩・大雅・烝民》："夙夜匪解，以事一人。"《孝經》引此，正作"懈"。果之形橢也，橢、墮一聲之轉，故亦得通。"逢衣淺帶，解果其冠"，言其衣帶寬鬆，其冠鬆墜之貌，故下文言"其衣冠行僞已同於世俗矣"。《非十二子篇》"弟佗其冠，神禫其亂"，義與此同，唯其詞變化爾。説參見前。楊注不審，引《説苑》以强解之，致導後説者入歧途，懸疑至今，實爲可歎！又楊注所引《説苑》"鄰國"，他本皆作"鄰圃"。

〔四〕楊倞注：略，粗也。粗法先王之遺言，不知大體，故足以亂世法。《韓詩外傳》作"略法先王而不足於亂世"。⊙朝川鼎曰："略法先王而足亂世"，句；"術繆學雜"，句。舉者，言其所舉而行也。或曰，衍文。⊙金德建曰：這句"謬學雜舉"，要言不煩地指出了孟軻著書的特點，確實存在如此駁雜狀況。⊙天海案：世術，楊注爲"世法"，非也。術，道也。世術，猶言世道。此謂俗儒只知略法先王而足亂世道也。先王，謂堯、舜、禹也。

〔五〕楊倞注：後王，後世之王。夫隨當時之政而立制度，是一也。若妄引上古，不合於時，制度亂矣。故仲尼脩《春秋》，盡用周法。《韓詩外傳》作"不知法先王也"。⊙冢田虎曰：行夏之時，乘殷之輅，服周之冕，樂則《韶舞》，然則孔子非與。⊙郝懿行曰：殺，蓋"敦"字之誤，下同。楊氏無注，知唐本猶未誤。⊙久保愛曰：繆，《非相篇》"遠舉則病繆"之繆。⊙朝川鼎曰：注《韓詩外傳》作"不知法先王也"，今行《韓詩外傳》無此句，蓋脱文矣。⊙劉師培曰："殺"字不誤。隆禮義者，言儒家于古《禮經》以外兼雜采古禮書，如今大小戴是。殺《詩》《書》者，即指孔子删《詩》《書》言也。故後世之《禮》較古《禮經》爲增，後世之《詩》《書》則較古《詩》《書》爲少。若改"殺"爲"敦"，則失其義矣。⊙鍾泰曰："殺"字不誤。殺，謂卑抑之。《勸學篇》曰"《詩》《書》故而不切"，又曰"不道禮憲以《詩》《書》爲之，譬之猶以指測河，以戈舂黍，以錐湌壺也"。隆禮義、殺《詩》《書》，正荀子語。後言雅儒，亦曰"隆禮義而殺《詩》《書》"，蓋正對此，郝氏説非也。⊙潘重規曰：殺，讀所界反。《禮論篇》："禮者以隆殺爲要。"（楊注"殺，減降也。"）又曰："文理繁，情用省，是禮之隆也；文理督，情用繁，是禮之殺也。"又曰："故君子上致其隆，下盡其殺。"《樂論篇》："隆殺之義辨矣。"又曰："貴賤明，隆殺辨。"皆以隆、殺對文。⊙梁啓雄曰：殺，差也，省也。解詳《修身篇》末。此文認實踐禮義爲首要，記誦《詩》《書》爲次要。⊙天海案：繆學，荒謬之學説。繆，同謬。舉，用也。雜舉，即雜用。後王，指文王、武王也。隆，重也。殺，減也。言以禮義爲重，以《詩》《書》爲次。

〔六〕楊倞注：衣冠，即上所云“逢衣淺帶”之比。行僞，謂行僞而堅。行，下孟反。⊙郝懿行曰：僞，與爲同，行動作爲也，注非。⊙劉台拱曰：《荀子》書言“僞”者，義皆作“爲”。此“行僞”，《韓詩外傳》作“行爲”。⊙王念孫曰：“行僞”二字，本篇一見，《非十二子篇》一見，《正論篇》一見，《賦篇》一見。其見於《正論》及《賦篇》者，後人皆已改作“爲”，唯此篇及《非十二子篇》未改，而此篇注遂讀“詐僞”之“僞”矣。“然而不知惡”與下“然而明不能别”對文，則“惡”下不當有“者”字。⊙安積信曰：“不知惡者”一句不妥，恐有脱誤。⊙陶鴻慶曰：者，當讀爲“諸”。諸與之同，王《志》以爲衍字，失之。⊙天海案：行僞，即行爲。楊注訓爲行詐僞，非也。“者”，當作“也”，音之誤也。此言俗儒衣冠行爲已同於世俗之人，已却不知厭惡也。

〔七〕楊倞注：呼，謂稱舉。⊙冢田虎曰：“明”字似衍。《韓詩外傳》作：“無異於老、墨而不知分。”依下文“明不能齊”，謬寫耳。⊙天海案：“無所以異”，巾箱本、《題注》本、遞修本無“所”字，明世本、《四庫》本“所以”二字俱無。《外傳》亦無“所以”二字，疑衍。明不能分，與下文“明不能齊”相對爲文。此謂俗儒之言議談説已無異於墨子，其識見雖明，却不能相區别也。巾箱本、《題注》本、遞修本皆無“分”字，而作“明不能别”。作“分”字是。作“别”字者，或因“别”爲“分”之旁注之文混入正文，後校者删“分”而留“别”也。據下文“明不能齊”，則此文當作“明不能分”，而“别”字乃衍文也。

〔八〕楊倞注：揚揚，得意之貌。⊙物雙松曰：得委積足以揜其口，言得餬其口也。⊙天海案：委積，積聚，儲備。《周禮·地官·遺人》：“掌邦之委積，以待施惠。”注：“少曰委，多曰積。”揜，同掩。掩其口，即餬口之意。此數句《外傳》無。

〔九〕楊倞注：長子，謂君之世子也。便辟，謂左右小臣親信者也。便，婢延反。辟，讀曰擘。舉其上客，謂褒美其上客，冀得其助也。億，字書無所見，蓋環繞囚拘之貌。《莊子》曰“睆然在纆之中”。⊙物雙松曰：舉，當是“譽”字。億，字書不載，疑是“僂”字之誤。⊙王念孫曰：舉，讀爲相與之與。謂交其上客以求助也。楊以“舉”爲褒美，於義疏矣。億，蓋“僓”字之誤。《説文》：“僓，安也，從人，意聲。”（意，於力切。）《左傳》《國語》通作“億”，“億”行而“僓”廢矣。僓然，安然也。言俗儒居人國中，苟圖衣食，安然若將終身而不敢有他志也。⊙俞樾曰：長子，猶鉅子也。《莊子·天下篇·釋文》引向秀曰：“墨家號其道理，成者爲鉅子，若儒家之碩儒。”長與鉅義同，鉅子、長子，蓋當時有此稱。隨其長子，謂奉一先生以爲師，從而附合之也。楊注曰：“長子，謂君之世子也。”殊非其義。王氏讀“舉”爲“與”，是也。解爲交其上客，則非是。此蒙“事”字爲文，猶言事其便辟及其上客耳。⊙劉師培曰：隨其長子，楊説固非，俞説亦非是。果如俞説，則隨長子即是守師法，非荀子所斥也。考“長”爲崇貴之稱。《周禮·太宰》“建其長”，鄭注云：“長，爲公卿大夫食采邑者。”又《儀禮·大射儀》云“若賓若長”，注云：“長，孤卿之尊者。”是“長”爲尊官之稱。長爲尊官，而子亦爲百吏之稱。何休《公羊解詁》云："古者士大夫通曰子。"故春秋時之大夫均稱爲夫子。則"隨其長子"者，即順從貴顯之人，所謂伺候公卿之門，奔走形勢之途也。⊙帆足萬里曰：隨，諂隨也。傀，患同。患然，憂苦之貌。⊙天海案：三"其"字，皆指國君。長子，指朝中顯貴者，劉説是。便辟，猶便嬖，國君左右親信之人。舉，通譽，即吹噓之義。傀然，即僾然，安然也，王説是。又，金德建認爲此上之文是荀子對孟軻的批評。"隨其長子"，指孟子和滕文公的交誼來往。"事其便辟"，指孟子對然友輩樂于接近、耳提面命而説。"舉其上客"，指國君旁邊的公卿百僚。此亦可備一説。又，此下原文未分段，現依文意分之。

〔一〇〕天海案："一"下，巾箱本、《題注》本、遞修本有"天下"二字；"而"、"言"二字，上三本俱無，"已"字上三本與明世本、《四庫》本皆作"以"。《韓詩外傳》用此文作："法先王，一制度，言行有大法。"大法，基本規範。

〔一一〕楊倞注：雖有大體，其所見之明猶未能齊言行，使無纖介之差。⊙俞樾曰：楊注斷"明不能齊"爲句，此失其讀也。齊，讀爲濟，"然而"以下十八字作一句讀。言法教所及，聞見所至，則明足以及之而不能濟其法教所未及、聞見所未至也。所以然者，由其知不能類也。學者誤謂"明不能齊"、"知不能類"相對成文，遂以"齊"字斷句，失之矣。《韓詩外傳》正作"明不能濟法教之所不及，聞見之所未至"，無"知不能類"句。⊙鍾泰曰：楊讀"明不能齊"不誤。《脩身篇》曰："好法而行，士也；篤志而體，君子也；齊明而不竭，聖人也。"此言"明不能齊"，謂其不能如聖人之齊明而不竭也。聖人即下所謂大儒。《外傳》作"濟"者，蓋俗儒所改。俞氏欲以《外傳》易荀書，以誤易不誤，非是。⊙李中生曰：齊，辨也。《易·繫辭上》："齊小大者存乎卦。"王弼注："齊，猶言辨也。""明不能齊法教之所不及，聞見之所未至"，即明不能辨法教之所不及，聞見之所未至，所以説"知不能類"。⊙天海案：句當讀"然而明不能齊"，此與上文"然而明不能分"相對。鍾説是也。

〔一二〕楊倞注：有所未知，則不能取比類而通之也。《禮記》："雖先王未之有，可以義起。"是能類者矣。⊙天海案：法教，法度教化。知，同智。"不能類"，言其智不能比類以明法教之所不及，聞見之所未至也。此三句自爲意一層，不當與上文連讀。

〔一三〕楊倞曰：不自欺人。⊙王念孫曰：《唐風·羔裘》傳曰："自，用也。"言内不用之以誣己，外不用之以欺人。楊釋下句云"不自欺人"，失之。⊙帆足萬里曰：二"以"字當在"自"上。⊙天海案：《論語·爲政》："知之爲知之，不知爲不知，是知也。"是此文所本。"誣"下"外"字，"欺"下"内"字，錢佃稱諸本無。巾箱本、《題注》本、遞修本、明世本、《四庫》本亦俱無。《韓詩外傳》用此文則作"内不自誣，外不誣人"，義皆勝於此文。此文疑作"内不自以誣，外不自以欺"。

〔一四〕楊倞注：有雅德之儒也。⊙安積信曰：雅，是典雅之雅，雖訓爲正，而亦含閑習之意。⊙天海案：畏法，《韓詩外傳》作"敬法"。畏，亦敬畏也。雅儒，正儒也。即正統之儒。本篇末云："道過三代謂之蕩，法二後王謂之不雅。"彼楊注："雅，正也。"上言"法後王，一制度"云云，亦正統之儒之證也。楊此注"有雅德之儒"，非是。又，此下原文未分段，現據文意分之。

〔一五〕楊倞注：以淺持博，謂見其淺則可以執持博也。先王，當爲後王。以古持今，當爲以今持古，皆傳寫誤也。⊙冢田虎曰：淺與博對，則猶言狹。蓋不出家而成教于國之意。以家爲淺，以天下爲博，所謂"千人萬人之情，一人之情是也"同義。注失之。⊙久保愛曰：上文云："儒者，法先王，隆禮義，謹乎臣子而致貴其上者也。"蓋荀卿雖説後王，非廢先王之道而貴後王。世人貴先王，而不知後王之道有合先王之道者，故貴後王而導子弟而已。其意擇先王、後王之善者而立制度也。故此以法後王論雅儒，以法先王論大儒也。本注拘。⊙盧文弨曰：元刻作"以一行萬"，《外傳》同，本書《王制篇》亦同。⊙劉台拱曰：後王，謂周也。以古持今，亦謂以文、武、周公之德持今世。楊謂當爲"以今持古"，非。⊙朝川鼎曰：以淺持博，先君曰："即下句'以一持萬'之義。"注非。⊙安積信曰：或曰：大儒不惟法後王，亦擇先王之善者而法之；不惟以今持古，亦或以古持今，錯綜縱横，莫不皆中其宜。故曰大儒。⊙鍾泰曰：荀書言先王、言後王，辭異而義實同。蓋自當時言之，則謂之先王；自上古言之，則謂之後王。皆指三代或周而言也。《勸學篇》曰："將原先王，本仁義，則禮正其經緯蹊徑也。"《非相篇》曰："言不合先王，不順禮義，謂之姦言，雖辯，君子不聽。"此篇亦曰："先王之道，仁之隆也。"則此云法先王未爲誤。楊注謂"當爲後王"，非也。荀書先王、後王，非爲相對之辭。前言"俗儒略法先王而足亂世術"，與《非十二子篇》言"略法先王而不知其統"語意正相似，譏其略而不知統，非譏其法先王也。後人誤認先王、後王爲對立，遂有荀子法後王不法先王之謬説，蓋未嘗檢《荀子》全書而通閲之也。⊙梁啓雄曰：《吕覽・至忠》注："持，猶得也。"謂拿淺近簡易的事理來推求得博裕龐雜的事理……《非相》："以近知遠，以一知萬，以微知明。"義與此同。彼文三"知"字，即推求得知之意。⊙天海案："法先王"不誤，鍾説是。統，綱紀也。一，齊也。言以禮義爲綱紀並齊一制度。淺，少也。博，多也。持，猶治也，馭也。以淺持博，即以少馭多之意。以古持今，即以先王之道馭今之變。以一持萬，即以禮義統馭萬物。巾箱本、《題注》本、遞修本作"以一行萬"，《外傳》亦同。

〔一六〕楊倞注：善類在鳥獸之中猶别，況在人矣。⊙冢田虎曰"雖在鳥獸之中，若别白黑"，此本乎"《關雎》興于鳥而君子美之，《鹿鳴》興于獸而君子大之"之語也。⊙久保愛曰：仁義之類，比類仁義而行也。⊙朝川鼎曰：類者，統類之類。鳥獸即上文所謂"法教之所不及"也。大儒雖則法教之所不及，亦能舉統類而通之，此其所以異於雅儒也。⊙安積信曰：案仁義之類，蓋言仁義政教之事類，雖在鳥獸之中，亦能無所過差。若"數罟不入洿池"，"犧牲不用牝"之類是也。注恐非。又案：注

"矣",當是"乎"譌。⊙天海案:茍,猶若也。類,理也,事理之謂。

〔一七〕楊倞注:倚,奇也。《韓詩外傳》作"奇物怪變"。卒,千忽反。儗,讀爲疑。怍,與怍同。奇物怪變卒然而起,人所難處者,大儒知其統類,故舉以應之,無所疑滯慙怍也。⊙久保愛曰:怍,當作"懘",字之誤也。懘,與"滯"同。⊙安積信曰:謂世故事變,奇異非常,所未嘗聞見者,非謂妖怪鬼物也。⊙劉師培曰:《外傳》五述此文云:"卒然起一方,則舉統類而應之,無所擄援,法而度之,則晻然若合符節。"以義繹之,似彼文"擄援"聯文,"法"上挩"張"字,此文"儗怍"當與"擄援"之義相當。竊以"儗"與"擬"同,"怍"亦訛字,蓋謂無所依倣也。⊙熊公哲曰:卒,同猝,猶忽然也。儗怍,謂遲疑不安也。⊙天海案:儗怍,即疑怍。疑惑不解而愧怍。楊注是也。

〔一八〕楊倞注:既無所疑怍,故開張其法以測度之,則晻然如合符節。言不差錯也。度,大各反。晻,與暗同。符節,相合之物也。《周禮》"門關用符節",蓋以全竹爲之,割之爲兩,各執其一,合之爲驗也。⊙物雙松曰:晻,當從日作"晻",即"闇"字。《漢書·元帝詔》"晻于王道",《董仲舒傳》"聖人以晻致明"。晻然若合符節,言其暗與之合也。⊙王引之曰:"張法而度之",《韓詩外傳》"張"作"援"。晻然,同貌也。《韓詩外傳》作"奄然"。《爾雅》:"弇,同也。"郭引《詩》"奄有龜、蒙"。弇、奄、晻竝通。楊云"晻,暗同",失之。⊙帆足萬里曰:晻、掩同。掩然,合之貌。⊙天海案:張,引也。張法,猶引法也。《外傳》作"援",亦引也。晻,同暗。暗然若合符節,猶不意暗與其合也。楊注爲勝,王説未切。又,此下原文未分段,現據文意分之。

〔一九〕楊倞注:不義而好利,故亡也。⊙冢田虎曰:萬乘之國、千乘之國,皆以當時諸侯言之耳,非天子之萬乘也。故下曰"一朝而伯"。⊙天海案:楊注"亡"字原作"士",形誤也,徑改。

〔二〇〕楊倞注:僅存。⊙天海案:存,使萬乘之國僅存。

〔二一〕楊倞注:小國多患難,用大儒然後可以長久也。

〔二二〕楊倞注:長久之業既成,又三年,脩德化則可以一天下,臣諸侯。蓋殷湯、周文皆化行之,後三年而王也。⊙俞樾曰:楊注斷"久"字爲句,則"而後三年"句不成文義。此當以"久而後三年"五字爲句。言姑舉其久者言之,則以三年爲期,若速成則或一年、或二年,即可以一天下而臣諸侯矣。《韓詩外傳》作"久而三年",無"後"字。⊙王先謙曰:俞説是。久而後三年者,猶言久至三年也,推極言之。《宥坐篇》云"綦三年而百姓往矣",與此同意。⊙天海案:而,猶以也,以與已同。説見王引之《釋詞》。故"而後三年",即"已後三年"。此上承"百里之地久"而言,何謂"不成文義"?久者,言其長有也。以百里之地爲基業,三年已後,天下爲一,諸侯爲臣,王業成也。"天下爲一",巾箱本、《題注》本、遞修本皆作"天下如一"。

〔二三〕楊倞曰:錯,讀爲措。伯,讀爲霸。言一朝而霸也。⊙久保愛曰:舉錯而定,謂其速也。⊙王念孫曰:楊讀伯爲霸,非也。信如楊説,則是大儒用百里之地而可以王,用萬乘之國而僅止於霸也,斯不然矣。今案:伯,讀爲白。白,顯著也。言一朝而名顯於天下也。《王霸篇》曰:"以國濟義,一日而白,湯、武是也。"一日而白,猶一朝而白耳。《韓詩外傳》曰:"用萬乘之國,則舉錯而定,一朝而白。《詩》曰:'周雖舊邦,其命維新。'可謂白矣!"此尤其明證也。⊙駱瑞鶴曰:此書屢用"伯"字,皆不作明白之義。原文句讀,法當如俞樾説,在"地"字下讀斷,"久而後三年"爲句。此"用萬乘之國則舉錯而定,一朝而霸"者,乃著人主用大儒之效,而非大儒親用萬乘之國,其"萬乘"上之"用"字不當有,爲涉前文數"用"字而衍。⊙天海案:用,治也。舉錯,即舉措,此指舉手投足之間。舉措而定,言其易也;一朝而霸,言其速也。上言大儒以百里之地,三年後成王業;此言大儒治萬乘之國易而速成霸業。故楊注不誤,王、駱二説非也。又,此下原文未分段,現據文意分之。



不聞不若聞之,聞之不若見之,見之不若知之,知之不若行之,學至於行之而止矣〔一〕。行之,明也〔二〕;明之,爲聖人〔三〕。聖人也者,本仁義,當是非,齊言行〔四〕,不失豪釐,無他道焉,已乎行之矣〔五〕。故聞之而不見,雖博必謬〔六〕;見之而不知,雖識必妄〔七〕;知之而不行,雖敦必困〔八〕。不聞不見則雖當,非仁也〔九〕,其道百舉而百陷也〔一〇〕。

故人無師無法而知,則必爲盜,勇則必爲賊,云能則必爲亂〔一一〕,察則必爲怪〔一二〕,辨則必爲誕。人有師有法而知,則速通,勇則速威,云能則速成,察則速盡,辨則速論〔一三〕。故有師法者,人之大寶也;無師法者,人之大殃也。人無師法則隆情矣,有師法則隆性矣〔一四〕。而師法者,所得乎情,非所受乎性,不足以獨立而治〔一五〕。性也者,吾所不能爲也,然而可化也〔一六〕;情也者,非吾所有也,然而可爲乎〔一七〕。注錯習俗,所以化性也〔一八〕;并一而不二,所以成積也〔一九〕。習俗移志,安久移質〔二〇〕。并一而不二,則通於神明,參於天地矣〔二一〕。

【校釋】

〔一〕冢田虎曰:此實聖學之藴奥也。後儒之記誦詞章,若致知格物之屬,非所謂學也矣。⊙天海案:《勸學篇》"學至乎没而後止也",言學貫終生也。又"故學至乎禮而止矣",言學之最高境界也。此言"學至於行之而止",言學之目的也。《解蔽篇》又云:“故學也者,固學止之也。惡乎止之?曰:止諸至足。曷謂至足?曰:聖也。”與此文正相發明。

〔二〕楊倞注:行之,則通明於事也。⊙久保愛曰:《説苑》曰:“夫耳聞之不如目視之,目視之不如足踐之,足踐之不如手辨之。人始入官,如入晦室,久則愈明。”⊙熊公哲曰:明,謂明於禮之義也。所謂聖人法而知之。⊙天海案:行之,謂實行之,實踐之。即今所謂學以致用也。能行所學,即能明於事理。

〔三〕楊倞注:通明於事,則爲聖人。⊙鍾泰曰:上言“行之曰士,知之聖人也”,與此所言非自相牴牾也。行有安勉,知有淺深,此“明之爲聖人”即知之聖人也,不得以此疑彼。⊙天海案:“爲”字,巾箱本、《題注》本、遞修本、明世本、《四庫》本皆作“謂”。

〔四〕楊倞注:當,丁浪反。⊙帆足萬里曰:當,猶正也。⊙天海案:當,判也,斷也。《字彙·田部》:“當,斷罪曰當。”齊,一也。齊言行,即言行一致也。

〔五〕楊倞注:已,止也。言聖人無他,在止於行其所學者也。⊙朝川鼎曰:《王霸篇》“王者已於服人矣”,與此同文例。⊙天海案:豪氂,喻極微小,也作“豪釐”、“毫氂”。《禮·經解》:“差若豪氂,繆以千里。”《釋文》:“豪,依字作毫。氂,本又作釐。”巾箱本、《題注》本、遞修本、明世本、《四庫》本俱作“毫氂”。

〔六〕楊倞注:雖博聞,必有謬誤也。⊙天海案:傳聞有誤也。

〔七〕楊倞注:見而不知,雖能記識,必昧於指意。謂若制氏然也。⊙盧文弨曰:案《漢書·禮樂志》云:“漢興,樂家有制氏,但能紀其鏗鏘鼓舞,而不能言其義。”此注蓋本此。俗本誤作“制力”,今從宋本訂正。

〔八〕楊倞注:苟不能行,雖所知多厚,必至困躓也。⊙久保愛曰:敦,“敦《詩》《書》”之敦。⊙于鬯曰:敦,疑“教”字之誤。謂以所知教人也。若敦,則與知義不貫矣。敦訓厚,“知”,豈有厚薄之辨邪?楊注以“多”足“厚”義,亦太迂泥矣。《小戴·學記》云:“教然後知困。”則作“教”不但與“知”義貫,與“困”義亦協。⊙朝川鼎曰:困者,《中庸》“困而知之”之困。⊙鍾泰曰:此“敦”即上文“敦慕焉”之敦。亦訓勉,楊謂“多厚”,非是。⊙天海案:敦,勤勉也。《申鑒·雜言上》:“或問曰:君子曷敦乎學?曰:生而知之者寡矣,學而知之者衆矣。”黄省曾注:“敦,勉也。”此言知之而不行,學雖勤勉,必然困惑矣。楊注及他説非,鍾説是。

〔九〕楊倞注:雖偶有所當,非仁人君子之通明者也。⊙熊公哲曰:非仁,即非禮義之中。⊙天海案:“非仁也”,猶言不合仁道。此承上“雖當”而言,指事非指人,楊注非。

〔一〇〕楊倞注:言偶中之道,百舉而百陷,無一可免也。⊙熊公哲曰:《大略篇》:“水行者表深,使人無陷;治民者表亂,使民無失。”百舉百陷,謂無表也。⊙天海案:其道,所行之道,所用之術也。百舉而百陷,凡舉用無不失陷也。又,此下原文未分段，現據文意分之。

〔一一〕楊倞注：云能，自言其能。⊙盧文弨曰：楊氏注《非十二子篇》"無能而云能"下即作此語，固當。在此處似未安。"云能"二字，必當時有此成語，蓋即營幹之意。若依此注，則於下文"云能則速成"，更難强通。⊙冢田虎曰："云"字衍耳。知、勇、能相比，下同。⊙久保愛曰：《哀公篇》曰："士不信慤而有多知能，譬之其豺狼也，不可以身爾也。"知，音智。下"知"則同。⊙王念孫曰：下文云"云能則速成"，則"云能"非自言其能之謂也。知、勇、云能，皆出於天性，而非出於人爲，則"云能"亦非"營幹"之意也。今案：云者，有也。楊注《非十二子篇》引《慎子》曰："云能而害，無能則亂也。"云能，有能也。古者多謂"有"爲"云"。故《廣雅》曰："員、云，有也。"《晉語》"其誰云不從"，韋注："誰有不從。"⊙熊公哲曰：法，禮法也。師，通習禮者。《脩身篇》："禮者，所以正身也。師者，所以正禮也。"⊙天海案：云能，有能也。王説是，楊注及他説皆非。巾箱本、《題注》本、遞修本俱無二"云"字，皆淺人所删也。

〔一二〕楊倞注：惠施、鄧析之比。⊙天海案：怪，異也，詭也。

〔一三〕楊倞注：察則速盡，謂有聰察之性，則能速盡物理。速論，謂能速論是非也。⊙久保愛曰：誕，如蘇秦、張儀是也。⊙王念孫曰：論，決也。言辯事則速決也。《後漢書·陳寵傳》"季秋論囚"，注云："論，決也。"楊説"論"字未了。⊙王先謙曰：注"聰"，各本譌"聽"，據宋台州本改正。⊙帆足萬里曰：論，蓋"諭"誤。⊙于省吾曰：按王説非是。論，應讀作"倫"。荀書多以"論"爲"倫"，下文"人論"，王念孫謂"論"讀爲"倫"，是也。《書·堯典》"無相奪倫"，《傳》："倫，理也。""辯則速倫"，謂辯則速理，此指有師有法而言。上言無師無法，辯則必爲誕，妄誕與倫理，正相反爲文。⊙天海案：兩"辨"字，皆同辯。荀書多此類。諸本作"辯"者居多，此不煩列舉也。論，倫也，理也，俞説是，王説非。

〔一四〕楊倞注：隆，厚也。厚於情，謂恣其情之所欲。厚於性，謂本於善也。⊙物雙松曰：隆情、隆性，性情之分始見。⊙冢田虎曰：隆，崇高也。情者，性之感動者也。無師法則不有所懲創焉，故隆其所感動之情；有師法則有所以懲創焉，故隆其性之所以感動也。注不通焉。⊙劉師培曰：案"隆"、"戎"皆訓爲大。古"戎"、"任"通用。如"戎叔"亦作"荏叔"，是也。則"隆性"、"隆積"之"隆"與"任"同。楊注非也。⊙金其源曰：按董仲舒云："性者生之質也，情者人之欲也。"隆情謂厚於欲，隆性謂厚於生。厚於生之師法乃鑒厚於欲，則薄於生，而引以爲戒。故下云："師法者所得乎情，非所受乎性。"古本與荀子本旨未嘗不合，或非後人所改。⊙天海案：隆，崇也，重也。情者，人之欲也；性者，人之本也。故無師無法者就會注重情欲，有師有法者就會注重人的本能。此與荀子《性惡論》並不相悖。"隆情"、"隆性"，巾箱本、《題注》本、遞修本俱作"隆性"、"隆積"，其楊倞注文亦作："隆，厚也。積，習也。厚性謂恣其本性之欲。厚於積習，謂化爲善也。"故盧校據此而改原文、原注。今案：錢佃所考諸本與盧校同,且今存。巾箱本、《題注》本亦宋本也,可知宋時此處本文、本注已有不同,不知何者爲是?依宋浙本、宋台本作"隆情"、"隆性"並無可疑之處,然其楊注"厚於性謂本於善也"一句顯爲宋人所改,明與荀子性惡之旨相悖也。此注非是,然不得謂正文亦誤也。竊以爲此二本後,宋人因其注文可疑,遂改原文"隆情"爲"隆性",改"隆性"爲"隆積",並改楊倞注文,是有巾箱本、《題注》本之異,遂傳之遞修本(即盧所稱元刻本)。然明世本、《四庫》本卻仍從宋浙本、宋台本。故從元刻、盧校者,盲從也。

〔一五〕楊倞注:情,謂喜、怒、愛、惡,外物所感者也。言師法之於人,得於外情,非天性所受,故性不足獨立而治,必在因外情而化之。或曰:"情"當爲"積"。所得乎積習,非受於天性,既非天性,則不可獨立而治,必在化之也。⊙冢田虎曰:注"或曰:情,當爲積",非也。此相承於上文性情之分者明矣。下注同,是眩乎下文也。⊙盧文弨曰:此注方釋"情"字,益可見上文不作"隆情"。⊙王念孫曰:此及下文楊注所稱"或説"改"情"爲"積"者,皆是也。下文皆言"積",不言"情",是其證,前説皆非。又案:"不足以獨立而治"上,當更有一"性"字,言性不足以獨立而治,必待積習以化之也。故下文曰:"性也者,吾所不能爲也,然而可化也。"⊙陶鴻慶曰:王《志》云"'不足以獨立而治'上,當更有一'性'字"是也。據楊注,是所見本有"性"字。⊙朝川鼎曰:夫情者,性之欲,而所謂師法所以治情之具也。故師法者,所得乎情,而性則非所受也。雖然情發乎性,則性亦何不隆焉?但性可化之,而情可爲之。其化性之術在於積習,則不足以一而治。故曰:"注錯習俗,所以化性也;並一不二,所以成積也。"⊙鍾泰曰:"不足以獨立而治",即謂不可無師法也,上不得添"性"字,王説非是。⊙梁啓雄曰:"得乎情"的"情"字,和《解蔽篇》"其情之至也不貳"的"情",都讀作"精"。《淮南·脩務》注:"精,專也。"下文"并一不二"即承此"情"言之。"不足以獨立而治",謂師法不能離而"專壹"而治。⊙天海案:"得乎情",言師法由人之情欲而産生,非受於人之天性。"不足以獨立而治",言師法不可離開人之情、性而治,非言"性不足以獨立而治"。楊注"不足"上衍"性"字,不當以爲正文"不足"上更有"性"字。

〔一六〕楊倞注:言天性非吾自能爲也,必在化而爲之一也。⊙久保愛曰:天命之謂性,非人爲也。⊙朝川鼎曰:性本惡矣,是吾所不能爲而治也,然而可化而移也。⊙天海案:天性是己所不能決定的,但可以通過教化而改變。又,楊注中"一"字疑衍,他本皆無。

〔一七〕楊倞注:言情非吾天性所有,然可以外物誘而爲之。或曰:情亦當爲積。積習與天然有殊,故曰非吾所有。雖非所有,然而可爲之也。⊙久保愛曰:乎,猶"也"也。⊙朝川鼎曰:若其情則可以爲善矣,是非吾所固有也,然而可爲而治也。⊙天海案:此言情欲非己所固有,然而卻可由自己決定。此正對上文"性也者吾所不能爲也”而言。楊注前説是,或説非。

〔一八〕楊倞注:注錯,猶措置也。錯,千故反。⊙冢田虎曰:注錯,《榮辱篇》既辨之,注不是也。⊙天海案:注錯,猶舉措。説見《榮辱篇》。楊注非是。

〔一九〕楊倞注:并,讀爲併。一謂師法,二謂異端。⊙冢田虎曰:所以成積也,此與“所以化性也”對。積,當作“情”,字之誤耳。言無師法則情隆也,故并一於師法而不貳心,乃所以成情也。下文“積善而全盡”,謂并一於師法之效也。今則謂所以化成性情,而非謂所以成積也。⊙梁啓雄曰:《禮記·檀弓》注:“并,猶專也。”專一不二,即人爲的“情”的表現。⊙天海案:“并一而不二”,即專一不二。成積,當作“成情”。冢説是也。“成情”乃對“化性”而言,謂專一不二,集思成情。此“成積”,楊倞未注,而《解蔽篇》:“一家得周道,舉而用之,不蔽於成積也。”楊注曰:“成積,舊習也。”若以彼訓此“成積”,豈不荒謬?亦可證此“成積”當作“成情”,故楊氏未注也。下文屢言“積”,或因之而誤。

〔二〇〕楊倞注:習以爲俗,則移其志。安之既久,則移本質。⊙久保愛曰:《晏子春秋》曰:“汩常移質,習俗移性。”愛曰:及既化而移性質,則足獨立而治也。⊙朝川鼎曰:《韓詩外傳》四:“安舊移質,習慣易性而然也。”即與此義同。⊙天海案:此二句承上文“注錯習俗所以化性也”之意。

〔二一〕朝川鼎曰:《性惡篇》:“積善而不息,則通於神明,參於天地矣。”《成相篇》:“好而一之,神以成。”皆此義。⊙天海案:神明,猶神靈。“通於神靈”,即所謂“精誠所至,金石爲開”之意也。參於天地,指與天地并列爲三也。此下原文未分段,此據文意分之。

故積土而爲山,積水而爲海〔一〕,旦暮積謂之歲。至高謂之天,至下謂之地,宇中六指謂之極〔二〕。涂之人、百姓〔三〕,積善而全盡謂之聖人〔四〕。彼求之而後得,爲之而後成,積之而後高,盡之而後聖。故聖人也者,人之所積也〔五〕。人積耨耕而爲農夫,積斲削而爲工匠,積反貨而爲商賈〔六〕,積禮義而爲君子。工匠之子莫不繼事,而都國之民安習其服〔七〕。居楚而楚,居越而越,居夏而夏〔八〕,是非天性也,積靡使然也〔九〕。故人知謹注錯,慎習俗,大積靡,則爲君子矣〔一〇〕;縱情性而不足問學,則爲小人矣〔一一〕。爲君子則常安榮矣,爲小人則常危辱矣!凡人莫不欲安榮而惡危辱,故唯君子爲能得其所好,小人則日徼其所惡〔一二〕。《詩》曰:“維此良人,弗求弗迪;維彼忍心,是顧是復。民之貪亂,寧爲荼毒。”此之謂也〔一三〕。

## 【校釋】

〔一〕盧文弨曰：元刻作"積土謂之山，積水謂之海"。⊙天海案：二"而爲"，巾箱本、《題注》本、遞修本皆作"謂之"。錢佃亦稱諸本皆作"謂之"。

〔二〕楊倞注：六指，上下四方也。盡六指之遠，則爲六極。言積近以成遠。⊙天海案：六指，猶言六合。指天地四方。《莊子·齊物論》："六合之外，聖人存而不論。"

〔三〕王先謙曰：人百姓，猶言衆百姓。⊙天海案：荀書屢言涂之人，皆謂普通人；言百姓，多指衆官吏。此猶言從普通人至衆官吏。王以"人百姓"爲訓，甚爲不詞，非是。

〔四〕朝川鼎曰：《性惡篇》："積善而不息，則通於神明，參於天地矣。故聖人者，人之所積而致也。"即此義。全盡，謂全之盡之。《勸學篇》："全之盡之，然後學者也。"《正論篇》："聖人備道全美者也。"

〔五〕楊倞注：言其德行委積。

〔六〕楊倞注：反，讀爲販。⊙帆足萬里曰：貨，化同，交易也。⊙天海案：反貨，即販貨，猶言販買。

〔七〕楊倞注：安習其土風之衣服。⊙冢田虎曰：安習其服，服，猶"無替厥服"之服，謂職業也。工匠皆相續父祖之家業，故各安習其職事也。倞注失之。⊙帆足萬里曰：服，猶事也。⊙鍾泰曰：服，即服習之服，猶言行也，非衣服也。⊙梁啓雄曰：《禮記》注："服，猶習也。"此"服"字指心理和生理上養成的習慣。⊙天海案：事，業也。服，職事也。工匠之子繼其家業，京城之民安習其職事。楊注非，冢説亦非也。又，楊注"之"字，疑"及"字誤。

〔八〕楊倞注：夏，中夏。⊙天海案：居楚而楚，猶言居住楚國而成爲楚人。下二句義同此。夏，中原名華夏，古代漢族自稱夏。

〔九〕楊倞注：靡，順也。順其積習，故能然。⊙朝川鼎曰：靡、摩通用。《性惡篇》："身日進於仁義，而不自知也者，靡使然也。"亦同。⊙鍾泰曰：案"積靡"連文，靡之言磨也。注謂順其積習，以靡爲順，誤。又案《性惡篇》"靡使然也"，注："或曰：靡，磨切也。"或説是也。此言積靡，彼言靡，一也。⊙梁啓雄曰：靡，借爲摩。《禮·學記》："相觀而善之謂摩。"⊙于省吾曰：按注訓"靡"爲順，誤矣。訓"積"爲習，是也。梁説較注義爲允。《漢書·董仲書傳》："漸民以仁，摩民以誼。"枚叔《上吴王書》"漸靡使之然也"，與此句例同。《淮南子·繆稱》"良工漸乎矩鑿之中"，注："漸，習也。"是積、漸同訓之證。⊙北大組曰：積靡，長期磨煉。⊙楊柳橋曰：按《毛詩傳》："靡，累也。"⊙天海案：積，有積久漸成之義。靡，有習染、影響之義。《説苑·君道》："上之化下，猶風靡草。"《性惡篇》："身日進於仁義而不自知也者，靡使然也。”又:“今與不善人處,則所聞者欺誣、詐僞也,所見者污漫、淫邪、貪利之行也,身加於刑戮而不自知者,靡使然也。”其“靡使然”皆習染之使然也,與此文同義。故“積靡使然”,猶言逐漸習染使之而然。楊注未切,他説亦未得。

〔一〇〕楊倞注:大積靡,謂以順積習爲也。⊙久保愛曰:謹注錯習俗,謂由良朋也。《性惡篇》曰:“不知其子視其友,不知其君視其左右。靡而已,靡而已。”⊙鍾泰曰:大,猶隆也。大積靡,即隆積靡。楊注未是。⊙天海案:大,推崇,敬重。《性惡篇》“大齊信焉而輕貨財”,楊倞注:“大,重也。”《天論篇》“大天而思之”,楊注:“尊大天而思慕之。”亦皆推重之義。大積靡,即注重積習也。楊注非是。又,“謹”下,巾箱本、《題注》本、遞修本皆有“擇”字。

〔一一〕帆足萬里曰:不足問學,以學問爲不足爲也。⊙安積信曰:“足”字衍。⊙北大組曰:足,充分,努力。⊙熊公哲曰:不以學問爲可滿足其意也。⊙天海案:不足,不重視也。《禮論篇》:“然而不法禮不足禮,謂之無方之民;法禮足禮,謂之有方之士。”王念孫《雜志》曰:“足禮,謂重禮也;不足禮,謂輕禮也。”不足問學,猶言輕視問學。

〔一二〕楊倞注:徼,與邀同,招也。一堯反。⊙天海案:徼,讀同邀,招致。《左傳》昭公三年:“余不能治余縣,又焉用州?其以徼禍也。”《國語·周語》下:“將焉用飾宮?其以徼亂也。”是“徼”有“招致”之義。

〔一三〕楊倞注:《詩·大雅·桑柔》之篇。迪,進也。言厲王有此善人,不求而進用之,忍害爲惡之人,反顧念而重復之。故天下之民貪亂,安然爲荼毒之行,由王使之然也。⊙久保愛曰:民,猶人也。⊙安積信曰:此章引《詩》,以明君子安榮,小人危辱之義也。良人即君子,忍心即小人。言君子惟謹注錯習俗,故於安榮雖不倖求進取,而安榮自至。彼忍心小人,則不謹注錯習俗,惟安富利禄,是顧是復,而反受危辱也。此亦斷章取義,注恐非。⊙鍾泰曰:引《詩》斷章,不必與原意合。此良人以喻君子,彼忍心以喻小人。“民之貪亂,甯爲荼毒”,言其貪於禍亂,乃自爲荼毒。即所謂“日徼其所惡”也。楊注全非。⊙天海案:鍾説是,楊注未切。

人論〔一〕。志不免於曲私,而冀人之以己爲公也;行不免於汙漫,而冀人之以己爲脩也〔二〕;甚愚陋溝瞀,而冀人之以己爲知也:是衆人也〔三〕。志忍私,然後能公;行忍情性,然後能脩〔四〕;知而好問,然後能才〔五〕;公脩而才:可謂小儒矣〔六〕。志安公,行安脩,知通統類:如是則可謂大儒矣〔七〕。大儒者,天子、三公也〔八〕;小儒者,諸侯、大夫、士也;衆人者,工、農、商、賈也。禮者,人主之所以爲羣臣寸、尺、尋、丈、檢式也。人倫盡矣〔九〕。

君子言有壇宇，行有防表，道有一隆〔一〇〕。言道德之求不下於安存〔一一〕，言志意之求不下於士〔一二〕，言道德之求不二後王〔一三〕。道過三代謂之蕩〔一四〕，法二後王謂之不雅〔一五〕。高之下之，小之臣之，不外是矣〔一六〕。是君子之所以騁志意於壇宇宫庭也〔一七〕。故諸侯問政不及安存，則不告也〔一八〕；匹夫問學不及爲士，則不教也〔一九〕；百家之説不及先王，則不聽也〔二〇〕。夫是之謂君子言有壇宇，行有防表也〔二一〕。

## 【校釋】

〔一〕楊倞注：論人之善惡。論，盧困反。⊙物雙松曰：下曰"人倫盡矣"，"論"、"倫"當有一誤。⊙久保愛曰：論人品也。⊙王念孫曰："人論"二字，乃目下之詞。論，讀爲倫。倫，類也，等也。謂人之等類，即下文所謂"衆人"、"小儒"、"大儒"也。下文又云"人倫盡矣"，作"論"者，借字耳。楊説失之。⊙朝川鼎曰：《王制篇》"王者之論"云云，先立題目，而論其事，與此文同例。⊙天海案：論，通"倫"。《晏子春秋・内篇諫下》："且夫上正其治，下審其論，則貴賤不相踰越。"蘇輿校注："論，讀爲倫。倫，等也，言審其貴賤之等也。"且此節之文只言人之等類，非論人之善惡、人品。故王説是，楊注及他説皆未得也。

〔二〕楊倞注：汙，穢也。漫，欺誑也。漫，莫叛反。⊙久保愛曰：漫，無差别貌。⊙王念孫曰：漫，亦汙也。《吕氏春秋・離俗篇》"不漫於利"，高注曰："漫，汙也。"楊讀"漫"爲欺謾之"謾"，分汙漫爲二義，失之。凡《荀子》書言"汙漫"者，竝同。⊙安積信曰：汙漫，汙，當作"汗"。謂放蕩。⊙熊公哲曰：漫，亦汙濁之意。脩，潔清也。⊙天海案：曲私，偏私，曲意爲私。汙漫，二字連言，皆汙穢齷齪之意。此詞荀書屢見，楊倞注此"漫"爲欺誑，非也。脩，通修。美也，善也。

〔三〕楊倞注：溝，音寇，愚也。溝瞀，無知也。衆人，謂衆庶人也。⊙久保愛曰：瞀，音茂。知，音智。下同。⊙天海案：溝瞀，音寇茂，《漢書》中又作"傋霿"、"嗀霿"、"區霿"，《楚辭》宋玉《九辯》中作"怐愗"。朱起鳳《辭通》曰："傋、嗀、區、怐四字，音義並同。傋字作溝，乃形之誤。"《非十二子篇》云："世俗之溝猶瞀儒，嚾嚾然不知其非也。"義與此同，皆愚昧無知貌。又"甚"字，巾箱本、《題注》本、遞修本、明世本、《四庫》本皆作"其"，王念孫《雜志》已指其誤。

〔四〕楊倞注：忍，謂矯其性。行，下孟反。⊙陶鴻慶曰：據楊注，則正文"情"字當衍。上文云："性也者，吾所不能爲也，然而可化也。"即此義。⊙天海案：上文云"縱情性而不足問學"，此言"行忍情性"，可證"情"字非衍文，陶説非。

〔五〕楊倞注：其智慮不及，常好問，然後能有才藝。⊙王先謙曰：知而好問，不自以爲知也。楊注非。⊙天海案：才，與"裁"通，裁，決也。《戰國策·趙策》一："唯王才之"，鮑彪注："才、財、裁同。"是其證。楊注"能有才藝"，增字爲訓，非也。

〔六〕楊倞注：皆矯其不及，故爲小儒也。⊙天海案：公，公正。脩，脩養。公、脩而才，即公正有脩養並能決斷。

〔七〕牟瑞平曰：統類，綱紀法度。⊙天海案：統類，大綱與細目。《非十二子篇》"齊言行，一統類"，楊注："統，謂綱紀；類，謂比類。大謂之統，分别謂之類。"義與此同。

〔八〕楊倞注：其才堪王者之佐也。⊙久保愛曰：上文云："勢在人上，則王公之材也。在人下，則社稷之臣，國君之寶也。"⊙天海案：天子、三公並列，言大儒可做天子、三公，非謂做天子之三公也。荀書所稱大儒，多指殷湯、文武，此豈三公者？且下文云："小儒者，諸侯、大夫、士也；衆人者，工、農、商、賈也。"皆並列而言，是其證。楊注未當，久説亦未得。

〔九〕楊倞注：檢，束也。式，法也，度也。尺、寸、尋、丈，所以知長短也。檢束所以制放佚。大儒可爲天子、三公，小儒可爲諸侯、大夫。禮可以總統羣臣，人主之柄也。倫，當爲"論"。或曰：倫，等也，言人道差盡於禮也。⊙冢田虎曰：倫，當是"論"之誤。結所題之"人論"也。⊙王念孫曰：檢、式，皆法也。言治人以禮，如寸、尺、尋、丈之有法度也。楊注分檢式爲二義，失之。⊙朝川鼎曰：人倫，即人論。人主以禮爲寸、尺、尋、丈檢式，以進退羣臣，則論人之術，可謂盡矣。⊙天海案：寸、尺、尋、丈，此喻長短優劣也。檢，查驗也。式，法式也。檢式，猶言查驗之法式。人倫盡矣，言人之等類皆由禮所區分也。

〔一〇〕楊倞注：累土爲壇。宇，屋邊也。防，隄防。表，標也。言有壇宇，謂有所尊高也。行有防表，謂有標準也。一隆，謂厚於一，不以異端亂之也。⊙冢田虎曰：道有一隆，言一崇敬先王之道也。即上文"并一而不貳"也。⊙久保愛曰：言有壇宇，非法不言也。防表，謂禮也。⊙王念孫曰：壇，堂基也。宇，屋邊也。言有壇宇，猶曰"言有界域"，即下文所謂"道不過三代，法不二後王"，非有所尊高之謂也。⊙王先謙曰：道有一隆，謂有所專重。如下文問政則專重安存，問學專重爲士，問治法專重後王是也，非厚於一之謂，楊説失之。⊙朝川鼎曰：壇宇，猶壇域。謂有所限也。《淮南子·詮言訓》："天下皆流，獨不離其壇宇。"⊙安積信曰：壇宇防表，皆謂言行之有界限定則，而無浩蕩不雅之弊。故下文又結之曰："是君子之所以騁志意於壇宇宫庭也。"注非。⊙楊柳橋曰：壇宇，猶言範圍也。一隆，猶言一尊，謂師法也。⊙天海案：壇宇，猶庭院也。《淮南子·説林》"腐鼠在壇，燒薰於宫"，高誘注："楚人謂中庭爲壇。"《楚辭》宋玉《招魂》"高堂邃宇"，《注》："宇，屋也。"是壇宇連言即指庭院屋宇也，故下文"壇宇宫庭"連言也。此當以庭宇喻一定的場合、界限。防表，堤防、標尺。此喻限度、准則。一隆，專隆，專崇也。

〔一一〕楊倞注：此“道德”或當爲“政治”，以下有“道德之求”，故誤重寫耳。故下云：“諸侯問政不及安存，則不告也。”謂人以政治來求，則以安存國家已上之事語之也。⊙王先謙曰：安存，以百姓言。⊙天海案：道德，當從楊注改爲“政治”。

〔一二〕楊倞注：以脩其志意來求，則語爲士已上之事。⊙天海案：“士”字，巾箱本、《題注》本、遞修本、明世本、《四庫》本皆作“事”，字誤也。

〔一三〕楊倞注：道德，教化也。以教化來求，則言當時之切，所宜施行之事。不二後王，師告而不以遠古也，舍後王而言遠古，是二也。⊙物雙松曰：二，貳同，《王制篇》作“貳”。即《非相篇》所謂：“舍後王而道上古，譬之是猶舍己之君而事人之君也。”即此意。⊙于省吾曰：以“不下於安存”、“不下於士”之句例求之，則“不二後王”必作“不下後王”明矣。下言“不及後王”，即此“不下後王”之明證。下，所以譌作“二”者，以形相近也。甲骨文、金文“上”均作“二”，“下”均作“亍”，“二”均作“〓”，二與〓易相溷也。《王制篇》：“道不過三代，法不貳後王。道過三代謂之蕩，法貳後王謂之不雅。”是“下”譌爲“二”，又改爲“貳”也。荀子之意，本謂無過不及。蕩則道過三代矣，不雅則法下後王矣。法下後王，即不及後王之謂也。過三代者，過也；不及後王者，不及也。⊙天海案：審上下文例及文意，“二”字當爲“下”之譌字，于説甚是。又，楊注中“師告”，久保愛《增注》本作“即告”，盧謝本作“師古”，《集解》本、村崗良弼《增評》本、吴汝綸《點勘》本皆從盧謝本。明世本、《四庫》本仍作“師告”。

〔一四〕楊倞注：道過三代已前，事已久遠，則爲浩蕩難信也。⊙天海案：蕩，荒遠、渺茫之意。

〔一五〕楊倞注：雅，正也。其治法不論當時之事，而廣説遠古，則爲不正也。⊙帆足萬里曰：雅，常也。言常之道。⊙熊公哲曰：雅，素也。不雅，言不素習也。⊙天海案：法二後王，仍當如于説，作“法下後王”。法不及後王，即謂之不正。楊注“雅”爲“正”，是也。他説皆非。

〔一六〕楊倞注：臣，當爲“巨”。雖高下小大，不出此壇宇防表也。⊙天海案：臣，“巨”之形誤也。小與巨對，作“巨”是。言不論高下巨細，均在之中也。

〔一七〕楊倞注：宫，謂之室。庭，門屏之内也。君子雖騁志意，論説不出此壇宇宫庭之内也。是時百家異説，多妄引前古以亂當世，故荀卿屢有此言也。⊙天海案：壇宇宫庭，皆指屋宇庭院，以喻其儒家禮法之規範也。“以”字，巾箱、《題注》、遞修三本皆無。

〔一八〕王先謙曰：如衛靈公問陳，孔子對以軍旅未學。

〔一九〕王先謙曰：如樊遲問學稼、學圃，孔子答以不如老農、老圃。

〔二〇〕楊倞注：百家雜説不及先王之道，妄起異端，則君子不聽之也。⊙朝川鼎曰：桃源藏曰：“先，當作後。”所謂先王，即三代之先王也。⊙天海案：正文及楊注中

"先王"當作"後王",據上文例可知。盧謝本皆作"後王",《增評》本、《集解》本、《點勘》本皆從之。然明世本、《四庫》本《增注》本仍皆作"先王"。

〔二一〕天海案:"也"字,巾箱本、《題注》本、遞修本俱無。

# 荀子校釋　卷第五

## 王制篇第九〔一〕

請問爲政？曰：賢能不待次而舉〔二〕，罷不能不待頃而廢〔三〕，元惡不待教而誅〔四〕，中庸雜民不待政而化〔五〕。分未定也，則有昭繆也〔六〕。雖王公士大夫之子孫也，不能屬於禮義，則歸之庶人〔七〕；雖庶人之子孫也，積文學，正身行，能屬於禮義，則歸之卿相士大夫〔八〕。故姦言、姦説、姦事、姦能、遁逃〔九〕、反側之民，職而教之，須而待之〔一〇〕。勉之以慶賞，懲之以刑罰，安職則畜，不安職則棄〔一一〕。五疾，上收而養之，材而事之〔一二〕，官施而衣食之，兼覆無遺〔一三〕。才行反時者，死無赦〔一四〕。夫是之謂天德，王者之政也〔一五〕。

聽政之大分〔一六〕：以善至者待之以禮，以不善至者待之以刑。兩者分別，則賢不肖不雜，是非不亂。賢不肖不雜，則英傑至；是非不亂，則國家治。若是，名聲日聞〔一七〕，天下願；令行禁止，則王者之事畢矣〔一八〕。凡聽〔一九〕，威嚴猛厲而不好假導人〔二〇〕，則下畏恐而不親，周閉而不竭〔二一〕。若是，則大事殆乎弛，小事殆乎遂〔二二〕。和解調通，好假導人而無所凝止之〔二三〕，則姦言並至，嘗試之説鋒起〔二四〕。若是，則聽大事煩，是又傷之也〔二五〕。



**【校釋】**

〔一〕梁啓超曰：本篇論社會原理，有極精語。⊙吕思勉曰：此篇中有述制度處，頗足與羣經相考證。此外有論人治之語；有言法後王之義；又其言有羣乃能勝物，而羣不可無分；則爲法家重度數之意，可與下篇參看。⊙熊公哲曰：此文因多發明王者之政，與王霸之辨，故以《王制》名篇，非以聖王之制爲義。

〔二〕楊倞注：不以官之次序，若傅說起於板築爲相也。⊙冢田虎曰：賢能不待次而舉，所謂立賢無方也。⊙楊柳橋曰：高誘《吕氏春秋》注："待，恃也。"謂憑藉也。薛綜《東京賦》注："次，比也。"鄭玄《儀禮》注："比，選次也。"⊙天海案：兩"待"均如字，不作"恃"。不待次，言不待其資歷之序也。

〔三〕楊倞注：頃，須臾也。⊙物雙松曰：罷，謂罷軟者。⊙盧文弨曰：須，俗本誤作"頃"，宋本、元刻竝作"須"。⊙王先謙曰：罷，謂弱不任事者。荀書多以"賢"、"罷"對舉。⊙劉師培曰：楊注："須，須臾也。"案"須"係"相"字之訛，《爾雅》："相，視也。"《考工記・矢人》"凡相笴"，鄭注云："相，擇也。"不待相而廢者，猶言不待考察而廢也。⊙鍾泰曰：須，猶緩也，不作須臾解。下文"須而待之"注謂"須暇之"，此"須"義亦當同。⊙天海案：正文"頃"，巾箱本、《題注》本、遞修本皆作"須"，故注文亦隨之，諸家說"須"者亦本此。然作"頃"是，作"須"者，字之誤也。頃，與傾同。《說文》段注："頃，引申爲凡傾仄不正之偁，今則傾行而頃廢。"傾，危也。不待傾而廢，即不待有所危害才廢之也。楊注未得，諸說以"須"爲訓者亦非。明世本、《四庫》本正文及注皆作"頃"。

〔四〕楊倞注：不教而殺謂之虐。唯元惡不待教而誅之也。⊙久保愛曰：元，猶大也。大惡者，謂若《禮記》所謂析言破律之類也。⊙天海案：元，首也。《書・康誥》"元惡大憝"、"刑茲無赦"，意即首惡不赦。

〔五〕楊倞注：中庸民易與爲善，故教則化之，不待政成之後也。⊙郝懿行曰：中庸民，言中等平常之人。賈誼《過秦論》所謂"材能不及中庸"，義與此同。《史記》改作"材能不及中人"，亦得其意。⊙王念孫曰"元惡"、"中庸"對文，"中庸"下不當獨有"民"字，此涉注文"中庸民"而衍，《韓詩外傳》無"民"字。⊙陶鴻慶曰：政，指刑賞言。故與"教"對。下文"勉之以慶賞，懲之以刑罰"云云，所以待遁逃、反側之民，即此所謂"政"矣。楊注云"教則化之，不待政成之後"，非是。⊙李中生曰：中庸民，實原爲"中民"，指的是行爲符合禮義之民。⊙天海案：中庸，中等，平常。雜民，工商遊食之民。《韓非子・初見秦》："趙氏，中央之國也，雜民所居也，其民輕而難用也。"陳奇猷《集釋》："雜民，指工商遊食之民。"巾箱本、《題注》本、遞修本、明世本、《四庫》本俱無"雜"字，疑據誤本删之也。政，即政令。楊注未切，他說亦非。

〔六〕楊倞注：繆，讀爲穆。父昭子穆。言爲政當分未定之時，則爲之分别，使賢者居上，不肖者居下，如昭穆之分别然，不問其世族。⊙傅山曰：此昭穆非廟次之昭穆矣。⊙物雙松曰：言君臣之分未定，則序以昭穆。已定，則不序昭穆也。⊙郝懿行曰：二語難曉，楊氏說亦不了。《韓詩外傳》四同。⊙冢田虎曰：分，即王侯、大夫、士之分也。昭穆，猶言黜陟也。已在下文而明也。⊙帆足萬里曰：言分未定，則有昭穆紛紛之説，及其已定，則無復是論也。然是二句古注攙入。⊙朝川鼎曰：分者，貴賤上下之分，即謂下所謂王侯士大夫與庶人之分也。⊙王先謙曰：楊説是也。此即下文所謂"以類行雜"。⊙劉師培曰：楊説迂曲。蓋古崇宗法，分別昭穆即貴族之濫觴。《荀子》此篇近于《春秋》譏世卿之旨，言依昭穆之次用人者，當分未定時亦可行斯制，此所謂"分未定，則有昭穆也"。二語以下當有脱文，言分定之後此制不可行。蓋脱"分既定焉，則無昭穆"八字也。若無脱文，此二語與下文不接。此郝懿行所由稱爲難曉也。⊙羅焌曰：宗廟之制，左昭右穆。言爲政者，于分未定時，則當分別賢能善惡。⊙天海案：分，貴賤等級名分。昭穆，古代宗法制度，宗廟或墓地的輩次排列，以始祖居中，二、四、六世位左，稱昭；三、五、七世居右，稱穆。此以昭穆喻尊卑上下。楊注是。

〔七〕楊倞注：屬，繫也。之欲反。⊙久保愛曰：屬，當作厲，字似而誤。《禮記·聘義》曰"相厲以禮"，《富國篇》"勤屬"或作"勤厲"，《羣書治要》作"勤礪"之類可證矣。⊙天海案：屬，猶歸也。屬於禮義，即歸於禮義。下同此。

〔八〕楊梆橋曰：顔師古《漢書》注："爲文學，謂學經書之人也。"文學，謂經學也。韋昭《國語》注："文，典法也。"⊙天海案：文學，指文章博學，孔門四科之一。《論語·先進》："文學子游、子夏。"

〔九〕王先謙曰：姦事、姦説，荀自解在《非十二子》及《儒效篇》。言，亦説也。能，亦事也。⊙天海案：姦能，即姦態。態通慝，故姦能，亦即姦慝也。

〔一〇〕楊倞注：反側，不安之民也。職而教之，謂使各當教其本事也。須而待之，謂須暇之而待其遷善也。⊙物雙松曰：職而教之，注不分明。言無職業則爲姦，故命之以職業而教誨之也。須而待之，言待之須臾也。⊙久保愛曰：職，《周禮》以九職任萬民，及頒職事十有二于邦國都鄙之類是也。或曰：本注"當教"不穩，疑當作"掌教"。⊙梁啓雄曰：《廣雅·釋詁》："職，事也，業也。"又："職，主也，常也。"須，借爲頦，《説文》："頦，待也。"此言常主持教育姦邪之民的事業，且待其遷善。⊙章詩同曰：職，事，這裏指勞役。⊙北大組曰：職而教之，給予安置，進行教育。須而待之，給予時間，等待改過。⊙包遵信曰：《集解》《簡釋》皆以"遁逃"屬下讀，非是。此言爲政者苟以禮義察賢舉能，唯才是用，則姦言、姦説、姦事、姦能必無所逞其技而遁逃之矣。若以"遁逃"屬下讀，非但失荀文原意，且"遁逃反側之民"亦爲扞格難通。"反側之民"，可以"教"而"待之"化；"言、説、事、能"，豈亦可教而化之乎！據楊注只釋"反側"，不及"遁逃"，曰"反側，不安之民也"，是楊氏亦不以"遁逃"屬下讀矣。又"反側"者，反覆無常也。《楚辭·天問》"天命反側，何罰何佑"，謂天命無常，故罰佑無定也。楊注不確。⊙天海案：包説"遁逃"屬上讀，是也。下文云"才行反時者死無赦"，而姦言、姦説、姦事、姦能者，正所謂才行反時者，故稱之爲"姦"，因“死無赦”,故云其“遁逃”也。反側,反覆無常之謂也。職,事也。事,役使也。《廣韻·志韻》:“事,使也。”《墨子·七患》:“民無食則不可事。”是也。須而待之,須時日以待之也。

〔一一〕楊倞注:畜,養也。棄,謂投四裔之比也。⊙久保愛曰:《禮記》“不變,屏之遠方,終身不齒”,是也。⊙天海案:安職,謂安於役使也。此正承上文“職而教之”之意。外傳作“安則畜,不安則棄”。

〔一二〕楊倞注:五疾,瘖、聾、跛躄、斷者、侏儒。各當其材使之,謂若矇瞽脩聲,聾聵司火之屬也。⊙物雙松曰:上收而養之,猶言官施而衣食之。⊙久保愛曰:古屋鬲曰:“收,收卹也。如下文收孤寡之收。”愛曰:《漢書·溝洫志》“可目事諸浮食無産業民”,顔師古曰:“事,謂役使也。”⊙天海案:材而事之,因材而使之。

〔一三〕楊倞注:官爲之施設所職而與之衣食也。⊙久保愛曰:施,讀如字。衣,於既反。食,祥吏反。覆,扶又反。⊙王先謙曰:“收而養之”以下三句一律,皆上之事,即官之事也,不應此處又增入“官”字。今案:官者,任也。施者,用也。官施而衣食之,猶言任用而衣食之。《王霸篇》云“論德使能而官施之”,尤其明證。楊注誤。⊙陶鴻慶曰:王説殆不然。竊謂“官”字當屬上“材而事之”爲句。材而事之官者,其材可任職事者,使食在官之禄。施而衣食之者,施讀爲弛,廢弛不可任者,但衣食之而已。皆承上而言收養五疾之中,又有此二事。故曰“兼覆無遺”也。⊙北大組曰:官施,官府給予。⊙天海案:官,館舍也。《字彙》:“官舍曰官。”施,給予之謂。《廣雅》:“施,予也。”官施而衣食之,猶言爲之提供館舍與衣食。《管子·入國》:“不耐自生者,上收而養之,疾官而衣食之。”《俞樾·平議》曰:“疾官,乃有疾者所居之館舍。”正與此文之意相合。故楊注未得,他説亦非是。

〔一四〕久保愛曰:死,猶殺也。⊙龍宇純曰:才,當爲“士”。篆書二字但有中畫長短之别,故“士”誤爲“才”。士行,即事行,古事、士通用。⊙天海案:“才行反時者”,即上文所言“姦言”、“姦説”、“姦事”、“姦能”者。龍説非也。

〔一五〕楊倞注:天德,天覆之德。⊙王念孫曰:“王者”上當有“是”字。“是王者之政也”,乃總承上文之詞。下文“是王者之人也”,“是王者之制也”,“是王者之論也”,皆與此文同一例。今本脱“是”字,則語意不完。《韓詩外傳》有“是”字。⊙天海案:天德,上天廣覆萬物之德。或曰:天德,上天之本性。《不苟篇》:“變化代興,謂之天德。”

〔一六〕楊樹達曰:目下之詞。⊙楊柳橋曰:鄭玄《周禮》注:“聽,謂平察之。”高誘《淮南子》注:“分,猶界也。”⊙天海案:聽政,執政,處理政事。大分,大體,大要。又此節原未提行,當别爲一段。

〔一七〕王念孫曰:名聲日聞,本無“聞”字,“日”本作“白”。名聲日白者,名聲顯著於天下也。“名聲白,天下願”二句相對爲文,若於上句内加一字,則句法參差矣。此因"白"字譌作"日"字,後人不得其解,故於"日"下加"聞"字耳。⊙李中生曰:"名聲日聞,天下願"句式參差,這也是行文富有變化的需要,可以使文章生動活潑。王念孫所改,是不明修辭而妄改。⊙天海案:不雜,混雜不分。名聲日聞,文義本順,王説非,李説是。



〔一八〕楊倞注:願,謂人人皆願也。⊙物雙松曰:天下願,注不分明。即《孟子》"天下之士,皆悦而願立於其朝矣;天下之商,皆悦而願藏於其市矣"意。⊙久保愛曰:願,願立於其朝,藏於其市,耕於其野也。⊙帆足萬里曰:"願"上下疑有脱文。倉曰:脱文宜曰"天下願以爲君"。⊙包遵信曰:願,慕也。《榮辱篇》"小人莫不舉踵而願曰",楊注:"願,猶慕也。"慕者,慕王者之政也。楊注失之。⊙天海案:天下願,即天下傾慕也,此正承上文"名聲日聞"而言。故楊注未當,包説是也。又,巾箱本、《題注》本、遞修本、明世本、《四庫》本皆無"則"字。

〔一九〕楊倞注:論聽政也。⊙天海案:聽,亦治也。《王霸篇》"要百事之聽",楊倞注:"聽,治也。"

〔二〇〕楊倞注:厲,剛烈也。假導,謂以寬和假借導引人也。⊙冢田虎曰:假,猶"假哉,天命"之"假",言寬大以導之也。注"假借",非也。⊙章詩同曰:假,寬容。道,誘導。⊙楊柳橋曰:假道,猶寬導也。李賢《後漢書》注:"假貸,猶寬容也。"⊙包遵信曰:此文上下皆言聽政之事,細味文意,"假道"似猶今之聽取意見,徵求幫助之義。⊙天海案:假導,即寬導。巾箱本、《題注》本、《遞修》本、明世本、《四庫》本"導"皆作"道",楊注文同。下"假導"諸本亦作"假道"。

〔二一〕楊倞注:隱閉其情而不竭盡也。⊙郝懿行曰:竭者,舉也。謂隱匿其情,不肯舉發也。注訓"竭盡",亦通。⊙吴汝綸曰:閉,當爲"比"之假音字。⊙安積信曰:周,疑"固"字之誤。⊙熊公哲曰:周閉,謂隱蔽得極爲周密。⊙天海案:周閉,即密閉。不竭,不盡其力也。此言因畏恐而不親近,故閉口無言而不盡其力也。下文云"好假導人而無所凝止之,則姦言並至,嘗試之説鋒起",亦可證此"周閉"爲嚴密閉口不言之意。

〔二二〕楊倞注:弛,廢也。遂,因循也。《春秋傳》曰:"遂,繼事也。"下既隱情不敢論説,則大事近於弛廢,小事近於因循。言不肯革敝矣。⊙冢田虎曰:遂,當作"隊",字之誤耳。下文"必廢必隊",可以見焉,言顛墜也。注失之。⊙劉台拱曰:遂,如"大夫無遂事"之"遂"。威嚴猛厲,則小事不復關白,故曰遂。⊙王念孫曰:遂,讀爲墜。墜與弛義相近。下畏恐而箝口,則百事隳壞而上不得聞,故大事近乎廢弛,小事近乎失墜也。《正論篇》曰"國雖不安,不至於廢易遂亡",遂,亦讀爲墜,謂不至於廢弛墜失也。⊙俞樾曰:《説文》:"遂,亡也。"小事殆乎遂,謂近乎亡失也。《正論篇》曰"國雖不安,不至於廢易遂亡",以"遂亡"連文,此古義之幸存者。楊不得其義而曲爲之説。⊙王先謙曰:王、俞並引《正論篇》爲説,彼以"廢易遂亡"四字連文，廢易二義，則遂亡亦二義，不得訓遂爲亡。王讀遂爲墜，説較長。注"肯"字，各本譌"有"，據宋台州本改正。⊙天海案：遂，當讀爲墜。楊注未得，王念孫之説爲是。楊注"不肯革敝矣"，他本作"不有革弊也"。

〔二三〕楊倞注：和解調通，謂寬和不拒下也。凝，定也。凝止，謂定止其不可也。⊙冢田虎曰：下文"法而議，職而通"，此言當凝止於是也。注"定止其不可"，非也。如"子大叔不忍猛而寬也，則鄭國多盜"，足以徵乎荀卿之言矣。⊙郝懿行曰：按此，今官人中之和事者也。偏好假借辭色，開通道路，以誘進人，令皆歡悦，故下遂云"姦言並至，嘗試之説鋒起"，而無所底止也。"凝"，當作"疑"，止定之貌，見《詩·桑柔》傳及《儀禮·士昏》等注。⊙王念孫曰：宋吕、錢本作"凝止之"，世德堂本同。作"之"者是也。⊙安積信曰：案"無所凝止"，謂其接人酬物，寬和圓通，而其中無屹然凝止不可犯者也。注非。⊙天海案：凝止，又作"疑止"。《解蔽篇》云："以可以知人之性，求可以知物之理，而無所疑止之，則没世窮年不能徧也。"彼楊注："疑止，謂有所不爲。"其注未明。今案：凝止，猶停止，定止也。此言一味做和事佬而無所約束、定止也。"之"字，他本作"也"者，皆非也。

〔二四〕楊倞注："嘗試之説"，謂假借以事試爲之也。《莊子》曰："嘗試論之。"鋒起，謂如鋒刃齊起，言鋭而難拒也。⊙久保愛曰：嘗試之説，商鞅説秦孝公以帝、王、霸三道試之，不從，乃以彊國之道説之之比。詳見《商君傳》。鋒，與蜂通。蜂起，喻多。⊙包遵信曰：嘗，亦試也。嘗試之説，乃有希圖僥幸之意。⊙天海案：嘗試，試探也。《孟子·梁惠王》上："我雖不敏，請嘗試之。"嘗試之説，即試探之説。鋒起，同蜂起。蜂起與並至對文。楊注訓爲"如鋒刃齊起"，或不明"鋒"乃"蜂"之借字耳。久説是也。又，楊注中"以"字，他本有作"他"者。

〔二五〕楊倞注：聽大，謂所聽之事多也。傷，傷政也。⊙物雙松曰：聽大事煩，言姦言並至，未經事之論鋒起，則所聽之事浩繁也。對上言威嚴之失，故曰"是又傷之也"。⊙久保愛曰：杜效曰："上言威猛之失，此言寬和之失，故曰'是又傷之也'。"⊙帆足萬里曰：傷，傷事業也。⊙王先謙曰：《詩·閟宫》箋"大東，極東"，疏："大者，廣遠之言。"此"大"字義同。⊙章詩同曰：聽大，所聽太廣。⊙李中生曰：傷，不指傷政，而是指殘缺、偏頗。⊙天海案：大，讀爲太。《廣韻·泰韻》："太，甚也。"聽大，即所治過多，故事煩。事煩，則又傷神也。楊注未允，他説亦非。又，此下原文未分段，現據文意分之。

故法而不議，則法之所不至者必廢〔一〕，職而不通，則職之所不及者必隊〔二〕。故法而議，職而通，無隱謀，無遺善，而百事無過，非君子莫能〔三〕。故公平者，職之衡也；中和者，聽之繩也〔四〕。其有法者以法行，無法者以類舉，聽之盡也〔五〕；偏黨而無經，聽之辟也〔六〕。故有良法而亂者，有之矣；有君子而亂者，自古及今，未嘗聞也。傳曰："治生乎君子，亂生乎小人。"此之謂也〔七〕。

分均則不偏〔八〕，埶齊則不壹，衆齊則不使〔九〕。有天有地，而上下有差；明王始立，而處國有制〔一〇〕。夫兩貴之不能相事，兩賤之不能相使，是天數也〔一一〕。埶位齊而欲惡同，物不能澹則必爭〔一二〕。爭則必亂，亂則窮矣〔一三〕。先王惡其亂也，故制禮義以分之，使有貧富貴賤之等，足以相兼臨者，是養天下之本也〔一四〕。《書》曰："維齊非齊。"此之謂也〔一五〕。



【校釋】

〔一〕楊倞注：議，謂講論也。雖有法度而不能講論，則不周洽。故法所不至者，必廢也。⊙安積信曰：法而不議，謂徒守一定之法度，而不論辨法度之未載者，以通其類也。與下"職而不通"文勢相同。⊙楊栁橋曰：高誘《吕氏春秋》注："議，平也。"⊙天海案：議，評論也。不至，猶不及、不周全之謂。

〔二〕楊倞注：雖舉當其職，而不能通明其類，則職所不及者，必隊。隊與墜同。⊙鍾泰曰：《周禮・冢宰》："以八灋治官府：一曰官屬，以舉邦治；二曰官職，以辨邦治；三曰官聯，以會官治。"官屬、官職之後，必繼之以官聯者，即所以防職而不通也。又《小宰》以官府之六聯合邦治，亦是此意。楊注以"不通"爲"不能通明其類"，語欠分明。⊙熊公哲曰：職事各有所主，若彼此不能相通和，則職所不及者必致墜墮。⊙天海案：職而不通，猶言職責確定而不交通。隊，同墜，失落也。此言失誤。

〔三〕北大組曰：無隱謀，無遺善，壞事隱瞞不住，好事也不會遺漏。⊙包遵信曰：無隱謀者，謂君子在職執政，必不隱匿其智謀而能竭盡其才能也。所以然者，以其法而可議，職而可通之故也。《墨子・節葬下》："無敢舍餘力，隱謀遺利，而不爲親爲之者矣。"孫詒讓曰："隱謀，謂隱匿其智謀。"下文云"故近者不隱其能"，楊注："不隱其能，謂竭其才力也。"竭其才力，正是無隱謀之意。"無遺善"義亦同。⊙天海案："無隱謀，無遺善"，上承"法而議，職而通"而言，謂在職者皆盡其謀，盡其善，故"百事無過"，但只有君子能做到。包説是。

〔四〕楊倞曰：聽，聽政也。衡，所以知輕重。繩，所以辨曲直。言君子用公平中和之道，故能百事無過。中和，謂寬猛得中也。⊙劉台拱曰：注先解"聽"，後解"衡"。"職之衡"，當作"聽之衡"，此涉上文"職"字致誤。⊙久保愛曰：《禮記》云："喜怒哀樂之未發，謂之中。發而皆中節，謂之和。"⊙天海案：職之衡，當作"聽之衡”，劉説是也。中和，中正平和之謂。繩，準繩也。

〔五〕楊倞注：類，謂比類。⊙久保愛曰：以其本知其末，以其左知其右，謂之類。⊙王先謙曰：“無法者”上，《羣書治要》有“其”字。⊙羅焌曰：聽之盡也，謂聽政之詳盡者也。⊙天海案：類舉，類推也。盡者，盡於此也。又“無”上，巾箱本、《題注》本、遞修本皆有“其”字，《治要》用此文亦有“其”字，此或脱之。

〔六〕楊倞注：無經，謂無常法也。辟，讀曰僻。⊙北大組曰：偏黨，偏私。經，原則。辟，同僻，偏邪，不公正。⊙天海案：偏黨，偏向一方。《書·洪範》：“無偏無黨，王道蕩蕩。”

〔七〕楊倞注：其人存，其政舉；其人亡，其政息。⊙王先謙曰：“亂生”上，《羣書治要》有“而”字。⊙熊公哲曰：凡典籍中稱“傳曰”者，蓋皆引古時傳記，而其書則不能確指矣。⊙天海案：楊注兩“其政”上，明世本、《四庫》本、《增注》本、盧謝本皆有“則”字。

〔八〕楊倞注：分均，謂貴賤敵也。分，扶問反。⊙物雙松曰：偏，當作徧。即齊物物不齊意。⊙王念孫曰：偏，讀爲徧。言分既均，則所求於民者亦均，而物不足以給之，故不徧也。下文曰“埶位齊而欲惡同，物不能澹”，正所謂不徧也。偏、徧古字通，説見《墨子·非攻篇》。⊙帆足萬里曰：偏，偏重也。⊙安積信曰：偏，謂偏於一方也。蓋君上有君上之分，臣下有臣下之分，其爵秩高下各不同，若上下無差等，其分相均，則貴賤混同，不偏於一方也。故曰“分均則不偏”。⊙于鬯曰：偏，蓋當讀爲辨。《禮經》中偏、辯字多通用。分者，名分也，所以辨上下也。分均是無上下矣，何以辨之？故曰“分均則不偏”。不偏者，不辨也。楊於“偏”字無注，殆未察其義。王《雜志》乃云“偏，讀爲徧”云云，其説曲矣。⊙陶鴻慶曰：偏，當讀如字。《小爾雅·廣言》：“偏，屬也。”襄公三年《左傳》“舉其偏，不爲黨”，又三十年《傳》“令尹之偏”。杜注云：“佐也，亦謂其屬也。”貴賤之分均，則不相繫屬，故曰“分均則不偏”。與下文“埶齊則不壹，衆齊則不使”意義相近。下文云“案以中立，無有所偏而爲縱横之事”，亦謂無有所屬而爲縱横之事也，不必改字爲“徧”。⊙鍾泰曰：偏，當讀如平。均似平也而非平，猶齊似壹也而非壹。故引《書》“維齊非齊”以結之。王説似尚隔一層。⊙李亞明曰：王説疑非。循《荀子》主旨，“不偏”、“不壹”，就是社會不分主次、貧富和貴賤。這樣一來，就不存在使與被使的關係，社會大機器就會停止運轉。王氏“偏、徧古字通”説與此無涉。⊙天海案：分均，指名分相當。不偏，當讀爲不辨。不辨，即不治也。偏、辨一聲之轉，故得通假。于説是也。

〔九〕楊倞注：此皆名無差等，則不可相制也。⊙久保愛曰：《榮辱篇》曰“斬而齊，枉而順，不同而一”，與此相發。⊙天海案：埶，同勢。下同。

〔一〇〕楊倞注：制，亦謂差等也。⊙久保愛曰：處，處置也。差，楚宜反。處，昌呂反。⊙天海案：差，别也。讀如字。處國，治國。制，等級之制也。

〔一一〕楊倞注：天之數也。⊙久保愛曰：數，猶道也。⊙梁啓雄曰：《管子·法法》注："數，理也。"⊙北大組曰：天數，自然的道理。⊙天海案：《意林》卷二引《慎子》："兩貴不相事，兩賤不相使。"是古之常語也。天數，即天命，上天的安排。

〔一二〕楊倞注：澹，讀爲贍。既無等級，則皆不知紀極，故物不能足也。⊙天海案：澹，與贍同。《漢書·趙充國傳》顏師古注："澹，古贍字。贍，給也。"物不能贍者，物不能滿足也。

〔一三〕楊倞注：物窮竭也。⊙安積信曰：窮，謂民之窮困也。注乃云"物窮竭"，誤矣。⊙劉如瑛曰：窮，指辦法窮盡，不指物資匱竭。⊙天海案：窮，困也。此指政事陷於困境。既非指物，亦非指民，劉氏謂"辦法窮盡"，亦未切。又，正文"必"字，諸本無。

〔一四〕楊倞注：使物有餘而不窮竭。⊙章詩同曰：相兼臨，相互制約。臨，制。⊙北大組曰：相兼臨，逐級進行統治。⊙楊柳橋曰：兼，當讀"監"。《説文》："臨，監臨也。監，臨下也。"兼臨，即監臨也。謂互相監視也。⊙天海案：兼臨，猶包容也。《漢書·禮樂志》："兼臨是愛，終無兵革。"顔師古注："兼臨，言在上位者普包容也。"養天下，即治天下。《周禮·天官·疾醫》："以五味、五穀、五藥養其病。"鄭玄注："養，猶治也。"孫詒讓《正義》："養猶治也者，此引申之義。養身即所以治病，是養與治，義相成也。"商承祚《説文中之古文攷》曰："養，讀作牧，像以手持鞭而牧羊，牧牛則字从牛，羖羊則字从羊，後以从牛之字爲牧，而以羖爲養矣。"牧天下，亦爲治天下矣。

〔一五〕楊倞注：《書·吕刑》言維齊一者乃在不齊，以諭有差等，然後可以爲治也。⊙天海案：所引《尚書·吕刑》"維齊非齊"，原意是刑罰用來齊治非齊。此乃斷章取義，以喻等差不一方能爲齊。已非原文之義也。

馬駭輿，則君子不安輿〔一〕；庶人駭政，則君子不安位〔二〕。馬駭輿，則莫若靜之；庶人駭政，則莫若惠之〔三〕。選賢良，舉篤敬，興孝悌，收孤寡，補貧窮〔四〕，如是，則庶人安政矣。庶人安政，然後君子安位〔五〕。傳曰："君者，舟也；庶人者，水也。水則載舟，水則覆舟。"此之謂也〔六〕。故君人者欲安，則莫若平政愛民矣；欲榮，則莫若隆禮敬士矣；欲立功名，則莫若尚賢使能矣。是君人者之大節也。三節者當，則其餘莫不當矣；三節者不當，則其餘雖曲當，猶將無益也〔七〕。孔子曰："大節是也，小節是也，上君也〔八〕；大節是也，小節非也，一出焉，一入焉，中君也〔九〕；大節非也，小節雖是也，吾無觀其餘矣〔一〇〕！”

成侯、嗣公，聚斂計數之君也〔一一〕，未及取民也〔一二〕；鄭子産取民者也，未及爲政者也〔一三〕；管仲爲政者也，未及脩禮者也〔一四〕。故脩禮者王，爲政者彊，取民者安，聚斂者亡〔一五〕。故王者富民，霸者富士〔一六〕，僅存之國富大夫，亡國富筐篋，實府庫。筐篋已富，府庫已實，而百姓貧，夫是之謂上溢而下漏〔一七〕。入不可以守，出不可以戰，則傾覆滅亡可立而待也。故我聚之以亡，敵得之以彊〔一八〕。聚斂者召寇、肥敵，亡國、危身之道也。故明君不蹈也〔一九〕。

【校釋】

〔一〕楊倞注：馬駭於車中也。⊙久保愛曰：駭輿，馬不安輿而駭也。⊙駱瑞鶴曰：馬駭於車中，謂馬驚駭於車駕之中。疑注語有脱文。⊙天海案：馬駭輿，馬駕車而受驚。不安輿，不能安坐於車。

〔二〕楊倞注：駭政，不安上之政也。⊙天海案：駭政，受政事驚擾。不安位，不能安於君主之位。又，巾箱本、《題注》本、遞修本正文“則”字作“故”，“位”字作“政”。

〔三〕楊倞注：惠，恩惠也。⊙郝懿行曰：惠者，順也。注訓恩惠，失之。夫馬駭而賑僨，静以鎮之則馴矣；人駭而圖反，順以循之自安矣。故鞭箠不加於奔駟，而謗木不絶於堯年。昔蘧伯玉治衛，子貢問何以治，對曰：“以不治治之。”夫不治之治，則静之、惠之之説也。⊙天海案：静之，使之安静。惠之，仁愛之。《書・皋陶謨》：“安民則惠，黎民懷之。”傳：“惠，愛也。”下文“收孤寡，補貧窮”，“君人者欲安，則莫若平政愛民”，皆仁愛之舉也。故楊注未得，郝説亦非。

〔四〕久保愛曰：少而無父者謂之孤，老而無夫者謂之寡。收，謂有常餼。補，孟子所謂“春省耕而補不足”之意。⊙天海案：篤敬，忠實恭敬。收，收養。補，救濟。

〔五〕天海案：此句上，《治要》無“庶人安政”四字，“位”下有“矣”字。

〔六〕劉師培曰：《哀公篇》述孔子語，文與此同。《文苑英華》六百九十五魏徵《論治道疏》引此文云：“君，舟也；人，水也。水所以載舟，亦所以覆舟。”《文選・東京賦》注所引略同。《御覽》六百二十又引作：“水能行舟，亦能覆舟。”並殊。今考《家語・五儀解》述孔子語，二“則”字並作“所以”。又《意林》引杜恕《體論》云：“庶民水也，君子舟也。水所以載舟，亦所以覆舟。”疑魏、李所引，兼據彼文。故《治要》所引與今本同，《御覽》七百六十八引下二語，亦同今本。⊙梁啓雄曰：則，能也。《左》哀十一年《傳》載孔子語：“鳥則擇木，木豈能擇鳥。”《史記・孔子世家》作：“鳥能擇木，木豈能擇鳥。”是其證。⊙天海案：《藝文類聚》卷七十一《舟車部》引“孫卿子曰”之文與本文“傳曰”之文同。

〔七〕楊倞注：曲當，謂委曲皆當。當，丁浪反。⊙盧文弨曰：猶，元刻作“由”，與“猶”同。⊙章詩同曰：曲當，大大小小皆當。⊙熊公哲曰：平，平治也。《尚書》“平章百姓”，平或作辨，辨亦治也。三節，平政愛民一也，隆禮敬士二也，尚賢使能三也。⊙天海案：平政，平和簡易之政。《史記・魯周公世家》：“夫政不簡不易，民不有近；平易近民，民必歸之。”義與此同。曲當，猶周當，委曲周全而當也。正文“猶”字，巾箱本、《題注》本、遞修本、明世本皆作“由”，《治要》亦作“由”。

〔八〕天海案：巾箱本、《題注》本、遞修本皆作“小節非也”。

〔九〕楊倞注：謂一得一失也。⊙天海案：“非也”二字，錢佃稱諸本無。且巾箱本、《題注》本、遞修本、明世本、《四庫》本皆無。今案，此二字當有，“一出焉”即指“小節非也”，“一入焉”指“大節是也”。若無此二字，則一出一入皆對小節而言，與上下文意不貫。他本誤删此二字，皆非也。

〔一〇〕龍宇純曰：“小節雖是也”，此句不當有。淺人見上文大節下並云小節，因增此一句，不知下文“其餘”即指小節言，其云“大節非也，吾無觀其餘矣”，與云“大節非也，小節雖是不足觀”無以異，依理當删。⊙天海案：此言“小節雖是”乃承上“小節非也”而言，龍説非。

〔一一〕楊倞注：成侯、嗣公，皆衛君也。《史記》：“衛聲公卒，子成侯立。成侯卒，子平侯立。平侯卒，子嗣君立。”《韓子》曰：“衛嗣公重如耳，愛泄姬，而恐其皆因其愛重以雍己也，乃貴薄疑以敵如耳，尊魏妃以耦泄姬，曰：‘以是相參也。’”又“使客過關市，賂之以金。後召關市問：‘其有客過，與汝金，汝回遣之。’關市大恐，以嗣公爲明察。”此皆計數之類也。⊙盧文弨曰：所引《韓子》，見《内儲説・上篇》，“魏妃”作“魏姬”，“汝回遣之”作“汝因遣之”。⊙魯實先曰：嗣公、嗣君古籍互稱，猶宋元公之或稱君、稱王也。《史記》《國策》《吕氏春秋》並稱嗣君，《韓非子》中或稱嗣公。案《史記・衛世家》“嗣君五年更貶號曰君”，是“君”爲其後來之號也。聚斂之事見《吕覽・審應篇》。⊙章詩同曰：計數，打小算盤。⊙北大組曰：計數，精打細算。⊙天海案：成侯，姬姓，名遬，《世本》作“名不逝”。戰國時衛國國君，本爲公，因國勢弱小，貶號爲侯。公元前三六一年至前三三一年在位三十一年。嗣公，成侯孫，立五年貶號爲君。公元前三二四年至前二八二年在位四十三年。今案：其父祖皆已爲侯，豈有子孫爲公之理？稱公必誤也。當作“嗣君”。計數，計算也。楊注引《韓子》與今本略異，“使客過關市”原誤作“使過客關市”，徑乙正。

〔一二〕楊倞注：未及，謂其才未及也。取民，謂得民心。⊙俞樾曰：楊注以取民爲得民心，於義甚晦，殆非也。《老子》曰“故取天下者常以無事”，河上公注曰：“取，治也。”此“取”字亦當訓治。取民，言治民也。⊙久保愛曰：“民”下當有“者”字。⊙劉師培曰：《御覽》六百二十七引“嗣公”作“嗣君”，“未及”三語“也”上並有“者”

字，知“者”非衍文。惟吕本“未及取民”句已挩“者”字，當據補。⊙鍾泰曰：取，當讀“聚”。《大學》曰“財聚則民散，財散則民聚”，“取民”對“聚斂”言，則作“聚民”爲是。⊙天海案：未及，未至也。《廣韻》：“及，至也。”取民，聚民也。鍾説是也。又楊注文中“取也”二字誤倒，此據諸本乙正。

〔一三〕楊倞注：《禮記》曰：“子産猶衆人之母，能食之不能教之也。”⊙傅山曰：即《孟子》“惠而不知爲政”。⊙天海案：《孟子·離婁下》：“子産聽鄭國之政，以其乘輿濟人於溱、洧。孟子曰：‘惠而不知爲政。歲十一月徒杠成，十二月輿梁成，民未病涉也。君子平其政，行辟人可也，焉得人人而濟之？’故爲政者，每人而悦之，日亦不足矣。”《荀子》之文似本此。又，正文“鄭”、“者”二字，巾箱本、《題注》本、遞修本、明世本、《四庫》本俱無。下文“未及修禮者也”，此五本亦無“者”字。

〔一四〕楊倞注：言未及教化也。⊙王念孫曰：元刻“未及爲政”、“未及修禮”下皆無“者”字，宋龔本同，是也。此兩“者”字，皆涉上下文而衍。《韓詩外傳》《羣書治要》及《文選·永明十一年策秀才文》注引此，皆無兩“者”字。上文“未及取民也”，亦無“者”字。⊙王先謙曰：王説是。⊙熊公哲曰：楊注似未晰。此自謂管仲只能重法愛民，而未知隆禮尊賢耳！故曰“未及修禮也”。《論語》孔子固亦有“管氏而知禮，孰不知禮”之言。⊙天海案：上文“未及取民也”無“者”字，依文例，下二“未及”句“也”上，亦當無“者”字，此二“者”或因上句而衍。王念孫説是也，前劉師培説或非。

〔一五〕包遵信曰：彊，疑是“霸”字之誤。此承上文“管仲爲政者也，未及修禮也”言，管仲所成實爲霸業。下文“故王者富民，霸者富士”，即承此“爲政者霸”言。⊙天海案：《外傳》《治要》引此皆作“彊”，且下文“彊奪之地”亦與王霸並稱。“爲政者彊”亦可稱霸，此“彊”不誤，包説非也。

〔一六〕楊倞注：士，卒伍也。⊙天海案：《説苑·政理》“文王問於吕望曰：爲天下若何？對曰：王國富民，霸國富士”云云，向宗魯《校證》曰：“《淮南》云：‘王主富民，霸主富武。’（武，即士也，《淮南》多用武爲士。）”故知楊注是也。

〔一七〕楊倞注：如器之上溢下漏，空虚可立而待也。⊙王引之曰：溢，滿也。漏之言漉也，字或作“盝”、“逯”。《爾雅》曰：“盝，涸竭也。”《方言》曰：“逯，涸也。”“漉，極也。”郭璞曰：“滲漉，極盡也。”《月令》曰：“毋竭川澤，毋漉陂池。”《淮南·本經篇》“竭澤而魚”，高注曰：“竭澤，漏池也。”漏池，即所謂“漉陂池”也。漉、漏古同聲，故“滲漉”或謂之“滲漏”。《本經篇》又曰“禹疏三江五湖，流注東海，鴻水漏，九州乾”，亦謂鴻水涸也。上溢而下漏，即是上富而下貧，楊説“溢”、“漏”二字皆未了。⊙熊公哲曰：筐篋，皆承盛財貨之器；府庫，儲存財貨之所。⊙天海案：《説苑》作：“僅存之國富大夫，亡道之國富倉府，是謂上溢而下漏。”上溢而下漏，謂上極富而下極窮也。王説是。

〔一八〕冢田虎曰："我聚之以亡，敵得之以彊"，所謂"散鹿臺之財，發鉅橋之粟"之類。

〔一九〕天海案：《治要》引此文同。《外傳》作："故聚斂以招穀，積財以肥敵，危身亡國之道也，明君不蹈也。"



王奪之人，霸奪之與，彊奪之地〔一〕。奪之人者，臣諸侯；奪之與者，友諸侯；奪之地者，敵諸侯〔二〕。臣諸侯者王，友諸侯者霸，敵諸侯者危。用彊者〔三〕，人之城守，人之出戰，而我以力勝之也〔四〕，則傷人之民甚矣。傷人之民甚，則人之民惡我必甚矣。人之民惡我甚，則日欲與我鬬。人之城守，人之出戰，而我以力勝之，則傷吾民必甚矣。傷吾民甚，則吾民之惡我必甚矣。吾民之惡我甚，則日不欲爲我鬬。人之民日欲與我鬬，吾民日不欲爲我鬬，是彊者之所以反弱也。地來而民去，累多而功少〔五〕，雖守者益，所以守者損，是以大者之所以反削也〔六〕。諸侯莫不懷交接怨而不忘其敵〔七〕，伺彊大之間，承彊大之敝也〔八〕。知彊大之敝，此彊大之殆時也〔九〕。知彊大者不務彊也〔一〇〕，慮以王命，全其力，凝其德〔一一〕。力全則諸侯不能弱也，德凝則諸侯不能削也，天下無王霸主，則常勝矣。是知彊道者也〔一二〕。

彼霸者不然。辟田野，實倉廩，便備用〔一三〕，案謹募、選、閱材技之士〔一四〕，然後漸慶賞以先之〔一五〕，嚴刑罰以糾之〔一六〕，存亡繼絶，衛弱禁暴，而無兼并之心，則諸侯親之矣〔一七〕。脩友敵之道，以敬接諸侯，則諸侯説之矣〔一八〕。所以親之者，以不并也；并之見，則諸侯疏之矣〔一九〕。所以説之者，以友敵也；臣之見，則諸侯離矣。故明其不并之行，信其友敵之道〔二〇〕，天下無王霸主，則常勝矣。是知霸道者也〔二一〕。

閔王毁於五國〔二二〕，桓公劫於魯莊〔二三〕，無它故焉，非其道而慮之以王也〔二四〕。

彼王者不然，仁眇天下，義眇天下，威眇天下〔二五〕。仁眇天下，故天下莫不親也；義眇天下，故天下莫不貴也；威眇天下，故天下莫敢敵也。以不敵之威,輔服人之道〔二六〕,故不戰而勝,不攻而得,甲兵不勞而天下服。是知王者之道也。知此三具者〔二七〕,欲王而王,欲霸而霸,欲彊而彊矣〔二八〕。



## 【校釋】

〔一〕楊倞注:人,謂賢人。與,與國也。彊國之術,則奪人地也。⊙久保愛曰:奪人,謂得人心也。如太王在邠是也。與,舊作"輿",今據宋本改之。注同。⊙鍾泰曰:之人、之與、之地,猶言其人、其與、其地也。人,謂民人,楊以賢人當之,非也。⊙梁啓雄曰:《吕覽·音初》注:"之,其也。"奪人,謂爭取人心。⊙包遵信曰:人,即民也。本文上下俱言取民、去民,與舉賢無涉。楊注誤。⊙李中生曰:"王奪之人"的"人",應該包括民人與賢人。⊙天海案:奪人,當指征服人心。下文"以不敵之威,輔服人之道……是知王道者也",亦可證之。楊注以"賢人"訓之,非也。正文二"奪之與"之"與",巾箱本、《題注》本、遞修本、明世本、《四庫》本俱作"輿",其楊注亦作:"輿,謂國也。"此必傳寫之誤也,而盧謝本、《集解》本皆未出校記。

〔二〕北大組曰:臣諸侯,使諸侯爲臣。友諸侯,同諸侯爲友。敵諸侯,與諸侯爲敵。⊙熊公哲曰:友,謂友善。敵,謂諸侯皆與爲仇敵也。⊙駱瑞鶴曰:友,義爲親附。敵,訓爲匹敵。⊙天海案:以北大組所訓爲是,臣、友、敵三字皆用作動詞。

〔三〕楊倞注:用彊力勝人,非知彊道者。

〔四〕俞樾曰:出,當爲"士",字之譌也。古書"士"、"出"二字每相混。《史記·五帝紀》"稱以出",《集解》引徐廣曰"出,一作士",《淮南子·繆稱篇》"其出之誠也",《新序·雜事篇》"出"作"士",竝其證也。守必以城,戰必以士。"人之城守,人之士戰",正相對成文,"士"譌爲"出",義不可通矣。⊙鍾泰曰:俞説非也。戰以士,守獨不以士乎!上節言"入不可以守,出不可以戰",就我言則可言入,此就他人言,不得曰入,故易言"城守"也。"城守"、"出戰",義正相對,何煩改字乎?⊙天海案:俞説非,鍾説是也。

〔五〕楊倞注:累,憂累也。⊙天海案:累,憂勞也。

〔六〕楊倞注:守者,謂地也。守國以地爲本,故曰守者。所以守者,謂所以守地之人也。⊙俞樾曰:上"以"字衍文。"是大者之所以反削也",與上文"是彊者之所以反弱也"正相對。⊙天海案:物雙松、冢田虎、久保愛皆言"是"下"以"字衍。據文意,諸説是,當删此"以"字。

〔七〕楊倞注:交接,連結也。既以力勝而不義,故諸侯皆欲相連結怨國,而不忘與之爲敵。本多作"壞交接",言壞其與已交接之道也。⊙郝懿行曰:接者,續也。懷交,謂私相締結。接怨,謂連續修怨。注非是。⊙物雙松曰:懷交接怨,言念交與之力而親怨讎之人也。⊙久保愛曰:"懷"字雖不穩,作"壞"者似是。⊙王念孫曰:"諸侯莫不懷交接"爲句。壞、懷古字通。楊後説以"壞交接"連讀,是也。前説以"懷交接怨"連讀,失之。⊙俞樾曰:楊注二説皆未安。王氏謂當從後説,非也。疑"怨"字當在"交接"二字之上,本作"諸侯莫不懷怨交接而不忘其敵"。懷怨交接,猶云匿怨而友其人也,故不忘其敵。傳寫誤奪"怨"字,而誤補之"接"字之下耳。⊙王先謙曰:郝説是也。⊙帆足萬里曰:言諸侯皆懷結交之心,以怨己之意相接屬,不忘敵之也。或曰:"不忘其敵"之"不",衍文。⊙安積信曰:"諸侯"以下二十三字,須作長句。"莫不"二字,蒙到"承彊大之敝"句。"懷交"當從一本作"壞交",謂絶舊交也。接怨,猶構怨,謂相讎怨也。注並不穩當。⊙劉師培曰:案"交"當作"校"。《小爾雅》"交"、"校"二字皆訓爲報,又訓"校"、"教"二字爲交,此校、交古通之證。又《論語》云"犯而不校",《左傳》僖二十三年"有人而校",《國策·秦策》"足以校于秦矣","校"均訓報。則"懷交"者,即言諸侯莫不懷報復之心也。上文言"人之民日欲與我鬬",即此文"懷校"之義。若"接怨",猶《孟子》之"搆怨",接怨與懷交係平列之詞,衆説均非。⊙鍾泰曰:懷交之懷,與懷諸侯之懷同。懷交者,其素交好者則懷之。接怨者,其素有怨隙者則接之。接者,謂交之已斷而復續者也。怨而亦可接者,以大敵當前故也。故曰"不忘其敵"。戰國之世,各國之間,時離時合,其如此者多矣。曰交、曰怨、曰敵,正重在一敵字,文自分明,而諸家莫有能解者,何也?⊙駱瑞鶴曰:懷交與接怨對文,義亦相近。懷交,謂思念交好之國。接怨,謂連結仇讎之國。鍾泰之義可取,郝氏得其讀不得其意。俞、劉二説尤非。⊙天海案:上言"奪之地者敵諸侯",此言諸侯思交好之國,接納仇怨之國,當然是爲了對付奪地之敵。故物、鍾、駱三説是,他説皆非也。

〔八〕天海案:此句"也"與下"知彊大之敝"凡六字,巾箱本、《題注》本、遞修本皆無,盧謝本、《集解》本皆從之。據文意,此六字似衍文,當删。

〔九〕楊倞注:殆,危也。⊙物雙松曰:"知彊大之敝"五字衍。⊙冢田虎曰:怨讎乎彊大之諸侯,皆相交接,而不忘報其怨,以伺其間隙,承其敝釁,則是彊大之所以殆也。⊙久保愛曰:承敝,爲欲乘敝也。元本"敝"作"弊",無"也知彊大之敝"六字,此蓋衍文。⊙朝川鼎曰:懷交接怨,當作"懷怨交接"。即下文"脩友敵之道,以敬接諸侯,則諸侯説之矣"之反。言奪之地者敵諸侯,則諸侯莫不懷怨讎之心而交接焉,亦且不忘其敵諸侯。故懼而協,以伺其間隙,承其敝釁,故曰"敵諸侯者危"。此彊大之有時而危也。人之民日欲與我鬬,吾民日不欲爲我鬬,是其間隙也。民去功少,而所以守者損,是其敝釁也。⊙包遵信曰:間,隙也。此言諸侯若懷交構怨於我,則必伺我之隙,趁我之敝而反我也。故曰"此彊大之殆時也"。⊙天海案:承,通乘。《詩·魯頌·閟宮》:"戎狄是膺,荆舒是懲,則莫我敢承。"説見朱駿聲《説文·通訓定聲》。敝,讀爲疲,疲敗也。《左傳》襄九年:"許之盟而還師,以敝楚人。"杜注:

"敝,罷也。罷音皮。"

〔一〇〕楊倞注:知彊大之術者,不務以力勝也。⊙王引之曰:"彊大"當爲"彊道"。彊道,謂所以致彊之道,即下文所謂"以王命全其力,凝其德"也。不知此道而務以力勝,則務彊而反弱,即下文所謂"非其道而慮之以王也"。故曰"知彊道者不務彊也"。下文云"是知彊道者也",正與此句相應。又云"是知霸道者也"、"是知王道者也",皆與此句相應。此篇大旨,皆言王道、霸道、彊道之不同,故此文云"知彊道者不務彊也"。兩"彊"字亦上下相應,則"彊"下之字作"道"不作"大"明矣。今本作"彊大","大"字蓋涉上文三"彊大"而誤。楊云"知彊大之術者,不務以力勝也",則所見本已誤作"彊大"。⊙天海案:彊大,當作"彊道",王説甚是。又,"彊也"二字,巾箱本、《題注》本、遞修本皆無。

〔一一〕楊倞注:慮,計也。以,用也。其計慮常用王命,謂不敢擅侵暴也。凝,定也。定其德,謂不輕舉也。⊙物雙松曰:慮以王命,謂舉事慎慮,不敢干王命也。王命,天王之制也。⊙王念孫曰:慮,猶大氐也。言知彊道者,不務以力勝人,大氐以王命全其力,凝其德也。《議兵篇》曰"諸侯慮敵之者削,反之者亡",又曰"焉慮率用賞慶刑罰埶詐而已矣"。《漢書·賈誼傳》"慮亡不帝制而天子自爲者",師古曰:"慮,大計也。言諸侯皆欲同帝制而爲天子之事。"是其證矣。⊙朝川鼎曰:先君曰:"命,疑衍文。下文云:非其道而慮之以王也。可證。"鼎案:命,疑當作"霸",字之誤也。慮以王霸者,慮之以王霸,而所行非其道也。所謂全力者霸之術,而凝德者王之道也。⊙鍾泰曰:楊注"慮,計也"不誤。後文"非其道而慮之以王也",此"慮"與彼"慮"正同。慮,思也,計也,輕之則言思,重之則言計。⊙駱瑞鶴曰:楊以"計"釋"慮",甚是。又案:命,義同"道"。《詩·周頌·維天之命》"維天之命",鄭玄箋:"命,猶道也。"《廣雅·釋詁三》:"命,道也。"是王命猶王道。全、凝並當訓固,言以王命計,堅其實力,固其道德。⊙天海案:楊注訓"慮"、"以"爲"計"、"用",是也。言計用天子之命以保全其實力,巩固其德望。頗有挾天子以懾諸侯之意。楊注後説似未安。

〔一二〕楊倞注:無王霸之主則彊國常勝。"主",或衍字。⊙久保愛曰:古屋鬲曰:"本注'主',或'之主',疑'王'誤。"⊙朝川鼎曰:疑衍"王"字。言知彊道者,天下無霸主,則常勝也。⊙陶鴻慶曰:"王"字蓋衍文。彊國依王而立,其對王主無勝敗之可言。下言王可制霸,此言霸可制彊。明"王"字不當有。⊙安積信曰:"王"、"主"二字疑衍。言知彊道者,天下無霸,則常勝矣。舉霸則王不言而可。且"王霸主"三不雅馴,删二字便簡明。⊙天海案:削,亦弱也。《孟子·告子下》"魯之削也滋甚",《字彙·刀部》:"削,弱也。"依文意,"王"字疑衍,陶説是。又,此下原文未分段,此據文意分之。

〔一三〕楊倞注:備用,足用也。《左傳》曰"無重器備"。⊙物雙松曰:備用,言器用也。⊙冢田虎曰：備用，前篇既出，注“足用也”，非矣。⊙王念孫曰：楊訓“備用”爲足用，“便足用”之語不詞，且與“田野”、“倉廩”不對。余謂“備用”二字平列。“備”，説文本作“葡”，字從用，從苟省。《淮南·修務篇》注云：“備，猶用也。”故或謂之器用，或謂之器備。“便備用”，猶言“便器用”耳。“便備用”三字，本篇凡三見，與“田野”、“倉廩”對文者二，與“功苦”、“完利”對文者一。其見於《儒效篇》者，則與“規矩”、“準繩”對文；見於《富國篇》者，亦與“田野”、“倉廩”對文；皆以二字平列。⊙王先謙曰：王説是矣。荀書多言“械用”，罕言“器用”。“便備用”，猶言“便械用”耳。《議兵篇》云“械用兵革攻完便利者强，械用兵革窳楛不便利者弱”，械用便利，正與“便備用”同意。以下文“辨功苦，尚完利，便備用”互證之而義益明。⊙北大組曰：便備用，使兵革器具便於使用。⊙張覺曰：便，改進。備用，設備器用。⊙天海案：“便備用”一語，荀書凡五見，王念孫已述之。楊注《儒效篇》與此處，截然相異，且皆非也。王念孫訓“便備用”爲“便器用”，近是，然亦有未安者。竊以爲“便”，當讀爲“辦”。便、辦二字上古聲韻並同，故可通假。便，亦通作“辨”。《説文》段注：“辨，從刀，俗作辦。古辨别、幹辦無二義，亦無二形二音也。”故辨亦作辦，有治辦、治理、具備之義，荀書多用“辨”而少用“便”。凡與“便備用”連用者，如“設規矩、陳繩墨”，“辟田野、實倉廩”，“辨功苦、尚完利”等，其與“便”相對之字皆作動詞，故此“便”必讀爲“辦”，言治辦器用也，荀書五處“便備用”皆同此義。凡訓爲“便利器用”、“改進器用”者，皆未切也。

〔一四〕楊倞注：案，發聲。謹，嚴也。募，招也。謹募，猶重募也。選閲，揀擇也。材技，武藝過人者。猶漢之材官也。⊙冢田虎曰：材伎，謂材力伎藝也，何唯武藝也。此霸者之所務，與務彊者異也。注不是也。⊙久保愛曰：“選”字絶句。《議兵篇》有“招近募選”之語。材伎，材能伎藝也。⊙俞樾曰：募，乃“纂”字之譌。纂、選皆具也。閲，亦具也。《説文·門部》：“閲，具數於門中也。”是纂、選、閲三字同義。古書往往有之。案謹纂選閲材技之士，質言之，止是具材技之士耳。纂，誤爲“募”，楊注曰“募，招也”，非古義矣。《管子·心術篇》“纂選者，所以等事也”，今本皆作“慕選”，誤與此同，説詳《管子》。⊙朝川鼎曰：“謹募選”一句，“閲材技之士”一句。《議兵篇》“招近募選”，注云：“謂以財召之，而選擇可者。”即此“募選”字。⊙楊栁橋曰：《説文》：“募，廣求也。”《毛詩傳》：“閲，容也。”募、選、閲，用士之三步驟也。⊙天海案：案，同安，下文此語再見正作“安”。荀書“案”、“安”並用，作語詞同訓“乃”也。謹，慎也。募，招致也。選，挑選也。閲，容也。容與用通，故“閲”亦“用”也。下文云：“材技、股肱、健勇、爪牙之士，彼將日日挫頓，竭之於仇敵，我今將來致之，并閲之，砥礪之於朝廷。”正與此文相應。故“募”、“選”下當頓，與“閲”並列，爲用材技之士三步驟。楊栁橋所説是也。又，巾箱本、《題注》本、遞修本“技”作“伎”，二字可通。

〔一五〕楊倞注：漸，進也。言進勉以慶賞也。⊙郝懿行曰：漸，子廉切，讀若"漸民以仁"之"漸"。其訓漬也，浸也，深染入也。楊注凡漸皆訓進，故多失之。⊙朝川鼎曰：猶言先慶賞以漸之。《議兵篇》："隆勢詐，尚功利，是漸之也。"⊙鍾泰曰：漸，深也。深慶賞，猶言重慶賞，正與下"嚴刑罰"對文。郝説"深染入也"，亦未了。⊙潘重規曰：此言施政先賞後刑之意，楊以"進"訓"漸"，於義爲長。⊙天海案：漸，進也。《易・漸》："彖曰：漸之進也。"王弼注："之於進也。"進，用也。漸慶賞，即用慶賞。楊注是，他説非。先之，倡導之，與下文"糾之"正相對爲文。《管子・權修》："明智禮，足以教之，上身服以先之。"尹知章注："所以率先於下也。"

〔一六〕天海案：刑罰，盧謝本作"刑賞"，《集解》本未從，改從宋台本。

〔一七〕楊倞注：并，讀曰併，下同。⊙久保愛曰：存亡，狄人滅衛，齊桓公城楚丘以封之，是也。繼絶，魯絶無嗣，桓公使高子存之，是也。⊙天海案：存亡繼絶，即保存已亡之國，接續已斷之世系。《論語・堯曰篇》"興滅國，繼絶世"，乃《荀子》所本。

〔一八〕楊倞注：説，讀爲悦，下同。⊙冢田虎曰：修友敵之道，言爲朋友匹敵之交也。⊙鍾泰曰："友敵"二字連文，此敵乃敵體之敵，非仇敵之敵也。與前言"敵諸侯"，後言"天下莫敢敵"兩"敵"字不同。言友又言敵者，正以見其不欲相臣也。楊無注，不免遺漏。⊙天海案：友敵，與匹敵之國相友好。冢説是也。

〔一九〕楊倞注：見，賢遍反。⊙物雙松曰："并之見，臣之見"，言并吞之形，臣隸之勢，可得而見也。⊙王念孫曰：元刻"疏"下無"之"字，是也。下文"則諸侯離矣"，"離"下無"之"字，是其證。⊙天海案："并之見"，即兼并之心顯現。此與上文"兼并之心"相應爲文。又，巾箱本、《題注》本、遞修本皆脱"見"上之"之"。

〔二〇〕楊倞注：行，下孟反。信，謂使人不疑。⊙章詩同曰：信，同伸。⊙北大組曰：信，信守。⊙天海案：臣之見，言使諸侯臣屬之心顯現，亦"并之見"换言也。行，舉動。信，誠也。上已言"脩友敵之道"，此必爲誠守友敵之道明矣。章訓信爲伸，非也。

〔二一〕楊倞注：無王者，則霸主常勝也。⊙物雙松曰："王霸"之"霸"衍。⊙王念孫曰：天下無王霸主，本作"天下無王主"。上文説彊者之事云"天下無王霸主，則常勝矣"，言天下無王霸主，則彊者常勝也。此文説霸者之事云"天下無王主，則常勝矣"，言天下無王主，則霸者常勝也。"王主"二字之間不當更有"霸"字，蓋涉上文"王霸主"而衍。楊不知"霸"字之衍，而讀"天下無王"爲句，"霸主則常勝矣"爲句，則句法與前不合。⊙安積信曰："霸主"二字疑衍。言知霸道者，天下無王，則常勝矣。今舉霸者，而曰王霸，兩"霸"字相礙，删二字便了然。前文既曰無霸則常勝矣，此又曰無王則常勝矣，次第最明。益知前後並有二衍字。⊙鍾泰曰：楊讀確誤，而"霸"字不必衍。天下有王，霸者固不能常勝；天下有二霸，霸者亦不能常勝。觀春秋晉、楚並霸時可見也。恐荀書意如此，不得從王説删之。⊙天海案："霸主"之

“霸”疑衍，物、王二説是。又，此下原文未分段，現據文意分之。

〔二二〕楊倞注：《史記》齊閔王四十年，樂毅以燕、趙、楚、魏、秦破齊，閔王出奔莒也。⊙久保愛曰：《史記·田敬仲完世家》曰：“燕、秦、楚、三晉合謀，各出鋭師以伐。”此曰“五國”，蓋傳聞之異也。⊙天海案：閔王，戰國時齊國國君，宣王之子，名地，公元前三〇〇年至前二八四年在位十七年。公元前二八四年，燕以樂毅爲上將軍攻齊，秦與三晉皆出兵參與。樂毅破齊都，閔王逃莒，爲楚淖齒所殺。楊注言“齊閔王四十年”，必誤。

〔二三〕楊倞注：《公羊傳》柯之盟，齊桓公爲魯莊公之臣曹劌所劫也。⊙天海案：公元前六八一年，齊、魯和好，會盟於柯（今山東東阿西南）。《穀梁傳》魯莊公十三年：“冬，公會齊侯盟于柯，曹劌之盟也。”《公羊傳》莊公十三年記齊、魯會盟于柯，有曹子持劍劫齊桓公，逼其歸魯汶陽之地，桓公與之盟。《史記·齊世家》録此事，曹劌作曹沬，皆同一人也。

〔二四〕楊倞注：不行其道，而以計慮爲王，所以危亡也。⊙物雙松曰：慮之以王，言求王天下也。⊙久保愛曰：以王，以王禮遇之也。⊙帆足萬里曰：慮之以王，以王自居也。⊙天海案：非其道，違背其稱霸之道。慮之以王，想以此稱王也。此節介於王霸之間，原文未提行，現分段提行。“之”字，巾箱本、《題注》本、遞修本皆脱。

〔二五〕楊倞注：眇，盡也。盡天下皆懷其仁，感其義，畏其威也。⊙物雙松曰：注“眇，盡也”，非矣。眇，妙通。言天下皆不能及也。⊙冢田虎曰：眇，是深妙之意也。⊙久保愛曰：世璠曰：“眇，當作縣，字似而誤。《正論篇》‘聖人備道全美者也，是縣天下之權稱也’之‘縣’。”⊙郝懿行曰：眇，古“妙”字。古書皆以“眇”爲“妙”，荀書亦然。注皆失之。《周易》“眇萬物而爲言”，今亦改爲“妙”矣。古無“妙”字。⊙王念孫曰：諸書無訓“眇”爲“盡”者。且正文但言“眇天下”，而注言“盡天下皆懷其仁，感其義、畏其威”，加數語以釋之，其失也迂矣。余謂眇者，高遠之稱。言仁高天下，義高天下，威高天下耳。若懷其仁、感其義、畏其威，自見下文，非此三句意。⊙王先謙曰：郝、王二説並通。⊙帆足萬里曰：眇，少也。言仁德徧布，以天下爲少，天下不足以爲大也。⊙安積信曰：眇與藐，音義並同，輕之也。言王者仁義之德，眇視天下，而無求之之心。其仁義之盛大可知也。故天下自然服從。若霸者，則仁義而行之，有求天下之心，故天下不心服也。⊙熊公哲曰：眇，一目小也。引申爲微小之意。此仁眇、義眇、威眇，皆反訓，謂高大也。⊙天海案：眇，《説文》無“妙”字，段注：“眇，即妙字。”《集韻·笑韻》：“眇，成也。”《易·説卦》：“神也者，妙萬物而爲言者也。”《釋文》曰：“王肅作眇。董云：眇，成也。”故仁眇、義眇、威眇，皆言其仁、義、威皆形成於天下也。楊注非，他説亦未得。

〔二六〕楊倞注：其道可以服人。⊙王先謙曰：服人之道，謂上文仁義。⊙天海案：輔，佐也，助也。服人之道，即仁義也。王説是。

〔二七〕帆足萬里曰：具，猶道也。⊙天海案：具，器也。《字彙》："具，器具也。"《韓非子・定法》："謂之衣食孰急於人？則是不可一無也，皆養生之具也。"三具，指上所言欲成彊道、霸道、王道之器具也。

〔二八〕朝川鼎曰：先君曰："三'而'字猶'則'也。"⊙天海案："知此三具者"以下之句，皆結其上所論彊、霸、王三道。

王者之人〔一〕：飾動以禮義〔二〕，聽斷以類〔三〕，明振毫末〔四〕，舉錯應變而不窮矣，夫是之謂有原。是王者之人也〔五〕。

王者之制〔六〕：道不過三代，法不貳後王〔七〕。道過三代謂之蕩，法貳後王謂之不雅〔八〕。衣服有制，宫室有度，人徒有數〔九〕，喪祭械用皆有等宜〔一〇〕。聲則凡非雅聲者舉廢〔一一〕，色則凡非舊文者舉息〔一二〕，械用則凡非舊器者舉毁〔一三〕。夫是之謂復古，是王者之制也〔一四〕。

王者之論〔一五〕：無德不貴，無能不官，無功不賞，無罪不罰〔一六〕。朝無幸位，民無幸生〔一七〕。尚賢使能而等位不遺〔一八〕，析愿禁悍而刑罰不過〔一九〕。百姓曉然皆知夫爲善於家而取賞於朝也，爲不善於幽而蒙刑於顯也〔二〇〕。夫是之謂定論，是王者之論也〔二一〕。

王者之法〔二二〕：等賦、政事、財萬物，所以養萬民也〔二三〕。田野什一〔二四〕，關市幾而不征〔二五〕；山林澤梁，以時禁發而不税〔二六〕。相地而衰政〔二七〕，理道之遠近而致貢〔二八〕。通流財物、粟米，無有滯留〔二九〕，使相歸移也，四海之内若一家〔三〇〕。故近者不隱其能，遠者不疾其勞〔三一〕；無幽閒隱僻之國，莫不趨使而安樂之〔三二〕。夫是之謂人師，是王者之法也〔三三〕。

## 【校釋】

〔一〕楊倞注：王者之佐。⊙楊樹達曰：目下之詞。⊙鍾泰曰："人"字實包君臣言。注專指"王者之佐"，非是。⊙天海案：王者之人，行王道之人，此指稱王者。楊注固非，鍾説包君臣，亦非。

〔二〕楊倞注：所脩飾及舉動必以禮義。⊙王念孫曰：飾，讀爲飭。言動作必以禮義自飭也。楊分飾、動爲二義，失之。⊙鍾泰曰："義"字疑衍文。當作"飾動以禮"，與“聽斷以類”相對。荀書之例,禮義二字連言者恒輕,單提一禮字者恒重。此處與類字對舉,似疑從其重者。楊注“必以禮義”,因禮而及義,便於成文耳,未必所見本即有“義”字。⊙天海案:飾動以禮義,猶言以禮義整飭其行爲也。王説是,楊注非,鍾説亦未是。

〔三〕楊倞注:所聽斷之事,皆得其善類。謂輕重得中也。⊙久保愛曰:有法者以法行之,無法者以類行之。⊙王先謙曰:類,法也。説見《非十二子篇》。⊙帆足萬里曰:以類,各以其統類不錯亂也。⊙安積信曰:謂聽斷之法,雖舊典所未有,而能以類通之,以權其宜。即法而能議也。注恐非。⊙駱瑞鶴曰:類,法之可類推者,先謙説是。⊙天海案:聽斷以類,猶言以事理處決政事。類,即事理也。下文有專言“王者之法”一節,此“類”不當訓法。楊注亦非。

〔四〕楊倞曰:振,舉也。言細微必見。⊙冢田虎曰:振,收也。如“振河海而不洩”之振。言毫末不失也,注非也。⊙龍宇純曰:明振毫末,實義不可通。振,當作“振”,字之誤也。振從辰聲,辰聲之字多分析義。明振毫末,猶云明析毫末也。⊙天海案:振,通整。《左傳》隱公五年“入而振旅”,杜注:“振,整也。”明整毫末,猶言明能整治毫末之細微處。楊注訓振爲舉,未切也。

〔五〕楊倞注:原,本也。知爲政之本。⊙安積信曰:“有原”之“原”,猶源泉之源。謂混混流出而不窮也。注稍左。⊙朝川鼎曰:其舉措雖應變無窮,而不離於法之原,故曰“有原”。舉措如是,然後王者之人也。《非十二子篇》:“宗原應變,曲得其宜,如是,然後聖人也。”亦此義。⊙天海案:錯,通措。巾箱本、《題注》本、遞修本、明世本、《四庫》本皆作“措”,諸本多從之。原,本也。此“本”即上文所言禮義也。楊注是。

〔六〕楊倞注:説王者制度也。⊙楊樹達曰:目下之詞。⊙北大組曰:制,這裏指各種具體器物的制度。

〔七〕楊倞曰:論王道不過夏、殷、周之事,過則久遠難信。法不貳後王,言以當世之王爲法,不離貳而遠取之。⊙天海案:《儒效篇》:“言道德之求,不二後王。”不貳,即“不二”。不二,乃“不下”之譌,説詳《儒效篇》于省吾之辨。

〔八〕楊倞注:並已解上。⊙天海案:此二句已見《儒效篇》,説參前。

〔九〕楊倞注:人徒,謂士卒、胥徒也。⊙天海案:有制,有定制。有度,有限度。有數,有定數。

〔一〇〕楊倞注:械,器也。皆有等級,各當其宜也。⊙王念孫曰:楊注失之迂。宜,讀爲儀,儀與等,義相近。制、度、數與等、儀,義亦相近。⊙劉師培曰:等宜,即《左傳》宣十二年“賤有等威”之等威。等威,即桓二年之“等衰”。等宜、等威、等衰,其義一也。⊙天海案:《君道篇》:“脩冠弁衣裳、黼黻文章、雕琢刻鏤皆有等差”之等差,義與此“等宜”同,有等宜,即有等級之差也。朱起鳳曰:“宜、差,聲近通假。”故

"宜"不當訓爲適宜之宜。

〔一一〕楊倞注:舉,皆。⊙久保愛曰:雅聲,正聲也。⊙熊公哲曰:聲,聲樂也。⊙天海案:雅聲,亦正聲也,即純正之樂聲。《樂論篇》:"正聲感人而順氣應之。"又或指雅樂,《論語·陽貨》:"子曰:惡鄭聲之亂雅樂也。"爲《荀子》所本。

〔一二〕楊倞注:謂染采畫繢之事也。⊙物雙松曰:色,謂凡目之所見也。舊文,先王之禮文也。⊙久保愛曰:舊文,謂五色也。《禮記》曰:"姦色亂正色,不粥於市。"與此相發。⊙帆足萬里曰:舊文,如《書》《九章》之類。⊙張覺曰:舊文,原色組成的文彩,指青、黄、赤、白、黑五種顔色交錯畫成的花紋,如"黼黻文章"之類。⊙天海案:舊文,即古代禮制所規定的車服器用等物的彩繪文飾。《禮記·樂記》"五色成文而不亂",與此相發。

〔一三〕楊倞注:舊,謂三代故事。⊙久保愛曰:所毁者,《禮記》所謂奇技、奇器之類。⊙天海案:舊器,此指古代禮制所規定的器物用具。

〔一四〕楊倞注:復三代故事則是復古,不必遠舉也。⊙天海案:復古,此指恢復三代的禮制及習俗。

〔一五〕楊倞注:論,謂論説賞罰也,盧困反。⊙古屋鬲曰:論,即下文"定論"。⊙王先謙曰:楊説非。論亦當讀爲倫。倫者,等也。言爲君者能行此政,則是王者之等也。下文云"此五等者,王、霸、安存、危殆、滅亡之具也",以王者之政爲一等,與此可互證。《儒效篇》"人論",《臣道篇》"人臣之論",王氏念孫皆讀爲倫,而於此失之。⊙陶鴻慶曰:楊注望文生義。王解讀"論"爲"倫",是矣。而訓爲"等",則非。倫者,理也。節末又云"夫是之謂定論"。定論,即定理也,若從王説解爲"定等",則不可通矣。⊙楊樹達曰:目下之詞。⊙鍾泰曰:"論"字,不得讀倫。後曰"夫是之謂定論",可曰"夫是之曰定倫"乎?《小戴記·王制篇》曰:"凡官民材,必先論之;論辨,然後使之;任事,然後爵之;位定,然後禄之。爵人於朝,與士共之;刑人於市,與衆棄之。"此下曰"貴德官能,賞功罰罪",與彼義正同。則"論"即論官之論,謂考其德藝也。⊙熊公哲曰:此自謂衡論耳,觀下文自見。⊙張覺曰:論,審察及處理。⊙駱瑞鶴曰:篇末之五等,不關此文,不得引以爲類。"王者之論"四字所覆之文皆言慶賞、刑罰、用人,而非王者自身,則"論"不爲等倫之義。論,當爲論擇、論量之論。⊙李中生曰:本文的"王者之論",的確應該讀爲倫,只不過它用的不是"等"的意義,而是合理安排人或事,使各適其宜的意思。⊙天海案:論,議也,評定也。《説文》:"論,議也。"《商君書·禁使》:"賞隨功,罰隨罪,故論功察罪,不可不審也。"《吕氏春秋·論人》:"此賢主所以論人也。"高誘注:"論,猶論量也。"《禮記·王制》:"凡官民材,必先論之。"鄭玄注:"論,謂考其德行道藝。"《史記·酷吏趙禹傳》:"與張湯論定諸律令,用法益刻。"故知此文之"論"爲王者任官、賞功、罰罪之評定也。凡讀"倫"者皆誤。楊注雖未詳,然亦中,不可非也。

〔一六〕熊公哲曰：無品德的不被尊貴。⊙駱瑞鶴曰：此言無有有德者不被尊貴，即有德者必貴之意。德，謂有德者。後文"無能不官，無功不賞，無罪不罰"，句法並同。能、功、罪，謂有才幹者、有功勳者、有罪過者。《詩·大雅·抑》："言不可逝矣，無言不讎，無德不報。"亦可爲證。⊙天海案："無德不貴"，此數句句法古常有之。如《越絶書·越絶外傳》："故無往不復，何德不報。"即此類也。流傳至今的成語如：無堅不摧、無往不克、無孔不入、無奇不有、無微不至之類皆同一句法。"無德不貴"，即有德者無不被尊貴。質言之，即有德者無不貴。下三句其意皆同。凡注譯爲無德行者不被尊貴，其意雖可通，然非《荀子》原意也。故駱説是也。

〔一七〕楊倞注：幸，僥幸也。⊙熊公哲曰：無幸生，謂各盡其所能以生。⊙天海案：幸位，無德而禄。幸生，不勞而生。《禮記《大學》"食之者寡"，朱熹注："朝無幸位，則食者寡矣。"

〔一八〕楊倞注：不遺，言各當其材。等位，等級之位也。⊙久保愛曰：《韓詩外傳》作"上賢使能而等級不踰"，是也。⊙帆足萬里曰：不遺，言無所遺失也。⊙鍾泰曰：不遺，謂不失也。"不遺"正與下"不過"相對。⊙屈守元曰：《荀子》"不遺"，"遺"當爲"逾"，字之誤也。逾，即"踰"字，《韓傳》此文，可以校訂《荀子》。⊙天海案：等位，等次也。不遺，不失也，即不錯亂也。若從《外傳》作"不逾"，亦不越等次之意。然"不遺"自通，且於義爲長，不煩改字爲訓。楊注雖未切，然亦中也。

〔一九〕楊倞注：析，分異也。分其愿慤之民，使與凶悍者異也。悍，凶暴也。刑罰不過，言但禁之而已，不刻深也。⊙王念孫曰："析愿"二字，義不可通。"析"當爲"折"，折之言制也。愿，讀爲傆。《説文》："傆，黠也。"言制桀黠之民，使畏刑也。作"愿"者，借字耳。余前説改"愿"爲"暴"，未確。又下文"抃急禁悍，防淫除邪"，抃，亦當爲"折"，"急"即"愿"之譌。前改"急"爲"暴"，亦未確。⊙久保愛曰：析愿禁悍，《尚書》所謂"旌别淑慝"之意。桃源藏曰："刑罰不過，言不過輕重也。"⊙朝川鼎曰：析愿，《韓詩外傳》作"折暴"，是也。⊙包遵信曰：過，當訓爲"誤"。謂刑罰得中，既不過苛，亦不過松也。⊙天海案：析愿，王説當作"折傆"，意即制裁狡黠者。折傆禁悍，正與上文"尚賢使能"相對，王説可從。"不過"，即無過失，猶言適當也。亦與上文"不遺"相對爲文。楊注似未穩。

〔二〇〕北大組曰：曉然，十分明白。幽，暗。蒙刑，受刑罰。顯，明顯。

〔二一〕楊倞注：定論，不易之論。論不易，則人知沮勸也。⊙安積信曰：注"論不易"以下蛇足。⊙天海案：《外傳》用此文，文略異。

〔二二〕王念孫曰："之"下當有"法"字。王者之法，乃總目下文之詞。下文"是王者之法也"，正與此句相應。上文"王者之人"、"王者之制"、"王者之論"，皆上下相應，此文脱"法"字，則上下不相應矣。⊙楊樹達曰：目下之詞。⊙屈守元曰：此章所言皆賦税之事，"等賦征財"即爲總目，不必如王念孫説，增添"法"字也。⊙天海案:“法”字原無,日人冢田虎、桃源藏、朝川鼎,及鍾泰等皆言脱“法”字,現據王説及荀書本文文例補之。

〔二三〕楊倞注:等賦,賦税有等。所以爲等賦及政事,裁制萬物,皆爲養人,非貪利也。財與裁同。⊙冢田虎曰:等賦政事,言政事之賦均等也。下文所謂“田野什一”之類,即是政事之所等賦也。注“等賦及政事”,非也。賦税有等,即是政事也。而今所謂賦者,非賦税之謂也,分賦政事之謂也。⊙久保愛曰:《韓詩外傳》作“正事”,是也。此當讀爲正事。⊙劉台拱曰:“所以”字當在“財萬物”上。⊙王念孫曰:“等賦”二字連讀。政,讀爲正。言等地賦,正民事,以成萬物而養萬民也。楊讀“王者之等賦”爲句,“政事財萬物”爲句,皆失之。⊙朝川鼎曰:等賦,等别田賦也。政,當作正。事,力役也。《大略篇》“八十者,一子不事;九十者,舉家不事”,是也。⊙安積信曰:“財萬物”三字,若置諸“所以”之下,則文義俱優。疑是倒錯。⊙鍾泰曰:此“事”字疑衍。“等賦政”與“裁萬物”相對爲文。此節所言爲等賦政事,後節所言則裁萬物事也。“所以”二字不得如劉説移於“財萬物”上。王説“之”字下有“法”字,是,餘未必然。⊙屈守元曰:《荀子》楊倞注,對此句竟不能斷句,解釋大誤,王念孫已指出,此不論已。然劉、王二氏所説,亦不足憑。政、正二字皆當讀爲“征”。此《傳》“事”字乃“財”字之誤。《荀子》則“財”上誤衍“事”字。⊙天海案:此句當讀爲“等賦、政事、財萬物,所以養百姓也”。等賦,平賦税也。由下文“田野什一”至“相地而衰征”可證。政,如屈説當讀爲“征”,然“事”字非衍。征事,即征調力役之事。朝氏訓“事”爲力役,是也。下文“理道之遠近而致貢”,即與征事相應也。財萬物,即制裁萬物。下文“通流財物”數語,即指此而言。“所以”二字乃總承其上“等賦”、“政事”、“財萬物”而言,不當在“財萬物”之上,劉、安二説皆非也。

〔二四〕楊倞注:什税一也。⊙天海案:《禮記·燕禮》:“民道之而有功,然後取其什一。”孔疏:“君既薄斂於上,民亦什一而税於下。”義同此。

〔二五〕楊倞注:幾,呵察也。但呵察姦人而不征税也。《禮記》“幾”作“譏”。⊙久保愛曰:幾,《禮記》“禁異服,識異言”,是也。幾,居希反。⊙天海案:幾,通譏,稽查也。《外傳》正作“譏”。《周禮·地官·司關》:“國凶札,則無關門之征,猶幾。”鄭玄注引鄭司農云:“猶幾,謂無租税猶苛察,不得令姦人出入。”《禮記·王制》:“關,譏而不征。”鄭玄注:“譏,呵察。”

〔二六〕楊倞注:石絶水爲梁,所以取魚也。非時則禁,及時則發。《禮記》曰“獺祭魚,然後漁人入澤梁;草木零落,然後入山林”也。⊙駱瑞鶴曰:今謂“發”即“廢”字,古“發”、“廢”音同而通用。《莊子·列禦寇》:“曾不發藥乎?”陸德明《釋文》:“發,司馬本作廢,置也。”《列子·黄帝》亦作“廢”,是發、廢字通。司馬彪訓廢爲置,置爲舍置。此文“以時禁發”,即謂以時封禁,以時舍置,發與禁對,言舍置不禁也。⊙天海案:發,開也。“以時禁發”,以時封禁,以時開發也。其義本明,駱訓發爲廢,非也。若梁,謂舍置尚可,如山林澤,豈可舍置乎?又,巾箱本、《題注》本、遞修本、明世本"發"皆作"法",音之誤也。

〔二七〕楊倞注:相,視也。衰,差也。政爲之輕重。政,或讀爲征。衰,初危反。⊙盧文弨曰:《齊語》正作"相地而衰政",韋昭注云:"視土地之美惡及所生出,以差征賦之輕重也。"⊙駱瑞鶴曰:《管子·小匡》文同。郭沫若等集校引劉師培《斠補》云:"《九章算術·六李籍音義》云:衰,次也,不齊等也。《管子》曰:'相地而衰征。'是《管子》古有作'征'之本。"衰之言殺,謂以次減殺,故楊以等差爲解。⊙天海案:衰政,謂征税有等次。楊説是也。

〔二八〕楊倞注:理,條理也。貢,任土所貢也。謂若"百里賦納總,二百里納銍"之類也。⊙王念孫曰:《小雅·信南山》傳曰:"理,分地里也。"謂貢以遠近分也。上句"相地而衰政",衰與分,義相近,楊説未確。⊙龍宇純曰:《信南山》詩"我疆我理",傳云:"疆,畫經界也;理,分田理也。"此本無與於道之遠近,王氏誤記"田理"爲"地理",遂説以爲"謂貢以遠近分也",可謂毫釐千里之差。仍當從楊注依《禹貢》爲説。但楊以"條理"説"理"字,亦未得其義。理,原當作"里",以音同而致誤。"里道之遠近而致貢","里"爲動詞,謂計道路遠近之里數致貢,若楊舉"百里納總,二百里納銍"之類,是也。⊙天海案:"理道之遠近",猶言計道路之遠近。理,與里通,非音誤也。里,計算里程。《穆天子傳》卷四:"天子大朝於宗周之廟,乃里西土之數。"郭璞注:"里,謂計其道里也。《紀年》曰:'穆王西征,還里天下,億有九萬里。'"楊訓理爲條理,非也。龍説是,王説非。

〔二九〕楊倞注:貿遷有無化居,不使有滯積也。⊙久保愛曰:《孟子》所謂"無遏糴",是也。⊙天海案:通流,流通也。

〔三〇〕楊倞注:歸,讀爲饋。移,轉也。言通商及轉輸相救,無不豐足,雖四海之廣,若一家也。⊙天海案:歸,通饋,運輸也。《孫子·戰法》:"帶甲十萬,千里饋糧。"移,轉運也。使相歸移,猶言使各地財物粟米相互轉運調劑,故下文言"四海之内若一家"也。《韓詩外傳》卷三用此文作:"王者之等賦正事,田野什一,關市譏而不征,山林澤梁,以時入而不禁。相地而攘正,理道而致貢。萬物羣來,無有流滯,以相遺移。"屈守元曰:"遺、饋,古通。"

〔三一〕楊倞注:不隱其能,謂竭其才力也。不疾苦其勞,謂奔走來王也。⊙帆足萬里曰:疾,猶病也。⊙王雲路曰:疾,怨恨。⊙牟瑞平曰:疾,厭惡,憚煩。⊙天海案:疾,苦也。"不疾其勞",即不以其勞爲苦。又,楊注"疾"下似衍"苦"字,依例不當有,可删;王與往通。"奔走來王",即奔走來往也。

〔三二〕楊倞注:幽,深也。閒,隔也。言無有深隔之國,不爲王者趨使,而安樂政教也。⊙物雙松曰:無幽閒隱僻之國者,無論幽閒隱僻之國也。⊙冢田虎曰:閒,音閑。幽閒隱僻,謂遠境邊國也。言無華夏、無邊國,皆趨使之也。注"深隔",非也。

⊙王先謙曰:《富國篇》"彊暴之國,莫不趨使"。荀書多用"趨使"字。⊙梁啓雄曰:本書《王霸》及《外傳》,"無"字並作"雖"。⊙裴學海曰:無,猶雖也。⊙趙海金曰:《廣韻》:"莫,無也。"《助字辨略》:"無不,皆辭也。"《議兵篇》注:"趨,歸也。"《爾雅·釋詁》:"使,從也。"謂"雖幽閒隱僻之國,皆歸從而安樂之"。注訓"無"爲"無有","莫不"爲"不",非是。⊙天海案:無,有"無論"之義,然於此處訓爲"雖",較長。幽閒隱僻之國,猶言偏遠無名之國。楊注爲"深隔",非也。家説近是。莫不趨使,無不歸從。趙説是,楊注非。《外傳》作"無幽閒僻陋之國,莫不趨使而安樂之"。

〔三三〕楊倞注:師,長也。言爲政如此,乃可以長久也。師者,亦使人效法之者也。⊙朝川鼎曰:先君曰:"師,讀若君師之師。"⊙梁啓雄曰:師,長也。長,猶君也。⊙天海案:人師,人之師長也。《儒效篇》亦有此語,可參見其注。楊注文之"長久",别本有誤作"長人"者,盧謝本、《增注》本、《集解》本亦從之。《外傳》則作"夫是之謂王者之等賦正事"。又,原文此下未分段,現據文意分之。

北海則有走馬吠犬焉,然而中國得而畜使之〔一〕;南海則有羽翮、齒革、曾青、丹干焉,然而中國得而財之〔二〕;東海則有紫紶、魚鹽焉,然而中國得而衣食之〔三〕;西海則有皮革、文旄焉,然而中國得而用之〔四〕。故澤人足乎木,山人足乎魚;農夫不斲削、不陶冶而足械用,工賈不耕田而足菽粟。故虎豹爲猛矣,然而君子剥而用之。故天之所覆,地之所載,莫不盡其美,致其用〔五〕。上以飾賢良,下以養百姓而安樂之〔六〕。夫是之謂大神〔七〕。《詩》曰:"天作高山,大王荒之。彼作矣,文王康之。"此之謂也〔八〕。

以類行雜〔九〕,以一行萬〔一〇〕,始則終,終則始,若環之無端也〔一一〕。舍是,而天下以衰矣〔一二〕。天地者,生之始也;禮義者,治之始也;君子者,禮義之始也〔一三〕;爲之,貫之,積重之,致好之,君子之始也〔一四〕。故天地生君子,君子理天地。君子者,天地之參也,萬物之總也,民之父母也〔一五〕。無君子則天地不理,禮義無統。上無君師,下無父子、夫婦,是之謂至亂〔一六〕。君臣、父子、兄弟、夫婦,始則終,終則始,與天地同理,與萬世同久,夫是之謂大本〔一七〕。故喪祭、朝聘、師旅,一也〔一八〕;貴賤、殺生、與奪,一也〔一九〕;君君、臣臣、父父、子子、兄兄、弟弟,一也〔二〇〕;農農、士士、工工、商商,一也〔二一〕。

## 【校釋】

〔一〕楊倞注：海，謂荒晦絶遠之地，不必至海水也。走馬吠犬，今北地之大犬也。⊙盧文弨曰：冀之北土，馬之所生。注"走馬"下當有脱文。⊙王先謙曰：謝本不提行，今案當分段。注"地"字，各本脱，據宋台州本增。⊙安積信曰：《史記·趙世家》"代馬胡犬不東下，昆山之玉不出"，注："郭璞曰：胡地野犬，似狐而小。"⊙天海案：北地多以畜牧爲生，故多産犬馬。走馬吠犬，猶言善奔走之馬，善吠之犬，非專名也。《説文》段注："凡地大物博者，皆得謂之海。"下文南海、東海、西海義並同。

〔二〕楊倞注：翮，大鳥羽。齒，象齒。革，犀兕之革。曾青，銅之精，可繢畫及化黄金者，出蜀山、越嶲。丹干，丹砂也，蓋一名丹干，干讀爲矸，胡旦反。或曰：丹，丹砂也；干，當爲玕。《尚書·禹貢》"雍州球、琳、琅玕"，孔云："石而似珠者。"《爾雅》亦云："西北方之美者，有球、琳、琅玕焉，皆出西方。"此云南方者，蓋南方亦有也。⊙物雙松曰：丹干，注讀爲矸，《正論篇》作矸。想當作"玕"，琅玕色青，其紅者珊瑚。是丹干爲珊瑚。倞注以爲丹砂，恐杜撰。⊙久保愛曰：丹干，本注前説是也。⊙王念孫曰：楊前説以丹干爲丹砂，未知是否。後説以干爲琅玕，非也。琅玕不得但謂之玕。《正論篇》云"加之以丹矸，重之以曾青，犀象以爲樹，琅玕、龍兹、華覲以爲實"，丹矸即丹干也。既言"丹矸"，又言"琅玕"，則"丹干"之非琅玕明矣。⊙劉師培曰：《通典·食貨八》引"財"作"賦"。⊙于省吾曰：注説是也。《文選·蜀都賦》《本草經》所云，與注所引合。按青類非一，白青、空青、曾青，均青之一種也。⊙李中生曰：《説文》："財，人之所寶也。"《國語·魯語》"用軌之財者"，韋昭注："財，寶也。"此"財"字是名詞活用作意動詞，意思是把它們當作財寶。⊙天海案：曾青，注説是。李時珍《本草》謂"曾"音當讀爲層。其青層層而生，故名。丹干，即丹砂，亦名朱砂。注前説是。財，《説文》："財，人所寶也。"李説是。

〔三〕楊倞注：紫，紫貝也。紶，未詳。字書亦無紶字，當爲"蜐"。郭璞《江賦》曰"石蛣應節而揚葩"，注云："石蛣龜形，春則生花。"蓋亦蚌蛤之屬。今案：《本草》謂之石决明，陶云："俗傳是紫貝，定小異，附石生，大者如手，明耀五色，内亦含珠。"古以龜貝爲貨，故曰"衣食之"。蛣，居怯反。⊙物雙松曰：下曰"得而衣食之"，紫紶是衣，魚鹽是食，明矣。按齊桓好紫，見《管子》。齊桓既好紫，想必齊地産之也。但紶字未詳。字書"紶"音區，束也；音去，緒也。於義不合，想是"綪"字誤。《説文》："綪，赤繒，以茜染，故曰之綪。"《正韻》綪與茜同，引《左傳》"綪茷"。⊙久保愛曰："紫紶"二物。紫，謂染紫草也。桓公曾好服之，則東國之産乎？紶，疑當作紈。《列子》曰："周穆王衣阿錫，曳齊紈。"注云："齊，名紈所出。"班婕妤《怨歌行》亦云"新裂齊紈素"，是也。古屋鬲曰："《禹貢》：'青州厥貢鹽絺。'紶，恐是絺誤。"暫記兩説，以待知者。⊙盧文弨曰：注"蛣"，元刻作"蜐"，同。今從宋本。⊙王引之曰：下文云"中國得而衣食之",則紫紶爲可衣之物,魚鹽,爲可食之物,較然甚明。紫與茈通。《管子·輕重·丁篇》:"昔萊人善染,練茈之於萊純錙,緺綬之於萊亦純錙也。其周,中十金。"是東海有紫之證。紶,當爲"綌",右傍"谷"字,與"去"相似。葛精曰絺,麤曰綌。紫與綌皆可以爲衣,故曰"中國得而衣之"。楊注大誤。⊙劉師培曰:《通典》引"紶"作"蛤"。⊙于省吾曰:按王説以"紶"爲"綌",是也。然尚未知"紫"即"絺"之假字。紫絺叠韻,紫綌即絺綌。絺、綌均葛屬,祇精麤之别耳。《書·禹貢》"海岱惟青州,厥貢鹽絺",此言絺綌魚鹽,特加詳焉。⊙龍宇純曰:王以"紫"爲"茈",亦不然而已。于以"紫"借爲"絺",則不僅二字韻不同部,聲尤遠隔,于固不知音者。紫,當爲"黹"之誤,借黹爲絺。金文黹與紫形近,故黹誤爲紫;黹、絺二字韻同音近,故與絺通。《詩·采菽》"又何予之,玄衮及黼",鄭《箋》云:"黼,黼黻,謂絺衣也。"《釋文》云:"絺衣,知里反,本又作黹,同,豬知反。"是此"紫"爲"黹"誤,借黹爲絺之説也。⊙天海案:龍説紫爲黹誤,黹又借爲絺,是也。王説紶乃綌字誤,亦是也。《説文》:"絺,細葛也。"又:"綌,粗葛也。"《小爾雅·廣服》:"葛之精者曰絺,麤者曰綌。"《詩·周南·葛覃》:"爲絺爲綌,服之無斁。"毛傳:"精曰絺,麤曰綌。"故"紫紶"當作"絺綌",爲東海之地所産葛布也。

〔四〕楊倞注:《禹貢》"梁州貢熊、羆、狐、狸、織皮",孔云:"貢四獸之皮。織皮,今之罽也。"旄,旄牛尾。文旄,謂染之爲文綵也。⊙天海案:楊注原無"狐狸"二字,此據諸本注文加之。《書·禹貢》作:"華陽黑水惟梁州……厥貢……熊、羆、狐、狸、織皮。"孔傳:"貢四獸之皮,織金罽。"孔穎達疏:"與織皮連文,必不供生獸。故貢四獸之皮。"楊注略引經傳,故小異。

〔五〕楊倞注:物皆盡其美,而來爲人用也。⊙朝川鼎曰:桃源藏曰:"盡、致,係君子,二'其'字並指物,注非。"⊙包遵信曰:致其用,即盡其用也。言"致"者,爲行文避復耳。楊氏增文作注,非是。⊙天海案:"莫不"二句之主語當爲君子,桃説是。致,猶極也,與盡對文。此言君子莫不盡物之美,極物之用也。楊注未允。

〔六〕楊倞注:飾,謂車服。養,謂衣食。⊙物雙松曰:飾賢良,言衣冠輿服,隨官崇卑。所以飾賢良也。⊙朝川鼎曰:飾,繁飾也。《君道篇》:"上以飾賢良而明貴賤,下以飾長幼而明親疏。"⊙安積信曰:飾,謂車服之文采也。"而安樂之"一句,承上下兩句言。⊙駱瑞鶴曰:飾、養,互文見義,言上以飾養賢良,下以飾養百姓。"安樂之",即賢良與百姓爲言。

〔七〕楊倞注:能變通裁制萬物,故曰大神也。⊙郝懿行曰:《釋詁》:"神者,治也。"然則大神謂大治,猶《禮運》:"大,當也。"楊注以"變通裁制萬物"爲言,亦即大治之意。⊙久保愛曰:與天地合其德,故曰大神。⊙北大組曰:大神,"盡善挾治謂之神"(《儒效》),指天下大治的政治局面。⊙天海案:大神,大治。郝説是。

〔八〕楊倞注:《詩·周頌·天作》之篇。荒,大也。康,安也。言天作此高山,使興雲雨，大王自豳遷焉，則能尊大之。彼大王作此都，文王又能安之也。⊙久保愛曰：毛萇曰："作，生也。"鄭玄曰："高山，謂岐山也。"⊙帆足萬里曰：荒，治也。治以爲國都也。⊙安積信曰：天作高山，《集傳》："高山，謂岐山也。荒，治也。言天作岐山，而太王始治之。太王既作，而文王又安之。"案王者之政，因天地自然之理，以盡裁成輔相之道。故天作岐山，而草木生焉，禽獸殖焉，則太王治之以作都，長養人民，文王又能安之。蓋引此以明輔相之義也。注不了了。⊙天海案：大王，又作太王。即周文王之祖父古公亶父。傳爲后稷第十二代孫，古代周族領袖，原居豳，後遷岐山，建都、置官、開荒，使周族彊盛，周人追尊爲太王。

〔九〕楊倞注：得其統類，則不患於雜也。⊙熊公哲曰：類者，類於法，類於所嘗聞，所嘗見的；雜者，雜出於法教之所不及，聞見之所未至的。⊙駱瑞鶴曰：今謂"行"當謂爲"通"。此言以類通雜，以一通萬。⊙王雲路曰：類，統類，指各種事物的總原則。行，貫穿，統率。雜，紛雜的事物。⊙天海案：類，楊注爲統類，是。行，施也，馭也。《易・繫辭上》"推而行之謂之通"，孔疏："因推此以可變而施行之，謂之通也。"

〔一〇〕楊倞注：行於一人，則萬人可治也。皆謂得其樞要也。⊙久保愛曰：既得其一，則萬可治也。⊙熊公哲曰：一，謂禮法；萬，謂禮法所未有的萬事。⊙王雲路曰：一，一貫的原則，指禮義。萬，指萬種事情。⊙天海案："以類行雜，以一行萬"，此二句互文見義。類、一，皆統類、禮義也；雜、萬，皆雜事萬物也。《儒效篇》"以一持萬"，與此同義。

〔一一〕天海案：則，猶而也。端，開頭也。

〔一二〕楊倞注：始，謂類與一也。終，謂雜與萬也。言以此道爲治，終始不窮，無休息，則天下得其次序。舍此則亂也。衰，初危反。⊙冢田虎曰：物雖繁雜也，可明其類以行之；事雖巨萬也，可推其一以行之。萬事萬物與日月運行，四時代謝俱，而始終循環，乃是天下之治也已。注"始，謂類與一；終，謂雜與萬"，非也。衰，如字。"初危反"，亦非也。下文"始終"，可以見也。⊙王念孫曰："始終"二字，泛指治道而言。下文曰"君臣、父子、兄弟、夫婦，始則終，終則始"，義亦同也。始，非謂類與一；終，亦非謂雜與萬。⊙天海案：是，此也。此指"以類行雜，以一行萬"。以衰，將衰敗。又，"而"字明世本、《四庫》本無。

〔一三〕楊倞注：始，猶本也。言禮義本於君子也。⊙楊樹達曰：《孟子》所謂"禮義由賢者出"也。⊙天海案：此君子專指君主，非指賢者。由下文"君子理天地"以下數句可知。

〔一四〕楊倞注：言禮義以君子爲本，君子以習學爲本。貫，習也。積重之，謂學使委積重多也。致，極也。好之，言不倦也。⊙物雙松曰：爲學也，貫習也。積重者，積累申重也。君子之始者，謂所以爲君子之方也。⊙久保愛曰：本注"好"上疑脱

"極"字。貫，與慣同。⊙王引之曰："君子之始也"，"之始"二字蓋涉上三"之始"而衍。此承上文"君子爲禮義之始"而申言之，則"君子"下不當更有"之始"二字。楊云"君子以積學爲本"，則所見本已衍此二字。⊙朝川鼎曰：《君道篇》："法者治之端也，君子者法之原也。"⊙鍾泰曰："君子"下"之始"二字非衍文。楊注實得其意，王氏説非也。⊙天海案：上四"之"皆指禮義而言。爲、貫、積重、致好其禮義，是君子的根本。故"之始"二字不衍。王説非，鍾説是。

〔一五〕楊倞注：參，謂與之相參，共成化育也。總，領也。⊙盧文弨曰：俗本又有"要也"二字，宋本、元刻皆無。⊙天海案：理，治也。參，三也，與天地並列爲三。總，總管也。楊注"領也"下，明世本、《四庫》本有"要也"二字，盧説所指即此。

〔一六〕冢田虎曰："上無君師"，"君師"當作"君臣"，言無君子，則亦無君臣父子之禮節也。上，謂在位者；下，謂庶民也。⊙朝川鼎曰：師，當作"臣"，字之誤也。⊙天海案：君師，當作"君臣"，由下文可見。且《論語》《孟子》及《荀子》，"君師"連言者罕見，故"師"乃"臣"之誤也，冢説是。又，"婦"字，諸本俱無，《增注》本、《集解》本從之。"婦"字疑衍。

〔一七〕楊倞注：始則終，終則始，謂一世始。言上下尊卑，人之大本，有君子然後可以長久也。⊙盧文弨曰：注"謂一世始"句有誤，疑當作"謂治世也"。⊙久保愛曰：本注"一世"下，疑當有"終"字。⊙安積信曰：言一始一終，連綿相續，各有條理而不亂，與天地俱治，與萬世俱久，是之謂王制之大本也。注鶻突不明了。⊙梁啓雄曰：大本，指這個天地人"同理、同久"的偉大的基本。⊙熊公哲曰：天尊地卑，此天地之理也。天地無終極，人道亦亘萬世而不敝也。⊙天海案：大本，即根本。《禮·中庸》"立天下之大本也"。

〔一八〕楊倞注：此已下明君子禮義之始。爲之制喪祭、朝聘之禮，所以齊一民，各當其道，不使淫放也。下"一"之義皆同。⊙冢田虎曰：一者，不易之謂也，猶《書》所謂"終始是一"之一也。言始則終，終則始，禮節政法，人倫之差，皆古今不易也。注非也。四"一"也，皆同焉。⊙久保愛曰：一者，謂事異而義同。下同。⊙王引之曰："師旅"二字，後人以意加之也。此言祭祀、賓客、喪紀之事，而師旅不與焉，故楊注但言喪祭、朝聘，而不言師旅，則本無"師旅"二字明矣。⊙熊公哲曰：此言君制爲朝聘、喪祭之禮，以明君臣父子之義。一者，一於分也。⊙天海案：一，即上文"以一行萬"之一，謂同屬於禮義也，下同此，楊注皆非也。又楊注"之始"二字，《增注》本、《集解》本從盧校作"之治"。

〔一九〕楊倞注：使民一於沮勸。⊙天海案：殺生，即死生。與奪：給予、剥奪。

〔二〇〕楊倞注：使人一於恩義。⊙天海案：《禮·曲禮》："君臣上下，父子兄弟，非禮不定。"此亦可證：一者，禮義是也。

〔二一〕楊倞注：使人一於職業。⊙朝川鼎曰：四"一也"之"一"，皆指"與天地同理，與萬世同久”而言，猶言古今不易之道也。⊙鍾泰曰：此四句即所謂“以一行萬”也，楊注“所以齊一民”，非是。⊙天海案：此下原未分段，現據文意分之。



水火有氣而無生，草木有生而無知〔一〕，禽獸有知而無義〔二〕，人有氣、有生、有知亦且有義，故最爲天下貴也〔三〕。力不若牛，走不若馬，而牛馬爲用，何也？曰：“人能羣，彼不能羣也。”人何以能羣？曰：“分。”〔四〕分何以能行？曰：“以義。”故義以分則和〔五〕，和則一，一則多力，多力則彊，彊則勝物。故宫屋可得而居也〔六〕。故序四時，裁萬物，兼利天下無它故焉，得之分義也〔七〕。

故人生不能無羣，羣而無分則爭，爭則亂，亂則離，離則弱，弱則不能勝物。故宫屋不可得而居也，不可少頃舍禮義之謂也〔八〕。能以事親謂之孝，能以事兄謂之弟，能以事上謂之順，能以使下謂之君〔九〕。君者，善羣也〔一〇〕。羣道當，則萬物皆得其宜，六畜皆得其長，羣生皆得其命〔一一〕。故養長時則六畜育，殺生時則草木殖〔一二〕，政令時則百姓一，賢良服〔一三〕。

聖主之制也〔一四〕，草木榮華滋碩之時，則斧斤不入山林，不夭其生，不絶其長也〔一五〕；黿鼉魚鼈鰌鱣孕别之時〔一六〕，罔罟、毒藥不入澤，不夭其生，不絶其長也〔一七〕。春耕夏耘，秋收冬藏，四者不失時，故五穀不絶，而百姓有餘食也；汙池淵沼川澤，謹其時禁〔一八〕，故魚鼈優多，而百姓有餘用也〔一九〕；斬伐養長不失其時，故山林不童，而百姓有餘材也〔二〇〕。

聖王之用也〔二一〕，上察於天，下錯於地〔二二〕，塞備天地之閒，加施萬物之上〔二三〕，微而明，短而長，狹而廣〔二四〕，神明博大以至約〔二五〕。故曰：一與一，是爲人者，謂之聖人也〔二六〕。



【校釋】

〔一〕楊倞注：生，謂滋長。知，謂性識。⊙傅山曰：此句不圓。氣，正所以爲生者。⊙天海案：氣，我國古代哲學概念，常指構成萬物的物質。《易·繫辭》“精氣爲物”，《疏》：“謂陰陽精靈之氣，氤氲積聚而爲萬物也。”生，謂生命。知，謂感知。楊注未當。

〔二〕郝懿行曰:《釋詁》:"知者,匹也。"《詩》曰:"樂子之無知。"此草木有生無知之説也。《曲禮》曰:"禽獸無禮,故父子聚麀。"此禽獸有知無義之説也。楊注"知,謂性識",是已。蓋因有性識然後有匹偶,故此二義兼之乃備。⊙天海案:義,禮義也。此謂禽獸雖有感知,却無禮義。郝申楊注,謂有性識然後有匹偶,訓知爲性識匹偶,曲説也。若如此説,豈草木無雌雄衍生也?謬甚。

〔三〕楊倞注:亦且者,言其中亦有無義者也。⊙盧文弨曰:"亦且"二字,乃謂異於禽獸,注誤。⊙久保愛曰:《尚書》曰"惟天地萬物父母,惟人萬物之靈"是也。亦且有義,謂加之以義也。⊙裴學海曰:亦,猶又也。⊙天海案:且,猶尚也。"亦且有義",言又還有義也。楊注非是。

〔四〕楊倞注:無分則爭,爭則不能羣也。⊙冢田虎曰:分,《非相篇》所謂"辨莫大於分,分莫大於禮也"。⊙熊公哲曰:羣,猶今言社會或團體也。分,謂位分,讀附問切。親疏上下之等,尊卑貴賤之辨皆是。⊙天海案:羣,聚衆,結合成羣體。分,區分,區别也。

〔五〕楊倞注:言分,義相須也。義,謂裁斷也。⊙盧文弨曰:正文"曰以義",元刻無"以"字。⊙王念孫曰:元刻無"以"字,是也。"曰義"與"曰分"對文,則不當有"以"字。宋本有"以"字者,涉上兩"以"字而衍。⊙熊公哲曰:義,謂以禮爲分界,而裁制之也。《大略篇》:"君子處仁以義,然後仁也;行義以禮,然後義也。"《荀子》言禮每兼舉義,言義並舉禮,其義實一。⊙天海案:正文"曰以義",巾箱本、《題注》本、遞修本無"以"字。有"以"字,文意顯明,不能因上文"曰分"無"以"字而以爲衍也。上文"曰分"正延下而省"以"字,王説非。"義以分",疑當作"以義分",正承上"以義"而言。義,即禮也,熊説是。和,和協也。

〔六〕楊倞注:物不能害,所以安居。⊙久保愛曰:物,謂禽獸也。⊙熊公哲曰:一,謂構成社會一團體也。⊙天海案:一,謂同心也。和則一,即和協則同心也。《書·商書·咸有一德》:"其難其慎,惟和惟一。"孔傳:"羣臣當和一心以事君。"和一,猶同心合力也。物,外物也。當包禽獸、毒蟲、風雨、寒暑之類也,非專指禽獸。久説泥也。宫屋,房屋居處也。

〔七〕楊倞注:以有分義,故能治天下也。⊙王先謙曰:裁,亦成也,説見《非十二子篇》。⊙熊公哲曰:序四時,謂順四時之序,而長養萬物。⊙天海案:荀書"裁萬物"此一見,"財萬物"三見,"材萬物"一見,凡五見。其"財"、"材"皆"裁"之借字。裁,制也,節也。《爾雅·釋言》:"裁,節也。"郝懿行《義疏》:"裁者,制也。"是"裁"有節制利用之義。王先謙訓裁爲成,乃襲王念孫之説,亦非也。參見《非十二子篇》"財萬物"校釋。"兼利天下",又見於《非十二子篇》,其上與"長養人民"連文。而"兼制天下"凡四見,惟《富國篇》中上與"養萬民"連文,故疑此"利"當作"制",字誤也。又，“兼利”之説出墨家，荀書多斥之。此言兼制天下，正下承“序四時，裁萬物”，下啓羣、分、爭、亂而言，此皆及“制”而不及“利”也。分義，區分與禮義。又，此下原文未分段，現據文意分之。

〔八〕久保愛曰：《禮記》曰“禮樂不可斯須去身”，亦此意。⊙帆足萬里曰：“不可”上，疑有闕文。或曰：“不可”以下十字，古注文。⊙天海案：離，散也。猶言離心離德。



〔九〕楊倞注：“能以”，皆謂能以禮義也。⊙天海案：弟，通悌。巾箱本、《題注》本、明世本、《四庫》本皆作“悌”。君，君主也。下同此。

〔一〇〕楊倞注：善能使人爲羣也。⊙久保愛曰：本注“善”下似脱“羣”字。⊙朝川鼎曰：《君道篇》：“君者何也？曰：能羣也。能羣也者何也？曰：善班治人者也，善顯設人者也，善繁飾人者也。”

〔一一〕楊倞注：安其性命。⊙安積信曰：君、羣同音，蓋以其善羣，故謂之君。⊙包遵信曰：“羣道當”者，即下文“養長時”、“殺生時”、“政令時”也。⊙王雲路曰：羣道，組織社會的原則。當，恰當。⊙天海案：羣道，合羣之道。或曰：君者，羣也。故羣道亦君道也。羣生，衆生也。命，壽命也。《書·戡黎》“我生不有命在天”，孔傳：“言我生有壽命在天。”

〔一二〕楊倞注：殺生，斬伐。⊙久保愛曰：養長時，謂不麛不卵之類。殺生時，謂草木零落入山林，榮華滋碩時不入也。

〔一三〕楊倞注：時，謂有常。服，謂爲之任使。⊙天海案：一，齊也。服，心服也。“政令”，巾箱本、《題注》本、遞修本、明世本、《四庫》本皆作“政命”。命、令二字本通。林義光《文源》曰：“按：諸彝器，令、命通用，蓋本同字。”又，楊注之文原在“聖王之制”句下，今讀屬下節，故移於此。此下原文未分段，現據文意分之。

〔一四〕朝川鼎曰：即題，言於下文也。楊注屬上而讀，非也。⊙鍾泰曰：“聖王之制也”當屬下讀。蓋“斧斤不入山林”以下，皆言其制也。⊙天海案：“聖主”，巾箱本、《題注》本、明世本、《四庫》本皆作“聖王”。

〔一五〕久保愛曰：夭，音殀，短折也，下同。⊙天海案：“草木榮華之時，則斧斤不入山林”，《孟子·梁惠王上》“斧斤以時入山林”，《禮記·王制》“草零落，然後入山林”，意皆同也。

〔一六〕楊倞注：别，謂生育，與母分别也。《國語》里革諫魯宣公曰“魚方别孕”，韋昭曰：“自别於雄而懷子也。”⊙物雙松曰：孕别，别，分娩也。⊙天海案：黿，大鱉也。鼉，揚子鱷，俗稱猪婆龍。鰌，泥鰍。鱣，鱔魚。“孕别之時”，即懷孕産子之時。



〔一七〕楊倞注：毒藥，毒魚之藥。《周禮·雍氏》“禁澤之沈者”也。⊙久保愛曰：《月令》：“季春，田獵罝罘、羅罔、畢翳、餧獸之藥，毋出九門。”罔與網同，罟音古。⊙天海案：楊注“沈”，明世本、《四庫》本作“酖”，《增注》本從之。

〔一八〕楊倞注：汙，渟水之處。謹，嚴也。⊙劉師培曰：《孟子・梁惠王上》疏引"污"作"洿"。⊙天海案：汙池淵沼，皆養魚之水塘。楊注"渟"字，明世本、《四庫》本皆作"停"，《增注》本、《集解》本從之。

〔一九〕楊倞注：用，謂食足之外，可用貿易。⊙久保愛曰：本注"用謂"上，當有"餘"字。⊙天海案：優多，豐盛也。《孟子・梁惠王上》"數罟不入洿池，魚鼈不可勝食"，或此文所本。

〔二〇〕楊倞注：山無草木曰童。⊙天海案：此下原文未分段，然此節述"聖主之制"至此，故當分段，現據文意分之。

〔二一〕楊倞注：用，財用也。⊙豬飼彦博曰：用，功用也。⊙朝川鼎曰：屬下而讀，與上文"聖王之制也"同例。此言聖王之用禮義也，注爲"財用"之用，非也。⊙鍾泰曰：此句亦當屬下讀。又"用"者，體用之用，非財用也，楊注誤。⊙楊柳橋曰：用，謂用事。《方言》："用，行也。"《説文》："用，可施行也。"⊙駱瑞鶴曰：聖王之用，即言聖王之行。⊙天海案：用，身體力行之謂也。楊注非，鍾、楊二説是。

〔二二〕楊倞注：順天時以養地財也。錯，千故反。⊙冢田虎曰：錯，交錯也。所謂則天之時，因地之利也。注"千故反"，非也。⊙久保愛曰：上察以下，論聖王之德也。察，明也。錯，如字。⊙帆足萬里曰：察，明察也。錯、措通。⊙朝川鼎曰：此即《中庸》所謂"《詩》云：'鳶飛戾天，魚躍于淵。'言其上下察也"之義。先君曰："錯如字，猶參也。"⊙天海案：察，審也，考究也。説文："察，覆也。"徐鍇《繫傳》："察，覆審也。"《爾雅・釋詁》："察，審也。"《左傳》莊公十年："小大之獄，雖不能察，必以情。"杜注："察，審也。"錯，通措，施行也。《易・序卦》："禮義有所錯。"李鼎祚《集解》引干寶注："錯，施也。"《禮記・仲尼燕居》："君子明於禮樂，舉而錯之而已。"鄭玄注："錯，猶施行也。"上察於天，下錯於地，猶言上審於天，下施於地也。楊注未允。

〔二三〕楊倞注：言聖王之用，使天地萬物皆得其所。⊙王引之曰："塞備"二字，義不相屬，備，當爲"滿"，字之誤也。塞滿天地之間，即承上文"上察於天，下錯於地"而言。⊙梁啓雄曰：《儀禮》注："備，盡也。"⊙天海案：塞，充實、充滿也。《詩・鄘風・定之方中》："匪直也人，秉心塞淵。"鄭玄箋："塞，充實也。"備，滿也。《國語・楚語》上"四封不備一同"，韋昭注："備，滿也。"是塞備者，充滿也。王説"義不相屬"，非也。

〔二四〕楊倞注：言用禮義，故所守者近，所及者遠也。⊙天海案：此亦指聖王力行之結果。

〔二五〕楊倞注：言用禮義治化，雖神明博大，原其本，至簡約也。⊙久保愛曰：《家語》曰："守至約而詳。"亦此意。⊙王先謙曰：詳文意，"以"當爲"而"，與上三"而"字相配，反復言之。⊙朝川鼎曰：此亦《中庸》所謂"致高大而盡精微"之義。

⊙安積信曰:“以”字作“而”字看。上句用三“而”字,故變文爲“以”,是亦字法。⊙天海案:至,極也;約,要也。至約,極簡要。

〔二六〕楊倞注:一與一,動皆一也。是,此也。以此爲人者,則謂之聖人也。⊙物雙松曰:注“一與一,動皆一也”,按動皆一者,無適而非一也。是爲人者,無適而非一之玅化爲人也。⊙冢田虎曰:一與一,謂典禮、政事皆一也,即上文四一也。言以此一治人者,謂之聖人也。爲,猶言治。茂卿之説可謂陋矣。⊙久保愛曰:此謂純一於禮義爲人也。《君道篇》曰:“行義塞於天地之間,仁知之極也,夫是之謂聖人。審之禮也。”⊙王先謙曰:與,讀爲舉。上言“以一行萬”,是上之一也。喪祭、朝聘、師旅諸事,皆所以一民,是下之一也。以上之一舉下之一,故曰“一舉一”。《富國篇》云“故曰:上一則下一矣”,義可互證。楊注未晰。⊙朝川鼎曰:一者,上文“一也”之一。即謂古今不易之道。爲,猶治也。言致高大亦一道也。王納諫本標注云:“一與一,言合一也。如上文微與明合,短與長合,狹與廣合,博與約合,唯聖人合一不測也。”亦一説,姑存備考。⊙于鬯曰:此蓋當讀“故曰一”爲句,束上文也。“與一是爲人者”爲句,起下文“謂之聖人也”。楊注讀“一與一”爲句,則“是爲人者”不成句矣。《小戴·大學記》云“壹是皆以修身爲本”,鄭注云:“壹是,專行是也。”一是,猶“壹是”也。“與一是爲人”之義,於《記》不必盡同,而“一是”連文,亦可證。⊙陶鴻慶曰:王《解》讀與爲舉,其説近是。“是爲人者”,文不成義。楊注云:“以此爲人,則謂之聖人。”不詞甚矣。“是爲”二字疑誤倒,“人”者涉下文衍。本云“爲是者,謂之聖人”。下文“爲是者”諸句,皆其例也。⊙梁啓雄曰:“爲人”的“人”字似衍。上“一”字是“君子者萬物之總也”之“總”字的代詞。下“一”字是“夫是之謂大本”之“本”字的代詞。《方言》:“與,操也。”《吕覽》注:“與,用也。”謂以“萬物之總”的智慧操用一個“大基本”的道理,這樣做的人,可以稱爲聖人。⊙章詩同曰:“故曰”以下至“爲人者”,疑有錯誤。⊙楊栁橋曰:上“一”字爲語詞。高誘《淮南子》注:“一,猶常也。”與,與“以”通。虞翻《周易》注:“是,正也。”《小爾雅》:“爲,治也。”高誘《國策》注:“爲,助也。”一與一是爲人,謂常以一正治(助)人也。⊙張覺曰:一與一,從禮義到禮義的意思。指無論做什麽事,都以禮義爲原則。⊙駱瑞鶴曰:法當讀云:“故曰一,與一是爲人者,謂之聖人。”本書論治道,好言一。此云“故曰一”,一指治道之要,下“一”字爲統同之義。與,借爲舉。是,當從楊注,此也,指“故曰一”之“一”。爲,訓爲治。“與一是爲人者,謂之聖人”,言皆統同於此而治人者,則稱之爲聖人。⊙王雲路曰:“故曰一”之一指禮義這個總原則。與,通舉,此指統率。下“一”指各種具體的事物。⊙天海案:“一與一”,諸説皆未得其旨。今案:上“一”即“以一行萬”之“一”,此一當爲禮義。與,用也,行也。《詩·唐風·采苓》:“人之爲言,苟亦無與。”毛傳:“無與,勿用也。”《管子·海王》:“我未與其本事也。”尹知章注:“與,用也。”下“一”即上言“和則一”、“百姓一”之一,此一當爲齊一之民。“一與一”者，即以禮義行於齊一之民。故下文云“是爲人者，謂之聖人”。是爲人者，猶此治人者。冢田虎訓“爲”爲“治”，是也。此節言聖王之用，故“與”必訓爲“用”方安，且以一（禮義）行一（齊一之民），以此治人，正聖王之用也。又，“也”字，諸本無。



序官〔一〕：宰爵知賓客、祭祀、饗食、犧牲之牢數〔二〕；司徒知百宗、城郭、立器之數〔三〕；司馬知師旅、甲兵、乘白之數〔四〕。脩憲命〔五〕，審詩商〔六〕，禁淫聲〔七〕，以時順脩〔八〕，使夷俗邪音不敢亂雅，大師之事也〔九〕。

脩隄梁〔一〇〕，通溝澮〔一一〕，行水潦〔一二〕，安水臧〔一三〕，以時決塞〔一四〕，歲雖凶敗、水旱，使民有所耘艾，司空之事也〔一五〕。

相高下，視肥墝，序五種〔一六〕，省農功〔一七〕，謹蓄臧〔一八〕，以時順脩，使農夫樸力而寡能，治田之事也〔一九〕。

脩火憲〔二〇〕，養山林、藪澤、草木、魚鼈、百索〔二一〕，以時禁發〔二二〕，使國家足用而財物不屈，虞師之事也〔二三〕。

順州里〔二四〕，定廛宅〔二五〕，養六畜〔二六〕，閒樹藝〔二七〕，勸教化，趨孝弟〔二八〕，以時順脩，使百姓順命，安樂處鄉，鄉師之事也〔二九〕。

論百工〔三〇〕，審時事〔三一〕，辨功苦〔三二〕，尚完利〔三三〕，便備用，使彫琢文采不敢專造於家，工師之事也〔三四〕。

相陰陽〔三五〕，占祲兆〔三六〕，鑽龜陳卦〔三七〕，主攘擇五卜〔三八〕，知其吉凶妖祥，傴巫跛擊之事也〔三九〕。

脩採清〔四〇〕，易道路〔四一〕，謹盜賊〔四二〕，平室律〔四三〕，以時順脩，使賓旅安而貿財通〔四四〕，治市之事也〔四五〕。

抃急禁悍〔四六〕，防淫除邪，戮之以五刑，使暴悍以變，姦邪不作，司寇之事也〔四七〕。

本政教，正法則，兼聽而時稽之〔四八〕，度其功勞，論其慶賞，以時順脩，使百吏免盡而衆庶不偷，冢宰之事也〔四九〕。

論禮樂，正身行，廣教化，美風俗，兼覆而調一之，辟公之事也〔五〇〕。

全道德，致隆高，綦文理，一天下，振毫末，使天下莫不順比從服，天王之事也〔五一〕。

故政事亂，則冢宰之罪也；國家失俗，則辟公之過也〔五二〕；天下不一，諸侯俗反，則天王非其人也〔五三〕。



## 【校釋】

〔一〕楊倞注：謂王者序官之法也。⊙王先謙曰：《樂論篇》云"其在《序官》也，曰脩憲命，禁淫聲，以時順修，使夷俗邪者不敢亂雅，太師之事也"，則《序官》是篇名。上文"王者之人"、"王者之制"等語，及各篇分段，首句類此者，疑皆篇名，應與下文離析，經傳寫雜亂，不可考矣。⊙楊樹達曰：目下之詞。⊙王雲路曰：叙述官的職責。

〔二〕楊倞注：宰，膳宰。爵，主掌也。饗食，饗宴也。《周禮》膳夫之屬有庖人、獸人，皆掌犧牲。一曰：爵，官爵也。言膳宰之官爵掌犧牲之事者也。⊙冢田虎曰：知，猶知某州郡之"知"，司也。⊙久保愛曰：宰爵，大宰爵，在《周官》六命者也。其不稱大宰者，下文司徒、司馬亦不稱大也。稱大宰爲宰者，如"家伯維宰"是也。何以大宰獨加爵字？下文舉冢宰帶三公八命者，故此加爵字以示六卿六命者。知，猶主也。今考雖序官次第不詳，豈以宰夫發端哉！⊙俞樾曰：楊注二説皆未安。今以下文例之，上二字皆官名，則"宰爵"二字亦官名也。《周官·天官》序官，鄭注曰："宰，主也。"然則宰爵者，主爵也。《漢書·百官公卿表》："主爵中尉，秦官，掌列侯。"秦官之有主爵，殆本於古之宰爵乎？其所掌爲列侯，故賓客、祭祀、饗食、犧牲之牢數無不與知。考主爵中尉所屬有掌畜令丞，正合古制矣。學者徒以《周官》之膳宰説此文，遂失其解。⊙天海案：宰爵，猶主爵，官名也，俞説是。知，執掌、主管也。牢，祭祀、饗宴用的牛、羊、豕三牲。三牲各一爲一牢。《左傳》僖公十五年："饋七牢焉。"杜預注："牛、羊、豕各一爲一牢。"又，正文"之牢"二字，諸本有誤倒作"牢之"者。

〔三〕楊倞注：百宗，百族也。城郭，謂其小大也。立器，所立之器用也。《周禮》："大司徒之職，掌建邦土地之圖，與其人民之數。"立器，言五方器械異制，皆知其數，不使作奇伎奇器也。⊙冢田虎曰：司徒掌邦教敷五典，故司百宗也爾。⊙久保愛曰：古屋鬲曰："小司徒職曰：攷夫屋及其衆寡六畜兵器，以待政令。"是也。⊙王先謙曰：注"奇器"，各本"奇"作"之"，據宋台州本改正。⊙朝川鼎曰：先君曰："百宗，見《書·酒誥篇》曰：'越獻臣百宗工，矧惟爾事，服休服采。'立者，《易·繫辭》傳上：'備物致用，立成器，以爲天下利，莫乎聖人。'即此立字。或曰：立疑當作械。"⊙劉師培曰：立器，屬於下文之工師，則"立器"二字必係訛文，惟不知係何字之誤耳。⊙章詩同曰：立器，陳設器械。⊙天海案：司徒，官名。相傳少昊始置，唐虞因之。周時爲六卿之一，曰地官大司徒，掌管國家土地及人民的教化。百宗，王室所有宗族。楊注“百族”，明世本、《四庫》本作“百揆”，誤也。朝氏引《書·酒誥》之“百宗”，乃斷章取義耳。立器，義未詳，或當作“禮器”，音之誤也。

〔四〕楊倞注：《周禮》“二千五百人爲師”，“五百人爲旅”。“四井爲邑，四邑爲丘，四丘爲甸”，亦謂之乘。以其治田，則謂之甸；出長轂一乘，則謂之乘。每乘又有甲士三人，步卒七十二人。白，謂甸徒，猶今之白丁也。或曰：白，當爲百，百人也。⊙物雙松曰：乘白，後注似是。乘，是以車言；百是以人言。車一乘，士卒百人，故云。⊙古屋鬲曰：白，當作“馬”，音之誤也。如禡通作伯，音近故也。⊙郝懿行曰：“乘白”似不成文，“白”蓋“甸”字，形近之譌。《周禮》“四丘爲甸”，注云：“甸之言乘。”《詩》曰：“維禹甸之”，甸，即乘也，故此言乘甸矣。⊙劉台拱曰：《管子·乘馬篇》“白徒三十人，奉車兩”，又《七法篇》“以教卒練士，繫毆衆白徒”，尹注云：“白徒，謂不練之卒，無武藝。”《吕氏春秋·決勝篇》“廝輿白徒”，高注云“白衣之徒”。⊙王引之曰：白丁、白徒，皆不得但謂之白。竊謂白與伯同。《逸周書·武順篇》“五五二十五曰元卒，四卒成衛曰伯”，是百人爲伯也。乘，乃“車乘”之“乘”，非“四丘爲甸”之甸。或謂“白”爲“甸”之譌，尤非。⊙于省吾曰：白，指白旆言。字亦作“旆”。乘白，謂車與旗，至明塙矣。⊙天海案：司馬，官名。相傳少昊始置。周時爲六卿之一，曰夏官大司馬，掌軍旅之事。乘白，車馬也。白即白馬，《逸周書·王會》：“義渠以玆白，玆白者若白馬。”注：“玆白，一名駮。”故白馬亦作駮馬，《莊子·田子方》：“乘駮馬而偏朱蹄。”駮馬又作駁馬，《詩·秦風·晨風》“隰有六駁”，《毛傳》：“駁如馬，倨牙，食虎豹。”白與駁聲近，且郭注《爾雅》云：“《山海經》云：有獸名駮，如白馬，黑尾。”此皆證“白”當訓馬之例。且司馬掌軍旅事，既已言師旅、甲兵，故“乘白”非車馬莫屬也。諸説未知“白”可讀作“駮”，故所訓皆未得也。

〔五〕楊倞注：脩憲法之命，所以表示人也。謂若以樂德教國子中和、祗庸、孝友之類也。⊙物雙松曰：修憲命，不關大師職掌，當是錯誤。⊙冢田虎曰：《周禮》：“樂師掌國學之政。”憲命，謂學宫之法令與？⊙久保愛曰：憲命，猶憲令也。謂學宫之法令也。

〔六〕楊倞注：詩商，當爲“誅賞”，字體及聲之誤。故《樂論篇》曰“其在序官也，脩憲命，審誅賞”，謂誅賞其徒屬之功過者。或曰：詩謂四方之歌謡，商謂商聲哀思之音。如甯戚之悲歌也。⊙盧文弨曰：注中“謂誅賞”三字，各本皆脱，今案文義補。⊙冢田虎曰：商字，疑當是“誦”，若“頌”之誤。《書》曰：“工以納言，時而颺之。”《傳》曰“瞍賦矇誦”，皆謂樂師審詩誦也。⊙久保愛曰：《禮記》曰：“樂師辨乎聲詩。”又曰：“商者，五帝之遺聲也，商人識之，故謂之商。”由是觀之，詩商則聲音之名，而大師之職掌也。故荀卿云爾。《樂論篇》作“誅賞”者，非也。⊙王引之曰：商，讀爲章。章、商古字通。太師掌教六詩，故曰“審詩章”。《賈子·輔佐篇》曰“觀民風俗，審詩商，命禁邪音，息淫聲”，語意略與此同，則“詩商”非“誅賞”之誤明矣。且誅賞非太師之職，而商、賞聲相近，《樂論篇》之“誅”字，恐轉是後人所改。楊注曲爲之説耳。⊙嚴靈峰曰：《樂論》云：“故樂者，出所以征誅也，入所以揖讓也。征誅、揖讓，其義一也。”此即誅賞之義也。若謂“誅賞非太師之職”，則“脩憲命”更非太師之職矣。《禮記·樂記》“審樂以知政”。“誅賞”本自可通，固毋庸穿鑿附會矣。⊙包遵信曰：蓋戰國之時，太師兼管兩事，不然則此“脩憲命”與“審詩商”並提，不可得解矣。⊙天海案：憲命，憲令也。此當指曆法。《管子·立政》：“正月之朔，百吏在朝，君乃出令布憲於國；五鄉之師，五屬大夫，皆受憲於太史。”尹知章注：“憲，所以察時令。”脩訂曆法之事雖由太史主之，或太師亦與之？“審詩商”，《樂論篇》作“審誅賞”而上下文同，故此二者必有一誤。今案“脩憲命”以下皆言太師職掌，即詩樂教化之類，故“審詩商”於義爲長。商與章通，王説可從。又，楊注“謂誅賞”三字原無，文不成句，此據盧校補。

〔七〕楊倞注：《周禮·大司樂》“禁其淫聲、慢聲”，鄭云：“淫聲，鄭、衛之音也。”⊙天海案：淫聲，淫邪之樂聲。古代以雅樂爲正聲，以俗樂爲淫聲。

〔八〕楊倞注：謂不失其時而順之、脩之。⊙天海案：以時，因時。順，整理。脩，脩飭也。下皆同此。

〔九〕楊倞注：夷俗，謂蠻夷之樂。雅，正聲也。大師，樂官之長。大讀太。⊙天海案：大師，即太師。一爲周時三公之一；二爲古代樂師之長。《國語·魯語下》：“昔正考父校商之名頌十二篇於周太師。”韋昭注：“太師，樂官之長，掌教詩、樂。”即此也。又，本段之文，原未分節，現依其官職掌事分爲小節，以清眉目。

〔一〇〕楊倞注：隄，所以防水。梁，橋也。⊙冢田虎曰：“脩隄梁”至“工師之事也”，《管子·立政篇·省官》大同焉。⊙天海案：《管子》之文與此略異。

〔一一〕楊倞注：溝澮，皆所以通水。《周禮》：“十夫之田有溝，溝上有畛；千夫有澮，澮上有道。”鄭云：“溝廣深各四尺，澮廣二尋、深二仞也。”⊙天海案：溝，田間引水之道。澮，田間排水之渠。

〔一二〕楊倞注：行，巡行也。下孟反。⊙冢田虎曰：“行”如字，言使之通行也。注非也。⊙天海案：潦，通澇。水潦，即水澇。據此，行，當訓爲引。《孟子·離婁》下：“禹之行水也，行其所無事也。”孫奭疏曰：“言如爲智者，若禹之治水。”大禹治水，以疏引爲主。故“行水潦”即引水澇也。

〔一三〕楊倞注：使水歸其壑。安，謂不使漏溢。臧，才浪反。⊙帆足萬里曰：水藏，湖澤也。⊙梁啓雄曰：水藏，古之水庫。⊙王雲路曰：安，修固。⊙天海案：安，穩固也。水臧，同水藏。古代防洪蓄水之處。《管子·立政》：“修障防，安水藏。”

〔一四〕楊倞注：旱則決之，水則塞之，不使失時也。

〔一五〕楊倞注：艾，讀爲刈。⊙天海案：凶，荒年。《墨子·七患》：“三穀不收謂之凶。”敗，歉收之年。《穀梁傳》莊公二十八年“豐年補敗”，注：“敗，謂凶年。”耘艾，耕種收獲。艾，同刈，割也。司空，官名。相傳少昊時所置，周爲六卿之一，即冬官大司空，掌管工程。

〔一六〕楊倞注：高下，原隰也。五種，黍、稷、豆、麻、麥。觀其地所宜而種之。墝，苦交反。⊙天海案：肥墝，地之肥瘠也。序，列也，安排也。五種，即楊注所列五種穀物。注文“種”原誤作“穀”，此據楊注文例徑改。

〔一七〕楊倞注：省，觀也。觀其勤惰而勸之。⊙天海案：省，視察也。農功，農事也。

〔一八〕楊倞注：謹，嚴。⊙天海案：蓄藏，積蓄與貯藏。謹，慎也。

〔一九〕楊倞注：使農夫敦朴於力穡，禁其佗能也。治田，田畯也。⊙郝懿行曰：“樸”與“朴”異。樸，木素也。樸力寡能，謂力作樸素，技能寡少，故專治於田事。⊙劉師培曰：能，當作“罷”。⊙于省吾曰：治田即司田，治市即司市。《管子·立政》作“申田之事也”，申田即司田，詳《管子新證》。《周禮·地官》有司市。⊙熊公哲曰：樸力，謂樸實勤力。“寡能”二字無義，當依劉師培校作“罷”，字之誤也。罷，劣弱也。⊙李中生曰：以時順修，當讀爲“以時慎修”，意思是按照時節慎重地修整（或修治）。⊙天海案：以時順脩，在“序官”一段中凡五用，其義皆爲因時而整理脩飭，李説未安也。樸力，樸實勤力，熊説是。寡能，猶言少罷也。能，依劉説或“罷”之訛，罷，通疲。疲，困也。少疲，少疲困也。治田，當從于説爲司田之官。楊注訓“田畯”，亦是。

〔二〇〕楊倞注：不使非時焚山澤。《月令》二月：“無焚山林。”鄭注《周禮》“憲，表也。主表其刑禁”也。⊙久保愛曰：憲，法也。⊙章詩同曰：火憲，防火的法令。⊙天海案：脩火憲，制訂用火的政令。《周禮》：“司爟掌行火之政令，四時變國火，以救時疾。”鄭注：“行，猶用也；變，猶易也。鄭司農説以鄹子曰：春取榆柳之火，夏取棗杏之火，季夏取桑柘之火，秋取柞楢之火，冬取槐檀之火。”《周禮》又云：“季春出火，民咸從之，季秋内火，民亦如之。”鄭注：“火所以用陶冶，民隨國而爲之。鄭人鑄《刑書》：火星未出而出火，後有災。”故知古時火憲非單指防火之法令，而是關於用火之法令。楊注已偏，後説者亦從其誤。

〔二一〕楊倞注：百索，上所索百物也。⊙郝懿行曰：索者，求也。百物供民，求索皆是。注以索爲上索，非也。⊙久保愛曰：百索，猶百求也。《禮論篇》曰：“百求可以得矣。”⊙王引之曰：“百索”二字義不可通。索，當爲“素”，字之誤也。“百素”即“百蔬”。《富國篇》曰：“葷菜百蔬。”《魯語》曰：“能殖百穀、百蔬。”作“素”者，借字耳。楊望文生義而非其本旨。⊙朝川鼎曰：百索，猶言百物也。《禮記·郊特牲篇》：“蜡也者，索也。歲十二月合聚萬物而索饗之也。”⊙天海案：上言“養山林、藪澤、草木、魚鼈”，訓“百索”爲“百求”者，豈與上相對邪？故王説“百索”即“百蔬”

是,"百蔬"與上文一氣相承。

〔二二〕楊倞注:禁,謂爲之厲禁。發,謂許民采取。⊙天海案:前文"王者之法"一節已言"山林澤梁,以時禁發",彼楊注云"非時則禁,及時則發",可與此文相照。

〔二三〕楊倞注:屈,竭也。虞師,《周禮》"山虞、澤虞"也。⊙天海案:虞師,古代掌山林川澤之官。《書·舜典》:"咨益,汝作朕虞。"孔傳:"虞,掌山澤之官。"《管子·立政》:"使民於宫室之用,薪蒸之所積,虞師之事也。"

〔二四〕楊倞注:使之和順。⊙鍾泰曰:順,謂次序之也。注失之。⊙張覺曰:順,使……協調順從,調理。州里,本爲行政單位,引申而泛指鄉里。⊙天海案:順,理也。理,調治也。州里,據下文"定廛宅",當泛指城鄉也。

〔二五〕楊倞注:廛,謂市内百姓之居。宅,謂邑内居也。定其分界,不使相侵奪也。⊙郝懿行曰:廛、宅,皆謂邑里之居。在市曰舍,在田曰盧,此以廛宅竝言,則廛在市,宅在邑。⊙天海案:定廛宅,即確定城鄉居民住宅及用地。

〔二六〕楊倞注:勸人養之也。⊙天海案:六畜,牛、馬、羊、豕、鷄、犬也。《管子·牧民》:"藏於不竭之府者,養桑麻育六畜也。"

〔二七〕楊倞注:樹藝,種樹及桑柘也。間之,使疏密得宜也。⊙郝懿行曰:閒,更代也。樹藝者,五穀也。閒代,謂田分上中下三等,歲一易一,三歲而徧,更代休息,美惡同之。⊙王念孫曰:閒,與閑同,閑,習也。謂習樹藝之事也。⊙天海案:閒,通閑,猶習也,王説是。樹藝,種植也。上言廛宅民居,謂種植果木及菜蔬。《孟子·滕文公》上:"后稷教民稼穡,樹藝五穀。"趙注:"樹,種。藝,植也。"《漢書·食貨志下》"城郭中宅不樹藝者爲不毛",顔注:"樹藝,謂種樹果木及菜蔬。"

〔二八〕楊倞注:勸之使從教化,趨之使敦孝弟。趨,讀爲促。

〔二九〕楊倞注:鄉師,公卿也。《周禮》:"鄉老,二鄉公一人;鄉大夫,每鄉卿一人。"⊙久保愛曰:《周禮》别有鄉師一職,其爵下大夫,掌其所治鄉之教,而聽其治。本注以鄉老當之,非也。⊙朝川鼎曰:順,當作"循",音之誤也。⊙天海案:鄉,周制,萬二千五百家爲鄉,五州爲鄉。《周禮·地官·鄉師》:"鄉師之職,各掌其所治鄉之教而聽其治。"久説是也,楊注非。

〔三〇〕楊倞注:論其巧拙。《月令》曰"物勒工名,以考其誠;工有不當,必行其罪"也。⊙久保愛曰:《周禮·稾人職》"書其等以饗工,乘其事,試其弓弩,以下上其食而誅賞",是也。⊙天海案:論,評定也。百工,各種工匠。又,楊注"工有",一本作"功有"。

〔三一〕楊倞注:《考工記》曰:"天有時,地有氣,材有美,工有巧,合此四者,然後可以爲良。"《月令》曰:"監工日號,無悖于時。"皆審其時之事也。⊙物雙松曰:蓋百工之事,皆有其時。⊙久保愛曰:《周禮·染人職》:"春暴練,夏纁玄,秋染夏,冬獻功。"及《考工記》:"爲弓,冬折幹,而春液角,夏治筋,秋合三材。"是也。⊙天海案:

言察時以定事也。

〔三二〕楊倞注：功，謂器之精好者。苦，謂濫惡者。韋昭曰："功，堅。苦，脆也。"⊙天海案：苦，通盬，粗劣也。《管子·小匡》："辨其功苦。"尹知章注："功謂堅美，苦謂濫惡。"戴望《校正》："苦，讀爲盬。"

〔三三〕楊倞注：完，堅也。利，謂便於用。若車之利轉之類也。

〔三四〕楊倞注：專造，私造也。⊙天海案："家"上，巾箱本、《題注》本、遞修本皆有"一"字。工師，古代主管百工之官。文又見《管子·立政》："使刻鏤文采毋敢造于鄉，工師之事也。"

〔三五〕楊倞注：相，視也。陰陽，謂數也。⊙天海案：古代人謂萬物皆由陰陽二氣形成，故觀陰陽可察吉凶。

〔三六〕楊倞注：占，占候也。祲，陰陽相侵之氣，赤黑之祲，是其類也。兆，謂龜兆。或曰：兆，萌兆。謂望其雲物，知歲之吉凶也。⊙久保愛曰：祲，謂十煇之屬。兆，謂四兆之類。詳見于《周禮·卜師職》。⊙鍾泰曰：兆，當從楊注後説。下始云"鑽龜陳卦"，此不得先言龜兆也。⊙天海案：占，測也。祲，古人謂陰陽二氣相侵所形成的徵象不祥的雲氣。《左傳》昭公十五年："吾見赤黑之祲，非祭祥也，喪氛也。"兆，徵兆也。

〔三七〕楊倞注：鑽龜，謂以火爇荆菙灼之也。陳卦，謂揲蓍布卦也。⊙天海案：鑽龜，古占卜法。鑽龜裏甲使薄，然後用荆焞燒灼鑽處，使兆坼見於甲表面，蜧之以測吉凶。陳卦，排列卦象。

〔三八〕楊倞注：攘擇，攘除不祥，擇取吉事也。五卜，《洪範》所謂"曰雨、曰霽、曰蒙、曰驛、曰剋"，言兆之形也。⊙孫詒讓曰：攘，禳；擇，釋；聲類竝同，古字通用。《禮》有"釋菜"、"釋奠"之類，與禳除事略同，楊釋爲擇取吉事，未塙。⊙天海案：攘擇，通禳釋。古代除災免禍的祭祀。孫説是。

〔三九〕楊倞注：擊，讀爲覡，男巫也。古者以廢疾之人主卜筮巫祝之事，故曰"傴巫、跛覡"。覡，胡狄反。⊙久保愛曰：傴，傴僂也。巫，女巫也。⊙孫詒讓曰：《正論篇》云"譬之猶傴巫跛匡，夫自以爲有知也"，注云："匡，讀爲尫，廢疾之人。"《王霸篇》云"賤之如尪"，與此"匡"同。擊者，《脩身篇》云"行而俯項，非擊戾也"，注云："擊戾，謂項曲戾不能仰者也。"此"擊"亦謂擊戾不能仰之人，猶《正論篇》云"跛匡"也，蓋古巫者皆以病人爲之。傴也，跛也，擊也，尫也，其形不同，爲其病一也。⊙天海案：楊讀"擊"爲"覡"，是也。上言"傴巫"，下言"跛覡"，文正相對，孫以《修身篇》"擊戾"之楊注律此，非也，可參彼處校釋。然"覡"于上古屬匣母錫部，今讀如錫音。又，楊注"傴巫跛覡"下缺"覡"字，茲據《集解》補。

〔四〇〕楊倞注：脩其採清之事。採，謂採去其穢；清，謂使之清潔；皆謂除道路穢惡也。《周禮》"蜡氏掌除骴，凡國之大祭祀，令州里除不蠲"也。⊙俞樾曰："採"乃

"埰"字之誤。《方言》曰"塚,秦、晉之閒謂之埰"是也。清者,《説文·广部》:"廁,清也。"《急就篇》:"屏廁清溷,糞土壤。"字亦作"圊"。《玉篇·口部》:"圊,圊圂也。"蓋墟墓之閒,清溷之處,皆穢惡所積聚,故必以時修治也。楊注非。⊙于鬯曰:採,疑本作"采"。采,先誤爲釆,俗因加手旁作"採"。《説文·广部》云:"廁,清也。"然則采、清二字同類,則采則清,清即采也。脩者,正所謂脩治使潔清也。⊙于省吾曰:俞氏謂"清"爲"廁",是也;改"採"爲"埰",誤矣。塚與廁二者不相及也,"採"應讀作"采"。《書·堯典》"若予采",《釋文》:"采,馬云:官也。"《史記·司馬相如傳》"以展采錯事",《集解》引《漢書音義》:"采,官也。"采清,猶今之官廁。《墨子》:"旗幟於道之外爲屏,三十步而爲之圜,高丈,爲民圂,垣高十二尺以上。"《後漢書·黨錮·李膺傳》"郡舍溷軒有奇巧",注:"溷軒,廁室。"《釋名·釋宫室》:"廁,或曰溷,言溷濁也。"或曰:圊至穢之處,宜常修治使潔清也。按"修采清",正司市之事也。⊙天海案:採通采,官也,于説是。清,通圊,廁也,俞説是。官廁,猶今公厠也。脩采清,即脩治公厠之事。

〔四一〕楊倞注:脩而平之。⊙物雙松曰:易,險易之易。⊙久保愛曰:易,謂芟治草萊也。⊙梁啓雄曰:《左》襄卅一年《傳》:"司空以時平易道路。"注:"易,治也。"逸冒切。⊙天海案:易道路,使道路平易也。訓治亦通,正與上"修"字相應。

〔四二〕楊倞注:謹,嚴禁也。《周禮·野廬氏職》曰:"有相翔者誅之。"

〔四三〕楊倞注:平,均布也。室,逆旅之室。平其室之法,皆不使容姦人,若今五家爲保也。⊙郝懿行曰:"室律"二字,不成文理,疑"律"當爲"肆"字之譌。室謂廬舍,如市樓、候館之屬是也。肆謂廛肆,如粟帛牛馬各有行列是也。故下遂云:"以時順修,使賓旅安而貨財通,治市之事也。"事見《周禮·地官》。⊙物雙松曰:《周禮·遺人》:"凡國野之道,十里有廬,廬有飲食。三十里有宿,宿有路室,路室有委。五十里有市,市有候館,候館有積。"此"室"字本據也。今云治市,蓋七國時設官不同也,以《遺人職》觀之,市亦路室類耳。⊙久保愛曰:室,當作"質",音之誤也。《王霸篇》曰:"質律禁止而不偏。"注云:"《周禮·小宰》:聽賣買以質劑。"⊙朝川鼎曰:《周禮·小宰》"聽賣買以質劑",鄭司農云"質劑平市價,今之月平是也"云云,據下文,則"室"作"質"爲是,質律平而貨財通,固其所也。⊙帆足萬里曰:質,券契;律,法律也。⊙于省吾曰:室,應讀爲"質",室、質乃雙聲疊韻字。平質律,猶言平市價之規程也。⊙天海案:室,質同韻,一聲之轉,故得通假。質律,《王霸篇》楊注云:"質,劑也,可以爲法,故言質律也。"平質律,猶言平抑物價也。楊此注非也。久、朝、帆、于諸説是。

〔四四〕王引之曰:賓客之事,非治市者所掌,且與通貨財無涉。賓,當爲"賫",字之誤也。《説文》:"賫,行賈也,從貝,商省聲。"今通用"商"字。《考工記》"通四方之珍異以資之,謂之商旅",鄭注曰:"商旅,販賣之客也。"《王霸篇》"商旅安,貨財通"，是其明證矣。⊙天海案：賔，疑爲"賨"字之誤，賨，商也。王説是。又，"貿財"，諸本作"貨財"。

〔四五〕楊倞注：此於《周禮·野廬氏》之職。今云"治市"，蓋七國時設官不同。治市之官兼掌道路，不必全依周禮制，據當時職事言之也。⊙天海案：治市，戰國時官名。掌通商、集市、貿易之職。又，楊注"此於"二字，諸本並作"此皆"。

〔四六〕楊倞注：抃，當爲析。急，當爲愿。已解上也。⊙傅山曰：此注猶硬鑿。明白是司寇之事，抃急所以禁悍，但忭急是躁疾猛厲之義，所謂束濕耳。⊙王先謙曰：抃，當爲"折"，説見上。⊙天海案：前文"王者之論"一節中有"析愿禁悍而刑罰不過"之語，王念孫先説"析愿"當作"折暴"，後又改説當爲"折愿"，即制傆也。並認爲此文之"抃急"亦爲"折愿"之譌。王後説可從，參見前文"析愿"之校釋。

〔四七〕天海案：司寇，官名，夏、商已有之。周爲六卿之一，曰秋官大司寇，掌刑罰、糾察等事。

〔四八〕楊倞注：稽，計也，考也。《周禮·太宰》"歲終則令百官府各正其治，受其會，而詔王廢置，三歲則大計"也。⊙章詩同曰：本，疑作"平"。⊙天海案："本政教"一語，荀書四見，"平政教"僅一見。此言以政教爲本，方能總冒其下之文也。

〔四九〕盧文弨曰：自"度其功勞"下至末，各本皆無注，文脱耳。"免盡"之"免"，與"勉"同。《漢書·薛宣傳》"宜因移書勞免之"，《谷永傳》"閔免遁樂"，皆以"免"爲"勉"。⊙王念孫曰："免盡"，當爲"盡免"。免與勉同。盡勉，皆勉也。"勉"與"偷"對文，《君道篇》："賞免罰偷。"⊙物雙松曰：免盡，當是勉進。盡、進通，《列子》多此。⊙冢田虎曰：免盡，勉强盡力之謂與？⊙久保愛曰：免，讀爲勉。偷，薄也。前載宰、司徒、司馬職掌，此復載冢宰職掌者，案《周禮》六卿皆六命，三公八命，而不必別置之，六卿中有德者帶之。如周公冢宰而帶三公，是也。然則前載者，六卿職掌；此載者，三公職掌而已。非重復也。⊙潘重規曰：勉盡，平列字。猶言勉力盡力耳。⊙李中生曰：《榮辱篇》："故仁人在上，則農以力盡田……"楊倞注："盡，謂精于事也。"本文"免盡"的"盡"，也指"精于事"。⊙天海案：免盡，猶言勤勉盡職也。又"順修"，諸本一作"慎修"，誤也。此節文中皆作"順脩"，文例一律。冢宰，周官名，爲六卿之首，亦稱太宰。《書·周官》："冢宰掌邦治，統百官，均四海。"

〔五〇〕朝川鼎曰：辟公者，諸侯也。猶天子曰辟主也。⊙北大組曰：論禮樂，講究禮樂。兼覆而調一之，普遍地養育百姓，而且使他們整齊一致。⊙天海案：論，述也。兼覆，廣而蓋之。此承上禮樂、教化、風俗而言，非專指養育百姓。調一，使百姓協調和一也。

〔五一〕王先謙曰：言雖毫末之微，必振而起之。《正論篇》云："一物失稱，亂之端也。"此荀子論治之要。⊙久保愛曰：綦，猶極也。"致隆高，綦文理"已見《仲尼篇》。⊙北大組曰：全道德，使封建道德完備。致隆高，把禮義提到最高的地位。綦文理，使禮法制度極爲完善。比，親近。天王，君主。⊙天海案：全，使之全。致，至也。隆高，崇高。綦，極也。文理，禮文儀程。順比，歸順親近。天王，天子也。顧炎武《日知録》："《尚書》之文但稱王，《春秋》則曰天王。以當時楚、吴、徐、越皆僭稱王，故加天以别之。"亦用以稱帝王。

〔五二〕北大組曰：失俗，風俗敗壞。

〔五三〕物雙松曰："宰爵"至"天王非其人也"，别是一篇，"序官"二字當是篇名，故《樂論篇》引"《序官》"曰。⊙久保愛曰："俗反"之"俗"當作"倍"，字之誤也。⊙楊樹達曰：俗反，當作"倍反"，俗、倍形近，又因上文"失俗"之"俗"而誤。⊙于省吾曰：俗，通欲。毛公鼎"俗我弗作先王頫"，俗即欲。《莊子・繕性》"滑欲於俗思"，《闕誤》引張本作"欲思"。《解蔽篇》"由俗謂之道盡嗛矣"，注："俗，當爲欲。"然則"諸侯俗反"，即"諸侯欲反"。上言"天下不一"，故云："諸侯欲反，則天王非其人也。"⊙嚴靈峰曰：此段文字，疑係古之《禮書》，序官師之職守，非《荀子》本文。《樂論篇》首云"其在序官也"五字，即係引經用語之證。⊙天海案："俗反"，久説當作"倍反"，于説當作"欲反"。二説並通，然以于説爲長。

具具而王，具具而霸，具具而存，具具而亡〔一〕。用萬乘之國者，威彊之所以立也，名聲之所以美也，敵人之所以屈也〔二〕。國之所以安危臧否也，制與在此，亡乎人〔三〕；王、霸、安存、危殆、滅亡，制與在我，亡乎人〔四〕。夫威彊未足以殆鄰敵也，名聲未足以懸天下也〔五〕，則是國未能獨立也，豈渠得免夫累乎〔六〕！天下脅於暴國，而黨爲吾所不欲於是者〔七〕，日與桀同事同行，無害爲堯〔八〕。是非功名之所就也，非存亡安亡之所墮也〔九〕。功名之所就，存亡安危之所墮，必將於愉殷赤心之所〔一〇〕。誠以其國爲王者之所，亦王〔一一〕；以其國爲危殆滅亡之所，亦危殆滅亡〔一二〕。

## 【校釋】

〔一〕傅山曰：《王霸篇》"養五綦者有具"云云，"然後養五綦之具具也"，此二"具"字却是一讀一句，謂所需之具皆具也。⊙物雙松曰："具具而王"至終篇一意。具具，按《通雅》曰："言具其所具也。"茂卿按：具具者，能具其具也，即下"用萬乘之國者"也。萬乘之國是具也，能用之者，是能以其具爲具也。下言王、霸、安存、危殆、滅亡五者，此言王、霸、存、亡四者，是亡兼危殆、滅亡二者也。⊙久保愛曰：具具，上謂器也，下猶備也。言治國者宜擇用也，不可使亡國之器具也。⊙

朝川鼎曰：王納諫本《標注》云："言各具其具也。"先君曰："具，謂治國之具也。具具而亡，即所謂'有良法而亂者有之矣'之意。"鼎曰：具王者之具，則爲王矣；具霸者之具，則爲霸矣。其所以具而爲王霸，存亡則異。此在其具何如耳。⊙安積信曰：此四句一篇綱領，下文詳之。⊙王先謙曰：與上文"知此三具者"相應。具具者，王霸存亡之具畢具也。《王霸篇》云"然後養五綦之具具也"，句義與此同。⊙趙海金曰：疑本文末句"具具而亡"之"而"字上當補"而殆具具"四字，殆承上"具具"二字而脱。此讀作"具具而殆，具具而亡"，使下文言及"危殆之具"者有所承。⊙章詩同曰：具具，具備某種條件。而，則，下同。⊙天海案：具具，猶具備也，亦即器備也。久説是。"具具而亡"，言器備者亦有危殆、滅亡者，兼而言之也，非脱"具具而殆"四字，趙説非，物説是也。

〔二〕物雙松曰："者"字，呼下三"也"字。⊙久保愛曰：用，爲也。⊙章詩同曰：用，治。⊙天海案：《楚辭・離騷》"苟得用此下土"，用，即治也。章説是。

〔三〕物雙松曰："臧否也"，"也"字衍。以句法似上三句，故誤。制者，能制之也；與者，爲其與國也。"在此"，"此"字，指"用萬乘之國者"言之；"在我"，"我"即"此"也。⊙王念孫曰：與，讀爲舉。舉，皆也。亡，不在也。言其制皆在此而不在乎人也。下文"制與在我亡乎人"同。⊙朝川鼎曰：此言萬乘之國，有具具而存，具具而亡者也。與，讀爲"歟"，其所制者在於我，而不在於人矣。下文同。王納諫本《標注》云："'此'字，指上文四'所以'，言四者由乎自取，不由乎人也。語極痛快。"⊙安積信曰："國之所以安危臧否也，制與在此亡乎人"十六字或以爲衍文，似可從。⊙天海案：臧否，此言好壞得失。制，控制，把握也。與，通舉，全也，皆也。王説是。此，猶己也，正與"人"相對，即下文之"我"也。此猶言"把握全在於己，不在於人"。

〔四〕久保愛曰："國之所以安危臧否也制與在此"十三字一句。"王霸安存危殆滅亡制與在我"十二字一句。⊙帆足萬里曰："王霸"以下十五字，古注文攙入。與，平聲。

〔五〕物雙松曰："夫威彊"至"所亦危殆滅亡"，言不能用萬乘之國也。懸天下，謂懸繫天下之仰望也。⊙冢田虎曰：此不用萬乘之國，而不具具者也。⊙朝川鼎曰：《王霸篇》"威動天下，彊殆中國"，即此"殆"字。懸，明也。懸而示之之義。⊙王先謙曰：縣天下，言能縣衡天下，爲四海持平也。説詳《彊國篇》。⊙陶鴻慶曰：《説文》"縣"篆下云："繫也。"《莊子・寓言篇》云："若參者，可謂無所縣其罪乎。"《釋文》："雖係禄而無係於罪。"係，與繫義同。此云"名聲不足以懸天下"，言名聲不足以維繫天下也。王解於義未安。《彊國篇》云"其縣日也博"，注云"謂所縣繫時日多"，斯爲得之。若從王説，則不可通矣。⊙梁啓雄曰：殆鄰敵，謂威迫鄰敵，使鄰敵危殆。⊙章詩同曰：殆，危。名聲也還不够爲天下所仰望。⊙張覺曰：懸，挂。此指挂在天下人嘴邊，到處傳揚。⊙天海案：殆鄰敵，使鄰敵危殆。懸天下，如日月一樣顯赫天下。

〔六〕物雙松曰:渠,與遽通。又豈也,與詎同。⊙冢田虎曰:渠與詎同。⊙久保愛曰:渠與詎同,詎亦豈也。蓋以豈、詎二字爲一豈字義。《家語·三恕》篇"奚詎",《史記·張儀傳》"寧渠",及《陸賈傳》"何渠",同此。⊙盧文弨曰:案"渠"與"遽"同。⊙劉師培曰:渠,與伊同。猶言豈彼得免夫累也。⊙裴學海曰:渠,又作詎。豈渠,復語也。⊙北大組曰:豈渠,怎麽。累,憂慮。⊙天海案:豈渠,二音復詞,猶豈也,何也。説見王引之《釋詞》。累,禍患也。

〔七〕物雙松曰:黨,儻同。《董仲舒傳》"黨可得見乎",《揚雄傳》:"黨鬼神,可也。"⊙帆足萬里曰:"於是"二字衍。或云:於,如誤。⊙朝川鼎曰:王納諫本《標注》曰:"黨,類也。類皆爲吾所不欲。"⊙王先謙曰:《方言》:"黨,知也,楚謂之黨。"吾所不欲,即謂脅於暴國也。於是時而後知爲吾所不欲,與桀同事而無害爲堯,爲時晚矣。⊙陶鴻慶曰:王説迂曲,與上文語意不貫,不獨文句之累也。竊謂此當讀"吾所不欲"爲句。孫卿蓋依戰國情勢爲言,暴國,謂秦也;"吾所不欲",謂縱横之術也。黨,猶羣也;"于是者",猶言"爲是者"。言天下脅於暴國,而羣爲縱横之事,爲此者雖日與桀同事行,而無害於我爲堯。⊙鍾泰曰:黨,或也。⊙于省吾曰:黨,應讀作"常"。⊙梁啓雄曰:黨,同儻。謂倘非欲暴,即被脅而與桀同行,亦無害爲堯也。⊙天海案:黨,通儻,猶倘也,物説是。爲,是也。黨爲,猶言倘若是,假設之言也。不欲於是者,言不欲脅從於暴國也。

〔八〕冢田虎曰:正文"無害"上,脱"謂"字也。⊙王先謙曰:功名安危所繫,當在國家閒暇之日也。舉堯、桀者,聖君、暴君之極也。《議兵篇》"以桀詐堯",《天論篇》"不爲堯存,不爲桀亡",並堯、桀對舉。⊙陶鴻慶曰:同事同行,當作"同事行"。⊙天海案:無害,不妨害。

〔九〕物雙松曰:"墮"迺"隨"之誤,言所隨而至也。⊙桃源藏曰:墮與憧同,落也。所墮,猶言所歸。今俗謂事所歸曰所落,即是。⊙久保愛曰:言不得已而與惡人同事同行者,非成功名,亦非存亡安危所隨來也。⊙俞樾曰:"墮"字義不可通,當作"隨",字之誤也。隨,從也。言非存亡安危之所從也。⊙天海案:墮,當"隨"字之誤,物、俞二説是。

〔一〇〕物雙松曰:"功名之所就"管到"所亦危殆滅亡"。"於"字呼下三"所"字。"愉殷赤心",謂其國之臣民也。"以其國爲王者之所亦王"者,上之人欲以其國爲王,則其國之臣民,亦能從之以爲王業也。此即"愉殷赤心"也。殷,殷懃之殷。⊙久保愛曰:殷,讀爲"安",以音誤,《鹽鐵論》有"安愉"之語。言功名所成,存亡安危所愉安之,善不善也。⊙帆足萬里曰:殷,盛也,誠也。愉,悦也。⊙王先謙曰:《釋詁》:"愉,樂也。"愉殷者,當殷盛之時而愉樂。《素問·風論》注:"赤者,心色也。"赤心者,本心不雜貳。《禮記·檀弓》疏所謂"處所",下同。⊙朝川鼎曰:殷,盛也。

赤心即丹心，謂中心之誠也。即上文"爲吾所不欲於是者"之反。言吾心不欲於是，而日與桀同事同行，是非赤心之所在也。而强爲之者，不知具具之道也，必赤心爲之。此功名之所就，存亡安危之所墮也。王納諫本《標注》曰："愉殷，所謂國家閒暇也，下文'殷之日'並同。"恐非。⊙安積信曰：案"愉殷赤心之所"，諸説紛紜錯出，要皆牽强難通，蓋此文有脱誤，讀者闕疑可也。⊙于省吾曰：按"愉殷"二字不詞，殷乃"假"字之譌。古"假"字本作"假"，假與殷篆隸形並相似。《書・吕刑》"惟殷于民"，《墨子・尚賢》中作"維假於民"。《史記・高祖功臣侯年表》："故市，遷爲假相。"《漢書・高惠高后孝文功臣表》"假相"作"殷相"。假，應讀作暇，古"暇"字本亦作"假"。《晉語》"我教兹暇豫事君"，暇豫，猶愉暇也，謂愉樂閑暇也。言功名之所就，存亡安危之所隨，必將在於愉樂閑暇、心意赤誠之處而後可也。⊙梁啓雄曰：殷，借爲"慇"。《説文》："慇，痛也。"愉殷，猶言"憂樂"，言功名、存亡、安危，在其心之所憂樂。⊙楊柳橋曰："殷"字係涉下文兩"殷之日"之"殷"字而誤衍。愉、於二字係誤倒。愉，當讀爲"諭"，明也。舊多以"誠"字屬下句讀，尤非。⊙張覺曰：愉，快樂，指得志。殷，强盛富裕。誠，誠心，指專心。⊙天海案：愉，勞也。《爾雅・釋詁下》："愉，勞也。"邢昺疏："謂勞苦也。"王引之《述聞》："愉之言瘉也。上文曰：瘉，病也。凡勞與病，事相類。"殷，憂也。《説文》作"慇"，又："慇，痛也。"《集韻・諄韻》："慇，憂也。亦省。"故"愉殷"猶言"勞憂"也。凡解愉爲樂者，誤也。赤心，專一之心。"必將於愉殷赤心之所"，乃承上而言，謂所成就之功名，所隨之存亡、安危。必將在憂勞專心之處。凡將下文"誠"字移"赤心之所"下者，皆誤也。且此"殷"與下文"殷之日"之"殷"義不同，不可混之。

〔一一〕朝川鼎曰："誠"字承上文"赤心"，即謂赤心爲之也。⊙龍宇純曰："者"字不當有。下文云"以其國爲危殆滅亡之所，亦危殆滅亡"，是其證。⊙天海案：誠，若也，假設之詞，此"誠"兼言"以其國爲危殆滅亡之所，亦危殆滅亡"二句。故不得訓之爲真誠、專心也。"者"字當有。

〔一二〕久保愛曰：所，猶言所爲也。⊙梁啓雄曰：此二句謂：置諸安則安，置諸危則危。⊙天海案：此二"所"，皆爲處所。又，此下原未分段，現據文意分之。

殷之日〔一〕，案以中立，無有所偏，而爲縱横之事〔二〕，偃然案兵無動〔三〕，以觀夫暴國之相卒也〔四〕。案平政教，審節奏，砥礪百姓，爲是之日，而兵剸天下勁矣〔五〕；案然脩仁義，伉隆高，正法則，選賢良，養百姓〔六〕，爲是之日，而名聲剸天下之美矣〔七〕。權者重之〔八〕，兵者勁之，名聲者美之〔九〕。夫堯、舜者，一天下也，不能加毫末於是矣〔一〇〕。

故權謀傾覆之人退，則賢良知聖之士案自進矣〔一一〕。刑政平，百姓和，國俗節，則兵勁城固，敵國案自詘矣〔一二〕。務本事，積財物，而勿忘棲遲薛越也〔一三〕，是使羣臣百姓皆以制度行，則財物積，國家案自富矣〔一四〕。三者體此而天下服，暴國之君案自不能用兵矣〔一五〕。何則？彼無與至也。彼其所與至者，必其民也〔一六〕。其民之親我也，歡若父母；好我，芳若芝蘭〔一七〕。反顧其上，則若灼黥，若仇讎〔一八〕。彼人之情性也，雖桀、跖，豈有肯爲其所惡，賊其所好者哉〔一九〕！彼以奪矣〔二〇〕。故古之人有以一國取天下者，非往行之也〔二一〕，脩政其所，莫不願〔二二〕，如是而可以誅暴禁悍矣〔二三〕。故周公南征而北國怨，曰：何獨不來也？東征而西國怨，曰：何獨後我也〔二四〕？孰能有與是鬭者與〔二五〕？安以其國爲是者王〔二六〕。

## 【校釋】

〔一〕物雙松曰：孫曠曰："殆不可解。"愚按：即上文"愉殷赤心"也。拈一字來説，太奇峭，是子家之文也。⊙久保愛曰：猶言殷之時也。⊙豬飼彦博曰：謂國勢殷盛之日也。⊙郝懿行曰：殷者，盛也。言全盛之日。《孟子》所謂"國家閒暇，及是時明政刑"之日也。下"殷之日"同。⊙王先謙曰："殷之日"，與《王霸篇》"濟之日"句法一律。⊙安積信曰："殷之日"上，必有脱誤，不用彊解。⊙楊柳橋曰：鄭玄《周易》注："殷，盛也。"⊙天海案："殷之日"，言國家興盛之時。

〔二〕郝懿行曰：此云"案以"，下云"安以"，"安"、"案"字亦同。荀書多用"安"、"案"爲語助辭，如它書"焉"字"於"字之例。唯"案兵"之"案"與"按"同。按者，抑也，止也。縱横，當作"從衡"，古書皆然，荀書亦必作"從衡"，俗妄改之。⊙物雙松曰："偏而爲縱横之事"，當連讀。或縱、或横，偏也，非中立也。⊙久保愛曰："案以中立，無有所偏"，即與《禮記》"中立而不倚"同義。案，語助，下同。縱横，謂能經緯邦國也。⊙安積信曰：或云"而"當作"無"。⊙天海案：案，同安，語詞，乃也。此言持中立之立場，既不偏於合縱之事，亦不偏於連横之事。又，巾箱本、《題注》本，遞脩本"而"字皆作"無"字，於義爲長。

〔三〕天海案：偃然，安息貌。案兵無動，猶言按兵不動。前郝説是。

〔四〕冢田虎曰：卒，"率"之誤耳。率，從也。⊙久保愛曰：卒，疑當作"捽"。捽，捽搏也。《國語》曰："戎、夏交捽。"⊙俞樾曰：卒，當作"捽"。《國語・晉語》"戎、夏交捽"，韋注曰："捽，交對也。"彼云"交捽"，此云"相捽"，義正同。⊙帆足萬里曰：言己則案兵不動，以觀暴國交戰。⊙朝川鼎曰：卒，讀爲顦顇之顇，謂疲悴也。先君曰："卒，疑當作'爭'，字之誤也。王納諫本《標注》曰：'相鬬敝盡也。'"鼎按：此句下疑脱“爲是之日而權剸天下重矣”十一字,與下文同例。⊙天海案:卒,與捽通。抵觸、沖突之謂也。俞説是。朝説句下疑有脱文十一字,是也。

〔五〕王先謙曰:此句與下“名聲剸天下之美矣”相配爲文,“勁”上當有“之”字。剸,讀與專同。⊙天海案:平,定也。審,明也。節奏,禮義制度。砥礪,磨煉之意。剸,通專,獨擅之義,下同此。勁,彊勁也。“勁”上當脱“之”字,王説是。

〔六〕久保愛曰:宋本“脩仁義”上有“然”字,非。伉,猶極也。⊙俞樾曰:然,衍字。案,乃語詞。上文云“案平政教,審節奏,砥礪百姓”,與此文一律,可證。⊙朝川鼎曰:伉,與抗同。即《脩身篇》“抗之以高士”之“抗”。上文及《仲尼》《王霸》二篇,並作“致隆高”,義同。⊙梁啓雄曰:伉,借爲亢。《廣雅·釋詁》:“亢,極也。”⊙楊栁橋曰:謂力求尊榮也。⊙天海案:“然”字衍,俞説是。伉,匹敵也。《廣韻·宕韻》:“伉,伉儷,敵也。”《集韻·宕韻》:“伉,匹也。”伉隆高,即與隆高相匹,猶言致隆高。然此“伉”、“致”皆當作動詞,不得訓爲“極”也。

〔七〕天海案:“之美”之“之”字,巾箱本、《題注》本、遞脩本皆無,非也。

〔八〕朝川鼎曰:此句結上,與下二句同例,可知上文脱“權剸”一項也。王納諫本《標注》曰“謂制人而不制於人也”,上文“案兵無動”是也。⊙王先謙曰:下“兵勁”、“名聲美”,皆承上言之。此云“權者重之”,上無所承,疑有奪文。⊙天海案:奪文當作“爲是之日而權剸天下之重矣”,此十二字應在“相卒也”句下。朝、王二説是。

〔九〕物雙松曰:三“者”字,今文“則”字意。

〔一〇〕久保愛曰:雖堯、舜不能出其上也。⊙王先謙曰:夫,猶彼也。言如此,則彼堯、舜所以一天下,無以加之。⊙安積信曰:者,似當作“之”。

〔一一〕天海案:句首“故”字,巾箱本、《題注》本、遞修本、明世本、《四庫》本皆無。知,同智。案,語詞,同乃。下“案”同此。

〔一二〕天海案:“國俗節”,國之貪欲有節制。俗,通欲。説見前文“諸侯俗反”校釋。“詘”,巾箱本、《題注》本、遞修本、明世本、《四庫》本皆作“屈”,“屈”字可通“詘”。

〔一三〕物雙松曰:務本事,務農也。棲遲薛越,《通雅》曰:“《説文》‘糏糳,散之也。’即屑越之意,糏與屑通。”棲遲,如餘糧棲畝,古當有此語。⊙久保愛曰:棲遲,貨財費散,猶人之棲息自廢於中野也。薛越,讀爲屑越。《通雅》賈閏甫謂李密曰:“民以食爲天,而有司屑越如此。”注:“狼戾也。”⊙冢田虎曰:此與畜積、并聚對,則知耗散之意也。⊙盧文弨曰:薛越,即“屑越”。後同。⊙王懋竑曰:棲遲薛越,似是分散遺棄之意。⊙帆足萬里曰:本事,言己職分之當務者。棲,如“餘糧棲於畝”之“棲”。棲遲,委棄不收也。屑,粉也。越,播棄也。⊙朝川鼎曰:王納諫本《標注》曰:“薛,與屑同。棲遲屑越,遺滯耗廢。”先君曰:“忘,疑妄。棲遲,蓋費耗之意。”

⊙陶鴻慶曰：忘，讀爲“妄”。⊙楊栁橋曰：《爾雅》：“棲遲，息也。”《廣雅》：“棲，跂也。”謂擱置也。胡三省《通鑑》注：“屑越，猶言狼藉而棄之也。”⊙天海案：勿忘，猶勿妄也。《管子·四時》：“惛而忘也者，皆受天殃。”《管子集校》郭沫若云“忘字當爲妄”，是其證。棲遲，猶言棄置也。薛越，同屑越，皆雙聲疊韻，故得相通。《資治通鑑》唐高祖武德元年：“國以民爲本，民以食爲天。……而有司曾無愛吝，屑越如此。”注：“屑越，猶言狼藉而棄之也。”是“棲遲薛越”，即言遺棄拋撒也。下文“彼將日日棲遲薛越之中野”，亦可證之。

〔一四〕帆足萬里曰：“是使”以下十五字，古注文。

〔一五〕朝川鼎曰：三者體此，彼此對用。⊙張覺曰：體，與“行”同義。⊙王雲路曰：體此，照此去做。⊙天海案：三者，指上文所言“自進”、“自詘”、“自富”三事。體此，效法如此。《淮南子·本經》：“帝者體太一。”高誘注：“體，法也。”或曰：三者體此，猶言法此三者。亦通。

〔一六〕久保愛曰：彼，皆指暴國君。⊙天海案：與，相與也。

〔一七〕物雙松曰：“若”字，皆如“似”字。⊙天海案：《藝文類聚》卷八十九《椒》引《孫卿子》曰：“民之視我，驩若父母；其好我，芬若椒蘭。”

〔一八〕久保愛曰：其民，謂暴國之民也。若灼黥，謂畏怖之也。⊙包遵信曰：灼，驚也。灼黥，謂其民顧視其上，猶見黥刑之驚懼也。仇，惡也，怨也。仇讎，謂其民視其上，如怨惡仇敵之人也。⊙天海案：灼，火燒；黥，用刀刺字於面並抹墨的酷刑。此二句言其民回視其君主，就如將被火燒刀刻，見到仇敵一樣難受和憤怒。

〔一九〕天海案：“暴國之君”以下“所好者哉”之文，又見於《議兵篇》。

〔二〇〕久保愛曰：此四字衍文。⊙冢田虎曰：言暴國之君奪其民財也。然此四字似衍。⊙郭嵩燾曰：承上文“王奪之人”言，彼所有之人已爲我奪也。⊙安積信曰：或云：以、已通。

〔二一〕物雙松曰：“非往行之也”，言非行之於天下也。⊙冢田虎曰：“非往行之也”，言取天下者，非往來於天下以行之也。⊙帆足萬里曰：言己非故往而行攻伐也。⊙章詩同曰：行，奪取。⊙天海案：《方言》卷十二：“往，勞也。”《廣雅·釋詁》：“往，勞也。”王念孫《疏證》：“往之爲勞，猶來之爲勤。”故“非往行之也”，即“非勞而行之”也。他説皆未當。又，“非”字，巾箱本、《題注》本、遞修本皆無。

〔二二〕物雙松曰：“脩政其所莫不願如是”九字句。“其所”奇。⊙朝川鼎曰：言脩政其所，亦人莫不願也。“其所”二字與“非往行之”句呼應。先君曰：“即上文‘王者之所’之所。”⊙安積信曰：脩政，疑“政脩”。⊙陶鴻慶曰：“脩政其所”爲句，“莫不願”上當奪“天下”二字。“脩政其所”，承上“非往行之”而言；“天下莫不願”，承上“以一國取天下”而言。願，猶慕也。⊙天海案：脩政，即修正。言整飭調正也。其所，其所爲也。此言整飭調正其所爲，就没有人不仰慕的。此“其所爲"，即上文所言"三者體此而天下服"也。《王霸篇》"内不修正其所以有，然常欲人之有"之"修正"即同此"脩政"。"莫不願"，猶言無人不願。言補"天下"二字者，蛇足也。

〔二三〕久保愛曰：吴語曰"施民所欲，去民所惡"是也。⊙陶鴻慶曰：而，猶"則"也，言如是則可以誅暴禁悍也。⊙天海案：暴，暴國；悍，悍君。或曰：暴、悍，即强暴之國，由下文可知。

〔二四〕久保愛曰：《重意》：《書・仲虺之誥》："初征自葛，東征西夷怨，南征北狄怨。曰，奚獨後予？"《尚書》以此事爲湯之事，而此爲周公之事者，周公亦有此事。《詩》曰"周公東征，四國是皇"是也。宋本無本注，"重意"以下二十六字，皆非楊注也。雖然，有益于正文，不可删也。⊙帆足萬里曰：《孟子》以爲湯事，此以爲周公，傳聞之異耳。⊙劉師培曰：《後漢書・班固傳》注引作："周公東征，西國怨曰：何獨不來也？南征而北國怨曰：何獨後我也？"⊙裴學海曰：獨，猶爲也。⊙天海案：久氏所録"重意"以下二十六字，明世本、《四庫》本有，他本無。此非楊注，乃南宋《重言・重意》大字刊本之殘文也。

〔二五〕天海案："孰"字，巾箱本、《題注》本、遞修本作"獨"，而明世本、《四庫》本則作"就"，盧、謝本從之。王引之曰"'就'字義不可通，當是'孰'字之誤"，是也。下"與"，同"歟"字。

〔二六〕冢田虎曰：即上文"以其國爲王者之所，亦王也"。安，語詞。⊙天海案："以"字，巾箱本、《題注》本、遞修本皆無，非也。王，稱王也。又，此下原文未分段，現據文意分之。

殷之日，安以静兵息民〔一〕，慈愛百姓，辟田野，實倉廪，便備用，安謹募選閲材技之士〔二〕；然後漸慶賞以先之，嚴刑罰以防之，擇士之知事者，使相率貫也〔三〕，以是厭然畜積脩飾而物用之足也〔四〕。兵革器械者，彼將日日暴露毁折之中原，我今將脩飾之，拊循之，掩蓋之於府庫〔五〕。貨財粟米者，彼將日日棲遲薛越之中野〔六〕，我今將畜積并聚之於倉廪〔七〕。材技股肱、健勇爪牙之士，彼將日日挫頓竭之於仇敵〔八〕，我今將來致之，并閲之，砥礪之於朝廷〔九〕。如是，則彼日積敝，我日積完〔一〇〕；彼日積貧，我日積富；彼日積勞，我日積佚〔一一〕。君臣上下之閒者，彼將厲厲焉，日日相離疾也〔一二〕；我今將頓頓焉，日日相親愛也〔一三〕，以是待其敝。安以其國爲是者霸〔一四〕。

立身則從傭俗，事行則遵傭故，進退、貴賤則舉傭士〔一五〕，之所以接下之百姓者,則庸寬惠〔一六〕。如是者,則安存〔一七〕。立身則輕楛,事行則蠲疑〔一八〕,進退、貴賤則舉佞侻〔一九〕,之所以接下之人百姓者,則好取侵奪〔二〇〕。如是者,危殆。立身則憍暴〔二一〕,事行則傾覆,進退、貴賤則舉幽險詐故〔二二〕,之所以接下之人百姓者,則好用其死力矣,而慢其功勞〔二三〕;好用其籍斂矣,而忘其本務。如是者,滅亡〔二四〕。

此五等者,不可不善擇也〔二五〕。王、霸、安存、危殆、滅亡之具也,善擇者制人,不善擇者人制之。善擇之者王,不善擇者亡〔二六〕。夫王者之與亡者,制人之與人制之也,是其爲相懸也亦遠矣〔二七〕。

## 【校釋】

〔一〕久保愛曰:"以"字衍。⊙北大組曰:"靜兵息民",停止用兵,使人民得以休養生息。⊙天海案:"民"字,巾箱本、《題注》本、遞修本脱。

〔二〕天海案:辟,同闢,開拓也。技,諸本一作"伎"。"辟田野"下至"防之"數句,已見前文,唯"防"字前作"糾"。其注參見"彼霸者不然"一節。

〔三〕物雙松曰:知事者,謂曉知兵農之事者也。貫,習也。⊙安積信曰:率貫,猶統貫也。⊙章詩同曰:率貫,統率。貫,統。⊙王雲路曰:知事者,明白事理的人。⊙天海案:知事者,即主事者。知,執掌,主持也。率,遵循。《詩·大雅·假樂》:"不愆不忘,率由舊章。"鄭玄箋:"率,循也。"貫,實行也。《廣雅·釋詁》:"貫,行也。"故"率貫"即遵循實行之謂也。

〔四〕物雙松曰:厭然,足貌。畜積,照上"辟田野,實倉廩"。修飾,照上"便備用"。物,謂兵革器械、貨財粟米。⊙王先謙曰:厭然,猶安然。説見《儒效篇》"之"字衍。⊙天海案:厭然,滿足之貌。此對"物用之足"而言,故物説是,王説非也。

〔五〕物雙松曰:拊循之,謂摩挲愛也。⊙久保愛曰:暴,音曝。拊,與撫同。⊙盧文弨曰:日日,元刻作"日月",下竝同。⊙北大組曰:暴露毁折,丢棄損壞。中原,原野。拊循,安撫,引申爲愛護。掩蓋,收藏。⊙楊柳橋曰:《説文》:"拊,揗也。揗,摩也。"循,即"揗"之借字。顔師古《漢書》注:"拊,摩循之也。"⊙天海案:拊循,愛惜也。《富國篇》:"垂事養民,拊循之,唲嘔之。"楊倞注:"拊循,慰悦之也。"彼言養民,故慰悦之;此言兵器,故引申爲愛惜。又,正文"日日",巾箱本、《題注》本、遞修本作"日月",下亦同。

〔六〕北大組曰:中野,曠野。畜,同蓄。⊙天海案:"棲"原誤作"捷",據上文及諸本改。

〔七〕物雙松曰：并聚、并閲，并，皆聚意。⊙朝川鼎曰：先君曰：“‘積’下疑脱‘之’字。”⊙天海案：并，合也。并聚之，猶言合聚之也。

〔八〕久保愛曰：挫頓，猶摧折也。⊙帆足萬里曰：“竭”上下疑脱一字。⊙安積信曰：“挫”下脱一字。⊙北大組曰：爪牙，武士。挫頓，打擊。⊙天海案：“技”，諸本一作“伎”。“頓”下，巾箱本、《題注》本、遞修本皆有“物”字。竭，通揭。《廣雅》：“揭，舉也。”《禮運》釋文：“竭，本亦作揭。”是揭、竭古字通。“竭之於仇敵”，猶“舉之於仇敵”，其意自明。帆、安二説非也。

〔九〕久保愛曰：閲，閲實也。并與併同。⊙梁啓雄曰：《詩·谷風》傳：“閲，容也。”⊙天海案：并閲，或當作“簡閲”。朱起鳳曰：“簡字作并，乃草書形相涉而訛。”簡，選揀也。簡閲，同選閲，意即選用也。參見前文“彼霸者不然”一節中“選閲”之校釋。

〔一〇〕物雙松曰：積弊、積完，應兵革器械。積貧、積富，應貨財粟米。積勞、積佚，應材伎股肱。⊙久保愛曰：弊，罷弊。完，完脩。⊙天海案：敝，諸本一作弊，二字可通。敝，敗壞也；完，堅固也。前文“尚完利，便備用”，楊倞注：“完，堅也。”物説應上“兵革器械”，是也。

〔一一〕久保愛曰：佚，與逸同。

〔一二〕傅山曰：即以“離疾”解“厲厲”，“親愛”解“頓頓”，可也。⊙久保愛曰：厲厲，犯政爲惡貌。⊙王先謙曰：《莊子·人間世·釋文》：“厲，疾也。”重言之曰“厲厲”。⊙安積信曰：“者”字恐衍。⊙章詩同曰：“厲厲”，仇視的樣子。“離疾”，離棄憎恨。⊙張覺曰：“厲厲”，嚴厲地，惡狠狠地。⊙天海案：厲，危也、害也。《易·乾》：“君子終日乾乾，夕惕若厲。”孔疏：“厲，危也。”《鹽鐵論·疾貪》：“長吏厲諸小吏，小吏厲諸百姓。”此厲即虐害也。故“厲厲”即相互危害之謂也。離疾，背離憎恨。

〔一三〕物雙松曰：頓，屯通。如兵頓某地。屯，聚也。⊙久保愛曰：“頓頓”，頓首從服貌。⊙帆足萬里曰：厲厲焉，相疾惡之貌。頓頓焉，安佚之貌。⊙王先謙曰：頓，讀曰敦。《詩》“頓丘”，《爾雅·釋丘》作“敦丘”，是其證。《禮·樂記》“敦樂而無憂”，注：“敦，厚也。”重言之曰敦敦。頓頓，相親厚之意也。⊙鍾泰曰：“我今將頓頓焉日日相親愛也”不得句絶，當讀至“以是待其敝”爲句。⊙潘重規曰：頓，當讀爲《中庸》“肫肫其仁”之肫。肫肫，懇誠之貌。肫之作頓，猶肫之作純。肫、頓、純，皆從屯得聲也。⊙天海案：上“厲厲”爲虐害之義，此“頓頓”與之對文，訓爲仁厚則安。頓頓、肫肫、敦敦，皆音近而義通也。《哀公篇》：“繆繆肫肫，其事不可循。”《大戴禮·哀公問》則作：“穆穆純純，其莫之能循。”朱起鳳曰：“肫肫乃忠厚懇摯之義，純即肫字之假。”

〔一四〕帆足萬里曰：“以是待其弊”，古注文攙入。⊙天海案：敝，敗也。又，此下原文未分段，現據文意分之。

〔一五〕物雙松曰：傭、庸同。謂中庸之俗，中庸之事，中庸之士。⊙久保愛曰：傭，讀爲庸，中庸也。言雖不甚善，猶不至暴惡也。故事也。⊙郝懿行曰：傭，與庸同。庸者，常也。《詩》云："昊天不傭。"《韓詩》作"庸"，是庸、傭通。下云"則庸寬惠"，此"庸"訓用。⊙陶鴻慶曰：舉，讀爲與。言用舍之權與傭士共之也。讀本字則不可通。下文"進退貴賤，則舉佞侻"，又云"進退貴賤，則舉幽險詐故"，義並同。⊙梁啓雄曰：謂行事則循平常的故事。⊙章詩同曰：傭故，平常的成例。⊙天海案：傭，同庸，庸即平常。郝説是也。進退貴賤，偏義復詞，猶言進用而顯貴也。舉，皆也。"進退貴賤則舉傭士"，猶言進用而顯貴者全是平常之士。下文"進退貴賤則舉佞侻"，其例同此。

〔一六〕物雙松曰：孫鑛曰："疑'士'字句，下句從'之'字起。"然未知是否。今按《荀子》書中，"之"字爲句頭者多。"庸寬惠"，用也。⊙冢田虎曰："則舉傭士之所以接下之人百姓"十四字句，孫鑛以"傭士"爲句，非也。下文同焉。"庸寬惠"，以寬惠爲常。茂卿"庸"訓"用"，不是也。⊙王先謙曰：荀書多以"之"爲"其"。《富國篇》"以奪之財，以奪之食，以難其事"，二"之"字與"其"連文，亦訓爲"其"。《王霸篇》"之所與爲之者之人"。以下二"之"字同。⊙天海案：句首"之"當訓爲"其"，王説是。冢之斷句，非也，當從孫、盧句讀。上言"從傭俗"、"遵傭故"、"舉傭士"，此言"接百姓"，皆平列之也，若與"舉傭士"句連讀，則文義不暢矣。"庸寬惠"之庸，訓用、訓常並通，然訓"常"，於義爲長。又，"百姓"上，巾箱本、《題注》本、遞修本、明世本、《四庫》本皆有"人"字，據下文兩處文例，亦有"人"字，然"人百姓"連用，甚爲不辭，疑下文二處"人"字皆衍文也。

〔一七〕盧文弨曰：僅免於危亡而已。⊙龍宇純曰："則"字衍。下文云"如是者危殆"，"如是者滅亡"，並無"則"字。⊙天海案：有"則"字文氣足，疑下二處文中脱"則"字。

〔一八〕郝懿行曰：楛，與苦同，謂脆惡也。𪉖，明也。謂喜明察而好狐疑也。⊙冢田虎曰：𪉖疑，"𪉖"字可疑也，恐當爲"險疑"與？⊙久保愛曰：楛，讀爲盬，不堅固也。𪉖，當作嫌，音之誤也。⊙帆足萬里曰：楛，濫惡也。𪉖疑，言果斷不闕疑也。⊙劉師培曰：輕，爲輕佻；楛，爲疏略。皆指其虚而無實者言也。疑"𪉖疑"之"𪉖"應作"攜"。《説文》云："懏，有二心也。"《廣雅》云："攜，離也。"是攜義與二心同。然"疑"亦訓二，如《解惑篇》"兩"與"疑"并言。是故知"𪉖疑"當作"攜疑"，言其作事紛歧惑亂，不能有所折衷也。郝説非是。⊙鍾泰曰：《玉篇》："𪉖，疾也。"此"𪉖"字當從"疾"訓，與上"輕"字，下"鋭"字正一類。⊙梁啓雄曰：輕楛，謂輕佻濫惡。⊙章詩同曰：輕楛，輕率惡劣。⊙北大組曰：𪉖疑，遲疑。⊙天海案：楛，原作"楉"，諸本一作"楛"，現據改。"楛"字，讀若苦。荀書屢用之，楊倞並注爲濫惡、粗惡也。

參見《勸學》《議兵》《天論》諸篇之楊注。輕楛，即輕浮粗疏也。與上言"立身則從傭俗"，下言"立身則憍暴"，彼此相應矣。躅疑，疑爲"懸疑"，躅、懸音近，或音誤也。懸疑，言遇事揣疑不決也。

〔一九〕郝懿行曰：侻，與脱同，亦與悦同。謂喜近小人也。《脩身篇》有"佞兑"字，則侻與兑同，當訓爲悦。謂諞佞容悦也。⊙王先謙曰：侻，蓋"兑"字，後人加"人"旁耳。説見《修身篇》。⊙朝川鼎曰：宋本作"侻"，《脩身篇》"佞兑而不曲"。兑、侻、悦，通用。⊙梁啓雄曰：佞兑，即"佞鋭"。佞是口才捷利之名，鋭亦利也。⊙天海案：佞侻，諸本一作"佞悦"。《修身篇》作"佞兑"，《君道篇》《臣道篇》作"佞説"，是兑、侻、悦、説皆通也。故佞悦者，諂諛取悦者也。

〔二〇〕王念孫曰：吕本作"好取侵奪"，錢本無"取"字。盧從吕本。案"取"與"侵奪"意復，且不詞，作"好侵奪"者是也。上文云"之所以接下之人百姓者則庸寬惠"，句法正與此同。⊙王先謙曰：《富國篇》云"雖好取侵奪，猶將寡獲也"，可見荀書自有此語。錢本無"取"字者，亦疑爲不詞而删之耳。古書不當輒改，謝本從盧校有"取"字，今仍之。⊙天海案：取，聚也。好取，謂好聚斂也。侵奪，謂掠奪也。王念孫謂"好取侵奪"爲"意復"、"不詞"，皆非也。

〔二一〕物雙松曰：憍、驕通。

〔二二〕物雙松曰：故，固通。⊙久保愛曰：幽險，幽深嶄險也。詐故，姦詐事故也。"故"下，舊本、宋本有"人"字，今據元本、《標注》本、孫鑛本除之。⊙王先謙曰：故，亦詐也。説見《王霸篇》。⊙朝川鼎曰：幽險詐故人，猶言幽險詐故之人也。先君曰："《王霸篇》'不隆本行，不敬舊法，而好詐故'，注云：'故，事變也。'即此詐故字。故者，謂運機變之智也。"⊙章詩同曰：幽險詐故，陰險欺詐也。故，詐僞。⊙天海案：幽，陰深也。故幽險即陰險。詐故，狡詐多變之謂。《國語・晉語》二："多爲之故，以變其志。"韋注："故，謂多作計術。"《淮南子・主術》："是以上多故，則下多詐。"高注："故，詐。"又，"故"下原文有"人"字，此據久校删之。

〔二三〕物雙松曰：好用其死力，謂盡民力也。⊙久保愛曰：死力，謂必死之力也。⊙天海案：死力，賣命之力，拼死之力也。慢，輕也。

〔二四〕物雙松曰：藉斂，謂按籍斂財也。如搜富户之類。本務，農也。⊙久保愛曰：藉斂，猶言税斂也。《詩》曰"實畝實藉"，鄭玄曰："藉，税也。"又《鹽鐵論》曰"藉斂不過十一"，是也。本務，謂農桑也。⊙章詩同曰：籍斂，搜括。⊙天海案：籍斂，謂徵收田税也。語又見《管子・山至數》《墨子・節用上》。籍，諸本一作"藉"，二字可通。又，此下原文未分段，現依文意分之。

〔二五〕久保愛曰：五等者，謂上文所論政事善惡，其等差凡有五也。⊙朝川鼎曰：王納諫本《標注》云："王也，霸也，安存也，危殆也，滅亡也。謂之五等。"⊙天海案：下文所言"王、霸、安存、危殆、滅亡"乃五等也。此節亦總括本段文意。

〔二六〕天海案：王，稱王也。“不善擇者亡”之“擇”下，諸本亦有“之”字者。

〔二七〕盧文弨曰：篇末自“具具而王”至此，文義淺雜，當是殘脱之餘，故不注耳。⊙久保愛曰：懸，懸隔也。⊙天海案：懸，懸殊也。

山西文華·著述編

# 荀子校釋

第二册

王天海 ◎ 校釋

《山西文華》編纂委員會 編

山西出版傳媒集團
三晉出版社

山西文集

而自以爲無禍，各縱貪欲而不窮，則民心奮競不可解説也。⊙鍾泰曰："埶同而知異"句，應屬上讀。説，諭也。當讀如字。⊙梁啓雄曰：《易》虞注："勢，力也。"⊙天海案：埶，同勢，地位。知異，智慧不同。説，讀如脱。《詩·衛風·氓》："士之耽兮，猶可説也。女之耽兮，不可説也。"鄭箋："説，解也。"余冠英曰："説，讀爲脱，解脱。"此言民心爭競於"行私"、"縱欲"之中，而不可解脱也。楊注訓説爲悦，誤也。他説亦非。

〔九〕楊倞注：功名之立，由於任智。⊙久保愛曰：功名必成於治。⊙鍾泰曰：功者，功用；名者，名分。非常言所謂功名也。注似未了。⊙天海案：功名，即功業與名望。鍾説非。

〔一〇〕楊倞注：有功名者居上，無功名者居下，然後羣衆懸隔。若未有功名，則羣衆齊等也。⊙天海案：縣，通懸，殊也。未縣，未有等級差别。

〔一一〕楊倞注：既無懸隔，則未有君臣之位也。⊙劉師培曰：此文"羣衆未縣"，猶言羣衆未繫也。⊙天海案：楊注是，劉説非。

〔一二〕楊倞注：無上下相制，則天下之害生於各縱其欲也。⊙久保愛曰：此節暗指墨子。⊙王先謙曰：承上"縱欲不窮"申言之。⊙安積信曰：害生縱欲，謂天下之人，戕害其生理，放縱其私欲也。

〔一三〕楊倞注：同物，謂飲食、男女，人之大欲存焉；死亡、貧苦，人之大惡存焉；是賢愚同有此情也。無君上之制，各恣其欲，則物不能贍，故必爭之也。⊙物雙松曰：欲惡同物，飲食、衣服等，皆所同欲之物也；貧賤、死亡，皆所同惡之物也。

〔一四〕楊倞曰：技，工也。一人，君上也。言百工所成之衆物以養一人，是物多而所奉者寡，故能治也。⊙汪中曰：此言一人之身而百工之所爲備耳，注非。⊙久保愛曰：言人不能獨立而贍也。百技互通其功，而後各相養。蓋説以羣成也。《孟子》曰"一人之身而百工之所爲備"，亦此意也。⊙安積信曰：言百工所成，有無相通，以濟其用。⊙天海案：一人，普通一人。汪説是，楊注非。

〔一五〕楊倞注：雖能者亦不兼其技功，使有分也。謂梓匠、輪輿各安其業則治，雜之則亂也。⊙物雙松曰：上"能"是藝能。⊙久保愛曰：本注"技功"當作"技工"。⊙鍾泰曰：言人之能不能兼通數技也。注作能者説，非是。⊙天海案：上"能"爲才能、技能，物、鍾二説是。技，巧也。此引申爲精。言人之才能不能兼精也。

〔一六〕楊倞注：皆使專一於分，不二事也。謂若夔典藥、稷播種之類也。⊙鍾泰曰：此言人自不能，非謂必使之如此也。⊙章詩同曰：官，管。⊙天海：兼官，猶言兼職也。

〔一七〕楊倞注：不相待，遺弃也。窮，謂爲物所困也。此言不羣則不可，羣而無分亦不可也。⊙冢田虎曰：言百技、衆官離居，而不通功易事，則皆窮蹙而不能成其功。故羣居相待，而事不窮也。注失之。⊙久保愛曰：相待，通功易事也。窮，困窮也。⊙安積信曰：窮，謂資用困窮也。⊙鍾泰曰：不相待，謂獨立而不待於人。注未了。⊙梁啓雄曰：不相待，即不互助和不通功易事之意。⊙天海案：離居，離羣而居。不相待，不互相扶持。待，通持。《儀禮·公食大夫禮》"左人待載"，鄭玄注："古文待爲持。"《韓非子·内儲説下》："我以魏待子於韓。"陳奇猷《集釋》："待，當作持。"窮，此指陷入困境。無分，此指無等級名分。

〔一八〕楊倞注：此已上皆明有分則能羣，然後可以富國。⊙劉師培曰：使，當作"便"，因形近而誤。便羣，即利羣。下文所言均利民之策也。⊙梁啓雄曰：明分使羣，謂使人羣居且明其分際。⊙包遵信曰："明分"之義有二：一爲别貴賤親疏之差，一爲社會職業之分工。梁説不确。⊙天海案：明分，明确等級職分。包説是。使羣，使民衆羣聚互助。劉説"使"當作"便"，非也。

〔一九〕楊倞注：德，謂教化使知分義也。⊙冢田虎曰："民"字疑衍。⊙鍾泰曰：政，讀如正。不以德爲政，謂力征者不知正之以德也。此"德"字對"力"言，非教化之謂。⊙天海案：德，謂禮義恩惠。爲政，即治政。鍾説非也。

〔二〇〕楊倞注：老弱不能自存，故憂失養；壯者以力相勝，故有分爭也。⊙古屋鬲曰："分爭"疑倒，與下文"爭功"、"爭色"對。⊙天海案：古説是。

〔二一〕楊倞注：事業，勞役之事，人之所惡。職業，謂官職及四人之業也。必使各供其職，各從所務。若無分，則莫不惡勞而好逸也。⊙物雙松曰：事業，謂勞力之事也，是人所厭惡也。⊙帆足萬里曰：職業無分，謂各犯其職分也。⊙天海案：職業無分，言官職無等級職守，四民之業無分工。注中"四人"應作"四民"，楊倞避唐諱而改。

〔二二〕楊倞注：樹，立也。若無分，則人人患於樹立己事而爭人之功，以此爲禍也。⊙物雙松曰："樹事之患"，謂事難樹立之患也。⊙梁啓雄曰：事業，即今語"義務"。功利，即今語"權利"。樹事，疑作"樹私"，音近而訛。⊙趙海金曰：《説文通訓定聲》："樹，假借爲柱。"古音"樹"與"柱"聲韻俱同，故得通。《廣雅·釋器》："柱，距也。"言勞役之事人皆距而不爲。⊙天海案：樹，立也。立，起也，故樹事亦起事。起事即肇事、生事之義。人惡勞役、好功利、職業無分，故有生事端、爭功利之禍患。楊注未得，他説亦非。

〔二三〕楊倞注：合，配也。分，謂人各有偶也。⊙天海案：分，區别。

〔二四〕楊倞注：婦之父爲婚，壻之父爲姻。言婚姻者，明皆以二人之命也。聘，問名也。内，讀曰納，納幣也。送，致女。逆，親迎也。⊙盧文弨曰：娉，《説文》："問也，匹正切。"《廣韻》云："娶也。"後人入詩作平聲，"娉婷"，訛甚。注作"聘"，今字。⊙久保愛曰：送，《左氏傳》所謂"姊妹則上卿送之，公子則下卿送之"之類，是也。⊙梁啓雄曰：娉，本字；聘，叚字。⊙天海案：無禮，不守禮制。

〔二五〕楊倞注：失合，謂喪其配偶也。⊙天海案：色，女也。

〔二六〕楊倞注：知，如字。知者，謂知治道者。又讀爲智，皆通。⊙物雙松曰：篇首至此爲一節，言民不可以無分也。⊙天海案：知，當讀爲智。爲之分，爲其确定名分。又此下原文未分段，現據物説分之。

足國之道〔一〕：節用裕民而善臧其餘〔二〕。節用以禮，裕民以政〔三〕。彼裕民，故多餘〔四〕。裕民則民富，民富則田肥以易〔五〕，田肥以易則出實百倍〔六〕。上以法取焉，而下以禮節用之〔七〕，餘若丘山，不時焚燒，無所臧之〔八〕，夫君子奚患乎無餘〔九〕？故知節用裕民，則必有仁義聖良之名，而且有富厚丘山之積矣〔一〇〕！此無佗故焉〔一一〕，生於節用裕民也。不知節用裕民則民貧，民貧則田瘠以穢〔一二〕，田瘠以穢則出實不半〔一三〕。上雖好取侵奪，猶將寡獲也〔一四〕。而或以無禮節用之，則必有貪利糾譑之名〔一五〕，而且有空虚窮乏之實矣〔一六〕。此無佗故焉，不知節用裕民也。《康誥》曰："弘覆乎天，若德裕乃身，不廢在王庭。"此之謂也〔一七〕。

【校釋】

〔一〕楊倞注：明富國之術也。⊙楊樹達曰：目下之詞。⊙天海案：足，富也。此亦篇内之目。

〔二〕楊倞注：裕，謂優饒也。"善臧其餘"，謂雖有餘，不耗損而善藏之。⊙盧文弨曰：臧，古"藏"字。正文從古，注以今文解之。楊氏往往如此。⊙王先謙曰：《羣書治要》句末有"也"字。⊙駱瑞鶴曰：節用，言節制其用。裕民，謂寬緩其民，即不横征暴斂，徭役不違農事。⊙天海案：臧，同藏，下同此。諸本一作"藏"。

〔三〕楊倞注：以禮，謂用不過度。以政，謂取之有道也。⊙天海案：此謂用禮來調節用度，用寬政來善待百姓。楊注未切。

〔四〕楊倞注：人得優饒，務於力作，故多餘也。⊙久保愛曰："彼"字不穩，疑"夫"字誤。⊙梁啓雄曰："裕民"二字當作"節用"，句法才一律。

〔五〕楊倞注：易，謂耕墾平易。⊙久保愛曰：易，與"穢"字對，蓋謂芟夷草萊也。⊙鍾泰曰：易，治也。非平易之謂。⊙天海案：《詩・小雅・甫田》："禾易長畝，終善且有。"《毛傳》："易，治也。"楊注非，久、鍾二説是。

〔六〕楊倞注：所出穀實多也。

〔七〕楊倞注：法取，謂什一也。以禮節用，謂不妄耗費也。⊙鍾泰曰：上者，對民言；以法取、以禮節用，皆上之事，則"而"下不當有"下"字。此不知者以上"上"字而妄加也耳。觀後"或以無禮節用之"上無"下"字，可見。⊙天海案：據文意，"下"字疑衍。

〔八〕楊倞注：以言多之極也。⊙嚴靈峰曰：此處"所"字乃處所之"所"。謂生産過剩，無處藏放。⊙天海案："不時焚燒，無所藏之"八字《治要》無。

〔九〕楊倞注：以墨子憂不足。⊙王先謙曰：《治要》句末有"也"字。⊙安積信曰："君子"不必指墨子。

〔一〇〕楊倞注：名實皆美。⊙天海案：《治要》引此文，小異。

〔一一〕天海案：佗，通"他"。一作"它"。下同此。

〔一二〕楊倞注：貧則力不足，耕耨失時也。⊙久保愛曰：穢，草萊不易也。⊙包遵信曰：穢，荒蕪也。⊙天海案：貧，巾箱本、《題注》本、遞修本誤作"貪"。"民貧則田瘠以穢"及下文"田瘠以穢"諸字《治要》無。

〔一三〕楊倞注：不得其半。

〔一四〕梁啓雄曰：好，如字。好取，謂不亂取於民。"侵奪"二字疑與下文"無禮節用"之"節用"二字互錯。⊙裴學海曰：取，爲也。⊙包遵信曰：好，讀去聲。⊙駱瑞鶴曰：今謂"取"猶"用"。好取侵奪，善用侵奪也。⊙天海案：好，喜好之好。取，《廣雅》"爲也"。好取侵奪，言其君上好爲侵奪聚斂也。梁説非也。又，好亦巧也，好取，亦即巧取也。

〔一五〕楊倞注：糾，察也。譑，發人罪也。譑音矯。⊙王念孫曰：糾，收也。譑，讀爲撟，取也。言貪利而收取之也。⊙久保愛曰："以無"疑字倒。《標注》曰："糾譑，賦斂刻急之意。"⊙帆足萬里曰：譑，從言從喬，賦斂嚴急也。⊙龍宇純曰："利"字誤，當作"戾"，二字音近。戾與貪義近，故相連用之。⊙天海案：貪利，猶同貪戾。《禮·大學》："一人貪戾，一國作亂。"鄭玄注："戾之言利也。"朱起鳳曰："利、戾同聲通段，荀卿書多借'利'爲之。"糾，《廣雅》"急也"。譑，從王説，取也。糾譑，即急斂取之意。楊注非。

〔一六〕天海案：此上之文亦見《治要》録引，略異。

〔一七〕楊倞注：弘覆如天，又順於德，是乃所以寬裕汝身。言"百姓足，君孰與不足"也。⊙盧文弨曰：注"百姓與足"二句，又見第二十卷注中，不必定依今《論語》改此文。⊙天海案：今本《尚書·康誥》作"弘于天，若德裕乃身，不廢在王命"。錢佃《考異》曰"諸本無'不廢在王庭'一句"，今存諸本亦無此句。又楊注"與"字，明世本在"百姓"下，盧謝本從之，《集解》本從盧本。此下原文未分段，現依文意分之。

禮者，貴賤有等，長幼有差，貧富輕重皆有稱者也〔一〕。故天子袾裷衣冕〔二〕，諸侯玄裷衣冕〔三〕，大夫裨冕〔四〕，士皮弁服〔五〕。德必稱位，位必稱禄，禄必稱用〔六〕。由士以上，則必以禮樂節之。衆庶百姓，則必以法數制之〔七〕。量地而立國〔八〕，計利而畜民〔九〕，度人力而授事〔一〇〕，使民必勝事〔一一〕，事必出利，利足以生民。皆使衣食百用，出入相揜〔一二〕，必時臧餘，謂之稱數〔一三〕。故自天子通於庶人，事無大小多少，由是推之。故曰："朝無幸位，民無幸生。"此之謂也〔一四〕。

輕田野之税，平關市之征〔一五〕，省商賈之數〔一六〕，罕興力役，無奪農時。如是，則國富矣！夫是之謂以政裕民〔一七〕。

【校釋】

〔一〕楊倞注：稱，尺證反。⊙盧文弨曰：舊本不提行，今案當分段。

〔二〕楊倞注：祩，古朱字。裷，與衮同。畫龍於衣謂之衮。朱衮，以朱爲質也。衣冕，猶服冕也。⊙物雙松曰：衣當屬上，注非矣。⊙久保愛曰：《周禮·司服職》："祩裷，即大裘而已。"⊙天海案：楊注是。

〔三〕楊倞注：謂上公也。《周禮》"公之服，自衮冕而下，如王之服"也。⊙天海案：玄裷，黑色禮服。楊注所引見《周禮·春官·司服》。

〔四〕楊倞注：衣裨衣而服冕，謂祭服也。天子六服，大裘爲上，其餘爲裨。裨之言卑也。以事尊卑服之，諸侯以下亦服焉。鷩冕、絺冕皆是也。⊙冢田虎曰：注"事"字當爲"通"。⊙久保愛曰：《司服職》"卿大夫得服玄冕而下"，則此裨冕者，玄冕而已，非鷩冕、絺冕之類也。⊙天海案：以楊注爲是。《儀禮·覲禮》："侯氏裨冕釋幣于禰。"鄭玄注："裨冕者，衣裨衣而冠冕也。裨之言埤也。"

〔五〕楊倞注：皮弁，謂以白鹿皮爲冠，象上古也。素積爲裳，用十五升布爲之。積，猶辟也。辟蹙其腰中，故謂之素積也。⊙久保愛曰：《司服職》："士之服，自皮弁而下，如大夫之服。"⊙包遵信曰："皮弁服"下當脱"素積"二字。《儀禮·士冠禮》"皮弁服素積"。據楊注，知所見本尚未脱也。⊙天海案：據楊注及《士冠禮》，原文"服"下必脱"素積"二字，當補之。包説是也。

〔六〕久保愛曰：論德而序位，所以稱位也。《國語》曰"禄以食爵"，故必稱禄。用，讀爲庸，勳也。《國語》曰"功庸以稱之"。⊙天海案：用，職任。《戰國策·趙策》四："夫國内無用臣。"鮑彪注："用，言可任者。"禄必稱用，謂秩禄必與其職任相當也。

〔七〕楊倞注：君子用德，小人用刑。⊙久保愛曰：《禮記》曰"禮不下庶人，刑不上大夫"，與此相發。數，條目也。⊙鍾泰曰：言節用、制用也。注非《荀》旨。⊙天海案：節之、制之，即節制其用度也。此乃互文見義。楊注非，鍾説是。法數，即法度也。

〔八〕楊倞注：謂若《王制》，天子之縣内九十三國也。

〔九〕楊倞注：謂若周制，計一鄉地利所出，畜萬二千五百家。

〔一〇〕楊倞注：謂若一夫受田百畝。⊙龍宇純曰："人"字無義，此誤衍。度力而授事，與"量地而立國，計利而畜民"，文同一例。



〔一一〕物雙松曰：勝，平聲。即度人力意。⊙天海案：勝，勝任也。

〔一二〕楊倞注：百用，雜用，養生送死之類。出，出財也；入，入利也。揜，覆蓋也。出入相揜，謂量入爲出，使覆蓋不乏絶也。⊙冢田虎曰：揜，猶言襲合。注不是也。⊙王念孫曰：《爾雅》曰："弇，同也。"《方言》曰："掩，同也。"弇、奄、弇、揜竝通。出入相同，謂不使出數多於入數也。楊訓揜爲覆蓋，失之。⊙朝川鼎曰：出入猶出納也。⊙天海案：生民，猶養民也。出入相揜，王説是。冢、朝二説亦通。

〔一三〕楊倞注：足用有餘，則以時臧之，此之謂有稱之術數也。⊙久保愛曰：數，員也。非術數之數也。⊙帆足萬里曰：稱數，謂稱事員數也。⊙安積信曰：楊注單承上"必時藏餘"一句，非也。"必時藏餘"當屬上"出入相揜"句，"謂之稱數"一句，總結上文數節。⊙鍾泰曰：數，度也。稱數，猶言合度，注非。⊙梁啓雄曰：這就是各人的德才和他的地位、俸禄、享用相稱的理。⊙天海案：稱數，言與計劃相稱。數，《説文》："計也。""謂之稱數"一句，近承"皆使"句以下，上承"量地而立國"以下，"量地"、"計利"、"度人力"諸事皆在計劃之中，故曰"謂之稱數"。楊注不是也。

〔一四〕楊倞注：上下所爲之事，皆以稱數推之，故無徼幸之徒。無德而禄，謂之幸位；惰游而食，謂之幸生也。⊙物雙松曰："禮者"以下至此，即上文"節用"意。"輕田野"至"以政裕民"即上文"裕民"意。蓋以禮節用，以政裕民。上統説，此分説。⊙梁啓雄曰：此二句已見於《王制篇》，所以用"故曰"。⊙熊公哲曰：不稱其位謂之幸位，游惰而無生業謂之幸生。⊙天海案：幸位，僥幸之職位。幸生，苟且偷生。又，原文此下未分段，現據文意分之。

〔一五〕楊倞注：平，猶除也。謂幾而不征也。⊙冢田虎曰：此與下"苛關市之征"對文。周末以來，有關市之征久矣，不可得一切除之，故公平其征，而不可苛刻也。⊙久保愛曰：平，均齊之謂也。蓋荀卿别有制，以從時宜，不可以禮典之義强解此文也。⊙天海案：輕，減輕也。平，猶抑也。抑而使之公平。冢説是，楊注非。

〔一六〕楊倞注：省，減也。謂使農夫衆也。⊙天海案：此乃重農輕商之意。

〔一七〕楊倞注：此以政優饒民之術也。⊙天海案：此上二小節之文，《治要》略録之。又，原文此下未分段，現依文意分之。



人之生不能無羣，羣而無分則爭；爭則亂，亂則窮矣〔一〕。故無分者，人之大害也；有分者，天下之本利也〔二〕。而人君者，所以管分之樞要也〔三〕。故美之者，是美天下之本也〔四〕；安之者，是安天下之本也；貴之者，是貴天下之本也。古者先王分割而等異之也〔五〕，故使或美或惡，或厚或薄，或佚或樂，或劬或勞〔六〕，非特以爲淫泰夸麗之聲，將以明仁之文，通仁之順也〔七〕。故爲之雕琢、刻鏤、黼黻、文章〔八〕，使足以辨貴賤而已，不求其觀〔九〕。爲之鍾鼓、管磬、琴瑟、竽笙，使足以辨吉凶，合歡定和而已，不求其餘〔一〇〕。爲之宫室、臺榭，使足以避燥溼、養德、辨輕重而已，不求其外〔一一〕。《詩》曰："雕琢其章，金玉其相。亹亹我王，綱紀四方。"此之謂也〔一二〕。

若夫重色而衣之，重味而食之，重財物而制之，合天下而君之〔一三〕，非特以爲淫泰也，固以爲王天下、治萬變、材萬物〔一四〕、養萬民，兼制天下者〔一五〕，爲莫若仁人之善也夫〔一六〕！故其知慮足以治之，其仁厚足以安之，其德音足以化之〔一七〕，得之則治，失之則亂。百姓誠賴其知也〔一八〕，故相率而爲之勞苦以務佚之，以養其知也〔一九〕。誠美其厚也，故爲之出死斷亡以覆救之，以養其厚也〔二〇〕。誠美其德也，故爲之雕琢、刻鏤、黼黻、文章以藩飾之，以養其德也〔二一〕。故仁人在上，百姓貴之如帝〔二二〕，親之如父母，爲之出死斷亡而愉者〔二三〕，無它故焉，其所是焉誠美，其所得焉誠大，其所利焉誠多〔二四〕。《詩》曰："我任我輦，我車我牛。我行既集，蓋云歸哉！"此之謂也〔二五〕。

【校釋】

〔一〕楊倞注：窮，困。⊙天海案：生，生存。

〔二〕楊倞注：本，當爲"大"。⊙久保愛曰："本利"對"樞要"，宜如字。⊙天海案：本利，根本之利。不必作"大利"。《治要》録此文亦作"本利"。

〔三〕楊倞注：樞，户樞也。⊙久保愛曰：管，主領也。

〔四〕楊倞注：美，謂美其有分。⊙盧文弨曰：美之、安之、貴之，三"之"字皆謂人君。⊙物雙松曰：天下之本，貼"所以管分之樞要"。⊙久保愛曰：美之，謂美人君之宫室、衣服、飲食也。⊙朝川鼎曰：天下之本，指"分"而言，下同。⊙天海案：楊注非，盧説是。天下之本，亦指人君而言。

〔五〕楊倞注：以分割制之，以等差異也。⊙章詩同曰：此即上文"貴賤有等，長幼有差，貧富輕重皆有稱"之意。

〔六〕楊倞注：美，謂褒寵。惡，謂刑戮。厚薄，貴賤也。在位則佚樂，百姓則劬勞也。⊙王念孫曰：下二句本作"或佚樂，或劬勞"。美與惡對，厚與薄對，佚樂與劬勞對。今本"樂"、"勞"上又有兩"或"字，即涉上文而衍。《治要》同。⊙久保愛曰：美惡，謂宫室、衣服。厚薄，謂穀禄多少。佚與逸同，下同。⊙桃源藏曰：貴者衣食美，賤者衣食惡。貴者奉養厚，賤者奉養薄也。⊙潘重規曰：兩"或"字乃足句，非衍也。古書多有此例。《治要》蓋約文義而删去助字，未必即《荀子》原文也。⊙天海案：美惡，此指宫室、衣服。厚薄，此指俸禄多寡。楊注未切，久、桃二説是。二"或"字非衍，潘説是。

〔七〕楊倞注：仁，謂人也。言爲此上事不唯使人瞻望，自爲夸大之聲，將以明仁人乃得此文飾，言至貴也。通仁人乃得此順從，言不違其志也。⊙冢田虎曰：非特以爲淫泰夸麗之聲，謂下文"三爲之"之事也。聲，名聞也。⊙久保愛曰：《標注》曰："上下有章謂之文，不敢凌越謂之順。"愛曰：謂仁者政事之文章，及其順序如此也。⊙俞樾曰："聲"字衍文。《荀子》原文蓋作"夸麗也"，因"也"字誤作"之"，後人妄加"聲"字耳。下文"淫泰也"，句法與此同，是其證。⊙王先謙曰：此言先王將欲施仁於天下，必先有分割等異，乃可以明其文而通其順。若無分割等異，則無文不順，即仁無所施矣。楊注非。⊙安積信曰：仁之文，仁之順，皆謂仁德之文，仁德之順也。⊙于省吾曰：俞説非也。聲，應讀作"聖"。⊙駱瑞鶴曰：淫泰夸麗，奢豪壯麗也。聲，謂聲勢，非衍文，亦非"聖"字假借。仁者，仁道，不謂仁人。文者，禮文。順即順逆字，謂上下等級之序不悖。⊙天海案：此二句乃總冒以下之文，非上文之結句也。聲，勢也。《戰國策·齊策》："吾三戰而三勝，聲威天下。"高誘注："聲，勢。威，震。"駱説是，他説非。《治要》引此作"淫夸之聲"。"明仁之文"，彰明仁道之禮文。"通仁之順"，通達仁道之序。楊注非，駱説是。

〔八〕楊倞注：玉謂之雕，亦謂之琢。木謂之刻，金謂之鏤。白與黑謂之黼，黑與青謂之黻。青與赤謂之文，赤與白謂之章。⊙天海案：雕琢刻鏤，指在各種器物上雕刻花紋圖形。黼黻文章，指在衣物服飾上繡以彩繪。

〔九〕楊倞注：不求使人觀望也。觀，古亂反。⊙盧文弨曰：不求其觀，言非以此爲觀美也。⊙梁啓雄曰：不求外觀之美。⊙天海案："足"字，《治要》作"之"，下同。觀，觀賞也。又，楊注下"觀"字原無，此據文例徑補。

〔一〇〕楊倞注：和，謂和氣。餘，謂過度而作鄭、衛者也。⊙久保愛曰：和，和樂之和。⊙北大組曰：不求其餘，不追求其它的。⊙張覺曰：吉，吉事，指祭祀、冠、婚娶等。凶，凶事，指喪事。定，成。⊙天海案：合歡定和，聚歡而成和也。餘，多餘之事。

〔一一〕楊倞注：德，謂君上之德。輕重，尊卑也。外，謂峻宇雕墻之類也。⊙久保愛曰：《爾雅》曰："四方而高曰臺，無室曰榭。"⊙北大組曰：外，他、别的。⊙天海案：養德，養性也。外，外觀也。"養德"二字，《治要》所録此文無。

〔一二〕楊倞注:《詩·大雅·棫樸》之篇。相,質也。亹亹,勸勉之貌。言雕琢爲文章,又以金玉爲質。勉力爲善,所以綱紀四方也。與《詩》義小異也。⊙天海案:今《詩·大雅·棫樸》第五章,雕作追;亹亹,作勉勉。又,此下原文未分段,現依文意分之。

〔一三〕楊倞注:重,多也。直用反。⊙龍宇純曰:制,猶用也。⊙天海案:制,節制也。君之,統治天下。又,巾箱本、《題注》本、遞修本無"財物"之"物"字。楊注"直用反"原作"直用及",筆誤,徑改。

〔一四〕楊倞注:材,與裁同。⊙王先謙曰:王,當爲"一",字之誤也。材,疑當作"財"。《治要》作"裁",《王制篇》一作"裁"。⊙劉師培曰:王,當作"主",言爲天下之主也。王説非。⊙梁啓雄曰:材,借爲"財"。財,成也。⊙北大組曰:材萬物,利用萬物。⊙天海案:"固"字,《治要》無,巾箱本、《題注》本、遞修本俱無。"王"字不誤,"王天下"承上文"合天下而君之"言也。材,《治要》作"裁",二字通。裁,化裁也。楊注是,説訓"財"者非是。

〔一五〕王先謙曰:《非十二子篇》作"兼利天下",以文義推之,"兼利"是也。利、制形近而譌。⊙龍宇純曰:"制"字不誤。《非十二子》"利"當從此篇改"制"字。⊙天海案:上文已言"王天下",此篇當作"兼利天下",王説是。

〔一六〕久保愛曰:"爲"字衍。⊙龍宇純曰:"善"字無義。此蓋本作"爲莫仁人若也","若"誤爲"善",乃於"莫"下增"若"字,又於"善"上增"之"字。⊙天海案:爲,是也,字不衍。仁人,猶言仁君。久、龍二説非。

〔一七〕久保愛曰:德音,有令聞之謂也。⊙熊公哲曰:德音,猶言美名也。⊙天海案:德音,美德之聲譽。《詩·豳風·狼跋》:"公孫碩膚,德音不瑕。"知慮,智謀也。

〔一八〕天海案:誠,實也。知,智也。下同。《治要》二"知"皆作"智"。

〔一九〕楊倞注:知,讀爲智。⊙天海案:"爲之"、"佚之",二"之"皆謂"仁人"也。

〔二〇〕楊倞注:厚,恩厚也。出死,謂出身致死。斷,猶判也。言判其死亡也。覆,蓋蔽也。斷,丁亂反。⊙物雙松曰:出死斷亡,言棄己之身命而趨之也。出死者,出其死力也。斷亡者,自分亡滅,斷然不疑也。⊙久保愛曰:斷亡,如《韓非子》"犯白刃,蹈爐炭,斷死於前"之"斷",亦謂決死也。⊙駱瑞鶴曰:"美其厚",以其仁厚爲美。"養其厚",言使保持其仁厚。又,"出死斷亡","出"當訓往;斷,決也。出死斷亡,言懷必死之心,義無反顧。⊙天海案:出死,猶入死、猶出生,皆反義爲訓也。亦"出生入死"之縮語也。斷亡,猶決死,久説是。覆,庇護也。

〔二一〕楊倞注:有德者宜備藩衛文飾也。⊙朝川鼎曰:"藩飾"字,見《榮辱篇》及《君道篇》,謂繁飾也。⊙高亨曰:藩,當讀爲"繁"。繁飾猶盛飾也。⊙天海案:此文與藩衛無涉，楊注未安，朝、高二説是。

〔二二〕楊倞注：天帝也。⊙天海案：在上，在君位之上。貴，尊崇也。

〔二三〕楊倞注：愉，歡。⊙王念孫曰：愉，讀爲偷。"愉"上當有"不"字。出死斷亡而不愉者，民皆死其君事而不偷生也。楊所見本已脱"不"字，故以"愉"爲"歡愉"之"愉"。下文"爲之出死斷亡而愉"，"愉"上亦脱"不"字。⊙天海案：愉，如字。言其甘心樂意爲之赴死。《史記・李將軍列傳》"士卒咸樂爲之死"，亦此意也。王説非。

〔二四〕楊倞注：是，謂可其意也。言百姓所得者多，故親愛之也。⊙天海案：三"其"字，承上皆指仁人。所是焉，所主張者。下二"焉"皆猶"者"。楊注未得。又，"多"下《治要》有"也"字。

〔二五〕楊倞注：《詩・小雅・黍苗》之篇。引此以明百姓不憚勤勞以奉上也。鄭云："集，猶成也；蓋，猶皆也。轉餫之役，有負任者，有輓輦者，有將車者，有牽傍牛者。事既成，召伯則皆告之云：可歸哉！"⊙久保愛曰：言我行裝已成，當往而歸于此君。謂負任擔荷以來歸也。蓋、云，皆語辭。⊙朝川鼎曰：蓋，與盍同。何不也。⊙天海案：據鄭玄注此詩云："刺今王使民行役曾無休止時。"而《荀子》此文借其詩以明百姓歸往之意。又，注末"可歸哉"一本作"可以歸矣"，誤。原文此下未分段，此據文意分之。

故曰：君子以德，小人以力〔一〕。力者，德之役也〔二〕。百姓之力，待之而後功〔三〕；百姓之羣，待之而後和；百姓之財，待之而後聚；百姓之埶，待之而後安；百姓之壽，待之而後長〔四〕。父子不得不親，兄弟不得不順，男女不得不歡〔五〕。少者以長，老者以養。故曰："天地生之，聖人成之。"此之謂也〔六〕。

今之世而不然〔七〕：厚刀布之斂，以奪之財；重田野之税，以奪之食；苛關市之征，以難其事〔八〕。不然而已矣〔九〕，有掎挈伺詐，權謀傾覆，以相顛倒，以靡敝之〔一〇〕，百姓曉然皆知其汙漫暴亂而將大危亡也〔一一〕。是以臣或弑其君，下或殺其上，粥其城，倍其節，而不死其事者，無它故焉，人主自取之〔一二〕。《詩》曰："無言不讎，無德不報。"此之謂也〔一三〕。

兼足天下之道在明分〔一四〕。掩地表畝〔一五〕，剌屮殖穀〔一六〕，多糞肥田，是農夫衆庶之事也。守時力民〔一七〕，進事長功〔一八〕，和齊百姓，使人不偷,是將率之事也〔一九〕。高者不旱,下者不水,寒暑和節而五穀以時孰,是天下之事也〔二〇〕。若夫兼而覆之,兼而愛之,兼而制之〔二一〕,歲雖凶敗水旱,使百姓無凍餧之患,則是聖君、賢相之事也〔二二〕。



【校釋】

〔一〕楊倞注:君子以德撫下,故百姓以力事上也。⊙天海案:正文"力"下,《治要》有"也"字。

〔二〕楊倞注:力爲德所使役。⊙梁啓雄曰:《左》襄九《傳》《國語·魯語》《孟子·滕文公》都引述這樣的話。⊙天海案:此句《治要》無。

〔三〕楊倞注:百姓雖有力,待君上所使然後有功也。⊙王念孫曰:力者,功也。"待之而後功",功者,成也。言百姓之功待君而後成也。⊙王先謙曰:此"功"字不訓"成"。"有功"爲"功",荀書自有此語。王訓"功"爲"成",則百姓之力訓爲百姓之功,上文二"力"字又豈能訓爲功乎?⊙北大組曰:"待之而後功",之,指君子之德。⊙天海案:功,效也。《爾雅》:"功,成也。""待之而後功",言百姓之力待君子之德政而後方見成效。王念孫訓功爲成,是;訓力爲功,非也。

〔四〕楊倞注:皆明待君上之德化然後無爭奪相殺也。

〔五〕物雙松曰:三"不得"字皆讀,言其不得此則不親、不順、不歡也。⊙冢田虎曰:不得君,則父子亦不親也。下文同焉。⊙朝川鼎曰:"不得"下蓄"則"字看,下同。⊙李中生曰:三"不得"下有"之",均承前"待之"之"之"而省。⊙天海案:得,通德。不得,猶無德也。三"不得"同。此三"得"皆承"君子以德"之德而言。

〔六〕楊倞注:古者有此語,引以明之也。⊙天海案:"父子"以下至"聖人成之"數語,又見《大略篇》。"生之"謂使人生存;"成之",謂成就人。原文未分段,此據文意分之。

〔七〕久保愛曰:而,猶則也。⊙天海案:王先謙、于鬯、朝川鼎説與久同。

〔八〕楊倞注:苛,暴也。征,亦税也。苛關市之征,出入賣買皆有税也,使貨財不得通流,故曰難其事。⊙梁啓雄曰:刀布,錢也。"之財"、"之食"二"之"字都作"其"解。

〔九〕楊倞注:不唯如此而已。⊙于鬯曰:而,亦當訓則。不然,承上"今之世而不然"而言也。楊注失之。⊙天海案:于説是。

〔一〇〕楊倞注:有,讀爲又。掎,摭其事。挈,舉其過。伺,候其罪。詐,僞其辭。顛倒,反覆也。靡,盡也。敝,敗也。或曰:靡,讀爲縻。縻,散也。敝,盡也。⊙盧文弨曰:案《禮記·少儀》"國家靡敝",《釋文》"亡皮切",《正義》亦有"靡,散"

一訓。⊙朝川鼎曰：以靡敝之，桃源藏曰："當作'以相糜弊'。靡與糜通，爛也。《孟子》'糜爛其民'。"⊙章詩同曰：掎挈伺詐，吹毛求疵，伺機捏詞。靡敝，敗壞。⊙楊柳橋曰：掎、挈，皆脅迫之意。伺詐，謂伺機行詐也。⊙駱瑞鶴曰：掎與挈義近，意謂控制。伺詐，意謂欺誑。權謀，弄權使術。傾覆，反覆無常。顛倒，猶今言折騰。靡敝，猶破敗。之，謂百姓。⊙天海案：掎挈伺詐，《議兵篇》作"掎契司詐"。義當訓爲牽制而用詐。伺，讀爲司，用也，宋浙本正作"司"。楊注不是也。靡敝，諸本作"靡弊"，敝、弊字通。《治要》無"掎挈伺詐"四字。

〔一一〕楊倞注：汙漫，皆穢行也。漫，莫半反。

〔一二〕楊倞注：粥其城，謂以城降人，以爲己利。節，忠節也。此皆由上無恩德，故下亦傾覆之。⊙物雙松曰：粥，鬻同。倍，背同。⊙章詩同曰：粥，同鬻，出賣。倍，同背，違反。

〔一三〕楊倞注：《詩・大雅・抑》之篇。⊙久保愛曰：讎，亦報也。⊙章詩同曰：讎，應答。⊙天海案：讎，同酬，二字上古皆屬禪母幽部，故通。酬，報也。引申爲答。

〔一四〕王先謙曰：此"明分"與上"明分使羣"同義。⊙熊公哲曰：明分，謂各就其分所當爲而努力。⊙天海案：兼足天下，使天下人都富足。

〔一五〕楊倞注：掩地，謂耕田使土相掩。表，明也。謂明其經界，使有畔也。⊙物雙松曰：掩地者，覆土掩上以爲畝也。⊙王引之曰："掩地"二字義不可通。掩，疑"撩"字之譌。《説文》："撩，理也。"撩、掩相似而誤。⊙帆足萬里曰：掩地，言墾闢之地相掩無間隙也。⊙劉師培曰：掩，疑"揆"訛。揆，猶度也。⊙于省吾曰：掩，應讀作按。掩、按並影母字。按地表畝，即依地表畝。⊙楊柳橋曰：掩，當讀爲淹，或係誤字。淹地，謂澆地也。表畝，謂整田也。⊙天海案：掩，覆也。掩地，猶言翻耕土地。表畝，依楊注訓爲表明經界，然此非農夫衆庶之事也。疑"表"字爲"耒"之形誤，掩地耒畝，即以農具耒翻耕土地也。正與下文"刺屮殖穀，多糞肥田"一意相貫，皆農夫衆庶耕種之事也。

〔一六〕楊倞注：刺，絶也。屮，古"草"字。⊙朝川鼎曰：先君曰："刺屮，猶言殺草也。《爾雅》：'刺，殺也。'"⊙于省吾曰：刺，古"烈"字。烈，讀《孟子》"益烈山澤而焚之"之"烈"。⊙天海案：刺，鏟除也。《儀禮・士相見禮》"庶人則曰刺草之臣"，鄭玄注："刺，猶剗除也。"殖穀，種穀。

〔一七〕楊倞注：守時，敬授人時。力民，使之疾力。⊙陶鴻慶曰：力民，猶言務民。楊注非是。⊙朝川鼎曰：言不奪民時也。力，專力也。下文"僡然要時務民"，即此義。⊙李中生曰：遵守農時，使人民盡力。楊注甚安，未可非也。⊙天海案：楊注、李説是。

〔一八〕楊倞注：進其事業，長其功利。

〔一九〕楊倞注：將率，猶主領也。若今宰守。⊙物雙松曰：和齊，齊，劑同。⊙久保愛曰：齊，如字。偷，薄也。將率未詳。疑當作“農率”。《夏小正》曰“農率均田”，農率，田畯也。⊙俞樾曰：楊注曲爲之說，未爲得也。蓋古之爲將率者，平時即州長、黨正之官。⊙朝川鼎曰：先君曰：“和齊者，和睦整齊也。”⊙章詩同曰：將率，即將帥。古時將帥兼管軍民。⊙天海案：和齊百姓，親和統一百姓。不偷，不懈怠，不苟且。《商君書・農戰》：“善爲國者，倉廩雖滿，不偷於農。”將率，荀書凡四見：本篇兩見，《議兵篇》兩見。除此文外，另三處皆與軍事相關，楊皆注“率與帥同”。朱起鳳曰“帥字古通作率”，是知古時將帥亦治民事。俞、章二說是。又，“人”字，諸本作“民”。

〔二〇〕楊倞注：是天下豐穰之事非由人力也。⊙王念孫曰：天下之事，當作“天之事”。“下”字乃涉上文“下者”而衍。⊙久保愛曰：天下，疑當作“天地”，字之誤也。⊙天海案：下者不水，低下處不水澇。和節，節令和調。孰，同熟。天下，當作“天地”，於義較長，久說是。

〔二一〕天海案：“兼而制之”，制，疑“利”之形誤。上言兼覆、兼愛，下稱“聖君賢相”，故作“兼而利之”方合文義。鍾泰曰：“兼愛兼利，語本《墨子》。”

〔二二〕天海案：歲，年成。凶，饑荒。敗，歉收之年。

墨子之言，昭昭然爲天下憂不足〔一〕。夫不足，非天下之公患也〔二〕，特墨子之私憂過計也〔三〕。今是土之生五穀也，人善治之，則畝數盆，一歲而再獲之〔四〕。然後瓜桃棗李，一本數以盆鼓〔五〕；然後葷菜百疏以澤量〔六〕；然後六畜禽獸一而剸車〔七〕；黿鼉魚鼈鰌鱣以時別，一而成羣〔八〕；然後飛鳥鳧雁若煙海〔九〕；然後昆蟲萬物生其閒〔一〇〕；可以相食養者，不可勝數也〔一一〕。夫天地之生萬物也，固有餘足以食人矣〔一二〕；麻葛、繭絲、鳥獸之羽毛齒革也，固有餘足以衣人矣〔一三〕。夫有餘不足，非天下之公患也，特墨子之私憂過計也〔一四〕。

天下之公患，亂傷之也〔一五〕。胡不嘗試相與求亂之者誰也〔一六〕？我以墨子之“非樂”也，則使天下亂；墨子之“節用”也，則使天下貧〔一七〕：非將墮之也，說不免焉〔一八〕。墨子大有天下，小有一國〔一九〕，將蹙然衣麤食惡、憂戚而非樂〔二〇〕，若是則瘠，瘠則不足欲，不足欲則賞不行〔二一〕。墨子大有天下，小有一國，將少人徒，省官職，上功勞苦〔二二〕，與百姓均事業、齊功勞〔二三〕，若是則不威，不威則賞罰不行〔二四〕。賞不行，則賢者不可得而進也；罰不行，則不肖者不可得而退也〔二五〕。賢者不可得而進，不肖不可得而退，則能不能不可得而官也〔二六〕。若是則萬物失宜，事變失應，上失天時，下失地利，中失人和〔二七〕，天下敖然，若燒若焦〔二八〕。墨子雖爲之衣褐帶索，嚽菽飲水，惡能足之乎〔二九〕？既以伐其本、竭其原，而焦天下矣〔三〇〕！



## 【校釋】

〔一〕王念孫曰：昭昭，小也。言墨子之所見者小也。⊙梁啓雄曰：《禮記·中庸》注："昭昭，猶耿耿，小明也。"《廣雅》："耿耿，不安也。"⊙包遵信曰：昭昭，明也。或作"炤炤"，廣雅："炤炤，明也。"⊙蔣禮鴻曰：昭昭者，悵恨不足之意。昭，讀爲怊。《玉篇》："怊，悵恨也。"⊙天海案：昭昭然，顯明貌。《老子》《孟子》《莊子》《楚辭·九歌·云中君》《尚書·大傳·周傳》用之皆作顯明貌。故包説是，他説非。

〔二〕楊倞曰：非公共之患也。⊙朝川鼎曰：公患，猶通患也。

〔三〕天海案：私憂，一己之憂。過計，過慮也。

〔四〕楊倞注：蓋當時以盆爲量，《考工記》曰："盆，實二鬴。"《墨子》曰："子墨子仕於衛而反，子曰：'何故反？'曰：'與我言而不當。'曰：'待汝以千盆，授我五百盆，故去之。'"獲，讀爲穫。⊙天海案：今是，猶今夫。見王引之《釋詞》。盆，古代量器。《考工記·陶人》："盆，實二鬴。"鄭注："量六斗四升曰鬴。"故知盆量爲十二斗八升。再獲，即收穫兩次。

〔五〕楊倞注：一本，一株也。鼓，量也。《禮記》曰："獻米者操量鼓。"數以盆鼓，謂數度以盆量之也。言"然後"者，除五穀之外更有此果實。⊙盧文弨曰：注"以盆"下亦當有"鼓"字，各本皆脱。⊙物雙松曰：《禮記》"量鼓"疏《隱義》云："東海樂浪人呼容十二斛者爲鼓。"⊙天海案：鼓，亦古代量器。《孔子家語·正論篇》注云："三十斤爲鈞，鈞四爲石，石四爲鼓。"許慎《五經異義》以四十斤爲斛，則十二斛亦四百八十斤，衡量與容量相合。數以盆鼓，即用盆鼓以計數量。楊注訓"鼓"爲計量，非是。盧説楊注"以盆"下脱"鼓"字，亦非。

〔六〕楊倞注：葷，辛菜也。疏，與蔬同。以澤量，言滿澤也，猶谷量牛馬。"然後"，義與上同。⊙郝懿行曰：葷菜，亦蔬耳。⊙天海案：《莊子·人間世》"死者以國量乎澤若蕉"，《吕氏春秋·期賢篇》"其死者量於澤矣"，《史記·貨殖傳》"畜至以谷量牛馬"，《新序·雜事》五"其死者已量於澤矣"。以澤量，形容物之多，古有此語，楊注是。

〔七〕楊倞注：剸，與專同。言一獸滿一車。⊙物雙松曰：一切而剸車，言切割一頭，足以專車也。⊙冢田虎曰：一切而剸車，言若鷄若豕一類而專一車也。今則言其多，而非言其大也。且既曰六畜禽獸，鷄犬之類豈一頭而專車乎哉！注與物説皆非也。⊙駱瑞鶴曰:《廣雅》:"專,擅也。""一而剸車",謂六畜禽獸種類齊備而舉國之車皆以運載之,極言其優饒。⊙天海案:剸,讀爲團。《一切經音義》引《通俗文》"截斷曰剸",故知剸有斷義。一而剸車,言六畜禽獸之多,每一類皆能壓斷其運載之車。此夸張之詞,只可虚看,不可坐實也。又,正文"一"下,諸本有"切"字,誤也。下文"一而成羣"是證。

〔八〕楊倞注:别,謂生育,與母分别也。以時别,謂不夭其生,使得成遂也。一而成羣,言每一類皆得成羣。⊙物雙松曰:蓋衆魚時别成羣,不雜它物也。⊙章詩同曰:别,産卵。一而成羣,都可孳生一羣。⊙天海案:别,孕别。字已見《王制篇》。

〔九〕楊倞注:遠望如煙之覆海。皆言多。

〔一〇〕楊倞注:昆蟲,蚳、蠪、蜩、范之屬也。除大物之外,其閒又有昆蟲萬物。鄭云:"昆,明也。得陽而出,得陰而藏之蟲也。"⊙盧文弨曰:注"蠪"字誤,疑本是"蝝"字。⊙帆足萬里曰:昆蟲,諸蟲也。⊙天海案:楊注"大物"原作"天物",據盧校本、《集解》本改。

〔一一〕天海案:勝數,一一盡數。

〔一二〕天海案:食人,供人所食。讀爲飼。

〔一三〕楊倞注:衣,去聲。⊙天海案:衣人,供人穿戴。又,楊注三字它本俱無。正文"齒革"二字,錢佃稱諸本無,今巾箱本、《題注》本、遞修本亦無。

〔一四〕王先謙曰:此二句與上文同,荀反覆申重以明墨之非。以文義求之,不當有"有餘"二字,此緣上文而誤衍。⊙楊樹達曰:《墨子》:"憂不足,不憂有餘。"此古書連及之例,今人言語亦有之,王校失之。⊙天海案:"有餘"二字非衍,楊説是,王説非。又,原文此下未分段,現據文意分之。

〔一五〕天海案:亂,此指混亂之説。傷,害也。

〔一六〕天海案:胡不,何不。也,讀爲"耶"。

〔一七〕裴學海曰:二"則"字,猶乃也。⊙天海案:《墨子》書有"非樂"、"節用"各三篇,《莊子》謂其"毁古之禮樂,作爲《非樂》,命之曰《節用》"。

〔一八〕楊倞注:非將墮毁墨子,論説不免如此。⊙豬飼彦博曰:言墨子非將欲隳毁天下也,然其説之不善,不免如此。⊙天海案:墮,通"隳",詆毁也。言非欲詆毁墨子之説,是墨説不免如此也。楊注後説含混,豬氏前説非。

〔一九〕楊倞注:天子、諸侯。⊙天海案:此假設之詞,言大而治天下,小而治一國。楊注不明也。下同此。

〔二〇〕楊倞注:墨子言樂無益於人,故作《非樂篇》。無樂則人情憂戚,故曰"憂戚而非樂"也。⊙天海案:蹙然,局促不安貌。

〔二一〕楊倞注:瘠,奉養薄也。奉養既薄,則不能足其欲;欲既不足,則賞何能行乎?言皆由不顧賞也。夫賞以富厚,故人勸勉。有功勞者而與之麤衣惡食,是賞道廢也。莊子説墨子曰:“其生也勤,其死也薄,其道也大觳。”郭云:“觳,無潤也。”義與瘠同。觳,苦角反。⊙帆足萬里曰:瘠,其利瘠薄也。欲,貪也。⊙鍾泰曰:欲,猶願也。不足願,謂不足爲民仰望,猶云不尊也。不尊故賞不行。⊙天海案:楊注是,他説非。

〔二二〕楊倞:省,所影反。⊙于鬯曰:“功”字當衍。上勞苦者,上之言尚也。與上文“少人徒”、“省官職”句法一律。⊙帆足萬里曰:上、尚通。功,力作也。或曰:“與”以下九字,古注文。⊙朝川鼎曰:上功者,上功用也。⊙天海案:正文“功”字疑衍,于説是。

〔二三〕楊倞注:謂君臣並耕而食,饔飧而治也。

〔二四〕楊倞注:上下懸隔,故得以法臨馭。若君臣齊等,則威不立矣。⊙盧文弨曰:“賞”字衍,今删。⊙天海案:盧説非是,此“賞罰”並言,下文則分言之。

〔二五〕楊倞注:賞罰所以進賢而退不肖。

〔二六〕楊倞注:不可置於列位而廢置也。⊙王先謙曰:上言賢不肖,則此“能不能”就一人所短長言之。《解蔽篇》云“材官萬物”,注:“官,謂不失其任。”又云“則萬物官矣”,注:“謂各當其任,無差錯也。”此“官”字義亦同,注似未晰。⊙北大組曰:“能不能不可得而官也”,有能力和没能力的都無法適當地任用。⊙天海案:“進”、“退”下,諸本皆各有一“也”字,“不肖”下並有“者”字。

〔二七〕楊倞注:賞罰不行,賢愚一貫,故有斯敝也。

〔二八〕楊倞注:敖,讀爲熬。若燒若焦,言萬物寡少,如被焚燒然。⊙物雙松曰:敖然,注讀爲熬,亦通。《通雅》與嫯同,爲勝。⊙冢田虎曰:敖,《説文》:“衆口愁也。”《詩》曰“哀鳴敖敖”。注因“若燒若焦”爲“熬”,非也。⊙天海案:敖然,煎熬貌。若燒若焦,言天下人受煎熬,像要被燒乾、燒焦一樣。

〔二九〕楊倞注:嚽,與啜同。惡,音烏。⊙天海案:衣褐帶索,穿粗衣束草索。

〔三〇〕王先謙曰:此句文義自在“若燒若焦”下,倒裝文法。⊙天海案:以,同已。本,根也。原,同源。又,此下原文未分段,現據文意分之。

故先王聖人爲之不然〔一〕。知夫爲人主上者,不美不飾之不足以一民也,不富不厚之不足以管下也〔二〕,不威不强之不足以禁暴勝悍也。故必將撞大鐘,擊鳴鼓,吹竽笙,彈琴瑟以塞其耳;必將錭琢、刻鏤、黼黻、文章以塞其目〔三〕;必將芻豢稻粱、五味芬芳以塞其口〔四〕;然後衆人徒,備官職,漸慶賞〔五〕,嚴刑罰,以戒其心。使天下生民之屬,皆知己之所願欲之舉在于是也,故其賞行〔六〕;皆知己之所畏恐之舉在于是也,故其罰威〔七〕。賞行罰威,則賢者可得而進也,不肖者可得而退也，能不能可得而官也〔八〕。若是，則萬物得其宜，事變得其應，上得天時，下得地利，中得人和，財貨渾渾如泉源〔九〕，汸汸如河海〔一〇〕，暴暴如丘山〔一一〕，不時焚燒，無所臧之，夫天下何患乎不足也〔一二〕？故儒術誠行，則天下大而富，使而功〔一三〕，撞鐘擊鼓而和。《詩》曰："鐘鼓喤喤，管磬瑲瑲，降福穰穰，降福簡簡，威儀反反。既醉既飽，福禄來反。"此之謂也〔一四〕。故墨術誠行，則天下尚儉而彌貧，非鬭而日爭〔一五〕，勞苦頓萃而愈無功，愀然憂戚非樂而日不和〔一六〕。《詩》曰："天方薦瘥，喪亂弘多。民言無嘉，憯莫懲嗟。"此之謂也〔一七〕。

垂事養民〔一八〕，拊循之，呴嘔之〔一九〕。冬日則爲之饘粥，夏日則與之瓜麩〔二〇〕，以偷取少頃之譽焉，是偷道也，可以少頃得姦民之譽，而非長久之道也〔二一〕。事必不就，功必不立，是姦治者也〔二二〕。傮然要時務民〔二三〕，進事長功〔二四〕，輕非譽而恬失民〔二五〕，事進矣，而百姓疾之〔二六〕。是又不可偷偏者也〔二七〕。徒壞墮落，必反無功〔二八〕。故垂事養譽不可，以遂功而忘民亦不可，皆姦道也〔二九〕。

## 【校釋】

〔一〕冢田虎曰：爲，去聲。爲天下也。⊙天海案：爲，平聲。爲之，治理天下也。《小爾雅·廣詁》："爲，治也。"

〔二〕楊倞注：管，猶包也。⊙久保愛曰：管，主領也。⊙天海案：人，民也。一民，統一民衆。管，轄制。

〔三〕楊倞注：錭，與雕同。⊙天海案：塞，充滿。

〔四〕楊倞注：塞，猶充也。⊙冢田虎曰："撞大鐘"文至此，言將使之充塞於人主耳目者，爲示其威福于天下也。⊙天海案：塞其口，滿足其口福。又，"粱"字原作"梁"，據宋浙本、《題注》本、明世本改。

〔五〕楊倞注：漸，進。⊙鍾泰曰：漸，猶深也；深，猶重也。⊙天海案：衆，多。備，齊備。漸，重也。鍾説是。

〔六〕楊倞注：舉，皆也。于是，猶言"是于"。言生民所願欲皆在是于也。《説苑》亦作"是于"也。⊙鍾泰曰：願欲，猶言仰望。⊙天海案：願欲，願望也。《方言》："願欲，思也。"據楊注，正文"于是"原當作"是于"，因正文宋本已改作"于是"，故反將楊注文互易。盧謝本、《集解》本已校改正文爲"是于"，並將楊注"于是"、"是于"

字皆互易，其校改可從之。又，“屬”字，巾箱本、《題注》本俱作“類”。

〔七〕楊倞注：其罰可畏。⊙天海案：威，威懾人心。

〔八〕天海案：官，任職也。

〔九〕楊倞注：渾渾，水流貌。如泉源，言不絶也。渾，户本反。⊙鍾泰曰：渾渾，猶混混。《孟子》曰“源泉混混”。⊙張覺曰：渾渾，同滾滾，水流奔涌的樣子。⊙天海案：渾渾，同混混。渾、混二字上古同屬匣母文部，故通。於此讀作“滾滾”，張説是。又，二“其”字諸本無。“財”上，巾箱本、《題注》本、遞修本、明世本、《四庫》本俱有“則”字。

〔一〇〕楊倞注：汸，讀爲滂，水多貌也。⊙天海案：汸、滂同聲韻，可通。

〔一一〕楊倞注：暴暴，卒起之貌。言物多委積高大如丘山也。⊙物雙松曰：暴暴，竊疑是多貌，如暴露然。⊙天海案：暴暴，讀如勃勃。突起貌。言財貨堆積突起如山丘。《集韻》：“皺，墳起也。亦省。”

〔一二〕天海案：臧，同藏。“乎”字，遞修本無。

〔一三〕楊倞注：大，讀爲泰，優泰也。使，謂爲上之使也，可使則有功也。⊙劉台拱曰：“使有功”，當作“佚而功”，形近而譌也。⊙王念孫曰：宋吕、錢、龔本竝作“使而功”，元刻作“使有功”。盧從元刻，非，劉説是也。⊙王先謙曰：使而功，承上“賞行罰威”言，文義甚明，不煩改字。⊙天海案：大，通泰，豐泰也。使而功，如楊注。又，遞修本、明世本、《四庫》本俱作“使有功”，非也。

〔一四〕楊倞注：《詩·周頌·執競》之篇。毛云：“喤喤、瑲瑲，皆聲和貌。穰穰，衆也。簡簡，大也。”鄭云：“反反，順習之貌。反，復也。”⊙盧文弨曰：“管磬瑲瑲”，元刻作“磬管將將”。案《説文》“管磬蹌蹌”，今從宋本。又注：“反，復也。”宋本與《毛傳》合，元刻作“反，復之也”，非。又此處宋本與下分段，今不從。⊙天海案：管磬瑲瑲，《毛詩》作“磬管將將”，諸本同《毛詩》。反反，莊重和善貌。讀爲昄昄。《詩·小雅·賓之初筵》：“其未醉止，威儀反反。”鄭箋：“反反，言重慎也。”《釋文》：“《韓詩》作昄昄，音蒲板反，善貌。”來反，即復返也。此下原文分段，現從盧校與下連文。

〔一五〕楊倞注：《墨子》有《非攻》篇。非攻即非鬭也。既上失天時，下失地利，則物出必寡，雖尚儉而民彌貧。物不能贍，雖以鬭爲非，而日日爭競也。⊙天海案：楊注二“攻”字，原皆誤作“政”字，徑改。

〔一六〕楊倞注：《説文》云：“頓，下首也。”萃，與顇同。上下不能相制，雖勞苦頓顇，猶將無益也。鄭注《禮記》云：“愀然，變動貌也。”⊙物雙松曰：頓，如“委頓”之頓。⊙冢田虎曰：《方言》：“頓，愍惛也。”⊙久保愛曰：頓，僵也。⊙王念孫曰：頓，如“困頓”之頓。頓卒、頓萃，竝與頓顇同。⊙朝川鼎曰：萃，與悴同。《王霸篇》“勞苦耗悴”，與此義同。⊙安積信曰：愀然，愁貌。不必引《禮》注。⊙天海案：頓萃，困頓顑頷。王説是。愀然，憂懼貌。日，日日也。

〔一七〕楊倞注：《詩·小雅·節南山篇》。薦，重也。瘥，病也。憯，曾也。懲，止也。嗟，奈何。薦，或爲存。⊙久保愛曰：嗟，嘆也。⊙天海案：此下原文未分段，現依盧校分之。

〔一八〕楊倞注：垂，下也。以上所操持之事，下就於民而養之。謂施小惠也。⊙盧文弨曰：宋本連上條，今案當分段。⊙俞樾曰：垂，猶委也，言委置其事以養民也。⊙久保愛曰：垂事，施事業之謂也。⊙孫詒讓曰：垂，疑當爲"舍"之譌。垂、舍二字艸書相似。⊙陶鴻慶曰：民，蓋"名"之誤。民、名音近，古書往往互誤。謂委置其事以養名也。下文云"輕非譽而恬失民"，"輕非譽"與"養名"正相反，又云"故垂事養譽不可"，即承此文而言。⊙劉師培曰：垂，疑"棄"之譌。⊙楊柳橋曰：垂，與"示"同義也。垂事，謂上示下以事也。⊙張覺曰：垂，放下，舍弃。⊙駱瑞鶴曰：垂事養民，謂降身勞役以持民也。⊙天海案：垂，顯示也。《易·繫辭》上："天垂象，見吉凶。"事，治也。《戰國策·秦策》"詳事下吏"，高注："事，治。"民，陶説"蓋名之誤"，梁啓雄、龍宇純説乃"譽"之譌，皆通。然據下文"垂事養譽"，則梁、龍二説爲長。垂事養譽，言其顯示治蹟以養其聲譽也。此"事"與下文"事必不就"、"進事長功"、"事進矣"之"事"皆不同義，下文"故垂事養譽"則與此同。又案：下文言"是姦治者也"，足證此"事"當訓"治"。

〔一九〕楊倞注：拊，與撫同。撫循，慰悦之也。呴嘔，嬰兒語聲也。呴，於佳反。嘔，與謳同。⊙郝懿行曰：循，與揗同。拊揗者，謂撫摩矜憐之也。呴嘔者，《玉篇》、廣韻竝云"小兒語"也。⊙楊柳橋曰：呴嘔，謂撫愛之、安慰之。

〔二〇〕楊倞注：麮，煮麥飯也。丘與反。⊙郝懿行曰：《説文》："麮，麥甘鬻也。"《急就篇》"甘麮殊美奏諸君"，是則夏日進麮，古人珍之。⊙久保愛曰：麮，疑"瓠"字之誤也。《新序》曰："進糲餐之食，瓜瓠之羹。"⊙天海案：饘粥，稠粥。《禮·檀弓》"饘粥之食"，疏："厚曰饘，稀曰粥。"瓜麮，瓠瓜大麥粥。"瓜"字原誤作"爪"，據諸本改。

〔二一〕龍宇純曰："民"上不當有"姦"字，此涉下"姦治"而衍。⊙天海案：二"偷"字，皆苟且之義。據文意，"姦"字不當有，龍説是。

〔二二〕楊倞注：姦人爲治，偷取名譽。⊙物雙松曰：姦治，不正之治也。⊙鍾泰曰：姦治，猶言害治也。⊙天海案：姦治，詭詐之治。

〔二三〕楊倞注：傮然，盡人力貌。《説文》云："傮，終也。"要時，趨時也。務，勉强也。謂以勞役强民也。傮，子牢反。要，一饒反。⊙郝懿行曰："傮"與"酋"音近義同，其訓皆爲"終"也。此言勞役不恤民力，經始即欲要終，趨時亟也。⊙王先謙曰：傮然，猶嘈嘈，紛雜之意。⊙安積信曰：傮，嘈通。騷擾之貌。⊙于省吾曰：傮，應讀作"造"。造然，謂急迫之貌也。⊙天海案：傮，造二字聲近韻同，故通。于説是。

要時，即邀時，約時也，此指限定時期。務民，促民也。《説文》："務，趣也。"段注："趣者，疾走也。務者，言其促疾於事也。"此謂急迫地限期促民進事長功。故"進事長功"當與"務民"句連讀。

〔二四〕楊倞注：益上之功利也。⊙陶鴻慶曰：進，疑"遂"字之誤。遂事長功，與"要時務民"語意一貫。下文"以遂功而忘民亦不可"，正承此言，是其證也。今本涉下文"事進矣"而誤。⊙鍾泰曰：長功，謂尚功也。⊙天海案：進事，增進事業。長功，增加功利。上承"要時務民"，下接"事進矣"，"進"字不誤，陶説非。鍾説亦非。



〔二五〕楊倞注：恬，安也。言不顧下之毁譽而安然忘於失民也。⊙久保愛曰：非，誹也。恬失民，安於失民心也。⊙天海案：輕，忽也。

〔二六〕楊倞注：事雖長進而百姓怨。

〔二七〕楊倞注：言亦不可苟且偏爲此勞民之事也。⊙冢田虎曰："不可"二字似衍，注"不可"亦宜削焉。⊙王先謙曰：此緣下文兩"不可"字而誤重。⊙于省吾曰：偷偏，應讀作"渝變"。⊙駱瑞鶴曰："不可"二字不衍。此當作兩句讀，即"是又不可，偷偏者也"。楊氏作一句釋之，未當。偷謂苟且一時，偏謂失中也。⊙天海案："不可"二字非衍文，此八字亦當一句讀。言"僡然要時務民"至"百姓疾之"諸事，皆不可苟且偏激而爲之。楊注不誤，諸説非也。巾箱、《題注》、遞修三本皆無"者"字。

〔二八〕楊倞注：雖苟求功利，旋即毁壞墮落，必反無成功也。⊙盧文弨曰：徒壞，元刻作"徙壞"。⊙王先謙曰：元刻是。"徙壞墮落"，相配爲文，作"徒"者，"徙"之譌耳。今從元刻。⊙久保愛曰：太宰純曰"'徒'下似脱'毁'字"，今考本注，太宰氏説似是。⊙朝川鼎曰：徒，猶空也。壞，當作懷，字似而誤。徒懷者，謂徒懷其民也，上文"養民"即此。墮落，事業也，上文"垂事"即此。反，猶歸也。⊙張覺曰：徙，移，趨于。墮落，衰敗。⊙龍宇純曰：今謂"徙"讀爲"斯"，《廣雅・釋言》："斯，敗也。"⊙天海案：徒，但也。此句承上，謂若偷偏，只會毁壞墮落必然反無功利也。徒，錢佃稱諸本作"徙"，巾箱本、《題注》本、遞修本俱作"徙"。據文意，作"徒"當是，作"徙"不辭也。

〔二九〕楊倞注：以，用。⊙物雙松曰：垂事養譽，照上"垂事養民"至"是姦治者也"。以遂功而忘民，照上"僡然"至"反無功"。⊙王先謙曰：言二者皆不可也。⊙龍宇純曰："以"字不當有，楊説無義。⊙天海案：以，猶爲也。言爲了遂功而忘民，亦不可。楊注未切，龍説亦非。姦道，姦邪不正之道。又，此下原文未分段，現據文意分之。



故古之人爲之不然〔一〕。使民夏不宛暍〔二〕，冬不凍寒，急不傷力，緩不後時〔三〕，事成功立，上下俱富〔四〕。而百姓皆愛其上，人歸之如流水，親之歡如父母〔五〕，爲之出死斷亡而愉者，無它故焉，忠信調和，均辨之至也〔六〕。故君國長民者，欲趨時遂功〔七〕，則和調累解，速乎急疾，忠信均辨，説乎慶賞矣，必先修正其在我者，然後徐責其在人者，威乎刑罰〔八〕。三德者誠乎上，則下應之如影嚮〔九〕，雖欲無明達，得乎哉〔一〇〕！《書》曰："乃大明服，維民其力懋和而有疾。"此之謂也〔一一〕。

故不教而誅，則刑繁而邪不勝〔一二〕；教而不誅，則姦民不懲；誅而不賞，則勤屬之民不勸〔一三〕；誅賞而不類，則下疑、俗儉，而百姓不一〔一四〕。故先王明禮義以壹之，致忠信以愛之，尚賢使能以次之〔一五〕，爵服慶賞以申重之〔一六〕；時其事，輕其任，以調齊之〔一七〕；潢然兼覆之，養長之，如保赤子〔一八〕。若是，故姦邪不作，盜賊不起，而化善者勸勉矣〔一九〕。是何邪？則其道易〔二〇〕，其塞固，其政令一〔二一〕，其防表明〔二二〕。故曰："上一則下一矣，上二則下二矣〔二三〕。辟之若屮木，枝葉必類本。"此之謂也〔二四〕。

不利而利之，不如利而後利之之利也〔二五〕；不愛而用之，不如愛而後用之之功也〔二六〕；利而後利之，不如利而不利者之利也；愛而後用之，不如愛而不用者之功也〔二七〕。利而不利也，愛而不用也者〔二八〕，取天下矣；利而後利之，愛而後用之者，保社稷矣；不利而利之，不愛而用之者，危國家也〔二九〕。



## 【校釋】

〔一〕天海案：二"之"字，巾箱本、《題注》本、遞修本俱無。明世本、《四庫》本僅無上"之"字。

〔二〕楊倞注：使民，謂役使民也。宛，讀爲蘊，暑氣也。《詩》曰"蘊隆蟲蟲"。暍，傷暑也。或曰：宛，當爲奥，篆文宛字與奥字略相似，遂誤耳。奥，於六反，熱也。⊙冢田虎曰：宛，音鬱。《史記·倉公傳》"寒濕氣宛"，是也。⊙鍾泰曰：宛，古音同燠。蓋同聲假借。⊙金其源曰：蘊、奥、宛三字音義俱與"鬱"同，古時通假，不必讀宛爲蘊，亦不必謂奥誤宛。⊙李中生曰：使，致使，讓。⊙天海案：使，役使。此"使"下及"急不傷力"、"事成功立"句意，楊注是，李説非。宛暍，猶鬱熱中暑。金説周洽。

〔三〕楊倞注：皆謂量民之力，不使有所傷害。⊙天海案：後時，誤農時。急、緩，皆指使民也。

〔四〕郝懿行曰：富，與福同，古字通用。此文不爲富言，故知爲"福"。⊙鍾泰曰："富"字仍當用本義爲是。以此固以"富國"名篇也。⊙天海案：鍾説是，郝説非。事成功立，必然上下俱富。此與福無涉。

〔五〕嚴靈峰曰："親之如父母"與上"歸之如流水"對文，"歡"字疑衍。

〔六〕楊倞注：均，平均。辨，明察也。⊙郝懿行曰：辨，與徧同，古字通用。⊙王念孫曰：辨，讀爲平。平、辨，古字通。⊙物雙松曰：辨，遍也。⊙天海案：均辨，猶均平。王説是，他説皆非。

〔七〕天海案：君國長民，猶治國養民。趨時遂功，即因時成功。

〔八〕楊倞注：自"故君國長人"已下，其義未詳，亦恐脱誤。或曰：累解，嬰累解釋也。言君長人，欲趨時遂功者，和調而使嬰累解釋，則民速乎急疾。言效上之急不後時也。若忠信均辨，則民悦乎慶賞。若先責己而後責人，則民畏乎刑罰。累，音類。解，佳買反。説，讀爲悦。⊙物雙松曰：急疾，如《國語》"急病讓夷"也。言上能和調民事，使其攖累悉解釋，則民便趨功，故其速如急其病然。⊙冢田虎曰：累，絫同，音壘，增也，重也。累解，謂解諭之丁寧也。⊙久保愛曰：《韓子》曰："若天若地，是謂累解。"速於急疾，謂民應之速於急疾也。⊙王念孫曰："速乎急疾"、"威乎刑罰"下，皆當有"矣"字，與"説乎慶賞"對文。⊙俞樾曰：竊謂"累解"與"蟹螺"一也。《説苑》以"蟹螺"、"污邪"對文，則"蟹螺"之義殆猶平正矣。⊙朝川鼎曰：累解，即《莊子・養生主篇》所云"懸解"，皆謂心無係累也。急疾，謂號令急疾也。⊙鍾泰曰：累解，作寬緩解爲是。⊙張覺曰：累，禍害。解，解除、除去。⊙天海案：累，憂患。累解，猶解累，即解除憂患。此言和調其民，解除其憂患，比急疾促民的見效更快。楊注未得，他説亦未中。

〔九〕楊倞注：三德，謂調和累解，忠信均辨、正己而後責人也。誠乎上，謂上誠意行之也。嚮，讀爲響。或曰：三德即忠信、調和、均辨也。⊙天海案：楊注前説是，或説非也。

〔一〇〕天海案：明達，顯明通達。

〔一一〕楊倞注：《書・康誥》。懋，勉也。言君大明以服下，則民勉力爲和調，而疾速以明效上之急也。⊙盧文弨曰：元刻作"惟民其勑懋和，若有疾"。與今《書》同。案注則宋本爲是，今從之。⊙天海案：《荀》所引，與今《書》略異。今巾箱本、《題注》本、遞修本、明世本、《四庫》本皆與今《書》同。據楊注，知爲後人所改也。又，此下原文未分段，現據文意分之。

〔一二〕久保愛曰：猶言不勝邪。勝音升。⊙龍宇純曰："邪"字不當有。不教而誅，則刑繁而不勝。謂不教民但知誅責，則民之犯罪者多，而不勝其刑也。"勝"字取平讀。⊙天海案：勝，制服。讀去聲。《國語・晉語》："尊明勝患，智也。"《吕氏春秋·先己》:“故於勝人者,必先自勝。”邪不勝,即邪不制,與下“民不懲”對文。久説未切,龍説尤謬。

〔一三〕楊倞注:屬也者,謂箸於事業也。屬,之欲反。屬,或爲厲。⊙物雙松曰:《禮器》“屬屬乎其忠也”,注:“恭貌。”⊙王念孫曰:作“厲”者是也。厲,勉也。《治要》作“勤勵”,勵,即“厲”之俗書。厲、屬字相似而誤。⊙天海案:屬,厲之形譌也。王説是。

〔一四〕楊倞注:不類,不以其類。謂賞不當功,罰不當罪。儉,當爲險。險謂徼幸免罪,苟且求賞也。⊙冢田虎曰:俗,卑俗。儉,儉嗇也。不誅可誅,不賞可賞,則下民疑其卑嗇也。⊙王先謙曰:類,法也。《治要》“儉”作“險”,與楊注合;“一”作“壹”,與下同。⊙梁啓雄曰:儉、險古通用,不煩改字。⊙楊柳橋曰:《爾雅》:“類,善也。”朱駿聲:“儉,借爲憸。”《説文》:“憸,險詖也。憸利於上,佞人也。”⊙天海案:不類,不當也。《逸周書·官人》:“規諫而不類,道行而不平,曰竊名者也。”下疑,臣下疑懼。俗儉,《治要》作“俗險”。俗,通欲。《釋名》:“俗,欲也。”本書《解蔽》“由俗謂之”,楊注:“俗,當爲欲。”又《王制》:“天下不一,諸侯俗反。”于省吾《新證》:俗,通欲。儉,通險。《睡虎地秦墓竹簡·封診式·羣盜》:“山儉不能出身山中。”《淮南子·俶真》:“雜道以僞,儉德以行。”王念孫《雜志》:“險、儉,古同。”故“俗儉”,當讀作“欲險”,謂賞罰不當,則臣下疑懼,有欲求僥幸獲賞免罪之心。楊注不誤,惜其未及“俗”字,而諸説又未得也。不一,不能齊心。一,《治要》作“壹”,下同。

〔一五〕王先謙曰:《晉語》韋注:“次,行列也。”次之,謂使之就列。⊙鍾泰曰:次之,猶言等之,使有等列也。王説亦欠分曉。⊙天海案:次,序也。

〔一六〕楊倞注:申,亦重也。再令曰申。⊙熊公哲曰:爵服,爵位品服。⊙天海案:爵服,爵位及服用文飾。

〔一七〕楊倞注:時其事,謂使人趨時不奪之也。輕其任,量力而使也。⊙物雙松曰:調齊之,齊,劑同。⊙天海案:輕其任,減輕其負擔。

〔一八〕楊倞注:潢,與滉同。潢然,水大至之貌也。⊙王先謙曰:《詩》“武夫洸洸”,《鹽鐵論·繇役篇》引作“武夫潢潢”,是“潢”即“洸”借字。《説文》:“洸,水涌光也。”水大則涌而有光,故以爲比。⊙天海案:潢,如王説借爲“洸”,洸、廣二字上古皆見母陽部,故可通。潢然,猶洸然,洸然,即廣然。廣然兼覆之,謂廣大並覆之也。以水大爲喻,殊不倫也。楊注未得,王説亦非。又,“潢然”二字,《治要》引此文無。

〔一九〕楊倞注:化善,化而爲善者也。⊙天海案:化善,改過向善。

〔二〇〕楊倞注:平易可行。⊙物雙松曰:其道易,即其政令一也。其塞固,即其防表明也。⊙久保愛曰:邪,音耶。

〔二一〕楊倞注:其所充塞民心者固。⊙冢田虎曰:塞,即上文所謂“塞其耳”、

"塞其目"、"塞其口"之"塞"。而言君上之所以充塞者堅固也。⊙陶鴻慶曰:道,讀爲"導"。塞,謂遏止之也,皆承上言之。上文云:"若是,故姦邪不作,盜賊不起,而化善者勸勉矣。"正言導民之善者易,而塞民之邪者固。⊙鍾泰曰:塞者,杜塞。塞與道對。道者,導之使行。塞者,杜之使不行。⊙高亨曰:塞固,謂其邊塞固也。⊙北大組曰:塞,灌輸。他們灌輸於民心的思想很牢固。⊙天海案:諸説中以陶説爲是。政令一,政令統一。

〔二二〕楊倞注:隄防標表明白易識。⊙冢田虎曰:防表,即《儒效篇》所謂"言有壇宇,行有防表"也,非曰塞地之隄防標表也。⊙久保愛曰:《天論篇》曰"禮者,表也",《儒效篇》"行有防表",亦指禮也。⊙張覺曰:防,堤防,引申爲限度、制度。表,標志,引申爲標準、準則。⊙天海案:防表,此指禮義之標準。

〔二三〕天海案:一,專一不變。二,三心二意。一、二,《治要》引作"壹"、"貳"。"故不教而誅"至此,《治要》録之,略同。

〔二四〕楊倞注:辟,讀爲譬。屮,古"草"字。⊙天海案:類,屬也。

〔二五〕物雙松曰:不利而利之,言不利民而吾取其利也。利而後利之,言利民吾亦得利也。⊙久保愛曰:先利民而後用之也。⊙楊柳橋:"利之"之"利",謂取之爲利也。高誘《淮南子》注:"利,猶取也。"

〔二六〕熊公哲曰:無以愛民,而用民之力。

〔二七〕熊公哲曰:功,謂有功效。

〔二八〕物雙松曰:利而不利,言利其民而吾不取利也。

〔二九〕王念孫曰:"取天下矣"、"保社稷也"、"危國家也",本作"取天下者也"、"保社稷者也"、"危國家者也"。今本或作"矣",或作"也",文義參差不協,當依《文選·五等諸侯論》注所引改正。⊙鍾泰曰:此不必改,古人引書,即未必一一依其原文也。⊙天海案:鍾説是也。

觀國之治亂臧否,至於疆易而端已見矣〔一〕。其候徼支繚〔二〕,其竟關之政盡察〔三〕,是亂國已〔四〕。入其境,其田疇穢,都邑露,是貪主已〔五〕。觀其朝廷,則其貴者不賢;觀其官職,則其治者不能;觀其便嬖,則其信者不愨;是闇主已〔六〕。凡主、相、臣下、百吏之俗,其於貨財取與計數也,須孰盡察〔七〕;其禮義節奏也,芒軔僈楛;是辱國已〔八〕。其耕者樂田,其戰士安難,其百吏好法,其朝廷隆禮,其卿相調議,是治國已〔九〕。觀其朝廷,則其貴者賢;觀其官職,則其治者能;觀其便嬖,則其信者愨;是明主已。凡主、相、臣下、百吏之屬,其於貨財取與計數也，寬饒簡易〔一〇〕；其於禮義節奏也，陵謹盡察；是榮國已〔一一〕。賢齊則其親者先貴，能齊則其故者先官〔一二〕。其臣下、百吏汙者，皆化而脩，悍者皆化而愿，躁者皆化而愨，是明主之功已〔一三〕。

【校釋】

〔一〕楊倞注：易，與埸同。端，首也。見，賢遍反。⊙熊公哲曰：臧否，猶言善惡得失。疆埸，謂國之邊界也。端，大端也。⊙天海案：楊注“埸”字原誤作“場”，徑改。

〔二〕楊倞注：候，斥候徼巡也。支繚，支分繚繞，言委曲巡警也。⊙高亨曰：支，當作“交”，形似而誤。交，讀爲絞，絞繚糾纏也。楊注非。⊙章詩同曰：候，斥候，哨兵。徼，巡邏。支繚，到處巡邏。⊙天海案：此承上言之，謂“至於疆埸而端已見”，即到其國邊界上已見其國治亂之大端，故邊界上哨兵巡邏處處可見。

〔三〕楊倞注：竟，與境同。盡察，極察，言無不察也。⊙鍾泰曰：“盡察”二字並列。盡，悉也。悉、察一義。⊙楊柳橋曰：政，當讀爲“征”。⊙天海案：竟關，即邊境之關。政，政令。盡，極也。察，苛也。

〔四〕楊倞注：亂國多盜賊姦人，故用苛察之政也。⊙郭嵩燾曰：候繳支繚，多疑而煩苦；竟關之政察，折利而苛細；知此之爲亂，可以言治矣。⊙天海案：已，讀作歎詞“也”。下“貪主已”、“闇主已”、“明主已”、“明主之功已”，皆同此。

〔五〕楊倞注：露，謂無城郭墻垣。主貪財，民貧力不足，故露也。⊙盧文弨曰：露，元刻作“路”，古通用。今從宋本。⊙王念孫曰：露者，敗也。謂都邑敗壞也。⊙天海案：都邑露，即都邑敗露，言其城垣破敗、頹壞也。王説爲勝。

〔六〕楊倞注：便嬖，左右小臣寵幸者也。信者不愨，所親信者不愿愨也。主闇，故姦人多容也。⊙物雙松曰：便嬖，謂左右使令之臣。《孟子》亦爾，後世迺爲惡稱。⊙梁啓雄曰：荀卿書例，若單舉“便嬖”二字，只是指左右近習之人罷了。⊙天海案：便嬖，主上身邊近臣。不愨，不忠實。闇主，昏暗之主。“主”字原誤作“王”，此據注文及諸本改。

〔七〕楊倞注：俗，謂風俗。取，謂賦斂。與，謂賜與。計數，計筭也。須，待也。孰，精孰也。盡察，極察也。其於計數貨財，必待精孰極察，然後行。言不簡易，急於貪利者也。⊙冢田虎曰：疑“須”字“煩”之誤。⊙俞樾曰：俗，當爲“屬”，聲近而謁也。下文“凡主相臣下百吏之屬”，可證。楊注失之。“須”字無義，乃“順”字之誤。二字形近而誤，楊注非。⊙鍾泰曰：俞説“須”爲“順”之謁，是也。順，讀爲馴。馴熟一義，盡察一義。⊙天海案：俗，當爲“屬”之謁。須，當爲“順”之謁。俞、鍾二説是也。

〔八〕楊倞注：禮義節奏，謂行禮義之節文。芒，昧也，或讀爲荒。言不習孰也。軔，柔也，亦怠惰之義。僈，與慢同。楛，不堅固也。辱國，言必見陵辱也。⊙久保愛曰：軔，音與韌通。僈，與漫同。楛，與盬同。⊙帆足萬里曰：芒，莽荒不治也。⊙高亨曰：芒，當讀爲妄。軔，當讀爲紉。《廣雅》："紉，錖也。"錖，古"戾"字。芒軔，猶言妄戾耳。⊙張覺曰：芒，通茫，混沌暗昧，模糊不清。軔，柔軟而堅固，引申爲怠惰疲沓。僈，怠慢，不在乎。楛，粗劣。此指用心粗疏草率。⊙駱瑞鶴曰："其"下當有"於"字。《説文》："軔，礙車也。"是軔本止車之木，引申爲不通、停止之義。芒軔僈楛，言茫昧不通而怠慢粗楛。⊙天海案："其"下脱"於"字，下文"其於禮義節奏也"，是證，駱説是。芒，讀爲"荒"，二字同韻，一聲之轉，故通。荒，廢也。軔，乃止車之木，故有止意。"芒軔"連言，即廢止之意。僈楛，怠慢粗劣。荀書多用此詞。芒軔僈楛，言其對禮義節文廢止不用且態度怠慢粗劣也。楊注未安，他説亦未切也。

〔九〕楊倞注：安難，不逃難也。⊙劉如瑛曰：調議，合於義。⊙李中生曰：調議，即對禮法進行調整商議，非"合於義"。⊙天海案：調，協合也。調議，即協調衆議也。正合卿相之職，非單指禮法言。

〔一〇〕楊倞注：不汲汲於貨財也。⊙北大組曰：寬饒簡易，指手續寬松簡單。⊙張覺曰：饒，寬恕，謙讓。⊙天海案：寬饒，寬厚也。簡易，疏略平易也。言對貨財取與不斤斤計較，抱以寬讓之心。又，"屬"字，諸本從上文之誤而改作"俗"，非也。

〔一一〕楊倞注：陵，侵陵，言深於禮義也。謹，嚴也。言不敢慢易也。⊙物雙松曰：陵，稜通。言有廉隅也。⊙冢田虎曰：陵，峻也。⊙盧文弨曰：《爾雅》："淩，慄也。"郭云"淩懅戰慄"，《釋文》云"案郭意當作陵"。然則陵、謹義相近。⊙郝懿行曰：陵、懍雙聲。懍懍，敬懼之貌。與謹義近。⊙王先謙曰：王念孫云："陵，嚴密也。"説見《致士篇》。⊙劉師培曰："陵"字實兼嚴、明二義。⊙張覺曰：陵，峻峭，嚴格。⊙王雲路曰：榮，繁榮昌盛。⊙天海案：陵謹，嚴謹也。盡察，極明也。此正與上"芒軔僈楛"對文。

〔一二〕楊倞注：雖舉在至公，而必先親故。所謂故舊不遺，則民不偷。⊙天海案：二"齊"字，皆等同之謂也。

〔一三〕楊倞注：躁，暴急之人也。⊙朝川鼎曰：先君曰："躁者，躁進之躁。"⊙王引之曰：躁，讀爲剿。剿，謂狡猾也。⊙章詩同曰：脩，善。愿，謹慎。⊙李中生曰：愿，指樸實善良。⊙天海案：脩，潔也，與汙對。愿，良善也，與悍對。躁，驕狂也，與愨對。又，此下原文未分段，現依文意分之。



觀國之强弱貧富有徵〔一〕：上不隆禮則兵弱，上不愛民則兵弱〔二〕，已諾不信則兵弱，慶賞不漸則兵弱〔三〕，將率不能則兵弱〔四〕；上好攻、取功則國貧〔五〕，上好利則國貧〔六〕，士大夫衆則國貧〔七〕，工商衆則國貧[八],無制數度量則國貧[九]。下貧則上貧,下富則上富[一〇]。故田野縣鄙者,財之本也;垣窌倉廩者,財之末也[一一];百姓時和,事業得叙者,貨之源也;等賦府庫者,貨之流也[一二]。故明主謹養其和,節其流,開其源,而時斟酌焉[一三],潢然使天下必有餘而上不憂不足[一四]。如是,則上下俱富,交無所藏之,是知國計之極也[一五]。故禹十年水,湯七年旱,而天下無菜色者。十年之後,年穀復孰,而陳積有餘[一六]。是無它故焉,知本末源流之謂也。故田野荒而倉廩實,百姓虚而府庫滿,夫是之謂國蹷[一七]。伐其本,竭其源,而并之其末[一八],然而主、相不知惡也,則其傾覆滅亡則可立而待也[一九]。以國持之而不足以容其身,夫是之謂至貪,是愚主之極也[二〇]。將以求富而喪其國,將以求利而危其身,古有萬國,今有十數焉[二一]。是無它故焉,其所以失之一也[二二]。君人者可以覺矣[二三],百里之國足以獨立矣[二四]!

【校釋】

〔一〕楊倞注:儆,驗。言其驗先見也。⊙天海案:正文"儆"下,巾箱本、《題注》本、遞修本、明世本、《四庫》本俱有"驗"字,誤也。梁啓雄《簡釋》本據之而加"驗"字,並誤會楊注。包遵信、駱瑞鶴已駁之,此不贅述。

〔二〕天海案:"上不愛民"之"上",巾箱本、《題注》本、遞修本作"下",非。

〔三〕楊倞注:漸,進。⊙久保愛曰:已,謂其難諾者,止而不應也。⊙安積信曰:或曰,已、唯音通。⊙熊公哲曰:已諾,猶然諾也。⊙楊柳橋曰:楊倞《王霸篇》注:"諾,許也。已,不許也。"⊙北大組曰:已,止,禁止。⊙天海案:已,止也。《勸學》"學不可以已"之"已"即與此同。久説是也。漸,重也。參上文"漸慶賞"。

〔四〕楊倞注:率,與帥同。

〔五〕楊倞注:民不得安業也。⊙盧文弨曰:元刻無"攻取"二字。⊙王念孫曰:錢佃校本亦云:"諸本作'上好功'。"案諸本是也。此以"好功"、"好利"對文,則不當有"攻取"二字。⊙帆足萬里曰:好攻取功,言好攻伐取功業也。⊙熊公哲曰:功,興工役力也。⊙天海案:巾箱本、《題注》本、遞修本皆無"攻取"二字,明世本、《四庫》本並有。依荀書文例,不當有"攻取"二字,王説是。

〔六〕楊倞注:賦斂重也。

〔七〕楊倞注:所謂"三百赤芾"。⊙天海案:楊注見《毛詩・曹風・候人》:"彼其之子,三百赤芾。"鄭箋:"佩赤芾者三百人。"赤茀,即赤芾,冕服之稱。紅色皮制蔽膝,古時大夫以上服用。

〔八〕楊倞注:農桑者少。⊙天海案:"工商衆"則損農桑。

〔九〕楊倞注:不爲限量,則物耗費。⊙天海案:制數度量,定制限度。

〔一〇〕楊倞注:百姓與足,君孰不足?⊙天海案:楊注"與"字,前注在"孰"下。《論語·顔淵》:"百姓足,君孰與不足;百姓不足,君孰與足?"

〔一一〕楊倞注:垣,築墻四周以藏穀也。窌,窖也。掘地藏穀也。穀藏曰倉,米藏曰廩。窌,匹教反。⊙物雙松曰:窌,古弔切,與窖同。則窌亦當有垣,或是倉城之義。⊙天海案:縣,古稱二千五百家爲縣,五百家爲鄙,五鄙爲縣。縣鄙,此泛指國都之外的鄉村。垣窌,《榮辱篇》作"囷窌"。《考工記》曰"囷窌倉城",鄭注:"圓曰囷,方曰倉,穿地曰窌。"《釋文》云:"窌,當爲窖。"朱起鳳曰:"圓者曰囷,沿圓之聲而誤爲垣。楊氏讀爲墻垣之垣,特曲爲之解耳。"如朱説,則"垣窌"即圓窖也。

〔一二〕楊倞注:時和,得天之和氣,謂歲豐也。事業得叙,耕稼得其次序,上不奪農時也。等賦,以差等制賦。貨財,皆錢穀通名,别而言之,則粟米、布帛曰財,錢布、龜貝曰貨也。⊙冢田虎曰:上篇所謂"等賦政事,財萬物也"。然等賦與府庫辭不類,可疑也。⊙久保愛曰:《書·堯典》曰:"黎民於變時雍。"孔傳曰:"時,是也。"本注非。⊙帆足萬里曰:時和,以時相和睦也。⊙張覺曰:和,百姓和諧安定。⊙天海案:時和,是和,以和爲是。是和、得叙,對文也。楊注謂"得天之和氣",非也。下文"謹養其和"是其證,久説是。叙,續,持續也。事業得以持續發展,故爲貨之源也。等賦,按等徵賦。

〔一三〕楊倞注:節,謂薄斂。開,謂勸課。時斟酌,謂賦斂、賑卹、豐荒有制也。⊙久保愛曰:節,節用也。開,謂開事業以叙授民也。⊙天海案:謹養其和,慎保百姓之和。節其流,上文言"等賦府庫,貨之流也"。此言節流,必謂節其賦税、府庫之用也。楊注謂薄賦斂,非也。開其源,開事業生財之源。時斟酌,時常謀慮也。

〔一四〕王先謙曰:天,當爲"夫",字之誤也。荀書"夫"俱訓"彼",此篇迭見。夫下者,彼下也。自上文"故明主"貫下言之,故云"彼下"。⊙天海案:潢然,即廣然,廣大貌也。于省吾説"潢"讀爲"横",横然即充然,非也。《修身》"横行天下",亦"廣行天下"也,是其證。"天下"字不誤,"天下"正由"潢然"所修飾,意即廣泛地使天下富裕也。若作"夫下",文既生硬,意亦不屬也。王説非。且下文"天下無菜色"亦與此對文。

〔一五〕楊倞注:交無所藏,言上下不相隱。⊙郝懿行曰:此"富"字用本義。"藏",當作"臧",古"藏"字也。⊙久保愛曰:交無所藏,即"不時焚燒,無所藏之"也。⊙王先謙曰:上文兩言"無所藏之",楊注"以言多之極也",得《荀子》文意。此文兼言"上不憂不足",故云"交無所藏之",意與上同。注云"上下不相隱",非也。

⊙朝川鼎曰：交者，《孟子·梁惠王上篇》"上下交征利"之交。⊙熊公哲曰："交"字承上"俱"字言，謂上下穀米俱無地藏畜。亦多之極也。⊙天海案：交，俱也，共也。《小爾雅·廣言》："交，俱也。"《玉篇》："交，共也。"《書·禹貢》"庶土交正"，孔傳："交，俱也。"上言"上下俱富"，此言俱無藏之，皆富裕之謂也。注失之。

〔一六〕楊倞注：無食菜之色也。⊙物雙松曰：陳積有餘，即孝文時太倉之粟，陳陳相因意。⊙冢田虎曰：陳，舊穀也。《詩》曰："我取其陳，食我農人。"⊙郝懿行曰：有餘，謂有九年之蓄。禹治水八年於外，至十年而後平。⊙顧千里曰："後"下疑脱"七年之後"四字，承上"故禹十年水，湯七年旱"言之。楊無注，宋本與今本同，蓋皆誤。⊙帆足萬里曰："十年"以下十三字是古注文。陳，猶藏也。⊙鍾泰曰：言十年足以包七年矣，顧説殊迂。⊙天海案：菜色，饑餓之色。孰，同熟。陳積，陳糧蓄積。

〔一七〕楊倞注：蹷，傾倒也。⊙安積信曰：下弱而上强，足瘦而頭重者必蹷。故謂之國蹷。⊙北大組曰：國蹷，國家滅亡。⊙天海案：國蹷，國災也。《廣韻·薛韻》："蹶，有所犯災。"蹷，同蹶。楊注非，他説亦非。

〔一八〕顧千里曰："末"下疑脱"□之其流"四字，承上"知本末源流之謂也"言之。⊙久保愛曰：并，與併同。⊙梁啓雄曰：併，聚也。⊙天海案："并之其末"，即聚之其"垣窌倉廩"也。據文例，"并之其末"下當有脱文，顧説是也。

〔一九〕天海案："亡"下"則"字，諸本無。據文意，此"則"疑沿上"則"字而衍。

〔二〇〕楊倞注：以一國扶持之，至堅固也，而無所容其身者，貪也。⊙王念孫曰：持，載也。《中庸》曰"辟如地之無不持載"是也。楊説"持"字未確，説"載"字尤非，見下。⊙王先謙曰："夫是之謂至貪"，與上句意不貫。貪，疑爲"貧"，形近而誤。⊙帆足萬里曰：言以一國自奉，猶以爲無容身之地，是至貪也。⊙鍾泰曰：持，猶養也。荀書多以"持養"並言，是持、養一也。⊙天海案：持，侍奉。參見前《榮辱篇》"父子相傳，以持王公"。此謂以國家之力侍奉他，還不足以保其身。至貪，極貪富利也。"貪"字不誤，由下文求富喪國、求利危身可知。王説非也。又，"愚主"原作"愚王"，據諸本改之。

〔二一〕久保愛曰：哀公七年《左氏傳》："禹合諸侯於塗山，執玉帛者萬國。"⊙劉師培曰：此蓋合泗上諸小國及衛國言。⊙梁啓雄曰：今本"無"作"有"，據豬飼彦博據《外傳》改。⊙駱瑞鶴曰：《荀子》則以戰國中後期言之，故云有十數焉。⊙天海案：梁改"今有"爲"今無"，非也，駱説是。

〔二二〕楊倞注：皆以貪失之矣。⊙天海案：失之，失國也。一，同也。又，正文"失"字原誤作"夫"，此據諸本改之。

〔二三〕楊倞注：以此自覺悟也。⊙天海案：君人者，爲人之君者。

〔二四〕楊倞注：此言無道則雖大必至滅亡，有道則雖小足以獨立。⊙鍾泰曰：獨立，謂不隨俗也。"可以覺"、"足以獨立"，義正相同，非謂其雖小而不至滅亡也。注失之。⊙天海案:"可以覺"句,承上覺悟失國之由,貫下覺悟立國之道。楊注不失,鍾説失之。又,此下原文未分段,現依文意分之。

凡攻人者,非以爲名,則案以爲利也;不然,則忿之也〔一〕。仁人之用國,將脩志意,正身行〔二〕,伉隆高〔三〕,致忠信,期文理〔四〕。布衣紃屨之士誠是,則雖在窮閻漏屋,而王公不能與之爭名〔五〕。以國載之,則天下莫之能隱匿也〔六〕。若是,則爲名者不攻也〔七〕。將辟田野、實倉廩,便備用,上下一心,三軍同力,與之遠舉極戰,則不可〔八〕。境内之聚也,保固視可〔九〕,午其軍、取其將,若撥麷〔一〇〕,彼得之不足以藥傷補敗〔一一〕。彼愛其爪牙,畏其仇敵,若是,則爲利者不攻也〔一二〕。將脩小大强弱之義,以持慎之〔一三〕,禮節將甚文,珪璧將甚碩,貨賂將甚厚〔一四〕,所以説之者,必將雅文辨慧之君子也〔一五〕。彼苟有人意焉,夫誰能忿之?若是,則忿之者不攻也〔一六〕。爲名者否,爲利者否,爲忿者否〔一七〕,則國安于盤石,壽於旗翼〔一八〕。人皆亂,我獨治;人皆危,我獨安;人皆失喪之,我按起而制之〔一九〕。故仁人之用國,非特將持其有而已矣,又將兼人〔二〇〕。《詩》曰:"淑人君子,其儀不忒;其儀不忒,正是四國。"此之謂也〔二一〕。

【校釋】

〔一〕楊倞注:凡攻伐者,不求討亂征暴之名,則求貨財土地之利。不然,則以忿怒。不出此三事也。爲,于僞反。⊙盧文弨曰:舊本不提行,今案當分段。⊙久保愛曰:案,語助。⊙天海案:案,猶乃也。此總冒以下之文。楊注"于僞反"原作"干僞反",兹從盧校本、《集解》本改。

〔二〕楊倞注:用,爲也。行,下孟反。⊙天海案:用,治也。脩,養。

〔三〕楊倞注:伉,舉也。舉崇高遠大之事。⊙王念孫曰:伉者,極也。《廣雅》曰:"亢,極也。"伉隆高,猶言致隆高。伉、致、期,皆極也。⊙北大組曰:隆高,這裏指禮義。⊙天海案:伉隆高,極禮義也。荀書多以禮義爲隆高。

〔四〕楊倞注:期,當爲綦。極文理,謂其有條貫也。⊙章詩同曰:期文理,守法度。⊙天海案:致,期,皆極也。文理,禮文制度。

〔五〕楊倞注:紃,條也。謂編麻爲之麤繩之屨也。或讀爲穿。王公不能與之爭名，言名過王公也。⊙物雙松曰：誠是，誠如是也。⊙朝川鼎曰：誠是，猶言誠行乎是也。是者，指“脩志意”已下之事而言。⊙章詩同曰：誠是，疑當作“誠若是”。如果真能這樣做。

〔六〕楊倞注：載，猶任也。以國委任賢士，則天下莫能隱匿。言其國聲光大也。⊙冢田虎曰：載，行也。言布衣紃屨之士如是，則無與之爭名者，況以國君行之乎？注非也。⊙鍾泰曰：以國載之，對上布衣紃屨之士言，謂布衣之士猶然，而況有國者乎？⊙天海案：載，行也。上言布衣之士誠是，此言以國行之，“是”、“之”皆指“伉隆高、致忠信、期文理”而言，非謂任賢士也。楊注未得。

〔七〕楊倞注：伐有道，祇成惡名，故不攻。

〔八〕楊倞注：遠舉，縣軍於遠也。極戰，苦戰也。彼暴國欲與我如此，則不可也。⊙久保愛曰：上下和同，而糧食不乏，故不可當也。⊙天海案：“與之遠舉極戰”，“與之”之“之”，指“上下一心，三軍同力”之國也。遠舉，遠征興兵。極，猶亟也。極戰，急戰也。意謂不可與有道之國遠征急戰，非言暴國與我如此也。楊注不是。

〔九〕楊倞注：其境内屯聚，則保其險固，視其可進，謂觀釁而動也。⊙王念孫曰：此當讀“境内之聚也保固”爲句，“視可午其軍”，“可”字因上文“不可”而衍。⊙俞樾曰：《彊國篇》亦有“視可司間”之文，舊説恐未可改。⊙王先謙曰：見可而進，文義自明，俞説是也。⊙天海案：聚，聚糧、聚兵。保固視可，保安是可以的。固，安也。視，是也。

〔一〇〕楊倞注：午，讀曰迕，遇也。《周禮·籩人》職云“朝事之籩，其實麷、蕡”，鄭云：“麷，熬麥。今河間已北煮穜麥賣之，名曰麷。”據鄭之説，麷，麥之芽糵也，至脆弱，故以喻之“若撥麷”，如以手撥麷也。麷，音豐，同。⊙盧文弨曰：此本鄭康成注，彼“種”字作“穜”。此注宋本、元刻俱作“種”。種、穜二字，古今互易。此“種麥”，依古義正“穜麥”耳。⊙郝懿行曰：午者，逆也。⊙俞樾曰：古義每存乎聲，麷既音豐，即可讀爲豐。《尚書·顧命篇》“敷坐豐席”，枚氏傳曰：“豐，筦。”郭璞曰：“今之西方人呼蒲爲筦，用之爲席也。”然則豐者，蒲也。蒲之爲物至脆弱，故以手撥之至易也。楊説失之。⊙鍾泰曰：若撥麷，言難。麷輕細，非撥之可開也。故繼之曰“彼得之不足以藥傷補敗”。其軍、其將，指守者之軍、將，非攻者之軍、將也。⊙天海案：午，通忤，觸犯也。其軍、其將，皆指“境内之聚”也。麷，蒲草，俞説是。上言其“境内之聚，保固視可”，此言其軍、將不堪一擊，故下文云“彼得之不足以藥傷補敗”。溯上可知，即謂强國不可攻，此弱小之國，攻之亦無益也。諸説不貫文理，故歧義自出。

〔一一〕楊倞注：藥，猶醫也。彼縱有所得，不足以藥其所傷，補其所敗。言所獲不如所亡也。⊙俞樾曰：藥，當讀爲瘵。《説文》：“瘵，治也。或作療。”古書每以“藥”爲之。藥傷，即療傷也。楊注得其義，未得其字。⊙天海案：藥傷，療傷，俞説是。補敗，補其所失也。

〔一二〕楊倞注：愛己之爪牙，畏與我爲仇敵。爲，于僞反。⊙包遵信曰："其"字俱指"彼"言。愛爪牙，爲其衛己也；畏仇敵，不輕敵也。⊙天海案：畏，通威。畏其仇敵，即使仇敵見威而畏也。楊注非。

〔一三〕楊倞注：慎，讀曰順。脩小事大，弱事强之義，守持此道，以順大國也。⊙郝懿行曰：慎，即謹也。謂謹持此義。⊙潘重規曰：義，本禮儀字，當從其本義。⊙梁啓雄曰：謂對於小事大、弱事强之義，持重謹慎。⊙天海案：脩，正也。義，宜也。謂正小大强弱之適宜也，以守而順之。慎，順也，當從楊注，然則非順其大國，而當順其宜也。

〔一四〕楊倞注：文，謂敬事之威儀也。珪璧，所用聘好之物。碩，大也。⊙天海案：文，文飾也。

〔一五〕楊倞注：所使行人往説之者，則用文雅禮讓之士。説，音税。⊙天海案：所以，所用也。説之者，出使之説客。辨慧，巧慧善辯者。"辨"字，諸本作"辯"，荀書二字可通。

〔一六〕王引之曰："忿之"，當作"爲忿"。上下文例皆其證，此涉上文"誰能忿之"而誤。⊙天海案：人意，人之情意也。"若是則忿之者"，當作"若是則爲忿者"，下文正作"爲忿者否"。

〔一七〕楊倞注：否，不攻也。爲，于僞反。

〔一八〕楊倞注：盤石，盤薄大石也。旗，讀爲箕。箕、翼，二十八宿名。言壽比於星也。《莊子》曰："傅説得之，乘東維，騎箕、尾而比於列宿。"亦其類也。或曰：《禮記》"百年曰期頤"，鄭云："期，要也。頤，養也。"⊙盧文弨曰：盤石，即磐石。旗、翼，以其行度之多。《天官書》亦有旗星。⊙孫詒讓曰：旗，即《周禮》"司常之九旗"。翼，當讀爲釴。《爾雅·釋器》説鼎云"附耳外謂之釴"，翼、釴聲近字通。此云"壽於旗翼"，猶言創壽於旗幢，爲銘於鍾鼎。⊙劉師培曰：《周禮·司勳》職云："凡有功者，銘書于王之太常。"蓋名書太常與勒書鍾鼎同，可以傳于不朽，所謂功在旗常也。旗與常同，翼字從羽，羽亦爲旗名。羽、翼二字古可互用，則"壽于旗翼"者，猶言壽于旗常也。蓋功書旗常則傳於久遠，故壽之久者，亦以旗常爲喻。⊙于省吾曰：注後説是也。期，極也。百年爲頤養之極，故曰期頤。⊙天海案：楊注前説是也。旗、翼皆星宿名，正與磐石爲類，若作"期頤"，則不倫矣。孫、劉二説迂遠。

〔一九〕楊倞注：或曰，按，然後也。⊙北大組曰：制，制裁，征服。⊙裴學海曰：按，猶乃也。⊙楊伯峻曰：按，于是。⊙天海案：按，語詞，同"乃"。荀書"按"、"案"作"乃"之例甚多，不煩舉引。起，興起。制之，猶勝之。

〔二〇〕楊倞注：不唯持其所有而已。⊙章詩同曰：兼人，勝人。⊙熊公哲曰：兼人，下所謂"正是四國"也。⊙天海案：兼人，兼併他人之國。此承上文"起而制之"

而言。

〔二一〕楊倞注:《曹風・尸鳩》之篇。⊙天海案:引詩見《毛詩・曹風・鳲鳩篇》。鳲鳩,布谷鳥。不忒,無差錯。正是四國,《毛傳》:"正,長也。"鄭箋:"可以爲四國之長。"



持國之難易〔一〕:事强暴之國難,使强暴之國事我易。事之以貨寶,則貨寶單而交不結〔二〕;約信盟誓,則約定而畔無日〔三〕;割國之錙銖以賂之,則割定而欲無猒〔四〕。事之彌煩,其侵人愈甚,必至於資單國舉然後已〔五〕。雖左堯而右舜,未有能以此道得免焉者也。辟之是猶使處女嬰寶珠、佩寶玉〔六〕,負戴黄金而遇中山之盜也〔七〕。雖爲之逢蒙視,詘要橈膕,君盧屋妾,由將不足以免也〔八〕。故非有一人之道也〔九〕,直將巧繁拜請而畏事之〔一〇〕,則不足以爲持國安身,故明君不道也〔一一〕。必將脩禮以齊朝,正法以齊官,平政以齊民,然後節奏齊於朝〔一二〕,百事齊於官〔一三〕,衆庶齊於下〔一四〕。如是,則近者競親,遠方致願〔一五〕,上下一心,三軍同力,名聲足以暴炙之〔一六〕,威强足以捶笞之,拱揖指麾〔一七〕,而强暴之國莫不趨使,譬之是猶烏獲與焦僥搏也〔一八〕。故曰:"事强暴之國難,使强暴之國事我易。"此之謂也〔一九〕。

## 【校釋】

〔一〕楊倞曰:論守國難易之法也。⊙楊樹達曰:目下之詞。

〔二〕鍾泰曰:單,讀如殫,盡也。

〔三〕楊倞注:約已定,隨即畔之。無日,言不過一日。《文子》作"約定而反無日也"。⊙梁啓雄曰:畔,借爲叛。⊙包遵信曰:無日,猶今"説不定哪一日"。⊙李中生曰:無日,即不日,指不久。⊙天海案:信,《外傳》作"契",《淮南子・詮言篇》作"約束誓盟"。畔,反也。《外傳》正作"反"。無日,無時也。包説是。

〔四〕楊倞注:十黍之重爲銖,八兩爲錙。此謂以地賂强國,割地必不多與,故以錙銖言之。猒,一占反。《韓詩外傳》作"割國之疆垂以賂之"也。⊙久保愛曰:應劭《漢書》注:"十黍爲絫,十絫爲銖。"本注"黍"當作"絫"。⊙王引之曰:此文及《儒行》皆以"錙銖"竝稱,輕重必不相遠,則當以"六銖曰錙"爲正訓。⊙天海案:無猒,不滿足。

〔五〕楊倞注：單，盡也。國舉，謂盡舉其國與人也。⊙王念孫曰：《外傳》"煩"作"順"，於義爲長。⊙天海案：上文言"欲無猒"，故此言"事之彌煩"，煩，多也。文義本明，不必依《外傳》作"順"。國舉，猶國與也。舉、與二字古多通用。國與，猶盡國而與之也。已，止也。

〔六〕楊倞注：嬰，繫於頸也。寶，謂珠玉中可寶者。⊙久保愛曰：辟，音譬。⊙天海案："佩"字，巾箱本、遞修本、明世本、《四庫》本俱作"珮"。"使"字，巾箱本無。

〔七〕朝川鼎曰：中山，即山中。猶《詩》云"中谷"、"中林"也。

〔八〕楊倞注：逢蒙，古之善射者。詘，與屈同。要，讀爲䙅。橈，曲也。膕，曲脚中，古獲反。盧，當爲廬。由，與猶同。言處女如善射者之視物，謂微眇不敢正視也。既微視又屈䙅。橈膕，言俯伏畏懼之甚也。君廬屋妾，謂處女自稱是君廬屋之妾，猶言箕箒妾，卑下之辭也。雖畏懼卑辭如此，猶不免劫奪之也。⊙盧文弨：逢蒙視，言不敢正視也，不必引善射人。《淮南子》有"籠蒙目視"語。"君廬"句，疑有訛字。⊙洪頤煊曰：逢，疑作"蓬"，下當脱"髪"字。⊙王念孫曰：逢蒙視，微視也。《淮南》謂之"籠蒙"，皆微視之義。⊙劉台拱曰：君廬屋妾，君，疑作"若"。言詘要橈膕若廬屋之妾也。⊙王先謙曰：逢蒙視，王説是。詘要橈膕，楊説是。君廬屋妾，劉説是。⊙冢田虎曰：逢蒙視，射者必邪視，故謂睇眄爲逢蒙視。"君"上脱"稱"字與？⊙帆足萬里曰：逢蒙視，熟視不舍之謂。⊙鍾泰曰："君"字不誤，但上省一"曰"字耳。⊙章詩同曰：橈，通撓，曲。膕，膝後彎。⊙天海案：逢蒙視，《淮南子・修務篇》作"籠蒙目視，冶由笑"。《賈誼新書・勸學篇》："風䖟視，益口笑。"《淮南子》高注："籠蒙，猶眇目視也。"眇目視，乜斜眼視之也。據《淮南子》《賈子》文意，籠蒙、風䖟，皆音之轉也，其義皆謂女人討好人之媚眼也。《荀子》"逢蒙"音義應與之同，猶今所言矇矓。此言處女山中遇盜，爲求自保，必媚眼卑辭、彎腰曲膝以求其免也。若訓微視、不敢正視，未切也。"詘要橈膕"者，彎腰曲膝之謂也。"君"，"若"字之誤，劉説是。"若盧室妾"，言其畏怯之貌。又，逢、橈二字，諸本作"逢"、"撓"；句末"也"字，諸本作"之"。

〔九〕楊倞注：謂不能齊一其人，同力以拒大國也。⊙冢田虎曰：言如此乃非保有一人之道也。⊙陶鴻慶曰：人，即指大國言。⊙楊柳橋曰：有，猶友也。《釋名》："友，有也，相保友也。"《論語・學而》："有朋自遠方來。"《釋文》："有，本作友。"⊙天海案：一人，謂帝王、天子也。《書・吕刑》："一人有慶，兆民賴之。"孔傳："一人，天子也。"《禮記・大學》"一人貪戾"、"一人定國"，鄭注："一人，謂人君也。"古時"一人"多作君主自稱或代稱。此言"故非有一人之道"，即謂没有君主之道。意即左右雖有堯、舜一樣的賢人，而勉力事强暴之國，這不是君主應行之道也。楊注非，他説亦未得也。《外傳》正作"故非有聖人之道"，是其證。

〔一〇〕楊倞注：但巧爲繁多拜請，以畏事之也。⊙王引之曰：繁，讀爲敏。巧敏，謂便佞也。《外傳》作“特以巧敏拜請畏事之”，是其明證矣。⊙天海案：《臣道篇》“巧敏佞説”。此“繁”字乃“敏”增文也，二字聲轉相通。王説是也，楊注未得。又，楊注“但”字原脱，此據諸本加。

〔一一〕楊倞注：恥辱如此，雖得免禍，亦不足以爲持國安身之術，故明君不言也。⊙冢田虎曰：道，如字，言不以此爲道也。⊙王念孫曰：吕本“以”下有“爲”字，乃涉注文而衍。盧本亦沿其誤。錢本無“爲”字，是也。道，由也。⊙天海案：道，行也。言明君不行“畏事”之道。“爲”字諸本無，《外傳》亦無，可據删。

〔一二〕楊倞注：齊，整也。節奏，禮之節文也。謂上下皆有禮也。⊙天海案：齊民，《外傳》作“齊下”。節奏，猶言禮之調節。《外傳》“節奏”上正有“禮義”二字。

〔一三〕楊倞注：百事皆有法度。⊙梁啓雄：官，謂版圖文書之處。⊙天海案：此句上應“正法以齊官”，《外傳》作“法則度量正乎官”。梁説非也。

〔一四〕楊倞注：上政平均，故民齊一。⊙天海案：此句上應“平政以齊民”，《外傳》作“忠信愛利平乎下”。

〔一五〕楊倞注：致，極也。極願來附也。⊙王念孫曰：《外傳》作“遠者願至”，亦於義爲長。⊙陶鴻慶曰：願，猶慕也。《榮辱篇》“小人莫不延頸舉踵而願”，彼注云：“願，猶慕也。”是也。《王制篇》云：“名聲日聞，天下願。”《致士篇》云：“貴名白，天下願。”並從此訓。⊙梁啓雄曰：《方言》：“願，欲思也。”⊙天海案：競親，爭親也。致願，致慕也，正與“競親”對文。陶説是，楊注及他説皆非。

〔一六〕楊倞注：名聲如日暴火炙，炎赫也。⊙久保愛曰：暴，音曝。⊙天海案：暴炙之，謂其名聲如暴日烈火般威懾天下。

〔一七〕物雙松曰：拱揖指麾，如端拱而天下治也。⊙天海案：捶笞之，杖擊、鞭打之。“捶笞之”，《外傳》作“一齊之”。

〔一八〕楊倞注：烏獲，秦之力人，舉千鈞者。焦僥，短人，長三尺者。搏，鬭也。⊙天海案：烏獲，戰國時秦力士，以勇力事秦武王至大官。見《史記·秦紀》，亦見於《孟子·告子》下。焦僥，傳説中矮人。《淮南子·地形》：“西南方曰焦僥。”高注：“焦僥，短人之國也，長不滿三尺。”

〔一九〕天海案：此節之文，又見《韓詩外傳》卷六，文略異。

# 荀子校釋　卷第七

## 王霸篇第十一〔一〕

國者，天下之制利用也〔二〕；人主者，天下之利勢也〔三〕。得道以持之，則大安也，大榮也，積美之原也〔四〕；不得道以持之，則大危也，大累也，有之不如無之〔五〕。及其綦也，索爲匹夫不可得也〔六〕，齊湣、宋獻是也〔七〕。故人主，天下之利勢也，然而不能自安也，安之者必將道也〔八〕。故用國者，義立而王，信立而霸，權謀立而亡〔九〕。三者，明主之所謹擇也〔一〇〕，仁人之所務白也〔一一〕。

挈國以呼禮義，而無以害之〔一二〕，行一不義、殺一無罪而得天下，仁者不爲也。擽然扶持心國，且若是其固也〔一三〕。所與爲之者之人，則舉義士也〔一四〕；所以爲布陳於國家刑法者，則舉義法也〔一五〕；主之所極然帥羣臣而首鄉之者，則舉義志也〔一六〕。如是，則下仰上以義矣，是綦定也〔一七〕。綦定而國定，國定而天下定。仲尼無置錐之地，誠義乎志意，加義乎身行〔一八〕，箸之言語〔一九〕，濟之日不隱乎天下，名垂乎後世〔二〇〕。今亦以天下之顯諸侯，誠義乎志意，加義乎法則度量，箸之以政事〔二一〕，案申重之以貴賤殺生，使襲然終始猶一也〔二二〕。如是，則夫名聲之部發於天地之閒也，豈不如日月雷霆然矣哉〔二三〕！

故曰：以國齊義，一日而白，湯、武是也〔二四〕。湯以亳，武王以鄗，皆百里之地也〔二五〕，天下爲一，諸侯爲臣，通達之屬莫不從服，無它故焉，以濟義矣。是所謂義立而王也〔二六〕。

## 【校釋】

〔一〕冢田虎曰：王霸之分，在時而不在道。以其道分之而尊王卑霸，競論其優劣者，蓋從孟、荀起焉。孔門之學未之有也。⊙梁啓超曰：本篇言政術，多對當時立言。⊙吕思勉曰：此篇斥權謀。"禮之所以正國也"一節，與《禮記·經解篇》同。此數語法家論法，亦恒用之；亦可見《荀子》與法家相近也。⊙天海案：本篇論王霸之術，提出"義立而王、信立而霸，權謀立而亡"三種主張並詳析之。此與孟子"以德行仁者王，以力僞仁者霸"又有不同。蓋孟子主仁政，荀子隆禮重法以别之耳。

〔二〕楊倞注：天下用之利者，無過於國。制，衍字耳。⊙物雙松曰：利用者，利器也。⊙久保愛曰：用，器用也。下文云："國者，天下之大器也。"⊙梁啓雄曰：利用，即利器。《書·微子》："乃攘竊神祇之犧牷牲用。"僞《孔傳》"器實曰用"。是"用"、"器"同誼之證。

〔三〕楊倞注：勢之最利者也。⊙久保愛曰：《吕氏春秋》曰："君，利勢也，次官也。處次官、執勢利，不可不察於此。"⊙章詩同曰：利勢，最利於發號施令的地位。

〔四〕劉師培曰：《御覽》七十七引"美"作"善"。⊙天海案：美，善也。《説文》："美與善同義。"原，源也。諸本作"源"。《治要》引此，無"積美之原也"五字。

〔五〕楊倞注：有國不如無國。⊙物雙松曰：大累，如家累之累。⊙天海案：大累，大累贅。兩"也"字及"有之不如無之"句，《治要》皆無。

〔六〕楊倞注：綦，謂窮極之時。⊙盧文弨曰：正文"及其綦也"上，元刻有"有也"二字，宋本無。⊙古屋鬲曰：綦，謂極其大危、大累也。下文"綦之而亡"，是也。⊙天海案："及其"上，《題注》本、巾箱本亦有"有也"二字，遞修本有"齊也"二字，"其"作"差"。

〔七〕楊倞注：湣，與閔同。齊閔王爲淖齒所殺。宋獻，宋君偃也，爲齊閔王所滅。《吕氏春秋》云"宋康王"，此云"獻"，國滅之後，其臣子各私爲謚，故與此不同。⊙劉師培曰：獻，即"康"字之訛也。非一人而兩謚也。⊙天海案：齊湣王名地，宣王子，前三〇〇年立，前二八四年燕樂毅破齊，湣王逃亡，楚將淖齒殺之。宋獻，即宋康王，名偃，公元前三二九年攻其兄宋君剔成自立爲王。曾稱霸一時，驕横無度。前二八六年齊湣王滅宋，逃亡而死。

〔八〕楊倞注：必將以道守之。⊙物雙松曰：將，語辭。猶言必其道乎。⊙王先謙曰：《廣雅·釋詁》："將，行也。"言安天下必行道也。⊙鍾泰曰：將，猶以也。必將道，必以道也。⊙天海案：將，行也。王説爲勝。又，此句遞修本作"安爲者必然速也"。

〔九〕冢田虎曰：此皆末世戰國之論，而爲時君言者也。⊙久保愛曰：用，猶爲也。⊙朝川鼎曰：王納諫本《標注》曰："義即道也，王者純任道義，霸則未純。然而刑賞政約，畫一不二，故謂之信。”⊙天海案：用，主宰、治理。《韓非子·内儲説上》：“我死後，子必用鄭。”用國者，即主國政者。義，道義。信，誠信。權謀，權術謀略。

〔一〇〕楊倞注：所宜謹慎擇之。

〔一一〕楊倞注：白，明白也。⊙天海案：務，必須。又，原文此下未分段，現據文意分之。

〔一二〕楊倞注：挈，提舉也。言提挈一國之人，皆使呼召禮義。言所務皆禮義也。無以害之，謂不以他事害禮義也。⊙物雙松曰：呼禮義者，以禮義號令天下也。無以害之，言人不能害之也。⊙久保愛曰：呼，猶唱也。⊙盧文弨曰：正文“挈國”上，元刻有“故”字。⊙熊公哲曰：呼，猶俗言號召。⊙于省吾曰：呼、乎字通。挈國以乎禮義，以，用也，乎語詞。言挈國用乎禮義也。⊙楊柳橋曰：挈，約束也。《釋名》：“挈，結也；結，束也，束持之也。”言約束國人以禮義，而不爲害於國人也。⊙張覺曰：挈，提起，帶領，引申爲領導。呼，呼唤，引申爲提倡。⊙天海案：挈國，猶領國，領國亦治國也。呼，倡也。又，遞修本“挈”上有“故”字。

〔一三〕楊倞注：擽，讀爲落，石貌也。其所持心持國，不行不義，不殺無罪，落然如石之固也。⊙物雙松曰：“心國”可疑，疑是“之固”字也。⊙冢田虎曰：“國”字宜屬下句，言人主扶持心櫟然也，則國且自固也。⊙盧文弨曰：正文“擽”，元刻從木，注作“櫟然，落石貌”。今從宋本。⊙郝懿行曰：擽，本作“櫟”，此蓋借爲“礫”字。礫者，小石也。楊注得之。⊙久保愛曰：心國，當作“身國”。身國古對言，如下文“身死國亡”，是也。⊙帆足萬里曰：櫟，讀爲礫，礫然，堅固之貌。⊙桃源藏曰：心國，當作“其國”。⊙龍宇純曰：正文“是”字原當爲“石”。因“石”、“是”雙聲又涉“若是”之恒語而誤耳。⊙天海案：擽，通礫，礫然，堅石之貌。心國，不辭，當作“身國”，久説是。“若是其固也”，當作“若石之固也”，龍説是。擽，諸本作“櫟”，形誤也。

〔一四〕楊倞注：舉，皆也。所與爲政之人，則皆用義士。謂若伊、吕之比者。⊙物雙松曰：“之所與爲之者”句，“之人則舉義士也”句。舉，皆也。⊙盧文弨曰：正文首“之”字，宋本無，元刻有，次下同。⊙久保愛曰：“之人”二字衍文。⊙天海案：據下文“義法”、“義志”句例，當於“者”下句，下接“則”下爲句。故知“之人”二字必衍，或涉注文而衍。又，“所”上諸本有“之”字，下句“所”上亦有“之”字。

〔一五〕楊倞注：謂若周穆王訓夏贖刑之類也。⊙龍宇純曰：“以”字不當有，“刑法”二字疑亦衍文。原文但有“之所爲布陳於國家者”九字。⊙張覺曰：布陳，設置、頒布。⊙天海案：“刑法”二字當在“布陳”上。

〔一六〕楊倞注：志，意也。主所極信率羣臣歸向之者，則皆義之志。謂不懷不義之意也。一曰：志，記也。舊典之有義者，謂若六經也。⊙物雙松曰：極然，即皇極之極。⊙冢田虎曰：注或説爲是矣。言主之與羣臣定意以首嚮先王訓也。⊙郝懿行曰：極，與亟、慖竝同。慖、亟皆敏疾之意，經典多通。此極然，猶云亟亟然耳。⊙王引之曰："之所"上本無"主"字，此後人不曉文義而妄加之也。"之"，猶其也。⊙朝川鼎曰：首鄉之，首而嚮之也。⊙張覺曰：首鄉，向往，追求。⊙天海案：極，通亟。亟然，急迫之貌。帥，同率。首鄉，即歸向。義志，符合道義之識也。即合乎義之舊典也。楊注後説"志"是也。

〔一七〕楊倞注：綦，當爲基，基本也。言以義爲本。仰，魚亮反。⊙冢田虎曰：《書》曰"作汝民極"，《周禮》："設官分職，以爲民極。"皆以君長爲表極也。綦定者，所以爲表極者定也。⊙劉台拱曰：此綦亦訓極，義如"皇極"之極，不必破爲基。下文"國一綦明"，綦亦訓極。極，猶言標準。⊙王念孫曰：前"極"謂義，後"極"謂信也。俱見上文。⊙天海案：上言"義立而王"，此言"下仰上以義"，知義乃立國之基也。楊注是，他説非。

〔一八〕楊倞注：仲尼誠能義乎志意，又加之以義乎身行，言志意及立身立行皆以義。行，下孟反。⊙物雙松曰："加義"之加，訓又。⊙久保愛曰：誠義乎志意，所謂誠心行義也。《吕氏春秋》曰："君子之自行也，動必緣義，行必誠義，俗雖謂之窮，通也。"⊙于鬯曰：誠義乎志意，謂其志意之於義誠而無僞也。加義乎身行，謂其身行之於義有加而無已也。誠字、加字皆實字。下文同此。⊙天海案：誠義乎志意，言其志意誠心于義。加義乎身行，言其立身行事皆加之以義。

〔一九〕楊倞注：以義箸於言語，謂所論説皆明義也。⊙天海案：箸，同著。著，明也。著之言語，明辯於言語中。箸，諸本作"著"。

〔二〇〕楊倞注：以義得濟之日，成功之後也，言仲尼行義既成之後。不隱乎天下，謂極昭明天下，莫能隱匿之。⊙龍宇純曰：不隱乎天下，"不"疑原作"聲"。聲隱乎天下，與"名垂乎後世"二語相儷。聲隱乎天下，謂聲盛於天下。隱，讀同殷，後人不得"隱"字之義，因改"聲"字爲"不"耳。隱、殷二字古同聲同韻，故書"殷"或作"隱"。⊙天海案：不隱，不埋没而顯也。楊注是，龍乃臆説無據。

〔二一〕龍宇純曰："以"字不當有，上文云"著之言語"，無"以"字，是其證。

〔二二〕楊倞注：申，亦重也。既爲政皆以義，又申重以賞罰，使相掩襲無間隙，終始如一也。⊙王念孫曰：襲然，合一之貌。楊注未確。⊙久保愛曰：案，語助。⊙安積信曰：或曰，襲，因也，重也，繼續之貌。⊙天海案：案，猶乃也。申重之，重申之也。殺生，猶死生。襲然，前後相因相承也。

〔二三〕楊倞注：部，當爲"剖"，謂開發也。仲尼匹夫，但箸空言，猶得不隱乎天下，今若以顯諸侯行義，必如日月雷霆也。⊙傅山曰：部發，即如本字讀，亦無不可。⊙王先謙曰：部，是"蔀"之消字。《易》"豐其蔀"，虞注："蔀，蔽也。"《易略例》"夫闇謂之蔀"。先蔀而後發，其光愈大，其聲愈遠，故曰"部發"。⊙于鬯曰：部，與"勃"一聲之轉，部發，即勃發。⊙劉師培曰：部，與"培"通，"培"訓爲益，又爲高貌。部發者，即勃發之義也。⊙于省吾曰：部，應讀作"馮"。馮發於天地之間，即滿發於天地之間也。⊙章詩同曰:部發,分布發揚。⊙天海案:部,通剖。剖,分也。部發,即分布散發也。楊注是。又,原文此下未分段,現據文意分之。

〔二四〕楊倞注:齊,當爲濟。以一國皆取濟於義,一朝而名聲明白,湯、武是也。⊙久保愛曰:本注"取"字可疑。⊙熊公哲曰:齊,整齊也。⊙天海案:齊,通濟,楊注是,熊説非。

〔二五〕楊倞注:亳,湯國都。鄗,與鎬同,武王所都京也。《詩》曰:"考卜維王,宅是鎬京。維龜正之,武王成之。"⊙天海案:亳,地名。商湯之國都,故址在今河南省商丘市北。鎬,即鎬京,武王滅商後,定都於此,又稱宗周。故地在今陜西省西安市西南灃水東岸。又,"王"、"也"二字,諸舊本無,《治要》引此文皆有。

〔二六〕楊倞注:非有它故,但取濟於義也。⊙梁啓雄曰:濟,疑"齊"字之訛,下同。⊙天海案:齊,乃"濟"之叚字,上文"以國齊義"已見。梁説非也。又,此下原文未分段,現依文意分之。

德雖未至也,義雖未濟也〔一〕,然而天下之理略奏矣〔二〕,刑賞、已諾,信乎天下矣〔三〕,臣下曉然皆知其可要也〔四〕。政令已陳,雖覩利敗,不欺其民〔五〕;約結已定,雖覩利敗,不欺其與〔六〕。如是,則兵勁城固,敵國畏之。國一綦明,與國信之〔七〕,雖未在僻陋之國,威動天下,五伯是也〔八〕。非本政教也〔九〕,非致隆高也〔一〇〕,非綦文理也〔一一〕,非服人之心也〔一二〕;鄉方略〔一三〕,審勞佚〔一四〕,謹畜積〔一五〕,脩戰備,齺然上下相信,而天下莫之敢當也〔一六〕。故齊桓、晉文、楚莊、吴闔閭、越勾踐,是皆僻陋之國也,威動天下,彊殆中國〔一七〕,無它故焉,略信也。是所謂信立而霸也〔一八〕。

挈國以呼功利〔一九〕,不務張其義、齊其信,唯利之求〔二〇〕,内則不憚詐其民而求小利焉〔二一〕,外則不憚詐其與而求大利焉〔二二〕,内不脩正其所以有,然常欲人之有〔二三〕。如是,則臣下百姓莫不以詐心待其上矣。上詐其下,下詐其上,則是上下析也〔二四〕。如是,則敵國輕之〔二五〕,與國疑之,權謀日行而國不免危削,綦之而亡〔二六〕,齊閔、薛公是也〔二七〕。故用彊齊,非以脩禮義也,非以本政教也,非以一天下也,緜緜常以結引馳外爲務〔二八〕。故彊,南足以破楚〔二九〕,西足以詘秦〔三〇〕,北足以敗燕〔三一〕,中足以舉宋〔三二〕。及以燕、趙起而攻之,若振槁然〔三三〕,而身死國亡,爲天下大戮〔三四〕,後世言惡則必稽焉〔三五〕。是無它故焉,唯其不由禮義而由權謀也。三者,明主之所以謹擇也,而仁人之所以務白也〔三六〕。善擇者制人,不善擇者人制之〔三七〕。



【校釋】

〔一〕楊倞注:霸者亦有德義,但未能至極盡濟也。⊙北大組曰:未至,没有達到最完善的程度。未濟,没有完全具備。

〔二〕楊倞注:天下之謂條理者,略有節奏也。⊙物雙松曰:理略,猶方略也。⊙冢田虎曰:理,治也。奏,進達也。⊙郝懿行曰:奏,訓進也。此"奏"疑與"湊"同。湊,會聚也。楊注失之。⊙王念孫曰:奏,讀爲湊。《廣雅》:"湊,聚也。"謂天下之理略聚於此也。湊、奏,古字通。⊙北大組曰:略,基本、大致。奏,同湊。略奏,基本具備。⊙張覺曰:理,事理。⊙天海案:奏,通湊,王説是。

〔三〕楊倞注:諾,許也。已,不許也。《禮記》曰:"與其有諾責,寧有已怨。"信乎天下,謂若齊桓不背柯盟之比也。⊙天海案:已,猶止也。信乎天下,取信於天下。

〔四〕楊倞注:要,約也。皆知其可與要約不欺也。要,一堯反。⊙帆足萬里曰:要,求也。⊙天海案:要,約也,結交也。

〔五〕楊倞注:謂若伐原,命三日之糧,不降而退之比也。⊙梁啓雄曰:晉文公圍原事,見《左傳》僖二十五年及《晉語》。⊙天海案:覩,同睹,下同。利敗,猶利害也,下同。

〔六〕楊倞注:與,相親與之國。謂若齊桓許赦魯、衛,不遂滅之爲己利之比也。⊙梁啓雄曰:楊注"赦"字,《增注》作"救",似是。

〔七〕楊倞注:綦,亦當爲"基"也。⊙郭嵩燾曰:綦,當爲"期"之借字。所期約明白無欺。⊙冢田虎曰:綦明,極明也。⊙北大組曰:國一,國家上下一致。綦,通"期",約定。綦明,約定明確,不失信用。⊙天海案:綦,通基,即前所謂"綦定而國定"之"綦"。此言國家統一,立國之基明確。此立國之基亦指道義也。楊注是,他説非。

〔八〕楊倞注:伯,讀曰霸,又如字,爲諸侯之長曰伯。《春秋左氏傳》曰:"策命晉侯爲伯也。"⊙梁啓雄曰:伯,本字。霸,借字。⊙天海案"末"字,諸本無。五伯,参見下文所列齊桓、晉文、楚莊、闔閭、勾踐云云。

〔九〕楊倞注:雖有政教,未盡脩其本也。⊙梁啓雄曰:本,當作"平",下同。⊙北大組曰:不是以政治教化爲根本。⊙天海案:本,動詞,此指未以政教爲本。楊注非是,梁説亦非。

〔一〇〕楊倞注:致,極也。不如堯、舜、禹、湯之極崇高也。⊙北大組曰:不是最崇尚禮法。⊙天海案：隆高，荀書常用以指禮法。

〔一一〕楊倞注：言其駁雜，未極條貫。⊙北大組曰：禮法制度還不十分完備。⊙天海案：文理，此指禮儀文飾制度。

〔一二〕楊倞注：未得天下歸心如文王。此皆言雖未能備行王道，以略信之，故猶能致霸也。

〔一三〕楊倞注：所向唯在方略，不在用仁義也。⊙帆足萬里曰：鄉，向也，正也。⊙熊公哲曰：此云"鄉方略"，則謂謀略。

〔一四〕楊倞注：審以佚待勞之術也。⊙冢田虎曰：言審士民之勞與佚，以役使之也。⊙天海案：審，察知也。《仲尼篇》楊注云："謂審知使人之勞佚也。"又，正文"非本政教"至"審勞佚"之文，《仲尼篇》已見，彼楊注與此處略異。

〔一五〕楊倞注：謹嚴畜積，不妄秏費。⊙天海案：畜，同蓄。

〔一六〕楊倞注：齺，齒相迎也。齺然，上下相向之貌。齺，士角反。

〔一七〕楊倞注：其彊能危中國。⊙安積信曰：先儒多以齊桓、晉文、楚莊、秦穆、宋襄爲五霸，而荀卿則異於此。荀卿説似確。⊙金其源曰：按《詩·豳風·鴟鴞》"逮天之未陰雨"，《家語》"逮"作"殆"，注云"及也"。彊殆中國者，彊及中國也。⊙天海案：上言"威動天下"，此言"彊殆中國"，殆，當訓危，楊注是，金説非。中國，中原之國也。

〔一八〕楊倞注：雖未能濟義，略取信而行之，故能致霸也。⊙物雙松曰：言其方略得信於天下也。⊙朝川鼎曰：王納諫本《標注》曰："義即道也，王者純任道義，霸則未純。然而刑賞政約，畫一不二，故謂之信。"⊙鍾泰曰：略，猶取也。略信即取信。不得曰"略取信而行之"。⊙熊公哲曰：略能以信自守也。⊙李中生曰："略信"的"略"，當取法度之義。⊙天海案：《廣雅》："略，取也。"《方言》："略，强取也。"略信，即取信。鍾説是，他説非。又，此下原文未分段，現依文意分之。

〔一九〕楊倞注：此論權謀者也。提挈一國之人，以呼召功利。言所務唯功利也。功役使利，貪求之也。⊙天海案：挈國，掌國也。呼，倡導也。

〔二〇〕楊倞注：張，開。⊙冢田虎曰：齊，當作"濟"，成也。⊙包遵信曰：《廣雅》："張，大也。"又："張，開也。"又："張，施也。"唯此"張"字及《成相篇》"道古聖賢基必張"則當訓爲"張大"。⊙天海案：《廣雅》："張，施也。"施，行也。張其義，即行其義也。齊，通濟，《治要》引此文正作"濟"。

〔二一〕楊倞注：謂若梁伯好土功，詐其民曰"寇將至"之比。⊙梁啓雄曰：梁伯事詳見《左》僖十九年《傳》。

〔二二〕楊倞注：謂若楚靈王以義討陳、蔡，因遂滅之之比也。⊙梁啓雄曰：楚滅陳詳見《左》昭八年《傳》、滅蔡詳十一年《傳》。

〔二三〕楊倞注：有土地貨財也。⊙王念孫曰：下文言"啖啖然常欲人之有"，則此文“然”上亦當有“啖啖”二字，而今本脱之。⊙顧千里曰：“内”字，疑不當有，涉上文“内則”句而衍也。下文“不好脩正其所以有”，是其證。又“不”下當有“好”字，蓋上衍下脱。⊙天海案：内，内心也，字不衍。

〔二四〕楊倞注：離析。⊙天海案：“待其上”，《治要》引此作“得其上”。

〔二五〕楊倞注：不得人心，故輕之也。

〔二六〕楊倞注：其極者則滅亡。⊙天海案：《治要》無“削綦之而”四字。

〔二七〕楊倞注：薛公，孟甞君田文，齊閔王之相也。齊閔王爲五國所伐，皆薛公使然，故同言之也。⊙久保愛曰：孟甞君雖未至仁賢，當時之聞人，荀卿不可有此言。《新序》曰：“齊閔王、靖郭君雖至死亡，終身不諭。”疑謂此人也。靖郭君，田嬰始封於薛者，見于《戰國策》。⊙天海案：薛公，疑田文之父田嬰也，久説是。

〔二八〕楊倞注：緜緜，不絶貌。引，讀爲靷。靷，引軸之物。結引，謂繫於軸所以引車也。齊閔、薛公不脩德政，但使説客引軸馳騖於他國，以權詐爲務也。⊙冢田虎曰：楊倞以“故彊”二字屬下文，失之。⊙鍾泰曰：結引，謂結納與國，注誤。⊙北大組曰：結引，勾結別國。馳外，向外擴張。⊙楊柳橋曰：結引，謂交結牽引。馳外，謂奔馳外鄰，指縱横游説而言。⊙天海案：用彊齊，謂用來使齊國彊大（之方法）。結引馳外，猶言結交他國，遣使游説。

〔二九〕楊倞注：《史記·齊閔王》二十三年與秦敗楚於重丘南，割楚之淮北也。⊙于鬯曰：割楚淮北在齊閔王三十八年，中間縣隔十五年，何得并爲一談乎？割者即重丘，非淮北。⊙天海案：楊注“齊閔王二十三年”，盧謝本、《集解》本皆誤作“齊閔王三十三年”，而明世本、《四庫》本、《增注》本皆不誤。

〔三〇〕楊倞注：《史記》：“閔王三十六年與韓、魏共攻秦，至函谷軍焉。”⊙天海案：詘，同屈，使之屈服也。

〔三一〕盧文弨曰：此句楊氏無注，脱耳。案《史記·六國表》及《田敬仲完世家》皆不載，唯《燕世家》載之，當在齊閔王十年。⊙梁啓雄曰：湣王敗燕事，未詳。

〔三二〕楊倞注：閔王三十八年伐宋，宋王死於温。舉，謂舉其國而滅之也。⊙天海案：公元前二八六年，齊閔王滅宋。

〔三三〕楊倞注：閔王四十年，燕、秦、楚、三晉敗我於濟西。振，擊也。槁，枯葉也。言當權謀彊盛之時，雖破敵滅國，及樂毅以諸國攻之，若擊枯葉之易也。⊙物雙松曰：“及以”二字只是“及”字意，佛經多有之，是其始。⊙朝川鼎曰：以、於通用，“及以”猶言至於也。⊙裴學海曰：以，猶乎，夫也。⊙龍宇純曰：“以”字無義，此涉上諸“足以”字而衍。⊙天海案：及以，猶言及爲、及被也。振，摇也。槁，枯木也。若振槁然，如摇動枯木一様。楊注未切。

〔三四〕楊倞注：爲天下大戮辱也。《春秋傳》曰：“古者明王伐不敬，取其鯨鯢而封之，以爲大戮也。”⊙安積信曰：《春秋傳》所謂“大戮”，即大誅戮，非戮辱之義也。

注似誤解。⊙天海案：戮，同僇，辱也。大戮，即大辱也。《非相篇》："身死國亡，爲天下大僇。"《議兵篇》："縣明刑大辱於其後。"其義皆同。

〔三五〕楊倞注：後世稽考，閔王爲龜鏡也。

〔三六〕盧文弨曰：各本無兩"以"字及"而"字，唯宋本有之，下文亦同。案篇首已有此二語，宋本亦無兩"以"字及"而"字，至此及下文乃竝有之，以致其申重丁寧之意，似宋本爲長。⊙天海案："明主"，明世本、《四庫》本作"明王"。除宋浙本外，他本皆無"而"字與二"以"字。《治要》引此文，亦無二"以"字。

〔三七〕楊倞注：善擇者用霸王，不善擇者用權謀也。⊙天海案："人制之"，《治要》引作"爲人制之"。



國者，天下之大器也，重任也，不可不善爲擇所而後錯之，錯之險則危〔一〕；不可不善爲擇道然後道之，涂薉則塞〔二〕；危塞則亡〔三〕。彼國錯者，非封焉之謂也〔四〕，何法之道，誰子之與也〔五〕。故道王者之法，與王者之人爲之則亦王；道霸者之法，與霸者之人爲之則亦霸；道亡國之法，與亡國之人爲之則亦亡〔六〕。三者，明主之所以謹擇也，而仁人之所以務白也〔七〕。

故國者，重任也，不以積持之則不立〔八〕。故國者，世所以新者也，是憚憚非變也〔九〕，改玉改行也〔一〇〕。故一朝之日也，一日之人也，然而厭焉有千歲之固，何也〔一一〕？曰：援夫千歲之信法以持之也，安與夫千歲之信士爲之也〔一二〕。人無百歲之壽，而有千歲之信士，何也〔一三〕？曰：以夫千歲之法自持者，是乃千歲之信士矣〔一四〕。故與積禮義之君子爲之則王，與端誠信全之士爲之則霸，與權謀傾覆之人爲之則亡〔一五〕。三者，明主之所以謹擇也，而仁人之所以務白也。善擇之者制人，不善擇之者人制之〔一六〕。

【校釋】



〔一〕楊倞注：所，處也。錯，讀爲措。⊙物雙松曰：所，處所也。⊙王念孫曰：錢本作"錯險則危"，無"之"字，元刻、世德堂本同。盧從吕本。案"錯險則危"與"塗薉則塞"對文，則無"之"字者是也。吕本有"之"字者，涉上句"錯之"而衍。⊙梁啓雄曰：大器，與上文"利用"同意。⊙章詩同曰：所，所向。錯，措置。⊙張覺曰：所，處所，此喻指當權執政之大臣。錯，放置，此指委任。⊙天海案：大器，猶寶器也。《左傳》文公十二年“鎮撫其社稷，重之以大器”，鄭注：“大器，圭璋也。”重任，重擔也。所，處也。錯，安置也。“錯”下“之”字諸本無，王説是也。又，《治要》引作“國君者”，“錯”下亦無“之”字。

〔二〕楊倞注：不可不善爲擇道路而導達之。薉，與穢同。塞，謂行不通也。⊙王念孫曰：道之，行之也。下文“何法之道”，及“道王者之法”云云，竝與此“道”字同義。楊皆訓爲導達，失之。⊙天海案：上“道”爲道路，下“道”爲行路。“涂薉則塞”，道塗荒蕪，阻塞不通也。

〔三〕楊倞注：所以爲之善擇。⊙盧文弨曰：（楊注）“之”字元刻作“王”。案此注有脱誤，似當云“所以不可不善爲擇”。

〔四〕楊倞注：非受之茅土然後爲安。一曰：脩封疆、立城郭之謂也。⊙朝川鼎曰：彼所謂錯國於不傾之地者，非封土而高大之之謂，乃擇人之謂也。⊙章詩同曰：封，界。意爲畫分疆界。⊙天海案：封，垒土爲疆界。楊注後説是。

〔五〕楊倞注：設問之辭。既非封焉之謂，問以何法導達之，求誰人付與之。誰子，猶誰人也。《慎子》曰：“弃道術，舍度量，以求一人之識識天下，誰子之識能足焉也？”⊙傅山曰：下文有“與王者之人爲之則王”云云，又曰“與積禮義之君子爲之則王”云云，則“誰子之與”當是看子之所與爲誰耳。⊙物雙松曰：誰子之與，只是相與意，觀下文可見。注非矣。⊙久保愛曰：道，由也。與，共爲之也。⊙陶鴻慶曰：此言錯國者，非但畫其疆界而已，必觀其所行何法，所與何人，而後謂之錯國也。“何法之道”二句乃決辭，非疑辭。楊注以爲設問之辭，大誤。⊙天海案：道，行也。與，相與也。楊注非，陶説是也。

〔六〕楊倞注：答辭也。道，皆與導同。⊙王引之曰：故，當爲“曰”。此涉下文諸“故”字而誤。⊙久保愛曰：《韓非子》曰：“與死人同病者不可生，與亡國同事者不可存也。”道，由也。⊙潘重規曰：楊注誤以此爲問答之辭，而王氏遂欲改字，非也。⊙天海案：三“道”字皆當訓行；此亦非答辭，楊注、王説皆非。又，此數句《治要》引，“亦王”、“亦霸”、“亦亡”下，皆有“矣”字。

〔七〕楊倞注：《荀子》多重叙前語者，丁寧之也。⊙天海案：此下原文未分段，現依文意分之。

〔八〕楊倞注：不以積久之法持之，則傾覆也。⊙冢田虎曰：積，禮義之謂也。即下文“與積禮義之君子爲之”也，注非也。⊙朝川鼎曰：積者，積靡之積。謂積禮義也。⊙北大組曰：積，積累。這裏指長期積累的法制。⊙天海案：積，積禮義也。冢説是，楊注非。

〔九〕楊倞注：憚，與坦同。言國者但繼世之主自新耳，此積久之法，坦坦然無變也。《隨巢子》曰：“有陰而遠者，有坦明而功者。杜伯射宣王於畝田，是坦明而功者。"據古憚與坦通。⊙傅山曰:《荀子》每以"法後王"爲詞,而此又言"千歲之信法"耶?若爾,則後王不必法矣。注"坦坦然無變",亦不必爾。憚,即作忌憚之憚亦可。有國,有國是。國以世新,國是不以世變,世新者,奉其是,兢兢焉不敢變也。⊙盧文弨曰:注引《隨巢子》"憚明",以爲即"坦明"之證,則本作"憚"字無疑。而俗閒本兩"憚明"字俱作"坦明",非也。今竝改正。⊙郝懿行曰:憚與坦雖可通,此"憚"疑"幝"字之形譌。《毛詩》"檀車幝幝",《傳》云:"幝幝,敝貌。"與此義合。敝正對新而言。此言國與世俱新,雖或幝幝敝壞,而非變也,但改玉改行,則仍復新耳。是以日也、人也,皆不能無變更,而國有厭焉完固至於千歲者。《荀》義當然。⊙帆足萬里曰:憚、禪通。禪禪,化遷貌。言隨時應變,猶改玉改行,實非變也。⊙鍾泰曰:憚,與禪通。禪者遞禪。故曰"是禪非變也"。憚不得重字,下"憚"字誤衍。⊙劉師培曰:《治要》無"所"字,此不當有。惟舊本句讀亦非,以義審之,當作"故國者,世以新者也,是憚。憚,非變也,改玉改行也"。憚,即"禪"訛。《正論篇》辨堯、舜擅讓云云,與此略同。此謂易君新國,其名爲禪,與變不同。禪,即彼篇之"擅",所云"非變"又即彼篇"何變之有"也。⊙天海案:劉之句讀及訓説是也。"憚"與"禪"音近形似而誤。禪,替代也。此言國者因世而新,是新君代舊君也,故曰"禪非變也"。楊注非。

〔一〇〕楊倞注:自是改一王則改其所行之事,非法變也。或曰:《國語》襄王謂晉文公曰:"先民有言曰:改玉改行。"玉,佩玉。行,步也。⊙冢田虎曰:韋昭曰:"玉,佩玉。所以節行步也。"⊙久保愛曰:定公五年《左氏傳》曰"改步改玉"。⊙盧文弨曰:或説是。古"玉"字本作"王",與"王"字形近易訛。⊙郝懿行曰:王,古"玉"字也。⊙王念孫曰:《治要》正作"改玉改行"。⊙朝川鼎曰:言佩玉改,則行步亦改,以喻變之有所由也。⊙劉師培曰:改玉改行,亦與徙朝改制同。⊙天海案:正文"改玉"原作"改王",據《左傳》及諸説改。楊注"改玉"原作"改王",據《國語》及諸本改。《治要》引此文無"是憚憚非變也"六字,"王"作"玉"。

〔一一〕楊倞注:設問之辭。"一朝之日",謂今日之事,明朝不同,言易變也。"一日之人",謂今日之生未保明日,言壽促也。厭,讀爲黶。《禮記》曰:"見君子而後厭然揜其不善。"鄭注云:"閉藏貌。"言事之易變,人之壽促如此,何故有黶然深藏,千歲不變改之法乎?⊙物雙松曰:厭然者,長久意。⊙冢田虎曰:"固"字一本作"國",《治要》亦作"國"。作"固",字之誤也。⊙郝懿行曰:厭焉,合一之貌。⊙王念孫曰:"故"字涉上下文而衍。"一朝一日"云云是問詞,則不當有"故"字明矣。《治要》無"故"字。⊙王先謙曰:厭然,猶安然也,説見《儒效篇》。《治要》"固"作"國",是也。⊙安積信曰:厭,偃通。偃然,安貌。⊙李中生曰:"故"字在此不是因果連詞,而是提示之詞,猶"夫",并非衍字。⊙天海案:"一朝之日","一日之人",皆言時之暫、生之促也。厭、偃音近相通,厭焉,猶偃然,安然之貌。王説是,楊注非。

固,《治要》引此作“國”,當從之。

〔一二〕楊倞注:謂使百世不易可信之士爲政。⊙物雙松曰:安,助辭。⊙北大組曰:信法,真實可行的法,泛指禮法。信士,堅守信法的士。⊙天海案:安,猶乃也。此二句答詞也。

〔一三〕楊倞注:又問之。

〔一四〕楊倞注:以禮義自持者,則是千歲之士,不必壽千歲也。能自持則能持固也。⊙裴學海曰:乃,猶爲也。⊙天海案:此答詞也。楊注“持固”疑當作“持國”。

〔一五〕久保愛曰:《彊國篇》注曰:“全,謂全德。”⊙天海案:端,正直。誠,忠實。信,守信。全,全德。

〔一六〕天海案:除宋浙本外,諸本二“所”下皆無“以”字,“仁”上亦無“而”字。“明主”,錢佃本、明世本、《四庫》本俱作“明王”。又,此下原文未分段,現依文意分之。

彼持國者,必不可以獨也〔一〕,然則彊固榮辱在於取相矣〔二〕。身能、相能,如是者王〔三〕;身不能,知恐懼而求能者,如是者彊〔四〕;身不能,不知恐懼而求能者安,唯便僻左右親比己者之用,如是者危削〔五〕,綦之而亡〔六〕。國者,巨用之則大,小用之則小〔七〕,綦大而王,綦小而亡,小巨分流者存〔八〕。巨用之者,先義而後利,安不卹親疏,不卹貴賤〔九〕,唯誠能之求,夫是之謂巨用之〔一〇〕。小用之者,先利而後義,安不卹是非,不治曲直,唯便辟親比己者之用,夫是之謂小用之。巨用之若彼,小用之若此,小巨分流者一若彼一若此也〔一一〕。故曰:“粹而王,駁而霸,無一焉而亡。”此之謂也〔一二〕。

國無禮則不正〔一三〕。禮之所以正國也,譬之猶衡之於輕重也〔一四〕,猶繩墨之於曲直也,猶規矩之於方圓也〔一五〕,既錯之而人莫之能誣也〔一六〕。《詩》曰:“如霜雪之將將,如日月之光明〔一七〕;爲之則存,不爲則亡。”此之謂也〔一八〕。

【校釋】

〔一〕楊倞注:君不可獨治也。

〔二〕梁啓雄曰:固,破敗也,與彊義相反。《魯·語》:“不識窮固又求自爾。”注“固,廢也。”固,訓“廢”與“破敗”義更相近。⊙趙海金曰:案“榮”與“辱”相對,

"彊"與"固"不相對,疑"彊固"當作"彊弱"。⊙天海案:下文有"治辨彊固之道",《君道篇》有"故人主欲彊固安樂",《史記・禮書》又有"治辨之極也,彊固之本也"。故知"彊固"即彊盛堅固之義,本自爲詞,不必因"榮辱"而相對也。梁、趙二説皆非。又,"固"字,錢佃稱諸本作"國",今存諸本,除宋浙本外,亦皆作"國"。取相,選取治國之相。

〔三〕楊倞注:謂若湯伊尹,文王太公也。

〔四〕楊倞注:若燕昭樂毅也。⊙物雙松曰:求能者,求能士也。

〔五〕楊倞注:謂若楚襄王左州侯、右夏侯之比也。⊙久保愛曰:僻,讀爲"嬖",下同。⊙趙海金曰:案《經傳釋詞》:"安,猶於是也,乃也。"此句係倒文成句,順言之,謂乃唯用便嬖左右親密己者。⊙天海案:安,當屬上句作"不知恐懼而求能者安",下文"唯便辟親比己者之用"上亦無"安"字,是證,趙説非。

〔六〕楊倞注:宋獻之比。⊙天海案:綦,同極也。下二"綦"同。

〔七〕楊倞注:巨者,大之極也。

〔八〕楊倞注:小巨各半,如水之分流也。⊙天海案:綦大,極大用之。綦小,極小用之。

〔九〕久保愛曰:恤,思念也。⊙天海案:安,此作語詞,猶乃也。卹,同恤。《説文》:"卹,憂也。"此引申爲憐惜、照顧。

〔一〇〕天海案:誠能,真正的能人。

〔一一〕楊倞注:或誠能之求,或親比己者之用。⊙王先謙曰:虞、王本作"亦一若彼也,亦一若此也"。⊙天海案:巾箱本、遞修本、明世本、《四庫》本亦作"亦一若彼也,亦一若此也"。

〔一二〕楊倞注:粹,全也。若舜舉臯陶,不仁者遠,即巨用之綦大而王者也。駮,雜也。若齊桓外任管仲,内任豎貂,即小巨分流者。無一焉而亡,無一賢人,若厲王專任皇甫、尹氏,即綦小而亡者也。⊙帆足萬里曰:粹,純全也。駁,一善一惡也。無一,無一善事也。⊙天海案:粹,純一也。即"巨用之"。駮,雜也,即小、巨雜用之。無一,指粹、駮二者無一,非指無一賢人也,楊注非。

〔一三〕楊柳橋曰:鄭玄《周禮》注:"正,猶定也。"高誘《吕氏春秋》注:"正,治也。"⊙天海案:正,治也。《禮記・經解》:"禮之於正國也,猶衡之於輕重也。"不正,即不治。下"正國",亦治國也。

〔一四〕劉師培曰:案《唐律疏義》注一引"衡"作"權衡",引《禮論》"衡誠縣"亦作"權衡",是宋本或有"權"字。以《大略篇》證之,亦當有"權"字。

〔一五〕楊倞注:禮能正國,譬衡所以辨輕重,繩墨所以辨曲直,規矩所以定方圓也。

〔一六〕楊倞注:錯,置也。《禮記》曰"衡誠懸,不可欺以輕重;繩墨誠陳,不可欺以曲直;規矩誠設,不可欺以方圓”也。⊙天海案:誣,欺也。又正文“莫”下之“之”,今存諸本皆無。

〔一七〕楊倞注:逸《詩》。⊙傅山曰:不解“將將”之義。⊙物雙松曰:如霜雪之將將,言亡也。如日月之光明,言存也。將將,言霜雪之聲,如《詩·鄭風》“佩玉將將”。⊙久保愛曰:霜雪、日月,皆比禮也。將、章音通,明貌。⊙郝懿行曰:將將,大也。四句皆逸《詩》,其義今不可知。玩《荀子》之意,蓋言禮廣大體備,如霜雪之無不周徧,如日月之無不照臨,爲禮則禮存而國存,不爲禮則禮亡而國亦亡。楊注斷上二句爲逸《詩》,則語意不融貫。⊙王先謙曰:《成相篇》“讒口將將”,王氏念孫引《周頌·執競》傳:“將將,集也。”此義當同。謂如霜雪交集也。⊙帆足萬里曰:將將,衆多貌。⊙于鬯曰:將將,蓋嚴肅之意。⊙張覺曰:將將,嚴正肅殺之貌,形容禮制的公正無私。⊙天海案:將將,其義未詳,諸説亦未安。“《詩》曰”,諸本作“《詩》云”。

〔一八〕楊倞注:爲,爲禮也。⊙盧文弨曰:正文“不爲”下,各本有“之”字。宋本無,但《詩攷》所引有“之”字,是宋本亦各異也。案無“之”字者勝。下二句,楊注不以爲逸《詩》,《詩攷》連引之爲是。

國危則無樂君,國安則無憂民〔一〕;亂則國危,治則國安。今君人者,急逐樂而緩治國,豈不過甚矣哉!譬之是由好聲色而恬無耳目也,豈不哀哉〔二〕!夫人之情,目欲綦色,耳欲綦聲,口欲綦味,鼻欲綦臭,心欲綦佚〔三〕,此五綦者,人情之所必不免也。養五綦者有具〔四〕,無其具,則五綦者不可得而致也。萬乘之國可謂廣大富厚矣,加有治辨彊固之道焉〔五〕,若是,則怡愉無患難矣,然後養五綦之具具也〔六〕。故百樂者生於治國者也,憂患者生於亂國者也。急逐樂而緩治國者〔七〕,非知樂者也。故明君者,必將先治其國,然後百樂得其中〔八〕。闇君者,必將急逐樂而緩治國〔九〕,故憂患不可勝校也〔一〇〕,必至於身死國亡然後止也,豈不哀哉!將以爲樂,乃得憂焉;將以爲安,乃得危焉;將以爲福,乃得死亡焉。豈不哀哉!於乎!君人者,亦可以察若言矣〔一一〕。

故治國有道,人主有職〔一二〕。若夫貫日而治詳,一日而曲列之〔一三〕,是所使夫百吏官人爲也,不足以是傷游玩安燕之樂〔一四〕。若夫論一相以兼率之,使臣下百吏莫不宿道鄉方而務〔一五〕,是夫人主之職也〔一六〕。若是，則一天下，名配堯、禹〔一七〕。人主者，守至約而詳，事至佚而功〔一八〕，垂衣裳不下簟席之上，而海内之人莫不願得以爲帝王，夫是之謂至約，樂莫大焉〔一九〕！



【校釋】

〔一〕顧千里曰：民，疑當作"君"。此文憂與樂皆言君，不言民也。楊無注，宋本與今本同，蓋皆誤。⊙王先謙曰：顧説是。⊙蔣禮鴻曰：樂君、憂民是互文見義的一例。説國安無憂民，就能表現治國利益之大，也就反襯了逐樂的危害之甚。⊙天海案：蔣説是。

〔二〕楊倞注：恬，安也。安然無耳目，雖好聲色，將何用哉！⊙盧文弨曰：正文"由"，從宋本，與"猶"同。⊙俞樾曰：恬，當作"姡"，字之誤也。《爾雅》："靦，姡也。"《釋文》引李巡、孫炎注竝曰："人面姡然也。"是姡然爲人面之貌。姡無耳目，猶言姡然無耳目。楊注失之。⊙久保愛曰：恬無耳目，安於無耳目也。⊙天海：由，與猶同。《題注》本、遞修本、明世本、《四庫》本皆作"猶"，然《治要》引此作"由"。恬無耳目，安於無耳目。久説是也，楊注未切，俞説非也。

〔三〕楊倞注：臭，氣也。凡氣香亦謂之臭。《禮記》曰："佩容臭。"綦，極也。綦或爲甚，傳寫誤耳。佚，安樂也。⊙包遵信曰："心"當作"形"字。荀書屢言形體佚樂。⊙天海案：本書《天論篇》以"耳目鼻口形"爲五官，並言"心居中虚以治五官"。故知"心"乃"形"之音誤也，包説是。

〔四〕楊倞注：具，謂廣大、富厚、治辨、彊固之道也。⊙天海案：具，器具、工具，此指應具備的條件。

〔五〕楊倞注：有，讀爲又。辨，分别事。⊙物雙松曰：注非，當是"加"訓又。⊙郝懿行曰：辨，古"辦"字。辦，謂備具也。楊注竝非《荀》義。⊙王先謙曰：辨，亦治也。説見《不苟篇》。⊙鍾泰曰：有者，有其道也。楊讀爲"又"，非是。⊙張覺曰：加，更。辨，通辦，治理。⊙天海案：張説是也，楊注非。又，"無其具"之"其"字，諸本無。"辨"字，諸本一作"辯"。"固"字，巾箱本、《題注》本、遞修本皆誤作"國"。

〔六〕北大組曰：具具，條件具備。⊙天海案：怡，諸本作"恬"。

〔七〕王先謙曰：《治要》"緩"作"忘"，無"者"字。

〔八〕楊倞注：得於治國之中。樂，並音落。

〔九〕王念孫曰：吕本作"急逐樂"，錢本及元刻、世德堂本"急"竝作"荒"，盧從吕本。案《逸周書·謚法篇》曰"好樂怠政曰荒"，《管子·戒篇》曰"從樂而不反謂之荒"，故曰"荒逐樂"。宋監本作"急逐樂"者，據上文改之也。《治要》正引作"荒逐樂"。⊙天海案：王説是。

〔一〇〕楊倞注：校，計。⊙天海案：楊注原作"計校"，今從盧謝本、《集解》本乙改。

〔一一〕楊倞注：於乎，讀爲"嗚呼"。若言，如此之言，謂以上之説。⊙天海案：此下原文未分段，現依文意分之。

〔一二〕楊倞注：在知其道，守其職也。

〔一三〕楊倞注：貫日，積日也。積日而使條理詳備，一日而委曲列之，無差錯也。⊙劉台拱曰：一日，當作"一目"。立一條目而委曲具列之，若簿書之類。⊙王念孫曰："一日"與"貫日"相對爲文，則"日"非"目"之譌也。《君道篇》作"一日而曲辨之"，"辨"與"别"古字通，則"列"爲"别"之譌也。王逸注《離騷》云："貫，累也。"言以累日之治而辨之於一日也。⊙梁啓雄曰：曲，周也。⊙張覺曰：列，古"裂"字，分解、解決之意。⊙天海案：貫日，連日也。治詳，治理詳備。曲列，完全陳列。

〔一四〕楊倞注：煩碎之事既使百吏官人爲之，則不足以此害人君游燕之樂也。⊙天海案：是，此也。"是"下諸本有"以"字，非也。

〔一五〕楊倞注：論，謂討論選擇之也。率，領也。宿道，止於道也。向方，不迷亂也。臣下皆以宿道向方爲務，不敢姦詐也。⊙物雙松曰：宿道，安道也。如《左傳》"官宿其業"。⊙鍾泰曰：務，謂勉也，盡也。注非是。⊙章詩同曰：論，選擇。宿道，不超越正道。務，趨，前進。⊙北大組曰：宿道鄉方而務，沿着正确的道路和方向而努力。⊙張覺曰：宿，守。鄉，通向。方，道。⊙駱瑞鶴曰：此"宿"字疑借爲"縮"。《孟子・公孫丑上》："自反而不縮。"孫奭正義："縮者，理之直也。"則此文之"宿道"，猶直道耳。⊙龍宇純曰："宿道"不辭。宿，當作"循"，蓋"循"壞爲"盾"，誤作"佰"，又易爲"宿"耳。⊙天海案：宿道，安於道也。《左傳》昭公二十九年"官宿其業"，杜預注："宿，猶安也。"鄉方，即向道也。務，致力也。

〔一六〕楊倞注：論相乃是人主之職，不在躬親小事也。

〔一七〕王引之曰："一天下"上有"功"字，而今本脱之，則與下句不對。下文"功壹天下，名配舜、禹"，是其證。⊙天海案："一"上"功"字疑脱，王説是。然《治要》引此，無"一天下"三字。

〔一八〕楊倞注：事，任。⊙王念孫曰：錢本"人"作"之"，元刻、世德堂本同。盧從吕本。案錢本是也。"之主者"，是主也。是主者，指上文"功一天下，名配堯、禹"之主而言，非泛論人主也。吕本作"人主者"，涉下文"人主者"而誤。⊙王先謙曰：王説是，今從錢本改作"之"。⊙北大組曰：守，主管。至約，極其簡要。⊙天海案："人主者"，除宋浙本外，諸本俱作"之主者"，然《類聚》《治要》引此皆作"人主者"，可知唐本即如此。人主者，泛論也，非承上文而言。故錢本未必是，吕本未必非也。作"人主者"於義爲長，王説不可從。

〔一九〕久保愛曰：《易》曰："黄帝、堯、舜，垂衣裳而天下治。"⊙天海案："海内之人”，諸本一作“海内之民”。又，此下原文未分段，現據文意分之。

人主者，以官人爲能者也〔一〕；匹夫者，以自能爲能者也。人主得使人爲之，匹夫則無所移之〔二〕。百畝一守，事業窮，無所移之也〔三〕。今以一人兼聽天下，日有餘而治不足者，使人爲之也〔四〕。大有天下，小有一國〔五〕，必自爲之然後可，則勞苦耗顇莫甚焉〔六〕。如是，則雖臧獲不肯與天子易埶業〔七〕。以是縣天下，一四海，何故必自爲之〔八〕？爲之者，役夫之道也，墨子之説也〔九〕。論德使能而官施之者，聖王之道也，儒之所謹守也〔一〇〕。傳曰：農分田而耕，賈分貨而販，百工分事而勸，士大夫分職而聽〔一一〕，建國諸侯之君分土而守，三公總方而議〔一二〕，則天子共己而矣〔一三〕。出若入若，天下莫不平均，莫不治辨〔一四〕。是百王之所同也，而禮法之大分也〔一五〕。

百里之地可以取天下，是不虛。其難者，在於人主之知之也〔一六〕。取天下者，非負其土地而從之之謂也〔一七〕，道足以壹人而已矣〔一八〕。彼其人苟壹，則其土地且奚去我而適它〔一九〕？故百里之地，其等位爵服，足以容天下之賢士矣〔二〇〕；其官職事業，足以容天下之能士矣〔二一〕。循其舊法，擇其善者而明用之，足以順服好利之人矣〔二二〕。賢士一焉，能士官焉，好利之人服焉，三者具而天下盡，無有是其外矣〔二三〕。故百里之地足以竭埶矣〔二四〕。致忠信，箸仁義，足以竭人矣〔二五〕。兩者合而天下取，諸侯後同者先危〔二六〕。《詩》曰：“自西自東，自南自北，無思不服。”一人之謂也〔二七〕。

## 【校釋】

〔一〕梁啓雄曰：官，即《禮記·王制》“論定而後官之”之“官”，謂任用人爲官。⊙天海案：官，通管，管理，掌管。《管子·海王》“爲官山海爲可耳”，又《山國軌》“君皆善官而守之”，郭沫若《集校》引馬元材云：“官，即管之叚借字。”又按云：“官，猶管也。”故官人，即管理人也。

〔二〕梁啓雄曰：無所移之，謂不得使别人爲之。⊙天海案：無所移之，言無處轉移自己所爲之事。

〔三〕楊倞注：百畝，一夫之守事業，耕稼也。耕稼窮於此，無所移於人。若人主必躬治小事，則與匹夫何異也！⊙朝川鼎曰：《外傳》四："匹夫百畝一室，不遑啓處，無所移之也。"守，當據《外傳》作"室"爲是。窮，疑衍文。⊙梁啓雄曰：一守，一夫之守。事業窮，謂耕稼的事業窮盡於一人之身。⊙龍宇純曰：此當是"窮"下脱"苦"字，故不可解矣。⊙天海案：《孟子》："耕者之所穫，一夫百畝。"《淮南子・詮言》："匹夫百畝一守，不遑啓處。"高誘注："百畝之田，一夫一婦守也。"百畝一守，即匹夫守百畝之田也。事業窮，言其耕稼之事窮盡其一生也。

〔四〕楊倞注：今以一人兼聽天下之大，自稱日有餘，言兼聽之日有餘也。而治不足，謂所治之事少而不足，言不足治也。使人爲之，故得如此。《尸子》曰："堯南撫交阯，北懷幽都，東西至日之所出入，有餘日而不足於治者，恕也。"《韓子》曰："夫爲人主而身察百官，則日不足，力不給也。故先王舍己能而因法數，審賞罰，故治不足而日有餘，上之任勢使然也。"日，而實反。⊙章詩同曰：每日治事尚有餘暇。治不足，謂治理的事不多。⊙楊柳橋曰：《漢書・五行志》："足，止也。"⊙天海案：日有餘，時有餘也。治不足，不够治也。

〔五〕楊倞注：天子、諸侯。⊙盧文弨曰：虞、王合校本作"天下，謂天子；一國，謂諸侯也"。

〔六〕楊倞注：耗，謂精神竭。悴，顦顇也。⊙天海案：正文"顇"，《治要》作"萃"，諸本一作"悴"。楊注"竭"下，諸本有"耗"字。"悴"，當作"顇"。

〔七〕楊倞注：臧獲，奴婢也。《方言》云："荆、淮、海、岱之閒，駡奴曰臧，駡婢曰獲。燕、齊亡奴謂之臧，亡婢謂之獲。"或曰：取貨謂之臧，擒得謂之獲，皆謂有罪爲奴婢者。故《周禮》："其奴婢，男子入于罪隸，女子入于舂稾。"勢業，權埶、事業也。⊙盧文弨曰：案《方言》"燕、齊"作"燕之北郊"。又《周禮》"其奴"，無"婢"字。⊙王念孫曰：勢者，位也。所居曰勢，所執曰業。楊以勢爲權勢，失之。⊙北大組曰：勢業，勢位、地位。⊙駱瑞鶴曰：埶業，分屬之天子與臧獲。即"埶"屬之天子而"業"屬之臧獲，言雖臧獲亦不肯以其事業易天子之權勢也。⊙天海案：楊注、駱説是，王説失之。又楊注"勢業"之"勢"當依正文作"埶"。

〔八〕楊倞注：以是一人之寡，懸天下之重，一四海之大，何故必自爲之？言力不任之也。⊙王先謙曰：楊解"縣天下"，非也，説見《王制彊國》篇。⊙梁啓雄曰：縣天下，言能縣衡天下，爲四海持平。⊙張覺曰：縣，古"懸"字，引申指掌握、統治。⊙天海案：縣，通懸，維繫也。懸天下，維繫天下。即掛懷天下也。楊注是，他説非。

〔九〕楊倞注：墨子之説，必自勞苦也。⊙天海案：役夫，服勞役者。

〔一〇〕楊倞注：官施，謂建百官，施布職事。⊙王先謙曰：施，用也。官施之者，官之用之也。楊注皆誤。⊙久保愛曰：《禮記》曰："司馬辨論官材，論進士之賢者，以告于王，而定其論，論定然後官之。"⊙天海案：官施之，官府施行之也。

〔一一〕楊倞注：聽其政治。⊙天海案：勸，勤也。聽，治事也。

〔一二〕楊倞注：總，領也。議其所統之政。自陝以東，周公主之；自陝以西，邵公主之。一相處於内，是總方而議之也。⊙久保愛曰：方，庶方。乃謂摠百官所掌之政事，而議之以裁斷也。⊙朝川鼎曰：先君曰："方，謂百官有司所守方法也。百官有司，各分其職，唯三公無定職，坐而論道，故曰摠方。"⊙章詩同曰：總方而議，講求其所總領地區的政事。⊙楊柳橋曰：總方，總合四方之事。⊙李中生曰：方，指法。總方，即《非十二子篇》所説"總方略"，即綜合各種法規。⊙天海案：建國，封建立國也。此二字《治要》無。方，殷、周稱邦國之辭。《書·多方》："告爾四國多方，惟爾殷侯尹民。"楊樹達《居微居小學述林》："方者，殷、周稱邦國之辭……故干寶云：'方，國也。'是也。"總方，即總領邦國之事也。楊注未切，他説亦未得也。

〔一三〕楊倞注：共，讀爲恭，或讀爲拱。垂拱而已也。⊙王先謙曰：《治要》"而已"作"止矣"，以下文證之，此亦當作"共己而止矣"。宋台州本作"而矣"，明奪"止"字。虞、王本作"而已矣"，無注"或讀"以下九字，蓋以意删。⊙熊公哲曰：共己，謂恭敬己身。⊙張覺曰：共，同拱，拱手，形容毫不費力，無爲而治，坐享其成。⊙天海案：共己而矣，《治要》作"拱己止矣"。宋浙本"矣"作"已"，諸本皆作"共己而已矣"。共己，即拱己，猶《書·武成》"垂拱而天下治"也。"而矣"，當依宋浙本作"而已"，注後説是也。

〔一四〕楊倞注：若，如此也。出若入若，謂内外皆如此也。謂如論德使能官施之事。或曰：若，順也。⊙久保愛曰：出若入若，據下文及《治要》，當作"若出若入"，謂雖有一出一入，其大要莫不平均也。⊙天海案：出若入若，即内外如此也。楊注前説是。治辨，治理也。

〔一五〕楊倞注：禮法大分在任人，各使當其職分也。

〔一六〕楊倞注：所患人主不知小國可以取天下之道也。⊙冢田虎曰：虛，"慮"之誤耳。言以百里取天下，乃其難也，然人主知其道，則不敢慮其難也。⊙天海案："是不虛"，此非虛言也。冢説非。又，"於"字，諸本無。

〔一七〕楊倞注：非謂他國負荷其土地來而從我之謂也。⊙梁啓雄曰：從，當作"徙"。⊙天海案：梁説無據，仍當作"從"。

〔一八〕楊倞注：其道足以齊壹人，故天下歸之也。⊙天海案：壹人，統壹人心也。

〔一九〕楊倞注：彼國之人苟一於我，則其土地奚往哉？⊙郝懿行曰：此言有人斯有土也。壹，當爲一，謂齊一也。此文上作"壹人"，下作一人，參差錯出，由寫書者誤分之。⊙天海案：壹、一同。

〔二〇〕楊倞注：此論百里國取天下之道。賢士，有道德者也。⊙熊公哲曰：等位，謂尊等之位。爵服，謂爵禄與服章。⊙天海案：等位，等級職位。爵服，品秩服飾。

〔二一〕楊倞注：能士者，才藝也。⊙久保愛曰：本注"者"，當作"有"。"也"上，當有"者"字。⊙天海案：依楊注文例，久説是。

〔二二〕楊倞注：擇舊法之善者而明用之，謂擇務本厚生之法而用之，則民衣食足，而好利之人順服也。⊙李中生曰：循，當爲"修"字之誤。⊙龍宇純曰："明"字無義，蓋涉"用"字而衍。⊙天海案：巾箱本、《題注》本、遞修本"循"作"修"，"人"作"民"。

〔二三〕楊倞注：具，謂俱爲用也。⊙物雙松曰："天下盡無有是其外矣"，言天下不出其外也。⊙冢田虎曰：無有是其外也，言三者具之外，更無有天下也。⊙朝川鼎曰：先君曰："盡，畢也。天下畢，猶言天下之事畢也。"鼎案：言外乎是，而別無有取天下之道也。⊙安積信曰：具，備也，注非。⊙張覺曰：盡，窮盡，指全部取得。⊙天海案：一焉，一心歸於我。官焉，任用於我。具，齊備也。天下盡，天下之人盡歸於我。正文"無有"原作"無ナ"，此據諸本改之。

〔二四〕楊倞注：竭，盡也。有等位、爵服、官職、事業，是天下之人埶盡於此矣。⊙王先謙曰：虞、王本注無"人"字，是。⊙梁啓雄曰：埶，謂天下之埶。⊙章詩同曰：竭埶，盡得天下之勢位。竭人，盡得天下之人民。

〔二五〕楊倞注：致，極也。箸，明也。言極忠信，明仁義，足以盡天下之人。謂皆來歸也。

〔二六〕楊倞注：兩者合，謂能盡埶、盡人也。⊙物雙松曰：言天下皆服，而有一諸侯後來者，先爲其所伐，如防風氏也。⊙冢田虎曰：《易》曰："不寧方來，後夫凶。"是也。如防風氏也。⊙于鬯曰：此"取"字，蓋當訓爲"趨"。兩者合而天下趨，謂能竭埶、竭人，則天下趨向之也。⊙朝川鼎曰：先君曰："取，當作服。"鼎曰：天下取，猶言天下可取也。⊙章詩同曰：後同，歸向晚了的。⊙楊柳橋曰：同，謂諸侯相盟會也。⊙包遵信曰：同，亦合也。《説文》："同，合會也。"⊙天海案：取，通聚。《左傳》昭公二十年："鄭國多盜，取人於萑苻之澤。"朱駿聲《説文通訓定聲》："取，叚借爲聚。"天下取，即天下聚。上言"合"，此言"聚"，下言"同"，文氣一貫也。同，會合歸同也。

〔二七〕楊倞注：其道足以齊一人，故四方皆歸之。⊙天海案：所引《詩》，見《詩·大雅·文王有聲》之篇。一人，謂天子也。説見《富國篇》。注非也。

羿、蠭門者，善服射者也〔一〕；王良、造父者，善服馭者也〔二〕；聰明君子者，善服人者也。人服而勢從之，人不服而勢去之，故王者已於服人矣〔三〕。故人主欲得善射，射遠中微，則莫若羿、蠭門矣〔四〕；欲得善馭，及速致遠，則莫若使王良、造父矣〔五〕；欲得調壹天下，制秦、楚，則莫若聰明君子矣〔六〕。其用知甚簡〔七〕，其爲事不勞而功名致大，甚易處而綦可樂也〔八〕。故明君以爲寶，而愚者以爲難〔九〕。

夫貴爲天子，富有天下，名爲聖王，兼制人，人莫得而制也〔一〇〕，是人情之所同欲也，而王者兼而有是者也。重色而衣之，重味而食之，重財物而制之〔一一〕，合天下而君之；飲食甚厚，聲樂甚大，臺謝甚高〔一二〕，園囿甚廣〔一三〕，臣使諸侯，一天下〔一四〕；是又人情之所同欲也，而天子之禮制如是者也〔一五〕。制度以陳，政令以挾〔一六〕，官人失要則死，公侯失禮則幽〔一七〕；四方之國有侈離之德則必滅〔一八〕；名聲若日月，功績如天地，天下之人應之如影響〔一九〕；是又人情之所同欲也，而王者兼而有是者也。故人之情，口好味而臭味莫美焉〔二〇〕，耳好聲而聲樂莫大焉，目好色而文章致繁、婦女莫衆焉，形體好佚而安重閒靜莫愉焉〔二一〕，心好利而穀禄莫厚焉，合天下之所同願兼而有之，睪牢天下而制之，若制子孫〔二二〕。人苟不狂惑戇陋者，其誰能睹是而不樂也哉〔二三〕？欲是之主並肩而存，能建是之士不世絶〔二四〕，千歲而不合，何也〔二五〕？曰：人主不公，人臣不忠也。人主則外賢而偏舉，人臣則争職而妒賢，是其所以不合之故也〔二六〕。人主胡不廣焉？無卹親疏，無偏貴賤，唯誠能之求〔二七〕。若是，則人臣輕職業、讓賢而，安隨其後〔二八〕；如是，則禹、舜還至，王業還起〔二九〕，功壹天下，名配舜、禹，物由有可樂如是其美焉者乎〔三〇〕？嗚呼！君人者亦可以察若言矣〔三一〕。楊朱哭衢涂，曰："此夫過舉蹞步，而覺跌千里者夫！"哀哭之〔三二〕。此亦榮辱、安危、存亡之衢已，此其爲可哀甚於衢涂〔三三〕。嗚呼哀哉！君人者，千歲而不覺也〔三四〕！



【校釋】

〔一〕楊倞注：蠭門，即蠭蒙，學射於羿。羿、蠭蒙善射，故射者服之。蠭音逢。⊙盧文弨曰：《史·龜策傳》亦作"蠭門"，音"逢迎"之逢。亦讀爲"鼉鼓逢逢"之逢。門與蒙，一聲之轉耳。⊙郝懿行曰：蠭門，它書或作"逢蒙"，蒙、門音轉，實一人耳。服者，屈服也。⊙章詩同曰：服，從事、治理。⊙熊公哲曰：服，心折服之。⊙龍宇純曰：服，事也。此謂行事，猶曰操作、駕御。⊙天海案：服，使人心服。由下文"人服"、"人不服"可知，凡以"服射"爲詞連訓者，皆誤。

〔二〕楊倞注：王良，趙簡子之御，《韓子》曰“字伯樂”；造父，周穆王之御；皆善御者。馭與御同也。⊙久保愛曰：今《韓非子》無“王良字伯樂”之文，有“伯樂教二人相踶馬，相與之簡子廐觀馬”之語。案《晉語》有郵無正者，韋昭曰：“無正，晉大夫郵良伯樂。”郵良，即王良，御簡子者也。⊙梁啓雄曰：清梁玉繩曰：“王良本星名，《史・天官書》‘王良策馬’，因其字子良，便目爲王良。蓋郵其氏，初名無恤，後改無正，字子良。”

〔三〕楊倞注：王者之功盡此也。⊙物雙松曰：已於服人矣，已，止也，盡也。⊙北大組曰：服人，治理人民，使人民順服。⊙天海案：服人，使人歸服。不當訓爲治理人民。

〔四〕楊倞注：射及遠、中細微之物。⊙天海案：《治要》“若”下有“使”字。

〔五〕久保愛曰：《淮南子》“及”作“追”，似是。⊙安積信曰：及，《韓非子》作“追”，可從。⊙天海案：及，《説文》：“逮也。”《國語・晉語》：“往言不可及也。”韋昭注：“及，追也。”是及猶追也，不必依它書改作“追”。又“若”下“使”字，除宋浙本外，諸本俱無，然《治要》有之。

〔六〕楊倞注：荀卿在齊，秦、楚天下彊國，故制之者也。⊙王念孫曰：元刻以下脱“得”字。⊙久保愛曰：本注“故”下疑脱“欲”字。⊙天海案：巾箱本、《題注》本“欲”下無“得”字，《治要》亦無。

〔七〕楊倞注：用智慮至少也。⊙天海案：知，同智。《治要》正作“智”。

〔八〕北大組曰：很容易地處理各種事情而又極其輕松愉快。⊙天海案：綦，同極，荀書多用之。然《治要》引此文“綦”作“甚”。

〔九〕楊倞注：明君以任賢爲寶，愚者以任賢爲難也。⊙張覺曰：難，災難，禍患。⊙天海案：原文此下未分段，現依文意分之。

〔一〇〕天海案：兼制人，制服所有的人。

〔一一〕楊倞注：重，多也。直用反。⊙盧文弨曰：正文“物”字，元刻無。⊙章詩同曰：制，疑當作“利”。⊙天海案：制，裁也。章説非。又“物”字，巾箱本、《題注》本、遞修本俱無。

〔一二〕楊倞注：謝，與榭同。⊙盧文弨曰：案《説文》無“榭”字。⊙郝懿行曰：謝、榭，古今字也。

〔一三〕天海案：園囿，養育花木、鳥獸之場地。

〔一四〕陶鴻慶曰：“使”字衍文。⊙李中生曰：臣使諸侯，文意可通。

〔一五〕楊倞注：禮之所與制如此。其盛言盡人情之所欲也。

〔一六〕楊倞注：挾，讀爲浹，洽也。⊙久保愛曰：以，與已同。

〔一七〕楊倞注：要，政令之要約也。《禮記》曰：“各揚其職，百官廢職服大刑。”幽，囚也。《春秋傳》曰“晉侯執衛侯，歸之于京師，寘諸深室”也。⊙久保愛曰：幽，

《孟子》所謂“貴戚之卿易位”之類，是也。⊙天海案：要，約也。此指約束官員的條例。

〔一八〕楊倞注：侈，奢侈。離，乖離。皆謂不遵法度。⊙王念孫曰：楊分“侈離”爲二義，非也。侈，亦離也。⊙久保愛曰：離，讀爲“麗”。侈麗，《富國篇》所謂“淫汏夸麗”，是也。《周禮·形方氏職》“華麗”亦作“華離”，離、麗，古字通故也。⊙梁啓雄曰：侈，疑借爲“誃”。《爾雅》：“誃，離也。”誃離，猶言“叛離”。⊙北大組曰：侈，同“誃”，分離。侈離之德，分裂的行爲。⊙天海案：侈，乃誃之借字。《説文》：“誃，離别也。”誃離，猶言分離。楊注非，王、梁、北三説是也。

〔一九〕天海案：績，諸本作“積”。響，諸本作“嚮”。

〔二〇〕冢田虎曰：臭味莫美焉，莫美於王者也。下文皆同。⊙天海案：臭，香也。《易·繫辭上》：“同心之言，其臭如蘭。”孔疏：“香馥如蘭也。”《孟子·盡心下》“鼻之於臭也”，趙注：“臭，香也。”

〔二一〕楊倞注：閒，隙也。或讀爲“閑”。愉，樂也。⊙久保愛曰：閒，或説爲是。⊙楊柳橋曰：愉，當讀爲“愈”。何晏《論語集解》：“愈，猶勝也。”⊙天海案：安重，安穩也。閒，閑也。愉，樂也。楊注或讀是。

〔二二〕楊倞注：罣牢，未詳。罣，或作“畢”，言盡牢籠天下也。《新序》作“宰牢”。《戰國策》燕太子丹謂荆軻曰：“秦有貪功之心，非盡天下之地，牢海内之王，其意不厭。”或曰：罣，讀如“以薅荼蓼”之薅，牢與《漢書》“丘嫂轑釜”之轑義同，皆修理斡運之意也。⊙盧文弨曰：案《後漢書·馬融傳》“皋牢陵山”，章懷注云：“皋牢，猶牢籠也。”引此作“皋牢”。皋，俗作“臯”，亦轉爲“罣”。⊙天海案：罣牢，王應麟《困學紀聞》曰：“《馬融傳》注作皋牢，猶牢籠也。”盧乃襲用王説。

〔二三〕久保愛曰：戇，戇愚也。陋，固陋也。

〔二四〕王先謙曰：不世絶者，不絶於世也。⊙楊樹達曰：三十年曰世，“世絶”，謂終世無其人。⊙天海案：“能建是”，巾箱本、《題注》本、遞修本並作“違是”，誤也。《治要》亦作“能建是”。

〔二五〕梁啓雄曰：謂欲是之主與能建是之士千歲不得一遇合者，何耶？

〔二六〕楊倞注：外賢，疏賢也。偏舉，偏黨而舉所愛也。

〔二七〕楊倞注：廣焉，開泰貌。或曰：讀爲曠。誠能，實能也。⊙王念孫曰：偏，當爲“倫”，字之誤也。倫與論同。⊙陶鴻慶曰：偏，與遍通。遍，讀爲“辨”，言不辨貴賤也。⊙鍾泰曰：“偏”字承上“偏舉”而來，不得改“偏”爲“倫”。⊙梁啓雄曰：偏舉、偏貴賤，即今語“偏差”、“偏心”之偏。都是偏邪不平正之意。⊙張覺曰：偏，偏袒，不公正。⊙天海案：廣焉，開擴其心胸。無卹親疏，不顧及親疏。無偏貴賤，不因貴賤而有偏心。誠能，真有才能者。

〔二八〕王念孫曰：“輕職”下本無“業”字。輕職讓賢，與上文“爭職妒賢”正相反，多一“業”字，則累於詞矣。“業”字涉下文“王業”而衍。⊙久保愛曰：職業，謂官職事業。輕，不惜也。安，語助也。⊙于省吾曰：讓賢而，即讓賢能。而、能，古音近字通。舊讀作“而安隨其後”句，失之。⊙天海案：而，通能。《墨子·非命下》“不而矯其耳目之欲”，畢沅注：“而，讀如能。”先秦古籍多以“而”爲能。于説是，並從其句讀。安，語詞，猶乃也。

〔二九〕楊倞注：還，復。⊙王念孫曰：還至，即至也。還起，即起也。⊙帆足萬里曰：還，旋同，猶速也。⊙天海案：還，讀爲旋，立即也。《管子·任法》“法立而還廢之”，《廣雅》：“旋，還也。”冢説是。又“禹、舜”，當依下文作“舜、禹”，《治要》及諸本皆作“舜、禹”。

〔三〇〕盧文弨曰：元刻無“焉”字。⊙物雙松曰：由，猶同。⊙天海案：物，人也。《左傳》昭公二十八年：“共子之廢，皆是物也。”杜預注：“共子，晉申生，以驪姬廢。”又，“焉”字，《治要》及諸本俱無。

〔三一〕楊倞注：可以察如此之言也。

〔三二〕楊倞注：杨朱，戰國時人，後於墨子，與墨子弟子禽滑釐辨論。其説在愛己，不拔一毛以利天下，與墨子相反。衢涂，歧路也。秦俗以兩爲衢。或曰：四達謂之衢。覺，知也。半步曰蹞。跌，差也。言此歧路第過舉半步，則知差而哭，況跌千里者乎！故甚哀而哭之。《易》曰“差以毫釐，謬以千里”也。⊙物雙松曰：兩“夫”字有嗟嘆無限意。“哀哭之”三字不是楊朱語，注非。⊙久保愛曰：而，當作“不”，篆文相似，故誤。或曰：“而”下脱“不”字。⊙郝懿行曰：下一“夫”字，疑當作“末”，形缺而譌。末者，無也。言無有覺知而哀哭之者。⊙劉台拱曰：覺跌千里，言至千里而後覺其差，注似非。⊙顧千里曰：覺，疑當讀爲“較”，音校。言此衢涂過舉第半步，而其較之乃差千里明甚。⊙俞樾曰：覺，當爲“嚳”。《玉篇》引《聲類》曰：“嚳，誤也。”《廣雅》同。嚳誤覺，正與楊注跌訓差，其義相近。⊙王先謙曰：衢涂過舉蹞步，即覺其跌至千里，喻人一念得失，可知畢生。不必果至千里而後覺其差也。下文“覺”字與此相應，不當改字。⊙安積信曰：或曰，覺，竟之訛。案“覺”字衍。⊙于省吾曰：“哀哭之”三字與上不相接，夫、大，古通。大鼎“善夫”亦作“善大”。夫哀哭之，即大哀哭之。此記者之詞也。⊙蔣禮鴻曰：覺跌，則亦以音同於校、較而其義通爲誤差。斯則“覺跌”二字同義連文，雖不改字可也。⊙包遵信曰：《廣雅》：“過，誤也。”過舉蹞步，誤舉蹞步也。⊙天海案：覺，悟也。蓋言錯半步即會體悟差失千里。諸説因“覺”字而歧義各出，實無謂也。楊子因岐路亡羊而戚然變色，不言、不笑。事見《列子·説符》。《淮南子·説林》“楊子見逵路而哭之”，《論衡·增藝》“楊子哭於岐道”。然《吕覽·疑似》“墨子見岐道而哭之”，《賈誼新書·審微》“故墨子見衢路而哭”。此皆傳聞之異也。

〔三三〕楊倞注：此謂求誠能之士也，不求則滅亡，故可哀甚於衢涂也。⊙朝川鼎曰：已，當作“也”，形似而誤也。⊙天海案：已，猶也。《戰國策·秦策》：“此亦淖齒、李兑之類已。”《史記·范雎傳》“已”作“也”。非字誤也。

〔三四〕楊倞注：嘆君人者千歲而不知求誠能之士。⊙天海案：不覺，不悟也。言其不悟楊朱之哭衢涂及榮辱、安危、存亡之衢也。又，原文此下未分段，現據文意分之。



無國而不有治法，無國而不有亂法〔一〕；無國而不有賢士，無國而不有罷士〔二〕；無國而不有愿民，無國而不有悍民；無國而不有美俗，無國而不有惡俗；兩者並行而國在，上偏而國安，在下偏而國危〔三〕；上一而王，下一而亡〔四〕。故其法治，其佐賢，其民愿，其俗美〔五〕，而四者齊，夫是之謂上一。如是，則不戰而勝，不攻而得，甲兵不勞而天下服〔六〕。故湯以亳，武王以鄗〔七〕，皆百里之地也，天下爲一，諸侯爲臣，通達之屬莫不從服，無它故焉，四者齊也〔八〕。桀、紂即序於有天下之勢，索爲匹夫而不可得也〔九〕，是無它故焉，四者並亡也。故百王之法不同若是，所歸者一也〔一〇〕。

上莫不致愛其下而制之以禮。上之於下，如保赤子。政令制度，所以接下之人百姓，有不理者如豪末，則雖孤獨鰥寡，必不加焉〔一一〕。故下之親上，歡如父母，可殺而不可使不順。君臣上下，貴賤長幼，至于庶人，莫不以此爲隆正〔一二〕。然後皆内自省以謹於分〔一三〕，是百王之所以同也，而禮法之樞要也〔一四〕。然後農分田而耕，賈分貨而販，百工分事而勸，士大夫分職而聽，建國諸侯之君分土而守，三公總方而議，則天子共己而止矣〔一五〕。出若入若，天下莫不平均，莫不治辨，是百王之所同而禮法之大分也〔一六〕。

## 【校釋】

〔一〕梁啓雄曰：無國，謂無論任何國。⊙李中生曰：無，當作無指代詞，指“没有哪一個”。⊙天海案：無國而不有，雙重否定句也，意即“有國就有”也。梁説非，李説是。下同此。治法，治國之法。亂法，亂國之法。

〔二〕楊倞注：《國語》曰：“罷士無伍，罷女無家。”韋昭曰：“病也，無行而罷。”《周禮》“以嘉石平罷民”，謂平之使善者也。⊙章詩同曰：罷，同疲。罷士，行爲不端正的人。

〔三〕楊倞注：上偏，偏行上事也。謂治法多、亂法少，賢士多、罷士少，愿民多、悍民少之類。下偏反是。⊙王念孫曰：國在，謂國存也。“下偏”與“上偏”相對，“下偏”上不當有“在”字。⊙久保愛曰：“兩者並行而國”下，疑有脱文。或曰：當補“存”字。⊙朝川鼎曰：治法、賢士、愿民、美俗四者列於前，故曰上。亂法、罷士、悍民、惡俗四者列於後，故曰下。偏，猶一，謂四者齊也。下文“上一下一”，亦同意。⊙梁啓雄曰：《釋詞》七：“而，猶則也。”⊙天海案：“兩者並行而國”下，原當有“存”字，後人以“國存在”連讀，誤删“存”字。“在上”與“在下”對文，故“在”字不屬“國”下。“在上”指行文在上者，即治法、賢士、愿民、美俗也，“在下”反是。故“在下”之“在”不衍，而“存”字當補。久説是也。且荀書多存亡、安危並稱，而不見用“國在”作“國存”者，故王説非也。偏，偏多也。楊注是，朝説非。詳見下。

〔四〕楊倞注：一，謂令行也。⊙物雙松曰：偏則安危，一則王亡，語有次第，注誤。⊙冢田虎曰：上下，即上偏、下偏之上下也。一，純一也。注失之。⊙久保愛曰：上一，一於治法而無亂法也。“下一”反是。⊙王先謙曰：“上一”、“下一”，與“上偏”、“下偏”相對爲文。下云“四者齊，是謂上一”，《荀》又自釋之矣。楊注誤。⊙天海案：諸説是，楊注非。下文可見。

〔五〕天海案：法治，除宋浙本外，諸本俱作“治法”，誤也。

〔六〕盧文弨曰：甲兵，宋本作“用兵”，今從元刻。⊙天海案：今存宋本皆作“甲兵”，盧所據本必誤。

〔七〕楊倞注：鄗，與“鎬”同。⊙天海案：此文上已見之。

〔八〕楊倞注：齊，謂無所闕也。⊙天海案：從服，諸本一作“服從”。

〔九〕楊倞注：即序於有天下之埶，謂就王者之次序爲天子也。⊙物雙松曰：即，語助，猶雖也。序，當作“厚”。⊙王念孫曰：“序”字義不可通，“序”當爲“厚”，字之誤也。言桀、紂有天下之勢雖厚，曾不得以匹夫終其身也。《仲尼篇》《彊國篇》有此語，並作“厚於有天下之勢”，皆其證。楊望文生義而曲爲之説。⊙天海案：王説是，楊注非。

〔一〇〕久保愛曰：“若是”二字衍。⊙天海案：並亡，並無也。“若是”二字不當有，久説可從。又，此下原文未分段，現依文意分之。

〔一一〕楊倞注：不以豪末不理加於孤獨鰥寡也。四者人所輕賤，故聖王尤愛之。《孝經》曰：“不敢侮於鰥寡，而況於士民乎？”⊙物雙松曰：如豪末，猶言豪末許也。⊙朝川鼎曰：下之人，下文作“天下之人”。不理，作“非理”。⊙天海案：“百姓”二字似古注文混入。“百姓”下，巾箱本、《題注》本、遞修本並有“者”字。不理，不利也。《孟子·盡心下》“稽大不理於口”，焦循《正義》：“不理於口，猶云不利於人口也。”楊失注也。

〔一二〕楊倞注：是，謂親上也。以親上爲隆正也。⊙久保愛曰：《正論篇》説"隆正"之義曰："天下之大隆也，是非之分界。分職名象之所起，王制是也。"⊙王先謙曰：隆正，猶中正。説見《致士篇》。⊙陶鴻慶曰：《説文》："隆，豐大也。"《廣雅》："正，要也。"隆正，猶言大要，王説非也。⊙北大組曰：隆正，最高標準。⊙天海案：隆，高也。正，準也。故隆正訓爲最高準則，是也。

〔一三〕楊倞注：愛敬其上，故不敢踰越也。⊙天海案：謹於分，言君臣上下皆自省，並謹守其本分也。

〔一四〕楊倞注：是百王之同用愛民之道而得民也。⊙盧文弨曰：正文"以同"，疑當作"同以"，觀注以"同用"爲言，可見。⊙王念孫曰：盧説非也。"以"，衍文也。上下文皆云"是百王之所同，而禮法之大分也"，《禮論篇》云"是百王之所同"，則"以"爲衍文明矣。⊙天海案：王説是。

〔一五〕王先謙曰：以上文證之，當爲"共己"。各本作"其己"，形近致誤，今從宋台州本改。⊙天海案："共己"，原文作"共已"，此據前文徑改。"止"字，巾箱本、《題注》本、遞修本俱作"正"，形誤也。

〔一六〕楊倞注：亦謂致愛其下，故皆勸勉。餘並已解上也。⊙天海案：治辨，猶治理，荀書多言之。出若入若，除宋浙本外，諸本並作"若出若入"。上數語前文已有之，可參看。又，此下原文未分段，現依文意分之。

若夫貫日而治平，權物而稱用〔一〕，使衣服有制，宫室有度，人徒有數，喪祭械用皆有等宜，以是用挾於萬物〔二〕，尺寸尋丈，莫得不循乎制度數量然後行〔三〕，則是官人，使吏之事也，不足數於大君子之前〔四〕。故君人者，立隆政本朝而當〔五〕，所使要百事者誠仁人也〔六〕，則身佚而國治，功大而名美，上可以王，下可以霸；立隆政本朝而不當，所使要百事者非仁人也〔七〕，則身勞而國亂，功廢而名辱，社稷必危；是人君者之樞機也〔八〕。故能當一人而天下取，失當一人而社稷危〔九〕。不能當一人而能當千人百人者，説無之有也〔一〇〕。既能當一人，則身有何勞而爲〔一一〕？垂衣裳而天下定。故湯用伊尹，文王用吕尚，武王用召公，成王用周公。且卑者五伯〔一二〕，齊桓公閨門之内，懸樂奢泰、游抏之脩〔一三〕，於天下不見謂脩〔一四〕。然九合諸侯，一匡天下，爲五伯長，是亦無它故焉，知一政於管仲也，是君人者之要守也〔一五〕。知者易爲之興力而功名綦大〔一六〕，舍是而孰足爲也〔一七〕？

故古之人有大功名者，必道是者也〔一八〕；喪其國，危其身者，必反是者也。故孔子曰："知者之知，固以多矣，有以守少，能無察乎〔一九〕！愚者之知，固以少矣，有以守多，能無狂乎！"此之謂也〔二〇〕。



## 【校釋】

〔一〕楊倞注：貫日，積日也。使條理平正權制物，使稱於用。稱，尺證反。⊙郝懿行曰：荀書多言"貫日"，貫者，穿也。日以爲事，如聯絡貫穿此日也。⊙俞樾曰：上文云"若夫貫日而治祥"，《君道篇》亦作"貫日而治詳"，此文"平"字疑亦作"詳"。楊注非。⊙天海案：治平，猶平治也。《性惡篇》三用"正理平治"爲文，《成相篇》"國家既治，四海平"亦治、平對舉。故不可以"治詳"以律此文也。

〔二〕楊倞注：人徒，謂胥徒，給繇役者也。械用，器用也。皆有等宜，言等差皆得其宜也。挾，讀爲"浹"。⊙王念孫曰：用，當爲"周"，字之誤也。周挾，即周浹。⊙天海案：王説是也，用挾，當作"周浹"。

〔三〕盧文弨曰：各本作"制數度量"，今從宋本。⊙王念孫曰：作"制數度量"者是也。⊙鍾泰曰："得"字衍文。⊙李中生曰："得"字非衍。莫，不也。莫得不，猶不得不。⊙駱瑞鶴曰：盧校是。前文"使衣服有制，宫室有度"，是所謂制度；又云"人徒有數，喪祭械用皆有等宜"，是所謂數量。王説非。⊙天海案：李、駱二説是。

〔四〕楊倞注：官人，列官之人。使吏，所使役之吏。數，閲數也。大君子，謂人君也。⊙久保愛曰：使吏，《君道篇》作"史吏"，是也。⊙王先謙曰：大君子，君子之尤著者，猶聖人崇稱之曰"大聖人"也，不指人君言。《仲尼篇》兩云"大君子"，即指仲尼，尤其明證。稱、數義同。楊注誤。⊙朝川鼎曰：大君子，謂大有道德之人。⊙鍾泰曰：此"大君子"正謂人君，與《仲尼篇》異。上云"則是官人、使吏之事也"，大君子與官人、使吏對言，非人君而何？⊙天海案：官人、使吏、大君子，楊注是。數，稱道。王説是。

〔五〕楊倞注：隆政，所隆之政也。當，丁浪反。⊙郝懿行曰：隆政，下作"隆正"，是也。此"隆政"爲假借，楊注失檢。⊙梁啓雄曰：政、正，古字通用。⊙熊公哲曰：政，當作"正"，此"隆正"指禮而言。"立隆正本朝而當"，質言之，即謂立國之大主腦得其理耳。⊙天海案：隆政，同隆正。荀書上文用"隆正"，已解之。此節兩用爲"隆政"，其後《正論篇》兩用、《解蔽篇》一用，皆作"隆正"，其義一也。

〔六〕楊倞注：主百事之要約綱紀者，謂相也。⊙古屋鬲曰：要，總會也。⊙天海案：要者，總括也。劉淇《助字辨略》："要，總舉之辭。"

〔七〕天海案：政，巾箱本、遞修本、明世本、《四庫》本俱作"正"。

〔八〕楊倞注：樞機在得賢相，"人君"當爲"君人"也。⊙天海案："樞機"下，巾箱本、《題注》本、遞修本並有"者"字,王念孫説涉上"者"字而衍。是。

〔九〕冢田虎曰:能當一人,言所委任之中焉,下伊、吕、周、召是也。⊙朝川鼎曰:能當一人,王納諫本《標注》曰:"能當一人,謂得賢相。能當千人百人,謂能治羣臣百姓也。"⊙北大組曰:能當一人,能恰當地任用一个人,指能任用有才德的相。

〔一〇〕楊倞注:説論之中無此事。能當,謂能用人之當也。當,皆丁浪反。⊙久保愛曰:一人,謂所使要百事者。⊙天海案:上"當"字皆任也。"能當",能任;"失當",失任。《國語・晉語》九"非德不當雍",韋昭注:"當,猶任也。"楊注未當。

〔一一〕楊倞注:而、爲,皆語助也。⊙冢田虎曰:身有何勞而爲,猶言身爲何勞之有?上文"身勞而國亂"之反也。注非也。⊙久保愛曰:有,讀爲"又";而,讀爲"之"。⊙梁啓雄曰:勞、爲,疑當互易。⊙天海案:身,自身,此指君人者。有,通又。何勞而爲,猶言爲何而勞也。

〔一二〕楊倞注:卑,言功業卑於王者。伯,讀爲霸。⊙安積信曰:"且"字,盧本作"旦",恐非是。伊尹、吕尚、召公,並是二字爲文,何獨至周公而三字爲文乎?蓋此"且"字,即姑且之義。⊙包遵信曰:"者"字假爲"諸"也,此"諸"當訓"于"。卑者五伯,卑于五伯也。⊙天海案:且,宋浙本作"旦",盧謝本、《集解》本從之。此不當作"旦",作"旦"者形誤也。且,更端之詞也,猶言再説。卑,下也。卑者,猶下者。

〔一三〕楊倞注:懸,簴簴也。泰,與汰同。抏,與玩同。言齊桓唯此是脩也。⊙劉師培曰:縣,讀若"般"。縣樂作般樂,斯與下文"奢泰"等同例。楊説非也。⊙北大組曰:修,追求。⊙嚴靈峰曰:《仲尼篇》:"閨門之内,般樂奢汰。"楊注:"般,亦樂也。汰,侈也,音太。"則"懸"固係"般"字之誤。⊙天海案:劉師培説古"縣"字作"寰","寰"字作"環",環、般古通用,故"縣"亦與"般"通。據《仲尼篇》,作"般樂"是。般樂者,大樂也。《孟子・盡心上》"般樂飲酒",注:"般,大也。大作樂而飲酒。"般,讀若"盤",正與"奢泰"相應。故楊注非也,劉説是。脩,備也。《吕氏春秋》:"琴瑟不張,鐘鼓不脩。"高注:"脩,設也。"游抏之脩,即游玩之具皆備也。

〔一四〕楊倞注:天下不謂之脩飾也。⊙章詩同曰:於天下不見謂修,但天下之人並不以他這樣是專門講求享樂。⊙李中生曰:修,行也。即從事某種活動。⊙天海案:上"脩"言其游樂之具完備,此"脩"則異也。今謂"脩"通"羞",此二字上古同屬心母幽部,故得通。羞,醜也。《莊子・盜跖》"其行乃甚可羞也"。"於天下不見謂脩",言不被天下人認爲是羞醜。楊注非,諸説皆未得也。

〔一五〕楊倞注:要守在任賢也。⊙章詩同曰:一政,政治上專任。⊙張覺曰:長,首。五伯並非同時,而桓公居先,所以稱五伯長。

〔一六〕楊倞注:智者,知任賢之君也。⊙冢田虎曰:知者,謂當任之賢者也。智者之於國事,政不出於二,見專任乎已一人,則易爲之輿其材力也。注非也。⊙桃源藏曰:之,指知者。⊙朝川鼎曰:知音智。智者謂若管仲者也。⊙張覺曰:之,指代

"要守"。⊙龍宇純曰:"易"字無義。六國文字"爲"與"易"形近,疑即涉"爲"字而衍。⊙天海案:知者,指賢君。易爲之興力,易爲"要守"盡力。綦,同極。又,"興"下,巾箱本、《題注》本、遞修本並有"輿"字。

〔一七〕楊倞注:舍是任賢之事,何足爲之! 言其餘皆不足爲也。

〔一八〕楊倞注:道,行也。必行此任賢之事。⊙冢田虎曰:言以當一人爲人主之道也。⊙久保愛曰:道,由也。⊙天海案:楊注是也。

〔一九〕楊倞注:上"知"音智,下如字。有,讀爲"又",下同。守少,謂任賢恭己而已也。⊙久保愛曰:知,皆音智。⊙梁啓雄曰:以,同已。⊙張覺曰:守,管。⊙天海案:二"知"皆同"智"。守少,猶上文"要守"也。察,明察也。

〔二〇〕楊倞注:守多,謂自任主百事者也。事煩則狂亂也。⊙天海案:此下原文未分段,現據文意分之。

治國者,分已定〔一〕,則主、相、臣下、百吏各謹其所聞,不務聽其所不聞〔二〕;各謹其所見,不務視其所不見。所聞所見,誠以齊矣〔三〕,則雖幽閒隱辟,百姓莫敢不敬分安制,以禮化其上〔四〕。是治國之徵也〔五〕。

主道治近不治遠〔六〕,治明不治幽,治一不治二〔七〕。主能治近則遠者理〔八〕,主能治明則幽者化,主能當一則百事正。夫兼聽天下日有餘而治不足者,如此也,是治之極也。既能治近,又務治遠;既能治明〔九〕,又務見幽;既能當一,又務正百:是過者也,猶不及也〔一〇〕。辟之是猶立直木而求其影之枉也〔一一〕! 不能治近,又務治遠;不能察明,又務見幽;不能當一,又務正百:是悖者也〔一二〕! 辟之是猶立枉木而求其影之直也。故明主好要而闇主好詳〔一三〕。主好要則百事詳,主好詳則百事荒〔一四〕。君者,論一相,陳一法,明一指,以兼覆之、兼炤之,以觀其盛者也〔一五〕。相者,論列百官之長,要百事之聽〔一六〕,以飾朝廷、臣下、百吏之分〔一七〕,度其功勞,論其慶賞,歲終奉其成功以效於君〔一八〕。當則可,不當則廢〔一九〕。故君人勞於索之,而休於使之〔二〇〕。

【校釋】

〔一〕朝川鼎曰:言治國之道也。下文"用國者",亦言用國之道也。⊙北大組曰:分,等級職分。⊙天海案:分,此言職責分工也。

〔二〕楊倞注:謹,謂守行無越思。⊙天海案:謹,慎也。

〔三〕楊倞注:齊,謂各當其事,不侵越也。⊙章詩同曰:以,同已;齊,全。以齊,已無遺漏。⊙天海案:誠以齊矣,謂所見所聞確已按其分一致矣。齊,一也。楊注未切,章説非。

〔四〕王念孫曰:元刻無"禮"字,是也。⊙天海案:巾箱本、《題注》本、遞修本皆無"禮"字,《治要》所引亦無。

〔五〕楊倞注:閒,讀爲閑。辟,讀爲僻。安制,謂安於國之制度,不敢踰分。徵,驗也。治國之徵驗在分定。⊙章詩同曰:化,隨。⊙北大組曰:化,順從。⊙張覺曰:化,順服。《管子·七法》:"漸也,順也,靡也,久也,服也,習也,謂之化。"⊙天海案:敬分,謹守其分。化,隨從也。"化其上",隨從其上也。《淮南子·主術》"與之陶化",高誘注:"化,從。"《吕氏春秋·大樂》"皆化其上",高誘注:"化,猶隨也。"又,此下原文未分段,現依文意分之。

〔六〕楊倞注:人主之道如此。⊙北大組曰:主道,君主治理國家的方法。⊙天海案:主道,君主治國之道。

〔七〕冢田虎曰:治一不治二,以下文見之,似當作"當一不正百"。⊙安積信曰:二,當作百。⊙北大組曰:一,指主要的事。二,指煩雜的事。⊙天海案:治一,謂治任賢之事。治二,謂治其它之事。

〔八〕久保愛曰:《書》曰"陟遐必自邇"。理,亦治也。⊙天海案:理,巾箱本、《題注》本、遞修本並作"治"。《治要》仍作"理"。

〔九〕梁啓雄曰:治明,據下文,"治"疑當作"察"。⊙天海案:上文兩言"治明",不當以下文"察明"律此。梁説非。

〔一〇〕楊倞注:當,丁浪反。⊙王念孫曰:元刻作"過,猶不及也",語意較足。《治要》與元刻同。⊙安積信曰:"猶不及也"四字,本是注文誤入本文。"是過者也",與下文"是悖者也"相對,此處添一句,非《荀子》簡峻文法。《治要》作"過猶不及也"五字,最知是注文誤入本文也。⊙天海案:當一,即任一賢相;正百,即治百事。"猶不及也"四字若爲注文,當非楊注,因《治要》已有之。又,"猶"上,巾箱本、《題注》本、遞修本並有"過"字。

〔一一〕天海案:辟,通譬。下同此。枉,曲也。

〔一二〕楊倞注:悖,惑。⊙安積信曰:悖,是悖逆顛倒之意。⊙天海案:悖,通背。背離常理也。

〔一三〕楊倞注:任一相而委之,是好要。不委人而自治百事,是好詳也。⊙章詩同曰:要,要領,簡要。謂提綱挈領。⊙天海案:詳,細也,煩多也。

〔一四〕楊倞注:力不及,故荒也。⊙北大組曰:荒,荒廢。

〔一五〕楊倞注：論，選擇也。指，指歸也。一法、一指，皆謂紀綱也。盛，讀爲成，觀其成功也。⊙章詩同曰：炤，同昭，明。⊙北大組曰：炤，同照，照耀。⊙張覺曰：炤，同照，察見。⊙天海案：論，通掄，選擇。陳，設也，布也。指，同旨，宗旨也。炤，同照，《廣雅》："炤，明也。"上言"兼覆之"，喻君主如天廣覆大地；此言"兼照之"，以喻君主如日明照天下也。

〔一六〕楊倞注：列，置於列位也。聽，治也。要取百事之治，考其得失也。要，一堯反。⊙朝川鼎曰：聽者，百官總己以聽冢宰之聽。⊙章詩同曰：要，求。⊙北大組曰：論列，評論選擇。要，總管。⊙熊公哲曰：列，分别長短而列舉之也。⊙駱瑞鶴曰：列，楊注義長。長，官長之長。⊙天海案：論列，選擇任用也。列，列位，即任用之。百官之長，各種官府之長。要，總括也。

〔一七〕楊倞注：脩飾使各當分。⊙鍾泰曰：飾，讀飭，正也。⊙梁啓雄曰：《淮南·時則》注："飾，治也。"飾分，謂刷治百吏的職分。⊙天海案：飾，通飭。《管子·君臣上》："足以飾官化下者，明君也。"許維遹云："飾與飭通。"此言整飭朝廷、臣下、百吏之職分。楊注非，鍾説是。

〔一八〕天海案：度，量也。論，評定也。效，報也。又"成"字，巾箱本、《題注》本、遞修本並作"誠"，音之誤也。

〔一九〕楊倞注：效，致也。《周禮·大宰》"歲終，則令百官府各正其治，受其會，聽其政事而詔王廢置"也。⊙久保愛曰：可，許可也。⊙冢田虎曰：當、不當，百官、百吏之協其分與否也。

〔二〇〕楊倞注：索，求也。休，息也。⊙冢田虎曰："故君人"，下脱"者"字。索之、使之，"之"，一相也。⊙久保愛曰：《吕氏春秋》曰："賢主勞於求人，而佚於治事。"《君道篇》"人"下有"者"字，是也。⊙高亨曰：休，猶佚也，猶逸也。⊙熊公哲曰：休，《君道篇》作"佚"。《韓非·難二》引桓公曰："君人者，勞於索人，佚於使人。"⊙天海案："君人"下，當據《君道篇》補"者"字。休，"佚"字形誤也，亦當據《君道篇》作"佚"。

用國者〔一〕，得百姓之力者富，得百姓之死者彊，得百姓之譽者榮。三德者具而天下歸之，三德者亡而天下去之〔二〕。天下歸之之謂王，天下去之之謂亡。湯、武者循其道，行其義〔三〕，興天下同利，除天下同害，天下歸之。故厚德音以先之〔四〕，明禮義以道之〔五〕，致忠信以愛之，賞賢使能以次之〔六〕，爵服賞慶以申重之，時其事、輕其任以調齊之〔七〕，潢然兼覆之，養長之，如保赤子〔八〕。生民則致寬〔九〕，使民則綦理，辨政令制度，所以接天下之人百姓〔一〇〕，有非理者如豪末〔一一〕，則雖孤獨鰥寡，必不加焉。是故百姓貴之如帝，親之如父母，爲之出死斷亡而不愉者，無它故焉〔一二〕，道德誠明，利澤誠厚也。亂世不然。汙漫突盜以先之〔一三〕，權謀傾覆以示之，俳優、侏儒、婦女之請謁以悖之〔一四〕；使愚詔知，使不肖臨賢〔一五〕；生民則致貧隘，使民則綦勞苦〔一六〕；是故百姓賤之如尪，惡之如鬼〔一七〕，日欲司閒而相與投藉之、去逐之〔一八〕。卒有寇難之事，又望百姓之爲己死〔一九〕，不可得也，説無以取焉〔二〇〕。孔子曰："審吾所以適人，適人之所以來我也。"此之謂也〔二一〕。

傷國者何也〔二二〕？曰：以小人尚民而威〔二三〕，以非所取於民而巧〔二四〕，是傷國之大災也〔二五〕。大國之主也，而好見小利，是傷國；其於聲色、臺榭、園囿也，愈厭而好新，是傷國〔二六〕；不好循正其所以有，啖啖常欲人之有，是傷國〔二七〕。三邪者在匈中，而又好以權謀傾覆之人斷事其外〔二八〕，若是則權輕名辱，社稷必危，是傷國者也。大國之主也，不隆本行〔二九〕，不敬舊法，而好詐故〔三〇〕，若是則夫朝廷羣臣亦從而成俗於不隆禮義而好傾覆也〔三一〕。朝廷羣臣之俗若是，則夫衆庶百姓亦從而成俗於不隆禮義而好貪利矣〔三二〕。君臣上下之俗莫不若是，則地雖廣，權必輕；人雖衆，兵必弱；刑罰雖繁，令不下通：夫是之謂危國，是傷國者也〔三三〕。

## 【校釋】

〔一〕盧文弨曰：用，各本"周"，宋本、元刻竝作"用"。⊙天海案："用國者"，錢佃稱諸本作"國者"。明世本、《四庫》本作"周國者"，形誤也。

〔二〕天海案："得百姓之力者富"之"得"上，《治要》有"國"字。兩"三德"，《題注》本、遞修本、龔本、明世本、《四庫》本皆作"三得"。古德、得二字通。

〔三〕王先謙曰：虞、王本"循"作"修"。⊙天海案：諸本"循"並作"修"。

〔四〕熊公哲曰：德音，謂善言也。⊙天海案：德音，美德之譽。

〔五〕久保愛曰：道，音導。⊙天海案：道，通導，引導也。

〔六〕楊倞注：賞，讀爲尚。⊙天海案：次，位次。次之，安排職位。

〔七〕久保愛曰：《禮記》曰"使之雖病也，任之雖重也"，鄭玄曰："謂時賦税。"⊙天海案：時其事，言使事以時也。"輕"，原作"經"，據諸本及《富國篇》改之。調齊,調劑也。齊,通劑。《富國篇》亦有"明禮義"至"保孝子"數語。

〔八〕楊倞注:潢,與"滉"同,大水貌也。⊙北大組曰:潢然,廣大的樣子。⊙天海案:潢,借爲"洸",洸,通廣。故潢然即廣然,廣大之貌。説詳《富國篇》。

〔九〕楊倞注:生民,生活民。謂衣食也。⊙梁啓雄曰:生,是"生養"之生。《周禮》注:"生,猶養也。"⊙天海案:梁説是也。見《周禮·天官·大宰》鄭玄注。

〔一〇〕王念孫曰:"大"字後人所加也。下者,對上而言。上文及《王制篇》《議兵篇》《彊國篇》皆作"下之人百姓",是其證。又案:"下之人百姓者",人,衆也,謂下之衆百姓也。⊙久保愛曰:據上文例,"天"字似衍。⊙潘重規曰:天,乃"夫"字之訛文。⊙龍宇純曰:疑"理"是"輕"之壞誤,"辯"讀與"便"同。使民則綦輕便,即上文"時其事,輕其任"之意。⊙李中生曰:"百姓"二字乃釋"下之人",《王制》等篇皆同。⊙天海案:致寬,極寬緩。綦理,極合理。由下文"非理者"可知。辨,治也。它本一作"辯",荀書此二字多通用。龍説大謬。

〔一一〕天海案:"豪"字,明世本、《四庫》本並作"毫",二字可通。

〔一二〕楊倞注:不愉,"不"字剩耳。⊙郝懿行曰:"不愉"或"不渝"之形譌,亦未可定。渝者,變也,其義自通。⊙王先謙曰:楊、郝二説並非也。愉,讀爲偷,説見《富國篇》。《治要》作"偷"。⊙天海案:《富國篇》有此文,作"出死斷亡而愉",彼注曰"愉,歡",故楊注云"不字剩"。此文作"不愉",郝説亦通。如從《治要》,愉,通偷,不偷,即不苟且,王説亦通。

〔一三〕楊倞注:突,陵觸;盜,竊也。⊙傅山曰:上之人之突盜,是鑽利孔以朘民耳。⊙天海案:"突盜"一詞,荀書四見。《榮辱篇》"陶誕突盜"一見,"汙漫突盜"一見;本文及《彊國篇》"汙漫突盜"各一見。今謂"突",欺詐也。《廣雅》:"突,欺也。"王念孫《疏證》"謂詐欺也"。突盜,即欺詐竊取也。楊注非。又注文"陵"下原多一"突"字,此據諸本删。

〔一四〕楊倞注:俳優,倡優;侏儒,短人:可戲弄者。悖,亂也。⊙天海案:"婦女"下,巾箱本、《題注》本、遞修本俱無"之"字。

〔一五〕物雙松曰:"詔"字,是在上命令之也。⊙安積信曰:詔,告也。⊙梁啓雄曰:《莊子·盜跖》:"爲人父者,必能詔其子。"《釋文》:"詔,教也。"⊙天海案:詔,命也。物説是。知,通智。臨,治也。

〔一六〕天海案:致,極也。隘,通阨,困窘也。《左傳》昭公元年:"彼徒我車,所遇又阨。"《釋文》:"阨,本又作隘。"綦,同極。《治要》作"甚",巾箱本、《題注》本、遞修本又並作"致"。

〔一七〕楊倞注:字書無"偃"字,蓋當爲"尪",病人也。《禮記》曰:"吾欲暴尪而奚若?"《新序》作"賤之如虺豕"。⊙傅山曰:偃,騙人財者曰匡騙,習有此聲而無其字,或即此義。《篇海集音·人部》有"偃"字。⊙郝懿行曰:按"偃"當作"虺",與

"鬼"相韻。⊙梁啓雄曰:偃,同尪。《左》僖二十一年《傳》"公欲焚巫尪",注:"尪,女巫也。"⊙張覺曰:偃,通尪,骨骼彎曲的殘疾人。⊙駱瑞鶴曰:偃,又作匡,並爲"尪"借字,通謂有先天廢疾者。《正論篇》作"匡",楊倞注云:"匡,讀爲尪,廢疾之人。"楊説是。

〔一八〕楊倞注:司閒,伺其閒隙。投,擿也。藉,踐也。一作"投錯之"。⊙天海案:司,同伺。閒,隙也。司閒,猶伺機也。藉,巾箱本、遞修本、明世本、《四庫》本並作"籍"。正文"逐",原作"遂",據諸本改。

〔一九〕天海案:卒,通猝,突然也。己,原作"已",形誤也,徑改。"之爲己死",《治要》作"爲之死"。

〔二〇〕楊倞注:論説之中無以此事爲得也。卒,千忽反。

〔二一〕楊倞注:適人,往與人也。審慎其與人之道,爲其復來報我也。⊙王念孫曰:下"適"字涉上"適"字而衍。《治要》無下"適"字。⊙冢田虎曰下"適"字衍,或"迺"之誤與?此"出乎爾者,反乎爾者也"意。⊙天海案:下"適"字疑衍。王説可從。

〔二二〕帆足萬里曰:傷,創病也。⊙天海案:傷,害也。帆説未當。

〔二三〕楊倞注:尚,上也。使小人在上位而作威也。⊙劉師培曰:尚,當作"掌"。掌者,主也。掌民者,猶言治民也。⊙天海案:楊注是。

〔二四〕楊倞注:若兵甲、田賦之類也。⊙物雙松曰:言取於民者非所當取而又巧也。⊙冢田虎曰:非所,謂取之不以其所也。⊙久保愛曰:非所,謂非所可取於民也。《君道篇》"以無度取於民",是也。⊙俞樾曰:非所,猶非時也。言以非時取民而巧爲之名也。⊙帆足萬里曰:言以不宜取於民者,巧爲名目取之也。⊙朝川鼎曰:先君曰"所"疑當作"理"。注"兵"當作"丘"。⊙趙海金曰:謂以無道取於民而巧也。⊙天海案:所,宜也。《易·繫辭下》:"交易而退,各得其所。"《晏子春秋·内篇問下》:"得之時其所也,失之非其罪也。"張純一注:"所,猶宜也。"非所,即非宜也。帆説是也。

〔二五〕于鬯曰:此"傷"字疑涉上下文而衍。國之大災,即是言國之傷,"國"上不必著"傷"字。

〔二六〕楊倞注:厭,足也。一占反。⊙物雙松曰:愈厭而好新,言愈新愈厭也。注非。⊙冢田虎曰:言愈厭舊而愈好新也。⊙朝川鼎曰:愈厭足而又好新,即窮欲之義。⊙張覺曰:愈,通愉,樂。⊙天海案:《君子篇》:"形至佚,心至愈。"彼楊注:"愈,讀爲愉。"愉厭,即樂於滿足也。張説是。

〔二七〕楊倞注:啖啖,并吞之貌。⊙物雙松曰:以、已通。⊙盧文弨曰:循正,本卷前作"修正",似"修"字是。⊙郝懿行曰:循、修,古字通也。啖啖,欲食之貌。⊙王引之曰:啖啖,猶欿欿也。《説文》:"欿欿,欲得也,讀若貪。"⊙王先謙曰:"啖啖”下應有“然”字。王説是。啖啖爲欲食貌，義自可通，不必如王説讀啖爲欿。⊙朝川鼎曰：啖，讀爲眈。即《易》“虎視眈眈”之眈。⊙鍾泰曰：啖啖，爲睒睒之假借，言候而視之也。⊙天海案：啖啖，貪食也，此形容貪欲之貌，其下疑脱“然”字。楊注可從，他説似未切也。

〔二八〕楊倞注：事，任也。謂斷決任事於外也。⊙冢田虎曰：匈，胸通。三邪者，謂見小利、好新、欲人之有也。⊙久保愛曰：事，國事也，不可訓“任”也。⊙安積信曰：斷事其外，謂斷決政事於外也，注非。

〔二九〕北大組曰：本行，指封建禮義。⊙天海：本行，根本之行。行，此指禮義也，下文“不隆禮義”可見。

〔三〇〕楊倞注：故，事變也。⊙王念孫曰：故，亦詐也。⊙章詩同曰：詐故，詐僞。

〔三一〕楊倞注：以不隆禮義爲成俗。⊙王念孫曰：元刻以下脱“於”字，則失其句矣。⊙天海案：巾箱本、《題注》本亦無“於”字。成俗，成習也。

〔三二〕天海案：巾箱本、《題注》本、遞修本“之俗”下並有“者”字，“則”下無“夫”字。

〔三三〕天海案：此下原文未分段，現依文意分之。

儒者爲之不然，必將曲辨〔一〕。朝廷必將隆禮義而審貴賤，若是，則士大夫莫不敬節死制者矣〔二〕。百官則將齊其制度，重其官秩，若是，則百吏莫不畏法而遵繩矣〔三〕。關市幾而不征，質律禁止而不偏〔四〕，如是，則商賈莫不敦愨而無詐矣。百工將時斬伐，佻其期日而利其巧任，如是，則百工莫不忠信而不楛矣〔五〕。縣鄙將輕田野之税，省刀布之斂〔六〕，罕舉力役，無奪農時，如是，則農夫莫不朴力而寡能矣〔七〕。士大夫務節死制，然而兵勁〔八〕。百吏畏法循繩，然後國常不亂〔九〕。商賈敦愨無詐，則商旅安貨通財而國求給矣〔一〇〕。百工忠信而不楛，則器用巧便而財不匱矣。農夫朴力而寡能，則上不失天時，下不失地利，中得人和而百事不廢。是之謂政令行、風俗美，以守則固，以征則彊，居則有名，動則有功，此儒之所謂曲辨也〔一一〕。

【校釋】

〔一〕楊倞注：辨，理也。委曲使歸於理也。⊙郝懿行曰：辨，古“辯”字。⊙王先謙曰：虞、王本作“辯”，下同。⊙久保愛曰：辨，治辨之辨。⊙梁啓雄曰：曲，周也。

《説文》:"辨,治也。"⊙天海案:曲辨,即周全治理。荀書"辨"、"辯"多通用,故諸本此"辨"並作"辯"。楊注二"理"字,亦爲"治",作"理"者,避唐諱也。

〔二〕楊倞注:節,忠義。制,職分。⊙盧文弨曰:敬節,元刻作"貴節"。⊙王引之曰:敬,當作"敄","敄"與"務"古字通。務節,謂以節操爲務也。下文云"士大夫務節死制",是其證。⊙久保愛曰:節,節義也。⊙北大人組曰:審貴賤,明確貴賤等級的區别。敬節,看重名節。死制,堅守法制。⊙天海案:敬節,即重節,不必改"敬"爲"敄"。巾箱本、《題注》本、遞修本"敬"皆作"貴"者,因宋人避諱而改之也,故知字本作"敬"也。死制,爲禮制而徇身。

〔三〕楊倞注:秩,禄也。其制馭百官,必將齊一其制度,使有守也;厚重其秩禄,使不貪也。⊙天海案:齊,整敕也。《書·洛誥》"予齊百工",王闓運箋:"齊,敕也。"曾運乾正讀:"齊,整齊之,猶禮言戒肅也。"官秩,官爵俸禄。遵繩,即下文之"循繩",謂其守法制也。

〔四〕楊倞注:質律,質劑也。可以爲法,故言質律也。禁止而不偏,謂禁止姦人而不偏聽也。《周禮·小宰》"聽賣買以質劑",鄭司農云:"質劑,平市價,今之月平是也。"鄭康成云:"兩書一札,同而别之,長曰質,短曰劑,皆今之券書也。"《左氏傳》曰:"趙盾爲政,董逋逃,由質要。"或曰:質,正也。⊙物雙松曰:質律,注不允。當作"室律",見上。⊙帆足萬里曰:幾,譏同。質,券書屬。律,法也。⊙天海案:幾,通譏,察也。《外傳》正作"譏"。質律,猶質約。《左傳》文公六年"由質要",杜注:"質要,券契也。"即今之合同也。楊注是。不偏,即公正也。

〔五〕楊倞注:時斬伐,即《周禮》"仲冬斬陽木,仲夏斬陰木"是也。佻,與傜同,緩也,謂不迫促也。巧任,巧者之任。不迫促則百工自利矣。楛,謂器惡不牢固也。《晏子春秋》曰:"景公之時,晏子請發粟,公不許。當爲路寢之臺,令吏重其績,遠其涂,佻其日而不趨。三年臺成,而民振欲,上悦乎君游,民足乎食。"彼"佻"亦與此同也。⊙盧文弨曰:注當云"佻與窕同"。案《爾雅》云:"窕,肆也。"古書"窕"字皆訓肆,不當作"傜"。⊙俞樾曰:"巧任"與"期日"對文,楊注非其義也。巧任,猶巧能也。⊙久保愛曰:本注"傜"當作"遥","欲"當作"故","君"字衍。⊙天海案:將,以也。《孟子·梁惠王上》"斧斤以時入山林"之意,正是《荀子》"將時斬伐"之義也。佻,讀爲遥,意爲寬緩也。"如是",他本一作"如此"。楛,粗劣也。意謂粗制濫造也。

〔六〕天海案:縣,遠也。縣鄙,謂邊遠之地。或曰:縣鄙指鄉村。刀布,錢幣也。此皆言賦税也。

〔七〕楊倞注:但質朴而力作,不務他能也。⊙久保愛曰:朴,與樸同。⊙劉師培曰:能,蓋"罷"字之脱文。《廣雅》云:"罷,勞也。"寡罷,猶言朴力而不勞也。⊙天海案:《廣雅》卷二:"能,任也"。王念孫疏證:"《周官·大司馬》注云:任,猶事也。"此言寡能,即少事也。"少事",即上文"罕舉力役"之事也。楊注非,劉説亦不是。

〔八〕楊倞注:然而,當爲"然後"。⊙王念孫曰:然,如是也。言如是而兵勁也。⊙天海案:然而,楊注"當作然後",是也。下文是證。

〔九〕帆足萬里曰:國常,猶言國法也。⊙熊公哲曰:國常,謂國之風紀。⊙天海案:國常,國家的典章制度。《左傳》襄公二十三年:"欲廢國常,蕩覆公室。"循繩,即上文"遵繩",謂守法也。巾箱本、《題注》本、遞修本"循"作"修","然後"下有"而"字。

〔一〇〕楊倞注:所求之物皆給足也。⊙物雙松曰:安貨,言不易所貨也。⊙王念孫曰:"商旅安貨通財",當作"商旅安,貨財通"。《王制篇》"使賓旅安而貨財通",是其證。⊙安積信曰:安,猶置也。⊙天海案:安,置辦也。安貨通財,言辦置貨物流通財貨,正與上文"敦慤無詐"對文。王説非是。

〔一一〕天海案:居,安處也。動,興舉也。此數句乃本節結語,並上應"必將曲辨"之言也。

# 荀子校釋　卷第八

## 君道篇第十二[一]

有亂君，無亂國；有治人，無治法[二]。羿之法非亡也，而羿不世中[三]；禹之法猶存，而夏不世王[四]。故法不能獨立，類不能自行[五]。得其人則存，失其人則亡[六]。法者，治之端也；君子者，法之原也。故有君子，則法雖省，足以徧矣[七]；無君子，則法雖具，失先後之施，不能應事之變，足以亂矣[八]。不知法之義而正法之數者，雖博傳，臨事必亂[九]。故明主急得其人，而闇主急得其埶[一〇]。急得其人，則身佚而國治，功大而名美，上可以王，下可以霸[一一]；不急得其人，而急得其埶，則身勞而國亂，功廢而名辱，社稷必危。故君人者，勞於索之，而休於使之[一二]。《書》曰："唯文王敬忌，一人以擇。"此之謂也[一三]。

合符節，別契券者，所以爲信也；上好權謀，則臣下百吏誕詐之人乘是而後欺[一四]。探籌投鉤者，所以爲公也[一五]；上好曲私，則臣下百吏乘是而後偏[一六]。衡石稱縣者，所以爲平也[一七]；上好傾覆，則臣下百吏乘是而後險[一八]。斗斛敦槩者，所以爲嘖也[一九]；上好貪利，則臣下百吏乘是而後鄙，豐取刻與，以無度取於民[二〇]。故械數者，治之流也，非治之原也；君子者，治之原也[二一]。官人守數，君子養原；源清則流清，源濁則流濁。故上好禮義，尚賢使能，無貪利之心，則下亦將綦辭讓、致忠信而謹於臣子矣[二二]。如是，則雖在小民，不待合符節、别契券而信，不待探籌投鉤而公，不待衡石稱縣而平，不待斗斛敦槩而嘖〔二三〕。故賞不用而民勸，罰不用而民服，有司不勞而事治，政令不煩而俗美〔二四〕；百姓莫敢不順上之法，象上之志，而勸上之事，而安樂之矣〔二五〕。故藉斂忘費，事業忘勞〔二六〕，寇難忘死；城郭不待飾而固，兵刃不待陵而勁〔二七〕，敵國不待服而詘，四海之民不待令而一〔二八〕。夫是之謂至平。《詩》曰："王猶允塞，徐方既來。"此之謂也〔二九〕。

【校釋】

〔一〕盧文弨曰：此卷各本皆無注。⊙梁啓超曰：本篇論"人治"與"法治"之得失，有精語。⊙吕思勉曰：此篇言人治，辟權謀。此篇楊注亡。⊙天海案：本篇論爲君之道在於隆禮重法、尚賢使能，其核心乃强調以"君子"治國。又，荀書本篇與《樂論篇》皆失楊倞注文。

〔二〕久保愛曰：《王制篇》曰："法而不議，則法之所不至者必廢。"故苟非有其人，則雖有法，與無法同。⊙王先謙曰：無治法者，法無定也，故貴有治人。《致士篇》云："有良法而亂者有之，有君子而亂者，自古及今，未嘗聞也。"意與此同。⊙熊公哲曰：亂君，致亂之君；治人，致治之人。⊙駱瑞鶴曰：夏渌先生云："治、亂原爲一字。"説文："亂，治也。"言有昏亂之君則無治辯之國，有昏亂之人，則無治辯之法也。⊙天海案：治、亂雖可反義互訓，但需一定語境與條件。若此文"治"、"亂"對舉，亦用反訓之法，豈不令人惑亂？且反訓之法不得隨意套用也。此"亂"、"治"如字，當如熊説。亂君，致亂之君。亂國，致亂之國。治人，致治之人。治法，致治之法。

〔三〕物雙松曰：而羿不世中，言能中如羿者，不世出也。⊙冢田虎曰：上"羿"，堯時之羿。下"羿"，子孫之傳射法者也。古者傳羿之法者，通名羿。⊙久保愛曰：羿射法雖存，守其法者不世中也。⊙劉師培曰：《周禮》"天府云治中"，先鄭注云"謂治職簿書之要"。是"中"皆指册籍言。此文以"中"代"籍"，羿不世中，猶言羿之籍不能傳於後世也。⊙楊樹達曰：中，當讀爲"得"。⊙梁啓雄曰：世，有世世繼續之意。《齊策》："是秦之計中。"注："中，得也。"⊙駱瑞鶴曰：中，謂去聲，射中的之中。⊙天海案：諸説中以物説爲是。羿不世中者，不會世代皆有如羿一樣中的者。下"不世王"句法同此。

〔四〕久保愛曰：至桀而失王位。

〔五〕王先謙曰：類，例也。荀書多法、類並舉，説詳《大略篇》。⊙帆足萬里曰：類，如"有教無類"之類。謂善惡倫也。⊙朝川鼎曰：王納諫本《標注》云："法有成規,故曰立;類因事起,故曰行。”⊙熊公哲曰:類,即禮也。⊙楊柳橋曰:類,亦法也。⊙天海案:類,事理也。説詳《勸學篇》。“類不能自行”五字,《治要》無。

〔六〕久保愛曰:《禮記》曰:“文武之政,布在方策。其人存則其政舉,其人亡則其政息。”⊙天海案:其人,賢人也。此指“治人”、“君子”。

〔七〕高亨曰:偏,疑借爲“辯”。《説文》:“辯,治也。”⊙安積信曰:“省”、“少”古字通。⊙張覺曰:與下文“亂”相對,指普遍得到治理。⊙天海案:高説是也。《廣雅》:“辨,徧也。”《禮·鄉飲酒》鄭注云“今文辯皆作徧”。《樂記》:“其治辯者,其禮具。”鄭注:“辯,徧也。”此言法雖簡省,因有君子則足以治理矣。正與下文“無君子……足以亂矣”相反。徧,雖有周遍義,然此處只有“治”義。張説合而用之,非也。

〔八〕久保愛曰:失先後之施,謂用其終爲始也。不能應事之變,言雖有法,不能應時而差用之也。⊙帆足萬里曰:“不能”以下十字,疑是古人注釋之辭。⊙天海案:施,用也、行也。又“施”下,諸本並有“矣”字。

〔九〕物雙松曰:博傳,博於傳習也。⊙久保愛曰:執拘其法,不知從時宜而權也。舊本“博”下有“傳”字,據元本、《標注》本除之。孫鑛本亦以爲衍。⊙梁啓雄曰:此“數”字和《解蔽篇》“由法謂之道盡數矣”的“數”字都是指法的條文。⊙章詩同曰:正法之數,定法的條文。⊙楊柳橋曰:《經傳釋詞》:“而,猶與也。”⊙天海案:義,通宜。即應事變之宜。正,定也。正法之數者,決定法之數量也。此正承上文“法雖省”、“法雖具”而言,訓爲“條文”者非。博傳,即博習,物説是也。“傳”字,僅《題注》本、遞修本無,據此二本删之者,非也。《治要》無此二句。

〔一〇〕王先謙曰:埶,位也。⊙駱瑞鶴曰:埶,權也,謂權勢,即百事聽斷之權。人主既有位矣,則不得復言得位。⊙天海案:駱説是。

〔一一〕久保愛曰:佚,與逸同。⊙天海案:“上可以王,下可以霸”八字,《治要》無。

〔一二〕天海案:“不急得其人而”、“社稷必危”之文,《治要》皆無。自“有亂君”至此,《治要》録之,文小異。

〔一三〕久保愛曰:《書·康誥篇》,文大有異同。忌,亦敬也。⊙安積信曰:一人,指賢相。⊙熊公哲曰:據今《書》,“擇”當作悦懌之“懌”。⊙天海案:此所引與今《尚書》文異,且其義爲荀書曲用之。故用“一人之擇”以明擇一“君子”也。巾箱本、《題注》本、遞修本“唯”作“惟”,“擇”作“懌”也。

〔一四〕久保愛曰:符節,分六寸竹,各自持之,及後來以其相合爲證也。契券,皆約信之書。别之者,又以相合爲證故也。乘是而欺者,莊周所謂“并與符璽而竊之”也。⊙楊柳橋曰:“誕詐之人”四字,贅,當爲旁注之文誤入正文者。⊙天海案:符節,古代朝廷用作憑證的信物。用竹木或金玉爲之,上書文字而剖爲二,各存其半,驗證時相合爲信。别,分也。契券,古代契約憑證,分爲兩半,雙方各執一半爲憑據。

"誕詐之人"四字或古注混入,楊説是。

〔一五〕郝懿行曰:探籌,剡竹爲書,令人探取,蓋如今之掣籤。投鉤,未知其審。古有藏彄,今有拈涣,疑皆非是。《慎子》曰:"投鉤以分財,投策以分馬。"⊙劉師培曰:《淮南子·詮言》云"必探籌而定分",注云"捉籌也"。即此文之的解。⊙久保愛曰:籌,算也,所以計數要之器。鉤,《正韻》曰"與涣同"。⊙豬飼彦博曰:投鉤,蓋擲錢投筊之類。⊙天海案:探籌,猶今抽籤,郝説是也。投鉤,猶今之投涣。皆以之決疑難也。公,公正。

〔一六〕熊公哲曰:"百吏"下亦當有"誕詐之人"四字,此省去,下同。⊙天海案:曲私,曲意爲私。偏,偏私。"誕詐之人",四字不當有,熊説非。

〔一七〕物雙松曰:縣者,所以懸物也。⊙北大組曰:衡石,猶今之砝碼。稱,同"秤"。縣,秤砣。⊙楊柳橋曰:高誘《淮南子》注:"衡石,稱也,百二十斤爲石。"鄭玄《禮記》注:"縣,謂錘也。"⊙天海案:衡石,古代衡器通稱。衡,秤也。石,百二十斤爲石。稱縣,猶言秤錘。

〔一八〕天海案:險,居心險惡。陰險狡詐之謂也。

〔一九〕盧文弨曰:斗,元刻作"勝"。勝與升通用。敦槩,即準槩。噴,情也。此當作情實解。⊙郝懿行曰:槩,即杚也,所以平斗斛者。敦亦其類,但形狀未聞。⊙冢田虎曰:《儀禮·士昏禮》"黍稷四敦",敦音對。黍稷器也。⊙久保愛曰:敦,《集韻》音準。桃源藏云:"《管子》曰:準者,五量之宗也。蓋亦槩類。"噴,亦平正之義矣。⊙王念孫曰:噴者,齊也。⊙帆足萬里曰:敦,古亦爲量器。噴、積同,使其積均平也。⊙朝川鼎曰:王納諫本《標注》曰:"噴,謂噴噴服人也。"桃源藏曰:"噴,疑是清之誤。"⊙劉師培曰:《穆天子傳》云"六敦壺尊四十",注云:"敦似壺,音堆。"又聶氏《三禮圖》引舊圖云"敦受一斗二升"。《儀禮》鄭注云"廢敦,敦無足者所以盛米",是敦亦可代盛米之用。⊙于省吾曰:敦亦本應作"毁"。⊙天海案:敦,音對。古代量黍稷之器。上下相合成球形,似彝有足。説見王國維《觀堂集林》二《説彝》。槩,刮平斗斛的量器。噴,諸説皆未安。據文意推之,當爲"準"之意也。上文言"爲信"、"爲公"、"爲平",此言"爲準"正相貫也。且與下文"無度取於民"相反也。

〔二〇〕盧文弨曰:宋本、世德堂本皆無"鄙"字,今從元刻。⊙王念孫曰:元刻有"鄙"字,後人以意加之也。且加一"鄙"字,則下文"豐取刻與"云云竟成贅語矣。吕、錢本皆無"鄙"字。⊙冢田虎曰:今印本"鄙"字脱耳。此二句繫乎上"欺、偏、險、鄙"四件也。⊙久保愛曰:"鄙"字舊本無,今據元刻本、孫鑛本、《標注》本補之。⊙天海案:"後"下"鄙"字原無,巾箱本、《題注》本、元刻明修本、《四庫》本皆有之,依上文例亦當有,若無,則"豐取"以下十字文氣不貫,現據諸本及冢、久二説補之。"民"字,巾箱本、《題注》本、遞修本並作"人"。

〔二一〕久保愛曰:械,器械也。數,法數也。君子制法度,故云。⊙陶鴻慶曰:

“君子者治之原也”，當作“君者治之原也”。下節云“君者民之原也”，是其明證。⊙包遵信曰：君子，當作“君人”。下文“官人”與“君人”正相對，故知當是“君人”之誤。⊙李中生曰：作“君子”不誤。陶、包二説誤。⊙天海案：械，器物也。此指上文所列符節、契券、籌、鉤、衡稱、斗斛之類。數，方法也。原，古源字，下同此。

〔二二〕天海案：綦，極也。致，極也。“故械數”下至此，《治要》引之，文同。

〔二三〕天海案：合、券二字，巾箱本、《題注》本、遞修本皆無。

〔二四〕天海案：二“民”字，巾箱、《題注》、遞修三本並作“人”，“治”作“理”，“令”作“命”。《治要》引此作“故賞不治”接“政令不煩”下至“而安樂之矣”，文略異。

〔二五〕盧文弨曰：“而勸上之事”，元刻作“勤上之事”。⊙鍾泰曰：勸，勉也。元刻作“勤”，疑不知者妄改。⊙天海案：象，仿效。《左傳》桓公二年“百官象之”。“而”字，巾箱本、《題注》本、遞修本並無，“勸”字作“勤”。《治要》亦作“勸”，三本妄改之，鍾説是。

〔二六〕物雙松曰：籍斂忘費，言民遇籍斂而忘其費損己財也。⊙冢田虎曰：籍斂，蓋厚斂也。言民雖見厚斂，不忘己之費也。

〔二七〕物雙松曰：陵，《正字通》引此而曰“淬也”。⊙王先謙曰：陵，謂厲兵刃也。⊙帆足萬里曰：陵、稜通。言磨礪使之尖利也。⊙天海案：飾，修繕之也。陵、厲也。陵、厲一聲之轉，故通。

〔二八〕久保愛曰：詘與屈同。⊙天海案：服，征服也。“民”字，一作“人”。

〔二九〕王念孫曰：吕、錢本“猷”作“猶”。又見《議兵篇》。⊙久保愛曰：《詩·大雅·常武篇》。毛萇曰：“猷，謀也。”鄭玄曰：“允，信也。”愛曰：既，盡也。言王之嘉猷，信充塞上下，則雖不征伐，徐方自來服也。⊙天海案：猶，巾箱本、題注本、遞修本皆作“猷”，二字可通。今《詩》作“猶”。鄭箋云：“猶，尚；允，信也。王重兵，兵雖臨之，尚守信自實滿，兵未陳而徐國已來告服。”徐方，古徐國，亦徐邦也。

請問爲人君？曰：“以禮分施，均徧而不偏〔一〕。”請問爲人臣？曰：“以禮待君，忠順而不懈〔二〕。”請問爲人父？曰：“寬惠而有禮。”請問爲人子？曰：“敬愛而致文〔三〕。”請問爲人兄？曰：“慈愛而見友〔四〕。”請問爲人弟？曰：“敬詘而不苟〔五〕。”請問爲人夫？曰：“致功而不流，致臨而有辨〔六〕。”請問爲人妻？曰：“夫有禮，則柔從聽侍；夫無禮，則恐懼而自竦也〔七〕。”此道也，偏立而亂，俱立而治，其足以稽矣〔八〕。請問兼能之奈何？曰：“審之禮也。”古者先王審禮以方皇周浹於天下，動無不當也〔九〕。故君子恭而不難，敬而不鞏〔一〇〕，貧窮而不約，富貴而不驕，並遇變應而不窮，審之禮也〔一一〕。

故君子之於禮，敬而安之；其於事也，徑而不失〔一二〕；其於人也，寡怨寬裕而無阿〔一三〕；其所爲身也，謹脩飾而不危〔一四〕；其應變故也，齊給便捷而不惑〔一五〕；其於天地萬物也，不務説其所以然，而致善用其材〔一六〕；其於百官之事、技藝之人也，不與之爭能，而致善用其功〔一七〕；其待上也，忠順而不懈〔一八〕；其使下也，均徧而不偏；其交游也，緣義而有類〔一九〕；其居鄉里也，容而不亂〔二〇〕。是故窮則必有名，達則必有功，仁厚兼覆天下而不閔〔二一〕，明達用天地、理萬變而不疑〔二二〕，血氣和平，志意廣大，行義塞於天地之閒〔二三〕，仁智之極也，夫是之謂聖人。審之禮也〔二四〕。

【校釋】

〔一〕久保愛曰：以禮分施，施有節也。偏，偏頗也。⊙天海案：請問爲人君，《外傳》卷四作"君人者"。施，行也。

〔二〕郝懿行曰："待"字誤。《外傳》四作"事"，是也。蓋"事"譌爲"侍"，又譌爲"待"耳。懈，宜依《外傳》作"解"。⊙鍾泰曰：作"待"者，"侍"之譌字。《荀》自作"侍"，不必改爲"事"也。⊙章詩同曰：待，對待，事奉。⊙天海案："以禮待君"，巾箱本、《題注》本、遞修本作"以勤侍君"。《外傳》作"以禮事君"，懈，作"解"。當依鍾説"待"作"侍"；依《外傳》"懈"作"解"，先《秦》"懈"常作"解"。

〔三〕郝懿行曰：文，《外傳》四作"恭"，於義較長。⊙帆足萬里曰：文，禮節也。⊙天海案：郝説是。

〔四〕物雙松曰：見友，"見"字亦"見謂"之見。⊙帆足萬里曰：見友，使友愛之心著見也。⊙天海案：見，當讀爲"現"。

〔五〕盧文弨曰：元刻作"不悖"。⊙久保愛曰：元本"不苟"作"不悖"，與《左氏傳》"兄愛而友，弟敬而順"意合。⊙天海案："不苟"，《外傳》作"不慢"，意相近也。錢佃謂諸本作"不悖"。巾箱本、《題注》本、遞修本並作"不悖"。詘，同屈。敬屈，猶恭敬而順從也。

〔六〕傅山曰：似謂致其女功，而不與之狎褻流連。致其臨莅之道，妻妾之閒，辨而不混也。然二句皮厚不快。⊙物雙松曰：言致其作功之事而不流湎。此夫之所以率妻也。致臨而有辨，言致其臨御之道而有辨别。此夫之所以睦妻也。⊙久保愛曰：不流，無流淫之行也。⊙郝懿行曰：曰“辨”，《外傳》四作“别”。謂夫婦有别也。“致功而不流”句未詳，疑有譌字。⊙帆足萬里曰：功，治家功程也。臨者，臨下之道也。⊙劉師培曰：“功”字乃“和”之訛也。《禮記·中庸》云“故君子和而不流”。《臣道篇》言“調而不流”，調亦和也。⊙梁啓雄曰：臨讀爲“隆”。此“隆”字或指隆禮。⊙張覺曰：臨，近。有辨，指夫妻有别，保持一定界限。⊙天海案：致功，致力於功業。不流，不流湎於私情。致臨，極親近。有辨，有别也。此二句《外傳》四只作“照臨而有别”。

〔七〕久保愛曰：竦，畏敬貌。⊙帆足萬里曰：竦、踈通。言不敢褻也。⊙天海案：侍，原作“待”，據諸本改之。《外傳》此二句作“妻柔順而聽從，若夫行之而不中道，即恐懼而自竦”。

〔八〕久保愛曰：此道，指上事也。稽，考也。⊙帆足萬里曰：俱立，謂父慈而子孝，兄友而弟恭之類。稽，徵也，言可徵之事甚多也。⊙張覺曰：稽，通楷。楷模。⊙天海案：俱立，巾箱本、《題注》本、遞修本作“俱有”，無“其”字。《外傳》“此道也”作“此全道也”，無“其足以稽矣”句。稽，通楷，法式、準則。《儒效篇》“是大儒之稽也”之“稽”同此義。《老子》“知此兩者亦稽式”，《釋文》：“稽式，嚴、河上作‘楷式’。”“足以稽矣”，謂足以爲楷也。

〔九〕物雙松曰：方皇，《通雅》：“《禮書》‘房皇周浹’即傍徨，一作傍偟。《荀子》‘方皇周浹乎天下’，注‘方，音旁，猶徘徊也。《莊子》：芒然傍偟乎塵垢之外’”。據此觀之，此篇故自有解。⊙冢田虎曰：周浹，亦徘徊也。⊙久保愛曰：周浹，謂無所不至也。⊙郝懿行曰：方，讀爲旁，古字通用。旁、薄、唐、皇，皆大也。周、浹，皆徧也。荀書“浹”多作“挾”。⊙梁啓雄曰：《説文》：“方，併船也。”故“方”字有併、並、比各義。《説文》：“皇，大也。”《周易·釋文》：“周，遍也，備也。”《説文新附》：“浹，洽也，徹也。”⊙章詩同曰：方皇，廣大；周浹，普遍。⊙熊公哲曰：審，猶俗言斟酌也。⊙天海案：審，詳知也。《史記·禮書》：“君子審禮，則不可以欺以詐僞。”《説文》：“宷，悉也。篆文宷从番。”《外傳》作“審禮”。方皇，猶旁皇，廣大也。《書·立政》“方行天下”，王念孫云：“方，讀爲旁，旁訓溥。溥者，偏也。”周浹，即周遍也。《外傳》作“以惠天下，故德及天地，動無不當”。

〔一〇〕物雙松曰：難，憚也。鞏，恐同。⊙冢田虎曰：鞏，固也。雖敬而不固滯也。⊙盧文弨曰：恭而不難，所謂“恭而安”也。《説文》：“鞏，以韋束也。”此亦謂敬而不過於拘束也。⊙王引之曰：難，讀《詩》“不戁不竦”之“戁”。鞏，讀《方言》“蛩蒀，戰栗也”之“蛩”。盧説皆失之。⊙天海案：難，戁通，懼也。鞏，固也，固執也。《爾雅》：“鞏，固也。”上已言“恭而不懼”，此“鞏”若訓爲“恐”，則義復，語贅也。

〔一一〕盧文弨曰：變應，宋本作“變態”。⊙郝懿行曰：變應，《外傳》四作“應變”。⊙王念孫曰：元刻以下文有“應變故”，故改“變態”爲“變應”，而不知其謬也。

竝,猶普也,徧也。言遇萬事之變態而應之不窮也。⊙冢田虎曰:並遇變應,言事之變與應並遇之也。⊙久保愛曰:約,屈約也。並遇變應,《臣道篇》“應卒遇變,齊給如響”之意也。⊙于省吾曰:態,應讀作“忒”。忒,謂爽忒。⊙天海案:約,卑屈也。《國語·吴語》:“王不如設戎,約辭行成,以喜其民。”韋注:“約,卑也。”“並遇變”句,“應而不窮”句,如是讀文意自通。《外傳》作“應變而不窮”,與此文義同。盧説宋本作“變態”,不知所據爲何本?據高正《荀子版本源流考》,不僅宋本未見,元明清各舊刻亦未見,《集解》本盲從之。又,原文此下未分段,現據文意分之。

〔一二〕冢田虎曰:徑,直也。外傳作“經”,似是矣,謂經紀。⊙久保愛曰:徑,徑直也。言雖徑行不失也。⊙張覺曰:“事”與“人”相對,當爲“吏”字之誤。⊙駱瑞鶴曰:徑,讀爲“經”。《外傳》卷四作“經而不失”。言順其理而無有失錯。⊙天海案:“徑而不失”,駱説是。又“禮”下當有“也”字,《外傳》有之。依文例亦當有,此疑脱也。

〔一三〕冢田虎曰:觀上下文勢,“寡怨”二字似衍。⊙久保愛曰:阿,阿從也。⊙天海案:寡怨,於人少責也。寬裕,於人寬厚也。無阿,不曲從於人。《外傳》作“寬裕寡怨而不阿”。

〔一四〕盧文弨曰:修飾,元刻作“修勑”。案飾與飭、勑,古皆通用。⊙王念孫曰:危,讀爲詭。言君子修飭其身而不詭於義也。詭、危古字通。⊙久保愛曰:舊本“其”下有“所”字,今據元本除之。“謹”下疑脱“慎”字。⊙劉師培曰:以上下文相例,“謹”上當脱一字矣。⊙鍾泰曰:危者,高也。即《論語》“危言”、“危行”之危。修飾者易於自高,故曰不危。⊙天海案:危,通詭。詭,詐僞也。修飾而不詐僞,文義正順。“所”字,巾箱本、《題注》本、遞修本皆無;“飾”字,錢佃《考異》云“諸本作勑”。《外傳》作“其於儀也,脩飾而不危”。或曰:危,僞聲韻通。

〔一五〕久保愛曰:齊給便捷,謂敏疾也。舊本“變”下無“故”字,據元本除之。⊙天海案:“故”字或衍,巾箱本、《題注》本、遞修本並無。《外傳》亦無“故”字,“不惑”作“不累”。

〔一六〕傅山曰:不務説其所以然,此句亦可玩其破空談之義。⊙物雙松曰:此荀子破“五行”處。⊙久保愛曰:天地萬物,造化之事,非人之所知也,故不務説之。⊙天海案:“其”、“不”二字,巾箱本、《題注》本、遞修本俱無;“材”字,皆作“成”。《外傳》“不務”二句作“不拂其所,而謹裁其盛”,且此三句在“百官技藝”三句下。

〔一七〕天海案:“於”字,巾箱本、《題注》本、遞修本皆無。“技”字,諸本並作“伎”。《外傳》無“之事”、“善”字。

〔一八〕盧文弨曰:待,俗間本作“侍”。⊙王先謙曰:依上郝説,“待上”亦當爲“事上”。⊙鍾泰曰:作“侍”者,是也。⊙天海案:“待”字,《題注》本、遞修本、明世本、《四庫》本皆作“侍”,是也。《外傳》亦作“待上”,“懈”作“解”。

〔一九〕盧文弨曰：元刻作“緣類而有義”。⊙郝懿行曰：《外傳》四作“緣類而有義”，較長。⊙久保愛曰：所謂方以類聚。⊙帆足萬里曰：類，善類也。言不與惡人友也。⊙天海案：緣義而有類，錢佃稱諸本作“緣類而有義”，巾箱本、《題注》本、遞修本與之同。《外傳》亦作“緣類而有義”。緣義，循義也；有類，以類而聚也。義亦自通。“其”下，《外傳》尚有“於”字。

〔二〇〕久保愛曰：“容”上疑脱“寬”字。《臣道篇》曰“寬容而不亂”。⊙北大組曰：容而不亂，待人寬容而不過分。⊙楊柳橋曰：《廣雅》：“容，寬也。”李賢《後漢書》注：“容，猶和同也。”⊙李中生曰：容，指禮容，即禮儀。⊙天海案：“其居鄉里也”，《外傳》作“其於鄉曲也”。容，從容自如也。“容”下，巾箱本、《題注》本、遞修本並有“不容”二字。

〔二一〕物雙松曰：不閔，不病也。言無所不足也。⊙久保愛曰：窮達，謂用舍也。《外傳》“閔”作“窮”，是也。⊙帆足萬里曰：不閔，言不以爲勞也。⊙鍾泰曰：“閔”字不可解，疑“閡”字之譌。⊙北大組曰：不閔，没有止境。閔，通窮，盡。⊙楊柳橋曰：杜預《左傳》注：“閔，憂也。”⊙張覺曰：閔，通昧，昏暗。⊙天海案：仁厚，《外傳》作“仁義”，較長。閔，勉也。此指費力。《書·君奭》“予惟用閔於天越民”，孔傳：“閔，勉也。”言仁厚兼覆天下而不費力也。他説皆未得之。

〔二二〕盧文弨曰：元刻作“理萬物變而不凝”。⊙王念孫曰：用天地而不疑，義不可通，“用”，當爲“周”，字之誤也。言其智足以周天地、理萬變而不疑。⊙梁啓雄曰：疑，同凝。荀書“凝”都作“疑”，凝滯之意。⊙張覺曰：用，治也。⊙駱瑞鶴曰：明達，即明通。用天地，用爲裁用之用，不當爲周。天地，即天地萬物。疑，惑也。⊙李中生曰：此句當讀爲“明達用，天地理，萬變而不疑”。⊙天海案：《外傳》作“明通天地理，萬變而不疑”。此“用”，猶“通”也。用、通，一聲之轉，故通。若訓爲“治”，地或可治，天不可治也。“萬”下，巾箱本、《題注》本、遞修本並有“物”字，“疑”皆作“凝”，非也。疑，惑也，梁説非。

〔二三〕梁啓雄曰：“行”字似本作“仁”字。⊙章詩同曰：行義，同“行誼”，道義，品德。⊙天海案：和平，《外傳》作“平和”。行義，德行道義也。

〔二四〕嚴靈峰曰：“審之禮也”四字已見上文，此處當係衍文。⊙天海案：“智”，巾箱本、《題注》本、遞修本並作“知”；“審”下無“之”字。“聖人”，《外傳》作“先王”。“審之禮也”四字，《外傳》亦同，可知非衍文，嚴説未審。



請問爲國？曰：“聞脩身，未嘗聞爲國也〔一〕。”君者，儀也；儀正而景正〔二〕。君者，槃也；民者，水也；槃圓而水圓〔三〕。君者，盂也；盂方而水方〔四〕。君射則臣決〔五〕。楚莊王好細要，故朝有餓人〔六〕。故曰：聞修身，未嘗聞爲國也〔七〕。

君者，民之原也〔八〕，源清則流清，源濁則流濁。故有社稷者，而不能愛民，不能利民，而求民之親愛己，不可得也。民之不親不愛，而求其爲己用，爲己死，不可得也〔九〕。民不爲己用，不爲己死，而求兵之勁、城之固，不可得也。兵不勁，城不固，而求敵之不至，不可得也。敵至而求無危削、不滅亡，不可得也〔一〇〕。危削滅亡之情舉積此矣〔一一〕，而求安樂，是狂生者也〔一二〕。狂生者，不胥時而樂〔一三〕。

故人主欲彊固安樂，則莫若反之民〔一四〕；欲附下一民，則莫若反之政〔一五〕；欲修政美國，則莫若求其人〔一六〕。彼或蓄積而得之者不世絶〔一七〕。彼其人者，生乎今之世而志乎古之道。以天下之王公莫好之也，然而于是獨好之；以天下之民莫欲之也，然而于是獨爲之〔一八〕；好之者貧，爲之者窮，然而于是獨猶將爲之也，不爲少頃輟焉〔一九〕。曉然獨明於先王之所以得之，所以失之，知國之安危、臧否，若别白黑〔二〇〕。是其人者也〔二一〕，大用之則天下爲一，諸侯爲臣；小用之則威行鄰敵；縱不能用，使無去其疆域，則國終身無故〔二二〕。故君人者，愛民而安，好士而榮，兩者無一焉而亡〔二三〕。《詩》曰："价人維藩，太師維垣。"此之謂也〔二四〕。

## 【校釋】

〔一〕久保愛曰：《禮記》曰："身修而後家齊，家齊而後國治，國治而後天下平。"⊙天海案：爲國，治國也。巾箱本、《題注》本、遞修本作"未聞修國也"。或曰：爲國，當爲"修國"。然修身者常聞，修國不常聞也。

〔二〕久保愛曰：儀，儀表也。景，音影。⊙北大組曰：儀，指日晷，依照日影來測量時間的儀器。⊙天海案：儀，古代測日影之表柱。

〔三〕久保愛曰：槃與盤同，沐浴器也。⊙天海案："民者水也"四字，今諸本除宋浙本外，皆無之。《藝文類聚》引作"水者民也"。

〔四〕盧文弨曰：《帝範》注引"君者儀也"下有"民者景也"句，又"君者槃也"下有"民者水也"句，無"君者盂也"二句。⊙王念孫曰：《廣韻》"君"字注所引，與《帝範》注同。二書所引，於義爲長。⊙久保愛曰：鄭玄曰："杅，浴器也。"蓋杅、盂同耳。⊙劉師培曰：《韓非子·外儲説·左上》引孔子云："爲人君者猶盂也，民猶水也；盂方水方，盂圓水圓。"《治要》本《尸子處道篇》引孔子云"君者盂也，民者水也；盂方則水方，盂圓則水圓"，雖作槃作盂不同，並有"民者水也"句，又以方圓對句爲文，知本書亦當然也。⊙天海案："盂方而水方"句，《類聚》引作"盤方則水方"。據盧、王、劉三説，案文意推之，"儀也"下當有"民者影也"，"槃也"下當有"民者水也"，"君者盂也"不當有，"盂方"當依《類聚》作"槃方"。

〔五〕物雙松曰：蓋時諺也。決，決拾也。⊙冢田虎曰：《吴語》曰："夫一人善射，百夫決拾。"⊙久保愛曰：決，猶闓也。以象骨爲之，著右大擘指，以鉤絃。闓體也。《戰國策》曰："其君好發者，其臣決拾。"⊙楊樹達曰：《小雅・車攻》云"決拾既佽"，傳："決，鉤弦也。"⊙天海案：決，扳指也，射箭時扣弦以護指也。此猶言君好射則臣效之。

〔六〕久保愛曰：《戰國策》曰："昔者先君靈王好小腰，楚士約食，馮而能立，式而能起。"蓋傳聞之異耳。⊙包遵信曰：《墨子・兼愛中》《晏子春秋・外篇》《韓非子・二柄篇》《國策・楚策》《淮南子・主術訓》皆云"楚靈王"，而唯《尹文子》云："楚莊王愛細腰，一國皆有飢色。"與《荀子》同。⊙天海案：要，同腰。諸本一作"腰"。

〔七〕天海案："嘗"字，巾箱本、《題注》本、遞修本俱無；"爲"字皆作"修"。又，原文此下未分段，現據文意分之。

〔八〕劉師培曰：《御覽》六百二十引作"君者源也，民者流也"，未知所據何本？⊙天海案：巾箱本、《題注》本、遞修本作"君者，人之源也"。原，古源字。《外傳》《治要》皆作"源"。

〔九〕王念孫曰：元刻無"之"字，是也。下文"民"下無"之"字，是其證。⊙王先謙曰：文義不當有"之"字，今依元刻刪。⊙天海案："民"，巾箱本、《題注》本、遞修本皆作"人"，且"民"下無"之"字。《外傳》二"之"俱無，《治要》有上"之"，無下"之"。

〔一〇〕王念孫曰：元刻"滅"上無"不"字，是也。宋本有"不"字者，涉上下文而衍。《外傳》作"不危削滅亡"，是其證。⊙天海案：巾箱本、《題注》本、遞修本皆無"不"字，《治要》引此文亦有。

〔一一〕冢田虎曰：此，此人君也。⊙久保愛曰：舉，皆也。⊙天海案：情，實也。舉，《外傳》作"皆"。

〔一二〕盧文弨曰：元刻作"是聞難狂生者也"。⊙王念孫曰：錢佃校本亦云諸本作"是聞難狂生者也"。此文本作"而求安樂是聞，不亦難乎，是狂生者也"，今本脱"聞不亦難乎，是"六字。《外傳》"狂"作"枉"，蓋"狂"之誤。⊙俞樾曰：狂，即"㞷"之叚字。《説文・土部》："㞷，草木妄生也。從之在土上，讀若皇。"《外傳》作"枉"，亦"㞷"之叚字。⊙劉師培曰：古代所稱之狂夫均指方相氏言，此"狂"且蓋與狂夫同。蓋以方相氏喻醜面之人也，且以物蒙首，則于外物鮮所見。故于外物多所蔽者，古人亦稱爲"狂"。⊙駱瑞鶴曰：狂生者，趙懷玉校《韓詩外傳》卷五云"蓋指草木爲喻”，是也。⊙天海案：是下，巾箱本、《題注》本、遞修本皆有“聞難”二字，《外傳》作“而求安樂是聞，不亦難乎？是枉生者也”。狂生者，猶瘋狂生長之草木一樣。

〔一三〕物雙松曰：狂生，猶言行尸也。胥，待也。落者，殂落之落也。⊙冢田虎曰：狂生，狂惑之人也。落，死亡也。⊙盧文弨曰：胥，須也。⊙王先謙曰：謝本從盧校“樂”作“落”。宋台州本作“樂”，是也。樂、爍同字，荀書作“樂”，與《雅》訓合，改作“落”者，不知古義耳。⊙熊公哲曰：樂，暴爍也。不須時而爍，猶言亡無日也。⊙天海案：不胥時，不待時節也。樂，草木脱落凋零之貌。《爾雅·釋詁》：“毗劉，暴樂也。”郭注：“謂樹木葉缺落，蔭疏。”郝疏：“木枝葉稀疏不均爲暴樂，然暴樂之爲言，猶剥落也。”樂，諸本多作“落”，二字音近，依郝説可通也。此下原文未分段，現據文意分之。

〔一四〕久保愛曰：反而先親愛其民，則四者自得也。⊙天海案：反之民，返而愛民也。《外傳》作“反己”。

〔一五〕物雙松曰：“附下一民”，言使下附己，使民一心也。⊙梁啓雄曰：反、求互用。反之民，求諸民。反之政，求諸政也。⊙駱瑞鶴曰：反之民，就民情而自反省。反之政，就政事而自反省。⊙天海案：反之政，《外傳》作“及之政”。及，當爲“反”之形誤也。

〔一六〕王念孫曰：《外傳》作“修政美俗”，是也。⊙久保愛曰：其人存則其政舉。⊙朝川鼎曰：王納諫本《標注》曰：“其人，謂賢人”。⊙天海案：美國，《外傳》作“美俗”，《治要》作美國。依荀書文例，作“美俗”是。

〔一七〕物雙松曰：謂積學者也。⊙冢田虎曰：言彼人主或積蓄其人而得修政美國者，不斷絶其世嗣也。⊙久保愛曰：積，積學也。蓄，蓄德也。得之，自得之也。⊙帆足萬里曰：蓄，言蓄其材也。⊙梁啓雄曰：彼，即承上文“其人”言，謂國之賢良。蓄積而得之，謂積蓄前言往行而得治國平天下的方法。不世絶，不絶於世也。⊙駱瑞鶴曰：此文蓄積謂蓄學積德。之，指道術。言其人或蓄學積德而得道者不絶於世。⊙龍宇純曰：《外傳》卷四無此句。“彼其人者”直接“則莫若求其人”之下，文意貫串。疑此原在“大用之則天下爲一”句上，錯簡於此。⊙天海案：蓄積，諸本一作“積蓄”。

〔一八〕久保愛曰：好之、爲之，謂好爲古之道也。

〔一九〕王念孫曰：三“于是”，皆義不可通，當依《外傳》作“是子”。“莫欲之”，當依《外傳》作“莫爲之”。“于是獨猶將爲之”，當作“是子猶將爲之”，“獨”字涉上文兩“獨”字而衍，《外傳》無。⊙久保愛曰：輟，息也。言不須臾離道也。⊙鍾泰曰：三“于是”字皆不誤，此緊承“彼其人者”爲文。王説不知言“于是”猶言“案”，本無深義。荀書此類甚多。⊙潘重規曰：“于是”斥今之世，“爲之”斥古之道。言于今之世爲古之道耳，義無不通。下文“是子”自斥太公，未可與此比勘。王説不可從。

⊙天海案:輟,停也。此句《外傳》作“而無是須臾怠焉、差焉”。

〔二〇〕久保愛曰:得之、失之,皆指天下。否,不臧也。⊙北大組曰:臧,好,指彊大。否,壞,指衰弱。

〔二一〕王念孫曰:衍“者”字,《外傳》無“者”字。⊙潘重規曰:“者”字殆非衍。《臣道篇》“是態臣者也”云云,與此文同例。⊙天海案:潘説是。

〔二二〕久保愛曰:故,事變也。魏有段干木而秦不攻,衛孔子客,而趙簡子不攻之類。

〔二三〕天海案:此四句《治要》引。《外傳》則作“粹而王,駮而霸,無一而亡”。

〔二四〕盧文弨曰:介人,《詩攷》與元刻同。⊙久保愛曰:《詩·大雅·板》篇。介人,謂大德之人也。藩,藩衛也。垣,垣牆也。大師,大衆也。⊙俞樾曰:《毛詩》“介”作“价”,訓“善”,本《爾雅》,與《荀》合。价人者,善人也,所謂士也。大師,毛無傳,以《荀》義求之,則“師”當訓衆,大師者,大衆也,所謂民也。⊙梁啓雄曰:《毛傳》:“藩,屏也。垣,牆也。”此謂士君子爲國之屏藩,民衆爲國之牆垣。⊙天海案:价人,太師,别本一作“介人”、“大師”。

道者何也?曰:君道也〔一〕。君者何也?曰:能羣也。能羣也者何也〔二〕?曰:善生養人者也,善班治人者也〔三〕,善顯設人者也〔四〕,善藩飾人者也〔五〕。善生養人者人親之,善班治人者人安之,善顯設人者人樂之,善藩飾人者人榮之。四統者俱而天下歸之〔六〕,夫是之謂能羣。不能生養人者,人不親也;不能班治人者,人不安也;不能顯設人者,人不樂也;不能藩飾人者,人不榮也。四統者亡而天下去之,夫是之謂匹夫。故曰:道存則國存,道亡則國亡。省工賈,衆農夫,禁盜賊,除姦邪,是所以生養之也〔七〕。天子三公,諸侯一相,大夫擅官,士保職,莫不法度而公,是所以班治之也〔八〕。論德而定次〔九〕,量能而授官,皆使其人載其事而各得其所宜〔一〇〕,上賢使之爲三公,次賢使之爲諸侯,下賢使之爲士大夫,是所以顯設之也。脩冠弁衣裳,黼黻文章,琱琢刻鏤皆有等差,是所以藩飾之也〔一一〕。

故由天子至於庶人也,莫不騁其能、得其志,安樂其事,是所同也。衣煖而食充,居安而游樂,事時制明而用足〔一二〕,是又所同也。若夫重色而成文章,重味而成珍備,是所衍也〔一三〕。聖王財衍以明辨異〔一四〕:上以飾賢良而明貴賤,下以飾長幼而明親疏;上在王公之朝,下在百姓之家,天下曉然皆知其所〔一五〕,非以爲異也,將以明分達治而保萬世也。故天子諸侯無靡費之用,士大夫無流淫之行〔一六〕,百吏官人無怠慢之事,衆庶百姓無姦怪之俗,無盜賊之罪,其能以稱義徧矣〔一七〕。故曰:"治則衍及百姓,亂則不足及王公〔一八〕。"此之謂也。

【校釋】

〔一〕王念孫曰:此篇以《君道》爲題,而又釋之曰"道者何也,曰君道也",則贅矣。《外傳》作"道者何也,曰君之所道也",於義爲長。君之所道,謂君之所行也。《儒效篇》曰"道者,人之所道也",與此文同一例。今本蓋脱"之所"二字。⊙天海案:王説可從。

〔二〕天海案:巾箱本、《題注》本、遞修本並作"羣者何也"。《外傳》與此文異。

〔三〕久保愛曰:生養,興其利,除其害,使民衣食給足也。班治,各分其職以治之也。⊙王先謙曰:班,讀曰辨。《儀禮·士虞》注"古文班或爲辨"。辨、治同義。⊙天海案:班治,分等級而治。《説文》:"班,分瑞玉。"是班本有分別之義。《方言》:"班,列也。"《孟子·萬章下》:"周室班爵禄也如之何?"趙岐注:"班,列也。"《禮·曲禮》"班朝治軍,涖官行法",鄭注:"班,次也。"孔疏:"次,謂司士正朝儀之位次也。"下文已言"天子三公"至"士保職",可明班治即分等而治之也。久説近是,王説非。《外傳》作"辯治"者,誤也,不可從。

〔四〕冢田虎曰:設,陳設也。言使人材各得其所。⊙久保愛曰:量其才能而陳設之朝廷也。⊙俞樾曰:設者,大也。顯設,猶云顯大。⊙王先謙曰:設,用也。顯設人,猶言顯用人。《臣道篇》"正義之臣設",言正義之臣用也。《廣雅》:"設,施也。"是設與施同義。施訓用,故"設"亦訓爲用矣。⊙劉師培曰:設,當作"役",形似而訛。所謂顯役者,即更迭用人及分別用人之義也。⊙張覺曰:顯,使動用法,提拔任用。設,設置,安排。⊙天海案:顯,高貴、顯赫也。《篇海》引《玉篇》:"顯,榮也。"《孟子·離婁下》:"問其與飲食者,盡富貴也,而未嘗有顯者來。"孫奭疏:"未嘗見有富貴顯達者來家中。"設,置也。顯設,猶言置人於顯要之位。由下文使賢者"爲三公"、"爲諸侯"、"爲大夫"可知也。荀書自釋是其證。王訓"設"爲"用",迂遠也,且不切文意,所舉《臣道》《議兵》所用"設"字亦當訓爲設置也。劉説大謬。

〔五〕久保愛曰:稱其位班而加文飾,使上下有別也。⊙楊柳橋曰:藩飾,謂以衣裳蔽體而文飾之也。⊙天海案:藩飾,猶繁飾也。下文自釋所言冠帽衣裳、彩繪文飾、雕琢刻鏤等,皆以之區別等級也。藩,通繁,多也。飾,文飾也。《外傳》作"粉飾"。

〔六〕久保愛曰：俱，當作"具"。⊙王先謙曰：統，猶言總要也。⊙天海案：俱，《外傳》作"具"，是也。具，齊備也。

〔七〕楊柳橋曰：衆，當讀爲"重"。衆、重同音相借。又，《説文》："衆，多也。多，重也。"是衆、重同義。⊙天海案：省，少也，使之少。衆，多也，如字，正與"省"相對，亦使之多也。楊説非。"生養"，諸本多誤倒爲"養生"。

〔八〕久保愛曰：擅，專也。專官，專力于官而無私也。言天子諸侯以輔相得其人爲己任，士大夫以專力于官事保職業爲己任。⊙天海案：保職，堅守其職。法度，依據法度。

〔九〕久保愛曰：論德，《禮記》所謂"大樂正論造士之秀者"，是也。量能，乃"司馬辨論官材"，是也。⊙王先謙曰：論，當爲"譎"，説見《儒效篇》。⊙天海案：論德，即量德。説見《儒效篇》"譎德而定次"。王説非。

〔一〇〕王念孫曰："使"下不當有"其"字，蓋涉下文而衍。《榮辱篇》《正論篇》有類此句者，"使"下皆無"其"字。⊙家田虎曰：載，行也。⊙天海案：載，負也，任也。《富國篇》"以國載之"，彼楊注："載，猶任也。"

〔一一〕天海案：此下原文未分段，現依文意分之。

〔一二〕物雙松曰："事時制明"，言事得其時，制得其明也。⊙章詩同曰："事時制明"，處事及時，法制嚴明。⊙天海案："事時制明而用足"，言施事適時，制度明確而用度充足。

〔一三〕久保愛曰：衍，餘也。⊙盧文弨曰：衍，俗閒本作"術"。⊙俞樾曰："珍備"二字無義，此本作"重味而備珍怪"。⊙王先謙曰：《賦篇》"暴人衍矣"，楊注："衍，饒也。"此言重色、重味皆所饒爲之，有餘之意也。故云"財衍以明辨異"。下文"衍及百姓"同。⊙高亨曰：備，疑當作"脩"，形似而誤。珍脩猶珍羞也。⊙李中生曰："成文章"、"成珍備"的"成"，通盛。盛，多也。⊙天海案：珍備，珍脩之誤也，高説是。二"成"字通作"盛"，李説是。衍，富足也，王説是。又，"成珍備"之"成"、"所衍"之"所"，巾箱本、《題注》本、遞修本皆無，"衍"又誤作"術"。

〔一四〕盧文弨曰：財衍，元刻作"則術"。⊙久保愛曰：財，讀爲"裁"。裁制其所餘，以明上下之明。⊙天海案：財衍，化裁富餘之財也。辨異，區别其不同等級。巾箱三本作"財術"，形訛也。

〔一五〕久保愛曰：人人知己之位極也。《左氏》隱公元年《傳》曰"不如早爲之所"與此"所"字同。⊙天海案：其所，指聖王之所爲。非以爲異，不以之搞特殊。巾箱、《題注》、遞修三本俱無此"所"字，誤也。

〔一六〕久保愛曰：靡，侈靡也。流，流湎也。淫，溺也。⊙天海案：流淫，放蕩不拘也。"士大夫"，巾箱三本作"大夫士"。

〔一七〕李中生曰：其能以稱義徧矣，稱義，復合詞。義，禮義、道義。徧，通

"辨"。辨，治也。⊙天海案：稱，好，美好。《爾雅》："稱，好也。"郭注："物稱人意亦爲好。"邢疏："稱，謂美好。"故稱義者，美好之道義也。偏，通辨，治也。謂其能以美好之義治矣。

〔一八〕熊公哲曰："衍及百姓"，謂上下饒足有餘，雖百姓亦然。不足及王公，謂上下貧乏不足，雖王公亦然。



至道大形〔一〕。隆禮至法則國有常〔二〕，尚賢使能則民知方〔三〕，纂論公察則民不疑〔四〕，賞克罰偷則民不怠〔五〕，兼聽齊明則天下歸之。然後明分職、序事業、材技官能〔六〕，莫不治理，則公道達而私門塞矣，公義明而私事息矣〔七〕。如是，則德厚者進而佞説者止，貪利者退而廉節者起〔八〕。《書》曰："先時者殺無赦，不逮時者殺無赦〔九〕。"人習其事而固，人之百事如耳目鼻口之不可以相借官也〔一〇〕。故職分而民不探，次定而序不亂〔一一〕，兼聽齊明而百事不留〔一二〕。如是，則臣下百吏至於庶人，莫不脩己而後敢安正，誠能而後敢受職〔一三〕。百姓易俗，小人變心，姦怪之屬莫不反慤，夫是之謂政教之極〔一四〕。故天子不視而見，不聽而聰，不慮而知，不動而功〔一五〕，塊然獨坐而天下從之如一體，如四支之從心，夫是之謂大形〔一六〕。《詩》曰："温温恭人，維德之基。"此之謂也〔一七〕。

## 【校釋】

〔一〕物雙松曰：四字是題目，言下文所説，皆至道之大形也。⊙王先謙曰：言至道至於大形之時。⊙鍾泰曰：至道之大形也。形者，儀也。⊙于省吾曰：形，當讀作"行"。《列子·湯問》"太形、王屋二山"，注："形，當作行。"即其證也。⊙張覺曰：形，表現。⊙天海案：形，見也。大形，即大爲顯見。《國語·越語》下"天地形之"，韋昭注："形，見也。"此言至道最爲顯明可見。

〔二〕物雙松曰：至，當作"致"。⊙嚴靈峰曰：至，疑當作"正"，形近致譌。⊙天海案：至，極也。至法，極盡法制。常，綱常。

〔三〕久保愛曰：知方，知所趣向也。⊙王先謙曰：知方，皆知所向。⊙鍾泰曰：知方，知義也。⊙天海案：方，向也。鍾説非。

〔四〕物雙松曰：纂，讚通。如史述贊通乎美惡。⊙冢田虎曰：纂，集也。言君臣集論民事也。⊙久保愛曰：公察，無私也。⊙孫詒讓曰：纂，疑當作"綦"。綦，極也。

綦論，亦言極論也。⊙王先謙曰：《爾雅》："纂，繼也。"纂論，謂使人相繼論議之。⊙安積信曰：纂，撰也。⊙高亨曰：纂，當讀爲"譔"。《説文》："譔，專教也。"《廣雅》："譔，教也。"是譔本教訓之義，引申爲述説之義。⊙潘重規曰：纂，爲"籑"之借字。《説文》："籑，具食也。"有陳列之意。陳列衆論，是曰纂論。⊙天海案：纂，收集，彙集。《類篇》："纂，集也。"冢説是，他説非。公察，明察也。疑，懷疑。《成相篇》"公察善思"，亦明察善思也。

〔五〕物雙松曰：克，能也。⊙冢田虎曰：克，言克治其事者。偷，言偷惰其業者也。⊙久保愛曰：偷，怠慢也。⊙王念孫曰：克，當爲"免"字之誤。免與勉同，《外傳》正作"勉"。⊙天海案：克，或"免"之誤，王説是也。

〔六〕冢田虎曰：材技官能，技藝之人，應其技而材用之；才能之人，協其能而官使之也。⊙王先謙曰：材以驗技，官以程能。⊙潘重規曰：材技官能，猶云用技任能耳。⊙天海案：材技官能，猶言按技用其材，按能任其官。材技，《治要》作"拔材"。《外傳》用此文作"然後明其分職，考其事業，較其官能，莫不理法"。

〔七〕久保愛曰：息，止也。⊙天海案：公義明，《外傳》作"公義立"。

〔八〕物雙松曰：説，音悦。⊙北大組曰：佞説者，花言巧語，取媚於人的人。⊙駱瑞鶴曰：説，借爲"鋭"。佞鋭者，口才捷利鑽營進取者也。⊙天海案：佞説，《荀書·脩身》作"佞兑"、《王制》作"佞倪"、《臣道》又作"佞説"，説、倪、兑皆可通"悦"，且"説、鋭、悦"上古同屬余母月部，故亦得通。然以"佞悦"之義爲長也，謂巧言逢迎以取悦於上也。此二句《外傳》作"如是即持厚者進而佞諂者止，貪戾者退而廉節者起"。

〔九〕冢田虎曰：此《胤征》之文，非今所引之意也。今轉用以爲可固守其事業之徵也已。⊙久保愛曰：《書·夏書·胤征篇》，此引之以明人君刑罰之正。先時者，謂不待命而私爲事者。不逮時者，謂不用命而怠事者。⊙帆足萬里曰："《書》曰"以下至"然後敢受職"八十六字，似是錯簡。⊙天海案：先時，王命之前。不逮時，不及時，王命之後。《外傳》引作"《周制》曰"，誤也；兩"殺"字作"死"，"逮"作"及"。

〔一〇〕王先謙曰：固者，不移易之謂。⊙帆足萬里曰：此以下論人習其事而固之法。人，每人也。⊙鍾泰曰：《儒效篇》亦曰"萬物莫足以傾之之謂固"。⊙劉師培曰：今考《外傳》六述此文云"人習事而因人之事"云云，似"固"爲"因"訛，而"因"當屬下讀。⊙天海案：固，堅固。劉説所據《外傳》作"因"，屈守元已箋其誤。借官，互借爲用也。外傳作"錯"。

〔一一〕物雙松曰：探，探聽之意。⊙久保愛曰：謂職分既定，不待探索也。⊙王念孫曰："不探"二字，義不可通，《外傳》作"不慢"，是也。⊙劉師培曰："探"字不誤。蓋探者，徼幸而窺伺之謂也。王説非。⊙潘重規曰：《説文》："探，遠取也。"此言民有定業，故無旁騖之情也。⊙天海案：探，《爾雅》："探，取也。"又云："探，試也。”不探，言職有分則民不作非分之求取也。王説非。亦不當從《外傳》作“不慢”，此與怠慢之意無涉，而言民之安分也。“故”字諸本無。

〔一二〕物雙松曰：留，如“不留獄”之“留”。⊙久保愛曰：言時達也。⊙天海案：留，滯也。齊，全也。齊明，全明也。

〔一三〕物雙松曰：安止，安其所止。即位次也。⊙冢田虎曰：安止，言安其所止處也。二“敢”字，皆果敢意。⊙久保愛曰：止，謂己所宜之位也。⊙天海案：安正，諸本多作“安止”，安止，猶安位也。正，或“止”字形之誤也。《外傳》作“安仕”，義同“安止”。

〔一四〕天海案：姦怪，《外傳》作“姦宄”。

〔一五〕久保愛曰：言其不親躬之，待官人而後視聽也。

〔一六〕久保愛曰：塊然，謂無爲也。⊙章詩同曰：塊然，形容獨處。⊙楊柳橋曰：塊然，《穀梁傳》注引徐邈曰：“塊然，安然也。”⊙張覺曰：塊然，同巋然，獨自屹立而不動之貌。⊙天海案：《莊子・應帝王》“塊然獨以其形立”，《穀梁傳》僖公五年“塊然受諸侯之尊己”，本書《性惡篇》又作“傀然獨立天地之間而不畏”，彼楊注：“傀與塊同，獨居之貌也。”然以文意推之，此“塊然”當從徐邈訓爲“安然”也。又，“如一體”三字，《治要》無。四支，即四肢。巾箱本、《題注》本、遞修本、明世本、《四庫》本皆作“四胑”。支、胑，並通肢。

〔一七〕久保愛曰：《詩・大雅・抑》篇。基，基趾也。言有此恭人而後德化可大行也。⊙天海案：温温，寬厚之貌。恭人，謙恭之人。基，基礎。

爲人主者，莫不欲彊而惡弱，欲安而惡危，欲榮而惡辱，是禹、桀之所同也。要此三欲，辟此三惡，果何道而便〔一〕？曰：在慎取相，道莫徑是矣〔二〕。故知而不仁，不可；仁而不知，不可；既知且仁，是人主之寶也，而王霸之佐也。不急得，不智；得而不用，不仁〔三〕。無其人而幸有其功，愚莫大焉〔四〕。

今人主有六患〔五〕：使賢者爲之，則與不肖者規之；使智者慮之，則與愚者論之；使脩士行之，則與汙邪之人疑之；雖欲成功，得乎哉〔六〕！譬之是猶立直木而恐其景之枉也，惑莫大焉〔七〕。語曰：“好女之色，惡者之孽也〔八〕；公正之士，衆人之痤也〔九〕。”循乎道之人，汙邪之賊也〔一〇〕。今使汙邪之人論其怨賊而求其無偏〔一一〕，得乎哉！譬之是猶立枉木而求其景之直也，亂莫大焉〔一二〕。

故古之人爲之不然。其取人有道,其用人有法。取人之道,參之以禮〔一三〕;用人之法,禁之以等〔一四〕。行義動静,度之以禮〔一五〕;知慮取舍,稽之以成〔一六〕;日月積久,校之以功〔一七〕。故卑不得以臨尊,輕不得以縣重,愚不得以謀知〔一八〕,是以萬舉不過也。故校之以禮,而觀其能安敬也;與之舉錯遷移,而觀其能應變也〔一九〕;與之安燕,而觀其能無流慆也〔二〇〕;接之以聲色、權利、忿怒、患險,而觀其能無離守也〔二一〕。彼誠有之者與誠無之者若白黑,然可詘邪哉〔二二〕?故伯樂不可欺以馬,而君子不可欺以人,此明王之道也〔二三〕!



【校釋】

〔一〕久保愛曰:要,求也。要,於遥反。辟,音"避"。⊙楊柳橋曰:高誘《淮南子》注:"要,取也。"辟,通避。高誘《吕氏春秋》注:"避,免也。"⊙天海案:要、辟之訓,楊説爲長。果,究竟,問詞也。

〔二〕久保愛曰:相佐良則國安榮也。徑,捷徑也。⊙王先謙曰:徑,猶疾也,便也。《修身篇》云"莫徑由禮義",與此同。⊙楊柳橋曰:高誘《淮南子》注:"徑,過也。"道莫徑是,猶言道莫過此也。⊙天海案:上言"何道而便",此"徑"當承上訓爲徑直,便捷也。徑,巾箱本、《題注》本、遞修本並作"經",古二字可通。

〔三〕久保愛曰:得,謂得賢佐。⊙梁啓雄曰:得,謂取相。知,同智。⊙天海案:智,巾箱三本作"知",下文同此。知,通智。

〔四〕物雙松曰:幸,冀望也。⊙冢田虎曰:幸,倖同,僥倖也。⊙天海案:幸,儌倖。《王制篇》"朝無幸位,民無幸生"彼楊注:"幸,僥幸也。"與此同。冢説是也。此下原文未分段,現依文意分之。

〔五〕冢田虎曰:六患,疑當作"三患",據下文可數也。⊙俞樾曰:據下文止可云"三患",不可云"六患","六"疑"大"字之誤。⊙天海案:《治要》亦作"六患",可知唐時此本已如此。俞説"六"乃"大"字之誤,可從。

〔六〕久保愛曰:則,猶而也。規,規度之也。脩士,《韓非子》謂精潔之士。"立",宋本、《治要》共作"功",皆似有味。⊙王先謙曰:《羣書治要》"汙"作"姧",下同。⊙天海案:成功,諸本一作"成立"。規,匡正也。論,決定也。疑,懷疑也。此皆人主用人之大患也。

〔七〕久保愛曰:直木影無可枉之理,而猶恐之,故曰惑。或曰:恐,當作"求",《王霸篇》可徵。景,音影,下同。⊙朝川鼎曰:先君曰:"恐,當據《王霸篇》作'求',字之誤也。"⊙天海案:恐,擔心。字不誤,久氏前説是也。

〔八〕王念孫曰：孽，猶害也。下文云"衆人之痤"、"汙邪之賊"，義竝與此同。⊙朝川鼎曰：《説苑·尊賢篇》："夫美女者，醜婦之仇也；盛德之士，亂世所疏也。"即此意。⊙天海案：語曰，諺語曰。《史記·外戚世家》："諺曰：美女入室，惡女之仇。"好女，即美女。惡者，醜女也。

〔九〕物雙松曰：痤，倉多切。《説文》"小腫"。《韓非子》多此。⊙久保愛曰：痤，妨害之害。言正士之妨于衆人，猶痤疽之害于手足也。⊙王先謙曰：痤，《玉篇》曰："痤，癤也。"⊙楊柳橋曰：痤，猶病也。⊙天海案：痤，癰瘡也。此喻病害。

〔一〇〕盧文弨曰：元刻"循"作"修"。⊙王念孫曰："循"下不當有"乎"字，《治要》無。⊙俞樾曰："循"乃"修"字之誤，元刻是也。⊙龍宇純曰：王、俞二説並誤。前四句爲諺語，後二句則是荀子之言。⊙天海案：龍説是也。巾箱本、《題注》本、遞修本"循"並作"修"。

〔一一〕天海案：怨賊，怨恨。偏，偏邪。

〔一二〕天海案：此下原文未分段，現據文意分之。

〔一三〕久保愛曰：以禮參考之，而其中之者賢。⊙鍾泰曰：參者，參驗之。⊙天海案：參，驗也。鍾説是。

〔一四〕冢田虎曰：等，級也。使之不超分職事業之等級也。⊙久保愛曰：不敢越等而非議之。⊙王先謙曰：禁與限同義，"禁之以等"，猶言限之以等級耳。⊙鍾泰曰：等者，序也。即後世之所謂資格也。⊙楊柳橋曰：鄭玄《禮記》注："禁，猶謹也。"⊙天海案：禁，約束，使謹慎也。《禮記·緇衣》"君子道人以言而禁人以行"，鄭注："禁，猶謹也。"孔疏："言禁約謹慎人以行，使行顧言也。"等，職分。"禁人以等"，言用等級職分約束人。

〔一五〕章詩同曰：行義，即行誼，品行。⊙楊柳橋曰：行義，猶言儀行。⊙天海案：行，品行。義，道義。動靜，舉止也。

〔一六〕物雙松曰：稽之以成，言以古人成説稽其知慮取舍也。⊙冢田虎曰：成，言事之成立也。猶曰明試以功也。⊙久保愛曰：稽，考也。成，言素所計事之成也。⊙天海案：度，忖度也。徒落切。稽之以成，言以成敗考其智慮取舍也。

〔一七〕久保愛曰：校，考校也。自"禁之"至此，皆用人之法。⊙帆足萬里曰：功，事也。言積日既久，考其功成否也。

〔一八〕物雙松曰：縣，懸同。即輕重不得相校意。⊙冢田虎曰：輕重，謂其任也。懸，猶負也。輕任者不得負重任也。⊙久保愛曰：輕，權輕人也。重，貴重人也。權輕而懸貴重之人，議輕重者多在闇主之朝也。⊙鍾泰曰：縣，猶衡也。⊙天海案：臨尊，居尊之上。輕，權輕者。縣，同懸，衡也。縣重，衡量權重之人。謀，圖也，算計也。

〔一九〕冢田虎曰："與之舉措遷移"下，即《六韜》八徵之意。⊙久保愛曰：所謂方物出謀，是也。⊙天海案：校，巾箱三本作“效”。錯，諸本並作“措”。二字可通。

〔二〇〕物雙松曰：能無陷，陷，溺也。⊙盧文弨曰：流慆，疑即“流淫”。元刻作“陷”，無“流”字。⊙梁啓雄曰：慆，借爲“滔”，《説文》：“滔，水漫漫大貌。”《廣雅》：“滔，慢也。”是滔與淫義相近，流滔，猶言流淫。⊙張覺曰：流慆，同慆淫，放蕩享樂之意。⊙天海案：慆，慢也。《玉篇》：“慆，慢也。”諸本“流慆”多作“陷”字。錢佃《考異》亦稱諸本作“無陷也”。

〔二一〕久保愛曰：如《禮記》所謂“見利不虧其義，見死不更其守”也。言其能守道，不爲利害變也。⊙章詩同曰：離守，離其所守。守，守法。⊙北大組曰：離守，離開職守。⊙駱瑞鶴曰：離是違背，守是誠心守仁義。⊙天海案：接，待也，予也。離守，離道守義也。

〔二二〕物雙松曰：邪，耶同。⊙冢田虎曰：詘，猶言誣也。或“誣”之誤與？⊙王先謙曰：《廣雅》：“詘，屈也。”《吕覽·壅塞篇》注：“詘，枉也。”言白黑分明，焉可枉屈乎哉！⊙于省吾曰：白黑不應言屈。詘，應讀作“炪”。二字並諧出聲。《説文》：“炪，火光也。”是炪有“明”訓。若白黑然，可明邪哉！言若白黑之易明也。⊙劉如瑛曰：詘，當爲“誣”，形近而訛。誣，欺。此句以“黑”字逗，“然”字屬下較勝。然通焉，然可即焉可。⊙天海案：劉説是，並從其句讀。王説已解“然”爲“焉”。

〔二三〕天海案：明王，巾箱本、《題注》本、遞修本並作“明主”。

人主欲得善射，射遠中微者〔一〕，縣貴爵重賞以招致之。内不可以阿子弟，外不可以隱遠人〔二〕，能中是者取之，是豈不必得之之道也哉〔三〕！雖聖人不能易也。欲得善馭，及速致遠者，一日而千里〔四〕，縣貴爵重賞以招致之，内不可以阿子弟，外不可以隱遠人，能致是者取之，是豈不必得之之道也哉！雖聖人不能易也。欲治國馭民，調一上下，將内以固誠，外以拒難〔五〕；治則制人，人不能制也；亂則危辱滅亡，可立而待也〔六〕。然而求卿相輔佐，則獨不若是其公也，案唯便嬖親比己者之用也，豈不過甚矣哉〔七〕！故有社稷者，莫不欲彊，俄則弱矣；莫不欲安，俄則危矣；莫不欲存，俄則亡矣。古有萬國，今有數十焉〔八〕，是無它故，莫不失之是也〔九〕。

故明主有私人以金石珠玉，無私人以官職事業〔一〇〕，是何也？曰：本不利於所私也〔一一〕。彼不能而主使之，則是主闇也；臣不能而誣能，則是臣詐也〔一二〕。主闇於上，臣詐於下，滅亡無日，俱害之道也〔一三〕。夫文王非無貴戚也，非無子弟也，非無便嬖也，倜然乃舉太公於州人而用之〔一四〕，豈私之也哉！以爲親邪？則周姬姓也，而彼姜姓也〔一五〕。以爲故也？則未嘗相識也。以爲好麗邪？則夫人行年七十有二，齫然兩齒墮矣〔一六〕。然而用之者，夫文王欲立貴道，欲白貴名〔一七〕，以惠天下，而不可以獨也。非于是莫足以舉之，故舉于是而用之〔一八〕，於是乎貴道果立，貴名果明〔一九〕，兼制天下，立七十一國，姬姓獨居五十三人〔二〇〕，周之子孫苟不狂惑者莫不爲天下之顯諸侯〔二一〕。如是者，能愛人也。故舉天下之大道，立天下之大功，然後隱其所憐所愛，其下猶足以爲天下之顯諸侯〔二二〕。故曰："唯明主爲能愛其所愛，闇主則必危其所愛。"此之謂也〔二三〕。



【校釋】

〔一〕鍾泰曰：射遠中微，射，亦"及"字之譌。⊙天海案："善"下原脱一"射"字，據本書《王霸篇》《治要》及諸本補之。下"射"字，外傳作"及"。

〔二〕物雙松曰：隱遠人，隱，瞞也。⊙包遵信曰："阿"乃"訶"字之訛。訶，責也。⊙李亞明曰："阿"字不煩改，偏私義。⊙天海案：阿，循私，偏袒。李説是。隱，蔽也，此指埋没之義。

〔三〕王念孫曰：不，猶非也。⊙天海案：不，不是。巾箱本、遞修本無"必"字，誤也。《外傳》作"是豈不謂之大道也哉"。

〔四〕冢田虎曰：一日而千里，此五字，注入正文與？然此篇無注，則後人旁書也。⊙久保愛曰："者"字當在"千里"下。⊙王念孫曰："及速"與"致遠"對文，有"及"字者是也。《王霸篇》《治要》皆有"及"字。⊙俞樾曰：《荀子》原文不獨無"及"字，並無"速"字。⊙天海案："馭"下原脱"及"字，據王説補之。"一日而千里"五字與文不協，當是古注混入，冢説是。

〔五〕陶鴻慶曰：城，蓋"民"字之誤。《臣道篇》"内足使以一民，外足使以拒難"。"固民"與"一民"義同。⊙楊柳橋曰：將，猶當也。⊙天海案：將，猶"則"也。誠，信也。固誠，固其誠信也。諸本及《治要》《外傳》"誠"並作"城"，形聲之誤也。

〔六〕久保愛曰：非得其人，欲以法數驅其民以固城拒難，治世則能制人，人不能制己。卒然有不虞之事，則不可支也。⊙豬飼彦博曰：此句不與上下文連屬，恐有衍奪。宜言"亂則無危辱滅亡之禍也"。⊙安積信曰："治則制人"以下二十字，恐是他篇錯入，當作衍文。⊙天海案：辱，《外傳》四作"削"。"治則制人"以下二十字，《外傳》亦略同，不當以衍文看。

〔七〕天海案：此句《外傳》四作："惟便辟比己之是用，豈不謂過矣！"

〔八〕王念孫曰：案《富國篇》"數十"作"十數"，是也。當荀子著書時，國之存者已無數十矣。⊙天海案：數十，原誤作"數千"，此據諸本及《外傳》改之。王説是也。《外傳》卷四作："古之國千餘，今無數十。"

〔九〕物雙松曰："莫不失之是也"，言莫不失之於此也。⊙冢田虎曰：言失之於求卿相輔佐也。⊙久保愛曰：失于其求輔佐不公也。⊙王先謙曰：是，謂用人不公。⊙朝川鼎曰：之、於通用，《外傳》作"於"。⊙天海案：原文此下未分段，現據文意分之。

〔一〇〕北大組曰：私人，私自給人。⊙天海案：私，愛也。《釋名》："私，恤也。"私人，即愛人。所私，即所愛。由下文"愛人"、"所愛"可知也。

〔一一〕久保愛曰：賊夫人之子，故曰不利。⊙王先謙曰："本"字無義，"大"之誤也。《富國篇》"有分者，天下之本利也"，楊注"本，當爲大"，與此正同。⊙鍾泰曰：作"本"者是。欲以利之而適害之，故曰"本不利"。⊙天海案："本"字不誤，王説非。本，原本、本來。《治要》《外傳》皆同此文。王所舉《富國篇》亦不誤，楊注誤也，説詳《富國篇》。

〔一二〕王先謙曰：誣能，自以爲能。《大畧篇》云："不能而居之，誣也。"⊙北大組曰：誣能，冒充有才能。詐，欺騙。⊙天海案：誣能，欺人以能。

〔一三〕久保愛曰：一國滅亡，則君臣皆喪，故曰俱害。⊙天海案：俱害，並害也。

〔一四〕物雙松曰：州人，猶鄉人。千二百五十家曰州。⊙冢田虎曰：倜然，不羈貌。茂卿曰"疏遠貌"，非也。⊙郝懿行曰：倜，超遠也。《外傳》四"倜"作"超"，"州"作"舟"。此作"州"者，或形譌，或假借字耳。⊙俞樾曰：州人，當從《外傳》作"舟人"。太公身爲漁父而釣於渭濱，故言"舟人"也。舟、州，古字通。⊙于鬯曰：州人者，儔人也。⊙帆足萬里曰：或曰，州人，衆人也。⊙朝川鼎曰：倜然，猶卓然也。州人，《外傳》作"舟人"，可從。《詩・小雅・大東》"舟人之子"，《毛傳》："舟人，舟楫之人。"蓋太公舟人而漁者也。⊙梁啓雄曰：《曲園雜纂》十七《讀韓詩外傳》："州者，國名也。太公姜姓，疑本州國人之，故曰州人。"⊙北大組曰：倜然，突出地，不同於衆地。⊙天海案：倜然，《彊國篇》楊注爲"高舉之貌"，《非十二子篇》又注爲"疏遠貌"，皆與此不合。《外傳》作"超然"，於義爲長。州，周國名。姜姓，公爵。故地在今山東安丘縣東北。州人，即州國之人。此説即梁氏所引俞樾之説。然州乃周初封國之名，文王舉太公於渭濱，當時俱屬商紂臣民，何來州之國名？物氏所言"州"，見《周禮・地官・大司徒》"五黨爲州"，"五州爲鄉"，賈公彦疏云"五百家爲黨，二千五百家爲州，萬二千五百家爲鄉"，雖此亦爲周時編户之制，然鄉黨、州縣亦爲鄉野之泛稱。故"州人"當訓爲鄉野之人，於文爲安。或曰：從《外傳》作"舟人"，俞前説是。

〔一五〕久保愛曰:《史記·世家》曰:"太公望吕尚者,東海上人,其先祖甞爲四嶽,佐禹平水土,甚有功。虞夏之際,封於吕,或封於申,姓姜氏。"⊙天海案:《外傳》作:"以爲親邪? 則異族之人也。"

〔一六〕傅山曰:齳,空衮切,齒起貌。⊙物雙松曰:夫人,指太公。⊙久保愛曰:行年,歷年也。⊙盧文弨曰:齳,當作"脞",與"齫"同。《外傳》作"齫"。⊙郝懿行曰:齳,當依《外傳》作"齫"。《説文》:"齫,無齒也。"二字形近而譌耳。⊙包遵信曰:好麗,美麗也。⊙天海案:齳,"脞"之俗字,即"齫"也。盧、郝二説是。好麗,《外傳》作"姣好",又作"齫然而齒墜矣"。諸本"兩"皆作"而","墮"皆作"墜",於義較長。

〔一七〕北大組曰:貴道,良好的政治秩序。貴名,美好的名聲。⊙天海案:貴道,高尚之道。貴名,高尚之名。白,昭明也。又,巾箱本、《題注》本、遞修本並無"夫"字。

〔一八〕冢田虎曰:"舉于是",一本作"舉于是子",非也。舉于是,言舉于州人也。⊙久保愛曰:是子,即是人也。⊙盧文弨曰:兩"是子",宋本俱作"子是"。⊙熊公哲曰:是子,謂太公。⊙駱瑞鶴曰:"于是子",義不可通,"子"字疑涉下句"是子"而衍。此文本作"是于",是于,猶"于是"也。⊙天海案:兩"于是",宋浙本、明世本皆同,錢佃稱諸本作"是子",其巾箱本、《題注》本、遞修本、《四庫》本亦作"是子",而《外傳》只作"故舉是人而用之"。今謂作"于是"者,是也,作"是子"者皆非。于,猶"爲"也,此"爲"字讀平聲,説詳《釋詞》卷一。上"舉"爲"舉拔"之"舉",下"舉",猶"皆"也。此言"非爲此莫足以舉之,故皆爲此而用之",兩"是"字即"此"也,承上文而指"欲立貴道,欲白貴名"之事也;兩"之"字皆指太公而言。于、於二字本可通,此二處皆用"于是"而下文即用"於是",故知荀子特爲之區别耳。然後人不察,竟改"于是"爲"是子",不解荀子苦意也。明世本、《四庫》本、《集解》本上句還作"非于是子",猶謬。盧説宋本作"子是",不知所據何本? 或所據爲宋本影抄之誤本與?

〔一九〕顧千里曰:明,疑當作"白",荀書屢言"貴名白"。《外傳》正作"貴名果白",亦其一證。⊙天海案:明,白也。明、白一義,不必强求一律。

〔二〇〕天海案:此三句已見《儒效篇》。《外傳》作"立國七十二",《北堂書鈔》引《外傳》同。"五十三人",《外傳》作"五十二"。

〔二一〕天海案:《治要》録此文,無"苟不狂惑者"、"天下之"八字。《外傳》用此文略同,僅無"惑"下"者"字,"天下"下"之"字。

〔二二〕物雙松曰:隱,蔽也,猶庇也。⊙冢田虎曰:隱,不顯見也。⊙久保愛曰:隱,蔽也,庇廕也。⊙王先謙曰:隱,私也。⊙于省吾曰:"所憐"二字涉旁注而衍。⊙天海案:舉,行也。隱,蔽也。此爲廕蔽之意,由上文"行大道、立大功"而來。"其下"者,其次也。《外傳》僅作"夫是之謂能愛其所愛矣"。"所憐"二字,錢佃《考異》

稱諸本無，巾箱本、《題注》本、遞修本亦並無。

〔二三〕久保愛曰：所愛，謂子孫也。⊙天海案：所愛，照前文"所私"也。又《外傳》卷四用此文，略同。



牆之外，目不見也；里之前，耳不聞也〔一〕；而人主之守司，遠者天下，近者境内，不可不略知也〔二〕。天下之變，境内之事，有弛易齵差者矣〔三〕，而人主無由知之，則是拘脅蔽塞之端也〔四〕。耳目之明，如是其狹也；人主之守司，如是其廣也；其中不可以不知也，如是其危也〔五〕。然則人主將何以知之？曰：便嬖左右者〔六〕，人主之所以窺遠收衆之門户牖嚮也，不可不早具也〔七〕。故人主必將有便嬖左右足信者然後可〔八〕；其知慧足使規物，其端誠足使定物然後可；夫是之謂國具〔九〕。人主不能不有游觀安燕之時，則不得不有疾病物故之變焉〔一〇〕。如是國者，事物之至也如泉原，一物不應，亂之端也〔一一〕。故曰：人主不可以獨也〔一二〕。卿相輔佐，人主之基杖也〔一三〕，不可不早具也。人主必將有卿相輔佐足任者然後可，其德音足以填撫百姓〔一四〕，其知慮足以應待萬變然後可，夫是之謂國具。四鄰諸侯之相與，不可以不相接也，然而不必相親也〔一五〕。故人主必將有足使喻志決疑於遠方者然後可〔一六〕。其辨説足以解煩，其智慮足以決疑，其齊斷足以拒難〔一七〕，不還秩、不反君〔一八〕，然而應薄扞患足以持社稷然後可〔一九〕。夫是之謂國具。故人主無便嬖左右足信者之謂闇，無卿相輔佐足任者之謂獨，所使於四鄰諸侯者非人之謂孤〔二〇〕，孤獨而晻謂之危〔二一〕。國雖若存，古之人曰亡矣〔二二〕。《詩》曰："濟濟多士，文王以寧。"此之謂也〔二三〕。

材人〔二四〕。愿慤拘録，計數纖嗇而無敢遺喪，是官人使吏之材也〔二五〕。脩飭端正，尊法敬分而無傾側之心，守職循業不敢損益，可傳世也而不可使侵奪，是士大夫官師之材也〔二六〕。知隆禮義之爲尊君也，知好士之爲美名也，知愛民之爲安國也，知有常法之爲一俗也，知尚賢使能之爲長功也，知務本禁末之爲多材也〔二七〕，知無與下爭小利之爲便於事也〔二八〕，知明制度、權物稱用之爲不泥也〔二九〕，是卿相輔佐之材也，未及君道也〔三〇〕。能論官此三材者而無失其次，是謂人主之道也〔三一〕。若是，則身佚而國治，功大而名美，上可以王，下可以霸，是人主之要守也。人主不能論此三材者，不知道此道〔三二〕，安值將卑埶出勞，併耳目之樂〔三三〕，而親自貫日而治詳，一内而曲辨之〔三四〕，慮與臣下爭小察而綦偏能〔三五〕，自古及今，未有如此而不亂者也。是所謂"視乎不可見，聽乎不可聞，爲乎不可成"，此之謂也〔三六〕。

【校釋】

〔一〕物雙松曰：里之前，猶言一里之外也。⊙久保愛曰：隔牆則目不能見。⊙張覺曰：里之前，里門之前。⊙天海案：張説是。

〔二〕物雙松曰：司，伺通。《外傳》"司君過而書之"，《漢書》"司之得勃"。⊙冢田虎曰：守司，守國司事也。⊙久保愛曰：守司，謂所守所司也。言人之所聞見不過步武尺寸之間，而其所可見如是廣也。⊙梁啓雄曰：守司，猶職責也。⊙北大組曰：守司，指管轄範圍。⊙天海案：守，職也；司，掌管也。守司，即職掌。

〔三〕傅山曰：齵，齒不齊也。⊙物雙松曰：易，如字。言弛緩而移易也。齵，《考工記》"察其菑蚤不齵"，注："齒牙參差謂之齵。"音偶，平聲，與齵殊。⊙王先謙曰：弛易，猶言弛慢。齒不正曰齵。齵差，參差不齊。⊙于鬯曰：《儒效篇》"夫充虚之相施易也"，注云"施讀曰移"。施易即"移易"。集韻："施，改易也，通作弛。"⊙熊公哲曰：弛讀豕，懈也。易，輕易，慢易也。⊙天海案：弛易，猶移易，變動也。物、于二説是。弛，巾箱本、《題注》本、遞修本並作"施"，二字通。

〔四〕久保愛曰：拘脅，陽虎於季氏之類。蔽塞，豎牛之於叔孫是也。言境内有所差錯弛易，而不知之，則爲邪臣所脅蔽之本也。⊙梁啓雄曰：拘脅，阻礙。拘，礙。脅，挾。⊙熊公哲曰：拘脅，猶言拘執也。⊙北大組曰：拘，局限。脅，挾制。⊙駱瑞鶴曰：此言拘脅，乃以生理爲諭。牽急難展謂之拘，斂縮不伸謂之脅，二字以同義連用。⊙天海案：拘脅，控制與脅迫。

〔五〕王念孫曰：吕、錢本"其"下有"中"字，是也。其中，謂廣與狹之中也，元刻始脱"中"字。⊙天海案："耳"字，巾箱、《題注》、遞修三本皆作"其"，"其中"，脱"中"字。王稱"中"字元刻始脱，非也。

〔六〕梁啓雄曰：荀卿書例，凡"便嬖"、"親比已者"連用，才含"邪佞"之意；若單舉"便嬖"二字，只是指左右近習之人，並未肯定是壞人。

〔七〕盧文弨曰：嚮，與向同。⊙高亨曰：收，當讀爲“糾”，糾察也。收、糾古通用。⊙蔣禮鴻曰：收衆，當作“牧衆”，字之誤也。《外傳》六“王者必立牧方二人，使闚遠牧衆也。牧有視察之義，故與窺爲對。”⊙天海案：收，“牧”字之形譌也。蔣説是。

〔八〕王先謙曰：便嬖，猶近習也。荀書用“便嬖”，不作邪佞解。⊙包遵信曰：便嬖，荀書中或作“便辟”，或作“便僻”，其意或謂近習之臣，或謂佞邪之臣，皆隨上下文意而定。⊙天海案：包説是也。

〔九〕久保愛曰：規，規度也。國具，猶言國器也。⊙帆足萬里曰：國具，治國之事具也。⊙熊公哲曰：規，規畫也。具，設備也。國具，謂國家應有之設備。下同。⊙裴學海曰：使，猶“以”也。⊙龍宇純曰：惠、慧古韻不同部，宋本作“慧”，乃後世方音混同之誤，非假借之説。唯下文兩云“知慮”，惠，或是“慮”字之誤。⊙天海案：慧，除宋浙本外，諸本並作惠。據下文“知慮”連用，或“慮”之誤也，龍説可從。物，人也。規物，使衆人規範。定，安也。定物，使衆人安定。國具，治國之器也。猶言國器。久説是。

〔一〇〕久保愛曰：則，猶“而”也。《漢書·蘇武傳》顔師古注曰：“物故，謂死也。”愛曰：漢以來謂死爲物故，蓋本於此。⊙朝川鼎曰：物故，猶事故也。⊙天海案：物故，死亡也，久説是。巾箱三本脱“游”上“有”字，“不得”作“不可”。

〔一一〕久保愛曰：如泉源，言無舍時也。《孟子》曰：“原泉混混，不舍晝夜。”不應，謂失理也。《家語》曰：“一物失理，亂亡之端。”⊙帆足萬里曰：如是國者，猶“所謂國者”也。⊙安積信曰：“國”字恐衍。⊙梁啓雄曰：“如是”下似有奪文。應，指物相應。⊙天海案：原，同“源”。應，應和也。巾箱三本“如”下無“是”字，“原”作“源”。

〔一二〕久保愛曰：無曠庶官而後可。⊙天海案：獨，獨裁也。

〔一三〕久保愛曰：基，疑當“几”，篆文頗似，音亦相近。几杖，人主之所倚者也。⊙俞樾曰：基，當爲“綦”。綦也，杖也，皆人所以行者，故以爲喻。⊙鍾泰曰：“基”字不誤。杖者，仗之假借。基者，言其所藉；仗者，言其所倚。⊙楊柳橋曰：《釋名》：“基，據也。”顔師古《漢書》注：“杖，猶倚也。”杖，今通作“仗”。基杖，猶言倚杖。⊙天海案：基，“几”之誤也，久説是。几杖，以喻卿相輔佐，甚當。猶上文以“門户牖嚮”以喻便嬖左右者。他説皆非。

〔一四〕盧文弨曰：填，即“鎮”字。元刻作“鎮”。⊙久保愛曰：任，委任國事也。⊙天海案：“人主”上，巾箱、《題注》、遞修三本並有“故”字；“填”，除宋浙本外，諸本俱作“鎮”。填，通“鎮”，壓也。

〔一五〕久保愛曰：《左氏傳》所謂“結其四援”也。⊙王先謙曰：不皆和好之國。

〔一六〕久保愛曰：管仲執齊政，爲游士八十人，而使周游於四方之類是也。詳見于《齊語》。⊙章詩同曰:喻志決疑,傳達意旨,解決疑難。

〔一七〕物雙松曰:齊斷,《正字通》"齊"注:"又銑韻,音'剪'。"《儀禮·既夕禮》"馬不齊髦",注:"翦也。"翦取其齊,故謂齊爲剪。⊙冢田虎曰:以《爾雅》、説《文》意,音剪不是也,只是如字,而有截斷意。⊙久保愛曰:煩,國之所煩苦。齊,與劑通。劑,翦截也。⊙章詩同曰:齊斷,果斷。⊙熊公哲曰:齊,猶齊給。齊斷,謂敏捷而能斷也。⊙天海案:齊,有剪義,剪亦裁也。故齊斷,即裁斷也。又,辨、智、拒三字,諸本分别作"辯"、"知"、"距",各可通也。

〔一八〕物雙松曰:不反君,言不竢反命而獨斷也。⊙久保愛曰:還,反顧也。⊙王念孫曰:秩,當爲"私",字之誤也。還,讀爲營。言不營私,不叛君也。"營"與"還",古同聲而通用。⊙鍾泰曰:秩者,職也。還、反一義。反,非謂叛也。⊙楊柳橋曰:還,讀曰"旋"。韋昭《國語》注:"還,轉也。"還秩,謂移動秩序也。⊙天海案:還,如王説通"營";秩,禄也,字不誤。不營秩,言其不謀秩禄也。反,叛也。不反君,即不叛君,王説是。

〔一九〕久保愛曰:扞,扞格也。⊙俞樾曰:薄之言迫也。然則應薄猶應迫也。言有偪迫者,足以應之也。⊙章詩同曰:扞,同捍。⊙天海案:持,保也。"扞"字,巾箱本、《題注》本、遞修本俱無。

〔二〇〕天海案:三"之謂",巾箱等三本並作"謂之"。"非其人"作"非人"。

〔二一〕久保愛曰:晻,與闇同。⊙天海案:四鄰諸侯無接之者謂孤。無卿相輔佐謂獨,無便嬖左右謂之闇。故云"孤獨而闇謂之危"。

〔二二〕裴學海曰:若,猶"尚"也。⊙天海案:巾箱三本作"國雖臣若存"。

〔二三〕久保愛曰:《詩·大雅·文王》篇。毛萇曰:"濟濟,多威儀也。"⊙天海案:濟濟,衆多貌。讀爲"擠"。《書·大禹謨》:"濟濟有衆,咸聽朕命。"引士以喻賢士衆多。久説非也。

〔二四〕盧文弨曰:謂王者因人之材而器使之之道也。⊙朝川鼎曰:猶言官人也。二字一句,即下文之題目。⊙天海案:材,用也。《吕氏春秋·異用》:"故聖人之於物也,無不材。"高注:"材,用也。"材人,即用人,亦謂因材而用人也。上節言人主用人之重要,此節承上言人主因材用人之道。此二字亦篇内小目也。然下文"材"字則當訓爲人材。

〔二五〕傅山曰:拘録,大概以上帳計出入之人。⊙盧文弨曰:拘録,則作"劬録"義長。⊙久保愛曰:計數,猶計算也。纖,細也。嗇,吝嗇也。言細密其出納,不妄出也。⊙劉師培曰:拘録,蓋"劬勞"之異文。⊙梁啓超曰:拘、劬,録、碌,古通。劬碌,猶"勞碌"也。官人,因材器使各當其用如五官然,謂之"官人"。《大戴禮》有《文王官人篇》。⊙天海案:計數纖嗇,言計算細微節儉。遺喪,遺漏丢失。官人,泛指百官。使吏,原作"史吏",據諸本改。又,"愨"、"也"二字,巾箱本、《題注》本、遞修本皆無。

〔二六〕盧文弨曰:元刻"修飭"作"修飾"。⊙久保愛曰:傳世,疑當作"世傳",言謹守其法而不損益,可永世相傳也。⊙朝川鼎曰:傳世,謂父子相傳也。⊙章詩同曰:官師,官吏之長。⊙天海案:守職循業,巾箱三本作"守修業"。損益,作"益損"。

〔二七〕久保愛曰:本,言農也。末,言商賈也。材,與"財"通。⊙天海案:一俗,齊一風俗也。長功,增長功業也。禁,限也。禮義,巾箱本、《題注》本、遞修本作"禮"。

〔二八〕久保愛曰:見小利則大事不成,故無爭之爲便。

〔二九〕王先謙曰:不泥者,明制度、權物稱用,有似乎拘泥也。⊙陶鴻慶曰:此言制度齊同,則通達遠邇,而無泥難之弊。故曰"不泥"。⊙天海案:權物稱用,衡量事物使之合用。不泥,不拘泥也。

〔三〇〕天海案:二"也"字,巾箱本、《題注》本、遞修本俱無。

〔三一〕北大組曰:論官,評定,任用。無失其次,安排得不出差錯。⊙天海案:次,序也。"是謂"二字,巾箱三本並作"是然後"。

〔三二〕王先謙曰:道此道,由此道也。⊙包遵信曰:此"論"下脱一"官"字。道此道,謂此道也。此道,即指上文"人主之道"也。⊙天海案:"不知道此道",不知行此道也。"不知道此道"至"慮"三十二字,錢佃稱"諸本無",巾箱三本亦無。

〔三三〕物雙松曰:卑執出勞,言卑其所執持,自出力以就勞疲之事也。併,屏同。⊙王先謙曰,值與直同,併與屏同。《彊國篇》"併己之私欲",楊注"併,讀曰屏,屏,棄也",與此同。⊙于省吾曰:"出勞"二字不詞,出,應讀作"屈",《王制篇》注:"屈,竭也。"言卑其執位而竭其勞力也。⊙天海案:"安值將",猶"乃只以",語詞,荀書多用之。"卑執出勞",即卑身辛勞也,出,不必改讀"屈"。

〔三四〕王先謙曰:《王霸篇》作"一日而曲辨之"。"内"蓋"日"之誤。⊙梁啓雄曰:貫日,累日也。曲,周徧。⊙天海案:"治詳",治之苛細也。"一内",一納也,内與納通。一納,猶全攬於己也。"曲辨",周治也。

〔三五〕物雙松曰:綦偏能者,極其所偏能也。⊙久保愛曰:綦,極也。偏能,一偏之能也。言人君當知大體也。⊙熊公哲曰:慮,無慮之省文。易言之,即謂大凡也。⊙天海案:慮,思也。熊説非。此"慮"字,巾箱本、《題注》本、遞修本皆無。

〔三六〕物雙松曰:視、聽、爲,皆謂人君親自也。⊙盧文弨曰:"不知道此"下三十二字,元刻無。

# 荀子校釋　卷第九

## 臣道篇第十三〔一〕

人臣之論〔二〕：有態臣者，有篡臣者，有功臣者，有聖臣者〔三〕。内不足使一民，外不足使拒難〔四〕，百姓不親，諸侯不信，然而巧敏佞説〔五〕，善取寵乎上，是態臣者也〔六〕。上不忠乎君，下善取譽乎民，不卹公道通義，朋黨比周，以環主圖私爲務，是篡臣者也〔七〕。内足使以一民，外足使以拒難，民親之，士信之，上忠乎君，下愛百姓而不倦，是功臣者也〔八〕。上則能尊君，下則能愛民，政令教化，刑下如景〔九〕，應卒遇變，齊給如響〔一○〕，推類接譽，以待無方，曲成制象，是聖臣者也〔一一〕。故用聖臣者王，用功臣者彊，用篡臣者危，用態臣者亡。態臣用則必死，篡臣用則必危〔一二〕，功臣用則必榮，聖臣用則必尊。故齊之蘇秦〔一三〕，楚之州侯〔一四〕，秦之張儀，可謂態臣者也〔一五〕。韓之張去疾〔一六〕，趙之奉陽〔一七〕，齊之孟嘗，可謂篡臣也〔一八〕。齊之管仲，晉之咎犯〔一九〕，楚之孫叔敖，可謂功臣矣。殷之伊尹，周之太公，可謂聖臣矣。是人臣之論也，吉凶、賢不肖之極也〔二○〕。必謹志之而慎自爲擇取焉，足以稽矣〔二一〕。

**【校釋】**

〔一〕梁啓超曰：《臣道篇》《致仕篇》，此兩篇無甚精采。⊙吕思勉曰：本篇爲儒家通常之義。⊙天海案：本篇論述人臣之道，强調了人臣的地位、作用及對國家命運的影響；並對人臣的德行才能加以規範，以供人臣實行之，君主鑒别而使用之。

〔二〕楊倞注：論人臣之善惡。⊙王先謙曰："論"者，"倫"之借字，説見《儒效篇》，下同。⊙梁啓雄曰：案《禮記·王制》注："論，謂考其德行道藝。"⊙天海案：梁説義長。或曰：人臣之論，猶言論人臣。

〔三〕楊倞注：解並在下。

〔四〕裴學海曰：使，猶"以"也。⊙天海案："拒"，諸本作"距"。二字可通。

〔五〕楊倞注：音悦，或作"悦"。⊙北大組曰：巧敏佞説，花言巧語，阿諛奉承。⊙天海案："巧敏佞説"，巧言善辯，佞悦取容。説，通悦。

〔六〕楊倞注：以佞媚爲容態。⊙梁啓雄曰：態，讀爲"姦慝"之"慝"。⊙天海案：態、慝，二字聲同韻近，故通。態臣，即慝臣，姦佞之臣也。《成相篇》："讒夫多進反覆言語，生詐態。"王念孫云："態，讀爲姦慝之慝。"此乃梁説所本。

〔七〕楊倞注：環主，環繞其主不使賢者得用。圖，謀也。篡臣者，篡奪君政也。⊙冢田虎曰：篡臣以不忠乎君，善取譽乎民名之，則是篡奪君之威權之謂也。⊙久保愛曰：恤，思念也。比，阿黨也。周，密也。⊙王念孫曰：環，讀爲"營"。營，惑也。謂營惑其主也。營與環，古同聲而通用。⊙天海案：不䘏，不顧也。比周，勾結也。環主，猶營主，營惑其主也。王説是。篡臣，冢説是。

〔八〕楊倞注：民親士信，然後立功也。⊙盧文弨曰：兩"以"字，元刻無，宋本有。⊙龍宇純曰：疑此"君"下奪"而不渝"三者。⊙天海案：兩"使"下"以"字，巾箱本、《題注》本、遞修本並無。依上文例，當無，疑旁注之文混入也。"拒"，巾箱三本並作"距"，明世本、《四庫》本亦作"距"。

〔九〕楊倞注：刑，制也。言施政令教化以制其下，如影之隨形，動而輒隨，不使違越也。⊙盧文弨曰：刑，元刻作"形"，注同。今從宋本。⊙郝懿行曰：刑與型同，模範之屬，作器之法也。此言政令教化爲民所法。刑，猶形也，民猶影也，如影隨形，不暫停也。⊙王念孫曰：古無訓刑爲制者。刑，法也。言下之法上，如影之從形。⊙天海案：刑，通型。型，範也。言政令教化用以規範下民，下民如影之隨形而變也。郝説是，楊注、王説皆非。又，刑、景二字，諸本一作"形"、"影"。

〔一〇〕楊倞注：齊，疾也。給，供給也。應事而至謂之給。夫卒變人所遲疑，今聖臣應之疾速，如響之應聲。卒，蒼忽反。⊙冢田虎曰：卒，造次也。變，顛沛也。⊙梁啓雄曰：《非十二子》"齊給便利"，注："給、急也。"是"給"亦敏捷之義。⊙天海案：卒，通猝；變，變故。應卒遇變，四字互文見義，猶言應對突然遭遇之變故也。齊給，迅速敏捷也，梁説是。

〔一一〕楊倞注：此明應卒遇變之意。無方，無常也。推其比類，接其聲譽，言見其本而知其末也。待之無常，謂不滯於一隅也。委曲皆成制度法象，言物至而應，無非由法不苟而行之也。聖者，無所不通之謂也。⊙俞樾曰：譽，當讀爲"豫"。《大略篇》"先事慮事謂之接,先患慮患謂之豫",即此文"接譽"之義。⊙王先謙曰:楊、俞説皆非。譽,即"與"字,説見《儒效篇》。⊙朝川鼎曰:譽,疑當作"舉",言推比類而捷舉也。⊙梁啓雄曰:譽,讀爲與,與,亦類也。⊙天海案:譽,通"與",亦類也。推類接與,即觸類推理之義。以待無方,以待變化無常。原注"由法"作"曲法",字之誤也,據諸本改。

〔一二〕楊倞注:此言態臣甚於篡臣者,蓋當時之多用佞媚變詐之人,深欲戒之,故極言也。⊙久保愛曰:死、亡,言其臣死或危也,非論君也。下榮、尊並同。⊙劉如瑛曰:下"危"字當爲"辱"。危指國,辱指君。王、强、危、亡,就國而言;死、辱、榮、尊,就君而言。下文兩處言"不鷹君之榮辱",又云"以安國之危,除君之辱"。再就行文來看,只有"危"字犯重,亦可證下"危"字乃"辱"字之誤。⊙天海案:必危,當作"必辱",劉説是,久説非。下"危"字沿上"危"而衍誤也。

〔一三〕楊倞注:蘇秦,初相趙,後仕燕,終死於齊,故曰:"齊之蘇秦。"

〔一四〕楊倞注:楚襄王佞臣也。《戰國策》莊辛諫襄王曰:"君王左州侯,右夏侯,輦從鄢陵君與壽陵君,載方府之金,與之馳騁乎雲夢之中,不知穰侯方受令乎秦王,填黽塞之内而投已乎黽塞之外。"《韓子》曰:"州侯相荆貴,而荆王疑之,因問左右,對曰'無有',如出一口也。"⊙于鬯曰:楚州侯前後有二人。楊注引《戰國策》者,後一州侯也。引《韓子》者,前一州侯也。其人亦見《楚策》,彼楚王,宣王也。則是宣王之相也。《荀子》此州侯,與蘇秦、張儀同目爲態臣,則當指前州侯。⊙天海案:于説可從。

〔一五〕楊倞注:皆變態佞媚之臣。儀,或作禄。⊙久保愛曰:對蘇秦言之,則作"儀"爲優。"者"字衍。⊙天海案:態臣,亦奸慝之臣。楊注未的。

〔一六〕楊倞注:蓋張良之祖。《漢書》:"良,其先韓人。大父開地,相韓昭侯、宣惠王。父平,相釐王、悼惠王。五世事韓。"《戰國策》韓有張翠納賂於宣太后。⊙盧文弨曰:"韓昭侯"至"五世事",俗本皆脱去。宋本、元刻竝有之,唯少"襄哀王"三字。⊙天海案:楊注引《漢書》亦見於《史記·留侯世家》,然未及張去疾之事。

〔一七〕楊倞注:《後語》:"蘇秦説趙肅侯,肅侯之弟奉陽君爲相,不説蘇秦,蘇秦乃去之。"又《戰國策》蘇秦説趙王曰:"天下之卿相人君,及至布衣之士,莫不高大王之行義,皆願奉教陳忠於前之日久矣。雖然,奉陽君妒,大王不得任事,是以外賓客游談之士,無敢盡忠於前。"盧藏用云:"奉陽君名成。"又案《後語》:"奉陽君卒,蘇秦乃從燕而來,説肅侯合從之事。而公子成,武靈王時猶不肯胡服。"即公子成非奉陽君也。

〔一八〕楊倞注:《史記》曰:"齊閔王既滅宋,益驕,欲盡滅孟嘗。孟嘗君恐,乃如魏。魏昭王以爲相,西合於秦、趙,與燕共伐破齊。後,齊襄王立,孟嘗中立爲諸侯,無所屬。襄王新立,畏孟嘗而與連和。"是篡臣也。⊙盧文弨曰:"欲盡滅孟嘗",《史記》作“欲去孟嘗君”。⊙天海案：原注文引《史記》“孟嘗中立爲諸侯”之“爲”字，猶“於”也。《中華書局》本《集解》改爲“於”，無須改也，先秦古文中“爲”有“于”、“於”義。

〔一九〕楊倞注：咎，與舅同。晉文公之舅狐偃，咎犯其字也。

〔二〇〕楊倞注：國之吉凶，人君賢不肖，極於論臣也。⊙久保愛曰：極，言極於此域也。⊙趙海金曰：極，猶言標準。謂此吉凶、賢不肖之標準也。⊙天海案：論，考究也。極，極準也。趙説是。

〔二一〕楊倞注：志，記也。言必謹記此四臣之安危而愼自擇取，則足以稽考用臣也。⊙天海案：《集解》本此下未分段，盧謝本分之。

從命而利君謂之順，從命而不利君謂之諂〔一〕；逆命而利君謂之忠，逆命而不利君謂之篡。不䘏君之榮辱，不䘏國之臧否，偷合苟容，以持祿養交而已耳，謂之國賊〔二〕。君有過謀、過事，將危國家、殞社稷之懼也〔三〕，大臣、父子、兄弟有能進言於君，用則可，不用則去，謂之諫〔四〕。有能進言於君，用則可，不用則死，謂之爭〔五〕。有能比知同力〔六〕，率羣臣百吏而相與彊君、橋君〔七〕，君雖不安，不能不聽，遂以解國之大患，除國之大害，成於尊君安國，謂之輔〔八〕。有能抗君之命，竊君之重，反君之事〔九〕，以安國之危，除君之辱，功伐足以成國之大利，謂之拂〔一〇〕。故諫、爭、輔、拂之人，社稷之臣也，國君之寶也，明君之所尊所厚也，而闇主惑之，以爲己賊也〔一一〕。故明君之所賞，闇君之所罰也；闇君之所賞，明君之所殺也〔一二〕。伊尹、箕子，可謂諫矣〔一三〕；比干、子胥，可謂爭矣〔一四〕；平原君之於趙也，可謂輔矣〔一五〕；信陵君之於魏也，可謂拂矣〔一六〕。傳曰：“從道不從君。”此之謂也〔一七〕。

故正義之臣設，則朝廷不頗〔一八〕；諫、爭、輔、拂之人信，則君過不遠〔一九〕；爪牙之士施，則仇讎不作〔二〇〕；邊境之臣處，則疆垂不喪〔二一〕。故明主好同而闇主好獨〔二二〕。明主尚賢使能而饗其盛〔二三〕，闇主妒賢畏能而滅其功〔二四〕。罰其忠，賞其賊，夫是之謂至闇，桀、紂所以滅也〔二五〕。

## 【校釋】

〔一〕天海案：諂，原作謟，《説苑》作"諛"，《治要》作"諂"，宋浙本與諸本並作"諂"，據改。

〔二〕楊倞注：養交，謂養其與君交接之人，不忤犯使怒也。一曰：養其外交，若蘇秦、張儀、孟嘗君，所至爲相也。⊙王念孫曰：後説是。⊙劉師培曰：養交，即養客也。古代之入仕者，必分俸以給交游，此即荀子所謂"持禄養交"也。⊙天海案：臧否，此謂得失。偷合苟容，苟且迎合以求容身。持禄，保禄位也。養交，劉説是。楊注"與君交接之人"，原無"人"字，據盧謝本、《集解》本補。

〔三〕久保愛曰：殞，墜也。⊙熊公哲曰："之懼"，猶"是懼"也。⊙天海案：過謀、過事，錯謀、錯事也。將，猶"此"也。説見裴學海《虚字集釋》。懼，憂也；《治要》、諸本一作"具"。

〔四〕冢田虎曰：父兄，謂同姓大夫也。⊙天海案："父子兄弟"，巾箱本、《題注》本、遞修本並作"父兄"，《治要》亦同。

〔五〕楊柳橋曰：爭，讀爲諍。高誘《吕氏春秋》注："爭，諫也。"⊙天海案：爭，古文，與諍同。

〔六〕楊倞注：比，合也。知，讀爲"智"。

〔七〕楊倞注：彊，其丈反。橋，與矯同，屈也。⊙天海案："彊君橋君"，巾箱等三本作"彊曰撟君"，明世本、《四庫》本"橋"作"撟"，《説苑・臣術》作"彊矯君"，《治要》"橋"作"矯"。

〔八〕楊倞注：事見《平原君傳》。⊙梁啓雄曰：成，猶終也。

〔九〕物雙松曰：竊君之重，重，權也。⊙天海案：反，違也。

〔一〇〕楊倞注：抗，拒也。戰功曰伐。《左傳》："郤至驟稱其伐。"拂，讀爲"弼"。弼，所以輔正弓弩者也。或讀爲"咈"，違君之意也。謂若信陵君違魏王之命，竊其兵符，殺晉鄙，反君不救趙，遂破秦而存趙之事。夫輔車相依，今趙存則魏安，故曰"安國之危，除君之辱"也。⊙盧文弨曰：舊本"咈"作"佛"，訛。案《説文》："咈，違也。"今改正。⊙久保愛曰：本注"反軍"當作"反君"，"之事"二字當移"存趙"下。⊙駱瑞鶴曰：楊注以後一説爲當。《性惡篇》楊倞注："拂，違戾也。"《禮・曲禮》鄭玄注："佛，戾也。"拂、咈、佛，古字音同而通用。此文變拂爲戾，明"拂"用戾義，與輔弼字有别。⊙天海案：功伐，功績也。《韓非子・孤憤》："不以功伐決智行。"注"積功曰伐"。拂，通"弼"，直言極諫以矯正之。《孟子・告子下》"入則無法家拂士"之"拂"同此。下文"拂"皆同。楊注前説是。又，注文"咈"原作"佛"，"反君"原作"反軍"，"之事"原在"救趙"下，皆誤也。此據盧、久二説正之。又，"拂"字，《説苑》《治要》皆作"弼"。

〔一一〕盧文弨曰："主惑"二字疑衍。⊙天海案："明君之所尊所厚也"，宋浙本、巾箱等三本皆作"明君所尊厚也"；"惑之"，此四本又作"惑君"。故有盧説。《治要》作"明君之所尊所厚也，而闇主惑君爲己賊"，文小異。

〔一二〕天海案：此四句《治要》同，《説苑》無中間二句；宋浙本、巾箱三本無兩"也"字。



〔一三〕楊倞注：伊尹諫太甲，箕子諫紂。

〔一四〕久保愛曰：比干爭紂，子胥爭吴王夫差。

〔一五〕楊樹達曰：此指信陵君矯魏王令救趙事言。荀卿趙人，故譽平原、信陵二君如此。⊙天海案：平原君、信陵君，《史記》皆有《傳》。

〔一六〕盧文弨曰："於趙"、"於魏"下，俗本竝有"也"字，宋本、元刻皆無。⊙天海案：宋台本有二"也"字，巾箱三本無。

〔一七〕天海案：此總結上文，當分段。原文未分，現分之。

〔一八〕楊倞注：設，謂置於列位也。頗，邪也。⊙王先謙曰：設，猶用也。説見《君道篇》。⊙天海案：設，置也。楊注是，王説非。不頗，不傾邪也。

〔一九〕楊倞注：信，謂見信於君。或曰：信，讀爲"伸"，謂道行也。⊙久保愛曰：遠，猶大也。⊙王先謙曰：以上下文例之，或説較長。⊙天海案：信，受信用。楊注前説是。過不遠，錯誤不嚴重。遠，猶甚也。

〔二〇〕楊倞注：爪牙之士，勇力之臣也。施，謂展其材也。⊙俞樾曰：爪牙之士施，猶曰"爪牙之士用"。⊙久保愛曰：施，陳列之謂也。⊙天海案：施，設置也。楊注未切。作，發難也。

〔二一〕楊倞注：垂，與陲同。⊙久保愛曰：處，設置也。⊙劉師培曰：處，定也。⊙天海案：處，居也，猶"處官"之處。疆垂，《治要》作"界垂"。喪，失也。

〔二二〕楊倞注：獨，謂自任其智。⊙章詩同曰：獨，獨行其是。⊙天海案：闇主，原作"闇王"，字之誤也，據諸本及《治要》正之。

〔二三〕楊倞注：盛，謂大業。言饗其臣之功業也。⊙久保愛曰：盛，讀爲"成"。饗與享同。《彊國篇》曰："大功已立，則君享其成。"⊙天海案：成、盛二字通；饗，通享。久説是，楊注非。

〔二四〕楊倞注：滅，掩没也。⊙天海案：滅，磨滅也。

〔二五〕天海案：滅，亡也。《説苑·臣術篇》用此文，略異。



事聖君者，有聽從無諫爭〔一〕；事中君者，有諫爭無諂諛〔二〕；事暴君者，有補削無橋拂〔三〕。迫脅於亂時，窮居於暴國而無所避之，則崇其美，揚其善，違其惡，隱其敗〔四〕，言其所長，不稱其所短，以爲成俗〔五〕。《詩》曰:"國有大命,不可以告人,防其躬身。"此之謂也〔六〕。

恭敬而遜,聽從而敏,不敢有以私決擇也〔七〕,不敢有以私取與也,以順上爲志,是事聖君之義也〔八〕。忠信而不諛,諫諍而不諂,橋然剛折,端志而無傾側之心〔九〕,是案曰是,非案曰非,是事中君之義也〔一〇〕。調而不流,柔而不屈,寬容而不亂〔一一〕,曉然以至道而無不調和也〔一二〕,而能化易,時關内之,是事暴君之義也〔一三〕。若馭其樸馬〔一四〕,若養赤子〔一五〕,若食餧人〔一六〕。故因其懼也,而改其過〔一七〕;因其憂也,而辨其故〔一八〕;因其喜也,而入其道〔一九〕;因其怒也,而除其怨〔二〇〕;曲得所謂焉〔二一〕。《書》曰:"從命而不拂,微諫而不倦;爲上則明,爲下則遜。"此之謂也〔二二〕。

事人而不順者,不疾者也〔二三〕;疾而不順者,不敬者也;敬而不順者,不忠者也;忠而不順者,無功者也;有功而不順者,無德者也〔二四〕。故無德之爲道也,傷疾、墮功、滅苦,故君子不爲也〔二五〕。

有大忠者,有次忠者,有下忠者,有國賊者。以德復君而化之,大忠也〔二六〕;以德調君而補之,次忠也〔二七〕;以是諫非而怒之,下忠也〔二八〕;不衂君之榮辱,不衂國之臧否,偷合苟容,以之持禄養交而已耳,國賊也〔二九〕。若周公之於成王也,可謂大忠矣;若管仲之於桓公,可謂次忠矣;若子胥之於夫差,可謂下忠矣;若曹觸龍之於紂,者可謂國賊矣〔三〇〕。

【校釋】

〔一〕楊倞注:聖君無失。⊙天海案:"者"字,巾箱三本無,下二"者"亦無。

〔二〕楊倞注:中君可上可下,若齊桓公者也。諂諛則遂成闇君也。⊙天海案:"諂"字,宋台本多誤作"諂",而"臽"旁亦多誤作"臽",徑改之。

〔三〕楊倞注:補,謂彌縫其闕。削,謂除去其惡。言不敢顯諫,闇匡救之也。橋,謂屈其性也。拂,違也。橋拂則身見害,使君有殺賢之名,故不爲也。拂,音佛。⊙盧文弨曰:拂,讀爲弼,前注是也。此音佛,誤。⊙王引之曰:楊分"補削"爲二義,非也。聽從、諫爭、諂諛、補削、橋拂,皆兩字同義。補削,謂彌縫其闕也。削者,縫也。⊙天海案:橋拂,猶矯弼。楊前文已注之,此不當别訓之。橋,諸本一作"撟"。補削,楊注是,王説非。

〔四〕王念孫曰:違,讀爲"諱"。諱其惡,與隱其敗同意。《曲禮》注曰:"諱,辟也。"《緇衣》注:"違,辟也。"諱、違皆從韋聲,而皆訓爲"避",故字亦通。⊙安積信曰:違,去也。⊙天海案:無所避之,無處逃避。違,通諱,王説是。"迫脅於亂時",巾箱、《題注》、遞修三本無"亂"字。



〔五〕楊倞注:謂危行言遜以避害也。以爲成俗,言如此而不變,若舊俗然也。⊙天海案:成俗,定俗也。

〔六〕楊倞注:逸《詩》。⊙物雙松曰:國有大命,謂危亡之來也。命,天命也。⊙久保愛曰:防,舊作"妨",今據宋本、韓本改之。言天降大命,將亡此國。以此告人,則罪將及其身。宜緘其口,以防身害也。《唐風·揚之水》詩曰"我聞有命,不敢以告人",亦此意。⊙郝懿行曰:有命不以告人,明哲所以保身。上云"以爲成俗",言彼習非勝是,不可變移,默足以容,庶不有害於躬也。躬、身,一耳,爲足句,兼取韻。⊙熊公哲曰:大命謂國家存亡之數,不可常形諸言語,以免招致禍患,自害其身。⊙天海案:大命,國家重大決策。防,衛也,諸本一作"妨"。躬身,自身也。

〔七〕楊倞注:敏,謂承命而速行,不敢更私自決斷選擇也。⊙盧文弨曰:"不敢有"下,元刻無"以"字,下句同。⊙楊柳橋曰:決擇,猶言解決。⊙天海案:楊注是,楊柳橋説非。"以"字,巾箱三本無,下句同。

〔八〕楊倞注:但禀命而已。

〔九〕楊倞注:橋,彊貌。《禮記》曰"和而不流,彊哉矯"。剛折,剛直面折也。端志,不邪曲也。⊙冢田虎曰:傾側之心,即諂諛也。所謂便辟側媚。⊙劉師培曰:折,當訓斷。端,當作"耑"。端志者,猶言鋭意也。"剛折"與"端志"對文,言其斷則剛,其志則鋭也。⊙章詩同曰:撟然,形容堅强。剛折,斷事剛直。端志,正直。⊙龍宇純曰:志,與端義不一類,疑是"正"之誤。⊙李中生曰:端志,即思想端正。⊙天海案:橋,通撟,撟然,堅彊貌,楊注是。諸本並作"撟"。剛,正直也。折,指斥也。《正字通》:"折,直指人過失曰折。"剛折,猶言直斥也。端,正也。志,心也。端志,猶言心正。故下言"而無傾側之心"。傾側,傾邪反覆也。巾箱三本"端志"作"端立"。

〔一〇〕天海案:兩"案"皆語詞,猶"乃"也。

〔一一〕楊倞注:雖調和而不至流湎,雖柔從而不屈曲,雖寬容而不與爲亂也。⊙天海案:調,協也。流,淫也。

〔一二〕楊倞注:曉然,明喻之貌。至道,無爲不爭之道。以至道則暴君不能加怒。無不調和,言皆不違拂也。⊙久保愛曰:至道,猶言人道也。不與《君道篇》"至道"同也。⊙俞樾曰:"然"字衍文,當作"曉以至道而無不調和也"。言事暴君者當以至道曉之也。楊注不詞。⊙天海案:"然"字衍,俞説是。至道,大道也。至,大也。《戰國策·秦策》:"商君治秦,法令至行。"注:"至,猶大也。"

〔一三〕楊倞注:關,當爲"開",傳寫誤耳。内,與納同。言既以沖和事之,則能化易其暴戾之性，時以善道開納之也。或曰：以道關通於君之心中也。⊙郝懿行曰：關，閉也。内，入也。化易者，謂開道其善心。關内者，謂掩閉其邪志。⊙王念孫曰：楊注或説近之。凡通言於上曰關。⊙龍宇純曰："而"當讀爲"需"，需能化易時關内之者，謂待其能化易之時，以至道之説關内之。⊙天海案：化易，改變也。時，適時。關内之，通其言使納之。楊注後説是。

〔一四〕楊倞注：樸馬，未調習之馬，不可遽牽制，必縱緩之。事暴君之難，故重明之也。⊙朝川鼎曰：撲，疑當作"扞"。蓋扞譌爲扑，再轉爲撲。扞馬，見《孔子家語·致思篇》。馯馬，見《淮南子·氾論訓》。騨馬，見《韓非子·外儲説右上》。扞、馯、騨，古相通用。⊙天海案：樸馬，楊注是。此句諸本一作"若馭撲馬"。

〔一五〕楊倞注：赤子，嬰兒也。未有所知，必在順適其性，不驚懼也。

〔一六〕楊倞注：使飢渴於至道，如餧人之欲食。一曰：餧人，併與之食則必死。今以善道節量與之，不使狂惑也。《莊子》曰："人惑則死。"⊙冢田虎曰：食，音"飼"。食餧人不可使之急多食，多食則反傷之。以喻説暴君不可急也。注前説不通。⊙郝懿行曰：樸馬，未調也。赤子，難曉也。餧人，毋速飽也。三者正明化易關内之事。⊙楊柳橋曰：餧，餒本字。⊙天海案：若食餧人，若飼餓人。楊注後説是。

〔一七〕楊倞注：懼則思德，故因使其改過。

〔一八〕楊倞注：辨其致憂之端，則遷善也。⊙王念孫曰：辨，讀爲變。變其故，謂去故而就新也。變，亦改也。辨，或作"辯"。《廣雅》曰："辯，變也。"⊙天海案：辨其故，使君變舊而從新也。王説是。

〔一九〕楊倞注：欣喜之時，多所聽納，因以道入之。⊙久保愛曰：使君入其道也。

〔二〇〕楊倞注：怨惡之人，因君怒除去之也。⊙久保愛曰：怨，怨君者也。⊙朝川鼎曰：言君有所怨惡，則因而除去其怨惡之心也。⊙天海案：怨，借爲藴。《左傳》昭公十年"藴利生孽"，《晏子春秋》作"怨利"，王念孫云："藴本字，作'怨'，借字。"《孔子家語·入官》："道化流而不藴。"王肅注："藴，滯積也。"除其藴，猶言除君滯積之過也。若"怨"訓爲君之怨惡之人，或君之怨惡之心，豈可因怒而除之？且上言改過、變故、入道，皆針對君之過而言，此"怨"焉可訓爲他人或君之怨惡之心？且乘君之怒而除之，豈不助君之過乎？

〔二一〕楊倞注：雖憂懼喜怒之殊，委曲皆得所謂。所謂，即化易君性也。⊙久保愛曰：所謂，"改其過"以下之四事也。⊙朝川鼎曰：謂，讀爲"爲"。言委曲得其意所欲爲焉也。⊙李中生曰：曲，指全面。⊙天海案：曲，周徧也，全也。曲得，猶盡得也。謂，猶"爲"也。

〔二二〕楊倞注：《書·伊訓》也。⊙冢田虎曰：今《尚書·伊訓》曰："從諫弗咈，先民時若，居上克明，爲下克忠。"此稱湯德也，非所引之意。⊙郝懿行曰：此逸《書》，楊以爲《伊訓》異文，非是。⊙熊公哲曰：拂，逆也。從命而不拂，謂明君之命，從而不逆。微諫而不倦，闇君有失，則微詞諷諫而不倦。爲上則明知，爲下則謙遜。

〔二三〕楊倞注：不順上意也。疾，速也。不疾，言怠慢也。⊙冢田虎曰：疾，敏疾也。不疾，猶言遲鈍也，與怠慢異也。注不得之。⊙于鬯曰：此"順"字當讀爲"訓"，爲訓誨之訓。訓、順二字古多通用。事人而不順者，謂事君而不知訓誨其君也。下文曰化、曰補、曰諫，皆是訓誨之義。若順從之義，是即下文所云"偷合苟容"矣。下四"不順"字放此。⊙安積信曰：不順，謂不順於道也。⊙梁啓雄曰：疾，力也。⊙楊柳橋曰：疾，猶勤也。⊙天海案：不順，不訓誨也，下皆同。于説是也，楊注非。疾，亟，盡力。《吕氏春秋·尊師》"疾諷誦，謹司聞"，高注："疾，力。"不疾，不盡力也。

〔二四〕楊柳橋曰：德，讀爲"得"。⊙天海案：德，德行也。楊説非。

〔二五〕楊倞注：傷疾、墮功、滅苦，未詳。或恐錯誤耳。爲，或爲"違"。⊙物雙松曰：苦，恐當作"敬"，以草頭誤。猶當有脱。⊙久保愛曰："故無德"，疑當作"故不順"。⊙桃源藏曰：苦，當作"敬"，下脱"亡忠"二字。⊙盧文弨曰："故無德"，元刻作"故德"。⊙郝懿行曰：疾者，速也。苦者，勞也。言事人之道，苟無德以將之，則雖有敏疾之美，自傷敗之；雖有功業，自墮壞之；雖有勤苦，自滅没之。⊙王念孫曰：苦，當爲"善"，字之誤也。⊙高亨曰：苦，疑當作"名"，形似而誤。⊙趙海金曰：苦，當作"若"，形近而誤。《爾雅》："若，善也。"滅若，謂滅善。即指上文所言"不忠"、"不敬"也。⊙天海案：諸説中以郝説義長。"故無德"之"無"字，巾箱、《題注》、遞修三本並無。

〔二六〕楊倞注：復，報也。以德行之事報白於君，使自化於善。《周禮》"宰夫掌諸臣之復，萬民之逆"也。⊙物雙松曰："以德復君"，注非也。言復之於善也。⊙冢田虎曰：復，反復之謂，而言鄭重以化君於德也。⊙俞樾曰：外傳"復"作"覆"，當從之。⊙天海案：《外傳》作"以道覆君以化之"，《治要》"復"亦作"覆"。復，通覆，蓋也，蔽也。言以廣德蔽君而化之，故下文言"周公之於成王"，是也。

〔二七〕楊倞注：謂匡救其惡也。⊙郝懿行曰：補之，《外傳》作"輔之"，亦於義爲長。楊注非。⊙天海案：調，協也。補，或"輔"之誤也。以德協助其君而輔之也。

〔二八〕楊倞注：使君有害賢之名，故爲下忠也。⊙龍宇純曰："非"字原當爲"君"。"以是諫君而怒之"，與上文一例。⊙天海案："怒之"，使君怒之。此句《外傳》作"以諫非而怨之"，文略異。

〔二九〕天海案：《治要》作"以持禄養交而已"，無"之"、"耳"二字。《外傳》文略異。

〔三〇〕楊倞注：《説苑》曰："桀貴爲天子，富有天下，其左師觸龍者諂諛不正。"此云"紂"，未知孰是？⊙王先謙曰：《議兵篇》"微子開封於宋，曹觸龍斷於軍"，皆殷紂時事，則《説苑》誤也。⊙天海案："者"字《外傳》無。依上文例，亦當無。然屬之下句亦可，此"者"字同"則"也。

仁者必敬人。凡人非賢則案不肖也〔一〕。人賢而不敬，則是禽獸也〔二〕；人不肖而不敬，則是狎虎也〔三〕。禽獸則亂，狎虎則危，災及其身矣。《詩》曰："不敢暴虎，不敢馮河。人知其一，莫知其它〔四〕。戰戰兢兢，如臨深淵，如履薄冰。"此之謂也〔五〕。

故仁者必敬人，敬人有道〔六〕。賢者則貴而敬之，不肖者則畏而敬之；賢者則親而敬之，不肖者則疏而敬之；其敬一也，其情二也〔七〕。若夫忠信端慤而不害傷，則無接而不然，是仁人之質也〔八〕。忠信以爲質，端慤以爲統〔九〕，禮義以爲文〔一〇〕，倫類以爲理〔一一〕，喘而言，臑而動，而一可以爲法則〔一二〕。《詩》曰："不僭不賊，鮮不爲則。"此之謂也〔一三〕。

恭敬，禮也；調和，樂也〔一四〕；謹慎，利也；鬬怒，害也。故君子安禮樂，利謹慎，而無鬬怒，是以百舉不過也。小人反是〔一五〕。

通忠之順〔一六〕，權險之平〔一七〕，禍亂之從聲〔一八〕，三者非明主莫之能知也〔一九〕。爭然後善，戾然後功，出死無私，致忠而公〔二〇〕，夫是之謂通忠之順，信陵君似之矣〔二一〕。奪然後義，殺然後仁，上下易位然後貞〔二二〕，功參天地，澤被生民，夫是之謂權險之平，湯、武是也〔二三〕。過而通情，和而無經〔二四〕，不邺是非，不治曲直，偷合苟容，迷亂狂生〔二五〕，夫是之謂禍亂之從聲，飛廉、惡來是也〔二六〕。傳曰："斬而齊，枉而順，不同而壹〔二七〕。"《詩》曰："受小球大球，爲下國綴旒。"此之謂也〔二八〕。

## 【校釋】

〔一〕天海案：案，語詞，猶"乃"也。

〔二〕楊倞注：禽獸不知敬賢。⊙盧文弨曰：正文"不敬"，舊作"不能"，誤，今改正。或疑是"不能"下脱"敬"字。

〔三〕楊倞注：狎，輕侮也。言必見害。

〔四〕天海案：它，諸本一作"佗"，二字可通。

〔五〕楊倞注：《詩·小雅·小旻》之篇。暴虎徒搏，馮河徒涉，人知其一，莫知其它。言人皆知暴虎馮河立至於害，而不知小人爲害有甚於此也。⊙久保愛曰：毛萇曰:"戰戰,恐也。兢兢,戒也。如臨深淵,恐墜也。如履薄冰,恐陷也。"愛曰:暴,或與搏古音通。與《孟子》"馮婦搏虎"之"搏"同。⊙王引之曰:《荀子》引《詩》,至"莫知其它"止,"戰戰兢兢"三句,則後人取《詩》詞增入也。⊙天海案:後三句亦《小旻》之詩,《荀子》引之意在明其敬人當如此小心謹慎也,王説非。《郝懿行・義疏》:"暴者,搏也。搏、暴古音相近。"故暴虎即徒手搏虎。馮,讀爲"淜",馮河,涉水過河。《毛傳》"徒涉曰馮河"。

〔六〕熊公哲曰:道,謂方法。⊙北大組曰:尊敬人有一定原則。⊙天海案:道,此謂法則,由下文可知。

〔七〕天海案:其敬一也,一,同也。其情二也,情,實也。二,異也。

〔八〕楊倞注:其敬雖異,至於忠信端慤不傷害,則凡所接物皆然。言嘉善而矜不能,不以人之不肖逆詐待之,而欲傷害之也。質,體也。⊙章詩同曰:凡所交接,無不如此。⊙天海案:質,本也。

〔九〕楊倞注:統,綱紀也。言以端慤自處而待物者也。⊙王先謙曰:注"以",各本作"已",據宋台州本改正。

〔一〇〕楊倞注:用爲文飾。

〔一一〕楊倞注:倫,人倫。類,物之種類。言推近以知遠,以此爲條理也。

〔一二〕楊倞注:臑,與《勸學篇》蝡同。喘,微言也。蠕,微動也。一,皆也。言一動一息之間皆可以爲法則也。臑,人允反。⊙王先謙曰:今正文及注作"臑",是"蠕"之誤字。《説文》:"臑,臂羊矢。"據注引《勸學篇》及音義,知楊所見本尚作"蠕",不作"臑"也。⊙天海案:喘而言,急而言也;臑而動,緩而動也。此謂言行急緩皆可以爲法則。《外傳》此句作"開口無不可以爲人法式者",文小異。

〔一三〕楊倞注:《詩・大雅・抑》之篇。言不僭差賊害,則少不爲人法則矣。⊙天海案:不僭,不過差。馬瑞辰《通釋》:"僭之本義爲以下儗上,引申之爲過差。"

〔一四〕楊倞注:調和,不爭兢也。⊙天海案:注文"兢",當作"競",字之誤也。

〔一五〕冢田虎曰:利謹慎,"利"字當爲"則"。安禮樂則謹慎而無鬭怒也。⊙王念孫曰:樂利,當爲"樂樂","樂樂"與"安禮"對文。安禮樂樂,承上"禮"、"樂"而言,"謹慎而無鬭怒",承上"謹慎"、"鬭怒"而言。今本作"樂利",涉上"利也"而誤。⊙俞樾曰:樂利,當爲"和樂","和樂"與"安禮"相對成文。⊙王先謙曰:二説竝通。⊙潘重規曰:利謹慎者,以謹慎爲利。"安禮樂"承上"禮"、"樂"而言,"利謹慎"承上"利"、"害"而言。⊙天海案:據文意,"利"或"則"之字誤。"安禮樂則謹慎而無鬭怒",文氣通暢,故冢説爲長。

〔一六〕楊倞注:忠有所雍塞,故通之。然而終歸於順也。⊙久保愛曰:忠,謂爭戾弼君也。其行似逆,而其實歸順也。通,達其義也。⊙楊柳橋曰:《易・繫辭》傳:"推而行之謂之通。"鄭玄《詩》箋:"之,至也。"通忠之順,謂推行忠誠以至於順從也。

⊙龍宇純曰：今由下“權險之平”句推之，“險”與“平”義相反，“忠”原當作“逆”。通逆之順，謂事君不能事事迎合其意以行，有時必須悖逆矯拂之以達順境。⊙天海案：“通忠之順”，達忠歸順也。楊注是，楊柳橋、龍宇純二説非也。之，猶歸也。下二“之”同此。説見裴學海《古書虚字集釋》。

〔一七〕楊倞注：權用危險之事，使至於平也。或曰：權，變也，既不可扶持，則變其危險，使治平也。⊙冢田虎曰：權與禮對，險與易反。下文所謂奪與殺，權也；上下易位，險也。言違禮義而行危險之事，而後成治平也。⊙久保愛曰：其行似險，而其實歸平也。權，稱量其輕重也。⊙天海案：權，衡平也。“權險之平”，猶言衡定險局使歸治平也。“權”與“平”相應，猶上文“通”與“順”相應也。諸説未得。

〔一八〕楊倞注：君雖禍亂，應聲而從之也。⊙梁啓雄曰：從聲，指唯唯諾諾地聽從君的命令。⊙楊柳橋曰：從，讀爲“縱”，放也。高誘《國策》注：“聲，勢也。”禍亂之從聲，謂將禍亂展至聲勢浩大也。⊙天海案：言國之禍亂，歸於姦佞隨聲附合闇主而致也。

〔一九〕楊倞注：闇君不知，所以殺害忠賢而身死國亡也。

〔二〇〕久保愛曰：致，盡也。⊙熊公哲曰：爭，同諍。戾，違戾。致，同至。⊙楊柳橋曰：出死，猶生死也。⊙天海案：善，使君向善。戾，捩同，轉也。功，使君有功。出死，猶出生入死也。致忠，極忠，盡忠也。

〔二一〕楊倞注：諫爭君然後能善，違逆君然後立功，出身死戰不爲私事而歸於至忠、至公。信陵君諫魏王請救趙，不從，遂矯君命破秦而魏國以安，故似之。

〔二二〕楊倞注：奪者，不義之名；殺者，不仁之稱；上下易位，則非貞也。而湯、武惡桀、紂之亂天下而奪之，是義也；不忍蒼生之涂炭而殺之，是仁也；雖上下易位，而使賢愚當分歸於正道，是貞也。⊙楊柳橋曰：《釋名》：“貞，定也。”⊙章詩同曰：貞，正。⊙張覺曰：貞，有操守。⊙天海案：貞，通正。《論語・衛靈公》：“君子貞而不諒。”《禮記・文王世子》：“一有元良，萬國以貞。”皆當訓“正”也。楊倞注是，楊、張二説非也。

〔二三〕章詩同曰：功參天地，功業和天地並列。⊙天海案：參，配也。功參天地，言其功與天地相配也。《國語・越語》：“夫人事必將與天地相參，然後乃可以成功。”

〔二四〕楊倞注：經，常也。但和順上意而無常守。⊙王先謙曰：君本過也，而曲通其情，以爲順善。⊙于省吾曰：“通情”不詞。錢氏《攷異》謂“通情”諸本作“同情”，是也。過而同情，言既有過而猶與之同情也。⊙楊柳橋曰：通，猶同也。郭璞《山海經》注：“同，猶通也。”可以互訓。⊙天海案：通，同也。二字可通，諸本正作“同”。同情，謂君過而與之同心也。經，義也，法則也。《易・頤卦》：“六五，拂經。”孔疏：“拂，違也；經，義也。”和而無經，謂苟和而不守義也。楊注非。

〔二五〕楊倞注：迷亂其君，使生狂也。⊙物雙松曰："狂生"見上，此言桀、紂也。⊙章詩同曰：迷亂狂生，迷亂之事，雜然叢生。⊙龍宇純曰：直，當是"徑"之誤，曲徑猶曲直，取"徑"叶韻也。⊙天海案：治，辨也。諸本"治"作"論"。狂生，如草木之瘋長也，説見《君道篇》。"迷亂狂生"，言君迷臣亂如草木之瘋長也。

〔二六〕天海案：飛廉、惡來，已見《儒效篇》。

〔二七〕楊倞注：此言反經合道如信陵、湯、武者也。所以斬之，取其齊也；以枉曲之取其順也；所以不同，取其一也。初雖似乖戾，然終歸於理者也。⊙天海案：此三句又見《榮辱篇》。

〔二八〕楊倞注：《詩·商頌·長發》之篇。球，玉也。鄭玄云："綴，猶結也。旒，旌旗之垂者。言湯既爲天所命，則受小玉，謂尺二寸圭也；受大玉，謂珽也，長三尺。執圭搢珽，以與諸侯會同，結定其心，如旌旗之旒縿著焉。"引此以明湯、武取天下，權險之平，爲救下國者也。⊙物雙松曰：小球大球，言異而同，注非。⊙冢田虎曰：小球大球，謂小國大國所執以朝覲之瑞玉也。⊙久保愛曰：毛萇曰："綴，表。旒，章也。"愛曰：小球大球，小國大國諸侯所執以爲贄也。爲下國表章，謂人皆瞻之也。⊙天海案：受小球大球，言接受下國所貢之大小珠玉也。綴，連綴之。旒，天子之冕旒也。王冠前後所懸垂之玉串謂之旒。此喻接受下國之朝拜也。

# 致士篇第十四〔一〕

衡聽、顯幽、重明、退姦、進良之術〔二〕。朋黨比周之譽，君子不聽；殘賊加累之譖，君子不用〔三〕；隱忌雍蔽之人，君子不近〔四〕；貨財禽犢之請，君子不許〔五〕。凡流言、流説、流事、流謀、流譽、流愬，不官而衡至者，君子慎之〔六〕。聞聽而明譽之〔七〕，定其當而當，然後士其刑賞而還與之〔八〕。如是，則姦言、姦説、姦事、姦謀、姦譽、姦愬，莫之試也；忠言、忠説、忠事、忠謀、忠譽、忠愬，莫不明通，方起以尚盡矣〔九〕。夫是之謂衡聽、顯幽、重明、退姦、進良之術〔一〇〕。

川淵深而魚鼈歸之，山林茂而禽獸歸之，刑政平而百姓歸之，禮義備而君子歸之〔一一〕。故禮及身而行脩，義及國而政明。能以禮挾而貴名白、天下願，令行禁止，王者之事畢矣〔一二〕。《詩》曰："惠此中國，以綏四方。"此之謂也〔一三〕。川淵者，龍之居也；山林者，鳥獸之居也；國家者，士民之居也。川淵枯則龍魚去之，山林險則鳥獸去之〔一四〕，國家失政則士民去之〔一五〕。

無土則人不安居，無人則土不守；無道法則人不至，無君子則道不舉〔一六〕。故土之與人也，道之與法也者，國家之本作也〔一七〕。君子也者，道法之揔要也，不可少頃曠也〔一八〕。得之則治，失之則亂；得之則安，失之則危；得之則存，失之則亡〔一九〕。故有良法而亂者有之矣，有君子而亂者，自古及今，未甞聞也。傳曰："治生乎君子，亂生乎小人。"此之謂也〔二〇〕。

【校釋】

〔一〕楊倞注：明致賢士之義。⊙物雙松曰：致仕者，使賢者來仕也。與七十致仕不同。⊙冢田虎曰：仕，當爲士，篇中不有仕之言，此論來士之術也。⊙久保愛曰：士，舊作"仕"，今據宋本、韓本改之。案本注，楊倞時未誤必矣。⊙吕思勉曰：此篇論人治數語，與《王制篇》復。"得衆動天"十六字，文體及意義並與上下文不相蒙；下文論及刑賞及師術，亦與致士無涉。蓋多他篇錯簡，或本篇本雜湊而成，而取其一端以名篇也。⊙天海案：致士，招致賢士也。

〔二〕楊倞注：衡，平也。謂不偏聽也。顯幽，謂使幽人明顯，不雍蔽也。重明，謂既明，又使明也。《書》曰："德明惟明。"能顯幽則重明矣，能退姦則良進矣。⊙久保愛曰：幽，謂幽隱之地。顯幽，《書》所謂"揚側陋"也。明，謂明顯之地。⊙俞樾曰：衡，當讀爲"横"，古横、衡同字。横、廣，音近義通。⊙王先謙曰：重明，猶《書·堯典》之"明明"。此言用人之術。⊙安積信曰：重，尊重也。⊙帆足萬里曰：衡，如"衡命"之"衡"，謂稱定其宜也。⊙張覺曰：幽，隱晦，指隱居之賢士。⊙天海案：衡聽，平衡其所聞，楊注是。顯幽，使隱居之賢顯明。重明，貴重賢明之士。

〔三〕楊倞注：殘賊，謂賊害人。加累，以罪惡加累，誣人也。⊙冢田虎曰：加累，加陵也。累，劣僞反。言犯陵病辱人也。⊙久保愛曰：《孟子》曰："賊仁者謂之賊，賊義者謂之殘。"⊙天海案：累，通縲。《左傳》成公三年："兩釋累囚，以成其好。"杜預注："累，繫也。"故累者，亦罪囚也。加累，即加罪。譖，誣陷之詞。

〔四〕楊倞注：隱，亦蔽也。忌，謂妬賢。雍，讀曰擁。⊙王念孫曰：隱忌即意忌，謂妬賢也。唯其意忌，是以雍蔽。意、隱聲相近。⊙梁啓雄曰：雍，借爲邕，"邕"今字作"壅"。⊙天海案：王説是。

〔五〕楊倞注：行賂請謁者也。⊙天海案：禽犢，古人以雁鵝牛羊之犢爲饋獻之物。字又見於《勸學篇》。

〔六〕楊倞注：流者，無根源之謂。愬，譖也。不官，謂無主首也。衡，讀爲"横"，横至，横逆而至也。⊙久保愛曰：不官而衡至者，不由其官，而自他來者也。⊙俞樾曰：流言之屬，一時而竝至，故曰"横至"，猶曰"大至"矣。⊙陶鴻慶曰："官"者，公也。《史記·孝文本紀》"五帝官天下"，《索隱》曰："官，猶公也。"是也。不官，謂不出於公論。楊注失之。⊙劉師培曰：官，與管同。不官，猶言"不管"，即恒言所謂無主名之物也。⊙梁啓雄曰：不官，即不公正。⊙張覺曰：官，官方。指正當途徑。⊙天海案：流者，虚浮之謂也。朱駿聲《説文定聲》曰："流，叚借爲浮。"是也。官，猶"管"也，劉説其字是，而訓其義則非。《管子·山國軌》："軌守其時，有官天財。"聞一多云："官，讀爲管。"官、管一聲之轉，故通。不管，猶言無人管束也，故使横至之也。衡，通横。横至，廣至也。楊注"横"字原作"撗"，今從《集解》本。

〔七〕楊倞注：君子聞聽流言、流説，則明白稱譽，謂顯露其事，不爲隱蔽。如此則姦人不敢獻其謀也。⊙物雙松曰：聞聽，當作開聽。⊙冢田虎曰："譽"字可疑也。觀於下"刑賞"，當作"毁譽"之與？或"察"字之誤與？注不通也。⊙久保愛曰：譽，疑當作"詧"，字之誤也。詧，古察字。⊙陶鴻慶曰：聞，乃"闇"字之誤，譽，乃"舉"字之誤，注同。此承篇首"顯幽"而言，故曰"暗聽而明舉之"。言聽之於暗而舉之於明也。⊙帆足萬里曰：聞聽，猶明聽也。⊙劉師培曰：《淮南子·主術篇》云"而臣情得上聞"，注云："聞，猶達也。"則聞聽者，即達聰之謂也。⊙鍾泰曰："明譽"之"譽"與"舉"通，謂明舉之也。⊙楊柳橋曰：譽，通豫。韋昭《國語》注："豫，備也。"⊙天海案：聞聽，義自明，字不誤。明譽，即明舉。譽、舉，二字古通，注文亦同，鍾説是。楊注本晰，諸説不當生其異説。

〔八〕楊倞注：士，當爲"事"，行也。言定其當否，既當之後，乃行其刑賞，反與之也。謂其言當於善，則事之以賞；當於惡，則事之以刑。當，丁浪反。⊙物雙松曰：使士師論其刑賞也。還與之者，賞還其善，刑還其惡也。⊙久保愛曰：士，《字彙》曰："察也，理也。"⊙郝懿行曰：士者，事也。古士、仕、事俱通用。此士，謂事其事也。⊙王引之曰："士"字義不可通。士，當爲"出"，字之誤也。高注《淮南·説林篇》曰："當，猶實也。"言定其善惡之實而當，然後出其刑賞而還與之也。⊙劉師培曰：定其當而當，"而"字係"不"字之訛。⊙高亨曰：王、劉説皆是。又考《王霸篇》"是則舜、禹還至，王業還起"，王念孫曰："還，即也。"此文之"還"，亦當"即"義。與，予也。而還與之，謂其當也即予以賞，其不當也予以刑也。⊙朝川鼎曰：刑賞，即謂賞也，"刑"字輕看。還，音"旋"，疾也。⊙于省吾曰：古文"事"、"使"同字，使，猶用也。謂然後用其刑賞而還與之也。⊙天海案："定其當而當"，"而"乃"不"字誤，劉説是。士，通伺，説見朱駿聲《説文·通訓定聲》。伺其刑賞，察其刑賞也。還與之，返與之。《爾雅》："還，復，返也。"謂其言當則返之以賞，不當則返之以刑也。

〔九〕楊倞注：明通，謂明白通達其意。方起，並起。尚，與上同。上盡，謂盡忠於上也。⊙俞樾曰：盡忠於上曰"上盡"，甚爲不詞。盡，當讀爲"進"。尚盡，猶言"上進”。⊙駱瑞鶴曰：忠，誠實不欺也。方與旁通，溥也，今以“滂”爲之，説見《説文》段注。尚，即崇尚。盡，極盡之而不遺。⊙天海案：諸“姦”字，皆詐僞之意；諸“忠”字，皆良善之意。由上下文“退姦、進良”可知也。方，通旁，旁訓溥。溥者，偏也。方起，即偏起。駱説是。尚盡，以盡忠爲尚，諸説皆非。

〔一〇〕盧文弨曰：下似當别爲一條。⊙天海案：此下原文未分段，現據盧校分之。

〔一一〕天海案：“禮義備”，錢佃《考異》云諸本作“禮義修”，巾箱本、《題注》本、遞修本亦作“禮義修”。《外傳》作“禮義修明，則君子懷之”。《意林》引此文，仍作“禮義備而君子歸之”。

〔一二〕楊倞注：挾，讀爲“浹”。能以禮義浹洽者，則貴名明白，天下皆願從之也。⊙盧文弨曰：貴名白，《王制篇》作“名聲日聞”，此恐有誤。⊙王念孫曰：“貴名白”三字不訛。《王制篇》“名聲日聞”，乃後人所改。⊙北大組曰：願，仰慕，敬服。⊙天海案：“貴名白”不誤，荀書多用之。天下願，天下心慕也。《王制篇》已見“天下願”三句。《外傳》用此文，作“天下順焉”。

〔一三〕楊倞注：《詩·大雅·民勞》之篇。中國，京師也。四方，諸夏也。引此以明自近及遠也。⊙楊柳橋曰：鄭玄箋：“惠，愛也。綏，安也。”

〔一四〕冢田虎曰：險，言斧斤入之而棲宿之危也。⊙久保愛曰：枯，讀爲“涸”。險，險阻也。⊙郝懿行曰：險，當爲“儉”，險、儉二字古通用。儉，如山之童，林木之濯濯皆是。⊙天海案：枯，如字，乾涸也。險，通儉，山光秃也。郝説是，他説非。

〔一五〕天海案：此下原文未分段，現依文意分之。

〔一六〕久保愛曰：《禮記》曰“其人存則其政舉”。⊙天海案：道，禮義也。法，法度也。舉，行也。“道不舉”，禮義不行也。

〔一七〕楊倞注：本作，猶本務也。⊙王念孫曰：作者，始也。始，亦本也。⊙天海案：本，原也。作，始也。本作，猶言原始也。

〔一八〕久保愛曰：摠要，猶言綱紀也。⊙天海案：摠要，猶關鍵也。曠，空缺也。

〔一九〕久保愛曰：“之”字皆指君子。

〔二〇〕盧文弨曰：前《王制篇》亦有此數語，或是脱簡於彼。

得衆動天〔一〕，美意延年〔二〕；誠信如神〔三〕，夸誕逐魂〔四〕。

人主之患，不在乎言用賢，而在乎誠必用賢〔五〕。夫言用賢者，口也；却賢者，行也〔六〕。口行相反而欲賢者之至，不肖者之退也，不亦難乎〔七〕？夫燿蟬者務在明其火、振其樹而已〔八〕，火不明，雖振其樹，無益也〔九〕。今人主有能明其德，則天下歸之，若蟬之歸明火也〔一〇〕。

臨事接民而以義，變應寬裕而多容。恭敬以先之，政之始也〔一一〕；然後中和察斷以輔之，政之隆也〔一二〕；然後進退誅賞之，政之終也。故一年與之始，三年與之終〔一三〕。用其終爲始，則政令不行，而上下怨疾，亂所以自作也〔一四〕。《書》曰："義刑義殺，勿庸以即汝，惟曰'未有順事'。"言先教也〔一五〕。

程者，物之準也〔一六〕；禮者，節之準也〔一七〕。程以立數，禮以定倫〔一八〕，德以敘位，能以授官〔一九〕。凡節奏欲陵而生民欲寬〔二〇〕。節奏陵而文，生民寬而安〔二一〕。上文下安，功名之極也，不可以加矣。君者，國之隆也；父者，家之隆也〔二二〕。隆一而治，二而亂，自古及今，未有二隆爭重而能長久者。

師術有四，而博習不與焉〔二三〕。尊嚴而憚，可以爲師；耆艾而信，可以爲師〔二四〕；誦説而不陵不犯，可以爲師〔二五〕；知微而論，可以爲師〔二六〕。故師術有四，而博習不與焉。水深而回〔二七〕，樹落則糞本〔二八〕，弟子通利則思師〔二九〕。《詩》曰："無言不讎，無德不報。"此之謂也〔三〇〕。

賞不欲僭，刑不欲濫〔三一〕。賞僭則利及小人，刑濫則害及君子。若不幸而過，寧僭無濫。與其害善，不若利淫〔三二〕。

【校釋】

〔一〕楊倞注：得衆則可以動天。言人之所欲，天必從之。⊙物雙松曰：言得衆人之意，可以感天心也。"得衆"以下四句，別是一章。

〔二〕楊倞曰：美意，樂意也。無憂患則延年也。

〔三〕楊倞曰：誠信則如神明。言物不能欺也。⊙久保愛曰：《禮記》曰："禍福將至，善必先知之，不善必先知之，故至誠如神。"⊙天海案：《不苟篇》有"誠信生神，夸誕生惑"之語，意同此。

〔四〕楊倞注：逐魂，逐去其精魂，猶喪精也。矜夸妄誕，作僞心勞，故喪其精魂。此四者皆言善惡之應也。⊙郝懿行曰：按四句一韻，文如箴銘，而與上下頗不相蒙，疑或他篇之誤脱。魂者，神也。夸，奢。誕，謾。所謂逐物意移，心動神疲者也。⊙王先謙曰：郝説是，今別爲一條。⊙鍾泰曰：此四句蓋古語，《荀子》引之者，以"得衆動天"一句也。"得衆"承上士民去之而言。疑上下有脱文，非他篇誤入此也。

⊙龍宇純曰：今以爲“魂”原當作“賢”，賢亦真部字而與“魂”雙聲，涉“神”字而誤爲“魂”耳。⊙天海案：“魂”字屬文部，與上文“天、年、神”不同部，龍説或可從也。此下原文未分段，現據衆説分之。

〔五〕盧文弨曰：此句有誤，當作“而在乎不誠用賢”。⊙王念孫曰：當作“而在乎不誠必用賢”，言用賢之不誠不必也。⊙王先謙曰：《治要》作“不在乎不言，而在乎不誠”。《治要》引書，多節刪而不增字，其引此文，“誠”有“不”字，此脱“不”字之明證。⊙久保愛曰：患，謂人主之所爲患也。⊙劉師培曰：《中論・亡國篇》引此文云：“人主之患，不在乎言不用賢，而在乎誠不用賢。”當據訂。此文之旨，蓋謂言不用賢，棄賢其名；誠不用賢，棄賢其實。今乙“言不”爲“不言”，又誤“誠不”爲“誠必”，失其義矣。⊙朝川鼎曰：必，當作“心”，字之誤也。⊙天海案：患，憂也。據下文“口行相反”之意，可知“必”乃“不”字之誤。下文“言用賢者口也，却賢者行也”。此“誠不用賢”即“却賢者”也，是其證。又，諸本“言”上有“不”字。

〔六〕楊倞注：無善行則賢不至也。⊙久保愛曰：却，退也。⊙天海案：却，辭也、拒也。

〔七〕物雙松曰：口行，言行也。⊙劉師培曰：《中論》引“至”作“進”，無兩“之”字。進、退對文，義亦較長。

〔八〕郝懿行曰：燿者，照也。燿蟬者，火必明而後蟬投焉，蟬以陽明爲趨也。照蟹者，火必闇而後蟹赴焉，蟹以陰闇爲居也。二者，君子小人之分途也。故明主求賢如燿蟬，闇主蒐慝如照蟹。

〔九〕楊倞曰：南方人照蟬，取而食之。《禮記》有“蜩范”是也。

〔一〇〕天海案：《中論》引此，“德”下有“者”字，於義較長，可據補。明其德，使其德行顯著也。

〔一一〕楊倞注：多容，廣納也。⊙天海案：臨事，治事也。接民，待民也。義，宜也。變應，猶應變。

〔一二〕楊倞注：政之崇高在輔以中和察斷。斷，丁亂反。⊙王念孫曰：政之隆，謂政之中也。⊙陶鴻慶曰：隆，訓爲“盛”。《禮記・檀弓》：“道隆則從而隆。”《釋文》：“隆，盛也。”⊙天海案：中和，中正平和也。《王制篇》：“中和者，聽之繩也。”正爲此文注脚。察斷，明斷也。隆，中也。王説義長。

〔一三〕楊倞注：夫不教而殺謂之虐。故爲政之始，寬裕多容；三年政成，然後進退誅賞也。⊙冢田虎曰：言與賢者爲其始終也。其曰三年者，依三歲一考之制，且取乎“三年有成”之語也與！注“與之”之意不明。⊙久保愛曰：與、以，古通用。⊙朝川鼎曰：《論語・子路篇》所謂“三年有成”之義。

〔一四〕楊倞注：先賞罰後德化則亂。⊙朝川鼎曰：用其終爲始，謂逆施失序也。⊙天海案：自作，自起也。“而”字，巾箱三本並無。

〔一五〕楊倞注：《書·康誥》。言雖義刑義殺，亦勿用即行之，當先教後刑也。雖先後不失，尚謙曰"我未有順事，故使民犯法"，躬自厚而薄責於人也。⊙帆足萬里曰：即汝，以己私意斷之也。⊙天海案：今《尚書·康誥》作"用其義刑義殺，勿庸以次汝封。乃汝盡遜，曰時叙，惟曰，未有遜事"。與《荀》所引大異。《宥坐篇》亦引此數語，惟"汝惟"作"予維"，彼注云："言周公命康叔使以義刑義殺，勿用以就汝之心，不使任其喜怒也。"義，宜也。庸，用也。即汝，就汝也。順，慎也。此引語猶言宜刑宜殺，也不要用來就汝之意，只能説是自己未能謹慎治理國事。王先謙《集解》本於"即"下斷句，後人多從之，非也。

〔一六〕楊倞注：程者，度量之揔名也。⊙天海案：準，標準。下同此。

〔一七〕楊倞注：節，謂君臣之差等也。⊙鍾泰曰：節，即下文所云"節奏"。複言之曰節奏，單言之則曰節，一也。《非相篇》"節族久而絶"，節族即節奏。彼注云："節，制度也。"是也。此以節爲君臣之差等，於義太狹，失之。⊙梁啓雄曰：《禮記·樂記》注："節，法度也。"

〔一八〕楊倞注：言有程則可以立一二之數，有禮則可以定君臣父子之倫也。⊙古屋鬲曰：數，度量數制之數。⊙帆足萬里曰：倫，人倫也。⊙天海案：數，度量之數也。倫，人倫序次也。

〔一九〕楊倞注：度其德，以序上下之位；考其能，以授所任之官。若夔典樂，伯夷典禮之比也。

〔二〇〕楊倞注：節奏，謂禮節奏。陵，峻也。侵陵，亦嚴峻之義。生民，謂以德教生養民也。言人君自守禮之節奏，則欲嚴峻不弛慢；養民則欲寬容不迫切之也。⊙冢田虎曰：陵，高峻也。⊙久保愛曰：陵，稜通，言有廉隅也。⊙王念孫曰：楊説"陵"字義及下"節奏陵而文"，注皆非是。陵，謂嚴密也，故與寬相反。《富國篇》"寬饒簡易"、"陵謹盡察"，陵謹與寬饒亦相反。節奏陵謹，即此所云"節奏欲陵"也。⊙天海案：陵，嚴密也。王説是。生民，養民也。

〔二一〕楊倞注：節奏雖峻，亦有文飾，不至於刻急。⊙郝懿行曰：節奏陵而文，敦禮讓也；生民寬而安，樂太平也。⊙王念孫曰：而，猶"則"也。⊙天海案：陵而文，嚴而文也。

〔二二〕楊倞注：隆，猶尊也。⊙天海案：爭重，猶爭權也。

〔二三〕楊倞注：術，法也。言有四德則可以爲人師。師法不在博習也。與，音"豫"。⊙劉師培曰：《初學記》十八、《御覽》四百四並引，"博"作"傳"，義較長。⊙天海案：博習，即博學也。作"傳"者誤。不與焉，不在其中也。下同此。

〔二四〕楊倞注：五十曰艾，六十曰耆。⊙冢田虎曰：憚，言有爲子弟所畏敬也。

〔二五〕楊倞注：誦，謂誦經。説，謂解説。謂守其誦説，不自陵突觸犯，言行其所學。⊙久保愛曰：犯，謂犯先師所傳之義。⊙王先謙曰：不陵不犯，謂謹守師説者。

⊙陶鴻慶曰：陵、犯，謂如聚徒講學，譏訕時政之類。⊙鍾泰曰：不陵不犯，指禮言。謂不陵禮不犯禮也。楊説爲近之。⊙梁啓雄曰：伯兄曰："陵，陵亂也。犯，違忤也。不陵不犯，即善守師説之意。"⊙天海案：誦説，即述説，本一詞，不當分訓之。此誦説乃傳述師説，故言不陵越不突犯也。"不犯"二字，《初學記》引此文無。

〔二六〕楊倞注：知精微之理而能講論。論，盧困切。⊙久保愛曰：論，如字，楊音非。⊙郝懿行曰：論，與"倫"，古字通。言知極精微而皆中倫理也。⊙鍾泰曰；郝説論與"倫"通，是也，而解則非。倫，類也。知微而倫，猶言知微而類。謂能通其統類也。⊙天海案：知微而論，知其精微而有論説。楊注是，他説非。

〔二七〕楊倞注：回，流旋也。水深不湍峻，則多旋流也。⊙天海案：回，與"迴"同。"而回"，巾箱諸本又作"則回"。

〔二八〕楊倞注：謂木葉落，糞其根也。⊙郝懿行曰：二句喻弟子於師，不忘水源木本之意。⊙天海案：糞，肥也。"則"字，巾箱諸本無。

〔二九〕楊倞注：思其厚於己也。⊙天海案：通利，通達順利。

〔三〇〕楊倞注：此言爲善則物必報之也。⊙久保愛曰：《詩·大雅·抑篇》。讎，亦報也。⊙帆足萬里曰："師術"以下至引《詩》，疑是錯簡。⊙楊柳橋曰：鄭玄《詩》箋："讎，猶答也。"鄭玄《禮記》注："言，謂先發口也。"孔疏："言，猶問也。"⊙天海案：讎，通"酬"。《外傳》引此《詩》正作"酬"。又，"《詩》曰"以下十四字，巾箱本、《題注》本、遞修本誤在篇末"不若利淫"句下。錢佃《考異》云："諸本此四句在篇末'不若利淫'之後，非。"

〔三一〕楊柳橋曰：本章與《左傳》襄公二十六年所載聲子之言略同。孔穎達疏："僭，謂僭差；濫，謂濫佚。"又哀公五年"不僭不濫"，杜預注："僭，差也。濫，溢也。"孔疏之所本也。⊙天海案：僭，差失，過分也。

〔三二〕冢田虎曰：此篇章次不第。且"程者物之準也"以下數章，殊不倫也。蓋是與他諸篇錯亂也爾！⊙盧文弨曰：此數語全本《左傳》。考荀卿以《左氏春秋》授張蒼，蒼授賈誼。荀子固傳《左氏》者之祖師也。⊙章詩同曰：利淫，於小人有利。⊙北大組曰：淫，放蕩不檢，此指犯罪之人。⊙熊公哲曰：僭賞，賞過其功。濫刑，刑浮其罪。⊙天海案：《尚書·大禹謨》"與其殺不辜，寧失不經"，亦"寧僭無濫"之意。利淫，有利於放縱作惡之人也。淫，善之反也。

# 荀子校釋　卷第十

## 議兵篇第十五〔一〕

臨武君與孫卿子議兵於趙孝成王前〔二〕。王曰："請問兵要。"臨武君對曰："上得天時〔三〕，下得地利〔四〕，觀敵之變動，後之發，先之至，此用兵之要術也〔五〕。"孫卿子曰："不然。臣所聞古之道，凡用兵攻戰之本在乎壹民。弓矢不調，則羿不能以中微；六馬不和，則造父不能以致遠；士民不親附，則湯、武不能以必勝也。故善附民者，是乃善用兵者也。故兵要在乎善附民而已〔六〕。"臨武君曰："不然。兵之所貴者，埶利也〔七〕；所行者，變詐也〔八〕。善用兵者，感忽悠闇，莫知其所出〔九〕，孫吴用之，無敵於天下，豈必待附民哉〔一〇〕！"

孫卿子曰："不然。臣之所道，仁人之兵，王者之志也〔一一〕。君之所貴，權謀埶利也；所行攻奪變詐者，諸侯之事也〔一二〕。仁人之兵，不可詐也。彼可詐者，怠慢者也，路亶者也〔一三〕，君臣上下之閒滑然有離德者也〔一四〕。故以桀詐桀，猶巧拙有幸焉〔一五〕。以桀詐堯，譬之若以卵投石，以指撓沸〔一六〕，若赴水火，入焉焦没耳〔一七〕。故仁人上下〔一八〕，百將一心，三軍同力〔一九〕。臣之於君也，下之於上也，若子之事父，弟之事兄，若手臂之扞頭目而覆胸腹也，詐而襲之，與先驚而後擊之，一也〔二〇〕。且仁人用十里之國，則將有百里之聽〔二一〕；用百里之國，則將有千里之聽；用千里之國，則將有四海之聽；必將聰明警戒，和傳而一〔二二〕。故仁人之兵，聚則成卒，散則成列〔二三〕；延則若莫邪之長刃，嬰之者斷；兑則若莫邪之利鋒，當之者潰〔二四〕；圜居而方止，則若盤石然，觸之者角摧〔二五〕；案角鹿埵、隴種、東籠而退耳〔二六〕。且夫暴國之君，將誰與至哉〔二七〕？彼其所與至者，必其民也。而其民之親我，歡若父母；其好我，芬若椒蘭〔二八〕。彼反顧其上，則若灼黥〔二九〕，若仇讎。人之情，雖桀、跖，豈又肯爲其所惡賊其所好者哉〔三〇〕？是猶使人之子孫自賊其父母也，彼必將來告之，夫又何可詐也〔三一〕？故仁人用，國日明〔三二〕，諸侯先順者安，後順者危，慮敵之者削，反之者亡〔三三〕。《詩》曰：'武王載發，有虔秉鉞。如火烈烈，則莫我敢遏。'此之謂也〔三四〕。"



【校釋】

〔一〕梁啓超曰：《議兵篇》《彊國篇》，此兩篇承認當時社會上最流行之國家主義，而去其太甚。⊙吕思勉曰：此篇論用兵之理極精。《韓詩外傳》《新序》《史記·禮書》《漢書·刑法志》皆載之。⊙天海案：本篇集中論述君主用兵之道，反映了荀子的軍事思想。其核心是以仁義壹民、附民，以禮法任將治軍。此外還闡述了一些具體的戰略戰術原則，並彊調了戰爭中政治策略的重要性。此篇皆對話，又稱荀卿爲"孫卿子"，疑爲其弟子所録也。

〔二〕楊倞注：臨武君，蓋楚將，未知姓名。《戰國策》曰："天下合從，趙使魏加見楚春申君曰：'君有將乎？'春申君曰：'有矣，僕欲將臨武君。'魏加曰：'臣少之時好射，臣願以射譬，可乎？'春申君曰：'可。'魏加曰：'異日者，更羸與魏王處京臺之下，更羸曰："臣能爲王引弓虚發而下鳥。"有閒，鳴雁從東方來，更羸以虚發而下之。王曰："射之精乃至於此乎？"更羸曰："此孽也。"王曰："先生何以知之？"對曰："其飛徐者，其創痛也。其鳴悲者，久失羣也。故創痛未息而驚心未去，聞弦音烈而高飛，故隕也。今臨武君嘗爲秦孽，不可以爲距秦之將。"'"趙孝成王，晉大夫趙夙之後，簡子十世孫。或曰：劉向叙云："孫卿至趙，與孫臏議兵趙孝成王前。"臨武君即孫臏也。今按《史記·年表》，齊宣王二年，孫臏爲軍師，則敗魏於馬陵，至趙孝成王元年，已七十餘年，年代相遠，疑臨武君非此孫臏也。⊙盧文弨曰：楊氏改書名作《荀卿子》，而此篇正文仍作孫卿子，依漢以來相傳之舊也，本篇内"微子開封於宋"注甚明。注"更羸"，《楚策》作"更嬴"。又"其故創痛也"，《策》無"其"字，此注脱"故"字，今增。又"故創未息"作"故創痛未息"，今從《策》删"痛"字。⊙天海案：正文"孫卿子"字，巾箱本、《題注》本、遞修本並無"子"字，《外傳》用此文亦無，《治要》録此則作"荀卿"，下同此。楊注所引《國策》之文本通暢，不必以今之《策》文律之，故不從盧校。又，楊注中“今按”原誤作“今桉”，徑改。

〔三〕楊倞注：若順太歲、反孤虚之類也。

〔四〕楊倞注：若右背山陵、前左水澤之比也。

〔五〕久保愛曰：敵發而後發，敵未至而先至。⊙天海案：此句《外傳》作“此兵之要也”。

〔六〕王念孫曰：元刻無“善”字。案無“善”字者是也。《羣書治要》亦無“善”字。⊙劉師培曰：“善”非衍字，《新序·雜事》三述此文亦作“務在善附”。⊙天海案：“中微”之“微”、“善用兵者也”之“者”、“在乎善附民”之“善”，此三字巾箱三本皆無。《治要》無“臣所聞”之“臣”字，“攻戰”作“戰攻”。

〔七〕楊倞注：乘埶爭利。⊙章詩同曰：埶利，利用形勢和客觀有利條件。⊙龍宇純曰：埶利當謂形埶便利，或形埶地利。

〔八〕楊倞注：奇計。⊙盧文弨曰：“所行”，《新序》三作“所上”。⊙北大組曰：變詐，變化無常，行動隱秘，迷惑對方的手段。⊙天海案：《新序》作“變詐攻奪也”。

〔九〕楊倞注：感忽、悠闇，皆謂倏忽之間也。感忽，恍忽也。悠闇，遠視不分辨之貌。莫知所從出，謂若九天之上，九地之下，使敵人不測。魯連子曰“棄感忽之恥，立累世之功”也。⊙傅山曰：“感”字當是“惑”字。⊙物雙松曰：感忽悠闇，當是怳忽杳闇之轉。⊙盧文弨曰：《新序》又作“奄忽”，義亦同。注“立”字舊脱，今補。⊙郝懿行曰：感，讀如筬。筬、撼，古今字也。感忽，摇疾之意。悠闇，神秘之意。兵貴神速，如處女、脱兔之喻也。⊙帆足萬里曰：感，感物應卒之謂。⊙劉師培曰：感忽，《新序》作“奄忽”。感、奄聲近，奄忽者，即隱微之義也。悠，訓爲遠；闇，兼有深義。悠闇者，即深遠之義也。此言善用兵者，其術隱微而深遠。故下語言“莫知其所從出”也。⊙章詩同曰：感忽，變化倏忽無常。悠闇，行動神秘莫測。⊙張覺曰：感忽，模糊不清，指難以捉摸。⊙天海案：楊注“倏忽之間也”下，“感忽”上當有“或曰”二字，否則其説前後不一也。注文“立”字原無，據盧校補之。感忽，猶恍忽，楊注後説是。悠闇，即幽闇。悠、幽同部，故可通。恍忽幽闇，言其用兵隱約不清、深藏不露也。“其”字，巾箱三本無。“用兵”，《新序》作“用之”，《治要》亦同。《外傳》作“善用之者猶脱兔”。

〔一〇〕楊倞注：孫，謂吴王闔閭將孫武。吴，謂魏武侯將吴起也。⊙天海案：此下原文未分段，現據文意分之。

〔一一〕楊倞注：帝王之志意如此也。⊙冢田虎曰：道，如字。即上文所謂“臣所聞古之道”也。⊙久保愛曰：道，言也。⊙朝川鼎曰：志，當作“事”，《外傳》作“聖王之事也”。⊙天海案：所道，所言。冢説非，久説是，《新序》正作“所言者”。志，《新序》此句作“君人之事也”，故當作“事”，作“志”者，音之誤也。

〔一二〕天海案：此數句《新序》作“君之所言者，勢利也；所上者，變詐攻奪也”，無“諸侯之事也”五字。

〔一三〕楊倞注：路，暴露也。亶，讀爲袒。露袒，謂上下不相覆蓋。《新叙》作“落單”。⊙郝懿行曰：路亶，《新序》作“落單”，蓋離落單薄之意。⊙王念孫曰：路單，猶羸憊也。或言“路亶”、或言“路單”、或言“落單”，其義一而已。⊙帆足萬里曰：路亶，《新序》作“落單”，似是。落單，零落也。⊙天海案：路亶，《新序》作“落單”，是也。落單者，脱離大軍而勢單力薄者，此亦可詐者也。《治要》無“路亶者也”四字，《外傳》亦無。

〔一四〕楊倞注：滑，亂也。音骨。言彼可欺詐者，皆如此之國也。⊙王引之曰：滑，當爲“涣”。《序卦》曰：“涣者，離也。”下文“事大敵堅則涣然離耳”，是涣爲離貌，故“涣然有離德”。俗書涣、滑二字略相似，故“涣”譌爲“滑”。《新序》正作“涣然有離德”。《外傳》作“突然有離德”，“突”乃“奂”之譌。涣、奂古字通。⊙久保愛曰：滑、涣、霍，蓋古音通。⊙天海案：滑、涣、霍三字上古聲韻皆不同，何由相通？久説非。王説“滑”乃“涣”字之譌，可從也。又“者”字諸本皆無。

〔一五〕物雙松曰：言以桀詐桀，猶有巧拙之分，可以幸其勝也。⊙天海案：《治要》無“巧拙”二字，《外傳》作“以跖而詐桀，猶有功拙幸焉”。《新序》同《治要》，無“巧拙”二字。

〔一六〕楊倞注：撓，攪也。以指撓沸，言必爛也。《新序》作“以指繞沸”。⊙天海案：巾箱三本無“若”字。

〔一七〕王念孫曰：焉，猶“則”也，説見《釋詞》。⊙天海案：《外傳》作“以卵投石，抱羽毛而赴烈火，入則燋也”。《新序》作“如羽蹈烈火，入則焦没耳”。

〔一八〕楊倞注：説仁人上下相愛意。⊙冢田虎曰：此句不屬下文。《新序》作“故仁人之兵”，是也。今作“上下”，誤文耳。⊙梁啓雄曰：當爲“仁人在上”。⊙天海案：《新序》“故仁人之兵”下接“鋌則若莫邪之利刃”等文，冢説非也。《治要》作“故仁人上下一心”，無“百將”二字，於文爲順。

〔一九〕天海案：《新序》“夫有何可詐也”三出，兩處下接“故仁人之兵”，一見上，一則下接“或將三軍同力，上下一心”，與此略同。

〔二〇〕楊倞注：先驚頭目，使知之而後擊之，豈手臂有不救也？⊙物雙松曰：驚，警也。使其有備也。⊙王先謙曰：言此兩者俱無所用，注義似隔。⊙鍾泰曰：先驚而後擊之，謂鳴鐘鼓而伐之也。詐而襲之與此一也者，用詐與不用詐同，則詐無所用矣。⊙天海案：扞，同“捍”，衛也。《新序》正作“捍”。覆，護也。手臂之喻屬上文“仁人上下”數句，言兄弟、父子、臣下之捍護君主也。楊注言其“先驚頭目”云云，不得其意也。詐而襲之，必使人警覺，故言與先驚動對方而後擊之是一樣的後果。王説“兩者俱無所用”，亦未得也。

〔二一〕楊倞注：聽，猶耳目也。言遠人自爲其耳目。或曰：謂間諜者。⊙天海案：聽，聰也。此謂仁人耳聰目明。楊注兩説皆非。下文“必將聰明警戒，和傳而一”，是其證。

〔二二〕楊倞注：耳目明而警戒，相傳以和，無有二心也。一云：傳，或爲“博”。博，衆也。而一，如一也。言和衆如一也。⊙傅山曰：傳字亦何不可？⊙冢田虎曰：注“明”上脱“聰”字。⊙久保愛曰：傳，疑當作“傅”，與“附”同。⊙王先謙曰：傳，爲“摶”之誤，説見《儒效篇》。⊙天海案：傳，通團。和傳，即親和團聚之謂也。楊注不是，諸説皆未得。《靈樞·大惑論》“陰陽合傳”，王冰注：“傳，與團通。”是其證也。

〔二三〕楊倞注：卒，卒伍。列，行列。言動皆有備也。⊙楊柳橋曰：鄭玄《禮記》注：“軍法，百人爲卒。”

〔二四〕楊倞注：兑，猶聚也。與隊同。謂聚之使短。潰，壞散也。《新序》作“鋭則若莫邪之利鋒也”。⊙物雙松曰：延、兑、圜居、方正，皆言陣形也。⊙古屋鬲曰：陣法有方、圓、曲、直、鋭。延者，直陣是也。⊙盧文弨曰：“延”，《新序》作“鋋”，《外傳》三作“延居”，又“兑”作“鋭居”。東西曰延。嬰，今“攖”字。謂横布則其鋒長，攖之則斷也。兑，讀爲“鋭”。謂直擣則其鋒利遇之者潰也。《外傳》兩“居”字與下文“圜居”一例，可知注未是也。⊙郝懿行曰：延者，長也。兑與鋭同，古字通也。楊注非。⊙天海案：延，長直之陣也。嬰，同攖，觸犯也。兑，同鋭，楔形之陣也。二“邪”字，諸本又作“耶”。

〔二五〕楊倞注：圜居方止，謂不動時也。則如大石不可移動也。⊙盧文弨曰：方止，各本作“方正”，今從《新序》。《外傳》作“方居”。⊙帆足萬里曰：“角摧”之“角”，因下文誤衍。⊙天海案：圜，圓也。圜居，指環形之陣而駐守。方止，原作“方正”，據盧校改，注亦同。《外傳》作“觸之角摧折節而退爾”。據上文“嬰之者斷”、“當之者潰”之例，此當作“觸之者摧”，“角”字疑衍。《新序》作“觸之者隴種而退耳”。

〔二六〕楊倞注：其義未詳，蓋皆摧敗披靡之貌。或曰：鹿埵，垂下之貌，如禾實垂下然。埵，丁果反。隴種，遺失貌，如隴之種物然。或曰：即龍鍾也。“東籠”與“涷隴”同，沾溼貌，如衣服之沾溼然。於《新序》作“隴鍾而退”，無“鹿埵”字。⊙劉台拱曰：“鹿埵”上“角”字，涉上而誤衍。案，語詞。⊙郝懿行曰：此等皆古方俗之言，不必强解。⊙天海案：此句乃承上文“觸之者角摧”而言，且自注之文也。“角鹿埵”三字疑作“鹿角埵”，似釋“角摧”之語；“東籠”二字疑爲“隴種”旁記之文，正文只作“案隴種而退耳”。《新序》正文無此五字。隴種，古之俗語，大意爲衰敗狼狽之貌，猶後世所言“龍鍾老態”之“龍鍾”，然不可强説也。楊注“垂下”之“垂”、“即龍鍾也”之“龍”，二字原無，據盧校補之。

〔二七〕梁啓雄曰：《説文》：“與，黨與也。”⊙包遵信曰：與，從也。

〔二八〕天海案：歡若父母，《外傳》作“歡如父子”，《新序》作“歡然如父母”。

芬，芳也，香也。《外傳》作“民之親我也，芬如椒蘭”。《新序》作“好我芳如椒蘭”。文小異。

〔二九〕楊倞注：如畏灼黥。⊙天海案：灼，火烙之刑。黥，墨刑，刺字於面以墨涂之。

〔三〇〕久保愛曰：又，讀爲“有”。《新序》作“有”。⊙天海案：“惡”下，《新序》有“而”字，當據補，否則文氣不暢。

〔三一〕楊倞注：不可得詐襲也。⊙久保愛曰：《孟子》曰：“率其子弟，攻其父母，自生民以來，未有能濟者也。”⊙天海案：“彼必將來告之”，《外傳》作“彼則先覺其失”。《新序》無此二句。

〔三二〕楊倞注：日益明察。⊙俞樾曰：楊注非也。明之言盛也。國日明，猶言國日盛也。⊙鍾泰曰：此謂“用國日明”，即承上而言，則明自謂聰明也，安得以“盛”釋之？⊙天海案：“仁人用”逗，“國日明”句。楊注、鍾説並讀此爲一句，故其訓也誤。明，盛也。國日盛，故下文言諸侯順、危、削、亡，是其證。故俞説是。

〔三三〕楊倞注：謀慮與之爲敵者，土地必見侵削。反，謂不服從也。⊙王先謙曰：慮，大氐也。説見《王制篇》。⊙朝川鼎曰：“慮”字或衍。⊙天海案：慮，猶欲也。欲敵之者，將被削滅也。楊注非。

〔三四〕楊倞注：《詩·殷頌》。武王，湯也。發，讀爲旆。虔，敬。遏，止也。湯建旆興師，本由仁義，雖用武持鉞，而猶以敬爲先，故得如火之盛，無能止之也。⊙郝懿行曰：發，揚起也，猶《書》之言“我武惟揚”也。《毛詩》作“載旆”，傳云：“旆，旗也。”《毛詩》本出荀卿，不應有異。《外傳》引亦作“旆”。⊙梁啓雄曰：《毛詩傳箋通釋》：“載與哉通，始也。”載發，即始發，謂始興師。⊙天海案：《外傳》《新序》並用此文，小有異同。又，此下原文未分段，現據文意分之。

孝成王、臨武君曰：“善，請問王者之兵設何道，何行而可〔一〕？”

孫卿子曰：“凡在大王，將率末事也〔二〕。臣請遂道王者、諸侯强弱存亡之效，安危之埶〔三〕：君賢者其國治，君不能者其國亂；隆禮貴義者其國治，簡禮賤義者其國亂。治者强，亂者弱，是强弱之本也。上足卬則下可用也，上不卬則下不可用也〔四〕。下可用則强，下不可用則弱，是强弱之常也。隆禮效功，上也；重禄貴節，次也；上功賤節，下也：是强弱之凡也〔五〕。好士者强，不好士者弱〔六〕；愛民者强，不愛民者弱；政令信者强，政令不信者弱〔七〕；民齊者强，不齊者弱〔八〕；賞重者强，賞輕者弱〔九〕；刑威者强，刑侮者弱〔一〇〕；械用、兵革攻完便利者强〔一一〕，械用、兵革窳楛不便利者弱〔一二〕；重用兵者强，輕用兵者弱〔一三〕；權出一者强，權出二者弱〔一四〕：是强弱之常也〔一五〕。

齊人隆穉擊〔一六〕，其技也，得一首者則賜贖錙金，無本賞矣〔一七〕。是事小敵毳則偷可用也〔一八〕，事大敵堅則涣然離耳〔一九〕，若飛鳥然。傾側反覆無日〔二〇〕，是亡國之兵也，兵莫弱是矣。是其出賃市傭而戰之，幾矣〔二一〕。魏氏之武卒，以度取之〔二二〕，衣三屬之甲〔二三〕，操十二石之弩，負服矢五十个，置戈其上〔二四〕，冠軸帶劍〔二五〕，贏三日之糧，日中而趨百里〔二六〕。中試則復其户，利其田宅〔二七〕，是數年而衰而未可奪也，改造則不易周也〔二八〕。是故地雖大其税必寡，是危國之兵也〔二九〕。秦人其生民也陿阸，其使民也酷烈〔三〇〕，劫之以埶〔三一〕，隱之以阸〔三二〕，忸之以慶賞〔三三〕，鰌之以刑罰〔三四〕，使天下之民所以要利於上者，非鬬無由也〔三五〕。阸而用之，得而後功之〔三六〕，功賞相長也，五甲首而隸五家〔三七〕，是最爲衆强長久，多地以正。故四世有勝，非幸也，數也〔三八〕。故齊之技擊，不可以遇魏氏之武卒；魏氏之武卒，不可以遇秦之鋭士；秦之鋭士，不可以當桓、文之節制；桓、文之節制，不可以敵湯、武之仁義〔三九〕。有遇之者，若以焦熬投石焉〔四〇〕。兼是數國者，皆干賞蹈利之兵也，傭徒鬻賣之道也，未有貴上、安制、綦節之理也〔四一〕。諸侯有能微妙之以節，則作而兼殆之耳〔四二〕。

故招近募選，隆埶詐、尚功利，是漸之也〔四三〕；禮義教化，是齊之也〔四四〕。故以詐遇詐，猶有巧拙焉〔四五〕；以詐遇齊，辟之猶以錐刀墮大山也〔四六〕；非天下之愚人莫敢試，故王者之兵不試〔四七〕。湯、武之誅桀、紂也，拱揖指麾，而强暴之國莫不趨使〔四八〕，誅桀、紂若誅獨夫。故《泰誓》曰‘獨夫紂’，此之謂也〔四九〕。

故兵大齊則制天下，小齊則治鄰敵〔五〇〕。若夫招近募選，隆埶詐、尚功利之兵，則勝不勝無常，代翕代張、代存代亡，相爲雌雄耳矣〔五一〕。夫是之謂盜兵，君子不由也〔五二〕。故齊之田單，楚之莊蹻，秦之衛鞅，燕之繆蟣，是皆世俗之所謂善用兵者也〔五三〕，是其巧拙强弱，則未有以相君也，若其道一也〔五四〕，未及和齊也〔五五〕，掎契司詐，權謀傾覆,未免盜兵也〔五六〕。齊桓、晉文、楚莊、吴闔閭、越句踐,是皆和齊之兵也,可謂入其域矣〔五七〕,然而未有本統也〔五八〕,故可以霸而不可以王。是强弱之效也〔五九〕。"

【校釋】

〔一〕楊倞注:設,謂制置。道,謂論説教令也。行,動用也。⊙王念孫曰:道,術也。楊以"道"爲論説教令,失之。⊙王先謙曰:設,猶用也。⊙天海案:設,施也,置也。道,術也。行,爲也。又,此句承上啓下,原文未分段提行,現據文意分之。

〔二〕桃源藏曰:此論用兵本末也。"大王"二字不通,當作"於軍"。下文曰"凡在於軍,將率末事也"。⊙安積信曰:凡在大王,四字總括。

〔三〕楊倞注:率,與帥同,所類反。道,説也。效,驗也。孝成王見荀卿論兵謂王者以兵爲急,故遂問用兵之術。荀卿欲陳王道,因不答其問,故言凡在大王之所務,將帥乃其末事耳,所急教化也,遂廣説湯、武、五霸及戰國諸侯之事。⊙物雙松曰:遂道者,終其説也。⊙王先謙曰:以下文"凡在於軍,將率末事也"證之,是謂凡在大王之將率者,皆末事也。楊注誤。⊙潘重規曰:下文所云"凡在於軍,將率末事也",謂凡軍旅之事,以仁義修政爲本,而將率乃其末也。此對孝成王之問,欲其行仁政,修政之本在於王,故亟稱曰"凡在大王"。楊注是也。⊙天海案:凡在大王,言用兵之道及其實行,皆在大王。此荀卿答辭也,楊注、潘説是,桃、安、王三説非。遂,盡也。《素問》"請遂聞之",王冰注:"遂,盡也。"遂道,盡道之。又"將率"下,巾箱本、《題注》本、遞修本並有"皆"字。

〔四〕楊倞注:卭,古"仰"字。不仰,不足仰也。下託上曰仰,宜向反。能教且化,長養之,是足仰。⊙盧文弨曰:以注觀之,正文當本是"上不卭",衍"足"字。⊙久保愛曰:本注"不仰"以下二十四字,《標注》本無。《韻會》"仰"字注引無"不仰,不足仰也"六字。⊙梁啓雄曰:足仰,謂君賢足爲人民所仰望。不足仰,反是。⊙天海案:仰,依賴也。《廣雅》:"仰,恃也。"上足仰,謂君主爲臣民所依仗也。上不仰,即君主不可依仗也。原作"上不足卭",據盧校及楊注删"足"字。

〔五〕楊倞注:效,驗也。功,戰功也。效功,謂不使賞僭也。重禄,重難其禄,不使素餐也。節,忠義也。君能隆禮驗功則强,上戰功,輕忠義則弱。大凡如此也。⊙久保愛曰:重禄,厚禄也。《禮記》曰"忠信重禄"。節,節義也。⊙朝川鼎曰:隆禮效功,此是治國之功。上功賤節,所上者是戰功也。先君曰:"效,致也。"⊙楊柳橋曰:《小爾雅》:"凡,要也。"顔師古《漢書》注:"凡,大指也。"⊙天海案:效功,驗功也。功,皆言戰功。此乃論用兵,非論治國,故楊注是。重禄,厚禄。楊注非。節,操守也。凡,常也。楊注非。

〔六〕楊倞注：士，賢士也。⊙天海案：士，戰士也。《孟子·公孫丑》下"子之持戟之士"，朱熹集注："士，戰士也。"

〔七〕楊倞注：信，謂使下可信。⊙久保愛曰：《説苑》曰："布令信，而不食言。"是也。

〔八〕楊倞注：齊，謂同力。⊙王念孫曰：元刻"不齊"上亦有"民"字，是也。⊙天海案：巾箱本、《題注》本、遞修本俱有"民"字。民齊，謂人民齊心脅力。

〔九〕楊倞注：重難其賞，使必賞有功則强，輕易其賞則弱也。⊙久保愛曰：重，厚也。輕反此。⊙天海案：久説是，楊注非。

〔一〇〕楊倞注：刑當罪，使人可畏則强；不當罪，則人侮慢，故弱也。⊙楊柳橋曰：鄭玄《禮記》注："侮，輕慢也。"刑之威侮，謂刑之嚴肅與否也。

〔一一〕楊倞注：攻，當爲功。功，精好加功者也。器械牢固，便利於用則强。⊙盧文弨曰：攻與工、功，古多通用。攻，治也。即依本字不改亦可。⊙久保愛曰：攻、完，皆脩治之謂也。或曰：攻，堅也。⊙天海案：攻，同功。功，精功。完，固也。"攻完"即精功堅固，正與下文"窳楛"相對爲文。楊注是。

〔一二〕楊倞注：窳，器病也。音庾。楛，濫惡，謂不堅固也。

〔一三〕楊倞注：重難用兵者强。⊙物雙松曰：重，慎重也。輕，輕易也。⊙天海案：物説是，楊注未切。

〔一四〕楊倞注：政多門則弱也。⊙天海案：此乃君主集權之説。

〔一五〕天海案：此下原文未分段，荀卿所論文較長，爲清眉目，現據文意分之。下同此，不再出注。

〔一六〕楊倞注：技，材力也。齊人以勇力擊斬敵者，號爲技擊。孟康曰："兵家之技巧。技巧者，習手足，便器械，積機關，以立攻守之勝。"⊙天海案：隆，崇也，重也。技擊，猶今謂之扑擊。《玉篇》："技，打也。"《正字通》："技，俗支字。"技，同扑，普木切，别本正文及注多誤作"技"，非也。

〔一七〕楊倞注：八兩曰錙。本賞，謂有功同受賞也。其技擊之術，斬得一首則官賜錙金贖之。斬首，雖戰敗亦賞；不斬首，雖勝亦不賞：是無本賞也。⊙郭嵩燾曰：此與秦首虜之法同，以得首爲功賞，不問其戰事之勝敗，故曰"無本賞"。⊙久保愛曰：賜贖錙金，言使無功者出錙金贖其罪，而以其金賜有功者也。不然，不得言"無本賞矣"。⊙高亨曰：贖，疑當作"贈"，形似而誤。《説文》："錙，六銖也。""無本賞矣"當作"本無賞矣"，轉寫誤倒。此言得一敵人之首，則賜贈一錙之金，其賞甚輕，等於無賞，是本無賞也。⊙駱瑞鶴曰：賜贖錙金，乃賜錙金、贖錙金之合語。賜錙金者，無罪者得一首則直以錙金賜之；贖錙金者，謂若欠納賦税或有他罪，可以得一首所得贖金贖之。本賞，根本之賞。⊙天海案："賜贖錙金"，言斬敵一首者，則賜錙金以贖其敵首也；無本賞，言無固定之賞。

〔一八〕楊倞注：可偷竊用之也。毳，讀爲“脆”。《史記》聶政謂嚴仲子曰“屠可以旦夕得甘脆以養親”也。⊙久保愛曰：偷，苟且也。⊙王先謙曰：《晉語》“其下偷以幸”，韋注：“偷，苟且也。”偷可用，謂苟且用之猶爲可也。楊注非。⊙楊柳橋曰：偷可，猶言尚可。偷，苟也。《釋詞》：“苟，猶尚也。”⊙天海案：事小敵毳，猶言戰事小而敵脆弱也。偷可用，言其苟且可用之。久、王二説是，楊注非。

〔一九〕楊倞注：《易·説卦》曰：“涣者，離也。”⊙天海案：楊注見今《易·序卦》，又見《易·雜卦》。“涣然”，諸本作“涣焉”。“事大敵堅”，戰事大而敵堅固。

〔二〇〕楊倞注：若飛鳥，言無馮依而易也。無日，言傾側反覆之速，不得一日也。⊙古屋鬲曰：若飛鳥，所謂鳥合之兵也。⊙于鬯曰：《廣雅·釋詁》“日”與“雙、耦、匹、兩”諸字同詁爲“二”，似可援以訓此“無日”之“日”。極言其技擊之神，謂傾側反覆無二也。⊙梁啓雄曰：無日，即《左傳》“亡無日矣”之意。⊙天海案：楊注“馮”下脱“依”字，據明世本、《四庫》本補之。“若飛鳥然”，此承上文“涣然離耳”，言其兵敗如鳥之四下亂飛而散也。“傾側反覆無日”，指國家滅亡無時矣。故下文言“是亡國之兵也”，文氣一貫也。楊注未得之。

〔二一〕楊倞注：此與賃市中傭作之人而使之戰，相去幾何也？⊙冢田虎曰：幾，近也。音機。⊙天海案：出賃，猶出租；市傭，猶以錢僱傭工。出賃市傭一也。幾，差不多。“出”字，巾箱三本並作“去”。

〔二二〕楊倞注：武卒，選擇武勇之卒，號爲武卒。度取之，謂取其長短材力中度者。⊙汪中曰：度，程也，下文所言是也。注非。⊙天海案：度，程也。程，法式、規章也。《商君書·定分》：“不中程，爲法令以罪之。”以度取之，即按一定程式取之。汪説是，楊注未切。

〔二三〕楊倞注：如淳曰：“上身一，髀褌一，脛繳一，凡三屬也。”衣，於氣反。屬，之欲反。⊙盧文弨曰：《考工記·釋文》：“屬，之樹反。”⊙天海案：衣，穿衣也。“三屬之甲”，《文選》左思《魏都賦》張銑注：“屬，連也。言甲三札相重而連之。”

〔二四〕楊倞注：置戈於身之上，謂荷戈也。⊙盧文弨曰：元刻作“負矢”，無“服”字，與《漢書》同。⊙王念孫曰：此本作“服矢五十个”。服矢，即“負矢”。負與服，古同聲而通用，故《漢書》作“負”。今作“負服矢”者，校書者旁記“負”字而寫者誤合之也。⊙俞樾曰：服者，“箙”之叚字。《説文》：“箙，弩矢箙也。”經傳通以“服”爲之。“負服矢五十个”者，盛矢五十个於服而負之也。《漢書》奪“服”字，元刻從之，非是。置戈其上，矢服之上也。⊙天海案：服，通箙，箭袋也。俞説是，盧、王説非。巾箱、《題注》、遞修三本無“服”字，“个”作“箇”。

〔二五〕楊倞注：“軸”與胄同，《漢書》作“胄”。帶劍，顔師古曰：“箸兜鍪而又帶劍也。”⊙天海案：巾箱三本無“冠”字。“冠軸帶劍”，顔説是也。

〔二六〕楊倞注：贏，負擔也。日中，一日之中也。⊙天海案：日中，謂日午也，即半日。《易・豐卦》:“日中則昃,月盈則食。”若一日之中趨百里,豈不慢乎,何必言趨？注不是也。

〔二七〕楊倞注:復其户,不徭役也。利其田宅,不征衆也。顔師古曰:“利,謂給其便利之處。”中,丁仲反。復,方目反。⊙盧文弨曰:注“不征衆”,“衆”字誤,疑作“税”。⊙王先謙曰:試之而中程,則用爲武卒,優之如此,上所謂“以度取之”。⊙天海案:復其户,返其户之賦税也。利,益也。利其田宅,增益其田地房宅也。楊注未切。

〔二八〕楊倞注:此中試者筋力數年而衰,亦未可遽奪其優。奪其優,復使皆怨也。改造,更選擇也,則又如前。⊙帆足萬里:不易周,言“復户”、“利田宅”之屬,不易周給也。⊙朝川鼎曰:改造,猶改爲也。周,徧也。言欲爲而再張其氣力,則不易周徧也。⊙張覺曰:周,通賙,周濟。⊙天海案:改造,改選也。不易周,不改變對前選武卒的賙濟。楊注未切,張説是。

〔二九〕楊倞注:優復既多,則税寡、資用貧乏,故國危。

〔三〇〕楊倞注:生民所生之地陿阸,謂秦地險固也。酷烈,嚴刑罰也。地險固則寇不能害,嚴刑罰則人皆致死也。⊙物雙松曰:生民,謂生養也。狹隘,如禁父子同室内息者類。⊙久保愛曰:此言秦政其生養之道薄,而其使役之方急也。⊙盧文弨曰:陿阸,俗本作“狹隘”,今從宋本。⊙郝懿行曰:陿阸,猶狹隘也。謂民生計窮蹙。注非也。⊙王念孫曰:楊注沿《刑法志》注而誤。⊙天海案:“生民也陿阸”,言其養民之道狹隘而使民困窘。“使民也酷烈”,言其役使百姓殘暴。楊注“陿阸”非是。陿阸,諸本又作“狹隘”,義同。

〔三一〕楊倞注:謂以威執劫迫之,使出戰。

〔三二〕楊倞注:謂隱蔽以險阸,使敵不能害。鄭氏曰:“秦地多阸,藏隱其民於阸中。”⊙郭嵩燾曰:秦遠交近攻,侵伐無虚日,未甞以險阸自隱也。劫之以埶,承上“酷烈”言。隱之以阸,承上“狹隘”言。其民本無生計,又甚迫蹙之,使亟騖於戰以邀賞也。下文“阸而用之”,正申此義。⊙久保愛曰:《漢書・刑法志》注:“臣瓚云:秦政急峻,隱括其民於狹隘之法。”⊙劉師培曰:古代“隱”與“殷”同,又與“慇”同。《説文》:“慇,痛也。”而“隱”亦訓爲“痛”,如《詩・柏舟》“如有隱憂”,毛傳云:“隱,痛也。”則“隱”有痛義。隱民以阸者,謂苦民以阸也。言以陿阸之境苦民,使之不得不從事于戰。故下文言“阸而用之”也。⊙于省吾曰:《莊子・齊物論》“隱机而坐”,《釋文》:“隱,馮也。”隱之以阸,謂馮恃險阻也。⊙包遵信曰:“劫之以埶”四句皆就秦之使民而言,非及秦以地持險爲説。⊙天海案:隱,通“檃”,檃栝,糾正也。《書・盤庚》下“尚皆隱哉”,傳:“當庶几相隱括,共爲善政。”何休《公羊傳・解詁序》:“故遂隱括,使就繩墨焉。”故“隱之以阸”,謂秦以險峻之法糾正其民。久引《漢書・刑法志》注是也。楊注及他説皆未得。

〔三三〕楊倞注：忸與狃同，串習也。戰勝則與之賞慶，使習以爲常。忸，女九反。⊙劉師培曰：《漢書·刑法志》作“狃之以賞慶”，據楊注，似本書亦作“賞慶”。⊙鍾泰曰：此“忸”字當訓“玩”，不訓串習。玩之以慶賞，猶言誘之以慶賞也。⊙豬飼彦博曰：忸、狃同，狎昵馴伏之意。⊙高亨曰：忸、狃古通用，誘也。《爾雅·釋言》：“狃，惑也。”《淮南子·原道》：“好憎成形，而知誘于外。”《主術》：“秦穆公以女樂誘之。”高注並云：“誘，惑也。”然則“狃”可訓“誘”，明矣。⊙包遵信曰：忸，當是“紐”之假。《説文》：“紐，繫也。”言以慶賞繫結之也。⊙天海案：忸，高、鍾二説義長。

〔三四〕楊倞注：鰌，藉也。不勝則以刑罰陵藉之。《莊子》風謂蛇曰：“鰌我亦勝我。”音秋。或作“蹭”，七六反。⊙物雙松曰：鰌、遒通，迫也。如“大燕鰌吾後”。⊙冢田虎曰：鰌、蹭同，蹴也。注“藉也”，亦蹈藉之意。⊙盧文弨曰：鰌，亦音蹴，見《彊國篇》注。⊙天海案：鰌，遒一聲之轉，故通。遒，《説文》《廣雅》並訓“迫也”。鰌之以刑罰，即以刑罰逼迫之也。物説是，楊注及他説非。

〔三五〕顧千里曰：“天”字疑不當有。此以“下之民”與“要利於上”相對爲文，謂秦民，非謂天下之民明甚。⊙于鬯曰：“天下之民”即秦民也。戰國時各國皆稱天下，蓋其語例如此。⊙陶鴻慶曰：“天”乃“夫”字之誤。⊙天海案：“天”字不誤，于説是。無由，無路也。由，通迪。朱駿聲《説文·定聲》：“由，叚借爲迪。”《楚辭·九章·懷沙》：“易初本迪兮，君子所鄙。”王逸注：“變易初行，遠離常道，賢人君子之所恥。”《史記·屈原本傳》引“迪”作“由”，是其證。

〔三六〕楊倞注：守險阸而用之，既得勝乃賞其功，所以人自爲戰，而立功者衆也。⊙王先謙曰：阸而用之，《彊國篇》所云如“牆厭”、“雷擊”。下文“除阸其下，獲其功用”，義與此同。楊謂“守險阸”，非也。⊙朝川鼎曰：阸而用之，當云“阸而後用之”，即上文“隱之以阸”之義。⊙天海案：阸，通隘。《左傳》昭公元年“所遇又阸”，《釋文》：“阸，本又作隘。”此“阸”指秦民生路險阸，正承上言“非鬭無由也”。其義正應上文“秦人其生民也陿阸”，而與“隱之以阸”之阸異。“得而後功之”，言既得秦民之後，又使他們建立戰功。楊注與王、朝二説皆非。

〔三七〕楊倞注：有功而賞之，使相長。獲得五甲首則役隸鄉里之五家也。⊙朝川鼎曰：言斬得五甲首，則隸五家而征之。⊙鍾泰曰：功賞相長，謂功與賞相持而長。⊙北大組曰：功賞相長，謂功賞互相促進。五甲首，五甲士之首。隸五家，使五家隸屬之，征其賦也。

〔三八〕楊倞注：爲之有根本，不邀一時之利，故能衆强長久也。不復其户、利其田宅，故多地也。以正，言比齊、魏之苟且爲正。言秦亦非天幸，有術數然也。四世，孝公、惠王、武王、昭王也。⊙冢田虎曰：或曰：“衆彊乎齊之烏合，長久異乎魏之衰耗，多地以正，異乎魏之税寡。正，謂征税也。”此説是也。正，音征。注失之。⊙鍾泰曰：數也，猶言理也。非有數術之謂。⊙天海案：冢氏所引或説，乃王納諫之《標注》所言，是也。數，猶理，鍾説是。

〔三九〕龍宇純曰：自"秦之鋭士"至"湯、武之仁義"二十七字爲原文所無。蓋讀者書其所感於旁，後遂誤作正文耳。

〔四〇〕楊倞注：以魏遇秦，猶以焦熬之物投石也。熬，五刀反。⊙盧文弨曰："有遇之者"二句，似專言天下無有能敵仁義者。⊙俞樾曰：此文"以焦熬投石"，疑有奪誤，當云"以指焦熬，以卵投石"。焦，讀爲撨。《説文》："熬，乾煎也。"然則"以指撨熬"，其義猶"以指撓沸"也。⊙王先謙曰："有遇之者"二句專謂湯、武之仁義無敵。楊注誤。⊙龍宇純曰：凡食物之煎焦者必脆，投石即碎，故以爲喻。⊙天海案："有遇之者"承上齊與魏，魏與秦，秦與桓、文，桓、文與湯、武而言，非專指湯、武之仁義也。焦熬，即熬焦之物，脆之極也，投石即碎。龍説是，俞説非。

〔四一〕楊倞注：干，求也。言秦、魏雖足以相勝，皆求賞蹈利之兵，與傭徒之人鬻賣其力作無異，未有愛貴其上，爲之致死，安於制度，自不踰越，極於忠義，心不爲非之理者也。⊙朝川鼎曰：兼，猶併也。數國者，指齊、魏、秦及齊桓、晉文而言之。

〔四二〕楊倞注：微妙，精盡也。節，仁義也。作，起也。殆，危也。諸侯有能精盡仁義，則能起而兼危此數國。殆之，謂擒滅之。⊙久保愛曰：節，節制也。⊙于鬯曰：此"節"即上文"節制"之節。"兼"字當句，"作而兼"者，謂起而兼併諸侯也。"殆之耳"三字句，殆者，庶幾也。⊙鍾泰曰：節，謂禮也，不謂仁義。⊙天海案：楊倞注文"起而"之下原作"無危也，兼此數國"，文有錯亂，此據盧校並於"數國"下補"殆之"二字，以足文氣。"微妙之以節"，言其能以仁義精微巧妙地用兵；"則作而兼殆之耳"，就能起而兼危此數國矣。楊注近是，他説非。

〔四三〕楊倞注：近，當爲"延"，傳寫誤耳。招延，謂引致之也。募選，謂以財召之而選擇可者，此論齊之"技擊"也。隆埶詐，謂以威埶變詐爲尚，此論秦也。尚功利，謂有功則利其田宅，論魏也。漸，進也。言漸進而近於法，未爲理也。或曰：漸，浸漬也。謂其賞罰纔可漸染於外，中心未悦服。漸，子廉反。⊙冢田虎曰：漸，進也。言勸進士卒之力也。注"漸"解二説共不是也。見於下"是齊之也"，而可知矣。⊙俞樾曰："招延"二字同義，則"募選"二字必同義。"募"乃"纂"字之誤。纂、選，皆具也，説詳《王制篇》。楊注非是。⊙王先謙曰：漸，詐欺也，説詳《不苟篇》。⊙天海案：招延募選，楊注是。漸，詐欺也。説見《不苟篇》王引之説。

〔四四〕楊倞注：服其心，是齊壹人之術也。

〔四五〕楊倞注：猶齊之技擊不可以當魏之武卒也。

〔四六〕楊倞注：辟，音譬。隳，毁也，許唯反。⊙天海案：大山，猶太山，亦即泰山。諸本作"太山"。"以詐"，巾箱三本作"以漸詐"。

〔四七〕楊倞注：一舉而定，不必試也。⊙冢田虎曰：不試，不用詐也。⊙久保愛曰：王者之兵，人皆知其不可當，故無試之者。⊙天海案：不試，不必試用詐也。冢説是，楊注、久説皆非。

〔四八〕楊倞注：誅其元惡，其餘獷悍者，皆化而來臣役也。⊙天海案：拱揖指麾，從容指揮，安舒若定。"揖"字，諸本作"挹"，二字可通。

〔四九〕天海案：今《書・泰誓》下作"獨夫受"。受，紂名也。又，此下原文本已分段。

〔五〇〕楊倞注：以禮義教化大齊之，謂湯、武也。小，謂未能大備，若五霸者也。治鄰敵，言鄰敵受其治化耳。⊙王念孫曰：治，讀爲殆。殆，危也。謂危鄰敵也。⊙天海案：治，猶制也。上言"制"，此言"治"，變化其詞耳，其義一也。不必讀爲"殆"。注"小"下疑脱"齊"字。

〔五一〕楊倞注：翕，斂也。代翕代張，代存代亡，猶言代强代弱也。⊙冢田虎曰：翕，合也。張，大也。言相扇動而代張大也。⊙天海案：代，相爲替代也。

〔五二〕楊倞注：由，用也。以詐力相勝，是盗賊之兵也。

〔五三〕楊倞注：田單，齊襄王臣，安平君也。《史記》：莊蹻者，楚莊王苗裔。楚威王使爲將，將兵循江而上，略蜀、黔中以西。蹻至滇池，方三百里，地肥饒數千里，以兵滅定，屬楚。欲歸報，會秦擊奪楚巴、黔中郡，道塞不通，因還。以其衆至滇，變服從其俗焉。衛鞅，秦孝公臣，封爲商君者也。繆蟣，未聞也。⊙久保愛曰：繆，音穆。蟣，音幾。⊙楊柳橋曰：繆蟣，即樂毅。楊寬説，叠韻通借字。⊙天海案：繆蟣，"樂毅"之音譌也。説見朱起鳳《辭通》。

〔五四〕楊倞注：雖術不同，皆出於變詐，故曰"其道一也"。⊙盧文弨曰："相君"，元刻作"相若"，注首有"相若，相似也"五字。今從宋本。⊙王先謙曰：相君，猶言相長也。元刻及注五字皆妄人增改。⊙天海案：巾箱本、《題注》本、遞修本正文無"其"、"則"二字。正文"君"字，巾箱三本及明世本、《四庫》本皆作"若"，且注文首亦有"相若，相似也"五字。依正文及楊倞注文推之，"君"或"若"之形誤也，不得斥爲"妄人增改"。

〔五五〕楊倞注：數子之術未能及於和齊人心也。⊙物雙松曰：齊、劑同。⊙天海案：和齊，親和同心也。

〔五六〕楊倞注：契，讀爲挈，持也。掎挈，猶言掎摭也。司，讀爲伺。詐，欺誑也。皆謂因其危弱，即掩襲之也。⊙帆足萬里曰：足曰掎，手曰挈。言乘間襲取之耳。⊙天海案：掎挈，牽制拉扯，以喻其伺機使詐也。《富國篇》作"掎挈伺詐"，彼楊注詳於此，可參見。

〔五七〕楊倞注：入禮義教化之域。孟康曰"入王兵之域也"。

〔五八〕楊倞注：本統，謂前行素脩，若湯、武也。⊙久保愛曰：本統，謂仁義也。⊙章詩同曰：本統，本源，本始。指禮義教化的根本。⊙天海案：本統，謂以仁義爲本的根本傳統。字又見下，楊注詳。

〔五九〕楊倞注：湯、武王而桓、文霸，齊、魏則代存代亡，是其效也。⊙天海案：此下原文未分段，現據文意分之。

孝成王、臨武君曰："善！請問爲將〔一〕？"

孫卿子曰："知莫大乎棄疑〔二〕，行莫大乎無過，事莫大乎無悔〔三〕。事至無悔而止矣，成不可必也〔四〕。故制號政令，欲嚴以威；慶賞刑罰，欲必以信；處舍收臧，欲周以固〔五〕；徙舉進退，欲安以重，欲疾以速〔六〕；窺敵觀變，欲潛以深，欲伍以參〔七〕；遇敵決戰，必道吾所明，無道吾所疑〔八〕：夫是之謂六術〔九〕。無欲將而惡廢〔一〇〕，無急勝而忘敗，無威内而輕外〔一一〕，無見利而不顧其害〔一二〕，凡慮事欲孰而用財欲泰〔一三〕，夫是之謂五權〔一四〕。所以不受命於主有三：可殺而不可使處不完〔一五〕，可殺而不可使擊不勝，可殺而不可使欺百姓，夫是之謂三至〔一六〕。凡受命於主而行三軍，三軍既定，百姓得序，羣物皆正〔一七〕，則主不能喜，敵不能怒〔一八〕，夫是之謂至臣〔一九〕。慮必先事而申之以敬〔二〇〕，慎終如始，終始如一，夫是之謂大吉〔二一〕。凡百事之成也，必在敬之；其敗也，必在慢之。故敬勝怠則吉，怠勝敬則滅；計勝欲則從，欲勝計則凶〔二二〕。戰如守〔二三〕，行如戰，有功如幸〔二四〕。敬謀無壙〔二五〕，敬事無壙，敬終無壙，敬衆無壙，敬敵無壙，夫是之謂五無壙。行此六術、五權、三至，而處之以恭敬無壙，夫是之謂天下之將，則通於神明矣〔二六〕！"

臨武君曰："善！請問王者之軍制？"

孫卿子曰："將死鼓〔二七〕，御死轡〔二八〕，百吏死職，士大夫死行列〔二九〕。聞鼓聲而進，聞金聲而退，順命爲上，有功次之〔三〇〕。令不進而進，猶令不退而退也，其罪惟均〔三一〕。不殺老弱，不獵禾稼〔三二〕；服者不禽，格者不舍，犇命者不獲〔三三〕。凡誅，非誅其百姓也，誅其亂百姓者也。百姓有扞其賊，則是亦賊也〔三四〕。以故，順刃者生，蘇刃者死，犇命者貢〔三五〕。微子開封於宋〔三六〕，曹觸龍斷於軍〔三七〕；殷之服民所以養生之者也，無異周人〔三八〕。故近者歌謳而樂之，遠者竭蹶而趨之〔三九〕,無幽閒辟陋之國,莫不趨使而安樂之〔四〇〕。四海之内若一家,通達之屬莫不從服,夫是之謂人師〔四一〕。《詩》曰:‘自西自東,自南自北,無思不服。’此之謂也〔四二〕。王者有誅而無戰,城守不攻,兵格不擊〔四三〕,上下相喜則慶之〔四四〕。不屠城〔四五〕,不潛軍,不留衆〔四六〕,師不越時〔四七〕。故亂者樂其政,不安其上,欲其至也〔四八〕。”臨武君曰:“善!”

【校釋】

〔一〕久保愛曰:問爲將者之道也。⊙天海案:此句亦承上而啓下,故當提行單列之。

〔二〕楊倞注:不用疑謀,是智之大。⊙王先謙曰:言用人不疑。⊙天海案:楊注是。《説苑·談叢》用此句“棄”作“闕”。

〔三〕王先謙曰:當理而行,故無過。慮必先事,故無悔。⊙天海案:《説苑》用此句“事”作“行”。《論語》云:“言寡尤,行寡悔。”

〔四〕楊倞注:不可必,不得必,謂成功忘其警備。《莊子》曰:“聖人以必不必,故多功;衆人以不必必之,故無功。”⊙盧文弨曰:“成不可必也”五字,乃起下之詞。注“不得必”三字,宋本、元刻皆無,俗閒本有之。下引《莊子》語,舊本多訛,今悉從元刻改正。⊙久保愛曰:成不可必,謂其成功不可豫期也。⊙王先謙曰:言成功不能期必於一出,故下云“有功如幸”,文義甚明。楊、盧説非。⊙天海案:成不可必,言不可必求成功也。久、王二説是。楊注“不可必”三字原無,“多功”原作“無兵”,“無功”原作“多兵”,此據諸本及盧校補改。正文“成不可必也”之“成”字,巾箱本、《題注》本、遞修本俱無。

〔五〕楊倞注:處舍,營壘也。收臧,財物也。周密牢固,則敵不能陵奪矣。⊙天海案:臧,同“藏”,諸本作“藏”,二字可通。

〔六〕楊倞注:静則安重而不爲輕舉,動則疾速而不失機權。

〔七〕楊倞注:謂使閒諜觀敵,欲潛隱深入之也。伍參,猶錯雜也。使閒諜或叁之,或伍之,於敵之閒而盡知其事。《韓子》曰:“省同異之言,以知朋黨之分;偶參伍之驗,以責陳言之實。”又曰“參之以比物,伍之以合參”也。⊙久保愛曰:伍參,謂再三窺之,以丁寧之也。⊙天海案:潛以深,隱蔽而深入。伍以參,謂反覆斟酌之。《易·繫辭》上:“參伍以變,錯綜其數。”孔疏:“參,三也;伍,五也。或三或五,以相參合,以相改變。”此即“欲伍以參”之意。非指用閒諜也。

〔八〕楊倞注:道,言也,行也。⊙王念孫曰:道,當訓爲行。⊙久保愛曰:道,由也。⊙天海案:兩“道”字皆訓行。王説是。

〔九〕楊倞注:自"制號政令"已下有六也。

〔一〇〕物雙松曰:言無貪將帥之權而憂失之也。⊙王先謙曰:無以所欲而將之,無以所惡而廢之,唯視其能否,無私好惡。荀書多以"欲""惡"代"好""惡"。⊙陶鴻慶曰:將,猶進也。廢,猶退也。欲將而惡廢,即知進不知退之意。⊙梁啓雄曰:此言謂爲將者,毋欲君之將己而惡君之廢己。⊙天海案:物、梁二説義長。此言爲將之權,不言君之用將,故王説非。陶説可參。

〔一一〕久保愛曰:威内,則士卒不懷;輕外,則贈敵禽之道也。⊙劉師培曰:《玉海》四十、《小學紺珠》八並引"急"作"怠",怠勝者,恃勝而懈也。義較長。⊙天海案:威内,使内之畏己也。輕外,輕敵也。巾箱本、《題注》本、遞修本"急"作"怠","忘"作"亡"。

〔一二〕楊倞注:强使人出戰而輕敵。⊙久保愛曰:如吴王夫差利與晉爭,而不知越之襲後,是也。

〔一三〕楊倞注:孰,謂精審。泰,謂不吝賞也。⊙天海案:孰,同熟,諸本一作熟。泰,寬裕也。

〔一四〕楊倞注:五者爲將之機權也。

〔一五〕物雙松曰:處不完,即上"處舍收藏欲周以固"意。⊙久保愛曰:可以主權殺此將,而不可彊使之處不完。如白起知死不擊趙,是也。⊙梁啓雄曰:《説文》:"完,全也。"不完,不安全也。⊙章詩同曰:不完,守御之具不全。⊙天海案:不完,不堅固、不安全之地。

〔一六〕楊倞注:至,謂一守而不變。⊙久保愛曰:欺百姓,言出令不信也。⊙朝川鼎曰:先君曰:"欺,陵也。"⊙章詩同曰:至,必須遵守而不可改變的原則。⊙楊柳橋曰:至,謂極則也。又鄭玄《考工記》注:"至,猶善也。"⊙天海案:三至,三極也。此謂三條極限而不可踰越也。楊注未切。

〔一七〕楊倞注:百官,軍之百吏。得序,各當其任。⊙駱瑞鶴曰:正,猶定。古書正、定互訓。⊙天海案:羣物,衆事也。

〔一八〕楊倞注:不苟徇上意,故主不能喜。不爲變詐,故敵不能怒也。⊙久保愛曰:謂以法律行之,不任喜怒也。⊙陶鴻慶曰:此言爲將者法制既定,則主不能令之喜,敵不能令之怒也。楊注非是。⊙帆足萬里曰:喜,如賞賜苟悦之也。怒,激之使怒也。⊙天海案:主不能喜,言君主之嘉賞不能使之喜。敵不能怒,言敵之詭詐挑侮不能使之怒。喜、怒皆言將也。楊注非。

〔一九〕楊倞注:爲臣之至當也。⊙久保愛曰:至臣,猶言上臣也。⊙蔣禮鴻曰:《廣雅・釋詁》一下:"臣,堅也。"至臣,即是至堅,與下文"大吉"相對爲文。⊙天海案:臣、堅二字,古韻同真部,故可通。蔣説是,楊注及他説皆非。不爲喜怒所動者,故謂之"至堅"也。

〔二〇〕楊倞注：謀慮必在事先，重之以敬，常戒懼而有備也。

〔二一〕楊倞注：言必無覆敗之禍也。⊙帆足萬里曰：終始如一。是古注文攙入。⊙天海案：《書·商書·太甲》下"慎終于始"，孔傳："於始慮終，於終思始。"又正文"夫"字原誤作"失"，據諸本徑改。

〔二二〕物雙松曰：計，皆當作義。⊙冢田虎曰：計，謀略也已。盜兵欲多而計寡，故云爾。從，事不逆也。⊙天海案：計，當是"誼"字之誤，誼，同"義"。《文韜·明傳篇》："義勝欲則昌，欲勝義則亡；敬勝怠則吉，怠勝敬則滅。"《史記·周本紀·正義》引《尚書·帝命驗》云："敬勝怠者吉，怠勝敬者滅；義勝欲者從，欲勝義者凶。"可知此四句乃古語也。《向宗魯·説苑·校證·談叢》稱《荀子》本作"誼"，與"義"同，今《荀子》訛"計"，是其證也。從，順也。

〔二三〕楊倞注：不務越逐也。《書》曰："不愆於五步六步，乃止齊焉。"

〔二四〕楊倞注：不務驕矜。⊙物雙松曰：行如戰，行，行軍也。⊙冢田虎曰：行，户剛反，行陣也。⊙久保愛曰：行，謂行軍也。如戰，謂警戒嚴整也。⊙帆足萬里曰：如幸，不自以爲功也。

〔二五〕楊倞注：無壙，言不敢須臾不敬也。壙與曠同。⊙天海案：無壙，即無曠，不荒廢也。《書·皋陶謨》："無曠庶官，天工人其代之。"五"敬"字，皆謹慎之義。言于謀、事、終、衆、敵皆不可荒忽也。

〔二六〕楊倞注：天下莫及之將。⊙北大組曰：通於神明，指用兵如神。⊙天海案：此下原文未分段，現據文意分之。

〔二七〕楊倞注：死，謂不棄之而奔亡也。《左傳》曰："師之耳目在吾旗鼓。"⊙梁啓雄曰：死鼓，謂至死也不讓鼓音斷絶。⊙天海案：古代主將作戰以擊鼓令進軍，"將死鼓"，謂將軍奮戰而死守其職。

〔二八〕天海案：御，同馭，古代戰車之馭手。死轡，戰死在馭車上。

〔二九〕北大組曰：士大夫，指軍士。死行列，至死也不能離開隊伍。

〔三〇〕楊倞注：軍之所重在順命，故有功次之。⊙天海案：金聲，金鉦之聲。古代軍中擊鉦以令兵退止也。《漢書·李廣傳》："聞金聲而止。"顔師古注："金，謂鉦也。"

〔三一〕楊倞注：令，教令也。言使之不進而進，猶令不退而退，其罪同也。⊙天海案：令，軍令也。

〔三二〕楊倞注：獵，與躐同，踐也。

〔三三〕楊倞注：服，謂不戰而退者不追禽之。格，謂相拒捍者。奔命，謂奔走來歸其命者，不獲之爲囚俘也。犇與奔同。⊙物雙松曰：犇命，謂來降也。與《左傳》殊。⊙于鬯曰：犇命者，蓋猶亡命逃命之謂也。彼既逃亡，即不必獲之。⊙帆足萬里曰：服，降服也。⊙天海案：服，歸服。禽，通擒。舍，通赦。《榮辱篇》"是刑法之所不舍也"之"舍"同此。諸本一作"赦"。犇命,歸命也。不獲,不追擒也。

〔三四〕楊倞注:扞其賊,謂爲賊之扞蔽也。⊙天海案:扞,同捍,衛護也。諸本一作"捍"。

〔三五〕楊倞注:順刃,謂不戰偝之而走者。蘇,讀爲傃。傃,向也,謂相向格鬬者。貢,謂取歸命者獻於上將也。⊙冢田虎曰:順刃,謂不拒戰而服者也。⊙陶鴻慶曰:《爾雅》:"貢,賜也。"本字爲"贛"。奔命者貢,言歸命而來則賜予之也。⊙劉師培曰:貢,疑"貰"訛。貰與赦同。⊙安積信曰:順,猶靡也。⊙天海案:貢,賜也。陶説義長。

〔三六〕楊倞注:紂之庶兄名啓,歸周後封於宋。此云開者,蓋漢景帝諱,劉向改之也。⊙天海案:微子啓事見《史記·宋世家》。

〔三七〕楊倞注:《説苑》曰:"桀貴爲天子,富有四海,其臣有左師觸龍者,諂諛不正。"此云紂臣,當是《説苑》誤。又《戰國策》趙有左師觸龍説太后,請長安君質秦。豈復與古人同官名乎?⊙物雙松曰:斷於軍,言見誅於軍中也。⊙盧文弨曰:《趙策》誤作觸讋,當以此注爲正。⊙朝川鼎曰:先君曰:"斷,斬也。"⊙天海案:楊注"其臣"原誤作"有臣",據諸本改。

〔三八〕物雙松曰:服民,降民也。⊙王先謙曰:服民,當作"民服",此誤倒耳。⊙陶鴻慶曰:服民,猶言順民。⊙帆足萬里曰:"也"字疑是衍文。⊙楊樹達曰:服民,謂殷服周之民。⊙天海案:服民,歸順之民。王説非。

〔三九〕楊倞注:竭蹷,顛仆,猶言匍匐也。《新序》作"竭走而趨之"。⊙天海案:竭蹷,猶言竭力顛仆也。此二語又見《儒效篇》,"蹷"作"蹶"。

〔四〇〕天海案:無,猶"雖"也。幽閒辟陋,即荒遠邊僻。此二語又見《王制篇》。

〔四一〕楊倞注:師,長。⊙天海案:人,通仁。人師,仁義之師也。此上數語亦見於《儒效篇》。

〔四二〕楊倞注:《詩·大雅·文王有聲》之篇。

〔四三〕楊倞注:德義未加,所以敵人不服,故不攻擊也。且恐傷我之士卒也。⊙久保愛曰:誅其君,弔其民,民皆服從,所以無戰也。城守,謂未服其德者。不攻者,待其服德也。如有苗是也。⊙于鬯曰:此"格"當讀爲"路"。路,羸也。兵羸不擊,即寡守不格之義矣。⊙天海案:"城守不攻",不攻固守之城,減少傷亡也。兵格不擊,兵潞不擊也。格、潞,上古同屬鐸部,故通。潞,通"羸",疲弱也。《吕氏春秋·不屈》:"圍邯鄲三年,而弗能取,士民罷潞,國家空虚。"高誘注:"潞,羸也。"若此"格"訓爲"格擊"之格,則與上文"格者不赦"相悖也。故楊注閃爍其詞,不得要領。于説亦未切也。

〔四四〕楊倞注:敵人上下相愛悦則慶賀之,豈況侵伐乎?⊙久保愛曰:則,猶"而"也。《書》曰"攸徂之民,室家相慶",是也。⊙天海案:上下相喜,謂敵之上下驕而自得之狀，此易攻之也，故慶賀之。喜，又作"嘻"，或作"嬉"。《易·家人》"婦子嘻嘻"，《釋文》引鄭注："嘻嘻，驕佚喜笑之意。"又云："嘻嘻，陸本作'喜喜'，張本作'嬉嬉'。"孔疏云："嘻嘻，謂喜笑之貌也。"若楊注訓爲"敵人上下相愛悦則慶賀之"，豈有是理乎？望文生義，曲解若是，後人盲從不悟，實可嘆也！

〔四五〕楊倞注：屠，謂毁其城，殺其民，若屠者然也。

〔四六〕楊倞注：不久留暴露於外也。⊙久保愛曰：潛，潛襲也。言王者之師宜聲其罪以討之也。留衆，謂已克之，留衆守之也。言王者所伐，其衆心服，不須守也。⊙王先謙曰：潛，襲敵之不備。⊙高亨曰：留，借爲"劉"。《爾雅》："劉，殺也。"留、劉古通用。劉之爲殺，即"戮"之轉聲。不劉衆，不戮衆。謂王者之兵不殺戮衆人也。⊙天海案：潛軍，潛師也。《左傳》僖公三十二年"若潛師以來，國可得也"同義，謂偷襲之也。留，通劉，殺也。高説是，楊注、久説皆非。

〔四七〕楊倞注：古者行役不踰時也。⊙久保愛曰：時，一時謂三月也。

〔四八〕楊倞注：東征西怨之比。⊙冢田虎曰：言亂國之民樂王者之政也。⊙久保愛曰：亂者，亂國之民也。其政，王者之政也。⊙帆足萬里曰：政、征通。⊙天海案：政，通征。亂國之民樂王者之征也，故下言"欲其至也"。《商書·仲虺之誥》："東征西夷怨，南征北狄怨。曰：奚獨後予？"此正"欲其至也"之意，故"政"必訓"征"，上下文方暢也。

陳囂問孫卿子曰："先生議兵常以仁義爲本〔一〕。仁者愛人，義者循理，然則又何以兵爲〔二〕？凡所爲有兵者，爲爭奪也〔三〕。"

孫卿子曰："非女所知也！彼仁者愛人，愛人故惡人之害之也；義者循理，循理故惡人之亂之也。彼兵者，所以禁暴除害也，非爭奪也。故仁人之兵所存者神，所過者化〔四〕，若時雨之降，莫不説喜〔五〕。是以堯伐驩兜〔六〕，舜伐有苗〔七〕，禹伐共工〔八〕，湯伐有夏，文王伐崇，武王伐紂〔九〕，此四帝兩王〔一〇〕，皆以仁義之兵行於天下也。故近者親其善，遠方慕其德〔一一〕，兵不血刃，遠邇來服。德盛於此，施及四極〔一二〕。《詩》曰：'淑人君子，其儀不忒。'此之謂也〔一三〕。"

李斯問孫卿子曰〔一四〕："秦四世有勝，兵强海内，威行諸侯，非以仁義爲之也，以便從事而已〔一五〕。"

孫卿子曰："非女所知也！女所謂便者，不便之便也〔一六〕。吾所謂仁義者，大便之便也〔一七〕。彼仁義者，所以脩政者也。政脩則民親其上、樂其君，而輕爲之死〔一八〕。故曰：'凡在於軍，將率末事也〔一九〕。'秦四世有勝，諰諰然常恐天下之一合而軋己也〔二〇〕。此所謂末世之兵，未有本統也〔二一〕。故湯之放桀也，非其逐之鳴條之時也〔二二〕；武王之誅紂也，非以甲子之朝而後勝之也〔二三〕：皆前行素脩也。此所謂仁義之兵也〔二四〕。今女不求之於本而索之於末，此世之所以亂也〔二五〕。

"禮者，治辨之極也，强國之本也，威行之道也，功名之摠也〔二六〕。王公由之，所以得天下也〔二七〕；不由，所以隕社稷也。故堅甲利兵，不足以爲勝；高城深池，不足以爲固；嚴令繁刑，不足以爲威。由其道則行，不由其道則廢〔二八〕。楚人鮫革犀兕以爲甲，鞈如金石〔二九〕；宛鉅鐵釶，慘如蠭蠆〔三〇〕；輕利僄遬，卒如飄風〔三一〕。然而兵殆於垂沙，唐蔑死〔三二〕，莊蹻起，楚分而爲三四〔三三〕。是豈無堅甲利兵也哉？其所以統之者，非其道故也。汝、潁以爲險，江、漢以爲池〔三四〕，限之以鄧林，緣之以方城〔三五〕，然而秦師至而鄢、郢舉，若振槁然〔三六〕。是豈無固塞險阻也哉？其所以統之者，非其道故也。紂刳比干，囚箕子，爲炮烙刑〔三七〕，殺戮無時，臣下懍然，莫必其命〔三八〕。然而周師至而令不行乎下，不能用其民。是豈令不嚴、刑不繁也哉？其所以統之者，非其道故也〔三九〕。

"古之兵，戈、矛、弓、矢而已矣，然而敵國不待試而詘〔四〇〕。城郭不辨〔四一〕，溝池不拑〔四二〕，固塞不樹，機變不張〔四三〕。然而國晏然不畏外而明内者，無它故焉〔四四〕。明道而分鈞之〔四五〕，時使而誠愛之，下之和上也如影嚮〔四六〕，有不由令者，然後誅之以刑〔四七〕。故刑一人而天下服，罪人不郵其上〔四八〕，知罪之在己也。是故刑罰省而威流〔四九〕，無它故焉，由其道故也。古者帝堯之治天下也，蓋殺一人，刑二人而天下治〔五〇〕。傳曰：'威厲而不試，刑錯而不用。'此之謂也〔五一〕。



**【校釋】**

〔一〕楊倞注：陳囂，荀卿弟子。言先生之議，常言兵以仁義爲本也。⊙帆足萬里曰：陳囂以下，是與諸弟子言者，以類舉也。⊙天海案：孫卿子，《治要》皆作"荀卿"，下同。

〔二〕楊倞注：愛人則懼其殺傷，循理則不欲爭奪，焉肯抗兵相加乎？⊙天海案：循，《治要》作"修"，下同。

〔三〕楊倞注：非爲愛人循理。⊙朝川鼎曰：所爲，猶所以。⊙天海案：有，猶用也。有兵，用兵也。

〔四〕楊倞注：所存止之處，畏之如神。所過往之國，無不從化。⊙帆足萬里曰：存，存主也。言用兵之主謀也。⊙朝川鼎曰：存，猶在也。《孟子·盡心下》："大而化之之謂聖，聖而不可知之之謂神。"即此"神"字。謂化之神妙，人不能測之也。⊙天海案：存，在也。所存，即所在。神，如神之明。過，經過。化，使之歸化。楊注未確。

〔五〕久保愛曰：説音悦。⊙天海案：《治要》"説"作"悦"。

〔六〕楊倞注：伐亦誅也。《書》曰"放驩兜於崇山"也。

〔七〕楊倞注：命禹伐之。《書》曰："帝曰：'咨禹，惟時有苗不率，汝徂征之。'"

〔八〕楊倞注：《書》曰："流共工于幽州。"皆堯之事，此云"禹伐共工"，未詳也。

〔九〕久保愛曰：《左氏》僖公十九年《傳》記文王伐崇之事。⊙梁啓雄曰：此數語亦見於《秦策》。

〔一〇〕楊倞注：夏、殷或稱王，或稱帝。《曲禮》曰："措之廟，立之主，曰帝。"蓋亦論夏、殷也。至周自貶損，全稱王，故以文、武爲兩王也。⊙劉師培曰：《書鈔》《御覽》並引作"兩帝四王"，當據訂。⊙天海案：巾箱本、《題注》本、遞修本、明世本、《四庫》本皆作"二帝四王"。

〔一一〕王念孫曰：德，本作"義"，後人改爲"德"，以與"服"、"極"爲韻，而不知與下文"德"字相復也。《文選》注、《御覽》引此竝作"義"。⊙天海案："德"字或誤，然《治要》亦作"德"。知唐時已誤也。

〔一二〕久保愛曰：四極，四方極遠之地。⊙天海案："盛"，巾箱三本作"成"。

〔一三〕楊倞注：謂《曹風·尸鳩》之篇。⊙陳奂曰：玩上文語意，其下尚有"其儀不忒，正是四國"二句，今脱之也。儀，即"義"也，故《尸鳩篇》皆讀爲義。⊙王念孫曰：此正承上文"遠方慕義"而言。所引《詩》，蓋本作"其義不忒"，今本"義"作"儀"者，後人據《詩》改之耳。⊙天海案：楊注"謂"或"詩"字誤，别本正作"詩"。

〔一四〕楊倞注：李斯，孫卿弟子，後爲秦相。

〔一五〕楊倞注：便其所從之事而已。謂若劫之以埶，隱之以阸，狃之以慶賞，鰌之以刑罰之比。⊙久保愛曰：便，便宜也。⊙天海案：便者，利也。下同此。《字彙》："便，宜也，利也。"又，此下原文未分段，現分之。

〔一六〕楊倞注：汝以不便人爲便之也。⊙天海案：女，同汝。下文同此。

〔一七〕楊倞注：吾以大便人爲便也。⊙天海案：大便，大利也。

〔一八〕天海案：脩，美也。脩政，美政。政脩，政美也。輕爲之死，猶樂爲之死。輕，把死看得很輕。

〔一九〕楊倞注：荀卿前對趙孝成王有此言，語弟子所知，故引以答之也。⊙盧文弨曰：凡在於軍，當是"君"字。⊙王先謙曰："凡在"下作一句讀，不改"軍"爲"君"，説自可通，盧不當臆改。⊙鍾泰曰：盧校甚有見，王氏欲作一句讀，幾不成辭矣，王説非也。⊙天海案：前文此語作"凡在大王"，乃針對立道用兵之決策而言，故稱總在大王。此言"凡在於軍"，則單指軍事行動而言，故不可以前文律此。盧校不可從。

〔二〇〕楊倞注：《漢書》"諰"作"鰓"。蘇林曰："讀如'慎而無禮則葸'之'葸'。"鰓，懼貌也，先禮反。張晏曰："軋，踐轢也。"⊙天海案：諰諰然，恐懼之貌。軋，傾軋、顛覆。

〔二一〕楊倞注：本統，前行素脩。⊙天海案：末世，亂世。本統，傳統、正統，前文已見。

〔二二〕裴學海曰：其，猶"以"也。⊙天海案：鳴條，古地名，又名高侯原，即成湯敗夏桀處。其地異説甚多，難以確指所在。

〔二三〕章詩同曰：甲子之朝，武王克紂之日，見《尚書·牧誓》篇。⊙天海案：按張汝舟説，武王克紂之日在公元前一一〇六年二月初五日晨。

〔二四〕楊倞注：前行素脩，謂前已行之，素已修之。行，讀如字。⊙久保愛曰：前行素脩，《易》所謂"其所從來者，漸也"。⊙天海案："前行素脩"，先前一向脩行仁義。

〔二五〕楊倞注：本，謂仁義；末，謂變詐。世所以亂，亦由不求於本，而索於末。如李斯之説也。⊙天海案："亂"下，巾箱三本有"禮"字。

〔二六〕楊倞注：辨，别也。揔，要也。强國，謂强其國也。⊙久保愛曰：《史記》"國"作"固"，是也。⊙王先謙曰：强國，《史記》作"强固"。《正義》云："固，堅固也。"言國以禮義，四方欽仰，無有功伐，故爲强而且堅固之本也。以禮義導天下，天下服而歸之，故爲威行之道也。以禮義率天下，天下咸遵之，故爲功名之總。總，合也，聚也。⊙天海案：治辨，治理也；辨，亦治也。强國，據下文，作"强固"是。本，根本。威行，即行威。揔，同總，要也，關鍵也。王説非。《外傳》"揔"作"統"，其義一也。

〔二七〕盧文弨曰：元刻"得"作"一"，《史記·禮書》《外傳》四皆同。⊙天海案："天"字原誤作"夫"，據諸本改。"得天下"，巾箱三本作"一天下"，《外傳》同。

〔二八〕楊倞注：由，用也。道，即禮也。用禮即行，不用禮雖堅甲嚴刑，皆不足恃也。⊙久保愛曰：由，因也。⊙冢田虎曰：由之、不由，猶"誰能出不由户"之"由"。不可敢訓"用"也。⊙天海案：由，用也。道，以禮治國、治軍之道。楊注未切，他説亦未得也。

〔二九〕楊倞注：鞈，堅貌。以鮫魚皮及犀兕爲甲，堅如金石之不可入。《史記》作"堅如金石"。鞈，古洽反。《管子》曰："制重罪入以兵甲，犀脅二戟；輕罪入蘭盾，鞈甲二戟。"犀兕堅如金石之狀也。⊙王念孫曰：鞈訓堅貌，諸書未有明文。⊙俞樾曰：《説文》"鞈"有二：其一見《革部》，爲正篆；其二見《鼓部》，爲"鞱"，篆之古文。鞱，鼓聲也。此文"鞈如金石"，當以聲言，不當以貌言，謂扣之而其聲鞈然如金石也。⊙帆足萬里曰：鞈，合同，堅牢也。⊙朝川鼎曰：先君曰："鞈，疑當作渝，字之誤也。上文'冠渝帶劒'注'渝與胄同'。"⊙天海案：鞈，《外傳》《史記》作"堅"，或"鞈"本可訓堅而字書不收此義與？又，錢佃《考異》稱注文"《管子》曰"以下諸本作"制重罪贖以犀甲一戟，輕罪楯一戟"。

〔三〇〕楊倞注：宛，地名，屬南陽。徐廣曰："大剛曰鉅。"鉇與鍦同，矛也。《方言》云："自關而西，謂之矛，吴、揚之閒謂之鍦。"言宛地出此剛鐵爲矛。慘如蠭蠆，言其中人之慘毒也。鍦音啻。⊙物雙松曰：《正字通》曰："《荀子》本作'鉈'。鉈，音蛇。"《晉書》"丈八鉈左右盤"，又音移，猶《詩》"委蛇"之蛇。《史記・禮書》曰："宛之鉅鐵，鑽如蠭蠆。"蓋以如蜂蠆，語爲飛矛義。而"慘"訛"鑽"，豈所見本不同歟？⊙盧文弨曰：今《方言》無"自關而西謂之矛"七字。⊙天海案：宛鉅鐵鉇，猶言宛地大鐵矛也。《外傳》作"宛如鉅虵"，文又不同。慘如蠭蠆，其義或如楊倞注：慘，毒也。言其矛刺人如蜂、蝎螫人之狠毒。

〔三一〕楊倞注：言楚人之趫捷也。僄，亦輕也，匹妙反。或當爲"嫖姚"之"嫖"。嫖，驍勇也。遬，與速同。⊙久保愛曰：毛萇《詩》傳曰："飄風，暴起之風。"⊙劉師培曰：《商君書・弱民篇》云："楚國之民，齊疾而均，速若飄風；宛鉅鐵鉇，利若蜂蠆；脅蛟犀兕，堅若金石。"文與本書略同。⊙天海案：僄遬，輕捷也。《史記》作"剽遬"，《外傳》作"剛疾"。卒，通猝，突發也。飄風，旋風也。

〔三二〕楊倞注：殆，謂危亡也。垂沙，地名，未詳所在。《漢・地志》沛郡有垂鄉，豈垂沙乎？《史記》："楚懷王二十八年，秦與齊、韓、魏共攻楚，殺楚將唐眛，取我重丘而去。"眛與蔑同。⊙盧文弨曰：垂沙，《史記》作"垂涉"。⊙天海案：唐蔑，《外傳》作"唐子"。

〔三三〕楊倞注：司馬貞《史記・索隱》曰："莊蹻，楚將。言其起爲亂後，楚遂分爲四。"《韓子》曰："楚王欲伐越，莊子曰：'臣患目能見百步而不見其睫。王之兵敗於齊、晉，莊蹻爲盜境内，吏不能禁，而欲伐越，此智之如目也。'"蹻初爲盜，後爲楚將。⊙王先謙曰：《史記》引"三四"作"四參"。參與三同。《索隱》誤以"參"字下屬。⊙劉師培曰：《商君書》作"唐蔑死於垂沙，莊蹻發於内，楚分爲五"。⊙天海案：楊注："王之兵敗於齊"，"王"原作"主"，誤，從《史記》《集解》改。

〔三四〕天海案：汝，汝水，源河南魯山縣大盂山，注入淮河。潁，潁水，源河南登封縣西南，東南注入淮河。“潁”，《外傳》作“淮”。“險”，《商君書》作“限”。江、漢，長江、漢水。

〔三五〕楊倞注：鄧林，北界鄧地之山林。緣，繞也。方城，楚北界山名也。⊙天海案：《史記・禮書》：“阻之以鄧林，緣之以方城。”《索隱》曰：“襄州南鳳林山是古鄧祁侯之國，在楚之北境。”方城，春秋時楚地名，在今河南葉縣南。

〔三六〕楊倞注：舉，謂舉而取之。鄢、郢，楚都。振，擊也。槁，枯葉也。謂白起伐楚，一戰舉鄢、郢也。⊙劉師培曰：《商君書》《外傳》並以“舉”字下屬。⊙天海案：舉，攻占也。振，摇動也。槁，枯木。

〔三七〕楊倞注：《列女傳》曰：“炮烙，謂膏銅柱加之炭上，令有罪者行焉，輒墮火中。紂與妲己大笑。”烙，古責反。⊙盧文弨曰：炮烙之刑，古書亦作“炮格之刑”。此注云：“烙，古責反。”可證楊時本尚作“格”也。⊙久保愛曰：刳，猶剖也。《尚書》曰：“剖賢人之心。”⊙天海案：《史記・殷本紀》：“紂怒曰：吾聞聖人心有七竅。剖比干觀其心。”又：“紂乃重辟刑，有炮烙之法。”又案：格、烙，上古同屬鐸部韻，皆從各得聲，故二字可通。然則炮烙之刑爲紂之所造，史有明載，其法未可詳知，但爲燒烤灼人之火刑也。

〔三八〕楊倞注：懔然，悚栗之貌。莫自謂必全其命也。⊙物雙松曰：命，生也。⊙鍾泰曰：莫必其命，謂不知死日也。注繚戾費解。⊙朝川鼎曰：命，生命也。《史記・索隱》曰“無人必保其性命”。⊙梁啓雄曰：古人云“必”，猶今人云“保”。⊙駱瑞鶴曰：必，當訓爲“定”。莫必其命，即莫定其命，故鍾氏云“謂不知死日也”。⊙天海案：懔然，危懼之貌。必，通畢，全、盡也。莫必其命，即莫全其命。《墨子・所染》：“五入必，而已則爲五色矣。”孫詒讓《閒詁》：“必，讀爲畢。”《白虎通・崩薨》：“天子七月而葬，同軌必至。”《左傳》隱公元年“必”作“畢”，是其證。《外傳》下二句作“羣下愁怨，皆莫冀其命”。

〔三九〕天海案：此下原未分段，現依文意分之。

〔四〇〕楊倞注：試，用也。詘，服也。⊙久保愛曰：詘與屈同。

〔四一〕楊倞注：辧，治也。或音辨。⊙天海案：辧，諸本一作“辨”。

〔四二〕楊倞注：拑，古“掘”字。《史記》作“城郭不集，溝池不掘”。《文子》曰：“無伐樹木，無鉗墳墓。”鉗，亦音掘。或曰：拑，當爲“扫”，篆文“扫”字與“拑”字相近，遂誤耳。⊙盧文弨曰：注前一説非，後一説“當作扫”，是也。《正論篇》：“今厚葬飾棺，故扫也。”《列子》“俄而扫其谷”，《吕覽・節喪》“葬淺則狐狸扫之”，皆作“扫”字，知此“拑”字誤。⊙天海案：《列子・説符》注：“扫，古掘字。”《廣雅》：“扫，掘也。”《玉篇》：“扫，亦搰字，穿也。”《説文》：“搰，掘也。”蓋“拑”乃“扫”之形誤，楊注或説是。

〔四三〕楊倞注：固塞，謂使邊境險固，若今之邊城也。樹，立也。塞，先代反。機變，謂機械變動攻敵也。⊙冢田虎曰：封疆不植樹木也，如蒙恬植榆爲塞也。⊙久保愛曰：樹，如榆塞松柏。塞，謂塞上樹木，以爲要害也。⊙王先謙曰：《説文》："固，四塞也。"《周禮》"掌固"注"固，國所依阻也。國曰固，野曰險"。此篇"固塞"與"機變"對文，皆二字平列，楊注未安。⊙于省吾曰：機變，當指機栝言。機栝，即今所謂弩機。機栝不張，即機栝不發也。⊙梁啓雄曰：機變不張，謂巧詐不用。⊙天海案：固塞，猶言關塞。樹，建也。朱起鳳曰："固乃關字之訛。城郭、溝池、關塞並兩字平列。"機變，疑本作"機辟"。"變"、"便"音近，語涉"便辟"，故"變"得訛作"辟"。《墨子·非儒下》："若將有大寇亂，盜賊將作，若機辟將發也。"《莊子·逍遥遊》："中於機辟，死於罔罟。"《釋文》云："辟，毗亦反，司馬云'罔也'。"故知機辟即機關網羅，此皆御敵之器，正與上城郭、溝池、關塞並列爲文也。機辟不張，言機網不設也。諸説未得，今發之。

〔四四〕楊倞注：内，當爲"固"。《史記》作"晏然不畏外而固"也。⊙王念孫曰：此當依《史記》作"不畏外而固"。"明"字涉下文"明道"而衍。⊙冢田虎曰：此"外""内"對文，"内"不可敢爲"固"。明内，言明國内而不昏亂也。⊙帆足萬里曰：明内，言明禮義以治其内也。明，猶治也。⊙張覺曰：明，等於説盛。明内，使國内昌盛。如前文"國日明"。⊙天海案：晏然，猶安然。明，强也。《左傳》哀公十六年："與不仁人爭，明無不勝。"王引之《述聞》："明，猶彊也。"明内，强内也，使國内强盛。巾箱三本無"者無它故焉"五字。明世本、《四庫》本僅無"它"字。

〔四五〕物雙松曰：明，名通。道，分，皆去聲。⊙冢田虎曰：言明禮義而分士民事業，以鈞齊之也。⊙久保愛曰：《王制篇》曰"制禮義以分之"。然則"道"謂禮義也。⊙盧文弨曰：《史記》《外傳》俱作"均分之"。⊙王念孫曰：均與鈞通。亦當依《史記》《外傳》乙轉。⊙楊柳橋曰：道，通導。⊙張覺曰：道，指禮義之道。分，用名分。鈞，通均，調節、平衡。⊙天海案：明道，明仁義之道。分，給與也。《左傳》昭公十四年"分貧振窮"，杜注：分，與也。鈞，平也。分鈞，言其分配公平也。故下言"誠愛之"。

〔四六〕楊倞注：和，胡卧反。⊙天海案：和，讀去聲，應也。《史記》《外傳》正作"應"。嚮，通響。言下之應上，如影之隨形，響之應聲也。

〔四七〕王念孫曰："誅之以刑"，本作"俟之以刑"，後人妄改之也。《外傳》《史記》皆作"俟之以刑"，《正義》訓"俟"爲"待"。⊙久保愛曰：由，用也。⊙天海案：由，從也。令，《外傳》作"命"。"然後誅之以刑"，巾箱三本作"然後俟之以刑"。作"俟"義長。

〔四八〕楊倞注：郵，怨也。⊙冢田虎曰：尤，咎也，過也。⊙久保愛曰：尤，咎也。宋本作"郵"，古字通用。⊙王先謙曰：《史記》"郵"作"尤"。⊙梁啓雄曰：郵，借爲"訧"。《説文》"訧，辠也。"《廣雅》"訧，惡也。"⊙天海案：郵，通尤，責怪、怨恨也。

《成相篇》"己無郵人"同此義，楊注是也。今諸本一作"尤"。此句《外傳》作"下不非其上"。

〔四九〕楊倞注：流，行也。言通流也。⊙王先謙曰：《史記》"威流"作"威行如流"。⊙楊樹達曰：《史記》及《外傳》並作"威行如流"，此蓋脱"行如"二字。⊙天海案：流，布也。言其威勢傳布也。《廣雅》："流，演也。"《孟子·公孫丑下》"德之流行"之"流"即此義。又巾箱三本無"罰省而威"四字，錢佃稱諸本亦無此四字。又，注文"通流"，疑作"通行"。

〔五〇〕楊倞注：殺一人，謂殛鮌于羽山。刑二人，謂流共工于幽州，放驩兜于崇山。⊙郝懿行曰：刑、殺皆未聞，楊注謬。鯀死於殛所，非堯殺之。殛，古書本作"極"，非殺也。⊙于鬯曰：言其刑殺之少，不必指實言之。⊙天海案：郝、于二説是。楊注"鮌"字，郝作"鯀"，二字同。

〔五一〕楊倞注：厲，謂抗舉使人畏之。⊙王念孫曰：諸書無訓"厲"爲抗舉者。余謂厲，猛也。錯，置也。置，設也。言威雖猛而不試，刑雖設而不用也。⊙朝川鼎曰：厲、烈，古字通用。⊙章詩同曰：錯，擱置。⊙楊柳橋曰：鄭玄《論語》注："厲，嚴正也。"⊙天海案：威厲，即威嚴猛厲之縮語。《王制篇》："威嚴猛厲而不好假道人，則下畏恐而不親。"彼楊倞注："厲，剛烈也。"故"厲"當訓猛烈爲是。錯，通"措"，措，廢弃也。《論語·顔淵》："舉直錯諸枉，能使諸枉直。"皇侃疏："錯，廢也。"《家語》及本書《宥坐篇》皆有此二語。

"凡人之動也，爲賞慶爲之，則見害傷焉止矣〔一〕。故賞慶、刑罰、埶詐，不足以盡人之力，致人之死。爲人主上者也，其所以接下之百姓者〔二〕，無禮義忠信，焉慮率用賞慶、刑罰、埶詐、除阸其下，獲其功用而已矣〔三〕。大寇則至〔四〕，使之持危城則必畔，遇敵處戰則必北〔五〕，勞苦煩辱則必犇〔六〕，霍焉離耳，下反制其上〔七〕。故賞慶、刑罰、埶詐之爲道者，傭徒粥賣之道也〔八〕，不足以合大衆、美國家，故古之人羞而不道也〔九〕。故厚德音以先之，明禮義以道之，致忠信以愛之，尚賢使能以次之，爵服慶賞以申之〔一〇〕。時其事，輕其任〔一一〕，以調齊之，長養之，如保赤子。政令以定，風俗以一〔一二〕。有離俗不順其上，則百姓莫不敦惡，莫不毒孽，若祓不詳〔一三〕。然後刑於是起矣。是大刑之所加也，辱孰大焉？將以爲利耶？則大刑加焉身。苟不狂惑戇陋，誰睹是而不改也哉？然後百姓曉然皆知脩上之法〔一四〕，像上之志而安樂之。於是有能化善、脩身、正行、積禮義、尊道德〔一五〕，百姓莫不貴敬，莫不親譽〔一六〕，然後賞於是起矣。是高爵豐禄之所加也，榮孰大焉？將以爲害邪？則高爵豐禄以持養之〔一七〕，生民之屬，孰不願也？雕雕焉縣貴爵重賞於其前〔一八〕，縣明刑大辱於其後，雖欲無化，能乎哉！故民歸之如流水，所存者神，所爲者化〔一九〕。而順暴悍勇力之屬，爲之化而愿〔二〇〕；旁辟曲私之屬，爲之化而公〔二一〕；矜糾收繚之屬，爲之化而調〔二二〕；夫是之謂大化至一〔二三〕。《詩》曰：'王猶允塞，徐方既來。'此之謂也〔二四〕。

"凡兼人者有三術：有以德兼人者，有以力兼人者，有以富兼人者。彼貴我名聲，美我德行，欲爲我民，故辟門除涂以迎吾入〔二五〕。因其民，襲其處，而百姓皆安〔二六〕，立法施令莫不順比〔二七〕。是故得地而權彌重，兼人而兵俞强，是以德兼人者也〔二八〕。非貴我名聲也，非美我德行也，彼畏我威、劫我埶〔二九〕，故民雖有離心，不敢有畔慮。若是，則戎甲俞衆，奉養必費〔三〇〕。是故得地而權彌輕，兼人而兵俞弱，是以力兼人者也。非貴我名聲也，非美我德行也，用貧求富，用飢求飽，虚腹張口來歸我食〔三一〕。若是，則必發夫掌窌之粟以食之〔三二〕，委之以財貨以富之，立良有司以接之〔三三〕，已朞三年，然後民可信也〔三四〕。是故得地而權彌輕，兼人而國俞貧，是以富兼人者也。故曰：以德兼人者王，以力兼人者弱，以富兼人者貧，古今一也〔三五〕。

"兼并易能也，唯堅凝之難焉〔三六〕。齊能并宋，而不能凝也，故魏奪之〔三七〕；燕能并齊，而不能凝也，故田單奪之〔三八〕；韓之上地，方數百里，完全富足而趨趙，趙不能凝也，故秦奪之〔三九〕。故能并之而不能凝，則必奪；不能并之又不能凝其有，則必亡〔四〇〕。能凝之則必能并之矣。得之則凝，兼兵無强〔四一〕。古者湯以薄，武王以滈〔四二〕，皆百里之地也，天下爲一，諸侯爲臣，無它故焉，能凝之也。故凝士以禮，凝民以政；禮脩而士服〔四三〕，政平而民安。士服民安，夫是之謂大凝。以守則固，以征則强，令行禁止，王者之事畢矣！"

## 【校釋】

〔一〕物雙松曰：爲賞慶爲之，上"爲"字去聲。⊙梁啓雄曰：則，猶若也。焉，猶乃也。説見《釋詞》，下同。⊙天海案：上"爲"，猶"以"也。

〔二〕冢田虎曰：依前篇文例，"接下之"下，似脱"人"字。⊙天海案：埶詐，埶利變詐也，此指謀略。

〔三〕楊倞注：焉慮，無慮，猶言大凡也。除，謂驅逐。陒，謂迫蹙。若秦劫之以埶，隱之以陒，狃之以慶賞之類。陒，或爲險也。⊙王念孫曰：焉，語詞也。慮，大凡也。"除"，當爲"險"，俗書之誤也。楊注"陒或爲險"，當作"除或爲險"。⊙久保愛曰："焉"屬上句。慮，思慮也。率用，猶率由也。⊙朝川鼎曰：除，當作"隱"，即隱陒。⊙熊公哲曰：功用，用其力也。⊙天海案：焉，乃也。慮，大多也。率，輕易也。用，猶以也。率用，猶"輕以"。除陒，當作"險陒"。諸本一作"除阸"，誤也。功用，功利實用之謂。

〔四〕盧文弨曰：元刻"則"字在"至"字下，屬下句。⊙王念孫曰：則者，若也。與下三"則"字異義。⊙天海案：則至，猶若至，王説是。巾箱本、《題注》本、遞修本並作"至則"，誤。

〔五〕楊倞注：北，敗走也。北者，乖背之名，故以敗走爲北也。⊙久保愛曰：處戰，居戰鬭之地也。⊙天海案：持，守也。畔，同叛。處戰，交戰也。處，訓"交往"之交。《詩·小雅·黄鳥》："此邦之人，不可與處。"與處，即與交。久説非也。

〔六〕楊倞注：犇，與奔同。

〔七〕楊倞注：霍焉，猶渙焉也。離散之後，則上下易位，若秦、項然。⊙王先謙曰：焉，猶"然"也。上文云"滑然有離德"，又云"渙焉離耳"，渙、霍、滑三字，一聲之轉。⊙包遵信曰：霍，疾也。此乃言民離之速，非言民離之狀也。⊙天海案：霍，《玉篇》："鳥飛急疾皃也。"霍焉，即霍然，此以鳥疾飛散之狀喻其民之離散。包氏訓"霍"爲"疾"雖是，然説"言民離之速，非言民離之狀"則非。此既言其速又言其狀也，豈可分而言之？又巾箱三本無"其上"之"其"字。

〔八〕天海案：粥，通鬻，賣也。諸本一作"鬻"。"爲道者"之"者"，巾箱三本作"也"字。二"道"字皆訓術。

〔九〕久保愛曰：道，言也。⊙朝川鼎曰：道，由也。⊙天海案：道，行也。此"道"承上二"道"而言，故古之人羞而不行也。他説非。

〔一〇〕久保愛曰：道，音"導"。⊙熊公哲曰：音，聲也。謂宣揚德化。致，推致也。次，謂尊卑貴賤得其序。申，再三重複之意。⊙天海案：厚，廣也。德音，德政之聲。先，前也。明，彰明也。道，導也。致，極也。次，給予位次也。申，重也。

〔一一〕楊倞注：事，作業。任，力役。⊙天海案：時其事，施事有時。

〔一二〕梁啓雄曰"政令以定,風俗以一",以,同已。⊙天海案:齊,通劑。調齊,即調劑。"以定"、"以一",因此而定,因此而一。梁説非。

〔一三〕楊倞注:敦,厚也。毒,害也。孽,謂妖孽。祓,除之也。⊙盧文弨曰:《方言》:"諄憎,所疾也。宋、魯凡相惡謂之諄憎。"此"敦"當與"諄"同。⊙王念孫曰:《説文》:"憝,怨也。"《廣雅》:"憝,惡也。"譈、懟、敦竝與"憝"同。諄與敦,亦聲之轉。⊙梁啓雄曰:孽,猶害也。⊙章詩同曰:毒孽,痛恨。⊙天海案:《説文》:"敦,怒也,詆也。"敦惡,即詆惡。詆惡者,毁而惡也。不必如"諄"、如"憝",盧、王二説非。毒孽者,言憎惡其害。毒,《廣雅・釋詁》"惡也",《釋言》"憎也"。孽,借爲"㦸"禍害也。《吕覽・遇合》:"聖賢之後,反而孽民。"高注:"孽,病也。"

〔一四〕王念孫曰:脩,當爲"循"字之誤也。循,順也。謂順上之法也。《君道篇》作"順上之法,象上之志",文略與此同。⊙天海案:脩,行也。

〔一五〕楊倞注:於是像之中更有能自脩德者也。

〔一六〕于省吾曰:譽、與字通。親與,謂親比之也。⊙北大組曰:親譽,親近和讚美。⊙天海案:于説是。荀書"親比"一詞多用之。

〔一七〕楊倞注:持此以養之也。⊙王念孫曰:"持養"二字平列,持亦養也。⊙天海案:持養,保養也。荀書多用此二字,皆保養之義,王説非。

〔一八〕楊倞注:雕雕,章明之貌。⊙盧文弨曰:雕雕,猶昭昭也。⊙天海案:《儒效篇》"炤炤兮其用知之明也"。炤炤,同雕雕。縣,同懸,下同。

〔一九〕楊倞注:存,至也。言所至之處畏之如神。凡所施爲,民皆從化也。⊙久保愛曰:"民歸之如流水",無舍時也。⊙天海案:前文云:"仁人之兵所存者神,所過者化。"與此略同。所存,所在也。楊注非。歸之如流水,如百川之歸大海也。久説非。

〔二〇〕楊倞注:順,從也。謂好從暴悍勇力之人皆化而愿慤也。⊙盧文弨曰:"而順"上有脱文。下云"爲之化而愿"、"爲之化而公",知此句亦當是"爲之化而順"。其上脱六字或若干字,不可知矣。⊙俞樾曰:"而順"當作"順而"。順而,猶從而。因"順而"譌爲"而順",文義遂不可通,或乃疑其有闕文矣。⊙王先謙曰:"化而"二字衍。此文本作"所存者神,所爲者順",文義甚明。⊙冢田虎曰:"而順",疑當作"而後"。⊙于省吾曰:順、馴古字通。《易・坤・初六象》曰"馴致其道",九家注:"馴,猶順也。"《説文》:"馴,馬順也。""而馴"二字,貫下六句而言。⊙潘重規曰:所爲者化而順,義亦可通。⊙天海案:楊注於"所爲者化"下爲句,"而順"屬下句,且其説亦牽强。于、潘二氏則於"而順"下爲句,故其説亦通。然則此於文法猶有未安也。竊以爲"所爲者化"當句,此"化"乃總冒下文"化而愿"、"化而公"、"化而調"而言,故"而順"二字當屬下,楊注句讀不誤,唯其不明"而順"乃"順而"誤倒,故其説牽强。"順而",從而也。俞説是。"從而"乃承上啓下之詞,故俞説可從。

〔二一〕楊倞注：旁，偏頗也。辟，讀爲僻。⊙久保愛曰：旁，讀爲"放"。《孟子》曰："放僻邪侈，無不爲已。"⊙王先謙曰：旁辟，猶便辟。旁、便，雙聲字。⊙天海案：古字"旁"通"方"，方，放也。故"旁辟"即《孟子》所謂"放僻"也。放僻者，淫邪之謂也。久説是。荀書多言便辟（嬖），然皆指君主左右親近之人，非言邪僻者。且此文所指爲征服之對象，豈可目爲君主近習之人？故王説謬也。曲私，曲意爲私。

〔二二〕楊倞注：矜，謂夸汰。糺，謂好發摘人過者也。收，謂掠美者也。繚，謂繚繞，言委曲也。四者皆鄙陋之人，今被化則調和也。⊙傅山曰：四者則是不調之人，皆有扭捩乖厲之意。⊙郝懿行曰：收者，拘也。繚者，繞也。此謂矜嚴、糾察、拘牽、繳繞之屬皆化而調合也。注説"收"、"繚"，非是。⊙王念孫曰：矜糾收繚，皆急戾之意，故與調和相反。楊説皆失之。⊙帆足萬里曰：糾，謂絞急。收，謂閉隱。⊙天海案：矜，急也。糺，絞也。收，糾也。繚，纏也。矜糺，即絞急。收繚，即糾纏。皆謂其急暴難纏之人，故云化而調和也。糺，巾箱三本作"糾"，糾、糺二字同。

〔二三〕楊倞注：大化者，皆化也。至一，極一也。⊙嚴靈峰曰："至一"二字疑衍。⊙天海案：大化，廣大深入之教化。《書・大誥》："肆予大化，誘我友邦君。"至，歸也。至一，天下歸一也。楊注非。

〔二四〕王念孫曰："謀猶"字，《詩》皆作"猶"。《説文》有"猶"，無"猷"。元刻不可從。⊙天海案："猶"字，諸本一作"猷"，"既"字則作"其"，皆非也。王説是。《君道篇》亦引此《詩》，可參見其校釋。

〔二五〕楊倞注：辟，與闢同，開也。除涂，治其道涂也。⊙天海案：除涂，清除道路也。涂，同途。

〔二六〕楊倞注：因其民之愛悦，襲取其處。皆安，言不驚擾也。⊙物雙松曰：襲其處，如襲水土。⊙冢田虎曰：襲亦因也。⊙久保愛曰：襲，謂襲位襲禄之襲。謂不徙朝改制，而因襲其處也。⊙天海案：因其民，順其民。襲其處，沿襲其居處。故百姓皆安。楊注以攻襲爲説，皆非也。豈不知上已言其民開門除途以迎之，此宜當順隨其民，因其居處，何來襲取之説？

〔二七〕楊倞注：比，親附也。施令則民親比之。⊙天海案：順比，順從親附也。

〔二八〕楊倞注：俞，讀爲"愈"，下同。⊙天海案：兼人，容納人也。

〔二九〕楊倞注：爲我執所劫也。⊙天海案：劫，脅迫也。

〔三〇〕楊倞注：奉養戎甲必煩費也。⊙天海案：畔慮，背叛之思。又，"費"字，巾箱三本作"賞"，形誤也。

〔三一〕天海案：用，以也。歸，向也。食，求食。

〔三二〕楊倞注：地臧曰窌。掌窌，主倉廩之官。窌音匹孝反。⊙王引之曰：掌，當爲稟。稟，古"廩"字也。稟、窌皆所以藏粟，故云"發稟窌之粟以食之"。若云"發掌窌之粟"，則義不可通。隸書"掌"與"稟"略相似，故諸書"稟"字或譌爲"掌"。

⊙天海案：掌，或"倉"之音誤也。

〔三三〕楊倞注：立温良之有司以慰接之，懼其畔去也。⊙久保愛曰：委，猶給也。良有司，猶言良吏也。

〔三四〕楊倞注：已，過也。過一朞之後，至於三年，然後新歸之民可信。本非慕化故也。⊙王引之曰：朞者，周也。謂已周三年也。楊注非。⊙俞樾曰：荀子書多用"綦"字作窮極之義，此"朞"字蓋亦"綦"字之誤。已綦三年，猶云"已極三年"也。⊙帆足萬里曰：朞、期同。已朞三年，已共爲三年之期也。⊙裴覺海曰：朞，至也，及也。⊙龍宇純曰："已"字無義，朞三年，即届滿三年。⊙天海案：朞，又作"綦"。綦，極也，盡也。已綦三年，猶言已盡三年。

〔三五〕天海案：此下原文未分段，現依文意分之。

〔三六〕楊倞注：凝，定也。堅固定有地爲難。⊙北大組曰：凝，團聚，這里指保持和鞏固。⊙天海案：凝，聚也，結也。此篇末尚有"凝士"、"凝民"、"大凝"之語，亦當訓爲聚士、聚民、大聚，文意方安。

〔三七〕久保愛曰：《魏世家》："昭王十年齊滅宋，宋王死我温。十二年，與秦、趙、燕、韓共伐齊，敗之濟西，湣王出亡。"

〔三八〕天海案：公元前二八三年，燕將樂毅破齊，僅莒、即墨二城未下。田單用反間計、火牛陣大破燕軍，因功封安平君。事見《史記·田單列傳》。

〔三九〕楊倞注：上地，上黨之地。完全，言城邑也。富具，言府庫也。趨，歸也，七朱反。《史記》：秦攻上黨，韓不能救，其守馮亭以上黨降趙。趙使馬服子將兵拒秦，秦使白起大破馬服於長平，阬四十餘萬而奪其地，殺戮蕩盡。⊙盧文弨曰：注"蕩"，疑作"殆"。⊙天海案：正文"富足"，巾箱本、題注本、遞修本，並作"富具"，與楊注合，故知正文"足"乃"具"之音誤也，或可據改。

〔四〇〕天海案："凝其有"，錢考異稱諸本作"處其有"。巾箱三本作"凝其人"。

〔四一〕楊倞注：得其地則能定之，則無有强而不可兼并者也。⊙冢田虎曰：彊，當作"疆"，言無限極也。⊙久保愛曰：末"則"字猶"而"也。⊙朝川鼎曰：先君曰："《史記·留侯世家》'且夫楚唯無强'，注：'韋昭曰：今無强楚者。'無彊，與此義同。"⊙劉師培曰：此謂兼并之道莫强於此。無，猶"莫"也。⊙天海案：兼兵，兼并之師。無强，劉説是也。

〔四二〕楊倞注：薄，與亳同。滈，與鎬同。⊙天海案：亳，地名。《史記·殷本紀》："湯始居亳。"故址在今河南商邱市北。鎬，地名，故址在今西安市西南，武王滅商後都此地。

〔四三〕劉師培曰：脩，當作"備"。《致士篇》云"刑政平而百姓歸之，禮義備而君子歸之"，與此正同。此文誤"備"爲"脩"，猶彼文"備"字《外傳》五亦作"脩"，明也。⊙天海案：脩、備，形略似，故誤。劉説可從。

# 荀子校釋　卷第十一

## 彊國篇第十六〔一〕

形范正〔二〕，金錫美，工冶巧，火齊得〔三〕，剖刑而莫邪已〔四〕。然而不剥脱、不砥厲，則不可以斷繩〔五〕；剥脱之，砥厲之，則劙槃盂、刎牛馬，忽然耳〔六〕。彼國者，亦彊國之剖刑已〔七〕。然而不教不誨、不調不一，則入不可以守，出不可以戰〔八〕；教誨之，調一之，則兵勁城固，敵國不敢嬰也〔九〕。彼國者亦有砥厲，禮義節奏是也〔一〇〕。故人之命在天，國之命在禮。人君者，隆禮尊賢而王，重法愛民而霸，好利多詐而危，權謀傾覆幽險而亡〔一一〕。

威有三：有道德之威者，有暴察之威者，有狂妄之威者〔一二〕。此三威者，不可不孰察也。禮樂則脩，分義則明〔一三〕，舉錯則時，愛利則形〔一四〕。如是，百姓貴之如帝，高之如天〔一五〕，親之如父母，畏之如神明。故賞不用而民勸，罰不用而威行，夫是之謂道德之威。禮樂則不脩，分義則不明，舉錯則不時，愛利則不形，然而禁暴也察，其誅不服也審〔一六〕，其刑罰重而信，其誅殺猛而必〔一七〕，黭然而雷擊之，如牆厭之〔一八〕。如是，百姓劫則致畏〔一九〕，嬴則敖上〔二〇〕，執拘則最，得閒則散〔二一〕，敵中則奪〔二二〕，非劫之以形埶，非振之以誅殺，則無以有其下〔二三〕。夫是之謂暴察之威。無愛人之心，無利人之事，而日爲亂人之道，百姓讙敖，則從而執縛之，刑灼之，不和人之心〔二四〕。如是，下比周賁潰以離上矣〔二五〕，傾覆滅亡可立而待也！夫是之謂狂妄之威。

此三威者，不可不孰察也。道德之威成乎安彊，暴察之威成乎危弱，狂妄之威成乎滅亡也〔二六〕！

公孫子曰："子發將西伐蔡，克蔡，獲蔡侯〔二七〕，歸致命曰：'蔡侯奉其社稷而歸之楚〔二八〕，舍屬二三子而治其地〔二九〕。'既，楚發其賞〔三〇〕，子發辭曰：'發誡布令而敵退，是主威也；徙舉相攻而敵退〔三一〕，是將威也；合戰用力而敵退，是衆威也〔三二〕。臣舍不宜以衆威受賞〔三三〕。'"譏之曰："子發之致命也恭，其辭賞也固〔三四〕。夫尚賢使能，賞有功，罰有罪，非獨一人爲之也〔三五〕！彼先王之道也，一人之本也，善善惡惡之應也〔三六〕，治必由之，古今一也〔三七〕。古者明王之舉大事〔三八〕、立大功也。大事已博〔三九〕，大功已立，則君享其成，羣臣享其功〔四〇〕，士大夫益爵，官人益秩，庶人益禄〔四一〕。是以爲善者勸，爲不善者沮；上下一心，三軍同力；是以百事成而功名大也。今子發獨不然，反先王之道，亂楚國之法，墮興功之臣，恥受賞之屬〔四二〕，無僇乎族黨而抑卑乎後世〔四三〕，案獨以爲私廉，豈不過甚矣哉〔四四〕！故曰：子發之致命也恭，其辭賞也固。"

## 【校釋】

〔一〕吕思勉曰：此篇亦通常之論。⊙天海案：本篇論述强國之道。申明"隆禮尊賢，重法愛民"是使國家强盛的必由之路。

〔二〕楊倞注：刑與形同。范，法也。形范，鑄劒規模之器也。⊙物雙松曰：《正字通》："型，鑄金範。或曰：凡鑄式，以土曰型，以木曰模，以金曰範。"⊙冢田虎曰：注"刑與形同"至"器也"十六字，宜在"火齊得"注上。注"形"字誤矣。⊙郝懿行曰：刑與型同，范與笵同，皆鑄作器物之法也。楊注非。⊙鍾泰曰：刑笵，謂器非謂法，郝説"鑄作器物之法"，非是。⊙天海案：正文"形"字，宋浙本、《題注》本、遞修本、明世本、《四庫》本並作"刑"。形、刑、型三字皆可通，此"形"與下"刑"皆通"型"。型範，鑄金之模具也。楊注謂"范，法也"，范與笵通。下言"規模之器"則是。又楊此注原在下文"剖刑"句下，由注文"刑與形同"可知，楊所見本首字正作"形"，故於"剖刑"句下作注以釋"刑"也，非傳寫之誤。然因此注主釋"形范"，故移上。别本皆改正文"形"爲"刑"，並移楊注。

〔三〕楊倞注：火齊得，謂生孰齊和得宜。《考工記》云："金有六齊。"齊，才細反。⊙章詩同曰：齊，同劑，指金和錫的配合。得，得當。⊙楊柳橋曰：火齊，今謂火候也。

⊙駱瑞鶴曰：工冶，謂工人與鑄煉之法。火齊得，言火候與金錫比例皆得其宜。⊙天海案：金錫美，指鑄劍的銅和錫精良。工冶巧，指鑄工及冶煉之法工巧。火齊得，指火候與金錫的劑量配合適當。

〔四〕楊倞注：剖，開也。莫邪，古之良劒。⊙陶鴻慶曰：而，讀爲"如"。⊙楊柳橋曰：《廣雅》："已，成也。"⊙包遵信曰：而，同"則"也。⊙天海案：刑，同型，説見上。而，猶"則"，包説是。已，猶矣。裴學海曰："已與矣同音，故同義。"又，莫邪即莫耶。諸本"邪"作"耶"。

〔五〕楊倞注：剥脱，謂刮去其生澀。砥厲，謂磨淬也。⊙久保愛曰：注"淬"字疑誤。⊙天海案：砥，磨也。厲，使鋒利也，故楊注爲"淬"。諸本作"砥礪"，皆磨也，故久氏疑"淬"字誤。然則使之鋒利，既可以砥礪之，亦可淬之，故注"淬"亦通。剥脱，剥離型范。楊注未安。

〔六〕楊倞注：劙，割也，音"戾"。劙槃盂、刎牛馬，蓋古用試劍者也。《戰國策》趙奢謂田單曰："吴干將之劒，肉試則斷牛馬，金試則截槃盂。"槃、盂皆銅器，猶劁鍾無聲及斬牛馬者也。忽然，言易也。⊙物雙松曰：劙，即"劙"字。亦作"𠜾"、"剺"。⊙盧文弨曰：劙，宋本作"劙"，元刻作"劙"，皆訛，今改正。⊙天海案："劙"字，字書所載其形頗多，又作劚、剺、劆、𠜾、盭、𠞩、劙，皆與"劙"音義同。"劙槃"二字諸本又作"劙盤"，是音義同而形異也。忽然，鋒利貌，言其快速也。楊注"槃盂皆銅器"，"槃盂"兩字原無，據盧校、《集解》補。

〔七〕楊倞注：如彊國之初開此也。⊙久保愛曰："彊國"之"國"當作"固"，例在《王霸篇》。本注"如"字疑誤。或云，當在"此"上。未穩。⊙楊柳橋曰："彼國者"之"國"當作"人"。今本作"國"者，係涉下文"彼國者"而誤。⊙天海案：此言彊國之初亦如剛出型範之劍也，故下文言"彼國者亦有砥厲"。已，猶"也"。已、也一聲之轉。然楊注却未明，注文"此"當作"刑"，或"此"下脱一"刑"字。

〔八〕天海案："然而"二字，錢佃稱"監本無"。"然而不教不誨，不調不一"，諸本作"然而不教誨，不調一"。

〔九〕久保愛曰：攖，觸也。⊙鍾泰曰：嬰，猶攖犯也。⊙天海案：調一，協調一致。嬰，觸犯也。諸本一作"攖"，二字可通。

〔一〇〕楊倞注：節奏，有法度也。⊙王先謙曰：節奏，包法度在内，不能訓節奏爲有法度。説見《富國篇》。

〔一一〕楊倞注：幽深傾險，使下難知，則亡也。⊙盧文弨曰：正文及注"亡"字上，元刻竝有"盡"字，宋本無。⊙天海案：命，命運也。依文例，"傾覆"二字疑衍，或"亡"之旁注之文混入正文。"亡"上，諸本有"盡"字，注文亦同。又，此下原文未分段，現依文意分之。

〔一二〕楊倞注：暴察，謂暴急嚴察也。⊙久保愛曰：狂妄，謂狂亂妄行也。⊙楊柳橋曰：高誘《吕氏春秋》注："察，苛也。"⊙天海案：暴察，暴虐苛察也。楊説是。"威有三"，《外傳》作"威有三術"。

〔一三〕楊倞注：分，謂上下有分。義，謂各得其宜。⊙天海案：分，讀扶問切，職分也，亦等級之分。孰，同熟，諸本作"熟"，二字通。"孰察"，《外傳》作"審察"。

〔一四〕楊倞注：形，見也。愛利人之心見於外也。⊙郝懿行曰：形，《外傳》作"刑"。刑者，法也。愛人利人皆有法，不爲私恩小惠。注非是。⊙鍾泰曰：《不苟篇》"不形雖作於心，見於色"云云，此"形"與彼"形"同，謂見之於行事也。⊙楊柳橋曰：《廣雅》："刑，正也。"⊙天海案：愛利則形，愛人利民之心表現在行動上。形、行古字通。

〔一五〕楊倞注：帝，天神也。⊙包遵信曰：此"帝"即帝王之帝。荀書中舉凡"帝"字，皆與天神無涉。⊙天海案：帝，如帝堯、帝舜之比，非天神也。若訓爲天神，下不當再言"高之如天"、"畏之如神明"。《外傳》作"帝王"。下文"反然舉疾惡桀、紂而貴帝湯、武"，正此"貴之如帝"之的解。

〔一六〕龍宇純曰：原文當作"其誅不服也蕃"。察謂急察，蕃與繁同。《外傳》"繁"下"審"，則校者據本書增之。⊙天海案："然而"下諸本有"其"字，依文例及《外傳》當補。察，亦苛也。《外傳》此句作"然而其禁非也暴"。審，詳也，密也。言誅不服太詳密，此正與"苛"相對。龍説非。

〔一七〕楊倞注：申、商之比。⊙北大組曰：信，守信用。必，果斷。⊙天海案：信，誠也，實也。此謂刑罰沉重而不虚設。必，堅決。

〔一八〕楊倞注：黭然，卒至之貌。《説文》云："黭，黑色。"猶闇然。黭，烏感反。厭，讀爲"壓"。⊙郝懿行曰：黭與奄同。奄然，猝乍之貌。"而"與"如"，古通用。⊙天海案：《外傳》作"闇如雷擊之"，郝説是。

〔一九〕楊倞注：見劫脅之時則畏也。⊙天海案：致，極也。

〔二〇〕楊倞注：稍嬴緩之則傲慢。嬴，音"盈"。⊙郝懿行曰：嬴，猶盈也。嬴與贏同。贏，有餘也。有餘即弛緩，故注訓嬴爲緩。⊙天海案：敖，同傲。此句《外傳》作"怠則傲上"。

〔二一〕楊倞注：最，聚也。間，隙也。《公羊傳》曰："會，猶最也。"何休曰："最，聚也。"⊙郝懿行曰：最，依字書應作"冣"，音才句切，即古"聚"之假借字也。俗書作"最"，非。《外傳》作"聚"，是也。

〔二二〕楊倞注：敵人得中道則奪其國。一曰：中，擊也，丁仲反。⊙冢田虎曰：中，當也。言其强弱之勢與我相當，則爲彼所奪也。⊙俞樾曰：敵，當讀爲適，古字通用。此云"敵中"，謂適乎其中也。適乎其中，則反失其所以爲暴察矣，故曰"適中則奪"。⊙陶鴻慶曰：中，亦得也。若與敵交戰，而敵得間隙，則民且不爲我有矣，故曰"敵中則奪"。⊙天海案：敵，通適，音同敵，而非"適中"之"適"。《釋文》："敵，本又作適，音狄。”《廣雅·釋詁》三：“敵，主也。”敵中，即主中。主中，猶持中也。此“持中”承上“劫則致畏”、“嬴則敖上”、“執拘則聚”、“得閒則散”而言，謂持中和之度則失暴察之威。故下文又重申之“非劫之以形埶，非振之以誅殺，則無以有其下”。楊注非，諸説亦未得。《外傳》無此句，其上句則作“遠聞則散”。



〔二三〕楊倞注：振，動。⊙久保愛曰：古屋鬲曰：“居上制下是形也，以尊馭卑是勢也。”愛曰：振與震同，威也。⊙天海案：振，同震，威懾也。形埶，《外傳》作“刑勢”。

〔二四〕楊倞注：讙，喧譁也。敖，喧噪也。亦讀爲嗷，謂叫呼之聲嗷嗷然也，五刀反。⊙久保愛曰：刑，疑當作黥。《王制篇》及《議兵篇》曰“灼黥若仇讎”。⊙熊公哲曰：灼，猶痛也。謂用刑灼之使痛。⊙天海案：灼，驚恐也。《方言》：“灼，驚也。”郭璞注：“猶云恐灼也。”刑灼，謂用刑罰使之驚恐也，故下言“不和人之心”。諸本作“不和人心”。《外傳》作“百姓讙譁，則從而放執於刑灼，不和人心”。

〔二五〕楊倞注：賁，讀爲“憤”，憤然也。民逃其上曰潰。⊙郝懿行曰：賁與奔，古字通。賁潰，謂奔走潰散而去也。⊙天海案：賁潰，憤而潰散。《外傳》“賁”作“憤”，二字可通。楊注義長。

〔二六〕梁啓雄曰：成，終也。⊙章詩同曰：成乎，必然導致。⊙天海案：成，猶終也。《儀禮·燕禮》“笙入三成”，鄭玄注：“成，終也。”《禮·鄉禮》正作“笙入三終”。又，安强，《外傳》作“衆强”。此節言“三威”之文，《外傳》卷六用之，文略同。此下原文未分段，現依文意分之。

〔二七〕楊倞注：公孫子，齊相也，未知其名。《後語》：孟嘗君客有公孫成，豈後爲齊相乎？或曰：公孫名忌。子發，楚令尹，未知其姓。《戰國策》莊辛諫楚襄王曰：“蔡聖侯南遊乎高陂，北陵乎巫山，左枕幼妾，右擁嬖女，與之馳騁乎高蔡之閒，而不以國家爲事。不知夫子發方受命于宣王，繫以朱絲而見之。”《史記》蔡侯齊爲楚惠王所滅，莊辛云“宣王”，與《史記》不同。⊙王念孫曰：蔡在楚北，非在楚西，不得言“西伐蔡”。將，子匠反。“西”，當爲“而”。言子發將兵而伐蔡也。⊙于鬯曰：蔡，高蔡也。見《戰國策·楚策》，此當别一蔡國，非蔡仲之後遷於州來之蔡。觀此“西”字爲足據矣。然則高蔡之國實在楚之西南，是知此“西”字必非誤字也。⊙鍾泰曰：此節論子發辭賞之非，與《彊國篇》旨無涉，疑《正論篇》之文而誤入於此者。⊙劉師培曰：子發即景舍也。《通典·職官》二“大司馬”注云“楚大司馬景舍師軍伐蔡，蔡侯奉社稷而歸之”，杜氏所述子發辭賞之語均據本書，則舍即景舍。⊙天海案：公孫子，吴汝綸《點勘》疑孫卿子之誤。子發將，爲將領兵也。蔡，高蔡，湖南、湖北之交，非河南上蔡之蔡。于説是，王説非。蔡侯，高蔡之蔡聖侯，事見《楚策》。

〔二八〕楊倞注：歸致命於君，言蔡侯自奉其社稷歸楚，非己之功也。⊙久保愛曰：之，於也。⊙天海案：致命，返命，復命。

〔二九〕楊倞注：舍，子發名。屬，請也，之欲反。二三子，楚之諸臣也。治其地，謂安輯其民也。子發不欲獨擅其功，故請諸臣理其地也。⊙王念孫曰：古無訓“屬”爲“請”者。屬，會也。言會諸臣以治之。⊙楊柳橋曰：楊倞《榮辱篇》注：“屬，託也。”⊙天海案：屬，同囑，託付也。上言“歸致命”，謂其已返國復命，故託付同行二三子留治其地。楊注不是，王説亦非。“治”，諸本一作“理”，避唐諱也。

〔三〇〕楊倞注：既，謂論功之後。發，行也。

〔三一〕物雙松曰：徒舉者，徒軍舉兵也。

〔三二〕楊倞注：誡，教也。凡發誡布令而敵退，則是畏其主。徒舉相攻而敵退，則是畏其將。合戰用力而敵退，則畏其衆也。⊙天海案：合戰，交戰也。

〔三三〕楊倞注：是時合戰用力而滅蔡，故曰“衆威”。此以上公孫子美子發之辭也。以下荀卿之辭也。

〔三四〕楊倞注：固，陋也。其致命雖，其辭賞則固陋，非坦明之道也。⊙劉師培曰：固，恭對文，疑“倨固”之固。固又訓堅，是固有拘執之義。凡拘執者必自是，必自是者必傲人，故“固”亦有不恭之義。⊙鍾泰曰：固，謂固執也。⊙章詩同曰：固，拘執矯情。

〔三五〕楊倞注：自古皆然。⊙冢田虎曰：言賞罰非爲一人設之。⊙久保愛曰：言非楚王一人爲之也。⊙安積信曰：一人，指子發。⊙天海案：一人，君王也。《書·吕刑》：“一人有慶，兆民賴之。”《傳》曰：“一人，天子也。”楊注未晰，他説亦未了。

〔三六〕楊倞注：彼，彼賞罰也。言彼賞罰者乃先王之道，齊一人之本，善善、惡惡之報應也。⊙天海案：“一人之本”，言賞罰乃君主治國之根本。

〔三七〕楊倞注：爲治必用賞罰。

〔三八〕久保愛曰：《左氏傳》曰：“國之大事，在祀與戎。”⊙天海案：舉，行也。

〔三九〕久保愛曰：博，疑作“舉”。⊙于省吾曰：博，本應作“尃”，即今“敷”字，金文皆作“尃”。《孟子·滕文公》“舉舜而溥治焉”，注：“溥，治也。”大事已敷，謂大事已治，與下句“大功已立”爲對文。⊙楊柳橋曰：王逸《楚辭》注：“博，平也。”⊙天海案：博，通也。《説文》：“博，大通也。”大事已博，言大事已通。其義自明，不煩改字，諸説非也。

〔四〇〕楊倞注：享，獻也。謂受其獻也。⊙冢田虎曰：享，猶享國享祀之享，受也。注非也。一本此注八字無。⊙久保愛曰：成，成功、成勞、成積之成。⊙天海案：享其成，坐享其成。功，功業也。

〔四一〕楊倞注：爵，謂若秦庶長、不更之屬。官人，羣吏也。庶人，士卒也。秩、禄，皆謂廪食也。⊙天海案：三“益”字，皆謂增益也。

〔四二〕楊倞注：人皆受賞，子發獨辭，是使興功之臣墮廢其志，受賞之屬慚恥於心。⊙天海案：墮，毁也。

〔四三〕楊倞注：夫先祖有寵錫，則子孫揚其功；族黨遭刑戮，則後世蒙其恥。今子發自謂無功，則子孫無以稱揚，雖無刑戮之恥，而後世亦抑損卑下，無以光榮也。⊙孫詒讓曰："無僇"二字當平列，與"抑卑"文正相對。此"無僇"與《墨子》之"毋僇"文相類，疑無、毋皆"侮"之假字，言侮辱其族黨也。注增字爲訓，非《荀子》意也。⊙高亨曰：僇，利也。謂子發之辭賞，無利於其族黨也。僇，讀爲"憀"。《淮南子·兵略篇》："上下不相寧，吏民不相憀。"高注："憀，賴也。"《國語·周語》："先王豈有賴乎？"韋注："賴，利也。"則憀亦可訓利矣。⊙潘重規曰：僇與憀、聊古字通，皆可訓"賴"。言使族黨無所賴其勳。⊙天海案：無，通侮，無僇，即侮辱。孫説是，高、潘輾轉爲訓，不可取。兩"乎"字，皆猶"其"也。後世，指子發之子孫後代。

〔四四〕久保愛曰：案，語助。⊙天海案：案，猶"乃"也。諸本一作"按"。私廉，一人之廉。私廉，明世本、《四庫》本作"私靡"，字誤也。

荀卿子説齊相曰〔一〕："處勝人之埶，行勝人之道，天下莫忿，湯、武是也；處勝人之埶，不以行勝人之道〔二〕，厚於有天下之埶，索爲匹夫不可得也〔三〕，桀、紂是也。然則得勝人之埶者，其不如勝人之道遠矣。夫主相者，勝人以埶也〔四〕；是爲是，非爲非，能爲能，不能爲不能，併己之私欲，必以道夫公道通義之可以相兼容者，是勝人之道也〔五〕。今相國，上則得專主，下則得專國，相國之於勝人之埶，亶有之矣〔六〕。然則胡不敺此勝人之埶赴勝人之道〔七〕，求仁厚明通之君子而託王焉〔八〕，與之參國政，正是非？如是，則國孰敢不爲義矣〔九〕！君臣上下，貴賤長少，至于庶人，莫不爲義，則天下孰不欲合義矣〔一〇〕？

"賢士願相國之朝，能士願相國之官〔一一〕，好利之民莫不願以齊爲歸〔一二〕，是一天下也。相國舍是而不爲，案直爲是世俗之所以爲〔一三〕，則女主亂之宫，詐臣亂之朝，貪吏亂之官〔一四〕，衆庶百姓皆以貪利爭奪爲俗，曷若是而可以持國乎〔一五〕？今巨楚縣吾前〔一六〕，大燕鰌吾後〔一七〕，勁魏鉤吾右，西壤之不絶若繩〔一八〕。楚人則乃有襄賁、開陽以臨吾左〔一九〕。是一國作謀，則三國必起而乘我〔二〇〕。如是，則齊必斷而爲四〔二一〕，三國若假城然耳〔二二〕！必爲天下大笑。曷若〔二三〕？兩者孰足爲也〔二四〕？

“夫桀、紂，聖王之後子孫也，有天下者之世也〔二五〕，埶籍之所存，天下之宗室也〔二六〕。土地之大，封内千里；人之衆，數以億萬〔二七〕；俄而天下倜然舉去桀、紂而犇湯、武〔二八〕，反然舉疾惡桀、紂而貴帝湯、武〔二九〕，是何也？夫桀、紂何失，而湯、武何得也〔三〇〕？是無他故焉，桀、紂者善爲人之所惡，而湯、武者善爲人之所好也〔三一〕。人之所惡者何也？曰：汙漫、爭奪、貪利是也〔三二〕。人之所好者何也？曰：禮義、辭讓、忠信是也〔三三〕。今君人者，辟稱比方則欲自並乎湯、武〔三四〕，若其所以統之〔三五〕，則無以異於桀、紂，而求有湯、武之功名，可乎？故凡得勝者，必與人也；凡得人者，必與道也〔三六〕。道也者何也？曰：禮義、辭讓、忠信是也。故自四五萬而往者彊勝，非衆之力也，隆在信矣〔三七〕；自數百里而往者安固，非大之力也，隆在脩政矣〔三八〕。

“今已有數萬之衆者也，陶誕、比周以爭與〔三九〕；已有數百里之國者也，汙漫、突盜以爭地〔四〇〕；然則是棄己之所以安彊，而爭己之所以危弱也；損己之所以不足，以重己之所以有餘〔四一〕。若是其悖繆也，而求有湯、武之功名，可乎？辟之是猶伏而咶天，救經而引其足也〔四二〕，説必不行矣，俞務而俞遠〔四三〕。爲人臣者，不恤己行之不行〔四四〕，苟富利而已矣，是渠衝入穴而求利也〔四五〕，是仁人之所羞而不爲也〔四六〕。故人莫貴乎生，莫樂乎安，所以養生安樂者，莫大乎禮義〔四七〕。人知貴生樂安而棄禮義，辟之是猶欲壽而歾頸也〔四八〕，愚莫大焉。故君人者，愛民而安，好士而榮，兩者無一焉而亡。《詩》曰：‘价人維藩，大師維垣。’此之謂也〔四九〕。”

## 【校釋】

〔一〕盧文弨曰：此七字元刻無，從宋本補。⊙孫詒讓曰：以全書文例校之，“荀”實當爲“孫”耳。⊙吴汝綸曰：姚姬傳云：“此齊相即田單邪？”⊙天海案：齊相，或前文所云“公孫子”與？又，此七字非只元刻無，今存舊刻除宋浙本外，諸本皆無。

〔二〕楊倞注：以，用。⊙村崗良弼曰：“處勝人之勢，行勝人之道”，當是此篇立言本旨，後面“求明通之君子而託王”、“隆信”、“脩政”等語，無非發明此意。⊙天海案：諸本"不以"下無"行"字，非。

〔三〕楊柳橋曰：高誘《國策》注："厚，重也。"⊙天海案：厚，廣大也。《左傳》隱公元年"厚將崩"，杜注："厚，言土地廣大。"索，求也。

〔四〕冢田虎曰：此"勢"字，當作"道"，是寫誤耳，下文即陳道也。⊙陶鴻慶曰：勝人以埶，當作"勝人之埶"。謂主相但有勝人之埶，非謂埶可以勝人也。下文"是勝人之道也"，正對此言。此誤作"以"，則非其旨。⊙天海案："以"猶"之"也，説見裴學海《虚字集釋》。陶説非。



〔五〕楊倞注：併，讀曰屏，棄也。屏棄私欲，遵達公義也。⊙久保愛曰："以道"之"道"訓由。本注"遵達"疑"道達"誤。⊙天海案：上"道"，行也。通義，公義也。注"遵達"，疑"通達"之誤。

〔六〕楊倞注：亶，讀爲擅，本亦或作"擅"。或曰：亶，誠也。⊙王念孫曰：或説是也。⊙天海案：《詩・小雅・常棣》"亶其然乎"，毛傳："亶，信也。"亶有之矣，信有之矣。誠、信可互訓。楊注或説是。

〔七〕楊倞注：歐，謂駕馭之也。或作謳，"歌此勝人之埶"，誤也。⊙久保愛曰：歐，與驅同。⊙朝川鼎曰：先君曰："歐與驅同，乘也。"⊙天海案：歐，古文"驅"，馭也。馭，亦乘也。楊注前説是。

〔八〕楊倞注：求賢而託之以王，使輔佐也。⊙天海案：託王焉，寄託其王天下之志。王，讀去聲。

〔九〕楊倞注：國内皆化之也。

〔一〇〕楊倞注：天下皆來歸義也。⊙天海案：此下原文未分段，現據文意分之。

〔一一〕梁啓雄曰：上二句中"願"字均訓"思慕"。⊙李中生曰：這兩句中的"願"，用的是《方言》"欲思"之訓，而非"思慕"。⊙天海案：李説是。

〔一二〕天海案：正文"以"下原文有"爲"字，依文意不當有，此據諸本删。

〔一三〕楊倞注：不爲勝人之道，但爲勝人之埶。⊙久保愛曰：舍，音捨。案，語詞。⊙王先謙曰："以"字疑衍。

〔一四〕梁啓雄曰：《釋詞》九："之，猶諸也。"⊙楊柳橋曰：女主，后妃也。⊙天海案：女主，王后或太后。

〔一五〕裴學海曰：曷，猶"豈"也。⊙天海案：曷，原誤作"旨"，據諸本改。

〔一六〕楊倞注：楚在齊南，故曰前。縣，聯繫之也。

〔一七〕楊倞注：燕在齊北，故曰後。鰌，蹴也，藉也，如蹴踏於後。《莊子》："風謂蛇曰：鰌我必勝我。"本亦或作"蹲吾後"也。⊙梁啓雄曰：鰌，迫也。説詳《議兵篇》。⊙天海案：鰌，通遒，訓"迫"義長。鰌，自秋切。



〔一八〕楊倞注：魏在齊西，故曰右。鉤，謂如鉤取物也。西壤，齊西界之地。若繩，言細也。⊙楊柳橋曰：鉤，借爲拘。又借爲踞。踞，亦蹲也。⊙天海案：鉤，如字。

本注是,楊柳橋説非。諸本作"鈞",誤。

〔一九〕楊倞注:襄賁、開陽,楚二邑,在齊之東者也。《漢書·地理志》二縣皆屬東海郡。賁,音肥。⊙俞樾曰:"乃",疑"又"之誤。⊙鍾泰曰:"乃"字不誤。俞説非。

〔二〇〕楊倞注:一國謀齊,則三國乘其敝。⊙俞樾曰:三國,乃"二國"之誤。上文止有楚、燕、魏三國,若依此文,則是四國矣,故知其誤也。⊙王先謙曰:言一國作謀,則三國共起乘我。"三"非"二"之誤。⊙楊柳橋曰:韋昭《國語》注:"乘,陵也。"⊙天海案:"三國"不誤,如王説。乘,戰勝。《書·西伯勘黎》"周人乘黎",《國語·周語》中"乘人不義",皆此"乘"字。楊注未安,楊柳橋説亦不切也。又,諸本一無"則"字。

〔二一〕楊倞注:三國分齊,則斷爲四。謂楚取其二,魏、燕各取其一也。

〔二二〕楊倞注:言齊如三國之寄城耳,不久當歸之也。⊙傅山曰:如注,當以"若"字在"三國"之上。劉辰翁謂當以"斷而爲四三"句,亦不通。本義謂齊之一國,斷與楚、燕、魏爲四矣,"三國"上加一"于"字,則明白矣。而古文不能如此周密。⊙俞樾曰:"四"字疑衍文,當云"齊必斷而爲三",其下句則云"國若假城耳"。⊙王先謙曰:《議兵篇》"楚分而爲三四",《史記·禮書》引作"四參",參、三同也。據此,《荀子》本書必有作"四三"者。"三四"、"四三",總謂國之分裂,不爲定數。此文亦言"齊必斷而爲四三","國若假城然耳"自爲一句。楊注失讀,俞氏滅字以成其義,皆非也。⊙天海案:"三"字當屬上句,王説是也。諸本無"然"字。

〔二三〕楊倞注:天下必笑其無謀滅亡,問以爲何如也。⊙王念孫曰:"曷若"二字與上下文義不相屬,此涉上文"曷若是"而衍。

〔二四〕楊倞注:兩者,勝人之道與勝人之埶。一則天下歸,一則天下笑。問何者可爲也。⊙高亨曰:若,擇也。謂曷擇以上兩者孰足爲也。⊙于省吾曰:曷、介,古音近,字通。介,古"界"字;若,猶"然"也。"界若兩者,孰足爲也",言兩者界然甚清,孰足爲也,不待辨矣。⊙天海案:"曷如"二字乃承上文"相國舍是而不爲"至"必爲天下大笑"而生感嘆之詞,高、于二氏以之屬下讀,且其訓亦並非也。王氏以爲衍文,亦非。"兩者孰足爲也",乃結"荀卿子説齊相"以下之文,楊注是。

〔二五〕楊倞注:世,謂繼世。⊙趙海金曰:"後"字與"子孫"義復。疑"子孫"二字爲旁記之文誤入正文者。⊙包遵信曰:謂桀、紂乃聖王嫡係子孫也。是"後"義乃同嫡庶之嫡也。⊙天海案:趙説或是,包説非。又"夫"字,原作"天",形誤也,據諸本改。又案:"世",疑"埶"之音誤也,上文正作"有天下之埶"。

〔二六〕楊倞注:埶位,國籍之所在也。⊙物雙松曰:"勢籍"二字不倫,當是"世籍"之誤,下《正論篇》同。⊙冢田虎曰:有天下之勢在履籍,故曰"勢籍"。⊙久保愛曰:《淮南子》云:"履勢位,受傳籍。"⊙王念孫曰:楊注本作"埶位,圖籍之所在也"。

今本“位”作“謂”，“圖”作“國”，則義不可通。又案：楊注以籍爲圖籍，非也。籍，亦位也。《儒效篇》“周公履天子之籍”，又曰“反籍於成王”，是籍與位同義，非謂圖籍也。《正論篇》有此數語，文義竝與此同。盧云“埶籍，謂埶力憑籍也”，亦非。⊙王先謙曰：王室爲天下所宗，故云“宗室”。⊙劉師培曰：籍，指册籍言。“埶”當作“執”，因字形相似而訛。執籍，即《論語》《國語》之“執中”。古代册籍爲天子所執，遂名“册籍”爲“執籍”。⊙高亨曰：室，當爲“宔”，字之誤也。《説文》：“宔，宗廟宔祏。”宗尊祖廟也。凡言宗主，皆當作“宗宔”。⊙天海案：“埶籍之所存”，猶埶位之所在也。《正論篇》亦有此數語，義同。明世本、《四庫》本改楊注“埶位”作“埶謂”，非也。楊注“國籍”乃“圖籍”之誤，王説是也。然楊注訓“籍”爲“圖籍”則非。籍者，通阼，即王位也。《淮南子·氾論》：“周公繼文王之業，履天子之籍。”高誘注：“籍，或作阼。”王念孫《雜志》：“籍，猶位也。”故“埶籍”亦“埶位”也，諸説非。

〔二七〕楊倞注：其數億萬。⊙久保愛曰：“人”下疑脱“徒”字。⊙楊柳橋曰：杜預《左傳》注：“封，疆也。”⊙天海案：億萬，十萬。參見《禮·内則》孔疏。

〔二八〕楊倞注：倜然，高舉之貌。舉，皆也。犇，與奔同。⊙駱瑞鶴曰：倜然即超然，本書無“超”字，俱以“倜”爲之，是爲假借。⊙天海案：《説文》無“倜”字，而荀書用“倜然”字四見，用“倜倜然”一見，皆當隨文而訓之，不可一律也。此“倜”字，當讀爲“惆”，惆然，失意貌。

〔二九〕楊倞注：反，音“番”。番然，改變貌。惡，烏路反。⊙天海案：舊刻除宋浙本外，諸本多“惡”上無“疾”字，“貴”下無“帝”字。

〔三〇〕楊倞注：假設問答。

〔三一〕天海案：“是”上，巾箱本、《題注》本、遞修本並有“曰”字，“爲人”下二“之”字皆無。

〔三二〕楊倞注：汙漫，謂穢汙不脩絜也。或曰：漫謂欺詐也。汙，烏路反。漫，莫但反。⊙天海案：正文“所惡者”之“者”字，諸本無。楊注“欺詐”之“詐”，原作“訴”，疑形誤，徑改。別本作“欺誑”。

〔三三〕天海案：義、辭二字，巾箱本、《題注》本、遞修本並無，下亦同。

〔三四〕楊倞注：辟，讀爲“譬”。稱，尺證反。⊙天海案：並，並列也。

〔三五〕楊倞注：統，制治也。⊙章詩同曰：統，綜理，如立法施政等。⊙天海案：楊注原在下文“可乎”下，去正文稍遠，現移所訓字下。

〔三六〕趙海金曰：裴學海《集釋》：“與，用也。”必與人，必用人也。必用道也。

〔三七〕楊倞注：而往，猶以上也。言有兵四五萬以上者，若能崇信，則足以自致彊勝，不必更待與國之衆也。若不崇信，雖有與國之衆，猶無益。故曰“非衆之力也”。⊙鍾泰曰：衆，自謂人民之衆，即承上“四五萬”言，注以“與國”釋之，非也。⊙天海案：鍾説“衆”，是也。隆，重也。

〔三八〕楊倞曰：有數百里之地，脩政則安固，不必更待地廣也。荀卿常言湯、武以百里之地王天下，今言此者，若言常人之治，非論聖人也。⊙王念孫曰：政，非“政事”之政，脩政，即脩正也。《荀子》書多言“脩正”，作“政”者，借字耳，非脩政事之謂也。楊説“脩政”二字未了。⊙龍宇純曰：正文“脩”字實涉注文而衍。正文“隆在政矣”，“政”謂“政事”，非“正”之謂。⊙天海案：脩政，美政也。《議兵篇》“彼仁義所以脩政者也”，又云“政脩則民親其上”，皆謂美其政事。王説未周也。此下原文未分段，現據文意分之。

〔三九〕楊倞注：陶，當爲檮杌之“檮”。或曰：當爲“逃”，謂逃匿其情。與，謂黨與之國也。⊙劉師培曰：陶，當作“傜”。匋、䍃古通。皋陶，亦作“皋繇”，此其證也。《方言》云：“傜，邪也。”則陶誕猶言欺詐矣。⊙梁啓雄曰：陶，讀爲謟。謟，亦誕也。⊙天海案：陶誕，即謡誕，誹謗誇誕也。説詳《榮辱篇》所引郝懿行之説。

〔四〇〕楊倞注：突，謂相陵犯也。⊙天海案：突，欺詐。《廣雅》：“突，欺也。”

〔四一〕楊倞注：損，減也。重，多也。不足，謂信與政。有餘，謂衆與地也。⊙天海案：“所以安彊”、“所以不足”、“所以有餘”，三“以”字，諸本並無。

〔四二〕楊倞注：啗，與舐同。經，縊也，音徑。救縊而引其足，縊愈急也。⊙天海案：此二語及下二語又見《仲尼篇》篇末。

〔四三〕楊柳橋曰：韋昭《國語》注：“務，趨也。”⊙天海案：俞，同愈，諸本並作“愈”。務，追求也。

〔四四〕楊倞注：上“行”，下孟反。下如字。⊙天海案：恤，顧也。己行，己之所爲。不行，即無行，猶言無德也。楊注其音，而其説未了。

〔四五〕楊倞注：渠，大也。渠衝，攻城之大車也。《詩》曰“臨衝閑閑”，《韓子》曰：“奏百。《貍首》射侯，不當彊弩趨發；平城距衝，不若堙内伏橐。”或作“距衝”，蓋言可以距矢石。⊙盧文弨曰：所引《韓子》，見《八説篇》。“奏百”自屬上文，不當連引。⊙久保愛曰：渠，渠荅，守城之器。衝，蒙衝，攻城之器。事見《尉繚子》及《淮南子》。言雖有渠衝之利器，入穴而求之，則不能得焉。以譬知求利而不知其方者也。⊙楊柳橋曰：渠衝，當爲“衝渠”之誤，與“入穴”對文，爲傳寫者所誤倒。言突向溝渠、進入坑穴以求利也。⊙張覺曰：渠，大。衝，古代用來衝撞城牆的戰車。入穴，春秋戰國時代一種攻城戰術，即掘地道至敵城牆底下，用火燒其牆基之木樁，使城墻倒塌。參見《商君書·境内》。⊙天海案：渠衝，大車也。入，陷也；穴，坑也。入穴，即陷入坑中。此喻苟求富利者，猶大車陷入坑中而求通利也。楊倞未得，諸説則求之迂也。正文“富利”，疑當從諸本作“得利”。

〔四六〕楊倞注：屈大就小，務於苟得，故羞而不爲也。⊙久保愛曰：急求利而不恤身行，故羞之。

〔四七〕王念孫曰：安樂，當作“樂安”。今本此二字倒轉，與上下文不合。⊙鍾泰曰："安樂"字非倒。⊙天海案：養生安樂，其義自明，不必拘於上下文之工對也。

〔四八〕楊倞注：殇，當爲"刎"。⊙王念孫曰：案《説文》"殇"或作"歾"。殇、刎皆從勿聲，故殇又讀爲刎。⊙天海案：辟，同譬。壽，長壽。殇，通刎。

〔四九〕楊倞注：《大雅·板》之篇，義已解上。⊙王先謙曰：虞、王本作"介人"。⊙天海案："价"字，諸本一作"介"。參見《君道篇》所引此《詩》。又，此下原文未分段，然"説齊相"之事止於此，下皆説秦事，故當分段也。



力術止，義術行。曷謂也？曰：秦之謂也〔一〕。威彊乎湯、武，廣大乎舜、禹，然而憂患不可勝校也〔二〕，諰諰常恐天下之一合而軋己也，此所謂力術止也〔三〕。曷謂乎威彊乎湯、武〔四〕？湯、武也者，乃能使説己者使耳〔五〕。今楚父死焉，國舉焉，負三王之廟而辟於陳、蔡之閒〔六〕，視可，伺閒，案欲剡其脛而以蹈秦之腹〔七〕。然而秦使左案左，使右案右，是能使讎人役也〔八〕。此所謂威彊乎湯、武也。曷謂廣大乎舜、禹也〔九〕？曰：古者百王之一天下、臣諸侯也，未有過封内千里者也〔一〇〕。今秦南乃有沙羨與俱，是乃江南也〔一一〕。北與胡、貉爲隣，西有巴、戎〔一二〕。東在楚者，乃界於齊〔一三〕；在韓者，踰常山乃有臨慮〔一四〕；在魏者，乃據圉津，即去大梁百有二十里耳〔一五〕；其在趙者，剡然有苓而據松柏之塞〔一六〕，負西海而固常山〔一七〕，是地徧天下也。威動海内，彊殆中國〔一八〕，然而憂患不可勝校也，諰諰常恐天下之一合而軋己也〔一九〕。此所謂廣大乎舜、禹也〔二〇〕。然則奈何？曰：節威反文〔二一〕，案用夫端誠信全之君子治天下焉〔二二〕。因與之參國政，正是非，治曲直，而聽咸陽〔二三〕，順者錯之，不順者而後誅之〔二四〕。若是，則兵不復出於塞外而令行於天下矣；若是，則雖爲之築明堂於塞外而朝諸侯殆可矣〔二五〕！假今之世，益地不如益信之務也〔二六〕！

應侯問孫卿子曰："入秦何見〔二七〕？"孫卿子曰："其固塞險，形埶便，山林川谷美〔二八〕，天材之利多〔二九〕，是形勝也〔三〇〕。入境觀其風俗，其百姓樸，其聲樂不流汙〔三一〕，其服不挑〔三二〕，甚畏有司而順，古之民也。及都邑官府〔三三〕，其百吏肅然，莫不恭儉敦敬忠信而不楛，古之吏也〔三四〕。入其國，觀其士大夫出於其門，入於公門，出於公門，歸於其家，無有私事也〔三五〕；不比周，不朋黨，倜然莫不明通而公也，古之士大夫也〔三六〕。觀其朝廷，其朝閒聽決，百事不留，恬然如無治者，古之朝也〔三七〕。故四世有勝，非幸也，數也。是所見也。故曰：佚而治，約而詳，不煩而功，治之至也。秦類之矣〔三八〕。雖然，則有其諰矣〔三九〕！兼是數具者而盡有之，然而縣之以王者之功名，則倜倜然其不及遠矣〔四〇〕。是何也？則其殆無儒邪！故曰：粹而王〔四一〕，駁而霸，無一焉而亡。此亦秦之所短也〔四二〕！"

## 【校釋】

〔一〕楊倞注：力術，彊兵之術。義術，仁義之術。止，謂不能進取霸王也。言用力術則止，用義術則行。發此論以譏秦也。《新序》："李斯問孫卿曰：'當今之時，爲秦奈何？'孫卿曰：'力術止，義術行。秦之謂也。'"⊙盧文弨曰：此所引《新序》，今本脱。⊙郝懿行曰：彊力之術，雖進終止；杖義之術，無往不行。依注引《新序》，此答李斯之問，爲秦發也。

〔二〕楊倞注：校，計。⊙久保愛曰：勝音升，下同。⊙天海案：勝，盡也。

〔三〕天海案：諰諰，恐懼貌。此二字下諸本有"然"字，下同。軋，傾軋、顛覆也。參見《議兵篇》。又，依荀書及此章文例，此下當言"義術"之行也，疑有脱文。

〔四〕久保愛曰：上"乎"字衍。⊙王先謙曰：以下文例之，此處有"曰"字，而今脱之。

〔五〕楊倞注：説，音"悦"。⊙冢田虎曰：下"使"色吏反，謂使役也。⊙俞樾曰：下"使"字當訓"從"。《爾雅·釋詁》："使，從也。"⊙鍾泰曰：此下"使"字，即"趨使"之使。⊙于省吾曰：古籀"使"、"事"同字，乃能使説己者事耳，言乃能使悦己者事之耳。⊙天海案：于説義長。下言"能使讎人役也"，謂秦以彊力役使人，此言湯、武使悦己者，故其誠心事之也。不當訓爲"役使"，或訓爲"使之從"。

〔六〕楊倞注：此楚頃襄王之時也。父，謂懷王，爲秦所虜而死也。至二十一年，秦將白起遂拔我鄢、郢，燒先王墓於夷陵。襄王兵散，遂不復戰，東北保陳城廟主也。辟，如字，謂自屏遠也。或曰，讀爲"避"。⊙朝川鼎曰：負、背，古字通用。注"廟"上疑脱"廟"字。⊙天海案：國，都也。舉，攻取之。辟，同避。負，背離也。三王之廟，謂楚宣、威、懷三王之廟。

〔七〕楊倞注：視可，謂觀其可伐也。剡，亦斬也。⊙傅山曰：若斬其脛，何能蹈秦之腹？剡有輕利之意可得。此似謂要以脛蹈其腹，則剡斷非自斬其脛也。⊙冢田虎曰：剡，以冉反。《説文》"鋭利也"。楚人深懷報仇，故欲鋭其足脛，以蹈秦人之胸腹也。⊙盧文弨曰：元刻（注文）"伐也"下有"司音伺，閒，隙也"六字，宋本無。⊙王念孫曰：斬脛以蹈秦腹，義不可通。《玉藻》："弁行，剡剡起屨。"是剡剡爲起屨之貌，此亦謂起其脛以蹈秦之腹也。《漢書·賈誼傳》"剡手以衝仇人之匈"，義與此同。⊙龍宇純曰：斬謂削之使尖，非謂截之使斷。⊙天海案：案，乃也。《玉篇·刀部》："剡，削也。"《易·繫辭下》："弦木爲弧，剡木爲矢。"剡其脛，猶言削尖其脛以蹈秦之腹，言其復仇之心切也。"伺"、"案"二字，巾箱三本分别作"司"、"安"，其注文如盧説，與此小異。

〔八〕楊倞注：秦能使讎人爲之徒役，謂楚襄王七年迎婦於秦城，十五年與秦伐燕，二十七年復與秦平，而入太子質之類也。⊙王先謙曰：此文二"案"字以代"則"字。⊙天海案："能"字，諸本一作"乃"。

〔九〕天海案：曷謂，諸本一作"曷爲"。

〔一〇〕楊倞注：封畿之内。

〔一一〕楊倞注：《漢書·地理志》沙羨縣屬江夏郡。此地俱屬秦，是有江南也。⊙冢田虎曰："與俱"二字不穩，蓋與秦俱之謂也。然似有脱文。⊙盧文弨曰：羨音夷。⊙王先謙曰：沙羨城在今武昌府江夏縣西南。⊙天海案：與俱，與共也。沙羨本爲楚地，此時爲秦所據，與楚共界，故曰"與俱"。楊注未了，冢説非。

〔一二〕楊倞注：巴在西南，戎在西，皆隸屬秦。

〔一三〕楊倞注：謂東侵楚地，所得者乃與齊爲界也。

〔一四〕楊倞注：《漢書·地理志》臨慮，縣名，屬河内，今屬相州也。⊙盧文弨曰：慮，音"廬"。⊙王先謙曰：《地理志》作"隆慮"，避後漢殤帝諱改林慮，故城即今彰德府林縣治。⊙天海案：常山，即恒山。"有"字，諸本一作"在"。

〔一五〕楊倞注：圉，當爲"圍"。《漢書》"曹參下脩武，度圍津"，顔師古曰"在東郡"。豈古名圍津，轉寫爲"圉"？或作"韋津"，今有韋城，豈是耶？《史記》无忌謂魏安釐王曰："秦固有懷、茅、邢丘，城垝津以臨河内，河内共、汲必危。"垝、圍聲相近，疑同垝，居委反。⊙駱瑞鶴曰：圍津去大梁百有二十里，約今八十餘里，其地當在開封與滑縣之間。⊙天海案：正文"圉"原作"圍"；楊注"圉，當爲圍"，原作"圍，當爲圉"；"曹參"原作"曾參"；"度圍津"原作"度圉津"；"古名圍津，轉寫爲圉"原作"古名圉津，轉寫爲圍"；"无忌"原作"朱忌"。此據諸本及《漢書》《史記》之文正之。

〔一六〕楊倞注：剡然，侵削之貌。苓，地名，未詳所在。或曰：苓與靈同。《漢書·地理志》常山郡有靈壽縣，今屬真定。或曰：苓當爲卷。按卷縣屬河南，非趙地也。松柏之塞，蓋趙樹松柏與秦爲界，今秦據有之。

〔一七〕楊倞注：負，背也。常山本趙山，秦今有之，言秦背西海，東向以常山爲固也。⊙劉如瑛曰：固，當爲"因"，形近易訛。這句是説秦地之"遍天下"，背負西海而與常山相連接，而非强調其險固。⊙張覺曰：西海，當爲趙國湖名，在常山西南。

⊙天海案:西海,即青海,在秦之西,秦向東,故背負之。固常山,以常山爲險塞。楊注不誤,唯未訓西海,然唐時之人已熟知西海乃青海耳!

〔一八〕楊倞注:秦之彊能危殆中國。殆,或爲治。⊙冢田虎曰:按下文“此所謂廣大乎舜、禹也”九字宜在此下,恐傳寫錯誤也。⊙天海案:中國,中原也。

〔一九〕盧文弨曰:宋本無“然”字,元刻有,與前同。⊙天海案:“諰諰”下,諸本有“然”字,同前文。

〔二〇〕盧文弨曰:此句或疑當在“彊殆中國”句下。⊙王念孫曰:此汪氏中説也。汪中直移此句於上文“彊殆中國”下,是也。⊙俞樾曰:汪説非也。試以上文例之,“此所謂”句當移在“是地徧天下也”句下。⊙天海案:俞説可從。

〔二一〕楊倞注:節滅威彊,復用文理。⊙冢田虎曰:反文,猶曰復禮,言反復禮文也。注非也。⊙天海案:節,控制也。反文,返禮也。

〔二二〕楊倞注:全,謂德全。⊙楊柳橋曰:全,猶純也。《説文》“純至曰全”。⊙天海案:端誠,正直誠實。信全,忠信全德。

〔二三〕楊倞注:使聽咸陽之政。⊙天海案:聽咸陽,治咸陽之政。秦都咸陽,故有此言。“聽”上,諸本無“而”字。聽,治事也。

〔二四〕楊倞注:錯,置也。謂捨而不伐。

〔二五〕楊倞注:明堂,天子布政之宫。“於塞外”三字衍也。以前有“兵不復出於塞外”,故誤重寫此三字耳。殆,庶幾也。秦若使賢人爲政,雖築明堂,朝諸侯,庶幾可矣。或曰:塞外,境外也。明堂,壇也。謂巡狩至方岳之下,會諸侯,爲宫方三百步,四門,壇十有二尋,深四尺,加方明于其上。《左氏傳》“爲王宫於踐土”,亦其類也。或曰:築明堂於塞外,謂使他國爲秦築帝宫也。《戰國策》“韓王謂張儀曰‘請比秦郡縣築帝宫,祠春秋,稱東藩’”是也。⊙王念孫曰:楊前説是也,後説皆非。⊙天海案:塞外,猶言關外。此指潼關之外也。“築明堂於塞外”,言秦在關外稱帝而朝諸侯,其義顯然,此“於塞外”三字必有。楊注中除訓“殆”字外,説皆不通。王説亦非。又,正文“殆”上,巾箱本、《題注》本、遞修本並有“使”字,非也。

〔二六〕久保愛曰:假,音“格”。⊙章詩同曰:假今,當今。務,急要的事情。⊙天海案:假,古音同“固”,“假”猶“當”也,假今,即當今,説見裴學海《集釋》。務,猶急也。《左傳》昭公六年“教之以務”,杜預注:“(務),時所急。”

〔二七〕楊倞注:應侯,秦相范雎,封於應也。杜元凱云“應國在襄陽父城縣西南”也。⊙盧文弨曰:杜注無“南”字。⊙天海案:孫卿子,諸本作“孫卿”,無“子”字,可從。下同此。

〔二八〕楊倞注:謂多良材及溉灌之利也。⊙天海案:固塞險,原作“國塞險”,“國”乃“固”字形誤。諸本皆作“固塞險”,據改。

〔二九〕楊倞注:所出物産多也。⊙天海案:天材,天然之物産。

〔三〇〕楊倞注：形，地形便而物産多，所以爲勝。故曰"如高屋之上，而建瓴水"也。⊙冢田虎曰：注"故曰"下十二字，一本無之，是也。

〔三一〕楊倞注：流，邪淫也。汙，濁也。不流汙，言清雅也。⊙梁啓雄曰：《禮記·樂記》注："流，猶淫放也。"王肅曰："流，流遁不能自還。"⊙天海案：流，淫蕩也。汙，穢濁也。流汙，即淫蕩污穢也。

〔三二〕楊倞注：挑，偷也。不爲奇異之服。《詩》序曰"長民者，衣服不貳，從容有常，以齊其民，則民德歸壹"也。⊙物雙松曰：按挑、窕同。如其文飾，不至窕冶。窕音"姚"。⊙冢田虎曰：未見"挑"音姚者，今"挑"當是"姚"之誤。⊙久保愛曰：挑，讀爲"姚"。《非相篇》曰"美麗姚冶，奇衣婦飾"。⊙盧文弨曰：案《周語》"郤至佻夫"，《説文》引作"挑夫"，是挑與佻同。⊙天海案：挑，通佻，輕佻也。盧説是。

〔三三〕楊倞注：及，至也。至縣邑之解署。

〔三四〕楊倞注：楛，音"苦"，濫惡也。一曰：讀爲"王事靡盬"之盬，不堅固也。⊙鍾泰曰：楛，苟且也。見前《修身篇》。⊙天海案：楛，讀爲苦，本謂事物之粗濫。不楛，喻其官吏不濫也。

〔三五〕久保愛曰：言不過權貴之門也。⊙天海案：言公而無私也。

〔三六〕楊倞注：倜然，高遠貌。⊙天海案：倜然，猶超然，超脱貌。

〔三七〕楊倞注：朝閒，朝退。音古莧反。恬然，安閑貌。如無治者，如都無聽治處也。⊙物雙松曰：閒、閑通。言其閑暇無事也。"其"，或當作"甚"。⊙冢田虎曰：其閒聽決，當作"其聽決閒"，閒音"閑"，言聽斷閑暇。⊙久保愛曰：朝閒，謂朝廷閑暇也。⊙朝川鼎曰：先君曰"觀其朝廷其閒"，六字一句讀。"其閒"之"其"，猶之也。之、其，古字通。⊙天海案：閒，通嫻，熟習也，諸説皆非。正文"其朝閒"之"朝"字諸本無；楊注"朝閒"，諸本又作"其閒"；故諸説不得也。然楊注訓"朝閒"爲"朝退"，則非。今謂"其朝閒聽決"，猶言其朝廷嫻習于聽決。故下文云"百事不留"也。不留，不留滯也。恬然，安然也。如無治者，如無事可治也。楊注亦不得也。

〔三八〕楊倞注：雖佚而治，雖約而詳，雖不煩而有功，古之至治。有如此者，今秦似之。⊙天海案：至，極也。

〔三九〕楊倞注：諰，懼。⊙盧文弨曰：正文，元刻作"則甚有其諰也"。⊙裴學海曰：其，猶"所"也。⊙天海案：諸本正文亦如盧校。

〔四〇〕楊倞注：縣，音"懸"，謂遠繫。⊙久保愛曰：倜倜，衍一字。⊙王先謙曰：縣，猶衡也。荀書明言"縣天下之權衡"，是縣天下謂縣衡天下。楊此訓爲繫，亦非也。⊙天海案："兼是"之"是"，諸本無。縣，衡量比較也。倜倜然，疏遠貌。

〔四一〕楊倞注：粹，謂全用儒道。⊙天海案：殆，大概、恐怕，語詞也。粹，純也，純粹也。

〔四二〕天海案：駮，雜也。所短，指不用儒也。此節説秦已止。

積微〔一〕：月不勝日，時不勝月，歲不勝時〔二〕。凡人好敖慢小事，大事至，然後興之務之。如是，則常不勝夫敦比於小事者矣〔三〕。是何也？則小事之至也數，其縣日也博，其爲積也大〔四〕。大事之至也希，其縣日也淺，其爲積也小〔五〕。故善日者王，善時者霸，補漏者危，大荒者亡〔六〕。故王者敬日〔七〕，霸者敬時〔八〕，僅存之國危而後戚之〔九〕，亡國至亡而後知亡，至死而後知死。亡國之禍敗，不可勝悔也〔一〇〕；霸者之善箸，焉可以時託也〔一一〕；王者之功名，不可勝日志也〔一二〕。財物貨寶，以大爲重，政教功名反是，能積微者速成〔一三〕。《詩》曰："德輶如毛，民鮮克舉之。"此之謂也〔一四〕。

凡姦人之所以起者，以上之不貴義、不敬義也〔一五〕。夫義者，所以限禁人之爲惡與姦者也。今上不貴義、不敬義，如是則下之人百姓，皆有棄義之志而有趨姦之心矣〔一六〕。此姦人之所以起也。且上者，下之師也。夫下之和上，辟之猶響之應聲，影之像形也〔一七〕。故爲人上者，不可不順也〔一八〕。夫義者，内節於人而外節於萬物者也〔一九〕，上安於主而下調於民者也〔二〇〕。内外上下節者，義之情也〔二一〕。然則凡爲天下之要，義爲本而信次之。古者禹、湯本義務信而天下治，桀、紂棄義背信而天下亂。故爲人上者，必將慎禮義、務忠信，然後可〔二二〕。此君人者之大本也。

堂上不糞，則郊草不瞻曠芸〔二三〕；白刃扞乎胸，則目不見流矢〔二四〕；拔戟加乎首，則十指不辭斷〔二五〕。非不以此爲務也，疾養緩急之有相先者也〔二六〕。

【校釋】

〔一〕楊樹達曰：目下之詞。⊙章詩同曰：積累微小的事功。

〔二〕楊倞注：積微細之事，月不如日。言常須日日留心於庶事，不可怠忽也。⊙梁啓雄曰：時，謂四時。

〔三〕楊倞注：敦比，精審躬親之謂。⊙冢田虎曰：興之務之，興，言遽爾起焉。⊙郝懿行曰：敦，讀如堆。敦比者，敦迫比近，叢集於前也。注似未了。⊙王先謙曰：敦比，治也。義具《榮辱篇》。⊙天海案：好，好惡之好。敖，同傲，傲慢，怠慢也。

興，奮起也。《逸周書》"羞則不興"，朱右曾校釋："興，奮發也。"務，急也。敦比，勤治也。《爾雅》："敦，勉也。"《管子·君臣上》"上惠其道，下敦其業"，亦謂勤勉於業也。比，通庀，音匹，治理也。《周官·遂師》疏云："《周禮》之内云'比'者，先鄭皆爲'庀'。"《國語·魯語》"子將庀季氏之政焉"，又曰"夜庀其家事"，韋注並曰："庀，治也。"楊注未了，郝説亦非。正文及注之"敦"字，諸本一作"熟"，或形之誤也。

〔四〕楊倞注：數，音"朔"。博，謂所縣繫時日多也。大，謂積小以成大，若蟻垤然也。⊙鍾泰曰："縣日"之"縣"，亦與衡同。曰衡，猶曰計也。⊙楊柳橋曰：縣日，謂延續時日也。⊙天海案：數，頻繁。縣，繫也。楊注是。

〔五〕楊倞注：時日既淺，則所積亦少也。⊙天海案：希，少也。

〔六〕楊倞注：善，謂愛惜不怠棄也。補漏，謂不能積功累業，至於敝漏，然後補之。大荒，謂都荒廢不治也。⊙天海案：善日，善於利用每一天。善時，善於利用每一季。補漏，謂抽空補缺也，猶言三天打漁，兩天晒網之意，此亦針對時日而言，不以功業爲主。大，通太，過也。太荒，言過分荒廢時日也。上承"補漏"，正與"善日"、"善時"者反。楊注"善"尚可，餘皆非也。

〔七〕楊倞注：敬，謂不敢慢也。故曰："吉人爲善，唯日不足。"⊙久保愛曰：敬日，謂日日敬事無曠也。《書》曰："兢兢業業，一日二日萬幾。"

〔八〕楊倞注：動作皆不失時。或曰：時變則懼，治之不立也。⊙久保愛曰：時，謂四時也。以譬疏於王者也。⊙朝川鼎曰：即上文"善日者王，善時者霸"之義。⊙天海案：時，亦指時間言。楊注以"失時"、"時變"爲訓，與上下文不貫，故非是。久、朝二説是。

〔九〕楊倞注：戚，憂。

〔一〇〕楊倞注：所悔之事不可勝舉，言多甚也。⊙天海案："亡國之禍敗"之"亡"字，諸本並無。

〔一一〕楊倞注：霸者其善明箸，以其所託不失時也。⊙俞樾曰：託，乃"記"字之譌。言霸者之善所以明著者，以其可以時記也。⊙鍾泰曰："箸焉可以時記也"七字爲句，楊、俞以"箸焉"屬上讀，非也。⊙于省吾曰：託，應讀作"度"，《釋文》："度，計也。"言霸者之善，甚顯箸焉，可以按時而計度。⊙楊柳橋曰：箸，通著。高誘《吕氏春秋》注："著，猶圖也。"善著，謂善謀也。⊙駱瑞鶴曰："託"字不譌。可以時託，謂託以時也。⊙龍宇純曰：此文譌誤殊甚，箸，或作著，與"善"字形近，此"著"即"善"之誤衍。焉，本作"正"，讀與"政"同。"託"字如俞説爲"記"之誤。又"可"上奪"不"字，"以"字不當有，"時"上奪"勝"字。應作"霸者之善正，不可勝時記也"，文與上下一例，並以悔、記、志爲韻。⊙天海案：此文無脱誤。然楊注於"焉"下斷句則非，從之者亦誤。今謂"焉"字當屬下，語詞，猶"安"，豈也。託，寄也。此文言霸者之善顯明者，豈可以時寄之也。亦言其善多也。正與上文"不可勝悔"、下文"不可勝日志”一例。楊注已失，諸説者亦未得也。箸，諸本作“著”。荀書二字通。

〔一二〕楊倞注：日記識其政事，故能功名不可勝數。⊙物雙松曰：日志也，言不忽忘一日之功也。⊙冢田虎曰：言日可記之功名甚多也。⊙王念孫曰：玩楊注，則正文“不可勝”下當有“數”字。⊙俞樾曰：“日志也”上，亦當有“可以”二字，與“可以時記也”一例，王氏未及。⊙鍾泰曰：不可勝日志，猶曰“日不可勝志”。中並無脱字。⊙天海案：功名，當作“功明”，正與上文“禍敗”、“善箸”構詞一律。名，通“明”。《老子》：“是以聖人不行而知，不見而名。”《韓非子・喻老》引作“不見而明”，是其證。不可勝日志也，言王者之功顯明，不可盡日記之也。楊注未得，諸説皆非也。

〔一三〕久保愛曰：重，貴也。董仲舒曰：“盡小者大，慎微者著。”

〔一四〕楊倞注：《詩・大雅・烝民》之篇。輶，輕也。引之以明積微至著之功。⊙章詩同曰：舉之，舉起來。⊙熊公哲曰：舉，行也。⊙天海案：鮮，少也。克，能也。舉之，舉德也。此喻德行雖輕如毛，然人少有能舉起它的。舉德，此引申爲行德也。“之”字諸本無。

〔一五〕楊倞注：上行下效。⊙天海案：上，指在上位的君主。

〔一六〕久保愛曰：無限禁故也。⊙陶鴻慶曰：“敬義”，皆當作“務信”。因“務”字作“敄”，遂誤爲“敬”；“義”字涉上下文而誤耳。下文“義爲本而信次之”、“本義務信而天下治”、“棄義背信而天下亂”、“慎禮義務忠信”，皆承此言之。故知其誤。⊙天海案：陶説可從。正文“而”字，諸本無。

〔一七〕劉師培曰：案《文選・七命》注引“像”作“隨”。⊙天海案：辟，通譬。荀書多用之。辟，諸本作“譬”。

〔一八〕楊倞注：不可不順義。或曰：當爲“慎”。⊙久保愛曰：順與慎通。⊙鍾泰曰：當從或説。順，爲“慎”之叚字。荀書“慎墨”每作“順墨”，可證。⊙天海案：久、鍾二説是。又，“人”字諸本無。

〔一九〕楊倞注：節，即謂限禁也。⊙俞樾曰：節，猶適也。與下文“調”、“安”相近，楊注非是。⊙天海案：節，有節制、調節二義。此言其節制義，下文“安”、“調”即調節之義。楊注是，俞説未安。

〔二〇〕楊倞注：得其節，即上安而下調也。⊙天海案：調，和也。

〔二一〕楊倞注：義之情，皆在得其節。⊙天海案：此“節”字，即包節制、調節二義。情，實也。言内外上下得以節制、調節，皆義之實也。楊注未了。正文“者”字，諸本無。

〔二二〕楊倞注：慎，或爲順。⊙天海：慎，此通“順”。“背”，諸本作“倍”，二字亦通。又，楊倞注文原在“大本也”句下，現移此。

〔二三〕楊倞注：曠，空也。空謂無草也。芸，謂有草可芸鋤也。堂上猶未糞除，則不暇瞻視郊野之草有無也。言近者未理，不暇及遠。魯連子謂田巴曰："堂上不糞者，郊草不芸也。"⊙物雙松曰：曠，荒也。芸，耘也。⊙郝懿行曰："糞"者，"叀"之假借，隸變作"拚"。《少儀》曰"埽席見曰拚"。經典俱通作"糞"。⊙王念孫曰：此言事當先其所急，後其所緩。故堂上不糞除，則不暇芸野草也。"芸"上不當有"瞻曠"二字，不知何處脱文闌入此句中也。⊙劉師培曰：此文當作"郊草曠芸"。曠，與"廢"同。瞻，亦"曠"字誤羨之文。⊙鍾泰曰：曠，謂不治也，曠與芸反。不瞻曠芸，即不顧其治否。楊注非，王氏疑不當有"瞻曠"二字，亦未是。⊙高亨曰："瞻"字衍文。瞻曠形相近，瞻即曠之復文而又誤者也。曠，暇也。郊草不曠芸，謂郊草不暇芸也。⊙張覺曰：瞻，當作"贍"，或通"贍"。足，此指時間而言。⊙天海案：《史記·魯仲連傳》正義引田巴曰："臣聞堂上不奮，郊草不芸；白刃交前，不救流矢；急不暇緩也。"此與楊注所引有異。糞，掃除。《説文》："糞，棄除也。"不瞻曠芸，猶言不見曠野之耘。瞻，顧看也。曠，郊野。芸，耘草也。楊注大體不差，未可非也。

〔二四〕楊倞注：扞，蔽也。扞蔽於胸，謂見斬刺也。懼白刃之甚，不暇憂流矢也。⊙王念孫曰：扞之言干也。干，犯也。⊙天海案：扞同干，觸犯也。王説是。"干"字，諸本作"捍"。《意林》引《魯連子》曰："白刃交前，不見流矢。"

〔二五〕楊倞注：言不惜十指而救首也。拔，或作"校"，或作"枝"。⊙物雙松曰：按《説文》："柭，棓也。从木，犮聲。"按《通雅》："棓，即棒字。"則从木爲是。⊙久保愛曰：拔戟，脱室戟也。《左氏》襄公十年《傳》"右拔戟"。⊙郝懿行曰：拔，讀如《少儀》"毋拔來"之拔，鄭注："拔，疾也。"《釋文》："拔，王本作校。"然則此注"拔，或作校"亦可，注又云"或作枝"，則非。古無枝戟之名。⊙于省吾曰："拔"、"枝"以形似致譌。《釋名·釋兵》："戟，格也，旁有枝格也。"故曰"枝戟"。白刃與枝戟對文，若訓拔爲疾，則與白刃非對文矣。⊙天海案："拔戟"之語，見《左傳》隱公十一年："子都拔棘以逐之。"杜注："棘，戟也。"又襄公十年《傳》："左執之，右拔戟，以成一隊。"今謂，拔，把也。《莊子·達生》"開之操拔篲以侍門庭"，《釋文》："拔，李云把也。"拔戟加乎首，猶言把戟加於首，其義甚明，不煩諸説辭費。

〔二六〕楊倞注：疾，痛也。養，與"癢"同。言非不以郊草、流矢、十指爲務，痛癢緩急有所先救者也。言此者，明人君當先務禮義，然後及他事也。⊙物雙松曰：疾養，猶言痛癢。⊙天海案：務，急也。相，猶"所"也。《漢書·蒯通傳》"物有相感"，《韓詩外傳》卷七"相"正作"所"，是其證。

# 天論篇第十七〔一〕

天行有常〔二〕，不爲堯存，不爲桀亡〔三〕；應之以理則吉，應之以亂則凶〔四〕。彊本而節用，則天不能貧〔五〕；養備而動時，則天不能病〔六〕；脩道而不貳，則天不能禍〔七〕。故水旱不能使之飢渴〔八〕，寒暑不能使之疾，袄怪不能使之凶〔九〕。本荒而用侈，則天不能使之富；養略而動罕，則天不能使之全〔一〇〕；倍道而妄行，則天不能使之吉。故水旱未至而飢，寒暑未薄而疾〔一一〕，袄怪未至而凶〔一二〕，受時與治世同而殃禍與治世異，不可以怨天，其道然也〔一三〕。故明於天人之分，則可謂至人矣〔一四〕。不爲而成，不求而得，夫是之謂天職〔一五〕。如是者雖深，其人不加慮焉；雖大，不加能焉；雖精，不加察焉。夫是之謂不與天爭職〔一六〕。天有其時，地有其財，人有其治，夫是之謂能參〔一七〕。舍其所以參而願其所參，則惑矣〔一八〕！

列星隨旋，日月遞炤，四時代御，陰陽大化，風雨博施〔一九〕，萬物各得其和以生，各得其養以成，不見其事，而見其功，夫是之謂神〔二〇〕。皆知其所以成，莫知其無形，夫是之謂天〔二一〕，唯聖人爲不求知天〔二二〕。天職既立，天功既成，形具而神生〔二三〕。

好惡喜怒哀樂臧焉，夫是之謂天情〔二四〕；耳目鼻口形能各有接，而不相能也，夫是之謂天官〔二五〕；心居中虛以治五官，夫是之謂天君〔二六〕；財非其類以養其類，夫是之謂天養〔二七〕；順其類者謂之福，逆其類者謂之禍，夫是之謂天政〔二八〕。闇其天君〔二九〕，亂其天官〔三〇〕，棄其天養〔三一〕，逆其天政〔三二〕，背其天情〔三三〕，以喪天功〔三四〕，夫是之謂大凶〔三五〕。聖人清其天君，正其天官〔三六〕，備其天養，順其天政，養其天情，以全其天功。如是，則知其所爲，知其所不爲矣〔三七〕，則天地官而萬物役矣〔三八〕。其行曲治，其養曲適，其生不傷，夫是之謂知天〔三九〕。故大巧在所不爲，大知在所不慮〔四〇〕。所志於天者，已其見象之可以期者矣〔四一〕；所志於地者，已其見宜之可以息者矣〔四二〕；所志於四時者,已其見數之可以事者矣〔四三〕;所志於陰陽者,已其見知之可以治者矣〔四四〕。官人守天,而自爲守道也〔四五〕。

## 【校釋】



〔一〕梁啓超曰:本篇批駁先天前定之説,主張以人力征服天行,是荀子哲學中極有力量的一部分。⊙吕思勉曰:此篇言"吉凶由人不由天";"事非人力所能爲者,不以措意";"人當利用自然";"怪異不足畏";"合衆事乃能求得公例,徒居一偏則不能得",乃《荀子》中最精之論也。此篇駁老子、慎到、墨翟、宋鈃。⊙天海案:本篇是荀子天人觀的集中體現,是先秦哲學史上最具獨創性的學説。"明於天人之分"、"制天命而用之"的思想,構成了荀子學説的理論基礎,也在我國思想史上首次樹起了"人定勝天"光輝思想的大旗,具有深遠的影響。

〔二〕楊倞注:天自有常行之道也。⊙俞樾曰:《爾雅·釋宫》:"行,道也。"天行有常,即天道有常。楊注則"道"字反爲增出矣。⊙章詩同曰:天,自然或自然界。行,運行,變化。常,一定的規律。⊙天海案:《説苑·談叢》有此句,作"天道有常"。常,恒也,永久不變之意。俞説義長。

〔三〕楊柳橋曰:所謂不以人之意志爲轉移也。⊙天海案:二句見《説苑》。此上三句,《意林》亦録之。

〔四〕楊倞注:吉凶由人,天非愛堯而惡桀也。⊙冢田虎曰:應,當也。言以治道當之則得吉,以亂道當之則得凶也。⊙天海案:理,本當作"治",此避唐高宗李治之諱。《治要》正作"治",諸本皆作"治"。

〔五〕楊倞注:本,謂農桑。⊙朝川鼎曰:彊本,猶言務本也。

〔六〕楊倞注:養備,謂使人衣食足。動時,謂勸人勤力不失時,亦不使勞苦也。養生既備,動作以時,則疾疹不作也。⊙久保愛曰:動時,謂動摇得時也。⊙梁啓雄曰:養備,謂養生的方法周備。動時,謂動作適合時宜。⊙天海案:養備,養生完備。動時,運動適時。

〔七〕楊倞注:貳,即倍也。⊙王念孫曰:脩,當爲"循",字之誤也。循,順也。貳,當爲"貣",亦字之誤也。貣與忒同。忒,差也。言所行皆順乎道而不差,則天不能禍也。《治要》作"循道而不忒",足正楊本之誤。⊙梁啓雄曰:脩,借爲修。修道,謂修養道德。貳,指不專心修德。⊙天海案:王説是,梁説非。

〔八〕潘重規曰:"渴"字或是衍文。飢,餓也。⊙天海案:據下文例,"渴"字不當有,疑衍。《治要》無"渴"字。

〔九〕楊倞注:畜積有素,故水旱不能使之飢渴。既無飢寒之患,則癘疫所不能加之也。⊙久保愛曰:祅,與妖同。下同。⊙羅焌曰:祅,即《説文》"地反物爲𧍢"之𧍢,今以"妖"字爲之。⊙天海案:祅,本作"𧍢",通妖。天反時爲災,地反物爲祅。

皆反常之變也。恠,同怪,奇異之現象。祆怪,即反常奇異之變化。楊注未了。又,《治要》無"怪"字。

〔一〇〕楊倞注:略,減少也。罕,希也。養略,謂使人衣食不足也。動希,言怠惰也。衣食減少而又怠惰,則天不能全也。⊙物雙松曰:謂奉養粗略,運動罕少。⊙俞樾曰:"備"與"略",義正相對,"時"與"罕",則不倫矣。罕,疑"屰"字之誤,即今"逆"字。《説文·干部》:"屰,不順也。"養略而動屰,正與"養備而動時"相對成義。⊙孫詒讓曰:俞説於義頗協,而字形不甚相近。疑"罕"當作"𠷎",《説文·吅部》"𠷎,从屰得聲",此與"屰"義同。⊙鍾泰曰:"罕"字自可通,不必如俞説改"屰"。

〔一一〕楊倞注:薄,迫也,音博。⊙天海案:倍,通背,背離也。薄,通迫,音破。此爲逼近之義。

〔一二〕王念孫曰:"未至"二字,與上文複。《治要》"至"作"生",是也。下文"祆是生於亂",即其證。生、至字相似,又涉上文"未至"而誤。⊙天海案:《治要》此句作"怪未生而凶",故王説是。

〔一三〕楊倞注:非天降災,人自使然。⊙物雙松曰:受時,猶值時。⊙朝川鼎曰:言天災時至而人受之,治世與亂世相同,而殃禍則異。⊙羅焌曰:案道,謂人之所行也。《儒效篇》:"人之所以道也,君子之所道也。"⊙梁啓雄曰:時,指天時。治世,謂禮義之世。⊙楊柳橋曰:其,指天。其道,謂天之道也。⊙天海案:受時,遭時。言遭受其天時亂世與治世相同,但其殃禍却與治世不同。治世,太平之世。其道,言治世與亂世所行之道,非指天道。楊柳橋説非也。

〔一四〕楊倞注:知在人不在天,斯爲至人。⊙朝川鼎曰:至,至極之義。夫人明於天人之分,則能與天地參,此即人之極致,故曰至人。⊙梁啓雄曰:此言明白天與人各有不同的職分者,可稱爲真實的人。⊙章詩同曰:"天人之分",自然和人事的分際。至人,最明事理的人。⊙北大組曰:"天人之分",天和人的分别。⊙天海案:"天人之分",據下文"天有其時"、"人有其治"、"不與天爭職"之意,此言天與人的職責與區别。至人,明至理之人。

〔一五〕楊倞注:不爲而成,不求而得,四時行焉,百物生焉,天之職任如此,豈愛憎於堯、桀之間乎!⊙冢田虎曰:《孟子》所謂"無之爲而爲者,天也;無之致而至者,命也"。⊙章詩同曰:天職,自然的功能。

〔一六〕楊倞注:其人,至人也。言天道雖深遠,至人曾不措意測度焉,以其無益於治。若措其在人者,慕其在天者,是爭職也。《莊子》曰"六合之外,聖人存而不論"也。⊙物雙松曰:注曰"天道雖深遠",非矣。言其人所慮雖深,當慮人之所常慮,而不加毫末於分外,以慮天道也。下皆如此。⊙久保愛曰:下文云"唯聖人爲不求知天",是也。⊙高亨曰:能,疑借爲"態"。不加態,謂不加意也。能、態古通用。⊙章詩同曰:深,思慮深遠。不加慮,不超越自然現象替天别作思慮。大,才能廣大。

不加能，不超越自然功能替天别有作爲。精，識見精明。不加察，不超越自然規律替天别作體察。不與天爭職，不同自然的功能相競爭。⊙天海案：雖深、雖大、雖精，皆就天道而言。楊注是，他説非。大，天道廣大。能，人之智能。不加能，不增其能。三"加"字，皆訓"增"。



〔一七〕楊倞注：人能治天時地財而用之，則是參於天地。⊙物雙松曰：三，其字可見各異其道矣。能知其異，而唯務人道，不干天地，則人道隆盛，可以參天地。故曰"是之謂能參"。⊙冢田虎曰：參，三也。《中庸》所謂"應與天地參"也，言與天地相並，而能爲三才也。⊙于鬯曰：財，當讀爲"材"。⊙天海案：楊注未了，物、冢説是。

〔一八〕楊倞注：舍人事而欲知天意，斯惑矣！⊙物雙松曰：其所以參者，謂其治也。願其所參者，謂妄求參天地也。⊙久保愛曰：舍其所以參，謂不勤其治也。⊙鍾泰曰：願其所參，即謂與天爭職。注曰"欲知天意"，非也。⊙天海案：所以參，指與天地爲三的道理。願，慕也，欲也。所參，指與天地爲三的結果。又，此下原文未分段，現依文意分之。

〔一九〕楊倞注：列星，有列位者，二十八宿也。隨旋，相隨回旋也。炤與照同。陰陽大化，謂寒暑變化萬物也。博施，謂廣博施行，無不被也。⊙久保愛曰：隨旋，謂衆星隨天而旋也。天一晝夜而一旋。御，治也。《易》曰："日往則月來，月往則日來；寒往則暑來，暑往則寒來。"⊙劉師培曰：《文選・思玄賦》注引"大"作"變"。⊙鍾泰曰：博，猶"溥"也，二字相通。⊙天海案：此數句可見荀子自然觀。

〔二〇〕楊倞注：和，謂和氣。養，謂風雨。不見和養之事，但見成功，斯所以爲神，若有真宰然也。⊙物雙松曰：和者，《易》"大和"、《列子》"冲氣"是也。功，是成功之迹也。事，是上天之載，所以成功之故也。⊙久保愛曰：《易》曰"陰陽不測之謂神"，是也。⊙天海案：和，承上文言四時、陰陽、風雨之和也。養，亦指天之所養。事，所生、所從事也。功，效也。神，神奇作用。

〔二一〕楊倞注：言天道之難知。或曰：當爲"夫是之謂天功"，脱"功"字耳。⊙物雙松曰：或説非矣。上"夫是之謂神"，是天功也。此迺説天之所以爲天耳，言人皆知其成功之迹，而不得知其無形之妙也。⊙久保愛曰："無"字衍，本注"或曰"以下非。⊙王念孫曰：或説是也。"天功"二字，下文凡三見。⊙楊樹達曰："天"與"神"爲韻，則"天"下不當有"功"字。⊙天海案：所以成，言天所以成萬物。無形，天乃無形也。此言莫知天爲何無形。此言天，其下不當有"功"字，楊注或説不是，王説亦非。



〔二二〕楊倞注：既天道難測，故聖人但脩人事，不務役慮於知天也。⊙羅焌曰：案子思、孟子，皆以知天爲極功。如《中庸》云："思知人，不可以不知天。"《孟子》云："知其性，則知天矣。"惟荀子則謂"聖人不求知天"，此儒之所以分爲八與？⊙天海案:《論語・爲政》"五十而知天命",又《季氏》"畏天命"、"小人不知天命",孔子之言"天命",《論語》僅此三見。《論語・公冶長》:"子貢曰:夫子之言性與天道,不可得而聞也。"由此可知,孔子亦非務於知天者。荀子有所本矣!

〔二三〕天海案:形具而神生,此開後世形神之論。又,此下原文未分段,現據文意分之。

〔二四〕楊倞注:言人之身亦天職、天功所成立也。形,謂百骸九竅。神,精魂也。天情,所受於天之情也。⊙物雙松曰:好惡喜怒哀樂藏焉,謂神藏此六者也。⊙天海案:天情,天賦之情。臧,蘊藏也。臧爲藏之古字,諸本作"藏"。

〔二五〕楊倞注:耳辨聲,目辨色,鼻辨臭,口辨味,形辨寒熱疾癢。其所能皆可以接物,而不能互相爲用。官,猶任也。言天之所付任有如此也。⊙王念孫曰:楊以"耳目鼻口形"連讀,而以"能"字屬下讀,於義未安。古字"能"與"耐"通,故亦與"態"通。故以"形態"連文。⊙章詩同曰:上"能",職能。相能,互相替代。⊙天海案:形,形體。上"能",功能。王説當作"形態",非也。形之態乃情之表現,於此不倫也。不相能,言五官不能互爲功能也。天官,天賦之器官。

〔二六〕楊倞注:心居於中、空虚之地,以制耳目鼻口形之五官,是天使爲形體之君也。⊙梁啓雄曰:中虚,是名詞,指人體上的胸腔。⊙李中生曰:虚,同墟。墟,引申而有處所、位置之義。⊙天海案:中虚,即中空,不必同墟。古人以心能治五官,故謂爲天君。

〔二七〕楊倞注:財與裁同。飲食衣服與人異類,裁而用之,可使養口腹形體。故曰"裁非其類,以養其類",是天使奉養之道如此也。⊙物雙松曰:財非其類者,草木禽獸皆與人異類也。養其類者,酸養血,辛養筋類,皆以其氣類也。⊙冢田虎曰:財,財物也。其類,謂天官、天君之類也。⊙久保愛曰:財,如字。地有其財之財。其類,謂人也。⊙天海案:楊注非,久説是。天養,自然物質奉養人類。

〔二八〕楊倞注:順其類,謂能裁者也。逆其類,謂不能裁者也。天政,言如賞罰之政令。自"天職既立"以上,並論天所置立之事,以下論逆天順天之事,在人所爲也。⊙久保愛曰:順其類者,謂奉養利于身者。逆其類者,謂奉養害于身者。⊙天海案:天政,謂天施禍福也。

〔二九〕楊倞注:昏亂其心。⊙天海案:神志昏暗也。

〔三〇〕楊倞注:聲色臭味過度。⊙天海案:聲、色、臭、味與辛勞,不得其宜也。

〔三一〕楊倞注:不能務本節用。⊙天海案:所謂"暴殄天物"也。

〔三二〕楊倞注:不能養其類也。⊙天海案:所謂"逆天而行"也。

〔三三〕楊倞注:好惡喜怒哀樂無節。⊙天海案:違逆人之常情。

〔三四〕楊倞注:喪其生存之大功,使不蕃滋也。

〔三五〕楊倞注:此皆言不脩,故違天之禍。

〔三六〕物雙松曰：清其天君，言無欲也。正其天官，言不相干也。⊙天海案：清，靜也。正，調正其五官之接物也。

〔三七〕楊倞注：知務導達，不攻異端。⊙物雙松曰：知其所當爲與所不當爲也。⊙久保愛曰：其所爲，人職也。其所不爲，天職也。



〔三八〕楊倞注：言聖人自脩政，則可以任天地、役萬物也。⊙冢田虎曰：是所謂"天地位焉，萬物育焉"也。此以上論，似出乎子思、孟子之學者矣。⊙朝川鼎曰：言天地得其職，而萬物爲用也。⊙梁啓雄曰：天地官，謂天地對於人，如臣之事君，各效忠于其職。萬物役，萬物聽從人的役使。⊙天海案：《禮記·樂記》"天地官矣"，鄭玄注："官，猶事也，各得其事。"

〔三九〕楊倞注：其所自脩行之政，曲盡其治；其所養人之術，曲盡其適；其生長萬物，無所傷害；是謂知天也。言明於人事則知天物，其要則曲盡也。⊙梁啓雄曰：荀卿書例，"曲"字有周徧之意。⊙李中生曰：楊倞釋"其生不傷"與這段文字主旨不甚協調。傷，似用於偏缺之義。即生長萬物不偏缺。不偏缺也就是曲盡，正好與上下文意相貫通。⊙天海案：楊注"其生不傷"確與此節文意相乖，然李說亦沿其誤。今謂生通身；傷，害也。其身不傷，猶言其身不受侵害也。此節皆對人而言，故周治其行，周適其養，不傷其身，是之謂知天。此乃荀子本意也，曷涉"生長萬物"？

〔四〇〕楊倞注：此明不務知天，是乃知天也。亦猶大巧在所不爲，如天地之成萬物也。若偏有所爲，則其巧小矣。大智在所不慮，知聖人無爲而治也。若偏有所慮，則其智窄矣。⊙物雙松曰：不言"有"，而言"在"，言"在所不爲"，則大巧之所以爲大巧，止在其所不爲而存也。輕重自別。⊙冢田虎曰：此二句，大似老子之語氣矣。⊙久保愛曰：本注"亦猶"二字衍文。⊙梁啓雄曰：此言大巧大智站定了人職的立場專致力于人治，絶不越職代天地有所爲或有所慮。⊙熊公哲曰：大巧，不爲而成，此天之所以爲大巧也；大智，不爲而治，此聖人之所以爲大智也。⊙北大組曰：大巧，指最能幹的人。大智，指最聰明的人。⊙駱瑞鶴曰：二句當屬下讀。此文知與巧義同。大巧大知，謂自然之力、造化之功。⊙天海案：大巧，巧之極也。所，猶其也。此言極巧在其不爲，如上文所言之"天功"也。大知，無所不知也。此言無所不知在其心無它慮也。

〔四一〕楊倞注：志，記識也。聖人雖不務知天，猶有記識以助治道。所記識於天者，其見垂象之文，可以知其節候者是也。謂若堯"命羲和，欽若昊天，日月星辰，敬授人時"者也。⊙物雙松曰：已，止也。下三"已"亦爾。⊙久保愛曰：見象，見明之象緯也。志，音誌，下同。⊙俞樾曰：《禮·緇衣篇》曰"爲上可望而知也，爲下可述而志也"，鄭注："志，猶知也。"所志於天者，即所知於天者。下文三"志"句，竝同。楊訓"志"爲記識，非。⊙于鬯曰："已其見象之可以期者矣。"已，當讀爲記。《小戴·表記》"彼記之子"，陸《釋》云："記，本作己。"可見己、記通用。《釋名·釋天》云：

"已，紀也，皆有定形可紀識也。"而《釋言語》云："紀，記也。記，識之也。"則紀、記又通用。此"已"字實借爲"記"，非借爲"以"也。下文三"已"放此。⊙梁啓雄曰：《廣雅》"見，示也"，俗作"現"。《説文》："期，會也。"⊙包遵信曰：志，當如《論語》"吾十有五而志於學"之"志"。皇疏："志者，在心向慕之謂也。"⊙楊柳橋曰：杜預《左傳》注："志，望也。"⊙天海案：所，猶"其"也，承上文"所不爲"、"所不慮"而言。下三"所"亦同此。志，識也，下三"志"同此，楊注是。巳，猶"以"也，下三"已"同此。見，可見也，下竝同。象，天之曆象也。期，預知也。

〔四二〕楊倞注：所以記識於地，其見土宜可以蕃息嘉穀者是也。⊙久保愛曰：本注"所以"之"以"衍。⊙劉師培曰：宜，當作"儀"。《説文》訓儀爲度，《國語》注訓儀爲準，而"儀"又與"象"同。"已其見儀之"，猶言以所見準擬之也，與上文"象"字對文。⊙梁啓雄曰：宜，是《左傳》成二《傳》"物土之宜而布其利"之"宜"。《漢書·宣帝紀》注："息，生長也。"⊙楊柳橋曰：宜，即今所謂土産也。⊙天海案：宜之，因地適宜也。息，生息也。

〔四三〕楊倞注：數，謂春作夏長秋斂冬臧必然之數。事，謂順時理其事也。所記識於四時者，取順時之數，而令生長收臧者也。⊙梁啓雄曰：《爾雅》："事，勤也。"謂從事勞動。⊙天海案：數，往返之曆數也。即今所言歲曆。事，施事也。言其可以循其曆數行事也。

〔四四〕楊倞注：知，謂知其生殺也。所以記識陰陽者，爲知其生殺，效之爲賞罰，以治之也。知，或爲"和"。⊙王念孫曰：作"和"者是也。上文云"陰陽大化"，"萬物各得其和以生"，是其證。"和"與"知"字相似而誤。楊前注曲説也。⊙久保愛曰：本注"所以"之"以"衍。⊙天海案：上文言"象之"、"宜之"、"數之"，此當言"和之"，文同一例，王説是。

〔四五〕楊倞注：官人，任人。欲任人守天，在於自守道也。皆明不務知天之義也。⊙物雙松曰：官人守天，謂上文志於天地、四時、陰陽，皆有官司也。自爲守道者，君唯守人道也。注非是。⊙陶鴻慶曰：官人，謂治職事者。爲，亦治也。言聖人治事則守天，而自治則守道也。官人守天者，上文所云"不求知天"也；自爲守道者，上文所云"夫是之謂知天"也。⊙劉師培曰：蓋吏之事君者，謂之官人。有一偏之才者，亦謂之官。官與管同。此言執一之人僅知守天，而自以爲守道。蓋《荀子》之義以道在天外，守道者不必迷於天。⊙鍾泰曰：官人，猶言官師。此即指陰陽太史之官言。官人則守天，而自爲則守道。自爲者，聖人也。⊙駱瑞鶴曰：此聖人任人守天道而志之，而自爲則守道而行之也。⊙天海案：官人，任人爲官也。楊注是。守天，謂守天道也。自爲，猶言自脩也。守道，守禮義之道也。

治亂天邪？曰：日月星辰瑞歷，是禹、桀之所同也〔一〕。禹以治，桀以亂,治亂非天也。時邪?曰:繁啓蕃長於春夏〔二〕,畜積收藏於秋冬,是又禹、桀之所同也,禹以治,桀以亂,治亂非時也。地邪?曰:得地則生,失地則死,是又禹、桀之所同也,禹以治,桀以亂,治亂非地也〔三〕。《詩》曰:"天作高山,大王荒之;彼作矣,文王康之。"此之謂也〔四〕。

天不爲人之惡寒也輟冬〔五〕,地不爲人之惡遼遠也輟廣,君子不爲小人之匈匈也輟行〔六〕。天有常道矣,地有常數矣,君子有常體矣〔七〕。君子道其常,而小人計其功〔八〕。《詩》曰:"何卹人之言兮。"此之謂也〔九〕。

楚王後車千乘,非知也〔一〇〕;君子啜菽飲水,非愚也,是節然也〔一一〕。若夫心意脩〔一二〕,德行厚,知慮明,生於今而志乎古,則是其在我者也。故君子慕其在己者,而不慕其在天者〔一三〕;小人錯其在己者,而慕其在天者〔一四〕。君子敬其在己者,而不慕其在天者,是以日進也〔一五〕;小人錯其在己者,而慕其在天者,是以日退也〔一六〕。故君子之所以日進與小人之所以日退,一也〔一七〕。君子、小人之所以相縣者,在此耳〔一八〕。

星隊木鳴,國人皆恐〔一九〕,曰:是何也?曰:無何也〔二〇〕。是天地之變,陰陽之化,物之罕至者也〔二一〕。怪之可也,而畏之非也〔二二〕。夫日月之有食,風雨之不時,怪星之黨見〔二三〕,是無世而不常有之〔二四〕。上明而政平,則是雖並世而起,無傷也〔二五〕;上闇而政險〔二六〕,則是雖無一至者,無益也。夫星之隊,木之鳴,是天地之變,陰陽之化,物之罕至者也,怪之可也,而畏之非也。物之已至者,人祆則可畏也〔二七〕。楛耕傷稼,耘耨失薉,政險失民〔二八〕。田薉稼惡,糴貴民飢〔二九〕,道路有死人,夫是之謂人祆;政令不明,舉錯不時,本事不理,夫是之謂人祆〔三〇〕;勉力不時,則牛馬相生,六畜作祆〔三一〕;禮義不脩,内外無别,男女淫亂,則父子相疑,上下乖離〔三二〕,寇難並至,夫是之謂人祆〔三三〕。祆是生於亂,三者錯,無安國〔三四〕。其説甚爾,其菑甚慘〔三五〕。可怪也而不可畏也〔三六〕。傳曰:"萬物之怪,書不説〔三七〕。無用之辯，不急之察，棄而不治〔三八〕。”若夫君臣之義，父子之親，夫婦之别，則日切瑳而不舍也〔三九〕。

雩而雨，何也？曰：無佗也，猶不雩而雨也〔四〇〕。日月食而救之，天旱而雩，卜筮然後決大事，非以爲得求也，以文之也〔四一〕。故君子以爲文，而百姓以爲神。以爲文則吉，以爲神則凶也〔四二〕。



【校釋】

〔一〕楊倞注：或曰，當時星辰書之名也。⊙物雙松曰：瑞曆，蓋尊曆詞。⊙桃源藏曰：瑞曆，瑞，信也。曆者四時之信，故稱曰“瑞曆”。⊙郝懿行曰：《堯典》“曆象日月星辰”，此“瑞歷”即“曆象”也。象，謂璿、璣、玉衡，神其器，故言瑞。⊙朝川鼎曰：先君曰：“瑞，疑當作歲，音近而訛。”⊙楊柳橋曰：此指節氣。⊙張覺曰：瑞，吉祥。曆書是吉祥之書，所以稱“瑞曆”。⊙天海案：依楊倞注文之例，此注必有脱文。推之，其注當訓“瑞曆”也。瑞，疑“歲”之音誤也。《書·堯典》：“以閏月定四時成歲。”傳曰：“言定四時成歲曆，以告時授事。”又，“歷”字，通“曆”，諸本作“曆”。

〔二〕楊倞注：繁，多也。蕃，茂也。⊙朝川鼎曰：孫鑛本作“繁起”，繁起猶繁動也。桃源藏曰：“《吕氏·正月紀》：天地和同，草木繁動。”⊙楊柳橋曰：繁啓，謂新生。⊙蔣南華曰：繁啓，萬物萌生。

〔三〕楊倞注：言皆在人，不在天地與時也。

〔四〕楊倞注：《詩·周頌·天作》之篇。引之以明吉凶由人，如大王之能尊大歧山也。⊙久保愛曰：“《詩》曰”以下注詳于《王制篇》。岡白駒曰：“引之者，言聖人輔天地之化育也。主意在上二句。”⊙北大組曰：高山，指歧山。大王，太王，亦稱古公亶父，文王姬昌之祖父。荒，大。康，安定。⊙天海案：荒，謂墾治也。朱《集傳》：“荒，治。”康，安定。又，楊注“歧山”，當作“岐山”，别本一作“岐山”。

〔五〕久保愛曰：輟，止也。⊙楊柳橋曰：也，猶“而”，説見《古書虚字集釋》。⊙天海案：此“也”與下二“也”字，《治要》皆無。

〔六〕楊倞注：匈匈，喧譁之聲，與“訩”同音。凶，又許用反。行，下孟反。⊙盧文弨曰：三“輟”字上，俗閒本皆有“而”字，宋本無。⊙天海案：“小人”下，諸本無“之”字；三“也”下皆有“而”字。今謂“而”字乃“也”之旁注之文混入也，諸本誤。《治要》“小人”下亦有“之”字。



〔七〕梁啓雄曰：常道即常行。常體，指“應之以治，彊本節用，養備動時，修道不貳”的經常實踐事項。⊙章詩同曰：天有常道，即天行有常。常數，土地生長萬物有一定的規律。常體，一定的行爲準則。⊙熊公哲曰：數，猶理也。⊙天海案：常數，常理。熊説是。常體，常性也。《吕氏春秋·情欲》：“萬物之形雖異，其情一體也。”高誘注:“體,性也。”《文選·答客難篇》引此文正作“君子有常性”,是其證。言君子有常性,故不爲小人之匈匈而輟行也。又,三“矣”字,《治要》無。

〔八〕楊倞注:道,言也。君子常造次必守其道,小人則計一時之功利,因物而遷之也。⊙冢田虎曰:道,如字。以其常爲道也。⊙久保愛曰:道,由也。⊙梁啓雄曰:《禮·射義》注:“道,猶行也。”⊙天海案:道,行也。與“計”字相對。梁説是。“而”字,諸本及《治要》皆無。

〔九〕楊倞注:逸《詩》也。以言苟守道不違,何畏人之言也。⊙俞樾曰:“何𨜒”上本有“禮義之不愆”五字,而今奪之。《正名篇》引此《詩》曰“禮義之不愆兮,何𨜒人之言兮”,亦其證也。⊙久保愛曰:《東方朔傳》《左氏傳》“何”上皆有“禮義之不愆”五字。

〔一〇〕章詩同曰:後車,侍從之車。知,同“智”。下文“知慮”之“知”同。

〔一一〕楊倞注:節,謂所遇之時命也。⊙劉台拱曰:《正名篇》:“節遇謂之命。”⊙俞樾曰:節,猶適也。説詳《彊國篇》。⊙章詩同曰:節然,適然,偶然。⊙張覺曰:節,節制,指時勢、命運的制約。⊙天海案:節,節操、氣節。《左傳》成公十五年:“聖達節,次守節,下失節。”節然,節操使然也,故上言“非愚也”。

〔一二〕王念孫曰:心意,當爲“志意”,字之誤也。荀子書皆言“志意脩”,無言“心意脩”者。⊙天海案:王説是也。

〔一三〕楊倞注:在天,謂富貴也。⊙天海案:“君子慕”之慕字,諸本皆作“敬”,據下文,似當作“敬”。諸家皆失校。下“慕”,願望也。

〔一四〕楊倞注:錯,置。⊙天海案:錯,通措。措,此指舍棄也。

〔一五〕楊倞注:求己而不苟,故日進。⊙俞樾曰:敬,當爲“茍”。《説文》:“茍,自急敕也。”經典通作“亟”。《爾雅》:“亟,疾也。”《釋文》“字又作茍”是也。君子茍其在己者,猶云“君子急其在己者”,正與“小人錯其在己者”相對成義。⊙潘重規曰:《詩·常武》箋:“敬之言警也。”警即自急敕之意,不必定改爲“茍”也。⊙天海案:《説文》:“敬,肅也。”《玉篇》:“敬,恭也。”《易·坤》:“君子敬以直内,義以方外。”孔疏:“内,謂心也,用此恭敬以直内。”此言君子恭敬其在己之所爲,而不願望其在天之施爲。日進,日進一日。

〔一六〕楊倞注:望徼幸而不求己,故日退也。⊙天海案:下“其在”二字原作“在其”,誤倒也,現據諸本乙之。日退,日退一日。

〔一七〕楊倞注:皆有慕,有不慕。⊙梁啓雄曰:一,當爲壹。《説文》:“壹,專壹也。”《左》昭十《傳》注:“壹,同也。”此言君子和小人同是有所專壹。⊙章詩同曰:一,都是同一個原因。⊙張覺曰:一,指有所注重有所忽略的態度一樣。⊙李中生曰:此言君子之所以日進,與小人之所以日退,道理是相同的。一,訓爲同。⊙天海案:李説義長。

〔一八〕梁啓雄曰:《説文》:"縣,繫也。"《廣雅·釋言》:"縣,抗也。"⊙趙海金曰:《淮南·主術訓》:"其於御兵刃縣矣。"注:"縣,遠也。"《釋詞》:"耳,猶而已也。"⊙裴學海曰:縣,猶異也。⊙包遵信曰:縣者相隔也。⊙天海案:縣,通懸。懸,殊也;殊,異也。上言君子日進,小人日退的道理同在各有所慕,而日進、日退即是君子、小人相異的原因。此"相異"正與上"一也"相對爲文。故裴説是也。此下原文未分段,現據文意分之。

〔一九〕物雙松曰:木鳴,石言之類。⊙俞樾曰:木不能鳴,或因風而鳴,人亦不恐,而此云然者,蓋古有"社鳴"之説。所謂"社鳴"者,社必樹其土所宜木,故古文"社"從木作"䄕"。社鳴,實即其木鳴也。古人蓋甚畏之,故《荀子》以星隊、木鳴竝言也。⊙劉師培曰:《荀》傳《左傳》。《左傳》襄三十年言"或叫于宋太廟",又言"鳥鳴于亳社",均"社鳴"之證,乃荀説之所本也。⊙天海案:隊,古"墜"字。諸本作"墜",《外傳》《治要》所引,亦作"墜"。木鳴,樹本出聲也。

〔二〇〕楊倞注:假設問答。無何也,言不足憂也。⊙久保愛曰:顔師古曰:"無何,猶言無故也。"⊙天海案:顔説是,楊注"無何"非。《治要》未録此八字。《外傳》僅作"何也"二字。

〔二一〕楊倞注:星墜,天地之變。木鳴,陰陽之化。罕,希也。⊙劉師培曰:此"罕至"之"罕"字,亦當作"屰"。言此乃物之逆至者也。楊説非。⊙天海案:罕,極少也。"星墜木鳴"非人之常見,楊説是,劉説非。

〔二二〕楊倞注:以其罕至,謂之怪異則可,因遂畏懼則非。⊙天海案:"而"字,《治要》有,《外傳》無,諸本亦無。

〔二三〕楊倞注:黨見,頻見也。言如朋黨之多。見,賢遍反。⊙郝懿行曰:黨,宜訓朗,出《方言》注,不謂朋黨也。《外傳》二作"晝",於義爲長。⊙王念孫曰:余謂"黨",古"儻"字。儻者,或然之詞。謂怪星之或見也。《治要》引此正作"怪星之儻見"。⊙天海案:食,通蝕。諸本皆作"蝕"。《外傳》作"薄蝕"。黨見,猶儻現也。王説是,楊注非。

〔二四〕王先謙曰:《治要》"常"作"嘗",是也。⊙天海案:常,通嘗,《外傳》亦作"嘗"。然不必以"嘗"改"常"也。

〔二五〕楊倞注:並世起,謂一世之中並起也。

〔二六〕久保愛曰:險者,不平之謂。⊙章詩同曰:政險,政治酷虐。⊙天海案:闇,同暗。險,惡也。政險,指政事險惡。

〔二七〕楊倞注:物之既至,可畏者,在人之祆也。⊙物雙松曰:物之已至,對上文"物之罕至"。已,甚也。⊙天海案:已,既也。楊注是。

〔二八〕楊倞注:楛耕,謂麤惡不精也。失薉,謂耘耨失時,使穢也。政險,威虐也。薉,與穢同。⊙盧文弨曰:耘耨失薉,《外傳》二作"枯耘傷歲",枯與楛同,疑是也。此處句法不一律，注强爲之説，頗難通。⊙王念孫曰：盧説是也。⊙鍾泰曰：此當作"楛耨失歲"。⊙天海案："楛耕"以下八字《治要》無。"耘耨失薉"，盧、鍾二説是。

〔二九〕天海案：田薉稼惡，諸本作"田稼薉惡"，"薉稼"二字誤倒，非也。

〔三〇〕楊倞注：舉，謂起兵動衆。錯，謂懷安失於事機也。本事，農桑之事也。⊙鍾泰曰：舉錯，猶言興廢，百事皆有之，不必專指用兵也。注誤。⊙天海案：舉錯，即舉措。鍾説是，楊注非。

〔三一〕楊倞注：此三句宜承"其菑甚慘"之下。勉力，力役也。不時，則人多怨曠。其氣所感，故生非其類也。⊙王念孫曰：吕本所載正文，此三句本在"禮義不脩"之上。勉力不時則牛馬相生，六畜生祆，此是祆由人興，故曰"祆是生於亂"。自錢本始依楊注移置於下文"可怪也，而不可畏也"之上，且删去楊注，而各本及盧本從之，謬矣。⊙天海案：此三句十三字，諸本依楊注移至"甚慘"句下，非也。

〔三二〕王念孫曰："父子"上不當有"則"字。《治要》《外傳》皆無。⊙天海案："則"字衍，王説是。

〔三三〕天海案：寇難並至，《治要》作"寇難日至"，外傳作"寇難並起"。

〔三四〕楊倞注：三者，三"人祆"也。錯，置也。置此三祆於國中，則無有安也。⊙王念孫曰：錯，交錯也。楊讀"錯"爲"措置"之"措"，失之。⊙桃源藏曰：錯，猶迭也。"錯"下疑脱"至"字。⊙天海案：王説是。

〔三五〕楊倞注：爾，近也。三"人祆"之説比星隊木鳴爲淺近，然其災害人則甚慘毒也。⊙天海案：爾，諸本作"邇"，二字通。

〔三六〕楊倞注：此二句承"六畜作祆"之下，蓋録之時錯亂迷誤，失其次也。⊙盧文弨曰：宋本有注共二十二字，元刻已如其説移正，故盡删去。⊙陶鴻慶曰：怪、畏二字，蓋互誤。本作"可畏也，而不可怪也"。惟其"菑慘"，故"可畏"；惟其"説爾"，故"不可怪"。⊙天海案：上言"人祆則可畏也"，此承上對三"人祆"而言，當作"可畏也而不可怪也"，陶説是。此因上文兩言"怪之可也，而畏之非也"而誤。可據正。

〔三七〕楊倞注：書，謂六經也。可爲勸戒則明之，不務廣説萬物之怪也。⊙于鬯曰：此"書"字蓋動義，非静義。萬物之怪，古人未嘗不書之，而不爲説之。即《春秋》可證矣。故曰"萬物之怪書不説"，猶所謂"存而不論"之意也。⊙天海案："萬物"句上，《外傳》引有"天地之災，隱而廢也"二句。書，記載之書也，非指六經。説，論也。

〔三八〕王先謙曰：《治要》三"謂人祆"下竝有"也"字，下"無安國"下有"矣"字，"棄而不治"下有"也"字。⊙梁啓雄曰：不急之察，謂不徹底的審察。《墨子·經上》："治，求得也。"⊙天海案：辯，論也。《治要》作"辨"，外傳作"變"，或叚字耳。不急之察，不關緊要之詳審也。梁説非。察，《外傳》作"災"。治，猶理也。梁引《墨子》之説，非也。

〔三九〕郝懿行曰：切瑳，言務學也。磋，古作"瑳"，今作"磋"。⊙鍾泰曰：切瑳猶言揚搉，非務學之謂。郝説未是。⊙天海案：切瑳，有探討張揚之義，非專指務學。《晏子春秋·諫下》："入則切磋其君之不善，出則高譽其君之德義。""夫婦"二字，《外傳》作"男女"。

〔四〇〕楊倞注：雩，求雨之禱也。或者問："歲旱，雩則得雨，此何祥也？"對以"與不雩而雨同"。明非求而得也。《周禮·司巫》"國大旱，則率巫而舞雩"也。⊙熊公哲曰：雩，求雨之祭名，音于。⊙天海案：無佗，當作"無何"，諸本作"無何"，《外傳》亦作"無何"，可據正。

〔四一〕楊倞注：得求，得所求也。言爲此以示急於災害，順人之意，以文飾政事而已。⊙天海案：正文"卜筮然後"，諸本作"小筮而後"。

〔四二〕楊倞注：順人之情，以爲文飾則無害，淫祀求福則凶也。⊙冢田虎曰：言百姓以爲神，乃其所也。君子以爲神，則凶也。⊙羅焌曰：卜筮而決疑，雩祭而得雨，救日月食而果復圓，百姓皆以爲神。實則君子因民之心而文飾之耳。⊙天海案：神，靈也。文，文飾，禮也。句末"也"字諸本無。

在天者，莫明於日月；在地者，莫明於水火；在物者，莫明於珠玉；在人者，莫明於禮義。故日月不高，則光輝不赫；水火不積，則煇潤不博〔一〕；珠玉不睹乎外，則王公不以爲寶〔二〕；禮義不加於國家，則功名不白〔三〕。故人之命在天，國之命在禮〔四〕。君人者，隆禮尊賢而王，重法愛民而霸，好利多詐而危，權謀傾覆幽險而盡亡矣〔五〕！

大天而思之，孰與物畜而制之〔六〕？從天而頌之，孰與制天命而用之〔七〕？望時而待之，孰與應物而使之〔八〕？因物而多之，孰與騁能而化之〔九〕？思物而物之，孰與理物而勿失之也〔一〇〕？願於物之所以生，孰與有物之所以成〔一一〕？故錯人而思天，則失萬物之情〔一二〕。

百王之無變，足以爲道貫〔一三〕。一廢一起，應之以貫〔一四〕，理貫不亂〔一五〕。不知貫，不知應變〔一六〕。貫之大體未嘗亡也〔一七〕。亂生其差，治盡其詳〔一八〕。故道之所善，中則可從，畸則不可爲，匿則大惑〔一九〕。水行者表深，表不明則陷〔二〇〕；治民者表道，表不明則亂。禮者，表也；非禮，昏世也；昏世，大亂也〔二一〕。故道無不明，外内異表，隱顯有常，民陷乃去〔二二〕。

萬物爲道一偏，一物爲萬物一偏，愚者爲一物一偏〔二三〕，而自以爲知道，無知也〔二四〕。慎子有見於後，無見於先〔二五〕；老子有見於詘，無見於信〔二六〕；墨子有見於齊，無見於畸〔二七〕；宋子有見於少，無見於多〔二八〕。有後而無先，則羣衆無門〔二九〕；有詘而無信，則貴賤不分〔三〇〕；有齊而無畸，則政令不施〔三一〕；有少而無多，則羣衆不化〔三二〕。《書》曰："無有作好，遵王之道。無有作惡，遵王之路。"此之謂也〔三三〕。



【校釋】

〔一〕久保愛曰：赫，明也。煇，光輝。⊙天海案：赫，顯也。下"煇"，光也。盧、謝本、《集解》本"輝"、"煇"二字並作"暉"。今案煇、輝、暉三字音義皆同。博，廣也。博，原誤作傅，據諸本改之。光輝不赫，外傳作"所照不遠"；煇潤，《外傳》作"光炎"。《治要》僅引"在天者"、"在人者"二句。

〔二〕物雙松曰：珠玉不睹乎外，言在璞也，以引"不加於國家"。⊙冢田虎曰：不睹乎外，謂在山淵中而已。荀子既言"玉在山而木草潤，淵生珠而崖不枯"，雖有如此德也，不見乎外，則不得以爲寶也。⊙王念孫曰："不睹乎外"四字文義不明。睹，當爲"睹"。《説文》："睹，旦明也，從日，者聲。"睹之言，著也。此言"珠玉睹乎外"，亦謂其光采之著乎外，故上文云"在物者莫明於珠玉"也。世人多見"睹"，少見"睹"，故"睹"誤爲"睹"。⊙天海案：睹，見也。見，現也。文義本明。

〔三〕天海案：加，施行也。白，顯明也。

〔四〕章詩同曰：人之命在正确對待自然。⊙天海案：命，生命也。《禮祭法》"大凡生於天地之間者皆曰命"。此言人之生命乃天賦，國之生命在禮存。若訓此"命"爲命運，則與本篇"制天命而用之"之主旨相反，荀卿焉有此矛盾之説？

〔五〕楊倞注：幽險，謂隱匿其情而凶虐難測也。權謀、多詐、幽險三者，盡亡之道也。⊙久保愛曰：本注"多詐"，當作傾覆。⊙王先謙曰："盡"字無義，衍文也。《彊國篇》四語與此同，無"盡"字。⊙梁啓雄曰：此節言"人之命在天"，與本篇篇恉正相反，最後四句又與《彊國篇》首段重出，疑是錯簡，或後人妄增。⊙駱瑞鶴曰："隆禮尊賢而王"，而，猶"則"也。後文三"而"字同。權謀，弄權使謀。傾覆，反覆無信義。幽險，謂陰暗而險陂。⊙天海案：梁説不明"人之命在天"之真意，所云皆非也。本篇前文言其"天職"、"天功"，即已明謂人之命乃生命也，此言"人之命在天"乃順理而成。説見上。又，"盡"字，《外傳》《治要》引此文皆無，錢佃《考異》亦謂諸本無，可據删。

〔六〕楊倞注：尊大天而思慕之，欲其豐富，孰與使物畜積而我裁制之。⊙物雙松曰：言以物畜天，制而用之也。以天爲一物，迺荀子大見處。⊙久保愛曰：物畜，猶言畜物也。⊙王念孫曰：制，當爲“裁”。思、裁爲韻。今本作“制之”，因注文而誤。⊙高亨曰：與，猶“如”也。物畜，疑當作“畜物”，轉寫誤倒。“裁”無由誤爲“制”，疑本作“財”或“材”。財、制楷字相似。材、制篆文相似。“思”與“財”或“材”諧韻。⊙楊柳橋曰：孰與，猶言何如，何若也。《廣雅》：“與，如也。”⊙嚴靈峰曰：上文明言“故人之命在天”，如何可以“制天”？制，疑“利”字之形誤。謂畜積天生之物而利用之。⊙天海案：大天，尊天。思，慕也。孰與，猶何如。物畜，猶畜物。制，或“利”之訛，利之，利用它。此“物畜”非以天爲物而畜之，乃言畜天所生萬物也。又，楊注“豐富”原誤作“豊富”，據諸本改之。

〔七〕楊倞注：頌者，美盛德也。從天而美其盛德，豈如制裁天之所命而我用之。謂若曲者爲輪，直者爲桷，任材而用也。⊙嚴靈峰曰：《論語·泰伯篇》“惟天惟大，惟堯則之”，疑此“制”字乃“則”字之形誤。《說文》：“用，可施行也。”此猶謂：從天而美其盛德，何如順天之命而施行之也。依義當作“則天命而用之”。⊙天海案：制，掌握控制也。天命，天道也。用，利用也。又，楊注“所命”之“命”原作“禽”，“輪”下衍“一”字，此據諸本正之。

〔八〕楊倞注：望時而待，謂若農夫之望歲也。孰與應春生夏長之候，使不失時也。⊙物雙松曰：使，使令也。不爲十二時使意。⊙久保愛曰：使之，謂役使四時也。⊙天海案：正文“待”字，原作“侍”，字誤也，據楊注及諸本改。

〔九〕楊倞注：因物而自多，不如騁其智能而化之使多也。若后稷之播種然也。⊙物雙松曰：因物而多之，言視物之多，吾意以爲多而悅之也。化者，化少爲多也。⊙北大組曰：因，聽任。⊙楊柳橋曰：《說文》：“多，重也。”《毛詩》傳：“騁，極也。”⊙天海案：因，任隨也。騁，原作“聘”，宋浙本、遞修本、明世本、《四庫》本皆作“騁”，據改。楊注“因物”之“因”，原作“目”，據諸本改之。

〔一〇〕楊倞注：思得萬物以爲己物，孰與理物皆得其宜，不使有所失喪。⊙物雙松曰：“思物而物之”，言思得物之貴者。吾意以爲貴物而珍之也。“理物而勿失之”，言不拘貴賤，唯理我所已有之物而不失之也。⊙久保愛曰：物之，徒以爲物而不治辨之也。此文說思物之無益，理物之有益，以示任天不如助天以人也。⊙劉師培曰：“思物而物之”之“物”，即慮度之義，言徒知慮度之無益也。⊙天海案：“物之”之“物”作動詞，乃貯物也。理物，治物也。此言思物而貯之，何如治物而勿失也。楊注未得，諸說辭費而不切。又，楊注“己物”，原誤作“巳物”，徑改。

〔一一〕物雙松曰：言願求我國所無之物所以生也。言吾土已有之物所以成就也。“大天”至此，皆能參之道也。⊙陶鴻慶曰：願，猶慕也。有，借爲“右”，助也。言究心於物之所以生，不如致力於物之所以成也。⊙朝川鼎曰：有，猶得也。⊙天海案:有,通佑。陶説是。

〔一二〕楊倞注:物之生雖在天,成之則在人也。此皆言理平豐富在人所爲,不在天也。若廢人而妄思天,雖勞心苦思,猶無益也。⊙久保愛曰:"大天"以下,斥老莊之徒知任自然而不知自勉也。《解蔽篇》曰"莊子蔽於天而不知人"。⊙朝川鼎曰:言舍人爲,而徒以從天爲意也。⊙梁啓雄曰:言舍置人事而思慕天道,則失掉萬物的本性。⊙章詩同曰:錯,放棄。情,事物的實際情況。⊙天海案:錯人,即前文之"錯其在己者"之義,言捨其人爲的努力。萬物之情,即萬物之實,章説是。楊注"豐"字原誤作"豊","苦"字原誤作"若",此據諸本正之。楊注"理平"即"治平",避唐諱也。又,此下原文未分段,現依文意分之。

〔一三〕楊倞注:無變,不易也。百王不易者,謂禮也。言禮可以爲道之條貫也。⊙朝川鼎曰:言雖百王易世,而不可變易者,可以爲諸道之貫矣。暗指禮而言。⊙梁啓雄曰:據下文"道貫"、"理貫",知此"無變"專指道理無變。《廣雅》:"貫,絫也。"⊙熊公哲曰:貫,串也。⊙楊柳橋曰:貫,猶綱系也。《説文》:"貫,錢貝之貫。"⊙張覺曰:貫,貫穿銅錢之繩索曰貫,引申指貫通古今的常規慣例。⊙天海案:貫,係統也。道貫,即道統。諸説貫者,皆不切也。

〔一四〕楊倞注:雖質文廢起時有不同,然其要歸以禮爲條貫。《論語》孔子曰:"殷因於夏禮,所損益可知也;周因於殷禮,所損益可知也;其或繼周者,雖百代可知也。"⊙朝川鼎曰:先君曰:"一廢一起,以今日之事言之。"注引《論語》恐非。⊙北大組曰:一廢一起,指朝代的興衰。貫,這裏指"道貫"。⊙天海案:應之,接續之也。貫,此即上文道統也。

〔一五〕楊倞注:知理,則其條貫不亂也。⊙冢田虎曰:言詳禮之條理,則天下不亂也。注非也。⊙久保愛曰:理貫,謂治禮也。不亂,國不亂也。⊙鍾泰曰:謂理得其貫則不亂也。注以"貫不亂"三字連釋,失之。⊙梁啓雄曰:這是説偶然性的力量不能打亂必然性的理貫。⊙天海案:理貫,即順貫。《廣雅》:"理,順也。"上言應,此言順,其義一也。楊注不切,諸説亦未得也。順貫,順其統也。

〔一六〕楊倞注:不知以禮爲條貫,則不能應變。言必差錯而亂也。⊙熊公哲曰:不知貫,謂不知以禮爲統貫,不足以應猝然之變。

〔一七〕久保愛曰:以禮貫其大節,則國不亡。⊙梁啓雄曰:道貫雖能隨時應變,靈活地變動,而其原則性的大體未嘗失掉。⊙熊公哲曰:禮自孔子時已不全,然大體尚有可考者。⊙天海案:此言貫之主體未曾丢失。久説"國不亡",非也。

〔一八〕楊倞注:差,謬也。所以亂者,生於條貫差謬。所以治者,在於精詳也。⊙朝川鼎曰:此即"在人"之驗。⊙北大組曰:其差,運用道發生差錯。其詳,運用道周密詳盡。⊙駱瑞鶴曰:此文"其",當訓"於"。差,謂偏差不合。詳,謂精審實在,二字於此反義。⊙天海案:其差,貫之偏差也。其詳,貫之精審也。楊注是。

〔一九〕楊倞注：畸者，不偶之名，謂偏也。道之所善，得中則從，偏側則不可爲。匿，謂隱匿其情。禮者，明示人者也，若隱匿，則大惑。畸，音羈。⊙王念孫曰：楊曲爲之説，非也。匿與慝同。慝，差也。言大惑生於差慝也。⊙久保愛曰：畸、奇、倚，古音通。古屋鬲曰："畸，讀爲中立而不倚之倚。"⊙梁啓雄曰：中，中正適當也。⊙天海案：中，正也。畸，邪也。匿，隱而不現也，故使人大惑。楊注是，王説非。

〔二〇〕楊倞注：表，標准也。陷，溺也。⊙物雙松曰：水行者標深，言泅水者標識其深處也。⊙俞樾曰：水行，當作"行水"。行水者表深，與下文"治民者表道"一律。《孟子·離婁篇》"如智者，若禹之行水也"，此"行水"二字之證。⊙梁啓雄曰：水行，指水上之行。⊙天海案：水行，當作"行水"，指行於水上。包含涉水或行船。深，深淺也。又，正文與楊注"陷"字，原誤作"檻"，此據諸本改之。下文同此。

〔二一〕楊倞注：昏世，謂使世昏闇也。⊙天海案：非，違也。非禮，猶違禮。

〔二二〕楊倞注：道，禮也。外，謂朝聘。内，謂冠昏。所表識章示各異也。隱顯，即内外也。有常，言有常法也。如此，民陷溺之患乃去也。⊙物雙松曰：言表外者，除禮無有也。⊙久保愛曰：外，謂朝廷。内，謂後宫。蓋宫朝異表，則民人不迷。⊙郝懿行曰：外、内，皆謂禮也。禮有内心，有外心。竹箭有筠，禮之外心也；松柏有心，禮之内心也。注非。⊙北大組曰：道無不明，道必須各方面規定得明確。外内異表，對外事内政的處理有不同的標準。⊙天海案：道無不明，道没有不顯明的。外内異表，即上文所言"内外有别"。隱顯有常，隱蔽與公開的事應有常規。去，擺脱。此下原文未分段，現依文意分之。

〔二三〕楊倞注：如有不能盡一物也。⊙久保愛曰：愚者，闇指下諸子。⊙梁啓雄曰：荀書中的"道"字多指道理或道術，獨此"道"字指大自然。⊙駱瑞鶴曰：梁説爲謬。道，即參天地之道，亦聖王之道。⊙天海案：一偏，一部分。楊注"如有"二字，疑當作"知有"，諸本並作"愚者"。

〔二四〕楊倞注：以偏爲知道，豈有知哉？⊙天海案：二"知"皆如字，不當作"智"看。

〔二五〕楊倞注：慎到，本黄、老之術，明不尚賢，不使能之道。故《莊子》論慎到曰"塊不失道"，以其無爭先之意。故曰："見後而不見先也。"《漢書·藝文志》慎子著書四十二篇，班固曰"先申、韓，申、韓稱之"也。⊙梁啓雄曰：慎子專注意事物已成之相，故曰"有見於後"。蔑視此已成之相之所由來，故曰"無見於先"。⊙天海案：《非十二子篇》亦斥慎到之説。

〔二六〕楊倞注：老子，周之守藏史，姓李，字伯陽，號稱老聃，孔子之師也。著五千言，其意多以屈爲伸，以柔勝剛，故曰"見詘而不見信"也。信，讀爲伸。⊙冢田虎曰：此失乎老子之見焉。老子之屈，求大伸也。説者多誤老子。⊙梁啓超曰：詘信即屈伸，古今字。老子"以柔弱勝剛强"，"不爲天下先"，專務以詘爲教，而不知"自强不息”、“日進無疆”之爲美德，所謂“無見於信”也。⊙天海案：老子以屈爲伸，非“無見於伸”也。

〔二七〕楊倞注：畸，謂不齊也。墨子著書有《上同》、《兼愛》，是見齊而不見畸也。⊙梁啓雄曰：墨子兼愛尚同，以絶對的平等爲至道，不知“物之不齊，物之情也”。⊙天海案：《非十二子篇》已非墨子之説。

〔二八〕楊倞注：宋子名鈃，宋人也，與孟子同時。下篇云“宋子以人之情爲欲寡，而皆以己之情爲欲多爲過也”。據此説，則是少而不見多也。鈃，音形。又胡泠反。《漢書·藝文志》有宋子十八篇，班固云：“荀卿道宋子，其言黄、老意。”⊙久保愛曰：本注“是少”當作“見少”。⊙梁啓雄曰：宋子僅見欲寡的一面，而不見欲多的一面也。

〔二九〕楊倞注：夫羣衆在上之開導，皆處後而不處先，羣衆無門户也。⊙物雙松曰：羣衆無門，言不能倡衆也。⊙冢田虎曰：羣衆無門，言無所入道也。⊙梁啓雄曰：無門者，慎子使人學無知之物，屏絶智慮，則相率於渾沌，如欲其入而閉諸門矣。⊙天海案：無門，無門徑也。楊注“夫羣衆”原作“夫衆羣”，據諸本改之。

〔三〇〕楊倞注：貴者伸而賤者詘，則分别矣。若皆貴柔弱卑下，則無貴賤之别矣。

〔三一〕楊倞注：夫施政令所以治不齊者，若上同，則政令何施也？⊙久保愛曰：此謂勢位齊則政令不行也。

〔三二〕楊倞注：夫欲多，則可以勸誘爲善。若皆欲少，則何能化之？⊙梁啓雄曰：不化者，拂人之性，無由化成也。

〔三三〕楊倞注：《書·洪範》。以喻偏好則非遵王道也。⊙物雙松曰：此篇古奥可玩。⊙北大組曰：無有，不要。作好，有所偏好。作惡，有所偏惡。

# 荀子校釋　卷第十二

## 正論篇第十八〔一〕

世俗之爲説者曰："主道利周。"是不然〔二〕。主者，民之唱也；上者，下之儀也〔三〕；彼將聽唱而應，視儀而動。唱默，則民無應也；儀隱，則下無動也；不應不動，則上下無以相有也〔四〕。若是，則與無上同也，不祥莫大焉。故上者，下之本也。上宣明則下治辨矣〔五〕，上端誠則下愿愨矣，上公正則下易直矣〔六〕。治辨則易一，愿愨則易使，易直則易知。易一則彊，易使則功，易知則明，是治之所由生也〔七〕。上周密，則下疑玄矣〔八〕；上幽險，則下漸詐矣〔九〕；上偏曲，則下比周矣。疑玄則難一〔一〇〕，漸詐則難使，比周則難知〔一一〕。難一則不彊，難使則不功，難知則不明，是亂之所由作也。故主道利明不利幽，利宣不利周。故主道明則下安，主道幽則下危〔一二〕。故下安則貴上，下危則賤上〔一三〕。故上易知則下親上矣，上難知則下畏上矣。下親上則上安，下畏上則上危〔一四〕。故主道莫惡乎難知，莫危乎使下畏己。傳曰："惡之者衆則危〔一五〕。"《書》曰："克明明德〔一六〕。"《詩》曰："明明在下〔一七〕。"故先王明之，豈特玄之耳哉〔一八〕！

【校釋】

〔一〕楊倞注：此一篇皆論世俗之乖謬，荀卿以正論辨之。⊙物雙松曰：此篇皆正世之謬論，故名。⊙梁啓超曰：本篇雜取世俗之論，批評而矯正之。全篇不甚有系統，惟末兩段批評宋鈃，最爲可貴。因宋鈃學説不多見，得此可知其概也。⊙吕思勉曰：此篇皆詰難當時諸家之論。第一節即駁法家。第二節論湯、武非簒，義不如《孟子》之精，而持論實與法家相近。第三節駁象刑，則彌與儒家反矣。要之此書雖駁法家，然其思想實與法家近也。篇末駁子宋子，頗可借考宋牼學説。⊙包遵信曰：正論者，以聖王之論正世俗之謬論也。⊙天海案：本篇以辯難之形式集中表現了荀子隆禮重法的思想，提出了以堯、舜之王制爲最高理想之政治主張。又，楊注十七字，原在注〔二〕"周"字上，依前例當在篇目下，王先謙亦有説，現移之。

〔二〕楊倞注：周，密也。謂隱匿其情，不使下知也。世俗以爲主道利在如此也。⊙冢田虎曰：荀子之時，説者將有謬周密意者焉，故設此論與？⊙久保愛曰：當時法家隆行，其敝失於密，故荀卿辨之。不然，《周易》云："君不密則失臣。"密，豈不可哉！⊙鍾泰曰：主道利周，蓋法家言。⊙金德建曰：主道利周，係指申不害。⊙天海案：主道，君主治國之道。《管子·明法》："所謂治國者，主道明也。"

〔三〕楊倞注：謂下法上之表儀也。⊙王先謙曰：《周語》"儀之於民"，韋注："儀，準也。"《文選·東京賦》"儀姬伯之渭陽"，薛注："儀，則也。"言上是下之準則。⊙天海案：唱，首倡也。唱，同倡。儀，表也，標也。

〔四〕楊倞注：上不導其下，則下無以效上，是不相須也。⊙物雙松曰：言上無有下，下無有上也。⊙王先謙曰：有，當爲"胥"，字之誤也。據注云"是不相須也"，則正文非"相有"明甚。⊙楊樹達曰：有，謂相親愛也。文本可通，無煩改字。⊙潘重規曰：《大略篇》曰："友者，所以相有也。"有、友古字通。上下無以相有，即上下無以相親助也。以《大略篇》證此文，"有"非誤字。注自以"須"釋"有"之意耳。⊙天海案：有，通佑，助也。《大略篇》："友者，所以相有也。"于省吾云："有、右古字通，右，助也。"右，佑之古字。"上下無以相有"者，謂上下無以相助也。"有"字不誤，楊注自以"須"訓"有"。須，亦助也。王説非。又，"默"字，諸本一作"嘿"。"無應"之"無"，巾箱三本作"不"。

〔五〕楊倞注：宣，露。辨，别也。下知所從，則明别於事也。⊙郝懿行曰：辨與辧同，非"辨别"之"辨"。⊙楊柳橋曰：宣、明，同義。⊙龍宇純曰："治辨"平列爲義，辨亦治也。然"辨"之義爲"治"，本由"别"義而引申，故"别"亦有"治"義。⊙天海案：宣，布也，張揚之也。《書·皋陶謨》"曰宣三德"，孔傳："宣，布。"《左傳》昭公十二年"寵光之不宣"，杜注："宣，揚也。"宣明，猶今言"開明"也。辨，通徧。荀書多有此例。治辨，猶治徧也。《榮辱篇》"脩正治辨矣"，《王霸篇》"莫不治辨"等，義皆同。

〔六〕楊倞注：上公正則下不敢險曲也。⊙梁啓雄曰：《史記·樂書》："易直子諒之心油然生矣。"《集解》引王肅曰："易，平易。直，正直。"

〔七〕天海案：易一、易使、易知，三"易"字，皆訓容易。

〔八〕楊倞注：玄，謂幽深難知。或讀爲眩，惑也。下同。⊙郝懿行曰：玄與眩同，注後説是。⊙天海案：郝説是。

〔九〕楊倞注：幽，隱也。險，難測也。漸，進也，如字。又曰：漸，浸也。謂浸成其詐也。漸，子廉反。⊙郝懿行曰：漸，讀爲潛。潛與漸，古音同字通。潛者，深也。潛詐者，謂幽深而險詐也。⊙王先謙曰：漸亦詐也。説見《不苟篇》。⊙安積信曰：漸音巉，險也。⊙楊柳橋曰：漸，通僭，僞也。⊙天海案：漸，讀爲險，漸、險二字，上古同談部，故可通。險詐，正與上"幽險"對文。

〔一〇〕楊倞注：疑惑不知所從，故難一也。

〔一一〕楊倞注：人人懷私親比，則上不可知其情。《禮記》曰"下難知則君長勞"也。⊙天海案：楊注"私"字，原作"和"，形誤也，據諸本改之。

〔一二〕楊倞注：下知所從則安，不知所從則自危也。

〔一三〕楊倞注：貴，猶愛也。賤，猶惡也。⊙天海案：貴，尊重。賤，輕視之也。

〔一四〕楊倞注：畏則謀上。

〔一五〕天海案：《治要》録"主道明"以下至此，"危"下有"矣"字。

〔一六〕楊倞注：《書·多方》曰："成湯至于帝乙，罔不明德慎罰。"⊙冢田虎曰：此《康誥》"克明德"之文，疑衍一"明"字耶。注引《多方》失之。⊙天海案："克明明德"，《書·堯典》"克明俊德"，又《康誥》"克明德慎罰"，楊注引《多方》釋之，未切原文之意。

〔一七〕楊倞注：《詩·大雅·大明》之篇。言文王之德，明明在下，故赫赫然著見於天也。⊙久保愛曰：荀卿意，唯取"明明在下"一句，則本注"故赫"以下九字可删。⊙朝川鼎曰：此言上明而下化也。⊙天海案："明明在下"，《毛傳》云："明明，察也。文王之德明明於下，故赫赫著見於天。"鄭箋云："明明者，文王、武王施明德於天下。"楊注本《毛傳》。又《書·吕命》"明明在下"孔傳云："三后之徒，秉明德明君道於下。"義亦同此。

〔一八〕楊倞注：特，猶直也。⊙冢田虎曰：此"玄"乃幽玄之"玄"，與上"疑玄"殊也。⊙久保愛曰：耳，疑當作"耶"。《君道篇》云："可詘邪哉！"⊙陶鴻慶曰：玄，當爲"宣"字之誤。上文云"上宣明則下治辨矣"，此即承上而言。作"玄"者，"玄"、"宣"形聲皆近，又涉上文兩言"疑玄"而誤。⊙裴學海曰：耳，猶而已。⊙龍宇純曰：特，當爲"待"，因"之"下衍"耳"字，遂易"待"字爲"特"矣。⊙天海案：特，直也，同"只"。玄，通炫，炫耀也。玄、炫，上古皆匣母真部，故通。玄、宣，上古聲韻皆異，無由致誤，陶説非。耳，猶"而已"，裴説是。此言先王明德明道，豈只是炫耀之而已哉！又，楊注"直"，原誤作"耳"，據諸本改之。

世俗之爲説者曰："桀、紂有天下，湯、武簒而奪之。"是不然。以桀、紂爲常有天下之籍則然〔一〕，親有天下之籍則不然〔二〕，天下謂在桀、紂則不然〔三〕。古者天子千官，諸侯百官〔四〕。以是千官也，令行於諸夏之國，謂之王〔五〕；以是百官也，令行於境内，國雖不安，不至於廢易遂亡，謂之君〔六〕。聖王之子也〔七〕，有天下之後也，埶籍之所在也〔八〕，天下之宗室也。然而不材不中〔九〕，内則百姓疾之，外則諸侯叛之；近者境内不一，遥者諸侯不聽，令不行於境内；甚者諸侯侵削之，攻伐之。若是，則雖未亡，吾謂之無天下矣〔一〇〕！聖王没，有埶籍者罷不足以縣天下〔一一〕，天下無君〔一二〕，諸侯有能德明威積，海内之民莫不願得以爲君師〔一三〕。然而暴國獨侈，安能誅之〔一四〕，必不傷害無罪之民，誅暴國之君若誅獨夫〔一五〕。若是，則可謂能用天下矣〔一六〕！能用天下之謂王，湯、武非取天下也〔一七〕。脩其道，行其義，興天下之同利，除天下之同害，而天下歸之也。桀、紂非去天下也〔一八〕，反禹、湯之德，亂禮義之分，禽獸之行，積其凶，全其惡，而天下去之也〔一九〕。天下歸之之謂王，天下去之之謂亡。故桀、紂無天下，而湯、武不弑君，由此效之也〔二〇〕。湯、武者，民之父母也；桀、紂者，民之怨賊也〔二一〕。今世俗之爲説者，以桀、紂爲君，而以湯、武爲弑，然則是誅民之父母而師民之怨賊也〔二二〕，不祥莫大焉。以天下之合爲君，則天下未嘗合於桀、紂也〔二三〕。然則以湯、武爲弑，則天下未嘗有説也，直墮之耳〔二四〕！故天子唯其人。天下者，至重也，非至彊莫之能任〔二五〕；至大也，非至辨莫之能分〔二六〕；至衆也，非至明莫之能和〔二七〕；此三至者，非聖人莫之能盡。故非聖人莫之能王〔二八〕。聖人，備道全美者也，是縣天下之權稱也〔二九〕。桀、紂者，其知慮至險也，其至意至闇也〔三〇〕，其行之爲至亂也〔三一〕；親者疏之，賢者賤之，生民怨之，禹、湯之後也，而不得一人之與〔三二〕；刳比干、囚箕子，身死國亡，爲天下之大僇，後世之言惡者，必稽焉〔三三〕；是不容妻子之數也〔三四〕。故至賢疇四海，湯、武是也；至罷不容妻子，桀、紂是也〔三五〕。

今世俗之爲説者，以桀、紂爲有天下而臣湯、武，豈不過甚矣哉〔三六〕！譬之是猶傴巫跛匡，大自以爲有知也〔三七〕。故可以有奪人國，不可以有奪人天下〔三八〕；可以有竊國，不可以有竊天下也〔三九〕；可以奪之者可以有國，不可以有天下〔四〇〕。竊，可以得國，而不可以得天下，是何也？曰：國，小具也〔四一〕，可以小人有也，可以小道得也，可以小力持也；天下者，大具也，不可以小人有也，不可以小道得也，不可以小力持也。國者，小人可以有之，然而未必不亡也〔四二〕；天下者，至大也，非聖人莫之能有也！



## 【校釋】

〔一〕楊倞注：以常主天下之圖籍則然。⊙盧文弨曰：常，當爲“嘗”。籍，當爲“憑籍”之“籍”。下文云“埶籍”，爲埶力憑籍也。⊙劉師培曰：常，“掌”字之誤。掌有天下之籍者，言桀、紂雖爲掌籍之人，實則籍非桀、紂所能親有也。⊙天海案：常，通甞。甞有，曾有。此言桀、紂曾有天子之位，而後失之也。籍，通“藉”。本義爲草墊，《易·大過》“藉用白茅”。《説文》：“藉，祭藉也。”故引申爲席位。天下之藉，即天子之位。下文“埶藉”，即“埶位”也。參見《彊國篇》校釋。楊注失之。

〔二〕楊倞注：躬親能有天下則不然，以其不能治之也。⊙盧文弨曰：有之而不能用，故曰不能親有。⊙久保愛曰：謂桀、紂當時親有天下之籍則不可也。何則？不才不中，人民既去，夫亦何籍之有！⊙王先謙曰：兩“天下之籍”，並當作“天子之籍”，説見《儒效篇》。常有，謂世相及。親有，身爲天子也。上盧説非。“則不然”，當作“則然”，説見下。⊙包遵信曰：天下之籍，指天子之位，國家政權。下文“天下謂在桀、紂則不然”，乃指天下民心。原文自可通，王説非。⊙天海案：親，自身也。《爾雅》：“身，親也。”故親亦得訓自身。“親有天下之籍則不然”，謂桀、紂非自有天下之勢位也。

〔三〕王引之曰：上“則不然”，亦當作“則然”。親有天下之籍則然，天下謂在桀、紂則不然者，言桀、紂雖親有天下之籍，而天下人心已去桀、紂而歸湯、武也。楊説非是。⊙久保愛曰：“謂”字當在“天下”上。劉辰翁曰：“‘天下謂’上，别本空八字，當是闕一句。”⊙劉如瑛曰：“謂”與“爲”古通。上句“以桀、紂爲”云云，與此句是用同一个“以”字貫串下來的。謂，不當解爲謂言之謂。⊙天海案：王亦未得“親有”之義，故其説也誤。此句承上文“親有天下之籍則不然”，故云“天下謂在桀、紂則不然”。此三句一氣相貫，文意暢通，勿庸置疑也。

〔四〕郝懿行曰：以《明堂位》鄭注，參以記文，可知天子千官，古未有矣。北大組曰：千官、百官，泛指官吏之多。

〔五〕楊倞注：夏，大也。中原之大國。⊙天海案：夏，華夏，古代漢族自稱，亦指中原。諸夏，即中原各國。楊注未切。

〔六〕楊倞注：僅存之君。⊙久保愛曰：遂，疑當作“逐”，字之誤也。⊙王先謙曰：遂，讀爲墜，説見《王制篇》。⊙鍾泰曰：注"僅存之君"，"僅存"字無意。此但言"如是始謂之君"耳，不得添字説之，反違本旨。⊙劉如瑛曰：廢易，即廢弛。《爾雅》："弛，易也。"⊙天海案：遂，通墜，王説是。

〔七〕楊倞注：子，子孫也。⊙楊柳橋曰：鄭玄《禮記》注："子，嗣君也。"



〔八〕王先謙曰：執籍，猶執位，説見《儒效篇》。⊙梁啓雄曰："天下"疑脱一"者"。

〔九〕楊倞注：不中，謂處事不當也。中，丁仲反。⊙王念孫曰：中，讀"中正"之"中"。《孟子·離婁篇》"中也養不中，材也養不材"，是其證。⊙久保愛曰：中，蓋不偏頗也。材、才同。中，如字。⊙天海案：不材，没有才能。不中，即不賢。《孟子·離婁》趙注："中者，履中和之氣所生，謂之賢才者。"此"不材不中"，猶言其無才無德也。他説皆非。

〔一〇〕久保愛曰：自"古者"至此，釋謂桀、紂今"親有天下之籍則不然"之義。

〔一一〕楊倞注：聖王，禹、湯也。有執籍者，謂其子孫也。罷，謂弱不任事也。縣，繫也，音懸。⊙王先謙曰：縣天下，謂持天下之衡，説詳《彊國篇》。楊注非。⊙楊樹達曰：本書《王霸篇》云"無國而不有罷士"，注云"無行曰罷"。⊙包遵信曰：罷，乃賢罷之罷。⊙天海案：罷，通疲，無能之謂也。縣者，衡也。此言衡平天下。楊注非。

〔一二〕楊倞注：桀、紂不能治天下，是無君。⊙天海案：君，主也。天下無君，猶言天下無人主政也。

〔一三〕楊倞注：師，長。⊙久保愛曰：據《周禮》"以賢得民謂之師"。⊙梁啓雄曰：師，長也；長，亦君也。

〔一四〕楊倞注：暴國，即桀、紂也。侈，謂奢汰放縱。⊙久保愛曰：安，語助。⊙王先謙曰：以上下文義求之，"能"字不當有。此以"安"代"則"字用。暴國獨侈，安誅之者，暴國獨侈則誅之也。此"能"字緣上下文"能"字而衍。⊙陶鴻慶曰：安，讀爲"案"，與語辭之"案"異義。能，讀爲"而"。言湯、武案其罪而誅之也。⊙楊樹達曰：侈安，與"侈焉"同。⊙李中生曰：荀書"安"常作虚詞，既可用同"則"，也可用同"乃"。能，古書也可用同"乃"。"安能"二字爲同義的復式虚詞。"能"並非衍字。陶説有增文成義之嫌。⊙天海案：楊樹達説在"安"下斷句，不可從。安，猶"於是"也，説見《經傳釋詞》；能，猶"得"也，説見《古書虚字集釋》。

〔一五〕楊倞注：天下皆去，無助之者，若一夫然也。⊙天海案：正文"必"下原無"不"字，現據諸本補之。



〔一六〕北大組曰：能用天下，善於治理天下。⊙天海案：用，主宰、治理也。《韓非子·内儲説上》"我死後，子必用鄭"之"用"同此。下同此。

〔一七〕楊倞注：非奪桀、紂之天下也。⊙天海案：取，篡奪也。

〔一八〕楊倞注：非天下自去也。⊙久保愛曰：本注“非”字當作“言”。⊙鍾泰曰：去，猶棄也。⊙天海案：鍾説是，下“天下去之”之“去”同此。

〔一九〕包遵信曰：疑此文原作“安禽獸之行”。⊙天海案：“禽”上“安”字或脱。

〔二〇〕楊倞注：天下皆去桀、紂，是無天下也。湯、武誅獨夫耳，豈爲弑君乎！由，用也。效，明也。用此論明之。⊙久保愛曰：由，因也。效，驗也，徵也。⊙王先謙曰：注“豈”，各本誤“其”，據宋台州本正。⊙天海案：由，如字。效，驗也。

〔二一〕久保愛曰：《禮記》曰：“民之所好，好之；民之所惡，惡之；此之謂民之父母。”⊙天海案：怨賊，仇敵也。

〔二二〕楊倞注：師，長。⊙梁啓雄曰：師，亦君也。⊙天海案：師，效法也。《書·皋陶謨》“百僚師師”，孔傳：“師師，相師法。”師民之怨賊，猶言以民之怨賊爲師也。

〔二三〕天海案：“合”上“之”字，諸本無。“未嘗”，錢本作“未常”。

〔二四〕楊倞注：自古論説未嘗有此世俗之墮損湯、武耳。⊙郝懿行曰：墮者，毁也。言以湯、武爲弑，非有説也，直爲妄言詆毁之耳。⊙王念孫曰：“天下未嘗有説”，“天下”二字涉上文而衍。⊙王先謙曰：郝説、王説是也。⊙天海案：“墮”字，諸本作“隳”。

〔二五〕楊倞注：物之至彊者乃能勝重任。⊙天海案：唯其人，唯賢人能當。

〔二六〕楊倞注：至大則難詳，故非小智所能分别也。⊙久保愛曰：能明禮，之謂至辨。⊙駱瑞鶴曰：至辨，謂極察辨。分，謂分别貴賤，使上下有差也。

〔二七〕楊倞注：天下之人至衆，非極知其情僞，不能和輯也。⊙天海案：正文“和”，諸本作“知”，形誤也。

〔二八〕楊倞注：重大如此三者，非聖人安能王乎！王，于況反。

〔二九〕楊倞注：懸天下，如權稱之懸揔，知輕重也。稱，尺證反。⊙梁啓雄曰：縣，猶衡也。⊙天海案：備道，即具道。權稱，猶權棅也。

〔三〇〕楊倞注：至意，當爲“志意”。⊙王先謙曰：荀書“至”、“志”通借，説見《儒效篇》。⊙天海案：知，同智。至意，當作“志意”，“至”字因下“至闇”而誤也。兩“至”並用，必當區别，故上“至”於此不通“志”，王説非。諸本據楊注改作“志意”，並删注文，難知其舊也。

〔三一〕王引之曰：“行”下不當有“之”字。⊙天海案：“之”字疑衍。

〔三二〕久保愛曰：與，黨與也。⊙梁啓雄曰：《國策·齊策》注：“與，猶助也。”⊙天海案：梁説是，久説非。

〔三三〕楊倞注：言惡者必稽考桀、紂，以爲龜鏡也。⊙鍾泰曰：稽，猶計也。注非也。⊙天海案：稽，議論也。《禮記·緇衣》：“故言必慮其所終，而行必稽其所敝。”鄭注：“稽，議也。”此謂後世之言惡者必議論其事，此承上“大僇”而言。故楊注未得，鍾説亦非。僇，辱也。諸本作“戮”，二字通。

〔三四〕楊倞注：不能容有妻子，是如此之人數也。猶言不能保妻子之徒也。《列子》梁王謂楊朱曰“先生有一妻一妾，不能治”也。⊙王念孫曰：數，猶道也。言是不容妻子之道也。⊙鍾泰曰：不容妻子。即《孟子》言“不足以保妻子”，注引《列子》之言，非也。⊙天海案：不容，不保也。數，術也。《淮南子·氾論》“則失賢之數也”，高誘注：“數，術也。”

〔三五〕楊倞注：疇四海，謂以四海爲疇域。或曰：疇與籌同，謂計度也。⊙盧文弨曰：古以“疇”爲“儔”，楊注未是。⊙郝懿行曰：疇者，匹也。罷者，病也，言不能任事也。⊙俞樾曰：疇者，保也。《國語·楚語》：“臣能自壽也。”韋注：“壽，保也。”此文作“疇”者，古字通耳。《説文》：“壔，保也。”凡作“疇”、作“壽”，皆“壔”之叚字。⊙天海案：疇，通壔，保也。“保四海”與“不容妻子”相對成文，故俞説是，他説非。至罷，極無能也。郝訓“罷”爲“病”，非也。“是”字原作“者”，形誤也，據諸本正之。又，此下原文未分段，現據文意分之。

〔三六〕楊倞注：以桀、紂爲君，以湯、武爲臣而殺之，是過甚也。⊙天海案：過甚，此言説者“以桀、紂有天下，以湯、武爲臣”之説而過甚，非言“爲臣而殺之”過甚。楊注不明也。

〔三七〕楊倞注：�，讀爲“尪”，廢疾之人。《王霸篇》曰“賤之如傴”，與此匡同。《禮記》曰：“吾欲暴尪而奚若？”言世俗之説猶巫尪大自以爲神異也。⊙俞樾曰：大，乃“而”之譌，“而”、“大”篆文相似，因而致誤。注所云則曲爲之説矣。⊙鍾泰曰：大自以爲有知，猶言“自以爲大有知”。⊙駱瑞鶴曰：大，猶極也，甚也。俞説非。⊙天海案：傴巫跛匡，《王制篇》作“傴巫跛擊”，注云：“擊，讀爲覡，男巫也。”此言“傴巫跛匡”，義亦同。《左傳》僖公二十一年：“夏，大旱，公欲焚巫尪。”杜注：“巫尪，女巫也，主祈禱請雨者。”疑“匡”乃“尪”之形譌。“傴巫”、“跛匡”互文，即傴跛之巫尪也。跛，諸本作“跂”者形誤。大通太，甚也，如駱訓。

〔三八〕王先謙曰：以下“竊國”、“竊天下”例之，兩“人”字當衍。下文“有擅國，無擅天下”，句例亦同。⊙天海案：此二句與下二句旨意不同，兩“人”字非衍文，不可一律也。“不可以有”，諸本作“不可有以”，下句同此，誤倒也。

〔三九〕楊倞注：一國之人易服，故可以有竊者；天下之心難歸，故不可也。竊國，田常、六卿之屬是也。⊙久保愛曰：《孟子》曰：“不仁而得國者有之，不仁而得天下者，未之有也。”與此全同。⊙劉師培曰：四“有”字皆當訓“或”。有，義同“或”。説見王氏《釋詞》。荀子此意言桀、紂之屬或可以奪國、竊國，不可以奪天下、竊天下也。⊙楊樹達曰：劉師培泥桀、紂爲説，非是。⊙天海案：劉説非。

〔四〇〕王念孫曰：“奪之”上不當有“可以”二字，此涉上下文而衍。⊙于鬯曰：“之者”二字亦是衍文。此句止當存一“奪”字，云“奪可以有國，而不可以有天下”，方與下文句法一類，並承上而複説也。⊙天海案：正文“不可以”字上諸本有“而”字，可據補。

〔四一〕久保愛曰：據上下例，“曰國”下當有“者”字。⊙熊公哲曰：具，猶物也。⊙天海案：小具，小器也。“國”下脱“者”字，可據下文補之。

〔四二〕楊倞注：小人既可以有之，則易滅亡。明取國與取天下殊也。⊙天海案：小道，非正道也。大具，大器也。

世俗之爲説者曰：“治古無肉刑而有象刑〔一〕：墨黥〔二〕；慅嬰〔三〕；共，艾畢〔四〕；菲，對屨〔五〕；殺，赭衣而不純〔六〕。治古如是〔七〕。”是不然。以爲治邪？則人固莫觸罪〔八〕，非獨不用肉刑，亦不用象刑矣。以爲人或觸罪矣，而直輕其刑〔九〕，然則是殺人者不死，傷人者不刑也。罪至重而刑至輕，庸人不知惡矣，亂莫大焉〔一〇〕。

凡刑人之本，禁暴惡惡，且徵其未也〔一一〕。殺人者不死，而傷人者不刑，是謂惠暴而寬賊也，非惡惡也。故象刑殆非生於治古，並起於亂今也〔一二〕。治古不然，凡爵列、官職、賞慶、刑罰，皆報也，以類相從者也〔一三〕。一物失稱，亂之端也〔一四〕。夫德不稱位，能不稱官，賞不當功，罰不當罪，不祥莫大焉。昔者武王伐有商，誅紂，斷其首，縣之赤旆〔一五〕，夫征暴誅悍，治之盛也〔一六〕。殺人者死，傷人者刑，是百王之所同也，未有知其所由來者也。刑稱罪則治，不稱罪則亂。故治則刑重，亂則刑輕〔一七〕。犯治之罪固重，犯亂之罪固輕也〔一八〕。《書》曰：“刑罰世輕世重。”此之謂也〔一九〕。

世俗之爲説者曰〔二〇〕：“湯、武不能禁令，是何也〔二一〕？曰：楚、越不受制〔二二〕。”是不然。湯、武者，至天下之善禁令者也〔二三〕。湯居亳，武王居鄗，皆百里之地也，天下爲一，諸侯爲臣，通達之屬莫不振動從服，以化順之〔二四〕，曷爲楚、越獨不受制也〔二五〕？彼王者之制也，視形埶而制械用〔二六〕，稱遠近而等貢獻，豈必齊哉〔二七〕！故魯人以榶，衛人用柯，齊人用一革〔二八〕，土地形制不同者，械用備飾不可不異也〔二九〕。故諸夏之國同服同儀〔三〇〕，蠻夷戎狄之國同服不同制〔三一〕。封内甸服〔三二〕，封外侯服〔三三〕，侯衛賓服〔三四〕，蠻夷要服〔三五〕，戎狄荒服〔三六〕。甸服者祭，侯服者祀，賓服者享，要服者貢，荒服者終王〔三七〕。日祭月祀，時享歲貢〔三八〕，夫是之謂視形勢而制械用，稱遠近而等貢獻，是王者之至也〔三九〕。彼楚、越者，且時享、歲貢、終王之屬也〔四〇〕，必齊之日祭、月祀之屬，然後曰"受制"邪〔四一〕，是規磨之説也〔四二〕，溝中之瘠也〔四三〕，則未足與及王者之制也〔四四〕。語曰："淺不可與測深，愚不足與謀知〔四五〕；坎井之鼃，不可與語東海之樂。"此之謂也〔四六〕。



【校釋】

〔一〕楊倞注：治古，古之治世也。肉刑：墨、劓、剕、宮也。象刑，異章服，恥辱其形象，故謂之象形也。《書》曰"臯陶方施，象刑惟明"，孔安國云："象，法也。"案《書》之象刑，亦非謂形象也。⊙物雙松曰：此段正指慎子耳。⊙久保愛曰：《漢・刑法志》論之曰："所謂象刑惟明者，言象天道而作刑，安有菲屨赭衣者哉！"⊙天海案：據正文，楊注肉刑似脱"殺"字。象刑，《尚書大傳》"唐虞象刑而民不犯"。

〔二〕楊倞注：世俗以爲古之重罪以墨涅其面而已，更無劓刖之刑也。或曰：墨黥，當爲"墨幪"，但以黑巾幪其頭而已。⊙物雙松曰：慅嬰乃草纓，言墨黥則草纓。⊙郝懿行曰：墨，一名黥。此"墨黥"，謂以墨畫代黥，不加刻涅，《慎子》所謂"畫跪當黥"也。⊙王念孫曰："墨黥"二字，語意未完，當有脱文，以《慎子》言"畫跪當黥"，《書大傳》言"下刑墨幪"知之。⊙天海案：墨，古代五刑之一。於刑者額上刺字涂墨。《書・伊訓》："臣下不匡，其刑墨。"孔傳："臣不正君，服墨刑，鑿其額，涅以墨。"黥，同墨刑。此若如物説，則墨黥刑以草纓代之耳，説同劉台拱。楊注或説："墨黥，當爲墨幪。"或本《晉書・刑法志》"犯黥者皂其巾"，《初學記》引《尚書大傳》："下刑墨幪，以居州里而人恥之。"又引《白虎通》曰"犯墨者蒙巾"。然"黥"、"幪"無由致誤，頗疑"黥"乃"巾"之音誤也。本作"墨巾"，言當墨刑者以蒙巾代之也。《初學記》卷二十自注又引《慎子》云："以畫跪當黥，草纓當劓，以履屝當刖，以艾韠當宮。凡斬人之支體，鑿其形膚曰刑，畫衣冠異章服，曰戮之義也。"

〔三〕楊倞注：當爲澡嬰。謂澡濯其布爲纓。鄭云："凶冠之飾，令罪人服之。"《禮記》曰"緦冠繰纓"，鄭云："有事，其布以爲纓也。"澡，或讀爲草，《慎子》作"草纓"也。⊙劉台拱曰：言犯墨黥之罪者以草纓代之。⊙郝懿行曰：《慎子》作"草纓"，草與慅，蓋音同假借字耳。⊙王念孫曰："慅嬰"上，蓋脱"劓"字，以《慎子》言"草纓當劓"知之。⊙天海案：依王説，"慅嬰"上當補"劓"字，即劓刑以草纓代之耳。

〔四〕楊倞注：共，未詳，或衍字耳。艾，蒼白色。畢，與韠同，紱也，所以蔽前，君以朱，大夫素，士爵韋。令罪人服之，故以蒼白色爲韠也。⊙盧文弨曰：注"紱"，當作"韍"。⊙劉台拱曰：共，當作宫。⊙郝懿行曰：共，當爲宫，亦假借字，《慎子》"以艾畢當宫"，是也。艾，讀當與"刈"同，蓋斬艾其韠以代宫刑也。⊙天海案：楊注未盡得，其説"艾"尤謬，諸説是。

〔五〕楊倞注：菲，草屨也。對，當爲"紨"，傳寫誤耳。紨，枲也。《慎子》作"紨"。言罪人或菲或枲爲屨，故曰"菲紨屨"。紨，方孔反。對，或爲"蒯"，《禮》有"疏屨"，傳曰"藨蒯之菲也"。⊙物雙松曰：菲，即剕。"對屨"即"紨屨"之譌。剕刑則紨屨。⊙劉台拱曰：菲，當作剕。⊙天海案：菲，通剕，刖刑也。對，疑"對"字之譌。對，同"劉"，劉，殺也。劉屨，即以割屨代刖刑。

〔六〕楊倞注：以赤土染衣，故曰赭衣。純，緣也。殺之所以異於常人之服也。純，音"準"。殺，所介反。《慎子》曰："有虞氏之誅，以畫跪當黥，以草纓當劓，以履紨當刖，以艾韠當宫。此有虞之誅也。"又《尚書大傳》曰："唐、虞之象刑，上刑赭衣不純，中刑雜屨，下刑墨幪。"幪，巾也。⊙郝懿行曰：殺，殺罪也。今《慎子》作"布衣無領當大辟"。布衣，即赭衣；無領，即不緣也；去其衣領以代死刑。⊙劉台拱曰：殺，當讀如字。⊙天海案：楊注引《慎子》"畫跪"原誤作"畫詭"，此據《初學記》所引正之。

〔七〕楊倞注：世俗説以治古如是。

〔八〕劉師培曰：案《漢志》引作"以爲治古，則人固莫觸罪耶"，義較長。

〔九〕冢田虎曰："輕其刑"下疑脱"耶"字。⊙陶鴻慶曰："以爲"下，當有"輕刑邪"三字。⊙包遵信：此文當作"以爲亂邪，則人或觸罪矣"，若作"輕刑邪"，則與下文"而直輕其刑"相復。⊙天海案：原文自通無誤，諸説非。

〔一〇〕楊倞注：惡，烏路反。⊙梁啓雄曰：謂庸人不知疾惡受象刑的恥辱。⊙天海案：庸人，常人也。"惡矣"，諸本作"惡也"。又，此下原文未分段，現依文意分之。

〔一一〕楊倞注：徵，讀爲"懲"。未，謂將來。⊙物雙松曰：蓋言未爲惡者，觀它人被刑足以懲之。⊙冢田虎曰：未，當作"末"，末學、末世之末。言後也。⊙天海案：未，未然也。且徵其未，猶今言"將防患於未然"也。徵，同懲。亦懲前毖後之意。

〔一二〕楊倞注：今之亂世妄爲此説。⊙物雙松曰：班史引此，"並"作"方"，音近義通。⊙裴學海曰：並，猶乃也。⊙駱瑞鶴曰：並，義與"方"同，古或作"方"。方起即横起，謂横逆而起也。⊙天海案：殆，估測之詞。殆非，猶恐非。並，猶乃，語辭，裴説是。

〔一三〕楊倞注：報，謂報其善惡。各以類相從，謂善者得其善，惡者得其惡也。⊙龍宇純曰：報，猶當也。《説文》："報，當罪人也。"此文正用報之本義。⊙天海案：報，當也。龍説是。以類相從，謂爵列、官職、慶賞、刑罰等，各依其類而從也。

〔一四〕楊倞注：失稱，謂失其所稱，類不相從也。稱，尺證反。⊙久保愛曰：《哀公篇》"失稱"作"不應",義同。⊙王先謙曰:稱,權稱也。失稱,謂失其平,楊注非。⊙鍾泰曰:失稱,謂不相當,《荀子》本文甚明。⊙天海案:失稱,即失當也。楊注不誤,王説則非。

〔一五〕楊倞注:《史記》:"武王斬紂頭,懸之大白旗。"此云赤旂,所傳聞各異也。《禮記·明堂位》説旗曰:"殷之大白,周之大赤。"即《史記》之説非也。⊙王念孫曰:吕本作"赤旂",錢本"旂"作"旆",元刻、世德堂本同。案《解蔽篇》云"紂縣於赤旆",則作"旆"者是。⊙劉師培曰:《玉海》八十三引作"垂之赤旆",是所據之本亦不作"旂",吕本誤。⊙天海案:赤旂,諸本作"赤旆"。

〔一六〕劉師培曰:《漢志》引"悍"作"悖","盛"作"威",作"威"是也。《富國篇》云"不威不强之不足以禁暴勝悍也",彼以禁暴勝悍由於威,則此文亦當作"威"矣。⊙天海案:劉説非。本文自承上言"治古"而來,只當言盛,不當言威。不得以彼文律此也。悍,諸本作"捍"者,形誤也。

〔一七〕楊倞注:治世刑必行,則不敢犯,故重。亂世刑不行,則人易犯,故輕。李奇注《漢書》曰:"世所以治,乃刑重。所以亂,乃刑輕也。"⊙久保愛曰:《周禮》曰"刑新國用輕典,刑平國用中典,刑亂國用重典",與此不同。蓋荀子欲折象刑妄説,故立此論耳。且其重非重也,言正當也。

〔一八〕楊倞注:治世家給人足,犯法者少,有犯則衆惡之,罪固當重也。亂世人迫於飢寒,犯法者多,不可盡用重典,當輕也。⊙郝懿行曰:治期無刑,故重;亂用哀矜,故輕。注兩説,前義較長。⊙楊柳橋曰:高誘《國策》注:"固,必也。"⊙天海案:"輕"下"也"字,諸本無。

〔一九〕楊倞注:《書·甫刑》以言世有治亂,故法有輕重也。⊙久保愛曰:此亦與古文《尚書》意異。⊙包遵信曰:世,代也。楊注不確。⊙天海案:所引見《尚書·吕刑》。注言《甫刑》,一也。"刑罰世輕世重",孔傳云"言刑罰隨世輕重也"。楊注是,包説非。

〔二〇〕天海案:"曰"字原無,據上下文例及諸本加。

〔二一〕楊倞注:言不能施禁令,故有所不至者。

〔二二〕天海案:下"曰"字,乃自答之詞。上自問下自答,以質難對方。

〔二三〕物雙松曰:此古文辭句法,言天下之善禁令者,湯、武爲至也。⊙王先謙曰:至,猶極。⊙楊柳橋曰:顔師古《漢書》注:"至,實也。"

〔二四〕楊倞注:振,與震同,恐也。⊙楊柳橋曰:韋昭《國語》注:"振,奮也。"⊙龍宇純曰:振動,猶言感動,振亦動也。《説文》:"感,動人心也。"⊙天海案:楊注義長。

〔二五〕包遵信曰:爲,猶謂。

〔二六〕楊倞注:即《禮記》所謂"廣谷大川異制,民生其閒者異俗,器械異制,衣服異宜”也。⊙天海案：上“制”，制度；下“制”，制做。

〔二七〕楊倞注：稱，尺證反。等，差也。⊙天海案：稱，量也，計也。近，諸本作“邇”。等，區别等次也。齊，統一。

〔二八〕楊倞注：未詳。或曰：《方言》云：“盌，謂之櫂；或謂之柯。”或曰：《方言》：“槽，張也。”郭云：“謂𣪊張也。”⊙盧文弨曰：《方言》“盌，謂之櫂”，宋本《荀子》注正作“櫂”，但與正文似不合。“盂”，宋本作“或”字，今《方言》作“盂”。至“槽，張也”之“槽”，《方言》作“撣”，從手。此注恐有傅會。⊙久保愛曰：注“𣪊張”當作“彀張”，《廣雅》云：“彀，張也。”⊙王先謙曰：以、用同義，承上“貢獻”言，各以其土物也。⊙徐復曰：“一革”二字誤倒，又脱句末“也”字，而辭氣遂不可通矣。⊙天海案：槽、柯、一革，未詳何物，待考。

〔二九〕包遵信曰：形制，義不可解，疑當作“形埶”。⊙天海案：據上下文例，“形制”當作“形埶”，制、埶，音近致誤也。形制，别本一作“刑制”。

〔三〇〕楊倞注：儀，謂風俗也。諸夏迫近京師，易一以教化，故同服同儀也。⊙郝懿行曰：儀與義同。義，古作“誼”，謂行誼也。此言“同服同儀”，猶《中庸》言“同軌同倫”。⊙王念孫曰：風俗不得謂之儀。儀，謂制度也。下文“同服不同制”，正與此相反。⊙久保愛曰：服，事也。謂服事王者也。⊙天海案：“同服同儀”，猶同事同制，楊注非，王、久二説是。

〔三一〕楊倞注：夷狄遐遠，又各在一方，雖同爲要、荒之服，其制度不同也。⊙梁啓雄曰：每五百里爲一服，各代制度不盡同。《周語》注：“商以前並畿内爲五服，周除畿内更制天下爲九服。”服字之取義，孔安國曰：“爲天子服治田也。”

〔三二〕楊倞注：王畿之内也。《禹貢》“五百里甸服”，孔安國曰：“爲天子服治田也。”⊙盧文弨曰：案《周語》“封”俱作“邦”。古“封”、“邦”通用。⊙物雙松曰：“封内甸服”至“歲貢終王”，亦見《國語》。倞注引韋注，今按《國語》“日食祭”衍“食”字，“曾祖”當作“曾高”。⊙天海案：楊注“百”字原誤作“伯”，據下注及諸本改。

〔三三〕楊倞注：畿外也。《禹貢》“五百里侯服”，孔云：“甸服之外五百里也。侯，候也，斥候而服事王也。”韋昭云：“侯服，候斥也。”⊙天海案：注引“韋昭云”，原誤“云”作“公”，此據改。

〔三四〕楊倞注：韋昭注《國語》曰：“侯，候圻。衛，衛圻。自侯圻至衛圻，其閒五圻。圻，五百里，中國之界也。謂之賓服，常以貢獻賓服於王。五圻者，侯圻之外甸圻，甸圻之外男圻，男圻之外采圻，采圻之外衛圻。《康誥》曰‘侯、甸、男、采、衛’，是也。”此據《周官・職方氏》，與《禹貢》異制也。⊙天海案：注引《康誥》“男”下原衍“邦”字，據删。

〔三五〕楊倞注：《職方氏》云“衛服之外五百里曰蠻服，又其外五百里曰夷服”，孔安國云：“要，謂要束以文教。”要，一昭反。

〔三六〕楊倞注:《職方氏》所謂“鎮服”、“藩服”也。韋昭曰:“各相去五百里,九州之外,荒裔之地,與戎狄同俗,故謂之荒。荒忽無常之言。”

〔三七〕楊倞注:韋昭曰:“日祭於祖考,上食也。近漢亦然。月祀於曾祖也,時享於二祧。終,謂世終,朝嗣王也。”⊙盧文弨曰:曾祖,今韋注作“曾高”。⊙顧千里曰:“終”字疑不當有。觀上文四句祭、祀、享、貢,不言日、月、時、歲,知此句不言“終”明甚。涉下“終王之屬也”及楊注而衍。⊙久保愛曰:《國語》無“終”字,此衍。⊙楊樹達曰:隱九年《左傳》云“宋公不王”,王氏釋“王”爲“往”,謂“往朝天子”是也。此“王”字義同。⊙于省吾曰:終,崇,古字通。荒服者崇王,謂荒服者尊王也。上言甸、侯、賓、要者,均四字句,此五字,所以足其語勢也。言荒服者不能按時祭祀享貢,但知崇王而已。⊙天海案:于説是也。終王,即崇王,楊注非是,他説亦未得也。

〔三八〕楊倞注:此下當有“終王”二字,誤脱耳。⊙久保愛曰:《漢書·韋玄成傳》曰:“祖禰則日祭,曾高則月祀,二祧則時享,壇墠則歲貢,大禘則終王。”⊙天海案:諸本正文“歲貢”下有“終王”二字,而無楊注,疑後刻本補之並删楊注也。

〔三九〕楊倞注:至,當爲“志”,所以志識遠近也。⊙王念孫曰:至,當爲“制”。上下文皆其證,楊説非。⊙劉師培曰:《禮書》三十二引“至”作“事”。⊙鍾泰曰:此“至”,疑與下文“則未足與及王者之制”之“制”互舛。⊙天海案:至,當作“制”,音誤也。楊注非,王説是,冢、久二氏同王説,此不録。

〔四〇〕裴學海曰:且,猶則也。

〔四一〕梁啓雄曰:齊,當讀爲“儕”,或讀爲“躋”,都是動詞。⊙天海案:齊,如字,使之齊也,使動用法,不必改讀。

〔四二〕楊倞注:規磨之説,猶言差錯之説也。規者,正圓之器,磨久則偏盡而不圓,失於度程也。《文子》曰:“水雖平,必有波;衡雖正,必有差。”《韓子》曰:“規有磨而水有波,我欲更之,無奈之何。此通於權者言也。”⊙物雙松曰:規磨之説,蓋謂妄認者也。規圓而轉,磨亦圓而轉,田家小兒目不識規,聞人説其狀,便認爲磨。荀子時,想有此語。⊙郝懿行曰:磨,當作“摩”,古今字也。規摩,蓋言規畫揣摩,不必無失也。⊙楊柳橋曰:規磨,謂依規之形,磨以求圓,言其將此以符彼也。⊙龍宇純曰:所謂“規磨之説”,殆由圜形之終始相尋,漫無極準,以喻説之模棱無原則耳。⊙天海案:磨,當讀爲“摹”,磨、摹二字上古同聲音近,故可通。規摹者,循規摹仿之也。規摹之説,即依循摹擬之説也。或曰,規磨,估摸也,音之轉變者。估摸之説,即揣測之説也。

〔四三〕楊倞注:謂行乞之人在溝壑中羸瘠者。以喻智慮淺也。⊙天海案:瘠,借爲“胔”,腐敗之屍體。《榮辱篇》“爲溝壑中瘠者也”,王念孫云:“瘠爲胔之借字。”

〔四四〕俞樾曰:此文當在“東海之樂”下。傳寫誤倒在上,又衍兩“也”字,一

"則"字。⊙天海案:此二句直承"規磨之説"而言,文不誤,俞説非。

〔四五〕天海案:"淺不可",諸本作"淺不足";"不足與",諸本作"不足以"。

〔四六〕楊倞注:言小不知大也。司馬彪曰:"坎井,壞井也。鼃,蝦蟇類也。"事出《莊子》。"坎井",或作"壇井"。鼃,户媧反。⊙天海案:此語又見《莊子·秋水篇》,文略異。鼃,《釋文》云:"本又作蛙。"又,楊注"事出",或當作"語出"。



世俗之爲説者曰:"堯、舜擅讓〔一〕。"是不然。天子者,埶位至尊,無敵於天下,夫有誰與讓矣〔二〕!道德純備,智惠甚明〔三〕,南面而聽天下,生民之屬,莫不振動從服以化順之。天下無隱士,無遺善〔四〕,同焉者是也,異焉者非也,夫有惡擅天下矣〔五〕!曰:"死而擅之〔六〕。"是又不然。聖王在上,圖德而定次,量能而授官〔七〕,皆使民載其事而各得其宜〔八〕;不能以義制利,不能以僞飾性,則兼以爲民〔九〕。聖王已没,天下無聖則固莫足以擅天下矣〔一〇〕。天下有聖而在後者,則天下不離〔一一〕,朝不易位,國不更制,天下厭然與鄉,無以異也〔一二〕。以堯繼堯,夫又何變之有矣〔一三〕!聖不在後子而在三公,則天下如歸,猶復而振之矣〔一四〕,天下厭然與鄉,無以異也。以堯繼堯,夫又何變之有矣〔一五〕!唯其徙朝改制爲難〔一六〕。故天子生則天下一隆,致順而治,論德而定次〔一七〕;死則能任天下者,必有之矣〔一八〕。夫禮義之分盡矣,擅讓惡用矣哉〔一九〕!曰:"老衰而擅。"是又不然。血氣精力則有衰,若夫知慮取舍則無衰〔二〇〕。曰:"老者不堪其勞而休也。"是又畏事者之議也〔二一〕!天子者,埶至重而形至佚,心至愉而志無所詘,而形不爲勞,尊無上矣〔二二〕。衣被則服五采、雜閒色〔二三〕、重文繡,加飾之以珠玉;食飲則重大牢而備珍怪、期臭味〔二四〕,曼而饋〔二五〕,代睪而食〔二六〕,《雍》而徹〔二七〕;五祀,執薦者百人侍西房〔二八〕;居則設張容,負依而坐,諸侯趨走乎堂下〔二九〕;出户而巫覡有事〔三〇〕,出門而宗祀有事〔三一〕;乘大路趨越席以養安〔三二〕;側載睪芷以養鼻〔三三〕;前有錯衡以養目〔三四〕;和鸞之聲,步中《武》《象》,騶中《韶》《護》以養耳〔三五〕;三公奉軶持納〔三六〕,諸侯持輪挾輿先馬〔三七〕,大侯編後,大夫次之〔三八〕,小侯、元士次之〔三九〕,庶士介而夾道〔四〇〕，庶人隱竄，莫敢視望。居如大神，動如天帝〔四一〕，持老養衰，猶有善於是者與〔四二〕？不老者休也，休猶有安樂恬愉如是者乎〔四三〕？故曰：諸侯有老，天子無老〔四四〕。有擅國，無擅天下，古今一也〔四五〕！夫曰"堯、舜擅讓"，是虚言也；是淺者之傳陋者之説也；不知逆順之理，小大、至不至之變者也〔四六〕；未可與及天下之大理者也〔四七〕。



【校釋】

〔一〕楊倞注：擅，與禪同，墠亦同義。謂除地爲墠，告天而傳位也。後因謂之禪位。世俗以爲堯、舜德厚，故禪讓聖賢；後世德薄，故父子相繼。荀卿言堯、舜相承，但傳位於賢而已，與傳子無異，非謂求名而禪讓也。案《書》序曰"將遜于位，讓于虞舜"，是亦有讓之説。此云非禪讓，蓋《書》序美堯之德，雖是傳位，與遜讓無異，非是先自有讓意也。《孟子》亦云："萬章曰：'堯以天下與舜，有諸？'孟子曰：'天子不能以天下與人。'曰：'孰與之？'曰：'天與之。'"又曰"天與賢則與賢，天與子則與子"也。⊙久保愛曰：此篇荀子一家論，不可拘《書》序。⊙楊柳橋曰：《説文》："嬗，一曰傳也。"《廣雅》："禪，傳也。"朱駿聲謂擅、嬗、禪，皆借爲"傳"。謂傳天子之位於賢者。

〔二〕楊倞注：讓者，執位敵之名，若上下相縣，則無與讓矣。有，讀爲"又"也。⊙冢田虎曰："夫有誰與讓矣"，"允恭克讓"，堯之所以爲堯，寧可謂無所與讓乎？⊙包遵信曰：夫有誰與讓，猶言"夫又讓與誰"也。⊙天海案：無敵，無人匹敵也。"有誰與讓"，言有誰可相與而讓之？

〔三〕鍾泰曰：惠，通慧，前文已見之。⊙天海案：惠，諸本作"慧"，二字可通。

〔四〕楊倞注：無隱藏不用之士也。⊙朝川鼎曰：士、事，古字通。《王制篇》："無隱謀，無遺善。"《治要》載《文子・道自然篇》云："官無隱事，國無遺利。"⊙天海案："無隱士，無遺善"，朝説是，楊注未切。

〔五〕楊倞注：夫自知不堪其事，則求賢而禪位。今以堯、舜之明聖，事無不理，又烏用禪位哉！⊙朝川鼎曰：《解蔽篇》："傳曰：天下有二，非察是，是察非。謂合王制與不合王制也。"即此義。⊙天海案：有，同又。惡，同烏。

〔六〕楊倞注：或者既以生無禪讓之事，因謂堯、舜預求聖賢，至死後而禪之。

〔七〕楊倞注：一本作"決德而定次"。⊙王先謙曰：作"決"者是，説見《儒效篇》。⊙安積信曰：圖，當作"量"。⊙天海案：下文作"論德而定次"，《君道篇》亦作"論德而定次"，《儒效篇》作"若夫譎德而定次，量能而授官"，譎、論、圖三字皆擇量之詞也。

〔八〕久保愛曰：載，猶行也。⊙梁啓雄曰：載，猶任也。⊙天海案：載，負也，訓任義長。此上三句又見《君道篇》。"使"字，諸本無。

〔九〕楊倞注：僞，謂矯其本性也。無能者，則兼并之，令盡爲民氓也。⊙物雙松曰：以僞飾性，即荀子家言。僞，謂善也。兼，皆也。⊙久保愛曰：僞，謂禮也。所謂以禮制心。⊙王先謙曰：僞與爲同，謂作爲也。⊙劉師培曰：兼與均同。猶言"均以爲民"也。⊙鍾泰曰：飾，讀飭，前文已見之。⊙天海案：僞，猶爲也，《性惡篇》可見。飾，通飭，整飭也。兼，皆也。

〔一〇〕楊倞注：固無禪讓。⊙物雙松曰："聖王以没"，以、已通。⊙天海案："已没"，没，殁也。"已"字，諸本一作"以"。

〔一一〕楊倞注：有聖繼其後者，則天下有所歸，不離叛也。⊙俞樾曰："後"下當有"子"字。自此文奪"子"字，而其義不顯，楊氏遂疑後三句爲重出矣。⊙朝川鼎曰：據下文，"者"疑作"子"字。⊙天海案：俞説是。

〔一二〕楊倞注：厭然，順服貌。一涉反。鄉，音向。⊙鍾泰曰：厭然，猶晏然。⊙天海案：厭然，諸本作"厭焉"。焉，猶然也。

〔一三〕楊倞注：言繼位相承，與一堯無異，豈爲禪讓改變與他人乎？⊙天海案：繼，諸本一作"易"，下"繼"亦作"易"。

〔一四〕楊倞注：後子，嗣子。謂丹朱、商均也。三公，宰相，謂舜、禹。天下如歸，言不歸後子而歸三公也。復而振之，謂猶如天下已去而衰息，今使之來，復而振起也。⊙物雙松曰：天下如歸，言安也。謂如歸其家也。⊙劉師培曰：振，訓治。復而振之，猶云"返而治之"也。⊙鍾泰曰：復而振之，謂復振之也。振，即上文"振動從服"之省，"而"字無義。注分"復振"爲二事，非是。⊙天海案：復而振之，猶言復興也。楊注不是，亦非"振動從服"，諸説不得。

〔一五〕楊倞注：疑此三句重也。⊙冢田虎曰：非也。上以父子相繼言之，此以三公相易言之。何疑之有？⊙天海案：此三句非重，上文俞氏已言之。

〔一六〕楊倞注：謂殊徽號、異制度也。舜、禹相繼與父子無異，所難而不忍者，在徙朝改制也。後世見其改易，遂以爲擅讓也。⊙劉師培曰：難，疑"離"訛。離，猶異也。⊙天海案：楊注是，劉説非。

〔一七〕楊倞注：天下一隆，謂天下之人皆得其崇厚也。致，極也。⊙物雙松曰：天下一隆，言天下所宗者一也。注非。⊙冢田虎曰：《致仕篇》"君者國之隆也……隆一而治，二而亂"，一隆，謂之也。注誤矣。⊙久保愛曰：一隆，謂天下無二尊也。"致順"以下九字疑有誤。⊙王先謙曰：一隆者，天下之人有專尊也，注非。"論"，當爲"決"。⊙梁啓雄曰：論，當作"譎"，譎、決古字通，謂決其德之大小而定次。⊙天海案：《儒效篇》用"譎德"兩見，"譎"皆"譎"之字誤也。而荀書用"論德"者三見，豈可一律改作"決德"？王、梁二説不可從。參上校釋〔七〕。

〔一八〕陶鴻慶曰：此當以"生則天下一隆致順而治"十字爲句。"論德而定次，死，則能任天下者，必有之矣。"言其死不用擅也。⊙天海案：陶讀非。

〔一九〕楊倞注：夫讓者，禮義之名。今聖王但求其能任天下者，傳之則是盡禮義之分矣，豈復更求禪讓之名哉！⊙陶鴻慶曰：禮義之分盡，即指"論德而定次"言，注亦未得。⊙天海案：惡用，即烏用。

〔二〇〕久保愛曰：《吕氏春秋》曰："人之老也，形益衰而智益盛。"⊙天海案：知，同智。諸本作"智"。

〔二一〕楊倞注：或曰：自以畏憚勞苦，以爲聖王亦然也。⊙久保愛曰：《書》曰："格汝禹，朕宅帝位三十有三歲，耄期倦于勤，汝惟不怠，總朕師。"荀子蓋欲排禪讓之説，故反經以起此論。

〔二二〕久保愛曰：佚與逸同。詘與屈同。⊙天海案："而形不爲勞"，"而"字諸本無。此承上句"心志"而言，疑當作"神不爲勞"，上文已言"形至佚"，即形不勞也，故此應言"神不爲勞"。

〔二三〕楊倞注：衣被，謂以衣被身。服五采，言備五色也。閒色，紅碧之屬。《禮記》曰"衣正色，裳閒色"也。⊙冢田虎曰："衣被"下至"庶士"，唐虞之禮制豈有如後王之繁文乎哉！皆是誣上古者也。⊙久保愛曰：被，寢衣也。被，如字。

〔二四〕楊倞注：重，多也。謂重多之以太牢也。珍怪，奇異之食也。期，當爲綦，極也。⊙久保愛曰：重，直用反，下同。大，音泰，下"大路"同。⊙龍宇純曰：期，周也，會也，與"備"義同，非借用。⊙天海案：期，必須，務必。《左傳》哀公十六年："期死，非勇也。"杜注："期，必也。"臭味，香味也。期臭味，言食之務必求香者也。

〔二五〕楊倞注：曼，當爲"萬"。饋，進食也。列萬舞而進食。⊙郝懿行曰：曼，訓長也。傳案進膳，列人持器，以次遞傳，故曰曼也。《論語》"詠而饋"，謂祭也。此云"曼而饋"，謂食也。⊙久保愛曰：曼，當讀爲縵。《磬師職》有"縵樂"，謂雜聲之和樂者也。又《學記》有"操縵"之語。⊙天海案：《説文》："曼，引也。"引，展開，陳列之謂也。曼而饋，言其陳列奇珍異味而後進食也。楊注臆説無據，郝説亦不得也。

〔二六〕楊倞注：睪，未詳，蓋香草也。或曰：睪，讀爲"稾"，即所謂蘭茝本也。或曰：當爲"澤"，澤蘭也。《既夕禮》："茵著用荼，實綏澤焉。"俗書"澤"字作"水"旁"睪"，傳寫誤遺其"水"耳。代睪而食，謂焚香氣歇，即更以新者代之。⊙物雙松曰：睪，當是"擇"字。《正韻》擇亦作"睪"。⊙冢田虎曰：睪，音宅。此索擇美味之謂與？⊙郝懿行曰：睪，即"皋"字。下云"側載睪芷"，蓋皆謂香草也。此云"代睪"，蓋進食人更迭佩帶，助其馨香。⊙洪頤煊曰：《淮南·主術訓》"鼛鼓而食，奏《雍》而徹"，與此上下文義同。鼛、皋，古字通用。⊙劉台拱曰：代睪，當爲"伐皋"。《主術訓》注引《詩》"鼓鐘伐鼛"。《考工記·韗人》作"皋鼓"。⊙王念孫曰：《淮南》亦本作"伐鼛而食"，與"奏《雍》而徹"對文。《淮南》即本於《荀子》也。高注引《詩》"鼓鐘伐鼛"，正釋"伐鼛"二字之義。⊙天海案：代，當作伐，形誤也。睪，通皋。朱駿聲："睪，又叚借爲皋。"《考工記》"爲皋鼓"，孫詒讓："皋，鼛之借字。"鼛，大鼓也。伐睪而食，即擊鼓而食。

〔二七〕楊倞注：《雍》，《詩·周頌》樂章名。奏《雍》而徹饌。《論語》曰"三家者以雍徹"，言其僭也。⊙物雙松曰：《論語》"雍徹"謂祭也，此謂王食飲時也。《周語》"佐雝者嘗焉"，與饗同。饗，熟食也，當是熟食然後徹。⊙天海案：徹，通撤。《雍》而徹，言食罷奏《雍》而撤饌也。《淮南·主術》"奏《雍》而徹"，高誘注："《雍》，已食之樂也。"楊注是。

〔二八〕楊倞注：《周禮·宗伯》"以血祭祭社稷、五祀"，鄭云"五祀，四時迎五行之氣於四郊，而祭五德之帝"也。或曰：此五祀謂礿、祠、烝、嘗及大祫也。或曰：《國語》展禽曰："禘、郊、祖、宗、報，此五者，國之祀典也。"皆王者所親臨之祭，非謂户、竈、中霤、門、行之五祀也。薦，謂所薦陳之物，籩豆之屬也。侍，侍立也。西房，西厢也。侍，或爲"待"也。⊙物雙松曰："五祀"以下言祭祀時。蓋祭祀者，禮之至重，王之所最勞，故言其事以形王之至佚也。⊙劉台拱曰：此當以"《雍》而徹乎五祀"爲句。徹乎五祀，謂徹於竈也。楊氏失其句讀，乃爲此多方駢枝之説。此言天子奉養之盛，而以祭祀爲言，何當乎？又，天子羞用百有二十品。執薦者百人，舉成數。⊙劉師培曰：執薦，即執差之訛。差，即"差用百二十品"之"差"，其曰百人者，舉成數言之也。⊙天海案：《左傳·昭公》二十九年："故有五行之官，是謂五官，實列受氏姓，封爲上公，祀爲貴神。社稷五祀，是尊是奉。木正曰句芒，火正曰祝融，金正曰蓐收，水正曰玄冥，土正曰后土。"杜預注："五官之君長能脩其業者，死皆配食於五行之神，爲王者所尊奉。"五祀，即祭祀此五官神也。執薦者，謂奉進祭品之人也。

〔二九〕楊倞注：居，安居也，聽朝之時也。容，謂羽衛也。居則設張其容儀，負依而坐也。户牖之閒謂之依，作扆。扆、依音同。或曰：《爾雅》云："容，謂之防。"郭璞云"如今牀頭小曲屏風，唱射者所以隱見"也。言施此容於户牖間，負之而坐也。⊙物雙松曰：設，言鋪設之盛也。⊙盧文弨曰：注"所以自防隱也"，宋本作"所以隱見也"，誤。⊙郝懿行曰：張與帳同，古以"張"爲"帳"也。張、容二物，與負依而爲三。⊙王念孫曰：坐，當爲"立"，説見《儒效篇》。⊙天海案：居，處朝也。設，立也。張，通仗，一聲之轉，器仗也；容，儀也；張容，猶言儀仗也。依，通扆，户牖間畫有斧形之屏風。"負依而坐"，背靠屏風而坐。

〔三〇〕楊倞注：出户，謂出内門也。女曰巫，男曰覡，有事，祓除不祥。⊙天海案：此謂天子出宫門則有巫覡行占卜之事。

〔三一〕楊倞注：出門，謂車駕出國門。宗者，主祭祀之官。祀，當爲"祝"。有事，謂祭行神也。《國語》曰："使名姓之後能知四時之生，犧牲之物，玉帛之類，采服之宜，彝器之量，次主之度，屏攝之位，壇場之所，上下之神祇，氏姓之所出，而必帥舊典者，謂之宗。”又曰：“使先聖之後能知山川之號，宗廟之事，昭穆之世，齊敬之勤，禮節之宜，而敬恭明神者，謂之祝。”韋昭曰：“宗，大宗伯也，掌祭祀之禮。《禮記》‘太祝掌祈福祥’也。”⊙久保愛曰：門，謂廟門也。

〔三二〕楊倞注：大路，祭天車。《禮記》曰：“大路，繁纓一就。”“趨”，衍字耳。越席，結蒲爲席。養安，言恐其不安，以此和養之。按《禮》以大路、越席爲質素，此云養安，以爲盛飾，未詳其意。或曰：古人以質爲重也。⊙久保愛曰：大路雖素，非天子不乘。故荀卿以爲盛飾。越，音活。⊙王先謙曰：《史記・禮書》正義曰：“蒲草爲席，既潔且柔，潔可以祀神，柔可以養體也。”⊙孫詒讓曰：趨，當爲“蹴”之叚字，與“乘”相對，非衍文。言乘路時足蹴越席也。趨、蹴，亦一聲之轉。⊙天海案：大路，大輅也。天子之車總名。越席，蒲席也。《左傳》桓公二年“大路越席”。趨，猶登也。此言天子乘大車登蒲席。蒲席用以墊車，潔而柔，故曰“以養安”。諸本無“趨”字，並删注文“趨，衍字耳”四字。

〔三三〕楊倞注：睪，芷，香草也，已解上。於車上傍側載之，用以養鼻也。⊙物雙松曰：睪芷，當是澤芷。芷蘭皆生川澤，故得以澤稱。睪、澤通。⊙王先謙曰：《史記》作“側載臭茝”，《索隱》引劉氏云：“側，特也。臭，香也。茝，香草也。言天子行，特得以香草自隨也，其餘則否。”今以側爲邊側。載者，置也。言天子之側常置芳香於左右。⊙梁啓雄曰：睪，借爲澤。《儀禮・既夕禮》注：“澤，澤蘭也。”

〔三四〕楊倞注：《詩》曰“約軝錯衡”，毛云：“錯衡，文衡。”⊙梁啓雄曰：《説文》：“錯，金涂也。”《小爾雅・廣器》：“衡，軛也。”錯衡，蓋以金涂軛且有文也。⊙天海案：錯衡，即車上横木雕鏤圖案花紋且以彩色涂之也。錯，此言鏤紋涂彩。衡，車轅前端之横木。《論語・衛靈公》：“在輿，則見其倚於衡也。”梁訓“錯”，泥之；訓“衡”則謬。軛，衡非一物也。

〔三五〕楊倞注：和、鸞，皆車上鈴也。《韓詩外傳》云“鸞在衡，和在軾前”，升車馬動，動則鸞鳴，鸞鳴則和應，皆所以爲行節也。許慎曰：“和取其敬，鸞以象鳥之聲。”《武》《象》《韶》《護》，皆樂名也。騶，當爲“趨”。步，謂車緩行。趨，謂車速行。《周禮・大馭》云：“凡馭路，行以《肆夏》，趨以《采薺》，以鸞和爲節。”鄭云：“行，謂大寢至路門；趨，謂路門至應門也。”⊙梁啓雄曰：《説苑・談叢》：“鸞設於鑣，和設於軾。”又按，《史記・樂書・集解》引鄭玄曰：“《武》，武王樂。《象》，武舞。《韶》，舜樂。《護》，湯樂。”中，適當也。⊙天海案：《禮論篇》《大略篇》亦有此數語，皆作“趨中《韶》《護》”。“趨”、“騶”二字上古韻部同，一聲之轉，故可通。二“中”字，皆訓合也，合拍、合節之合也，梁説非。

〔三六〕楊倞注：軏，轅前也。納，與軜同。軜，謂驂馬内轡繫軾前者。《詩》曰“鋈以觼軜”。⊙天海案：軏，俗作“軛”，車前架於馬首之曲木。奉，陪也。奉軏，猶言天子車前之陪駕也。納，通軜，奴答切。軜，驂馬内側之繮繩。持軜，猶言扶繮牽馬也。又注文“軜，謂驂馬内轡繫軾前者”，原作“軜與驂馬内軜繫軾前者”，疑錯亂，此據《説文》改。

〔三七〕楊倞注：挾輿，在車之左右也。先馬，導馬也。或持輪者，或挾輿者，或先馬者。⊙久保愛曰：持輪，《周禮·齊右職》所謂“王乘，則持馬”是也。先馬，《道右職》“王式，則下先馬”是也。⊙天海案：持輪，扶輪也。挾輿，車之左右護衛也。先馬，馬前爲導者。

〔三八〕楊倞注：大侯，國稍大，在五等之列者。⊙久保愛曰：《禮記》曰：“天子之大夫視子、男。”⊙天海案：編，列也。

〔三九〕楊倞注：小侯，僻遠小國及附庸也。元士，上士也。《禮記》曰：“庶方小侯，入天子之國，曰某人。”又曰：“天子之元士，視附庸也。”

〔四〇〕楊倞注：庶士，軍士也。介而夾道，被甲夾於道側，以禦非常也。⊙王念孫曰：宋吕本作“夾道”。錢本及元刻竝誤作“坐道”，而盧本從之。當從吕本作“夾道”。《周官·狼條氏》“王出入則八人夾道”是也。今本楊注文兩“夾”字亦誤爲“坐”矣。⊙久保愛曰：杜預注《左氏傳》曰：“坐，猶守也。”⊙天海案：夾道，夾於道之兩側護禦之。豈有坐而衛之者？諸本作“坐道”，皆因楊注文中兩“夾”字已誤爲“坐”而改之也。今謂，楊注中兩“坐”字皆“夾”字之形誤，此據王校正之。

〔四一〕楊倞注：言敬畏之甚也。⊙天海案：視望，諸本作“望視”。大神，尊神也，《左傳》僖公二十八年“用昭乞盟于爾大神以誘天衷”。

〔四二〕物雙松曰：“持老”之“持”，保持、維持之“持”。⊙久保愛曰：持，扶持也。⊙天海案：持老養衰，即扶老保衰也。猶，巾箱本、《題注》本、遞修本並作“獨”。與，同歟。

〔四三〕楊倞注：不老，老也。猶言“不顯，顯也”。或曰：“不”字衍耳。夫老者休息之名，豈更有休息安樂樂過此？⊙傅山曰：若以“不”字連上讀，不妥。若作“不老者休也”讀，謂休是安樂之美也。下文曰：“諸侯有老，天子無老。”⊙物雙松曰：孫鑛曰“不”字句，爲是。⊙王紹蘭曰：不，即“否”字，問詞也。⊙郝懿行曰：不老者，不衰老也，猶《詩》云“永錫難老”矣。故以“天子無老”申之。楊注“不老，老也”，又曰“不字衍”，二説皆非。⊙俞樾曰：不，讀爲“否”，傳寫誤倒在“與”下。楊注竝非。⊙王念孫曰：注或説是。⊙劉師培曰：不，當作“夫”。夫、不雙聲，字形又略近，故譌“夫”爲“不”。此句荀子解“老”字之義，故用“夫”字爲提詞。衆説均非。⊙天海案：“不”字乃“夫”字音譌，且當屬下讀，劉説是也。凡“不”字屬上讀者，皆非。正文“如是者”，巾箱本、《題注》本、遞修本皆無“者”字。又，楊倞注文“豈更有休息安樂樂過此”，明世本、《四庫》本、盧校本俱作“言豈更有休息安樂過此”，較此本楊注，義似長。

〔四四〕楊倞注：諸侯供職貢朝聘，故有筋力衰竭求致仕者，與天子異也。⊙傅山曰:“故曰”二字,是古有此言而荀卿引之。豈荀卿不知古帝王之皆死耶? 即長壽者不幾人,而爲此無老之説,何所見耶? 是必有義。蓋古有德之天子,如堯、舜者然也。然《孟子》曰“堯老而舜攝”,明乎堯有老矣。且又配以飲食起居諸雜事,以證無老之所從來,何陋也? ⊙天海案:天子養尊處優,故曰“無老”。無老者,難老也。荀子引古語以斥“老衰而擅”之説,非謂天子長生不老也。

〔四五〕楊倞注:讓者,執位敵之名。一國事輕,則有請於天子而讓賢,天下則不然也。⊙天海案:國可讓,天下不可讓,古今同也。

〔四六〕楊倞注:小,謂一國。大,謂天下。至不至,猶言當不當也。⊙冢田虎曰:此承上文“至尊、至重、至愉”而言之。天子勢位皆至,故無禪天下;諸侯勢位不至,故有禪國之謂也。注非也。⊙久保愛曰:以尊讓卑者,逆也;匹敵相讓者,順也。至不至,謂天子至重、至佚、至愉,諸侯不至重、至佚、至愉也。變,猶異也。⊙天海案:“變”下“者”字,諸本無。

〔四七〕天海案:大理,至理。《莊子·秋水》:“尔將可與語大理矣!”

世俗之爲説者曰:“堯、舜不能教化。是何也? 曰:朱、象不化。”〔一〕是不然也。堯、舜者,至天下之善教化者也,南面而聽天下,生民之屬,莫不振動從服以化順之〔二〕。然而朱、象獨不化,是非堯、舜之過,朱、象之罪也〔三〕。堯、舜者,天下之英也〔四〕;朱、象者,天下之嵬、一時之瑣也〔五〕。今世俗之爲説者,不怪朱、象,而非堯、舜也,豈不過甚矣哉! 夫是之謂嵬説〔六〕。羿、蠭門者,天下之善射者也,不能以撥弓、曲矢中〔七〕;王梁、造父者,天下之善馭者也,不能以辟馬、毁輿致遠〔八〕;堯、舜者,天下之善教化者也,不能使嵬瑣化。何世而無嵬,何時而無瑣,自太皞、燧人,莫不有也〔九〕! 故作者不祥,學者受其殃,非者有慶〔一〇〕。《詩》曰:“下民之孽,匪降自天;噂沓背憎,職競由人。”此之謂也〔一一〕。

世俗之爲説者曰:“大古薄葬〔一二〕,棺厚三寸,衣衾三領,葬田不妨田,故不掘也〔一三〕。亂今厚葬飾棺,故掘也。”是不及知治道,而不察於抇不抇者之所言也〔一四〕。凡人之盜也,必以有爲〔一五〕,不以備不足,足則以重有餘也〔一六〕。而聖王之生民也,皆使當厚優猶不知足,而不得以有餘過度〔一七〕。故盜不竊,賊不刺〔一八〕,狗豕吐菽粟〔一九〕,

而農賈皆能以貨財讓〔二○〕。風俗之美，男女自不取於涂，而百姓羞拾遺〔二一〕。故孔子曰："天下有道，盜其先變乎〔二二〕！"雖珠玉滿體，文繡充棺，黄金充椁，加之以丹矸，重之以曾青〔二三〕；犀、象以爲樹〔二四〕，琅玕、龍兹、華覲以爲實〔二五〕；人猶且莫之抇也。是何也？則求利之詭緩，而犯分之羞大也〔二六〕。夫亂今然後反是。上以無法使，下以無度行〔二七〕；知者不得慮，能者不得治，賢者不得使〔二八〕。若是，則上失天性〔二九〕，下失地利，中失人和。故百事廢，財物詘〔三○〕，而禍亂起。王公則病不足於上，庶人則凍餧羸瘠於下〔三一〕。於是焉，桀、紂群居，而盜賊擊奪以危上矣〔三二〕。必禽獸行，虎狼貪，故脯巨人而炙嬰兒矣〔三三〕。若是，則有何尤抇人之墓，抉人之口而求利矣哉〔三四〕！雖此倮而埋之，猶且必抇也，安得葬薶哉〔三五〕！彼乃將食其肉而齕其骨也〔三六〕！夫曰："大古薄葬，故不抇〔三七〕。亂今厚葬，故抇也。"是特姦人之誤於亂説，以欺愚者，而潮陷之，以偷取利焉。夫是之謂大姦〔三八〕。傳曰："危人而自安，害人而自利。"此之謂也〔三九〕。



【校釋】

〔一〕天海案：朱，丹朱，人名也，帝堯之子，不肖，堯禪位於舜。事見《史記・五帝紀》。象，人名，舜之異母弟，性傲，日以殺舜爲事。朱、象事首見《書・堯典》。亦見《孟子・萬章》"丹朱之不肖"，"象日以殺舜爲事"。

〔二〕楊倞注：言天下無不化。⊙天海案："舜"下"者"字，諸本無。

〔三〕楊倞注：朱、象乃罪人之當誅戮者，豈堯、舜之過哉！《論語》曰"上智與下愚不移"，是也。⊙天海案：罪，亦過也。楊注未切。正文"也"字，諸本作"矣"。

〔四〕楊倞注：鄭康成注《禮記》云："英，謂俊選之尤者。"⊙天海案：正文"者"字，諸本無。英，謂優秀、傑出之人。

〔五〕楊倞注：言嵬瑣之人雖被堯、舜之治，猶不可化。言教化所不及。嵬瑣，已解在《非十二子》之篇。⊙王先謙曰：嵬瑣，猶委瑣，説見前。《儒效篇》"英傑化之，嵬瑣逃之"，亦以"英傑"、"嵬瑣"對文。⊙劉師培曰：此文亦嵬、瑣對文。嵬，指朱、象之傲言。《虞書》言"無若丹朱傲"，又言"象傲"。傲即倨傲，瑣爲委曲，若朱之慢游朋淫，象之思得干戈琴弤是也。嵬瑣二行相反而實相成，故荀子以之刺朱、象也。⊙梁啓雄曰：嵬，怪也。瑣，小也。⊙天海案：嵬，險詐也；瑣，卑微也。劉説義長。

〔六〕楊倞注：狂妄之説。⊙李中生曰：嵬説，即邪僻之説。⊙天海案："舜"下

"也"字諸本無。嵬説,險怪之説。

〔七〕楊倞注:撥弓,不正之弓。中,丁仲反。⊙陳奂曰:"中"下脱"微"字。《儒效》《王霸》《君道》《議兵》諸篇,皆"中微"與"致遠"作對文,可證。⊙冢田虎曰:撥弓,《增韻》"捩開也",《管子》"扶撥以爲正",《戰國策》"弓撥矢鉤",注:"撥弓,反也。"⊙高亨曰:撥弓,猶破弓也。撥,讀爲廢,二字古通用。或讀爲敗。撥、敗古亦通用。廢弓、敗弓皆破弓之義。下文云"不能以辟馬毁輿致遠",毁,亦破敗也。⊙天海案:陳説是,"微"字可補。撥弓,壞弓也。高説義長。

〔八〕楊倞注:辟,與躄同,必亦反。⊙久保愛曰:梁、良互通。王充《論衡》亦作"王梁"。⊙天海案:辟馬,即躄馬,瘸腿之馬。毁輿,壞車,破敗之車也。

〔九〕楊倞注:太皞,伏羲也。燧人,太皞前帝王始作火化者。⊙天海案:此言嵬、瑣之人,自古已有之。又,楊注下"太皞"原作"大皞",徑改。

〔一〇〕楊倞注:作嵬瑣者不祥也。有慶,言必無刑戮也。⊙俞樾曰:此謂作世俗之説者不祥,學者從而傳述之,必受其殃,能非而闢之則有慶也。楊注未得其旨。⊙豬飼彦博曰:此言邪説之害,不與上文相接,蓋錯簡也。"故作者"以下至"此之謂也"三十六字當移篇末,應"見侮不辱"章下。⊙鍾泰曰:俞説非也。"作者",正謂始作嵬瑣者,楊注不誤。⊙天海案:作者,楊注是。學者,學嵬瑣者。非者,非嵬瑣者。此上承朱、象之罪言,結引《詩》明其旨也。正文"非"下"者"字,巾箱三本並無。

〔一一〕楊倞注:《詩·小雅·十月之交》之篇,言下民相爲妖孽,災害非從天降。噂噂,沓沓然,相對談語,背則相憎,爲此者,主由人耳。⊙章詩同曰:噂沓,當面談笑。背憎,背後懷恨。⊙天海案:《毛傳》:"噂,猶噂噂。沓,猶沓沓。職,主也。"鄭箋:"孽,妖孽,謂相爲災害也。下民有此,言非從天墮也。噂噂沓沓,相對談語,背則相憎,逐爲此者也,由主人也。"楊注約用毛傳、鄭箋而略也。楊注"主由人"之"主"原作"王",筆誤也,徑改。他本"主"作"蓋"者,臆改耳。又,此下原文未分段,現據文意分之。

〔一二〕鍾泰曰:此節攻墨家節葬之説也。⊙天海案:大,通太。巾箱三本並作"太"。

〔一三〕楊倞注:此蓋言古之人君也。三領,三稱也。《禮記》:"君陳衣于序東,西領南上。"故以"領"言。葬田不妨田,言所葬之地不妨農耕也。殷以前平葬,無丘隴之識也。⊙物雙松曰:掘,盜發冢也。⊙久保愛曰:"葬田"之"田"衍。葬不妨田,成子高所謂"擇不食之地而葬"是也。⊙熊公哲曰:三領,三稱也。單衣複衣兼具爲一稱。⊙天海案:楊注所引見《禮·喪大記》二十二,本作"西領北上"。葬於田中不起丘隴,故不妨田也。楊注甚明,上"田"字非衍,久説不是也。

〔一四〕楊倞注:扫,穿也。謂發冢也。胡骨反。⊙久保愛曰:扫,亦與掘通,下同。⊙鍾泰曰:"所言""言"字,不與上下文義相應,疑"由"字之誤。⊙龍宇純曰:

"者"字"所"字,依例不當有。言,猶説也。扣不扣,當以事言,不以人言。此"言"上衍"所"字,又於"扣"下加"者"字。⊙天海案:不察,不明也。扣不扣,承上"薄葬不掘"、"厚葬掘也"而言。扣不扣者,指上所言二事也,"者"字不衍。所言,所謂也,即所説之道理也。"所"字不衍,"言"字亦不誤。鍾、龍二説皆非。又,楊注"冢"字,原誤作"家"字,徑改。

〔一五〕楊倞注:其意必有所云爲也。⊙物雙松曰:言盜皆有欲以所得之物,營爲某事之心也。非以所獲之物備於不足也。雖足亦盜,欲以加富於有餘也。⊙天海案:盜,盜墓也。必以有爲,必定是爲了一定的目的。楊注"所"下"云"字疑衍。

〔一六〕盧文弨曰:下"足"字衍。⊙天海案:重有餘,增加其有餘也。

〔一七〕楊倞注:當,謂得中也。丁浪反。優猶,寬泰也。不知足,"不"字亦衍耳。言聖王之養民,輕賦薄斂,皆使寬泰而知足也,又有禁限,不得以有餘過度也。⊙王念孫曰:"當厚"二字不詞,楊説非也。"當厚"蓋"富厚"之誤。⊙冢田虎曰:"當",疑"常"之誤。⊙久保愛曰:當,當作"富"。猶,疑"裕"誤。⊙高亨曰:猶,疑借爲"裕"。優猶,即優裕也。猶、裕古通用。⊙天海案:當厚,應作"富厚",王説是。猶,通游。優游,此謂寬裕也。"不"字衍,楊説是。諸本亦無"不"字。

〔一八〕楊倞注:盜,賊通名。分而言之,則私竊謂之盜,劫殺謂之賊。⊙傅山曰:"盜不竊"二句,但云無盜無賊可也,而乃云"盜不竊",是有盜而不竊,有賊而不刺耶?⊙俞樾曰:楊蓋以"刺"爲"刺殺"之刺,實非然也。然則刺者,探取之義。⊙天海案:刺,殺也,訓見《爾雅》。此指劫財殺人。楊注是,俞説非。諸本作"刺"者,形誤也。

〔一九〕傅山曰:聖王之治,又豈有狗豕食人食之理?⊙冢田虎曰:吐,言不食也。《孟子》曰"狗彘食人食",與之反文也。⊙郝懿行曰:吐者,棄也。此蓋極言菽粟之多也,非食而吐之也。⊙天海案:郝説是。

〔二〇〕楊倞注:農賈庶人猶讓財,其餘無不讓也。⊙久保愛曰:《淮南子》作"鄙旅之人相讓以財,狗彘吐菽粟於路"。

〔二一〕郝懿行曰:《大略篇》云"國法禁拾遺",蓋必申、商之法有此禁令,故荀舉以爲言。⊙孫詒讓曰:取,當讀爲"聚",古字通用。男女不聚於途,謂異路而行也。⊙天海案:涂,通途。諸本作"塗"。羞,恥也。言以拾遺爲恥也。取,通聚。孫説是。

〔二二〕楊倞注:衣食足,知榮辱。⊙天海案:正文"其",猶殆。疑而有定之詞,言天下有道,盜將先變。

〔二三〕楊倞注:丹矸,丹砂也。曾青,銅之精,形如珠者,其色極清,故謂之曾青。加以丹矸,重以曾青,言以丹青采畫也。⊙久保愛曰:古葬用珠玉,事見《周禮·典瑞職》。⊙安積信曰:曾與層同,重也。⊙天海案:充,填也。椁,外棺也。

〔二四〕楊倞注:樹之於壙中也。⊙傅山曰:不知犀、象何以爲樹?或只是立之耳！⊙天海案：以犀角、象牙飾以爲樹狀，由下文"以爲實"可知也。

〔二五〕楊倞注：琅玕似珠，崑崙山有琅玕樹。龍兹，未詳。覲，當爲"瑾"。華，謂有光華者也。或曰：龍兹，即今之龍鬚席也。《公羊傳》曰"衛侯朔屬負兹"，《爾雅》曰："蓐，謂之兹。"《史記》曰"衛叔封布兹"。徐廣曰："兹者，藉席之名。"《列女傳》無鹽女謂齊宣王曰："漸臺五重，黄金、白玉、琅玕、龍疏、翡翠、珠璣，莫落連飾，萬民疲極，此二殆也。"疑龍兹即龍疏，疏、鬚音相近也。曹大家亦不解實，謂實於棺槨中。或曰：兹與髭同。⊙物雙松曰：覲、錦音近，華覲當是華錦。⊙郭慶藩曰：上言"以爲樹"，下言"以爲實"，蓋謂植樹犀、象而以珠玉爲之實也。上言"琅玕"，下言"華覲"，則"龍兹"非席明矣。《列女傳》之"龍疏"，亦列於珠玉之閒，不得爲席。龍疏或爲龍兹，當爲珠玉名，猶《左傳》昭二十九年所稱"龍輔"，爲玉名也。楊訓實爲實於棺椁，失之。⊙劉師培曰：《急就篇》云"係臂琅玕、琥琅、龍顔"，注云："本篇龍字，或作壟字。"蓋謂以玉爲龍者也。此以龍兹、琅玕並文，當即壟屬。⊙天海案：琅玕，玉石之珠。《穆天子傳》郭璞注："石似珠也。"龍兹、華覲，未詳，當必爲珠玉之屬，否則何以爲實？郭説是也。又，楊注文"龍疏，疏、鬚音相近也"原脱一"疏"字，徑補。

〔二六〕楊倞注：詭，詐也。求利詭詐之心緩也。⊙郝懿行曰：詭者，責也。言扫人冢墓以求利，國法必加罪責也。詭訓責，古義也。⊙俞樾曰：詭，疑"説"字之誤。言古者民生富厚，求利之説在所緩也。"詭"、"説"形似致誤。⊙王先謙曰：郝説是。以犯分爲差，非畏罪責也。⊙天海案：《説文》："詭，責也。"責，欲求也。此非罪責之責，乃言求利之欲也。郝訓"詭"爲責，是，其説則非。

〔二七〕物雙松曰："法使"者，以法使下也。"度行"者，以度行己也。⊙冢田虎曰：言上則使下以無法，下則行己以無度也。茂卿讀爲"法使"、"度行"而解者，非也。⊙久保愛曰：以無法使下也，以無度行事也。⊙天海案：無法使，不依法使下。無度行，不按制度行事。又，正文"然後"，諸本並作"而後"。

〔二八〕楊倞注：不得在位使人。⊙天海案：知，同智。

〔二九〕趙海金曰：天性，當作"天時"，字之誤也。《富國篇》"上失天時，下失地利，中失人和"可證。⊙天海案：此自言"天性"，不得以彼律此。

〔三〇〕久保愛曰：屈，盡也。⊙天海案：詘，通屈。諸本作"屈"。

〔三一〕天海案：病，患也，担憂也。餒，餓也，饑也。諸本作"餧"，二字可通。

〔三二〕楊倞注：言在上位者，盡如桀、紂也。⊙梁啓雄曰：《釋詞》二："焉，猶乎也。"⊙裴學海曰：而，猶故也。⊙天海案：巾箱三本無"焉"字。

〔三三〕冢田虎曰：巨人，大人也。意在殷紂脯鬼侯與？⊙天海案："必"，猶若也，似也。説見裴學海《集釋》。"必"字諸本又作"安"。脯，古代酷刑，將人處死後剁成肉泥。巨人，大人，此指成人。

〔三四〕楊倞注:抉,挑也。抉人口,取其珠也。⊙冢田虎曰:有,音友。尤,咎也。

〔三五〕楊倞注:不可得葬薶而不發。⊙久保愛曰:倮與裸同。⊙安積信曰:"雖此"二字顛錯。薶,古之"埋"字。⊙裴學海曰:雖此,此,猶則也。⊙駱瑞鶴曰:薶、埋同字,其義與"葬"有别。凡以物直入土中謂之埋。言以棺椁盛尸而藏於土中謂之葬。⊙天海案:雖此,雖則也。安,猶焉,問詞也。薶,諸本又作"埋"。

〔三六〕久保愛曰:齕,齧也。齕,下没反。⊙天海案:齕,咬也,音紇。

〔三七〕天海案:"曰"字諸本無,"大"字作"太",且"抇"下有"也"字。

〔三八〕楊倞注:言是乃特姦人自誤,惑於亂説,因以欺愚者,猶於泥潮之中。陷之,謂使陷於不仁不孝也。以偷取利,謂偝棄死者而苟取其利於生者也。是時墨子之徒説薄葬以惑當世,故以此譏之。⊙盧文弨曰:潮,當作"淖"。古"潮"字作"潡"。故"淖"誤爲"潡",又誤爲"潮"。⊙于省吾曰:"潮"字假爲"朝",朝、周古字通。"而周陷之",言"而徧陷害之"。⊙梁啓雄曰:《釋詞》一:"誤,謬也。於,爲也。淖,溺也。言姦人謬爲亂説,以欺愚者而溺陷之也。"⊙天海案:楊注失之,梁引《釋詞》之説是也,于説亦非。又正文"特"字,巾箱三本作"持",疑形誤。

〔三九〕楊倞注:危害死者,以利生者,與此義同。⊙天海案:此謂"大姦"者以謬説危害他人而安於利己也。楊注未切。

子宋子曰:"明見侮之不辱,使人不鬭〔一〕。人皆以見侮爲辱,故鬭也;知見侮之爲不辱,則不鬭矣。"應之曰:"然則亦以人之情爲不惡侮乎?"曰:"惡而不辱也〔二〕。"曰:"若是,則必不得所求焉〔三〕。"凡人之鬭也,必以其惡之爲説,非以其辱之爲故也〔四〕。今倡優、侏儒、狎徒,詈侮而不鬭者,是豈鉅知見侮之爲不辱哉〔五〕?然而不鬭者,不惡故也。今人或入其央瀆,竊其豬彘〔六〕,則援劍戟而逐之,不避死傷,是豈以喪豬爲辱也哉?然而不憚鬭者,惡之故也。雖以見侮爲辱也,不惡則不鬭〔七〕;雖知見侮爲不辱,惡之則必鬭〔八〕。然則鬭與不鬭邪,亡於辱之與不辱也,乃在於惡之與不惡也〔九〕。夫今子宋子不能解人之惡侮〔一〇〕,而務説人以勿辱也,豈不過甚矣哉〔一一〕!金舌弊口,猶將無益也〔一二〕。不知其無益則不知〔一三〕;知其無益也,直以欺人則不仁〔一四〕;不仁不知,辱莫大焉〔一五〕。將以爲有益於人,則與無益於人也〔一六〕,則得大辱而退耳,説莫病是矣〔一七〕!

子宋子曰:"見侮不辱〔一八〕。"應之曰:凡議,必將立隆正然後可也〔一九〕。無隆正,則是非不分而辨訟不決。故所聞曰:"天下之大隆〔二〇〕,是非之封界,分職名象之所起,王制是也〔二一〕。"故凡言議期命是非,以聖王爲師〔二二〕,而聖王之分榮辱,是也〔二三〕。是有兩端矣〔二四〕:有義榮者,有埶榮者;有義辱者,有埶辱者。志意脩,德行厚,知慮明,是榮之由中出者也,夫是之謂義榮。爵列尊,貢禄厚,形埶勝〔二五〕,上爲天子諸侯,下爲卿相士大夫,是榮之從外至者也〔二六〕,夫是之謂埶榮。流淫汙僈〔二七〕,犯分亂理,驕暴貪利,是辱之由中出者也,夫是之謂義辱。詈侮捽搏〔二八〕,捶笞臏腳〔二九〕,斬斷枯磔〔三〇〕,藉靡舌纆〔三一〕,是辱之由外至者也,夫是之謂埶辱。是榮辱之兩端也。故君子可以有埶辱,而不可以有義辱;小人可以有埶榮,而不可以有義榮。有埶辱無害爲堯,有埶榮無害爲桀。義榮、埶榮,唯君子然後兼有之;義辱、埶辱,唯小人然後兼有之〔三二〕。是榮辱之分也,聖王以爲法,士大夫以爲道,官人以爲守,百姓以成俗,萬世不能易也〔三三〕。

今子宋子案不然〔三四〕,獨詘容爲己,慮一朝而改之,説必不行矣〔三五〕。譬之是猶以塼塗塞江海也,以焦僥而戴太山也〔三六〕,蹎跌碎折不待頃矣〔三七〕! 二三子之善於子宋子者,殆不若止之,將恐得傷其體也〔三八〕。

子宋子曰:"人之情,欲寡,而皆以己之情爲欲多,是過也〔三九〕。故率其羣徒,辨其談説,明其譬稱,將使人知情欲之寡也〔四〇〕。"應之曰:然則亦以人之情爲欲〔四一〕:目不欲綦色,耳不欲綦聲,口不欲綦味,鼻不欲綦臭,形不欲綦佚,此五綦者,亦以人之情爲不欲乎?曰:"人之情,欲是已〔四二〕。"曰:若是,則説必不行矣。以人之情爲欲此五綦者而不欲多,譬之是猶以人之情爲欲富貴而不欲貨也,好美而惡西施也〔四三〕。古之人爲之不然:以人之情爲欲多而不欲寡,故賞以富厚而罰以殺損也〔四四〕。是百王之所同也。故上賢禄天下,次賢禄一國,下賢禄田邑,愿慤之民完衣食〔四五〕。今子宋子以是之情爲欲寡而不欲多也〔四六〕,然則先王以人之所不欲者賞,而以人之所欲者罰邪,亂莫大焉〔四七〕。今子宋子嚴然而好説〔四八〕,聚人徒,立師學,成文曲〔四九〕，然而説不免於以至治爲至亂也〔五〇〕，豈不過甚矣哉！

## 【校釋】

〔一〕楊倞注：宋子，已解在《天論篇》。宋子言若能明侵侮而不以爲辱之義，則可使人不鬭也。莊子説宋子曰："見侮不辱，救民之鬭。"《尹文子》曰："見侮不辱，見推不矜，禁暴息兵，救世之鬭。此人君之德，可以爲王矣。"宋子蓋尹文弟子。何休注《公羊》曰："以子冠氏上者，著其師也。"言此者，蓋以難宋子之徒也。⊙天海案：楊注"可以爲王矣"之"王"字，原作"主"，據盧本改之。宋子，此篇皆稱子宋子，又見於《非十二篇》《天論篇》《解蔽篇》。

〔二〕楊倞注：雖惡其侮，而不以爲辱。惡，烏路反，下同。

〔三〕楊倞注：求不鬭，必不得。

〔四〕楊倞注：凡鬭，在於惡，不在於辱也。⊙天海案：爲説，找借口，託説辭。故，原故。

〔五〕楊倞注：狎，戲也。鉅與遽同。言此倡優豈速遽知宋子有"見侮不辱"之論哉！⊙王念孫曰：豈鉅知者，豈知也。鉅，亦豈也，古人自有復語耳。⊙天海案：王説是。"倡"字，諸本又作"俳"。

〔六〕楊倞注：央瀆，中瀆也。如今人家出水溝也。⊙久保愛曰：央，當作"缺"，字之誤也。瀆、竇，古字通用。句瀆作句竇。《左傳》"伯有自暮門之瀆入"，音豆，是其徵也。缺竇，蓋可潛踰之穴。《家語》曰："彼有缺，季羔曰：君子不踰。彼有竇，季羔曰：君子不隧。"是也。⊙劉師培曰："央"字從大，兼有大義。瀆、竇古通。竇，即今之墻穴矣。穴之大者，名央穴也。⊙鍾泰曰：央，疑"穴"字之誤。⊙駱瑞鶴曰：央瀆，當從楊倞説。《通雅》以爲即今之陽溝，是也。⊙龍宇純曰：央，疑當作"矢"。矢，古與剁通。矢瀆，猶云圂瀆也。《説文》："圂，厠也。"《倉頡篇》："圂，豕所居也。"⊙天海案：諸説中以久説爲是。然"央"乃"夬"之形誤也。夬，通缺，非"缺"字之誤也。

〔七〕楊倞注：不知宋子之論者也。⊙天海案：喪，失也。喪豬，丢了豬。

〔八〕楊倞注：知宋子之論也。⊙天海案：此皆駁宋子"使人不鬭"之説。

〔九〕梁啓雄曰：亡，借爲"無"。亡於，不在於也。

〔一〇〕久保愛曰："夫今"字恐倒。⊙天海案："夫"字或當在上句"也"下。

〔一一〕楊倞注：解，達也。不知人情惡侮，而使見侮不辱，是過甚也。解，如字。説，讀爲税。⊙鍾泰曰：解，猶釋也。謂解去釋去也。

〔一二〕楊倞注：金舌，以金爲舌。金舌弊口，以喻不言也。雖子宋子見侵侮，金舌弊口而不對，欲以率先，猶無益於不鬭也。揚子《法言》曰"金口而木舌"。金，或讀爲噤。⊙物雙松曰：《通雅》引此而作"金口蔽舌"。⊙盧文弨曰：上云"説人以勿辱”,此蓋言舌弊猶不見聽耳。一説:遒人木鐸,金口木舌,今即爲之金舌,振之至於口弊,亦何益哉!⊙俞樾曰:金舌弊口,謂説人,非謂不言,楊注非也。此文當作“金口弊舌”。金,讀爲唫。《説文》:“唫,口急也。”弊,讀爲獘。言雖説之至於口唫舌獘,猶無益也。⊙高亨曰:金,疑借爲𤜣。《説文》:“𤜣,牛舌病也。”金、𤜣古通用。字亦作“𩣡”。𩣡舌弊口,謂舌病而口弊也。俞説失之。⊙劉如瑛曰:弊,借爲𢼎。金舌𢼎口,以喻口舌的鋒利。⊙天海案:金舌,喻舌之堅利也。弊口,言亟説之使口疲敗也。此承上言“務説人”者,楊注未得,諸説改讀改字亦未了。此謂説人以勿辱者,即使是舌利如金,説至口獘,仍將無益也。其義本明,不當迂説曲解也。弊,諸本作“蔽”。

〔一三〕楊倞注:不知此説無益,是不知也。⊙久保愛曰:下“知”音“智”。下“不知”、“知慮”同。⊙天海案:楊注“是不知也”,知,當作“智”。

〔一四〕裴學海曰:則,猶是也。

〔一五〕楊倞注:發論而不仁不知,辱無過此也。⊙天海案:正文及楊注“不知”皆“不智”。

〔一六〕楊倞注:與,讀爲“預”。本謂有益於人,反預於無益人之論也。⊙盧文弨曰:注“論”,宋本作“謂”。⊙王念孫曰:楊説甚迂。余謂“與”,讀爲舉。舉,皆也。言其説皆無益於人也。⊙久保愛曰:與、以古通用。⊙于鬯曰:“則與”二字蓋誤倒。“與”字屬上句,問辭;“則”字屬下句,答辭。⊙天海案:與,通舉。王説是,楊注非。正文“有益於人”下,諸本有“耶”字。又楊注“論”字,原作“謂”,據諸本改之。

〔一七〕楊倞注:本欲使人見侮不辱,反自得大辱耳。⊙天海案:病,害也。此下原文未分段,現依文意分之。巾箱三本“病”作“并”,音誤也。

〔一八〕梁啓雄曰:見、受二字通用。⊙天海案:見,被也,表被動。

〔一九〕楊倞注:崇高正直,然後可也。⊙冢田虎曰:正,蓋表正之謂也。以王制爲隆正也。⊙王先謙曰:隆正,猶中正。下文“大隆”,即“大中”也,説見《致士篇》。⊙陶鴻慶曰:隆正,當訓爲“大要”。此言“立隆正”,猶言立一要義。即下文所謂聖王之法,以榮辱爲大分也。⊙章詩同曰:隆正,崇高而正确的標準。⊙楊柳橋曰:隆正,猶言大正也。⊙天海案:議,論也。隆正,章説義長。

〔二〇〕物雙松曰:“所聞曰”者,引所聞於師之説也。⊙冢田虎曰:“所聞”二字疑有訛。⊙章詩同曰:大隆,偉大而崇高的標準。⊙楊柳橋曰:大隆,猶言至大、至極也。⊙天海案:大,極也;隆,高也。大隆,極高之目標,即下所言“王制是也”。“辨”字,諸本作“辯”。“隆”下,諸本有“也”字。

〔二一〕楊倞注:名,謂指名。象,謂法象。王制,謂王者之舊制。⊙久保愛曰:名,“名不正則言不順”之名。下之“分”,“犯分”之分也。⊙章詩同曰:名象,名物制度。⊙張覺曰:分職,分掌職務。⊙天海案:封界,分界也。分職,職事之分别。名象,萬象之命名。

〔二二〕楊倞注:期,物之所會也。命,名物也。皆以聖王爲法也。⊙王引之曰:是非,當作“莫非”。故楊注“皆”字正釋“莫非”二字。是非,蓋涉上文兩“是非”字而誤。⊙劉師培曰:期,即期約。命,即命令。楊説未晰。⊙鍾泰曰:此蓋承上文而言,謂是與非必以聖王爲師也。不得如王説改作“莫非”。⊙天海案:言議,立言及議論也。期命,約定與政令也。“是非”字不誤,此言“凡言議、期命”之是非也。鍾説是。

〔二三〕楊倞注:聖王以榮辱爲人之大分,豈如宋子以見侮爲不辱哉!⊙梁啓雄曰:聖,指人生哲學。王,指政治哲學。⊙天海案:聖王,堯、舜之屬也。梁説非。分,别也。此文當讀“而聖王之分榮辱,是也”。楊注以“分”下句,非也。下文即言榮辱之分爲兩端,是其證。

〔二四〕楊倞注:榮辱各有二也。⊙天海案:此承上,言聖王之分榮辱有兩端也。

〔二五〕楊倞注:貢,謂所受貢賦,謂天子諸侯也。禄,謂受君之禄,卿相、士大夫也。形埶,謂埶位也。⊙鍾泰曰:荀子所謂“埶榮”、“義榮”,猶孟子之言“天爵”、“人爵”也。⊙天海案:志意脩,脩,美也。中,内心也。貢,奉也。貢禄即俸禄。不必分而言之。勝,優也。

〔二六〕天海案:外,身外也。“榮”下“之”字,諸本無。

〔二七〕楊倞注:汙,穢行也。僈,當爲“漫”。已解在《榮辱篇》。

〔二八〕楊倞注:捽,持頭也。搏,手擊也。⊙天海案:《説文》:“捽,持頭髮也。”捽,昨没切。

〔二九〕楊倞注:捶、笞,皆杖擊也。臏,膝骨也。腳,古“脚”字。臏脚,謂刖其膝骨也。鄒陽曰:“司馬喜臏脚於宋,卒相中山。”⊙龍宇純曰:上文“詈侮捽搏”,下文“斬斷枯磔”,並四字平列爲義,如楊説,則文例錯亂。疑“腳”爲誤字,原當作“刖”。蓋篆書誤爲,因傅會爲“腳”字耳。鄒陽之“臏腳”,與此不同,未可一概而論。⊙天海案:臏腳,當作“臏刖”,龍説是。然脚、刖,音之誤也,非形誤。臏,去膝骨之刑。刖,去腿、脚之刑。

〔三〇〕楊倞注:斷,如字。枯,棄市,暴屍也。磔,車裂也。周禮“以疈辜祭四方百物”,注謂“披磔牲體也”。或者“枯”與“疈辜”義同歟?《韓子》曰:“楚南之地,麗水之中生金,民多竊采之。采金之禁,得而則辜磔。所辜磔甚衆,而民竊金不止。”疑“辜”即“枯”也。又《莊子》有“辜人”,謂犯罪應死之人也。⊙王念孫曰:後説是也。《周官·掌戮》“殺王之親者辜之”,鄭注曰:“辜之言,枯也,謂磔之。”⊙天海案:辜、枯一聲之轉。

〔三一〕楊倞注:藉,見陵藉也。才夜反。靡,繫縛也,與縻義同,即謂胥靡也。謂刑徒之人以鐵鏁相繫也。舌纆,未詳。或曰:《莊子》云“公孫龍口呿而不能合,舌舉而不能下",謂辭窮,亦恥辱也。⊙物雙松曰:"縪"字字書不見。箝制其舌,不得發聲,恐即此。然則"縪"是"絆"字,因音用"系"傍攀,因形再誤邪!⊙孫詒讓曰:疑"舌縪"當爲"后縛"。《干禄字書》"后"俗作"石",與"舌"形近而誤。后與後通。后縛,猶言反縛。⊙劉師培曰:藉,當作"相",相、胥一聲之轉。則相靡即胥靡,胥靡謂刑名。舌,蓋"括"之省文。括,約束也。"縪"字《説文》未載,唯《玉篇》有"攑"字,從手,訓舉。朱駿聲謂即"揵"字。竊疑此"縪"字亦當從"建"。凡從"建"之字均有拘藏之義。相靡、括縪,皆約束言也。⊙高亨曰:藉,繫也。藉靡,謂繫靡,受縲紲之辱也。⊙徐復曰:孫氏謂"縪"爲"縛"字之誤,是也。郭沫若謂"舌縪"疑當作"告舉",其説"舌"爲"告"之誤,是也。告,引申則爲桎梏,梏爲手械,爲拘禁之義。荀此文用古"告"字,又誤作"舌",故解者多誤。⊙天海案:藉,繫也,見《莊子·應帝王·釋文》。藉靡,即繫靡,高説是。舌縪,疑爲"告縛"之誤,徐説義長。

〔三二〕天海案:上"然後",諸本作"而後";下"然後",巾箱三本作"而後"。

〔三三〕楊倞注:言上下皆以榮辱爲治也。士大夫,主教化者。官人,守職事之官也。⊙天海案:三"爲"字,皆猶"成"也。"成俗"上諸本有"爲"字者非。又,此下原文未分段,此據文意分之。

〔三四〕梁啓雄曰:《釋詞》二:"案,猶則也。"⊙天海案:依荀書例,案,猶乃也。

〔三五〕楊倞注:言宋子不知聖王以榮辱爲大分,獨欲屈容受辱爲己之道,其謀慮乃欲一朝而改聖王之法,説必不行也。⊙冢田虎曰:獨詘容爲己,爲,去聲。言以辱爲不辱,徒屈容以寬己身者也。《表記》所謂"以德報怨,寬身之民"也。⊙于鬯曰:改之,即改此詘容爲己之道也,非欲改法者也。⊙劉師培曰:詘容,即降心相容。爲己,猶於己。猶言獨甘辱己也。慮一朝而改之,猶言思一朝而改之。楊説恐非。⊙龍宇純曰:己,當是"正"字之誤。"正"字草書近於己。子宋子以見侮不辱爲是,故曰"獨屈容爲正"也。⊙天海案:獨,猶但也。詘容,委屈以求容。爲己,爲了自己。慮,猶大凡也,大抵也。慮一朝而改之,謂大概某一天就會改變自己的做法。故下文云"説必不行矣"。

〔三六〕楊倞注:塼涂,以塗壘塼也。僬僥,短人,長三尺者。⊙盧文弨曰:塼,俗字,荀書當本作"摶"。摶塗泥而塞江海,必無用矣。⊙天海案:塼塗,即摶磚之泥。塗,泥也。他本一作"涂"。"塗"下,諸本並有"而"字。戴,負也。太山,即泰山。

〔三七〕楊倞注:蹎,與"顛"同,躓也。頃,少頃也。⊙郝懿行曰:蹎者,僵仆也。經典俱假借作"顛",唯此是其本字。注不知"顛"乃假借耳。⊙久保愛曰:跌,蹷也。跌音經。

〔三八〕楊倞注:二三子,慕宋子道者也。止,謂息其説也。傷其體,謂受大辱。⊙盧文弨曰:得,未詳。或云:古與礙通。梵書以"㝵"爲"礙",亦有所本。⊙俞樾曰:"得"字無義,疑"復"字之誤。復者,反也。猶曰"將恐反傷其體也"。⊙劉師培曰:"殆"字係衍文。不若,當作"若不"。言若不止之,恐其反有傷于彼身也。⊙鍾泰曰:傷其體,即承上"蹎跌碎折"言,注以爲大辱,非也。⊙章詩同曰:得,中。得傷,猶"中傷"。⊙天海案:善,好之也。殆,恐怕、大概之義,字不衍,劉説非。殆不若止之,謂善於子宋子之二三子,恐怕不如停息下來吧。"不若"二字亦不倒。將,猶抑也,或也。得傷,中傷,章説是。又,此下原文未分段,此據文意分之。

〔三九〕楊倞注:宋子以凡人之情,所欲在少不在多也。《莊子》説宋子曰"以禁攻寢兵爲外,以情欲寡淺爲内"也。⊙王念孫曰:"人之情"三字連讀,"欲寡"二字連讀,非以"情欲"連讀也。"己之情"三字連讀,"欲多"二字連讀。⊙天海案:"爲欲"二字,錢佃稱宋諸本作"欲爲",今諸本亦同之。又楊注"寡淺",諸本又作"寡少"。

〔四〇〕楊倞注:稱,謂所宜也。稱,尺證反。"情欲之寡",或爲"情之欲寡"也。⊙王念孫曰:或本是也。⊙天海案:辨,治也。諸本作"辯"。荀書二字通。談説,論説也。談説,一詞;譬稱,亦一詞也。譬稱,即譬喻。《外傳》五"辟稱以喻之",本《書·彊國篇》:"辟稱比方,則欲自竝乎湯、武。"《儒效篇》:"辯其談説,明其辟稱。"辟,通譬。《非相篇》:"論説之術,分別以喻之,譬稱以明之。"皆言譬稱爲譬喻也,楊此注訓"稱"謂"所宜",非也。將,猶欲也。"情欲之寡",依上下文例,王説是,當據或本作"情之欲寡"。

〔四一〕盧文弨曰:此"欲"字衍,句當連下。一説當作"亦以人情爲不欲乎"。⊙王先謙曰:前説是。⊙冢田虎曰:"以人之情爲欲",言人情不能無欲也。⊙龍宇純曰:"欲"下加冒號看,亦通,其字不必衍。⊙天海案:"爲欲",當爲"欲爲",此因上下文而誤倒。"欲爲"下用冒號,文氣自然貫通。"欲"字不衍,盧、王二説非。

〔四二〕王先謙曰:欲是者,欲上五綦。⊙裴學海曰:已,猶也。⊙天海案:"人之情"連讀,"欲是已"又一讀,不可"情欲"連讀。五"綦"字,皆"極"也。

〔四三〕久保愛曰:"貴"字疑衍。⊙天海案:富貴,或當作"富厚",由下文可知。

〔四四〕楊倞注:謂以富厚賞之,以殺損罰之。殺,減也,所介反也。⊙天海案:富厚,丰富而多。殺損,減等而少。

〔四五〕楊倞注:以人之情爲欲多,故使德重者受厚禄,下至愿慤之民,猶得完衣食,皆所以報其功。⊙天海案:"禄天下",以天下爲禄;"禄一國",以一國爲禄;"禄田邑",以田邑爲禄。完,全也。

〔四六〕久保愛曰:"是",當作"人"。⊙天海案:依本章文例,"是之情"應作"人之情",久説是。"也"字,諸本無。

〔四七〕楊倞注:如宋子之説,乃大亂之道。

〔四八〕楊倞注:嚴,讀爲"儼"。好説,自喜其説也。好,呼報反。

〔四九〕楊倞注:文曲,文章也。⊙王念孫曰:曲,當爲"典",字之誤也。成文典,謂作《宋子》十八篇也。《非十二子篇》云"終日言成文典",是其證。⊙梁啓雄曰:文曲，似指宋子"上説下教"所用的短篇韻文。⊙天海案：文曲，文章之統稱。楊注是。俗所言文曲星者，主文章之星也，此亦證"文曲"之説早有之，王説"成文曲"義不可通，非也。《非十二子篇》"終日言成文典"，典亦"曲"之誤。終日言成文章則可，言成文典則未必也。故彼亦當作"終日言成文曲"。

〔五〇〕天海案："也"字，諸本無。

# 荀子校釋　卷第十三

## 禮論篇第十九〔一〕

禮起於何也？曰：人生而有欲，欲而不得，則不能無求；求而無度量分界，則不能不爭〔二〕。爭則亂，亂則窮〔三〕。先王惡其亂也，故制禮義以分之，以養人之欲，給人之求〔四〕，使欲必不窮乎物，物必不屈於欲，兩者相持而長，是禮之所以起也〔五〕。故禮者，養也。芻豢稻粱，五味調香，所以養口也〔六〕；椒蘭芬芳〔七〕，所以養鼻也；彫琢刻鏤，黼黻文章，所以養目也；鍾鼓管磬，琴瑟竽笙，所以養耳也；疏房、檖貌、越席、牀笫、几筵，所以養體也〔八〕。故禮者，養也。君子既得其養，又好其别。曷謂别？曰〔九〕：貴賤有等，長幼有差，貧富輕重，皆有稱者也〔一〇〕。故天子大路越席，所以養體也；側載睪芷，所以養鼻也〔一一〕；前有錯衡，所以養目也；和鸞之聲，步中《武》《象》，趨中《韶》《護》，所以養耳也〔一二〕；龍旗九斿，所以養信也〔一三〕；寢兕〔一四〕、持虎〔一五〕、蛟韅〔一六〕、絲末〔一七〕、彌龍，所以養威也〔一八〕；故大路之馬必倍至教順，然後乘之，所以養安也〔一九〕。孰知夫出死要節之所以養生也〔二〇〕；孰知夫出費用之所以養財也〔二一〕；孰知夫恭敬辭讓之所以養安也〔二二〕；孰知夫禮義文理之所以養情也〔二三〕。故人苟生之爲見，若者必死〔二四〕；苟利之爲見，若者必害〔二五〕；苟怠惰偷懦之爲安居，若者必危〔二六〕；苟情説之爲樂，若者必滅〔二七〕。故人一之於禮義，則兩得之矣；一之於情性，則兩喪之矣〔二八〕。故儒者將使人兩得之者也，墨者將使人兩喪之者也，是儒墨之分也。

## 【校釋】



〔一〕楊倞注：舊目録第二十三，今升在論議之中，於文爲比。⊙梁啓超曰：《禮論篇》禮學爲荀子所最重，本篇自爲書中重要之篇。惟細繹全文，似是湊集而成。其第一段論禮之起原最精要。"禮有三本"以下，《大戴禮記》采録爲《禮三本篇》；"三年之喪何也"以下，《小戴禮記》采録爲《三年問篇》。⊙吕思勉曰：此篇有精語，然大體與《大戴禮·禮三本》《史記·禮書》同。⊙天海案：本篇論述我國古代禮制的産生、目的、内容及作用，是現知最早的最系統而全面闡述先秦禮制的文章。是我們認識和了解古代禮制的重要文獻。

〔二〕楊倞注：分，扶問反。⊙天海案：楊注此四字，他本作"量，力嚮反"。此言禮之起於人之争也。

〔三〕楊倞注：窮，謂計無所出。⊙久保愛曰：《史記》無"亂則窮"三字，義似優。⊙章詩同曰：窮，無法收拾。⊙天海案：窮，窘也。此指使社會陷入困境。

〔四〕楊倞注：有分，然後欲可養，求可給。⊙包遵信曰：《説文》："給，相足也。"給人之求，猶言滿足人們要求。⊙天海案：養，調養也。給，供給也。楊注是，包説非。"人生有欲"以下至此，《藝文類聚》引作"人生有欲，欲則求，求則爭，爭則亂，亂則窮。先王惡其亂也，故制禮義以養之"。

〔五〕楊倞注：屈，竭也。先王爲之立中道，故爲不盡於物，物不竭於欲，欲與物相扶持，故能長久，是禮所起之本意也。⊙物雙松曰：兩者相持而長，《史記》作"待"，近後世文。⊙梁啓雄曰：持，借爲"待"，《説文》："待，竢也。"兩者相持而長，謂"欲"與"物"相俟而增。⊙鍾泰曰：此"兩者"，即謂"欲不盡物，物不屈欲"之道，非謂"欲"與"物"也。楊注殊欠分明。又"長"讀丁丈反，亦非長久之意。⊙章詩同曰：持，制約。長，增長。⊙天海案：楊注未切，鍾説是。又"所以"之"以"，諸本皆無。

〔六〕物雙松曰：五味謂香，言五味調合，噴香撲鼻。⊙久保愛曰：《史記》無"調香"二字，似是。⊙王念孫曰：香，臭也，非味也，與"五味調"三字不相屬。是香以養鼻，非以養口也。香，當爲"盉"。《説文》："盉，調味也，從皿，禾聲。"今通作"和"。"盉"與"香"字相似，故"盉"誤爲"香"，而楊注不釋"盉"字，則所見本已誤爲"香"矣。⊙天海案：王説是。

〔七〕劉師培曰：《御覽》五百二十三引"苾"作"馨"，《史記·禮書》作"茝"。⊙天海案："芬芳"，諸本作"芬苾"。

〔八〕楊倞注：疏，通也。疏房，通明之房也。須，古"貌"字。檖須，未詳。或曰：檖，讀爲邃；貌，廟也；廟者，宫室尊嚴之名。或曰：貌，讀爲邈，言屋室深邃緬邈也。第，牀棧也。越席，剪蒲席也，古人所重。司馬貞曰："䟽，窻也。"⊙物雙松曰：檖須，讀"邃邈"爲是。⊙冢田虎曰：檖須，注"邃廟"之説爲是。《説文》《古今注》皆曰："廟，貌也。"茂卿以"邃邈"爲是，然按文勢，必是謂宫室也，非謂其貌也。邃邈，其貌也。⊙劉師培曰：邃貌者，深邃之廟也。⊙梁啓雄曰：是廟本古宫室之名，不專限於宗廟。又按《説文》："笫，牀簀也。"⊙李中生曰：疑"檖須"，羼入正文的旁注之文。⊙天海案：疏房，即寬大之房。楊雄《太玄・首》"三位疏成"，范望注："疏，大也。"檖，通邃。二字聲近韻同，故通。邃，幽深也。須，同"貌"。諸本作"額"，亦同。邃貌，深邃之貌，是對"疏房"旁注之文。《史記・禮書》用此文，並無"檖須"二字。可知是旁注之文混入正文也。李説可從。

〔九〕天海案："又好"至"曰"九字，《史記・禮書》作"又好其辨也，所謂辨者"。

〔一〇〕楊倞注：稱，謂各當其宜，尺證反。

〔一一〕盧文弨曰：睪芷，説在上篇。《史記・禮書》作"臭茝"，臭，亦"皋"之誤。⊙久保愛曰：大音泰，下同。睪音澤。⊙天海案：睪，通澤。澤芷，即蘭茝也。説參《正論篇》。

〔一二〕楊倞注：並解在《正論篇》。⊙天海案：趨，正論篇作"騶"，二字通。

〔一三〕楊倞注：龍旗，畫龍於旗。《爾雅》曰"素升龍於縿，練旒九"。旗正幅爲縿，斿，所以屬之者也。信，謂使萬人見而信之，識至尊也。養，猶奉也。⊙郝懿行曰：信與神同。畫龍於旗，取其神變。此"信"蓋"神"之假借。⊙久保愛曰：《史記》"旗"作"旂"，是也。《周禮・司常職》曰："交龍爲旂，熊虎爲旗。"《考工記》曰："龍旂九斿，以象大火也。"斿音旒。⊙潘重規曰：旗者，所期令人衆，故曰"養信"。⊙張覺曰：龍旗九斿是彰明天子身份的旗章，所以説"養信"。⊙天海案：九斿，也作"九旒"，旗名。《禮・樂記》："龍旗九旒，天子之旌也。"斿，作旒，或作斿，古代旌旗末端所綴飄帶類飾物。旗之爲言，期也。期者，信也。養，保持也。養信，保持其身份之信物也。

〔一四〕楊倞注：謂武士寢處於甲胄也。⊙天海案：寢兕，伏兕也。説見下。

〔一五〕楊倞注：謂以虎皮爲弓衣，武士執持者也。《詩》曰"虎韔鏤膺"。劉氏云"畫虎於旍竿及楯等"也。⊙盧文弨曰：持，當爲"特"，字之誤也。寢兕、特虎，謂畫輪爲飾也。此謂朱輪每輪畫一虎居前，兕麋在兩旁，卻後而相並，故虎稱特。寢，伏也。大國畫特虎，兕麋不寢；小國則畫特熊，無兕。天子乘輿，蓋畫二寢兕居輪左右，畫特虎居前歟？此段若膺説。⊙久保愛曰：《淮南子》"持虎"作"伏虎"。⊙高亨曰：盧訓"寢"爲伏，是也；改"持"爲特，非也。持，當讀爲"跱"。《字林》："跱，踞也。"持、特、跱，古通用。寢兕跱虎，言畫伏兕踞虎於車上以爲飾也。⊙天海案：楊注不是，高説是。又注文"旍竿"，它本作"鈴竿"。"楯"下無"等"字。

〔一六〕楊倞注：䋎，馬腋之革。蓋象蛟形。徐廣曰："以鮫魚皮爲之。"⊙物雙松曰：《史記》注徐廣曰："䋎者，當馬掖之革。"《索隱》"馬腹帶也"。⊙冢田虎曰：䋎，音顯。《左氏傳》"韅、靷、鞅、靽",注"在背曰韅,在腹曰鞅"。⊙盧文弨曰:《史記》"蛟"作"鮫",古字通用。注引徐説本《説文》。楊云"象蛟形",與上下文"虎"、"兕"、"龍"一例,勝徐説。⊙天海案:蛟韅,繫於馬腹上結馬鞍之蛟形皮帶。注文"腋"字,它本誤作"腹"。

〔一七〕楊倞注:末,與簚同。《禮記》曰"君羔簚虎犆",鄭云"覆苓也"。絲簚,蓋絲織爲之。簚,亡狄反。⊙物雙松曰:"絲幦"不與"養威"相應,當是與"彌龍"相連。彌,訓徧,必是徧幦有龍文。⊙于鬯曰:"絲末"二字《史記·禮書》無,疑衍文也。⊙高亨曰:末,讀爲"幭"。《詩·韓奕》"鞹鞃淺幭",毛傳:"幭,覆式也。"謂覆於軾上者也。其字《周禮》作"幦",《禮記》作"幦",金文作"冟"。幭、禊、幦、冟一聲之轉,其物以獸皮爲之,而襯以里,覆於軾上。鄭衆《周禮》注、鄭玄《禮記》注皆以爲覆笭,非是。"絲"乃誤字,因"末"非以絲爲之,且與下文"養威"無關也。絲,疑當作"貅",形似而誤。貅,究爲何獸,今不能曉,或即獅子,獅、貅音近,獅亦脩豪者也。貅末,謂以貅皮爲覆軾也。⊙天海案:《禮·曲禮》下:"鞮屨、素簚,乘髦馬。"孔疏:"素簚者,素白狗皮也。簚,車覆蘭也。"末、簚,雙聲,可通。末,即簚,覆車軾之物,多以獸皮爲之。絲簚,則以絲爲之。絲在當時爲珍貴之物,故下文云"養威"也。楊注是,他説皆非。又,注文四"簚"字,别本又作"幦";"爲之"之"之"無。

〔一八〕楊倞注:彌,如字,又讀爲"弭"。弭,末也。謂金飾衡軛之末爲龍首也。徐廣曰:"乘輿車以金薄繆龍爲輿倚較,文虎伏軾,龍首銜軛。"⊙盧文弨曰:彌,即《説文》之"䡘"。《廣韻》引説文云:"䡘,乘輿金耳也。"金耳,謂車耳,即重較也。"銜軛",當從《史記》注作"衡軛"爲是。⊙郝懿行曰:金耳者,金飾車耳也。於倚較上刻爲交龍之形,飾之以金,以養威重。龍,取其威也。⊙天海案:楊注文"文虎"原作"夾虎",此據《史記·禮書》注徑改。

〔一九〕楊倞注:倍至,謂倍加精至也。或以"必倍"爲句。倍,謂反之,車在馬前,令馬孰識車也。至極教順,然後乘之,備驚奔也。⊙盧文弨曰:《史記》"倍至"作"信至"。⊙王先謙曰:倍,當依《史記》作"信"。倍、信形近而訛。據楊注,則所見本已誤。信至,謂馬調良之極。⊙安積信曰:順,古與馴通。⊙李中生曰:文作"倍"可通。倍,義爲加倍;至,極也,副詞。倍、至連用,表示格外、極其之義,猶後世之倍極。《史記》作"信至",疑有人不明"倍至"之義而妄改。⊙天海案:倍至,加倍極致也。教順,調教馴良也。楊注未洽。

〔二〇〕楊倞注:孰,甚也。出死,出身死寇難也。要節,自要約以節義,謂立節也。使孰便甚知其出死要節,盡忠於君,是乃所以受禄養生也。若不能然,則亂而不保其生也。要,一遥反。⊙物雙松曰:孫鑛曰:"古孰、熟通。作'誰'字解爲長。"⊙冢田虎曰:熟,熟習意。《史記·正義》"審知"解,是也。《索隱》"誰知"解,非也。倞注爲"甚",亦不是也。⊙天海案:孰,深詳也。孰知,猶言深知。諸本又作"熟知"。出死，出生入死之謂也。要節，守節也。要，約也。約，守約也。故要節即約節，約節乃守節也。楊注未切，他説亦未得也。又楊注"使孰便甚知其出死要節"一句，盧校本作"使其孰知出死要節"，《集解》本從之。

〔二一〕楊倞注：費，用財以成禮，謂問遺之屬，是乃所以求奉養其財，不相侵奪也。⊙郭嵩燾曰："用"疑奪文。或作"出費制用"，四句爲一例。⊙王先謙曰：《史記》"出"作"輕"，文義大異。⊙章詩同曰：出費用，出錢得當。⊙楊柳橋曰：出，讀爲"黜"。《莊子·釋文》："黜，本可作'出'。"是其證。《説文》："出，貶下也。"《廣雅》："黜，滅也。"《史記·禮書》作"輕"，正是其義。⊙天海案：出，猶去也。《詩·小雅·賓之初筵》"既醉而出"，鄭玄箋："出，猶去也。"《吕氏·貴直》"先出也"，高誘注："出，去也。"此文"出費用"即去其費用也。楊倞注無當，諸説亦未得。

〔二二〕楊倞注：無恭敬辭讓，則亂而不安也。⊙天海案：安其職分也。

〔二三〕楊倞注：無禮義文理，則縱情性，不知所歸也。⊙久保愛曰：言恭敬辭讓似勞，禮義文理似戾情，然務之則終身得安，而情性得全也。⊙熊公哲曰：無禮義文理，則縱任性情，而無所制。

〔二四〕楊倞注：言苟唯以生爲所見，不能出死要節，若此者，必死也。⊙梁啓雄曰：《史記·禮書·索隱》："若，猶如也。言執心爲見如此者必刑戮及身，故云'必死'。下文皆放此也。"⊙趙海金曰：人苟生之爲見，順言之，謂人但見生。下三句，文同一例。⊙天海案：苟，猶但也。説見《經傳釋詞》，下同此。

〔二五〕楊倞注：苟唯以利爲所見，不能用財以成禮，若此者，必遇害也。⊙天海案：此言但以利爲見者，必受其害也。楊注未是。

〔二六〕楊倞注：懦，讀爲儒。言苟以怠惰爲安居，不能恭敬辭讓，若此者，必危也。⊙盧文弨曰：偷懦，《非十二子篇》作"偷儒"，是也。此與《勸學篇》作"偷懦"，皆非。⊙鍾泰曰：注當作："儒，讀爲懦。"蓋正文本作"儒"字，故有此注。後人既改正文，不知者遂并注文乙轉矣。⊙包遵信曰："偷懦"二字疑衍。《史記》正無此二字。⊙天海案：偷懦，荀書僅此一見，作"偷儒"者則四見也，故盧、鍾二説是。然則，據楊注，可知注文"懦，讀爲儒"四字乃後人所加，皆因"偷懦"二字爲"怠惰"旁注之文孱入正文之故也，原文必無此二字。又，"居"字，諸本無。

〔二七〕楊倞注：説，讀爲悦。言苟以情悦爲樂，不知禮義文理，恣其所欲，若此者，必滅亡也。⊙天海案：言只以情悦爲樂者必亡。

〔二八〕楊倞注：專一於禮義，則禮義、情性兩得；專一於情性，則禮義、情性兩喪也。

禮有三本：天地者，生之本也；先祖者，類之本也〔一〕；君師者，治之本也〔二〕。無天地，惡生？無先祖，惡出？無君師，惡治？三者偏亡，焉無安人〔三〕。故禮，上事天，下事地，尊先祖而隆君師，是禮之三本也〔四〕。故王者天太祖〔五〕，諸侯不敢壞〔六〕，大夫士有常宗〔七〕，所以別貴始。貴始，得之本也〔八〕。郊止乎天子〔九〕，而社止於諸侯〔一〇〕，道及士大夫〔一一〕。所以別尊者事尊，卑者事卑；宜大者巨，宜小者小也〔一二〕。故有天下者，事十世〔一三〕；有一國者，事五世〔一四〕；有五乘之地者，事三世〔一五〕；有三乘之地者，事二世〔一六〕。持手而食者，不得立祭廟〔一七〕。所以別積厚，積厚者流澤廣，積薄者流澤狹也〔一八〕。大饗，尚玄尊，俎生魚，先大羹，貴食飲之本也〔一九〕。饗，尚玄尊而用酒醴，先黍稷而飯稻粱〔二〇〕。祭，齊大羹而飽庶羞，貴本而親用也〔二一〕。貴本之謂文，親用之謂理〔二二〕，兩者合而成文〔二三〕，以歸大一，夫是之謂大隆〔二四〕。故尊之尚玄酒也，俎之尚生魚也，豆之先大羹也，一也〔二五〕。利爵之不醮也，成事之俎不嘗也，三臭之不食也，一也〔二六〕。昏之未發齊也，太廟之未入尸也，始卒之未小斂也，一也〔二七〕。大路之素未集也，郊之麻絻也，喪服之先散麻也，一也〔二八〕。三年之喪，哭之不文也；《清廟》之歌，一倡而三歎也；縣一鍾，尚拊之膈，朱絃而通越也，一也〔二九〕。

凡禮，始乎稅，成乎文，終乎悅校〔三〇〕。故至備，情文俱盡〔三一〕。其次，情文代勝〔三二〕。其下，復情以歸大一也〔三三〕。天地以合，日月以明，四時以序，星辰以行，江河以流，萬物以昌，好惡以節，喜怒以當〔三四〕。以爲下則順，以爲上則明，萬物變而不亂，貳之則喪也，禮豈不至矣哉〔三五〕！立隆以爲極，而天下莫之能損益也〔三六〕。本末相順〔三七〕，終始相應〔三八〕，至文以有別，至察以有説〔三九〕。天下從之者治，不從者亂；從之者安，不從者危；從之者存，不從者亡。小人不能測也〔四〇〕！



【校釋】

〔一〕楊倞注：類，種。⊙物雙松曰：此"類"即"有教無類"之類。⊙天海案：類，族類也。

〔二〕梁啓雄曰：師，亦君也。⊙天海案：君師，君長也，亦君主也。治之本，治國之本。

〔三〕楊倞注：偏亡，謂闕一也。⊙梁啓雄曰：《釋詞》二："焉，猶則也。"《史記·禮書》"焉"作"則"。⊙天海案：三"惡"字，同"烏"，何也。"焉"字屬下讀，"則"也，梁説是。《大戴禮·三本篇》三"惡"字皆作"焉"。偏，或讀爲"徧"。徧亡，全亡也。

〔四〕楊倞注：所以奉其三本。⊙劉師培曰：《大戴禮·三本篇》作"宗事先祖而寵君師"，宗、尊，音轉義同。⊙羅焌曰：隆，亦尊也。

〔五〕楊倞注：謂以配天也。太祖，若周之后稷。⊙張覺曰：天子把始祖當作天來祭祀。⊙天海案：太祖，宋浙本作"大祖"，皆始祖也。

〔六〕楊倞注：謂不祧其廟，若魯周公。《史記》作"不敢懷"，司馬貞云"思也"，蓋誤耳。⊙久保愛曰：壞，毁廟也。⊙天海案：不敢廢太祖廟也。

〔七〕楊倞注：繼别子之後，爲族人所常宗，百世不遷之大宗也。别子，若魯三桓也。⊙張覺曰：常宗，合法的祖宗。⊙天海案：楊注是。

〔八〕楊倞注：得，當爲"德"。言德之本在貴始。《穀梁傳》有此語。⊙盧文弨曰：得，《大戴禮》作"德"，古二字通用。⊙王先謙曰：此上是貴始之義。《史記》作"所以别貴賤，貴賤治，德之本也"，傳鈔致誤。⊙熊公哲曰：别貴始，尊貴於小宗。貴始，所以教孝。孝，固德之本。⊙天海案：别貴始，區别各自所尊之始祖。

〔九〕王先謙曰：《史記》作"郊疇乎天子"。《索隱》："疇，類也。天子類得郊天，餘並不合祭。"⊙梁啓雄曰：《禮記·禮器》注："郊，祭天也。"⊙天海案：此言郊祭止於天子，即只有天子才有資格舉郊祭。

〔一〇〕王先謙曰：《史記》作"社至諸侯"，《索隱》"言天子已下至諸侯得立社"。《説文》："社，地主也。"《孝經緯》："社，土地之主也。土地闊，不可盡敬，故封土爲社，以報功也。"案"止"字義不合，當作"至"，至、止形近而誤。⊙梁啓雄曰：《禮記·中庸》注："社，祭地神。"

〔一一〕楊倞注：道，通也。言社自諸侯，通及士大夫也。或曰：道，行神也。《祭法》，大夫適士皆得祭門及行。《史記》"道"作"蹈"，亦作"啗"，司馬貞曰："啗音含，苞也。"言士大夫皆得苞立社。倞謂：當是"道"誤爲"蹈"，傳寫又誤以"蹈"爲"啗"耳。⊙物雙松曰：道，即行。行，五祀之一。按《禮·祭法》："王七祀，諸侯五祀，大夫三祀，適士二祀。而唯祀行祀門，自天子至適士得之。"荀子蓋言之。注非，《史記》亦非。⊙冢田虎曰：道，行神之説爲是矣。⊙盧文弨曰：《史記·集解》本"道及"作"函及"。⊙王念孫曰：楊注皆出於小司馬。其説"道"、"啗"二字，皆非也。道及者，覃及也。説見《史記·禮書》。⊙劉師培曰：道，即"禫"字之古文也。蓋三代之時，天子祭天，諸侯祭土，大夫士則祭其先。⊙天海案：道及士大夫，楊注引或説是也，引《史記》則非。此言行祀則及於士大夫。行祀，祭路神也。物氏所引《祭法》

可證。

〔一二〕天海案:“巨”字,巾箱三本作“具”;“小也”作“别”。明世本、《四庫》本“小”下皆無“也”字。

〔一三〕楊倞注:十,當爲“七”。《穀梁傳》作“天子七廟”。⊙久保愛曰:《大戴禮》《史記》“十”作“七”,是也。

〔一四〕久保愛曰:《禮記》曰“諸侯立五廟”。

〔一五〕楊倞注:古者十里爲成,成出革車一乘。五乘之地,謂大夫有菜地者,得立三廟也。⊙盧文弨曰:注“菜”,俗閒本作“采”,宋本、元刻皆作“菜”。⊙梁啓雄曰:楊注“菜地”下疑奪“五成”二字。

〔一六〕楊倞注:《祭法》所謂“適士立二廟”也。

〔一七〕楊倞注:持其手而食,謂農工食力也。⊙久保愛曰:持手,《大戴禮》作“待年”,《史記》作“有特牲”三字。今按:持,當作“恃”。《莊子》曰“河上有家貧恃緯蕭而食者”。⊙劉師培曰:持、恃古通。持,當讀“恃”。蓋兼農及商工言。⊙天海案:持字,古通恃。《韓非子》“持檝之利”,“持”亦“恃”之叚。又正文“祭”字,諸本並作“宗”。《禮記·祭法》:“庶士、庶人無廟,死曰鬼。”

〔一八〕楊倞注:積與績同,功業也。《穀梁傳》僖公十五年:“震夷伯之廟。”夷伯,魯大夫。因此以見天子至于士皆有廟也。天子七廟,諸侯五,大夫三,士二。故德厚者流光,德薄者流卑。是以貴始,德之本也。⊙盧文弨曰:《大戴》及《史記》“積厚”二字不重。⊙王念孫曰:不重者是也。⊙天海案:“别積厚”之“别”,諸本一作“表”。“積厚”二字不重,“所以别積厚”,乃結上文“立祭廟”而言。“積厚者流澤廣”,啓“流澤”而言。又,楊注“流光”,當作“流廣”。

〔一九〕楊倞注:大饗,祫祭先王也。尚,上也。玄酒,水也。大羹,肉汁無鹽梅之味者也。本,謂造飲食之初。《禮記》曰“郊血,大饗腥”也。⊙物雙松曰:生魚,《史記》作“腥魚”,可見生、腥古通。⊙劉師培曰:《史記》作“俎上生魚”,此文“生”上疑捝“尚”字,尚、上,古通,下云“俎之尚生魚”,是其證。⊙楊柳橋曰:鄭玄《儀禮》注:“玄酒,新水也。”《一切經音義》引《字書》:“俎,肉几也也;高四脚小盤也。”俎生魚,謂以小盤盛生魚也。⊙天海案:大饗,即大祫。古時天子、諸侯合祭祖先的祭禮。《公羊傳》文二年:“大祫者何?合祭也。”玄,玄酒,即清水。尊,通樽,盛酒之器。大羹,讀爲太羹,不加任何調味之肉羹。本,源也。清水,生魚,無佐料之肉羹,爲人類先祖早期之飲食,以此祭之,故曰“貴飲食之本”。

〔二〇〕楊倞注:饗與享同,四時享廟也。用,謂酌獻也。以玄酒爲上而獻以酒醴,先陳黍稷而後飯以稻梁也。⊙于鬯曰:“醴”字當依《大戴禮·三本記》及《史記·禮書》作“食”讀,當屬下爲義。後人誤以“酒食”連讀,嫌“饗”不當有“食”,故改“食”爲“醴”,不知言饗言食,下文言祭,文極井井。若云饗禮則尚玄尊而用酒也,食禮則先黍稷而飯稻粱也，祭禮則齊大羹而飽庶羞也。⊙劉師培曰：《大戴禮》及《史記》“先”上並有“食”字，當據補。⊙天海案：酒醴，有滓之濁酒。《周禮·酒正》鄭玄注：“醴，猶體也，成而汁滓相將，如今恬酒矣。”“先”字上，當從于、劉二説補“食”字。又，正文及楊注“稻梁”，諸本皆作“稻粱”，古梁字，通粱。

〔二一〕楊倞注：祭，月祭也。齊，讀爲嚌，至齒也。謂尸舉大羹，但至齒而已矣，至庶羞而致飽也。用，謂可用食也。⊙盧文弨曰：《大戴禮》“齊”作“嚌”，《史記》“嚌”下有“先”字。⊙俞樾曰：齊，當爲“躋”，《禮記·樂記篇》鄭注曰“齊，讀爲躋”，是也。文二年《左傳》“躋僖公”，杜注曰：“躋，升也。”然則躋大羹者，升大羹也，正與上文“尚玄尊”、“先黍稷”一律。下文“豆之先大羹也”，是其義也。楊注因《大戴記》而誤。⊙梁啓雄曰：《大戴禮記》補注：“玄酒、黍稷、大羹，是貴本。酒、稻粱、庶羞、味美，故親用。”⊙熊公哲曰：庶羞，衆味也。⊙楊柳橋曰：《廣雅》：“親，近也。”親用，謂近於用也。⊙天海案：齊，通躋，俞説是也，楊注非。親用，切近實用也。羞，通饈。

〔二二〕楊倞注：文，謂脩飾。理，謂合宜。⊙天海案：文，謂禮飾之也。

〔二三〕郝懿行曰：文、理一耳。貴本則溯追上古，禮至備矣，兼備之謂文；親用則曲盡人情，禮至察矣，密察之謂理。理統於文，故兩者通謂之文也。

〔二四〕楊倞注：貴本、親用，兩者相合，然後備成文理。大，讀爲太。太一，謂太古時也。《禮記》曰“夫禮必本於太一”，言雖備成文理，然猶不忘本而歸於太一，是謂大隆於禮。司馬貞曰：“隆，盛也。得禮文理，歸於太一，是禮之盛也。”⊙物雙松曰：大隆，猶言禮之至隆也。⊙安積信曰：大一，謂聖人作禮之本意也。下五“一”也，從此“一”字生，注誤矣。⊙鍾泰曰：“大一”之“一”，對“兩”而言，“大”當讀如字，與“大隆”之“大”同。楊注非也。⊙天海案：大一，即太一。《禮記·禮運》：“是故夫禮，必本於大一，分而爲天地，轉而爲陰陽。”楊注是。

〔二五〕楊倞注：一，謂一於古也。此以象太古時，皆貴本之義，故云“一也”。⊙王先謙曰：大羹盛於登，俎、豆，蓋通言之。⊙天海案：豆，盧本、《集解》並作“俎”，非。《大戴》《史記》亦作“豆”。

〔二六〕楊倞注：醮，盡也。謂祭祀畢，告利成，利成之時，其爵不卒，奠于筵前也。《史記》作“不啐”。成事，謂尸既飽，禮成，不嘗其俎。《儀禮》：“尸又三飯，上佐食，受尸牢肺，正脊加于肵。”是臭謂歆其氣，謂食畢也，許又反。皆謂禮畢無文飾，復歸於朴，亦象太古時也。《史記》作“三侑之不食”，司馬貞云：“禮，祭必立侑以勸尸食，至三飯而止。每飯有侑一人，故曰三侑。既是勸尸，故不自食也。”⊙冢田虎曰：利成之爵，不盡而奠于筵前，亦無酬酢之謂，而曰不醮與？“三臭”爲是矣。臭，嗅也。⊙俞樾曰：楊注“利爵不醮”，未盡其義。利者，謂佐食也。利爵不醮，蓋據大夫儐尸之禮。⊙王先謙曰：《索隱》云：“成事，卒哭之祭，故《記》曰‘卒哭曰成事’，既是卒哭始從吉祭，故受爵而不嘗俎。"與楊注義異。孔廣森云："一也，三者皆禮之終。"⊙天海案：利，佐食者。爵之，以爵獻酒於尸。不醮，不盡，言尸不將爵中酒飲盡。三臭之不食，當從《大戴禮》《史記》作"三侑之不食"。侑，勸食，字或作"有"。

〔二七〕楊倞注：皆謂未有威儀節文，象太古時也。《史記》作"大昏之未廢齊也"，司馬貞曰："廢齊，謂婚禮父親醮子而迎，故《曲禮》云：'齊戒以告鬼神。'""此三者皆禮之初始，質而未備，故云一也。"⊙物雙松曰：發齊，齊，側皆反。發齊，謂齊戒告神，親醮之後，將行親迎之時也。⊙久保愛曰：以《士昏禮》及《昏義》考之，昏禮，先設對席、對黍稷、對爵合巹，夫婦齊陳之，謂之"未發齊"。發，開始也。及其婿迎婦而入，對筵而坐，共牢而食，合巹而酳，而後夫婦親始成，謂之"發齊"。⊙盧文弨曰：古廢、發音同通用。⊙俞樾曰：齊，當讀爲"醮"。發，猶致也。昏禮，父親醮子而命之迎。未發醮者，未致醮也。⊙王先謙曰：孔廣森云"未入尸，謂若饋食，尸未入之前爲陰厭也"。⊙天海案：昏，諸本皆作"大昏"，可據補。發齊，讀爲"廢齋"。楊注所引《史記》是也。太廟，諸本作"大廟"，大，通太。斂，通殮，小殮，給死者穿衣。死者入棺謂大殮。斂字又作"歛"。

〔二八〕楊倞注：大路，殷祭天車，王者所乘也。未集，不集丹漆也。《禮記》云："大路素而越席。"又曰："丹漆彫幾之美，素車之乘。"麻絻，績麻爲冕，所謂大裘而冕，不用袞龍之屬也。《士喪禮》："始死，主人散帶，垂長三尺。"《史記》作"大路之素幬"。司馬貞曰："幬音稠。謂車蓋素帷，亦質者也。"⊙盧文弨曰：注末，舊本作"亦質者也"。⊙久保愛曰：按《士喪禮》"散帶垂，牡麻絰"，故曰散麻。絻，音冕。⊙俞樾曰："未"字當爲"末"。素末一事，素集一事，蓋本作"末"，一本作"集"，傳寫誤合之，因改"末"爲"未"，以曲成其義，非《荀子》原文也。"末"者，"幦"之叚字。然則"大路之素末"，亦即"素幦"耳。"集"者，"幬"之叚字，"集"音轉而爲"就"，故得讀爲"幬"。⊙王先謙曰：《大戴禮》"散麻"作"散帶"。孔廣森云："帶，要絰也。"喪禮，小斂，主人始絰，散垂之，既成服，乃絞。《雜記》曰："大功以上散帶。"三者皆從質，故云"一也"。⊙包遵信曰：先散麻，"先"字疑是衍文。⊙天海案：大路，即大輅，天子祭天之車。"素未集"，依俞說，當作"素末"，與《大戴》"素幭"同。素末者，車之遮風塵之白色絲帷簾也。郊，郊祭也。麻絻，即《大戴》之"麻冕"，麻布所作之冠。散麻，喪服束腰之帶，《大戴》正作"散帶"。楊注末"亦質者也"原作"赤質者也"，此據諸本改之。盧校本作"示質也"，義長。

〔二九〕楊倞注：不文，謂無曲折也。《禮記》曰："斬衰之哭，若往而不反。"《清廟》之歌，謂工以樂歌《清廟》之篇也。一人倡，三人歎，言和之者寡也。縣一鍾，比於編鍾爲簡略也。尚拊之膈，未詳。或曰：上，謂上古也；拊，樂器名；膈，擊也。即所謂"戛擊鳴球，搏拊琴瑟"也。尚古樂，所以示質也。揚子雲《長楊賦》曰"拮膈鳴球"，韋昭曰："古文隔爲擊。"或曰：膈，當爲"特"。《大戴禮》作"搏拊"，一名相。

《禮記》曰："治亂以相拊，所以輔樂。"相，亦輔之義。《書》曰"搏拊琴瑟"。孔安國曰："搏拊，以韋爲之，實之以糠，所以節樂也。"《周禮》："大祭祀，登歌令奏擊拊。"司馬貞説："拊鬲，謂縣鍾格也。不擊其鍾，而拊其格，不取其聲，示質也。"朱絃疏越，鄭玄曰："朱絃，練朱絃也。練則聲濁。越，瑟底孔也，畫疏之，所以發越其聲，故謂之越。踈通之，使聲遲也。"《史記》作"洞越"。或曰：膈，讀爲"戛"也。⊙盧文弨曰：不文，《大戴禮》《史記》皆作"不反"。觀注意，此亦似本作"不反"，"文"字疑誤。⊙郝懿行曰：拊、膈，皆樂器名。尚者，上也。鐘聲宏大，言不貴彼而上此聲之近質者也。⊙久保愛曰：拊之膈，《史記》作"拊膈"。此蓋衍"之"字。《白虎通》曰："拊革，著以糠。"搏拊、拊搏、拊膈、拊革，蓋一物也。⊙王先謙曰：不文，當作不反，盧説是也。《大戴禮》"鍾"作"罄"，與"磬"同；"拊膈"作"拊搏"，無"之"字，《史記》亦無，明此"之"字衍。《尚書大傳》曰："古者帝王升歌《清廟》之樂，大琴練絃達越，大瑟朱絃達越。"⊙于鬯曰：此當作"縣一鍾之尚拊膈"，"之"即"而"也。⊙劉師培曰：此文當作"懸鐘之尚拊膈"，"一"係衍文。言雖有懸鍾，猶不廢拊膈之樂也。⊙于省吾曰：膈，金文作"鬲攴"，亦鍾類也。⊙天海案：正文及注"不文"當作"不反"，形之誤也。《清廟》之歌，祀文王之樂也。《詩序》："《清廟》，祀文王也。"一倡而三歎，倡，同唱。歎，應和也。"尚拊之膈"，當從《史記》作"尚拊膈"。《集解》徐廣曰"一作搏膈"。《索隱》："縣音懸，拊音撫。膈音格，懸鍾格也。不擊其鍾而拊其格，不取其聲，示質也。"今謂"膈"乃"鬲"之形誤也。《説文》："鬴、鬲，或从瓦。""鬴"之小篆"[illegible]"，後人傳寫而訛作"膈"，故"拊膈"二字費解。鬲，古代喪禮所用之瓦瓶。拊，拍擊也。拊鬲，即用手拍打瓦器以作樂也。李斯《諫逐客書》："夫擊瓮叩缶，彈箏搏髀，而歌呼嗚嗚快耳者，真秦之聲也。"擊瓮叩缶，亦與"拊鬲"同義。通越，疏通瑟底之孔。《史記・索隱》曰："大瑟而練朱其絃，又通其下孔，使聲濁且遲。"《史記・禮書序》又作"洞越"，《尚書大傳》作"達越"，《禮・樂記》作"疏越"、《淮南子・泰族》作"漏越"，其義皆同也。楊注"或曰膈當爲搏"之"搏"原作"特"，孔安國曰下脱"搏"字，此據盧校補正。又，此下原文未分段，現依文意分之。

〔三〇〕楊倞注：《史記》作"始乎脱，成乎文，終乎税"。言禮始於脱略，成於文飾，終於税減。《禮記》曰"禮主其減"。校，未詳。《大戴禮》作"終於隆"，隆，盛也。⊙久保愛曰：宋本"梲"作"税"。今案，此篇據《史記》，當讀爲脱，"校"字衍。悦，《索隱》曰"和悦人情"。且考《禮記》"禮減而進，以進爲文"，然則《史記》作"終乎税者"，亦非也。⊙盧文弨曰：注"隆"字，舊本不重，據《大戴禮》《史記・索隱》增。⊙郝懿行曰：税者，斂也；校，當作"恔"，恔者，快也。《孟子》"於人心獨無恔乎"，趙注"恔，快"，是矣。此言禮始乎收斂，成乎文飾，終乎悦快。⊙孫詒讓曰：悦校，當讀爲"娧姣"。《説文・女部》云"娧，好也"，姣，説解同。蓋禮彌文則彌姣好。即《大戴禮・三本篇》"終於隆"之意。娧、悦、税，及姣、校，竝同聲叚借字，楊釋税爲減，郝讀校爲恔，竝未得其義。⊙劉師培曰：棁，係"殺"字之脱文。⊙包遵信曰：棁乃是木杖，杖可擊殺人，故棁引申亦有殺意。《穀梁傳》宣公八年："棁，殺也。"是其例。⊙楊柳橋曰："悦"字當涉上文"棁"字而誤衍，當作"終於校"。《孟子·滕文公上》："校者，教也。"言禮終於教化也。⊙天海案：棁，諸本並作"棁"。《史記》作"脱"，《索隱》曰："脱，猶疏略也。"棁、脱，上古皆屬透母月部，聲韻並同，故可通。"税"字亦屬月部，一聲之轉，亦當借爲脱。禮始於疏略，正爲禮之初起實况，故《索隱》之訓可從。"終乎悦校"，《史記》作"終乎税"，《集解》引徐廣曰"一作悦"，《索隱》曰："税音悦，言禮終卒和悦人情。"校，通恔。恔、校，上古並見母宵部，故通。郝訓"恔"是也。"終乎悦校"，言禮最終愉悦人情也。《索隱》之説可從。楊注末"盛也"上，原缺"隆"字，據盧校及《集解》補。

〔三一〕楊倞注：情文俱盡，乃爲禮之至備。情，謂禮意，喪主哀，祭主敬之類。文，謂禮物，威儀也。⊙天海案：至備，極完備。俱盡，皆盡其至也。

〔三二〕楊倞注：不能至備，或文勝於情，情勝於文，是亦禮之次也。⊙天海案：代勝，替勝也。

〔三三〕楊倞注：雖無文飾，但復情以歸質素，是亦禮也。若潢汙行潦之水，可薦於鬼神也。⊙天海案：復情，返其本性也。大一，即太一，説見前。

〔三四〕楊倞注：言禮能上調天時，下節人情。若無禮以分别之，則天時人事皆亂也。昌，謂各遂其生也。⊙包遵信曰：此言禮之作用，故曰"萬物以昌"。⊙天海案：八"以"字，皆猶"乃"也，説見《古書虚字集釋》。

〔三五〕楊倞注：禮在下位則使人順，在上位則治萬變而不亂。貳，謂不一在禮。喪，亡也。⊙顧千里曰："物"字、"而"字，疑不當有。《大戴記·禮三本篇》無此二字，可以爲證。⊙王先謙曰："貳"乃"貣"之誤字，説見《天論篇》，《大戴禮》作"貸之則喪"。張參《五經文字》云"貸，相承或借爲貣"。《吕覽》《管子》《史記》皆以"貣"爲"忒"。⊙梁啓雄曰：《左》襄廿四《傳》"貳，離也"。《易·坤》馬注："喪，失也。"⊙天海案：據楊注及荀書文例，"萬物變"當作"萬變"，"物"字因上文"萬物以昌"而衍，可據《大戴》及顧校删之。貳，違背，背叛。《玉篇》："貳，畔也。"喪，亡也。楊注是。

〔三六〕楊倞注：立隆盛之禮以極盡人情，使天下不復更能損益也。⊙久保愛曰：極，皇極有極之極。⊙天海案：極，極準也。

〔三七〕楊倞注：司馬貞曰："禮之盛，文理合以歸太一；禮之殺，復情以歸太一；是本末相順也。"⊙俞樾曰：順，讀爲巡。《禮記·祭義篇》"終始相巡"，其義正同。順、巡竝從川聲，故得叚用。⊙天海案：順，通巡，俞説是。巡者，沿也。此言本末相沿也。

〔三八〕楊倞注：司馬貞曰："禮始於脱略，終於税，亦殺也，殺亦脱略，是終始相應也。”⊙久保愛曰：終始、本末，互文也。

〔三九〕楊倞注：言禮之至文，以其有尊卑貴賤之别；至察，以其有是非分别之説。司馬貞曰：“説，音悦。言禮之至察，有以明隆殺委曲之情文，足以悦人心也。”⊙王念孫曰：以，猶而也。言至文而有别，至察而有説也。《史記》“以有”二字皆倒轉，誤也。楊前説誤解“以”字，後用小司馬説，讀説爲悦，尤非。⊙天海案：王説是也。楊注引司馬貞語“明隆”之“隆”原作“鴻”，此據《史記》改之。

〔四〇〕王先謙曰：測，《史記》誤“則”。⊙天海案：測，量也、知也。此下原文未分段，現據文意分之。

禮之理誠深矣，“堅白”、“同異”之察，入焉而溺〔一〕；其理誠大焉，擅作典制、辟陋之説，入焉而喪〔二〕；其理誠高矣，暴慢、恣睢、輕俗，以爲高之屬，入焉而隊〔三〕。故繩墨誠陳矣，則不可欺以曲直；衡誠縣矣，則不可欺以輕重；規矩誠設矣，則不可欺以方圓〔四〕；君子審於禮，則不可欺以詐僞〔五〕。故繩者，直之至；衡者，平之至；規矩者，方圓之至；禮者，人道之極也。然而不法禮，不足禮，謂之無方之民；法禮、足禮，謂之有方之士〔六〕。禮之中焉能思索，謂之能慮；禮之中焉能勿易，謂之能固〔七〕。能慮、能固，加好者焉，斯聖人矣〔八〕！故天者，高之極也；地者，下之極也；無窮者，廣之極也〔九〕；聖人者，道之極也。故學者固學爲聖人也，非特學爲無方之民也〔一〇〕。

禮者，以財物爲用〔一一〕，以貴賤爲文〔一二〕，以多少爲異〔一三〕，以隆殺爲要〔一四〕。文理繁，情用省，是禮之隆也〔一五〕；文理省，情用繁，是禮之殺也〔一六〕；文理、情用相爲内外表裹，並行而雜，是禮之中流也〔一七〕。故君子上致其隆，下盡其殺，而中處其中〔一八〕。步驟、馳騁、厲鶩，不外是矣，是君子之壇宇、宫廷也〔一九〕。人有是，士君子也；外是，民也〔二〇〕；於是其中焉，方皇周挾，曲得其次序，是聖人也〔二一〕。故厚者，禮之積也；大者，禮之廣也；高者，禮之隆也；明者，禮之盡也〔二二〕。《詩》曰：“禮儀卒度，笑語卒獲。”此之謂也〔二三〕。

【校釋】

〔一〕久保愛曰：斥惠施、鄧析。⊙天海案：堅白，公孫龍有“離堅白”之説。同異，惠施有“合同異”之説。久説未了。溺，沉溺、迷陷也。

〔二〕久保愛曰：斥慎到、田騈。辟，音僻。⊙天海案：此泛指，久説泥。

〔三〕楊倞注：隊，古“墜”字，墮也。以其深，故能使堅白者溺；以其大，故能使擅作者喪；以其高，故能使暴慢者墜。司馬貞曰：“恣睢，毀訾也。”⊙久保愛曰：此斥它囂、魏牟。恣睢，《非十二子篇》楊注“矜放之貌”，是也。⊙王先謙曰：《史記》“理”竝作“貌”，“喪”作“嗛”。⊙天海案：正文“以爲高”三字諸本無，依此上文例，三字不當有，疑旁注之文混入也。《史記》有此三字，可知誤在唐前。恣睢，久説是。輕俗，自以爲高者。以上三“誠”字皆訓實，口語謂“誠”爲“真”，下同此。

〔四〕包遵信曰：下文曰“故繩者”，疑“繩墨”之“墨”爲衍文。⊙天海案：規矩誠設矣，“設”字，諸本作“施”。

〔五〕久保愛曰：誠，猶正也。⊙天海案：以上三“誠”字皆訓真正、確實。審，亦猶誠也。《廣韻》：“誠，審也，信也。”楊樹達《詞詮》：“與今語‘真’同。”久説非也。又，此數語又見於《管子》《慎子》，文略異。

〔六〕楊倞注：足，謂無闕失；方，猶道也。⊙郝懿行曰：方，猶隅也。廉隅，謂有棱角。士知砥厲，故德有隅；民無廉恥，故喪其隅者也。⊙王念孫曰：足禮，謂重禮也。不足禮，謂輕禮也。又曰：足，當爲“是”，“足”字相似而誤。⊙王先謙曰：王前説是。⊙鍾泰曰：或言方術，或言道術，是方、道一也。⊙李中生曰：荀書“方”、“法”義同。“無方之民”，即没有法度之民。“有方之士”，即有法度之士。⊙天海案：足，猶重也，王前説是。方，法度也，李説是。

〔七〕楊倞注：勿易，不變也。若不在禮之中，雖能思索、勿易，猶無益。⊙天海案：二“焉”字，皆訓“而”，説見裴學海《虚字集釋》。易，移也。固，堅定也。“禮之中”，謂符合於禮。

〔八〕王先謙曰：《史記》“者”作“之”。此句當作“加好之者焉”，《史記》引删“者”字，荀書奪“之”字也。無“之”字則語不圓足。⊙陶鴻慶曰：者，讀爲“諸”，諸與之同。《史記》作“之”，此文作“者”，其實一也。王《解》非是。⊙天海案：者，猶之也。吴昌瑩《經詞衍義》説之，潘重規、裴學海、駱瑞鶴、李中生皆從此説。

〔九〕楊倞注：東西南北無窮。⊙駱瑞鶴曰：《史記·禮書》於“無窮者”之上有“日月者明之極也”七字，疑此文亦當有此句，不知何時脱之。前文云“天地以合，日月以明”，亦以日月爲説。此文言天而及日月，言地而及無窮，義相一貫。

〔一〇〕安積信曰：無方之民，恐當作“有方之士”。或云：無方之民，指堅白、同異、暴慢、恣睢之民，非謂平凡愚庸之民也。⊙裴學海曰：固，當也。特，是也。⊙駱瑞鶴曰：非特，即“非”。本書“非特”二字連文，“特”字但爲語助，無實義，唯示强調而已。⊙天海案：此下原文未分段，現依文意分之。

〔一一〕楊倞注：以貢獻問遺之類爲行禮之用也。

〔一二〕楊倞注：以車服旗章爲貴賤文飾也。

〔一三〕楊倞注：多少異制，所以別上下也。⊙天海案："爲異"原作"爲用"，因上文而譌也，諸本作"爲異"，與楊注合，此據改。

〔一四〕楊倞注：隆，豐厚。殺，減降也。要，當也。禮或厚或薄，唯其所當爲貴也。⊙久保愛曰：要，樞要、要領之要，本注非。⊙安積信曰：要，要約之要。⊙天海案：要，重要、要害之要。

〔一五〕楊倞注：文理，謂威儀。情用，謂忠誠。若享獻之禮，賓主百拜，情唯主敬，文過於情，是禮之隆盛也。⊙王先謙曰：《史記》"理"作"貌"，"用"作"欲"，下同。⊙天海案：文理，文飾儀制。情用，實用。

〔一六〕楊倞注：若尊之尚玄酒，本於質素，情過於文，雖減殺，是亦禮也。⊙久保愛曰：文理繁，如《禮記》所謂"酒清人渴，而不敢飲"是也。情用繁，如"父黨無容"是也。⊙包遵信曰：殺者，謂禮儀之簡省也。⊙駱瑞鶴曰：此文"文理"與"情用"對，是"情用"爲實用之物明矣。依楊注，則繁其文理而省其忠誠爲禮之隆盛，反之爲禮之衰殺，甚與古禮教不合。疑注文有竄亂。⊙天海案：楊注可疑，駱説是。

〔一七〕楊倞注：或豐或殺，情文代勝，並行相雜，是禮之中流。中流，言如水之清濁相混也。⊙物雙松曰：禮之中流，言隆殺之中也。禮有此三等。⊙久保愛曰：下文本注曰："中流，禮之中道也。"⊙王念孫曰：雜，讀爲集。《爾雅》："集，會也。"言文理情用竝行而相會也。集、雜，古字通，楊未達假借之旨。⊙俞樾曰：雜，讀爲帀。古"雜"與"帀"通。言竝行而周帀也。⊙天海案：雜，如字，交錯也。中流，猶正流。中，正也。正流，亦即正道。

〔一八〕楊倞注：君子，知禮者。致，極也。言君子於大禮則極其隆厚，小禮則盡其降殺，中用得其中，皆不失禮也。

〔一九〕楊倞注：厲騖，疾騖也。《史記》作"廣騖"。言雖馳騁，不出於隆殺之閒。壇宇、宮廷，已解於上。⊙物雙松曰：壇宇，猶言區域。⊙高亨曰：厲，借爲"鴷"。《説文》："鴷，次弟馳也。"《廣雅》："鴷，犇也。"鴷騖，猶云犇騖耳。厲、鴷，古通用。⊙龍宇純曰：厲，當依《史記》作"廣"。廣者，横也。廣與横，古音近通作。⊙天海案：步驟，喻緩急也；馳騁，喻奔競；厲騖，喻奮求也。厲，振奮；騖，追求。此言君子言行之緩急、競爭、奮求，皆不在此外也。壇宇、宮廷，皆君子言行之範圍也。《儒效篇》已再三言之。廷，諸本又作"庭"。

〔二〇〕楊倞注：是，猶此也。民，民氓無所知者。⊙王念孫曰：是，謂禮也。有，謂爲域。《孟子·公孫丑篇》注曰："域，居也。"人域是，人居是也，故與"外是"對文。域、有，古通用。《史記·禮書》正作"人域是"。《索隱》："域，居也。"⊙久保愛曰：是，指禮義。

〔二一〕楊倞注：方皇，讀爲"仿偟"，猶徘徊也。挾，讀爲浹，帀也。言於是禮之中，徘徊周匝、委曲，皆得其次序而不亂，是聖人也。⊙物雙松曰："於是其中焉"，猶言於禮中也，亦對外之中。⊙久保愛曰：《史記》無"其中"之"其"。⊙鍾泰曰："方皇"皆有廣大意，猶周浹也，楊注非。⊙包遵信曰：《莊子・釋文》："仿徨，猶翱翔也。"謂運行自由之貌。楊訓爲徘徊，非是。⊙天海案：於是其中，在此其中。方，廣也；皇，大也。方皇，即廣大、普遍之義，鍾説是。曲，全也，盡也。曲得其次序，盡得其次序。楊注襲《索隱》訓爲"委曲"，非也。

〔二二〕楊倞注：聖人所以能厚重者，由積禮也；能弘大者，由廣禮也；崇高者，由隆禮也；明察者，由盡禮也。司馬貞曰："言君子、聖人有厚大之德，則爲之所歸，積益弘廣也。"⊙物雙松曰：厚、大、高、明，謂聖人之德之厚大高明，皆禮之積廣隆盡也。

〔二三〕楊倞注：引此明有禮，動皆合宜也。⊙梁啓雄曰：《小雅》《楚茨》文。《禮・坊記》注："卒，盡也。獲，得也。"⊙天海案：此上"禮起於何也"至"明者，禮之盡也"之文，《史記・禮書》全用之，然文亦有小異。

禮者，謹於治生死者也〔一〕。生，人之始也；死，人之終也。終始俱善，人道畢矣。故君子敬始而慎終。終始如一，是君子之道，禮義之文也。夫厚其生而薄其死，是敬其有知而慢其無知也，是姦人之道而倍叛之心也〔二〕。君子以倍叛之心接臧穀，猶且羞之，而況以事其所隆親乎〔三〕？故死之爲道也，一而不可得再復也，臣之所以致重其君，子之所以致重其親，於是盡矣〔四〕！故事生不忠厚、不敬文，謂之野〔五〕；送死不忠厚、不敬文，謂之瘠〔六〕。君子賤野而羞瘠，故天子棺槨十重，諸侯五重，大夫三重，士再重〔七〕，然後皆有衣衾多少、厚薄之數，皆有翣菨文章之等以敬飾之〔八〕，使生死終始若一，一足以爲人願，是先王之道，忠臣孝子之極也〔九〕。天子之喪動四海，屬諸侯；諸侯之喪動通國，屬大夫；大夫之喪動一國，屬修士；修士之喪動一鄉，屬朋友〔一〇〕；庶人之喪合族黨，動州里〔一一〕。刑餘罪人之喪不得合族黨，獨屬妻子。棺椁三寸，衣衾三領，不得飾棺，不得晝行，以昏殣，凡緣而往埋之〔一二〕，反無哭泣之節，無衰麻之服，無親疏月數之等，各反其平，各復其始〔一三〕，已葬埋，若無喪者而止，夫是之謂至辱〔一四〕。

禮者，謹於吉凶不相厭者也〔一五〕。紸纊聽息之時，則夫忠臣孝子亦知其閔已〔一六〕，然而殯斂之具未有求也〔一七〕；垂涕恐懼，然而幸生之心未已,持生之事未輟也;卒矣,然後作、具之〔一八〕。故雖備家,必踰日然後能殯,三日而成服〔一九〕。然後告遠者出矣,備物者作矣〔二〇〕。故殯,久不過七十日,速不損五十日〔二一〕。是何也?曰:遠者可以至矣,百求可以得矣,百事可以成矣,其忠至矣,其節大矣,其文備矣〔二二〕。然後月朝卜日,月夕卜宅,然後葬也〔二三〕。當是時也,其義止,誰得行之?其義行,誰得止之〔二四〕?故三月之葬,殯其須以生設飾死者也,殆非直留死者以安生也〔二五〕,是致隆思慕之義也〔二六〕。

【校釋】

〔一〕楊倞注:謹,嚴。⊙物雙松曰:以下皆言喪禮。

〔二〕久保愛曰:姦人,斥墨子。⊙天海案:人道,人生之道。君子之道,君子之行也。厚其生,重其生;薄其死,輕其死。"姦人之道",姦人之行也。倍,通背,下同。

〔三〕楊倞注:臧,已解在《王霸篇》。《莊子》曰"臧與穀相與牧羊",《音義》云"孺子曰穀"。或曰:穀,讀爲"鬬穀於菟"之"穀"。穀,乳也。謂哺乳小兒也。所隆親,所厚之親也。⊙王引之曰:隆,尊也。隆、親二字平列。所隆,謂君也;所親,謂父母也。下文是其證。楊注非。⊙物雙松曰:臧穀,《方言》:"荆淮海岱之閒,琴曰臧,婢曰獲。"是當以獲音穀,因而想之。《莊子》"臧穀"亦奴婢,寓言邪。⊙包遵信曰:王氏訓"隆"爲尊,是也;謂"所隆"指君則非。所隆親,所尊之親也。此章言喪葬之禮,不及君臣之倫。⊙天海案:臧穀,即臧獲,奴婢也。物説是。接,待也。所隆親,所尊所親,王説是,包説非。此章言喪禮亦及君臣之義,由下文可見。

〔四〕楊倞注:以其一死不可再復,臣、子於極重之道不可不盡也。⊙物雙松曰:一者,一次也。復,去聲。⊙鍾泰曰:曾子曰:"吾聞諸夫子,人未有自致者也,必也親喪乎!"此兩"致"字,皆當與彼同訓盡,不訓極也。⊙熊公哲曰:致,猶效也。⊙天海案:致,極也。荀書多用之。鍾所引見《論語・子張》,朱熹《集注》:"致,盡其極也。"亦訓"致"爲極。故楊注是,鍾、熊二説非也。

〔五〕楊倞注:忠厚,忠心篤厚。敬文,恭敬有文飾。野,野人不知禮者也。⊙包遵信曰:野,即"質勝文則野"之"野",粗鄙之義也,與下文"瘠"相儷。楊注非。⊙天海案:野,粗野不知禮。

〔六〕楊倞注:瘠,薄。⊙物雙松曰:瘠,如上所謂"溝中瘠"也。謂行乞人,罵辭。注非。⊙久保愛曰:荀卿"不足於禮謂之瘠"。⊙天海案:瘠,貧瘠也。故下文云"君子賤野而羞瘠",困貧窮而葬薄,故羞也。

〔七〕楊倞注：《禮記》云："天子之棺四重，水兕革棺被之，其厚三寸，杝棺一，梓棺二，四者皆周。棺束，縮二，衡三，衽每束一。栢椁以端，長六尺。"又《禮器》曰："天子七月而葬，五重八翣。"鄭云："五重，謂杭木與茵也。"今云十重，蓋以棺、槨與杭木合爲十重也。"諸侯"已下，與《禮記》多少不同，未詳也。⊙郝懿行曰：十，當作"五"。⊙王引之曰：十，疑當作"七"。⊙久保愛曰：十重，《莊子》作"七重"是也。⊙孫詒讓曰：《莊子·天下篇》述喪禮正作"天子七重"。⊙于鬯曰：十，當本作"九"，注文兩"十重"字，亦必並作"九重"也。⊙天海案：十重，當依《莊子》作"七重"，"十"或"七"之形誤也。久、孫二說是。再重，諸本作"載重"。

〔八〕楊倞注：衣，謂衣衾。《禮記》所謂"君陳衣于庭，百稱"之比者也。衾，謂君錦衾，大夫縞衾，士緇衾也。食，謂遣車所苞。遣，奠也。翣菨，當爲"蔞翣"，鄭康成云"蔞翣，棺之牆飾"也。翣，以木爲筐，衣以白布，畫爲雲氣，如今之攝也。《周禮·縫人》"衣翣柳之材"，鄭云："必先纏衣其木，乃以張飾也。柳之言聚也，諸飾所聚。柳以象宫室也。劉熙《釋名》云："輿棺之車，其蓋曰柳。文章之等，謂君龍帷，三池，振容，黼荒，火三列，黻三列，素錦褚，加帷荒，纁紐六，齊五采，五貝，黼翣二，黻翣二，畫翣二，皆戴圭，魚躍拂池。君纁戴六，纁披六。大夫以下各有差也。"⊙盧文弨曰：元刻於注頗有删節，今悉依宋本。⊙熊公哲曰：蔞翣，如今之掌扇。文章，飾棺之儀文也。⊙天海案：翣菨，當作"蔞翣"，棺柩之飾物，亦稱柳翣。楊注"以木爲筐"原脱"筐"字，此據鄭玄注補之。文章，此指棺柩飾物之文采圖案。

〔九〕楊倞注：生死如一，則人願皆足，忠孝之極在此也。⊙物雙松曰：足以爲人願，言足滿人志也。⊙陶鴻慶曰：《孫卿書》多以"願"爲"慕"，此"願"字亦當訓"慕"。⊙梁啓雄曰：《方言》："願，欲思也。"⊙天海案：生死終始如一，皆人之所願望也。楊注是，他説非。

〔一〇〕楊倞注：屬，謂付託之，使主喪也。通國，謂通好之國也。一國，謂同在朝之人也。修士，士之進修者，謂上士也。一鄉，謂一鄉内之姻族也。《春秋傳》曰："天子七月而葬，同軌至；諸侯五月而葬，同盟至；大夫三月，同位至；士踰月，外姻至。"⊙王念孫曰：屬，合也。下文云"庶人之喪合族黨，動州里"是也。⊙冢田虎曰：脩士，士，脩立之名，故曰脩士與。⊙久保愛曰：屬，猶會也。⊙天海案：《禮記·檀弓》："唯天子之喪，有别姓而哭。"動，慟也。動四海，天下悲慟。屬，聚會也。《國語·楚語》上"以屬諸侯"，韋昭注："屬，會也。"王、久二説是，楊注非。修，諸本作"脩"。修士，列士也。古時上士、中士、下士統稱列士。修，列也。《廣雅》："修，列也。"楊注、冢説皆不是也。

〔一一〕久保愛曰：族黨，謂宗族鄉黨也。《周禮》"二十五家爲里，二千五百家爲州"。⊙李中生曰：五"動"字，均讀爲哀慟之慟。

〔一二〕楊倞注：刑餘，遭刑之餘死也。《墨子》曰："桐棺三寸，葛以爲緘。"趙簡子亦云。然則厚三寸，刑人之棺也。《喪大記》："士陳衣于序東，三十稱。"今云"三領"，亦貶損之甚也。殣，道死人也。《詩》曰："行有死人，尚或殣之。"今昏殣，如掩道路之死人，惡之甚也。凡，常也。緣，因也。言其妻子如常日其所服而埋之，不更加絰杖也。今猶謂無盛飾爲緣身也。⊙物雙松曰：殣、墐通，埋也。⊙久保愛曰：刑餘罪人不可有椁。椁，當作"厚"。殣，猶埋也。凡緣，未詳。本注"餘死"之"死"疑衍。⊙高亨曰：緣，當讀爲"輴"。《説文》："輴，下棺車曰輴。"緣、輴古通用。凡緣者，謂普通之喪車，無飾也。⊙于省吾曰：凡，古盤字。緣，繞也。盤緣猶盤繞。蓋刑餘罪人之喪，雖昏殣猶避人不循正路，故云盤繞而往埋之也。⊙天海案：殣，掩埋也。昏殣，日暮後掩埋。楊注"道死人"乃用《説文》之訓。凡緣，盤繞也，于説是也。疑"妻子"下當接"以昏殣"二句，"棺椁"下四句當接"反無哭泣"句。

〔一三〕天海案：上反，同返，埋後返回也。月數之等，言喪期長短之類別。"各反其平"，各自回復其平常之狀。疑"反無哭泣"上應與"不得晝行"句相接。此處文似有錯簡，楊柳橋《詁譯》亦疑之。

〔一四〕楊倞注：此蓋論《墨子》薄葬，是以至辱之道奉君父也。⊙天海案：此下原文未分段，現依文意分之。

〔一五〕楊倞注：厭，掩也，烏甲反。謂不使相侵掩也。或曰"不使相厭惡"，非也。⊙楊柳橋曰：《説文》："厭，合也。"《漢書》注引劉德："厭，當也。"言吉凶之事各不相當也。⊙天海案：厭，侵掩也。楊注前説是。

〔一六〕楊倞注：紸，讀爲注。注纊，即屬纊也。言此時知其必至於憂閔也。或曰："紸，當爲絓。"絓，古化反，以爲"黊"字，非也。⊙物雙松曰：紸纊聽息，言屬纊以聽其氣息也。⊙久保愛曰：《禮記》曰"屬纊以俟絶氣"，謂置新綿鼻下，以其動静候息絶也。⊙俞樾曰：《爾雅・釋詁》："閔，病也。""亦知其閔已"，猶言"亦知其病已"。病，謂疾甚也。⊙楊柳橋曰：閔，當讀爲"惽"。⊙天海案：紸纊，即屬纊。古喪禮，人將死，以絮置口鼻上，以察氣息之絶否。《禮記・喪大記》："屬纊以俟絶氣。"鄭注："纊，今之新緜，易動摇，置口鼻之上以爲候。"閔，憂也。楊注是，他説非。已，猶"也"，説見裴學海《虚字集釋》。

〔一七〕楊倞注：所謂不相厭也。⊙楊柳橋曰：未有求，猶言尚未顧及之也。⊙天海案：具，器用物品。

〔一八〕楊倞注：作之，具之。⊙物雙松曰：持生之事，謂維持其生之事也。⊙冢田虎曰：幸，僥倖也。持，扶持也。⊙梁啓雄曰：持，養也。⊙楊柳橋曰：《廣雅》："作，始也。具，備也。"作具之，謂始作預備也。⊙包遵信曰："作具"不詞，疑當作"然後作物具之"，今文脱一"物"字也。⊙駱瑞鶴曰：作具之者，作而具之也。《説文》："作，起也。"⊙天海案：幸生之心，希盼其生存之心。持生之事，維持其生存之事。作具之者，始制辦之也。楊柳橋説義長。

〔一九〕楊倞注：備，豐足也。⊙郝懿行曰：備，具也，皆也。物能饒多夙具，故謂富家爲備家。⊙郭嵩燾曰："備家"不詞，當即下"備物"。⊙楊柳橋曰：備家，謂有預備之家。⊙天海案：備家，早作預備之家。楊柳橋之説義長。又"殯"上"能"字，巾箱本、《題注》本、遞修本無。



〔二〇〕物雙松曰：告遠者，遠訃也。⊙天海：作，始也。

〔二一〕楊倞注：此皆據《士喪禮》，首尾三月者也。損，減也。

〔二二〕楊倞注：忠，誠也。節，人子之節也。文，器用儀制也。子思曰："喪三日而殯，凡附於身者，必誠必信，勿之有悔焉耳。三月而葬，凡附於棺者，必誠必信，勿之有悔焉耳。"⊙久保愛曰：節，禮節也。文，文章也。⊙天海案：楊注是。

〔二三〕楊倞注：月朝，月初也。月夕，月末也。先卜日知其期，然後卜宅，此大夫之禮也。士則筮宅。《士喪禮》先筮宅，後卜日。此之"月朝卜日，月夕卜宅"，未詳也。⊙郝懿行曰：夕與昔，古字通。昔者，舊也。舊已卜宅，月朝乃卜日也。⊙王引之曰：今本"宅"、"日"二字上下互誤耳，斷無先卜日後卜宅之理。⊙久保愛曰：月朝，猶月旦也，謂月朔也。月夕，其夕也。⊙于鬯曰：此當是前月之夕卜日，後月之朝卜日。因先言月朝，後言月夕，於文爲順。⊙劉師培曰："月朝"之"月"當作"日"。《曲禮》之言卜筮也，謂日而行事，則必見之。是卜筮必于晝，故葬期之卜亦必以日朝。月夕卜宅者，蓋古人葬親必以夕故，夕訓爲莫，推之窀穸爲葬之異名，夕室爲葬地，皆月夕卜宅之旁證。卜宅者，猶言擇墓地也，與上語"卜日"之"卜"稍别。蓋《荀子》此文言葬期卜于晝，葬禮行于夜也。古有朝日、月夕之禮見于《國語》。朝日之禮行于朝，夕日之禮行于夕，故變其文則爲"日朝"、"月夕"，此古人屬詞之奥義也。⊙天海案：雖卜宅在先，卜日在後，然行文自可錯綜其詞耳。劉説義長。

〔二四〕楊倞注：聖人爲之節制，使賢者抑情，不肖者企及。⊙天海案：義者，宜也。或曰：義，道義也。

〔二五〕楊倞注：須，象也。言其象以生之所設器用飾死者，三月乃能備也。⊙冢田虎曰：以生設飾死者也，生者，言其家人也，非謂死者生時之所設。⊙陶鴻慶曰：下節"壙壠，其須象室屋也"以下，"須"字凡四見，彼注云："須，猶意也。言其意以象生時也。"義較此注爲長。"其須"二字貫下二句，此注未得。⊙安積信曰：殆，猶蓋，語詞也。安生，謂留死者於家，以安生者之心也。⊙天海案："殯"字諸本無，"須"，諸本作"貌"。依文意，"殯"字疑衍。須，同貌。貌，象也，似也。此言停殯三月下葬，象生時一樣裝飾死者，並非只是爲了留下死者以安慰生者。楊注未切。

〔二六〕天海案：致，極也。隆，重也。此句承上文而言之。



卒禮之凡〔一〕：變而飾〔二〕，動而遠〔三〕，久而平〔四〕。故死之爲道也，不飾則惡，惡則不哀〔五〕；尒則翫〔六〕，翫則厭，厭則忘，忘則不敬〔七〕。一朝而喪其嚴親〔八〕，而所以送葬之者不哀不敬，則嫌於禽獸矣〔九〕，君子恥之。故變而飾，所以滅惡也；動而遠，所以遂敬也〔一〇〕；久而平，所以優生也〔一一〕。禮者，斷長續短，損有餘，益不足，達愛敬之文，而滋成行義之美者也〔一二〕。故文飾、麤惡，聲樂、哭泣，恬愉、憂戚，是反也〔一三〕，然而禮兼而用之，時舉而代御〔一四〕。故文飾、聲樂、恬愉，所以持平奉吉也；麤衰、哭泣、憂戚，所以持險奉凶也〔一五〕。故立其文飾也，不至於窕冶〔一六〕；其立麤衰也，不至於瘠棄〔一七〕；其立聲樂、恬愉也，不至於流淫惰慢；其立哭泣、哀戚也，不至於隘懾傷生；是禮之中流也〔一八〕。故情貌之變，足以別吉凶，明貴賤親疏之節，期止矣〔一九〕。外是，姦也。雖難，君子賤之〔二〇〕。

故量食而食之，量要而帶之〔二一〕；相高以毀瘠，是姦人之道也，非禮義之文也，非孝子之情也，將以有爲者也〔二二〕。故說豫娩澤，憂戚萃惡，是吉凶憂愉之情發於顔色者也〔二三〕。歌謡謸笑，哭泣諦號，是吉凶憂愉之情發於聲音者也〔二四〕。芻豢、稻粱，酒醴、餰鬻，魚肉、菽藿、酒漿，是吉凶憂愉之情發於食飲者也〔二五〕。卑絻、黼黻、文織、資麤、衰絰、菲繐、菅屨，是吉凶憂愉之情發於衣服者也〔二六〕。疏房、檖貌、越席、牀笫、几筵、屬茨、倚廬、席薪、枕塊，是吉凶憂愉之情發於居處者也〔二七〕。兩情者，人生固有端焉〔二八〕。若夫斷之繼之，博之淺之，益之損之，類之盡之，盛之美之，使本末終始莫不順比純備，足以爲萬世則，則是禮也〔二九〕，非順孰修爲之君子，莫之能知也〔三〇〕。

故曰：性者，本始材朴也；僞者，文理隆盛也。無性則僞之無所加，無僞則性不能自美〔三一〕。性僞合，然後成聖人之名，一天下之功，於是就也〔三二〕。故曰：天地合而萬物生，陰陽接而變化起，性僞合而天下治。天能生物，不能辨物也；地能載人，不能治人也〔三三〕。宇中萬物，生人之屬，待聖人然後分也。《詩》曰："懷柔百神，及河喬嶽。"此之謂也〔三四〕。

【校釋】

〔一〕楊倞注：凡，謂常道。⊙久保愛曰：凡，大凡也。⊙楊樹達曰：《説文》："凡，冣括也。"《春秋繁露》:"凡者,獨舉其大事也。"⊙嚴靈峰曰:宋本"喪"作"卒",疑"喪"字俗寫作"丧",因下半闕壞,遂誤爲"卒"耳。⊙天海案:卒,死喪也。故"卒禮"即喪禮。凡,概要也。"卒"字,諸本皆作"喪"。下文言"卒禮"者,諸本亦作"喪禮"。



〔二〕楊倞注:謂殯斂每加飾。⊙梁啓雄曰:《穀梁》昭十五年《傳》注:"變,謂死喪。"⊙章詩同曰:變,人死尸體漸漸變形。飾,整飾。⊙天海案:《禮記·禮運》"大夫死宗廟謂之變"。梁氏所引爲范甯注,是也。

〔三〕楊倞注:《禮記》子游云:"飯於牖下,小斂於户内,大斂於阼,殯於客位,祖於庭,葬於墓,所以即遠也。"⊙章詩同曰:從殮到殯葬,死者漸移漸遠。⊙天海案:動而遠,哀慟而遠送也。動,古慟字。

〔四〕楊倞注:久則哀殺,如平常也。

〔五〕冢田虎曰:惡,醜也。⊙熊公哲曰:惡,謂粗惡。⊙天海案:冢説是。

〔六〕楊倞注:尒,與邇同。翫,戲狎也。⊙天海案:尒,近也。《題注》本、遞修本作"爾"。翫,同玩。玩,輕忽也。

〔七〕久保愛曰:忘,當作"怠",字似而誤。

〔八〕俞樾曰:嚴親,即尊親。嚴,謂君。親,謂父母。

〔九〕梁啓雄曰:《吕覽》《貴直》注:"嫌,猶近也。"

〔一〇〕楊倞注:遂,成也。邇則懼,敬不成也。⊙楊柳橋曰:韋昭《國語》注:"遂,申也。"高誘《吕氏》注:"遂,達也。"⊙天海案:滅惡者,消醜也。遂,成也,楊注是。

〔一一〕楊倞注:優養生者,謂送死有已,復生有節也。⊙天海案:優,厚也。厚,重也。優生,即重視生者。

〔一二〕楊倞注:皆謂使賢不肖得中也。賢者則達愛敬之文而已,不至於滅性;不肖者用此成行義之美,不至於禽獸也。⊙物雙松曰:"滋成行義之美":滋,益也。成,就也。行,去聲。⊙久保愛曰:考本注意,"滋"字似古作"兹"。⊙熊公哲曰:滋,助也。⊙楊柳橋曰:行義,猶道義也。⊙駱瑞鶴曰:楊注不解"滋"字,而云"成行義之美",是以"成"説"滋"。正文"成"字疑衍。⊙天海案:達,致也。《説文》:"滋,益也。"《玉篇》:"滋,長也。"滋成,即蕃滋而成也。滋,通孳。孳,繁衍而生也。"成"字非衍,楊注及他説未得也。行義,謂品行道義也。

〔一三〕楊倞注:是相反也。⊙天海案:麤惡,粗醜也。麤,同粗。



〔一四〕楊倞注:御,進用也。時吉則吉,時凶則凶也。⊙王念孫曰:此"時"字非謂天時,時者,更也。(《方言》:"更,代也。"《説文》:"代,更也。")⊙章詩同曰:時,隨時。⊙天海案:"然而"之"而",猶"則"也,巾箱本、《題注》本、遞修本皆無此"而"字,非也。時舉,以時而用。此謂禮以其時宜兼而用之並更替爲用也。王、章二説皆非，楊注“時”字已明，王説未曉也。

〔一五〕楊倞注：持，扶助也。險，謂不平之時。⊙王念孫曰：麤衰，本作“麤惡”，此後人不曉文義而妄改之也。⊙鍾泰曰：持，猶奉也。持、奉互文，注非是。⊙包遵信曰：持，養也，保也。⊙天海案：衰，當從上文作“惡”，下文同此。“哭”字，諸本作“哀”，非也。持、奉，互文也，鍾説是，楊注、包説皆不確。

〔一六〕楊倞注：窕，讀爲姚。姚冶，妖美也。

〔一七〕楊倞注：立麤衰以爲居喪之飾，亦不使羸瘠自棄。⊙冢田虎曰：瘠棄，言如乞丐也。⊙久保愛曰：瘠，薄也。⊙龍宇純曰：棄，當作“弁”，字之誤也。《釋文》云：“弁，急也。”弁本義爲冠稱，借爲褊而義爲急。褊急與儉嗇義近，故此“弁”與“瘠”連言。⊙天海案：麤衰，本當爲“麤惡”，楊倞以誤本注之，故未得也。瘠，貧窮也。棄，乞也，二字一聲之轉。瘠棄，猶窮乞也。言立“粗惡”之禮，不至於窮乞也。“粗惡”二字所包甚廣，非僅限居喪事，王念孫已言之。

〔一八〕楊倞注：隘，窮也。懾，猶戚也，之怯反。中流，禮之中道也。⊙劉師培曰：《左傳》成六年云“民愁則墊隘”，杜注云：“墊隘，羸瘦困苦也。”“攝”與“執”同，則“懾”亦與“墊”同。蓋地之下者爲墊隘，人有憂患則志慮屈抑，故以“墊隘”爲喻，而荀子復以之喻哀戚。⊙熊公哲曰：流淫惰慢，謂無誠敬也。⊙包遵信曰：上文兩言“憂戚”，此文亦當作“憂戚”。疑“哀”乃“憂”之誤也。⊙天海案：“惰慢”，諸本一作“墮慢”。哀戚，依上文例，當作“憂戚”。隘懾，當讀如“嗌塞”。《素問·至真要大論》：“嗌塞而咳。”朱起鳳曰：“氣不通利曰嗌塞。嗌字作隘，形之近也；塞字作攝，聲之混也。”上言“哭泣憂戚”，下言“不至於嗌塞”，文正相貫，故朱説可從也。

〔一九〕楊倞注：期，當爲“斯”。⊙裴學海曰：“其”字或作“期”。其，猶則也。⊙楊柳橋曰：杜預《左傳》注：“期，必也。”⊙天海案：期，通其。其，猶則，裴説是。

〔二〇〕天海案：外是，在此之外。難，通戁，恭敬也。《禮記·儒行》“儒有居處齊難”，王引之《述聞》：“難，讀爲戁。《説文》：‘戁，敬也。’”又，此下原文未分段，現依文意分之。

〔二一〕物雙松曰：要、腰同。⊙天海案：量食，限食。量要，限腰也。

〔二二〕楊倞注：非禮義之節文，孝子之真情，將有作爲，以邀名求利，若演門也。⊙盧文弨曰：注“演門”，未詳。⊙久保愛曰：本注“演門”，地名。《莊子·外物篇》曰“演門有親死者，以善毁爵爲官師，其黨人毁而死者半”，是也。⊙天海案：《禮·曲禮》“居喪之禮，毁瘠不形”。《正義》曰：“毁瘠，羸瘦也，形骨露也。”“相高以毁瘠”，競相以羸瘦爲高。注“演門”，即寅門，戰國時宋國都城之東門。楊注引《莊子》以比“相高以毁瘠”者。

〔二三〕楊倞注：説，讀爲“悦”。豫，樂也。娩，媚也，音晚。澤，顔色潤澤也。萃，與顇同。惡，顔色惡也。發，見也。⊙王念孫曰：娩，讀若“問”。娩澤，顔色潤澤也。⊙天海案:萃惡,面色憔悴而醜也。

〔二四〕楊倞注:譈,與傲同,戲謔也。《説文》云:"譈,悲聲。"與此義不同。諦,讀爲"啼"。《管子》曰"豕人立而啼",古字通用。號,胡刀反。

〔二五〕楊倞注:餰鬻、菽藿,喪者之食。⊙物雙松曰:餰、饘同。⊙久保愛曰:鬻,讀爲粥。⊙郝懿行曰:藿,豆葉也。⊙王念孫曰:酒漿,當爲"水漿",此"酒"字涉上"酒醴"而誤。⊙俞樾曰:今"魚肉"誤倒在"餰鬻"下,則吉凶不倫矣。"魚肉"二字當在"餰鬻"字上。⊙天海案:餰鬻,亦作"饘鬻",同"餰粥",稠粥也。餰,諸延切。《孟子·滕文公》上作"飦粥之食",又作"饘粥"。《禮記·檀弓》上:"哭泣之哀,齊斬之情,饘粥之食,自天子達。"皆謂祭喪之粥也。"食飲",巾箱本、《題注》本、遞修本並作"飲食"。

〔二六〕楊倞注:卑絻,與裨冕同。衣裨衣而服冕也。裨之言卑也。天子六服,大裘爲上,其餘爲卑,以事尊卑服之,諸侯以下皆服焉。文織,染絲織爲文章也。資,與齋同,即齊衰也。麤,麤布也。今麤布亦謂之資。菲,草衣,蓋如蓑然,或當時喪者有服此也。繐,繐衰也。鄭玄云:"繐衰,小功之縷,四升半之衰也。凡布細而疏者謂之繐。今南陽有鄧繐布。"菅,茅也。《春秋傳》曰"晏子杖菅屨"也。⊙盧文弨曰:注"鄧繐布",今《儀禮》無"布"字。⊙久保愛曰:菲,與屝通,草履也。菅屨,即菅菲,斬衰者所履也。然已言菲,則不可再言菅屨。古屋鬲曰:"菅屨二字,疑是後人解菲字所加耳。"⊙王念孫曰:案《富國篇》曰:"天子袾裷衣冕,諸侯玄裷衣冕,大夫裨冕,士皮弁。"《大略篇》曰:"天子山冕,諸侯玄冠,大夫裨冕,士韋弁。"其制上下不同,此不當獨舉"裨冕"言之。楊以"卑絻"爲裨冕,未是也。卑絻,疑當爲"弁絻"。弁,即今"弁"字。"弁絻"二字兼上下而言。⊙高亨曰:菲繐,當作"繐菲",轉寫誤倒。《儀禮·士冠禮》"不屨繐屨",鄭注:"繐屨,喪屨也。"喪履有繐履、草履兩種,故此文繐屝、菅屨並舉。⊙天海案:菲,薄也。繐,稀疏而細之布。菲繐,即菲薄而稀疏之細布。此布用作繐衰,諸侯之臣爲天子服喪用之。《儀禮·喪服》鄭注云:"凡布細而疏者,謂之繐。"是其證。且菲繐爲喪服之布,菅屨爲喪履,本係二物,不當訓菲繐爲喪履亦明。高説非。

〔二七〕楊倞注:茨,蓋屋草也。屬茨,令茨相連屬而已,至疏漏也。倚廬,鄭云"倚木爲廬"。謂一邊著地,如倚物者。既葬,柱楣塗廬也。⊙物雙松曰:席薪,與寢苫同。薪,謂草也。⊙天海案:"疏房"至"几筵"之文已見於本篇第一節,注亦有之。須同貌,巾箱本、《題注》本、遞修本並作"貌"。屬茨,結草爲屋也。枕塊,以土爲枕。《禮·問喪》:"不敢入處室,居於倚廬,哀親之在外也。寢苫枕塊,哀親之在土也。"

〔二八〕楊倞注:兩情,謂吉與凶,憂與愉。言此兩情固自有端緒,非出於禮也。⊙久保愛曰:生,讀爲"性"。⊙鍾泰曰:此云"端",即《孟子》"四端"之端。是荀子亦未嘗不知性之有善也。⊙天海案:固,本也。

〔二九〕楊倞注：人雖自有憂愉之情，必須禮以節制進退，然後終始合宜。類之，謂觸類而長。比，附會也，毗至反。⊙冢田虎曰："足以爲萬世則"句，"則"，法也。⊙駱瑞鶴曰："斷之繼之"，上"之"字猶言"則"，下放此。博，猶深也。類，猶法也。比，亦順也。⊙天海案："純備"二字諸本無，且"則"字不重。此皆言禮之於人性，其功之大也。

〔三〇〕楊倞注：順，從也。孰，精也。修，治也。爲，作也。⊙久保愛曰：孰，古熟字。熟禮也。⊙鍾泰曰：順孰，即馴熟。⊙包遵信曰：此句必當讀作"非順，孰脩爲之？君子莫之能知也"。順者，理也。孰能脩爲之？⊙天海案：順孰一詞，鍾説是。修爲一詞，言修而能行之者。又，"孰修"，巾箱本、《題注》本、遞修本作"敦脩"。又，此下原文未分段，現據文意分之。

〔三一〕楊倞注：之，往。⊙冢田虎曰：注"之，往"，非也。一本無此注，是也。⊙郝懿行曰：朴，當爲"樸"。樸者，素也。僞，即爲字。之，不訓往，注非。⊙天海案：僞，作爲，名詞。本始，原始。文理，猶文飾也。楊注非。

〔三二〕楊倞注：一，謂不分散。言性僞合，然後成聖人之名也。⊙傅山曰：此明言禮全是僞也。⊙郝懿行曰：言必性僞合一，斯乃聖人所以成名。⊙天海案：一，齊也。就，成也。又，"成"字，諸本無。

〔三三〕鍾泰曰：辨，亦治也。辨、治互文。

〔三四〕楊倞注：引此喻聖人能并治之。《詩・周頌・時邁》之篇。⊙久保愛曰：毛萇曰："懷，來。柔，安。喬，高也。高嶽，岱宗也。"鄭玄曰："王行巡狩，其至方岳之下，來安羣神，望秩于山川，皆以尊卑禮祭之。"⊙天海案：此下原文未分段，現依文意分之。

卒禮者，以生者飾死者也，大象其生以送其死也〔一〕。故如死如生，如存如亡，終始一也〔二〕。始卒，沐浴、鬠體、飯唅，象生執也〔三〕。不沐則濡櫛三律而止，不浴則濡巾三式而止〔四〕。充耳而設瑱〔五〕，飯以生稻，唅以槁骨，反生術矣〔六〕。設褻衣，襲三稱，縉紳而無鉤帶矣〔七〕。設掩面儇目，鬠而不冠笄矣〔八〕。書其名，置于其重，則名不見而柩獨明矣〔九〕。薦器則冠有鍪而毋縰〔一〇〕，甕、廡虚而不實〔一一〕，有簟席而無牀第〔一二〕，木器不成斲，陶器不成物，薄器不成内〔一三〕，竽笙具而不和，琴瑟張而不均〔一四〕，輿藏而馬反，告不用也〔一五〕。具生器以適墓，象徙之道也〔一六〕。略而不盡，貌而不功，趨輿而藏之，金革轡靷而不入，明不用也〔一七〕。象徙道，又明不用也〔一八〕，是皆所以重哀也〔一九〕。故生器文而不功，明器須而不用〔二〇〕。凡禮：事生，飾歡也；送死，飾哀也；祭祀，飾敬也；師旅，飾威也；是百王之所同，古今之所一也，未有知其所由來者也。故壙壠，其須象室屋也〔二一〕；棺椁，其須象版蓋，斯象拂也〔二二〕；無、帾、絲、歶、縷、翣，其須以象菲、帷、幬、尉也〔二三〕；抗折，其須以象槾茨、番、閼也〔二四〕。

故卒禮者，無他焉，明生死之義，送以哀敬而終周藏也〔二五〕。故葬埋，敬葬其形也〔二六〕；祭祀，敬事其神也；其銘、誄、繫世，敬傳其名也〔二七〕。事生，飾始也；送死，飾終也。終始具而孝子之事畢，聖人之道備矣〔二八〕。刻死而附生，謂之墨；刻生而附死，謂之惑〔二九〕；殺生而送死，謂之賊〔三〇〕。大象其生以送其死，使死生終始莫不稱宜而好善，是禮義之法式也〔三一〕，儒者是矣〔三二〕。

【校釋】

〔一〕天海案：卒禮，諸本作"喪禮"，下文同此。象，通潒，《說文》："潒，飾也。"《詩·鄘風·君子偕老》："如山如河，象服是宜。"毛傳："象服，尊者以爲飾。"疏："象，古潒字。"大象，即大飾也。

〔二〕楊倞注：不以死異於生，亡異於存。⊙郝懿行曰：《中庸》曰"事死如生，事亡如存"，仁知備矣。⊙俞樾曰：當作"事死如生，事亡如存"，上兩"如"字誤也。⊙駱瑞鶴曰：如，與"若"義通，爲不定之辭，今"無論"之義。此言孝子事親，無論死生存亡，終始皆一貫也。⊙李中生曰：王引之《釋詞》："如，猶于也。"當讀爲"于死如生，于亡如存"，文自可通，不必改字。⊙天海案：四"如"字，當皆讀作"于"。

〔三〕楊倞注：《儀禮》"鬠用組"，鄭云："用組，組，束髮也。古文'鬠'，皆爲'括'。"體，謂爪揃之屬。《士喪禮》："主人左扱米，實于右三，實一貝，左、中亦如之。凡實米，唯盈。"鄭云："于右，尸口之右。唯盈，取滿而已。"是"飯唅"之禮也。象生執，謂象生時所執持之事。執，或爲持。⊙久保愛曰：執，當作"術"，音之誤也。術，道也。⊙于省吾曰：執，乃埶字之譌。象生埶也，謂象生時之形埶也。⊙梁啓雄曰：鬠，《說文》作"髺"，云："絜髮也。"體，未詳。⊙高亨曰：體，當作"髖"，形似而誤。《說文》："髖，骨擿之可會髮者，从骨，會聲。"據此，髖乃束髮所施之笄，以骨爲之。⊙張覺曰：體，肢體，此指整理四肢，剪指甲等等。⊙天海案：執，"埶"之形誤也，于說是。鬠，束髮。體，髖之形誤也，高說是。鬠，户括切，同髺，束髮也。髖，古外切，古人束髮之骨器。飯唅，即飯玉、含玉，古喪禮，以米或貝納於尸口之中，爲士喪之禮。天子有含玉之禮，大夫有飯玉之體。《周禮·春官·典瑞》："大喪共飯玉，含玉，贈玉。"鄭玄注："飯玉，碎玉以雜米也；含玉，柱左右䪼及在口中者。"唅，巾箱本、《題注》本、遞修本並作"琀"。

〔四〕楊倞注：律，理髮也。今秦俗猶以枇髮爲栗。濡，濕也。式，與拭同。《士喪禮》尸無有不沐浴者，此云"不"，蓋末世多不備禮也。⊙盧文弨曰：注"枇髮"，舊本作"批髮"，誤。古"枇"作"比"。《漢書》有"比疎"，蓋梳疏而比密也。⊙郝懿行曰：枇，當作"比"，比者，梳之密者也。律，猶類也。今齊俗亦以比去蟣蝨爲律，言一類而盡除之也。⊙村崗良弼曰：不沐不浴，豈禮制猶未備與？其略之耶！⊙龍宇純曰：此"律"疑讀同《非十二子》"不律先王"之"律"，爲"聿"之轉注。其義爲順。三律而止，謂以濡濕之櫛順髮三次即止。⊙天海案：櫛，梳篦之總稱。律，當讀爲"捋"，此二字一聲之轉，故可通。捋，古作"寽"。《説文》："寽，五指持也，從爫，一聲，讀若律。"捋者，以手持之順抹之也。龍所説其義是，而訓讀爲"聿"，則非也。楊注"枇"原作"批"，"云"下無"不"字，此據盧校本補正。

〔五〕楊倞注：《士喪禮》"瑱用白纊"，鄭云："瑱，充耳。纊，新綿也。"⊙天海案：充耳，亦稱瑱。天子以玉，諸侯以石，士以象牙爲之。《周禮》"玉瑱、玉笄"，鄭注："玉瑱，塞耳者。"亦可以綿爲之，塞死者之耳。

〔六〕楊倞注：生稻，禾也。槁，枯也。槁骨，貝也。術，法也。前説"象其生"，此已下説反於生之法。⊙物雙松曰：反生術，言與生道反也。⊙久保愛曰：《禮記》曰："飯用米貝，弗忍虚也。不以食道，用美焉耳。"⊙劉師培：槁，當作"皜"。皜者，白色也。貝不得稱爲"槁骨"。骨，即"貝"字之訛。皜貝，即白色之貝矣。⊙鍾泰曰：反生術，謂反乎生人之道也。術訓道，不訓法。⊙天海案：生稻，穀實也。楊注"生稻，禾也"，他本作"米也"。槁骨，依劉説，當作"皜貝"。

〔七〕楊倞注：縉，與搢同，扱也。紳，大帶也。縉紳，謂扱笏於帶鉤。鉤帶，帶之鉤所用弛張也，今不復解脱，故不設鉤也。褻衣，親身之衣也。《士喪禮》，飯唅後"乃襲三稱，明衣不在筭，設韐帶，搢笏"。《禮記》曰："季康子之母死，陳褻衣。"鄭玄云："褻衣非上服，陳之將以斂。"⊙物雙松曰：無鉤帶，謂死結也。鉤，非帶上之金鉤也，謂鉤曲其兩端如耳也。⊙駱瑞鶴曰：此當作"説"，不當作"設"。"説褻衣"者，古字説、脱通用。此文謂去其褻衣，别以新衣三稱加諸其體，繫以縉紳而不用鉤帶。⊙天海案：設，陳也。諸本"設"誤作"説"。褻衣，内衣。襲，加也。楊注之文，别本脱"笏"字，且"帶"下無"鉤鉤帶帶"四字，下句作"鉤之所用弛張也"。

〔八〕楊倞注：《士喪禮》："掩用練帛，廣終幅，長五尺。"儇，與還同，繞也。《士喪禮》："幎目用緇，方尺二寸，䞓裏，著組繫。"幎，讀如縈。縈與還義同。鬠而不笄，謂但鬠髮而已，不加冠及笄也。《士喪禮》："笄用桑。"又云："鬠用組，乃笄。"此云："不笄"，或後世略也。⊙物雙松曰：儇目，當是"環幅"。儇、環形近，幅、目音訛。因有“幎目”迺誤也。《士喪禮》“布巾環幅”，注：“環幅，廣袤等也。古文環作還。”疏：“所以覆死者面。”⊙久保愛曰：《士喪禮》注曰：“掩，裹首也。”裹首者至面，故曰“掩面”。不冠笄者，謂男子不冠而婦人不笄也。⊙駱瑞鶴曰：設，用也。《儀禮》有“掩”與“幎目”，“掩”以裹首，“幎”以覆面，亦與此文合。⊙天海案：掩面，《士喪禮》稱“掩”，用練帛裹尸首以代冠。儇目，《士喪禮》作“幎目”，覆於尸面之巾。《士喪禮》：“商祝掩，瑱，設幎目。”鄭玄注：“掩者，先結頤下，既瑱，幎目，乃還結項下。”故幎目又稱儇目。巾箱本、《題注》本、遞修本皆無“冠”字。

〔九〕楊倞注：書其名於旌也。《士喪禮》：“爲銘各以其物，亡則以緇，長半幅，經末長終幅，廣三寸。書銘于末曰：‘某氏某之柩。’”重，以木爲之，長三尺。夏祝取飯之餘爲粥，盛以二鬲，縣于重，冪用葦席。“書其名，置於重”，謂見所書置於重，則名已無，但知其柩也。《士喪禮》：“祝取銘置于重。”案銘皆有名，此云“無”，蓋後世禮變，今猶然也。⊙物雙松曰：名者，銘也，謂銘旌也。“不見”云者，偃之故不見也。⊙梁啓雄曰：明，疑亦當作“名”。柩獨名者，謂其名僅見於柩前，不見于他處。⊙天海案：名，銘旌也，因銘旌上有死者之名，故將銘旌樹于重之旁。重，喪禮中用以懸鬲之木架，未葬前以重作爲神主，葬后另立主，即埋重于祖廟門外。明，通名。“柩獨明”，謂死者之名獨在於柩也。楊注“夏祝取飯之餘爲粥，盛以二鬲”句，别本作“夏祝鬻餘飯，用二鬲”，乃據今《士喪禮》改之。

〔一〇〕楊倞注：薦器，薦陳明器也。鍪，冠捲如兜鍪也。縰，韜髮者也。《士冠禮》：“緇纚廣終幅，長六尺。”謂明器之冠，有如兜鍪加首之形，而無韜髮之縰也。鍪之言蒙也，冒也，所以冒首。莫侯反，或音冒。⊙物雙松曰：冠是總名，鍪名物。故曰“冠有鍪”耳。則“鍪”當音牟。毋縱，毋、無同。“縱”當作“縰”，縰，見《内則》。⊙天海案：薦器，進獻器物。毋縰，原作“母縱”，據《禮記・内則》及物説、盧校本改之。縰字又作“纚”。縰，黑繒，質薄，稀疏，猶後世所稱網巾。古人不露髮，用縰裹之。鄭玄《内則》注：“縰，韜髮者也。總，束髮也。垂後爲飾。”楊注文中兩“縰”字原作“縱”，亦徑改。

〔一一〕楊倞注：《既夕禮》：“甕三，醯醢屑，甒二，醴酒。”皆有實，此云虚而不實。蓋喪禮陳鬼器、人器，鬼器虚、人器實也。《禮記》：“宋襄公葬其夫人，醯醢百甕。曾子曰：‘既曰明器矣，而又實之。’”⊙盧文弨曰：此與下所引《士喪禮》，皆見《既夕篇》中。鄭云：“古文甒皆作廡。”⊙天海案：甕，明世本、《四庫》本、盧校本、《集解》本並作“罋”。此二字皆烏貢切，同音義，又通瓮，皆陶制容器。廡，通甒，文甫切，陶制酒器。虚而不實，空而不盛物。楊注“皆有實”，别本作“皆有冪”，其下無“此云虚而不實”六字。

〔一二〕楊倞注：此言棺中不施牀笫，大斂、小斂則皆有也。⊙天海案：簟席，用竹或葦編的席。《説文》：“簟，竹席也。”《禮・喪大紀》：“君以簟席，大夫以蒲席。”鄭玄注:“簟,細葦席也。”簟,原誤作“簞”,徑改。

〔一三〕楊倞注:木不成於雕斲,不加功也。瓦不成於器物,不可用也。薄器,竹葦之器。不成内,謂有其外形,内不可用也。内,或爲“用”。《禮記》曰“竹不成用,瓦不成味”,鄭云:“成,善也。竹不可善用,謂邊無縢也。味,當作沬,靧也。”⊙物雙松曰:陶器不成物。《檀弓》“瓦不成味”,鄭注:“味,當作沬。沬,靧也。”靧,音悔,洗面編繹,瓦無黑光之沬。據此則“物”亦當與“沬”通,其曰靧也者,取其洗面有光澤也。⊙郝懿行曰:内與納同,古皆以“内”爲“納”。内者,入也,入即納也,非“内外”之内,注誤。注云“内或爲用”,“用”字於義較長。⊙王念孫曰:作“用”者是,“内”即“用”之譌。注前説非。⊙天海案:物,用也。謂陶器不用於盛物也。内,當作“用”,楊注或説是。

〔一四〕楊倞注:鄭玄云:“無宫商之調也。”⊙冢田虎曰:不均,均即韻,言不調其音韻也。⊙章詩同曰:均,調。⊙天海案:不和,不和樂也。均,通韻。不均,不協韻律也。與“竽笙不和”相應。冢説是也。又,竽笙,巾箱本、《題注》本、遞修本又作“笙竽”。正文“竽”原誤作“竿”,徑改。

〔一五〕楊倞注:輿,謂軼軸也,國君謂之輴。藏,謂埋之也。馬,謂駕軼軸之馬。告,示也。《士喪禮》:“既啓,遷于祖,用軸。”《禮記》“君葬用輴,四綍二碑;大夫葬用輴,二綍二碑;士葬用國車”,皆至葬時埋之。⊙天海案:楊注“軼軸”,當作“輁軸”。見《士喪禮》鄭注:“軸,輁軸也。輁狀如牀,軸其輪,輓而行。”盧校本正作“輁軸”。輁軸,載柩之車。楊注“遷于祖”與今《既夕禮》同,而盧校本“祖”下有“廟”字,疑非。楊注“大夫”二字與今本《喪服大記》合,而盧校本作“夫人”,非也。楊注“國車”,盧校本作“團車”,亦誤也。上三誤《集解》本亦同之。

〔一六〕楊倞注:生器,用器也,弓矢盤盂之屬。徙,遷改也。徙道,其生時之道。器當在家,今以適墓,以象人行不從常行之道,更徙他道也。⊙郝懿行曰:徙者,迻也。象徙道者,謂如將迻居然耳,亦不忍死其親之意。注似未了。⊙物雙松曰:象徙道也,言象生時遷徙也。⊙天海案:具,備也。生器,生時所用之器。徙,搬遷也。道,行也。適墓,往墓也。故此“道”必訓行,而非道路之道也。正文“徙”下“之”字,諸本無,疑因下文而誤删也。

〔一七〕楊倞注:略而不盡,謂簡略而不盡備也。額,形也。言但有形額不加功精好也。趨輿而藏之,謂以輿趨於墓而藏之。趨者,速也,速藏之意也。金,謂和鸞。革,車靷也。《説文》云:“靷,所以引軸者也。”杜元凱云:“靷在馬胷。”或曰:額,讀爲邈,像也。今畫物爲額。下“額”皆同義。⊙盧文弨曰:注“趨者”下,俗閒本有“速也”二字,宋本、元刻皆無。“車鞎”,舊誤作“車軼”,今據《爾雅》改正。⊙王念孫曰:金革,即《小雅·蓼蕭》所謂“鞗革”也。《説文》“鞗”作“鋚”,云:“轡首,銅也。從金,攸聲。”《爾雅》曰“轡首謂之革”。故曰“金革轡靷”。楊注失之。又曰“革,車鞅也”，宋本“鞅”譌作“軮”，今本譌作“軼”，盧又改“軼”爲“輥”，皆與“金革”無涉。⊙久保愛曰：須，古貌字，下同。趨，讀爲蒭，蒭靈也。輿，塗車也。《禮記》曰：“塗車蒭靈，自古有之，明器之道也。”古屋鬲曰：“下二‘而’字，訓則。”金革，即《士喪禮》役器、甲冑、干笮是也。本注“輥”字，舊作“軼”，宋本作“鞅”，今據《爾雅》改。輥，車前飾也。⊙安積信曰：不入，言不納諸墓中也。⊙楊樹達曰：此以制物之質表物。金謂兵，革謂甲。⊙張覺曰：金革轡靷，在此指代拉車的馬及其設備。⊙天海案：金革轡靷，互文見義，即銅制轡頭，革制皮套繮繩。須而不功，須，同貌，形似也。不功，無功用。趨，驅也，此言趕車而埋葬之。“須”字，巾箱三本並作“貌”。又，楊注“速也”二字盧校本無，“車鞅”，盧校本作“車輥”，《集解》從之；而明世本、《四庫》本並作“車軼”，有“速也”二字。

〔一八〕楊倞注：以器適墓，象其改易生時之器，亦所以明不用也。⊙久保愛曰：此二句承上文而言之。⊙天海案：此二句疑是旁記之文竄入正文。然楊倞之前已衍之，故有楊注。

〔一九〕楊倞注：有異生時，皆所以重孝子之哀也。⊙天海案：此句當直接“金革轡靷而不入，明不用也”之下。

〔二〇〕楊倞注：生器，生時所用之器。《既夕禮》曰“用器：弓矢、耒耜、兩敦、兩杅、槃匜”之屬。明器，鬼器，塗車、芻靈、木不成斲、竹不成用、瓦不成沬之屬。《禮記》曰“周人兼用之”，以言不知死者有知無知，故雜用生器與明器也。⊙龍宇純曰：此二句“功”、“用”二字互倒。謂葬以生器，但取文飾，不以實用；明器，則徒具形貌，並無功能。⊙天海案：明器，隨葬墓中之器物。《既夕禮》鄭注：“明器，藏器也。”《禮記・檀弓》：“夏后氏用明器，示民無知也；殷人用祭器，示民有知也；周人兼用之，示民疑也。”須而不用，形似而不實用。又，楊注“《既夕禮》”，他本作“《士喪禮》”者，非也。楊注“塗車芻靈”四字，明世本、《四庫》本、盧校本、《集解》本皆無。

〔二一〕楊倞注：壙，墓中。壟，冢也。《禮記》曰“適墓不登壟”。須，猶意也。言其意以象生時也。或音“邈”。⊙天海案：須，同貌。此指壙壟象徵室屋也。下“須象”皆同此意。楊注“冢”字，原誤作“家”，徑改。

〔二二〕楊倞注：板，謂車上障蔽者。蓋，車蓋也。斯，未詳。象，衍字。拂，即茀也。《爾雅・釋器》云：“輿革，前謂之報，後謂之茀。”郭云：“以韋靶車軾及後户也。”⊙郝懿行曰：版蓋者，棺椁所以象屋，旁爲版，上爲蓋，非車之版蓋也。斯，疑“縰”之音譌。象，非衍字。斯象拂者，皆所以蒙茀棺上，因以爲飾也。⊙俞樾曰：版者，車轓也。《廣雅》曰：“轓，謂之軓。”版與軓通。斯，疑“靳”字之誤。“靳”之本義爲膺，而古或借用爲“報”。《廣雅》“硼輳謂之報”。版，即軓也，在車旁。蓋者，車蓋也，在車上。靳在前，拂在後，其所説至爲詳備矣。

〔二三〕楊倞注：無，讀爲“幠”。幠，覆也，所以覆尸者也。《士喪禮》“幠用斂衾、夷衾”是也。帾，與褚同。《禮記》曰“素錦褚”，又曰“褚幕丹質”。鄭云：“所以覆棺也。”絲歶，未詳，蓋亦喪車之飾也。或曰：絲，讀爲“綏”。《禮記》曰：“畫翣二，皆載綏。”鄭云：“以五采羽注於翣首也。”歶，讀爲魚，謂以銅魚懸於池下。“《禮記》曰“魚躍拂池”。縷，讀爲柳，“蔞”字誤爲“縷”耳。菲，謂編草爲蔽，蓋古人所用障蔽門户者，今貧者猶然。或曰：菲，當爲“扉”，隱也，謂隱奥之處也。或曰：菲，讀爲“扉”，户扇也。幬，讀爲幬帳之幬。尉，讀爲“罻”。罻，網也。帷帳如網也。⊙物雙松曰：竊疑“歶”字字書不見，當是“此禺”二字。此，音近“池”，禺，音近“魚”，當是絲池魚。絲者，絲繫以懸之也。菲，恐是“帟”字誤。尉，恐是“幄”字誤。幬，讀爲“帳”，本鄭康成。⊙王念孫曰：幠者，柳車上覆，即《禮》所謂“荒”也。荒、幠一聲之轉，皆謂覆也。帾，即“素錦褚”之褚。幠、帾，皆所以飾棺，幠在上，帾在下，象幄，故曰“其貊象菲、帷、幬、尉也”。⊙高亨曰：歶，不成字。歶當作“鮆”，亦形似而誤。《説文》：“鮆，刀魚也，從魚，此聲。”⊙于省吾曰：“絲”應讀如字。歶，乃“嵩”字之譌，“嵩”應讀作弼。絲嵩，即絲弼，謂織絲以爲喪車之藩也。菲，應讀作帔。《釋名》：“帔，披也。披之肩背，不及下也。”然則“帔帷”，所以披覆帷蔽者也。幬尉之尉應作蔚。《廣雅》：蔚，翳也。翳，障也。然則蔚謂屏障也。⊙張覺曰：歶，通綸，精紡之細麻布，此指遮蔽棺材的麻織品。⊙天海案：楊注“幠用斂衾”，原脱“斂”字，據《士喪禮》及盧本補之。楊注“扉”字，原誤作“匪”，據别本及《説文》改。楊注“幬讀爲”之“幬”誤作“擣”，徑改。且“幬帳之幬”四字，别本只作“帳”一字。

〔二四〕楊倞注：《既夕禮》“陳明器於乘車之西，折横覆之”。鄭云：“折如牀，縮者三，横者五，無簀，窆事畢，加之壙上，以承抗席。”抗，禦也，所以禦止土者。槾，杇也。茨，蓋屋也。槾茨，猶塈茨也。槾，莫干反。番，讀爲藩，籬也。閼，謂門户壅閼風塵者。抗所以禦土，折所以承抗，皆不使外物侵内，有象於槾茨藩閼也。⊙物雙松曰：槾，杇器，或作“鏝”。扜，亦或從金，即泥鏝。塈，《説文》“仰涂也”。蓋謂既茅茨之，仰頭從下塗之以泥也。閼，恐是“垣”音之轉，如“焉氏”之與“閼氏”。⊙盧文弨曰：舊本注引《士喪禮》多脱誤，今補正。⊙天海案：抗，抗木。棺入壙後，其上加折木，折木上加抗席，抗席上加抗木，抗木上加土爲冢。《既夕禮》“抗木横三縮二”。折，折木。以一木板，中鑿方格爲之，如牀，横者五，縮者三，加於棺上以承抗席。槾茨，杇泥於茨蓋也。楊注“槾，杇也”之杇，原誤爲“扜”，據《説文》徑改。番閼，猶言籬垣，物説義長。又楊注“鄭云”至“五”十一字，原作“抗木横三，縮土五”七字，此從盧校補正。此下原文未分段，現依文意分之。

〔二五〕冢田虎曰：周，土周於椁，椁周於棺之“周”也。⊙北大組曰：周，周全，完備。⊙熊公哲曰：周，密也。⊙駱瑞鶴曰：此書終、崇二字通用。“終周藏”，謂崇密藏。⊙天海案：終，送終之終，終始之終，本篇屢言之，駱説非。終周藏，終於密而葬之也。

〔二六〕楊倞注：葬也者，藏也。所以爲葬埋之禮，敬藏其形體也。

〔二七〕楊倞注：銘，謂書其功於器物，若孔悝之鼎銘者。誄，謂誄其行狀，以爲謚也。繫世，謂書其傳襲，若今之譜諜也。皆所以敬傳其名於後世也。⊙俞樾曰：《周官・小司職》曰"奠世繫，辨昭穆"，鄭司農云"繫世，謂《帝繫》《世本》之屬"是也。楊注未得。

〔二八〕天海案：原本於此下分段，然"刻死"至"儒者是矣"之文當與此屬，故依盧校本於此不分段。

〔二九〕楊倞注：刻，損減。附，增益也，墨子之法。惑，謂惑亂過禮也。⊙王念孫曰："墨"與"惑"、"賊"對文，則"墨"非墨子之謂。⊙于鬯曰：墨，謂蔽塞也。⊙楊柳橋曰：《釋名》："墨，晦也。"謂晦暗不明也。⊙張覺曰：墨，（喪葬）儉省刻薄。⊙天海案：墨，當讀爲"昧"。《集韻・末韻》："昧，日中不明也。"字又作"眛"，莫佩切。昧者，昏暗、愚昧之謂也。讀昧，聲韻與"墨"同；讀眛，與"墨"一聲之轉；而其義亦皆相通也。故"墨"於此當訓昏暗、愚昧，且與下文"惑"、"賊"並列爲文。是楊注、諸説未得也。

〔三〇〕楊倞注：殉葬殺人，與賊同也。

〔三一〕豬飼彦博曰：好，疑當作"盡"。⊙天海案：大象，大飾也。説見本節校釋〔一〕。好，美也。好善，即美善。

〔三二〕楊柳橋曰：義，通儀。⊙天海案："刻死"至"是矣"之文，原提行爲下文之端，此據盧校本與前文相屬。此以上言葬禮。

三年之喪何也？曰：稱情而立文〔一〕，因以飾羣别、親疏、貴賤之節，而不可益損也，故曰無適不易之術也〔二〕。創巨者其日久，痛甚者其瘉遲，三年之喪，稱情而立文，所以爲至痛極也〔三〕。齊衰、苴杖、居廬、食粥、席薪、枕塊，所以爲至痛飾也〔四〕。三年之喪，二十五月而畢〔五〕，哀痛未盡，思慕未忘，然而禮以是斷之者，豈不以送死有已，復生有節也哉〔六〕！凡生於天地之閒者，有血氣之屬必有知〔七〕，有知之屬莫不愛其類。今夫大鳥獸則失亡其羣匹〔八〕，越月踰時，則必反鉛，過故鄉則必徘徊焉，鳴號焉，躑躅焉，踟蹰焉，然後能去之也〔九〕。小者是燕爵，猶有啁噍之頃焉，然後能去之〔一〇〕。故有血氣之屬莫知於人，故人之於其親也，至死無窮〔一一〕。

將由夫愚陋淫邪之人與？則彼朝死而夕忘之，然而縱之〔一二〕，則是曾鳥獸之不若也，彼安能相與羣居而無亂乎〔一三〕？將由夫脩飾之君子與？則三年之喪〔一四〕，二十五月而畢，若駟之過隙，然而遂之，則是無窮也〔一五〕。故先王、聖人安爲之立中制節，一使足以成文理，則舍之矣〔一六〕。然則何以分之〔一七〕？曰：至親以朞斷〔一八〕。是何也〔一九〕？曰：天地則已易矣，四時則已徧矣，其在宇中者，莫不更始矣〔二〇〕，是故先王案以此象之也〔二一〕。然則三年何也〔二二〕？曰：加隆焉，案使倍之，故再期也〔二三〕。由九月以下何也〔二四〕？曰：案使不及也〔二五〕。故三年以爲隆，緦、小功以爲殺，期、九月以爲閒〔二六〕。上取象於天，下取象於地，中取則於人。人所以羣居和一之理盡矣〔二七〕。故三年之喪，人道之至文者也〔二八〕。夫是之謂至隆〔二九〕，是百王之所同也，古今之所一也〔三〇〕。



【校釋】

〔一〕楊倞注：鄭康成云："稱人之情輕重而制其禮也。"⊙物雙松曰："三年之喪何也"以下與《禮記·三年問》同。⊙章詩同曰：情，哀情。文，禮文。⊙北大組曰：立文，制定喪禮的規定。⊙熊公哲曰：父母没，服喪三年，則斬衰也。⊙天海案：據《士喪禮》，喪服五服中，子爲父，臣爲君，妻爲夫，服斬衰三年；父卒爲母，服齊衰三年。三年之喪，首尾實止二十七月。與荀子所言二十五月小異。

〔二〕楊倞注：羣别，謂羣而有别也。適，往也。無往不易，言所至皆不可易此術。或曰：適，讀爲敵。⊙物雙松曰：無適，亦猶不易。言理極於此，而不可它適也。⊙冢田虎曰：無適，猶惟我事不貳適之言，無所他適之也。適音釋。⊙久保愛曰：鄭玄曰"羣，謂親之黨也"。⊙鍾泰曰：羣、别對文。猶親之與疏，貴之與賤然矣。⊙熊公哲曰：羣，五服之親屬也。親，謂大功服以上。疏，謂小功服以下。貴，謂天子諸侯絶止之期限。賤，謂卿大夫以下降損之期限。"無適"二字，殊難索解。"適不"二字，其衍文歟？闕疑可也。⊙楊柳橋曰：羣别，猶族别也。孔晁《逸周書》注："族，謂羣也。"⊙蔣南華曰：飾羣，區别人的不同等級。⊙天海案：飾，飭也。整治之謂飭。羣别，族黨與個人。節，制度。益損，增減。《禮·三年問》作"損益"。無適，無論何時何地。此句《三年問》作"無易之道也"。

〔三〕楊倞注：創，傷也，楚良反。日久、瘉遲，互言之也。皆言久乃能平，故重喪必待三年乃除，亦爲至痛之極，不可朞月而已。⊙天海案：瘉，諸本又作"愈"。

〔四〕楊倞注：《禮記》"斬衰、苴杖"。苴，謂以苴惡死竹爲之杖。鄭云："飾情之章表也。"⊙天海案:齊衰,當作"斬衰"。楊注所引是,所引鄭注與今本《禮·三年問》之注同。盧校本於楊注有所改動:"《禮記》"上加"齊衰"二字,下加"作"字。"惡死"改"惡色",引鄭云作"飾謂章表也"。《集解》本亦從之。居廬,居倚廬。此皆言斬衰之禮。



〔五〕劉師培曰:此據大祥爲斷也。《大戴·喪服·變除篇》云:"二十五月大祥,二十七月而禫。"⊙天海案:二十五月爲大祥之祭。一年之喪十三月而大祥,三年之喪二十五月大祥。大祥之後即可盡哀除服,此與禮《三年問》同。

〔六〕楊倞注:斷,決也,丁亂反。鄭云:"復生,謂除喪反生者之事也。"⊙天海案:已,止也。節,制也。

〔七〕天海案:"必有知",諸本作"莫不有知"。

〔八〕王先謙曰:則,猶若也。⊙天海案:"今"下,巾箱三本有"是"字。"匹"諸本作"疋"。《禮記》"夫"作"是","亡"作"喪"。鄭注:"匹,偶也。"作"匹"是也。

〔九〕楊倞注:鈆與沿同,循也。《禮記》作"反巡過其故鄉"。徘徊,旋飛翔之貌。躑躅,以足擊地也。踟躕,不能去之貌。⊙久保愛曰:徘徊、鳴號,謂鳥。躑躅、踟躕,謂獸。⊙天海案:反鈆,即反鉛。鉛,同沿,故得訓爲循。楊注"旋"上似脱"回"字,盧校已補之,可從。《意林》亦略録此數句,文小異。

〔一〇〕楊倞注:燕爵,與鷰雀同。⊙久保愛曰:啁噍,哀鳴之貌。頃,猶間也。⊙駱瑞鶴曰:是,猶則也。⊙天海案:"是"字,《禮記》作"至於","能"上有"乃"字。"去之"下,諸本有"也"字。能,上古讀爲"耐"。耐,與"乃"同屬泥母之部,故可通。"能去之",乃去之也。

〔一一〕楊倞注:鳥獸猶知愛其羣匹,良久乃去,況人有生之最智,則於親喪,悲哀之情至死不窮已,故以三年節之也。⊙天海案:此下原文未分段,現依文意分之。

〔一二〕物雙松曰:"愚陋淫邪之人",《禮記》作"患淫之人",蓋訛"愚"脱"陋"也。"然而縱之",《禮記》作"然而從之"。可見《荀子》勝《禮記》。⊙天海案:縱之,放縱其"朝死而夕忘"之心。

〔一三〕物雙松曰:安,《禮記》作"焉",可知二字古文通用。

〔一四〕天海案:"則"字,巾箱本、《題注》本、遞修本並無,《禮記》有之。

〔一五〕楊倞注:隙,壁孔也。鄭云:"喻疾也。遂之,謂不時除也。"⊙久保愛曰:朱申曰:"遂其心之所欲,則無除服之期也。"⊙天海案:"遂之",久説是。

〔一六〕楊倞注:《禮記》作"焉爲之立中制節",鄭云:"焉,猶然。立中制節,謂服之年月也。"舍,除也。王肅云:"一,皆也。"⊙郝懿行曰:此云"安爲之",下云"案以此象之"、"案使倍之"、"案使不及",此三"案"一"安"。⊙北大組曰:立中制節,制定適當的服喪年月加以限制。⊙天海案:《禮記》"先王"下無"聖人"二字,"安"作"焉","舍"作"釋"。安,乃也。下文三"案"同"安",亦猶乃也。立中,居中也。

制節，制定喪期時限。舍，同捨，釋也。言除服也。

〔一七〕楊倞注：分，半也。半於三年矣。⊙物雙松曰：何以分之，言何以分五等也。注非。⊙天海案：何以分之，言以何爲區分喪期的依據。物説是，楊注非。"分之"，《禮記》作"至期也"。

〔一八〕楊倞注：斷，決也。鄭云："言服之正，雖至親皆期而除也。"⊙天海案：朞，同期，音基。以期斷，依其期限而除服。

〔一九〕楊倞注：鄭云："問服斷於期之義也。"

〔二〇〕楊倞注：宇中者，謂萬物。⊙久保愛曰：本注"宇"上當有"在"字。⊙熊公哲曰：更始，猶言革新也。⊙天海案：二"已"字，諸本並作"以"；"矣"作"也"。《禮記》"徧"作"變"，"更始矣"作"更始焉"。徧，通變。

〔二一〕天海案：此句《禮記》僅作"以是象之也"，鄭注："法此變易，可以期也。"象，取象、取法也。

〔二二〕楊倞注：鄭云："法此變易，可以期，何乃三年爲？"

〔二三〕楊倞注：鄭云："言於父母加厚其恩，使倍期也。"⊙裴學海曰：案，猶"以"也，下"案使不及"同。⊙天海案：隆，重也，厚也。再期，即加倍爲期。"再"，巾箱本、《題注》本、遞修本作"載"，非也。

〔二四〕楊倞注：由，從也。從大功以下也。⊙天海案：正文"以"，巾箱五本作"已"。大功者，其布經粗略鍛練，衣裳布用七升，服期九月，爲姑、姊妹、女子之適人者、從父昆弟等服之。

〔二五〕楊倞注：鄭云："言使其恩不若父母。"⊙北大組曰：使其喪禮不如父母的喪禮隆重。

〔二六〕楊倞注：隆，厚也；殺，減也，所介反。閒，廁其閒也，古莧反。情在隆殺之閒也。⊙天海案：緦，本爲細麻布，此指喪服。諸本作"緦麻"。五服中最輕者爲緦麻服。據《喪服》，王爲諸侯服之。凡爲族曾祖父母、族昆弟、妻之父母、舅、甥、壻等，均服緦衰三月，既葬除之。小功，其布略細于大功，服期五月，爲從祖祖父母、從祖父母、從祖昆弟等服之。閒，中也。五服以斬衰爲至重，齊衰次之，小功、緦衰最輕，而以大功九月居中也。

〔二七〕楊倞注：鄭云："取象於天地，謂法其變易也。自三年以至緦，皆歲時之數也。言既象天地，又足以盡人聚居粹厚之恩也。"⊙久保愛曰：《禮記》下"象"作"法"，是也；"所以"上有"之"字，是也。⊙天海案：正文"理盡矣"三字諸本無。楊注"粹"字，今《禮記》鄭注作"純"。

〔二八〕北大組曰：至文，最完善的禮義制度。⊙鄧漢卿曰："人道"句，所有人道中以這爲最完美。⊙李中生曰：至文，也就是最重要的法式。鄧説非。⊙天海案：人道，猶人倫。此指人與人之間親疏、長幼、尊卑之關係及原則。至文，猶極禮也。前文“稱情而立文”，楊倞引鄭注：“稱人之情輕重而制其禮也。”荀書多禮文互用，故“至文”者，言三年之喪是人道之極禮也。

〔二九〕楊倞注：至文飾人道，使成忠孝。鄭云：“言三年之喪，喪禮之最盛也。”⊙天海案：隆，重也。至隆，極重也。言三年之喪極重也。

〔三〇〕楊倞注：一，謂不變。⊙天海案：一，亦同也。此節之文，《禮記·三年問》全用之，文小異。又，此下原文未分段，現依文意分之。



君之喪所以取三年，何也〔一〕？曰：君者，治辨之主也，文理之原也，情貌之盡也，相率而致隆之，不亦可乎〔二〕？《詩》曰：“愷悌君子，民之父母〔三〕。”彼君子者，固有爲民父母之説焉〔四〕。父能生之，不能養之〔五〕；母能食之，不能教誨之〔六〕；君者，已能食之矣，又善教誨之者也〔七〕，三年畢矣哉〔八〕！乳母，飲食之者也，而三月〔九〕；慈母，衣被之者也，而九月〔一〇〕；君，曲備之者也，三年畢乎哉〔一一〕！得之則治，失之則亂，文之至也〔一二〕。得之則安，失之則危，情之至也〔一三〕。兩至者俱積焉，以三年事之猶未足也，直無由進之耳〔一四〕。故社，祭社也；稷，祭稷也〔一五〕；郊者，并百王於上天而祭祀之也〔一六〕。

三月之殯何也〔一七〕？曰：大之也，重之也，所致隆也，所致親也；將舉錯之，遷徙之，離宫室而歸丘陵也；先王恐其不文也，是以繇其期，足之日也〔一八〕。故天子七月，諸侯五月，大夫三月〔一九〕，皆使其須足以容事，事足以容成，成足以容文，文足以容備。曲容備物之謂道矣〔二〇〕。

祭者，志意思慕之情也〔二一〕。愅詭、悒僾，而不能無時至焉〔二二〕。故人之歡欣和合之時，則夫忠臣孝子亦愅詭而有所至矣〔二三〕。彼其所至者甚大動也〔二四〕，案屈然已，則其於志意之情者，惆然不嗛；其於禮節者，闕然不具〔二五〕。故先王案爲之立文，尊尊、親親之義至矣〔二六〕。故曰：祭者，志意思慕之情也，忠信愛敬之至矣，禮節文貌之盛矣，苟非聖人，莫之能知也。聖人明知之，士君子安行之，官人以爲守，百姓以成俗〔二七〕。其在君子，以爲人道也；其在百姓，以爲鬼事也〔二八〕。故鍾鼓、管磬、琴瑟、竽笙，《韶》《夏》《護》《武》《汋》《桓》

《箾》《簡》《象》，是君子之所以爲悍詭其所喜樂之文也〔二九〕。齊衰、苴杖、居廬、食粥、席薪、枕塊，是君子之所以爲悍詭其所哀痛之文也〔三〇〕。師旅有制，刑法有等，莫不稱罪，是君子之所以爲悍詭其所敦惡之文也〔三一〕。卜筮視日，齊戒修塗，几筵、饋薦、告祝，如或饗之〔三二〕；物取而皆祭之，如或嘗之〔三三〕；毋利舉爵〔三四〕，主人有尊，如或觴之〔三五〕；賓出，主人拜送，反易服，即位而哭，如或去之〔三六〕。哀夫！敬夫！事死如事生，事亡如事存，狀乎無形，影然而成文〔三七〕。

## 【校釋】

〔一〕楊倞注：問君之喪何取於三年之制。

〔二〕楊倞注：治辨，謂能治人，使有辨别也。文理，法理條貫也。原，本也。情，忠誠也。貌，恭敬也。致，至也。言人所施忠敬，無盡於君者，則臣下相率服喪而至於三年，不亦可乎？⊙郝懿行曰：率者，循也。循人子爲父母喪三年推之，爲君亦致隆三年也。⊙王先謙曰：辨，亦治也。楊注非。⊙北大組曰：治辨，治理。文理之原，禮義的根本。相率，共同。⊙天海案："曰"字諸本無。楊注"忠誠"之"忠"原作"志"，據諸本及注意改之。相率，相競也。《孟子·滕文公》上"相率而爲僞者也"，朱熹集注："競爲濫惡之物以相欺耳。"小《爾雅》："率，勸也。"可證"率"有競爭之義。致，極也。

〔三〕久保愛曰：《詩·大雅·泂酌篇》。毛萇曰："樂以强教之，易以説安之。民皆有父之尊，有母之親。"⊙天海案："曰"字，諸本作"云"。愷悌，和樂簡易。《毛詩》作"豈弟"，音義同。

〔四〕俞樾曰："子"字衍文。據下文，此亦當作"君者"，涉上"愷悌君子"之文而衍"子"字耳。⊙天海案：巾箱三本正無"子"者，可據删。

〔五〕楊倞注：養，謂哺乳之也。養，或爲食。⊙王念孫曰：作"食"者是也。下文兩"食"字，竝承此"食"字而言。⊙天海案：王説是。

〔六〕楊倞注：食者，飼也。⊙天海案：楊注"飼"原作"嗣"，此徑改。《詩·王風·丘中有麻》"將其來食"，高亨云："食，通飼。"下二"食"同此。别本楊注又作"食音嗣也"，是改"者"字爲"音"也。

〔七〕楊倞注：食，謂禄廪。教誨，謂制命也。⊙天海案：已，既也。

〔八〕楊倞注：君者，兼父母之恩，以三年報之，猶未畢也。⊙天海案：畢，盡也。言三年之喪以盡臣子忠敬之心。

〔九〕久保愛曰：《喪服》"乳母"，《傳》曰："何以緦也？以名服也。"⊙天海案：

而，猶當也。當三月，當爲乳母服緦麻三月之喪。

〔一〇〕冢田虎曰：乳母、慈母，二者古者無服。孔子曰："始則魯孝公之爲也。"《家語》可見焉。⊙久保愛曰：案《喪服》傳："爲庶母慈己者，小功布衰裳、牡麻絰、即葛五月。"此云九月者，或誤字、或傳聞之異也。⊙楊柳橋曰：古稱父妾奉父命育己爲子者，曰慈母。⊙天海案：而九月，當服大功九月之喪。

〔一一〕楊倞注：曲備，謂兼飲食、衣被。⊙章詩同曰：曲，周。⊙金其源曰：備謂兼備，曲乃委曲，言君之於民，委曲使備飲食衣服，不若母子之躬親者也。⊙李中生曰：曲，全也，盡也。曲備，指飲食衣服全都具備。⊙天海案：曲備，即周備。備，諸本作"被"。

〔一二〕楊倞注：文，謂法度也。治亂所繫，是有法度之至也。⊙岡白駒曰：文，謂禮也。

〔一三〕楊倞注：情，謂忠厚。謂使人去危就安，是忠厚之至也。⊙天海案：楊注下"謂"字諸本無，疑爲"言"之誤。

〔一四〕楊倞注：直，但也。⊙天海案：無由進之，言無從增加喪期也。

〔一五〕楊倞注：社，土神，以勾龍配之。稷，百穀之神，以弃配之。但各止祭一神而已。⊙久保愛曰：《左氏傳》曰"共工氏有子曰句龍，爲后土，后土爲社。稷，田正也。有烈山氏之子曰柱，爲稷，自夏以上祀之。周棄亦爲稷，自商以來祀之。"又曰"土正曰后土"。⊙天海案：據劉師培云，楊注乃兼采今文、古文之説，合之爲一，非《荀子》之旨也。又正文二"也"字，巾箱本、《題注》本、遞修本並無。

〔一六〕楊倞注：百王、百神也。或"神"字誤爲"王"。言社、稷唯祭一神，至郊天則兼祭百神，以喻君兼父母者也。⊙物雙松曰：百王，當如字。世世祭之，故曰"百王"。⊙久保愛曰：百，舉大法之言。郊祭百王，即《禮記·祭法篇》"郊嚳、郊鯀、郊冥之類"，是也。并於上天者，言郊祭天而配之也。古屋鬲曰"故社"以下二十二字，疑當在上文"郊止於天子"之上。⊙郝懿行曰：百王，百世之王，皆前世之君也。楊注欲改"王"爲"神"，則謬矣。⊙郭嵩燾曰："故社"以下數語，在此終爲不類，疑當在"尊尊親親之義至矣"下。⊙劉師培曰：《禮運》曰"禮行於郊，而百神受職焉"，則"百王"即"百神"明甚，楊説不誤。⊙天海案：此下原文未分段，現依文意分之。

〔一七〕楊倞注：此殯，謂葬也。⊙王引之曰：死三日而殯，三月而葬，則殯非葬也。三月之殯，謂既殯之後，未葬之前，約有三月之久也。⊙久保愛曰：問在殯三月何故也。⊙天海案：喪禮，大斂置尸於棺，棺暫停於肂中，謂之殯。《儀禮·士喪禮》鄭注："棺在肂中斂尸焉，所謂殯也。"簡言之，停柩待葬謂之殯也。三月之殯，即停柩三月也。

〔一八〕楊倞注：所至厚至親，將徙而歸丘陵，不可急遽無文飾，故繇期、足之日，然後葬也。繇，讀爲"由"，從也。⊙王引之曰：繇，讀爲遥。遥其期，謂遠其葬期也。

足之日，謂足其日數也。⊙久保愛曰："足之"二字疑衍。《王霸篇》云"佻其期日"。⊙天海案：王説是。

〔一九〕天海案：《禮・王制》："天子七日而殯，七月而葬；諸侯五日而殯，五月而葬；大夫、士、庶人三日而殯，三月而葬。""大夫"下，諸本有"士"字，或可據補。

〔二〇〕楊倞注：須，待也。謂所待之期也。事，喪具也。道者，委曲容物，備物者也。⊙王引之曰：須者，遲也。謂遲其期，使足以容事也。楊訓"待"，失之迂。⊙楊柳橋曰：須，謂留止。事，謂喪事。曲容，曲盡其宜也。⊙天海案：須，需也。容，從容也。曲容，周到而從容。此謂皆使天子、諸侯、大夫所需足以從容治喪事，喪事足以從容完成，成事足以從容文飾，文飾足以從容完備。周到從容地完備祭葬之物品，這就是人道。上文言"故三年之喪，人道之至文者也"，亦證此"道"即人道也。又，此上四"以"字，巾箱三本並無。此下原文未分段，現依文意分之。

〔二一〕王念孫曰：情與志意，義相近，可言"思慕之情"，不可言"志意思慕之情"。情，當爲"積"，字之誤也。下文"志意之情"，情，亦當爲"積"。⊙鍾泰曰："情"字不誤，王説非也。⊙劉禾曰：志者，誌也，義爲標誌、表明；意者，義爲内心。即表明内心思慕的真情。⊙李亞明曰：情，當讀爲"誠"。誠者，實也。⊙龍宇純曰：余謂"情"或是"憤"字之誤。⊙天海案：情者，情形也。此言祭奠是志意思慕之情的表現形式。"情"字不誤，諸説未切。

〔二二〕楊倞注：愅，變也。詭，異也。皆謂變異感動之貌。悒僾，氣不舒，憤鬱之貌。《爾雅》云："僾，悒也。"郭云："嗚悒，短氣也。"言人感動或憤鬱。"不能無時而至"，言有時而至也。愅音革，悒音邑，僾音愛。⊙盧文弨曰：唈，宋本作"悒"，《爾雅》作"唈"，《釋文》作"邑"，今從元刻作"唈"。⊙郝懿行曰：愅與革、恑與詭，竝同。恑，變也。革，更也。⊙冢田虎曰：至，言思慕之情至也，下同。⊙天海案：此言人之感動、憤懣之情不能隨時而至。正文及注"悒"字，諸本作"唈"。

〔二三〕楊倞注：歡欣之時，忠臣孝子則感動而思君親之不得同樂也。⊙天海案：此言人之歡欣團聚之時，忠臣孝子感觸而生哀傷之情。

〔二四〕楊倞注：言所至之情，甚大感動也。⊙天海案：動，通慟。大慟，極其悲痛也。

〔二五〕楊倞注：屈，竭也。屈然，空然也。惆然，悵然也。嗛，足也。言若無祭祀之禮，空然而已，則忠臣孝子之情悵然不足，禮節又闕然不具也。⊙梁啓雄曰：《戰國策・魏策》注："嗛，快也。"⊙天海案："案"猶"若"也。屈然，鬱然也。《增韻・勿韻》："屈，鬱也。"已，止也。嗛，快也。此承上言忠臣孝子所至激動之情極其悲痛，若鬱然而止，其志意之情的表現必然悵然不快；對於禮節來説，也是空缺不備。

〔二六〕楊倞注：文，謂祭祀節文。⊙天海案：文，指禮節文飾。

〔二七〕天海案：守，職守。俗，習也。

〔二八〕楊倞注:以爲人道,則安而行之。以爲鬼事,則畏而奉之。

〔二九〕楊倞注:因説祭,遂廣言喜樂、哀痛、敦惡之意,本皆因於感動而爲之文飾也。喜樂不可無文飾,故制爲鍾鼓,《韶》《夏》之屬。"箾"音朔,賈逵曰"舞曲名"。《武》《汋》《桓》,皆《周頌》篇名。《簡》,未詳。《象》,周武王伐紂之樂。⊙傅山曰:悖,从心从革,謂其感動之時,神情非常也。若"詭"字,則素爲詭詐之義所奪,此處則感動不安而危矣,故,詭,危也。⊙物雙松曰:勺,即籥也。古樂舞或執籥,或執簫,故籥桓簫象交互言之。否則《箾》《韶》舜樂名,分置二處有何意義?"詭"字下當加"於"字看。⊙久保愛曰:《韶》,舜樂。《夏》,禹樂。《濩》,湯樂。《左氏傳》曰"季札見舞《象箾》《南籥》者",杜預曰:"皆文王之樂。"⊙王念孫曰:《箾》《象》,即《左傳》之《象》《箾》也。自"鍾鼓管磬"以下,皆四字爲句,則"簡"字不當有,疑即"箾"字之誤而衍者。⊙天海案:《武》,《詩·周頌》序曰:"周公頌武王克商之功,作《大武》之樂。"《汋》,《毛詩·周頌》作"酌",序曰:"頌武王能酌取先祖之道以養民。"《桓》,《詩·周頌》序曰:"周成王祀武王於明堂。""簡"字衍。箾,當在"象"下,依《左傳》作"《象箾》"。"其所"之"其"猶"於"也,下文二"其所"之"其"同此,説並見《虚字集釋》。

〔三〇〕楊倞注:感動其所哀痛,而不可無文飾,故制爲齊衰、苴杖之屬。言本皆因於感動也。⊙久保愛曰:齊,當作"斬"。

〔三一〕楊倞注:師旅,所以討有罪。制,謂人數也。有等,輕重異也。敦,厚也。厚惡,深惡也。或曰:敦,讀爲頓。頓,困躓也。本因感動敦惡,故制師旅、刑罰以爲文飾。⊙盧文弨曰:《方言》七:"諄憎,所疾也。宋、魯凡相惡謂之諄憎。"敦與諄,音義同。⊙物雙松曰:敦惡,敦、憝通;惡,去聲。⊙楊柳橋曰:《説文》:"敦,怒也,詆也。"⊙天海案:敦惡,憎惡也。楊倞注訓厚,非也。稱罪,當罪也。師旅,軍旅也。

〔三二〕楊倞注:視日之吉凶。《史記》"周文爲項燕視日修塗",謂修自宫至廟之道塗也。几筵,謂祝筵几于室中東面也。饋,獻牲體也。薦,進黍稷也。告祝,謂尸命祝以嘏于主人曰"皇尸命工祝,承致多福無疆于汝孝孫,來女孝孫,使女受禄于天,宜稼于田,眉壽萬年,勿替引之",如或歆饗其祀然也。⊙久保愛曰:郊之祭,氾掃反道,使新土在上。見《禮記》。宗廟之祭,脩塗之禮未聞。或疑當作"除",一誤作"涂",以涂、塗同,遂爲塗耳。《周禮·山虞職》曰"若祭山林,則爲主而脩除"。⊙王念孫曰:涂,讀爲除。《周禮·典祀》"若以時祭祀,則帥其屬而修涂",鄭注曰:"修除,芟埽之。""修除"二字,專指廟中而言,作"涂"者,借字耳,非謂"修自宫至廟之道涂"也。⊙章詩同曰:修涂,對宗廟的修飾和打掃。涂,飾牆壁。⊙天海案:視日,察日之吉凶也。齊,借爲齋。諸本作"齋"。修塗,當作"修除",王、久二説是,楊注非。

〔三三〕楊倞注:物取,每物皆取也。謂祝命挼祭,尸取菹擩于醢,祭于豆閒,佐食取黍稷肺授尸,尸祭之。又取肝擩于鹽,振祭嚌之,是也。如或嘗之,謂尸啐嚌之,如神之親嘗然也。⊙物雙松曰:物取,言每物取少許也。⊙劉師培曰:取,當作"聚"。物聚者,即《禮記·祭義篇》所謂"比時聚物,不可以不備"也,故曰"皆祭"。楊説不詞。⊙天海:取,通聚。楊注未得,劉説是也。

〔三四〕楊倞注:當云"無舉利爵",即上文云"利爵之不醮也"。⊙天海案:毋,原誤作"毋",據宋浙本、《題注》本改之。利,助尸享食者,擇賓之一人任之。《儀禮·特牲饋食禮》:"利洗散,獻於尸。"鄭注:"利,佐食也。"毋利舉爵者,俞樾曰"蓋以主人爲重,猶言不使利代舉爵耳"是也。楊注非也。

〔三五〕楊倞注:謂主人設尊酌以獻尸,尸飲之,如神飲其觴然。⊙物雙松曰:有、侑通。⊙天海案:有,通侑,亦作"宥"。侑、宥,並勸也。侑尊,猶言勸酒也。楊注"主人"之"主",原誤作"王",據他本改。

〔三六〕楊倞注:此雜説喪祭也。易服,易祭服反喪服也。賓出,祭事畢,即位而哭,如神之去然也。⊙久保愛曰:《禮記》云:"樂以迎來,哀以送往。"是也。⊙天海案:反,同返。

〔三七〕楊倞注:狀,類也。言祭祀不見鬼神,有類乎無形影者。然而足以成人道之節文也。⊙物雙松曰:哀夫敬夫,咏嘆無窮。影然,即狀乎無形意。可謂善形容。⊙久保愛曰:狀,形象之也。⊙鍾泰曰:此當以"狀乎無形"爲句,"影"字下屬爲句。影然者,成文之貌也。影,當作"景",俗書誤作"影"耳。"生"與"形"爲韻,"存"與"文"爲韻,蓋間句韻也。楊以"形影"連讀,非也。⊙梁啓雄曰:《禮記·大傳》注:"然,如是也。"⊙天海案:影,本當作"景"。一因上有"形"而誤,二因景通影而誤。景然,仰慕之貌也。此言喪祭之事雖類於無形,然仰慕之貌自成禮文也。楊注"形影"連讀,非也。物説、鍾讀及所訓,是也。

# 荀子校釋　卷第十四

## 樂論篇第二十〔一〕

夫樂者，樂也，人情之所必不免也〔二〕。故人不能無樂，樂則必發聲音，形於動静，而人之道，聲音、動静、生術之變盡是矣〔三〕。故人不能不樂，樂則不能無形，形而不爲道，則不能無亂〔四〕。先王惡其亂也，故制《雅》《頌》之聲以道之〔五〕，使其聲足以樂而不流，使其文足以辨而不諰〔六〕，使其曲直、繁省、廉肉、節奏足以感動人之善心，使夫邪汙之氣無由得接焉〔七〕。是先王立樂之方也，而墨子非之，奈何〔八〕！

故樂在宗廟之中，則羣臣上下同聽之，莫不和敬；閨門之内，則父子兄弟同聽之，莫不和親；鄉里族長之中，則長少同聽之，莫不和順〔九〕。故樂者，審一以定和者也，比物以節節者也〔一〇〕，節奏合以成文〔一一〕，足以率一道，足以治萬變〔一二〕。是先王立樂之術也，而墨子非之，奈何〔一三〕！

故聽其《雅》《頌》之聲，而志意得廣焉；執其干戚，習其府俯屈申，而容貌得莊焉〔一四〕；行其綴兆，要其節奏，而行列得正焉，進退得齊焉〔一五〕。故樂者，出所以征誅也，入所以揖讓也；征誅、揖讓，其義一也。出所以征誅，則莫不聽從；入所以揖讓，則莫不從服〔一六〕。故樂者，天下之大齊也，中和之紀也，人情之所必不免也〔一七〕。是先王立樂之術也，而墨子非之，奈何〔一八〕！

## 【校釋】

〔一〕盧文弨曰:此卷各本皆無注。⊙冢田虎曰:此篇與《樂記》文大同小異,蓋亦漢儒取之《荀子》而屬於《禮記》之文者與?⊙梁啓超曰:本篇一部分采入《小戴禮記·樂記篇》。其論音樂原理及音樂與人生之關係最精。但《樂記》所説,尤爲詳盡。未知是編《小戴》者將本篇補充耶,抑傳抄本篇者有遺闕耶?⊙吕思勉曰:此篇同《禮記·樂記》,而多增入辟墨子語。可見《荀子》書中辟他家之語,有後來增入者。亦足爲《非十二子》中辟子思、孟軻之語,爲後人增入之一證也。此篇注亦亡。⊙天海案:荀子禮樂、刑法並重之,此篇亦可見也。其論樂之起源、作用,亦與孔孟旨同。本篇之文,又見於《史記·樂書》《禮·樂記》《鄉飲酒義》篇中,可互參。又《墨子》有《非樂》之篇,《荀》亦斥之。又,"篇"字原無,據荀書文例當有,諸本亦有,徑補。

〔二〕物雙松曰:上"樂"如字,下"樂"音"洛"。必不免者,不可無也。⊙久保愛曰:人之情不能不有歡樂之時,故曰"不免"。⊙天海案:《禮·樂記》鄭注:"免,猶自止也。"

〔三〕物雙松曰:道,去聲,下二"道"皆同。性術,猶心術也。聲音動静出於性,而所以道之謂之術也。⊙冢田虎曰:道,如字,下二"道"音"導",物説似不然矣。性術,謂性情之感物,而所以發動也。變,謂喜怒哀樂之變也。⊙久保愛曰:孔穎達曰:"内心歡樂發於聲音,則嗟嘆咏歌是也。形於動静,則手舞足蹈是也。"輔廣曰:"人生而静,天之性也。感於物而動,性之術也。咨嗟咏歎,手舞足蹈,性術之變也。"⊙安積信曰:此"道"字似衍。⊙梁啓雄曰:人之道,人之所以爲人。形,表現。⊙熊公哲曰:形,謂動静歌舞。⊙楊柳橋曰:性術,猶言性行,謂人之天性與行爲也。術,從"行"爲義。⊙天海案:《樂記》鄭注:"人道,人之所爲也。性術,言此出於性也。益於此不可過。"孔疏:"形於動静者,形見也。人之道也者,人道自然之常。術,謂道路;變,謂變動。是人性道路之變轉竭盡於此矣。"今謂:此二"樂"讀爲歡樂之樂;形於動静,表現在行爲動静上;人之道,人之所行也;生術,諸本作"性術"。生通性。性,猶心也。心術,即心機也。《莊子》:"心術之動,然後從之者也。"成玄英疏:"術,能也。心之所能,謂之心術也。"

〔四〕久保愛曰:不導之則感於姦聲。姦聲感人而逆氣應之,故亂。道音導,下同。⊙駱瑞鶴曰:故人不能不樂,下"不"字,猶"無"也。不、無同義,得更用以避復。⊙天海案:道,疏導也。下"道"同此。

〔五〕久保愛曰:是則所以使防姦聲,近正聲之方也。⊙天海案:《禮記·樂記》"惡"作"恥",《史記·樂書》與此同。

〔六〕物雙松曰:諰,恐貌。此借言不安裕意。⊙冢田虎曰:諰、葸同,恐懼也。

⊙久保愛曰：流，猶淫也。文，下文"合奏以成文"是也。盧文弨曰：《禮記·樂記》作"論而不息"，《史記·樂書》作"綸而不息"。此作"諰"，乃"謥"字之訛。⊙郝懿行曰："謥"乃别字，古止作"息"。《樂記》作"論而不息"是也。荀書多以"諰"爲"葸"，此又以"諰"爲"息"，皆假借也。⊙羅焌曰：諰，今作葸，不悦懌之貌。⊙梁啓雄曰：《樂記》注："文，篇辭也。"《易·繫辭》上《釋文》引京注："辨，明也。"諰，當作"偲"，《廣雅》："偲，佞也。"此謂使樂之文辭足以明瞭而不邪。⊙張覺曰：諰，邊思邊説之意，引申爲暗藏心機的花言巧語。⊙蔣南華曰：文，這裏指節奏。辨而不諰，清晰而不窒塞。⊙天海案：文，章也，此指樂章。辨，明也。諰，通葸。《集韻》："葸，難順也。息改切。"不諰，即不難順，言其明且順也。

〔七〕物雙松曰：廉肉，《樂記》注"肉，肥也。或爲潤"。《釋文》："而救反。"疏："肉，謂厚重者也。"⊙久保愛曰：省，謂省約。肉，如又反。邪，邪僻。汙，汙穢。⊙盧文弨曰：繁省，《史記》同，《禮記》作"繁瘠"。⊙梁啓雄曰：《樂記》疏："曲，謂聲音迴曲。直，謂聲音放直。"《述聞》十五："繁省，猶多少也。廉肉，猶肥瘠也。"⊙楊柳橋曰：高誘《吕氏》注："廉，利也，象金斷割。"《釋名》："肉，柔也。"是廉肉者，猶言剛柔也。⊙天海案：繁省，指聲音、文辭之繁縟或簡略。廉肉，猶剛柔，楊説是。接，謂與人相交接也。《樂記》《史記》作"不使放心邪氣得接焉"。

〔八〕盧文弨曰：《墨子書》有《非樂篇》。⊙久保愛曰：墨子作《非樂篇》以非之，故荀卿説先王立樂之本意以尤之。⊙鍾泰曰：墨子非之奈何，猶言墨子奈何非之。倒文耳。⊙天海案：方，《樂記》鄭注"方，道也"。海謂：方，義也，此指道理。《廣雅》："方，義也。"鄭説未了。

〔九〕物雙松曰：和敬、和親、和順，三者在樂，故以"和"言之。⊙久保愛曰：宫中之小門謂之閨，其内父子兄弟所居也。⊙陶鴻慶曰：族長，當爲"族黨"，蓋假字也。《釋名》："黨，長也，一聚所尊長也。"黨、長聲義皆同，例得通用。⊙梁啓雄曰：《述聞》十五："族長，皆鄉黨之屬。"⊙天海案：三"則"字，諸本並在三"莫"字上，與《樂記》同。而"莫不和親"三句，《樂記》在"和順"句下。

〔一〇〕物雙松曰：審一以定和，一由和生。下多言"齊"、言"合同"，即此意。審，是審其正邪，審之，則民之和可定矣。比物以飾節，節者，高下徐疾，已排比八音，所以飾之也。⊙冢田虎曰："審一"與"比物"是互文也。言審金石絲竹之一物，而比列之，以定和飾節也。節者，謂高下徐疾之節也。⊙久保愛曰：一，謂律也。《國語》曰"以律平聲"。⊙梁啓雄曰：孫希旦曰："一者，謂中聲之所止也。比，合也。審一以定和，而以之上下相生以爲五聲，而又比合於樂器以飾其節奏也。"⊙天海案：《樂記》鄭注："審一，審其人聲也。比物，謂雜金革土匏之屬也。"海案，一者，齊也。齊謂五音俱全，故能定和也。比者，協和也。《漢書·揚雄傳》："美味期乎合口，工聲調於比耳。"顔注："比，和也。"物，樂器也。飾，飭也，調治也。此言協和樂器以調整節奏也。

〔一一〕物雙松曰:"合奏以成文"者,合八音之奏,然後文迺成也。⊙盧文弨曰:《禮記》作"節奏合以成文",《史記》同。⊙郝懿行曰:節以分析言之,奏以合聚言之,語其明晰。《禮記》作"節奏合以成文",則總統言之,而此於義較長。⊙熊公哲曰:謂奏作其樂,或節止其樂,使聲音和合,成其五聲之文也。⊙天海案:此句諸本作"合奏以成文者也"。《樂記》鄭注:"以成文,五聲八音克諧相應和。"節奏合以成文,言其節奏協合以成樂章也。

〔一二〕物雙松曰:率一道,率,循也。⊙冢田虎曰:一道,謂和也。⊙久保愛曰:率,循也。一道,謂律也。言可以循一道也,事雖萬變,亦可以治也。⊙梁啓雄曰:這是説樂理可應用於修身經世。⊙章詩同曰:率一道,統率大道。⊙熊公哲曰:疑"一道",謂和一之道。萬變,謂萬民不合之變。⊙駱瑞鶴曰:率,當訓循。《爾雅》:"率,循也。"一道,即羣居和一之道。《榮辱篇》《禮論篇》亦言之。萬變,謂天地間萬事萬物之變故變化,並非單爲民變。⊙天海案:《初學記》引《孫卿子》曰:"故樂者,審一以定和,率一以定理。"與此文略異。《樂記》無此二句,另作"所以合和父子君臣,附親萬民也"二句。《史記·樂書》同《樂記》。治萬變,諸本作"理萬變"。率一道,治萬變,言遵循和一之道,治理千變萬化。故下文云"是先王立樂之術也"。駱説義長。

〔一三〕天海案:術,《樂記》《樂書》並作"方"。術,道也。道,理也。其義與"方"同,此變化用詞耳。此下原文未分段,現依文意分之。

〔一四〕天海案:屈申,諸本作"屈伸"。《樂記》孔疏:"《雅》以施正道,《頌》以贊成功,若聽其聲,則淫邪不入,故志意得廣焉。干戚是威儀之容,俯仰詘伸以禮,進退動止必以禮,故容貌得莊敬焉。"

〔一五〕物雙松曰:要其節奏,要、邀通,赴也。"行列"之行,音杭。⊙久保愛曰:而,猶則也。干,盾;戚,斧;武舞所執也。要,會也。⊙楊柳橋曰:綴兆,樂舞之位也。⊙天海案:《樂記》鄭注:"綴,表也,所以表行列也。兆,域也,舞者進退所至也。要,猶會也。"行其綴兆,言行其所標示的區域。要,把握也。要其節奏,掌握其快慢疾遲。故曰"行列得正,進退得齊"也。

〔一六〕久保愛曰:後二"所"字衍。⊙天海案:"故樂者"至此,《樂記》與《樂書》無。

〔一七〕梁啓雄曰:《樂記》注:"紀,總要之名。"《述聞》十五:"齊,同也。天下之大齊,謂天下之大同也。紀,與齊,皆是統同之義。"人情之所必不免也,謂人情之化於禮樂,必不能自已。⊙天海案:大齊者,大一統也。中和者,萬物和諧之謂也。説見《禮記·中庸》。紀,綱也。此二句《禮記·樂記》《史記·樂書》並作"天地之命,中和之紀"。

〔一八〕天海案:此下原文未分段,現依文意分之。

且樂者,先王之所以飾喜也;軍旅鈇鉞者,先王之所以飾怒也〔一〕;先王喜怒皆得其齊焉〔二〕。是故喜而天下和之,怒而暴亂畏之〔三〕。先王之道,禮樂正其盛者也,而墨子非之〔四〕。故曰:墨子之於道也,猶瞽之於白黑也,猶聾之於清濁也,猶欲之楚而北求之也〔五〕。夫聲樂之入人也深,其化人也速,故先王謹爲之文〔六〕。樂中平則民和而不流,樂肅莊則民齊而不亂〔七〕。民和齊則兵勁城固,敵國不敢嬰也〔八〕。如是,則民莫不安其處,樂其鄉,以至足其上矣〔九〕。然後名聲於是白,光暉於是大,四海之民莫不願得以爲師,是王者之始也〔一〇〕。

樂姚冶以險,則民流慢鄙賤矣〔一一〕。流慢則亂,鄙賤則爭。亂爭則兵弱城犯,敵國危之〔一二〕。如是,則百姓不安其處,不樂其鄉,不足其上矣。故禮樂廢而邪音起者,危削侮辱之本也。故先王貴禮樂而賤邪音。其在《序官》也,曰:"脩憲命,審誅賞,禁淫聲,以時順脩,使夷俗邪音不敢亂雅,大師之事也〔一三〕"。墨子曰:"樂者,聖王之所非也,而儒者爲之,過矣〔一四〕"。君子以爲不然。樂者,聖人之所樂也,而可以善民心,其感人深,其移風易俗〔一五〕,故先王導之以禮樂而民和睦。夫民有好惡之情,而無喜怒之應則亂〔一六〕。先王惡其亂也,故脩其行,正其樂,而天下順焉〔一七〕。故齊衰之服,哭泣之聲,使人之心悲〔一八〕;帶甲嬰軸,歌於行伍,使人之心傷〔一九〕;姚冶之容,鄭衛之音,使人之心淫;紳端章甫,舞《韶》歌《武》,使人之心莊〔二〇〕。故君子耳不聽淫聲,目不視女色〔二一〕,口不出惡言。此三者,君子慎之〔二二〕。

凡姦聲感人而逆氣應之,逆氣成象而亂生焉〔二三〕。正聲感人而順氣應之,順氣成象而治生焉〔二四〕。唱和有應,善惡相象〔二五〕,故君子慎其所去就也〔二六〕。



## 【校釋】

〔一〕熊公哲曰:樂以飾喜,非喜不樂,喜非私喜也。鈇鉞以飾怒,非怒不可横施鈇鉞,怒非私怒也。⊙天海案:飾,繁飾、裝飾也。鈇鉞,又作斧鉞,古代兵器,執行軍法時以之殺人。《國語·魯語》上:“大刑用甲兵,其次用斧鉞。”韋昭注:“斧鉞,軍戮。”《禮·王制》:“諸侯賜弓矢然後征,賜鈇鉞然後殺。”《釋文》:“鈇,方于反,又音斧。”

〔二〕盧文弨曰:《禮記》“齊”作“儕”。⊙久保愛曰:得齊,謂喜怒中節也。⊙郝懿行曰:齊,才細切,謂分齊也。《禮·樂記》作“儕”,假借字耳。⊙王先謙曰:《史記·樂書》作“齊”。⊙梁啓雄曰:《禮記·少儀》注:“齊,和也。”⊙熊公哲曰:齊、和同也。⊙張覺曰:齊,中,適當。⊙天海案:齊,通劑,調和也。《商君書·壹言》“故明君知齊二者,其國強”,齊亦通劑,謂調和也。此言先王喜怒皆得其調和也。

〔三〕梁啓雄曰:《釋詞》七:“而,猶則也。”⊙天海案:“是”字,巾箱本、《題注》本、遞修本皆無。《樂記》無“是故”二字,“亂”下有“者”字,二“而”字俱作“則”字。

〔四〕物雙松曰:正其,語助。⊙冢田虎曰:言正道之所以盛者,禮樂是也。⊙裴學海曰:正,猶適也。⊙天海案:正,當也。言先王之道禮樂正當隆盛也,而墨子却反對之。

〔五〕冢田虎曰:二“之”,皆往也。楚,南也。⊙久保愛曰:北求,北向而求也。楚則在南。⊙天海案:諸本無“欲”字。上“之”,往也。下“之”代楚也。下“之”,巾箱三本無。

〔六〕久保愛曰:化,言移風易俗也。文,謂制《雅》《頌》也。⊙天海案:謹,嚴也。文,章也。此指樂章。故下文即言“樂”也。

〔七〕久保愛曰:《吕氏春秋》云:“何謂衷? 大不出鈞,重不過石,小大輕重之衷也。”衷、中同。又《周語》云“細大不踰曰平”。肅,肅敬也。⊙梁啓雄曰:《廣雅·釋詁》:“齊,敬也。”《釋言》:“齊,整也。”⊙天海案:中平,中正平易也。齊者,一也。

〔八〕安積信曰:嬰,與攖通,觸也。⊙天海案:嬰,犯也。

〔九〕安積信曰:“至”字疑衍。⊙鍾泰曰:足其上,猶言重其上。⊙天海案:至,極也。足,擁護也。《管子·五行》:“春辟無時,苗足本。”尹知章注:“足,猶擁也。春生之苗,當以土擁其本。”此言百姓莫不安居樂業而極其擁戴君上也。

〔一〇〕冢田虎曰:師,謂君師也。爲君者,萬民之師也。⊙王先謙曰:師,長也。説詳《儒效篇》。⊙天海案:暉,諸本作“輝”。白者,顯明也。大者,廣大也。師者,長也。此下原文未分段,現依文意分之。

〔一一〕冢田虎曰:姚冶則流僈,險則鄙賤也。⊙久保愛曰:險,不平之謂。《周禮·典同》曰“險聲斂慢”。慢,《樂記》云“鄭、衛之音,亂世之音也,比於慢矣”,是也。⊙劉師培曰:僈,當作“湎”。湎、曼雙聲,故可通用。《樂記》“流湎以忘本”,與此正同。流湎者,民心有所沉溺之謂也。⊙鍾泰曰:姚冶即窕冶,窕、姚皆“佻”之叚字。⊙梁啓雄曰:《廣雅》:“險,邪也。”⊙章詩同曰:流僈,散慢放縱。⊙天海案:姚冶,《禮論篇》“不至於窕冶”,楊倞注:“窕,讀爲姚,姚冶,妖美也。”流慢,諸本作“流僈”,《禮・樂記》作“流湎”,《説苑・反質》“鍾鼓之樂,流漫無窮”,是慢、湎、僈、漫,音皆通也,故流慢乃沉溺之義也。

〔一二〕物雙松曰:敵國危之,言敵國能使其危也。⊙陶鴻慶曰:犯,當爲“脆”之壞字。脆亦弱也,兵弱城脆,與上文“兵勁城固”正相反。⊙劉如瑛曰:犯、危二字當互轉。上文“兵勁城固,敵國不敢嬰”,與此處“兵弱城危,敵國犯之”正相對。⊙楊柳橋曰:韋昭《國語》注:“犯,攻也。”⊙蔣南華曰:犯,破壞。⊙天海案:犯,疑爲“圮”之形誤也。《説文》:“圮,毁也。圮或从手。”如从“手”,作“扫”,則益易誤爲“犯”矣。《爾雅・釋詁》:“圮,毁也。”又《釋言》:“圮,覆也。”皆言城之敗壞也,正與上文“城固”相對。陶説“犯”爲“脆”訛,迂也。劉説犯、危當互義,臆也。危之,危害之也。或曰:“兵弱城犯”,言軍隊勢弱,城池爲敵侵犯,義亦通。

〔一三〕冢田虎曰:“誅賞”不與乎大師之職,必是字之誤,並辨出於《王制篇》。⊙久保愛曰:《王制篇》“誅賞”作“詩商”,是也。⊙王先謙曰:“序官”以下,語見《王制篇》。⊙梁啓雄曰:《序官》,似爲篇名。商,讀爲章。太師掌教六詩,故曰“審詩章”。⊙天海案:“序官也”下之“曰”字,巾箱三本無,“大師”,諸本作“太師”。“誅賞”,當依《王制篇》作“詩商”。

〔一四〕天海案:“聖王”,巾箱三本作“聖人”。“過矣”,諸本作“過也”。此引《墨子》語不見今本《墨子》,或在所亡《非樂》中、下篇之中與!

〔一五〕久保愛曰:《孝經》曰:“移風易俗,莫善於樂。”⊙王先謙曰:《史記》作“其風移俗易”,語皆未了。此二語相儷,當是“其感人深,其移風俗易”,讀者據下文妄改耳。⊙陶鴻慶曰:《漢書・禮樂志》作“其移風易俗易”。當以《漢書》爲是。⊙天海案:陶説義長。梁啓雄、張覺用之。

〔一六〕物雙松曰:“好惡”、“喜怒”互文。情存乎中,而應形乎外者,言樂與軍旅也。⊙久保愛曰:應,應節也。⊙天海案:應,反應,相應。樂以飾喜怒以應其好惡,否則亂也。

〔一七〕天海案:順者,治也。

〔一八〕久保愛曰:聞之者悲。⊙天海案:悲者,慟也。

〔一九〕物雙松曰:嬰冑,嬰,縈也。⊙久保愛曰:甲,鎧也。嬰,繫於頸也。冑,兜鍪也。傷,疑當作“壯”,音之誤也。⊙俞樾曰:歌於行伍,何以使人心傷?義不可通。傷,當爲“愓”。荀子書多用“愓”字。《榮辱篇》注亦云“愓與蕩同”。歌於行伍,則使人之心爲之動蕩,故曰“使人之心愓”。愓、傷形似,因致譌耳。⊙王先謙曰:《説文》“冑”,《司馬法》作“䩜”,又見《議兵篇》。⊙于鬯曰:傷,蓋讀爲揚。同聲字例得通借。揚者,即《小戴・樂記》發揚蹈厲之揚。⊙于省吾曰:《易・大壯・釋文》引馬云:“壯,傷也。”郭璞云“今淮南人呼壯爲傷”,即其證也。言帶甲嬰軸,歌於行伍,使人之心壯也。⊙楊柳橋曰:顔師古《漢書》注:“嬰,猶帶也。”又:“嬰,加也。”

⊙天海案：帶甲，束甲也。嬰軸，繫頭盔也。嬰，纓也，頭盔之纓，此作動詞用。傷，亦壯也，今亦悲壯連文。字不誤，于省吾説是。又"軸"，胄也，諸本作"胄"。

〔二〇〕久保愛曰：《樂記》曰："鄭音好濫，淫志；衛音趨、數，煩志。"紳，大帶也。端，玄端也。章甫，殷冠也。⊙天海案：甫，《題注》本、遞修本作"父"，二字可通。莊，莊敬、莊重。

〔二一〕物雙松曰：女色，女，當作"姦"。⊙駱瑞鶴曰：女，讀爲姦。此省借其形，非以聲音相借。此文姦色即邪僻不正之色。

〔二二〕天海案：此下原文未分段，現依文意分之。

〔二三〕物雙松曰：成象者，謂形於歌舞也。⊙冢田虎曰：成象，言發於聲音，形於動静者也。⊙久保愛曰：姦聲，即鄭、衛之音也。

〔二四〕天海案：正聲，《雅》《頌》也。成象，形成氣象。

〔二五〕久保愛曰：相象，象於樂也。⊙王懋竑曰：聲感人，倡也；氣應之，和也。善倡則善和，惡倡則惡和，是倡和有應，善惡相象也。⊙天海案：有應，相應也。相象，各有所象，王説是。

〔二六〕天海案：此下文原未分段，現依文意分之。

君子以鍾鼓導志，以琴瑟樂心〔一〕；動以干戚，飾以羽毛，從以磬管〔二〕。故其清明象天，其廣大象地，其俯仰周旋有似於四時〔三〕。故樂行而志清，禮脩而行成，耳目聰明，血氣和平，移風易俗，天下皆寧，美善相樂〔四〕。故曰：樂者，樂也。君子樂得其道，小人樂得其欲。以道制欲，則樂而不亂；以欲忘道，則惑而不樂〔五〕。故樂者，所以道樂也；金石絲竹，所以道德也；樂行而民鄉方矣〔六〕。故樂者，治人之盛者也，而墨子非之〔七〕。且樂也者，和之不可變者也〔八〕；禮也者，理之不可易者也。樂合同，禮别異；禮樂之統，管乎人心矣〔九〕。窮本極變，樂之情也；著誠去僞，禮之經也；墨子非之，幾遇刑也〔一〇〕。明王以没，莫之正也〔一一〕；愚者學之，危其身也。君子明樂，乃其德也〔一二〕；亂世惡善，不此聽也〔一三〕。於乎哀哉，不得成也〔一四〕。弟子勉學，無所營也〔一五〕。

聲樂之象〔一六〕：鼓天麗〔一七〕，鍾統實〔一八〕，磬廉制〔一九〕，竽笙、簫和〔二〇〕、筦籥發猛〔二一〕，塤箎翁博〔二二〕，瑟易良〔二三〕，琴婦好〔二四〕，歌清盡〔二五〕，舞意天道兼〔二六〕。鼓，其樂之君邪〔二七〕！故鼓似天，鍾似地，磬似水，竽笙簫和籥似星辰日月〔二八〕，鞉、柷、拊、鞷、椌、楬似萬物〔二九〕。曷以知舞之意〔三〇〕？曰：目不自見，耳不自聞也，然而治俯仰詘信，進退遲速，莫不廉制〔三一〕。盡筋骨之力，以要鍾鼓俯會之節，而靡有悖逆者〔三二〕，衆積意謘謘乎〔三三〕！



【校釋】

〔一〕物雙松曰：鍾鼓導志，《孟子》"金聲"，《樂記》"先鼓以警戒"。⊙天海案：導，引導。盧謝本、《集解》本作"道"。樂心，娱悦其心也。

〔二〕物雙松曰：從以磬管，《孟子》"玉振"。⊙久保愛曰：羽，翟羽。旄，旄牛尾。舞人之所執也。《周禮》樂師有羽舞、旄舞。⊙盧文弨曰：元刻作"籥管"，與《禮記》同。⊙天海案：毛，諸本作"旄"，此或誤之。磬，巾箱三本作"籥"，作"籥"義長。干戚、羽旄、籥管，皆舞者所執。

〔三〕物雙松曰：其清明象天，《禮記》注"謂人聲也"。其廣大象地，《禮記》注"謂鐘鼓"。其俯仰周旋，有似於四時，《禮記》注"謂舞"。⊙盧文弨曰：元刻"周旋"作"隨還"。⊙包遵信曰：清明，言其音樂之清脆明快；廣大，言其表現能力之深廣；周旋，言其舞姿之反復變化也。⊙天海案：周旋，巾箱本、《題注》本、遞修本作"隨還"。四時，謂四季。

〔四〕梁啓雄曰：行，謂德行。⊙天海案：美善相樂，諸本作"莫善於樂"，非也。王念孫《雜志》已辨之，可參見。

〔五〕熊公哲曰：以道制欲，即以心制欲也。⊙天海案：道，禮義也。荀書所言"道"，多指禮義。若以"心"訓"道"，下文"以欲忘道"即訓"以欲忘心"，有是理乎？此言"以禮制欲，則樂而不亂"，故下言"以欲忘禮，則惑而不樂"。熊説非也。

〔六〕久保愛曰：金，鐘也。石，磬也。絲，琴也。竹，簫管也。⊙安積信曰：方，猶義也。《論語》："可使有勇且知方"。⊙梁啓雄曰：鄉，借爲向。《樂記》注："方，猶道也。"⊙包遵信曰："金石絲竹，所以道德"，義不可通。作"道樂"者，是也。⊙天海案：二"道"字，諸本作"導"；"竹"下皆有"者"字，"德"並作"樂"，是也。"德"之誤，因常與"道"連用而然。鄉，諸本作"嚮"。方，道也，此上承"以道制欲"、"以欲忘道"之"道"而言。

〔七〕物雙松曰：治人之盛者也，言治人之道，其盛者樂也。⊙久保愛曰：治人之道，莫盛於樂。⊙天海案：盛，與成同。荀書多以"盛"爲"成"。《臣道篇》"明主尚賢使能而饗其盛"，《王霸篇》"以觀其盛者也"，楊倞注："盛，讀爲成，觀其成功也。"此言樂是治人成功的體現。物、久二説皆非也。

〔八〕安積信曰：《禮記》《史記》"和"作"情"。⊙天海案：樂者，主和也。言主和之旨是不可改變的。下文言“樂合同”,合同,亦和也。

〔九〕梁啓雄曰:《樂記》注:“管,猶包也。”《史記》“管”作“貫”。⊙熊公哲曰:樂必合奏,故合同。禮有差等,故别異。⊙天海案:管,通貫。貫乎人心,即貫通人心。“人心”二字,巾箱三本作“聖人”。

〔一〇〕物雙松曰:幾,平聲。言使生先王之世,則難免刑也。⊙冢田虎曰:幾,音機。言明王不没,乃將遇刑也。⊙久保愛曰:幾,殆也。幾,音祈。⊙熊公哲曰:本,謂人心。變,謂喜怒哀樂之變。著,深入也。僞,虚僞。⊙天海案:窮本,究其原也。極變,盡其化也。情,實也。著,猶貯也。經,常也。幾者,殆也。此言究原盡化是樂之實也;貯誠去僞是禮之常也。《墨子》反對禮樂,該受到刑罰也。

〔一一〕熊公哲曰:正,謂正其非毁先王之罪也。⊙天海案:明王,聖王也。以,猶已,諸本作“已”。没,通歿。正,匡正也。此言聖王歿後,無人匡正墨子“非樂”之説也。故下文言“愚者學之,危其身也”。

〔一二〕冢田虎曰:“乃”下疑脱“成”字與?下“不得成也”,言不得成德,與此相應也。⊙久保愛曰:禮樂皆得,謂之有德。⊙顧千里曰:“德”字,疑當作“人”,與上下韻。⊙俞樾曰:《荀子》原文,疑作“乃斯聽也”。斯與此文異義同。“乃斯聽也”,與“不此聽也”,反復相明。古人用韻,不避重復。後人疑兩句不得疊用“聽”字,因改上句爲“乃其德也”,不特於韻不諧,而亦失其義矣。⊙劉師培曰:古之部入聲與庚青平韻多通轉,如易、既、濟、極,與正韻,此其證也。孰謂“德”字不叶韻乎!⊙張覺曰:德,宜作“仁”,與上下句叶韻。⊙天海案:乃,猶是也。説見《釋詞》。“德”字,古端母職部;登,端母蒸部;耕、青、蒸,韻近可通。根據職蒸對轉通例,“德”字於此當讀爲“登”。如“陟”可讀爲“登”,同理也。登,與得通,得亦通德,荀書多用之。故此文“德”字訓得,讀爲登。此言君子明其樂,是其得也。諸説改字爲訓者,不明古韻也。劉説知其韻而未得其義。

〔一三〕物雙松曰:惡,去聲。不此聽也,不聽樂也。

〔一四〕天海案:於乎,同“嗚呼”。不得成也,言不能成其樂也。

〔一五〕物雙松曰:營,熒也,謂惑也。⊙冢田虎曰:免,離也。言離禮樂之與,乃無所營爲也。⊙久保愛曰:《賦篇》曰:“弟子勉學,天不忘也。”營與熒通,惑也。言毋爲墨子所惑。⊙盧文弨曰:勉,元刻作“免”,古通用。⊙天海案:勉,勤也。諸本作“免”。營,惑也。物、久二説是,冢説非。又,此下原文未分段,現依文意分之。

〔一六〕鍾泰曰:“聲樂之象”以下,當别起爲一節。此四字即提綱也。⊙天海案:象者,取法也,象徵也。

〔一七〕物雙松曰:麗者,羣音之所附麗,如萬象之麗乎天歟?鼓,其樂之君邪,唯君爲大。⊙久保愛曰:鼓天,故曰“大”。⊙王先謙曰:作“大”者是。鼓之爲物大,音亦大也。麗者,《方言》三郭注:“偶物爲麗。”《説文》:“《周禮》六鼓:靁鼓八面,靈鼓六面，路鼓四面，鼖鼓、皋鼓、晉鼓皆兩面。”⊙劉師培曰：麗，當作“讙”，字形相近而訛。《説文》訓讙爲譁，則“鼓大讙”者，讙即讙字之省文，猶言鼓聲大而喧也。⊙于省吾曰：麗，應讀作厲。《宥坐篇》“是以威厲而不試”，注：“厲，抗也。”鼓大厲，言鼓之聲大而抗厲也。⊙駱瑞鶴曰：天，當作“夭”，夭，此取壯盛之意。麗，疑當作“麃（音肩）”。《説文》：“麃，鹿之絶有力者。”然則“鼓夭麃”謂鼓之聲壯盛有力也。⊙天海案：《正名篇》“累而成文，名之麗也”，楊倞注：“麗，與儷同，配偶也。”“鼓天麗”者，謂鼓與天相匹儷，故下文云“鼓似天”。“天”字，諸本作“大”者，形誤也。



〔一八〕物雙松曰：金聲而玉振，鐘誠有所統之也。實者，《樂記》曰：“鐘聲鏗，鏗以立號，號以立横，横以立武。”注“横，充也，謂氣作充滿”，是實之義邪？⊙久保愛曰：鐘似地，故曰“統”。⊙王先謙曰：統者，鐘統衆樂爲君。實者，成實也。⊙劉師培曰：統，當作充。《廣雅》：“充，滿也。”《穀梁》莊二十五年《傳》注云：“充，實也。”則充實義同，此言鐘聲博而厚也。⊙天海案：統實，即充實，劉説是。此言“鍾充實”，故下文云“鍾似地”，是其證。

〔一九〕物雙松曰：《禮記》曰：“磬以立辨，辨以致死。君子聽磬聲則思死封疆之事。”可以想見也。⊙久保愛曰：廉制，謂其聲硜硜如有隅角也。⊙王先謙曰：磬有隅棱曰廉。《禮記・樂記》疏：“制，謂裁斷也。”磬以明貴賤、親疏、長幼之節，是有制也。下文“莫不廉制”，亦謂舞之容節莫不廉棱而有裁斷也。⊙于省吾曰：制、折，古音近字通。《廣雅》：“制，折也。”磬廉制即磬廉折。磬樂聲之清者也，故以廉折爲言。下“廉制”亦應讀爲廉折。⊙楊柳橋曰：《廣雅》：“廉，清也。”制，當讀爲哲。廉哲，蓋謂磬聲清明也。⊙天海案：磬者，其形有棱角而折也，其聲清而明晰也，故曰“廉制”。制，折也。于説是。

〔二〇〕物雙松曰：竽笙簫，蓋集並筦籥者也。物之羣以和爲貴矣。⊙久保愛曰：簫，當作肅，即“肅雍和鳴”之“肅”。⊙王引之曰：簫，當爲肅。言竽笙之聲既肅且和也。今本“肅”作“簫”者，因“竽笙”二字相連而誤加“竹”耳。⊙劉師培曰：《爾雅・釋樂》云：“大笙謂之巢，小者謂之和。”《説文》“笙”字注同。《儀禮・鄉射・禮記》云“三笙一和而成聲”，鄭注云：“三人吹笙，一人吹和。”此“簫和”之和也。故下云“竽笙簫和筦籥似星辰”，笙、和並言，猶鼖爲鼓屬，古籍與鼓並舉也。王引之改簫爲肅，又删下文“簫和”二字，説或未然。⊙天海案：和，小笙也。劉引《爾雅》《説文》是也。竽笙簫和，四種管樂。“簫和”不得訓“肅和”。

〔二一〕物雙松曰：此竽笙簫和，而管籥發猛，是其相類之中有辨耳。⊙久保愛曰：筦與管同。發，發强。猛，猛厲。⊙王先謙曰：《樂書・集解》引王肅曰“猛起，發揚”，是發、猛同義。⊙楊柳橋曰：發猛，謂高昂粗獷也。⊙天海案：發者，揚也。猛者，厲也。發猛，猶言揚厲。《禮・樂記》：“發揚蹈厲，太公之志也。”此統言竽笙簫和管籥之聲威武奮發也。

〔二二〕物雙松曰：翁博，蓋如雲之生而不窮邪，比琴瑟或有濃厚之意歟！⊙久保愛曰：塤與壎同。毛萇曰："土曰壎，竹曰篪。"翁，未詳。或曰與蓊通，蓊博，盛大貌。⊙俞樾曰：翁，當爲"滃"。《文選·江賦》曰"氣滃渤以霧杳"。翁博，猶滃博也。博與渤亦一聲之轉。⊙劉師培曰：疑"翁博"二字其義並與廣遠同。⊙楊柳橋曰：翁，疑讀爲雍。翁博，謂雍和而寬博也。⊙天海案：塤，陶制吹奏樂器。篪，竹制横吹樂器。翁，通甕。甕者，聲之重濁沉悶也。博者，深也。翁博，猶甕博，言塤篪之聲重濁深沉也。

〔二三〕王先謙曰：《非十二子篇》云"其容良"，注："良，謂樂易也。"是易、良同義。⊙楊柳橋曰：易良，謂瑟聲輕快而温良也。⊙天海案：易良者，謂平易良善也。《禮記·經解》："廣博易良，樂教也。"孔穎達疏："簡易良善，使人從化，是易良。"《修身篇》"知慮漸深，則一之以易良"，其義亦同。

〔二四〕傅山曰："婦"字何義？或謂其静也，柔也。⊙物雙松曰：婦好，婦，言其婉也。⊙郝懿行曰："鼓天麗"已下，蓋古樂經之文，而荀子述之，故以終篇。⊙俞樾曰：《賦篇》注云："女好，柔婉也。"婦好當與女好同，亦柔婉之意。⊙天海案："婦"讀爲"媚"。琴婦好，即琴媚好，説詳見下文"其容婦"之釋。

〔二五〕物雙松曰：清盡，盡豈審歟？⊙王先謙曰：盡者，反復以盡之。⊙高亨曰：盡，讀爲津。清津，猶清潤也。盡、津古通用。⊙天海案：盡者，極也。此言歌清明至極也。

〔二六〕物雙松曰：舞意者，舞之周旋進退如有意趣然。天道兼者，四時周旋，八風皆備也。⊙駱瑞鶴曰："清歌盡舞意天道兼"八字當讀作"清歌盡舞意，天道兼"，言和樂之歌清明而使舞意曲盡，則天道兼具矣。天道，天象也。舞之俯仰進退回旋似天象，故曰"天道兼"。

〔二七〕冢田虎曰：鼓無當五聲，五聲不得不和，故曰樂之君也。⊙天海案：《禮·學記》"鼓無當於五聲，五聲弗得不和"。《意林》録《申子》曰"鼓不預五音，而爲五音主"，亦言鼓爲樂之君也。

〔二八〕久保愛曰：似水，謂其聲淡也。⊙天海案：鼓聲宏大激烈，故似天；鐘聲充實，故似地；磬聲清泠，故似水。竽笙簫和籥之聲皆清越而附於天，故似星辰日月。諸本作"竽簫筦籥似星辰日月"，盧謝本、《集解》本作"竽笙簫和筦籥似星辰日月"。

〔二九〕郝懿行曰：拊鞷，《禮論篇》作"拊膈"，其義當同。⊙久保愛曰：鞉柷，當作"鞉鼓"。下有"椌楬"，豈可上有"柷敔"乎？字之誤也。毛萇曰："鞉鼓，樂之所成也。夏后氏足鼓，殷人置鼓，周人縣鼓。"鞷，字書不見，謝墉本作鞷，亦誤。當作"革"，拊革、拊搏、搏拊，一物也。孔安國曰："以韋爲之，實之以糠，所以節樂。"《禮記》曰"聖人作爲鞉鼓椌楬壎篪"，鄭玄曰："椌楬，謂柷敔也。"孔安國曰："柷敔，所以作止樂也。"鞉，音桃。⊙安積信曰：似萬物，以其小言。⊙天海案：鞉，同鼗，小鼓。

《周禮・春官》鄭注："鞉，如鼓而小，持其柄摇之，旁耳還自擊。"意者，今小兒所玩撥浪鼓或其遺變邪？柷，木制樂器、形如方桶，中有椎，摇動自擊。奏樂時先擊之。《禮・樂記》鄭注："椌、楬，謂柷、敔也。"拊，或"敔"之音誤也。《書・益稷》"合止柷敔"，鄭注："敔，狀如伏虎，背有刻，所以鼓之以止樂。"《説文》云："敔，禁也。一曰樂器，椌楬也，形如木虎。"故"柷、拊"，當作"柷、敔"，皆木制樂器，用以引奏樂之起止也，故多連用之。"鞷"字音義未詳，字書亦不見之，字書雖有"鞟"字，但其義不類也。巾箱三本無"鞷"字，或爲衍文。椌、楬即柷、敔之别稱，上已言之，此不當復出。疑此二字乃"柷、拊（敔）"旁注之文混入正文也。鞉、柷之聲以示樂之起也；敔聲以示樂之止也。如萬物之有興衰也，故曰"似萬物"。

〔三〇〕天海案："知"字，巾箱本、《題注》本、遞修本作"和"。

〔三一〕楊柳橋曰：廉制，亦清明之意。⊙天海案：廉者，節也。廉制，即節制。此言舞之俯仰屈伸進退遲速，莫不合其樂之節制也。

〔三二〕久保愛曰：要，邀也。⊙楊柳橋曰：作"俯會"，當涉上文"俯仰"而誤，應作"附會"。⊙天海案：要，把握也。俯、附一聲之轉，二字可通。俯會，即附會。《文心雕龍・附會》："何謂附會？謂總文理，統首尾，彌綸一篇，使雜而不越者也。"彼言作文，此言樂舞，其義一也。

〔三三〕傅山曰：誺，直黎、直利二切。諄，誺也。⊙物雙松曰：衆積誺誺乎，此下脱簡。此句當屬下文。誺，音池，《説文》"語諄誺也"。積，皆也。⊙久保愛曰："衆積誺誺乎"，此五字有誤，暫録字義，以待知者。⊙盧文弨曰：元刻無"意"字，誺，《説文》作"誺"，云："語諄誺也。直离切。"元刻正同。⊙郝懿行曰：此論舞意與衆音繁會而應節，如人告語之熟，誺誺然也。⊙鍾泰曰：積者，習也。誺誺，猶諄諄，厚也。言衆習此而意諄厚也。上云"舞意天道兼"，此云"衆積意誺誺"，文正相應。盧欲依元刻去"意"字，非也。⊙楊柳橋曰：意，猶"或"也，或作"抑"。誺誺，蓋與"遲遲"同義。《毛詩》傳："遲遲，舒緩也。"⊙蔣南華曰：衆積意，各種舞姿的深厚含意。⊙駱瑞鶴曰：今謂"誺"借爲"徲"，其義本行路之久遠。衆積意誺誺，言衆人積習其舞樂之意日久也。⊙天海案：衆積意，此承上文指衆舞者積其情志於樂舞也。誺誺，疑讀作"癡癡"。誺、癡一聲之轉，依例可通。衆積意癡癡者，言衆舞者積意癡迷於樂舞也，故"莫不廉制"、"靡有悖逆"，以此知"舞之意"也。

吾觀於鄉，而知王道之易易也〔一〕。主人親速賓及介，而衆賓皆從之；至于門外，主人拜賓及介，而衆賓皆入，貴賤之義别矣〔二〕。三揖至于階，三讓以賓升，拜至，獻酬，辭讓之節繁，及其介省矣〔三〕。至于衆賓，升受，坐祭，立飲不酢，而隆殺之義辨矣〔四〕。工入，升歌三終，主人獻之〔五〕；笙入三終，主人獻之〔六〕；閒歌三終，合樂三終，工告樂備，遂出〔七〕。二人揚觶，乃立司正焉，知其能和樂而不流也〔八〕。賓酬主人，主人酬介，介酬衆賓，少長以齒，終於沃者焉，知其能弟長而無遺也〔九〕。降，脱屨，升坐，脩爵無數〔一〇〕。飲酒之節，朝不廢朝，暮不廢夕〔一一〕。賓出，主人拜送，節文終遂焉〔一二〕，知其能安燕而不亂也。貴賤明，隆殺辨，和樂而不流，弟長而無遺，安燕而不亂，此五行者，是足以正身安國矣〔一三〕。彼國安而天下安，故曰：吾觀於鄉，而知王道之易易也〔一四〕。

亂世之徵〔一五〕：其服組〔一六〕，其容婦〔一七〕，其俗淫，其志利〔一八〕，其行雜，其聲樂險〔一九〕，其文章匿而采〔二〇〕，其養生無度，其送死瘠墨〔二一〕，賤禮義而貴勇力，貧則爲盜，富則爲賊。治世反是也〔二二〕。

【校釋】

〔一〕物雙松曰："吾觀於鄉"以下，他書錯簡也，今見《鄉飲酒義》。⊙久保愛曰：鄉，言《鄉飲酒禮》也，其禮今存於《儀禮》。⊙盧文弨曰：案《禮記·鄉飲酒義》，此爲孔子之言，句首"孔子曰"三字似當有。⊙梁啓雄曰：《禮記·鄉飲酒義》注："鄉，鄉飲酒也。易易，謂教化之本，尊賢尚齒而已。"⊙駱瑞鶴曰：易，言其平直；易易，即平易或平直，謂王道平直，無所壅滯。⊙天海案：易易，上"易"，和悦；下"易"，平易。此言王道和悦而平易。"吾觀於鄉"，至下文"王道之易易"，孔子家語亦用之，文小異。《禮記》《家語》皆作"孔子曰"。

〔二〕盧文弨曰：兩"皆"字，元刻作"自"，與《禮記》同。⊙久保愛曰：鄭玄曰："速，謂就家召之。"⊙安積信曰：貴，指賓。賤，指衆賓。⊙梁啓雄曰：《禮記·少儀》注："介，賓之輔也。"鄭注："别，猶明也。"⊙熊公哲曰：主人，謂諸侯之鄉大夫。速，召也。《周易·需卦》"不速之客來"，謂不召之客也。賢者爲賓，其次爲介，又其次爲衆介。介，賓之輔也。所謂賓介者，此也。而與之飲酒，是亦將獻之，以禮禮賓之也。貴者先，賤者後，是貴賤之義辨别矣。

〔三〕久保愛曰：拜至，主人以賓升阼階上，當楣北面再拜，是也。初，主人先酌而獻賓，謂之獻。賓卒爵，酌而報主人，謂之酢。次，主人酌而自飲，洗爵而又酌以進賓，謂之酬。"及介省"，不拜洗、不自酌之類。⊙安積信曰：主人不酬介，是省也。⊙梁啓雄曰：拜至，鄭注"拜賓至"。⊙天海案：升，登階也。"及其介省矣"，《家語》作"及介升，則省矣"。諸本"及"下無"其"字，與《禮記》同。

〔四〕物雙松曰:此時未降,《荀子》爲勝。⊙盧文弨曰:元刻“而”下有“降”字,與《禮記》同。⊙王念孫曰:元刻是。⊙安積信曰:隆殺之義,賓、介、衆賓之等。⊙熊公哲曰:禮隆重於賓,而減省於衆賓,是隆殺之義别也。⊙天海案:“受”下,《禮記》《家語》皆有“爵”字,可從。“而”下又皆有“降”字,巾箱三本亦有之。然則此時不降,物説是也。

〔五〕久保愛曰:工,瞽矇也。三終,歌《鹿鳴》《四牡》《皇皇者華》,三終也。⊙安積信曰:工,樂正也。卒歌,主人獻工。⊙天海案:工,樂師。

〔六〕久保愛曰:笙,吹笙者也。三終,吹《南陔》《白華》《華黍》三終也。⊙安積信曰:獻之,“之”指笙人也。

〔七〕久保愛曰:閒,猶代也。合樂,謂歌樂與衆聲並作。⊙熊公哲曰:閒,代也。謂笙歌已畢,而堂上與堂下更代而作也。

〔八〕久保愛曰:二人揚觶,《鄉飲酒禮》曰:“使二人舉觶於賓介。”《儀禮》曰:“作相爲司正。”鄭玄曰:“作,使也。禮樂之正既成,將留賓。爲有解惰,立司正以監之。”⊙梁啓雄曰:鄭注:“二人,亦主人之吏。”“焉”字下屬爲句。焉,語辭,猶“於是”也,下同。説詳劉台拱《經傳小記》。⊙熊公哲曰:觶音置,酒器也。揚觶,表示將與衆相旅酬也。立司正以監酒。焉,猶乃也,當下讀與“知”爲句。流,失禮也。⊙楊柳橋曰:《説文》:“觶,鄉飲酒角也。”司正,賓主宴會監禮之人。鄭注:“知,猶欲也。”⊙天海案:觶,音支。木製飲酒之器,亦有青銅製者。揚觶,舉觶也。焉,當屬“司正”下,爲句末語氣詞,謂屬下句非也。

〔九〕盧文弨曰:元刻“沃”下有“洗”字,與《禮記》同。⊙王念孫曰:元刻是。“焉”字下屬爲句,見劉氏《經傳小記》。⊙梁啓雄曰:沃洗者,主人之羣吏。⊙熊公哲曰:弟長,猶言長少,無遺,言皆被恩澤而無遺忘也。⊙天海案:“沃”下似脱“洗”字,巾箱三本有之,《禮記》《家語》亦有之,可據補。弟長,即悌長,愛幼敬長之謂。無遺,無失禮也。“焉”字仍當上屬“沃者”下。

〔一〇〕久保愛曰:孔穎達曰:“脩爵無數,謂無算爵。”⊙安積信曰:脩,猶行也。⊙天海案:降,降階也。脱,諸本作“説”,與“脱”通。坐,座位也。脩爵,猶傳杯行酒也;或曰:脩,敬也。脩爵即敬酒。

〔一一〕久保愛曰:朝夕,朝廷聽治之時也。不廢之者,卒朝而飲,先夕而罷。⊙熊公哲曰:既朝,乃行飲酒之禮,是朝不廢朝也。飲酒禮畢,乃治私家之事,是暮不廢夕也。⊙天海案:暮,諸本作“莫”。節,制也。不廢,不廢朝夕之事也。

〔一二〕久保愛曰:主人送於門外,再拜,賓介不答拜。鄭玄曰:“終遂,猶充備也。”⊙天海案:節文,禮節儀式也。終遂,終成也。

〔一三〕盧文弨曰:元刻無“是”字,與《禮記》同。⊙裴學海曰:是,猶則也。⊙天海案:“是”字,諸本無,《家語》亦無,疑因“足”字而衍。

〔一四〕天海案：此下原文未分段，現依文意分之。

〔一五〕物雙松曰：以下又是它篇錯簡。⊙盧文弨曰：舊本不提行，今案當分段。⊙天海案：徵，兆也。

〔一六〕物雙松曰：其服組，言尚組織之巧也。⊙王先謙曰：《書·禹貢》馬注："組，文也。"服組，謂華侈，⊙孫詒讓曰：組，謂華麗也。即"黼"之叚字。《説文》："黼，合五色、鮮色。"⊙天海：服組，服飾奢華。

〔一七〕物雙松曰：其容婦，謂如婦人也。如《非相篇》所謂矣。⊙久保愛曰：血氣態度擬於女子。⊙安積信曰："婦"之字義，蓋柔婉之意。故曰"琴婦好"、"其容婦"，此"婦"皆虚字，非謂如婦人也。⊙天海案：婦，此通"媚"，媚者，嫵媚。婦，上古並母之部；媚，明母脂部；並明一聲之轉，之脂韻近，故"婦"得通"媚"。其容婦，即"其容媚"也。

〔一八〕久保愛曰：淫，亂也。利，汲汲于貨財。⊙天海案：淫，邪也。利，通戾。戾者，違逆。《淮南子·覽冥》"舉事戾蒼天"，高注："戾，反也。""其俗淫，其志戾"相承爲文。

〔一九〕久保愛曰：雜，雜汙也。險者，不平之謂。《樂記》所謂"感滌暢之氣，而滅平和之德"，是也。⊙王先謙曰：《廣雅·釋詁》："險，衺也。"⊙天海案：險，邪惡也。《玉篇》："險，惡也。"

〔二〇〕物雙松曰：言不光明正大也。⊙久保愛曰：匿，當作"縟"，音之誤也。《説文》："縟，繁采色也。"⊙王先謙曰：匿，讀爲慝，邪也。説見《天論篇》。⊙天海案：采，文采也。

〔二一〕物雙松曰：養生者，生時奉養也。瘠墨，皆見《禮論》篇。⊙郝懿行曰：墨者，墨子之教，以薄爲道也。瘠，亦儉薄之意。⊙劉師培曰：墨，即昏墨之墨也。⊙楊柳橋曰：范望《太玄》注："墨，謙也。"亦減縮之意。⊙天海案：瘠，薄也。墨，讀爲薄。上古"墨"字屬明母職部，"薄"字並母鐸部；明、並一聲之轉，鐸、職韻近，故墨得通薄。瘠墨，猶瘠薄，正與"養生無度"相對爲文。

〔二二〕久保愛曰："亂世"以下不似此篇之文，先儒疑之。⊙劉師培曰：《文選》永明十一年《策秀才文》注引作"墨子賤禮義而貴勇力，貧則爲盜，富則爲賊，治世反之"。

山西文華·著述編

# 荀子校釋

第三册

王天海◎校釋

《山西文華》編纂委員會　編

山西出版傳媒集團
三晉出版社

山西文集

# 荀子校釋　卷第十五

## 解蔽篇第二十一[一]

凡人之患，蔽於一曲而闇於大理[二]。治則復經，兩疑則惑矣[三]。天下無二道，聖人無兩心[四]。今諸侯異政，百家異説，則必或是或非，或治或亂[五]。亂國之君，亂家之人，此其誠心莫不求正而以自爲也，妬繆於道而人誘其所迨也[六]。私其所積，唯恐聞其惡也[七]；倚其所私，以觀異術，唯恐聞其美也[八]。是以與治雖走而是己不輟也[九]。豈不蔽於一曲而失正求也哉！心不使焉，則白黑在前而目不見，雷鼓在側而耳不聞，況於使者乎[一〇]。德道之人[一一]，亂國之君非之上，亂家之人非之下，豈不哀哉[一二]！

故爲蔽[一三]：欲爲蔽，惡爲蔽，始爲蔽，終爲蔽，遠爲蔽，近爲蔽，博爲蔽，淺爲蔽，古爲蔽，今爲蔽[一四]。凡萬物異則莫不相爲蔽，此心術之公患也[一五]。

昔人君之蔽者，夏桀、殷紂是也。桀蔽於末喜、斯觀，而不知關龍逄，以惑其心而亂其行[一六]。紂蔽於妲己、飛廉，而不知微子啓，以惑其心而亂其行[一七]。故羣臣去忠而事私，百姓怨非而不用[一八]，賢良退處而隱逃。此其所以喪九牧之地，而虚宗廟之國也[一九]。桀死於亭山[二〇]，紂縣於赤旆[二一]，身不先知，人又莫之諫[二二]，此蔽塞之禍也。成湯鑒於夏桀，故主其心而慎治之[二三]，是以能長用伊尹而身不失道，此其所以代夏王而受九有也[二四]。文王監於殷紂，故主其心而慎治之，是以能長用吕望而身不失道，此其所以代殷王而受九牧也〔二五〕。遠方莫不致其珍〔二六〕，故目視備色，耳聽備聲，口食備味，形居備宫，名受備號〔二七〕，生則天下歌，死則四海哭，夫是之謂至盛〔二八〕。《詩》曰：“鳳凰秋秋，其翼若干，其聲若簫；有鳳有凰，樂帝之心。”此不蔽之福也〔二九〕。



【校釋】

〔一〕楊倞注：蔽者，言不能通明，滯於一隅，如有物壅蔽之者。⊙久保愛曰：此篇文辭奇古，誤脱許多，尤難解者也。⊙梁啓超曰：本篇爲荀子心理學。其言精深而肅括，最當精讀，且應用之于修養。⊙吕思勉曰：此亦荀子書極精者，足與《天論篇》媲比。僞古文《尚書》“人心惟危，道心惟微，惟精惟一，允執厥中”十六字，原出此篇。⊙熊公哲：“解蔽”云者，所以清其“天君”也，故以“大清明”爲歸。⊙天海案：此篇爲荀子認識論中尤見卓識者。揭示人之蔽在於主觀片面、孤立静止地看待事物；其解蔽之法即在“虚壹而静”、“率道而行”，“兼權而孰計”，“是以百舉而不陷也”。

〔二〕楊倞注：一曲，一端之曲説。是時各蔽於異端曲説，故作此篇以解之。⊙王先謙曰：“是時”二句，當在“如有物壅蔽之也”下。⊙劉師培曰：一曲，猶言一偏。注未得厥旨。⊙鍾泰曰：異端曲説，正承上“一曲，一端之曲説”而言，若移於篇目之下，則所謂曲説者無根矣。王説非也。楊注本解一篇之旨，但於首句下發之耳。⊙梁啓雄曰：《釋名》：“曲，局也。”《禮・曲禮》注：“局，部分也。”⊙天海案：大理，即大道。《莊子・秋水》“尔將可與語大理矣”。

〔三〕楊倞注：言治世用禮義，則自復經常之正道。兩疑，謂不知一於正道，而疑蔽者爲是。一本作“兩則疑惑矣”。⊙物雙松曰：治，謂治其蔽也，注非矣。兩疑，彼此之間，兩疑不決，是惑之所由也。⊙冢田虎曰：復經，《孟子》所謂“君子反經”也。下所謂“二道”、“兩心”，則兩疑也。⊙久保愛曰：下文曰：“心枝則無知，傾則不精，貳則疑惑。”《吕氏春秋》曰：“一則治，兩則亂。”仍案“治”字恐當“一”字誤。一本作“兩則疑惑矣”爲是。言人雖壅蔽闇理，一則復經，兩則疑惑矣。⊙俞樾曰：兩，讀如“兩政”之“兩”。兩與匹、耦同義。疑，讀如“疑妻”、“疑適”之“疑”。字亦作“擬”。天下之道，一而已矣。有與之相敵者，是爲兩；有與之相亂者，是爲疑。兩焉、疑焉，惑從此起，故曰“兩疑則惑矣”。如楊注，則疑即惑也，於義復矣。⊙劉師培曰：治，即心能專一之謂也。治有整飭之義。“惑”字亦係“忒”字之訛。《説文》：“忒，更也。”⊙李中生曰：疑，當借爲“矤”。《説文・匕部》：“矤，未定也。”荀書“兩疑則惑矣”的“疑”，本字也是“矤”，指不能定於一道，與“兩”義近。⊙天海案：治，猶整治也。治則復經，言治其“患”，則能回復常道。兩疑，三心二意、遲疑不決之謂也。

疑，如字，不須改字。

〔四〕物雙松曰：此二句是破"兩疑"也。⊙久保愛曰：《孟子》曰："道一而已矣。"無兩心，謂惟精惟一。此二句結上文，以益明執一之美而起下文是非治亂，以論兩而蔽者。⊙天海案：此二句《類聚》《意林》引之。

〔五〕盧文弨曰：宋本"或"皆作"惑"。元刻"治"作"理"。⊙鍾泰曰：簡言之，則惑於是非治亂耳，正承上"兩則疑惑"來。非口"有是有非有治有亂"也。⊙天海案："惑"字，諸本作"或"，"治"字作"理"。

〔六〕楊倞注：追，近也。近，謂所好也。言亂君、亂人，本亦求理，以其嫉妬迷繆於道，故人因其所好而誘之，謂若好儉則墨氏誘之，好辯則惠氏誘之也。⊙物雙松曰：言妬，故繆於道也。⊙冢田虎曰：爲，去聲。言雖亂君、亂人，其中心實將求正道，以自爲國家也。⊙郝懿行曰：追者，及也。注訓近，則借爲"殆"字。殆，訓近也，其義較長。⊙鍾泰曰：追，借作殆。殆，危也，不正也。謂本以求正，而妬繆於道，故人得誘之以所不正也。殆與正相對爲義。⊙高亨曰：追，疑借爲怡。《廣雅·釋詁》："怡，喜也。"追、怡古通用。⊙楊柳橋曰：《文選》注引《廣雅》："妬，害也。"顔注《漢書》："繆，違也。""人"不可通，今訂"人"爲"又"之譌。《爾雅》："誘，進也。"亂國之君，承上文"諸侯異政"而言。亂家之人，承上文"百家異説"而言。家，即《大略篇》"家言邪學"之"家"，楊倞注云："家言，謂偏見自成一家之言。"亂家，即"蔽於一曲而闇於大理"之家。⊙天海案："妬繆"不辭，疑"妬"乃"誤"之音譌。誤繆，猶謬誤也。追，通怠。《説文》："怠，慢也。"此言謬誤於道，則人於其輕慢處誘之。《漢書·揚雄傳》"勸之以弗追"，追，怠也。

〔七〕楊倞注：積，習。⊙劉如瑛曰：私其所積，偏愛其所習近的東西。⊙天海案：惡，去聲，毀惡也。

〔八〕楊倞注：倚，任也。或曰，偏倚也，猶傍觀也。言妬於異術也。⊙物雙松曰：倚其所私，言倚恃其所私習也。異術，言異於己之所學之道術也。⊙冢田虎曰：私，阿比。倚，偏黨也。言不欲聞同乎己道者之惡，亦不欲聞異乎己術者之美，唯偏黨其所阿比而已。⊙盧文弨曰：傍觀，元刻作"倚觀"。

〔九〕楊倞注：走，並馳。治，謂正道也。既私其所習，妬繆於道，雖與治並馳而自是不輟。雖，或作"離"。⊙物雙松曰：離走，背馳也。"雖"作"離"爲是。⊙冢田虎曰：與治雖走，當作"雖與治走"。⊙郝懿行曰：雖，當依注作"離"，此乃形譌。謂離去正道而走，而自以爲是，不輟止也。⊙天海案：雖，當作離，楊注或説是。是己，以己爲是，自以爲是。

〔一〇〕楊倞注：雷鼓，大鼓聲如雷者。使，役也。以論不役心於正道，則自無聞見矣。況乎役心於異術，豈復更聞正求哉！⊙物雙松曰：心不使焉，言心不能役物也。使者，言爲物役也。⊙冢田虎曰：不使，猶言不用也。謂放心也，所謂心不在焉，視而不見，聽而不聞之意。況於使者乎，謂用心於一曲者也。⊙久保愛曰：況，比也。謂難比役心者也。本注“論”字當作“諭”，與“喻”同。⊙俞樾曰：下“使”字乃“蔽”字之誤。既云“心不使焉”，又云“況於使者乎”，文不可通，楊曲爲之説，非是。⊙劉師培曰：況於使者乎，“使”字疑“他”字之訛。古“他”字作“它”，篆文與“史”略相似。⊙鍾泰曰：俞改“使者”爲“蔽者”，非也。“不使”與“使”正相對爲義，蓋“使者”，正蔽之根也。⊙駱瑞鶴曰：此文之“雷鼓”，與上句“白黑”對舉，則謂雷聲、鼓聲，或如雷如鼓之聲。下“使”字不誤，謂被使。使、用義同。被使，謂爲外物所使，其蔽塞迷亂之基也。⊙天海案：正求，正道之求。與上文“求正”義同。使，用也。下“使者”，言用於私積也。

〔一一〕楊倞注：有賢德也。⊙王念孫曰：德道，即“得道”也。楊説失之。

〔一二〕楊倞注：上下共非，故可哀也。⊙物雙松曰：兩“之”字，指“德道之人”。⊙天海案：此下原文未分段，現依文意分之。

〔一三〕楊倞注：數爲蔽之端也。⊙物雙松曰：此句下當加“則”字看。⊙盧文弨曰：正文“數”，宋本作“故”。⊙郝懿行曰：數，當作“故”。故，語詞也。此句爲下十蔽總冒，作“數”於義爲短。⊙王念孫曰：作“故”者是也，吕、錢本竝如是。元刻作“數”，即涉注文而誤。⊙俞樾曰：故，猶“胡”也，乃設爲問辭。⊙王先謙曰：故，訓爲胡，俞説是也。⊙鍾泰曰：“故爲蔽”三字爲一節之總提，“故”不必如俞説讀爲“胡”字。古人之文，多有以“故”字發端者。⊙梁啓雄曰：故，元刻作“數”，是。即《王霸》“數於君子之前”之數。《説文》：“數，計也。”《禮記・儒行》疏：“數，説也。”⊙天海案：除吕、錢本外，“故”字他本並作“數”。作“故”是，俞訓爲“胡”，義長。裴學海曰：“故，猶夫也，提示之詞也。”亦通。

〔一四〕楊倞注：此其所知、所好滯於一隅，故皆爲蔽也。⊙天海案：此下原文分段，然下二句乃此節之結語，故與之相接，併爲一段。

〔一五〕楊倞注：公，共也。所好異則相爲蔽。⊙駱瑞鶴曰：當讀作“凡萬物異則，莫不相爲蔽”。物，猶事也。言大凡萬事不同法度，無有不相爲蔽者。⊙天海案：則，猶者。心術，指認識事物之方法。公患，通病也。此言凡萬事萬物相異者，無不相蔽於一端，這是認識方法上的通病。此節總説爲蔽之由，故單列一段。

〔一六〕楊倞注：末喜，桀妃。斯觀，未聞。韓侍郎云：“斯，或當爲斟。斟觀，夏同姓國，蓋其君當時爲桀佞臣也。”《國語》史蘇曰：“昔夏桀伐有施，有施人以末喜女焉。”賈侍中云：“有施，喜姓國也。”⊙郝懿行曰：斯觀，無考。《楚語》云“啟有五觀”，謂之姦子。然則斯觀豈其苗裔？⊙劉師培曰：斯觀，即《漢書人表》之“干辛”也。《墨子・所染篇》《吕覽・慎大篇》均言桀染于干辛，《説苑》作“干莘”，則干辛爲桀佞臣。又辛、鮮、先、斯，均一聲之轉，古可通用；莘與侁同，則侁必與斯同。由是言之，則“斯觀”即“干辛”之倒文，不得謂之無考也。⊙梁啓雄曰：末喜又作末嬉、妺喜、妹嬉。劉説似非。關龍逄，一作豢龍逄，夏桀之賢臣。⊙天海案：逄，諸本作“逢”。關龍逄，《外傳》卷四作關龍逢，極諫桀而被殺。

〔一七〕楊倞注：妲己，紂妃。飛廉，紂之佞臣，惡來之父，善走者，秦之祖也。微子，紂之庶兄。微國子爵，啓，其名也。《國語》曰：“殷紂伐有蘇，有蘇氏以妲己女焉。”賈侍中云：“有蘇，己姓國也。”

〔一八〕楊倞注：事，任也。不用，不爲上用也。非，或爲“誹”。⊙梁啓雄曰：《老子》注：“事，用也。”非，借爲誹。

〔一九〕楊倞注：九牧，九州之牧。虚，讀爲墟。⊙天海案：九牧即九州。

〔二〇〕楊倞注：亭山，南巢之山。或本作鬲山。案《漢書·地理志》廬江有灊縣，當是誤以“灊”爲“鬲”，傳寫又誤爲“亭”耳。灊，音潛。⊙王念孫曰：作“鬲山”者是也。鬲讀與歷同，字或作“歷”。《御覽》引《尸子》，《史記·正義》引《淮南子》，皆言“放桀於歷山”。歷山，即鬲山也。鬲、歷古字通。

〔二一〕楊倞注：《史記》武王斬紂頭，縣於大白旗，此云“赤旆”，所傳聞異也。

〔二二〕天海案：“人”字諸本無，似脱。

〔二三〕楊倞注：主其心，言不爲邪佞所惑也。⊙物雙松曰：主其心，應上“兩疑”。⊙久保愛曰：主，無主乃亂之主。⊙駱瑞鶴曰：主，猶定也，守也。此言守定其君主之官而謹爲之，是不爲邪佞所惑也。⊙天海案：主，通注。注其心，注意於心也。此謂夏桀敗亡之事，成湯注意其心也。下同此。

〔二四〕高亨曰：有，借爲“域”。九有即九域，謂九州也。有、或古通用，“或”即古“域”字，見《説文》。楊注曰“撫有其地，則謂之九有”，非是。

〔二五〕楊倞注：九有、九牧，皆九州也。撫有其地，則謂之九有；養其民，則謂之九牧。⊙熊公哲曰：上言“九有”，下言“九牧”，是謂互文。⊙天海案：“文王監”之“監”字，諸本作“鑒”。監，古“鑒”字。

〔二六〕久保愛曰：珍，謂其方賄也。西旅獻獒，肅慎貢楛矢之類。

〔二七〕熊公哲曰：備，全備。下同。⊙李中生曰：備色，可直接釋爲美色。荀子以全、備爲美，“備”也就有了“美”的意義。⊙天海案：備，讀爲“美”。備，上古並母職部；美，明母脂部。並、明一聲之轉，職、脂韻近，故二字可通。此文五“備”字，皆通作“美”。

〔二八〕盧文弨曰：元刻作“天下哭”。⊙天海案：“四海哭”，巾箱本、《題注》本、遞修本並作“天下哭”。“至盛”又作“至威”。

〔二九〕楊倞注：逸《詩》也。《爾雅》：“鶠，鳳，其雌凰。”秋秋，猶蹌蹌，蹌蹌謂舞也。干，楯也。此帝，蓋謂堯也。堯時鳳凰巢於阿閣。言堯能用賢不蔽，天下和平，故有鳳凰來儀之福也。⊙物雙松曰：干、竿通。“若干”者，如簫也。⊙冢田虎曰：干，“干羽”之干也，舞者所執。⊙王念孫曰：有鳳有凰，本作“有凰有鳳”。秋、簫爲韻，鳳、心爲韻。⊙劉師培曰：《類聚》《御覽》、王氏《王會篇》補注並引"秋"作"啾"；《御覽》引"干"作"竿"，《白帖》及《類聚》引並訛"竽"。《類聚》《御覽》並引"不蔽"作"聖不蔽"，當據補。⊙楊柳橋曰：顔注《漢書》："秋秋蹌蹌，騰驤之貌。"又引蘇林："秋，飛貌也。"⊙天海案：秋秋，飛舞貌。又作"鏘鏘"，鳴叫聲。《左傳》莊二十二年"鳳皇于飛，和鳴鏘鏘。"鏘、蹌、秋，古音相近，故可通。《類聚》引作"啾啾"，亦其鳴也。"若干"，《類聚》引作"若竽"。言其翼振動如竽聲也，上承"啾啾"之鳴，下與簫聲同喻其鳴，故《類聚》所引爲是。疑"竽"脱去竹頭，後人又改"于"爲"干"也。簫，原作"蕭"，諸本作"簫"，徑改之。或曰：干，盾也。"其翼若干"，言其翼張開如盾也。



昔人臣之蔽者，唐鞅、奚齊是也〔一〕。唐鞅蔽於欲權而逐載子〔二〕，奚齊蔽於欲國而罪申生〔三〕。唐鞅戮於宋，奚齊戮於晉。逐賢相而罪孝兄，身爲刑戮，然而不知，此蔽塞之禍也。故以貪鄙、背叛、爭權而不危辱滅亡者〔四〕，自古及今，未嘗有之也。鮑叔、甯戚、隰朋，仁知且不蔽，故能持管仲〔五〕，而名利福禄與管仲齊。召公、吕望，仁知且不蔽，故能持周公，而名利福禄與周公齊。傳曰："知賢之謂明，輔賢之謂能〔六〕。勉之彊之，其福必長。"此之謂也，此不蔽之福也〔七〕。

昔賓孟之蔽者，亂家是也〔八〕。墨子蔽於用而不知文〔九〕，宋子蔽於欲而不知得〔一〇〕，慎子蔽於法而不知賢〔一一〕，申子蔽於埶而不知知〔一二〕，惠子蔽於辭而不知實〔一三〕，莊子蔽於天而不知人〔一四〕。故由用謂之道，盡利矣〔一五〕；由俗謂之道，盡嗛矣〔一六〕；由法謂之道，盡數矣〔一七〕；由埶謂之道，盡便矣〔一八〕；由辭謂之道，盡論矣〔一九〕；由天謂之道，盡因矣〔二〇〕。此數具者，皆道之一隅也〔二一〕。夫道者，體常而盡變，一隅不足以舉之〔二二〕。曲知之人，觀於道之一隅而未之能識也〔二三〕，故以爲足而飾之〔二四〕，内以自亂，外以惑人，上以蔽下，下以蔽上，此蔽塞之禍也〔二五〕。

孔子仁知且不蔽，故學亂術足以爲先王者也〔二六〕。一家得周道，舉而用之，不蔽於成積也〔二七〕。故德與周公齊，名與三王並，此不蔽之福也〔二八〕。

## 【校釋】

〔一〕楊倞注：唐鞅，宋康王之臣。《吕氏春秋》曰："宋康王染於唐鞅、田不禋。"奚齊，晉獻公驪姬之子。《論衡》曰："宋王問唐鞅曰：'吾殺戮甚衆，而羣臣愈不畏，何也？'對曰：'王罰不善者，善者胡爲畏？王少欲羣臣之畏也，不若無辨其善與不善，一時罪之，則羣臣畏矣。'宋王從之。"⊙盧文弨曰：宋本此注多脱字，從元刻補正。⊙天海案：注引《論衡》"對曰"下，盧本校作"王之所罪，罪不善者也。罪不善者"，下接"善者胡爲善"。"不若無辨其善"下，原無"與不善"三字，明世本有，《四庫》本亦有，此據盧本補之。

〔二〕楊倞注：載，讀爲戴。戴不勝，使薛居州傅王者，見《孟子》。或曰：戴子，戴驩也。《韓子》曰："戴驩爲宋太宰，夜使人曰：'吾聞有數夜乘輜車之李史門者，謹爲我司之。'使者報曰：'不見輜車，見有奉笥而與李史，史受笥。'"又戴驩謂齊王曰："王大仁於薛公，大不忍人。"據其時代，當是戴驩也。蓋爲唐鞅所逐，奔齊也。⊙盧文弨曰：案引《韓子》，前一段見《内儲説上》，宋本有錯誤，據本書訂正。輜車，本書作"轀車"。後一段，本書作"成驩"。又據《内儲説下》所云，則非唐鞅所逐也。或説似牽合。⊙天海案：楊注引《韓子》，盧本移"有"於"數夜"下，"之李史"之"之"作"至"，餘皆同。宋本注文本通，盧所改無益。

〔三〕楊倞注：申生，晉獻公之太子，奚齊之兄，爲驪姬所譖，獻公殺之。《春秋·穀梁傳》曰："晉里克弑其君之子奚齊。'其君之子'云者，國人不子也，不正其殺太子申生而立也。"⊙天海案：欲國，欲奪國君之位。

〔四〕天海案："危辱"二字，巾箱本、《題注》本、遞修本俱無。

〔五〕楊倞注：持，扶翼也。⊙天海案：鮑叔、甯戚、隰朋，皆齊桓公之大臣，支持管仲助齊桓公成霸業。仁知，諸本作"仁智"。

〔六〕盧文弨曰：宋本"彊"作"能"。案"彊"字與上下韻叶。⊙王念孫曰：盧説非也。此四句本不用韻，元刻"能"作"彊"，乃涉下文"勉之彊之"而誤。吕、錢本竝作"能"。⊙天海案："能"字，諸本作"彊"，非是。

〔七〕楊倞注：勉之彊之，言必勉彊於知賢輔賢，然後其福長也。彊，其亮反。⊙天海案：楊注"勉彊於"三字原作"勉之言"三字，此據明世本、《四庫》本、盧本正之。又，此下原文未分段，現依文意分之。

〔八〕楊倞注：賔孟，周景王之佞臣，欲立王子朝者。亂家，謂亂周之家事，使庶孽爭位也。⊙久保愛曰：孟，賓起字也。案《左氏》昭公二十二年《傳》賓孟終以黨子朝見殺，故曰亂家。蓋亂己家也。⊙俞樾曰：楊注誤。"賓孟之蔽"句正與上文"人君之蔽"、"人臣之蔽"相對。所云"賓孟"，殆非周之賓孟，且非人名也。孟，當讀爲"萌"，孟與萌古音相近，故"孟"可爲"萌"。《吕氏·高義篇》"比於賓萌，未敢求仕”，高注曰：“宿，客也。萌，民也。”所謂“賓萌”者，蓋當時有此稱。戰國時遊士往來諸侯之國，謂之“宿萌”，若下文所列六子，皆其人矣。賓萌之蔽則所舉人多，不可竝列，故曰“亂家是也”。亂家包下文諸子而言。⊙陶鴻慶曰：俞氏讀“宿孟”爲“宿萌”是也。亂家，猶言雜家，謂雜家之説也。俞氏引上文“亂國之君”、“亂家之人”爲證，是讀爲“治亂之亂”，文義均未安。⊙劉師培曰：戰國之時，諸子多自稱爲氓。氓、萌古通，則“宿氓”猶今俗稱之“客民”矣。⊙天海案：賔孟，猶賔氓，客民也。俞、劉説是。亂家，雜家也。陶説是。楊注皆非。

〔九〕楊倞注：欲使上下勤力，股無胈，脛無毛，而不知貴賤等級之文飾也。⊙梁啓超曰：墨子“尚功用”，其論善惡專以有用無用爲標準。⊙天海案：用者，實用也。文者，禮樂文飾也。楊注“股”字原作“腓”，據諸本改之。

〔一〇〕楊倞注：宋子以人之情欲寡不欲多，但任其所欲則自治也。蔽於此説而不知得欲之道也。⊙俞樾曰：古“得”、“德”字通用。“蔽於欲而不知德”，正與下句“慎子蔽於法而不知賢”一律，注失之。⊙梁啓超曰：得，即《論語》“戒之在得”之“得”。宋子言人之情有欲寡的一面，而不知其更有貪得的一面。即“有見於少，無見於多”之義。

〔一一〕楊倞注：慎子本黄、老，歸刑名，多明不尚賢、不使能之道，故其説曰“多賢不可以多君，無賢不可以無君”。其意但明得其法，雖無賢亦可爲治，而不知法待賢而後舉也。⊙梁啓超曰：《莊子·天下篇》述慎子之學曰：“至於若無知之物而已，無用賢聖。”蓋絶對主張法治主義，排斥人治主義，不知“徒法不能以自行”也。

〔一二〕楊倞注：申子名不害，河南京縣人，韓昭侯相也。其説但賢得權埶，以刑法馭下，而不知權埶待才智然後治。亦與慎子意同。下“知”音智。⊙梁啓超曰：申子蓋主張勢治者，韓非所難，疑即難申派也。下“知”字疑“和”字之訛。蔽於勢而不知和者，謂徒見夫勢力之足以箝制天下，而不知人和之足貴也。⊙天海案：下“知”當作“智”。《意林》録《申子》曰“智均不相使，力均不相勝”，是其證也。梁後説非。

〔一三〕楊倞注：惠子蔽於虚辭而不知實理。虚辭謂若“山出口，丁子有尾”之類也。⊙梁啓超曰：惠子之説，辭雖辯而顯乖其實也。

〔一四〕楊倞注：天，謂無爲自然之道。莊子但推治亂於天，而不知在人也。⊙梁啓超曰：莊子以“復歸於自然”爲道之極軌，而不知人治之有加於天行。《天論篇》云“故錯人而思天，則失萬物之情”，正所以解莊子之蔽也。⊙鍾泰曰：莊子言因任自然，故以爲蔽於天而不知人。人者，人爲也。此與荀子之道最舛。⊙天海案：不知人，不知人爲之重要也。莊子主“無爲”，荀子故斥之。楊注未了。

〔一五〕楊倞注：由，從也。若由於用，則天下之道無復仁義，皆盡於求利也。⊙物雙松曰：言由於用者而謂之爲道，則其所以爲道者皆利也。下皆倣此。⊙王先謙曰：如注，“道”字下屬，“謂之”二字無著。此言由用而謂之道，則人盡於求利也。

下竝同。數者，道之一隅，而墨、宋諸人自以爲道，所以爲蔽也。楊失其讀。⊙陶鴻慶曰：王説增文成義，殆不然矣。今案，楊蓋讀"謂"爲"爲"，"由用爲之"，言由用之説以爲治也。下諸"謂"之義並同此。⊙梁啓超曰：《墨子·經上》云："義，利也。"墨子以有用無用爲善惡標準，故以利不利爲即義不義。實用主義必流爲功利主義，理固然也。⊙鍾泰曰：由用謂之，猶曰"由用言之"也，自"之"字斷句，未爲不可。又案，道盡利者，謂利可以盡道也。下"盡嗛"、"盡數"並同，王氏解"盡利"爲人盡求利，殊失荀旨。又案，利者愛利，非惡名也，故荀子亦以爲道之一隅，非欲盡屏之也。注以此"利"與"仁義"對，非是。墨之言"兼利"，自"兼愛"來，正所謂"仁義"也。⊙楊柳橋曰：由，猶以也。由用謂之道，猶言以用謂之道也。以用謂之道，所謂得"道之一隅"也。下同。⊙李中生曰：王説"道"字上屬，是。解"盡利"則非。盡利，意爲盡於取用。⊙天海案：由，猶因也。利，功利。此言因實用而謂之道，道盡爲功利矣。"盡"上當重一"道"字，或後人誤以爲重而删之也。下皆與此同例。句末"矣"字，諸本作"也"。下文五"矣"字，巾箱本、《題注》本、遞修本並作"也"。

〔一六〕楊倞注：俗，當爲"欲"。嗛與慊同，快也。言若從人所欲不爲節制，則天下之道盡於快意也。嗛，口簟反。⊙鍾泰曰：嗛，足也。道盡嗛者，謂足欲可以盡道也。《漢志》有《宋子》十八篇，曰"其言黄、老意"。則宋子之嗛，猶老子之"知足"云爾。⊙天海案：俗，通足。俗、足，一聲之轉。宋子之言"有見于少無見於多"，且專以"情欲寡"爲教，"見少"、"欲寡"，皆爲滿足也。故宋子因人易滿足而謂之道，則道盡爲滿足也。嗛，通慊，滿足。《集韻·帖韻》："慊，足也，或從口。"鍾説近是，楊注非。

〔一七〕楊倞注：由法而不由賢，則天下之道盡於術數也。⊙梁啓超曰：數，度數也，猶言條款節目也。以法言道，則道僅成爲機械。

〔一八〕楊倞注：便，便宜也。從埶而去智，則盡於逐便，無復脩立。⊙梁啓超曰：便，即"因利乘便"之便。⊙天海案：便，亦利也。

〔一九〕楊倞注：論，辨説也。⊙梁啓超曰：言只有形式的論理也。⊙天海案：辭，言辭，概念之屬也。論，辯論也。楊注是。

〔二〇〕楊倞注：因，任其自然，無復治化也。⊙梁啓超曰：因者，純放任其自然之天，不復盡人事也。⊙楊柳橋曰：《管子·心術篇》："因也者，捨己而以物爲法者也。"尹知章注："捨己而隨物，故曰因。"

〔二一〕梁啓雄曰：數具，猶今語"幾套"，指墨、宋、慎、申、惠、莊六套學説。⊙張覺曰：具，陳述，名詞，指説法。⊙天海案：具，量詞，常用於完整物件、事類。《史記·貨殖列傳》"旃席千具"。此數具者，猶言此上數種認識。又"數"下，諸本有"而"字。

〔二二〕楊倞注：言道者體常盡變，猶天地常存，能盡萬物之變化也。⊙梁啓超曰：體，即"君子體仁"之"體"；盡，即"能盡其性"之"盡"。體常盡變者，言以常爲體而盡極其變化也。⊙梁啓雄曰：舉，《漢書·嚴助傳》注"總也"。⊙章詩同曰：體，體現。常，客觀規律。舉，總括。⊙北大組曰：體，實體，本身。常，不變。盡，窮盡。舉，概括。⊙駱瑞鶴曰：體，引申爲行。常，法，謂一定不變之法。變，謂萬事萬物之變。道，謂王道。⊙天海案：體，通履。《修身篇》"體恭敬"、"篤志而體"，皆讀爲"履"。履者，行也。履常，即行常道。《天論篇》"天行有常"，亦同義。盡，極也。盡變，極盡變化。舉者，稱言也。《廣韻》"舉，言也。"《正字通》"舉，稱引也。"舉之，即稱之。"舉"字上，巾箱本、《題注》本、遞修本皆無"以"字。

〔二三〕楊倞注：曲知，言不通於大道也。一隅猶昧，況大道乎！⊙梁啓超曰：曲，亦隅也，部分之謂。⊙鍾泰曰：未之能識，謂未能識道也，非不識之一隅也，注"一隅猶昧"，非。⊙天海案：曲者，局也。曲知之人，即知識局促之人。因只見道之隅，故未能識道之全也。鍾説是，楊説未切。又，"而"字，諸本作"猶"。

〔二四〕楊倞注：謂其持之有故，其言之成理也。⊙章詩同曰：飾，加以裝飾，以爲炫耀。⊙天海案：以爲足，自以爲充裕。飾，粉飾。

〔二五〕天海案：此下原文未分段，現依文意分之。

〔二六〕楊倞注：亂，雜也。言其多才藝，足以及先王也。⊙郝懿行曰：亂者，治也。學治天下之術。"亂"之一字，包治、亂二義。注非。⊙久保愛曰：亂術，謂壞禮崩樂之類也。蓋下學而上達之意。⊙梁啓雄曰：亂術，指治理偏蔽之術。先王，當作"後王"。⊙天海案：《説文》《爾雅》並云："亂，治也。"則亂術即治術，郝説是。

〔二七〕楊倞注："一家得"，謂作《春秋》也。"周道舉"，謂删《詩》《書》，定《禮》《樂》。成積，舊習也。言其所用不滯於衆人舊習，故能功業如此。⊙郝懿行曰："一家得周道"句，"舉而用之"句。此言孔子志在《春秋》，行在《孝經》，又曰"吾學周禮，今用之，吾從周"，蓋能考論古今，成一家言，不蔽於諸子雜説也。⊙冢田虎曰：大夫曰家。一家得，言得一大夫之位也。周道，周王之道也。言孔子得一大夫之位，則舉周道，而用之於國家也。⊙王先謙曰：郝讀是也。言孔子爲《春秋》一家之言，而得周之治道，可以舉而用之，是匹夫而有天子之道，由其不蔽於成積也。道由積而成，故謂之成積。不蔽於成積者，猶言"不蔽於道之全體"也，正對上"道之一隅"言之。楊以"成積"爲"舊習"，誤甚。⊙劉師培曰："一家得"者，指儒家言也。言儒家獨於道爲得也。"周道舉"者，周道即至道，言至道因之而高張也。"而"讀爲"如"，"而用之"者，猶言"如用之"也。而、如古通。⊙鍾泰曰：一家得周道，言一家而得道之全。郝、王又誤以周道爲周之治道，並非也。⊙梁啓超曰：周道，謂周徧之道，與一曲對。⊙梁啓雄曰：周道，謂全面的大理。舉，總也，皆也。此言孔子總結大理而且全面地用大理，同時又不犯"私其所積"的錯誤——即不被狹隘的經驗論所偏蔽。⊙天海案：一家，獨家也。此指孔子儒家。周道，至道也。舉者譽也，舉而用之，此言推許其至道並用之。成積,成習也,不因原有成習而蔽塞。

〔二八〕天海案:此下原文未分段,現依文意分之。

聖人知心術之患,見蔽塞之禍,故無欲無惡,無始無終,無近無遠,無博無淺,無古無今,兼陳萬物而中縣衡焉〔一〕。是故衆異不得相蔽,以亂其倫也〔二〕。何謂衡?曰:道〔三〕。故心不可以不知道,心不知道,則不可道而可非道〔四〕。人孰欲得恣而守其所不可,以禁其所可〔五〕?以其不可道之心取人,則必合於不道人,而不知合於道人〔六〕;以其不可道之心與不可道之人論道人,亂之本也〔七〕。夫何以知〔八〕?曰:心知道然後可道〔九〕,可道然後能守道,以禁非道。以其可道之心取人,則合於道人,而不合於不道之人矣。以其可道之心與道人論非道,治之要也〔一〇〕。何患不知〔一一〕?故治之要在於知道人〔一二〕。

何以知道〔一三〕?曰:心〔一四〕。心何以知?曰:虚壹而静〔一五〕。心未甞不臧也,然而有所謂虚〔一六〕;心未甞不滿也,然而有所謂一〔一七〕;心未甞不動也,然而有所謂静〔一八〕。人生而有知,知而有志。志也者,臧也〔一九〕,然而有所謂虚,不以已所臧害所將受,謂之虚〔二〇〕。心,生而有知,知而有異。異也者,同時兼知之〔二一〕。同時兼知之,兩也,然而有所謂一。不以夫一害此一,謂之壹〔二二〕。心,卧則夢,偷則自行,使之則謀〔二三〕。故心未甞不動也,然而有所謂静,不以夢劇亂知,謂之静〔二四〕。未得道而求道者,謂之虚壹而静〔二五〕。作之,則將須道者之虚則入,將事道者之壹則盡,盡將思道者静則察〔二六〕。知道察,知道行,體道者也〔二七〕。虚壹而静,謂之大清明〔二八〕。

萬物莫形而不見,莫見而不論,莫論而失位〔二九〕。坐於室而見四海,處於今而論久遠〔三〇〕;疏觀萬物而知其情,參稽治亂而通其度〔三一〕;經緯天地而材官萬物,制割大理而宇宙裹矣〔三二〕。恢恢廣廣,孰知其極?睪睪廣廣,孰知其德?涫涫紛紛,孰知其形?明參日月,大滿八極,是之謂大人。夫惡有蔽矣哉〔三三〕!

【校釋】

〔一〕楊倞注:不滯於一隅,但當其中而縣衡,揣其輕重也。⊙冢田虎曰:中,陟仲反。注讀如字,非也。⊙梁啓雄曰:無,借爲"毋"。《説文》:"毋,止之也。"《淮南·主術》注:"中,正也。"《漢書·刑法志》注:"中,當也。"荀書例,縣猶衡也。此言:聖人止絶了十蔽,把萬物具備地陳列着而自己正確地來衡量它們。⊙駱瑞鶴曰:此文"無"字,當今俗語"無論"之義。⊙李中生曰:竊以爲"無"借作"不",荀書"無"、"不"通用。⊙天海案:無,猶無論,駱説是。中,去聲,中的之中,符合也。縣衡者,本爲量輕重之天平,此喻測定事物之標準。亦猶道也。下文"何謂衡?曰道",是其證。中縣衡者,合於道也。縣,一作"懸"。

〔二〕楊倞注:倫,理。⊙冢田虎曰:衆異,與上文"凡萬物異,則莫不相爲蔽"相應。⊙熊公哲曰:中,謂中心。倫,是非之理也。⊙天海案:衆異,此指萬物不同的特點。倫,理也。此指事物相反相成的道理。

〔三〕楊倞注:道,謂禮義。

〔四〕楊倞注:心不知道,則不以道爲可。可,謂合意也。⊙物雙松曰:不可道而可非道,言道則不可之,非道則可之。⊙楊柳橋曰:高誘《吕氏春秋》注:"可,用也。"⊙天海案:可,認可。下同此。

〔五〕楊倞注:人心誰欲得縱恣而肯守其不合意之事,以自禁其合意者?⊙楊柳橋曰:得恣,貪得而放縱也。⊙天海案:欲者,願也。得者,能够。恣,任其意也。楊柳橋之説非也。

〔六〕楊倞注:各求其類。⊙物雙松曰:言不道之人則必合之,有道之人則不知合之也。⊙俞樾曰:"知"字衍。⊙熊公哲曰:不道人,不以道爲可之人。道人,以道爲可之人。"知"字無義,當從俞説删。

〔七〕楊倞注:必有妬賢害善。⊙物雙松曰:論道人,言議有道之人也。⊙盧文弨曰:元刻無"可"、"之"、"論道人"五字。當作"與不道人論道","人"字亦可去。⊙王念孫曰:盧説非也。與不道人論道人,謂與小人論君子,非謂與之論道也。⊙天海案:"不可道之人",巾箱本、《題注》本無"可"、"之"二字,盧本、《集解》本從之。論,選擇也。《王霸篇》"若夫論一相以兼率之",楊倞注:"論,謂討論選擇之也。"論道人,謂選擇可道之人。亂之本,亂之本源也。

〔八〕楊倞注:問何道以知道人也。⊙俞樾曰:夫何以知,與下文"何患不知"相對,兩"知"當讀爲"智"。夫何以知,猶言"夫何能智"也。⊙陶鴻慶曰:知,當讀如字。以不可道之心,與不道人論道人,則終于不知道,故曰"夫何以知"。⊙天海案:楊注是,俞説非。

〔九〕俞樾曰:"曰"字衍。因上句楊注誤以爲問辭,後人故妄加"曰"字。

〔一〇〕楊倞注：必能懲姦去惡。⊙盧文弨曰：正文"非"字疑衍。注似曲爲之説。⊙王念孫曰：盧説亦非也。非道，謂非道之人。非謂與之論道也。與道人論非道人，則非道人退而道人進，國之所以治也，故曰"治之要也"。楊注正釋"治之要"三字，非曲爲之説也。⊙梁啓雄曰：非道，指邪説暴行。⊙天海案：非道，上文已兩見。非道，猶言邪道。論非道，治理邪道。論，此訓理。理，治理也。《吕氏春秋·懷寵》"論其罪人"，高誘注："論，猶理也。"王説乃增字爲訓，不足取。

〔一一〕楊倞注：心苟知道，何患不知道人？

〔一二〕天海案："在"字，巾箱三本作"存"。又此下原文未分段，現分之。

〔一三〕楊倞注：既知道人在於知道，問知道之術如何也？⊙天海案：上句當讀"在於知道人"，由楊注可知。凡此句讀"人何以知道"者皆非。

〔一四〕楊倞注：在心無邪。⊙天海案：心無邪方能知道。

〔一五〕楊倞注：能然，則可以知道也。⊙郝懿行曰：壹者，專壹也。轉寫者亂之，故此作"壹"，下俱作"一"。⊙梁啓雄曰：虚，虚心。壹，專壹。静，謂在動作當中鎮静不亂。⊙天海案：虚者，空也，指排除雜念。壹者，專心一意也。静者，凝神清心而不浮躁也。

〔一六〕楊倞注：臧，讀爲"藏"，古字通，下同。言心未嘗不包藏，然有所謂虚也。⊙天海案：心未嘗不藏物，然而仍可以虚空也。

〔一七〕楊倞注：滿，當爲"兩"。兩，謂同時兼知。⊙天海案：滿，實也。

〔一八〕楊倞注：雖動，不使害静也。⊙天海案：心雖常動而亦有静時。

〔一九〕楊倞注：在心爲志。⊙冢田虎曰：志音誌，記也。言人有知而所記憶，乃是藏物於心也。注非也。⊙陶鴻慶曰：人，當爲"心"字之誤。下文亦云"心，生而有知"。此文當一律。⊙梁啓雄曰：志，是"識"古文。《周禮》注："識，記也。"⊙天海案：人，當作"心"，陶説是。志，記識也。冢説是。

〔二〇〕楊倞注：見善則遷，不滯於積習也。⊙盧文弨曰：已所臧，元刻作"所已臧"。⊙郝懿行曰：將者，送也；受者，迎也。言不以已心有所藏而妨害於所將送、迎受者，則可謂中虚矣。⊙王念孫曰："所已藏"與"所將受"對文，元刻是也。錢本、世德堂本竝作"所已臧"。⊙天海案："已所臧"，諸本並作"所已臧"，王説是，可據改。

〔二一〕久保愛曰：有異，有好憎也。《淮南子》曰："知與物接，而好憎生焉。"⊙天海案：有異，言事物之有别也，非言好憎之異。久説非。

〔二二〕楊倞注：既不滯於一隅，物雖輻湊而至，盡可以一待之也。⊙久保愛曰：夫一，所好也。此一，所憎也。言不以所好之非，害所憎之是，唯義所生。⊙王先謙曰：夫，猶彼也。知雖有兩，不以彼一害此一。荀書用"夫"字，皆作"彼"字解，此尤其明證。⊙天海案：夫，此當訓爲彼。荀書用"夫"字甚夥，有作"彼"解者，然大多作句首語助詞。如《儒效篇》"夫其爲人也如彼"，其"夫"字豈能作"彼"解？王之説未免武斷也！

〔二三〕楊倞注：卧，寢也。自行，放縱也。使，役也。言人心有所思，寢則必夢，偷則必放縱，役用則必謀慮。⊙物雙松曰：可見夢者心之動也。⊙王先謙曰：夢、行、謀，皆心動之驗。或以夢爲夢然無知，非。⊙梁啓雄曰：《墨子·經上》："卧，知無知也。夢，卧而以爲然也。"偷，鬆弛也。自行，自動也。使，即運用之意。⊙劉師培曰：夢，兼昏亂二義。心卧則夢，言不知振起其心，則志氣昏惰也。⊙駱瑞鶴曰：卧，此非寢卧，而當訓倒仆。夢者，迷蒙昏亂之名，音義與儚、懜及懞、懵並通。古人以人身偃卧倒仆則心之官不正，心之官不正則人迷亂。⊙天海案：夢，如字。人卧則入夢，夢者，人心之動也。偷，苟且。自行，放任不拘也。卧、偷、使，人身也；夢、行、謀，皆心之動也。故下文云"心未嘗不動也"。

〔二四〕楊倞注：夢，想象也。劇，囂煩也。言處心有常，不蔽於想象、囂煩，而介於胷中以亂其知，斯爲静也。此皆明不蔽於一端，虚受之義也。⊙物雙松曰：劇，繁劇多事也。夢是夜動，劇是晝動。⊙張覺曰：劇，煩雜。它針對"自行"而言，指胡思亂想。

〔二五〕楊倞注：有求道之心，不滯於偏見曲説，則是虚壹而静。⊙冢田虎曰：自以爲得道者，心滿而物不入焉。故自以爲未得焉，而求道者，乃虚一而静也。⊙古屋鬲曰："謂之"二字衍文。⊙熊公哲曰：此"謂之"二字猶言告教之，與上"謂之虚壹而静"不同。⊙天海案：謂之，當作"爲之"。言求道者爲此當虚壹而静。

〔二六〕楊倞注：此義未詳，或恐脱誤耳。或曰，此皆論虚一而静之功也。作，動也。須，待也。將，行也。當爲"須道者，虚則將；事道者，壹則盡；思道者，静則察"，其餘字皆衍也。作之則行，言人心有動作則自行也。以虚心須道，則萬事無不行；以一心事道，則萬物無不盡；以静心思道，則萬變無不察。此皆言執其本而末隨也。⊙物雙松曰："作之則"當屬上文，言虚一而静，以此爲法則也。三"將"字皆在句頭。將，語助。須，待也。"道者"者，上所謂道人也。則，語助。言待之以道者之虚，則道集於虚，而得爲道人也。此一句是統下二句。事，行也，言行之以道者之一，則一不害一，而得盡萬變也。將思道者静則察，言思之以道者之静，則能察也。是皆以道人爲則，故上曰"作之則"。楊注非。⊙久保愛曰：人，當作"入"，字似而誤。以文例考之，二"之"字衍文，不然則"静"上當有"之"字。三"者"字、"入"字、"盡"字句。⊙王引之曰：楊訓"將"爲"行"，而以"作之則將"絶句，又增删下文而强爲之解，皆非也。此當以"作之"二字絶句。下文當作"則將須道者之虚，虚則入；將事道者之壹，壹則盡；將思道者之静，静則察"。此文上承"虚壹而静"言之。將，語詞也。道者，即上文所謂"道人"也。言心有動作，則將須道者之虚，虚則能入；將事道者之壹，壹則能盡；將思道者之静，静則能察也。静則察者，言静則事無不察也。今本"入"誤作"人"，其餘又有脱文、衍文耳。⊙安積信曰：或曰，須，求也。⊙劉師培曰：此文當斷"作之"爲句。"作之"猶言若用之也。下文二"之"一"盡"均爲衍文。將,猶欲也。言本虚壹而静之心,推用之則須道之人可由虚而入道;欲事道之人,可由壹而盡道;欲思道之人,可由静而察道。王説未晰。⊙鍾泰曰:作之,謂興起之也,即指求道者言。須者,"順"之譌字,順道者,循道也。又"静則察"當連下"知道"二字爲句,謂"静則察知道"也。察知道者,然後能行道,故接曰"察知道,行體道者也"。後之"察知道"分明疊上"察知道"而言之,故知上不得於"察"字絶句。⊙梁啓雄曰:"静"上疑奪一"之"字。⊙張覺曰:之虚,達到虚心企求的境界。⊙天海案:作之,猶言"爲之",此承上而言。"則"字領下三"將"字句。"將",欲也。須,求也。之虚,至虚也。則入,則納受也。"入"字,巾箱三本無,原作"人",形誤,此正之。事,行也,下文"知道,行"即指此"事道"而言。之壹,至壹也。則盡,則盡其全力事道也。下"盡"字疑衍,諸本無,可據删。"思道者"下脱"之"字,依上文"之虚"、"之壹"例,當補"之"。之静,至静也。則察,則詳審也。又楊注"以静心思道"之"静",原作"飾",據諸本正之。

〔二七〕楊倞注:知道察,謂思道者静則察也。知道行,謂須道者虚則將也。體,謂不離道也。⊙物雙松曰:知道察,知道行,言知彼道者之察,知彼道者之行也。"道"字,皆上所謂"道人"、"道者"也。⊙久保愛曰:知道察,知道行,謂知道而察之,知道而行之也。⊙梁啓超曰:此文之意,謂"知道者何?其明察足以知道,其力行足以體道之謂也"。"知道"二字與上文"人何以知道"相應。⊙天海案:"知道,察",上承"思道者之静則察";"知道,行",上承"事道者之壹則盡"。體,悟也。體道者,即悟道者。言能以"察"、"行"而"知道",是悟道者也。兩"知道"下當逗。

〔二八〕楊倞注:言無有壅蔽者。⊙盧文弨曰:元刻無"大"字。⊙天海案:大,極也。清明,神清志明也。《禮·禮運》:"清明在躬,志氣如神。"此下原文未分段,現依文意分之。

〔二九〕楊倞注:既虚壹而静,則通於萬物。故有形者無不見,見則無不能論説,論説則無不得其宜。⊙郝懿行曰:見,讀爲現。現者,示也。論,讀爲倫,倫者,理也。言萬物莫有形而不顯示於人,莫顯示人而不有倫理,理無不宜而分位不失。⊙張覺曰:失位,不到位,不恰當。⊙駱瑞鶴曰:形,即現。見,讀如字,謂察見也。論,論量,謂評定之。位,猶次,失次謂不得宜。此言人果能虚壹而静,是謂大清明。如此則萬物無不顯而不見,無不見而不能論量之,無不論量之而失其宜。⊙天海案:莫,無也。形,顯其形。論,論議。失位,失其宜。此言萬物没有顯形而不見者,没有見而不論議者,没有論議而失宜者。駱訓"形"、"見"、"論"、"位"猶可,然訓"莫"爲"無不"則未妥。豈有"無不論量之而失其宜"之理?

〔三〇〕盧文弨曰:元刻"論"作"聞"。⊙劉如瑛曰:論,知。《吕氏春秋·直諫》:"所以不可不論也。"《淮南子·説山訓》:"以近論遠。"高誘分别注爲:"論,猶知也。""論,知。"⊙天海案:論,知也。劉説是。巾箱三本"論"作"聞"。

〔三一〕楊倞注:疏,通。參,驗。稽,考。度,制也。⊙天海案:情,實也。

〔三二〕楊倞注:材,謂當其分。官,謂不失其任。裏,當爲理。材,或爲裁也。⊙傅山曰:宇宙裏,即作"裏"亦可,謂宇宙在其裏也。⊙物雙松曰:材官,言材使萬物,使有職掌也。大理,謂天下之治也。宇宙裏矣,裏,内也。猶言宇宙在掌也。⊙冢田虎曰:材官,謂應其材器而用之。大理,謂天地萬物之理。裏,作"理"爲是,治也。物説"大理"、"裏",難通。⊙久保愛曰:材,裁通。裏,恐"裹"誤,字形頗似。《莊子》曰:"充滿天地,包裹六極。"⊙于省吾曰:《䡅侯鼎》"裏"字作"里"。里、理古字通。⊙梁啓雄曰:經緯天地,謂天地雖廣大,而能安排得井然不紊。材官萬物,謂依照着各物之所宜來酌量處置,使人都稱其任、物都適其用。大理,指宇宙間的大自然。⊙蔣南華曰:經緯,這裏是安排、治理的意思。制割,掌握、利用。大理,指自然與社會的全面道理。⊙張覺曰:官,任用,引申爲利用。裏,在内,在心中。宇宙裏,宇宙在心中,即認識了宇宙。⊙天海案:經緯,規劃治理。材官,依材任用。制割,裁斷也。大理,大道理,亦大道也。宇宙裏,宇宙治。裏,通理。理,治也。楊注"裁"字原誤作"栽",徑改。

〔三三〕楊倞注:此皆明虚一而静則通於神明,人莫能測也,又安能蔽哉! 睪,讀爲皥。皥皥,廣大貌。涫涫,沸貌。紛紛,離亂貌。涫,音官,又音貫。⊙顧千里曰:廣廣,疑當有誤,與上文"恢恢廣廣"重出二字。以楊注"睪讀爲睾"例之,則此句"廣"讀爲"曠"也。孰知其形,"形"字不入韻,疑當作"則"。⊙梁啓雄曰:涫,即今"滾"字。⊙張覺曰:睪睪,通浩浩。廣大之貌。⊙天海案:恢恢廣廣,恢宏廣大。睪睪,通皓皓,光亮潔白之貌。廣廣,通洸洸,勇武之貌。睪睪廣廣,即光潔勇武之貌,故下文曰"孰知其德"。涫涫,其義同沸沸,音貫貫。水翻騰之貌。紛紛,盛多之貌。"是之",諸本其上有"夫"字。大人,德行高尚之人。惡,同烏。形,與"紛"、"人"叶韻,與上"極"、"德"不同韻,顧説非也。且涫涫紛紛,指大人變化盛多而莫測之形,豈可改用"則"字? 此下原文未分段,現依文意分之。

心者,形之君也,而神明之主也,出令而無所受令〔一〕。自禁也,自使也,自奪也,自取也,自行也,自止也〔二〕。故口可劫而使墨云,形可劫而使詘申,心不可劫而使易意。是之則受,非之則辭〔三〕。故曰:心容其擇也無禁,必自見其物也雜博〔四〕,其情之至也不貳〔五〕。《詩》云:"采采卷耳,不盈頃筐。嗟我懷人,寘彼周行〔六〕。"頃筐,易滿也;卷耳,易得也;然而不可以貳周行〔七〕。故曰:心枝則無知,傾則不精,貳則疑惑,以贊稽之,萬物可兼知也〔八〕。身盡其故則美〔九〕,類不可兩也，故知者擇一而壹焉[一〇]。

農精於田而不可以爲田師，賈精於市而不可以爲市師，工精於器而不可以爲器師[一一]。有人也，不能此三技，而可使治三官，曰：精於道也[一二]，精於物者也[一三]。精於物者以物物[一四]，精於道者兼物物[一五]。故君子壹於道，而以贊稽物[一六]。壹於道則正，以贊稽物則察，以正志行察論，則萬物官矣[一七]。

昔者舜之治天下也，不以事詔而萬物成[一八]。處一之危，其榮滿側；養一之微，榮矣而未知[一九]。故《道經》曰："人心之危，道心之微[二〇]。"危、微之幾，惟明君子而後能知之[二一]。故人心譬如槃水，正錯而勿動[二二]則湛濁在下而清明在上[二三]，則足以見鬚眉而察理矣[二四]。微風過之，湛濁動乎下，清明亂於上，則不可以得大形之正也[二五]，心亦如是矣。故導之以理，養之以清，物莫之傾[二六]，則足以定是非，決嫌疑矣！小物引之，則其正外易，其心内傾，則不足以決麤理矣[二七]！故好書者衆矣，而倉頡獨傳者，壹也[二八]；好稼者衆矣，而后稷獨傳者，壹也[二九]；好樂者衆矣，而夔獨傳者，壹也[三〇]；好義者衆矣，而舜獨傳者，壹也。倕作弓，浮游作矢，而羿精於射[三一]；奚仲作車，乘杜作乘馬，而造父精於御[三二]。自古及今，未嘗有兩而能精者也[三三]。曾子曰："是其庭可以搏鼠，惡能與我歌矣[三四]！"

空石之中有人焉，其名曰觙[三五]，其爲人也，善射以好思[三六]。耳目之欲接，則敗其思；蚊寅之聲聞，則挫其精。是以闢耳目之欲而遠蚊蝱之聲，閑居靜思則通[三七]。思仁若是，可謂微乎[三八]！孟子惡敗而出妻，可謂能自彊矣[三九]；有子惡臥而焠掌，可謂能自忍矣；未及好也[四〇]。闢耳目之欲，可謂能自彊矣，未及思也；蚊蝱之聲聞則挫其精，可謂危矣，未可謂微也[四一]。夫微者，至人也[四二]。至人也，何彊、何忍、何危[四三]？故濁明外景，清明内景[四四]。聖人縱其欲，兼其情，而制焉者，理矣，何彊、何忍、何危[四五]？故仁者之行道也，無爲也；聖人之行道也，無彊也[四六]。仁者之思也恭，聖人之思也樂，此治心之道也[四七]！

## 【校釋】

〔一〕楊倞注:心出令以使百體,不爲百體所使也。⊙梁啓雄曰:神明是指心中的睿智。⊙天海案:《天論篇》:"心居中虚,以治五官,夫是之謂天君。"亦此義。形,指形體。神明,指精神。

〔二〕楊倞注:此六者皆由心使之然,所以爲形之君也。⊙羅焌曰:奪,謂失去也。⊙天海案:自奪,自裁也。奪,裁斷,定奪。奪、度雙聲,韻近可通,故"自奪"亦"自度"也。

〔三〕楊倞注:劫,迫也。云,言也。百體可劫,心不可劫,所以尤宜慎擇所好,懼蔽塞之患也。⊙冢田虎曰:墨、默同。可使默,亦可使言也。⊙久保愛曰:"詘申",同"屈伸"。⊙郝懿行曰:墨與默同。云者,言也。或默或語,皆可力劫而威使之。申,當作"信",而讀爲申。荀書皆然。⊙天海案:易意,改變意向。辭,拒也。

〔四〕楊倞注:容,受也。言心能容受萬物,若其選擇無所禁止,則見雜博不精,所以貴夫虚壹而静也。⊙物雙松曰:"其擇也"句,"必自見"句,言心有所容受以選擇,則無有禁止,無有固必,而自然見其是非也。"無禁必"應"容"字,"自見"應"擇"字,注非。⊙冢田虎曰:心容其擇也,無禁必自見,言心則受其所以爲是,辭其所以爲非,受容其所擇也,而心無從他劫而禁止之,則必自感物而發見者也。見音現,注讀非也。⊙久保愛曰:心容,説心之形容也。擇,擇是非也。無禁,無有禁之者也。楊倞帶"則"字者非也。雜博,不擇是非先見之也。⊙王先謙曰:"心容其擇也"句,"無禁必自見"句,楊失其讀。心自禁使,自奪取,自行止,是容其自擇也。容,訓如《非十二子篇》"容辨異"之"容"。"無所受令",是無禁也。"神明之主出令",是必自見也。物雖雜博,精至則不貳。⊙劉師培曰:王句讀近是。惟《書·洪範》云"思作容",又云"容作聖",則"心容"亦指心之能思言。此言人心能思,故能擇物。蓋以思爲辨别事物之具也。王説非。⊙天海案:梁啓雄讀"心容"爲句,"其擇也無禁"句,"必自見"句,"其物也雜博"句。其釋之曰:"心容,猶言心靈狀態也。""擇,擇是非。無禁,謂無禁止心擇是非者。""見,音現,即表現。""物,指心容。"其説枝離而無當。今案:"心容其擇也無禁"句,謂心用其擇取之則不可禁止也;"必自見其物也雜博"句,謂必定自接其物則雜而博也。容,用也,擇,取也。見,接也。二"也"字,猶"則"也。下文"其情之至也不貳"中"也"字亦猶"則"。楊注句讀是,其訓釋則非。他説亦不切。

〔五〕楊倞注:其情之至極,在一而不貳,若雜博則惑。⊙物雙松曰:"其物也雜博"連下句,言物雖雜博,情則不貳也。⊙冢田虎曰:言心之爲物,至乎感其所觸,乃雜博也。然其情之所至,乃一而不貳也。注"其物也雜博"屬上文,非也。⊙盧文弨曰:元刻"情"作"精",注同。⊙王先謙曰:元刻作"精",是也。作"情"者,"精"之借字。⊙羅焌曰:其所藏之物雖甚雜博,而其精誠之極,實純一不二。⊙梁啓雄曰:“情”字讀爲“精”。精,專也。不貳,不二心。⊙天海案:“情”字,巾箱三本並作“精”,此處通作“精”,義長。至者,極也。

〔六〕楊倞注:《詩·周南·卷耳》之篇。毛公云:“采采,事采之也。卷耳,苓耳也。頃筐,畚屬,易盈之器也。思君子置於周之列位也。”⊙久保愛曰:懷人,大姒所思念之人,謂文王也。周行,周道同,謂道路也。此時文王受天子之命,征討而在道路。於是大姒作詩曰:“雖采卷耳,不盈頃筐。”非不易得,不易盈,天子以文王置道路,我心貳之之故也。⊙盧文弨曰:注“卷耳,苓耳也”,宋本、元刻皆同。俗本依《廣雅》改作“枲耳”,不知《毛傳》自用《爾雅》爲訓耳。⊙梁啓雄曰:《詩傳》:“懷,思。寘,置。行,列也。思君子官賢人置周之列位。”⊙天海案:寘彼,置筐也。周行,大路也。此言采卷耳不滿筐,因懷念親人而置筐於道路也。引此《詩》以喻凡事不可分心也。

〔七〕楊倞注:采易得之物,實易滿之器,以懷人寘周行之心,貳之則不能滿,況乎難得之正道,而可以他術貳之乎?⊙物雙松曰:心貳,故寘周行。故曰“貳周行”也。⊙冢田虎曰:懷人寘周行,乃情之至也,故不可以采卷耳貳周行之情也。注失本末。⊙郝懿行曰:貳,謂貳之也。言所懷在於寘周行,意不在於事采,故雖易盈之器而不盈也。《毛傳》正用其師説。⊙天海案:以貳周行,謂以貳心於周行,心不專壹也。

〔八〕楊倞注:枝,旁引如樹枝也。贊,助也。稽,考也。以一端而不二之道助考之,則可兼知萬物。若博雜,則愈不知也。⊙物雙松曰:以贊稽之,猶“容其擇也”。⊙久保愛曰:“贊”字,以上文例,則當“參”誤,下同。義亦稍勝。⊙冢田虎曰:以贊稽之,言以一不貳贊稽之也。然此句上似宜有“一於道”之文,下文可見也。⊙郝懿行曰:枝與岐同,古字通用。岐者,不一也。此申上文“貳之”之意。⊙郭嵩燾曰:荀意言心不貳而推類可以知萬物,至以身盡道,惟無貳而已,類不可以兩求也。楊注失之。⊙鍾泰曰:“心枝”之枝,當訓如《易·繫》“中心疑者,其辭枝”之枝,謂不定而分散也。故曰“枝則無知”。郝説尚未盡。《易·説卦》“幽贊于神明”,注:“贊,明也。”故“贊”訓明不訓“助”。⊙梁啓雄曰:《説文》:“枝,木别生條也。”心枝,謂心派生意念也。傾則不精,謂心别有所傾向則不能專精。⊙天海案:枝、歧一聲之轉;且枝分條,歧分道,其義近,故枝通歧。心枝,則心有所分歧而不專一也,故“無知”。傾者,偏邪不正也,不正心於道,則不精也。贊,通參,二字一聲之轉,故可通。荀書此篇上文用“參稽”,此及下文用“贊稽”,其義一也。然疑“贊稽”上當有“一於道”三字於義方合。依下文及楊注,此“一於道”三字當補。冢田虎、陶鴻慶已言之,其説是也。

〔九〕楊倞注:故,事也。盡不二之事,則身美矣。⊙冢田虎曰:故,猶《孟子》所謂“天下之謂性則故而已”之“故”,注非也。⊙楊柳橋曰:《爾雅》:“身,親也。”身盡其故，謂親究其故也。⊙天海案：故，原故。又楊注“事也”，一本作“自也”。自，乃“事”之音誤也。

〔一〇〕楊倞注：凡事類皆不可兩，故智者精於一道而專一焉。故異端不能蔽也。⊙張覺曰：“類不可兩”，即篇首所言“天下無二道”。⊙天海案：類者，事理也。不可兩，不可兩存之。擇一，擇其一也。下“壹”，專壹也。此下原文未分段，現依文意分之。

〔一一〕楊倞注：皆蔽於一技，故不可爲師長也。⊙古屋鬲曰：下文“精於物者也”五字，當移“師”字下。⊙天海案：市師，諸本作“賈師”。王念孫曰“作市師是也”。以上下文例之，作“市師”是，且義長。

〔一二〕楊倞注：精於一道，故可以理萬事。⊙天海案：“道”下諸本有“者”字。

〔一三〕物雙松曰：下“精”字上亦當加“曰”字看。⊙冢田虎曰：“精”上疑脱“不”字。⊙盧文弨曰：此句當在“不可以爲器師”句下，誤脱在此。⊙王念孫曰：此汪説也，見丙申校本。⊙俞樾曰：“精於物”上，疑當有“非”字。⊙天海案：“精於物者也”與上下文義扞格，俞説“精”上當有“非”字，義長。“非精於物者也”，即承上“有人也”、“可使治三官”、“精於道”者也。

〔一四〕楊倞注：謂能名物其一物，若農、賈之屬也。⊙物雙松曰：以物物、兼物物，上“物”字，皆謂治物也。⊙冢田虎曰：言農賈之屬以田、市之物爲己之物，治三官者兼農、商、工之物爲所治之物也。⊙盧文弨曰：注“各”字，舊本皆作“名”，訛。今改正，下同。⊙天海案：“以物物”，猶言“以物名”。《國語·楚語》下“不可方物”，韋昭注：“物，名也。”此言精於物者能因此成名，楊注“謂能名物其一物”不誤，物、盧二説皆非。或曰：“以物物”猶言“以名物”，正與楊注合。名與命，古字通。謂精於物者能使命其物也，亦通。

〔一五〕楊倞注：謂能兼治名物其一物者也。⊙天海案：兼，猶勝也。《論語·先進》“由也兼人”，朱熹集注：“兼人，謂勝人。”故“兼物物”者，勝於物物者也。

〔一六〕楊倞注：壹於道，所以助考物也。助考，謂兼治也。⊙天海案：壹於道，專壹於道術。“贊稽”，仍當作“參稽”，“參稽物”，以道術參考於事物也。楊注未切。

〔一七〕楊倞注：在心爲志，發言爲論。官，謂各當其任，無差錯也。⊙物雙松曰：正志行察論，承上“則正”、“則察”。⊙天海案：正，謂心正不傾也。察，謂詳審也。行，實行也。論，論定也，即上文“莫見而不論”之論。此下原文未分段，現依文意分之。

〔一八〕楊倞注：舜能一於道，但委任衆賢而已，未嘗躬親以事告人。⊙天海案：詔，教也。“不以事詔”，言不以事教導之。《爾雅·釋詁》下：“詔，導也。”郭璞注：“詔，謂教導之。”《莊子·盜跖》“必能詔其子”，《釋文》：“詔，教也。”楊注未當。

〔一九〕楊倞注：一，謂心一也。危之，當爲“之危”。危，謂不自安，戒懼之謂也。

側,謂逼側,亦充滿之義。微,精妙也。處心之危,言能戒懼,兢兢業業,終使之安也。養心之微,謂養其未萌,不使異端亂之也。處心之危有形,故其榮滿則可知也。養心之微無形,故雖榮而未知。言舜之爲治,養其未萌也。⊙物雙松曰:難解。蓋能處於一而危懼自持,則光華充大矣。能養其一而微妙通神,則雖有光華而不自知矣。謂務止於是也。養,謂從容涵養不用力也。⊙冢田虎曰:危,謂心之所以感物而發動也。微,謂心之所幽微而不彰也。言處一心之所以危,而不忘戒懼之,則榮華充滿矣。養一心之所以微,而能誘掖之,則不覺知而息榮也。⊙久保愛曰:處一之危,謂善處人心之危使安也。養一之微,謂善養道心之微使明也。榮矣而未知,未詳。恐不知榮華之在身之謂也。⊙王念孫曰:《成相篇》云:"思乃精,志之榮,好而壹之神以成。"《賦篇》云:"血氣之精也,志意之榮也。"四"榮"字竝同義。⊙鍾泰曰:榮,當讀如"熒"。熒,惑也。⊙潘重規曰:其榮滿側,猶言安榮輻湊而至。榮矣而未知,猶言不知其然而榮矣。言其自然之效也。⊙梁啓雄曰:一當爲壹。《説文》:"危,在高而懼也。"《吕覽》注:"榮,光明也。"側,當爲廁,《廣雅》:"廁,間也。"《説文》:"微,隱行也。"⊙楊柳橋曰:處壹,猶言守壹也。守壹而知戒懼,則榮滿左右。養壹而極於微妙,雖榮而不自知也。⊙天海案:兩"之",皆訓至。危者,高而戒懼也。言其處心專一而至危懼,其美譽滿側也。榮,指美譽。《漢書·揚雄傳》下"四皓采榮於南山",顔注:"榮者,謂聲名也。"養專壹之心至精微,雖有美譽而未知也。正文"之危",據楊注知爲後人校正之,諸本已改作"危之"。楊注文"言舜"原作"言辭",據諸本改。

〔二〇〕楊倞注:今《虞書》有此語而云《道經》,蓋有道之經也。孔安國曰:"危則難安,微則難明,故誡以精一,信執其中。"引此以明舜之治在精一於道,不蔽於一隅也。⊙久保愛曰:人心道心,亦頗似道家者流之語也。⊙郝懿行曰:《道經》,蓋古言道之書。今《書·大禹謨》有此,乃梅賾所采竄也。唯"允執其中"一語,爲堯授舜、舜授禹之辭耳。⊙梁啓超曰:言人心之危,即道心之微,戒慎恐懼,即道心之最精處也。⊙梁啓雄曰:僞《書·大禹謨》作"人心惟危,道心惟微"。裴學海曰:二"之",猶"爲"也。⊙天海案:二"之"字,猶"至"也。説見劉淇《助字辨略》。

〔二一〕楊倞注:幾,萌兆也,與機同。⊙天海案:"明君子",聖明之君主。

〔二二〕冢田虎曰:《文子》曰:"清之爲明,杯水可見眸子;濁之爲害,河水不見泰山。"⊙久保愛曰:槃與盤同。⊙熊公哲曰:正錯,平置也。

〔二三〕楊倞注:湛,讀爲"沈",泥滓也,下同。

〔二四〕楊倞注:理,肌膚之文理。

〔二五〕王先謙曰:"大"字無義。上言槃水見鬚眉膚理,非能見身之全形也。大形,疑當爲"本形"。⊙鍾泰曰:"大"字不誤。大形,形之大者,不必身之全形也。⊙梁啓超曰:大,疑當作"夫",夫,彼也。⊙張覺曰:大形,人的形體。⊙天海案:大者，此言大略、大致也。形者，貌也。大形，猶大貌也。上文言“清明在上”，故見面貌須眉肌膚之微細。此言水濁，則不見其大貌之正也。

〔二六〕楊倞注：清，謂沖和之氣。⊙久保愛曰：清，清濁之清。⊙梁啓超曰：導之以理，謂以條理導之。⊙梁啓雄曰：物莫之傾，言外物莫能使之傾側不正。⊙天海案：“故”字諸本無。三“之”字皆指人心也。理，道也。清，明也，澂水之貌以喻心之清明。傾，邪也。

〔二七〕楊倞注：言此者，以喻心不一於道，爲異端所蔽，則惑也。⊙物雙松曰：粗理亦不能決之也。⊙久保愛曰：“麤理”對“大形之正”，元本作“庶理”，非也。⊙盧文弨曰：庶理，宋本作“麤理”，今從元刻。⊙劉師培曰：上云“定是非，決嫌疑”，此與對文，謂心静足以判精微，弗静不能決麤理也。⊙梁啓雄曰：嫌疑，疑似之意。其正外易，謂違反了“導之以理，養之以清”的正術。“正”字是形名詞。⊙于省吾曰：正，應讀作“征”。言人之心有小物引之，則其往於外甚易也。其心内傾，蓋心之爲物，征於外則傾於内矣。⊙劉如瑛曰：外易，向外移動。外易與内傾相對。⊙天海案：引之，誘之。其正外易，由外改變其形之正。其心内傾，由内使其心傾邪。麤理，粗淺之理。“麤理矣”三字，巾箱三本作“庶理也”；明世本、《四庫》本“矣”字作“也”。其“庶”字，疑“麤”字之脱譌也。

〔二八〕楊倞注：倉頡，黄帝史官。言古亦有好書者，不如倉頡一於其道，異術不能亂之，故獨傳也。情箸古者，倉頡之有天下；守法授親，神農亦然也。⊙劉師培曰：案本文“傳”字及下文三“傳”字，均當作“專”。然彼等均好而不專，此則好之而復能專能，由于用心之一也。⊙天海案：獨傳，當讀如“獨專”，下同此。因用心一，故能獨專。專、壹，相因相承。專者，精也，故下文云“自古及今，未嘗有兩而能精者也”。劉説是，訓“傳”爲“流傳”者非。楊注“情箸”以下十九字，盧文弨曰：“文義不順，今删去之。”今案：此十九字乃楊倞解説“獨傳”之語，不可删也，今仍存其舊。

〔二九〕梁啓雄曰：后稷，名棄，姬姓。堯任命他做稷官，是農官的君長，故號后稷。后稷猶言農師。

〔三〇〕久保愛曰：夔，舜之典樂。⊙天海案：《禮記·樂記》“夔始制樂，以賞諸侯”。

〔三一〕楊倞注：倕，舜之共工。《世本》云“夷牟作矢”，宋衷注云：“黄帝臣。”此云“浮游”，未詳。或者浮游，夷牟之别名，或聲相近而誤耳。言倕、游雖作弓矢，未必能射，而羿精之也。弓矢，舜已前有之，此云“倕作弓”，當是改制精巧，故亦言作也。⊙高亨曰：《山海經》郭注引《世本》《玉篇·矢部》並作“牟夷作矢”。兩者未知孰是。此文之“浮游”即牟夷。浮與牟、游與夷，皆一聲之轉。⊙天海案：倕，《書·堯典》作垂，堯時工師。《莊子》《説苑》亦作倕。

〔三二〕楊倞注：奚仲，夏禹時車正。黄帝時已有車服，故謂之軒轅，此云“奚仲”

者，亦改制耳。《世本》云"相土作乘馬。"杜與土同。乘馬，四馬也。四馬駕車，起於相土，故曰"作乘馬"。以其作乘馬之法，故謂之乘杜。乘，並音剩。相土，契孫也。《吕氏春秋》曰"乘馬作一駕"。⊙盧文弨曰：《吕氏春秋·勿躬篇》作"乘雅作駕"，一本"乘雅"作"乘持"，疑"持"爲"杜"字之訛。⊙王念孫曰：古無謂相土爲乘杜者，"乘杜"蓋"桑杜"之誤。⊙梁啓雄曰：奚仲，任姓，故亦稱"任仲"，爲夏車正，封於薛。乘馬，謂用馬駕車，所謂"服牛乘馬"是也。用馬駕車始自乘杜，故曰乘杜作乘馬。⊙天海案：楊倞注原在下文"能精者也"句下，現移此。楊注文"起於相土"之"起"原作"處"，此據諸本改之。

〔三三〕天海案："兩"者，一心二用也，謂不能專壹也。

〔三四〕楊倞注：是，蓋當爲"視"。曾子言有人視庭中可以搏擊鼠，則安能與我成歌詠乎？言外物誘之，思不精，故不能成歌詠也。⊙盧文弨曰：正文"矣"字，元刻作"乎"。⊙郝懿行曰：此言庭虚無人，至静矣，恐有潛修其中而深思者，我何以歌詠亂之乎？《荀》義當然，注似失之。⊙久保愛曰：是與諟通，又與題通，視也。⊙鍾泰曰：其庭可以搏鼠，言穢亂也，故曰"惡能與我歌"。⊙高亨曰：庭，疑借爲"莛"、爲"筳"。説文："莛，莖也。"《漢書·東方朔傳》："以筳撞鐘。"顔注："莛，謂藁莖也。"是莛者，草莖也。《説文》："筳，繀絲管也。"《離騷》王注："筳，小折竹也。"是筳者，小竹竿也。古人歌時，持蒿莛或竹筳以擊節，亦可用以搏鼠。今歌者視其莛筳可以搏鼠，是其心不在歌，而在搏鼠。心既别馳，必不能歌，故曰"惡能與我歌矣"。⊙天海案：是，通視；庭，通筳。高説或可從。又正文"矣"字，巾箱三本作"乎"。此下原文未分段，現依文意分之。

〔三五〕楊倞注：空石，石穴也。蓋古有善射之人，處深山空石之中，名之曰觙。"觙"字及事並未詳所出，或假設喻之耳。⊙物雙松曰：空石之中，蓋石室也。⊙冢田虎曰：觙，字書無，疑"觩"之誤與？觩音渥，又音約，"觩"俗字。《説文》："調弓也。"故以爲善射者名乎？⊙孫詒讓曰：空石當是地名，疑即窮石之借字。《左傳》襄四年云"羿遷窮石"，即其地也。⊙劉師培曰：窮、空二字古通，則空石即窮石。觙，殆"羿"字之異文，或即后羿之異名與？⊙天海案：《類聚》卷九十七《蟲豸部》引《孫卿子》曰："空中有人名曰鮫，蛟蝱之聲聞，則挫其精。"未知孰是。朱駿聲曰："觙，即伋字也。"空石，訓地名窮石義長。

〔三六〕楊倞注：好，喜也。清静思其射之妙。⊙物雙松曰：言以好思遂得善射，蓋倒語也。⊙冢田虎曰：言其人既善射，猶且以善思其精也。⊙俞樾曰：凡射者必心手相得方可求中，非徒思之而已。且下文無一字及射，然則楊注非也。此"射"字乃"射策"、"射覆"之射。覆而匿之，人所不知，以意縣揣而期其中，此射之義也。⊙天海案：射者，猜度也。此非射箭之射，俞説是。《吕氏春秋·重言》："是何鳥也？王射之。"高注："使王射不動不鳴何意也。"善射，即善於猜測也。善猜度者必好思，楊注雖未晰，然并未言"射"爲射箭之事，俞苛之深也。

〔三七〕楊倞注：挫，損也。精，精誠也。闢，屏除也。言閑居靜思不接外物，故能通射之妙。⊙久保愛曰："則通"之則，猶而也。⊙天海案：精，專也。闢，通避。閑居，安居也。



〔三八〕楊倞注：言靜思仁如空石之人思射，則可謂微乎。假設問之辭也。

〔三九〕楊倞注：此已下答之之辭。孟子惡其敗德而出其妻，可謂能自彊於脩身也。⊙天海案：《外傳》卷九記孟子出妻事，孟母斥孟子無禮，於是孟子自責，不敢去婦。郭嵩燾説下文"未及思也"句當在此"可謂能自彊矣"句下，依文例推之，此説可從。參見下。又依文意推之，"未及思也"句當在此。

〔四〇〕楊倞注：有子，蓋有若也。焠，灼也。惡其寢卧而焠其掌，若刺股然也。未及好也，當爲"未及好思也"，誤分在下，更作一句耳。有子焠掌，可謂能自忍其身，則未及善射好思者也。若思道之至，則自無寢，焉用焠掌乎？⊙郝懿行曰：當依楊注作"未及好思也"。⊙王先謙曰：楊、郝説皆非，當如郭説，見下。⊙熊公哲曰：好，讀去聲。《論語》："知之者，不如好之者；好之者，不如樂之者。"好之樂之，自無待焠掌矣。⊙天海案：有若，字子有，孔子弟子，少孔子十三歲。有若狀若孔子，又稱有子。焠掌，以火灼掌，言其苦讀不眠之狀。未及好也，未及好之也。熊説是，楊注非。又，楊注"未及善射好思"原脱"射"字，此據諸本補；楊注"若思道之至"，盧本"至"下有"人"字，《集解》本從之。原注本通，不當加"人"字。

〔四一〕楊倞注："可謂能自彊矣，未及思也"十字並衍耳。可謂危矣，言能闢耳目之欲，則可謂能自危而戒懼，未可謂微也。微者，精妙之謂也。⊙郝懿行曰：此文錯亂不可讀，當作"闢耳目之欲，而遠蚊蝱之聲，可謂能自危矣，未可爲微也"。⊙郭嵩燾曰：疑此"可謂能自彊矣"六字衍，"未及思也"句當在前"可謂能自彊"下。⊙天海案：郝之正讀，郭之説並可從之。

〔四二〕楊倞注：惟精惟一，如舜者。⊙梁啓雄曰：至，即"大成至聖"之"至"。⊙天海案：至人，道德脩養極高而忘我之人。《莊子》"至人無己"。

〔四三〕楊倞注：既造於精妙之域，則冥與理會，不在作爲。苟未臻極，雖在空石之中，猶未至也。⊙天海案：何彊，何用自彊。何忍，何用自忍。何危，何用自危。

〔四四〕楊倞注：景，光色也。濁，謂混跡。清，謂虚白。⊙冢田虎曰：據上文，濁明當作"湛濁"也。而此二句不相承上下文，恐九字錯亂。⊙久保愛曰：此二句言至人者發天地水火氣於内外而已。景音影。⊙俞樾曰：《大戴記・曾子・天圓篇》："參嘗聞之夫子曰：'天道曰圓，地道曰方。方曰幽而圓曰明。明者，吐氣者也，是故外景；幽者，含氣者也，是故内景。故火日外景而金水内景。'"《荀子》之説，即孔子之緒言也。⊙安積信曰：《淮南子》"火曰外景，水曰内景"，言明之濁者，其景照外；明之清者，其景含内。蓋以外景喻危，内景喻微也。⊙張覺曰：景，亮光。外景，在外表露出來的光彩。清明内景，即上文所云"養一之微，榮矣而未知"。⊙天海案：濁明，指火、日之明。外景，照事物形影於外。清明，金、水之明。内景，照事物形影於内。

〔四五〕楊倞注：兼，猶盡也。聖人雖縱欲盡情而不過制者，由於暗與理會故也。何必如空石之徒乎？⊙冢田虎曰：兼，與也。言聖人縱其欲與情，然而制斷事者，自中理也。"從心之所欲而不踰矩"之意也。⊙久保愛曰：兼，疑當作"慊"，快也，足也。言從心之所欲，快情之所至也。⊙王先謙曰：縱，當爲"從"。聖人無欲之事。從其欲，猶言從心所欲。⊙張覺曰：兼，全，盡。⊙天海案：縱者，從也。王説是。兼，猶勝也。説見前。制焉者，節制其情欲者。理者，道也，有道也。

〔四六〕楊倞注：無爲，謂知違理則不作，所謂造形而悟也。無彊，謂全無違理彊制之萌也。⊙冢田虎曰：無爲也，無彊也，即"不勉而中，不思而得，從容中道，聖人也"之意。注亦非也。⊙久保愛曰：無爲，"不以事詔而萬物成"是也。無彊，"縱其欲快其情而制"是也。⊙梁啓雄曰：無爲，無彊，都説從心所欲不必加檢束。⊙駱瑞鶴曰：無爲，言清明虚靜，無自造作，不親任諸事以自勞苦。無彊也，言聖人行仁義治辯之道通達無礙，不自示其彊。⊙天海案：無爲，不刻意而爲。無彊，不彊行其事。

〔四七〕楊倞注：思，慮也。恭，謂乾乾夕惕也。樂，謂性與天道無所不適。⊙郝懿行曰：恭則虚壹而靜，樂則何彊、何忍、何危，結上之辭。楊注"天道"，"道"當爲"通"。楊本不誤，俗人依《論語》妄改，故誤耳。⊙天海案："治"字，巾箱三本作"理"，避唐諱未回改也。

凡觀物有疑，中心不定，則外物不清〔一〕；吾慮不清，則未可定然否也〔二〕。冥冥而行者，見寢木以爲伏虎也，見植林以爲後人也，冥冥蔽其明也〔三〕。醉者越百步之溝，以爲蹞步之澮也〔四〕；俯而出城門，以爲小之閨也；酒亂其神也〔五〕。厭目而視者，視一以爲兩；掩耳而聽者，聽漠漠而以爲哅哅；埶亂其官也〔六〕。故從山上望牛者若羊，而求羊者不下牽也，遠蔽其大也〔七〕。從山下望木者，十仞之木若箸，而求箸者不上折也，高蔽其長也〔八〕。水動而景摇，人不以定美惡，水埶玄也〔九〕。瞽者仰視而不見星，人不以定有無，目精惑也〔一〇〕。有人焉以此時定物，則世之愚者也〔一一〕。彼愚者之定物，以疑決疑，決必不當。夫苟不當，安能無過乎〔一二〕？

夏首之南有人焉，曰涓蜀梁〔一三〕。其爲人也，愚而善畏〔一四〕。明月而宵行，俯見其影，以爲伏鬼也；印視其髮，以爲立魅也〔一五〕；背而走，比至其家者，失氣而死，豈不哀哉〔一六〕！凡人之有鬼也，必以其感忽之閒、疑玄之時正之〔一七〕。此人之所以無有而有無之時也〔一八〕，而己以正事〔一九〕。故傷於溼而擊鼓，鼓痺則必有敝鼓喪豚之費矣，而未有俞疾之福也〔二〇〕。故雖不在夏首之南，則無以異矣〔二一〕。



**【校釋】**

〔一〕楊倞注：清，明審也。⊙鍾泰曰：凡觀物有疑，爲此一節之總提，不與“心中不定”句屬。⊙梁啓雄曰：疑，即下文“疑止”之“疑”。即今語“局限”之意。定、正二字通用。清，對外物的認識不清楚。⊙熊公哲曰：不定，不專靜也。清，清明精審也。⊙天海案：中心，内心。

〔二〕梁啓雄曰：以上是全段的總冒。⊙天海案：吾慮，己之思慮也。

〔三〕楊倞注：冥冥，暮夜也。⊙物雙松曰：以爲後人，以爲後有人追我也。⊙久保愛曰：植林，疑當作“植木”。《淮南子》曰：“怯者夜見立表，以爲鬼也。見寢石，以爲虎也。”⊙俞樾曰：上文“伏”與“寢”義相應，此云“後人”，則與“植林”不相應矣。植林豈必在後乎？疑《荀子》原文本作“立人”，“立”與“植”正相應。⊙鍾泰曰：“後人”之“後”，蓋“從”字之誤。從，蓋“聳”之假字。⊙羅焌曰：後，當爲“復”字，形相近而誤。復，猶覆也。⊙于省吾曰：後，應讀作“厚”。厚，猶多也。⊙楊柳橋曰：後，當爲“竢”之誤字。《説文》：“竢，居也。”居，即今之踞。⊙天海案：寢木，倒卧之木。遞修本、明世本、《四庫》本並作“寢石”，義長。植林，即樹林。後人，多人也。于説義長。

〔四〕楊倞注：蹞與跬同，半步曰跬。澮，小溝也。⊙久保愛曰：《考工記》曰：“廣四尺深四尺謂之溝，廣二尋深二仞謂之澮。”⊙天海案：澮者，田間排水小溝，見《孟子·離婁》下。久引《考工記》訓此，未當也。

〔五〕楊倞注：閨，小門也。⊙郭嵩燾曰：《説文》：“閨，特立之户，上圜下方，似圭。”故以城門擬之。《釋言》“宫中之門謂之闈，其小者謂之閨”。閨爲宫門之小者，不得徑謂之小門。⊙天海案：楊注是，郭説泥。

〔六〕楊倞注：厭，指按也，一涉反。漠漠，無聲也。哅哅，喧聲也。官，司主也。言勢亂耳目之所主守。哅，許用反。⊙羅焌曰：厭讀爲擪。《説文》：“擪，一指按也。”⊙梁啓雄曰：官，讀爲感官之官。言外力能攪亂人的官能。⊙天海案：“厭目”二句，《類聚》引之。“聽漠漠而以爲哅哅”，巾箱三本作“漠以爲哅哅”。漠漠，通寞寞。

〔七〕龍宇純曰：望牛者，“者”字當衍。此言牛若羊，非望牛之人若羊也。或曰：

"者"字不衍,而"者"下當更有"牛"字。⊙天海案:明世本、《四庫》本"山上"作"山下",非也。"望牛者"、"望木者",二"者",皆讀作"則",非衍字。"求羊者不下牽",謂求羊之人不會下山牽羊,因其遠而牛似羊也。

〔八〕楊倞注:皆知爲高遠所蔽,故不往求。然則守道者亦宜知異術之蔽類此也。⊙天海案:"山下",巾箱三本作"山上","仞"作"刃",二"箸"皆作"著",並非也。"求箸者不上折",謂求箸之人不會上山折木爲箸。

〔九〕楊倞注:玄,幽深也。或讀爲眩。⊙冢田虎曰:玄,讀爲"眩"爲是矣,水動之勢也。⊙天海案:玄,通泫,泫滑也,水含混不清貌。《集韻》《霰韻》:"泫,泫湣,混合也。通作眩。"此謂人不以攪動之水正美醜,因水勢含混不清也。景,同影。定,論定。埶,同勢。

〔一〇〕楊倞注:精,目之明也。⊙冢田虎曰:用,以也。惑,猶忒也。⊙久保愛曰:人,即其人,謂瞽者也。⊙劉如瑛曰:"用",當爲"目"。"水勢玄"與"目精惑"相對。⊙天海案:正文"目"字漶漫而譌"用",劉説是也,據改。目精昏惑不明,正與上文"水勢含混不清"相對。人,泛指,非指瞽者。言人不以瞽者之不見星而正有無,因其目精不明也。正與上文一律。

〔一一〕冢田虎曰:此時,上文所謂"觀物有疑"之時也。⊙劉如瑛曰:以此時定物,當衍"此"字。時,通是。水動影摇,瞽者不見星,何時皆然,决非一時如此。⊙天海案:焉,語詞,猶乃也。此時,承上文,言此水玄、精惑之時。"此"字不衍,亦非泛指也。

〔一二〕楊倞注:以疑決疑,猶慎、墨之屬也。⊙梁啓雄曰:上"疑"字是"疑止"的"疑",下"疑"字是"懷疑"的"疑"。⊙天海案:以疑決疑,即以疑惑之心判決疑似之事物。"安能",巾箱三本作"定能",非。又,此下原文未分段,現依文意分之。

〔一三〕楊倞注:夏首,夏水之首。《楚詞》云"過夏首而西浮,顧龍門而不見",王逸曰:"夏首,夏水口也。"涓蜀梁,未詳何代人,姓涓,名蜀梁。《列仙傳》有涓子,齊人,隱於宕山,餌术,能致風雨者也。⊙劉師培曰:《孟子·盡心》疏引同。《御覽》引"蜀"作"濁"。⊙天海案:夏首,先秦之稱;夏口,漢魏之稱;漢口,今之稱。皆漢水入長江之口也。又楊注引"王逸曰""首"下原脱一"夏"字;"餌术"之"术"原作"木",據諸本補正。

〔一四〕楊倞注:善,猶喜也。好有所畏。⊙久保愛曰:善,猶"女子善懷"之"善"也。⊙熊公哲曰:善畏,多畏。⊙天海案:正文"而"字,巾箱三本作"以",以,猶"而"也。善畏,好畏,常懷畏怯之心。楊注是。

〔一五〕楊倞注:卬,與仰同。⊙久保愛曰:"而"與"之"通。鬼、魅皆怪物也。⊙天海案:宵行,夜行。有明月而夜行,"而"如字,不當與"之"通。

〔一六〕楊倞注:背,棄去也。失氣,謂困甚氣絶也。⊙物雙松曰:背而走,謂走而去則見背，故云爾。⊙冢田虎曰：背而走，言不前行而走於後也。⊙久保愛曰：背走，反走也。⊙劉師培曰：《孟子》疏引同。《白帖》引"背"作"踣"，《御覽》引作"匍踣"，與楊本殊。⊙天海案：背而走，反身而奔跑，爲不見其影也。"者"字諸本無，非也，此"者"與"則"通。失氣，因驚懼勞乏而斷氣也。此謂愚者反身奔跑，近至其家則斷氣而死。



〔一七〕楊倞注：感，驚動也。感忽，猶慌惚也。玄，亦幽深難測也。必以此時定其有鬼也。⊙物雙松曰："正之"、"己以正事"，正，皆訓定。⊙冢田虎曰：有鬼，言所以爲有鬼也。⊙郝懿行曰：感，讀爲撼，解已見《議兵篇》。玄，讀爲眩，荀書皆然。⊙王念孫曰：正，當爲"定"，聲之誤也。（下文"正事"同。）據楊注明矣。⊙于鬯曰：正，或讀爲証。証者，證也。凡"證驗"字作"証"。下文"而己以正事"，放此。⊙安積信曰：《雜卦》傳："感，速也。"玄、眩同。⊙劉師培曰：感忽，猶"隱微"，見前《議兵篇》。⊙龍宇純曰：正，猶定也。楊注正以"定"訓正，非本是"定"字也。⊙天海案：有鬼，以爲有鬼。感忽，恍惚也，神志不清之謂。疑玄，即疑眩，昏惑也。正之，是之。《説文》："正，是也。"言人之以爲有鬼，在其神志恍惚、昏惑之時認定是也。楊注近是，諸説未得。下"正事"放此。

〔一八〕楊倞注：無有，謂以有爲無也。有無，謂以無爲有也。此皆人所疑惑之時也。

〔一九〕楊倞注：己以正事，謂人以此定事也。⊙天海案：正事，亦猶"是事"，言人以此確定事實也。楊注原在下文，現移上，使之相屬。

〔二〇〕楊倞注：痺，冷疾也。傷於濕則患痺，反擊鼓烹豚以禱神，何益於愈疾乎？若以此定事，則與俗不殊也。俞，讀爲愈。⊙冢田虎曰：故傷於溼而擊鼓鼓痺，此當作"擊鼓鼙"，"鼙"字誤爲"鼓痺"二字也。既曰"傷於溼"，而不可更曰"鼓痺"。蓋當時俗有此事也爾。⊙郝懿行曰：傷於溼而病痺，擊鼓鼓之，無損於疾，徒取費耳。此言愚惑之蔽。⊙王念孫曰：自"鼓痺"以上，脱誤不可讀，似當作"故傷於溼而痺，痺而擊鼓烹豚，則必有弊鼓喪豚之費矣，而未有俞疾之福也"。楊注是其證。⊙安積信曰："鼓痺"上下，恐有脱誤，不然衍文耳。⊙天海案：鼓痺，擊鼓以驅痺也。此承"擊鼓"而言，文不誤。蓋當時有此俗爾。敝鼓，擊破了鼓。"敝"字，諸本作"弊"。喪豚，失豚也，烹豚以敬神或待巫覡而疾未愈，故言"敝鼓喪豚之費"。原文無誤，王説非。

〔二一〕楊倞注：慎、墨之蔽，亦猶是也。⊙天海：此荀子斥慎到、墨翟。



凡以知人之性也，可以知物之理也〔一〕。以可以知人之性，求可以知物之理，而無所疑止之，則没世窮年不能徧也〔二〕。其所以貫理焉，雖億萬已不足以浹萬物之變，與愚者若一〔三〕。學，老身長子而與愚者若一,猶不知錯,夫是之謂妄人〔四〕。故學也者,固學止之也。惡乎止之?曰:"止諸至足。"曷謂至足?曰:"聖也。"〔五〕聖也者,盡倫者也;王也者,盡制者也〔六〕;兩盡者,足以爲天下極矣〔七〕。故學者以聖王爲師,案以聖王之制爲法,法其法以求其統類,類以務象效其人〔八〕。嚮是而務,士也;類是而幾,君子也〔九〕;知之,聖人也〔一〇〕。

故有知非以慮是,則謂之懼〔一一〕;有勇非以持是,則謂之賊〔一二〕;察孰非以分是,則謂之篡〔一三〕;多能非以脩蕩是,則謂之知〔一四〕;辨利非以言是,則謂之詍〔一五〕。傳曰:"天下有二:非察是,是察非〔一六〕。"謂合王制與不合王制也〔一七〕。天下有不以是爲隆正也,然而猶有能分是非、治曲直者邪〔一八〕?若夫非分是非,非治曲直,非辨治亂,非治人道,雖能之無益於人,不能無損於人。案直將治怪説、玩奇辭,以相撓滑也;案彊鉗而利口,厚顔而忍詬,無正而恣睢,妄辨而幾利〔一九〕;不好辭讓,不敬禮節,而好相推擠。此亂世姦人之説也,則天下之治説者方多然矣〔二〇〕。傳曰:"析辭而爲察,言物而爲辨,君子賤之;博聞彊志,不合王制,君子賤之。"此之謂也〔二一〕。

爲之無益於成也,求之無益於得也,憂戚之無益於幾也〔二二〕,則廣焉能棄之矣。不以自妨也,不少頃干之胷中〔二三〕。不慕往,不閔來,無邑憐之心〔二四〕,當時則動,物至而應,事起而辨,治亂可否,昭然明矣〔二五〕。

周而成,泄而敗,明君無之有也〔二六〕。宣而成,隱而敗,闇君無之有也〔二七〕。故君人者,周則讒言至矣,直言反矣,小人邇而君子遠矣〔二八〕。《詩》云:"墨以爲明,狐狸其蒼。"此言上幽而下險也〔二九〕。君人者,宣則直言至矣,而讒言反矣,君子邇而小人遠矣〔三〇〕。《詩》曰:"明明在下,赫赫在上。"此言上明而下化也〔三一〕。

**【校釋】**

〔一〕楊倞注:以知人之性推之,則可知物理也。⊙久保愛曰:《禮記》曰:"唯天下至誠爲能盡其性。能盡其性,則能盡人之性;能盡人之性,則能盡物之性。"⊙梁啓雄曰：以，當爲“可”。可知，猶能知。能知是人的本能，故曰“可知，人之性也”。可以被人知，是物之理。⊙熊公哲曰：“凡以知”三字於文不洽，胡適以爲“以知”上脱“可”字。⊙天海案：“以”，如字。楊注及句讀皆是。《集解》本沈嘯寰、王星賢點校于“凡以知”下、“可以知”下讀斷，乃不明荀書原意，又未察楊倞之注。下文“以可以知人之性求可以知物之理”，正對此二句重申之也。梁、熊二説皆誤讀此文。

〔二〕楊倞注：疑止，謂有所不爲。窮年，盡其年壽。疑，或爲“凝”。⊙郝懿行曰：荀書多作“凝止”，皆俗人妄改之，惟此未改。⊙冢田虎曰：疑，魚凌反，凝通，定也。⊙俞樾曰：《詩·桑柔篇》“靡所止疑”，傳曰：“疑，定也。”疑訓定，故與止同義。此云“疑止”，猶《詩》云“止疑”。荀子傳《詩》，故用詩義耳。楊注“疑，或爲凝”，非是。⊙鍾泰曰：“可以知人之性”，“可”字疑“所”字之訛，“所”字破缺，乃誤爲“可”耳。“疑”字當涉上文“疑玄”字而衍。《脩身篇》《儒效篇》皆作“有所止之”，單用一“止”字，下文兩用“止之”，則此“止”字上不得有“疑”字明矣。⊙天海案：二“以”字，巾箱三本並無。疑，古凝字。凝，定也；定，停也。故疑止，讀作“凝止”，訓爲停止。《王制篇》作“凝止”。荀書言“凝止”僅此二例，然用“凝”字則十五見，或後人改之也。“没世窮年”，言終其一生也。

〔三〕楊倞注：貫，習也。浹，周也，子叶反，或當爲“接”。⊙物雙松曰：已、矣通。⊙久保愛曰：已，助辭。⊙俞樾曰：已，猶終也。言終不足以浹萬物之變也。僖二十四年《左傳》“婦怨無終”，杜注曰：“終，猶已也。”故“已”亦猶“終”也。⊙王先謙曰：荀書以“挾”代“浹”。此亦當爲“挾”，作“浹”者，後人所改。⊙潘重規曰：已，詞之間也。⊙天海案：已，猶“亦”也，一聲之轉。

〔四〕楊倞注：錯，置也，謂廢捨也。身已老矣，子已長矣，猶不知廢捨無益之學，夫是之謂愚妄之人也。⊙物雙松曰：學老身長子，言學以終身也。⊙冢田虎曰：錯，猶“舉而錯之事業”之“錯”，言不知錯其學於行事也。注非也。⊙郭嵩燾曰：“學”字當斷句。學焉，至老而不免於愚，則執一之不足相通也。⊙天海案：錯，過也，錯誤也，如字。或曰：錯，通措，棄也。亦通。

〔五〕楊倞注：或曰“聖”下更當有“王”字，誤脱耳。言人所學，當止於聖人之道及王道，不學異術也。聖王之道是爲至足也。⊙冢田虎曰：“曰聖也”，“聖”下脱“王”字，如注。然注“聖人之道及王道”，非也。聖道即王道，豈二也哉？聖以德言，王以位言耳，聖之與王，非以道分之也。⊙梁啓超曰：也，當爲“王”，字之誤也。⊙天海案：下文“聖王”並言，故“聖”下當補“王”字。此因下文“聖也”而誤脱。

〔六〕楊倞注：倫，物理也。制，法度也。⊙久保愛曰：倫，倫類也。《勸學篇》曰：“倫類不通，仁義不一，不足謂善學。”⊙梁啓超曰：聖、王，即《莊子》天下“内聖外王”之聖、王。倫，謂人倫，即人生哲學；制，謂制度，即政治哲學。⊙天海案：倫者，理也，人倫、物理兼包之。制，即禮法、制度兼言之。盡者，極也。

〔七〕楊倞注：所以爲至足也。⊙冢田虎曰：極，表極也。猶"爲民極"之"極"，下所謂以爲師法也。注非也。⊙張覺曰：極，頂點。⊙李中生曰：極，此指準則。⊙天海案：極，極則、極準也。冢、李二説是。

〔八〕楊倞注：統類，法之大綱。⊙盧文弨曰："法其法"，元刻作"治其法"。⊙王念孫曰：元刻無下"類"字，是也。三句一氣貫注，若多一"類"字，則隔斷上下語脉矣。宋本下"類"字衍。⊙梁啓雄曰：統類，指法例的綱紀。以，猶且也。⊙天海案：案，語詞，猶乃也。"法其法"，巾箱三本作"治其法"，作"治"義長。下"類"字巾箱三本並無，王説是也，可據删。其人，即聖王也。象效，倣效。務，求也。

〔九〕楊倞注：幾，近也。類聖人而近之，則爲君子。士者，脩飾之名，君子有道德之稱也。⊙張覺曰：類，等於説法，效法。⊙天海案：嚮，往也。務，求也。類，似也。士、君子、聖人三級有差，楊注不是也。

〔一〇〕楊倞注：知聖王之道者。⊙楊柳橋曰：高注《吕氏春秋》："知，猶爲也。"⊙天海案：知，通曉也。此下原文未分段，現依文意分之。

〔一一〕楊倞注：自知其非，以圖慮於是，則謂之能戒懼也。⊙王引之曰："懼"字義不可通。懼，當爲"攫"，字之誤也。攫，謂攫取之也。⊙楊柳橋曰：高注《吕氏春秋》："慮，亂也。"《方言》："懼，病也。"懼，當借爲"臞"，亦變作"癯"。《爾雅》："臞，瘠也。"懼者，不力之意。⊙天海案：知，同智。非，不也。此"非"非"是非"之非，下四"非"皆同此。慮，思也，謀也。懼，怯也。懼，如字，王改"攫"，非也。此猶言"有智者不以慮此，則謂之怯"，原注及楊説皆非。

〔一二〕楊倞注：勇於爲非，以持制是也。⊙王引之曰：有勇而不以持是。⊙物雙松曰：持是，謂與是爭也。⊙冢田虎曰：持，猶"持之有故"之持。⊙鍾泰曰：此"懼"、"賊"疑互舛，王説嫌其附會。⊙天海案：持，堅持、維護之意。賊，害也。楊注非，王説近是。

〔一三〕楊倞注：孰，甚也。察甚其非，以分爲是之心，此篡奪之人也。⊙物雙松曰：察孰非者，察熟於非也。⊙冢田虎曰：孰、熟通。分，割裂也。察熟於非以分割人之是也。注非也。⊙久保愛曰：察孰，疑當易地。⊙王引之曰：熟於察而不以分是。⊙劉師培曰：此"篡"字略與"算"義同。《後漢・佚民傳》云："弋人何篡？"注云："今人謂以計數取物曰篡。"蓋明于察物之人，不能明析聖王之道，則必恃計數之工以取物。楊説非。⊙高亨曰：察孰，當爲"孰察"，謂察之詳悉也。⊙天海案：孰，同熟。熟者，詳也。察熟，即詳察也，字或倒。分者，辨也，明也。《論語・微子》"五穀不分"，朱熹集注："分，辨也。"《吕氏春秋・察傳》"是非之經不可不分"，高誘注："分，明也。"篡者，亂也。此謂熟察而不以之辨明是非，則謂之篡亂也。楊注及他説皆非。

〔一四〕楊倞注：脩，飾也。蕩，動也。多能知非，脩飾蕩動而爲是，則謂之知。言智者能變非爲是也。⊙王引之曰：脩，讀爲滌。謂滌蕩使潔清也。多能而不以滌蕩是，則謂之智（智，謂智故也）。⊙物雙松曰：言多能於非也，脩飾於是也。"蕩"字恐衍，下"謂之知""知"當作"蕩"。⊙高亨曰：知，讀爲智，此處爲巧詐之義。《韓非子·詭使篇》"躁佻反覆謂之智"。《淮南子·原道》"不設智故"，高注："智故，巧飾也。"⊙梁啓雄曰：《禮記·禮運》疏："脩，習也。"蕩，借爲盪。《易·繫辭》注："相推盪也。"此言人如多能，却不用於脩習和宣揚王制，就謂之巧詐。⊙天海案：脩者，飾也。蕩者，激揚也。知，同智，巧詐也。此言多能而不以之美飾激揚是者，則謂之巧詐。王、高二説是。

〔一五〕楊倞注：辯説利口而飾非，以言亂是，則謂之詍。詍，多言也。《詩》曰："無然詍詍。"⊙王引之曰：辨利而不以言是，則謂之詍也。楊説皆失之。⊙天海案：辨利，口舌捷利。言者，論説也。詍者，饒舌多言也。"辨"字，諸本作"辯"，此二字荀書互通。

〔一六〕楊倞注：衆以爲是者而非之，以爲非者而察之。⊙久保愛曰：本注"非之"，當作"察之"。⊙高亨曰：此"察"字疑當讀爲"際"。非際是，是際非，猶言非接是，是接非；非鄰是，是鄰非。即謂是外爲非，非外爲是也。察、際古通用。⊙于省吾曰：非察是者，謂其雖非而察其有無是處也。是察非者，謂其雖是而察其有無非處也。⊙天海案：非察是者，于非中察是也；是察非者，于是中察非也。

〔一七〕楊倞注：所以非察是，是察非，觀其合王制與否也。

〔一八〕楊倞注：有不以合王制與不合爲隆正，而能分是非、治曲直乎？言必不能也。⊙王先謙曰：隆正，猶中正。⊙梁啓雄曰：這個"隆正"是指學習者所嚮往的目標。⊙天海案：隆者，崇高也。正者，準的也。隆正，猶言崇高準則。《正論篇》兩言"隆正"，並此共三見。

〔一九〕楊倞注：滑，亂也，音骨。彊，彊服人。鉗，鉗人口也。訽，詈也。恣睢，矜夸也。幾，近也。妄辨幾利，謂妄爲辨説，所近者惟利也。⊙久保愛曰：案，皆爲語助。撓，與擾同，亂也。訽，恥也。幾，音祈。⊙王念孫曰：《方言》："鉗，惡也。南楚凡人殘駡謂之鉗。"郭璞曰："殘，猶惡也。"然則彊鉗者，既彊且惡也，非鉗人口之謂。訽，恥也。訽，訓爲恥，故曰"厚顔而忍訽"，非謂忍詈也。⊙俞樾曰：鉗，猶箝也。彊箝，謂彊求也。⊙劉師培曰：撓滑者，猶言擾亂也。⊙鍾泰曰：幾，祈也。幾利，謂求利也。⊙高亨曰：幾，讀爲機。《列子·仲尼篇》張湛注："機，巧也。"⊙天海案：案，猶乃也。將，猶爲也。撓滑，擾亂也。彊鉗，楊注義長，謂彊制服人也。鉗，亦制也，故彊鉗即彊制人。訽，恥也，王説是。幾利，祈利也。久、鍾二説是。又，正文"恣睢"原作"恣睢"，據楊注徑改。

〔二〇〕楊倞注：慎、墨、季、惠之屬。⊙裴學海曰：方，猶正也。⊙張覺曰：方，却。⊙李中生曰：方，正好，恰好。⊙天海案：推擠，排斥。方，輩類也。《廣雅·釋詁》："方，類也。"《禮記·緇衣》："故君子之朋友有鄉，其惡有方。"鄭注："鄉、方，喻輩類也。”此言天下之治説，輩類多如此也。楊注“慎、墨、季、惠之屬”，正指此輩類。楊注“季”字，盧、謝本改作“宋”，非也。《成相篇》正作“慎、墨、季、惠”。

〔二一〕楊倞注：所謂“析言破律，亂名改作”者也。⊙物雙松曰：析辭，謂善議論也。言物，謂博物也。⊙久保愛曰：志與識同。《禮記》曰“博聞强識而讓”。志音誌。⊙章詩同曰：析辭，玩弄詞句。言物，空談名物。⊙熊公哲曰：析辭、言物，此名家之事。⊙天海案：此下原文未分段，現依文意分之。

〔二二〕楊倞注：言役心無益，復憂戚，亦不能近道也。⊙物雙松曰：無益於幾也，言禍患之幾，憂戚欲以消弭之。今姦人之説不足消禍患也。⊙冢田虎曰：幾，音機，謂事機也。⊙久保愛曰：憂戚之無益於吉凶禍福之幾。《易》曰：“幾者，動之微。”吉凶之先見者也。幾音機。⊙俞樾曰：幾者，事之微也。無益於幾，即無益於事。憂戚之而仍於事無益，則爲君子所不取矣。楊注訓幾爲近，又增出“道”字，非其旨也。⊙劉師培曰：幾，《説文》又訓爲殆。《爾雅·釋詁》亦曰：“幾，危也。”是幾有危殆之義。言徒知憂戚無救於事之危殆也。⊙張覺曰：幾，通冀，覬，希望，指實現願望。⊙天海案：幾，祈也。與上文“幾利”之“幾”同義。楊注訓爲近，不是也。張説近是，他説皆非。

〔二三〕楊倞注：廣，讀爲“曠”，遠也。不以自妨，謂不以無益害有益也。⊙久保愛曰：干，犯也。謂以非意犯心胷中也。⊙王念孫曰：能，讀爲而。曠焉而弃之，謂遠弃之也。⊙楊柳橋曰：《小爾雅》“干，得也。”⊙天海案：自妨，自礙也。干，犯也。久説是。

〔二四〕楊倞注：不慕往，謂不悦慕無益之事而往從之也。不閔來，謂不憂閔無益之事而來正之也。或曰：往，古昔也。來，將采也。不慕往古，不閔將來，言唯義所在，無所繫滯也。邑憐，未詳。或曰邑與悒同。悒，怏也。憐，讀爲吝，惜也。言棄無益之事，更無悒怏吝惜之心。此皆明不爲異端所蔽也。⊙冢田虎曰：不慕往，不閔來，注後説爲是。前説於文不得焉。⊙劉師培曰：慕往，即《中庸》所言“居今反古”。閔來，即《玉藻》所謂“測未至”也。楊説未晰。⊙鍾泰曰：“不慕往，不閔來”，即《莊子·應帝王》所謂“不將不迎”也。⊙天海案：不慕往，往事不慕。不閔來，來事不憂。邑，通悒，憂也；憐，惜也。悒憐，即憂惜也，此直承上文“慕往”、“閔來”而言。慕，亦惜也；閔，亦憂也。故並言“無邑憐之心”。楊注、諸説似未省。

〔二五〕天海案：當時，適時也。應，對付也。辨，治也。則，猶而也。

〔二六〕楊倞注：以周密爲成，以漏泄爲敗，明君無此事也。明君，日月之照臨，安用周密也？⊙物雙松曰：“周而成”以下，不與一篇之旨相蒙也。⊙冢田虎曰：“周而成”以下，似《正論篇》首章錯簡。⊙久保愛曰：《韓子》曰：“事以密成，語以泄敗。”蓋當時法家之言適足以害，故析之。⊙梁啓雄曰：此一段與本篇之恉不相蒙，疑是《君道篇》的錯簡。⊙天海案：《正論篇》首章即斥“主道利周”之説，引《詩》“明明在下”亦同，冢之説或是也。

〔二七〕楊倞注：以宣露爲成，以隱蔽爲敗，闇君亦無此事也。闇君務在隱蔽而不知昭明之功也。⊙傅山曰：此誠大昧。既云務在隱閉，如何又説無之有？周與隱一義，本義謂用宣泄，不用周隱。⊙王先謙曰：注中四“爲”字皆當作“而”。⊙天海案：宣，公開也。隱，隱瞞也。此言明君開明則成功，隱密則失敗，闇君反此，故曰“無之有也”。傅氏未諳此，其説非也。

〔二八〕天海案：“直言”上，諸本有“而”字。反，覆也。直言反矣，直言被推翻。邇者，近也。

〔二九〕楊倞注：逸《詩》。墨，謂蔽塞也。狐狸其蒼，言狐狸之色居然有異。若以蔽塞爲明，則臣下誑君，言其色蒼然無别，猶指鹿爲馬者也。幽，暗也。險，傾側也。⊙盧文弨曰：元刻“明”作“朗”。宋本“而”作“其”。王伯厚《詩攷》引作“而”，今從之。又注“傾側也”，元刻作“詐也”。⊙郝懿行曰：墨者，幽闇之意。《詩》言以闇爲明，以黄爲蒼，所謂“玄黄改色，馬鹿易形”也。趙高欲爲亂，以青爲黑，以黑爲黄，民言從之，此正上幽下險之事。⊙久保愛曰：墨，嘿、默同。狐狸其蒼，謂臣下蒼然闇君，如狐狸化形以惑人也。本注“言其”之“言”，宜移“若”字上。⊙天海案：“云”字，諸本作“曰”，“其”字作“而”。“明”字，《題注》本、遞修本作“朗”。墨者，暗也，正與“明”對，言其以暗爲明。狐狸之色黄，反以爲蒼。故下文曰“此言上幽而下險也”。上幽，上暗。下險，下詐也。

〔三〇〕楊倞注：反，還也。讒言復歸而不敢出矣。或曰：反，倍也。言與讒人相倍反也。⊙王先謙曰：“讒言”上“而”字衍。或説非。⊙劉師培曰：反，即《彊國篇》“反然”之“反”也。楊説彼“反”字爲改變貌，似較此二説爲確。⊙天海案：《説文》：“反，覆也。”此指讒言被推翻。楊倞此注當在上文“直言反矣”之下。

〔三一〕楊倞注：《詩·大雅·大明》之篇。言文王之德明明在下，故赫赫然著見於天也。⊙久保愛曰：引此《詩》以喻人君赫赫在上，故臣民明明在下也。⊙安積信曰：荀子引《詩》是斷章取義，注非。⊙梁啓雄曰：《大明》本文，“在下”是指文王而説，“在上”是指天下而説。荀子引《詩》，斷章取義，跟《詩》文原意不合。⊙天海案：“曰”字，諸本並作“云”。荀子引《詩》以喻人君昭明於下，顯赫於上也。不必拘於原意。楊注、久説近是，安、梁二説不可取。

# 荀子校釋　卷第十六

## 正名篇第二十二〔一〕

後王之成名〔二〕：刑名從商，爵名從周，文名從《禮》〔三〕。散名之加於萬物者，則從諸夏之成俗曲期〔四〕。遠方異俗之鄉，則因之而爲通〔五〕。散名之在人者〔六〕：生之所以然者謂之性〔七〕。性之和所生，精合感應，不事而自然謂之性〔八〕。性之好惡，喜怒哀樂謂之情〔九〕。情然而心爲之擇，謂之慮〔一〇〕。心慮而能爲之動，謂之僞〔一一〕。慮積焉、能習焉而後成，謂之僞〔一二〕。正利而爲，謂之事〔一三〕。正義而爲，謂之行〔一四〕。所以知之在人者，謂之知；知有所合，謂之智〔一五〕。智所以能之在人者，謂之能〔一六〕。能有所合，謂之能〔一七〕。性傷，謂之病〔一八〕。節遇，謂之命〔一九〕。是散名之在人者也，是後王之成名也〔二〇〕。

故王者之制名，名定而實辨，道行而志通，則慎率民而一焉〔二一〕。故析辭擅作名以亂正名，使民疑惑，人多辨訟，則謂之大姦，其罪猶爲符節度量之罪也〔二二〕。故其民莫敢託爲奇辭以亂正名〔二三〕。故其民慤，慤則易使，易使則公〔二四〕。其民莫敢託爲奇辭以亂正名，故壹於道法而謹於循令矣〔二五〕。如是，則其迹長矣〔二六〕。迹長功成，治之極也，是謹於守名約之功也〔二七〕。今聖王没，名守慢，奇辭起，名實亂，是非之形不明，則雖守法之吏、誦數之儒，亦皆亂〔二八〕。若有王者起，必將有循於舊名，有作於新名〔二九〕。然則所爲有名與所緣有同異、與制名之樞要,不可不察也〔三〇〕。

## 【校釋】

〔一〕楊倞注:是時,公孫龍、惠施之徒亂名改作,以是爲非,故作《正名篇》。《尹文子》曰:"形以定名,名以定事,事以驗名。察其所以然,則形名之與事物無所隱其理矣。名有三科:一曰命物之名,方圓白黑是也;二曰毀譽之名,善惡貴賤是也;三曰況謂之名,賢愚愛憎是也。"⊙冢田虎曰:孔子曰"必也正名乎",蓋是此篇之所本焉。⊙盧文弨曰:"事以驗名",案本書作"檢名"。⊙梁啓超曰:本篇爲荀子之邏輯學。條理綿密,讀之益人神智。⊙吕思勉曰:此篇論名學、哲學極精。⊙天海案:荀子之正名學,上承孔子之正名説,又批判、總結了當時名家學説,爲我國古代邏輯學重要組成部分。本篇論述概念之形成及與實體之關係,由此强調正名的重要作用。並針對"用名以亂實"的各種論説進行了批駁,體現了以實定名,循名責實的樸素唯物主義思想。它在我國古代邏輯學史上、在語言及文章學史上都占重要地位。

〔二〕楊倞注:後之王者,有素定成就之名。謂舊名可法効者也。⊙物雙松曰:提此一句以闢異教。蓋言名者,聖人之所建,不可得而變更也。下刑名、爵名、文名、散名,皆後王之成名也。刑名用商,是雖非周王之所建,亦周王之所循也,故下文曰"有循於舊名,有作於新名"也。⊙冢田虎曰:所謂後王者,謂周王而後之王也,與前篇所謂後王不同也。⊙劉念親曰:成名,定名也。⊙楊樹達曰:目下之詞。⊙熊公哲曰:後王,猶言近世。自荀子言,即周代也。成名,謂已爲人所公認之名。⊙天海案:後王,案下文,當指周後之王。成名,確定名稱。或曰就其已有之名。

〔三〕楊倞注:商之刑法未聞。《康誥》曰"殷罰有倫",是亦言殷刑之允當也。爵名從周,謂五等諸侯及三百六十官也。文,謂節文威儀。《禮》即周之《儀禮》也。⊙冢田虎曰:注"《禮》即《周》之《儀禮》",恐非荀子意也。荀子則以爲"《禮》者不知所由來"者,故不斥言其世,汎言曰"從《禮》"也已。⊙久保愛曰:文名,謂水曰"清滌",酒曰"清酌"之類也。《禮》,謂周室損益前代而定者也。⊙郝懿行曰:古無《儀禮》之名,直謂之《禮》,或謂之《禮經》。⊙高亨曰:商之刑書,荀子時仍在,其條律必較詳善,故荀子有此言也。《左傳》昭公六年"商有亂政,而作湯刑",《竹書紀年》"殷祖甲二十四年重作湯刑",《墨子・非樂》上篇"湯之官刑有之",《吕氏春秋・孝行覽》"《商書》曰:刑三百,罪莫重於不孝",並商有刑書之證。⊙天海案:刑名,刑法名稱。爵名,官爵名稱。文名,禮節名稱。

〔四〕楊倞注:成俗,舊俗,方言也。期,會也。曲期,謂委曲期會,物之名者也。⊙物雙松曰:曲期者,委曲爲之期約也。期約,如俗語"記號",蓋名、蓋記號也。⊙郝懿行曰:曲期,謂曲折期會也,猶言委巷也。此與"遠方異俗"相儷,楊注斷"曲期"上屬,似未安。⊙王先謙曰:郝云"曲期"二字下屬,是也,而解爲"委巷",非也。

是曲期者，乃委曲以會之。萬物之散名，從諸夏之成俗，以委曲期會於遠方異俗之鄉，而因之以爲通，所謂"名從中國"是也。⊙劉念親曰：散名，猶言雜名也。成俗，言習俗之既成者。曲期，言要約之周徧者。"成俗曲期"與下文"約定俗成"相應。⊙劉師培曰：曲，當作"典"，疑"期"當作"記"。典記者，猶孟子所謂於傳也。此言散名加於物者，當以習俗相沿及見於古書者爲據，此二字仍當上屬，不必改屬下句。⊙張覺曰：曲期，多方約定。⊙李中生曰：曲期，普遍通曉。⊙天海案：曲，鄉曲也；期，要約也。曲期者，鄉約也。《莊子·秋水》"曲士不可以語於道者"，《釋文》引司馬云："曲士，鄉曲之士也。"此言"成俗曲期"，即"舊俗鄉約"也。楊注及諸説皆非。

〔五〕楊倞注：遠方異俗，名之乖異者，則因其所名，遂以爲通，而不改作也。⊙物雙松曰：言因諸夏之成俗以通之也。如後世異語之鄉，皆用官音。⊙久保愛曰：謂因諸夏之名，譯而通之也。⊙梁啓超曰：荀子之意，蓋欲以諸夏之成俗曲期，立爲一種標準之名詞，而遠方異俗，取則於此，則可以互通。所謂"因之而爲通"也。⊙天海案：此言"遠方異俗之鄉"，正可證成上文"曲期"之"曲"當訓"鄉"。

〔六〕楊倞注：舉名之分散在人者。⊙久保愛曰：在人者，謂在人之形體者。⊙天海案：據下文，"在人者"亦並涉及人之性、情、慮、僞、知、能等，故久説非也。又，此句總冒下文，專言散名之在人者。

〔七〕楊倞注：人生善惡，固有必然之理，是所受作，天之性也。⊙久保愛曰：《禮記》曰"天命之謂性"，與此同意。⊙梁啓雄曰：此"性"字指天賦的本質，生理學上的"性"。⊙天海案：生之所以然者，言人生之即有男女之别者，謂之性。此"性"乃謂男女之性。

〔八〕楊倞注：和，陰陽沖和氣也。事，任使也。言人之性，和氣所生，精合感應，不使而自然。言其天性如此也。精合，謂若耳目之精靈與見聞之物合也。感應，謂外物感心而來應也。⊙物雙松曰：性之和，"性"當作"生"。言人生下稟一種和氣。⊙冢田虎曰：言人之精氣與物合遇，而所以感應乎視聽，乃是所生於性之和氣，而不事之而自然者，亦謂之性也。⊙王先謙曰：性之和所生，當作"生之和所生"。此"生"字與上"生之"同，亦謂人生也。注"人之性"，性，當爲"生"，亦後人以意改之。⊙安積信曰：生之所以然者，是就其初而言。性之和所生，是就其後而言。雖均謂之性，亦有先後之别。⊙鍾泰曰：性之和所生，"性"字不誤。上所言是性之體也，此所言是性之用也。用生於體，故曰"性之和所生"。⊙梁啓雄曰：這"性"字指天賦的本能，心理學上的性。⊙天海案：性之和所生，言陰陽相和而生爲人。"性"字正承上"性"而來，不得謂之誤。精合感應，謂人之精遇物而必有感應。不事而自然謂之性，言此感應不依人爲而自然生成，故謂之性。

〔九〕楊倞注：人性感物之後，分爲此六者，謂之情。

〔一〇〕楊倞注：情雖無極，心擇可否而行，謂之慮也。⊙物雙松曰：情然者，情如是也。⊙久保愛曰:然,猶言爲是也。⊙劉師培曰:情然者,猶言情熾於中也。與《孟子》"若火之始然"之"然"同。⊙熊公哲曰:情然,情有所動,意即謂有所欲也。⊙天海案:情然,情如此也。此緊承上所言之六情而言,物説是,楊注及他説皆非。

〔一一〕楊倞注:僞,矯也。心有選擇,能動而行之,則爲矯拂其本性也。⊙物雙松曰:能爲之動者,能變動其生質也。⊙冢田虎曰:言心慮其所好惡喜怒,而能爲躬之舉動也。爲,皆如字。⊙郝懿行曰:荀書多以"僞"爲"爲"。楊注訓僞爲矯,不知古字通耳。⊙陶鴻慶曰:此與下文兩"能"字皆當讀爲"態"。態者,形態也。此與下文兩"僞"字,此讀"作爲"之"爲",下讀"行爲"之"爲"。⊙安積信曰:此與下"謂之僞"兩句,前就自然而言,後就積習而言,有生熟之別。⊙梁啓雄曰:這是動作的"僞"。⊙包遵信曰:能,乃指人之本能,下文"能之在人者謂之能",即其義也。又曰:上"僞"字指人爲之事,下"僞"字指人爲之果。陶説非。⊙天海案:能,人之本能。僞,人之作爲。

〔一二〕楊倞注:心雖能動,亦在積久習學,然後能矯其本性也。⊙物雙松曰:"慮積焉"云云,謂"僞"之成就也。⊙盧文弨曰:此"僞"字,元刻作"爲",非也。下兩"而爲",承上文,亦必本是"而僞"。⊙梁啓雄曰:這是成功的"僞"。⊙嚴靈峰曰:此段文字自"生之所以然者"至此止,疑係《性惡篇》之錯簡混入於此。⊙天海案:積思習能而後成,此乃人勉爲所至。此"僞"字,巾箱三本並作"爲"。

〔一三〕楊倞注:爲正道之事利,則謂之事業。謂商、農、工、賈者也。⊙物雙松曰:正利、正義,"正"皆期待意。如《公羊傳》"戰不正勝"之"正"。⊙久保愛曰:正,謂正之,下同。董仲舒曰"正其義,不計其利",語意全同。⊙天海案:正,定也。《周禮·天官·宰夫》"歲終則令羣吏正歲會",鄭玄注:"正,猶定也。"正利而爲,猶言定利而爲,不爲邪利也。

〔一四〕楊倞注:苟非正義,則謂之姦邪。行,下孟反。⊙俞樾曰:《廣韻》:"正,正當也。"正利而爲,正義而爲,猶文四年《左傳》曰"當官而行"也。楊注以正道釋之,非是。⊙劉念親曰:正,有"止"義。正利,猶言"止於利"也。正義,猶言"止於義"也。⊙梁啓超曰:此"行"字蓋指德行。⊙天海案:正義而爲,猶言定義而爲。行,德行也。《論語·述而》"文、行、忠、信",邢昺疏:"行,謂德行。在心爲德,施之爲行。"

〔一五〕楊倞注:知之在人者,謂在人之心有所知者。知有所合,謂所知能合於物也。⊙久保愛曰:所以知之在人者,猶言所以知辨是非之在人者也。⊙盧文弨曰:"謂之智",亦當同上作"謂之知",而皆讀爲"智"耳。下"能"字,亦可不分兩音。⊙王先謙曰:在人者,明藏於心。有合者,遇物而形。下兩"謂之能"同。⊙包遵信曰:知之在人者,謂人之知覺能力也。⊙天海案:知之在人者,即感知在人者。謂之知,即謂之智。知有所合,謂人感知與外物相合也。

〔一六〕楊倞注：智有所能在人之心者，謂之能。能，才能也。⊙盧文弨曰：句首“智”字衍。注當云“在人有所能，謂之能”。此似有舛誤。⊙鍾泰曰：“知能”一體，不可析也。盧以“知”爲衍字，誤。⊙天海案：智，諸本作“知”。上“能”，智能。下“能”，才能。鍾説是，盧説非。

〔一七〕楊倞注：能，當爲“耐”，古字通也。耐，謂堪任其事。耐，乃來、乃代二反。⊙郝懿行曰：楊注能、耐古通，此語非是。⊙王先謙曰：二“僞”、二“知”、二“能”，竝有虚實動静之分。知，皆讀智。能，皆如字，不分兩讀。楊説非也。⊙天海案：能有所合謂之能，言人之智能與外物有所合，則謂之才能。楊注非也。

〔一八〕楊倞注：傷於天性，不得其所。⊙物雙松曰：性傷者，生禀之癖也。⊙冢田虎曰：性傷也，只是有所害傷於天性之謂也已。⊙天海案：此猶言傷其天性謂之病害也。

〔一九〕楊倞注：節，時也。當時所遇謂之命。命者，如天所命然。⊙王先謙曰：節，猶適也。説詳《天論篇》。⊙久保愛曰：《孟子》曰：“莫之致而至者，命也。”⊙梁啓超曰：節遇，猶云偶遇。⊙天海案：節，時也，指時機而言。節遇謂之命，猶言遇上時機謂之命運。

〔二〇〕楊倞注：略舉此上事，是散名之在人者，而後王可因襲成就素定之名也。而或者乃爲“堅白”之説，以是爲非，斯亂名之尤也。⊙物雙松曰：此結上文。注非。⊙天海案：“成名”下，巾箱三本有“者”字。“是散名之在人者也”句結上文“散名之在人者”以下之文。“是後王之成名也”自爲句，結開篇“後王之成名”至此全段之文。楊注未切也。又，原文此下未分段，現據文意分之。

〔二一〕楊倞注：道，謂制名之道。志通，言可曉也。《禮記》曰“黄帝正名百物以明民”。慎率民而一焉，言不敢以異端改作也。⊙物雙松曰：言名定然後其實可得而辨，實可辨而後道可行，志可通。故王者慎一其名，以率其民也。注非。⊙久保愛曰：道，王者之道也。⊙劉念親曰：志，意也。通，達也。⊙鍾泰曰：道，即道德之道。⊙羅焌曰：道，謂言語也。道行志通，猶云聲入心通也。⊙楊柳橋曰：慎，通順。率，循也。謂遵循也。⊙天海案：道行而志通，猶言王道推行而志向通達。一焉，統一於所制之名也。

〔二二〕楊倞注：《新序》曰：“子産決鄧析教民之難，約大獄袍衣，小獄襦袴。民之獻袍衣、襦袴者不可勝數。以非爲是，以是爲非，鄭國大亂，民口讙譁。子産患之，於是討鄧析而僇之，民乃服，是非乃定。”是其類也。⊙物雙松曰：析辭者，離析見成之詞也。如“堅白”、“白馬”之辨，分析堅與白、分析白與馬也。⊙久保愛曰：《禮記》曰：“析言破律，亂名改作，執左道以亂政，殺。”今《新序》闕本注所引。⊙盧文弨曰：今本《新序》缺此文。⊙王念孫曰：“析辭擅作”下本無“名”字，有“名”字則成累句矣。此“名”字涉下“正名”而衍。下文“離正道而擅作”，“作”下無“名”字，即其證。

⊙王先謙曰：爲與僞同。⊙梁啓雄曰：爲，製作也。古時符節度量不許人民私造，私造就犯罪。擅作名的人，他的罪與此相同。⊙天海案："擅作名"，擅自造名，"名"字不衍，不得以下文律此。"人多辨訟"，諸本作"民多辯訟"。"爲符節"之"爲"，猶製作也，梁説是，王先謙之説非。

〔二三〕劉師培曰："奇辭"與"正名"對文，則"奇"有邪義。《説文》訓奇爲異。⊙天海案："託"字，諸本無。

〔二四〕顧千里曰：公，疑當作"功"。下文"迹長功成，治之極也"，承此"功"言，不作"公"明甚。⊙劉念親曰：公，通作"功"。⊙天海案：顧、劉二説是。

〔二五〕梁啓雄曰：《禮記·禮器》注："道，猶由也、從也。"⊙天海案："民莫敢託"四字，諸本作"一人莫敢"。"循令"，巾箱三本作"脩令"。道，行也，道法，即遵行法令也。正與其下"循令"爲互文。

〔二六〕楊倞注：迹，王者所立之迹也。下不敢亂其名，畏服於上，故迹長也。長，丁丈反。⊙物雙松曰：言其教化之迹，可長久守之也。有一定之名，而易於循守也。⊙張覺曰：迹長，行蹤長。即在位時間久。⊙天海案：迹，通績，業績也。績長，業績久長也。

〔二七〕楊倞注：謹，嚴也。約，要約。⊙劉師培曰："約"有束義。引伸之，則與"範圍"二字之義同。西人言名學者，稱爲界説。則謹于守名約者，即謹守名詞之界説也。楊説非。⊙天海案：成，盛也。功成，功盛也。守名約，堅守以名約衆。約，束也。或曰，名約，猶言約名，約定之名也。

〔二八〕楊倞注：奇辭亂實，故法吏迷其所守，偏儒者疑其所習。⊙物雙松曰：名守慢，言所以守聖王之成名者怠也。⊙久保愛曰：《勸學篇》曰"誦數以貫之"，謂誦經也。慢與漫同。⊙王先謙曰：誦數，猶誦説。見《勸學篇》。⊙劉念親曰：刑名、爵名、文名，各有其官守，聖王既没，名守惰慢，故奇辭起而無以正之。⊙安積信曰：慢、漫同，言無分别也。⊙包遵信曰：名守慢者，謂徒有其名，而其實已不全存。奇辭起者，謂鄧析、公孫龍、惠施之徒不是先王，不法禮義，騁辭鼓舌之辯。名實亂者，謂是名也，而非其實也。⊙楊柳橋曰：名守慢，名，通"明"；慢，謂緩於用世也。名臣不用世。《廣雅》："刑，正也。"《廣雅》："誦，論也。數，術也。"⊙天海案：名守慢，守名之事怠慢。"形"，諸本作"刑"，二字可通。形、刑，皆通型。型者典範也。引申爲準則。是非之型不明，言是非之準則不明也。"亦皆亂"下，諸本有"也"字。

〔二九〕楊倞注：名之善者循之，不善者作之。故孔子曰："必也正名乎。"⊙久保愛曰：本注"作"上似脱"改"字。⊙王先謙曰：舊名，上所云"成名"也。新名，上所云"託奇辭以亂正名"也。既循舊名，必變新名，以反其舊。作者，變也。楊注未晰。⊙陶鴻慶曰："舊名"，即篇首所云"從諸夏之成俗"也；"新名"，即篇首所云"遠方異俗之鄉，則因之而爲通"也。後世事物日繁，斷無循舊而不作新之理。王説非。⊙劉師培曰：王説非。作與循對文，則"作"自爲"造作"之"作"。⊙龍宇純曰：二"有"字並讀同"或"。⊙天海案："循"字，巾箱三本作"脩"。舊名、新名，不必泥於上文所言，楊注已明，王、陶二説蛇足。二"有"字如字本通，不必改讀爲"或"，龍説非。劉説近是。

〔三〇〕楊倞注：緣，因也。樞要，大要，揔名也。物無名則不可分辨，故因而有名也。名不可一貫，故因耳目鼻口而制同異，又不可常別，雖萬物萬殊，有時欲之舉其大綱，故制爲名之樞要。謂若謂之禽，知其二足而羽；謂之獸，知其四足而毛。既爲治在正名，則此三者不可不察而知其意也。⊙王念孫曰：元刻"有"作"以"，作"以"者是也。下文兩云"而以同異"，前後相應。宋本作"有"者，涉上句"有名"而誤。⊙久保愛曰：本注"欲之"之"之"衍。⊙天海案：所爲，即所以。所緣，所依據。"有同異"，巾箱三本作"以同異"，錢佃亦稱諸本"有"作"以"。作"以"是也，王説是。樞要，關鍵、大綱。此節專論制名之重要及其原則。

異形離心〔一〕，交喻異物，名實玄紐〔二〕，貴賤不明，同異不别。如是，則志必有不喻之患，而事必有困廢之禍。故知者爲之分别制名以指實〔三〕。上以明貴賤，下以辨同異；貴賤明，同異别。如是，則志無不喻之患，事無困廢之禍，此所爲有名也〔四〕。

然則何緣而以同異〔五〕？曰：緣天官〔六〕。凡同類同情者，其天官之意物也同，故比方之疑似而通，是所以共其約名以相期也〔七〕。形體色理以目異〔八〕，聲音清濁、調竽奇聲以耳異〔九〕，甘苦鹹淡辛酸奇味以口異〔一〇〕，香臭芬鬱、腥臊洒酸奇臭以鼻異〔一一〕，疾養滄熱、滑鈹輕重以形體異〔一二〕，説故喜怨哀樂愛惡欲以心異〔一三〕。心有徵知〔一四〕，徵知則緣耳而知聲可也，緣目而知形可也〔一五〕，然而徵知必將待天官之當簿其類，然後可也〔一六〕。五官簿之而不知，心徵之而無説，則人莫不然，謂之不知。此所緣而以同異也〔一七〕。

然後隨而命之〔一八〕：同則同之，異則異之〔一九〕；單足以喻則單，單不足以喻則兼〔二〇〕；單與兼無所相避則共，雖共，不爲害矣〔二一〕。知異實者之異名也，故使異實者莫不異名也，不可亂也〔二二〕，猶使異實者莫不同名也〔二三〕。故萬物雖衆，有時而欲徧舉之，故謂之物。物也者，大共名也，推而共之，共則有共，至於無共，然後止〔二四〕。有時而欲徧舉之,故謂之鳥獸。鳥獸也者,大别名也。推而别之,别則有别,至於無别,然後止〔二五〕。名無固宜,約之以命,約定俗成謂之宜,異於約則謂之不宜〔二六〕。名無固實,約之以命實,約定俗成,謂之實名〔二七〕。名有固善,徑易而不拂,謂之善名〔二八〕。物有同狀而異所者〔二九〕,有異狀而同所者〔三〇〕。可别也,狀同而爲異所者,雖可合,謂之二實〔三一〕。狀變而實無别,而爲異者,謂之化,有化而無别,謂之一實〔三二〕。此事之所以稽實定數也〔三三〕。此制名之樞要也〔三四〕,後王之成名,不可不察也〔三五〕。



【校釋】

〔一〕楊倞注:萬物之形各異,則分離人之心。言人心知其不同也。此已下覆明有名之意。⊙久保愛曰:離,猶别也。異形離心,言物物異形,人人别心也。⊙熊公哲曰:離,讀"麗",附着也。喻,曉也。言事物附著於人心,同時可以知此,亦可以知彼,故曰交喻。⊙天海案:此句楊倞讀爲"異物離心"句,"交喻"二字屬下,其注亦不可易也。此言事物形狀各異,使人心分而知之。然因王先謙改讀"異物離心交喻"句,"異物名實玄紐"句,王念孫改"玄"爲"互"之後,諸家歧説並起,致使文意扞格矣。説參見下。

〔二〕楊倞注:玄,深隱也。紐,結也。若不爲分别立名,使物物而交相譬喻之,則名實深隱紛結難知也。⊙物雙松曰:言物物殊形,人人殊心,而殊心之人各以其心形容其物,以曉喻之於人,則名實玄紐。玄紐則貴賤同異不得别也。⊙郝懿行曰:玄,即眩字。紐,繫也,結也。言名實眩亂,連繫交結而難曉也。⊙王念孫曰:名實互紐,即上文所謂"名實亂"也。今本"互"字上下皆誤加點,楊所見本已然,故誤讀爲胡涓切,而所説皆非。⊙王先謙曰:楊注之非,由失其讀。"異形離心交喻"句,"異物名實玄紐"句。離心交喻,謂人心不同,使之共喻,下文所云"名聞而實喻"也。異形者離心交喻,異物者名實眩紐,此所以有名也。⊙劉師培曰:王讀此文爲二句,是也。惟所解則非。離,與儷同。異形者,物同而形異也;異物者,形相似而物異者也。《荀子》此文言物同而形異者爲彼所共喻,形相似而物異者,則愚者不察,或稱以同一之名,致名與實違。"玄"當作"互","互紐"與"交喻"對文,王氏之説非也。⊙羅焌曰:離心,謂人之心不同也。喻與諭同,告也,曉也。此謂有不同形之物,以不同心之人,交互説明此異形之物,則名實必紛亂矣。楊注解"玄紐"爲"深隱紛結難知",其義本通。二王之説,今皆不從。⊙潘重規曰:王讀可從。解"離心"未諦。離,麗也,著也。當讀爲"日月離乎天"之離。蓋言異形著心,乃人所共喻,而異物名實則往往易淆，此所爲有名也。交喻之物形所謂現量，玄紐之名實所謂假名。現量歷心而知，假名必約成乃定也。⊙楊柳橋曰：疑"離"爲"類"字之訛，又誤倒於"形"字下。今以意乙轉，作"異類，形心交喻；異物，名實互紐"，如此則上下相對矣。⊙駱瑞鶴曰：此文四字一斷。形，與刑同。當與"刑"字通而訓爲"法"。離，訓違離。"異形離心，交喻異物，名實玄紐"，文亦無所錯謬。言各人不同法則則心思相違，交相曉喻不同之物，則名之與實淆亂紐結而不清矣。⊙大海案：交，錯互也。喻，説也。交喻異物，猶言互説異物。故物之名與實惑亂紐結也。由此，下文云"貴賤不明，同異不别"也。楊倞句讀原不誤，由其注見之。"玄紐"，郝説是。"異形"，駱説非是。物雙松、羅焌之説良是。

〔三〕楊倞注：無名則物雜亂，故智者爲之分界制名，所以指明實事也。⊙物雙松曰：不喻者，我心所欲指示者，不得曉明之於人也。困廢者，不得行也。困者，窮也。廢者，輟也。知，去聲。⊙久保愛曰：困，不通也。廢，不成也。《論語》曰："名不正則言不順，言不順則事不成。"⊙于省吾曰：指，應讀作"稽"。稽，核也。言智者爲之分别制名以核實也。"稽實"乃古人例語。下文云"稽實定數也"，與此正相符。⊙天海案：不喻，不能説明也。困廢，因困而廢也。知，同智。"爲之分别"，巾箱三本作"爲人之分"。指，通稽，一聲之轉。稽實，核實。于説是。或曰，楊注亦通。

〔四〕楊倞注：有名之意在此。⊙物雙松曰："上以明貴賤，下以辨同異"，上下，猶云大小也。"異形離心"以下至此，説所以必不可無名之故。⊙安積信曰：爲，當作"以"，古字或通。⊙天海案：此下原文未分段，然此節專言"制名以指實"，其意在明貴賤，别同異。故以文意分之。

〔五〕楊倞注：設問覆明同異之意也。⊙物雙松曰：而以，猶而也。此下至"此所緣而以同異也"，説名之所以有同異也。⊙楊柳橋曰：以，猶有也。見《古書虚字集釋》。⊙天海案：而以，而有。楊柳橋説是。"何緣而有同異"承上文"所緣有同異"而言。

〔六〕楊倞注：天官：耳、目、鼻、口、心、體也。謂之官，言各有所司主也。緣天官，言天官謂之同則同，謂之異則異也。⊙物雙松曰：緣天官，此三字是綱，説名之所以有同異者如此。⊙鍾泰曰：天官，即五官。謂耳、目、口、鼻、形體，不數心也。楊言"心體"，當是"形體"之誤也。⊙天海案：《天論》謂耳目鼻口形爲天官，心居中虚以治五官，謂之天君。且下文明言"五官簿之"、"心有征知"，則天官僅指人之五官而不包心也。故鍾説是。

〔七〕楊倞注：同類同情，謂若天下之馬，雖白黑大小不同，天官意想其同類，所以共其省約之名，以相期會而命之，各爲制名也。⊙物雙松曰："凡同類"至"以相期也"，説所以有同名。同類者，牛馬皆謂之物，鳥獸皆謂之物之類。同情者，白馬、白人，皆謂之白；長人、長物，皆謂之長之類。"其天官之意物也同"，言我之所以取於物以言之之意同也，或有所取其白，則不拘白馬、白人，皆謂之白。或有所取其爲物，則不拘其爲鳥爲獸，皆謂之物，是我意之所在，即名之所同也。“故比方之疑似而通”者，言取其所近似，比方言之，而彼此之意可通也。“是所以共其約名以相期也”者，言是所以同其名而足爲記號之故也。約名者，所命以爲記號之名也。相期者，相與以此期約也。⊙冢田虎曰：同類，謂其形相之相類也。同情，謂其精氣之相同也。情，猶“天地萬物之情”之“情”也。以馬謂之，則雖白黑大小不同，然其頸長而無角、四足而無爪，是同類也。善走而可負荷，食草而可擾馴，是同情也。如是者，耳目之所見聞，心之所意想，知其類同，其情同焉，故雖有其白黑大小之疑似，而比方之，以名馬也。茂卿之説亦混類與情。見而應知倞註“命之名爲制名也”，“爲”字當爲“馬”之誤，“制名”二字似衍。⊙久保愛曰：比方之疑似，謂疑者、似者，比方而喻之，是約名之所以起也。⊙盧文弨曰：注末“名也”上，宋本有“各爲制”三字，衍。⊙王念孫曰：約，非省約之謂，約名，猶言名約。上文云“是謹於守名約之功也”，楊彼注云“約，要約”是也。⊙陶鴻慶曰：疑，當讀爲“擬”，擬似與比方義同。如白羽之白，非白雪之白，而皆可以白名之，是同類之相通者也。長馬之長，非長人之長，而皆可以長名之，是同情之相通者也。故曰“擬似而通”。又案：“約名”與“名約”義異，言其體約而用廣也。楊注正得其旨，王《志》解爲“要約”，失之。⊙劉師培曰：同類、同情，指人類言。意，訓爲“度”。疑，讀爲“擬”。擬似而通，猶言比擬而通也，“疑似”與“比方”同之，爲衍文。約名，則楊説近是。期，亦當讀爲“記”。筆之於書之謂也。此文之義，言既同爲人類，則天官之度物相同，若互相比擬，則可以明其異同之故。此所以萃其有定之名而筆之于書也。楊説未晰。⊙天海案：“同類同情者”，言同類同性質之事物。情，性也。天官，人之五官。意，識也。“天官之意物也同”，此言人之五官對同類同性質之事物的認識是相同的。疑似，即擬似。“故比方之疑似而通”，此言人對同類同性質之事物比方之、擬似之而相通識也。故下言“是所以共其約名以相期也”，約名，省約之名，楊注是。期，約也。此言人以其共識之省名而相約也。楊注“期”爲“期會”，未當。又，楊注末“各爲制”三字，明世本、《四庫》本並無，盧校以爲衍，《集解》本從之，非也。

〔八〕楊倞注：形體，形狀也。色，五色也。理，文理也。言萬物形體色理以目別異之而制名。⊙王引之曰：色理，膚理也。《榮辱》《性惡》二篇竝云“骨體膚理”。形體，猶骨體也。色理，猶膚理也。楊云“色，五色也”，失之。⊙鍾泰曰：色者，顔色。理者，膚理。不得以色理爲膚理，王説非是。⊙天海案：楊注、鍾説是，潘重規、龍宇純亦從之。

〔九〕楊倞注：清濁，宫徵之屬。調竽，謂調和笙竽之聲也。竽笙類所以導衆樂者也。不言革木之屬，而言竽者，或曰“竽，八音之首”。故黄帝使泠綸取竹作管，是竹爲聲音之始。《莊子》“天籟”、“地籟”，亦其義也。奇，奇異也。奇聲，萬物衆聲之異者也。⊙盧文弨曰："調竽"二字，上下必有脱誤，不必從爲之辭。⊙俞樾曰：調竽，疑當爲"調笑"，字之誤也。⊙王先謙曰：調竽，當爲"調節"。竽、節二字皆從竹，故"節"誤爲竽。⊙羅焌曰：竽，當即"于"字。漢樂名大予，似亦與"于"有關。俞、王改字未可從。⊙天海案：調竽，協調竽笙以導衆樂聲也。楊注義長，諸説改字爲訓，不足取。

〔一〇〕楊倞注：奇味，衆味之異者也。

〔一一〕楊倞注：芬，花草之香氣也。鬱，腐臭也。《周禮》曰："鳥皫色而沙鳴鬱。"洒，未詳。酸，暑浥之酸氣也。奇臭，衆臭之異者。氣之應鼻者爲臭，故香亦謂之臭。《禮記》曰"皆佩容臭"。或曰：洒，當爲"漏"，篆文稍相似，因誤耳。《禮記》曰"馬黑脊而班臂漏"，鄭音"螻"，"螻蛄，臭者也"。⊙物雙松曰：芬鬱之鬱，謂鬱之類，香之盛者也。洒酸奇臭，蓋臭之奇異，洒然毛聳鼻酸者也。⊙久保愛曰："洒"字或説是。⊙盧文弨曰：洒，從水，西聲，古音與"辛"相同，洒酸，猶辛酸，辣氣之觸鼻者。⊙王念孫曰：辛、酸皆味也，非臭也，盧説非也。楊以"洒"爲"漏"之誤，是也。余謂"酸"乃"庮"之誤，《内則》注曰："庮，惡臭也。"鬱、腥、臊、漏、庮，竝見《周官》《禮記》，則"洒、酸"必"漏、庮"之誤也。酸亦味也，非臭也。楊注失之。⊙高亨曰：洒，羶也，羊臭也。洒借爲羴，《字林》："羴，羊羴，羊相廁也。"羴，即羶字。羴訓羊羴，即謂羊臭羶也。又《説文》："羴，羊臭也，从三羊。"重文作羶。⊙包遵信曰："洒酸"二字疑是衍文。上文二句皆八字，此句與上二句相儷，獨多此二字，與上文不一。諸家曲爲解説，皆不足信。⊙天海案：香臭，皆香氣也。芬鬱，香之濃烈者。物説是，楊注非。腥臊，臭氣也。洒，上古心母文部。古音與"辛"通。辛酸，本爲氣味兼也。於口爲味，於鼻爲氣。如葱、韭、蒜、薑、芥末、花椒等，其辛氣可謂烈也。酸者，除醋有酸氣之外，凡米面食物久放必有酸臭之氣。王念孫説"辛酸皆味，非臭也"，豈不失之。上所言"辛酸"，味也；此所言"辛酸"，氣也。故以"洒"字以别之，人皆不察，至改字爲訓，尤謬。又楊倞所引《禮・内則》，今本"皫"作"皫"，"班"作"般"。諸本與今《禮記》同。

〔一二〕楊倞注：疾，痛也。養，與癢同。滄，寒也。滑，與汩同；鈹，與被同；皆壞亂之名。或曰："滑"如字；"鈹"當爲"鈒"，傳寫誤耳，與澁同。輕重，謂分銖與鈞石也。此皆在人形體，别異之而立名也。滄，初亮反，又楚陵反。⊙傅山曰：《成相篇》"吏謹將之無鈹滑"，注"言不使紛亂披汩也"，但此節用字皆兩相對，若"鈹"、"滑"亦當有二義。⊙物雙松曰："疾養"云云，言疾養滄熱所以拂亂形體者，有輕重也。⊙冢田虎曰：鈹，爲"鈒"是。鈒音澀，是所觸於體。以爲壞亂之名者，不通也。⊙久保愛曰：滑，皮膚滑利也。鈹，當作"皸"。皸，坼裂也。蓋肌膚枯燥而不滑者，常坼裂也。故對"滑"字。輕重，身之輕重也。⊙天海案：滑鈹，當作"滑鈒"，即滑澀，楊注後説是。輕重，體之輕重，久説是。

〔一三〕楊倞注：説，讀爲"脱"，誤也。脱故，猶律文之"故誤"也。⊙傅山曰：此注太胡説，"説故"二字可不有。⊙冢田虎曰："説故"二字恐衍。七情之外，又何添於心？⊙古屋鬲曰：説故，猶"死生之説，幽明之故"之"説故"。⊙王先謙曰：説者，心誠悦之。故者，作而致其情也，與《性惡篇》"習僞故"之"故"同義。二字對文。楊注非。⊙于鬯曰：故，疑讀爲"苦"。苦、故並諧古聲，例得假借。悦與苦義正相反對。⊙梁啓雄曰：《説文》："説，釋也。"故，當爲固。固，讀爲錮。説者，心之開釋；錮者，心之鬱結。以上説名之所以有異。⊙楊柳橋曰：故，猶爲也，行也。説故，謂言行也。⊙李中生曰：説，從楊注讀爲"脱"，但不訓爲"誤"，而是訓爲"舒"。《淮南·精神》"則脱然而喜矣"，高注："脱，舒也。"舒與錮語義正好相對。⊙天海案：説故，讀爲悦苦，指心情而言。説，通悦。故，苦二字，上古並魚部韻，依例得通，于説爲是。正文"怨"字，錢佃稱諸本作"怒"，巾箱三本亦作"怒"。作"怒"是，可據改。"欲"字，巾箱三本無。

〔一四〕楊倞注：徵，召也。言心能占萬物而知之。⊙物雙松曰：注非矣。言心内有所徵證識認之也。⊙鍾泰曰：徵，驗也，不訓召。謂耳目之所接，心得以考驗而知其是非，辨其然否也。⊙梁啓雄曰：有，借爲"又"。《莊子·列禦寇》注："徵，應也。"⊙天海案：有，猶"能"也，楊注已言之。然楊注"言心能占萬物而知之"，下文楊注又言"心能占知萬物"，故知楊注"召也"必爲"占也"之誤。《説文繫傳》徐鍇曰："徵，徵驗也。"《説文》段注："徵者，驗也。"占者，亦驗也。《廣雅·釋詁》："占，譣(驗)也。"荀書《賦篇》"請占之五泰"，楊倞注："占，驗也。"是其證。明世本、《四庫》本、盧謝本、《增注》本等皆改楊注此與下注文中"占萬物"爲"召萬物"，是不明"占"可訓"驗"之誤也，亦不知楊注"召"乃"占"字之誤，當改"召"爲"占"。

〔一五〕楊倞注：緣，因也。以心能占知萬物，故可以因耳而知聲，因目而知形，爲之立名。心雖有知，不因耳目亦不可也。⊙物雙松曰：言心有識認，則不必立異名，但諉之五官所知覺而可也。⊙天海案：楊注"占知"，他本作"召知"者，誤也。説見上。

〔一六〕楊倞注：天官，耳目也。當，主也，丁浪反。簿，簿書也。當簿，謂如各主當其簿書，不雜亂也。類，謂可聞之物，耳之類；可見之物，目之類。言心雖能占所知，必將任使耳目，令各主掌其類，然後可也。言心亦不能自主之也。⊙物雙松曰：天官之當者，謂耳目之精明不忒也。簿者，記也。言心雖有所識認之，然不能不假耳目，獨自識認之，必待夫耳目之精明不忒，然後方得記識其類之所同，以辨别之也。簿字、期字、約字，皆説名之爲記號也。倞注非。⊙俞樾曰：疑此文及注竝有奪誤。"天官"乃"五官"之誤，注當云"五官，耳目鼻口體也"。下文"五官簿之"云云，即承此文而言，可知"天官"爲"五官"之譌。⊙郭嵩燾曰：簿，猶記録也。⊙梁啓超曰：當，猶"正"也。簿，當讀爲《易·説卦》"風雷相薄"之"薄"。薄，接觸也。謂正與其類相接觸也。⊙劉師培曰：疑"當簿"之"簿"亦與"薄"同義，訓爲"迫"。當，説文訓爲"田相值"，引伸之則爲相對之義。此文"類"字係指物而言，"天官"指身言。言心非能直與物接也，必待身體與物相接，然後心有所知。當簿者，即以己身接物之義，猶言與物相值、與物相迫也。下言"五官簿之而不知"，猶言身與物接而不知也。楊説非也。⊙于省吾曰：當，應讀作"嘗"。簿，應讀作"符"。此言心之徵驗知覺必將待天官之嘗符合其類，然後可也。⊙張覺曰：當，抵，觸及。簿，通薄，迫，迫近。類，同類的事物。⊙天海案：天官，即上所言耳、目、鼻、口、體五官。不言五官者，上承"緣天官"也。當，猶對也。簿，通迫，逼近之謂也。此言心能驗知必待五官直對其物，逼近其類然後才可。其類，即上文所言五官所接之類。楊注中"占"字，他本作"召"者亦非。

〔一七〕楊倞注：五官，耳目鼻口心也。五官能主之而不能知，心能占而知之，若又無説，則人皆謂之不知也。以其如此，故聖人分别因立同異之名，使人曉之也。⊙物雙松曰："五官簿之"句，言耳目雖能記認，然不能曉知它人。心雖能識徵，然不能説與它人者，無名故也。若人皆如是，則心雖有所識徵，五官雖有所記認，亦與夫莫有所記認識徵何以異乎？故謂之不知矣。是所以有異同之名之故也。倞注非。⊙冢田虎曰：注"心也"之"心"，當作"身"。"人莫不然"，然，當作"皆"。知，如字。⊙王念孫曰："莫不然謂之不知"，"然"字涉上下文而衍。五官者，耳目鼻口與形體也。言五官能簿之而不能知，心能徵之而又無説，則人皆謂之不智也。⊙郭嵩燾曰：與耳目相接而終不知其名，心亦能徵之耳目而莫能言其名，則終不知而已。"莫不然"，"然"亦語詞，不必爲衍文。王説非也。⊙陶鴻慶曰：徵，證也。説，當爲"脱"。"則人莫不然"下當重"不然"二字。此承上文而言，五官主之而不能知，心則知之而無脱誤，凡人莫不然。不然者，必其愚蒙無知者也。"不然"二字以重文作二劃，故傳寫奪之耳。⊙鍾泰曰："莫不然謂之不知"，即"莫不謂之不知"，然，語助耳。此"然"字蓋與"案"字同。⊙梁啓雄曰："無説"，有異物若無異名就不能説。然，語助。《禮記》注："然，如是也。"⊙天海案："五官簿之"，言五官迫近其類。"心徵之而無説"，此承"五官近之而不知"，言心證之而無以名説。故下曰"則人莫不然謂之不知"，然，語間助詞，非衍也，於此亦無義。不知，即無知，不得謂"不智"，王説非也。楊注"心也"之"心"，當爲"形"之音誤。注中"占"字他本作"召"者，亦非。又，此下原文未分段，然此節言"緣天官"而知同異之名至此，故分之。

〔一八〕楊倞注：既分同異之後，然後隨所名而命之。此已下覆明制名樞要之意也。⊙久保愛曰：命之，謂制名也。⊙天海案：命，名也。

〔一九〕楊倞注：同類則同名，異類則異名。

〔二〇〕楊倞注：單，物之單名也。兼，複名也。喻，曉也。謂若止喻其物，則謂之馬；喻其毛色，則謂之白馬、黄馬之比也。⊙盧文弨曰：注"復名"，宋本作"複名"。

案“復”亦與“複”通用。⊙天海案：喻，明也。

〔二一〕楊倞注：謂單名、複名有不可相避者，則雖共同其名，謂若單名謂之馬，雖萬馬同名；複名謂之白馬，亦然。雖共，不害於分别也。⊙物雙松曰：此單名、兼名，皆爲有所避而設之，若莫有所避，則共名亦可得曉。而雖共名莫有混疑之害也。共名者，總名也。⊙久保愛曰：本注“雖共”之“雖”衍。⊙于鬯曰：避，當讀爲譬。古二字多止作“辟”，則二字通借可知。《廣雅》：“譬，喻也。”上言“喻”，此言譬，文異而義同之例。楊解“共”字，亦恐未是。“共”字之義見下文云“物也者，大共名也”。⊙劉師培曰：避，當作“僻”。“僻”義略與“違”同。⊙羅焌曰：避，違也。違，異也。謂用單名與用兼名，無所違異時，則用共名。共名，即今世所謂普通名辭也。⊙天海案：相避，即相違，劉説是。共，共名，通名也。害，妨害也。

〔二二〕楊倞注：知，謂人心知之。異實者，異名則不亂也。謂若牛與馬爲異實也。⊙物雙松曰：言名之所以異，在其實之異，故其實之異者，必命之以異名，而其實由是不亂。則其實之同者，亦命之以同名，而其實不亂。此皆據實以名之故也。第三“異實”作“同實”爲是。⊙久保愛曰：“不可亂也”一句，當在“故”字上，於文爲順。⊙天海案：異實者，本質不同者。

〔二三〕楊倞注：恐異實、異名卒不可徧舉，故猶使異實者有時而同一名也。或曰：“異實”當爲“同實”，言使異實者異名，其不可相亂，猶如使同實者莫不同名也。⊙王念孫曰：或説是也。上文“同則同之，異則異之”，是其證。前説非。

〔二四〕楊倞注：推比共名之理，則有共至於無共。言自同至於異也。起於摠謂之物，散爲萬名。是異名者，本生於别同名者也。⊙物雙松曰：言直到不可得而共之，然後止也。⊙冢田虎曰：上“徧舉”如正文，下當作“偏舉”，字誤耳。⊙王念孫曰：“共則有共”之“有”，讀爲“又”。謂共而又共，至於無共然後止也。⊙鍾泰曰：“共則有共”者，共名又各有其所共也。“有共”、“無共”相對爲義，不得讀作“又”，王説非。⊙天海案：有，如字，不讀“又”，鍾説是。“然後止”，錢佃稱諸本作“然後正”。又案，巾箱三本“止”亦作“正”，皆誤。下文“無别然後止”之“止”同此。又，楊注“别同名”之“别”，原作“則”，據諸本改之。

〔二五〕楊倞注：言自異至於同也。謂摠其萬名，復謂之物，是同名者生於欲都舉異名也。言此者，所以别異名、同名之意。⊙物雙松曰：徧，當作“偏”，言欲舉其一以言之也。“推而别之别”，亦句，言别之又别之也。“則有别至於無别然後止”者，言直到不可得而分别之乃止也。⊙冢田虎曰：謂鳥獸者，是名之無别者也，然於物偏舉之，别謂之鳥獸，乃推而别之也。推而别之，則其所名之有别者，至於所名之别者，謂之鳥獸而止也。⊙王念孫曰：案此“徧”字，當作“别”，與上條不同。⊙俞樾曰：此“徧”字乃“偏”字之誤。二字形似，故致誤。上云“徧舉之”，乃普徧之義，故曰“大共名也”。此云“偏舉之”，乃一偏之義，故曰“大别名也”。⊙駱瑞鶴曰：“徧”字不誤，乃與“偏”字通用。

〔二六〕楊倞注：名無固宜，言名本無定也。約之以命，謂立其約而命之，若約爲天，則人皆謂之天也。⊙物雙松曰：名無固宜，固宜者，一定不可移易之宜也。“約之”者，以此爲記號也；“以命”者，而命之名也。⊙王先謙曰：注“固宜”，各本誤“故宜”，今正。⊙劉師培曰：約，亦訓“界”，然以人所命之義立名之界限也。約定者，界說定也。異於約者，背於界說也。⊙天海案：約之以命，言要約以制名。異於約，謂異於約定俗成也。楊注“固”，原作“故”，音誤徑改。

〔二七〕楊倞注：實名，謂以名實，各使成言語文辭。謂若天地日月之比也。⊙王念孫曰：“約之以命實”，“實”字涉上下文而衍。⊙羅焌曰：約，謂言語之約束也。命，謂制名者命之名也。⊙鍾泰曰：“約之以命實”，此“實”字不可省。此言實，猶今人言名之有涵。如去“實”字，則與後“謂之實名”不合矣。王説非也。⊙包遵信曰：“名無固實，約之以命實”，言衆名之初，本無一定之實，衆人約之以此名命此實，以彼名命彼實。“名無固宜”，乃由實言名之宜；“名無固實”，乃由名定實之稱，義自不同。王説不可從。⊙楊柳橋曰：“謂之實名”，“名”亦衍文。⊙天海案：“名無固實”，言名本無固定之實。“約之以命實”，人們相約以名其實。“實名”，有實之名，非虚名也。

〔二八〕楊倞注：徑疾平易，而不違拂，謂易曉之名也。即謂呼其名遂曉其意，不待訓解者。拂音“佛”。⊙物雙松曰：易曉謂之徑易，不忒謂之不拂。⊙冢田虎曰：“名有固善”，“有”，一本作“爲”，並非也，當作“無”。⊙劉師培曰：易，當作“施”，二字古通。徑易者，猶言直施也。然以此名直施于民，無所違戾。⊙羅焌曰：徑，直也。易，平也。拂，讀爲咈，違也。言不違約俗也。⊙天海案：上文已言名無原有之宜、原有之實，此則言名有原本善者。徑易，謂善名直接平易也。不拂，不違衆約也。故謂之善名。楊注“曉其意”之“其”原誤作“共”，據諸本改之。

〔二九〕楊倞注：謂若兩馬同狀，各在一處之類也。⊙冢田虎曰：亦如耳目、手足之左右異所。⊙熊公哲曰：狀，形也。所，處也。⊙龍宇純曰：據下文“有異狀而同所者，可别也”，疑此文下當補“可共也”三字。⊙天海案：龍説非也。此言“物有同狀而異所者”，與下文“異狀而同所者”，皆可别之也，不當有“可共也”三字。龍氏未審其旨。

〔三〇〕楊倞注：謂若老幼異狀，同是一身也。蠶、蛾之類亦是也。⊙劉師培曰：“所”字訓爲居處，引伸之則有基本之義。若異狀而同所，猶言形異而本同也。⊙羅焌曰：所，謂所以然，即實在之理也。⊙張覺曰：所，處所。此指形狀寄寓之實體。⊙天海案：張覺之説源自楊任之《白話荀子》，而楊注已言之。

〔三一〕楊倞注：即謂兩馬之類，名雖可合，同謂之馬，其實二也。⊙羅焌曰：“可别也”，乃疑問詞。⊙《天海》案：“狀同”二字，諸本無，非也。“可别也”，指上文“物有同狀而異所者"。

〔三二〕楊倞注：狀雖變而實不可别爲異所，則謂之化。化者，改舊形之名，若田鼠化爲駕之類。雖有化而無别異，故謂之一實。言其實一也。⊙天海案：正文"實無别而爲異"六字，錢佃稱諸本作"實别爲異"四字。今案：巾箱三本亦作"實别爲異"四字。又，楊注"不可别"三字，一本作"可别"，一本作"不别"。據文意作"不别"是，"可"字衍。"狀變而實無别而爲異者，謂之化"，若蠶之化蛾，蝌蚪之化蛙之類也。"謂之一實"，指上文"有異狀而同所者"。

〔三三〕楊倞注：稽考其實，而定一二之數也。⊙羅焌曰：稽，考也。數者，非一也。言考其實，以正百物之名。⊙天海案：事，指各種事物。

〔三四〕楊倞注：此皆明制名之大意，是其樞要也。⊙羅焌曰：此與上一段皆明制名之本意。⊙天海案：樞要，機樞、關鍵。

〔三五〕楊倞注：此三者，制名之實，後王可因其成名而名之，故不可不察也。⊙物雙松曰：總結上三節，以起下三節。

"見侮不辱"、"聖人不愛己"、"殺盜非殺人也"，此惑於用名以亂名者也〔一〕。驗之所以爲有名，而觀其孰行，則能禁之矣〔二〕。"山淵平"、"情欲寡"、"芻豢不加甘，大鍾不加樂"，此惑於用實以亂名者也〔三〕。驗之所緣無以同異，而觀其孰調，則能禁之矣〔四〕。"非而謁，楹有牛，馬非馬也"，此惑於用名以亂實者也〔五〕。驗之名約，以其所受悖其所辭，則能禁之矣〔六〕。邪説辟言之離正道而擅作者，無不類於三惑者矣〔七〕。故明君知其分，而不與辨也〔八〕。

夫民易一以道，而不可與共故〔九〕，故明君臨之以勢，道之以道〔一〇〕，申之以命，章之以論，禁之以刑，故其民之化道也如神，辨埶惡用矣哉〔一一〕：今聖人没，天下亂，姦言起，君子無埶以臨之，無刑以禁之，故辨説也〔一二〕。

實不喻然後命，命不喻然後期，期不喻然後説，説不喻然後辨〔一三〕。故期、命、辨、説也者，用之大文也，而王業之始也〔一四〕。名聞而實喻，名之用也〔一五〕；累而成文，名之麗也〔一六〕；用麗俱得，謂之知名〔一七〕。名也者，所以期累實也〔一八〕。辭也者，兼異實之名以論一意也〔一九〕。辨説也者，不異實名以喻動静之道也〔二〇〕。期命也者，辨説之用也〔二一〕。辨説也者，心之象道也。〔二二〕心也者，道之工宰也〔二三〕。道也者，治之經理也〔二四〕。心合於道，説合於心，辭合於説〔二五〕。正名而期，質請而喻。辨異而不過，推類而不悖；聽則合文，辨則盡故；以正道而辨姦，猶引繩以持曲直；是故邪説不能亂，百家無所竄〔二六〕。有兼聽之明而無奮矜之容，有兼覆之厚而無伐德之色。説行，則天下正；説不行，則白道而不冥窮；是以聖人之辨説也〔二七〕。《詩》曰："顒顒卬卬，如珪如璋；令問令望，愷悌君子，四方爲綱。"此之謂也〔二八〕。

【校釋】

〔一〕楊倞注："見侮不辱"，宋子之言也。"聖人不愛己"，未聞其説，似莊子之意。"殺盜非殺人"，亦見《莊子》。宋子言"見侮不辱，則使人不鬭"，或言"聖人不愛己而愛人"。莊子又云"殺盜賊不爲殺人"之言。此三者徒取其名，不究其實，是惑於用名以亂正名也。⊙久保愛曰：《標注》本删去本注"見侮"以下六十七字，蓋以其煩雜難解乎？所引《莊子》，今作"殺盜非殺"，與本注異。⊙孫詒讓曰：此謂聖人愛己不加於人，是爲不愛己也。《墨子・大取篇》云"愛人不外己，己在所愛之中"，即此意。⊙鍾泰曰："殺盜非殺人"，亦見《墨子・小取篇》。⊙馬積高曰：這三説都是偷换概念。⊙天海案：《莊子・逍遥遊》"至人無己，聖人無名"，或演爲"聖人不愛己"之説邪？

〔二〕楊倞注：驗其所爲有名，本由不喻之患、困廢之禍。因觀"見侮不辱"之説精熟可行與否，則能禁也。言必不可行也。⊙物雙松曰：注"精熟"二字可删，"可行與否"四字即"孰行"。⊙冢田虎曰：言以"見侮不辱"等之説，徵驗之於王者之所爲有名而觀名之所以熟行，則知彼等之説不行焉，故能禁止之也。⊙久保愛曰：觀其孰行，謂觀彼所名，與古來所名孰行。禁之，謂驗其非而禁之也。本注非。⊙王引之曰："驗之所"下"以"字，及下文"驗之所緣"下"無"字，皆後人所增。又案：孰者，何也。楊讀"孰"爲"熟"，而訓爲精熟，則義不可通。⊙天海案："驗之所以爲有名"，謂用制名的原因來考察這些論説。觀其孰行，觀其是否能通行。故曰"則能禁之矣"。孰也者，擬問也。又，諸本"孰"作"熟"者，因楊注而妄改也。

〔三〕楊倞注："山淵平"，即《莊子》"山與澤平"也。"情欲寡"，即宋子云"人之情欲寡"也。"芻豢不加甘，大鍾不加樂"，墨子之説也。古人以山爲高，以泉爲下，原其實亦無定。但在當時所命耳，後世遂從而不改爾。亂名之人既以高下是古人之一言，未必物之實也。則我以山泉爲平，奚爲不可哉！古人言情欲多，我以爲寡；芻豢甘,大鍾樂,我盡以爲不然,亦可也。此惑於用實本無定,以亂古人之舊名也。⊙天海案:"山淵平",乃惠施之説,《莊子·天下篇》引之作"山與澤平",且見於《不苟篇》。楊注未晰。以上三説,因人、因時、因地或有其實也,然乃一偏之實,若以之爲名,則"惑於用實以亂名"也。



〔四〕楊倞注:驗其所緣同異,本由物一貫,則不可分别,故定其名而别之。今"山淵平"之説,以高爲下,以下爲高,若觀其精孰,得調理與否,則能禁惑於實而亂名也。⊙物雙松曰:調,即"謂"字之混。⊙冢田虎曰:"無"字當作"而",上文可見。調,諧也。⊙郭嵩燾曰:此三惑,仍承上言之。荀用此三者,以明諸家立言之旨,所以爲正名也。"驗之所緣無以同異",與前文不合,明"無"字衍文。⊙天海案:據上文"然則何緣而以同異",則"無"乃"而"之譌,冢説是。且楊注亦明無"無"字。所緣,即上文言"緣天官"也。孰調,如何協調之。冢訓"調"爲"諧",亦通。楊注不是也。

〔五〕楊倞注:"非而謁,楹有牛",未詳所出。"馬非馬",公孫龍白馬之説也。《白馬論》曰:"言白,所以命色也;馬,所以命形也。色非形,形非色,故曰白馬非馬也。"是惑於形色之名,而亂白馬之實也。⊙王紹蘭曰:此三者皆墨子説。惟"謁"當作"易","易"誤爲"曷"又加"言"耳。《墨子·兼愛·中篇》云:"凡天下禍篡怨恨,其所以起者,以不相愛生也。是以仁者非之,既以非之,何以易之?《子墨子》言曰:以兼相愛、交相利之法易之。"此謂不相愛爲非而易以兼相愛也。是"非而易"之説也。《經説·上篇》云:"止,無久之不止。當牛非馬,若夫過楹。"是"楹有牛"之説也。又云:"有久之不止,當馬非馬,若人過梁。"是"馬非馬"之説也。馬非馬,與"白馬非馬"異。白馬非馬,辯在"白"也;馬非馬,辯在"馬"也。今正文云"馬非馬",不言"白",則是墨子説。⊙孫詒讓曰:此當以"有牛馬非馬也"爲句。謂兼舉牛馬與單舉馬異也。注讀大誤。⊙羅焌曰:考之孫氏《閒詁》,此節云:"文義冗復奥衍,不可盡通。"則仍當闕疑以俟考也。⊙馬積高曰:"非而謁楹",義不可通,疑爲"非木謂楹"之訛。⊙天海案:王説似長,然亦非的解。存疑待考可也。

〔六〕楊倞注:名約,即名之樞要也。以,用也。悖,違也。所受,心之所是。所辭,心之所非。驗其名之大要,本以稽實定數,今"馬非馬"之説則不然。若用其心之所受者,違其所辭者,則能禁之也。⊙物雙松曰:名約者,謂名之所爲記號者也。其所受者,謂其所受名之實也。其所辭者,即下所謂"辭也者,兼異實之名以論一意也"。上三節謂能禁之者,皆言明知其非也。世之不能禁之者,皆不明知其非之故也。⊙冢田虎曰:所受,謂馬受馬之名、牛受牛之名類也。所辭,謂如"馬非馬"之辭説也。⊙久保愛曰:其所辭者,謂其人之所言也。⊙劉師培曰:名約,亦指名之界説言。⊙羅焌曰:辭,讀爲"辤"。《説文》:"辤,不受也。"⊙天海案:名約,前文多言之,即名之約定之原則,楊注未切。悖,逆反也,此指反駁。所辭,所不受也。此"辭"非"言辭"之"辭",且與下文無涉,楊注、羅説是也。

〔七〕楊倞注:辟,讀爲“僻”。⊙物雙松曰:此一句結上三節。⊙天海案:類,同也。

〔八〕楊倞注:明君守聖人之名分,不必亂名辨説是非也。⊙劉念親曰:分,形名之分。⊙劉師培曰:此“分”字讀爲分别之“分”,即前之所謂“知者爲之分别制名以制實”也。⊙張覺曰:知其分,指能分辨上述三類邪説。⊙天海案:知其分,知其邪説與正道之别。辨,通辯,論也。諸本正作“辯”。荀書此二字常互用。又,此下原文未分段,現依文意分之。

〔九〕楊倞注:故,事也。言聖人謹守名器,以道一民,不與之共事,共則民以他事亂之。故《老子》曰“國之利器,不可以示人”也。⊙物雙松曰:道,即王道也。⊙郝懿行曰:故,謂所以然也。夫民愚而難曉,故但可偕之大道,而不可與共明其所以然,所謂“民可使由之,不可使知之”。⊙梁啓雄曰:一以道,謂用道來齊一。故,指事理。⊙楊柳橋曰:《文選》注引《國語》賈注:“故,謀也。”⊙李中生曰:疑“共”爲“供”字之借,義爲提供;“故”爲“詁”字之借,義爲訓釋。“不可與共故”,意思是不可與民提供訓釋。⊙天海案:“民易一以道”,謂民容易齊一而引導。道,同導。《廣雅》“故,事也”,楊注當本之。然則“故”,事也。此事乃指制名之事。荀子認爲制名乃聖王明君之事,故曰不可與民共事。楊注本不誤,而諸説皆未曉其旨也。楊注所言“名器”,乃制名之器。故引《老子》“國之利器”以喻之。

〔一〇〕楊倞注:導達之以正道。⊙物雙松曰:上“道”字去聲,言道待勢乃行。即在上之勢也。⊙久保愛曰:“道之”音導,下“象道”同。⊙天海案:臨,駕馭也。上“道”,導也。勢,權勢、地位也。下“道”,亦正道。

〔一一〕楊倞注:申,重也。章,明也。論,謂先聖格言。但用此道馭之,不必更用辨執也。辨執,謂説其所以然也。⊙物雙松曰:申之以命,命者,立名以教之也。章之以論,論,當作“倫”,謂禮也。否則與下文意妨。執,當作“説”,乃音之訛。⊙冢田虎曰:命,教命也。論,論議也。⊙久保愛曰:命與名通,下同。⊙盧文弨曰:以注末釋“辨説”觀之,則正文“辨執”乃“辨説”之訛,注“執”字亦當作“説”。下文屢云“辨説”,則此之爲誤顯然。蓋因上有“臨之以執”語而誤涉耳。⊙羅焌曰:執,當爲“執”,讀爲“讋”,讋讘,多言也。⊙天海案:命,通名也。《荀子》此篇命多與名通,久説是。章,同彰。論,理也。化道,順於正道。化,順之也。“辨執”乃“辨説”之音誤,盧、物二説是。

〔一二〕楊倞注:荀卿自述正名及辨説之意也。⊙物雙松曰:“今聖王没”以下至引《詩》,謂聖人在下者也。⊙久保愛曰:説,音“税”。下“辨説”及後“説”同。⊙天海案:“聖人”,錢佃稱諸本作“聖王”。巾箱三本亦作“聖王”,“辨”亦作“辯”。“故辨説也”,正證上文“辨執”當作“辨説”。又,此下原文未分段,現依文意分之。

〔一三〕楊倞注:命,謂以名命之也。期,會也。言物之稍難明,命之不喻者,則以形狀大小會之，使之易曉也。謂若白馬，但言馬則未喻，故更以白會之。若是事多，會亦不喻者，則説其所以然。若説亦不喻者，則反覆辨明之也。⊙馬積高曰：期，當訓"度"。《吕氏春秋·懷寵》"征斂無期"，高注爲"度"。度，即今言限度、界限之意。説，是指解説。辨，是指批駁反對意見以樹立正面意見。⊙天海案：期，約也。



〔一四〕楊倞注：無期、命、辨、説，則萬事不行，故爲用之大文飾。王業之始在於正名，故曰"王業之始也"。⊙物雙松曰：大文，言其過於文也。此聖人在上之所以不爲也。用者，名之用也。名之用之過於文者，故謂之"用之大文"。王業之始，言今人由此以明是非之當，然後王業可得而興也。⊙梁啓雄曰：《禮·樂記》："以進爲文。"注："文，猶美也。"⊙天海案：大文，大其文飾也，楊注是。

〔一五〕楊倞注：名之用，本在於易知也。⊙物雙松曰：言聞其名而知其實。⊙天海案：聞，知也。喻，明也。用，功用。

〔一六〕楊倞注：累名而成文辭，所以爲名之華麗，《詩》《書》之言皆是也。或曰：麗，同配偶也。⊙物雙松曰：積累數言，以成文章，是名之麗飾也。用，質也。麗，文也。文質得宜，是爲能知名實之人也。故曰"用、麗俱得，謂之知名。"注非。⊙冢田虎曰：聞山則喻其高，聞淵則喻其深，是名之用也。累稱高山、深淵，乃名之麗也，推而應知矣。⊙久保愛曰：累而成文，牛曰一元大武，豕曰剛鬣之類。"或曰"以下非也。⊙鍾泰曰：此當從或説爲是，麗與儷同。⊙梁啓雄曰：《釋名·釋言語》："文者……會集衆字以成詞誼。"此"文"字謂聯合兩字以上的名詞。所以説"名之儷也"。⊙天海案：累，重疊之，此言復音構詞、偏正構詞之類。文，復詞也。麗，美也，亦即名之華飾。又，楊注"或曰麗同"下似脱"儷"字，依其注文例，可據補。

〔一七〕楊倞注：淺與深俱不失其所，則爲知名。⊙天海案：用麗俱得，謂名之功用與其美飾俱得也，故曰"謂之知名"。

〔一八〕楊倞注：名者，期於累數其實以成言語。或曰：累實，當爲異實。言名者所以期於使實各異也。⊙物雙松曰：累，當作"異"。言異實異其名，此所以爲記號也。上文"所受"是也。⊙安積信曰："期"，當作"明"。注後説可從。⊙劉師培曰：此"期"字疑當作"斯"。《説文》訓斯爲析。然其實既異，則以名析之，使之各爲一類。此言名之用在於辨同異，專指單名言也。⊙鍾泰曰："累"字涉上文之"累"而誤衍。名者，所以期實，承上"名聞而實喻"言，則不當有"累"字，或説亦非。⊙高亨曰："期累"，疑當"明異"之形誤。則"期累實"，當作"明異實"。⊙梁啓雄曰：期，謂要約。累實，指許多實物。⊙張覺曰：累，負擔、聯繫。⊙天海案：期，仍當訓爲要約。累，積也。"名也者，所以期累實也"，謂名是用來約定累積之實的，即衆實積而爲名之意。楊注前説近是，或説非。



〔一九〕楊倞注：辭者，説事之言辭。"兼異實之名"，謂兼數異實之名，以成言辭。猶若"元年春，王正月，公即位"，兼説亡實之名，以論"公即位"之一意也。⊙王念孫曰：論，當爲“諭”，字之誤也。諭，明也。⊙久保愛曰：本注“亡實”，當作“異實”。⊙劉師培曰：論，當作“倫”。倫，訓爲類，又訓爲比。此言合相異之名而比以同一之意也，故謂之詞。⊙駱瑞鶴曰：兼，合也、並也。論，即《論語》之“論”。論字爲集之而使有次序之意。此謂兼用不同實之名，依理次集成一意。⊙天海案：辭，猶語也，名之集合也。論，知也。《淮南子·説山》“以小明大，以近論遠”，高注：“論，知也。”此言詞語是合不同實之名而推知一意也。

〔二〇〕楊倞注：動静，是非也。言辨説者，不唯兼異常實之名，所以喻是非之理。辭者論一意，辨者明兩端也。⊙物雙松曰：異者，析異也。動静，謂離道與不離道也。⊙冢田虎曰：言不啻異實之名，亦以喻曉人於動静之道也。⊙劉師培曰：楊説迂曲。此言一辭可以該二理也。言同一實名，而有反覆辨難之不同也。⊙鍾泰曰：不異實名，謂使名實不相違異也。注未晰。⊙梁啓雄曰：不異實名，謂不變更實名。動静，當謂爭辯是非也。⊙駱瑞鶴曰：實名，謂實之名，非謂實與名。本書言“動静”，義皆爲動作與静止，不謂是非。動是謂作爲之爲。静與動對，是不爲。⊙馬積高曰：不異實名，謂不改變事物的性質和概念。楊注“動静”臆説無據。動静，猶行止，引申有變動與安常之意。⊙天海案：異，離析也。實名，即前文所云“約定俗成謂之實名”之“實名”，即有實之名也。動静之道，謂名之變化之道。即前文所言“名無固宜”、“名無固實”也。

〔二一〕楊倞注：期，謂委曲爲名以會物也。期與命所以爲辨、説之用。⊙物雙松曰：爲用者，以此爲主也。⊙鍾泰曰：期命，猶言名約。期與命不得析言之。⊙李中生曰：命，指命名；期，指確定涵義；説，指申説、説明；辨，指反復辨明。⊙天海案：期、命、辨説，上文已見，且曰“期、命、辨、説，用之大文也”，此則進一步申説之。用者，由也，因也。此言約定内容和命名是辨説之原由。楊注未切。上文“命不喻然後期，期不喻然後説”云云，是其證。

〔二二〕楊倞注：辨説所以爲心想象之道，故心有所明，則辨説也。⊙物雙松曰：言聖人以己心形容此道，以曉喻人，是爲辨説也。此明辯説不可離道也。⊙久保愛曰：象，有象物形狀而通之之義。⊙劉念親曰：象，通相；道，通導。“相導”與下“工宰”對文。相導以傳言，辨説以達意，似之。故曰：“心之相導也。”⊙梁啓雄曰：象，借爲“像”。《淮南·覽冥》注：“像，猶隨也。”《説文》：“隨，從也”。心從道才詆訾非道，所以有了辯説。⊙熊公哲曰：此云象道，皆謂象法也。此言辯説之目的也。⊙馬積高曰：象道，意即將道具象化、具體化。辨論爲“心之象道”，意即辨説是表現心中的某種具體思想的。⊙天海案：象道，通嚮導。此謂辨説是表現思想的嚮導。象、嚮，一聲之轉，故可通。道，讀爲導。與下二“道”異。劉説近是。

〔二三〕楊倞注：工能成物，宰能生物。心之於道，亦然也。⊙物雙松曰：工，工匠也。宰，宰夫也。以心形容道而辨説乃生。譬如工匠作器，膳宰調烹，以適人用。

⊙陳奂曰:工宰者,工,官也。官宰,猶言主宰。⊙王懋竑曰:工,乃"主"字之訛。⊙駱瑞鶴曰:工宰,謂工巧之宰。⊙天海案:工,官也。官宰,亦即主宰。陳説是。

〔二四〕楊倞注:經,常也。理,條貫也。言道爲理國之常法條貫也。⊙物雙松曰:言治天下之經緯條理謂之道。⊙天海案:經理,常理也。



〔二五〕楊倞注:言説爲説,成文爲辭。謂心能知道,説能合心,辭能成言也。⊙物雙松曰:此三句亦言其主道也。辭,恐當作"辯"。⊙天海案:心合於道,即心者道之主宰也。説合於心,即辨説者心之嚮導也。辭合於説,即辭者兼異實之名以論一意也。皆與上文呼應。

〔二六〕楊倞注:正名而期,謂正其名以會物,使人不惑也。質,物之形質。質請而喻,謂若形質自請其名然,因而喻知其實也。辨異而不過,謂足以別異物,則已不過説也。推類而不悖,謂推同類之物,使共其名,不使乖悖也。聽則合文,辨則盡故,謂聽他人之説,則取其合文理者,自辨説則盡其事實也。正道,謂正名之道。持,制也。竄,匿也。百家無所隱竄,言皆知其姦詐也。⊙物雙松曰:"合文"二字,有不悖民俗意。盡故,言能盡其所以然之故也。⊙王念孫曰:楊説"質請"甚迂。質,本也。請,讀爲"情"。情,實也。言本其實而曉喻之也。古者情、請同聲而通用。⊙劉師培曰:期,亦"示"訛。謂正名以示之也。⊙天海案:期,當也,適合也。《玉篇》:"期,當也。"《書・大禹謨》:"期於予治。"孔傳:"期,當也。"正名而期,言正其名而當也,楊注非。質請而喻,本於實而明。王説是。不過,不過言之,楊注是。不悖,不違其事理。聽則合文,其名聽之則合文飾。辨則盡故,辨説之則盡其所以然,物説是。"以正道而辨姦",諸本無"以"字,"辨"作"辯"。"持曲直",言以正道爲繩,把握其邪與正。不能亂,不能亂名。無所竄,無所竄改。楊注非。

〔二七〕楊倞注:是時百家曲説,皆競自矜伐,故述聖人辨説雖兼聽兼覆而無奮矜伐德之色也。白道,明道也。冥,幽隱也。冥窮,謂退而窮處也。⊙冢田虎曰:"是以",衍"以"字。⊙俞樾曰:窮,當讀爲"躬"。白道而冥躬者,明白其道而幽隱其身也。古窮與躬通用。⊙天海案:奮矜,驕而自持。兼覆,包容萬物。伐德,自夸其德。天下正,謂天下名正。白道,宣明其正名之道。冥窮,猶隱身而退。俞説是。"冥"上,諸本無"不"字,據楊注及文意考之,"不"字似爲後人所加,可據删之。"是以","以"猶"爲"也,不衍不誤,巾箱三本無"以"字,非。又,"辨"字諸本並作"辯"。

〔二八〕楊倞注:《詩・大雅・卷阿》之篇。顒顒,體貌敬順也。卬卬,志氣高朗也。⊙久保愛曰:毛萇曰:"顒顒,温貌。卬卬,盛貌。豈弟,樂易也。"⊙天海案:顒顒,肅敬貌。《集傳》:"顒顒卬卬,尊嚴也。"或曰:顒顒,衆人仰望之義。卬卬,同昂昂,氣概軒昂。珪、璋皆玉也,以此喻美德。令問令望,美名望也。"問",諸本作"聞",與今《詩》同。愷悌,和樂簡易。諸本作"豈弟",與今《詩》同。二字可通。四方爲綱,天下以之爲紀綱也。

辭讓之節得矣，長少之理順矣；忌諱不稱，祅辭不出；以仁心説，以學心聽，以公心辨〔一〕。不動乎衆人之非譽〔二〕，不治觀者之耳目〔三〕，不賂貴者之權埶〔四〕，不利傳辟者之辭〔五〕。故能處道而不貳，吐而不奪，利而不流，貴公正而賤鄙爭，是士君子之辨説也〔六〕。《詩》曰："長夜漫兮，永思騫兮；大古之不慢兮，禮義之不愆兮，何恤人之言兮。"此之謂也〔七〕。

君子之言涉然而精，俛然而類，差差然而齊。彼正其名，當其辭，以務白其志義者也〔八〕。彼名辭也者，志義之使也，足以相通，則舍之矣。苟之，姦也〔九〕。故名之足以指實，辭足以見極，則舍之矣〔一〇〕。外是者謂之訒，是君子之所棄，而愚者拾以爲己寶〔一一〕。故愚者之言，芴然而粗，嘖然而不類，諸諸然而沸〔一二〕。彼誘其名，眩其辭，而無深於其志義者也〔一三〕。故窮藉而無極，甚勞而無功，貪而無名〔一四〕。故知者之言也〔一五〕，慮之易知也，行之易安也，持之易立也；成則必得其所好，而不遇其所惡焉，而愚者反是〔一六〕。《詩》曰："爲鬼爲蜮，則不可得；有靦面目，視人罔極。作此好歌，以極反側。"此之謂也〔一七〕。

凡語治而待去欲者，無以道欲而困於有欲者也〔一八〕。凡語治而待寡欲者，無以節欲而困於欲多者也〔一九〕。有欲、無欲，異類也，生死也，非治亂也〔二〇〕。欲之多寡，異類也，情之數也，非治亂也〔二一〕。欲不待可得，而求者從所可〔二二〕。欲不待可得，所受乎天也，求者從所可，受乎心也〔二三〕。所受乎天之一欲，制於所受乎心之多，固難類所受乎天也〔二四〕。人之所欲生甚矣，人之所惡死甚矣，然而人有從生成死者，非不欲生而欲死也，不可以生而可以死也〔二五〕。故欲過之而動不及，心止之也〔二六〕。心之所可中理，則欲雖多，奚傷於治〔二七〕！欲不及而動過之，心使之也。心之所可失理，則欲雖寡，奚止於亂〔二八〕？故治亂在於心之所可，亡於情之所欲〔二九〕。不求之其所在，而求之其所亡，雖曰"我得之"，失之矣〔三〇〕！

性者，天之就也；情者，性之質也；欲者，情之應也。以所欲以爲可得而求之，情之所必不免也〔三一〕；以爲可而道之，知所必出也〔三二〕。故雖爲守門，欲不可去〔三三〕，性之具也。雖爲天子，欲不可盡〔三四〕。欲雖不可盡，可以近盡也〔三五〕；欲雖不可去，求可節也〔三六〕。所欲雖不可盡，求者猶近盡；欲雖不可去，所求不得慮者，欲節求也〔三七〕。道者，進則近盡，退則節求，天下莫之若也〔三八〕。



【校釋】

〔一〕楊倞注：以仁心説，謂務於開導，不聘辭辨也。以學心聽，悚敬而聽他人之説不爭辨也。以公心辨，謂以至心辨他人之説是非也。⊙物雙松曰："辭讓之節得矣"以下至引《詩》，謂賢人之辯説也。⊙久保愛曰：祅與妖同。説音"税"。⊙楊柳橋曰：《説文》："仁，親也。"⊙李中生曰：仁，指仁愛。⊙天海案：不稱，不説也。祅辭，怪異之言。學心，虚心學習之心。辨，辨别之，言以公正之心辨别。諸本"辨"作"辯"。

〔二〕楊倞注：不以衆人是非而爲之動，但自正其辭説也。⊙天海案：乎，猶"於"也。巾箱三本無"乎"字。非譽，猶毁譽。不動，不爲所動。

〔三〕楊倞注：其所辨説，不求夸眩於衆人。⊙物雙松曰：言不爲觀者之耳目治飾其辭也。⊙王念孫曰：治，當爲"冶"，字之誤也。冶與蠱，古字通。據楊注，則所見本當是"冶"字。若是"治"字，則不得言"夸眩於衆"矣，以是明之。⊙于省吾曰：王説非是。"不冶觀者之耳目"，殊爲不辭。古文"治"作"嗣"，嗣、司，金文通用。司，主也，言不主於觀者之耳目也。⊙天海案：此"不治"上與"不動"，下與"不賂"、"不利"等句法當一律。上"不動"，言不爲所動。此"不治"，亦即不爲觀者之耳目而飾其辭也。治，飾也。王説非，物説是。

〔四〕楊倞注：不爲貨賂而移貴者之權埶也。⊙久保愛曰：不賂，言不賂遺權貴之人也。⊙陶鴻慶曰：賂，疑當作"輅"。僖十五年《左傳》："輅秦伯。"杜注云："輅，迎也。"言不以貴者之權埶而迎合之也。⊙劉師培曰：賂，當作"絡"。絡有束義。不絡貴者之權勢，即不爲貴者之權勢所束也。⊙梁啓雄曰：賂，當作"諜"。《説文》："諜，眄也。"不諜，猶言不顧。⊙天海案：賂，以財物收買人。不賂，此言不爲貴者之權埶所收買。楊注及他説皆誤。又"者"字原脱，據諸本及楊注補之。

〔五〕楊倞注：利，謂説愛之也。辟，讀曰僻。⊙物雙松曰：傳，當作"便"。⊙久保愛曰："利"字疑當作"和"。"辟"字疑當移"辭"上。⊙劉師培曰：傳，讀如"專"。專辟，猶言堅僻。⊙鍾泰曰："利"爲衍文。此文本作"不傳辟者之辭"。⊙羅焌曰：傳辟，謂傳説邪僻也。⊙天海案：不利，不以傳邪僻者之辭爲利。楊注不是也，改字爲訓者尤非。

〔六〕楊倞注：吐而不奪，謂吐論人人不能奪。利，或爲和。⊙久保愛曰："吐"字未詳，或疑當作"予"。《淮南子》曰："其德生而不辱，予而不奪。"利，或爲"和"爲是。《禮記》曰"和而不流"。⊙俞樾曰：吐，當爲"咄"，形似而誤。"咄"者，"詘"之假字。"詘而不奪，利而不流"，二句相對，言雖困詘而不可劫奪，雖通利而不至流蕩也。⊙劉師培曰：吐，當作"杜"。杜，指塞阨弗達言。利，通利之利。杜、利對文，猶之通塞對言也。⊙羅焌曰：奪，失也，誤也。謂吐詞無失誤也。⊙龍宇純曰：吐，蓋"屈"之誤耳。屈而不奪，謂屈之不能奪其志也。⊙天海案：吐，吐言也，指發議論。楊注得之。奪者，失也。《説文》："敚，手持隹失之也。"段注："引伸爲凡失去物之偁。"吐而不奪，言發出議論而不失誤，正與下"利而不流"相對爲文也。此皆言士君子之辨説，議論嚴密而無失，語言捷利而不流淫。楊注訓"奪"失之，而諸説中唯羅説得之。

〔七〕楊倞注：逸《詩》也。漫，謂漫漫長夜貌。騫，咎也。引此以明辨説得其正，何憂人之言也。⊙冢田虎曰：騫，蓋永思貌耳。注言不通也。⊙久保愛曰：騫，病貌。或曰：當作"蹇"。蹇，難也。⊙鍾泰曰：永思騫者，謂欲騫舉而遠去也。⊙章詩同曰：騫，過錯。愆，違反。⊙天海案：永思騫，長思過也。楊注是。大古，太古也。不慢，不怠慢。不愆，無差錯。

〔八〕楊倞注：涉然，深入之貌。俛然，俯就貌。俛然而類，謂俯近於人，皆有統類，不虚誕也。差差，不齊貌。謂論列是非，似若不齊，然終歸於齊一也。當，丁浪反。⊙物雙松曰："君子之言"以下至引《詩》，以君子、愚人對言，意重在愚人之辨説也。⊙冢田虎曰：涉然，猶涉獵之涉，謂所及之廣也。⊙久保愛曰：白，明也。⊙劉師培曰：涉，當作陟。陟爲高義，與下"俛"字對文。陟然者，高視之貌也。⊙鍾泰曰：涉然，謂淺也。⊙章詩同曰：俛然，切近的意思。類，有條理。當，運用。志義，思想。⊙楊柳橋曰：涉然，與下"俛然"對文，蓋淺顯之意。《漢書》注引張晏"深曰濟，淺曰涉"，是其義。⊙天海案：涉然而精，淺顯而精要。俛，通"俯"。俯然，低聲貌。類，善也。説見《爾雅》。俯然而類，謂其言聲低而美善。差差然，錯落有致之貌。當者，適當準確也。志義，即志意。

〔九〕楊倞注：通，謂得其理。使，所吏反。⊙物雙松曰：言名辭之傳志義於人，猶如使令之傳言語於外也。"足以相通則舍之矣"，即"辭達而已"之意。此爲諸子百家玩琦辯者發。⊙于鬯曰：苟之則姦，明君子必不姦，則君子之言必不苟矣。然則此句起下文，以上文注於此斷，烏乎可也？⊙劉師培曰：苟，非苟且之苟也。苟從句聲，即委曲之義，言不求其通而自歧其説也。⊙章詩同曰：苟之，不合理地故意加以曲説或標新立異。⊙熊公哲曰：苟，謂枝蔓也。⊙天海案：使，使者。通，通達其意。舍，止也。苟之，其言苟且不拘。姦，邪也。又"苟之姦也"四字，巾箱本、《題注》本、遞修本、明世本、《四庫》本俱無。

〔一〇〕楊倞注：極，中也，本也。見，賢遍反。⊙冢田虎曰：極，準極也。注，不是也。⊙劉念親曰：極，至也，心之所至也。⊙天海案：《説文》："極，棟也。"棟者，屋之正梁，居中至高，故曰極。此則引申爲主旨。又，"名之"之"之"字，諸本並無。

〔一一〕楊倞注：訒，難也。過於志義相通之外，則是務爲難説耳。君子不用也。⊙楊柳橋曰：《説文》："訒，頓也。"⊙天海案：《論語・顔淵》："司馬牛問仁，子曰：'仁者，其言也訒。'"劉寶楠《正義》引鄭云："訒，不忍言也。"此謂"名指實、辭見極"之外，則謂之不忍之言。正文"以爲己寶"之"寶"，原作"實"，形誤也，據諸本改之。

〔一二〕楊倞注：芴與忽同。忽然，無根本貌。粗，嘳略也。嘖，爭言也，助革反。或曰：與賾同，深也。諸諸，多言也。謂愚者言淺則嘳略，深則無統類，又諸諸然沸騰也。⊙物雙松曰："愚者之言"下，一一與上"君子之言"相反。沸，是不齊意。⊙劉師培曰：《廣雅》云："忽，輕也。"芴然而粗，猶言其語輕而粗也。⊙鍾泰曰：芴者，言其隱約也。沸，當讀作"拂"，拂者，悖也。"悖"與"齊"反。⊙北大組曰：芴然，形容輕浮的樣子。諸諸，形容七嘴八舌的樣子。沸，沸騰，指嘈雜，亂説。⊙天海案：芴然，輕浮貌。粗，粗俗。《説文》："嘖，大呼也。"嘖然而不類，其言聲高而不善，正與上"俛然而類"相對。諸諸然，胡言亂語貌。《説文》："諸，謰諸也。"《玉篇》："諸，謰諸，妄語也。"沸，通悖，二字一聲之轉。悖，亂也。鍾説是。

〔一三〕楊倞注：誘，誑也。但欺誑其名而不正，眩惑其辭而不實，又不深明於志義相通之理也。⊙久保愛曰：彼，彼愚者。⊙鍾泰曰："無"，當讀如"憮"，或讀如"蕪"。憮深者，謂揣摩求深也。蕪深者，謂蕪雜而深也。⊙劉如瑛曰：誘，當爲"美"字之誤。誘，古文作"羑"，與"美"相似，故誤。⊙天海：誘，惑也；惑，亂也。誘其名，即惑亂其名，正與上文"正其名"相對。眩其辭，迷亂其辭也，與上文"當其辭"相對。而，猶"以"也，説見《釋詞》。無者，通務，一聲之轉；或曰"無"爲"務"，音"誤"；或涉下文三"無"字而誤。上文言君子之言"以務白其志義"，此論愚者之言"以務深於其志義"，文正相對。深，晦也。此言愚者惑亂其名，玩弄其辭，以求深晦其志義也。又"於"字疑衍，上文可證。楊注與諸説皆誤。

〔一四〕楊倞注：藉，踐履也，才夜反。謂踐履於無極之地。貪而無名，謂貪於立名而實無名也。⊙物雙松曰：窮藉，言窮探也。藉者，言藉其實以探之也。⊙冢田虎曰：藉，猶醞藉之藉，寬博之意。言其言辭窮寬博而無準極也。⊙久保愛曰：謂雖窮履而不可極也。藉，如字，舊音非。⊙劉師培曰：藉，當作籍，紛煩之義。⊙于省吾曰：窮，應讀作"躬"。言躬自踐履而無紀極也。⊙梁啓雄曰：《小爾雅・廣言》："藉，借也。"⊙章詩同曰：窮借，多方面地使用假名虚辭。極，終止，限制。⊙楊柳橋曰：窮，極也。藉，謂狼藉，亂也。窮藉，謂極亂，與下"甚勞"相對。⊙天海案：窮者，盡也。藉通籍。籍者，典册也。窮籍，言愚者窮盡其典册而無止盡也。故下文言其"甚勞而無功，貪而無名"。無名，無智者之名也。下文可證。

〔一五〕楊倞注:知,讀爲智。

〔一六〕梁啓雄曰:《儀禮·少牢禮》注:"成,畢也。"⊙天海案:成,最終。又"愚"上"而"字,巾箱本、《題注》本、遞修本、明世本、《四庫》本皆無。

〔一七〕楊倞注:《詩·小雅·何人斯》之篇。毛云:"蜮,短狐也。靦,姡也。"鄭云:"使汝爲鬼爲蜮也,則汝誠不可得見也。姡然有面目,汝乃人也。人相視無有極時,終必與汝相見。""作此歌,求汝之情。汝之情展轉極於是也。"⊙天海案:此引詩,《儒效篇》亦引,可參見之。又,楊注中六"汝"字,他本皆作"女",與鄭箋同。又楊注"作此歌"以下,鄭箋本作:"好,猶善也。反側,輾轉也。作八章之歌,求女之情。女之情反側極於是也。"

〔一八〕楊倞注:凡言治待使人盡去欲,然後爲治,則是無道欲之術,而反爲有欲者所困。⊙物雙松曰:"凡語治"至篇末,當别作一篇,乃其闢宋鈃者。"語治"者,論治道也。待,猶欲也。道欲者,導情欲於善也。"道欲"、"節欲",藏下文"道"字意,言能導之節之,則雖有欲、多欲,亦無害於治道也。⊙劉念親曰:去欲,當作"無欲"。本文原作"無欲",與"有欲"對文,明甚。⊙張覺曰:去欲,這是道家的觀點。如《老子》説"常使民無知無欲,使知者不敢爲,則無不治"。

〔一九〕楊倞注:若待人之寡欲,然後治之,則是無節欲之術,而反爲多欲者所困。故能導欲則欲自去矣,能節欲則欲自寡矣。⊙熊公哲曰:寡欲,疑指宋牼所謂"人之情欲寡"言;無欲,疑指老子"常使民無知無欲"言。⊙張覺曰:寡欲,這是孟子、宋鈃的觀點。如《孟子·盡心下》"養心莫善於寡欲"。⊙天海案:"欲多",諸本並作"多欲"。

〔二〇〕楊倞注:二者異類,如生死之殊,非治亂所繫。治亂所繫在於導欲則治,不導欲則亂也。⊙王念孫曰:"生死也"三字,與上下文義不相屬,楊曲爲之説,非也。"生死也",當作"性之具也"。下文"性之具也",即此句之衍文。有欲無欲,是生而然者也,故曰"性之具也"。⊙冢田虎曰:凡人生則有欲,死則無欲,是有欲無欲,乃生死之異,而非治亂之事也。注失之。⊙天海案:異類,不同類,如人之生與死。正文"生死也"三字直訓"異類",何言不相屬?王説非也。然則"非治亂也",即"有欲、無欲"非關治亂也。楊注亦未切也。又楊注"導欲"下似脱"導欲"二字。《集解》本引楊注少"治亂所繫"四字,非。

〔二一〕楊倞注:情之數,言人情必然之數也。治亂所繫在節欲則治,不節欲則亂,不在欲之多寡也。⊙物雙松曰:"情之所也"者,在情欲之深淺也。所者,指物辭,蓋指情之厚薄言之。⊙冢田虎曰:情之所也,性情之所以然也,亦非關治亂事。⊙天海案:正文及楊注"情之數也",諸本"數"作"所",楊注亦同。然則作"所"者音誤也。數,即指"多寡"而言,作"所"者,其義難通。凡據"所"字爲説者,亦非。"情之數也"者,情之多寡之計數也。楊注亦未得。

〔二二〕楊倞注：凡人之情欲雖未可得，以有欲之意及至求之時，則從其所可得也。⊙物雙松曰：言人之欲心不問其物之可得與否也。“求者從所可”者，言人之所營求，則求其所可得者。⊙久保愛曰：不待可得，無求之而至也。從所可，從所願而求也。⊙俞樾曰：“待”字衍，當作“欲不可得，而求者從所可”。楊注不釋“待”字，故知爲衍文。⊙郭嵩燾曰：“待”字不可少。人生而有欲，不待其可得而後欲之，此根於性者也。若無“待”字，則文不成義。俞説非，下同。⊙天海案：正文“求者”，巾箱三本作“求也”。所可，心所許也。

〔二三〕楊倞注：天性有欲，心爲之節制。⊙俞樾曰：“受乎心也”上，當有“所”字。⊙天海案：此四句承上二句申説之也。

〔二四〕楊倞注：此一節未詳，或恐脱誤耳。或曰：當爲“所受乎天之一欲，制於所受乎心之計”，其餘皆衍字也。一欲，大凡人之情欲也。言所受乎天之大欲，皆制節於所受心之計度，度心之計亦受於天，故曰“所受”。⊙物雙松曰：“所受乎天之一”者，言寡欲也。“欲制於所受乎心之多”者，言使其寡所求也。“固難類所受乎天”者，言心之所思慮不能若生質之自然也。⊙冢田虎曰：所受乎天，謂生而具乎性之欲也。受乎心者，謂感物而動以求之也。言人未感物則其欲一而不分也。至於感物而動，則從耳目鼻口，而求者多也。從耳目鼻口，而所受乎心之求多，則所受乎天之一欲爲之而制，而不能一焉。故所受乎心與所受乎天，亦固難類也。⊙俞樾曰：此文當云“所受乎天之一，所受乎心之多，固難類也。”⊙郭嵩燾曰：生之有欲，一而已矣。制於所受乎心之多者，以有欲之性聽命於心，而欲遂多紛馳，而日失其故，漓其真，則與所受於天之一欲，又不可以類求也。文義顯然。楊、俞説皆非。⊙劉師培曰：“受于天”、“受于心”均承上文言。一，即《大戴・本命篇》“形于一謂之性”之“一”也。此“一”即指性而言。受於心者，即外欲也。惟“欲”字涉上文而衍。此言人性雖受於天，然外欲甚多，若本性爲其所制，則人性遂與本性相違。此即性制于欲之説也。⊙金其源曰：竊謂此乃申説人欲天性之所以多寡異類，竝無脱誤，亦無衍字。蓋人所受乎天者，性也。所受乎心者，情也。性者生理，情者物欲。生理本一，物欲則多。故人莫不欲生而不惜恣情縱欲以害其生者。以凡人之性，往往受制於情，則情之所欲者多，固難類於性，於所欲者少矣。⊙天海案：一欲，性也。心之多，心之多求也。天生之一性欲，受制於心之多求，固難與天所受之一欲相類也。此文意本通，何謂“未詳”、“脱誤”？金説可從也。又，正文“多固難類所受乎天也”九字，錢佃稱諸本無。今按，巾箱三本亦並無此九字，且“多”字作“計”。此必後人據楊注删改之，非也。

〔二五〕楊倞注：此明心制欲之義。⊙物雙松曰：“人之所欲”至“可以死也”，言生死者，欲之大者也。然猶且能以可不可決之。而舍生取義者，可見心可制性，而性不可制心也。⊙陶鴻慶曰：從，讀爲“縱”。此言心不能制欲，則有縱生以成死者，以其有死之道也。⊙劉念親曰:《説文》:"成,就也。"⊙包遵信曰:兩"可"字,許可也。⊙天海案:從生成死,放棄生而就死也。不可,心所不可。可,心所可也。

〔二六〕楊倞注:動,謂作爲也。言欲過多而所作爲不及其欲,由心制止之也。⊙王先謙曰:所欲有過於生,而動不及於求生者,心之中理止之也。⊙梁啓雄曰:過之,謂過於心之"所可"。動不及,謂動作不隨伴着欲。心止之,謂心制止住行動。

〔二七〕楊倞注:所可,謂心以爲可也。言若心止之而中理,欲雖多,無害於治也。⊙梁啓雄曰:中,適當也。⊙天海案:中,合也。

〔二八〕楊倞注:心使之失理,則欲雖寡,亦不能止亂。

〔二九〕楊倞注:明在心不在欲。⊙物雙松曰:亡,不在也。⊙冢田虎曰:"亡"音"無",下同。⊙天海案:亡,無也;於,在也。故"亡於"即"不在"。正文"治",巾箱三本作"理"。

〔三〇〕楊倞注:所在心也,所亡欲也。⊙天海案:所在,在於心之所可也。所亡,即所不在,言不在於情之所欲也。楊注未了。又,此下原文未分段,現據文意分之。

〔三一〕楊倞注:性者,成於天之自然。情者,性之質體。欲又情之所應。所以人必不免於有欲也。⊙物雙松曰:情之應也,情之感應也。⊙冢田虎曰:情之應也,言情之所應物而動也。⊙王念孫曰:宋錢、吕本、世德堂本竝作"以所欲以爲可得而求之",盧從元刻删"所"、"以"二字。案"所"字不當删,下文是其證。⊙天海案:"以所欲以爲可得而求之",巾箱三本無"所"、"以"二字。情之所必不免者,人情之所不免於此也。

〔三二〕楊倞注:心以欲爲可得而導達之,智慮必出於此也。⊙物雙松曰:道,方也。道之者,多方以求之也。⊙冢田虎曰:道,音"導"。知,如字。知欲之所必出。⊙安積信曰:道,由也。⊙天海案:楊注"道"是,冢説"知"是。

〔三三〕楊倞注:夫人各有心,故雖至賤,亦不能去欲也。⊙物雙松曰:守門者,至賤之人,爲人守門户者也。

〔三四〕楊倞注:具,全也。若全其性之所欲,雖爲天子,亦不能盡。秦皇、漢武之比也。⊙物雙松曰:性之具也者,欲爲性之所具故也。欲不可盡者,言不能盡如其所欲也。⊙久保愛曰:性之具,猶言生而備具者也。⊙天海案:"性之具也",言人之欲是天性所具有。此四字句本直承"欲不可去"而言,楊注斷下,非也。注亦非。欲不可盡者,言雖貴爲天子,其欲也不可盡其滿足。楊注"雖爲天子",脱"天"字,據正文及諸本補。

〔三五〕楊倞注:以,用也。近盡,近於盡欲也。言天子雖不可盡欲,若知道,則用可近盡而止之,不使故肆之也。⊙劉師培曰:近盡者,言窮欲必自近者始也。言欲之遠者雖不可盡求,然近己之欲不難依次而得也。⊙章詩同曰:近盡,接近於完全的滿足。

〔三六〕楊倞注：雖至賤亦不可去欲，若知道，則求節欲之道而爲之也。⊙物雙松曰：謂欲與求之别也。欲心則不可去之，而其所營求則可節減也。⊙冢田虎曰：言欲雖不可去，然求之之心則可節其求也。注非也。⊙天海案：欲、求對舉，非求節欲之道也，楊注非。欲者天性也，故不可去；求者從其心，故可節制也。陶鴻慶、鍾泰二説，亦同於物氏也。

〔三七〕楊倞注：爲貴賤之謀慮，皆在節其所求之欲也。⊙物雙松曰："所求不得慮者欲節求也"，言凡有所營求，而慮之不可得，則必欲裁減其所營求之事也。注非。⊙冢田虎曰：求者猶近盡，言節其求者，猶近乎盡欲也。"所求不得"二句，言所求不得如其所欲，則其欲又節所求也。"慮"字雖有注，可疑也。⊙久保愛曰："所求不得慮者"，猶言不得慮所求者也。⊙鍾泰曰：此"欲"字與前諸"欲"字異，蓋以心之爲主者言，注未分明。⊙天海案："所求不得慮者，欲節求也。"言所求不得思之者，是因爲其心節制其求也。欲與求，亦同上，相對舉也。楊注未得。正文"所求不得"，錢佃稱諸本作"求必不得"，巾箱三本作"所求必不得"。又楊注"貴賤"二字，盧本改作"賤者"，《集解》本從之，皆非。

〔三八〕楊倞注：道，謂中和之道，儒者之所守也。進退亦謂貴賤也。道者，貴則可以知近盡，賤則可以知求節，天下莫及之也。⊙物雙松曰：道，即上文"所可中理"之謂也。以此治其欲，舉天下之事，唯此爲當矣。進退，注是。⊙鍾泰曰：進退與貴賤無涉，注非。⊙梁啓雄曰：此言謂得道的仁人，進可以處樂，退又能處約。⊙章詩同曰：道者，對待欲望的正道。⊙天海案：道者，此言欲與求之正確之道路，故下以"進退"言之。此道非中和之道，亦非得道之仁人。近盡，指欲可近盡。節求，節制所求也，楊注訓以"求節"，尤非。

凡人莫不從其所可而去其所不可。知道之莫之若也，而不從道者，無之有也〔一〕。假之有人而欲南無多，而惡北無寡，豈爲夫南者之不可盡也，離南行而北走也哉〔二〕？今人所欲無多，所惡無寡，豈爲夫所欲之不可盡也，離得欲之道而取所惡也哉〔三〕？故可道而從之，奚以損之而亂〔四〕？不可道而離之，奚以益之而治〔五〕？故知者論道而已矣，小家珍説之所願皆衰矣〔六〕。

凡人之取也，所欲未嘗粹而來也；其去也，所惡未嘗粹而往也。故人無動而不可以不與權俱〔七〕。衡不正，則重縣於仰而人以爲輕，輕縣於俛而人以爲重，此人所以惑於輕重也〔八〕。權不正，則禍託於欲而人以爲福，福託於惡而人以爲禍，此亦人所以惑於禍福也〔九〕。

道者，古今之正權，離道而内自擇，則不知禍福之所託〔一〇〕。

易者以一易一，人曰無得，亦無喪也〔一一〕；以一易兩，人曰無喪，而有得也；以兩易一，人曰無得，而有喪也。計者取所多，謀者從所可〔一二〕。以兩易一，人莫之爲，明其數也。從道而出，猶以一易兩也，奚喪〔一三〕？離道而内自擇，是猶以兩易一也，奚得〔一四〕！其累百年之欲，易一時之嫌，然且爲之，不明其數也〔一五〕！有嘗試深觀其隱而難其察者〔一六〕：志輕理而不重物者，無之有也〔一七〕；外重物而不内憂者，無之有也；行離理而不外危者，無之有也；外危而不内恐者，無之有也。心憂恐則口銜芻豢而不知其味，耳聽鍾鼓而不知其聲，目視黼黻而不知其狀，輕煖平簟而體不知其安〔一八〕。故嚮萬物之美而不能嗛也〔一九〕。假而得問而嗛之，則不能離也〔二〇〕。故嚮萬物之美而盛憂，兼萬物之利而盛害。如此者，其求物也，養生也，粥壽也〔二一〕？故欲養其欲而縱其情〔二二〕，欲養其性而危其形，欲養其樂而攻其心，欲養其名而亂其行〔二三〕。如此者，雖封侯稱君，其與夫盜無以異；乘軒戴絻，其與無足無以異〔二四〕。夫是之謂以己爲物役矣〔二五〕。

心平愉，則色不及傭而可以養目〔二六〕，聲不及傭而可以養耳，蔬食菜根而可以養口，麤布之衣、麤紃之履而可以養體〔二七〕，屋室廬庾葭、稾蓐尚机筵而可以養形〔二八〕。故萬物之美而可以養樂，無埶列之位而可以養名〔二九〕。如是而加天下焉，其爲天下多，其和樂少矣〔三〇〕。夫是之謂重己役物〔三一〕。無稽之言，不見之行，不聞之謀，君子慎之〔三二〕。

## 【校釋】

〔一〕楊倞注：知節欲無過於道，則皆從道也。⊙物雙松曰："知道"下十六字句，重在"知"字。言人之不從道者，不知道之爲至極也。⊙天海案：此下之文皆承上文而言"道"之重要性。又，"知道之"下，巾箱三本有"知"字，非也。

〔二〕楊倞注：有人欲往南而惡往北也。欲南無多，謂南雖至多，猶欲之也。惡北無寡，謂北雖至寡，猶惡之也。言此人既欲南而惡北，豈爲夫南之不可得盡，因肯捨南而走北乎？⊙物雙松曰：假之，猶假如也。欲南無多者，欲南之心未切也，以喻好道之淺也。惡北無寡者，惡北之心甚也，以喻惡禍之心切也。人多以道之廣大，故其慕道之念怠也。故舉南方之路悠遠不可盡爲喻也。南行者，南路也。注非。⊙冢田虎曰：假，喻也。言有人欲南行，則雖南行多也，無以爲多；而惡北行，則雖北行寡也，無以爲寡。然爲夫南之不可行盡，乃離所欲之南行，而走所惡之北哉！⊙梁啓雄曰：欲往南行，惡往北走。多、寡，都指路程。無多，謂無論多麽的多。假之，假若。⊙章詩同曰：無多，就不管路怎麽遠。無寡，就不管路怎麽近。⊙天海案：無多，不嫌其路之長。無寡，不嫌其路之近。南者，南行之路。南行，亦爲南行之道。“走”下“也”字，巾箱三本無。

〔三〕楊倞注：今夫人情，欲雖至多，猶欲之，惡雖至寡，猶惡之。豈爲欲之不可得盡，因肯取所惡哉？言聖人以道節欲，則各安其分矣。而宋、墨之徒不喻斯理，而强令去欲寡欲，此何異使之離南而北走，捨欲而取惡，必不可得也。⊙物雙松曰：亦言慕好之心淺，憎惡之念深也。所惡，言禍也。⊙天海案：無多，不嫌其多。無寡，不嫌其少。楊注是，物説非。“夫”下“所”字，巾箱三本無。

〔四〕楊倞注：可道，合道也。損，減也。言若合道則從之，奚以損亂而過此也。⊙物雙松曰：言其心以道爲可而從之，則必將漸務進道以致治平也。何乃害道乃求亂哉？“不可道”句亦倣此。⊙冢田虎曰：言以道爲可，而從之之國，則人不得損之而亂焉。以道爲不可，而離之之國，則人亦得益之而治焉。⊙久保愛曰：可道，以道爲可也。損之，損去欲寡欲之説也。言可道而從之，則雖損去欲寡欲之説，豈亂矣哉！⊙天海案：可道，心認可道也。奚以損之而亂者，言何能損其欲惡之情而亂哉！

〔五〕楊倞注：不合道則離之，奚以益治而過此。此明若合道，雖爲有欲之説，亦可從之。不合道，雖爲去欲之説，亦可離之也。⊙久保愛曰：言以道爲不可，而不從之。雖益去欲寡欲之説，豈治哉！⊙劉念親曰：損、益，字疑互誤。⊙鍾泰曰：此言可乎道而從道，則無術以損之而使之亂；不可乎道而離道，亦無術以益之而使之治。其曰“奚以”者，特反言以見其必不然耳。文自分明，注反繚繞矣。⊙天海案：言不認可道而離道，何能益其欲惡而治哉！又錢佃稱楊注兩“過此”，諸本並作“至此”。

〔六〕楊倞注：知治亂者，論合道與不合道而已矣，不在於有欲無欲也。能知此者，則宋、墨之家自珍貴其説，願人之去欲寡欲者，皆衰矣。⊙物雙松曰：“而已矣”三字含不必説寡欲意。⊙久保愛曰：知，音智。⊙劉師培曰：珍，疑作“紾”。《孟子》趙注云：“紾，戾也。”又與“軫”同，《方言》：“軫，戾也。”則“紾説”即僻違、乖戾之説。⊙鍾泰曰：珍者，異也。珍説，異説也。注失之。⊙梁啓雄曰：《爾雅》：“願，思也。”⊙天海案：知者，即智者，楊注非。小家珍説，小派異説，此對宋、墨類諸子學説的蔑稱。所願，所企求也。此下原文未分段，現分之。

〔七〕楊倞注：粹，全也。凡人意有所取，其欲未嘗全來；意有所去，其惡未嘗全去，皆所不適意也。權者，稱之權，所以知輕重者也。能權變適時，故以喻道也。言人之欲惡常難適意，故其所舉動而不可不與道俱。不與道俱則惑於欲惡矣。故達道者不戚戚於貧賤，不汲汲於富貴，故能遣夫得喪，欲惡不以介懷，而欲自節矣。⊙物雙松曰：無動，"無"字似衍。⊙王念孫曰：上"不"字衍，涉注文而衍。⊙劉師培曰：粹，與萃同。萃，即聚也。⊙于省吾曰：説"不"或"無"字衍，並非。此言人無有舉動而不可以不與權俱者。正言之，則凡有舉動，均可以與權俱也。⊙梁啓雄曰：粹，疑借爲"猝"。無動，謂無論任何動作。⊙楊柳橋曰：據楊注意，"無"字乃"之"字之誤。《廣雅》："錘，謂之權。"權以喻變。⊙天海案：粹，通萃，劉説義長。無動，無論有何行動，梁説是。權者，稱錘，此喻道。俱者，偕也，同在也。正文"不可以"三字，巾箱三本並無。

〔八〕楊倞注：衡，稱之衡也。不正，謂偏舉也。衡若均舉之，則輕重等而平矣。若偏舉之，則重縣於仰，輕縣於俛，而猶未平也。遂以此定輕重，是惑也。⊙物雙松曰："衡不正"以下，明所可所不可，皆當以道爲則。重懸於仰，言衡雖昂，猶可懸重也。仰，言昂也。輕懸於俯，言懸輕而衡猶下也。俯，言下也。⊙天海案：正者，合於規範，合於標準也。《論語・子罕》："吾自衛反魯，然後樂正。"即此"正"也。衡不正，言稱桿之不合標準，故稱重而衡反高仰，使人誤以爲物輕；稱輕而衡反低下，使人誤以爲物重。此乃衡不準而使人不辨輕重之原故。此亦以衡喻道。楊注"重縣於俛"，盧本改作"重縣於仰，輕縣於俛"，與正文合，此從之。

〔九〕楊倞注：權不正，謂不知道而偏見，如稱之權不正者也。禍託於欲，謂無德而禄，因以爲福，不知禍不旋踵也。福託於惡，謂若有才未偶，因以爲禍，不知先號後笑也。言不知道則惑於倚伏之理也。⊙天海案：權不正，猶言稱錘之不合標準也。此喻道之不正也。楊注亦未切。荀子此似用《老子》禍福相依之説。

〔一〇〕楊倞注：道能知禍福之正，如權之知輕重之正。離權則不知輕重，離道則不知禍福也。⊙天海案：内，心也。正權，準權也。託者，寄也。此下原文未分段，現依文意分之。

〔一一〕楊倞注：易，謂以物相易。⊙天海案：喪，失也。

〔一二〕物雙松曰："計者"者，算計者也。⊙熊公哲曰：計，計算得喪之多寡。謀，謂謀慮事之可否。

〔一三〕楊倞注：從道則無所喪。儒術是也。⊙物雙松曰：從道而出，言發可不可之謀也。⊙久保愛曰：出，出謀發慮之出。⊙梁啓雄曰：《説文》："出，進也。"⊙李中生曰：這裏的"出"也訓爲"行"。⊙天海案：從道而出，猶言從正道出發。此上承"謀者從所可"之意。

〔一四〕楊倞注：離道則無所得，宋、墨也。⊙陶鴻慶曰：此明以道節欲之效，與宋、墨無涉。

〔一五〕楊倞注：累，積也。嫌，惡也。此謂不以道求富貴，終遇禍也。⊙物雙松曰:"其累百年"至"然且爲之",言一生所蓄,一旦喪之。⊙久保愛曰:嫌,讀爲"慊",快也,足也。⊙鍾泰曰:百年之欲,謂終身之大計也。"累"當讀如字,以一時之好而使終身大計不就,故曰累也。其不曰"一時之好",而曰"一時之嫌",乃極言之。或"嫌"爲"嗛"之譌字。謂害百年之欲而易一時之快也。⊙梁啓雄曰:《説文》:"嫌,不平於心也。"一時之嫌,謂心理一時的衝動,致使心不平,慮不清。⊙熊公哲曰:數,謂禍福之理也。⊙楊柳橋曰:嫌,猶惑也。⊙天海案:累,當訓積,由下文"不明其數"可知。"數"可積而無涉於"累害",鍾説非,楊注是。嫌,與慊通,滿足也。久説是,楊注非。數者,數量多少之理也,上文云"以兩易一,人莫之爲,明其數也",與此一律。熊説非。又正文"累"上"其"字,巾箱三本並無。

〔一六〕楊倞注:有,讀爲又。雖隱而難察,以下四事觀之,則可知也。⊙王念孫曰:"隱而難其察","其"字涉上文而衍。⊙天海案:王説是。

〔一七〕楊倞注:理,爲道之精微。⊙顧千里曰:"不"下疑當有"外"字。⊙久保愛曰:本注"爲"字當爲"謂"。⊙梁啓雄曰:《釋詞》十:"無,未也。"

〔一八〕久保愛曰:輕煖,狐裘之屬。平簟,簟笫之平者。⊙俞樾曰:"平"乃席名,故與簟竝言。《説文》:"蒻,蒲子,可以爲平席。"⊙天海案:前文言"芻豢不加甘","大鍾不加樂",此言"口銜芻豢而不知其味","耳聽鍾鼓而不知其聲"者,或其類乎?平,蒲草席。簟,竹席。輕煖概指衣被也,不必定指狐裘。

〔一九〕楊倞注:嚮,讀爲享,獻也,謂受其獻也。嗛,足也,快也。《史記》樂毅曰:"先王以爲嗛於志。"嗛,口簟反。⊙劉念親曰:嚮,讀爲饗,受也。⊙天海案:楊注"毅"下衍一"毅"字,據諸本删之。

〔二〇〕楊倞注:假或有人問之,蹔以爲足其意,終亦不能離於不足也。⊙傅山曰:假有既得此諸美者,口自問其心,則亦似乎其足矣。可以止矣,而終貪婪無厭,不能捨此别有所爲安閑自在之樂,如今死作牛馬之人也。"問而嗛"之三字,最可笑。不必作或有人問之也,此是田舍翁、守財虜衾影間事。⊙物雙松曰:"假而"者,假使也。"得問"者,見問也。"離"者,離憂恐也。言假使有人問之,方知其爲快意之極,而其憂恐卒亦不忘也。⊙冢田虎曰:假,讀爲嘏。上"而",如也。問,遺也。言受萬物之美而不能嗛,嘏之猶得人之贈遺而足之,則終不能離於不足也。⊙王念孫曰:"得問"二字義不可通,當爲"得閒",字之誤也。言憂恐在心,則雖享萬物之美而心不慊,即使暫時得閒而慊之,而其不慊者仍在也。⊙楊柳橋曰:高誘注《國策》:"問,告也。"⊙天海案:"假而",即"假如"。"得問","得閒"之字誤,王説義長,可從之。

〔二一〕楊倞注:也,皆當爲"耶",問之辭。⊙物雙松曰:三"也"字皆喚下文之辭,注非矣。粥,亦養也。⊙久保愛曰:粥、育,古音通,亦養也。⊙梁啓雄曰:粥,是鬻之省字,鬻借爲賣。⊙天海案:粥,通育,養也。《周禮・秋官》"與其國粥",鄭注:"粥,養也。"《大戴・夏小正》:"粥也者,養也。"是其證。久説是。

〔二二〕楊倞注：縱其情，則欲終不可養也。⊙天海案：楊注"欲"字原作"故"，形誤也，據諸本改之。

〔二三〕楊倞注：皆外重物之所致也。⊙天海案："欲養其性而危其形"，性與生通，此指生命。形，身體也。"亂其行"，亂其德行。

〔二四〕楊倞注：絻與冕同。⊙久保愛曰：軒，大夫車也。無足，謂窮亡者也。⊙盧文弨曰："夫盜"，元刻無"夫"字，"乘軒"上有"雖"字。無足，當謂貧人之本不足者。⊙俞樾曰：無足，謂刖者也。"無足"與"乘軒"相應。⊙劉師培曰：無足，猶云不足。⊙楊柳橋曰：無足，當爲"夫民"之誤。古文"無"字作"无"，故誤爲"夫"；"足"乃"民"之誤字。"夫民"，正與上句"夫盜"相對。⊙天海案："乘軒"上，巾箱三本有"雖"字。下"其與"，諸本又作"與其"。"無足"者，即刖者也，正與上"盜者"相應。俞説長。

〔二五〕楊倞注：己爲物之役使。⊙久保愛曰：《修身篇》曰："君子役物，小人役於物。"

〔二六〕楊倞注：所視之物不及傭保之人，亦可養目。⊙冢田虎曰：不及傭，不及用聲色也。⊙久保愛曰：傭，當作"備"，下同，共字之誤也。《解蔽篇》曰："目視備色，耳聽備聲。"⊙孫詒讓曰：傭，當與庸通。庸，猶言常。⊙天海案：不及傭，不及庸常也。孫説是，陶鴻慶、潘重規、鍾泰、金其源等説皆同之。

〔二七〕楊倞注：麤紃之履，粗麻屨也。⊙盧文弨曰：蔬食，當作"疏食"。⊙天海案：蔬，亦菜也，故"蔬"當作"疏"。疏食，粗食也。盧説是。"麤紃之履"，《初學記》引作"麄絲之履"。

〔二八〕楊倞注：廬，草屋也。庾屋，如廩庾者。葭，蘆也。以廬爲屋室，葭稾爲席蓐者，貧賤人之居也。尚机筵，未詳。或曰：尚，言尚古，猶若稱《尚書》之"尚"也。尚机筵，質朴之机筵也。⊙物雙松曰：庾者，倉無屋也。言其屋室陋樸如廬庾也。尚，加也。以葭藁所織之蓐加諸几筵也。⊙王念孫曰：以廬庾爲屋室，而云"屋室廬庾"，則文義不明，且與"葭稾蓐"文非一律。《初學記》引作"局室、蘆簾、稾蓐"，於義爲長。《説文》："局，促也。"局室，謂促狹之室。"屋室"蓋"局室"之誤，"廬庾"蓋"蘆廉"之誤。"稾蓐"上不當有"葭"字。⊙高亨曰：尚，當作"㡀"，形似而誤。《説文》："㡀，敗衣也。"㡀，即"敝"之古文。⊙徐復曰：當以"局室廬、廉藁蓐、尚机筵"斷句，於義爲長。"尚"爲"省"字之誤。⊙天海案：廬者，農時暫居之棚舍。庾者，草也，《爾雅》"薜庾草"。葭者，蘆葦也。稾，謂禾稈也。尚，通當，當机筵者，以禾草蓐當几筵也。竊以爲此句當讀"屋室廬庾葭，稾蓐尚机筵"，言所居之屋乃蘆、草所搭之窩棚，且以草蓐當几席，其義本通。不必如王説依《初學記》所鈔而改之。尚，亦不敢訓爲"加"、"敝"也。又"稾"字，明世本、《四庫》本又作"藁"，二字同。楊注"葭蘆"之"蘆"，原作"廬"，據諸本改。

〔二九〕楊倞注：埶列，班列也。名，美名也。⊙古屋鬲曰：埶列，權勢爵列也。⊙天海案：埶列，權勢和地位。

〔三〇〕楊倞注：以是無貪利之心，加以天下之權，則爲天下必多，爲己之私和樂少矣。⊙久保愛曰：加天下，以此志行加天下也。⊙王念孫曰：和，當爲"私"，字之誤也。⊙王先謙曰：王説是。注中"和"字，乃後人因正文誤"私"爲"和"而羼入之，楊所見本蓋不誤。⊙鍾泰曰：此謂有以天下相加者，則視以爲爲天下者多，而和樂反少。蓋不屑天下之意。故接之曰"夫是謂重己役物"。楊、王説皆非，"和"字更不得易爲"私"字。⊙天海案："和"字不誤，鍾説極是。而楊注中"私"字必衍，乃後人疑正文"和"字當爲"私"而旁記之而羼入也。己，即私也，楊倞斷不必"己"下再言"私"，故知"私"字必衍也。然正文"其"字當讀"豈"，"豈和樂少矣"，言心平愉者雖爲天下多，難道和樂會少嗎？惜楊注、諸説皆未得。

〔三一〕楊倞注：知道則心平愉，心平愉則欲惡有節，物不能動，故能重己而役物。自"有嘗試"以下，皆論知道不知道也。⊙天海案：重己役物，言心平愉者能珍重自己而役使萬物。楊注"物不能動"之"能"字原無，據明世本、《四庫》本補之。盧本、《集解》本並脱"物"字，非。

〔三二〕楊倞注：無稽之言，言無考驗者也。不見之行，不聞之謀，謂在幽隱，人所不聞見者，君子尤當戒慎，不可忽也。《中庸》曰："戒慎乎其所不覩，恐懼乎其所不聞。莫見乎隱，莫顯乎微，故君子慎其獨也。"《説苑》作"無類之説，不戒之行，不贊之辭，君子慎之"。此三句不似此篇之意，恐誤在此耳。⊙物雙松曰：此三句正指宋鈃寡欲之説。不見者，言不見於往典也；不聞者，言不聞於先正也。注皆非。⊙冢田虎曰：《書》曰"無稽之言勿聽，弗詢之謀勿用"，是也。無信驗於古，不見聞於道之謂。倞注皆非也。⊙久保愛曰：不見不聞，亦皆無稽之意，不師古而新作之者也，宋鈃輩所説是也。故著諸篇末。⊙盧文弨曰：此篇由孔子"必也正名"之指推演之，極言人不能無欲，必貴乎導欲以合乎道，而不貴乎絶欲。此荀子之闢小家珍説，而與孔、孟所言治己治人之指相合。後儒專言遏制淨盡者，幾何不以雍而潰矣。⊙天海案：物、冢、久三説是，楊注非。又楊注"説苑"之"苑"，原誤作"菀"，徑改。

# 荀子校釋　卷第十七

## 性惡篇第二十三〔一〕

人之性惡，其善者，僞也〔二〕。

今人之性，生而有好利焉，順是，故爭奪生而辭讓亡焉〔三〕；生而有疾惡焉，順是，故殘賊生而忠信亡焉〔四〕；生而有耳目之欲，有好聲色焉〔五〕，順是，故淫亂生而禮義、文理亡焉〔六〕。然則從人之性，順人之情〔七〕，必出於爭奪，合於犯分亂理而歸於暴〔八〕。故必將有師法之化，禮義之道〔九〕，然後出於辭讓，合於文理而歸於治。用此觀之，然則人之性惡明矣，其善者僞也〔一〇〕。

故枸木必將待檃括、烝矯然後直〔一一〕，鈍金必將待礱厲然後利〔一二〕。今人之性惡，必將待師法然後正，得禮義然後治〔一三〕。今人無師法，則偏險而不正〔一四〕；無禮義，則悖亂而不治。古者聖王以人之性惡〔一五〕，以爲偏險而不正，悖亂而不治，是以爲之起禮義、制法度，以矯飾人之情性而正之，以擾化人之情性而導之也〔一六〕。使皆出於治，合於道者也〔一七〕。今之人，化師法，積文學，道禮義者爲君子〔一八〕；縱性情，安恣睢，而違禮義者爲小人〔一九〕。用此觀之，然則人之性惡明矣，其善者僞也。〔二〇〕。

【校釋】

〔一〕楊倞注：當戰國時，競爲貪亂，不脩仁義，而荀卿明於治道，知其可化，無勢位以臨之，故激憤而著此論。《書》曰"惟天生民，有欲無主乃亂，惟聰明時乂"，亦與此義同也。舊第二十六，今以是荀卿論議之語，故亦升在上。⊙盧文弨曰：《書》作"惟天生聰明時乂"，此無"天生"二字，似誤脱。⊙久保愛曰：此篇蓋爲折孟子而作。⊙梁啓超曰：本篇爲荀子哲學之出發點，最當精讀。⊙吕思勉曰：荀子性惡之論，爲後人所訾。然性惡之論，究與法家相近，而非儒家尚德化之義，則亦不容曲辨也。⊙天海案：荀子的性惡論是他天人觀的延伸。他主張天人相分，性惡論即是他針對孟子天人合一思想的具體批判。荀子的性惡論在我國傳統哲學的人性理論中與性善論、性混善惡論鼎足而立，影響深遠。又楊注"舊第二十六"以下十九字，原無，據諸本補之。

〔二〕楊倞注：僞，爲也，矯也，矯其本性也。凡非天性而人作爲之者，皆謂之"僞"。故"爲"字"人"傍"爲"，亦會意字也。⊙傅山曰：小人可以爲君子，而不肯爲君子，猶可言也。君子可爲小人，而不肯爲小人，期□矣。⊙物雙松曰：荀子專主禮，其以善爲僞者，亦從此中來。⊙久保愛曰：僞，謂以禮義師法矯本性也。⊙郝懿行曰：僞，自然也。僞，作爲也。僞與爲，古字通。楊氏不了，而訓爲矯，全書皆然，是其蔽也。⊙王先謙曰：郝説是。荀書"僞"皆讀"爲"，下文"器生於工人之僞"，尤其明證。⊙劉師培曰：《論衡・率性篇》引此文説之云："性惡者，以爲人生皆得惡性也。僞者，長大之後勉使爲善。"⊙金其源曰：以"爲"釋"僞"，猶不若以"行"説"僞"。行者，《周禮・師氏》注云："德行，内外之稱。在心爲德，施之爲行。"以"人爲"釋"僞"，猶有矯其本性之誤解，不若以"性行"之"行"釋之。⊙天海案：僞者，人爲也。楊注是，金説尤非。此二句，一篇之大綱，故單列一節。

〔三〕楊倞注：天生性也。順是，謂順其性也。⊙冢田虎曰：生而有好利焉，言有所好有所利也。下"有疾惡焉"亦同焉。⊙楊柳橋曰：今，猶夫也。⊙龍宇純曰："今人之性"者，於"今"下略逗，不與"人"字相連爲讀。"今"之義，猶言放眼於今，放眼當世，乃就現實而言之，通以今語，即"事實上"。⊙天海案：性乃天生，無古今可言。此"今"乃發語詞，楊柳橋説是，龍説非。好利，專指利而言，冢氏析之而訓爲所好、所利，非也。順者，從也。順是，順從其好利之性。

〔四〕楊倞注：疾與嫉同。惡，烏路反。⊙天海案：疾惡，猶憎惡。殘賊，猶殘害。

〔五〕王先謙曰：下"有"字疑衍。⊙久保愛曰："有好聲色"四字，似注文誤入正文。⊙劉師培曰：有與又同。⊙天海案：依上文例，久説義長。

〔六〕楊倞注：文理，謂節文條理也。⊙張覺曰：文理，區别等級的禮義制度。⊙天海案：文理，猶文治也。即教化制度。

〔七〕王先謙曰：《論語・八佾篇・集解》：從，讀曰縱。下同。⊙鍾泰曰："從"與"順"一義，當讀如字，不得作"縱"也。王説非。⊙天海案：鍾説是。

〔八〕俞樾曰：犯分，當作"犯文"。此本以"文""理"相對。"合於犯文亂理"，與

"合於文理",正相對成義。⊙鍾泰曰:俞説非,"犯分"不誤。淫亂、殘賊、爭奪,皆犯分也。若作"犯文",則義太窄而不切矣。⊙趙海金曰:犯分亂理,猶言犯禮義亂文理,正與上文相合,"分"字不誤。惟"合於"二字於義不安,疑涉上下文而衍。⊙天海案:俞説非,鍾、趙二説是。理,亦治也。

〔九〕楊倞注:道,與導同。⊙安積信曰:此數句,荀子明教學之決不可缺。⊙梁啓雄曰:化,是"教化"之化。《説文》:"化,教行也。"

〔一〇〕安積信曰:用此觀之,疑"用"爲"由"之訛。下"然"字似衍,下文同。⊙天海案:用,以也。《孟子·萬章》"用下敬上"。"用"字不訛,下同此。又,此下原文未分段,然此節總言人性之欲本惡,善者,需師法之教化,禮義之引導,此皆人爲也。故分之爲一節。

〔一一〕楊倞注:枸,讀爲"鉤",曲也,下皆同。檃括,正曲木之木也。烝,謂烝之使柔。矯,謂矯之使直也。⊙物雙松曰:烝,蒸通。⊙劉師培曰:《文選·郭有道碑文》注引作"隱括"。⊙北大組曰:烝,加熱。⊙駱瑞鶴曰:枸,當作"拘",字之誤也。疑《荀子》古本皆作"隱括"。烝,謂以火烘烤。⊙天海案:"枸"字,巾箱三本作"构","檃"作"櫽"。"括"字,《題注》本、遞修本作"栝"。明世本、《四庫》本與三本同。檃括,矯改竹木原形之工具。揉曲者曰檃,正方者曰括。又作"隱栝"。烝,同蒸,煮水使蒸氣熏製竹木,改其性也。

〔一二〕楊倞注:礱、厲,皆磨也。厲與礪同。⊙天海案:鈍金,猶鈍兵。礱,音龍,磨器之石。

〔一三〕陶鴻慶曰:"之性惡"三字不當有。下文總結方言之,如此處預著此句,則下文爲贅復矣。⊙天海案:"性惡"與"鈍金"相對成文,"之性惡"三字必當有。

〔一四〕久保愛曰:偏,偏頗也。險,不平也。⊙王念孫曰:《廣雅》:"險,衺也。"《非相篇》曰:"險陂傾側。"⊙熊公哲曰:師,所尊師也。法,禮法也。

〔一五〕天海案:"聖王",巾箱三本作"聖人"。

〔一六〕楊倞注:矯,彊抑也。擾,馴也。⊙鍾泰曰:飾,讀如飭。導,當作道。⊙羅焌曰:擾,讀爲獿,《廣雅》云:"柔也。"⊙天海案:擾,順也,馴也。《書·皋陶謨》:"亂而敬,擾而毅。"孔傳:"擾,順也。"《周禮·夏官》鄭注:"擾,馴也。教習使馴服。"故擾化者,馴化也。"導之",諸本並作"道之"。又楊倞注文七字,原在下文"合於道者也"句下,現移此條上,與正文相屬。

〔一七〕梁啓雄曰:《集解》"使"譌作"始"。元刻"治"作"理"。⊙天海案:"治",巾箱三本並作"理"。道,聖人之道。

〔一八〕冢田虎曰:"道禮義"者,"道"如字。⊙久保愛曰:道,猶由也。⊙梁啓雄曰:化師法,謂受師法教化而同化於師法。《釋名》:"道,蹈也。"蹈禮義,謂實踐禮義。⊙劉如瑛曰:"之人"二字當乙轉,不應作"今之人"。⊙熊公哲曰:積,習也。

⊙天海案:“今之人”,巾箱三本作“今人”。化師法,化於師法。文學,此指六藝之文。道,行也。

〔一九〕久保愛曰:《非十二子篇》“性情”作“情性”,是也。⊙鍾泰曰:縱,當作“從”。作“縱”者,後人所改耳。⊙梁啓雄曰:《説文》:“恣,縱也。”《莊子·寓言》注:“睢睢,跋扈也。”⊙熊公哲曰:安,習而安之不以爲非。⊙天海案:縱,巾箱三本作從。從,古字;縱,今字。性情,當作情性,由上文可見。恣睢,狂妄、凶暴貌。“而”字,巾箱三本無。“違”字,《題注》本、遞修本作“慢”。

〔二〇〕天海案:用,猶以也、由也。僞,人爲也。此下原文未分段,現依文意分之。

孟子曰:“人之學者,其性善。”〔一〕曰:是不然。是不及知人之性,而不察人人之性僞之分者也〔二〕。凡性者,天之就也,不可學,不可事〔三〕。禮義者,聖人之所生也,人之所學而能,所事而成者也〔四〕。不可學、不可事而在人者,謂之性;可學而能、可事而成之在人者,謂之僞;是性、僞之分也〔五〕。今人之性,目可以見,耳可以聽;夫可以見之明不離目,可以聽之聰不離耳〔六〕,目明而耳聰,不可學明矣〔七〕。

孟子曰:“今人之性善,將皆失喪其性故也〔八〕。”曰:若是則過矣〔九〕!今人之性,生而離其朴,離其資,必失而喪之〔一〇〕。用此觀之,然則人之性惡明矣〔一一〕。所謂性善者,不離其朴而美之,不離其資而利之也〔一二〕。使夫資朴之於美,心意之於善,若夫可以見之明不離目,可以聽之聰不離耳〔一三〕。故曰:目明而耳聰也〔一四〕。今人之性,飢而欲飽,寒而欲煖,勞而欲休,此人之情性也。今人飢,見長而不敢先食者,將有所讓也〔一五〕。勞而不敢求息者,將有所代也〔一六〕。夫子之讓乎父,弟之讓兄;子之代乎父,弟之代乎兄〔一七〕。此二行者,皆反於性而悖於情也〔一八〕。然而孝子之道,禮義之文理也。故順情性則不辭讓矣,辭讓則悖於情性矣。用此觀之,然則人之性惡明矣,其善者僞也〔一九〕。





【校釋】

〔一〕楊倞注:孟子言人之有學,適所以成其天性之善,非矯也。與《告子》所論者是也。⊙天海案:“善”下,巾箱三本有“也”字。

〔二〕楊倞注:不及知,謂智慮淺近不能及於知,猶言不到也。《書》曰“予沖人,不及知”也。⊙楊柳橋曰:不及,猶言不預。不預,與不曾義近。⊙天海案:不及,猶不能。“人人之性”,上“人”字,今諸本並作“乎”。而此句錢佃稱宋諸本作“不察乎僞之情者也”。“察”下“人”字作“乎”是也,可據正之。

〔三〕物雙松曰:“不可事”、“所事而成”,“事”字皆訓“爲”。⊙久保愛曰:就,猶成也。《禮記》曰“天命之謂性”。⊙熊公哲曰:事,謂勉力作爲也。⊙天海案:事,治也。不可事,此言性乃天生成,人不可學,亦不可改變之也。故“事”曰治。《吕氏春秋・先己》“事心乎自然之塗”,高誘注:“事,治也。”

〔四〕楊倞注:聖人之所生,明非天性也。事,爲也,任也。《周禮・太宰職》“六曰事典,以富邦國,以任百官”,鄭云:“任,事也。”⊙盧文弨曰:鄭注本云“任,猶傳也”。玩楊意,卻只作“事”。⊙久保愛曰:事,猶“無事其縷,有事其布,曰錫”之事。謂脩飾之也。⊙天海案:所事,所奉行也。此“事”與上“事”有異。《孟子・滕文公》下“害於其事”,朱熹集注:“事,所行。”

〔五〕楊倞注:不可學,不可事,謂不學而能,不事而成也。⊙久保愛曰:“事而”之“而”與“之”通。⊙顧千里曰:“而在人者”,“而”,疑當作“之”;“人”,疑當作“天”;與“可學而能,可事而成之在人者謂之僞”爲對文。上文“凡性者,天之就也,不可學,不可事”,亦其明證。⊙潘重規曰:性、僞均就人言,故曰“在人”。⊙天海案:不可學、不可事,謂不必學、不必事也。楊注未切。“而在人者謂之性”,正與上文“凡性者,天之就也,不可學,不可事”相承,其義一也。顧説亦謬。

〔六〕楊倞注:可見之明常不離於目,可聽之聰常不離於耳也。

〔七〕楊倞注:如目明耳聰之不假於學,是乃天性也。⊙天海案:此節駁孟子“人之學在性善”之説,明性由天就,學以人爲之理,以證人之學不在性之善。

〔八〕楊倞注:孟子言失喪本性,故惡也。⊙劉師培曰:據楊説,則“將”字本作“惡”,改“惡”爲“將”,當在唐代以後。⊙梁啓雄曰:據楊注“故惡也”,正文“故”下似奪一“惡”字。⊙包遵信曰:善,疑當作“惡”。⊙天海案:孟子主性善,失喪其性者,必惡也。據楊注,此“善”當作“惡”,因上文“性善”而誤也。包説是。又正文“今人之”,巾箱三本作“今之人”。

〔九〕久保愛曰:荀卿尤孟子之言。

〔一〇〕楊倞注:朴,質也。資,材也。言人若生而任其性,則離其質朴而偷薄,離其資材而愚惡,其失喪必也。⊙久保愛曰:此荀卿舉孟子之言也。“失而喪之”,失喪本性也。⊙郝懿行曰:朴,當爲“樸”。樸者,素也。言人性生而已離其質樸與其資材,其失喪必矣,非本善而後惡。⊙鍾泰曰:既生即離之,則即謂之性惡也可。此荀子之意也。⊙天海案:正文“喪之”之“之”,巾箱三本無。

〔一一〕久保愛曰：夫生而失喪本性者，性惡之徵也。⊙王念孫曰：此下亦當有"其善者僞也"句。"人之性惡，其善者僞也"二句，前後凡九見，則此亦當然。⊙天海案：荀子於此專駁孟子"人失喪本性而惡"之説，故其下不當有"其善者僞也"一句，以前後文律此文，王説非也。鍾泰、駱瑞鶴亦非王説。



〔一二〕楊倞注：不離質朴、資材，自得美利。不假飾而善，此則爲天性。⊙北大組曰：利，好。⊙楊柳橋曰：鄭玄《儀禮》注："利，猶養也。"⊙天海案：《玉篇》："利，善也。"善，亦美好也，正與上"美之"相對。

〔一三〕楊倞注：使質朴資材自善，如聞見之聰明常不離於耳目。此乃天性也。⊙天海案：使，假使也。若，如也。

〔一四〕楊倞注：故曰如目明耳聰，此乃是其性，不然，則是矯僞使之也。⊙久保愛曰："曰"字衍。⊙天海案：此句意爲"故目曰明而耳曰聰也"，正總上文四句而言，故"曰"字不衍。

〔一五〕俞樾曰："長"，讀爲"粻"。《爾雅·釋言》："粻，糧也。""見粻而不敢先食"，與下文"勞而不敢求息"意正相配，若作"見長"，則轉與下意不倫矣。⊙鍾泰曰："見長"之"長"，自當作"尊長"解，下文不言者，省之也。⊙天海案：長，即尊長。此言"有所讓"，下文言子弟讓父兄，父兄，即尊長也。俞説非，鍾説是。

〔一六〕楊倞注：所以代尊長也。⊙久保愛曰：《論語》所謂"有事弟子服其勞，有酒食先生饌"，是也。⊙天海案：代，代其父兄也。下文可證。

〔一七〕天海案：下二"乎"字，巾箱三本無。

〔一八〕楊倞注：悖，違。⊙天海案：二行，指讓、代二行爲。情，實情。

〔一九〕天海案：此節駁孟子"人失喪本性故惡"之説，亦明人天性惡之説。

問者曰："人之性惡，則禮義惡生〔一〕？"應之曰：凡禮義者，是生於聖人之僞，非故生於人之性也〔二〕。故陶人埏埴而爲器〔三〕，然則器生於工人之僞，非故生於人之性也〔四〕。故工人斲而成器，然則器生於工人之僞，非故生於人之性也〔五〕。聖人積思慮、習僞故〔六〕，以生禮義而起法度。然則禮義法度者，是生於聖人之僞，非故生於人之性也〔七〕。若夫目好色，耳好聲，口好味，心好利，骨體膚理好愉佚，是皆生於人之情性者也〔八〕。感而自然，不待事而後生之者也〔九〕。夫感而不能然，必且待事而後然者，謂之生於僞〔一〇〕。是性僞之所生，其不同之徵也〔一一〕。

故聖人化性而起僞〔一二〕。僞起於性而生禮義〔一三〕，禮義生而制法度。然則禮義法度者,是聖人之所生也。故聖人之所以同於衆,其不異於衆者,性也〔一四〕;所以異而過衆者,僞也〔一五〕。夫好利而欲得者,此人之情性也。假之人有弟兄資財而分者,且順情性好利而欲得,若是則兄弟相拂奪矣〔一六〕;且化禮義之文理,若是則讓乎國人矣〔一七〕。故順情性則弟兄爭矣,化禮義則讓乎國人矣〔一八〕。

凡人之欲爲善者,爲性惡也〔一九〕。夫薄願厚,惡願美〔二〇〕,狹願廣,貧願富,賤願貴,苟無之中者,必求於外;故富而不願財,貴而不願埶,苟有之中者,必不及於外〔二一〕。用此觀之,人之欲爲善者,爲性惡也〔二二〕。今人之性,固無禮義,故彊學而求有之也;性不知禮義,故思慮而求知之也〔二三〕。然則生而已,則人無禮義,不知禮義〔二四〕。人無禮義則亂,不知禮義則悖。然則生而已,則悖亂在己〔二五〕。用此觀之,人性惡明矣,其善者,僞也〔二六〕。

## 【校釋】

〔一〕楊倞注:禮義何從而生? 惡音烏。⊙天海:下“惡”字音烏。

〔二〕楊倞注:故,猶本也。言禮義生於聖人矯僞抑制,非本生於人性也。⊙陶鴻慶曰:當作“非故生於聖人之性也”。⊙天海案:故通固。

〔三〕楊倞注:陶人,瓦工也。埏,擊也。埴,黏土也。擊黏土而成器。埏音羶。⊙楊柳橋曰:《一切經音義》引《淮南》許注:“埏,揉也。”⊙天海案:埏,以水和土,捶揉並用,以成陶器之坯也。

〔四〕楊倞注:言陶器自是生於工人學而爲之,非本生於人性自能爲之也。或曰:“工人”當爲“陶人”。故,猶本也。⊙王念孫曰:楊後説以此“工人”爲“陶人”之誤,是也。又“生於人之性”,當作“非故生於陶人之性”,下文亦當作“非故生於工人之性”,因涉上下文“人之性”而誤。⊙鍾泰曰:此兩“非故生於人之性”“人”上,無“陶”字、“工”字,不誤。禮義者,生於聖人之僞,器者生於陶人、工人之僞,非生於人之性,文正一例。若改作陶人、工人之性,則前後反不相應。王説非也。⊙天海案:工人,即陶人,文義自明,楊注“或曰”非。又,作“人之性”是,不必限指陶人、工人,鍾説是,王説非。

〔五〕久保愛曰:此“工人”,木工也,與上不同。⊙天海案:斲木者自當爲木工,其義自明。久氏辭費。

〔六〕物雙松曰:僞故,是“脱故”之“故”。⊙冢田虎曰:“積思慮習僞”句,“故”

字當屬下。⊙鍾泰曰："習僞故"之"故"，謂慣習也。⊙梁啓雄曰："故"字指事理。⊙楊柳橋曰：僞故，猶行爲也，事故也。⊙天海案：僞故，爲事也。《廣雅》："故，事也。"《説文》："故，使爲之也。"僞，人爲；故，亦人爲也。上"思慮"平列，此"僞故"亦同。前文"人僞"、"可事"，僞、事並用，此亦"僞故"並用，其義一也。諸説非。



〔七〕楊倞注：自是聖人矯人性而爲之，如陶人、工人然也。

〔八〕楊倞注：膚理，皮膚文理也。佚與逸同。人勞苦則皮膚枯槁也。⊙久保愛曰：體，四枝也。⊙天海案：骨體，身體也。情性，猶本性。"情性"下"者"字，巾箱三本無。

〔九〕楊倞注：受性自爾，不待學而知也。⊙天海案：感，感於外物也。自然，自當如此也。

〔一〇〕王引之曰：僞音爲。"謂之僞"三字中，不當有"生於"二字，此涉上"生於"而衍也。⊙鍾泰曰："生於"二字不衍，由上下文可知。王説非也。⊙天海案："者"字，巾箱三本無，"謂"下又有"人"字。

〔一一〕楊倞注：徵，驗。⊙久保愛曰：不同，性、僞不同也。⊙天海案：此節言性、僞産生之不同驗證。原文未分段，現依文意分之。

〔一二〕楊倞注：言聖人能變化本性而興起矯僞也。

〔一三〕楊倞注：《老子》曰："智惠出，有大僞。"《莊子》亦云："仁相僞也，義相虧也。"皆言非其本性也。⊙王念孫曰：宋錢佃校本云："諸本作'僞起而生禮義'，無'於性'二字。"案諸本是也。宋本有"於性"二字者，不曉《荀子》之意而妄加之也。下文"僞起而生禮義"，是其明證矣。⊙天海案："性"字原誤作"信"，據錢本、明世本、《四庫》本改之。"於性"二字，巾箱三本並無。可據王説删之。

〔一四〕俞樾曰：同於衆，即不異於衆也，於文複矣。據下文云："所以異而過衆者，僞也。"疑此文亦當作"所以同於衆而不過於衆者，性也"。"而"譌作"其"，"過"譌作"異"，而詞意俱不可通矣。⊙天海案：其，猶而也，字不譌，説見《古書虚字集釋》。"而不異於衆者"，重申之全同不異也，其文本通而不複。下文承此句而言，略變其文法而已，俞氏以爲譌，以爲複而欲改之，非也。

〔一五〕楊倞注：聖人過衆，在能起僞。⊙久保愛曰：孔子曰："性相近也，習相遠也。"其意。古屋鬲曰"其不異於衆"五字恐衍。⊙天海案：過者，超過也。錢佃稱諸本"過"作"制"。案巾箱三本亦作"制"。



〔一六〕楊倞注：拂，違戾也。或曰："拂"字從木旁，弗擊也。《方言》云："自關而西謂之棉。"今之農器連枷也。且，發辭也。⊙冢田虎曰：假，喻也。資，取也。⊙久保愛曰：假，猶譬也。本注"或曰"以下非。⊙盧文弨曰："拂奪"，宋本作"佛奪"，注同。⊙俞樾曰：説文："拂，過擊也。"拂自可訓擊，何必改爲"棉"字？此"拂"字疑"艴"之假音。言兄弟必艴然爭奪也。⊙王先謙曰：據下文言"讓乎國人"，則非兄弟分財之謂,明“弟兄”二字衍文也。⊙鍾泰曰:王説非也。“讓國人”自别是一事,與此分資財無涉也。⊙天海案:“假之人”,諸本無“人”字,似可據删。“假之”,假若也。此“之”猶若也,説見《釋詞》。“拂”字原作“佛”,注並同,此據諸本改之。拂者,掠也。屈原《楚辭·大招》:“長袂拂面,善留客只。”拂面,即掠面。此“拂奪”亦掠奪也,楊注二説皆非。

〔一七〕梁啓超曰:化禮義,猶言被化於禮義。⊙天海案:且,猶若也,假設之辭。化,隨也,順從歸化也。《吕氏·大樂》:“天下太平,萬物安寧,皆化其上。”高注:“化,猶隨也。”《史記·孟荀列傳》:“初見其術,懼然顧化。”《會注考證》:“化,歸往之意。”文理,禮義之規範也。若是,如是也。下文“化禮義”,亦順從禮義。

〔一八〕天海案:此節言禮義乃聖人爲之而生。原文未分段,現分之。又,“讓”字下,巾箱三本無“乎”字。

〔一九〕楊倞注:爲其性惡,所以欲爲善也。

〔二〇〕天海案:“夫薄願厚,惡願美”七字,巾箱三本作“夫薄願美”四字。

〔二一〕楊倞注:既有富貴於中,故不及財勢於外也。⊙物雙松曰:“苟無之中”,“苟有之外”。“之”猶“於”也,“中”猶“内”也。⊙久保愛曰:及,當作“求”,音之誤也。⊙天海案:及,顧及之也。“必不及於外”之“必”,巾箱三本並無。

〔二二〕楊倞注:無於中,故求於外。亦猶貧願富之比。

〔二三〕鍾泰曰:此較《告子》義外之説猶爲過當。然後文曰“塗之人皆可以知仁義法正之質,皆有可以能仁義法正之具”,是自亦不能守其前説矣。⊙天海案:鍾所引乃“可以知”、“可以能”,此言“求知之”,其義異也。鍾説未審。

〔二四〕楊倞注:生而已,謂不矯僞者。⊙盧文弨曰:生而已,元刻作“性而已”,下同。⊙天海案:“生而已”正文及注,諸本並作“性而已”,非。

〔二五〕久保愛曰:“在”字恐誤,或云:當作“不”。⊙陶鴻慶曰:“悖亂在己”文不可通。“在己”疑是“相亡”二字之誤。下文云“天下之悖亂而相亡”,是其證。⊙天海案:“生而已”,諸本亦作“性而已”,非。“在己”,在己之不化禮義也,此二字不誤,久、陶二説非。

〔二六〕楊倞注:不矯而爲之,則悖亂在己,以此知其性惡也。⊙天海案:“人”下,諸本有“之”字,據本篇文例,似可據補。

孟子曰:“人之性善。”曰:是不然!凡古今天下之所謂善者,正理平治也;所謂惡者,偏險悖亂也。是善惡之分也已〔一〕。今誠以人之性固正理平治邪?則有惡用聖王,惡用禮義矣哉〔二〕!雖有聖王禮義,將曷加於正理平治也哉!今不然,人之性惡〔三〕。故古者聖人以人之性惡，以爲偏險而不正，悖亂而不治，故爲之立君上之埶以臨之，明禮義以化之，起法正以治之〔四〕，重刑罰以禁之，使天下皆出於治，合於善也。是聖王之治而禮義之化也。今當試去君王之埶〔五〕，無禮義之化，去法正之治，無刑罰之禁，倚而觀天下民人之相與也〔六〕。若是，則夫彊者害弱而奪之，衆者暴寡而譁之〔七〕，天下之悖亂而相亡，不待頃矣〔八〕。用此觀之，然則人之性惡明矣，其善者，僞也〔九〕。

故善言古者，必有節於今；善言天者，必有徵於人〔一〇〕。凡論者，貴其有辨合、有符驗〔一一〕。故坐而言之，起而可設，張而可施行〔一二〕。今孟子曰："人之性善。"無辨合符驗〔一三〕，坐而言之，起而不可設，張而不可施行，豈不過甚矣哉！故性善則去聖王，息禮義矣〔一四〕；性惡則與聖王，貴禮義矣〔一五〕。故檃栝之生，爲枸木也；繩墨之起，爲不直也；立君上、明禮義，爲性惡也。用此觀之，然則人之性惡明矣，其善者，僞也。直木不待檃栝而直者，其性直也；枸木必將待檃栝、烝矯然後直者，以其性不直也；今人之性惡，必將待聖王之治，禮義之化，然後皆出於治、合於善也。用此觀之，然則人之性惡明矣，其善者，僞也〔一六〕。

【校釋】

〔一〕楊倞注：善惡之分在此二者。分，扶問反。⊙北大組曰：正理平治，合乎禮義法度，遵守社會秩序。⊙天海案：正理平治，四字並列。正，端正。理，合理。平，安定；治，有序。

〔二〕楊倞注：有，讀爲"又"。惡，音"烏"也。⊙久保愛曰："誠以"下似脱"爲"字。⊙天海案：誠，真也。"則"下原無"有"字，現據楊注及諸本補之。

〔三〕楊倞注：今以性善爲不然者，爲人之性惡也。⊙于鬯曰：此承上文，則"不然"者，謂人實不能然，非我以爲不然也。⊙陶鴻慶曰："人之性惡"及下"故"五字皆衍文。⊙鍾泰曰："今不然"者，謂必用聖王、用禮義也，是人之性惡也。此與上文正相呼應。楊注未得其解。⊙天海案：今，猶是也。説見《釋詞》。是不然，乃駁上文"人之性固正理平治"之説，並肯定説"人之性惡"。楊注近是，然未晰。他説非。

〔四〕楊柳橋曰：法正，猶法政也，法制也。皇侃《論語》疏："政，法制也。"

〔五〕久保愛曰：當試，當作“嘗試”，字之誤。⊙王先謙曰：當，是“嘗”之借字。當試，猶嘗試，説見《君子》篇。⊙梁啓雄曰：當，讀爲“儻”。⊙天海案：當，通嘗，亦通儻。然其上有“今”字訓爲“若”，則“當”應通“嘗”，王説是也。

〔六〕楊倞注：倚，任也。或曰：倚，偏倚，猶傍觀也。⊙王念孫曰：楊説非也。倚者，立也。言立而觀之。⊙久保愛曰：本注後説是。⊙楊柳橋曰：《廣雅》：“倚，因也。”⊙天海案：倚，此訓“因”義長。“民”下“人”字，巾箱三本無。

〔七〕楊倞注：衆者陵暴於寡而諠譁之，不使得發言也。⊙俞樾曰：《禮記·曲禮》“爲國君華之”，鄭注：“華，中裂之。”此文“譁”字當讀“華”，而從“中裂”之訓。陵暴於寡而分裂之，與害弱而奪之者無異也。⊙久保愛曰：“譁”字恐有誤。或云，“誣”誤。⊙劉師培曰：譁，當作“誇”。《説文》：“跨，踞也。”言衆者據寡者之上，而使之出己下也。⊙鍾泰曰：衆之所以奪寡者，正恃在喧譁。“譁”字殆不可易。⊙駱瑞鶴曰：今謂“譁”，猶嚇也。衆者諠譁之，是嚇之也。⊙天海案：譁，讙囂也。《國語·晉語》六“夫衆聞譁則必懼”，韋昭注：“譁，囂也。”《戰國策·趙策》一“微諫而不譁”，鮑彪注：“譁，讙也。”此謂衆者以讙囂之勢而暴寡，楊注、鍾説是。

〔八〕楊倞注：頃，少頃也。本或爲“須”，須臾也。⊙天海：楊前説是。

〔九〕天海案：此亦駁孟子性善之説。此下原文未分段，現分之。

〔一〇〕楊倞注：節，準。徵，驗。⊙郝懿行曰：節者，信也。言論古必以今事爲符信。四語，《董子書》偁之。⊙王引之曰：節，亦驗也。《禮器》注云：“節，猶驗也。”下文曰“有符驗”，符驗，即符節。⊙天海案：節，符節，驗信之物也。故“節”得訓驗，王説是。

〔一一〕楊倞注：辨，别也。《周禮·小宰》“聽稱責以傅别”，鄭司農云：“别之爲兩，兩家各執其一。”符以竹爲之，亦相合之物。言論議如别之合，如符之驗，然可施行也。⊙羅焌曰：辨，讀爲判，判書之半，分而合者。⊙楊柳橋曰：鄭玄《周易》注：“辨，分也。”辨合，即分合，即今所謂分析與綜合也。⊙天海案：辨者，分别也。辨合，即分合。符節之驗，正分而合之也。此以符節之分合驗證喻人之論説，妙喻也。“有符驗”，諸本作“其符驗”。久保愛曰“其”字衍，非也。吴昌瑩《經詞衍釋》云“有、其互訓”。有辨合，指古今，天人之分合；有符驗，亦承前文節、徵而言。荀子之文細密若此。

〔一二〕羅焌曰：設，亦施也。⊙天海案：設者，立也，言立其法度。張者，揚也，公布之，故曰“可施行”。

〔一三〕天海案：“辨”下，巾箱三本有“不”字，非也。

〔一四〕楊倞注：性善則不假聖王、禮義也。⊙天海案：去，人相違也。

〔一五〕王念孫曰：吕、錢本“興”皆作“與”。與聖王，從聖王也。“與”與“去”正相反，則作“與”者是，從元刻作“興”非。⊙天海案：與，通舉，推舉也。“舉聖王”正與"貴禮義"相生相應。王説非也。諸本作"興"者,形誤也。

〔一六〕天海案:"故檃栝之生"以下,直與開篇相應,反復重申人之性惡,必待爲者然後善之理。



問者曰:"禮義積僞者,是人之性,故聖人能生之也〔一〕。"應之曰:是不然。夫陶人埏埴而生瓦,然則瓦埴豈陶人之性也哉〔二〕?工人斲木而生器,然則器木豈工人之性也哉?夫聖人之於禮義也,辟亦陶埏而生之也〔三〕。然則禮義積僞者,豈人之本性也哉〔四〕?凡人之性者,堯、舜之與桀、跖,其性一也;君子之與小人,其性一也〔五〕。今將以禮義積僞爲人之性邪?然則有曷貴堯、禹,曷貴君子矣哉〔六〕!凡所貴堯、禹、君子者,能化性、能起僞,僞起而生禮義。然則聖人之於禮義積僞也,亦猶陶埏而生之也〔七〕。用此觀之,然則禮義積僞者,豈人之性也哉〔八〕?所賤於桀、跖、小人者,從其性,順其情〔九〕,安恣睢,以出乎貪利爭奪。故人之性惡明矣,其善者,僞也〔一〇〕。

天非私曾、騫、孝己而外衆人也〔一一〕,然而曾、騫、孝己獨厚於孝之實,而全於孝之名者,何也?以綦於禮義故也〔一二〕。天非私齊、魯之民而外秦人也,然而於父子之義,夫婦之别,不如齊、魯之孝具敬父者,何也〔一三〕?以秦人之從情性、安恣睢,慢於禮義故也,豈其性異矣哉〔一四〕!

"塗之人可以爲禹",曷謂也〔一五〕?曰:凡禹之所以爲禹者,以其爲仁義、法正也,然則仁義、法正有可知可能之理〔一六〕。然而塗之人也,皆有可以知仁義、法正之質,皆有可以能仁義、法正之具〔一七〕,然則其可以爲禹明矣。今以仁義、法正爲固無可知可能之理邪?然則唯禹不知仁義、法正,不能仁義、法正也〔一八〕。將使塗之人固無可以知仁義、法正之質,而固無可以能仁義、法正之具邪?然則塗之人也,且内不可以知父子之義,外不可以知君臣之正。不然〔一九〕,今塗之人者,皆内可以知父子之義,外可以知君臣之正。然則其可以知之質,可以能之具,其在塗之人明矣!今使塗之人者,以其可以知之質，可以能之具，本夫仁義之可知之理，可能之具，然則其可以爲禹明矣〔二〇〕。今使塗之人伏術爲學，專心一志，思索孰察，加日縣久，積善而不息，則通於神明，參於天地矣〔二一〕。故聖人者，人之所積而致也〔二二〕。

【校釋】

〔一〕楊倞注：言禮義雖是積僞所爲，亦皆人之天性自有，聖人能生之，衆人但不能生耳。⊙王先謙曰：禮義積僞者，積作爲而起禮義也。⊙于鬯曰：此"積"字蓋當訓"習"。然則"積僞者"，猶言習爲也。⊙陶鴻慶曰："是人之性"，本作"是聖人之性"。玩下文自明。⊙鍾泰曰："故聖人能生之"，蓋聖人亦人也，欲以積僞歸之人性，以破性惡之説。楊注未得解。⊙天海案：于、鍾二説是。

〔二〕楊倞注：豈陶人亦性而能瓦埴哉？亦積僞然後成也。⊙鍾泰曰：此注亦非是。當言埏埴生瓦，積僞所成，豈出陶人本性哉！⊙天海案：荀意本謂：然則瓦埴之成，豈陶人之本性哉！是積僞所生成也。鍾説得其意，然楊注亦不可非。

〔三〕楊倞注：辟，讀爲"譬"。⊙天海案："亦"字，盧本作"則"，《集解》本從之，非，此涉上下文"則"字而誤。"埏"字，巾箱三本作"埴"。

〔四〕天海案："本性"之"本"，巾箱三本無。

〔五〕楊倞注：言皆惡也。⊙龍宇純曰：下文"堯、禹"並稱，此文"堯、舜"亦當作"堯、禹"。⊙天海案："跖"下，巾箱三本並有"也"字，明世本、《四庫》本從之。

〔六〕楊倞注：所以貴堯、禹者，以其能化性，異於衆也。有，讀爲"又"。⊙天海案："積僞"下之"爲"字，巾箱三本無，並脱也，非。

〔七〕楊倞注：聖人化性於禮義，猶陶人埏埴而生瓦。⊙劉如瑛曰：下"能"字讀如"而"。⊙天海案："猶"字諸本無，非也。"埏"字，巾箱三本並作"埴"。

〔八〕楊倞注：既類陶埏而生，明非本性也。⊙天海案："僞"下"者"字，巾箱三本並無。

〔九〕冢田虎曰：若謂性善，則不可貴堯、禹。乃亦可謂性惡，則不可獨賤桀、跖也。人性皆惡，而桀、跖能從其性，乃何人又賤之邪？⊙久保愛曰：從，放縱也。

〔一〇〕楊倞注：桀、跖、小人，是人之本性也。⊙天海案："以出乎"，"以"，猶"而"也。此節駁"禮義積僞是人之性"。原文未分段，現依文意分之。

〔一一〕楊倞注：曾參、閔子騫也；孝己，殷高宗之太子；皆有至孝之行也。⊙天海案：私，偏愛。外，棄也。下同。

〔一二〕楊倞注：三人能矯其性，極爲禮義故也。⊙天海案："然而"，巾箱三本作"則"。厚，重也。"全於"，全其也。於、其可互訓。綦，極也。於，猶爲也。綦於，即極爲，楊注是。此“於”字，巾箱三本無。

〔一三〕楊倞注：孝具，能具孝道。敬父，當爲“敬文”，傳寫誤耳。敬而有文，謂夫婦有別也。⊙久保愛曰：具，當作“且”，字之誤也。⊙王念孫曰：敬文，見《勸學》《禮論》二篇。“於父子之義”上，當有“秦人”二字，而今本脱之。“孝具”二字不詞，且與“敬文”不對，“具”當爲“共”，字之誤也。“孝共”，即“孝恭”，正與“敬文”對。楊注望文生義而非其旨。⊙劉師培曰：具，即“慎”字之脱文。慎即順字，孝慎者，即孝順也。⊙天海案：具，通俱。俱者，全也。孝俱，即孝全。此承上文“全其孝”而申之，故曰“孝具”。楊注未得，諸説疑其字誤，非也。又“秦人”二字不爲脱，上已言“秦人”，此承上而省也，王説亦非。

〔一四〕楊倞注：綦禮義則爲曾、閔，慢禮義則爲秦人。明性同於惡，唯在所化耳。若以爲性善，則曾、閔不當與衆人殊，齊、魯不當與秦人異也。

〔一五〕楊倞注：塗，道路也。舊有此語，今引以自難。言若性惡，何故途之人皆可以爲禹也？⊙冢田虎曰：孟子所謂“人皆可以爲堯、舜”也。⊙天海案：曷謂也，猶謂何也。

〔一六〕楊倞注：人皆有之。⊙天海案：可能，可行也。

〔一七〕久保愛曰：質，性也。具，才能也。⊙天海案：質，資質也。

〔一八〕楊倞注：唯，讀爲“雖”。⊙久保愛曰：邪，音“耶”，下同。

〔一九〕楊倞注：以塗之人無可知可能之論爲不然也。⊙俞樾曰：“不然”二字當在“今”字之下，“今不然”，三字爲句。上文云“今不然”，是其例也。⊙天海案：此“不然”乃否定上文之説，上不當着“今”字。俞説非。

〔二〇〕陶鴻慶曰：“本夫仁義之可知之理，可能之具”，當作“本夫仁義法正之可知可能之理”。上文兩言之而不言“可能之具”，此四字涉上句而錯亂其文也。⊙天海案：“仁義”下“之”字，巾箱三本並無。

〔二一〕楊倞注：伏術，伏膺於術。孰察，精孰而察。加日，累日也。縣久，縣繫以久長。⊙冢田虎曰：伏，謂俯而就之也。⊙久保愛曰：伏、服，古通用。服，習也。⊙郝懿行曰：伏與服，古字通。服者，事也。⊙王念孫曰：術者，道也。服術，猶言事道。⊙龍宇純曰：孰，即思察之義。⊙楊柳橋曰：孟喜《周易》注：“伏，服也。”韋昭《國語》注：“服，執也。”伏術，執術也。高誘《淮南子》注：“縣，遠也。”⊙天海案：伏者，守也。《離騷》“伏清白以死直兮”，王逸《楚辭章句》叙“以忠正爲高，以伏節爲賢”，明“伏”皆“守”義。術，道也。伏術，即守道，諸説皆未得之。加，積也。日，時也。加日，即積時。縣久，猶久遠也。

〔二二〕楊倞注：雖性惡，若積習，則可爲聖人。《書》曰：“唯狂克念作聖。”⊙天海案：此節言塗之人積學日久而可爲聖人，聖人亦人之所爲也。原文未分段，現依文意分之。

曰："聖可積而致，然而皆不可積，何也？"曰：可以，而不可使也〔一〕。故小人可以爲君子而不肯爲君子，君子可以爲小人而不肯爲小人。小人、君子者，未嘗不可以相爲也，然而不相爲者，可以而不可使也〔二〕。故塗之人可以爲禹，然則塗之人能爲禹，未必然也〔三〕。雖不能爲禹，無害可以爲禹〔四〕。足可以徧行天下，然而未嘗有能徧行天下者也。夫工匠農賈，未嘗不可以相爲事也〔五〕，然則未嘗能相爲事也〔六〕。用此觀之，然則可以爲，未必能也；雖不能，無害可以爲。然則能不能之與可不可，其不同遠矣，其不可以相爲明矣〔七〕。

堯問於舜曰："人情何如〔八〕？"舜對曰："人情甚不美〔九〕，又何問焉？妻子具而孝衰於親〔一〇〕，嗜欲得而信衰於友，爵禄盈而忠衰於君。人之情乎，人之情乎！甚不美，又何問焉？"唯賢者爲不然〔一一〕。

有聖人之知者，有士君子之知者，有小人之知者，有役夫之知者〔一二〕。多言則文而類，終日議其所以，言之千舉萬變，其統類一也，是聖人之知也〔一三〕。少言則徑而省，論而法，若佚之以繩，是士君子之知也〔一四〕。其言也謟，其行也悖，其舉事多悔，是小人之知也〔一五〕。齊給便敏而無類，雜能旁魄而毋用〔一六〕，析速粹孰而不急〔一七〕，不恤是非，不論曲直，以期勝人爲意，是役夫之知也〔一八〕。

## 【校釋】

〔一〕楊倞注：可以爲而不可使爲，以其性惡。⊙冢田虎曰：此注不通。今言聖雖可積而致，然是可自以爲之而不可從他使之爲也。下文同。⊙陶鴻慶曰："可以"下當有"爲"字。下文"可以而不可使也"，"可以"下亦當有"爲"字。⊙熊公哲曰：可以，謂可以爲。不可使，謂不可使之必爲。⊙李中生曰："爲"字蒙下而省。⊙天海案："皆不可積"，謂非人人皆可積而爲聖人也。"以"，猶"爲"也，可以，即可爲，或可以爲。説見《古書虚字集釋》。使，通事。《管子·侈靡》"不擇君而使"，許維遹云："使與事，古爲一字。"《墨子·經上》："使，謂故。"于省吾《新證》："使，金文使、事同字。"不可使，即不可事。事者，治也，爲也。故"可以，而不可使"，即可爲而不可使之爲也。下同此。

〔二〕熊公哲曰：使，心使之也。此云"不可使"，是心不知道也。⊙天海案：此云"不肯爲"，亦即不可使之爲之意。"相爲"，互爲也。"可以而不可使"，此言小人、君子可以相爲,而不可使相爲也。

〔三〕盧文弨曰:"故塗之人可以爲禹"下,元刻有"未必然也,塗之人可以爲禹"十一字,宋本無。⊙天海案:"故塗之人可以爲禹然則"十字,錢佃稱宋諸本作"故塗之人可以爲禹,未必然也;塗之人可以爲禹則然"二十一字,巾箱三本亦同之。明世本、《四庫》本"然則"亦作"則然",餘與此本同,宋浙本亦同此本。疑錢所稱諸本與巾箱三本衍"故"下十一字。

〔四〕久保愛曰:以其有可爲之理故也。

〔五〕楊倞注:事,業。⊙久保愛曰:相爲,謂工爲農事,賈爲匠事也。

〔六〕冢田虎曰:"然則","則"當作"而"。⊙天海案:"則"字,巾箱三本作"而"。則,猶而也。説見《釋詞》。

〔七〕楊倞注:工賈可以相爲而不能相爲,是可與能不同也。可與能既不同,則終不可以相爲也。此明禹亦性惡,以能積僞爲聖人,非禹性本善也。聖人異於衆者,在化性也。⊙久保愛曰:"遠矣其"下,似脱"未嘗"二字。⊙天海案:此下原文未分段,現依文意分之。

〔八〕鍾泰曰:此以下至"唯賢者爲不然",引堯、舜之問以結上文。自"有聖人之知者"以下至"是下勇也",與前文義不相屬,當别爲一節,且不似《性惡篇》之文。疑《不苟》《榮辱》《儒效》等篇竄入於此。⊙天海案:"何如"二字,宋浙本作"如何"。

〔九〕劉師培曰:《路史·有虞記》引作"人之情奈何",引"甚"作"大"。⊙天海案:不美,不善也。下"不美"同此。

〔一〇〕天海案:《意林》鈔《荀卿子》此句"孝"作"愛",無"嗜欲"一句,"親"下直接"爵禄盈"一句及"唯舜及賢者不然"一句。

〔一一〕楊倞注:引此亦以明性之惡。韓侍郎作《性原》曰:"性也者,與生俱生也;情也者,接於物而生也。性之品有三,而其所以爲性五;情之品有三,而其所以爲情七。曰:何也?曰:性之品有上、中、下三:上焉者,善而已矣;中焉者,可道而上下也;下焉者,惡焉而已矣。其所以爲性者五:曰仁、曰禮、曰信、曰義、曰智。曰上焉者之於五也,主於一而行於四;中焉者之於五也,一不少有焉,則少反焉,其於四也混;下焉者之於五也,反於一而悖於四。性之於情,視其品。情之品有上、中、下三,其所以爲情者七:曰喜、曰怒、曰哀、曰懼、曰愛、曰惡、曰欲。上焉者之於七也,動而處其中;中焉者之於七也,有所甚,有所亡,然而求合其中者也;下焉者之於七也,亡與甚,直情而行者也。情之於性,視其品。孟子之言性曰'人之性善',荀子之言性曰'人之性惡',揚子之言性曰'人之性,善惡混'。夫始善而進惡,與始惡而進善,與始也混而今也善惡,皆舉其中而遺其上下者也,得其一而失其二者也。叔魚之生也,其母視之,知其必以賄死。楊食我之生也,叔向之母聞其號也,知必滅其宗。越椒之生也,子文以爲大感,知若敖氏之鬼不食也。人之性果善乎?后稷之生也,其母無災,其始匍匐也，則岐岐然，嶷嶷然。文王之在母也，母不憂；既生也，傅不勤；既學也，師不煩。人之性果惡乎？堯之朱，舜之均，文王之管、蔡，習非不善也，而卒爲姦。瞽叟之舜，鯀之禹，習非不惡也，而卒爲聖。人之性善惡果混乎？故曰：三子之言性也，舉其中而遺其上下者也，得其一而失其二者也。曰：然則性之上下者，其終不可移乎？曰：上之性就學而愈明，下之性畏威而寡罪。是故上者可學而下者可制也。其品，則孔子謂不移也。曰：今之言性者異於此，何也？曰：今之言者，雜老、佛而言也。雜老、佛而言之也者，奚言而不異？"⊙天海案：此節引聖人之問答，以明人性之惡。故單列之，爲論性惡之結束語也。此下原文未分段，現依文意分之。又楊注"《性原》"，一作"《原性》"，所引"中焉者之於五也"，"也"字原在"一"下；"文王之管、蔡"之"王"字，原作"三"，現據諸本正之。此注全錄韓愈《原性》。

〔一二〕冢田虎曰："有聖人之知者"以下，不類乎此篇，恐他篇錯簡。⊙久保愛曰：知，音智，下同。⊙楊柳橋曰：王逸《楚辭》注："役，賤也。"⊙天海案：此節論人智之區別，似與本篇所論無涉。頗疑下篇《君子》錯簡於此。役夫，此指販夫走卒，從事勞役之人。

〔一三〕楊倞注：文，謂言不鄙陋也。類，謂其統類不乖謬也。雖終日議其所以然，其言千舉萬變，終始條貫如一，是聖人之知也。⊙久保愛曰："終日議"句，"其所以言之"句。⊙楊柳橋曰：《爾雅》："類，善也。"⊙天海案："文而類"，謂其多言但有文采和條理。"統類一"，主旨一致。言爲心聲，亦爲心智之表現，故皆以言而區別之。

〔一四〕楊倞注：徑，易也。省，謂辭寡。論而法，謂論議皆有法，不放縱也。論，或爲"倫"。佚，猶引也。佚以繩，言其直也。聖人經營事廣，故曰"多言"。君子止恭其所守，故曰"少言"也。⊙冢田虎曰：字書佚與佾同，行列也。今讀爲陳列歟？⊙郝懿行曰：徑者，直也。論，猶倫也。古論、倫字亦通。佚者，隱也。言若闇合於繩墨，不邪曲也。楊注非。⊙俞樾曰：佚，當讀爲"秩"。秩之言，次也，序也。秩，亦通作程。秩之以繩，猶程之以繩也。《致仕篇》曰："程者，物之準也。"是其義也。⊙孫詒讓曰：疑佚當爲抶。《管子·宙合篇》云："千里之路，不可抶以繩。"抶、佚形近而誤。抶者，"輔"之借字。⊙駱瑞鶴曰：省之言，審也。徑而省，言易直而審明。論，郝說是。論而法，言有理次而合法度。佚，當作"抶"，疑孫說爲是。孫謂"抶"又借爲"輔"，則嫌迂曲。抶，猶持也，輔助也。義自可通。⊙天海案：徑而省，直接而簡明。論而法，析理而合法度。佚，通抑。抑，影母質部。佚，余母質部。二字同部，一聲之轉，故通。抑之以繩，即以繩抑制之。楊注訓"佚"爲"引"，於古無徵也。

〔一五〕楊倞注：言謟行悖，謂言行相違也。⊙俞樾曰：多悔，猶云多過、多咎耳。其本字當作"痗"，"悔"乃假字。⊙梁啓雄曰：謟，誕也。⊙熊公哲曰：《論語》"言寡尤，行寡悔"，尤者，言之過。悔者，行之過。⊙天海案："謟"，宋浙本作"諂"；而

"悔"字宋本未見作"侮"者，不知盧説爲何本？諂者，超越本分也。《逸周書·酆謀》"帝念不諂"，孔晁注："諂，僭也。"此謂小人之言僭越本分也。梁訓"諂"爲"誕"，高正説當作"諂"，皆非。悖，違逆也。悔者，更改也。《玉篇》"悔，改也。"此謂小人舉事反覆無常，多所悔改。俞説非也。"悔"字，明世本、《四庫》本作"侮"。

〔一六〕楊倞注：齊，疾也。給，謂應之速，如供給者也。便，謂輕巧敏速也。無類，首尾乖戾。雜能，多異術也。旁魄，廣博也。毋用，不應於用。便，匹延反。魄，音薄。⊙盧文弨曰："無用"，宋本、元刻俱作"毋用"，注同。⊙郝懿行曰：類者，善也。旁魄，即旁薄，皆謂大也。⊙鍾泰曰：無類，謂無統類也。郝説非。⊙熊公哲曰：類合乎禮法也。⊙天海案：無類，言其無條理，不合事理。雜能，多能。毋用，"毋"字，正文及注原作"母"，此據宋浙本、巾箱本改之。明世本、《四庫》本並作"無用"。旁魄，楊注義長。

〔一七〕楊倞注：析，謂析辭，若"堅白"之論者也。速，謂發辭捷速。粹孰，所著論甚精孰也。不急，亦不急於用也。⊙郝懿行曰：折速者，言轉折疾速也。粹與萃同，聚也。萃孰，言論薈萃而練孰也。⊙王念孫曰：吕、錢本皆作"析速"，盧從元刻作"折"，非也。⊙劉師培曰：粹，當作"碎"。蓋"析速"即《禮記·王制》之析詞，"碎孰"，即破律也。惟"速"、"孰"二字，不知係何字之訛。⊙于省吾曰：速，應讀作"束"。析束，猶言捭闔。言捭闔之術精純熟貫，而不急於用也。⊙鍾泰曰：析，與晰通。謂明晰也。⊙周大璞曰：速，當訓爲密。⊙駱瑞鶴曰：此言論辯細密而純熟，然而不切於用。⊙天海案：析速，謂論事析理快捷。粹，純也。孰，同熟。粹孰即純熟，言其口辯之技純熟也。不急，不關急用也。楊注近是，諸説迂也。又，析字，諸本作"折"。孰字，並作"熟"。

〔一八〕楊倞注："期於必勝人"，惠施之論也。徒自勞苦爭勝而不知禮義，故曰"役夫之知也"。⊙冢田虎曰：期，即訓必，注失之。⊙梁啓雄曰：《國策·秦策》注："恤，顧也。"⊙天海案：此下原文未分段，然則論人智之四等已畢，故當分之。

有上勇者，有中勇者，有下勇者。天下有中，敢直其身〔一〕；先王有道，敢行其意〔二〕；上不循於亂世之君，下不俗於亂世之民〔三〕；仁之所在無貧窮，仁之所亡無富貴〔四〕；天下知之，則欲與天下同苦樂之〔五〕；天下不知之，則傀然獨立天地之間而不畏，是上勇也〔六〕。禮恭而意儉，大齊信焉而輕貨財〔七〕，賢者敢推而尚之，不肖者敢援而廢之，是中勇也〔八〕。輕身而重貨，恬禍而廣解〔九〕，苟免，不恤是非，然不然之情，以期勝人爲意，是下勇也〔一〇〕。

繁弱、鉅黍，古之良弓也〔一一〕，然而不得排檠則不能自正〔一二〕。桓公之葱，大公之闕，文王之録，闔閭之干將、莫邪、鉅闕、辟閭，此皆古之良劍也〔一三〕，然而不加砥厲則不能利，不得人力則不能斷〔一四〕。驊騮、騹驥、纖離、緑耳，此皆古之良馬也〔一五〕，然而前必有銜轡之制，後有鞭策之威，加之以造父之馭，然後一日而致千里也〔一六〕。夫人雖有性質美而心辨知，必將求賢師而事之，擇賢友而友之〔一七〕。得賢師而事之，則所聞者堯、舜、禹、湯之道也；得良友而友之，則所見者忠信敬讓之行也。身日進於仁義而不自知也者，靡使然也〔一八〕。今與不善人處，則所聞者欺誣、詐僞也；所見者汙漫淫邪，貪利之行也〔一九〕；身且加於刑戮而不自知者，靡使然也。傳曰："不知其子，視其友；不知其君，視其左右。"靡而已矣，靡而已矣〔二〇〕！

【校釋】

〔一〕楊倞注：中，謂中道。敢，果決也。直其身，謂中立而不倚，無回邪也。⊙久保愛曰：中，謂禮也。禮記曰："夫禮所以制中也。"⊙熊公哲曰：中，謂中道。《儒效篇》："先王之道，仁之隆也，比中而行之。曷謂中？禮義是也。"是"中"即禮義矣。⊙天海案：中，正也。中道，即正道也。

〔二〕楊倞注：言不疑也。⊙冢田虎曰：先王，當爲"君王"，以此時王謂之也。⊙天海案：先王之道，荀書屢言之，作"先王"是，冢説非。

〔三〕楊倞注：循，順從也。俗，謂從其俗也。⊙物雙松曰：俗，當作"沿"，注非。⊙冢田虎曰：物氏强解也。前篇亦有"以不俗爲俗"之文，乃如正文而是也。⊙俞樾曰："俗"乃"鉛"字之誤。《荀子》書屢用"鉛"字，《榮辱篇》《禮論篇》注竝曰："鉛與沿同，循也。"是鉛、循同義。鉛、俗字形相似，傳寫者因而致誤耳。⊙王先謙曰：王念孫曰"不俗，不習也"，説見《榮辱篇》。王不改字，義較長。俞説亦通。⊙龍宇純曰：俗，蓋讀爲"屬"，二字古音近。俗，借作屬。《説文》："屬，連也。"《小爾雅・廣義》："屬，逮也。"引申有合同之義。此猶言"下不同於亂世之民"也。⊙天海案：不俗，不習也。《説文》："俗，習也。"王念孫説是。

〔四〕楊倞注：唯仁所在爲富貴。《禮記》曰"不祈多積多文以爲富"也。⊙盧文弨曰：此言仁之所在，雖貧窮甘之；仁之所亡，雖富貴去之。注非。⊙王念孫曰：此汪中説也，見丙申校本。⊙久保愛曰：亡，音無。⊙天海案：無，無視，視若無也。此言凡仁之所在即視若無貧窮。凡仁之所失，即視若無富貴。

〔五〕楊倞注：得權位則與天下之人同休戚。苦，或爲“共”也。⊙久保愛曰：孟子曰“樂以天下，憂以天下”，是也。⊙王念孫曰：作“共”者是也。此本作“欲與天下共樂之”。謂共樂此仁也，“樂”上不當有“苦”字。《御覽》所引作“欲與天下共樂之”，則宋初本尚有不誤者。⊙安積信曰：“樂之”，“之”字似衍。⊙天海案：知之，謂知己之德行仁義也。“苦樂”二字，正承上文“貧窮”、“富貴”而言，謂若天下知己用己，則與天下人共苦樂也。原文不誤，王引《御覽》證之，非也。“樂”下“之”字，巾箱三本作“也”。

〔六〕楊倞注：傀，傀偉，大貌也。公回反。或曰：傀與塊同，獨居之貌也。⊙久保愛曰：傀然，後說是。此章大意似孟子浩然之氣。⊙王念孫曰：後說是也。《君道篇》云“塊然獨坐”。⊙張覺曰：傀然，同塊然、巋然。⊙天海案：傀，通塊，二字上古音韻同，故通。塊然，孑然獨處貌。《莊子・應帝王》“塊然獨以其形立”，與此文義同。字亦作“魁然”，《漢書・東方朔傳》“魁然無徒”，顔注：“魁，讀曰塊。”塊，亦獨也。故楊注後說是。又“知之”之“之”，巾箱三本作“也”。

〔七〕楊倞注：大，重也。齊信，謂整齊於信也。⊙物雙松曰：齊信，即齊盟之“齊”。⊙冢田虎曰：齊，側皆反，敬也。⊙久保愛曰：禮，當作體。《脩身篇》曰“體恭敬而心忠信”。“齊信”字見《康王之誥》。⊙王念孫曰：《爾雅》：“齊，中也。”言大中信而輕貨財也。⊙梁啓雄曰：《賈子・道術》“廣較自斂謂之儉”。齊，即《中庸》“齊莊中正”之“齊”。《詩・思齊》傳：“齊，莊也。”⊙楊柳橋曰：儉，謂謙恭也。⊙天海案：禮，當作“體”。體，謂外貌也。正與“意”相應也，久說是。儉，謙也，二字一聲之轉，故通。此言體貌恭而心意謙也。大，重也。楊注是。齊信，猶忠信，王說是。又，楊注“整齊”之“整”原作“螯”，據諸本改之。

〔八〕楊倞注：尚，上也。援，牽引也。⊙物雙松曰：此二句言果敢於推賢廢不肖也。⊙熊公哲曰：援，猶抑也。⊙天海案：推，舉也。援，拉也，此言拉之下也。

〔九〕楊倞注：恬，安也。謂安於禍亂也，而廣自解說。言以辭勝人也。解，佳買反。⊙物雙松曰：“廣解”當連“苟免”爲句。⊙久保愛曰：廣，讀爲曠。解，古賣反。⊙劉師培曰：廣解者，多方解脱之謂。言其既蹈禍而復畏禍也。楊說未晰。⊙天海案：廣者，寬也。寬解者，自我慰解也。楊注非，諸說亦不是。

〔一〇〕盧文弨曰：“苟免”上當脱三字，以上二句例之自明。⊙王念孫曰：此亦汪氏中說也。汪又云：“苟免，或是注文混入。”⊙王先謙曰：“不然”，“然”字衍。⊙陶鴻慶曰：此段文義與性惡本旨無涉，意在排斥諸子，似《解蔽篇》文而錯在此者。⊙天海案：苟免，僥倖免禍也。“免”字，巾箱三本無。“然不然”，猶“然否”，下“然”字不衍。情，實也。《燕丹子傳》有血勇、脉勇、骨勇、神勇，四勇之說。此言三勇之别，亦猶聖人、士君子、小人三等也。

〔一一〕楊倞注：繁弱，封父之弓。《左傳》曰“封父之繁弱”。鉅與拒同。“黍”

當爲“來”。《史記》蘇秦説韓王曰“谿子、少府時力，拒來”，司馬貞云：“言弓弩執勁，足以拒於來敵也。”⊙冢田虎曰：鉅黍，亦良弓之名，在文而明也。注不穩矣。一本注“《左傳》曰”以下無。⊙久保愛曰：杜預曰：“繁弱，大弓名。”愛曰：本注“司馬貞”當作“舊注”。⊙王念孫曰：作“鉅黍”者是，説見《史記·蘇秦傳》。⊙鍾泰曰：此以下當别爲一節。此言節靡之道在於師友，即前“師法之化，禮義之道”意也。⊙熊公哲曰：鉅黍，亦弓名。字或作“巨黍”。《廣雅》：“繁弱、距黍，弓也。”鉅、距古通。⊙天海案：鉅黍，良弓名。楊注非，冢説是。《文選》潘安《閒居賦》注引《孫卿子》又作“巨黍”，古鉅、巨通。

〔一二〕楊倞注：排檄，輔正弓弩之器。檄，巨京反。⊙天海案：排檄，正文及楊注、諸本又作“排擏”。楊注“輔”字原誤作“轉”，據諸本改之。

〔一三〕楊倞注：葱、闕、録、曶，齊桓公、齊太公、周文王、楚莊王之劒名，皆未詳所出。葱，青色也，録與緑同。二劒以色爲名。曹植《七啓》説劒云“雕以翠緑”，亦其類也。曶，劒光采慌忽難視，以形爲名也。闕，未詳。或曰：闕，缺也，劒至利則喜缺，因以爲名，鉅闕亦是也。干將、莫邪、巨闕，皆吴王闔閭劒名。辟閭未詳。《新序》閭丘卬謂齊宣王曰：“辟閭、巨闕，天下之良劒也。”或曰：辟閭，即湛盧也。閭、盧聲近。盧，黑色也。湛盧，言湛然如水而黑也。又張景陽《七發》説劒曰“舒辟不常”，李善云：“辟，卷也。言神劒柔可卷而懷之，舒則可用。”辟閭，或此義歟？⊙盧文弨曰：曶，舊本作“胷”，訛，今改正，注同。⊙久保愛曰：劒之名義，今不可知。本注亦似傅會。⊙天海案：“大公”，諸本作“太公”；“莫邪”作“莫耶”；“干將”上“之”字無。“曶”，《題注》本、遞修本、明世本、《四庫》本並作“胷”，譌也。又，《類聚》引此文，“葱”作“慈”，“録”作“琢”，“曶”作“忽”。楊注“二劒以色爲名”，原作“三劒以色爲名”，此據盧校本改。又，楊注引“《七發》”本作“《七命》”，“不常”作“無方”，未見李善注。

〔一四〕天海案：砥厲，諸本又作“砥礪”。《初學記》所引亦作“砥礪”。

〔一五〕楊倞注：皆周穆王八駿名。驊，讀爲騏，謂青驪，文如博綦，《列子》作“赤驥”，與此不同。纖離，即《列子》“盜驪”也。⊙久保愛曰：顔師古《漢書》注云：“華駵，言其色如華之赤。”華駵即華騮也。驥，《説文》云：“千里馬。孫陽所相者。”纖，當作“鐵”，字似而誤。離，讀爲驪。《月令》有鐵驪。緑耳，耳緑色，亦作騄駬。驊，音華。騮，音留。⊙王念孫曰：“騏驥”之爲“驊驥”，猶“耄期”之爲“耄勤”也。楊云“驊，讀爲騏”，是也，而云“謂青驪，文如博綦”，則非。⊙天海案：《穆天子傳》卷一云“天子之駿：赤驥、盜驪、白義、踰輪、山子、渠黄、華騮、緑耳”，此即周穆王八駿之名，要皆以其毛色命名耳，可參郭璞注。

〔一六〕王念孫曰：“前必有”，本作“必前有”。“前有”、“後有”，皆承“必”字而言，若作“前必有”，則與下句不貫矣。《治要》《初學記》，《御覽》竝引作“必前有”。

⊙天海案:王説是,“前必”當作“必前”。又,“干將”以下至此,《初學記》引此文,略同。

〔一七〕久保愛曰:《儒效篇》曰:“無師無法而知,則必爲盜。故心雖辨知,必求賢師友。”知音智。⊙梁啓雄曰:辯,慧也。説見《集解·非十二子》頁十八。⊙天海案:“辨”,諸本作“辯”。《初學記》亦引此三句,“心辨知”作“心辯智”。

〔一八〕楊倞注:靡,謂相順從也。或曰:靡,磨切也。⊙物雙松曰:“靡使然”,當是積漸之意。⊙梁啓雄曰:靡,借爲“摩”。《禮記·學記》:“相觀而善之謂摩。”注:“摩,相切磋也。”⊙熊公哲曰:“靡,通摩,讀磨,謂相習而同化也。”⊙駱瑞鶴曰:今以爲“靡”謂積,謂積靡。《榮辱篇》《儒效篇》言“積”、言“積靡”,俱爲積習之義。後文“靡”皆謂積靡。⊙天海案:與賢師良友處,身日進於仁義而不自知;與不善人處,身且受刑戮而不自知者;皆因受其影響而習以如此也。靡,於此必訓習,方與文義相安。下“靡”字亦同。習,亦積也。上文言“聖可積而致”,亦積習之義也。此節以良弓、良劍、良馬爲喻,明人之性善必得賢師良友,積習之方成也。

〔一九〕楊倞注:汙,穢行也。漫,誕漫欺誑也。《莊子》北人無擇曰“舜以其辱行漫我”也。

〔二〇〕天海案:“傳曰”以下四句,《説苑·雜言》作:“孔子曰:不知其子,視其所有;不知其君,視其所使。”《治要》録《孫卿子》“干將”以下,文與此略同。又“靡而已矣”四字,錢佃稱諸本不重。案《題注》本、遞修本亦不重。

# 君子篇第二十四〔一〕

天子無妻,告人無匹也〔二〕;四海之内無客禮,告無適也〔三〕。足能行,待相者然後進;口能言,待官人然後詔〔四〕。不視而見,不聽而聰,不言而信,不慮而知,不動而功,告至備也〔五〕。天子也者,埶至重,形至佚,心至愈〔六〕;志無所詘,形無所勞,尊無上矣〔七〕。《詩》曰:“普天之下,莫非王土;率土之濱,莫非王臣。”此之謂也〔八〕。

聖王在上,分義行乎下,則士大夫無流淫之行〔九〕,百吏官人無怠慢之事,衆庶百姓無姦怪之俗,無盜賊之罪,莫敢犯大上之禁〔一〇〕。天下曉然皆知夫盜竊之人不可以爲富也,皆知夫賊害之人不可以爲壽也〔一一〕,皆知夫犯上之禁不可以爲安也〔一二〕。由其道,則人得其所好焉;不由其道,則必遇其所惡焉〔一三〕。是故刑罪綦省而威行如流〔一四〕，治世曉然皆知夫爲姦則，雖隱竄逃亡之，由不足以免也，莫不服罪而請〔一五〕。《書》曰："凡人自得罪。"此之謂也〔一六〕。

故刑當罪則威，不當罪則侮；爵當賢則貴，不當賢則賤〔一七〕。古者刑不過罪，爵不踰德，故殺其父而臣其子，殺其兄而臣其弟〔一八〕。刑罰不怒罪，爵賞不踰德，分然各以其誠通〔一九〕。是以爲善者勸，爲不善者沮；刑罰綦省而威行如流，政令致明而化易如神〔二〇〕。傳曰："一人有慶，兆人賴之。"此之謂也〔二一〕。亂世則不然〔二二〕：刑罰怒罪，爵賞踰德；以族論罪，以世舉賢〔二三〕。故一人有罪而三族皆夷，德雖如舜，不免刑均，是以族論罪也〔二四〕。先祖當賢，後子孫必顯，行雖如桀、紂，列從必尊，此以世舉賢也〔二五〕。以族論罪，以世舉賢，雖欲無亂，得乎哉？《詩》曰："百川沸騰，山冢崒崩，高岸爲谷，深谷爲陵。哀今之人，胡憯莫懲。"此之謂也〔二六〕。

【校釋】

〔一〕楊倞注：凡篇名多用初發之語名之，此篇皆論人君之事，即"君子"當爲"天子"，恐傳寫誤也。舊第三十一，今升在上。⊙吕思勉曰：此篇言人君之事，無甚精義。⊙嚴靈峰曰：此疑係《君道篇》錯簡，"子"字當爲"道"字之訛。⊙天海案：荀書多有稱君主爲君子之例，故天子亦可稱爲君子。《君道篇》專言人主爲國之道，此篇專言天子地位、刑賞、任賢諸事，而以"刑當罪"、"爵當賢"爲其要也。可以《君道篇》合參之。又楊注之末原無"舊第三十一今升在上"九字，此據諸本補之。

〔二〕楊倞注：告，言也。妻者，齊也。天子尊無與二，故無匹也。⊙物雙松曰：言天子不以女妻人。蓋王女下嫁，必以同姓諸侯爲主。若倞注，則萬乘之主迺曠夫也，可笑。告，三"告"皆謂示也。⊙冢田虎曰：正文"人"字衍。⊙久保愛曰：《曲禮》曰："天子之妃曰后。"后，後也。後者，不齊等之言。⊙劉師培曰：《左氏》説天子至尊無敵，故無親迎之禮。"天子無妻"，即天子至尊，無親迎禮之證也。⊙駱瑞鶴曰：無妻，蓋言無常人所爲妻禮。告，爲告白、告語之告。⊙天海案：妻，讀爲"儕"。二字上古同屬"脂"部，一聲之轉，且"妻"有"齊"義，故得通。《説文》："儕，等輩也。"《左傳》僖二十三年："晉、鄭同儕。"杜注："儕，等也。"言天子無儕，即無人能與天子相等同也，故曰"告人無匹也"。無匹，亦無敵之意，言無人能匹及也。楊注不得，諸説亦非。

〔三〕楊倞注：適，讀爲"敵"。《禮記》曰："天子無客禮，莫敢爲主焉。君適其臣，升自阼階，不敢有其室也。”⊙劉師培曰：適，即訓往。天子以天下爲一家，所經之境，所在之國，均不得謂之適，故曰：“告無適也。”⊙駱瑞鶴曰：前文云“無匹”，此文云“無敵”，匹敵對舉而義同，故楊説可通也。⊙天海案：適，通敵。楊注、駱説是，劉説非。又，楊注引《禮記》“莫敢”下原脱“爲”字，據諸本補之。



〔四〕楊倞注：官人，掌喉舌之官也。⊙物雙松曰：相者，贊禮也。官人，當是倌人。《説文》：“小臣也。”⊙冢田虎曰：官，當作“宦”，謂内小臣也。⊙久保愛曰：官人，不必喉舌之官，語待相者而詔也。⊙劉師培曰：《御覽》七十六引《慎子》佚文云：“足能行而相者導進，口能言而行人稱辭。”《春秋繁露·離合根篇》云：“足不自動而相者導進，口不自語而擯者贊辭。”《淮南·主術訓》曰：“口能言之而行人稱辭，足能行之而相者先導。”並與此文相符。則此文“官人”當亦擯者及行人之屬。楊注非。⊙梁啓雄曰：相，是“儐相”的“相”，即贊禮者。⊙駱瑞鶴曰：官人，在官之人。⊙天海案：相者，君主左右助行禮者。《周禮·春官·大宗伯》鄭玄注：“相，詔王禮也。出接賓曰擯，入詔禮曰相。”故知相者爲王接引賓客，宣詔王禮也。然則“官人”亦“相者”也，久説是。

〔五〕楊倞注：盡委於羣下，故能至備也。⊙久保愛曰：見，疑當作“明”。知音智。⊙天海案：見，亦聞也。知，如字，曉也，不讀智。至備，極完備也。

〔六〕楊倞注：愈，讀爲“愉”。⊙久保愛曰：佚，與逸同。⊙天海案：埶，同勢。

〔七〕久保愛曰：詘，與屈同。⊙天海案：形，體也。

〔八〕楊倞注：《詩·小雅·北山》之篇。率，循也。濱，涯也。⊙天海案：率土之濱，言循大地至水濱。此下原文未分段，現依文意分之。

〔九〕王先謙曰：《治要》“流”作“沈”，二字通用。説見《勸學篇》。⊙天海案：分義，謂等級制度及準則。《强國篇》“分義則明”，楊倞注：“分，謂上下有分；義，謂各得其宜。”流淫，荀書多見之。王説非。

〔一〇〕楊倞注：大，讀爲“太”，太上，至尊之號。⊙冢田虎曰：《治要》無“大”字，見於下文。“無”爲“是”。⊙俞樾曰：楊説非也。此當作“莫敢犯上之大禁”，傳寫倒之耳。⊙劉師培曰：楊説近是。《穀梁》桓三年《傳》云：“天子之崩，以尊也，以其在民上故崩之。其不名何也？大上，故不名也。”范注云：“居人之大，在民之上，故無所名。”是“大上”即天子。荀子傳《穀梁》，以“大上”爲“天子”，即用《穀梁》師説。楊注本不訛，惟不必改“大”爲“太”耳。若下文“犯上之禁”不言“大上”，必係脱文。蓋後人不考《穀梁》，不知“大上”之義，故《治要》引此文亦删“大”字。⊙天海案：楊注原脱一“太”字，據諸本補之。



〔一一〕久保愛曰：知罪之不免。⊙王念孫曰：“盜竊之”、“賊害之”下，皆本無“人”字，後人加兩“人”字，而與“犯上之禁”對文，謬矣。此皆指事而言，非指人而言，不得加入兩“人”字也。《治要》無“人”字。⊙王先謙曰：壽，謂年命短長。人自賊害者，非其壽命本如此也。⊙天海案：兩"人"字，《治要》録此文皆無，王説是也。壽，長命也。

〔一二〕天海案："犯"字原本脱，此據諸本補之。

〔一三〕楊倞注：道，謂政令。⊙久保愛曰：道，謂禮義法制。好，謂安富壽長。惡，反之。⊙李中生曰：道，承上文"分義"而言。分義，指封建等級關係的準則，也就是禮義。

〔一四〕天海案："刑罪"，遞修本、明世本、《四庫》本並作"刑罰"，《治要》亦作"刑罰"，考下文例，作"刑罰"是，可據改。"綦"，極也，《治要》作"甚"。

〔一五〕楊倞注：自請刑戮。⊙盧文弨曰：治世，元刻無"治"字。由、猶通。"故莫不"，宋本無"故"字。⊙王念孫曰：無"治"字者是也。"世曉然"，猶上文言"天下曉然"，則"世"上不當有"治"字。自"聖王在上"以下至此，皆治世之事，則無庸更言"治世"。宋錢佃校本亦云："諸本無'治'字。"⊙俞樾曰：請，當讀爲"情"。情，實也。莫不服罪而情，猶莫不服罪而實也。⊙于省吾曰：俞説是也。而，猶如也，詳《釋詞》。此言"故莫不服罪如情"也。⊙安積信曰："逃亡之"，"之"字衍。⊙天海案："治"字，《題注》本、遞修本並無。"莫"上，諸本有"故"字。"爲姦則"，則，猶者也。説見《古書虚字集釋》。

〔一六〕楊倞注：言人人自得其罪，不敢隱也。與今《康誥》義不同，或斷章取義歟！⊙熊公哲曰："人"，《康誥》作"民"，或楊氏作注，避世民諱而改。⊙天海案：此下原文未分段，現依文意分之。

〔一七〕楊倞注：不當，則爲下所侮賤。⊙天海：侮，輕慢，輕視。《管子·法法》："禁而不止，則刑罰侮。"于省吾《新證》："刑罰爲民所輕，故云刑罰侮。"其義亦與此文同。

〔一八〕楊倞注：言當罪而用賢，歸於至公也。謂若殛鯀興禹，殺管叔封康叔之比者。⊙劉師培曰：此即用《左傳》咎季舉郤缺而救叔向之語。

〔一九〕楊倞注：善惡分然，其忠誠皆得通達，無屈滯。⊙郝懿行曰：怒，蓋盈溢之意，與踰義近。楊氏無注，或以恚怒爲説，則非。⊙王念孫曰：怒、踰，皆過也。⊙劉師培曰：此亦釋左氏之語。僖二十八年《傳》"君子謂文公其能刑矣，三罪而民服"，即"刑罰不怒罪"也。文三年《傳》"君子謂秦穆之爲君與人之周"，即"爵賞不踰德"也。⊙高亨曰：余謂"怒"借爲"拏"。《説文》："拏，牽引也。"牽引固是過矣，而逕訓爲"過"，猶未宣古人用字之奥義也。⊙李中生曰：《荀》文上説"刑不過罪"，下説"刑罰不怒罪"，其過與怒，也是更换同義詞以避復。⊙天海案：怒、過同義互换，郝、王説是，高説迂也。分然，猶判然。《廣雅》："判，分也。"誠者，實也。此謂刑賞皆不過，各以其實判然而通行。楊注大謬，而諸家亦無説。又，"分然"一句，《治要》無。

〔二〇〕久保愛曰：沮，再吕反。致，讀爲"至"。⊙俞樾曰：易，當讀爲施。施、易二字古通用。化易如神者，化施如神也。⊙楊柳橋曰：《毛詩》傳："易，治也。"化易，猶治化也。亦通。⊙龍宇純曰：俞説誤。《左傳》隱六年引《商書》"惡之易也，如火之燎于原"，此"易"正與彼"易"用同，謂移易蔓延之速，與"易"字化變義本無不同。⊙天海案：言"威行如流"，行者，推行也。行，動詞。此言"化易如神"，化，教化。易，治也，亦動詞。故訓"易"爲"治"義長。致明，極明也。又，"刑罰綦省而"、"政令致明而"十字，《治要》並無。



〔二一〕楊倞注：《尚書·甫刑》之辭。⊙久保愛曰：《曲禮》曰："君天下曰天子，朝諸侯、分職、授政、任功，曰予一人。"《左傳》曰："天子曰兆民。"⊙天海案："傳曰"所引，見今《尚書·周書·吕刑》，作"一人有慶，兆民賴之"。慶者，善也。賴者，利也。又"兆人"，諸本作"兆民"，或避唐諱改之，諸本又回改之。此下原文未分段，然此節承上亦言治世之刑賞，故分之。又，"傳曰"下數語，《治要》不録。

〔二二〕天海案："則"字，巾箱三本無。

〔二三〕楊倞注：《太誓》所謂："罪人以族，官人以世。"《公羊》亦云："尹氏卒，曷爲貶？譏世卿也。"⊙熊公哲曰：族，謂親族。世，謂子弟。《尚書·泰誓》："罪人以族，官人以世。"此紂之虐政也。⊙天海案：族，宗族、親族包之。論罪，定罪。世，世襲、世家。

〔二四〕楊倞注：三族，父、母、妻族也。夷，滅也。均，同也。謂同被其刑也。⊙物雙松曰：刑均，是連坐也。⊙盧文弨曰：《士昏禮》鄭注："三族，謂父昆弟、己昆弟、子昆弟也。"又注《周禮·小宗伯》《禮記·仲尼燕居》，皆云："三族，父、子、孫。"⊙王紹蘭曰：均，謂商均。此言衰世連坐之法，德雖如舜，不免坐罪於商均。謂因商均連及舜也。⊙天海案：均者，平也。刑均，刑皆同也。王説非，楊注是。

〔二五〕楊倞注：當賢，謂身當賢人之號也。列從，謂行列相從。當，或爲"嘗"也。⊙物雙松曰：列從，是蔭襲也。⊙王念孫曰：元刻無"後"字，《治要》同。"先祖當賢"，即"先祖嘗賢"，作"當"者，借字耳。古書多以"當"爲"嘗"，説見《墨子·天志》下篇注。⊙劉師培曰："紂"字後人所增也。上云"德雖如舜"，此與對文。《治要》所引無"紂"字，是其證。⊙梁啓雄曰：當，讀爲"儻"，若也。⊙楊柳橋曰：當，猶爲也。⊙天海案：當，猶嘗也。王説是。上言"以世舉賢"，下言"列從必尊"，皆明先祖嘗賢也，非假若賢之謂。故訓"當"爲"儻"、"爲"者，皆未當。《治要》引此則作"先祖賢，子孫必顯"。列從，謂列位相隨也，猶後世言世襲也。楊注皆非也。又，"後子孫"之"後"字，遞修本作"而"；巾箱本、《題注》本無"後"字。"紂"，《治要》無。



〔二六〕楊倞注：《詩·小雅·十月之交》之篇。毛云："沸，出也。騰，乘也。山頂曰冢。崒者，崔嵬。'高岸爲谷，深谷爲陵'，言易位也。"鄭云："憯，曾也。懲，止也。變異如此，禍亂方至，哀哉！今在位之人，何曾無以道德止之！"⊙天海案："雖欲無亂,得乎哉!”《治要》作“欲無亂,得乎”? 本篇“故刑當罪”以下至此,《治要》亦引之,文略同。沸騰,洶湧奔騰。崒崩,猶猝崩。崒,通猝。《釋文》:“崒,本亦作卒。”王引之《述聞》:“卒,當讀爲猝。猝,急也,暴也。言山冢猝然崩壞也。崒崩,與沸騰相對。”憯,音慘,曾也,乃也。《釋文》:“憯,亦作慘。”故楊引鄭注原作“慘”,然鄭注本作“憯”,不作“慘”,故據諸本改之。懲者,悔改也。鄭箋:“懲,艾也。”楊注未當也,注末“之”字原無,據諸本加之。又,此下原文未分段,現依文意分之。



論法聖王,則知所貴矣〔一〕;以義制事,則知所利矣〔二〕。論知所貴,則知所養矣;事知所利,則動知所出矣〔三〕。二者,是非之本,而得失之原也〔四〕。故成王之於周公也,無所往而不聽,知所貴也;桓公之於管仲也,國事無所往而不用,知所利也〔五〕。吴有伍子胥而不能用,國至乎亡,倍道失賢也〔六〕。故尊聖者王,貴賢者霸,敬賢者存,慢賢者亡,古今一也〔七〕。故尚賢使能,等貴賤,分親疏,序長幼,此先王之道也。故尚賢使能,則主尊下安;貴賤有等,則令行而不流〔八〕;親疏有分,則施行而不悖〔九〕;長幼有序,則事業捷成而有所休〔一〇〕。故仁者,仁此者也〔一一〕;義者,分此者也〔一二〕;節者,死生此者也〔一三〕;忠者,惇慎此者也〔一四〕;兼此而能之,備矣〔一五〕。備而不矜,一自善也,謂之聖〔一六〕。不矜矣,夫故天下不與爭能,而致善用其功〔一七〕。有而不有也,夫故爲天下貴矣〔一八〕。《詩》曰:“淑人君子,其儀不忒;其儀不忒,正是四國。”此之謂也〔一九〕。

【校釋】

〔一〕楊倞注:論,議。法,效聖王。⊙熊公哲曰:論,議論也。聖王,先王之道,禮義之中也。知所謂貴,知以禮義之中爲貴也。⊙駱瑞鶴曰:此文與前文相應,亦就慶賞刑罰言之,論亦論量之義。論法聖王,言論量刑賞以古聖王爲法也。⊙天海案:論,考核、評定也。《吕氏春秋·論人》:“此賢主之所以論人也。”高注:“論,猶論量也。”《禮記·王制》:“凡官民材,必先論之。”鄭注:“論,謂考其德行道藝。”法,效法也。論法聖王,謂考定人與事當效法聖王。且此節之文皆述用賢任事而不及刑賞,故駱以“論量”訓“論”尚可,而謂“論量刑賞”則非。楊注含混不明,意謂論議法制而效聖王,故駱説誤從之。所貴,貴賢也。

〔二〕楊倞注:以義制事則利博。⊙久保愛曰:《晉語》曰:“義以生利。”⊙熊公哲曰：義者心之裁制，以義制事，則事得其宜。知所利，知事之所利也。《尚書・仲虺之誥》："以義制事，以禮制心。"⊙天海案：義者宜也。制事，制裁其事也。

〔三〕楊倞注：養，謂自奉養。所出，謂所從也。⊙物雙松曰："知所養矣"者，知有裨益也。"動知所出矣"者，知出事之方也。動者，事也。注非。⊙冢田虎曰："知所養矣"者，知所可畜養之人也。觀於下"成王之於周公"，應知矣。動者，舉動也。⊙陳奂曰：養，取也。知所養，知所取法也。⊙俞樾曰：四句相對成文，下句不應多"動"字。注亦不及"動"字之誼，則"動"字衍文也。⊙鍾泰曰：養者，養士也。⊙熊公哲曰：養，謂養心。⊙天海案：所養，養賢人也。下文周公、管仲皆是也。冢、鍾二説是，楊注及他説皆非。動者，行動也，字不衍，俞説非。

〔四〕天海案："而"字，巾箱本、《題注》本、明世本、《四庫》本皆無，"原"字，此四本又並作"源"。

〔五〕陶鴻慶曰："無所往而不聽"句上，當有"論"字。"國"字衍文，涉下文"國至於亡"而誤也。⊙天海案：陶説是也，可據之補、删。

〔六〕天海案："乎"字，諸本作"于"。乎，猶於也。倍，猶背也。

〔七〕天海案："慢"，《治要》作"嫚"。

〔八〕楊倞注：流，邪移也。各知其分，故無違令。⊙王念孫曰：流，讀爲"留"。《治要》正作"留"，作"流"者，借字耳。楊注失之。⊙天海案：流，通留。留者，滯也。王説是。

〔九〕楊倞注：施，謂恩惠。親疏有分，則恩惠各親其親，故不乖悖。施，式豉反。分，扶問反。⊙久保愛曰：本注"各"上，恐有脱文，不然"恩惠"二字衍。⊙天海案：分，别也。楊注"各"上"恩惠"二字沿上而衍也。

〔一〇〕楊倞注：捷，速也。長幼各任其力，故事業速成而亦有所休息之時也。⊙郝懿行曰：捷者，接也。夫少長有禮，晉人知其可用；洙、泗無斷，魯俗覘其尤美。故知長幼循其序，而後事業有所歸。捷與接同，言相接續而成，故人得休息也。捷不訓速，楊注恐非。⊙鍾泰曰：捷，訓速，當以楊注爲正。⊙天海案：郝説義長。

〔一一〕楊倞注：仁，謂愛説也。此謂尚賢、使能、等貴賤、分親疏、序長幼五者也。愛説此五者，則爲仁也。⊙冢田虎曰：仁則仁，愛悦則愛悦，豈以愛悦解仁乎？可謂陋矣！⊙天海案：仁此者，謂親友此者也。"此"，即上文所言"尚賢"、"使能"、"等貴賤"、"分親疏"、"長幼有序"五事。《説文》："仁，親也。"《廣雅》："仁，有也。"故此"仁"當訓"親友"。

〔一二〕楊倞注：分别此五者，使合宜，則爲義也。⊙天海案：分者，明也。分此者，謂明此五者也。楊注非。《吕氏春秋・察傳》："是非之經，不可不分。"高注："分，明也。"

〔一三〕楊倞注：能爲此五者死生，則爲名節也。⊙鍾泰曰："死生此"，謂生死皆不出此也。⊙熊公哲曰：爲此五事，死生不變，故謂之節。⊙天海案：死生此者，謂生與死皆守之也。

〔一四〕楊倞注：慎，讀如“順”。人臣能厚順此五者，則爲忠也。⊙郝懿行曰：慎者，誠也。⊙俞樾曰：敦慎，當作“敦慕”。⊙王先謙曰：《治要》“惇慎”下有“於”字。⊙天海案：惇者，篤實。慎者，謹也。惇慎，即樸實謹慎。楊注不是，郝、俞二説亦非。

〔一五〕楊倞注：兼此仁、義、忠、節而能之，則爲德備也。

〔一六〕楊倞注：一，皆也。德備而不矜伐於人，皆所以自善，則謂之聖人。夫衆人之心，有一善則揚揚如也。聖人包容萬物，與天地同功，何所矜伐爲也？⊙郝懿行曰：上言兼此仁、義、忠、節而能之，備矣，德備而不矜伐於人，一一自然盡善，非聖人不能也。⊙王先謙曰：楊注未順。郝説增文成義，即言“備”，又言“一一盡善”，於文爲複矣。自，猶已也。德備而不以己之一善自矜，非聖人不能也。⊙潘重規曰：一，專也。言聖人德備而不矜，惟精進自修而已。⊙天海案：一者，己身之謂。《老子》：“載營魄抱一，能無離乎？”高亨注：“一，謂身也。抱一，猶云守身也。身爲個體，故《老莊》或名之曰一。”《莊子·徐無鬼》：“上之質，若亡其一。”《釋文》曰：“一，身也。謂精神不動，若無其身也。”“一自善也”，謂己身自我完善也，故“謂之聖”。楊注未得，諸説亦非。

〔一七〕楊倞注：不矜而推衆力，故天下不敢爭能，而極善用於衆功。矜則有敵，故不尊也。⊙久保愛曰：《大禹謨》曰：“汝惟不矜，天下莫與汝爭能；汝惟不伐，天下莫與汝爭功。”

〔一八〕楊倞注：有能而不自有。⊙李中生曰：有而不有，前一“有”，指有功，後一“有”，借爲“域”，義爲居。即有功而不自居。⊙天海案：楊注未得，李説是也。

〔一九〕楊倞注：詩《曹風·尸鳩》之篇。言善人君子，其儀不忒，故能正四方之國。以喻正身任物，則四國皆化；恃才矜能，則所得者小也。⊙天海案：儀，威儀也。忒，《集傳》“過差也”。“正是四國”，《毛傳》：“正，長也。”鄭箋云：“執義不疑，則可以爲四國之長。”四國，四方也。《易·明夷》：“初登於天，照四國也。”孔傳：“居高而明，則當照及四方也。”引此《詩》以喻君子恩威並行而無過失，故可爲天下四方之君主。

# 荀子校釋　卷第十八

## 成相篇第二十五〔一〕

請成相〔二〕,世之殃,愚闇愚闇墮賢良〔三〕。人主無賢,如瞽無相何倀倀〔四〕!

請布基,慎聖人〔五〕,愚而自專事不治。主忌苟勝,羣臣莫諫必逢災〔六〕。

論臣過,反其施〔七〕,尊主安國尚賢義。拒諫飾非,愚而上同國必禍〔八〕。

曷謂罷? 國多私〔九〕。比周還主黨與施〔一〇〕。遠賢近讒,忠臣蔽塞主勢移〔一一〕。

曷謂賢? 明君臣〔一二〕。上能尊主愛下民〔一三〕。主誠聽之,天下爲一海内賓〔一四〕。

主之孽,讒人達,賢能遁逃國乃蹷〔一五〕。愚以重愚,闇以重闇成爲桀〔一六〕。

世之災,妬賢能,飛廉知政任惡來〔一七〕。卑其志意,大其園囿,高其臺榭〔一八〕。

武王怒,師牧野,紂卒易鄉啓乃下〔一九〕。武王善之,封之於宋立其祖〔二〇〕。

世之衰,讒人歸,比干見刳箕子累〔二一〕。武王誅之,吕尚招麾殷民懷〔二二〕。

世之禍,惡賢士,子胥見殺百里徙〔二三〕。穆公得之,强配五伯六卿施〔二四〕。

世之愚,惡大儒,逆斥不通孔子拘〔二五〕。展禽三絀,春申道綴基畢輸〔二六〕。

請牧基,賢者思〔二七〕。堯在萬世如見之。讒人罔極,險陂傾側此之疑〔二八〕。

基必施,辨賢愚〔二九〕,文、武之道同伏戲〔三〇〕。由之者治,不由者亂,何疑爲〔三一〕?

【校釋】

〔一〕楊倞注:以初發語名篇。雜論君臣治亂之事,以自見其意,故下云"託於成相以喻意"。《漢書·藝文志》謂之《成相雜辭》,蓋亦賦之流也。或曰:成功在相,故作《成相》三章也。舊第八,今以是荀卿雜語,故降在下。⊙朱熹曰:荀子則全是申、韓,觀《成相》一篇可見。他見當時庸君闇主戰鬬不息,憤悶惻怛,深欲提耳而誨之,故作此篇。然其要,卒歸於明法制,執賞罰而已。此篇在《漢志》號《成相雜辭》,凡三章,雜陳古今治亂興亡之効,託聲詩以風時君,若將以爲工師之誦、旅賁之規者,其尊主愛民之意,亦深切矣。相者,助也,舉重勸力之歌,史所謂"五羖大夫死,而舂者不相杵"是也。⊙冢田虎曰:朱晦菴《楚辭·後語》注曰:"相,助也。舉重勸力之歌。史所謂'五羖大夫死而舂者不相杵'是也。"今曰《曲禮》云"鄰有喪,舂不相",固有之,然不切于今。觀於篇中文辭,唯是成立輔相之謂也。⊙久保愛曰:此篇例:三字二句,七字一句,四字一句,又七字一句,以變韻。然間有不如例者,蓋古書之體也。⊙盧文弨曰:成相之義,非謂"成功在相"也,篇内但以國君之愚闇爲戒耳。《禮記》"治亂以相",相乃樂器,所謂舂牘。又古者瞽必有相,審此篇音節,即後世彈詞之祖。篇首即稱"如瞽無相何倀倀",義已明矣。首句"請成相",言請奏此曲也。《漢·藝文志》"《成相雜辭》十一篇",惜不傳,大約託於瞽矇諷誦之詞,亦古詩之流也。《逸周書·周祝解》亦此體。⊙郝懿行曰:本圖依託春申,行其所學,迨春申亡而蘭陵歸,知道不行,發憤著書,其恉歸意趣,盡在《成相》一篇,而託之瞽矇之詞以避患也。⊙王引之曰:楊、盧二説皆非也。竊謂相者,治也。成相者,成此治也。成相者,請言成治之方也。後言"託於成相以喻意"者,"成相"爲此篇之總名,謂託此一篇之詞以喻意,非謂託於矇瞽諷誦之詞也。⊙俞樾曰:盧説是也。惟引"治亂以相"及"瞽必有相"以釋"相"字,則皆失之。樂器多矣,何獨舉舂牘爲言?既以爲樂器,又以爲瞽必有相,義又兩歧矣。此"相"字,即"舂不相"之相。《禮記·曲禮篇》

“鄰有喪，舂不相”，鄭注曰：“相，謂送杵聲。”蓋古人於勞役之事，必爲歌謳以相勸勉，亦舉大木者呼邪許之比，其樂曲即謂之相。請成相者，請成此曲也。《漢志》有《成相雜辭》，足徵古有此體。王氏必以盧説爲謬，何也？⊙王先謙曰：俞説近是。王以成相爲成治，於《漢書》之《成相雜辭》及本篇云“託於成相以喻意”，義未洽。郝氏讀“相”爲平聲，尤非。⊙梁啓超曰：《成相篇》《賦篇》，此二篇爲荀子的美文，本不在本書之内，略瀏覽知文體之一種可耳。⊙梁啓雄曰：《荀子·成相篇》在體裁上是采用《成相雜辭》的文學程式，在内容上是撮要鉤玄地表達他的政法思想，是一篇充滿着政治意味的文學作品。⊙天海案：《禮記·樂記》注：“成，猶奏也。”《禮記·曲禮》注：“相，謂送杵聲。”成相者，謳歌之謂也。蘇軾《仇池筆記》云：“《孫卿子書》有韻語者，其言鄙近，多云成相，莫曉其義。《前漢·藝文志》詩賦類中有《成相雜辭》十一篇，則成相者，古謳歌之名也，疑所謂‘鄰有喪，舂不相’者。又《樂記》云‘治亂以相’，亦恐由此得名。”疑“成相”乃古代説唱文學體裁之一，大體如詩而俗，爲念誦講唱之詞也。前所引郝氏與王引之《論荀卿書》所言，正見其荀卿申君明臣賢以治天下之旨。本篇楊倞分爲三章，現從張長弓之説分爲五章。又，楊注“舊第八”以下十四字原無，此據盧校本補之。

〔二〕楊倞注：請言成相之辭。⊙劉師培曰：章絳曰：“成，即打字。今俗謂猶言打連相，此其證。”其説是也。古“成”從丁，丁訓爲當。今淮南猶以打人爲丁人，則“成”字即“打”字明矣。⊙梁啓雄曰：篇中三句“請成相”，一句“凡成相”的“成相”，都是説成就相治國家事業。⊙熊公哲曰：請成相者，請成相曲之辭也。⊙天海案：請成相者，請獻奏此曲也。

〔三〕楊倞注：世之殃，由於愚。此愚闇以重墮賢良也。墮，許規反。⊙久保愛曰：此謂愚以重愚，闇以重闇也。墮，壞也。本注“此”字恐“闇”誤。⊙盧文弨曰：案“愚闇”重言之者，即下文“愚以重愚，闇以重闇”之意。注似尚有脱誤。又“墮”字即“隓”字之俗。⊙王念孫曰：《大戴記·曾子制言篇》“是以惑闇惑闇終其世而已矣”，亦重言“惑闇”。⊙天海案：此言君主愚暗墮毁賢良，乃世之禍殃。正文“良”字，原誤作“艮”，徑改。

〔四〕楊倞注：倀倀，無所往貌。相，息亮反。倀，丑羊反。⊙朱熹曰：瞽無相者，瞽者無目，故必使人助之，亦謂之相，不可無也。倀倀，狂惑之貌。⊙傅山曰：相，佐義耳。⊙梁啓雄曰：《周禮·眡瞭》“相瞽”注：“相，謂扶工。”疏：“相者，以瞽人無目，須人扶持故也。”《説文》：“倀，狂也。”俗字作“猖”。本書《修身》：“人無法則倀倀然。”⊙天海案：《論語·季氏》：“危而不持，顛而不扶，則將焉用彼相矣？”何晏《集解》：“包曰：言輔相人者，當能持危扶顛。若不能，何用相爲？”此以盲者無扶持之人以喻人主無賢良扶助。倀倀，無所適從之貌。《修身篇》“人無法則倀倀然”，楊倞注：“無所適貌，言不知所措履。”彼注優於此注，是也。

〔五〕楊倞注：慎，讀爲"順"。請説陳布基業，在乎順聖人也。⊙傅山曰："人"字無音，下文"治"字，"災"字，則"人"字亦當爲然宜切，以叶之。⊙郝懿行曰：基者，設也。慎者，誠也。言請布陳設施，必在誠用聖人也。《詩》云"考慎其相"，慎訓誠，相訓質也。誠與成，古字通。是即《成相》名篇，篇中"相"字，俱讀平聲。《釋言》云："基，設也。"篇内皆同。注云"基業"，失之。⊙顧千里曰："人"字疑當有誤，不入韻。⊙俞樾曰："人"字不入韻，疑當作"慎聽之"。聖與聽，音近而譌。"慎聽之"三字，本《禮記·仲尼燕居篇》。⊙劉師培曰：郝氏訓慎爲誠，訓基爲設，俞氏易聖爲聽，均是也，惟"人"字不當改爲"之"。誠聽人者，言君主若有設施，必以信任賢人爲主，即託人以事，不得致疑之謂也。"人"字古文作"儿"，而"仁"字古文亦作"𡰥"，𡰥從尸聲，與古夷字同。此即脂真通轉之證。蓋古"人"字之音近于尸夷之音，不得謂"人"字不入韻也。下文"主誠聽之"，"之"亦當作"人"。以彼例，則知"慎"、"聽"二字之當作"誠聽"矣。⊙梁啓雄曰：請布基者，請陳治國之基本也。本篇言基，不一而足，都以堂基爲喻，所以應當訓本。⊙楊柳橋曰：《爾雅》："基，始也。"布基，猶言陳之於始也。⊙天海案：請布基者，請陳其根本也。慎者，順也，楊注是。聖人，即聖仁，古人仁字通。順聖仁者，言君主當循其聖明仁德也。"人"字於此讀作然宜切，其音與基、治、災近，不得謂"人"字不入韻，傅、劉二説已言之。俞氏改字爲訓，不可從也。

〔六〕楊倞注：主既猜忌，又苟欲勝人也。⊙朱熹曰：苟勝，不顧義理而苟求勝人，若下文所引商紂之事也。⊙久保愛曰：《禮記》曰："愚而好自用，賤而好自專，生乎今之世，反古之道，如此者，裁及其身者也。治，直吏反，叶平聲。災，叶音滋。⊙于鬯曰："忌苟"二字，疑本作"苟忌"，傳寫誤倒。主苟忌勝，謂人主苟忌人之勝己，則人莫敢諫矣。故下文云"羣臣莫諫必逢災"，義甚明曉。"苟忌"倒爲"忌苟"，則"苟勝"二字無義矣。楊注云"苟欲勝人"，曲説也。⊙楊柳橋曰：苟且勝人，君主之所忌也。

〔七〕楊倞注：言論人臣之過，在乎不行施惠。施，式豉反。⊙朱熹曰：論，論其罪而治之也。言治臣下之過者，必當自省而反其所爲，不可尤而効之也。⊙物雙松曰：反其施，言倍主恩也。⊙久保愛曰：施，謂己所施行也。反，反求諸其身之反。言正己而不責於人。過，叶音規。施，如字。⊙王先謙曰：言論人臣之過，當反其所施行，即下所云"拒諫飾非，愚而上同"也。楊以"施"爲"施惠"，非。⊙鍾泰曰：反其施者，反其君之所施也。君以自專爲過，臣以上同爲過，自專上同，正相反也。⊙楊柳橋曰：施，當讀爲"弛"，見鄭玄《周禮》注。謂言論人臣之過，當反其懈弛之行也。⊙天海案：此言論人臣之過，而反諸己之行也。

〔八〕楊倞注：所以尊主安國，在崇尚賢義，若拒諫飾非，以愚闇之性苟合於上，則必禍也。⊙傅山曰：義與禍叶，"施"當如"佗"之去，"義"如"俄"之去。不然，則"禍"讀平聲，口音之施長也。⊙物雙松曰：愚而上同，言阿諛也。⊙郝懿行曰：施，古讀如莎。義，古讀如俄。此皆古韻，餘可類推。⊙俞樾曰：義，讀爲儀。儀，亦賢也。尚賢儀，言崇尚賢者也。作"義"者，古字通用。⊙于鬯曰：上同者，尚同也。墨子尚同，而荀子尚别。此云"愚而上同國必禍"，又隱斥墨子也。⊙李中生曰：此"尚賢義"，"賢義"當賅賢人與禮義。⊙天海案："拒"字，巾箱三本並作"距"，二字可通。

〔九〕楊倞注：假設問答，以明其意。罷，讀曰疲，謂弱不任事者也。所以弱者，由於多私。《國語》"罷士無伍"，韋昭曰："罷，病也。無行曰病。"⊙梁啓雄曰：罷，不賢也。私，借爲"厶"。《説文》"厶，姦衺也。"⊙天海案：正文"國"下，明世本、《四庫》本並有"明"字，非。

〔一〇〕楊倞注：還，繞。⊙王念孫曰：還，讀爲營。比周營主，謂朋黨比周以營惑其主也。施，張也。楊訓"還"爲"繞"，失之。⊙久保愛曰：比，阿黨也。周，密事也。與，亦黨也。施，施設也。比，毗志反。還，音旋。⊙梁啓雄曰：本書《不苟》"交親而不比"，注："比，暱狎也。"《説文》："周，密也。"還，借爲繯。《國語·齊語》注："繯，繞也。"施，借爲𢓜，《説文》"𢓜，敷也。"敷，古讀如布，故敷、布通用。⊙天海案：比周，勾結以營私。《左傳》文十八年"是與比周"，杜注："比，近也。周，密也。"還主，環繞於主之周圍也。《左傳》哀公三年"道還公宫"，杜注："還同環。"《釋文》云："還，本又作環。"施，敷布也。梁説是。

〔一一〕久保愛曰：蔽塞不得通於君也。移，謂勢在權臣也。⊙楊柳橋曰：主埶移，謂主上威勢動摇也。

〔一二〕楊倞注：明君臣之道則爲賢。⊙久保愛曰：謂上下有别也。

〔一三〕王念孫曰：愛下民，當作"下愛民"，與"上能尊主"對文。《不苟》《臣道》二篇竝云"上則能尊君，下則能愛民"，是其證。⊙天海案：王説是。

〔一四〕冢田虎曰：海内賓，《書》曰"四夷咸賓"，謂賓服也。

〔一五〕楊倞注：孽，災也。蹷，顛覆也。⊙鍾泰曰：讒人達，達，進也。

〔一六〕楊倞注：久而愚闇愈甚，遂至於桀也。⊙天海案：成，猶終也。"成爲桀"，終爲桀也。

〔一七〕楊倞注：惡來，飛廉之子，秦之先也。《史記》曰"惡來有力，飛廉善走，父子俱以材力事紂"也。⊙物雙松曰：知政，《廣文選》"知"作"執"。⊙冢田虎曰：知，猶主，如"乾知大始"之"知"。

〔一八〕楊倞注：卑其志意，言無遠慮，不慕往古。⊙物雙松曰：高其臺榭，《楚辭後語》《廣文選》並無"榭"字。⊙盧文弨曰："臺"下，宋本有"榭"字，元刻無。以韻讀之，元刻是也。今從之。⊙郝懿行曰：能，讀如泥。來，讀如黎。臺，讀如題。皆古韻。⊙鍾泰曰：卑其志意，謂志趣汙下耳，正與"大其園囿高其臺"反映成文。楊倞反失文旨。⊙天海案：此節災、能、來、臺爲韻，"榭"字疑衍也。

〔一九〕楊倞注：易鄉，回也。謂前徒倒戈攻於後。啓，微子名。下，降也。鄉，讀爲向。⊙久保愛曰：《書》曰："武王戎車三百兩，虎賁三百人，與受戰於牧野。"怒，叶去聲；野，叶音墅；下，遐嫁反，叶音户。⊙梁啓雄曰：久保愛引《書》見《牧誓》。受即紂，《書·西伯戡黎》傳："受，紂也。音相亂。"⊙天海案：楊注"回也"，盧本作"回面也"。

〔二〇〕楊倞注：立其祖，使祭祀不絶也。《左傳》曰："宋祖帝乙。"⊙俞樾曰：楊注未得"祖"字之義。《説文·示部》："祖，始廟也。"蓋祖之本義爲廟。⊙天海案："善之"，錢佃稱諸本作"喜之"，作"喜"形誤也。"封"下原無"之"字，據諸本及本篇文例，徑補"之"字。⊙天海案：立其祖，立其祖廟也。

〔二一〕楊倞注：累，讀爲"縲"。《書》曰："釋箕子之囚。"⊙朱熹曰：比干、箕子事，見《九章》《天問》。縲，囚縶也。⊙天海案：衰，讀楚危切。刳，若胡切，剖開，挖空。累，力佳切，通縲，引申爲捆綁。比干挖心，箕子縲囚，事見《書·泰誓》《武成》《史記·殷本紀》。

〔二二〕楊倞注：招麾，指揮也。⊙久保愛曰：吕尚，謂太公也。姓姜，氏吕，名尚。懷，叶胡威反。⊙梁啓雄曰：《詩·匪風》傳："懷，歸也。"

〔二三〕楊倞注：子胥，吴大夫伍員字也，爲夫差所殺。百里奚，虞公之臣。徙，遷也。謀不見用，虞滅，係虜，遷徙於秦。⊙天海案：伍子胥、百里奚之事，見《史記·伍子胥傳》《國語·吴語》《史記·秦本紀》《晉世家》。《左傳》僖公五年、《孟子·萬章》亦見百里奚之事。

〔二四〕楊倞注：穆公，秦穆公任好也。伯，讀曰霸。六卿，天子之制。春秋時，大國亦僭置六卿。六卿施，言施六卿也。⊙物雙松曰：六卿施，言國彊大，置六卿以比天子。⊙久保愛曰：《左氏傳》曰："遂霸西戎，用孟明也。"孟明，百里孟明視也。施，設也。⊙天海案：秦穆公賴以稱霸者，百里奚也，非其子百里孟明也。久説非。正文"得"字，諸本又作"任"。

〔二五〕楊倞注：逆，拒。斥，逐大儒不使通。拘，謂畏匡戹陳也。⊙久保愛曰：孔子去衛適陳，過匡。初，陽虎虐匡人，而孔子類陽虎，故拘之。⊙天海案：孔子困於陳、蔡，拘於匡，事見《史記·孔子世家》。

〔二六〕楊倞注：展禽，魯大夫無駭之後，名獲，字子禽，謚曰惠，居於柳下。三絀，謂爲士師三見絀也。春申，楚相黄歇封爲春申君。綴，止也，與輟同。畢，盡也。輸，傾委也。言春申爲李園所殺，其儒術、政治、道德、基業盡傾覆委地也。⊙盧文弨曰：此"春申"句有誤，必非指黄歇，注非。⊙郝懿行曰：此荀卿自道。荀本受知春申，爲蘭陵令，蓋將借以行道，迨春申亡而道亦連綴俱亡，基亦輸矣。輸者，墮也。言己布陳設施畢墮壞也。⊙王念孫曰：輸者，墮也。言基業盡墮壞也。盧説本汪氏，見丙申校本。⊙劉師培曰："春申"，當作"魯申"。春、魯二字篆文相似而訛。《左傳》

定四年"晉重魯申",魯申即魯僖公也。荀傳《左氏》,故人名亦多從《左傳》之稱。此句承上文展禽言,展禽與魯僖公同時。荀子此意蓋言魯爲周公之後,又爲儒術之所及,魯不用展禽,故道綴而基輸。綴,當從楊訓"止",言儒術至僖公而止也。輸,當從郝、王訓"墮",言周公之基業至僖公而竟墮也,故曰"魯申道綴基畢輸"。⊙天海:劉氏之説義長,似可從。

〔二七〕楊倞注:牧,治。⊙包遵信曰:賢者思,即"思賢者",此倒言之爲叶韻耳。下文"此之疑"、"形是詰",亦同。"此之疑",即"疑此"也。本篇倒言之例甚多,皆在求其叶韻耳。⊙楊柳橋曰:《方言》:"牧,察也。"牧基,謂察於始也。⊙天海案:牧基,猶治本也。賢者思,即賢者思其治本也。此非倒言,包説非。

〔二八〕楊倞注:陂與詖同。言當疑此讒人傾險也。⊙冢田虎曰:言將説牧養基業之義,賢者宜思之。堯之道在萬世下而猶見堯,而讒人傾側其道也。注"牧、治",非也。⊙久保愛曰:堯在萬世如見之,所謂没世不忘。鄭玄曰:"極,猶已也。"愛曰:不平曰險,不正曰詖。朱熹曰:"讒人必欲毁之,使人君疑於此人,然後己得行其姦詐也。"⊙王念孫曰:疑,恐也,畏也。此之疑,此是畏也。言此險陂傾側之讒人甚可畏也。⊙俞樾曰:《爾雅》:"疑,戾也。"郭注:"戾,止也。疑者亦止。"此之疑者,此之止也。言堯明見萬世,雖險陂傾側之徒,莫不由此而止也。⊙鍾泰曰:王、俞二説皆非也。"此之疑",即指堯言,謂堯之德萬世如見,而讒人則反疑之也。後文曰:"文、武之道同伏羲,由之者治,不由者亂,何疑爲?"何疑,疑字即針對此疑字。蓋堯、伏戲、文、武,一也,兩"疑"字同,何得有二訓乎?⊙天海案:罔極,猶無已也。險陂傾側,言讒人險邪反覆也。此之疑,即此疑之。疑,惑亂也。言讒人惑亂其堯之治道也。

〔二九〕楊倞注:罷,讀曰"疲"也。⊙王念孫曰:施,張也。言必欲張大其基業,當先辨賢、罷也。下文曰"基必張",上文曰"請布基",布與張亦同義。⊙鍾泰曰:牧基,謂治之基。治之基,即辨賢罷是也。此曰"基必施,辨賢罷",特倒文耳。王説非是。⊙天海案:鍾説是。

〔三〇〕楊倞注:文、武,周文王、武王。伏戲,古帝王太昊氏,始畫八卦、造書契者。戲與羲同。⊙久保愛曰:此謂古今道不異也。⊙劉師培曰:此足證周崇《易經》,易五行爲陰陽,由于宗伏戲之故。⊙天海案:楊注"帝王"二字,盧本作"三皇",《集解》本從之,非也。

〔三一〕朱熹曰:言古今一理,順之則治,逆之則亂,無可疑也。⊙郝懿行曰:爲,古讀如譌,與施、罷、戲皆韻。⊙裴學海曰:爲,猶焉也。⊙天海案:爲,如字,讀平聲,與施、罷、戲上古同屬歌部韻。此以上爲本篇第一章,共十三節,言治國之本在用賢良,世之災敗皆因遠賢近讒所致。

凡成相,辨法方,至治之極復後王〔一〕。慎、墨、季、惠,百家之説誠不詳〔二〕。

治復一，脩之吉，君子執之心如結〔三〕。衆人貳之，讒夫棄之形是詰〔四〕。

水至平，端不傾，心術如此象聖人〔五〕。而有埶，直而用抴必參天〔六〕。

世無王，窮賢良〔七〕，暴人芻豢，仁人糟糠〔八〕。禮樂滅息，聖人隱伏墨術行〔九〕。

治之經，禮與刑，君子以修百姓寧〔一〇〕。明德慎罰，國家既治四海平〔一一〕。

治之志，後埶富〔一二〕，君子誠之好以待〔一三〕。處之敦固，有深藏之能遠思〔一四〕。

思乃精，志之榮，好而壹之神以成〔一五〕。精神相反，一而不貳爲聖人〔一六〕。

治之道，美不老〔一七〕，君子由之佼以好〔一八〕。下以教誨子弟，上以事祖考〔一九〕。

成相竭，辭不蹷〔二〇〕，君子道之順以達〔二一〕。宗其賢良，辨其殃孼〔二二〕。

## 【校釋】

〔一〕楊倞注：後王，當時之王。言欲爲至治，在歸復後王。謂隨時設教，不必拘於古法。⊙物雙松曰：後王，即周文、武也。朱熹亦依倞注，故譏其啓李斯之禍，實不然。⊙梁啓雄曰：法方，即《莊子·天下》之"方術"、"道術"。此言成就相治的總要，在於辨别道術的優劣。⊙章詩同曰：法方，治國的方法。⊙北大組曰：凡成相，總括我演唱相歌的意思。復，重復，引申爲效法。後王，近時之王。⊙天海案：辨，識别也。法方，方法也，因叶韻而倒言。復，通覆。復後王，猶言庇覆後王也。本書《臣道篇》"以德復君而化之"，《韓詩外傳》"復"作"覆"，俞樾曰："當從之。以德覆君，謂其德甚大。"至治之極者，乃文、武之道，故能庇覆後王。後王，後世之王，不必當時之王。楊注及他説皆未切也。

〔二〕楊倞注：慎到、墨翟、惠施，或曰：季即《莊子》曰"季真之莫爲"者也。又曰"季子聞而笑之"。據此，則是梁惠王、犀首、惠施同時人也。韓侍郎云："或曰：季梁也。"《列子》曰:"季梁,楊朱之友。"言四子及百家好異説,故不用心詳明之。詳,或爲祥。⊙久保愛曰:《吕子・有度篇》又有季子,韓説非。詳,或爲祥,是也。⊙王念孫曰:祥、詳,古字通。不祥,不善也。楊説失之。⊙劉師培曰:"季"乃"魏"字之訛。古書文字多剥蝕,"魏"字之形既殘僅存左旁上半之形,後人不察,故妄改爲"季"。"魏",即《非十二子篇》之魏牟也,故與慎、墨、惠並言。⊙包遵信曰:季,疑是秉字之訛。《莊子・徐無鬼》以"儒、墨、楊、秉"並稱,與惠施合而爲五。成玄英謂"秉"乃公孫龍之字。⊙天海案:季,未詳。誠,實也。不詳,即不祥,不善也。王説是。又,正文"慎"上,盧本有"法"字,《集解》本則有"復"字,皆非。

〔三〕楊倞注:言堅固不解也。⊙久保愛曰:毛萇云"言執義一則用心固"。結,叶音吉。復一,復於一也。所謂"一則治,兩則亂",是也。⊙梁啓雄曰:一,借爲壹。《説文》:"壹,專壹也。"心如結,就是心理上專壹的表現。⊙章詩同曰:治復一,治國之道歸於一。一,指法。心如結,意志堅定不移。⊙北大組曰:一,指道。修,實行。之,指道。執,掌握,實行。⊙天海案:治復一,言治道歸一。此"一",即一於文、武之道。修,行也。執,堅守也。心如結,言用心專一而不解。

〔四〕楊倞注:衆人則不能復一,讒夫則兼棄之,但詰問治之。形狀,言侮嫚也。或曰:形,當爲刑。無德化,唯刑戮是詰,言苛暴也。⊙朱熹曰:形,當作刑。貳之,不一也;棄之,不由也。如此之人,皆當以刑詰之也。⊙郝懿行曰:形與刑,古字通。詰者,治也。《書》云"度作刑以詰四方"。⊙鍾泰曰:刑是詰,是,即指衆人、讒夫言。謂有貳之、棄之者,則以刑詰之也。楊注失之。⊙天海案:郝、鍾二説是。

〔五〕楊倞注:聖人心平如水。

〔六〕楊倞注:"而有埶"之上疑脱一字。言既得權勢,則度己以繩,接人用抴,功業必參天也。⊙物雙松曰:抴,亦當作"枻"。《後語》迺從木。⊙冢田虎曰:埶,當作"執"。抴,當作"枻"。"而有執"上脱"一"字,即上文"治復一",君子執之也。並《後語》爲是。⊙郝懿行曰:"而有埶"句之上,疑脱"人"字,蓋與"聖人""人"字相涉而誤脱也。此以平、傾、人、天相韻,古讀"平"如"偏"也。⊙梁啓雄曰:用抴,喻輔導别人前進。⊙章詩同曰:用抴,即對人寬。⊙天海案:"而有埶"上脱"人"字,郝説可從。直,正直。用抴,此喻待人寬容。《非相篇》:"接人用抴,故能寬容。"參見彼注。

〔七〕楊倞注:無王者興,賢良窮困。

〔八〕郝懿行曰:二句當爲七字一句。⊙王引之曰:下"人"字涉上"人"字而衍。上已言"暴人",則下"人"字可蒙上而省。此篇之例,兩三字句下皆用七字句,以是明之。

〔九〕梁啓雄曰:墨術,指墨翟之術。本書《富國》:"墨術誠行,則天下尚儉而彌貧,非鬬而日爭,勞苦頓萃而愈無功,愀然憂戚非樂而日不和。"⊙天海案:禮樂滅息者,禮崩樂壞也。

〔一〇〕久保愛曰：安上治民莫善於禮。⊙梁啓雄曰：《左》昭十五年《傳》注："經，法也。"《爾雅·釋詁》："刑，法也。"⊙熊公哲曰：經，猶道也。⊙天海案：經，常也。治之經者，治國之常道也。

〔一一〕久保愛曰：《左傳》曰："明德慎罰，文王所以造周也。"明德，務崇之之謂也。慎罰，務去之之謂也。⊙天海案：《書·堯典》："克明俊德，以親九族。"《吕刑》："惟敬五刑，以成三德。"皆明德慎罰之義也。正文"國家"之"家"，諸本又作"爭"，非也。

〔一二〕楊倞注：爲治之意，後權埶與富者，則公道行而貨賂息也。⊙久保愛曰：治，直吏反。富，叶音費。⊙熊公哲曰：後，猶輕也。⊙楊柳橋曰：志，通識、誌、幟。後埶富，謂以威勢則富爲後也。⊙天海案：楊注是也。

〔一三〕楊倞注：君子必誠此意，好以待用。⊙朱熹曰：誠之好以待者，誠意好之以待用也。⊙久保愛曰：好，呼報反。待，叶音地。⊙張覺曰：好以待，"以好待"之倒，"以善待用"的意思。

〔一四〕楊倞注：敦，厚也。有，讀爲"又"。既處之厚固，又能深藏遠慮。⊙章詩同曰：敦固，厚實堅定。⊙天海案：敦，猶純也。敦固，即純固。

〔一五〕楊倞注：好而不二，則通於神明也。⊙天海案：壹，專壹。明世本、《四庫》本"壹"作"一"。

〔一六〕楊倞注：相反，謂反覆不離散。⊙物雙松曰：反，恐是"守"字誤，篆文相似。⊙王引之曰：反，當爲"及"，字之誤也。精神相及，故一而不貳。楊説失之。⊙鍾泰曰：反，謂復也，楊注不誤。如王説，不成辭矣。⊙于省吾曰：注説是也。相反，謂精反於神，神反於精，二者不離，故云"一而不貳爲聖人"。王説失之。⊙天海案：反，返也，復也。楊注是，物、王二説非。正文"貳"，明世本、《四庫》本並作"二"。

〔一七〕楊倞注：老，休息也。《莊子》曰："佚我以老。"爲治當日新其美，無休息。⊙冢田虎曰：老，猶師老之老，謂疲倦也。子路問政，子曰"勿倦"之意。注不是也。⊙鍾泰曰：不老，即謂不衰老也。荀書本有美意延年之語，注曲爲之説，非是。⊙楊柳橋曰：《釋名》："老，朽也。"⊙張覺曰：不老，即永葆青春，永具活力而不過時。⊙天海案：不老，指"治道"永不衰朽，非指人也。

〔一八〕楊倞注：佼，亦好也，音"絞"。

〔一九〕楊倞注：接下以仁，事親以孝也。⊙冢田虎曰：二"以"字，皆以不老也。⊙久保愛曰：祖考，謂祖及考也。⊙劉如瑛曰：祖考，指祖與父。先秦所謂考妣，也指活着的父母。父母、考妣，"非生死之異稱"。

〔二〇〕楊倞注：竭，盡也。論成相之事雖終篇，無顛蹷之辭。蹷音"厥"。⊙朱熹曰：此論成相之事，雖至終篇，辭不仆蹷，言無窮也。⊙天海案：蹷，同蹶，傾竭也。此言"成相"之曲雖終，然其辭意未盡也。故下文云"君子道之順以達"。

〔二一〕楊倞注:道,言説也。辭既不慝,君子言之必弘順而通達。⊙王念孫曰:道,行也。言君子能行此言,則順以達也。楊説失之。⊙冢田虎曰:君子道之,以此爲道也,下"道聖王"同。注不是也。⊙鍾泰曰:道,由也。王説爲近之。⊙天海案:上文言"君子由之",此言"君子道之",道,亦由也。楊注非,鍾説是。

〔二二〕楊倞注:君子尋成相之辭,必能宗其賢良致治,辨其殀孽爲之害也。⊙物雙松曰:朱熹《後語》曰:"此篇在《漢志》,號《成相雜辭》。凡三章,'請成相'以下,各分爲一章,倞本無差别。"⊙久保愛曰:宗,讀爲"尊"。⊙顧千里曰:此句以前後例之,應十一字,今存八字,疑尚少三字,無可補也。盧語校定上四下七爲兩句,言五句爲一章,以前後例之,不合。⊙劉師培曰:宗、尊一聲之轉,故可通用。尊其賢良,言賢良之人宜居以尊顯之位也。⊙天海案:正文"殀"字,巾箱三本作"妖"。"辨其殀孽"下,依文例,似脱三字。此章共九節,專論治道方法。



請成相,道聖王〔一〕,堯、舜尚賢身辭讓。許由、善卷,重義輕利行顯明〔二〕。

堯讓賢,以爲民〔三〕,氾利兼愛德施均。辨治上下,貴賤有等明君臣〔四〕。

堯授能,舜遇時,尚賢推德天下治。雖有賢聖,適不遇世孰知之〔五〕?

堯不德,舜不辭〔六〕,妻以二女任以事。大人哉舜!南面而立萬物備〔七〕。

舜授禹,以天下〔八〕,尚得推賢不失序〔九〕。外不避仇,内不阿親,賢者予〔一〇〕。

禹勞心力,堯有德,干戈不用三苗服〔一一〕。舉舜甽畝,任之天下身休息〔一二〕。

得后稷,五穀殖,夔爲樂正鳥獸服〔一三〕。契爲司徒,民知孝弟尊有德〔一四〕。

禹有功,抑下鴻〔一五〕,辟除民害逐共工〔一六〕。北决九河,通十二渚疏三江〔一七〕。

禹溥土,平天下〔一八〕,躬親爲民行勞苦〔一九〕。得益、皐陶、横革、直成爲輔〔二〇〕。

契玄王，生昭明〔二一〕，居於砥石遷于商〔二二〕。十有四世，乃有天乙是成湯〔二三〕。

天乙湯，論舉當，身讓卞隨舉牟光〔二四〕。道古賢聖基必張〔二五〕。



## 【校釋】

〔一〕楊倞注：道，亦言説。前章意未盡，故再論之也。⊙王念孫曰：道聖王，從聖王也。下文"道古賢聖基必張"，義與此同。楊説失之。⊙李中生曰：楊説不失。"道聖王"及下文"言治方"，正是後世説唱文學中以"説一説"、"表一表"以興所叙之事這種形式的濫觴。"道聖王"與下文的"道古賢聖基必張"語境不同，不可拿來比附。⊙天海案：道聖王，即説聖王，以下皆説聖王之事。楊注是，王説非。

〔二〕楊倞注：《莊子》曰："堯讓天下於許由，許由曰：'予適有幽憂之病，方且治之，未暇治天下也。'遂不受。""舜讓天下於善卷，善卷不受，遂入深山，不知其處也。"⊙天海案：楊倞注引《莊子》，見今《莊子·讓王篇》，然今《莊子》作"堯以天下讓許由，許由不受，又讓于子州支父。子州支父曰"云云，又作"舜以天下讓善卷，善卷曰……遂不受。于是去而入深山，莫知其處"。明世本、《四庫》本、盧謝本引楊注"許由不受"以下並與今《莊子》略同，"許由曰"亦作"子州支父曰"。楊倞引《莊子》原或撮其要，他本所録，或依今《莊子》之文增之邪？

〔三〕楊倞注：爲萬民求明君，所以不私其子。

〔四〕梁啓雄曰：《廣雅》："氾，普也。"《釋詁》："辨，徧也。"徧治上下，就是氾利兼愛德施均的徵象。⊙熊公哲曰：氾，同汎，廣也。氾利兼愛，猶汎愛衆也。均，普徧也。⊙天海案：德施，德惠也。辨，通徧。《題注》本、遞修本、明世本、《四庫》本"辨"並作"辯"。正文"氾"誤作"汜"，形誤也，徑改之。

〔五〕楊倞注：蓋以自歎。⊙久保愛曰：推德，舉舜也。⊙熊公哲曰：不遇世，謂不遇堯、舜之世。⊙天海案：《方言》："適，啎也。"郭璞注："相觸迕也。"適不遇世者，言觝忤不遇世也。

〔六〕楊倞注：皆歸至公。⊙冢田虎曰：言不以授能爲德也。⊙鍾泰曰：不德，謂不自以爲德也。⊙楊柳橋曰：《説文》："德，升也。"不德，不升於位也，謂退位也。⊙天海案：不德，不以有德而自居。錢佃稱諸本作"不能"。巾箱三本亦作"不能"。不辭，不讓也。當仁不讓之意。

〔七〕楊倞注：委任羣下，無爲而理。⊙久保愛曰：《書》曰："釐降二女于嬀汭，嬪于虞，任以事。"謂歷試諸難。大，音泰。⊙熊公哲曰：二女，即娥皇、女英。任以事，謂使和五典，徧入百官，賓於四門之類。⊙天海案：南面而立者，稱王天下也。

〔八〕楊倞注：舜所以授禹，亦以天下之故也。⊙王念孫曰：此不言"舜以天下授禹”，而言“舜授禹，以天下”者，倒文以合韻耳，非有深意也。楊反以過求而失之。⊙天海案：上文言“堯讓賢，以爲民”，此言“舜授禹，以天下”，“以天下”即“爲天下”，正相對爲文。楊注是，王説非。

〔九〕楊倞注：得，當爲“德”。⊙梁啓雄曰：得、德，古字通用。

〔一〇〕楊倞注：謂殛鯀興禹，又不私其子。予，讀爲“與”。⊙郝懿行曰：予者，相推予也。予、與，古今字。⊙久保愛曰：仇，音“求”。⊙天海案：鯀，傳爲禹之父，治水無功，舜殛之於羽山，任禹繼而治水。此“外不避仇”也。舜子商均不肖，乃傳位於禹，此“内不阿親”也。予，古與字。與，通舉。賢者予，猶賢者被推舉也。

〔一一〕朱熹曰：三苗服，見《尚書》，乃舜事，此誤也。⊙王引之曰：“力”上本無“心”字，後人以《左傳》言“君子勞心，小人勞力”，故以意加“心”字耳。不知禹抑洪水，本是勞力於民，故《淮南·氾論篇》《論衡·祭意篇》竝言“禹勞力天下”，非“小人勞力”之謂也。且此篇之例，凡首二句皆三字，加一“心”字，則與全篇之例不符矣。⊙劉師培曰：此下二章均言堯事，“禹有功”以下二章方言禹事。以句例勘之，此文“禹”字疑衍，或當作“堯有德，勞心力”，與下“禹有功，抑下鴻”對文。⊙天海案：“禹”字因上文“舜授禹”而衍，劉氏所言極是。三苗者，古代部族之名也。《史記·五帝紀》：“三苗在江淮、荆州。”《正義》：“吴起云：‘三苗之國，左洞庭而右彭蠡。’”《書·舜典》“竄三苗於三危”，朱説是。

〔一二〕楊倞注：甽，與畎同。⊙熊公哲曰：舜耕歷山，歷山之人皆讓畔；漁於震澤，震澤之人皆讓長；陶河濱，器不苦窳。事見《韓非子·難篇》。孟子所謂舜發畎畝之中者，此也。

〔一三〕楊倞注：謂“擊石、拊石”，“百獸率舞”，“笙鏞以間，鳥獸蹌蹌”也。⊙久保愛曰：《書》曰：“棄，黎民阻飢，汝后稷播時百穀。”棄，后稷名。趙岐曰：“五穀，謂稻、黍、稷、麥、菽也。”⊙天海案：后稷，名棄，舜時農官，别姓姬氏，周之先祖。事見《史記·周本紀》。夔，舜時樂官。樂正，樂官之長之統稱。

〔一四〕天海案：契，人名。傳爲商之始祖帝嚳之子，舜之臣，助禹治水有功，任爲司徒。賜姓子氏，封於商。事見《史記·殷本紀》。契，私列切。孝弟，同孝悌。

〔一五〕楊倞注：抑，遏也。下，謂治水，使歸下也。鴻，即洪水也。《書》曰：“禹，降水警予也。”

〔一六〕楊倞注：今《尚書》“舜流共工于幽”，此云禹，未詳。⊙郝懿行曰：共工，蓋主水土之官，禹抑鴻水，故假言逐去之，非實事也。⊙劉師培曰：《玉海》百二十五引“逐”作“遂”，“遂”詁爲遠，義較長。⊙鍾泰曰：逐共工，即“流共工於幽州”，《書》以舜言，此以禹言，當各有所據，不得謂假言非實事也。郝説殊武斷。⊙天海案：辟除，排除也。楊注疑脱“幽”下之“州”字，他本有，或可據補。

〔一七〕楊倞注：按《禹貢》導弱、黑、漾、沇、淮、渭、洛七水，又有“濰、淄其道”，

"伊、洛、瀍、豰既入於河"數則,不止於十二。此云十二渚,未詳其説也。⊙久保愛曰:《禹貢》曰:"北播爲九河。"孔安國云:"北分爲九河,以殺其溢。"韋昭曰:"三江,松江、錢塘、浦陽江也。"⊙郝懿行曰:通十二渚,即肇十二州也。小州曰渚,故假渚言之。注皆未了。⊙天海案:渚,通阻,一聲之轉。決九河,疏三江,必鑿通十二險阻也。故此"渚"非小州也,乃"阻"之假字也。

〔一八〕楊倞注:溥,讀爲"敷"。孔安國云"洪水泛溢,禹分布治九州之土"也。⊙物雙松曰:溥土,《廣文選》作"敷土"。⊙梁啓雄曰:傅,借爲敷。《書·禹貢》"禹敷土",馬注:"敷,分也。"⊙天海案:正文及注"溥"字,巾箱三本作"傅",盧本、《集解》本皆從之。

〔一九〕楊倞注:行,讀如字,謂所行之事也。⊙天海案:躳,身也。行,形也。

〔二〇〕楊倞注:横革、直成,未聞。韓侍郎云:"此論益、皋陶之功,横而不順者革之。直者,成之也。"⊙王應麟曰:愚嘗考《吕氏春秋》云:"得陶、化益、真窺、横革、之交五人佐禹,故功績銘乎金石,著於槃盂。"陶,即皋陶也。化益,即伯益也。真窺,即直成也。横革,即横革也。皆禹輔佐之名。⊙盧文弨曰:窺,與"成"音同,與"窺"形似,《吕氏春秋》蓋本作"窺",傳寫誤爲"窺"耳。"直"與"真"亦形似。《吕氏》語見《求人篇》。⊙王念孫曰:盧説是也。"横革、直成爲輔",此句例當用七字,今本脱一字,或在"爲"上,或在"爲"下,俱未可知。⊙梁啓超曰:"輔"上疑脱"之"字。⊙劉如瑛曰:從荀書行文來看,可斷定"爲輔"上脱"以"字。⊙天海案:劉説可從,正文"爲"上補"以"字義長。又楊注"直成未聞"四字原作"直木聞"三字,此據王應麟《困學紀聞》所引改之。

〔二一〕楊倞注:《詩》曰:"天命玄鳥,降而生商。"又曰"玄王桓撥",皆謂契也。《史記》"契爲堯司徒,封於商,賜姓子氏。契卒,子昭明立"也。⊙朱熹曰:玄王者,契以母簡狄吞玄鳥卵而生,故追號之曰玄王也。⊙梁啓雄曰:《詩·長發》傳:"玄王,契也。"

〔二二〕楊倞注:砥石,地名,未詳所在。或曰:即砥柱也。《左氏傳》曰:"閼伯居商丘,相土因之。"相土,昭明子也。言契初居砥石,至孫相土,乃遷商丘也。⊙劉師培曰:契所封之商,與相土所居商丘係屬二地。鄭注《書序》云:"契封商,國在太華之陽。"其説本于《世本》,是契所封之商在今華州。若《左傳》商丘,賈注以爲在漳南。蓋章、商古通,商以漳水得名,則商丘在今河北。若砥石,即砥柱,在華州東。《荀子》所言之商,係指商丘言,惟契所封之商,與砥石爲二地。砥石爲昭明所居,非契所居。楊説稍誤。

〔二三〕楊倞注:《史記》曰:"契卒,子昭明立。昭明卒,子相土立。相土卒,子昌若立。昌若卒,子曹圉立。曹圉卒,子冥立爲夏司空,勤其官,死於水,殷人郊之。冥卒,子振立。振卒,子微立。微卒,子報丁立。報丁卒,子報乙立。報乙卒,子報丙立。報丙卒，子主壬立。主壬卒，子主癸立。主癸卒，子乙立。”是十四世也。⊙梁啓雄曰：湯名乙，亦名履，乙、履古音同。《史記·殷紀·索隱》引譙周云：“夏、殷之禮，生稱王，死稱廟，皆以帝名配之。天，亦帝也。殷人尊湯，故曰天乙。”又按：《史記志疑》一：“湯，非名也，以地爲號，故稱成湯、武湯。《路史發揮》注：‘湯特商國中一邑名，成湯，猶成周然。’”⊙天海案：成湯，即帝乙、天乙，商之開國之君。

〔二四〕楊倞注：《莊子》湯讓天下於卞隋、務光二人，不受，皆投水死。牟與務同也。⊙俞樾曰：舉，當讀爲與，古舉、與字通。此文本云“身讓卞隨與牟光”，作“舉”者，假字耳。⊙楊柳橋曰：論舉，猶選舉也。高誘《吕氏春秋》注：“論，猶擇也。”論，借爲掄。⊙天海案：論舉當，猶言論量舉事得當也。下舉字，通與，俞説是。卞隨、牟光，夏、商之交隱士，湯伐桀，先與此二人謀，皆不與謀。遂與伊尹謀伐桀，克之。讓天下與卞隨，不受，自投椆水而死；又讓牟光，亦不受，乃負石自沈於廬水。事見《莊子·讓王篇》。“牟光”，《莊子》作“瞀光”。正文“天乙湯”，巾箱三本無“天”字；正文“隨”，又並作“隋”。明世本、《四庫》本“隨”亦作“隋”。

〔二五〕楊倞注：道，説。古之賢聖，基業必張大也。⊙王念孫曰：“道古賢聖基必張”上，當有一四字句，而今本脱之。此指當時之君而言，與上成湯異事，故知有脱文。⊙久保愛曰：道，由也。⊙天海案：道，從也。王念孫曰：“古謂從爲道，説見《史記·淮南衡山傳》。”道，行也。此言行古賢聖之道，基業必然擴張。依本篇文例，此句之上，必脱四字一句，王説是也。此章十一節，皆言古聖賢王推賢讓能、建功立業之事，暗歎己之生不遇世也。

願陳辭〔一〕，世亂惡善不此治〔二〕。隱諱疾賢，良由姦詐鮮無災〔三〕。

患難哉，阪爲先，聖知不用愚者謀〔四〕。前車已覆，後未知更何覺時〔五〕！

不覺悟，不知苦，迷惑失指易上下〔六〕。忠不上達，蒙揜耳目塞門户〔七〕。

門户塞，大迷惑，悖亂昏莫不終極〔八〕。是非反易，比周欺上惡正直〔九〕。

正是惡〔一〇〕，心無度，邪枉辟回失道途〔一一〕。已無郵人，我獨自美豈獨無故〔一二〕！

不知戒，後必有，恨後遂過不肯悔〔一三〕。讒夫多進，反覆言語生詐態〔一四〕。

人之態，不如備〔一五〕，爭寵嫉賢利惡忌〔一六〕。妬功毁賢，下斂黨與上蔽匿〔一七〕。

上壅蔽，失輔埶〔一八〕，任用讒夫不能制。孰公、長父之難〔一九〕，厲王流于彘〔二〇〕。

周幽、厲，所以敗，不聽規諫忠是害〔二一〕。嗟我何人，獨不遇時當亂世〔二二〕！

欲衷對，言不從〔二三〕，恐爲子胥身離凶〔二四〕。進諫不聽，剄而獨鹿棄之江〔二五〕。

觀往事，以自戒，治亂是非亦可識。託於成相以喻意〔二六〕。



## 【校釋】

〔一〕冢田虎曰："願陳辭"下至"阪爲先"，朱氏曰："此一節有脱誤。"⊙王引之曰："願陳辭"下，脱一三字句。⊙梁啓雄曰："願陳辭"下挩一三字句。胡元儀謂其上脱"請成相"三字，見《郇卿别傳攷異》。但本篇"請成相"凡三見，今此處若加"請成相"三字，與下文不諧韻，胡説似非。⊙熊公哲曰："願陳辭"三字上，疑有"請布基"三字。⊙楊柳橋曰：當係起句脱三字。例以前章，則此脱文或係"請牧基"三字。⊙天海案：願陳辭，猶"請陳辭"，爲此章首句，下必脱一三字句，王説是也。所脱之文，存疑待考可也。

〔二〕楊倞注：不知治此世亂惡善之弊。⊙天海案：惡，讀去聲。

〔三〕楊倞注：隱諱過惡，病害賢良，長用姦詐，少無災也。⊙郝懿行曰："諱疾"二字誤倒，當作"隱疾賢良，諱由姦詐鮮無災"，亦四字、七字句。⊙王念孫曰："良"，當爲"長"。楊注"長用姦詐"，是其證。今本"長"作"良"者，涉注文"疾害賢良"而誤。⊙于鬯曰：此文論例讀法，自合"隱諱疾賢"四字爲逗，下七字爲句。而義則"賢良"連屬。王謂"良"當爲"長"，是非校書，乃乙書改書耳，究失信而好古之義。⊙陶鴻慶曰："隱諱"二字，語意未明，當作"隱過"。"隱過"與"疾賢"相對成文，故注以"隱諱過惡，疾害賢良"釋之。今本亦涉注文而誤。⊙豬飼彦博曰："隱"當移"由"上，言陰用姦詐也。⊙于省吾曰：王説非是。《廣雅・釋詁》："良，長也。"注言："長用姦詐。"正訓良爲長，不必爲改字之證。⊙天海案：楊注意正切合正文，諸説辭費也。又，楊注"用"下原脱"姦"字，此據正文及他本補之。

〔四〕楊倞注：阪，與反同。反先聖之所爲。⊙物雙松曰："阪爲先聖"，注不明，恐當作"阪先爲"，韻爲協。"聖"字當屬下首。⊙盧文弨曰："患難哉，阪爲先"，二句,句三字。"聖知不用愚者謀"七字句,與辭、治、災、哉、時韻。"阪爲先"三字未詳,楊注不得其句。⊙郝懿行曰:盧斷"聖知"二字屬下爲句,是也。"阪爲先"者,阪,猶反也,所行反側頗僻爲先。先,古音西,亦與下韻。⊙王念孫曰:"阪爲先",先,疑當作"之"。此言爲治者當進聖知而退愚,今不用聖知而用愚,是反爲之也。"之"字本作"㞢",《説文》"先"字從儿、㞢,此文"之"字,蓋本從古作"㞢",寫者誤加"儿"耳。㞢字正與辭、治、災、哉、謀、時爲韻。⊙劉師培曰:哉者,始也。阪訓反側,郝説是矣。惟"爲"當作"譌",譌亦訓僞。阪爲先者,言以反側詐僞爲先也。郝、王之説均非。⊙梁啓雄曰:《廣雅·釋詁》:"阪,衺也。"在此指邪術。阪爲先,謂以邪術爲首要之計謀,下文"聖知不用愚者謀"即伸釋此句。⊙天海案:哉,始也,見《爾雅》及《書·武成》注。劉説是也。阪,邪也,梁説是。此言患難始,邪爲先,句意相承。先,古音西,叶韻。王改字爲訓,非也。楊注原於"聖"下斷句,非也,今從諸説。

〔五〕楊倞注:前車已覆,猶不知戒,更何有覺悟之時也。⊙朱熹曰:後,後車也。更,改也。謂改轍也,屬上小句。何覺時,言前事之戒,如此之明,而猶不覺悟,後豈復有覺悟時也!⊙盧文弨曰:"前車已覆"四字句。更,改也。⊙久保愛曰:知,音智。謀,叶音縻。更,音庚。⊙梁啓雄曰:何覺時,當作"覺何時",轉寫誤倒。⊙天海案:何覺時,猶何時覺也。言後未知改者,何時覺悟也。又,上文"謀"字,上古屬明母之部,故叶韻。久説叶音縻,非也。

〔六〕天海案:指,通恉,恉意也。失指,失其恉意也。"易上下"者,上下錯位也。"易"上,巾箱三本並有"不"字,涉上二"不"字而衍。

〔七〕楊倞注:不能闢四門也。⊙俞樾曰:中,讀爲忠。言忠誠之士不能上達也。⊙梁啓雄曰:《爾雅》:"指,示也。"中,借爲忠。《淮南·氾論》注:"揜,蔽也。"⊙天海案:忠,明世本、《四庫》本、盧本、《集解》本俱作"中"。揜,通掩,遮蔽也。門户,此喻耳目爲接納忠言、賢士之門户。

〔八〕楊倞注:莫,冥莫,言闇也。不終極,無已時也。⊙梁啓雄曰:《説文》:"悖,亂也。"《老子》注:"昏,闇昧也。"莫,同暮,《説文》:"莫,日且冥也。"此以日暮喻人之昏暗。不終極,謂無窮無盡。⊙天海案:昏莫,猶昏蒙、昏瞢、惛懵、冥瞢。朱起鳳曰:"蒙、莫,一聲之轉。冥、昏,古通用。"不終極,猶言無準極。終、準,一聲之轉,故通。極者,中正之準則。《書·君奭》"作汝民極",孔傳:"爲汝民立中正矣。"因其悖亂昏蒙、故心中無準則。故下文云"是非反易"也。

〔九〕楊倞注:惡,烏路反,下同。⊙久保愛曰:是非反易,以是爲非,以非爲是。⊙天海案:反易,反覆顛倒。

〔一〇〕天海案:"正是惡",當作"正直惡"。言正直者被嫉惡也。上節"塞門户",下以"門户塞"相屬;此節上文"惡正直",亦當以"正直惡"相接。《題注》本、遞修本、明世本、《四庫》本皆作“正直惡”，可據改。

〔一一〕楊倞注：辟，讀爲“僻”。⊙章詩同曰：度，法度。邪枉，姦邪不正。辟回，邪僻乖違。回，違。⊙天海案：度，準則。《書·太甲中》：“欲敗度，縱敗禮。”孔疏：“準法謂之度。”辟回，通僻違。僻違，乖邪而違常理。“失道途”之“失”字，原誤作“夫”，據諸本改之。

〔一二〕楊倞注：故，事也。不可尤責於人，自美其身。己豈無事？己亦有事而不知其過也。或曰：下無“獨”字。⊙朱熹曰：正直是惡，則心無尺度，不知長短，所向無非邪辟之途矣，豈可尤責他人而自以爲美乎？蓋凡事之得失必有其故，當自省也。⊙盧文弨曰：無“獨”字則與全篇句法合。⊙久保愛曰：無尤人，謂無尤之者也。⊙豬飼彦博曰：故，辜通。⊙梁啓雄曰：“無郵”的“無”字衍。郵，借爲訧。《説文》：“訧，辠也。”訧音尤，辠音罪。郵人，猶言怨人。⊙天海案：郵，通尤，怨也。諸本並作“尤”。此句本當四字，梁説“無”字衍，非也。自美，自以爲美也。下“獨”字衍。無故，無辜也。故、辜通，豬説是也。

〔一三〕楊倞注：恨，悔。不肯悔前之非。⊙盧文弨曰：“後必有”三字爲句。有，讀曰又，所謂貳過也，古音戒。又“悔”、“態”爲韻。⊙王念孫曰：盧説是矣，而未盡也。“恨後遂過”四字，義不相屬。恨與很同。後，當爲“復”，字之誤也。復與愎同。言很愎不從諫，以遂其過也。⊙李中生曰：後必有，即“必有後”。作“後必有”，這是爲協韻而倒。⊙天海案：後必有，乃“必有後”，李説是也。楊注原於“恨”下斷句，非也。今不從，並移其注“恨、悔”二字於此。“恨後”二字當作“很愎”，王説是也。

〔一四〕王念孫曰：態，讀爲“姦慝”之慝。言言語反覆，則詐慝從此生也。⊙鍾泰曰：《臣道篇》云：“巧敏佞説，善取寵乎上，是態臣者也。”蓋態即面從，即逢君之惡之謂，此“態”字亦如是。王讀爲“慝”，非其義。⊙楊柳橋曰：薛綜《西京賦》注：“態，巧也。”⊙天海案：態，通慝，王説是也。詐態，即詐慝，姦詐也。下文“人之態”之態，同此義。

〔一五〕楊倞注：如，當爲“知”。言人爲詐態，上不知爲備。⊙朱熹曰：言人之詐態，上若不知爲備，則有忌嫉蔽匿之患也。⊙久保愛曰：詐態，如張儀、州侯之所爲。事見於《臣道篇》。⊙天海案：如，乃“知”字形誤也，楊注是。

〔一六〕楊倞注：利在惡忌賢者。⊙朱熹曰：“利惡忌”，謂以惡忌賢者爲己利也。⊙王念孫曰：利，當爲“相”，字之誤也。“相惡忌”，正承“爭寵嫉賢”言之。⊙陶鴻慶曰：嫉賢，疑當作“嫉貴”。

〔一七〕楊倞注：斂，聚也。下聚黨與，則上蔽匿也。⊙天海案：蔽匿，掩藏也。此言君上被羣小隱蔽。

〔一八〕楊倞注：失輔弼之臣，則埶不在上。

〔一九〕楊倞注：孰公、長父，皆厲王之嬖臣，未詳其姓名。墨子曰：“厲王染於厲公長父、榮夷終。”邁公與埶公不同，未知孰是。或曰：埶公、長父，即《詩》所云“皇父”也。埶，或爲“郭”。⊙朱熹曰：父，音甫。難，去聲。主蔽匿，則賢人不得盡忠於上，而自失輔助之勢。蓋其始以讒人爲可任，而後已失勢，遂不能制之也。埶，當作郭。郭公長父，周厲王之臣，未詳其事。⊙盧文弨曰：古郭虢字通，郭公長父即《吕氏·當染》篇之虢公長父也，作“郭”字爲是。“之難”二字，當屬下爲七字句。注“邁公”，宋本從立，元刻從糸，字書皆無攷。《墨子·所染篇》作“厲公”。⊙王念孫曰：之者，是也。言難厲王者是此人也。⊙俞樾曰：此文以“之難”六字爲句，“于彘”五字爲句。⊙天海案：之難，猶致難也。之，動詞，通致。

〔二〇〕楊倞注：彘，地名，在河東。《左傳》晉大夫有彘子，言“埶公長父姦邪，遂使難作，厲王流竄於彘”。⊙天海案：厲王、周厲王，名胡，公元前八七八年繼位，公元前八四二年流於彘。其事見《國語·周語》《史記·周紀》。彘，地名，在今山西霍縣境内。埶公、長父事未詳。

〔二一〕天海案：周幽，周幽王，名宫涅，荒淫而亡西周。公元前七八一年至前七七一年在位。“忠是害”，乃“是害忠”之倒文，爲葉韻耳。

〔二二〕楊倞注：言自古忠良多有遇害，何獨我哉！自慰勉之辭也。⊙久保愛曰：歎己獨不遇時也。

〔二三〕楊倞注：衷，誠也。欲誠意以對時君，恐言不從而遇禍也。⊙冢田虎曰：欲衷對，言盡中心以對也。⊙久保愛曰：朱熹曰：“衷對，當作‘對衷’，乃與韻叶。”愛按，古人有押韻於末字上者，下文“謹脩”及《雲賦》“託訊”類可見，不必顛倒者。⊙郝懿行曰：“對”字失韻，疑“封”字之形譌。衷封者，言中衣内懷藏封事也。⊙王念孫曰：衷對，當爲“剖衷”。欲剖衷，言不從，即上文所謂“中不上達”也。⊙俞樾曰：王氏改字，臆説也。“對”字實不誤，但當在“衷”字上。對，讀爲遂。“欲對衷”者，欲遂衷也。⊙天海案：俞説從朱熹，義較長。

〔二四〕久保愛曰：離，遇也。⊙天海案：離，通罹，遭遇也。

〔二五〕楊倞注：獨鹿，與屬鏤同。本亦或作“屬鏤”，吴王夫差賜子胥之劍名。屬，之欲反。鏤，力朱反。《國語》里革曰：“鳥獸成，水蟲孕。於是乎禁罝罜䍡。”此當是自剄之後，盛以罜䍡，棄之江也。賈逵云：“罜麗，小罟也。”⊙盧文弨曰：楊云“本或作屬鏤”，則訓劍不可易，“《國語》”以下，必後人采它説附益之。罝，韋昭云“當爲罜”。此衍“罝”字，而又訛“罜”作“罣”。宋本亦同，又無“水虞”二字。⊙久保愛曰：本注“《國語》”上，疑脱“或曰”二字。⊙郝懿行曰：此言“獨鹿”，蓋爲革囊盛尸，所謂鴟夷者也。“獨鹿”與《魯語》之“罜麗”音義相近，而與屬鏤義遠。若作“剄而屬鏤”，語復不詞。⊙王念孫曰：而猶以也。謂剄以獨鹿也。⊙天海案：而，猶以也。巾箱三本並作“以”。王説“剄以獨鹿”，是也，言以獨鹿之劍自剄也。

〔二六〕楊倞注：識，如字。亦讀爲“志”也。⊙顧千里曰：案此句例之，應十一字，亦疑尚少四字。⊙天海案：識，辨别也。楊後説非。“識”下尚脱四字一句，顧説是。本章十一節，專言昏主用讒害賢之戒。

請成相，言治方〔一〕，君論有五約以明。君謹守之，下皆平正國乃昌〔二〕。

臣下職，莫游食〔三〕，務本節用財無極。事業聽上，莫得相使一民力〔四〕。

守其職，足衣食〔五〕，厚薄有等明爵服〔六〕。利往卬上，莫得擅與孰私得〔七〕？

君法明，論有常〔八〕，表儀既設民知方〔九〕。進退有律，莫得貴賤孰私王〔一〇〕？

君法儀，禁不爲〔一一〕，莫不説教名不移〔一二〕。修之者榮，離之者辱，孰它師〔一三〕？

刑稱陳，守其銀〔一四〕，下不得用輕私門〔一五〕。罪禍有律，莫得輕重威不分〔一六〕。

請牧祺，明有基〔一七〕，主好論議必善謀。五聽循領，莫不理續主執持〔一八〕。

聽之經，明其請〔一九〕，參伍明謹施賞刑〔二〇〕。顯者必得，隱者復顯，民反誠〔二一〕。

言有節，稽其實〔二二〕，信誕以分賞罰必〔二三〕。下不欺上，皆以情言明若日〔二四〕。

上通利，隱遠至〔二五〕，觀法不法見不視〔二六〕。耳目既顯，吏敬法令莫敢恣〔二七〕。

君教出，行有律〔二八〕，吏謹將之無鈹滑〔二九〕。下不私請，各以所宜舍巧拙〔三〇〕。

臣謹修，君制變〔三一〕，公察善思論不亂〔三二〕。以治天下，後世法之成律貫〔三三〕。

## 【校釋】

〔一〕楊倞注：言爲治之方術。

〔二〕楊倞注：論爲君之道有五，甚簡約明白。謂"臣下職"一也，"君法明"二也，"刑稱陳"三也，"言有節"四也，"上通利"至"莫敢恣"五也。⊙物雙松曰：君論有五，即"臣下職"一也，"守其職"二也，"君法明"三也，"君法儀"四也，"刑稱陳"五也。注非。⊙冢田虎曰：君論有五，注數以爲五者，不得於文。"請牧祺"以下自是一章。⊙梁啓雄曰：方，借爲法。此君論，謂君主謀慮治國之政論。平正，謂評議政論且能正確。⊙楊柳橋曰：高誘《吕氏》注："論，猶理也。"理，亦道也。下文"論有常"同。⊙包遵信曰：方，道也，言爲治之道也。論，同倫，謂爲君之倫常也。下文"君法明，論有常"之"論"亦同。楊注失之。⊙天海案：君論，猶君道，楊柳橋之説義長。"有五"，即"臣下職"至"刑稱陳"五節所言，物説是也。正文"皆"字，巾箱三本無，當有而脱也。平正，平易而正直。梁氏之説迂曲不當。

〔三〕楊倞注：游食，謂不勤於事，素飡游手也。⊙鍾泰曰：臣下職，謂臣下各任其職也。⊙楊柳橋曰：李賢《後漢書》注："游食，謂浮食者。"⊙天海案：此言臣下之職，莫使有不務農而食者。故下云"務本節用財無極"也。游食，不務農而食。《商君書・農戰》："高言僞議，舍農游食。"

〔四〕楊倞注：所興事業皆聽於上，羣下不得擅相役使，則民力一也。《禮記》曰"用民之力，歲不過三日"也。⊙久保愛曰：本，農也。極，盡也。《禮記》所謂"財恒足"，是也。

〔五〕楊倞注：民不失職，則衣食足矣。⊙久保愛曰：謂守職者厚之也。

〔六〕楊倞注：貴賤有别。⊙熊公哲曰：爵，爵位；服，謂章服。⊙天海案：守其職者，兼臣民而言。"足衣食"，言民也。"明爵服"，謂官位品階也。"厚薄有等"，則貴賤有别也。楊注未了。

〔七〕楊倞注：利之所往，皆印於上，莫得擅爲賜與，則誰敢私得於人乎？擅相賜與，若齊田氏然。印，與仰同，宜亮反。⊙久保愛曰：得，讀爲德。在《禮》，家施不及國，故曰"孰私德"。⊙王引之曰："往"字文義不順，楊説非也。往，當爲"隹"。隹，古"唯"字也。言臣民之利，唯仰於上，莫得擅有所與也。⊙劉師培曰：荀書"得"、"德"通用者甚多。言利出於上，無施恩市惠之臣。德，即德色之德也。⊙天海案："往"字不誤。往，亦可訓來。《廣雅・釋詁》："往，至也。"此言利來皆仰於君上，不得使人擅與，誰又能以私市德也。王改字爲訓，不可從也。下得，通德，久、劉二説是也。

〔八〕楊倞注：君法所以明，在言論有常，不二三也。⊙冢田虎曰：言君法明白，則臣下論議有常也。⊙鍾泰曰：論，謂論士也。即《王制篇》"王者之論"是也。故下言

"進退貴賤"。楊注失之。⊙梁啓雄曰:君法明確,政論有常規。⊙章詩同曰:論有常,爲政之道有一定的法度。⊙天海案:論,論量也。即論德定次之論,與上"君論"之論不同。論有常,言論量人材有常規也。鍾説近之,楊注及他説皆未得也。

〔九〕梁啓雄曰:表,借爲幖。幖,即標誌。《説文》:"儀,度也。"表儀,指有常的君法。民知方,謂人民知道遵循的方向。⊙李中生曰:方,指法則,法度。⊙天海案:表,通標。儀,法則也。表儀,即標準也。方,向也。

〔一〇〕楊倞注:進人退人,皆以法律,貴賤各以其才。孰有私佞於王乎?⊙物雙松曰:孰私王,言孰有私自爲王乎?注非。⊙劉師培曰:私王,即私尊。特《荀》用"王"字以叶韻耳。⊙梁啓雄曰:私王,即"比周還主"。⊙天海案:進退,指官吏之升降任免。律,法也。莫得貴賤,言不能以貴賤而進退。孰私王,言誰會阿私於君王也。

〔一一〕楊倞注:爲君之法儀,在自禁止不爲惡。⊙冢田虎曰:儀,爲下之儀表也。禁不爲,上之所禁,下不爲也。註失之。⊙俞樾曰:儀,當讀爲俄。《説文》:"俄,行頃也。"《廣雅》曰:"俄,衺也。"是俄有頃邪之義。"君法儀"與"君法明"相對。言君法傾邪,則當禁之,使不爲也。⊙鍾泰曰:儀,讀作義。謂君法之守義也。⊙天海案:儀,準也。君法儀,言君之法度有準則,故能禁止不當爲之事也。冢説近之。楊注非,他説亦不得也。

〔一二〕楊倞注:既能正己,則民皆悦上之教,而名器不移也。説,讀爲悦。⊙冢田虎曰:名不移,言貴賤之名分不移易也。⊙梁啓雄曰:名不移,謂臣民使自己悦教不變易轉移。⊙楊柳橋曰:名,謂君之名也。⊙天海案:名,猶明也。"名不移",言明白君之法儀不移也。《老子》:"是以聖人不行而知,不見而名。"《韓非子·喻老》正引作"不見而明",是其證。楊注及他説皆非。

〔一三〕楊倞注:孰敢以它爲師。言皆歸王道,不敢離貳也。⊙冢田虎曰:孰他師,他,猶外,言不以師爲他也。⊙久保愛曰:人君之榮辱,在脩之與不脩,非他有師法也。之,指上所陳之法也。⊙郝懿行曰:"它師"二字誤倒,當作"師它",則與"儀"、"爲"、"移"皆韻矣。⊙劉如瑛曰:修,當爲循。《國語·吴語》韋昭注:"離,叛也。"這是説臣民遵循君令則榮,背離君令則辱。循、離相對,修令,則非其意。⊙天海案:修,遵循也。《商君書·定分》:"遇民不修法,則問法官。"不必改"修"作"循"。二"之"字,皆指君之法令。它,諸本作"他"。此當作"孰師它",它、儀、爲、移,皆屬歌部,若倒文則不叶韻,郝説是也。

〔一四〕楊倞注:稱,謂當罪。當罪之法施陳,則各守其分限。稱,尺證反。銀,與垠同。⊙傅山曰:《大戴禮》:"上友下交,銀手如斷,卜商之行也。"注"廉,鍔也",以此解"守其銀",亦微中。⊙王念孫曰:楊説"稱陳"二字未安。余謂"陳"者,道也。《大戴記·衛將軍文子篇》"君陳則進,不陳則行而退",亦謂道與不道也。言刑之輕重皆稱乎道，而各守其限也。⊙于省吾曰：王説非是。“陳”之通詁訓“列”。刑稱陳，“稱陳”二字平列，謂刑之所稱與其所列也。下云“守其銀”，謂守其所稱所列之限度也。⊙天海案：稱者，當也，中也。陳，通程。陳、程，上古同爲定母；陳，真部。程，耕部。真耕韻近，故陳可通程。程者，程式，準則也。本書《致仕篇》：“程者，物之準也。”刑稱陳者，即刑中程也。謂刑罰符合律條準則。故下文曰“守其銀”也。守其垠，即施用刑罰應嚴守界限也。銀，通垠。垠者，邊界也。

〔一五〕楊倞注：下不得專用刑法，則私門自輕。⊙熊公哲曰：賞罰，人主之大柄，臣下竊而用之，則私門重，公門輕。故曰：“下不得用，輕私門。”⊙楊柳橋曰：不得用，猶不得以也。輕私門，謂滅輕私黨之刑也。⊙天海案：下不得用，下不能濫用刑罰，故能輕私門之勢。

〔一六〕楊倞注：禍，亦罪也。⊙冢田虎曰：威不分，言威權常在君，不分於臣也。⊙久保愛曰：禍，當作過。⊙陶鴻慶曰：禍，與過通。罪言其重，過言其輕，故曰“莫得輕重”。⊙天海案：莫得輕重，謂不能自作輕重，故下言權威不分也。以上君論五事已畢。

〔一七〕楊倞注：祺，吉也。請牧治吉祥之事，在明其所有之基業。⊙物雙松曰：明有基，明，《廣文選》作“用”。⊙豬飼彦博曰：白鹿曰：“當作‘請牧基，明有祺’。”博按：明有祺，言主明察必有吉祥也。⊙俞樾曰：上文云“請牧基，賢者思”，此文亦當作“請牧基，明有祺”，傳寫者誤倒“基”、“祺”兩字耳。據楊注，所見本已倒。⊙天海案：祺、基二字倒，當互乙。俞説是也。明有祺者，明治基之吉祥也。

〔一八〕楊倞注：五聽，折獄之五聽也。循領，謂修之使得綱領，莫不有文理相續。主自執持此道，不使權歸於下。⊙王念孫曰：領，猶治也，理也。言五聽皆修理也。續，當爲“績”。主執持，當爲“孰主持”。“莫不理績孰主持”者，言百官莫不各理其事，夫孰得而主持之也。今本“績”誤作“續”，“孰”誤作“執”，“執”又誤在“主”字下，則義不可通。楊説皆失之。⊙顧千里曰：五聽，疑即上文“君論有五約以明”也。下有五章云云，下文接以“五聽修領”，謂五章爲五聽明甚。下文又接以“聽之經”，謂聽爲五聽亦明甚。本屬一氣相承，而楊注别以“折獄之五聽”解之，非也。⊙陶鴻慶曰：王氏釋“領”爲“治”，“續”爲“績”字之誤，是也。惟改“主執持”爲“孰主持”，其説迂矣。今案：“執”當爲“埶”字之誤。言百官莫不治事，而主埶得以保持也。⊙天海案：五聽者上文“君論有五”之下五節所言之事也。顧説是。循，諸本作“修”，楊注亦同。循領，遵循其要領也，王説非。理，治也。治續，言其統治相續也。“續”字不誤，王説非也。主執持，當作“主埶持”，陶説是也。此謂上五事遵循要領，則無不統治相續，主埶得以保持也。

〔一九〕楊倞注：請，當爲“情”。聽獄之經，在明其情。⊙冢田虎曰：經，常也。請，作“情”是。聽獄訟以人情者，先王之常法也。⊙盧文弨曰：案請古與情通用。

⊙王先謙曰：經，道也。下文兼“賞刑”言，則聽非聽獄之謂，謂聽政也。⊙天海案：經，通徑。聽之徑，即聽政之途徑也。此聽非聽獄，楊注非，王説是。請，通情。情，實也。此言聽政之途徑，在於明其實情也。

〔二〇〕楊倞注：参伍，猶錯雜也。謂或往参之，或往伍之，皆使明謹施其賞刑。言精研不使僭濫也。⊙天海案：参伍，言反復多次以驗其實也。明謹，猶審慎也。

〔二一〕楊倞注：幽隱皆通，則民不詐僞也。⊙天海案：顯、隱，皆指其情也。反，復也。民反誠，言民回復誠實也。

〔二二〕楊倞注：節，謂法度。欲使民言有法及不欺誑，在稽考行實也。⊙冢田虎曰：節，曲節也。言有節，謂辯言也。訟者之言有曲節，乃當稽其實情也。⊙天海案：節，徵驗也。《性惡篇》：“善言古者，必有節於今；善言天者，必有徵於人。”言有徵驗，故能考其實。楊注、冢説皆非。正文“有”字，《題注》本、遞修本作“其”，非也。

〔二三〕天海案：信者，真實也。誕者，虚妄也。必者，確定也。《韓非子顯學》：“無参驗而必之者，愚也。”賞罰必，賞罰確定。

〔二四〕天海案：情，實也。明若日，如日之光明也。此喻誠實也。

〔二五〕楊倞注：上通利，不壅蔽，則幽隱、遐遠者皆至也。

〔二六〕楊倞注：所觀之法非法，則雖見不視也。⊙物雙松曰：言其觀察法不法之事，迺著見於所不視也。注非。⊙郝懿行曰：此言觀法於法不及之地，見視於視不到之鄉，所以謂之“隱遠至”、“耳目顯”也。注似未了。⊙李中生曰：觀，是指顯示。謂能顯示法於法不及的地方，能看到常人看不到的境地。⊙天海案：李説義長。

〔二七〕楊倞注：此已上，“君論有五”之事也。⊙冢田虎曰：耳目既顯，言人主聰明，而不爲佞臣所蔽塞也。⊙天海案：耳目既顯，承上文“觀法不法見不視”而言，故下曰“吏敬法令莫敢恣”也。冢説非。又，“君論有五”，指“臣下職”至“刑稱陳”五事，前已説之，楊注非也。

〔二八〕楊倞注：五論之教既出，則民所行有法，言知方也。⊙天海案：教，教令也。律，法也。行有法，兼臣民而言，不單指民也。故下文云“吏謹將之無鈹滑”。楊注未切。

〔二九〕楊倞注：將，持也。《詩》曰“無將大車”。鈹與披同，滑與汩同。言不使紛披汩亂也。⊙傅山曰：然以前《正名篇》“亦鈹滑”考之，此義似以鈹爲入而深者，滑爲浮而淺者。然則出入、輕重二義耳。⊙郝懿行曰：《正名篇》有“滑、鈹”，此言“鈹、滑”，其義同，皆謂骫骳、滑亂之意。⊙冢田虎曰：將，行也。注非也。所引之《詩》，亦“將”讀爲“進”。⊙豬飼彦博曰：將，奉行也。⊙孫詒讓曰：《正名篇》楊注“鈹滑”云：“或曰滑如字，鈹當爲鈒，傳寫誤耳，與澀同。”此説是也。此言吏持法謹，無太寬、無太嚴，猶形體之無澀滑也。⊙于省吾曰：鈹乃鈒字之譌，應讀爲澀，詳《正名篇》。吏謹將之無澀滑，澀謂拘滯，滑謂流蕩。言吏之奉職，不滯不流，恰如其分。

⊙梁啓雄曰：鈹，當作頗。《廣雅》："頗，衺也。"滑，同猾。《三倉》："猾，黠惡也。"⊙楊柳橋曰：鈒滑，猶言澀滑。無鈹滑，言其順利也。⊙天海案：謹將之，即慎行之。無鈹滑，即無澀滑，見《正名篇》楊注之或說。此"無澀滑"，喻吏之行法令無遲滯，無輕滑，故上曰"謹將之"也。又，楊注"汩"下原無"亂"字，據諸本補之。楊注二"汩"字原作"泪"，形近而誤，徑改。

〔三〇〕楊倞注：請，謁。舍，止也。羣下不私謁，各以所宜，不苟求也。如此則以道事君，巧拙之事亦皆止。⊙朱熹曰：五論既明，則教令之出皆有法律，而吏謹持之，無敢紛披汩亂者矣。臣下孰敢私請，不守所宜，而以巧拙爲强弱哉！⊙盧文弨曰："各以宜舍巧拙"句中脱一字，或當作"各以所宜舍巧拙"。⊙久保愛曰：朱熹曰"以"下疑脱"所"字。⊙鍾泰曰：下不私請者，下不私其情也。請，亦當讀作"情"。⊙天海案：私請，即私謁。楊注是。"所宜"，"所"字原無，據楊注、朱説補之。巧拙，玩姦弄巧也。

〔三一〕楊倞注：臣職在謹修，君職在制變。⊙朱熹曰：言臣下但當謹守法度，而君制其變，以出非常之斷。⊙王念孫曰：脩，當爲"循"，字之誤也。⊙天海案：修，循也。説見上文"修之者榮"，王説非也。謹修，即慎循也。制變，因變改制也。

〔三二〕久保愛曰：思，恐"惡"誤。⊙王先謙曰：倫、論，古字通。謂君臣之倫不亂也。説見《儒效篇》。⊙鍾泰曰：論，即上文"君論有五"、"論有常"之論，王説非也。⊙天海案：公察，猶明察也。"思"字不誤，久説非。論，倫也。王説是。此篇"君論有五"、"論有常"、"論不亂"，三"論"字義皆不同，鍾説不是也。

〔三三〕楊倞注：律貫，法之爲條貫也。⊙朱熹曰：公察而善思之，則其論不亂，而天下後世皆得守之，以成法律之條貫也。或疑"思"當作"惡"。⊙盧文弨曰：全篇與《詩》三百篇中韻同。⊙楊柳橋曰：《爾雅》："律，常也。貫，習也。"律貫，猶常習也。⊙天海案：律，法也。貫，統也。律貫，即法之系統也。

# 賦篇第二十六〔一〕

爰有大物〔二〕，非絲非帛，文理成章〔三〕；非日非月，爲天下明〔四〕；生者以壽，死者以葬〔五〕；城郭以固，三軍以强〔六〕。粹而王，駁而伯，無一焉而亡〔七〕。臣愚不識，敢請之王〔八〕。王曰：此夫文而不采者與〔九〕？簡然易知而致有理者歟〔一〇〕？君子所敬而小人所不者與〔一一〕？性不得則若禽獸，性得之則甚雅似者歟〔一二〕？匹夫隆之則爲聖人，諸侯隆之則一四海者歟〔一三〕？致明而約，甚順而體，請歸之禮〔一四〕。禮〔一五〕。

【校釋】

〔一〕楊倞注:所賦之事,皆生人所切,而時多不知,故特明之。或曰:荀卿所賦甚多,今存者唯此言也。⊙吕思勉曰:此篇之體,頗類《漢志》所謂《隱書》,已見前。然《漢志》亦有《孫卿賦》,不知其究誰指也。"天下不治,請陳《佹詩》"一節,文體與前不同。然末節文體與此同,《戰國策·楚策》載之,亦謂之賦。蓋"不歌而誦",則皆謂之賦也。⊙梁啓雄曰:在荀子前有廋辭,有隱。《漢志》著録《隱書》十八篇,可知在荀子前後有《隱書》存在着。荀子《賦篇》的體例是:先斂藏起謎底,用隱語説出謎面,隨後指出謎底;與"遯詞以隱意,譎譬以指事"的"隱"或略同。賦字的含義有二:一斂藏,二敷布。荀子《賦篇》似兼而用之。⊙天海案:《荀子》此篇共八章,前五爲《禮》《知》《雲》《蠶》《箴》小賦;後二爲《佹詩》《小歌》四言詩;末一乃《遺春申君賦》也。雖《成相篇》與此篇同爲荀子韻文,然則《成相》從俗,此篇尚雅,風格自有不同。究其大旨,以詩韻之文闡述其政治主張,當以荀卿爲先師乎?雖老子《道德》、屈子《離騷》亦以韻文涉治道,然非專論也。又,楊注之末,明世本、《四庫》本、盧本、《集解》本竝有"舊第二十二,今亦降在下"十字,然此篇劉向原目本作第三十二篇,爲《荀子》書末篇,目次既不合,何言"降在下"?此十字必有誤,故不取也。

〔二〕楊倞注:爰,於也。言於此有大物。夫人之大者,莫過於禮,故謂之大物也。⊙裴學海曰:爰,猶乃也,爲引詞。

〔三〕楊倞注:絲帛能成黼黻文章,禮亦然也。⊙劉師培曰:《御覽》引"理"作"采"。⊙天海案:此喻禮之縱横交織,經緯成章。

〔四〕劉師培曰:《初學記》引"明"作"光"。⊙熊公哲曰:日月星辰,天之文也。明,謂普照萬物。⊙天海案:此喻禮爲天下之巨明也。

〔五〕久保愛曰:死,葬之以禮。⊙梁啓雄曰:謂生者用禮修德和養生,能使人久壽。

〔六〕久保愛曰:晋文公曰:"少長有禮,其可用也。"蓋有禮而後强故也。⊙劉師培曰:《匡謬正俗》五引兩"以"字作"已"。⊙梁啓雄曰:謂依禮築城和守城,能使城郭堅固。⊙天海案:此二句互文見義,言依禮治軍,則三軍强大而城郭固守也。梁説拘泥也。

〔七〕久保愛曰:粹,謂一於禮也。駁,駤駁,謂相雜也。⊙梁啓雄曰:粹,指禮純而全。駁,指禮雜不純。⊙天海案:駁,巾箱三本並作"駮",《類聚》引此亦作"駮"。《王霸篇》"粹而王,駮而霸",楊倞注:"駮,雜也。"駁、駮二字可通。

〔八〕楊倞注:言禮之功用甚大,時人莫知,故荀卿假爲隱語,問於先王,云"臣但見其功,亦不識其名,唯先王能知,敢請辭之"。先王因重演其義而告之。⊙天海案:

《類聚》引此“不”作“弗”。又荀卿此五賦，皆借問答以説其意，實開後世賦文主客問答之體式。楊注“辭之”，别本又作“解之”。疑此本“辭”乃“解”之字誤也，由下楊注可知。

〔九〕楊倞注：先王爲解禮意曰“此乃有文飾而不至華采者歟”？⊙陶鴻慶曰：采，謂五采。“文而不采”，言雖成文理而實無采色可辨。與下文諸句皆隱語也。楊注未得其旨。⊙裴學海曰：夫，猶此也。“此夫”爲復語。⊙天海案：夫，猶乃也。楊注已明，裴説失之。與，《類聚》引作歟，二字通。

〔一〇〕久保愛曰：理，文理也。《禮記》曰“簡而文”。易，以豉反。致，音至。下同。⊙天海案：《類聚》引“然”作“而”。“歟”及下二“歟”字，諸本俱作“與”。

〔一一〕久保愛曰：不，不敬也。不，補美反。⊙梁啓雄曰：此言君子們所要自肅自警的修養工夫，却正是小人們所不幹的。⊙熊公哲曰：不，猶否也。⊙包遵信曰：不，同否。否，鄙也。梁氏《簡釋》以“不幹”釋“不”，甚謬。⊙天海案：不，不敬也。久説是。《類聚》所引正作“不敬”，此或承上而省，或脱之耶，包氏不察，所説亦非。

〔一二〕楊倞注：雅，正也。似，謂似續古人。《詩》曰“維其有之，是以似之”。⊙物雙松曰：雅似者，爾雅也。楊升庵解“爾”爲美麗。⊙久保愛曰：《曲禮》曰：“人而無禮，雖能言，不亦禽獸之心乎！”“似”字不穩，暫從舊説。⊙劉師培曰：雅似，猶言雅如也。特易“如”爲“似”，以叶韻耳。⊙于省吾曰：似，應讀作“治”。雅治與上文言禽獸，一虚一實，而適相反爲義也。⊙熊公哲曰：性必待禮而後治。⊙天海案：似、治同部，一聲之轉，故可通。于説是也。雅似，即雅治。言性得禮則正而修治也。此亦荀子性惡説之意也。

〔一三〕梁啓雄曰：隆之，謂尊大禮。一四海，謂統一四海，即“粹而王”之意。⊙天海案：隆者，尊崇也。

〔一四〕楊倞注：極明而簡約，言易知也。甚順而有體，言易行也。先王言唯歸於禮，乃合此義也。⊙梁啓雄曰：《淮南・氾論》注：“體，行也。”⊙熊公哲曰：歸，稱贊也。⊙楊柳橋曰：《釋名》：“禮，體也，得事體也。”⊙天海案：致，極也。約，要也。體，行也。歸，屬也。

〔一五〕盧文弨曰：此目上事也。如《禮記・文王世子》子貢問樂之比，下放此。⊙天海案：此“禮”字乃此章之題目，下四章同此。《類聚》《初學記》引此賦，文小異。

皇天隆物，以示下民〔一〕，或厚或薄，帝不齊均〔二〕。桀、紂以亂，湯、武以賢。惛惛淑淑，皇皇穆穆〔三〕；周流四海，曾不崇日〔四〕。君子以脩，跖以穿室〔五〕。大參于天，精微而無形〔六〕。行義以正，事業以成〔七〕。可以禁暴足窮，百姓待之，而後寧泰〔八〕。臣愚而不識，願問其名〔九〕。曰：此夫安寬平而危險隘者邪〔一〇〕？修潔之爲親而雜汙之爲狄者邪〔一一〕？甚深藏而外勝敵者邪？法禹、舜而能弇迹者邪〔一二〕？行爲動静，待之而後適者邪？血氣之精也，志意之榮也〔一三〕，百姓待之而後寧也，天下待之而後平也，明達純粹而無疵也。夫是之謂君子之知〔一四〕。知。

【校釋】

〔一〕楊倞注：隆，猶備也。物，萬物也。⊙王念孫曰：隆與降同。示，本作"施"，俗音之誤也。《廣雅》曰："施，予也。"⊙久保愛曰：物，謂智也。⊙高亨曰：示，賜也。"示"字古有賜義。《老子》"國之利器不可以示人"，其義正同。説詳《老子正詁》。⊙楊柳橋曰：李巡《爾雅》注："皇，君也。故尊而君之，則稱皇天。"⊙天海案：隆、降，上古韻同冬部，故得通。隆物，降物也。王讀是。然此"物"指智也，非指萬物，久説是，楊注非。示，通施，予也，《類聚》引此正作"施"也。

〔二〕楊倞注：言人雖同見方所知，或多厚、或寡薄，天帝亦不能齊均也。⊙王念孫曰：帝，本作"常"，字之誤也。"物"字，即指智而言。言皇天降智，以予下民，厚薄常不齊均，故有桀、紂、湯、武之異也。今本"施"作"示"，"常"作"帝"，則義不可通。楊注皆失之。《類聚》引此"示"正作"施"，"帝"正作"常"。⊙駱瑞鶴曰：楊注"見方所知"，"方"當"示"字之誤，則楊本作"示"字明矣。帝不齊均，帝亦皇天。荀卿不信天神上帝，而其文亦有承《詩》《書》等以帝爲天之例。《類聚》"帝"作"常"，實"帝"字之誤，不得反以彼而改此文。王説失之。⊙天海案："帝不"二字，《類聚》引作"常弗"。"常弗齊均"，于義爲長。若作"帝不齊均"，則文意似不順也。故"帝"乃"常"字之誤也，王説是，駱説非。然楊注"見方"乃"見示"之誤，則駱説是也。

〔三〕楊倞注：惛惛，思慮昏亂也。淑淑，未詳。或曰：美也。皇皇穆穆，言緒之美也。言或愚或智也。⊙俞樾曰："淑淑"訓美，則與"涽涽"不倫矣。淑，當讀爲踧。《文選·長笛賦》"踾踧攢仄"，注曰："踾踧，迫蹙皃。"踧踧之誼，亦猶是耳。⊙物雙松曰：《正字通》："相如《封禪文》'罔若淑而不昌'。"明郭弘大曰："淑，轉音寂。《管子》'耳之所聽，察于淑湫'，與寂寥同。"然則涽涽淑淑，即泯然、寂然之意，謂知之藏也。皇皇，美貌。《大雅》："穆穆皇皇，宜君宜王。"《爾雅》："穆穆，敬也。"謂知之著也。倞注非。⊙冢田虎曰：涽涽淑淑，謂桀、紂之智。皇皇穆穆，謂湯、武之智。然則"淑淑"亦當昏闇之意。按：淑、寂通，音徒歷反。皇皇，明也。穆穆，敬也。注失之。⊙久保愛曰：淑，《説文》訓清湛。然則涽涽淑淑，如濁如清貌。⊙安積信曰：《禮記》："天子穆穆，諸侯皇皇。"⊙鍾泰曰："涽"正字爲"涽"。涽與泯同。泯泯淑淑一義，皆清也。此八字皆所以贊智，即皆美辭，與上桀、紂、湯、武無涉。⊙梁啓雄曰：涽借爲惛，惛惛，濁也。淑淑，清也。皇皇，大也。穆，借爲㣎。㣎㣎，細也。此狀智之有清、有濁、有大、有細。⊙天海案：惽惽，同惛惛，静默專一之貌。《勸學》篇："無惛惛之事者，無赫赫之功。"楊倞注："冥冥惛惛，皆專默精誠之謂也。"《莊子·至樂》："壽者惽惽，久憂不死。"惽惽，字又作"昒昒"。《史記·司馬相如傳》"昒昒穆穆，君子之能"，《漢書》同。"能"作"態"，注孟康曰："昒昒，和也。"張揖曰："昒，旻也。"朱起鳳曰："昏字本從民聲，今多從氏，自唐人避諱始。"淑，《説文》："淑，清湛也。"淑淑，即清澈之貌。惽惽淑淑，互文見義，乃喻智之沈静也。正文"惽惽"及楊注，明世本、《四庫》本、盧本、《集解》本俱作"涽涽"，或形之異也。皇皇，通達貌。《莊子·知北遊》："其來無迹，其往無崖，無門無房，四達之皇皇也。"下言"周流四海"，正承此皇皇通達而言。穆穆，端莊盛美貌。《詩·大雅·文王》："穆穆文王，於緝熙敬止。"皇皇穆穆，以喻智之美盛通達也。故下文云："周流四海，曾不崇日。"此八字皆贊智之辭，鍾説近之。

〔四〕楊倞注：崇，充也。言智周流四海，曾不充滿一日而遍也。⊙物雙松曰：崇，終也。注稍迂。⊙鍾泰曰：不崇日，不終日也。《詩》"崇朝其雨"，《毛傳》曰："崇，終也。"是崇爲終之假字，楊注失之。⊙天海案：周，徧也。流，游也。周流四海，即徧游四海也。曾不崇日者，竟然終日不停止也。

〔五〕楊倞注：跖，柳下惠之弟，太山之盜也。君子用智以脩身，跖用智以穿室，皆帝不齊均之意也。⊙物雙松曰：穿室，《廣文選》作"空室"。⊙天海案：正文"穿"字，巾箱三本作"空"。跖，即盜跖，傳爲春秋末之大盜，《孟子》《莊子》皆及之。穿室者，穿墻入室之竊賊也。空室者，搶掠一空之大盜也。跖爲大盜，不當爲穿墻入室之毛賊，竊以爲作"空室"義長。

〔六〕楊倞注：言智慮大則參天，小則精微無形也。⊙劉如瑛曰："微"字疑衍，上下皆四字句。⊙天海案："于"字，諸本作"乎"，義同。"微"字含深隱細微之義，不敢言衍。下"而"字虚詞，其義亦四字也。

〔七〕楊倞注：皆在智也。行，下孟反。⊙楊柳橋曰：行義，猶道義也。

〔八〕楊倞注：足窮，謂使窮者足也。百姓待君上之智而後安。寧泰，當爲"泰寧"也。⊙楊柳橋曰："足窮"上"可以"二字脱，今以意補。⊙天海案："可以"下疑奪二字，或"禁暴"下脱二字，皆莫能詳也。

〔九〕天海案：《類聚》引作"臣愚弗識，願聞其名"。問，通聞。二字上古同屬明母文部，故可通。《詩·大雅·文王》"宣昭義問"，朱熹《集傳》："問，聞通。"又，元刻本"愚"下無"而"字。

〔一〇〕楊倞注：言智常欲就利遠害。⊙久保愛曰：用智寬平則安，險隘則危。夫音扶，下同。隘，叶音益。⊙梁啓雄曰：夫，猶彼也。⊙天海案：夫，猶乃也，説見上。安、危對舉。此言用智於寬平則安，用於險隘則危。久説是也。

〔一一〕楊倞注:智修潔則可相親,若雜亂穢汙,則與夷狄無異。言險詐難近也。⊙王念孫曰:親,近也。狄,讀爲逖。逖,遠也。《大雅·瞻卬篇》“舍爾介狄”,《毛傳》曰:“狄,遠也。”是狄與逖同。此言智之爲德,近於脩潔而遠於褋汙也。楊説皆失之。⊙天海案:狄,或當通敵,二字上古皆屬定母錫部,聲韻同,故可通。且親、敵對文。此言智修潔者人親之,智雜汙者人仇之。楊注不切,王説未必也。下文曰“甚深藏而外勝敵者邪”之“敵”,與此“狄”變化用字耳。

〔一二〕楊倞注:弇,襲。⊙梁啓雄曰:《説文》:“弇,蓋也。”弇迹,重蹈脚印也。⊙天海案:弇,掩也,蓋也。弇迹,猶言追蹤其行迹也。諸本“弇”作“揜”。巾箱三本“能”上有“不”字,非也。

〔一三〕楊倞注:精,靈。榮,華。⊙傅山曰:此八字賦知,亦有摯義。⊙物雙松曰:榮,華也。志意之光華也。⊙梁啓雄曰:《國語·楚語》注“明潔爲精”。《吕覽·振亂》注:“榮,光明也。”⊙天海案:適者,往也。“血氣”“志意”二句互文,言智乃血氣,志意之精華也。楊注未了。

〔一四〕楊倞注:此論君子之智,明小人之智不然也。⊙久保愛曰:知,音智,下同。⊙王引之曰:疵、知爲韻。“疵”下“也”字涉上文而衍,《類聚》無。⊙天海案:“達”,《類聚》作“遠”;“疵”下“也”字、“是”下“之”字,《類聚》皆無。又,此賦《類聚》引之,文略於此。

有物於此,居則周静致下,動則綦高以鉅〔一〕。員者中規,方者中矩〔二〕;大參天地,德厚堯、禹〔三〕。精微乎毫毛,而盈大乎寓宙〔四〕。忽兮其極之遠也,攭兮其相逐而反也〔五〕,卬卬兮天下之咸蹇也〔六〕。德厚而不捐,五采備而成文〔七〕。往來惛憊,通于大神〔八〕,出入甚極,莫知其門〔九〕。天下失之則滅,得之則存〔一〇〕。弟子不敏,此之願陳。君子設辭,請測意之〔一一〕。曰:此夫大而不塞者歟〔一二〕?充盈大宇而不窕,入郄穴而不偪者歟〔一三〕?行遠疾速而不可託訊者與〔一四〕?往來惛憊而不可爲固塞者歟〔一五〕?暴至殺傷而不億忌者歟〔一六〕?功被天下而不私置者歟〔一七〕?託地而游宇,友風而子雨〔一八〕;冬日作寒,夏日作暑〔一九〕。廣大精神,請歸之雲〔二〇〕。雲〔二一〕。

【校釋】

〔一〕楊倞注:居,謂雲物發在地時。周,密也。鉅,大也。⊙物雙松曰:致下,謂至卑也。綦高，謂極高也。⊙久保愛曰：居，謂密雲相低時。綦，極也。鉅，與巨同。⊙天海案：居，處也，停也。致，猶極也。此言雲之停處時則密静，集聚成雨故極下也。雲之飄動時則極高而巨大。《類聚》引作“居則同静，致下則動，其高以鉅”。據此，此文依例當作“居則同静，動則致下，其高以鉅”。然則錯亂已久，未知其詳也。

〔二〕楊倞注：言滿天地之員方也。⊙裴學海曰：者，猶則也。⊙天海案：古人稱天圓而地方。此言雲之變化，方圓皆合規矩而充滿天地也。故下云“大參天地”。“員”字，諸本並作“圓”。員、圓，古今字。

〔三〕楊倞注：參，謂天地相似。雲所以致雨，生成萬物，其德厚於堯、禹者矣。⊙傅山曰：德厚堯、禹，四字賦雲亦迂。⊙盧文弨曰：《類聚》“大參”作“大齊”。注“天地相似”上似脱一“與”字。⊙天海案：盧説是。此實以堯、禹之德厚，極喻雲之廣大也。

〔四〕楊倞注：寓，與宇同。言細微之時則如毫毛，其廣大則盈大於宇宙之内。宇，覆也。謂天所覆。《三蒼》云“四方上下爲宇”。上“大參天地”，此又云“盈大宇宙”。言説雲之變化，或大或小，故重言之也。⊙王念孫曰：宋錢佃校本云：“諸本作‘充盈乎大寓’，非。”案作“充盈”者是也。下文“充盈大宇而不窕”，即其證。“盈大”不成文義，“寓”字與上下文爲韻，下不得有“宙”字。楊注不釋“宙”字，則本無“宙”字明甚。⊙天海案：“盈大乎時宙”，《類聚》引作“充盈于天宇”。巾箱三本並作“充盈乎大寓”，與錢佃《考異》同。且“宙”字與上文不叶韻，故此句似當從巾箱三本，王説是也。然則楊注中“盈大”二字原當作“充盈”，因正文已誤，或後人改之也。

〔五〕楊倞注：攭，與劙同。攭兮，分判貌。言雲或慌忽之極而遠舉，或分散相逐而還於山。攭，音“戾”。⊙王念孫曰：忽，遠貌。《楚辭·九歌》曰“平原忽兮路超遠”，《九章》曰“道遠忽兮”，是忽爲遠貌。極，至也。言忽兮其所至之遠也。攭者，雲氣旋轉之貌。（蠡與螺通。螺小者謂之蜁蝸。）反，亦旋也。楊説皆失之。⊙楊柳橋曰：《方言》：“蠡，分也。”又：“劙，解也。”言雲氣分散相逐，去而後回也。⊙天海案：忽兮，恍惚不分明之貌。《淮南子·原道》：“忽兮，怳兮，不可爲象兮。”高注：“忽，怳，無形貌也。”“極之遠”，猶“遠之極”也，因叶韻而倒。此言雲氣飄浮，形象不定，所去極遠也。王説似迂。然則王説攭通螺，取旋轉之義，似近之。

〔六〕楊倞注：卬卬，高貌。雲高而不雨，則天下皆蹇難也。⊙俞樾曰：楊注非是。蹇，當讀爲“攓”。《方言》：“攓，取也。”雲行雨施，澤被天下，天下皆有取也。⊙物雙松曰：卬卬，即昂昂。⊙劉如瑛曰：蹇，假借爲騫，二字俱從寒省聲。《説文》：“騫，飛貌。”意爲：雲高高地飛揚於天下。⊙楊柳橋曰：蹇，當作蹇”，字之誤也。《説文》：“蹇，走貌。”言雲高可以徧走天下也。⊙馬積高曰：此處“咸蹇”二字，前人均不得其解，實指《易》之二卦。《咸》卦下艮象山，上兑象澤，故《象傳》曰：“山上有澤，咸……”《蹇》卦下艮上坎，坎象水，故《象傳》曰：“山上有水，蹇……”水、澤與雲雨爲同性質之物，説《易》象者亦互用，所以荀子用這兩卦來形容雲駐高山的壯觀。⊙天海案：印印，氣概軒昂貌。讀如昻昻。明世本作"卬卬"，字之譌也。《詩·大雅·卷阿》："顒顒卬卬，如圭如璋。"《毛傳》："卬卬，盛貌。"鄭箋："志氣則卬卬然高朗如玉之圭璋。"蹇，猶"嗟"，歎詞。《楚辭·九辯》"蹇淹留而無成"，王逸注："蹇，詞也。"徐仁甫曰："蹇，表感歎。"此言雲之氣宇軒昂之貌，使天下人皆生贊歎也。蹇、嗟雙聲，韻屬歌元旁轉，故二字可通。楊注、諸説皆未得，馬説雖奇，然迂而未當也。

〔七〕楊倞注：捐，棄也。萬物或美或惡，覆被之，皆無捐棄矣。⊙物雙松曰：不捐，《廣文選》作"不損"。

〔八〕楊倞注：惽憊，猶晦暝也。通于大神，言變化不測也。憊，困也。人困目亦昏暗，故惽憊爲晦暝也。⊙物雙松曰：惽，昏通。憊，昧通。⊙天海案：惽憊，猶晦昧難測。大神，天神也。

〔九〕楊倞注：極，讀爲"亟"，急也。門，謂所出也。

〔一〇〕楊倞注：雲所以成雨也。⊙天海案：天下有雲雨則生，無則亡。

〔一一〕楊倞注：弟子，荀卿自謂。言弟子不敏，願陳此事。不知何名，欲君子設辭，請測其意。亦言雲之功德，唯君子乃明知之也。⊙物雙松曰：意，臆、憶通。⊙王引之曰：楊以"意"爲"志意"之"意"，非也。意者，度也。言請測度之也。⊙天海案：設辭，用辭也。測意之，猜測之也。意，通臆，度也。王説是。

〔一二〕楊倞注：雲氣無實，故曰"不塞"。⊙天海案："歟"，諸本並作"與"，下同。

〔一三〕楊倞注：窕，讀爲"𥨍"，深貌也。言充盈則滿大宇幽深，反則入郄穴，而曾無偪側不容也。𥨍，土吊反。⊙物雙松曰：窕，言太寬有餘地也。⊙冢田虎曰：不窕，不滿也。⊙久保愛曰：本注"宇"字下宜有"不"字。⊙王念孫曰：楊訓皆非也。窕者，間隙之稱，言充盈大宇而無間隙也。偪，不容也。偪與窕義正相反。⊙李中生曰：此"窕"當用於《廣雅》"窕，寬也"之義。偪與寬義相反，指狹窄。⊙天海案：正文"宇"字，巾箱三本作"時"。郄，通隙。郄穴，即隙穴，猶言縫穴也。不窕，不充實也。《大戴禮·主言》："七者布諸天下而不窕，内諸尋常之室而不塞。"孔廣森補注："窕，不實也。"此言雲氣充盈大宇而不實也，入於縫穴而不偪窄也。楊訓"窕"，非也。又楊注"土吊反"，他本又作"它弔反"。此二句似應上文"大參天地"，"盈大乎時宙"而言。

〔一四〕楊倞注：訙，書問也。行遠疾速，宜於託訙，今雲者虛無，故不可。本或作"託訓"。或曰：與，似續，同也。言雲行遠疾速，不可依託繼續也。⊙傅山曰：妙句。然以之賦風更妙，不但雲也。⊙盧文弨曰："訊"不與前後韻協，疑是"訊託"誤倒耳。注"或作託訓"，亦似誤。⊙久保愛曰：此亦押韻於末字上。⊙王念孫曰："訊"下"者與"二字，因上下文而衍。"訊"字不入韻，上文"窕"字亦不入韻也。盧説非是。

⊙吴汝綸曰：姚姬傳云："訊、誶二字，古書易舛，此是'誶'誤爲'訊'耳。"⊙劉師培曰：訊，當作"跡"。篆文跡字從"㚇"，與隸文"訊"字略近，故爾致譌。跡與塞、偪均叶韻。⊙張覺曰："訊"與上下文不押韻，當爲"擲"字之形誤。擲，厚，重。⊙天海案：託者，憑借也。《玉篇》："託，依憑也。"《韓非子·外儲説右》上"夫獵者，託車輿之安"，曹丕《典論·論文》"不假良史之辭，不託飛馳之勢"。訙，同訊，通迅。迅者，速也，疾也。《爾雅》："振，訊也。"郝疏："訊者，迅之假借。"《詩·豳風·七月》"莎鷄振羽"，毛亨傳："莎鷄羽成而振訊之。"《釋文》："訊，本又作迅。"《禮·樂記》："訊疾以雅。"孔疏："舞者訊疾，奏此雅器以節之。"《漢書·揚雄傳上》："猋駭雲訊，奮以方攘。"顏注："訊，亦奮迅也。"此上皆訊通迅之證。此言雲氣雖行遠疾速，然其疾速却不可憑借也。惜楊注以下，諸説皆未得之。與，同歟。"請測意之"以下，之，歟、與、宇、雨等，皆句末之字叶韻。久説是，他説皆非。此句應上文"忽兮其極之遠"二句而言。

〔一五〕楊倞注：雖往來晦冥，掩蔽萬物，若使牢固蔽塞，則不可。⊙陶鴻慶曰：固塞，當作險固要塞解。⊙楊柳橋曰：固塞，謂城防要塞也。⊙天海案：固，止也。塞，阻也。此言雖雲氣往來晦冥，然不可以固止阻塞之也。此句應上文"往來惛憊"四句而言。

〔一六〕楊倞注：億，謂以意度之。論語曰"億則屢中"。或曰：與抑同。謂雷霆震怒，殺傷萬物，曾不億度疑忌而果决不測也。⊙久保愛曰：億，恐意誤。《陳丞相世家》曰："項王爲人，意忌信讒，必内相誅。"本注"或曰與抑同"五字，宜在注末。⊙王念孫曰：億，讀爲意。意，疑也。言暴至殺傷，而曾無所疑忌也。楊分億與忌爲二義，失之矣。⊙楊柳橋曰：億忌，謂抑止也。⊙天海案：億，通意。意忌，猜忌也。此言雲化爲暴雨冰雹，突至而殺傷生物，然非其猜忌之也。

〔一七〕楊倞注：天下同被其功，曾無所私置。又言無偏頗。⊙王念孫曰：置，讀爲德。言功被天下而無私德也。"置"爲"德"之借字。⊙楊柳橋曰：不私置，不私自有所建樹也。⊙天海案：《廣雅》："置，立也。"此言雲之功覆天下，却不因私而立功。此句應上文"天下失之"二句而言。

〔一八〕楊倞注：風與雲並行，故曰"友"；雨因雲而生，故曰"子"。⊙傅山：妙句，不可移易。⊙天海案：以風爲友，以雨爲子也。

〔一九〕楊倞注：在冬而凝寒，在夏而蒸暑也。⊙天海案：此以上，《類聚》略引之。

〔二〇〕楊倞注：至精至神，通於變化，唯雲乃可當此説也。

〔二一〕楊倞注：雲所以潤萬物，人莫之知，放於此則明也。⊙天海案：楊注"放於此則明也"，盧本作"故於此具明也"，不知何據，非也。

有物於此，儳儳兮其狀，屢化如神〔一〕，功被天下，爲萬世文〔二〕。禮樂以成，貴賤以分；養老長幼，待之而後存；名號不美，與暴爲鄰〔三〕。功立而身廢，事成而家敗〔四〕。棄其耆老，收其後世〔五〕。人屬所利，飛鳥所害〔六〕。臣愚而不識，請占之五帝〔七〕。帝占之曰：此夫身女好而頭馬首者與〔八〕？屢化而不壽者與〔九〕？善壯而拙老者與〔一〇〕？有父母而無牝牡者與〔一一〕？冬伏而夏游，食桑而吐絲〔一二〕，前亂而後治〔一三〕，夏生而惡暑〔一四〕，喜溼而惡雨〔一五〕。蛹以爲母，蛾以爲父〔一六〕；三俯三起，事乃大已〔一七〕。夫是之謂蠶理〔一八〕。蠶〔一九〕。

【校釋】

〔一〕楊倞注：儳，讀如"其蟲倮"之倮。儳儳，無毛羽之貌。變化，即謂三俯三起，蛾蛹之類也。⊙冢田虎曰：屢，依注當作"變"。⊙熊公哲曰：倮，謂無毛羽鱗介也。⊙天海案：儳儳，猶裸裸也。屢化，多次變化。

〔二〕楊倞注：文，飾。⊙梁啓雄曰：蠶有被覆和衣著天下民衆的功，而且也作爲萬世衣冠的文飾。⊙天海案：蠶絲爲錦繡文飾之本。

〔三〕楊倞注：侵暴者，亦取名於蠶食。故曰"與暴爲鄰"也。⊙物雙松曰："與暴爲鄰"，蠶、讒音通，故言。《廣文選》"待之"下有"爲"字。⊙久保愛曰：蠶以爲帛，帛以養老長幼。⊙王引之曰：如楊説，則"蠶"下必加"食"字，而其義始明。竊謂《方言》："慘，殺也。"《説文》："慘，毒也。"字或作"憯"。慘、蠶、憯，聲相近，故曰"與暴爲鄰"。⊙孫詒讓曰：此言蠶音與殘相轉最近也。注以爲取蠶食義未塙。⊙熊公哲曰：貴賤以分，此指絲所成之服飾言，謂可以表示尊卑貴賤也。⊙天海案：樂以絲竹成之，此絲借指蠶絲，故曰"禮樂以成"也。"名號不美，與暴爲鄰"者，殘暴也。殘者，賊也，害也。蠶、殘雙聲，其韻元侵相近。殘與暴義亦近，故曰"與暴爲鄰"。孫説近之，楊注與他説皆不切也。又正文"待之"下，巾箱三本有"爲"字。

〔四〕楊倞注：蠶成而見殺，是身廢。絲成而蠶盡，是家敗。⊙天海案：繭成而煮絲，是身廢。絲成而繭破，是家敗。

〔五〕楊倞注：耆老，蛾也。後世，種也。

〔六〕楊倞注：人屬則保而用之，飛鳥則害而食之。⊙梁啓雄曰：人屬，即人徒。利，借爲賴。⊙天海案：人屬，人類。利與害對，梁説非。

〔七〕楊倞注：占，驗也。五帝：少昊、顓頊、高辛、唐、虞。理皆務本，深知蠶之功大，故請驗之也。⊙王應麟曰：五泰，注云"五泰，五帝也"。監本改爲五帝，而删注文。⊙久保愛曰:“五帝”之“五”疑衍。⊙盧文弨曰:此與下文“五泰”,宋本皆作“五帝”,無“五泰,五帝也”五字注。今從元刻,與《困學紀聞》所引合。古音“帝”字不與敗、世、害韻,《五支》《六脂》之别也。⊙王念孫曰:敗、世、害、泰,古音竝屬《祭部》,非惟不與《五支》之去聲通,竝不與《六脂》之去聲通。此盧用段説而誤也。説見戴先生《聲韻攷》。⊙劉師培曰:五泰蓋神巫之名,與巫咸、巫陽同。楊説非也。⊙鍾泰曰:《漢書·郊祀志》曰“天神貴者泰一,泰一佐曰五帝。”五泰,即泰一、五帝之謂。蓋合曰泰一,分曰五帝,故五帝亦可稱五泰。荀卿居楚,又與春申君言,故稱楚神以説之。五帝,即五方之帝,非楊注所言也。劉謂神巫之名,語尤無據。⊙梁啓雄曰:泰,本是《易》卦名。荀子衡着他能通,給他人格化了,稱他做“五泰”。⊙楊柳橋曰:泰,通大。舍人《爾雅》注:“大,老也。”五泰,疑即三老、五更(叟)之比。⊙張覺曰:五泰,字義是“五方通”,猶今謂“萬事通”,此爲虚擬人名。⊙天海案:五帝,疑當作“上帝”。上帝,天帝也。《詩》《書》多稱之。“上”作“五”者,因其字漫漶而譌也。若作“五帝”、“五泰”,其義皆不可通。錢佃《考異》稱五帝作“五泰”,下“帝”字亦作“五泰”;巾箱三本與之同,然不可從之也。

〔八〕楊倞注:女好,柔婉也。其頭又類馬首。《周禮·馬質》“禁原蠶者”,鄭玄云:“天文辰爲馬,故《蠶書》曰:‘蠶爲龍精,月值大火,則浴其種。’是蠶與馬同氣也。”⊙梁啓雄曰:女好,即女媄。此言蠶身以女媄,蠶頭似馬首。⊙天海案:“身女好”,即身柔美之義。《辭通》云:“女蓋柔字之省。《詩·豳風·七月》篇‘柔桑’、‘女桑’互用,此風人義同字變之例。”

〔九〕楊倞注:不得終其壽命。⊙天海案:楊注六字,明世本、《四庫》本、盧本、《集解》本皆無。不壽,不長壽也。

〔一〇〕楊倞注:壯得其養,老而見殺。⊙章詩同曰:壯齡得到優養,年老就倒霉。⊙張覺曰:拙老,不善於度過老年。⊙天海案:此言蠶壯時優善,而拙於終老。所謂“作繭自縛”也。

〔一一〕楊倞注:爲蠶之時,未有牝牡也。⊙天海案:父母,指其蛾也。

〔一二〕楊倞注:游,謂化而出也。⊙俞樾曰:此文“游”字獨不入韻,疑“滋”字之誤。⊙張覺曰:“游”下當脱“者與”二字,因“游”不與下文叶韻。⊙天海案:“游”下似脱一五字句,應與絲、治韻。

〔一三〕楊倞注:繭亂而絲治也。

〔一四〕楊倞注:生長於夏,先暑而化。

〔一五〕楊倞注:溼,謂浴其種。既生之後,則惡雨。⊙王念孫曰:蠶性惡溼,不得言“喜溼”。《御覽》引作“疾溼而惡雨”,是也。⊙俞樾曰:楊説甚得。王氏反據《御覽》以訂正《荀子》,誤矣。⊙于鬯曰:所謂惡溼者,實惡露也。惡露,猶荀子謂惡雨也。⊙天海案:于説是。正文“溼”字,巾箱三本並作“温”。

〔一六〕楊倞注：互言之也。⊙冢田虎曰：《説文》云："蠶化爲蛹，蛹化爲蛾。"⊙久保愛曰：愛嘗觀其生卵時，自有牝牡相交而生之。楊倞解未盡之也。⊙天海案：蠶子乃蛾卵所化。蛾有牝牡，是其父母也。此言"蛹以爲母"，似未當。

〔一七〕楊倞注：俯，謂卧而不食。"事乃大已"，言三起之後，事乃畢也。謂化而成繭也。⊙天海：三俯，即蠶之三眠也。三眠之後，吐絲爲繭，故曰"事乃大已"。大已者，大止而成也。楊注"繭"字原作"蠶"，誤也，據諸本改之。

〔一八〕楊倞注：五帝言此乃蠶之義理也。⊙郝懿行曰：理者，條理也。夫含生賦形，各有條理。條者似智，理者似禮。蠶、鍼爲物，條理尤深；莫精於蠶，莫密於鍼；所以二賦語已，皆言其理者也。⊙楊柳橋曰：理，語辭。理，猶已也，矣也。⊙天海案：蠶理，蠶之道理。理，亦義理也。楊注是，他説非。

〔一九〕楊倞注：蠶之功至大，時人鮮知其本。《詩》曰"婦無公事，休其蠶織"，戰國時此俗尤甚，故荀卿感而賦之。



有物於此，生於山阜，處於室堂〔一〕。無知無巧，善治衣裳〔二〕。不盜不竊，穿窬而行；日夜合離，以成文章〔三〕。以能合從，又善連衡〔四〕。下覆百姓，上飾帝王；功業甚博，不見賢良〔五〕。時用則存，不用則亡〔六〕。臣愚不識，敢請之王。王曰：此夫始生鉅，其成功小者邪〔七〕？長其尾而鋭其剽者邪〔八〕？頭銛達而尾趙繚者邪〔九〕？一往一來，結尾以爲事〔一〇〕。無羽無翼，反覆甚極〔一一〕。尾生而事起，尾邅而事已〔一二〕。簪以爲父，管以爲母〔一三〕。既以縫表，又以連裏。夫是之謂箴理〔一四〕。箴〔一五〕。

**【校釋】**

〔一〕楊倞注：山阜，鐵所生也。

〔二〕楊倞注：知，讀爲智。⊙天海案：治，縫也。

〔三〕楊倞注：合離，謂使離者相合。文章亦待其連綴而成也。⊙久保愛曰：孔安國曰"穿，穿壁。窬，窬墻"也。⊙梁啓雄曰：窬，借爲踰。文同紋。章，條也。文章，指縫成的文采。⊙楊柳橋曰：《論語·陽貨篇》："其猶穿窬之盜也與？"皇侃疏："窬，竇也。"⊙天海案：《説文》："窬，空中也。"穿窬，猶言穿孔、穿洞也。盜竊者常穿穴入室，此以穿窬喻其用鍼縫紉也。日夜合離者，謂以箴刺繡，日合而夜離之也。"離"字，巾箱三本作"雜"，形誤也。文章，此指禮儀服飾也。

〔四〕楊倞注：從，竪也，子容反。衡，横也。言箴亦能如戰國合從、連衡之人。南北爲從,東西爲衡也。⊙久保愛曰:以,已通用,既也。⊙劉師培曰:《類聚》《御覽》引"衡"作"横"。⊙天海案:南北相連爲合從。東西相接爲連横。此以喻鍼之縫物,縱横交錯也。

〔五〕楊倞注:見,猶顯也。不自顯其功伐。見,賢遍反。⊙物雙松曰:不見賢良,言不被人以爲賢良也。⊙天海案:物説義長。

〔六〕楊倞注:順時行藏。⊙天海案:亡,失也。

〔七〕楊倞注:爲鐵則巨,爲箴則小。⊙天海案:其,猶"而"也。

〔八〕楊倞注:長其尾,謂綫也。剽,末也,謂箴之鋒也。《莊子》曰:"有實而無乎處者,宇也;有長而無本剽者,宙也。"剽者,眇末之意,匹小反。⊙物雙松曰:剽,標通。⊙天海案:《集韻》:"剽,末也。"此指鍼尖也。楊注是,物説非。

〔九〕楊倞注:重説長其尾而鋭其剽。趙,讀爲掉。掉繚,長貌。言箴尾掉而繚也。掉,徒吊反。⊙物雙松曰:趙繚,繞繚也。謂綫也。趙、繞音近。⊙郝懿行曰:"趙"之爲言,"超"也。《穆天子傳》"天子北征趙行",郭注"趙,猶超騰"是也。趙繚,摇掉,疊韻之字,今時俗語猶以"摇掉"爲"趙繚"也。⊙梁啓雄曰:銛,借爲殜。殜,今字作"尖"。趙,借爲掉。《説文》:"繚,纏也。"⊙張覺曰:銛,鋭利。達,挑達,暢通無阻,來去自由的樣子。趙,通掉。摇,摇曳而纏繞,形容綫之長。⊙天海案:趙,通繞。二字一聲之轉。繞繚,繚繞也。物説是。

〔一〇〕楊倞注:結其尾綫,然後行箴。

〔一一〕楊倞注:極,讀爲亟。急也。

〔一二〕楊倞注:尾邅迴盤結,則箴功畢也。⊙古屋鬲曰:尾生,謂施綫於箴也。⊙于省吾曰:邅,應讀作蟺。蟺、蟬古字通。蟬,謂蟬蜕。故箴尾綫脱亦曰嬗。⊙劉如瑛曰:邅,通亶。《太玄經》范望注云:"亶,盡也。"尾邅,即尾盡,意謂箴功完成,不再引綫。⊙天海案:尾生,言綫爲箴之尾,綫穿箴則縫紉之事起也。邅,通纏,二字一聲之轉。尾邅,即尾纏結也。綫尾纏結,縫紉事止也。

〔一三〕楊倞注:簪形似箴而大,故曰"爲父"。言此者欲狀其形也。管所以盛箴,故曰"爲母"。《禮記》曰"箴、管、綫、纊"也。⊙冢田虎曰:簪以爲父,豈啻以形謂父乎?蓋制箴,初如簪大之,而後小之也。⊙盧文弨曰:簪,當爲鑽,子貫反。謂所以琢箴之綫孔者也。箴賴以成形,故曰"爲父"。⊙郝懿行曰:古之簪,形若大箴耳。箴肖簪,故父之。管韜箴,故母之。⊙俞樾曰:簪,當爲鐕。《禮記·喪大記》"用雜金鐕",《正義》曰:"鐕,釘也。"釘與箴,形質皆同,磨之琢之而後成箴。故曰"鐕以爲父",作"簪"者,假字耳。楊注失之迂矣。盧氏尤曲説。⊙天海案:冢説義長。

〔一四〕楊倞注:理,義理也。⊙陶鴻慶曰:箴理,與上章"蠶理",皆謂是其狀況耳。⊙天海案:楊注是,陶説非。其義理皆在寓意中也。

〔一五〕楊倞注:古者貴賤皆有事,故王后親織玄紞,公侯夫人加之以紘綖,大夫妻成祭服，士妻衣其夫。末世皆不修婦功，故託辭於箴，明其爲物微而用至重，以譏當世也。⊙天海案：楊注“用至重”原作“明至重”，“明”字涉上“明”而誤，此據諸本改之。

天下不治，請陳佹詩〔一〕。天地易位，四時易鄉〔二〕。列星隕墜，旦暮晦盲〔三〕。幽晦登昭，日月下藏〔四〕。公正無私，反見從横〔五〕。志愛公利，重樓疏堂〔六〕。無私罪人，憼革二兵〔七〕。道德純備，讒口將將〔八〕。仁人絀約，敖暴擅强〔九〕。天下幽險，恐失世英〔一〇〕。螭龍爲蝘蜓，鴟梟爲鳳皇〔一一〕。比干見刳，孔子拘匡〔一二〕。昭昭乎其知之明也，郁郁乎其遇時之不祥也；拂乎其欲禮義之大行也，闇乎天下之晦盲也〔一三〕。皓天不復，憂無疆也；千歲必反，古之常也〔一四〕。弟子勉學，天不忘也〔一五〕。聖人共手，時幾將矣〔一六〕。與愚以疑，願聞反辭〔一七〕。其小歌也〔一八〕：念彼遠方，何其塞矣〔一九〕？仁人絀約，暴人衍矣〔二〇〕。忠臣危殆，讒人服矣〔二一〕。

【校釋】

〔一〕楊倞注：荀卿請陳佹異激切之詩，言天下不治之意也。⊙朱熹曰：治，叶平聲。佹，與詭同。⊙久保愛曰：佹，讀爲“危”。詩中皆陳危殆之事。⊙楊樹達曰：佹，借爲恑。《説文》：“恑，變也。”變詩，猶變風、變雅。楊説非。⊙章詩同曰：佹，奇異。⊙楊柳橋曰：佹，通詭。《説文》：“詭，責也。”佹詩，責世之詩也。⊙天海案：佹，或通規。規、佹雙聲，音近，故可通。規詩者，規諷之詩也。

〔二〕楊倞注：皆言賢愚易位也。鄉，猶方也。春夏秋冬皆不當其方，言錯亂也。鄉如字。⊙天海案：鄉，通嚮，方嚮也。

〔三〕楊倞：列星，二十八宿有行列者。隕墜，以喻百官墮廢。旦暮晦盲，言無蹔明時也。或曰：當時星辰隕墜，旦暮昏霧也。⊙徐復曰：余謂“盲”爲“霿”之借字，《説文》：“霿，天氣下，地不應爲霿，霿，晦也。莫弄切。”《釋名・釋天》作“蒙”，云：“日光不明，蒙蒙然也。”與“晦盲”之義正合。⊙楊柳橋曰：高誘《吕氏》注：“盲，冥也。”《釋名》：“盲，茫也，茫茫無所見也。”⊙天海案：晦盲，冥暗不見物也。正文“盲”，《類聚》引作“冥”。正文“隕”字，他本又作“殞”，義同。

〔四〕楊倞注：言幽闇之人登昭明之位，君子明如日月，反下藏也。昭，或爲照。⊙物雙松曰：幽晦，《廣文選》作“幽暗”。⊙王念孫曰：幽晦，元刻作“幽闇”，是也。

楊注是其證。《類聚》引作"幽暗登照",暗與闇同。⊙天海案:晦,諸本並作"闇"。

〔五〕楊倞注:言公正無私之人,反見讃從横反覆之志也。⊙物雙松曰:反見從横者,謂反見是非也。⊙冢田虎曰:反見從横,言見矯誣也。⊙久保愛曰:反見從横,謂爲小人所反覆也。⊙王念孫曰:"反見從横"四字,文不成義。此本作"見讃從横",楊注内"見讃"二字,即其證。《類聚》引此正作"見讃從横"。⊙天海案:楊注、王説是。

〔六〕楊倞注:欲在上位行至公,以利百姓,非謂重樓疏堂之榮貴也。⊙物雙松曰:謂擅公家之利者,富貴也。⊙久保愛曰:朱熹曰:"愛,猶貪也。竊取公家之利,以爲己有,而反得華屋以居也。"⊙陶鴻慶曰:重樓,以喻高峻。疏堂,以喻光明。猶言重門洞開耳。⊙鍾泰曰:"志愛公利",謂好利之人。"重樓疏堂",謂其居處之富也。此與"公正無私,見讃從横"正相對,言忠者疑而貪者貴也。注失之。⊙于省吾曰:鍾説是也,然"公利"二字不詞。公,應讀作"功"。公利,即功利。⊙駱瑞鶴曰:此文"志愛"當讀爲"至愛"。志愛公利,言極愛民而利於公,非私意也。⊙天海案:鍾説義長。

〔七〕楊倞注:憼,與儆同,備也。二,副也。謂無私罪人,言果欲去惡也。言去邪嫉惡,乃以儆備增益兵革之道。言强盛也。⊙物雙松曰:難通。意者,理當不可私意殺人。憼革者,戒嚴也。貳兵者,佩劍又荷戈意歟?⊙冢田虎曰:無私於罪人者,反見害傷,故爲之憼備也。⊙久保愛曰:朱熹曰:"革,甲也。言無私心而治有罪之人,乃反恐爲讎所害,而常爲兵革,以備之也。"愛曰:本注"謂"字衍。⊙王念孫曰:"貳兵"二字,文義不明。貳,當爲"戒"字之誤也。⊙于省吾曰:"貳",本作"二",乃古文"上"字之譌也。上、尚古字通,尚謂崇尚。尚兵,與儆革爲對文。⊙天海案:無私罪人,不以己意降罪於人。憼,《説文》:"敬也。"鄭玄曰:"敬之言警也。"革者,戒也。李善注引《倉頡篇》曰:"革,戒也。"是憼革,即警戒也。二兵,疑作"上兵"。二,乃古文"上"之譌,于氏已言之。兵者,刑也。《國語・魯語》"刑五而已,大刑用甲兵,其次用斧鉞;中刑用刀鋸,其次用鑽笮;薄刑用鞭撲,以威民也。"故知"上兵",即"上刑"也。上刑,重刑也,極刑也。《書・吕刑》:"上刑適輕,下服。"孔傳:"重刑有可以虧減,則之輕,服下罪。"《孟子・離婁上》:"故善戰者服上刑,連諸侯者次之。"趙注:"上刑,重刑也。"此二句乃謂:不以私意降罪於人,警戒重刑也。楊注未得,諸説亦不通也。"二兵"之"二"字,諸本正文與楊倞注皆作"貳"字,于省吾已言其誤,可參之。

〔八〕楊倞注:將,去也。言以讒言相退送。或曰:將將,讀爲"蹡蹡",進貌。⊙郝懿行曰:將者,大也。逸《詩》云:"如霜雪之將將。"此言道德純備之人,讒口方張,不能用也。⊙王念孫曰:楊後説讀"將將"爲"鏘鏘",是也。而云"進貌",則古無此訓。余謂"將將",集聚之貌也。《周頌》"磬筦將將",《毛傳》曰:"將將,集也。"然則“讒口將將”，亦謂讒言之交集也。⊙冢田虎曰：《詩》曰“佩玉將將”，又曰“磬筦鏘鏘”，皆聲之喧也。⊙久保愛曰：將將，讙貌。將音鏘。⊙天海案：將將，通鏘鏘。此言衆口讒毁，其聲鏘鏘然喧譁也。郝、王二説非也。楊注“蹡蹡”，他本皆作“鏘鏘”，或可據改。王念孫所據之本不與此本同。

〔九〕楊倞注：絀，退。窮，約。⊙久保愛曰：絀，讀爲屈，下同。敖，與傲同。⊙天海案：絀，通屈；約，要也。絀約，即屈要，猶折腰。下文“詘約”亦同。擅强，專横强暴也。

〔一〇〕楊倞注：天下幽暗凶險如此，必恐時賢不見用也。⊙天海案：恐失世英，《類聚》引作“怨失世殃”是也。失，墜也。英，通殃。英、殃，上古同屬影母陽部，故通。楊注非。

〔一一〕楊倞注：《説文》云：“螭，如龍而黄，北方謂之蛇螻。”蝘蜓，守宫。言世俗不知善惡，螭龍之聖，反謂之蝘蜓；鴟梟之惡，反以爲鳳皇也。⊙劉師培曰：《文選·解嘲》注引“螭”作“龜”。據彼篇“執蝘蜓而嘲龜龍”，即據本書。此舊本不作“螭龍”之徵。⊙天海案：螭龍，傳説中無角之龍。蝘蜓，蜥蜴之屬，一名龍子，一名守宫。

〔一二〕天海案：刳，《類聚》引作“剖”。此二事，荀書屢用之。

〔一三〕楊倞注：郁郁，有文章貌。拂，違也。此蓋誤耳。當爲“拂乎其遇時之不祥也，郁郁乎其欲禮義之大行”。晦盲，言人莫之識也。⊙天海案：“郁郁”與“拂”當互乙，楊校是。正文“祥”，巾箱三本作“詳”。

〔一四〕楊倞注：皓，與昊同。昊天，元氣昊大也。呼昊天而訴之，云世亂不復，憂不可竟也。復自解釋，云亂久必反於治，亦古之常道。千，或爲“卒”。⊙物雙松曰：“皓天不復”，蓋天道逝邁而不旋意。⊙天海案：皓天，光明之天。此喻治平之世也。千，如字，楊注或説非。反，復也。楊注“訴”字原作“許”，形誤，據諸本改之。

〔一五〕楊倞注：言天道福善，故曰“不忘”。恐弟子疑爲善無益而解惰，故以此勉之也。⊙久保愛曰：“弟子”，似荀卿自稱。⊙天海案：此“弟子”，乃荀卿告弟子語，不可以《雲賦》之“弟子”例此。勉學，勤學也。

〔一六〕楊倞注：共，讀爲“拱”。聖人拱手，言不得用也。幾，辭也。將，送也，去也。言戰國之時，世事已去，不可復治也。⊙朱熹曰：況今之時，衰亂已極，雖有聖人，亦拱手而不能有爲。蓋物極必反，時運之開，其亦將不久矣。⊙冢田虎曰：幾，音機。言當拱手以送亂時也。⊙久保愛曰：將，行也。言聖人雖拱手，天時變則幾行也，當待之耳。幾音祈。⊙俞樾曰：如楊注，與上意不貫。此二句乃望之之辭，言聖人於此，亦拱手而待之耳，所謂“千歲必反”者，此時殆將然矣。楊注非。⊙劉師培曰：俞説近是，惟解“共手”則非。“共手”即《論語》之“恭己”，言聖人恭己之治去今殆不遠也，與上文“千歲必反”相應。⊙天海案：共手，即拱手，楊注是，然訓“不得用”則非。此“拱手”與“垂拱而治”之拱同，言聖人拱手爲治也。時幾，猶時機。將，猶"得"也,説見《古書虚字集釋》。此言聖人拱手而治,時機得矣。正承上文"千歲必反","天不忘也"而言。劉説近之,楊注與諸説皆不切也。

〔一七〕楊倞注:反辭,反復叙説之辭。猶《楚詞》"亂曰"。弟子言當時政事,既與愚反疑惑之人,故更願以亂辭叙之也。⊙朱熹曰:此爲弟子承勉學之訓而請問之詞。愚,爲其自稱也。蓋曰聖人拱手,則天下果已不可爲矣,而曰"時幾將矣",則是與我以疑,而使我終不能曉也。故願聞其所以必反之説,而使我無所疑也。⊙物雙松曰:"與愚以疑",未詳。豈"與"、"予"通?⊙冢田虎曰:"與愚以疑",此與前賦所謂"臣愚而不識"同意。言弟子與俱愚而疑荀卿之言,故願聞反覆之辭也。諸説皆難通。⊙久保愛曰:與,讀爲"予"。反,"反命"之反,謂答辭也。⊙潘重規曰:與、舉,古通用。言皆愚且疑,故願聞反辭也。⊙梁啓雄曰:《史記·夏本紀·索隱》:"與,同也。"以,用也。反辭,指違反正道之辭。⊙天海案:與,通"予"。予,余也。以,猶"而"也。與愚以疑,即"余愚而疑"也。此設弟子之言。反辭,回覆之辭。

〔一八〕楊倞注:此下一章,即其反辭,故謂之小歌,揔論前意也。⊙朱熹曰:《九章》亦有少歌,此即反詞也。⊙盧文弨曰:"小歌也",有一本作"小歌曰",今從之。⊙劉師培曰:《楚詞·九章》洪興祖補注亦引作"也"。⊙包遵信曰:《楚辭·抽思》有"少歌"。朱熹曰:"少,一作小,樂章結奏之名。"⊙天海案:小歌,小詩也。也,疑"曰"字音之誤也。盧本改"也"爲"曰",義長。

〔一九〕楊倞注:遠方,猶大道也。⊙朱熹曰:塞字,音義皆未詳。或恐是蹇字也。⊙久保愛曰:塞,道壅塞也。⊙俞樾曰:其意實譏楚也,不敢斥言楚國,故姑託"遠方"言之。⊙梁啓雄曰:《説文》:"塞,隔也。"此言楚王被壞人蔽塞而與好人隔絶了。

〔二〇〕楊倞注:衍,饒也。⊙盧文弨曰:衍,不與塞、服爲韻,服字本有作般者,則塞或蹇字之誤。⊙久保愛曰:詘與屈同。⊙張覺曰:衍,與上下文不押韻,疑爲"得"字之誤。得,得意。與絀約相反。⊙李中生曰:竊以爲"塞"乃"寒"字之誤。寒與般、衍押韻,其義爲對人冷淡、薄情。⊙天海案:詘,諸本作"絀"。上"塞"當"蹇"之誤,朱、盧二説是,下文"服"當讀"般"。蹇、衍、般,韻同。《詩·大雅·板》"及爾游衍",朱熹《集傳》:"衍,寬縱之意。"暴人衍,謂殘暴之人放縱也。楊注及他説皆非。

〔二一〕楊倞注:服,用也。本或作"讒人般矣"。般,樂也,音盤。⊙朱熹曰:《九歌》首章"服"亦作"般",蓋通用也。般,樂也。⊙物雙松曰:服,作"般"爲是。般,樂義。⊙天海案:服,讀作"般",樂也。楊注後説是,不必更作"般"也。蹇、衍、般,上古並屬元部韻。

琁玉瑶珠,不知佩也〔一〕。雜布與錦,不知異也〔二〕。閭娵、子奢,莫之媒也〔三〕。嫫母、刁父,是之喜也〔四〕。以盲爲明,以聾爲聰,以危爲安〔五〕,以吉爲凶。嗚呼上天,曷維其同〔六〕!

【校釋】

〔一〕楊倞注:《説文》云:"琁,赤玉。瑶,美玉也。"孔安國曰:"瑶,美石。"言不知以此四寶爲佩。《説文》琁音瓊。⊙盧文弨曰:瑶,《説文》本訓美石,楊所據乃誤本也。又曰:此章在《遺春申君書》後,此《書》但載其賦,而不載其《書》。⊙郝懿行曰:琁,即瓊字,《外傳》四作"璇",非。⊙劉師培曰:《山海經·中山經》注引"琁"作"璇";《類聚》引"珠"作"琳";《説文繫傳》一引"琁"作"璇","佩"作"珮"。⊙梁啓雄曰:全段疑本在"其《小歌》曰"句之前。⊙天海案:琁玉、瑶珠,二物,楊注訓爲"四寶",非也。此"不知",巾箱三本作"弗知",下文同。又,此節小詩,又見《楚策》《外傳》,與此略異。《類聚》亦引之。

〔二〕楊倞注:雜布,麤布。⊙朱熹曰:布錦不異,言精粗不同而不能辨也。⊙王念孫曰:此謂布與錦襍陳於前而不知别異。楊注失之。⊙天海案:雜,混雜之也。王説是,楊注非。

〔三〕楊倞注:閭娵,古之美女。《後語》作"明娵"。《楚詞·七諫》謂閭娵爲醜惡,蓋一名明陬。《漢書·音義》韋昭曰:"閭陬,梁王魏嬰之美女。"子奢,當爲子都,鄭之美人。《詩》曰"不見子都",蓋"都"字誤爲"奢"耳。《後語》作"子都"。"莫之媒",言無人爲之謀也。娵,子于反。⊙久保愛曰:子都,美男也。⊙汪中曰:都、奢,古本一音,不必改字。⊙盧文弨曰:"明"是"閭"字之誤,楊未省照耳。⊙于鬯曰:《楚辭·哀時命篇》云"隴廉與孟娵同宫",王章句云:"孟娵,好女也。"孟、明一聲之轉。則明陬即孟娵也。娵、陬,同諧"取"聲,通借更無疑義。《荀子》之閭娵,則《哀時命》之孟娵,即閭娵。俞樾《楚辭人名考正》云:"孟娵疑即閭娵。閭氏,孟字也。"其説確矣。⊙梁啓雄曰:《外傳》四作"子都"。《説文》"媒,謀也。謀合二姓。"此句喻無人推賢進能。⊙天海案:閭娵,《楚策》引作"閭姝"。子奢,《外傳》引作子都。《路史》:"宋微子後有子奢氏。"《詩·鄭風·山有扶蘇》:"不見子都,乃見狂且。"《毛傳》:"子都,世之美好者。"《孟子·告子上》"不知子都之姣者,無目者也。"春秋時鄭大夫公孫閼字子都,然非同一人也。奢、都,二字上古同魚部,一聲之轉,故通。子奢、子都一人也,皆古時通稱之美男子。又,楊注"嬰"字原作"瞿","子奢"之"子"原作"字",皆誤,此據諸本改。注末"謀也",他本一作"媒也",因不見《説文》之人所改也,非。

〔四〕楊倞注:嫫母,醜女,黄帝時人。刁父,未詳。喜,悦也。⊙盧文弨曰:力父,俗本作"刁父"。今從元刻,與《外傳》四同。⊙久保愛曰:《吕氏春秋》曰:"人之於色也,無不知悦美者,而美者未必遇也。故嫫母執乎黄帝。"刁父,蓋醜男也。⊙劉師培曰:《玉燭寶典》引作"嫫母、力父是之憘也",《文選·四子講德論》注亦引作

"嫫母力父",足證明本作"刁"之誤。⊙張覺曰:力父,即《淮南子·覽冥訓》及《列子·黄帝》中所提到的"力牧",是黄帝的大臣,可能也生得很醜。⊙天海案:嫫母,古代醜女,傳説有德而爲黄帝之妃。刁父,錢佃考異稱諸本作"力父"。巾箱三本亦作"力父"。《外傳》《類聚》引之,並作"力父",是"刁"乃"力"字形誤也。張覺之説本出許維遹之校釋《外傳》也。"是之喜也",《類聚》引作"莫之喜也"。此上四句喻賢者不爲用,而讒人受寵也。又,楊注"時人",原作"時也","刁父"作"刀父",此據諸本及正文改之。

〔五〕郝懿行曰:"以危爲安",《韓詩外傳》四作"以是爲非"。

〔六〕楊倞注:言惑亂如此,故歎而告上天。"曷維其同",言何可與之同也?《後語》作"曷其與同"。此章即遺春申君之賦也。⊙朱熹曰:言衰亂之極,人懷私意,乖異反易,至於如此,故呼天而問之曰:何爲而可使之同乎?同則合乎天下之公,是非善惡皆當於理,而天下治矣。此明天意,悔禍則轉禍爲福,撥亂反正,不足爲難,以解弟子之惑也。或曰《雲漢》之卒章曰:"瞻卬昊天,曷惠其寧?"恐此或用其語,則"維"當作"惠",而文章愈明白矣。⊙鍾泰曰:"曷維其同"、"曷其與同",皆言何其同。維字、與字並無義。同,謂齊同,即"滔滔皆是"之意。楊注似未然。⊙裴學海曰:惟,猶與也,字通作維。⊙天海案:此呼告上天,歎天下是非顛倒,何其同也?鍾説是,楊注不切。此節小詩,《楚策》用之,文有異。《外傳》用之略同。《類聚》亦引之,小異。

# 荀子校釋　卷第十九

## 大略篇第二十七〔一〕

大略〔二〕。

君人者,隆禮尊賢而王〔三〕,重法愛民而霸,好利多詐而危。

"欲近四旁,莫如中央〔四〕。"故王者必居天下之中,禮也〔五〕。

天子外屏,諸侯内屏,禮也。外屏,不欲見外也;内屏,不欲見内也〔六〕。諸侯召其臣,臣不俟駕,顛倒衣裳而走,禮也〔七〕。《詩》曰:"顛之倒之,自公召之〔八〕。"天子召諸侯,諸侯輦輿就馬,禮也〔九〕。《詩》曰:"我出我輿,于彼牧矣。自天子所,謂我來矣〔一〇〕。"

天子山冕,諸侯玄冠,大夫裨冕,士韋弁,禮也〔一一〕。天子御珽,諸侯御荼,大夫服笏,禮也〔一二〕。天子彫弓,諸侯彤弓,大夫黑弓,禮也〔一三〕。

諸侯相見,卿爲介〔一四〕。以其教出畢行〔一五〕,使仁居守〔一六〕。聘人以珪,問士以璧,召人以瑗,絶人以玦,反絶以環〔一七〕。

人主仁心設焉,知其役也,禮其盡也。故王者先仁而後禮,天施然也〔一八〕。

**【校釋】**

〔一〕楊倞注:此篇蓋弟子雜録荀卿之語,皆略舉其要,不可以一事名篇,故總謂之《大略》也。⊙冢田虎曰:以《大略》名篇者,唯取乎篇首之言而已,非有别意也。

倞注穿矣。⊙久保愛曰：此篇間有以抄録者，不特荀卿語也。⊙盧文弨曰：此卷舊不分段，今案其意義之不相聯屬者，間一格以識别之。⊙劉師培曰：此篇多用舊文，如“天子御珽”三句，“諸侯相見”一節，均孔子語，見於《大戴禮·虞·戴德篇》。其他則多本《曾子》。楊注“君子之於”節、“疑則不言”節，“流言滅之”節，均標出《曾子》之文，其它則否。實則“賜予其宫室”節，亦見《曾子·立事篇》，“禹見耕者”節，亦見《曾子·制言》下篇，“進能益上之譽”節，分見《制言篇》及《立事篇》，“流言止焉”二句，亦見《曾子·立孝篇》，均未標揭，因附記於此。⊙吕思勉曰：此篇雜。楊云“弟子雜録荀卿之語”。案以下諸篇，多與他傳記諸子同。⊙梁啓超曰：《荀子》全書，大概可信，惟《君子》《大略》《宥坐》《子道》《法行》《哀公》《堯問》七篇，疑非盡出荀子之手，或門弟子所記，或後人附益也。⊙天海案：此篇非專論，其内容煩雜，盧文弨校爲百零十節，王先謙《集解》本從之。以《大略》名篇者，先秦之書例無篇名，多以篇首之詞命之，如《論語》各篇。然據本篇所録之内容與形式看，皆《荀子》前數篇所論之簡略摘要之文並及《曾子》之文、《大戴禮》之文。編纂者以《大略》名篇，兼此二意也。又楊注末“《大略》也”下，别本有“舊作二十七”五字，然劉向叙目本作“《大略篇》第二十九”，故不取也。本篇原文皆未分段，此略從盧校分之，作百零四段。

〔二〕楊倞注：舉爲標首，所以起下文也。⊙冢田虎曰：大略，猶言大凡，謂爲人君之大凡也。注不是矣。⊙天海案：冢説非，楊注是。

〔三〕劉師培曰：《御覽》引此節“隆”作“降”。降、隆，古通，字較古。

〔四〕物雙松曰：“欲近四旁”是别章。⊙冢田虎曰：近，猶“民可近不可下”之“近”。此本乎周公制洛陽之意，以言之也。⊙楊柳橋曰：二語叶韻，蓋古語也。四旁，猶四方也。⊙天海案：欲近四旁者，欲使四方之人親近之也。

〔五〕楊倞注：此明都邑居土中之意，不近偏旁，居中央，取其朝貢道里均。“禮也”，言其禮制如此。⊙天海案：《書·召誥》：“王來紹上帝，自服于土中。”《漢書·地理志》下：“昔周公營雒邑，以爲在於土中，諸侯蕃屏四方。”《説文》：“近，附也。”《篇海類編》：“近，親也。”《書·五子之歌》：“民可近，不可下。”旁，古通方。四旁，即四方。《詩·大雅·民勞》：“惠此中國，以綏四方。”此二句謂，欲使四方親附，莫如居于中央之地也。

〔六〕楊倞注：屏，猶蔽也。屏，謂之樹。鄭康成云：“若今浮思也。”何休注《公羊》云：“禮，天子、諸侯臺門。天子外闕兩觀，諸侯内闕一觀。”“禮，天子外屏，諸侯内屏，大夫以簾，士以帷。”倞謂不欲見内，不察泉中魚之義也。⊙郝懿行曰：蓋屏之制，如今之照壁。《釋名》云：“屏，自障屏也。”⊙劉師培曰：《御覽》引“見外”、“見内”兩“見”下，並有“於”字，今本無。前儒解釋多歧，當從陳奂《公羊佚禮考徵》説。⊙梁啓雄曰：外屏，屏在門外。内屏，屏在門内。“不欲見外”，用來自障，不想侵入。“不欲見内”，用來障人，不讓人侵己。⊙天海案：《淮南子·主術》：“天子外屏，所以自障。”高誘注：“屏，樹垣也，門内之垣謂之樹。《論語》曰‘國君樹塞門’，諸侯在内，天子在外，故曰‘所以自障’也。”見者，顯現也。劉説《御覽》所引二“見”字下皆有“於”字，是也。此言天子之設外屏，不欲現於外也；諸侯内屏，不欲現其内也。其言皆隱蔽之意。

〔七〕久保愛曰：不俟駕，《論語》曰：“君命召，不俟駕行矣。”衣裳，毛萇曰：“上曰衣，下曰裳。”⊙包遵信曰：《禮記·玉藻》：“凡君召以三節，二節以走，一節以趨，在官不俟屨，在外不俟車。”然則此所言乃古禮矣。

〔八〕久保愛曰：《詩·齊風·東方未明》篇。

〔九〕楊倞注：輦，謂人輓車。言不暇待馬至，故輦輿就馬。⊙天海案：“輦輿”上，諸本重“諸侯”二字。

〔一〇〕楊倞注：《詩·小雅·出車》之篇。毛云“出車就馬於牧地”。鄭云：“有人自天子所，謂我來矣。謂以王命召己也。”此明諸侯奉上禮也。⊙天海案：正文“輿”，諸本作“車”。

〔一一〕楊倞注：山冕，謂畫山於衣而服冕，即袞冕也。蓋取其龍，則謂之袞冕；取其山，則謂之山冕。鄭注《周禮·司服》云：“古冕服十二章。”“衣五章：初一曰龍，次二曰山，次三曰華蟲，次四曰火，次五曰宗彝，皆畫。裳四章：次六曰藻，次七曰粉米，次八曰黼，次九曰黻，皆繡。”鄭注《覲禮》云：“裨之言卑也。天子六服，大裘爲上，其餘爲裨，覲以事尊卑服之，諸侯亦服焉。”“上公袞無升龍，侯伯鷩，子男毳，孤絺，卿大夫玄。”鄭云“大夫裨冕”，蓋亦言裨冕止於大夫，士已下不得服也。韋弁，謂以爵韋爲韠而戴弁也。《玉藻》曰“韠，君朱，大夫素，士爵韋”也。⊙物雙松曰：山冕，即冕之無旒者。當是“諸侯裨冕，大夫玄冕”，彼此互錯，寫“冕”爲“冠”。按《覲禮》曰“侯氏裨冕”，注：“裨冕者，衣裨衣而冠冕也。”韋弁，按《釋名》，以爵韋爲之，謂之爵弁。以鹿皮爲之，謂之皮弁。以韎韋爲之，謂之韋弁。《三禮圖》曰：“爵弁，士助君祭之服，以祭其廟無旒。韋弁，王及諸侯兵服也。”⊙久保愛曰：荀卿《富國篇》曰：“諸侯玄裷衣冕，大夫裨冕，士皮弁服。”玄裷衣冕，即《司服職》“袞冕”也。然則此“玄冠”，當作“玄冕”。裨冕，本注是也。唯“鄭云”當作“倞云”，非鄭説也。韋弁，《富國篇》及《司服職》皆作“皮弁”。韋弁，則王者兵事所服也。或是皮弁、韋弁同物，而王者兵事服士服矣。⊙劉師培曰：《禮記·明堂位》“夏后氏山”，則“山冕”殆夏制歟？⊙天海案：楊注“鄭注”下原脱“覲”字，“《玉藻》”原作“《王藻》”，據諸本補正。

〔一二〕楊倞注：御、服，皆器用之名。尊者謂之御，卑者謂之服。御者，言臣下所進御也。珽，大珪，長三尺，杼上終葵首，謂剡上，至其首而方也。荼，古舒字，玉之上圓下方者也。鄭康成云：“珽，挺然無所屈也。”荼，讀如“舒遲”之舒，懦者所畏在前也。⊙物雙松曰：“天子御珽”云云，亦見《玉藻》。但此見御、服之分。⊙久保愛曰：

《玉藻》曰:“天子搢珽,方正於天下也。諸侯荼,前屈後直,讓於天子也。大夫前詘後詘,無所不讓也。”其形則詳于《考工記》《玉人職》。又案:“大夫笏以魚須文竹”,見《玉藻》。本注“器用”之“器”可疑。⊙梁啓雄曰:《楚辭·涉江》“腥臊並御”,注:“御,用也。”《説文》:“服,用也。”⊙熊公哲曰:笏,即後世之手板,或以象牙爲之,或以竹爲之。⊙天海案:御、服,皆使用器物之名。疑楊注“器用”當作“用器”,誤倒也。珽、荼、笏,皆君臣朝見時所用之物。楊注引“鄭康成云珽”下,脱一“挺”字,據盧本補之。楊注“懦者”,原作“儒者”,此據明世本、《四庫》本改之。

〔一三〕楊倞注:彫,謂彫畫爲文飾。彤弓,朱弓。此明貴賤服御之禮也。⊙物雙松曰:《詩·彤弓篇》序曰:“彤弓,天子賜有功諸侯也。”⊙久保愛曰:《大雅·行葦》詩“敦弓既堅”,毛云:“敦弓,畫弓也。”《釋文》:“敦音雕。”又彤弓,天子賜有功諸侯者,其義見左氏文公四年《傳》。⊙劉師培曰:《公羊》定公四年何休《解詁》云:“《禮》,天子彫弓,諸侯彤弓,大夫嬰弓,士黑弓。”即何氏所本。大夫、士分言,猶上節所云“大夫裨冕,士韋冕”也。⊙于省吾曰:按伯晨鼎“彤弓彤矢,旅弓、旅矢”,彤彤即彤弓、彤矢之合文。旅、盧古字通,《説文》:“黸,齊謂黑爲黸。”盧乃黸之省文。盧弓、盧矢,即黑弓、黑矢也。

〔一四〕楊倞注:相見,謂於郄地爲會。介,副也。《聘義》:“卿爲上擯,大夫爲承擯,君親禮賓。”言主君見聘使,則以卿爲上擯,出會則以卿爲上介也。⊙久保愛曰:相見,謂朝會之時也。⊙天海案:介,助賓客行禮者。

〔一五〕楊倞注:教,謂戒令。畢行,謂羣臣盡行從君也。⊙久保愛曰:教,教衛。謂所教武衛之士。《大戴禮》“出”作“士”,是也。畢行,一師畢行也。定公四年《左氏傳》曰“君行師從”,杜預曰“二千五百人”。或曰:“教”下脱“衛”字。⊙王念孫曰:“教出”,當爲“教士”,謂常所教習之士也。隸書“士”、“出”二字相似,傳寫往往譌溷。⊙劉師培曰:教,當作“校”。校士者,即司馬以下之軍官也。《大戴禮》作“教士”,亦“校士”之訛。⊙天海案:“教出”,當作“教士”,王、久二説是。教士,受過教練之衛士。《管子·小匡》:“君有此教士三萬人,以横行於天下。”房玄齡注:“教士,謂先教習之士。”

〔一六〕楊倞注:使仁厚者主後事。《春秋傳》:“一子守,二子從。”此明諸侯出疆之禮。又《穀梁傳》曰:“智者慮,義者行,仁者守,然後可以會矣。”

〔一七〕楊倞注:聘人以圭,謂使人聘他國以圭璋也。問,謂訪其國事,因遺之也。衛侯使工尹襄問子貢以弓,是其類也。《説文》云:“瑗者,大孔璧也。”《爾雅》:“好倍肉,謂之瑗。肉倍好,謂之璧。”《禮記》曰:“君召臣以三節。”《周禮》“珍圭以徵守”,鄭云:“以徵召守國之諸侯,若今徵郡守以竹使符也。”然則天子以珍圭召諸侯,諸侯召臣以瑗歟?玦,如環而缺。肉、好若一謂之環。古者臣有罪,待放於境,三年不敢去,與之環則還,與之玦則絶,皆所以見意也。反絶,謂反其符絶者。此明諸侯以玉接人臣之禮也。⊙久保愛曰：聘人，徵辟人也。蓋古徵士之禮有如此者耳。絶人以玦，晉獻公賜申生以金玦之類。反絶以環，晉驪姬使奄楚以環釋言于夷吾之類。共見《晉語》。⊙郝懿行曰：士，即事也，古字通用。楊注不誤，而語未明晰。問士者，謂問人以事，則以璧爲摯，如魯哀公執摯於周豐也。⊙劉師培曰：《詩·鄘風》疏引作"聘士以圭，復士以璧"。《後漢書·袁紹傳》注引作"反人以環"。⊙天海案：反絶，謂先絶而後返之也。

〔一八〕楊倞注：人主根本所施設在仁，其役用則在知，盡善則在禮。天施，天道之所施設也。此明爲國以仁爲先也。⊙物雙松曰：仁心，是施設之本；而智其使役也。雖然，非禮不能委曲周盡，故後禮。⊙鍾泰曰：兩"其"字，皆指"仁"言。謂仁心既設，而後知爲之役，禮爲之盡也。故曰"先仁而後禮"，言禮而不及知者，荀書隆禮，又此以上皆言禮之事，故獨以仁、禮對提，以見其本末也。楊注尚未晰。⊙熊公哲曰：王者隆禮尊賢，而要必先以仁爲本。此天然之次序也。⊙天海案：二"其"字，皆指"仁心"言，鍾説是也。盡者，極也，準則也。此言君主仁心已設，智乃仁之役使也，禮乃仁之準則也。"先仁而後禮"，言人主先有仁心而後方制禮也。《儒效篇》："禮者，人主之所以爲羣臣寸尺尋丈檢式也。"《王制篇》："君子者，禮義之始也。"施，給予。《廣雅》："施，予也。"《集韻》："施，與也。"天施然也，如上天賜予一樣。又，楊注"人主"原作"人之"，"在仁"原作"在人"，此據諸本改之。

《聘禮》志曰："幣厚則傷德，財侈則殄禮。""禮云禮云，玉帛云乎哉〔一〕？"《詩》曰："物其指矣，唯其偕矣。"不時宜，不敬交，不驩欣，雖指，非禮也〔二〕。

水行者表深，使人無陷；治民者表亂，使人無失。禮者，其表也，先王以禮表天下之亂，今廢禮者，是去表也。故民迷惑而陷禍患，此刑罰所以繁也〔三〕。

舜曰："維予從欲而治〔四〕。"故禮之生，爲賢人以下至庶民也，非爲成聖也。然而亦所以成聖也，不學不成〔五〕。堯學於君疇，舜學於務成昭，禹學於西王國〔六〕。

五十不成喪，七十唯衰存〔七〕。

親迎之禮〔八〕：父南鄉而立，子北面而跪，醮而命之："往迎爾相，成我宗事〔九〕。隆率以敬先妣之嗣，若則有常〔一〇〕。"子曰："諾，唯恐不能，敢忘命矣〔一一〕。"

## 【校釋】

〔一〕楊倞注：志，記也。言玉帛禮之末也。《禮記》曰："不以美没之也。"⊙冢田虎曰：《禮·坊記》曰："君子不以菲廢禮，不以美没禮。"注所引此之謬耳。⊙久保愛曰："禮云"以下見《論語》。古屋鬲曰："殄，當作殁，與歿、没通。"⊙盧文弨曰：案《聘禮記》曰："多貨則傷於德，幣美則没禮。"⊙劉師培曰：此文疑引孔子聘詞也。《潛夫論·浮侈篇》引孔子曰："多貨財傷於德，幣則没禮。"所引與此文同。殄，疑"歿"訛，即"没"字。⊙楊柳橋曰：《爾雅》："殄，絶也。"《説文》："幣，帛也。帛者，繒也。"玉帛，禮物也。"禮云"二句，孔子之言也。荀子引述《聘禮志》之文，以申孔子財貨爲禮之末之意也。⊙天海案：幣，本爲繒帛，後爲財物通稱。殄，《説文》："殄，盡也。"《爾雅》："殄，絶也。"殄禮，即滅禮之意。"禮云"二句見《論語·陽貨》，何晏《集解》引"鄭曰：玉，圭璋之屬；帛，束帛之屬。言禮非但崇此玉帛而已，所貴者，乃貴其安上治民"。

〔二〕楊倞注：《詩·小雅·魚麗》之篇。指，與旨同，美也。偕，齊等也。時，謂得時。宜，謂合宜。此明聘好輕財重禮之義也。⊙俞樾曰："不敬交"，疑"不敬文"之誤。楊氏於此無注，其所據本必未誤，"敬文"二字本書屢見，故不説也。⊙久保愛曰：今《詩》"指"作"旨"，"唯"作"維"。驩，歡同。⊙天海案：敬交，乃"敬文"之誤，俞説可從。

〔三〕楊倞注：表，標志也。此明爲國當以禮示人也。⊙郝懿行曰：《天論篇》云："水行者表深，表不明則陷；治民者表道，表不明則亂。"此云"表亂"，謂表明其爲亂而後人不犯也。⊙天海案：二陷字，同陷。表亂，標明何者爲亂。

〔四〕楊倞注：《虞書》舜美皋陶之辭。言皋陶明五刑，故舜得從欲而治。引之以喻禮能成聖，亦猶舜賴皋陶也。⊙郝懿行曰：此語今《書》以入《大禹謨》，"維"字作"俾"，荀所偁則未知出何書也。又《解蔽篇》稱《道經》曰"人心之危，道心之微"，今亦在《大禹謨》，二"之"字作"維"矣。此引"舜曰"，彼援《道經》，皆不偁《書》。⊙俞樾曰：孔子七十而從心所欲不踰矩，可釋此文"從欲"之義。楊注失之矣。⊙熊公哲曰：治，謂曲合於禮義。《不苟篇》："禮義之爲治。"

〔五〕楊倞注：禮本爲中人設，然聖人不學亦不成也。⊙天海案：非爲成聖，言禮之生不是爲了使人成爲聖人。然而也可以使人成爲聖人，但不學是不成的。楊注未晰。

〔六〕楊倞注：君疇，《漢書·古今人表》作"尹壽"。又《漢書·藝文志·小説家》有《務成子》十一篇，昭，其名也。《尸子》曰："務成昭之教舜曰：'避天下之逆，從天下之順，天下不足取也。避天下之順，從天下之逆，天下不足失也。'"西王國，未詳所説。或曰：大禹生於西羌，西王國，西羌之賢人也。《新序》子夏對哀公曰：

"黄帝學于大填，顓頊學于録圖，帝嚳學于赤松子，堯學于尹壽，舜學于務成跗，禹學于西王國，湯學于成子伯，文王學于時子思，武王學于郭叔。"此明聖人亦資於教也。⊙物雙松曰：《路史》："堯師于善綣、許由、尹中，而學于務成子附。"注："善綣，即善卷。尹中，尹壽也。《荀子》等作尹疇者非。"《世紀》尹壽爲許由友。又曰："舜師紀后，拜蒲衣，親單卷，學於務成軺。"注"《新序》作務成子跗，《荀子》作務成昭"。又曰："禹師於大成摯，暨墨如子高，學於西王悝。"注"西王幗也。《新序》作西王國"。《韓詩外傳》曰："堯學乎務成子附，舜學乎尹壽，禹學乎西王國。"⊙盧文弨曰：案《新序》五"大填"作"大真"，《古今人表》作"大填"；"録圖"作"緑圖"，表同。尹壽，元刻作"君壽"，宋本《新序》同。吴祕注《法言》，引《新序》作"君疇"。"成子伯"，《新序》作"威子伯"；"時子思"作"鉸時子思"。⊙鍾泰曰：西王國，疑即西王母。古史無徵，不可考矣。⊙羅焌曰：君疇、《漢書》《新序》作"尹壽"，皆古字省借。西王國，蓋人名。

〔七〕楊倞注：不成喪，不備哭踊之節。衰存，但服縗麻而已，其禮皆可略也。《禮》曰"七十唯衰麻在身"也。⊙物雙松曰：亦見《雜記·曲禮》，文不同。⊙郭嵩燾曰：五十不成喪，即《檀弓》"五十不致毁"也。

〔八〕物雙松曰：亦《儀禮》文，文有不同。⊙熊公哲曰：古婚禮有六個階段，並見《儀禮·士昏禮》。一曰納采，二曰問名，三曰納吉，四曰納徵，五曰請期，六曰親迎，婿自往迎婦也。

〔九〕楊倞注：鄭云："相，助也。宗事，宗廟之事。"⊙物雙松曰：成，《儀禮》作"承"爲是。⊙熊公哲曰：醮，音恣要反，酌而酬酢曰醮。⊙天海案：鄉，同嚮。南嚮，猶南面。醮，古代婚禮親迎之儀式一種，由父親斟酒敬神。成，通承，繼承之。宗事，傳宗接代之事。

〔一〇〕楊倞注：《儀禮》作"勗率"，鄭云："勗，勉也。若，汝也。勉率婦道以敬其爲先妣之嗣也。汝之行則當有常，深戒之。《詩》云：'大姒嗣徽音。'"⊙冢田虎曰：若，順也；則，法也。言隨順法度而宜有常也。⊙龍宇純曰：或此"隆"原作"降"，與"勖"古聲亦相關，故《士昏禮》書作"勖率"矣。⊙天海案：若，猶如此。説見《釋詞》。言"如此則有常"也。楊注不是，冢説亦非。

〔一一〕楊倞注：子言唯恐不能勉率以嗣先妣，不敢忘父命也。⊙冢田虎曰：《士昏禮》："子曰諾，唯恐弗堪，不敢忘命。"⊙鍾泰曰：矣，猶乎也。⊙梁啓雄曰：矣，猶耶也。⊙天海案：敢，豈敢。

夫行也者，行禮之謂也〔一〕。禮也者，貴者敬焉，老者孝焉，長者弟焉，幼者慈焉，賤者惠焉〔二〕。

賜予其宫室，猶用慶賞於國家也；忿怒其臣妾，猶用刑罰於萬民也〔三〕。

君子之於子，愛之而勿面，使之而勿貌，導之以道而勿彊〔四〕。

禮以順人心爲本，故亡於《禮經》而順人心者，背禮者也〔五〕。

禮之大凡：事生，飾驩也；送死，飾哀也；軍旅，飾威也〔六〕。

親親、故故、庸庸、勞勞，仁之殺也〔七〕。貴貴、尊尊、賢賢、老老、長長，義之倫也〔八〕。行之得其節，禮之序也〔九〕。仁，愛也，故親。義，理也，故行。禮，節也，故成〔一〇〕。仁有里，義有門〔一一〕。仁非其里而虛之，非禮也；義非其門而由之，非義也〔一二〕。推恩而不理，不成仁〔一三〕；遂理而不敢，不成義〔一四〕；審節而不知，不成禮〔一五〕；和而不發，不成樂〔一六〕。故曰：仁義禮樂，其致一也〔一七〕。君子處仁以義，然後仁也〔一八〕；行義以禮，然後義也〔一九〕；制禮反本成末，然後禮也〔二〇〕。三者皆通，然後道也〔二一〕。

## 【校釋】

〔一〕楊倞注：所以稱行者，在禮也。⊙熊公哲曰：《儒效篇》："學至乎行之而止，行之明也。"所行者何事？即禮是也。

〔二〕楊倞注：惠，亦賜也。言行禮如此五者，則可爲人之行也。⊙熊公哲曰：慈，愛也。惠，賜與也。此言學之要在行，行之要在禮。⊙天海案：弟，讀作"悌"，悌，弟敬兄也。

〔三〕楊倞注：宮室，妻子也。此明能治家則以治國也。⊙郭嵩燾曰："宮室"與"國家"對文，"臣妾"與"萬民"對文。宮室者，門梱之内，庭户之閒，盡一家之人言之。楊注誤。⊙劉師培曰："家"字衍。此以賜予於家，輪慶賞於國，"國"下不當有"家"字。楊注云"此明能治家則能治國也"，似所據本亦無"家"字。《曾子·立事篇》正作"猶慶賞於國"。當據訂。⊙熊公哲曰：此謂大夫之家也，故有宮室，有臣妾。

〔四〕楊倞注：面、貌，謂以顔色慰悦之，不欲施小惠也。故《易·家人》曰："有嚴君焉"。"勿彊，不欲使其愧也。"此語出《曾子》。⊙郝懿行曰：此出《曾子·立事篇》，荀稱之也。勿面，謂不形見於面。勿貌，謂不優以辭色。勿彊，謂匪怒伊教，使自得之。注謂"不欲使其愧"，非。⊙物雙松曰：勿貌，言勿假禮貌，長其驕傲也。勿彊，即易子而教也。⊙冢田虎曰：勿面、勿貌，互言之也。意如倞注而可也。勿彊，所謂見像而莫强，又導而弗牽也。⊙久保愛曰：《孟子》曰："父子之間不責善，責善則離，離則不祥莫大焉。”古屋鬲曰：“勿彊，《學記》所謂道而弗牽也。”⊙鍾泰曰：勿彊，謂不彊其所難也。勿彊，所以存父子之恩。⊙高亨曰：按“面”疑借爲“湎”。《説文》：“湎，沈于酒也。”此文以“面”爲“湎”，謂沈於愛之中，而不知其惡也。《荀子》之“湎”，即今語之溺也。則“愛之而勿湎”，猶云“愛之而勿溺”耳。又按“貌”當讀爲“藐”。《廣雅·釋詁》：“藐，小也。”藐有輕視、小視之義。“使之而勿藐”，謂君子之於子，既使之有所爲，則勿輕視之。楊注皆失之。⊙熊公哲曰：此即所謂父慈而教也（語見《左傳》昭二十六年）。⊙天海案：面、湎也。二字並上古明母元部，故通。貌，藐也。二字並上古明母藥部，故通。勿湎，勿溺愛；勿藐，勿輕視。高説是也。

〔五〕楊倞注：《禮記》曰：“禮也者，義之實也。協諸義而協，則禮雖先王未之有，可以義起也。”⊙冢田虎曰：“順人心者，皆禮者也”，此言可疑也。如記所謂，禮可以義起也，則亡於《禮經》，亦猶可也乎？苟以順人心者爲禮，乃恐有大弊。⊙久保愛曰：“背禮者也”，猶言“背禮者耶”。《檀弓》曰：“將軍文子之子，其庶幾乎亡於禮者之禮也，其動也中。”亡，音無。背音佩。⊙盧文弨曰：“皆禮也”，各本作“背禮者也”，誤。⊙梁啓雄曰：亡於，猶“不在”也。亡於《禮經》，謂《禮經》所不載的。⊙天海案：背者，負也。《説文》：“負，恃也。”此言不在《禮經》而順人心者，依恃的仍是禮也。盧校改“背”作“皆”，非也。

〔六〕楊倞注：不可太質，故爲之飾。⊙久保愛曰：驩，歡同。《禮論》作“歡”。⊙天海案：此數語又見本書《禮論篇》，文略異。

〔七〕楊倞注：庸，功也。庸庸、勞勞，謂稱其功勞，以報其功勞者。殺，差等也。皆仁恩之差也。殺，所介反。⊙久保愛曰：《禮記》曰：“仁者，人也。親親爲大。”《周禮》曰：“民功曰庸，事功曰勞。”⊙熊公哲曰：故，謂故舊。⊙天海案：親親，愛其親人。上“親”字，愛也。故故，猶念舊也。上故通顧，念也；下故，舊交也。

〔八〕楊倞注：倫，理也。此五者非仁恩，皆出於義之理也。⊙久保愛曰：《禮記》曰：“義者，宜也。尊賢爲大。”

〔九〕楊倞注：行仁義得其節，則是禮有次序。⊙久保愛曰：《禮記》曰：“親親之殺，尊賢之等，禮所生也。”⊙天海案：節，節制。

〔一〇〕楊倞注：非仁不親，非義不行；雖有仁義，無禮以節之，亦不成。

〔一一〕楊倞注：里與門，皆謂禮也。里所以安居，門所以出入也。

〔一二〕楊倞注：虚，讀爲居，聲之誤也。“仁非其里，義非其門”，皆謂有仁義而無禮也。⊙冢田虎曰：虚、處以形誤耳。所謂“里仁爲美”，“擇不處仁”也。⊙久保愛曰：桃源藏曰：“里，當作仁。或云：虚，當作處。”⊙盧文弨曰：“非義也”，亦當爲“非禮也”。⊙郝懿行曰：虚，讀爲墟。墟里，人所居，因借爲“居”字，非居聲之誤也。⊙王念孫曰：虚，當爲“處”，字之誤也。下文云“君子處仁以義”，是其證。“非禮也”，當作“非仁也”。“非義也”，“義”字不誤。⊙鍾泰曰：仁有里，謂義也。義有門，謂禮也。此曰“仁非其禮而處之，非仁也”，下文曰“君子處仁以義，然後仁也”，故知“仁有里”之謂義也。此曰“義非其門而由之，非義也”，下文“行義以禮，然後義也”，故知“義有門”之謂禮也。楊注里門皆爲禮，非是。⊙劉如瑛曰：虚，同墟，居處之意。《廣雅》：“墟，凥（居）也。”虚之，即居之。《孟子·盡心上》：“居惡在？仁是也；路惡在，義是也。居仁由義，大人之事備矣。”意亦同此。楊注及郝、王二説，均失當。⊙楊柳橋曰：虚，古墟字。孔穎達《禮記》疏：“凡舊居，皆曰虚。”⊙天海案：虚，通墟，居也。《左傳》昭公十七年“大辰之虚”，孔穎達疏：“虚者，舊居之處也。”劉説是。“非禮也”，當作“非仁也”，王説是。

〔一三〕楊倞注：仁雖在推恩，而不得其理，則不成仁。謂若有父子之恩，而無嚴敬之義。⊙陶鴻慶曰：理，謂條理。謂若親親而仁民，仁民而愛物。⊙天海案：推恩，施恩惠於人。不理，不合事理。故下文曰：“遂理而不敢，不成義。”楊注是，陶説非。

〔一四〕楊倞注：雖得其理而不敢行，則不成義。義在果斷，故曰：“非知之難，行之惟艱。”⊙陶鴻慶曰：敢，當爲“敬”字之誤。言雖得其理，而徑遂直行，不出之以誠敬，則不成爲義。⊙包遵信曰：敢，果敢也。此言苟合於理而行動不果敢決斷，亦不能成義。陶説不可從。⊙駱瑞鶴曰：“遂”之義爲成。⊙天海案：遂，因循也。遂理，即循理。本書《王制篇》：“若是，則大事殆乎弛，小事殆乎遂。”楊倞注：“遂，因循也。”此言循其理而不果敢，則不成爲義。循理者敢於行之，故曰義成。楊注及包、駱二説，亦非也。

〔一五〕楊倞注：雖能明審節制，而不知其意也。知，或爲和。⊙王念孫曰：作“和”者是也。禮以和爲貴，故審節而不和則不成禮。今本和作知，字之誤耳。既能審於禮節，則不得謂之“不知”。楊於“不知”下加“其意”二字，失之。⊙天海案：不知，當作“不和”，王説是。

〔一六〕楊倞注：雖和順積中，而英華不發於外，無以播八音，則不成樂。⊙包遵信曰：以上下文例推之，“和而不發”上當脱一字。⊙李亞明曰：愚疑“和而不發”上脱“知”字。⊙天海案：發，揚也。《禮·樂記》“其聲發以散”，鄭玄注：“發，猶揚也。”

〔一七〕楊倞注：言四者雖殊，同歸於得中。故曰：“其致一也。”⊙久保愛曰：致，猶極也。⊙熊公哲曰：一，謂比中而行之。⊙天海案：致，讀爲質。“其致一也”，謂仁義禮樂的實質是同一的。《非相篇》“文而致實”，王念孫曰：“致，讀爲質。”

〔一八〕楊倞注：仁而能斷。⊙熊公哲曰：處仁以義，則愛而能斷，不失其宜。⊙天海案：處仁以義，猶以義處仁。然後仁也，然後方能謂仁也。

〔一九〕楊倞注：雖能斷而不違禮，然後爲義也。⊙天海案：下義，宜也。

〔二〇〕楊倞注：反，復也。本，謂仁義。末，謂禮節。謂以仁義爲本，終成乎禮節也。⊙久保愛曰：本，謂治國家之大經。末，畏威儀節奏。詳見《左傳》昭公五年女叔齊之言。⊙天海案：楊注是，久説非。

〔二一〕楊倞注：通明三者，然後爲道。⊙熊公哲曰：通，謂相通貫。

貨財曰賻，輿馬曰賵，衣服曰襚，玩好曰贈，玉貝曰唅〔一〕。賻、賵所以佐生也，贈、襚所以送死也〔二〕。送死不及柩尸，弔生不及悲哀，非禮也〔三〕。故吉行五十，犇喪百里，賵贈及事，禮之大也〔四〕。

禮者，政之輓也〔五〕。爲政不以禮，政不行矣〔六〕。

天子即位，上卿進曰："如之，何憂之長也！能除患則爲福，不能除患則爲賊。"授天子一策〔七〕。中卿進曰："配天而有下土者，先事慮事，先患慮患。先事慮事謂之接〔八〕，接則事優成〔九〕。先患慮患謂之豫，豫則禍不生〔一〇〕。事至而後慮者謂之後，後則事不舉〔一一〕。患至而後慮者謂之困，困則禍不可禦。"授天子二策〔一二〕。下卿進曰："敬戒無怠。慶者在堂，弔者在閭〔一三〕。禍與福鄰，莫知其門〔一四〕。豫哉！豫哉！萬民望之。"授天子三策〔一五〕。

禹見耕者耦，立而式，過十室之邑必下〔一六〕。

殺大蚤，朝大晚，非禮也〔一七〕。治民不以禮，動斯陷矣〔一八〕。

平衡曰拜，下衡曰稽首，至地曰稽顙〔一九〕。大夫之臣拜不稽首，非尊家臣也，所以辟君也〔二〇〕。

## 【校釋】

〔一〕楊倞注：此與《公羊》《穀梁》之説同。玩好，謂明器、琴瑟、笙竽之屬。何休曰："此皆春秋之制也。賻，猶覆也。賵，猶助也。皆助生送死之禮。襚，猶遺也。遺是助死者之禮也。知生則賵、賻，知死則襚、唅之也。"⊙冢田虎曰：隱公元年《公羊傳》曰："車馬曰賵，貨財曰賻，衣被曰襚。"同《穀梁傳》曰："乘馬曰賵，衣衾曰襚，貝玉曰含，錢財曰賻。"同《左氏傳》曰："贈死不及尸，弔生不及哀，豫凶事，非禮也。"⊙盧文弨曰：今《公羊》注作"知死者贈、襚"。⊙劉師培曰：案《荀子》此義與《左傳》《公》《穀》均同。惟《穀梁》隱三年傳云"歸死者曰賵，歸生者曰賻"，則《荀子》賻、賵二字係賻、贈之訛，贈、襚二字係賵襚之訛。蓋賵、贈字形相近，故傳寫顛倒，賴有《穀梁》之文以正其失耳。⊙天海案：賻，以財物助人喪事。賻，符遇切。賵，以車馬等助人喪事。賵，撫鳳切。襚，贈給死者的衣被。襚，徐醉切。贈，贈給死者生前喜好之物。唅，玉貝放於死者口中。又作“含”。又，楊注末“之也”二字，别本無。正文及注“唅”字，巾箱三本並作“含”。

〔二〕久保愛曰：送，猶贈也。⊙熊公哲曰：佐生，謂幫助生人治喪之費，即知生者之事也。送死，謂致送於死者之物，即知死者之事也。⊙天海案：佐生，助活人也。送死，送喪者也。



〔三〕楊倞注：皆謂葬事。⊙久保愛曰：在牀曰尸，在棺曰柩，蓋未葬之稱。不及悲哀，謂已卒哭也。周平王踰年而歸惠公仲子之賵，《春秋》非之。⊙熊公哲曰：不及悲哀，謂不及葬時也。⊙北大組曰：不及，不到。⊙駱瑞鶴曰：及，趕上之意。其“悲哀”乃謂始死至卒哭之間，不皆謂葬時也。⊙天海案：楊注“葬事”，别本作“葬時”。

〔四〕楊倞注：既説弔贈及事，因明奔喪亦宜行遠也。《禮記·奔喪》曰：“日行百里，不以夜行。”⊙熊公哲曰：故吉事相赴，日行五十里；喪事相赴，日行百里。⊙北大組曰：吉事在五十里外的要趕去，喪事在百里外的也要前去參加。⊙駱瑞鶴曰：吉行，爲吉事而行；奔喪，爲喪事而奔。吉事主於舒緩，故日行五十里。奔喪百里，謂赴親喪則日行百里，以速爲貴。⊙天海案：吉行、奔喪，駱説是。疑楊注“行遠”當作“行速”。及事，趕上喪事。

〔五〕楊倞注：如輓車然。⊙久保愛曰：輓，音晚。⊙熊公哲曰：輓，引車也，前牽曰輓。⊙天海案：輓，引也。《戰國策》“凡一鼎而九萬人輓之”，鮑彪注：“輓，引也。”

〔六〕天海案：此以輓爲喻，言爲政不以禮爲牽引，則政不能通行也。

〔七〕楊倞注：上卿於周，若冢宰也。皆謂書於策，讀之而授天子，深戒之也。言天下安危所繫，其憂甚遠長，問何以治之。能爲天下除患，則百福歸之。不能，則反爲賊害。策，編竹爲之，後易之，以玉爲也。⊙劉師培曰：《韓詩外傳》十述此制，其策文與此多殊。以授策爲太宗、太史、太祝。則此文所云上中下三卿，當以宗、史及祝。注以冢宰、宗伯、司寇擬之，未確。⊙熊公哲曰：授，貢也。書其言於策，以貢天子。⊙楊柳橋曰：《獨斷》：“策者，簡也。”《左傳》昭公三年“授之以策”，杜預注：“策，受命之書。”本字作“册”。《説文》：“册，符命也。諸侯進受於王也。”⊙天海案：楊注末“爲也”二字，盧本《集解》本作“焉”字。

〔八〕楊倞注：接，讀爲“捷”，速也。中卿，若宗伯也。⊙李中生曰：先事慮事謂之速，文句欠通。接，當作本字解。接，也是相接續。⊙天海案：接，讀爲捷。捷，勝也。見《禮記·内則》“接以大牢”，鄭玄注。先於事而慮事，故謂之勝於事也。故下文云“接則事優成”，亦勝則事多成也。楊讀是，李説非。



〔九〕章詩同曰：優成，完成得很好。⊙天海案：優者，裕也，饒也。《説文》：“優，饒也。”《小爾雅》：“優，多也。”優成，即多成。此言事前慮事謂之勝事，勝事者事多成。楊讀“接”爲“捷”，是；訓爲速，則非。凡訓“優”爲良好之意者，於此文則非。

〔一〇〕天海案：豫者，先事爲備也。《易·既濟》："君子以思患而豫防之。"

〔一一〕天海案："後慮者"之"後"字疑衍，只當作"事至而慮者"。"謂之後"，《治要》録作"後之"；"後則"，《治要》作"後之則"。後，遲也。舉，行也。

〔一二〕楊倞注：禦，禁。二策，第二策也。⊙天海案："後慮者"，"後"字衍。困，窮也。

〔一三〕楊倞注：下卿，若司寇也。慶者雖在堂，弔者已在門，言相襲之速。閭，門之外也。⊙于鬯曰：閭，疑本作"闔"，二字其形似而誤。上下文皆有韻，此不應無韻，闔與堂正相叶。《説文》云："闔，天門也。"朱駿聲《通訓》云："此字本訓門。"注文傳寫與正文俱誤。⊙天海案：閭，里門。闔，楚人名門曰闔闔，不專指天門、宫門。闔，與堂叶韻，故于説義長。

〔一四〕楊倞注：言同一門出入也。賈誼曰："憂喜聚門。"⊙久保愛曰：《老子》曰："禍兮福所依，福兮禍之所伏，孰知其極？"亦此意。⊙天海案：門，由也。

〔一五〕楊倞注：豫哉，言可戒備也。三策，第三策。⊙王先謙曰：《治要》作"務哉，務哉"！⊙劉師培曰：竊以爲作"務"是也。務、茂古通，務哉，務哉，猶之茂哉茂哉也，義與勉同。⊙鍾泰曰："豫哉"涉上文"豫"字而譌，當從《治要》作"務哉"。務，勉也，與"敬戒無怠"方相應。⊙天海案："如之何憂"以下言"三策"之文，《外傳》略引之，與此文異。

〔一六〕楊倞注：兩人共耕曰耦。《論語》曰："長沮、桀溺耦而耕。"十室之邑必有忠信，故下之也。⊙久保愛曰：《家語》云："如在輿，遇三人則下之，遇二人則式之。調其盈虚，不令自滿，所以能久也。"⊙包遵信曰："耦立"與下文不協。《大戴禮·曾子制言》："昔者，禹見耕者五耦而式，過十室之邑必下。"疑此"耦立"乃"五耦"之訛。⊙熊公哲曰：立，疑耕者先自致敬。式，車上的横木，古者男子立乘，有所敬禮，則俯而憑式，字亦作"軾"。十室之邑，言小邑也。⊙天海案：據《論語》"耦而耕"，《家語》"遇二人則式之"，疑此文"耦"字當在"耕"字上，"禹見耦耕者，立而式"，其意自通，不必如《曾子》改作"五耦"。"立而式"，古者立乘，低頭以示敬也。参《儀禮·士喪禮》"辟君式之"，鄭玄注。

〔一七〕楊倞注：殺，謂田獵禽獸也。《禮記》曰："天子殺則下大綏，諸侯殺則下小綏，大夫殺則止佐車。"蚤，謂下先上也。又曰："朝，辨色始入。"殺太蚤，爲陵犯也。朝太晚，爲懈弛也。或曰：《禮記》曰："獺祭魚，然後虞人入澤，豺祭獸，然後田獵。"先於此，爲早也。又曰：田不以禮，是暴天物也。⊙久保愛曰：殺，恐祭誤。《禮記》曰："祭祀，不祈，不麾蚤。"鄭玄曰："祭有時，不以先之爲快也。"大，音泰。朝，直遥反。⊙王念孫曰：或説是也，前説非。⊙熊公哲曰：《禮記·王制》注："殺，殺獲也。"朝，大夫朝見諸侯之類。⊙楊柳橋曰：殺，與下朝不類。久説甚是。祭、殺二字篆文下半甚相似，因以致誤。⊙天海案：殺，疑祭誤。祭，祭祀也。久説是。朝，朝會也。大通太。蚤，通早。又，楊注"澤"下，别本有"梁"字。

〔一八〕熊公哲曰：陷，失誤也。⊙楊柳橋曰：韋昭《國語》注："陷，猶尤過也。"⊙天海案：斯，猶則也，乃也。説見《詞詮》。正文陷當作"陷"。

〔一九〕楊倞注：平衡，謂磬折，頭與腰如衡之平。《禮記》"平衡"與此義殊。⊙郝懿行曰：拜者必跪。拜手，頭至手也，不至地，故曰"平衡"。稽首，亦頭至手，而手至地，故曰"下衡"。稽顙，則頭觸地，故直曰"至地"矣。⊙包遵信曰：《書·召誥》"拜首稽首"，孔傳："稽首，首至地。"《公羊傳》何注："頭至地曰稽首。"《逸周書》孔晁注："稽首，頭俯地。"皆與此異。此云"至地曰稽顙"，不知稽顙之拜若何？⊙天海案：賈誼《新書·容經》"拜以磬折之容"，楊注不可移也。古者拜與跪有别，郝説未當。稽首，拜頭至地也。《禮記·玉藻》："君賜，稽首，據掌，致諸地。"鄭玄注："致首於地。據掌，以左手覆按右手也。"稽顙，跪拜時頭叩地。兇事之拜中最重者。《儀禮·士喪禮》："主人哭拜稽顙，成踊。"鄭玄注："稽顙，頭觸地。"

〔二〇〕楊倞注：辟，讀爲"避"。⊙久保愛曰：《禮記》無"所"字，是也。⊙熊公哲曰：避君，謂避正君。蓋諸侯爲大夫之君，同在一國。大夫對於其君，已行稽首之禮矣，家臣若又稽首於大夫，是一國而兩君也，故云"避君"。語亦見《禮記·郊特牲篇》。

一命齒於鄉，再命齒於族，三命，族人雖七十，不敢先〔一〕。上大夫，中大夫，下大夫〔二〕。

吉事尚尊，喪事尚親〔三〕。

君臣不得不尊，父子不得不親，兄弟不得不順，夫婦不得不驩。少者以長，老者以養〔四〕。故天地生之，聖人成之〔五〕。

聘，問也。享，獻也。私覿，私見也〔六〕。

言語之美，穆穆皇皇〔七〕。朝廷之美，濟濟鎗鎗〔八〕。

爲人臣下者，有諫而無訕，有亡而無疾，有怨而無怒〔九〕。

君於大夫，三問其疾，三臨其喪〔一〇〕；於士，一問、一臨。諸侯非問疾弔喪，不之臣之家〔一一〕。

既葬，君若父之友〔一二〕，食之則食矣，不辟粱肉，有酒醴則辭〔一三〕。

寢不踰廟，設衣不踰祭服，禮也〔一四〕。

《易》之《咸》，見夫婦〔一五〕。夫婦之道，不可不正也，君臣、父子之本也〔一六〕。咸，感也，以高下下〔一七〕，以男下女，柔上而剛下〔一八〕。

## 【校釋】

〔一〕楊倞注：一命，公侯之士；再命，大夫；三命，卿也。鄭注《禮記》曰："此皆鄉飲酒時。齒，謂以年次坐若立也。"《禮記》曰："三命不齒，族人雖七十者不敢先。"言不唯不與少者齒，老者亦不敢先也。⊙久保愛曰：《周禮・黨正職》作"一命齒于鄉里，再命齒于父族，三命而不齒"。據此考之，齒於鄉，交于鄉人以齒列也，非特鄉飲酒之時也。⊙熊公哲曰：齒，謂以年之老幼相次而坐立也。⊙楊柳橋曰：命，謂爵命。⊙天海案：楊注"三命"原作"二命"，誤也，據諸本改之。

〔二〕楊倞注：此覆一命、再命、三命也。一命雖公侯之士，子男之大夫也，故曰"下大夫"也。⊙于鬯曰：此九字無著。或者《荀子》在唐以前已有注，而傳寫誤爲正文。此蓋即上文一命、再命、三命之注語，特倒釋耳。上大夫三命也，中大夫再命也，下大夫一命也。此則在古注本不必拘。⊙梁啓雄曰：此九字疑是錯簡。⊙天海案：于説義長，梁説非。

〔三〕楊倞注：吉事，朝廷列位也。喪事，以親者爲主。《禮記》曰："以服之精麤爲序"也。⊙物雙松曰：尚尊，貴貴也。⊙久保愛曰：吉事，謂祭祀也。古者五禮，以祭事爲吉禮。尚，尊。《文王世子》所謂"宗人授事以爵以官"，是也。"尚尊"，舊作"上尊"，今據宋本、元本改之。⊙天海案：二"尚"字皆通"上"。言吉事以尊者爲上，喪事以親者爲上。上者，在上位，在先也。"尚尊"，明世本、《四庫》本並作"上尊"。

〔四〕楊倞注：不得，謂不得聖人之禮法。驩與歡同。⊙久保愛曰：《富國篇》無"君臣不得不尊"六字，"夫婦"作"男女"，"驩"作"歡"。⊙張覺曰：不得，指得不到君子的管理。⊙天海案：得，通德，不得，猶無德。四"不得"皆謂"無德"。"以長"，"以養"，以德而使之長，以德而養之也。楊注非，張説亦不是也。《富國篇》有此數語，皆承"君子以德"而言，故知此"得"當同"德"也。可互參。

〔五〕汪中曰："君臣"以下四十一字錯簡，當在後"國家無禮不寧"之下。此因上"尚尊"、"尚親"之文而誤。⊙張覺曰：天地生之，天地使人存活。聖人成之，指聖人制定禮義進行教化，使人去掉獸性而成爲真正的人。⊙天海案：生之，生就人。成之，成就人。《富國篇》"父子"以下文同此。又，此篇之文多雜集短語而成，汪氏錯簡之説無據。凡從其説，並移此節於後文"國家無禮不寧"之下者，皆盲從也。

〔六〕楊倞注：使大夫出，以圭璋。聘，所以相問也。聘、享，奉束帛加璧。享，所以有獻也。享畢，賓奉束錦以請。覿，所以私見也。聘、享以賓禮見，私覿以臣禮見，故曰"私見"。鄭注《儀禮》云："享，獻也。既聘又獻，所以厚恩意也。"⊙熊公哲曰：聘，諸侯相問也。享，宴享也。覿，讀狄，以贄相見也。⊙天海案：楊倞注引鄭注"恩意"之"意"，恐"惠"字形誤也。

〔七〕楊倞注:《爾雅》曰:"穆穆,敬也。""皇皇,正也。"郭璞云:"皇皇,自脩正貌。""穆穆,容儀謹敬也。"皆由言語之美,所以威儀脩飾。或曰:穆穆,美也。皇皇,有光儀也。詩曰"皇皇者華"。⊙物雙松曰:亦見《禮記·少儀》,"鎗鎗"作"翔翔"。又《曲禮》:"天子穆穆,諸侯皇皇,大夫濟濟,士蹌蹌。"《玉藻》"廟中齊齊,朝廷濟濟翔翔",皆同。⊙久保愛曰:此與賓客言之狀也。⊙天海案:穆穆,端莊盛美之貌。《詩·大雅·文王》:"穆穆文王,於緝熙敬止。"皇皇,亦美盛之貌。《詩·大雅·假樂》:"穆穆皇皇,宜君宜王。"此形容君主言語之美盛也。楊注未了,久説亦非,物氏所引,亦與此文不切。又楊注引郭云"自修正"之"自",原作"正","貌"下脱一"穆"字,此據諸本補正。

〔八〕楊倞注:鎗與蹌同。濟濟,多士貌。蹌蹌,有行列貌。⊙久保愛曰:濟濟、蹌蹌,謂出入進退之儀也。⊙天海案:鎗鎗,通翔翔。鎗、翔二字一聲之轉,故通。《禮·玉藻》"朝廷濟濟翔翔",孔疏:"濟濟,有威儀,矜莊也。翔翔,行而張拱也。"《禮記·少儀》與此節文同,惟"鎗鎗"亦作"翔翔"。孔疏云:"濟濟翔翔者,謂威儀厚重寬舒之貌。"

〔九〕楊倞注:謗上曰訕。亡,去也。疾與嫉同,惡也。怨,謂若公弟叔肸,衛侯之弟鱄。怒,謂若慶鄭也。⊙熊公哲曰:怨,謂自怨自艾。怒,憤怒也。⊙楊柳橋曰:《國語·周語上》"怨而不怒",韋昭注:"怨,怨望也。怒,作氣也。"⊙天海案:亡,出走也。疾,恨也。怨者,自歎也。怒者,激憤也。楊注"衛侯"原誤作"衛疾",此據諸本改。

〔一〇〕冢田虎曰:《喪大記》曰:"君於大夫疾,三問之;在殯,三往焉。士疾壹問之;在殯,壹往焉。"⊙熊公哲曰:上視下曰臨。

〔一一〕楊倞注:之,往也。《禮記》曰"諸侯非問疾弔喪而入諸臣之家,是謂君臣爲謔"也。

〔一二〕梁啓雄曰:《釋詞》七:"若,猶及也,與也。"

〔一三〕楊倞注:鄭云"尊者之前,可以食美,變於顔色,亦不可"也。⊙熊公哲曰:食,讀飼。食之,謂與之以食。辟,同避。有酒醴,則近宴樂,且有獻酬矣,故辭。⊙天海案:《禮·喪大記》曰:"既葬,若君食之則食之,大夫、父之友食之,則食之矣。不辟粱肉,若有酒醴則辭。"正文上"食",飼之。食之,與之食。

〔一四〕楊倞注:謂制度精麤。設,宴也。⊙冢田虎曰:設,當作"褻",以音誤耳。⊙王念孫曰:設,當爲"讌",字之誤也。今注文亦誤。"寢"對"廟"而言,"讌衣"對"祭服"而言。《王制》"燕衣不踰祭服,寢不踰廟",是其證。⊙熊公哲曰:寢,謂居衣也。燕衣,常服也。⊙天海案:正文與楊注"設",並"讌"誤,王説可從。讌衣,即《王制篇》之"燕衣"。燕,又通宴,故楊注云"宴也"。燕衣,君主退朝閒居之服也。

〔一五〕楊倞注:《易·咸卦》艮下兑上。艮爲少男,兑爲少女,故曰"見夫婦"。

⊙劉師培曰:"之"當訓爲"於"。言《易經》所載夫婦之道於《咸卦》見之也。

〔一六〕楊倞注:《易·説卦》曰:"有天地然後有男女,有男女然後有夫婦,有夫婦然後有父子,有父子然後有君臣。"故以夫婦爲本。⊙久保愛曰:本注"《説卦》"當作"《序卦》"。今見《周易·序卦》,傳、文少異。⊙天海案:今《易·序卦》曰"有天地然後有萬物,有萬物然後有男女"與楊倞注引略異。故楊注"《説卦》"當爲"《序卦》"之誤。

〔一七〕久保愛曰:艮爲山,兑爲澤。⊙熊公哲曰:感,感應之理。艮爲山,故高;兑爲澤,故下。⊙天海案:此引《易·咸卦·彖》文,以喻陰陽交會,男女感應。男爲陽,故高;女爲陰,故下。"以高下下"者,乃此卦象爲艮下兑上也。

〔一八〕楊倞注:陽唱陰和,然後相成也。⊙熊公哲曰:"咸,感也。""柔上而剛下",皆《易·咸卦·彖傳》文。兑女在上,艮男在下,是柔上而剛下也。⊙天海案:"以男下女"者,古昏禮規定男子屈尊至女家求婚直至迎親,故曰"下女"。"柔上而剛下",女陰爲柔,男陽爲剛;男剛下感,女柔上應,陰陽二氣相感應,故萬物化生。

聘士之義,親迎之道,重始也〔一〕。

禮者,人之所履也〔二〕。失所履,必顛蹷陷溺。所失微而其爲亂大者,禮也〔三〕。禮之於正國家也,如權衡之於輕重也,如繩墨之於曲直也〔四〕。故人無禮不生,事無禮不成,國家無禮不寧〔五〕。

和樂之聲〔六〕,步中《武》《象》,趨中《韶》《護》〔七〕。君子聽律習容而后士〔八〕。

霜降逆女,冰泮殺内,十日一御〔九〕。

坐視膝,立視足,應對言語視面〔一〇〕。立視前六尺而大之,六六三十六,三丈六尺〔一一〕。

文貌情用,相爲内外表裏。禮之中焉,能思索謂之能慮〔一二〕。

禮者,本末相順,終始相應〔一三〕。

禮者,以財物爲用,以貴賤爲文,以多少爲異〔一四〕。下臣事君以貨,中臣事君以身,上臣事君以人〔一五〕。

《易》曰:"復自道,何其咎〔一六〕?"《春秋》賢穆公,以爲能變也〔一七〕。

士有妒友,則賢交不親;君有妒臣,則賢人不至。蔽公者謂之昧，隱良者謂之妒〔一八〕，奉妒昧者謂之交譎〔一九〕。交譎之人，妒昧之臣，國之薉孽也〔二〇〕。

## 【校釋】



〔一〕楊倞注：聘士，謂若安車束帛，重其禮也。迎，魚敬反。⊙熊公哲曰：聘，請也。古者以幣帛聘請隱逸賢士而用之曰聘。⊙天海案：義者，儀也。此指禮儀。親迎，婚禮第六禮，已見前文。

〔二〕久保愛曰：所履行也。⊙熊公哲曰：履，謂踐履。《禮記·祭義》："禮者，履此者也。"而此云"所履"，猶言所立足也。

〔三〕久保愛曰：《禮記》曰："君子慎始，差若毫釐，謬以千里。"⊙楊柳橋曰：《爾雅》："亂，治也。"《説文》同。此"亂"字之本義。⊙天海案：顛，《字彙》："顛俗字，與顛同。"所失微，指所失禮之細小也。爲亂，造成禍亂。亂，如字，楊訓"治"，非也。久説義長。"必"字，諸本作"則"。

〔四〕天海案：此三句又見《王霸篇》。

〔五〕久保愛曰：《詩》曰："人而無禮，胡不遄死？"事，謂祀與戎。安上治民，莫善於禮。⊙天海案：此三句已見《修身篇》。

〔六〕楊倞注：此言珩珮之聲和樂人心。⊙久保愛曰：樂，當作鸞，字誤也。《禮論》作"鸞"。⊙天海案：久説是，參見《禮論篇》。

〔七〕楊倞注：珮玉之聲緩則中《武》《象》，速則中《韶》《護》。《禮記》曰："古之君子必珮玉，右徵、角，左宫、羽，趨以《采薺》，行以《肆夏》。"是其類也。或曰：此"和樂"謂在車和鸞之聲，步驟之節也。⊙顧千里曰：《正論篇》《禮論篇》"樂"皆作"鸞"，可以爲證。⊙天海案：此三句見《修身篇》。

〔八〕楊倞注：君子，在位者之通稱。《禮記》曰："既服，習容，觀玉聲。"聽律，謂聽珮聲，使中音律也。言威儀如此，乃可爲士。士者，修立之名也。⊙王先謙曰：士，當爲"出"，説見上。⊙天海案：而后，猶然後也。《儀禮·聘禮》"君還而后退"，鄭注："而后，猶然後也。"后與後通，諸本正作"後"。士，乃"出"之形誤，王説是。

〔九〕楊倞注：此蓋誤耳。當爲"冰泮逆女，霜降殺内"。故《詩》曰："士如歸妻，迨冰未泮。"殺，減也。内，謂妾御也。十日一御，即殺内之義。冰泮逆女，謂發生之時合男女也。霜降殺内，謂閉藏之時禁嗜欲也。《月令》在十一月，此云"霜降"，荀卿與《吕氏》所傳聞異也。鄭云："歸妻，謂請期也。冰未泮，正月中以前，二月可以成婚禮。"故此云"冰泮逆女"。殺，所介反。⊙物雙松曰：按《家語·本命解》："霜降而婦功成，嫁娶者行焉。冰泮而農桑起，婚禮而殺於此。"注引《詩》云："將子無怒，秋以爲期。"又云："士如歸妻，迨冰未泮。"按此則倞注亦非。蓋冬月農事終功而男女在家，是爲嫁娶之時，及春月農事起，則嫁娶止矣。雖其既娶者，亦十日一御。先王制教,保啬性命之道也。⊙盧文弨曰:《詩·陳風·東門之楊》《毛傳》云:"言男女失時,不待秋冬。"《正義》引荀卿語,竝云:"毛公親事荀卿,故亦以秋冬爲婚期。"《家語》所説亦同。十日一御,君子之謹於房也,不必連"冰泮"言。⊙郝懿行曰:霜降,九月也。冰泮,二月也。荀卿之意,自九月至於正月,於禮皆可爲昏。荀在焚書之前,必當有所憑據。十日一御,節於内也。⊙王引之曰:此文本作"霜降逆女,冰泮殺止"。謂霜降始逆女,至冰泮而殺止也。自楊所見本"殺"下始脱"止"字,而楊遂以"殺内"二字連讀,誤矣。冰泮殺止,指嫁娶而言,"内"字下屬爲句。内十日一御,别是一事,非承"冰泮"而言。⊙劉師培曰:盧、郝已據《詩》疏駁楊是矣。惟王引之其説亦非。内,即納字。古代以女與人者,謂之納女;娶女於人者,亦謂之納。殺者,減也。言冰泮以後則納女之事稀。"殺内"二字本係不譌,後人不明"内"字之義,妄改爲"止",不得以"内"字屬下句也。⊙熊公哲曰:霜降,九月也。冰泮,三月也。泮,解也。逆,讀迎。⊙天海案:楊注誤,王説非,盧、郝、物、劉諸説是也。凡從王説"殺"下補"止",以"内"屬下讀者非。

〔一〇〕楊倞注:《儀禮·士相見》云"子視父則遊目,無上於面,無下於帶。若不言,立則視足,坐則視膝",鄭云:"不言,則伺其行起而已。"⊙天海案:楊注引《儀禮》"立則"原脱"立"字,據諸本補之。

〔一一〕楊倞注:蓋臣於君前視也。近視六尺,自此而廣之,雖遠視,不過三丈六尺。《曲禮》曰"立視五巂",彼在車上,故與此不同也。⊙王引之曰:"大之",當爲"六之"。言以六尺而六之,則爲三丈六尺也。楊以廣釋大,則所見本已誤。⊙于鬯曰:既云"六六三十六",亦不必復云"三丈六尺",蓋"三丈六尺"者,亦即"三十六"之注語也。⊙駱瑞鶴曰:王説是。《國語·周語上》"太保六之"。于説無據。

〔一二〕楊倞注:文,謂禮物。貌,謂威儀。情,謂中誠。用,謂語言。質文相成,不可偏用也。⊙物雙松曰:注"用謂語言",非也。本文明謂財物也。"禮之中焉能思索",焉,猶"斯"也。言思索不出於禮之外也。⊙冢田虎曰:文貌,禮之文貌也。情用,情性之用也。言其容貌之文與其情實之用,相爲内外表裏也。注穿矣。物説亦非。⊙王念孫曰:文貌在外,情用在内,故曰"相爲内外表裏"。《禮論篇》曰:"文理繁,情用省,是禮之隆也。文理省,情用繁,是禮之殺也。文理情用相爲内外表裏,是禮之中流也。"彼言"文理",猶此言"文貌"。楊彼注云"文理謂威儀,情用謂忠誠",是也。此注失之。⊙王先謙曰:王謂"文貌"猶"文理",是也。《禮論篇》"文理",《史記》竝引作"文貌",是其證。⊙龍宇純曰:用、欲一聲之轉,情用即情欲。⊙章詩同曰:文貌,指威儀。情用,情感。⊙天海案:文貌,文飾也。情,實也。情用即實用。中,正也。此言文飾與實用相爲表裏内外,是禮之正也。正者,不偏頗也。

〔一三〕熊公哲曰:情實,本也;文貌,末也。禮是謹於治生死的,始謂人之生,終謂人之死。⊙天海案:順者,循也。

〔一四〕楊倞注：並解於《禮論篇》。⊙天海案：爲用，爲實用。爲文，爲文飾。爲異，爲區别。

〔一五〕楊倞注：貨，謂聚斂及珍異獻君。身，謂死衛社稷。人，謂舉賢也。⊙天海案："事君以人"者，以仁事君也。楊注非。人，與仁同。

〔一六〕楊倞注：《易·小畜卦》初九之辭。復，返也。自，從也。本雖有失，返而從道，何其咎過也。⊙熊公哲曰：從道而返，善補過也，故曰"何其咎"。⊙楊柳橋曰：復，行也。復自道，猶言行由道。《説文》："何，儋也。"《小爾雅》："何，任也。"此"負荷"之本字。何其咎，猶言任其咎也。⊙天海案：復，返也。自，猶"於"也。《周語》"我姬氏出自天黿"，韋昭注"出於天黿"。復自道，即返於道。何其咎，其何咎也。《易·小畜·象》曰："復其道，其義吉也。"

〔一七〕楊倞注：《公羊傳》曰："秦伯使遂來聘。遂者何？秦大夫也。秦無大夫，此何以書？賢穆公也。何賢乎穆公？以爲能變也。"謂前不用蹇叔、百里之言，敗於殽、函，而自變悔，作《秦誓》，詢兹黄髮是也。⊙天海案：賢穆公，以穆公爲賢君。變，改其錯也。

〔一八〕楊倞注：掩蔽公道，謂之暗昧。⊙久保愛曰：公，猶君也。⊙天海案：賢交，賢友也。公，君也，與下"良"對文。良，賢良。

〔一九〕楊倞注：交通於譎詐之人，相成爲惡也。⊙俞樾曰：交，讀爲狡。交、狡古通用。狡與譎同義。楊注失之。⊙天海案：俞説是。

〔二〇〕楊倞注：薉，與穢同。孽，祅孽。言終爲國之災害也。

口能言之，身能行之，國寶也。口不能言，身能行之，國器也〔一〕。口能言之，身不能行，國用也〔二〕。口言善，身行惡，國祅也。治國者敬其寶，愛其器，任其用，除其祅〔三〕。

不富無以養民情〔四〕，不教無以理民性〔五〕。故家五畝宅，百畝田，務其業而勿奪其時，所以富之也〔六〕。立太學，設庠序，脩六禮，明十教，所以道之也。《詩》曰："飲之食之，教之誨之。"王事具矣〔七〕。

武王始入殷，表商容之閭，釋箕子之囚，哭比干之墓，天下鄉善矣〔八〕！

天下國有俊士，世有賢人〔九〕。迷者不問路，溺者不問遂，亡人好獨〔一〇〕。《詩》曰："我言維服，勿用爲笑。先民有言，詢于芻蕘。"言博問也〔一一〕。

有法者以法行，無法者以類舉〔一二〕。以其本知其末，以其左知其右，凡百事異理而相守也〔一三〕。

慶賞刑罰，通類而後應〔一四〕。政教習俗，相順而後行〔一五〕。

八十者，一子不事；九十者，舉家不事〔一六〕；廢疾非人不養者，一人不事。父母之喪，三年不事；齎衰、大功，三月不事；從諸侯不〔一七〕，與新有昏，朞不事〔一八〕。



【校釋】

〔一〕楊倞注：如器物，雖不言，而有行也。⊙天海案：器，猶器具。國寶，國之寶貴人材。國器，國之器重人材。皆喻人材之詞也。

〔二〕楊倞注：國賴其言而用也。⊙天海案：國用，於國有用之材。

〔三〕天海案：二"祅"字，原作"祅"，皆同"妖"。諸本作"妖"，《治要》録此文亦作"妖"。

〔四〕楊倞注：衣食足，知榮辱。⊙熊公哲曰：飢而欲食，寒而欲衣，此荀子所謂民之情也。⊙天海案：情，欲也。

〔五〕楊倞注：人性惡，故須教。⊙熊公哲曰：生而有好利焉，有疾惡焉，有耳目之欲，又好聲色焉，此荀子所謂民之性也。⊙天海案：理，治也。

〔六〕楊倞注：宅，居處也。百畝，一夫田也。務，謂勸勉之。《孟子》曰："五畝之宅，樹之以桑，五十者可以衣帛矣。百畝之田，無失其時，八口之家可以無飢矣！"⊙久保愛曰：家，猶言每家也。

〔七〕楊倞注：《禮記》曰："六禮：冠、昏、喪、祭、鄉、相見。"十教，即十義也。《禮記》曰："父慈、子孝、兄良、弟悌、夫義、婦聽、長惠、幼順、君仁、臣忠，十者謂之人義。"道，謂教導之也。十，或爲七也。⊙王念孫曰：《王制》曰："司徒脩六禮以節民性，明七教以興民德。"七教：父子、兄弟、夫婦、君臣、長幼、朋友、賓客。則作"七教"者是也。凡經傳中"七"、"十"二字互誤者多矣。楊前注以《禮運》之十義爲十教，失之。⊙久保愛曰：在國之中謂大學，在鄉黨之謂庠，在郊遂之謂遂。《禮樂志》曰："立大學以教於國，設庠序以化於邑。"是也。"十"字或爲"七"，是。《詩・小雅・緜蠻》卒章。⊙天海案：太學，即國學。諸本"太"作"大"。庠序，地方學校。《孟子・梁惠王上》"謹庠序之教"，趙歧注："庠序者，教化之宫也。殷曰序，周曰庠。"十教，當作"七教"，王説是。道，通導。正文及注"道"字，諸本並作"導"。王事，王者之事。具，完備也。

〔八〕楊倞注：表，築旌之。言武王好善，天下鄉之。孔安國曰："商容，殷之賢人，紂所貶退也。"⊙楊柳橋曰：《史記・索隱》引崔浩："表者，標榜其里門。"顔師古

《漢書》注:“表者,豎木爲之,若柱形也。”鄉,通向。⊙天海案:釋,原作“式”,音誤也,據諸本改之。

〔九〕楊倞注:天下之國皆有俊士,每世皆有賢人。⊙熊公哲曰:才過千人曰俊。三十年爲一世,此借言隨時也。⊙天海案:俊士,正文及楊注原作“傻士”,誤也。諸本皆作“俊士”,據改。

〔一〇〕楊倞注:以喻雖有賢俊,不能用也。所以迷,由於不問路。溺,由於不問遂。亡,由於好獨。遂,謂經隧,水中可涉之徑也。獨,謂自用其計。⊙傅山曰:山謂“遂”不必爲水中之隧,謂不問而遂過,有馮河之義。⊙洪頤煊曰:遂,當作墜。《晏子春秋·内篇雜上》作“溺者不問墜”。⊙郝懿行曰:墜,當作隊。隊、墜古今字。⊙王先謙曰:《詩·載馳篇》“大夫跋涉”,《釋文》引《韓詩》曰:“不由蹊遂而涉曰跋涉。”《淮南·脩務訓》高注:“不從蹊遂曰跋涉。”二“遂”字義與此同。《晏子》作“墜”乃誤文。洪據以爲説,非。⊙天海案:遂,通隧,水中可涉之道,楊注是。亡人,逃亡之人。《左傳》僖公二十三年“懷公命無從亡人(指重耳)”。好獨,好獨行,非謂“自用其計”。又,楊注“俊”字原作“傻”,據諸本改之。

〔一一〕楊倞注:《詩·大雅·板》之篇。毛云:“芻蕘,薪者也。”鄭云:“服,事也。我之所言,乃今之急事,汝無笑也。”⊙天海案:“勿用”,《題注》本、遞修本、明世本、《四庫》本並作“勿以”。割草叫芻,打柴叫蕘。芻蕘,泛指草野之人。

〔一二〕楊倞注:皆類於法而舉之也。⊙郝懿行曰:類,猶比也。古謂之決事。比,今之所謂例也。下云“慶賞刑罰通類”,亦然。楊注未明晰,盧分段竝非。二句又見《王制篇》。⊙俞樾曰:古所謂類,即今所謂例。《史記·屈原賈生傳》“吾將以爲類”,《正義》曰:“類,例也。”⊙駱瑞鶴曰:今以“舉”字與“行”字對,其義亦爲行。此變文以避復之例。

〔一三〕楊倞注:其理雖異,其守則一。謂若爲善不同,同歸於理之類也。⊙楊柳橋曰:相守,猶言相待、相依也。

〔一四〕楊倞注:通明於類,然後百姓應之。謂賞必賞功,罰必罰罪,不失其類。⊙久保愛曰:應,猶當也。本注“百姓”二字似衍。⊙熊公哲曰:通類,謂合符禮法也。⊙天海案:應,相應也。

〔一五〕楊倞注:順人心然後可行也。⊙久保愛曰:順,謂順類也。⊙熊公哲曰:順,謂順乎禮也。⊙天海案:順,應也。此言政教與習俗相適應,然後方行之。楊注不得,熊説亦非。“政教”原作“致教”,據諸本改。

〔一六〕冢田虎曰:不事,《王制》作“不從政”。⊙天海案:不事,不從事勞役。

〔一七〕楊倞注:不,當爲“來”。謂從他國來,或君之人入菜地。⊙冢田虎曰:“從諸侯不”,《王制》曰:“將徙於諸侯,三月不從政;自諸侯來徙家,期不從政。⊙天海案:“不”字乃“來”字上半壞損而訛爲“不”,《禮·王制》正作“來”,可據正。齎衰，諸本作“齊衰”。《王制》作“齊衰”。

〔一八〕楊倞注：古者有喪昏皆不事，所以重其哀戚與嗣續也。事，謂力役。⊙冢田虎曰：《禮運》曰：“三年之喪與新有婚者，期不使。”⊙久保愛曰：不事，謂不從政也。朞，音基。⊙天海案：此節之文，《禮·王制》有之，略同，惟“不事”皆作“不從政”。昏，通婚。朞，同期，一周年也。

子謂子家駒續然大夫，不如晏子〔一〕。晏子，功用之臣也，不如子産〔二〕。子産，惠人也，不如管仲〔三〕。管仲之爲人，力功不力義，力智不力仁〔四〕，野人也〔五〕，不可以爲天子大夫〔六〕。

孟子三見宣王不言事。門人曰：“曷爲三遇齊王而不言事？”孟子曰：“我先攻其邪心〔七〕。”

公行子之之燕〔八〕，遇曾元於塗，曰：“燕君何如？”曾元曰：“志卑〔九〕。志卑者輕物〔一〇〕，輕物者不求助〔一一〕。苟不求助，何能舉〔一二〕？氐羌之虜也〔一三〕，不憂其係壘也，而憂其不焚也〔一四〕。利夫秋豪，害靡國家，然且爲之，幾爲知計哉〔一五〕！”

今夫亡箴者，終日求之而不得，其得之，非目益明也，眸而見之也。心之於慮亦然〔一六〕。

義與利者，人之所兩有也。雖堯、舜不能去民之欲利，然而能使其欲利不克其好義也〔一七〕。雖桀、紂亦不能去民之好義，然而能使其好義不勝其欲利也。故義勝利者爲治世，利克義者爲亂世。上重義則義克利，上重利則利克義。故天子不言多少，諸侯不言利害，大夫不言得喪〔一八〕，士不通貨財〔一九〕。有國之君不息牛羊〔二〇〕，錯質之臣不息鷄豚〔二一〕；冢卿不脩幣，大夫不爲場園〔二二〕。從士以上皆羞利，而不與民爭業，樂分施而恥積臧，然故民不困財〔二三〕，貧窶者有所竄其手〔二四〕。





【校釋】

〔一〕楊倞注：子，孔子。謂，言也。子家駒，魯公子慶之孫，公孫歸父之後，名羈，駒，其字也。續然，補續君之過，不能興功用，故不如晏子也。⊙物雙松曰：續然，豈世家之謂歟？⊙冢田虎曰：按“然”字“缺”之誤與？續缺大夫，謂補闕之大夫也。⊙久保愛曰：續然，繾綣從公貌。⊙盧文弨曰：“續然大夫”四字未詳。⊙郝懿行曰：續，古作賡，賡之爲言庚也。庚然，剛强不屈之貌，言不阿諛也。⊙高亨曰：按“續”當讀爲“粥”。《禮記·儒行》：“粥粥若無能也。”《釋文》：“粥粥卑謙貌。”續然即粥然，猶粥粥也。續、粥古通用。⊙楊柳橋曰：續然，猶繼成也。謂繼續先人之成業也。⊙張覺曰：續然，等于説“續明”、“紹明”，指君主不明察的地方他能够增益君主的明察。⊙天海案：續然，當讀“肅然”。續，上古邪母屋部。肅，上古心母覺部。心、邪旁紐，覺、屋旁轉，故“續”、“肅”二字可通。肅然，持事恭敬之貌。續然大夫，謂子家駒乃持事恭敬之大夫。晏子，名嬰，字平仲，春秋時齊大夫，事靈、莊二公，相景公，節儉力行，好諫諍，名聞諸侯。

〔二〕楊倞注：雖有功用，不如子產之恩惠也。⊙久保愛曰：用者，主辨用而無文之謂。⊙天海案：子產，即公孫僑，鄭簡公時執國政，歷定獻聲三公朝，有政績，子產死，孔子歎爲“古之遺愛也”。

〔三〕楊倞注：雖有恩惠，不如管仲之才略也。⊙久保愛曰：子產聽鄭國之政，以其乘輿濟人於溱、洧。孟子曰：“惠而不知爲政。”

〔四〕楊倞注：雖九合諸侯，一匡天下，而不全用仁義也。⊙天海案：智，諸本作“知”。力者，勤也，致力也。

〔五〕久保愛曰：《禮記》曰：“敬而不中禮，謂之野。”⊙天海案：質勝文則野。

〔六〕楊倞注：言四子皆類郊野之人，未浸漬於仁義，故不可爲王者佐。⊙久保愛曰：此獨論管仲耳，不及於四子。⊙天海案：楊注是。

〔七〕楊倞注：以正色攻去邪心，乃可與言也。⊙久保愛曰：齊宣王名辟疆，陳敬仲之後也。《孟子》曰：“大人唯能格君心之非。君仁莫不仁，君義莫不義，君正莫不正。一正君而國定矣。”

〔八〕楊倞注：《孟子》曰“行子有子之之喪，右師往弔”，趙岐云：“齊大夫也。”子之蓋其先也。⊙冢田虎曰：此公行氏，子之名。⊙久保愛曰：之之，上語助，下往也。⊙天海案：子之曾爲燕王噲之相，專權亂國。齊閔王伐燕，噲死，醢子之。又，楊注引《孟子》“行子”，别本作“公行子”。

〔九〕楊倞注：言不求遠大也。曾元，曾參之子。

〔一〇〕楊倞注：物，事。⊙天海案：物，此指人。下文“輕物者不求助”，正謂輕人而不求助也。楊注非。《孟子·離婁》上“是絶物也”，朱熹集注：“物，猶人也。”

〔一一〕楊倞注：不求賢以自輔。⊙天海案：輕物，亦謂輕人也。

〔一二〕楊倞注：既無輔助，必不勝任矣。⊙久保愛曰：舉，謂舉賢也。⊙熊公哲曰：舉，猶辦也。⊙天海案：久説義長。

〔一三〕楊倞注：謂見俘掠。⊙鍾泰曰：虜者，譏之之辭。謂燕君乃如氐羌野蠻之人，非謂其將爲氐羌所俘掠也。⊙天海案：鍾説是，楊注未得其意。由下文"憂其不焚"可證，下文楊注正明此注之誤。

〔一四〕楊倞注：壘，讀爲"纍"。氐羌之俗，死則焚其屍。今不憂虜獲而憂不焚，是愚也。《吕氏春秋》曰"憂其死而不焚"。

〔一五〕楊倞注：靡，披靡也。利夫秋豪之細，其害遂披靡而來，及於國家。言不卹其大，而憂其小，與氐羌之虜何異？幾，辭也。或曰：幾，讀爲豈。⊙陳奂曰：靡，累也。言所利在秋豪，而其害累及國家也。《詩・周頌》傳曰"靡，累也"，是其義。⊙物雙松曰：靡，糜同。注非。⊙久保愛曰：靡，靡弊之靡。⊙王念孫曰：靡者，滅也。言利不過秋豪，而害乃至於滅國家也。《方言》："靡，滅也。"⊙天海案：王説義長。幾，猶豈也，楊注或説是。

〔一六〕楊倞注：眸，謂以眸審視之也。言心於思慮，亦當反覆盡其精妙，如眸子之求箴也。⊙物雙松曰：箴，針同。眸，恐"睇"誤。⊙俞樾曰：眸，當讀爲"瞐"。《説文》："瞐，低目視也。"⊙鍾泰曰：此謂有心不如無心也。故眸而見之者，謂瞥而見之也。⊙駱瑞鶴曰：今夫，猶"若夫"。⊙龍宇純曰：眸，此或本作"牟"字。牟，讀如貿；而，猶然也。"牟而見之"，猶貿然見之。謂不經意間偶而見之也。貿、牟音之相近，與瞐、眸正同。⊙天海案：眸而見之，謂回眸而見之，不必改字爲訓。鍾説義長。

〔一七〕楊倞注：克，亦勝也。⊙天海案："義與利"，當作"欲與利"，由下文"欲利"可知。

〔一八〕楊倞注：皆謂言貨財也。⊙天海案：得喪，得失也。

〔一九〕楊倞注：士賤，雖得言之，亦不得貿遷如商賈也。⊙劉師培曰：《外傳》"不"下有"言"字。以上文三"不言"證之，似當補。⊙天海案："貨財"，諸本作"財貨"，與《外傳》同。此句下，《外傳》尚有"不爲賈道"四字。屈守元《箋疏》曰："《荀子》今本脱此四字。"然《治要》録《荀子》皆與此文同。

〔二〇〕楊倞注：息，蕃育也。⊙天海案：《外傳》卷四引此作"故駟馬之家不恃鷄豚之息"。

〔二一〕楊倞注：錯，置也。質，讀爲"贄"。《孟子》曰："出疆必載質。"蓋古字通耳。置贄，謂執贄而置於君。《士相見禮》曰："士大夫奠贄於君，再拜稽首。"《禮記》曰："畜乘馬者，不察於鷄豚。"或曰：置質，猶言委質也。言凡委質爲人臣，則不得與下爭利。⊙天海案：《外傳》引此作"伐冰之家不圖牛羊之入，千乘之君不通貨財。"

〔二二〕楊倞注：冢卿，上卿。不脩幣，謂不脩財幣販息之也。治稼穡曰場，樹菜蔬曰園。謂若公儀子不奪園夫、工女之利也。⊙王念孫曰：場園，當爲"場圃"，字之誤也。《外傳》作"不爲場圃"。⊙俞樾曰：據《外傳》作"冢卿不脩幣施"，疑此文脱"施"字。"幣"乃"敝"字之誤，施，當爲杝，古同聲假借字也。杝，即今"籬"字。冢卿不脩敝杝，謂藩落敝壞，不脩葺之也，與下文"大夫不爲場園"正同一意，皆不與民爭利之義。⊙久保愛曰:《周禮》曰"以場圃任園地",是也。⊙劉師培曰:《管子·輕重甲篇》云:"千鍾之家,不得爲唐園。"則此作"場園"似非訛字。場園,即彼文之"唐園"也。⊙天海案:不脩幣,《外傳》作"不脩幣施"。《吕氏春秋·孟秋》:"是月也,無割土地,行重幣,出大使。"朱起鳳曰:"使字作施,音之誤也。冢卿不脩幣使,即人臣無外交之義。"故《外傳》"幣施",朱以爲當作"幣使"。然則以"外交之義"釋之,則與上下文不合,故朱説亦不通。竊以爲"幣"下或脱"帛"字。"幣帛"連文,上與"貨財"相應,下與"場園"對文,言冢卿不積幣帛,不競於利也。《外傳》作"幣施",施,布也。幣布,當爲幣帛之誤也。

〔二三〕王念孫曰:《治要》"財"作"則",則以"民不困"爲句,"則"字下屬爲句。"然故",猶"是故"也。⊙王先謙曰:《治要》作"然後民不困則",上方注云:"後,作故。則,作財。"是校者以作"則"者爲非,當從今本。⊙天海案:正文"臧"字,諸本並作"藏",二字通。王先謙引《治要》"則"字誤作"財",據《治要》徑改。不困財,不爲財貨所困也。

〔二四〕楊倞注:竄,容也。謂容集其手而力作也。⊙王先謙曰:有所竄其手,猶言有所措手也。楊注失之泥。《治要》"手"作"中",疑以意改之。⊙天海案:《外傳》作"是以貧窮有所歡,而孤寡有所措手足也。"文與此異。貧窶者,貧困之人。《廣雅》:"竄,投手。"竄其手,謂投其手也。王説"有所措手",是也。言貧困者能有動手謀生之所也。"義與利者"以下之文,《治要》録之,與此大同。

文王誅四,武王誅二,周公卒業,至成、康,則案無誅已〔一〕。

多積財而羞無有〔二〕,重民任而誅不能〔三〕,此邪行之所以起,刑罰之所以多也。

上好羞則民闇飾矣〔四〕,上好富則民死利矣,二者亂之衢也〔五〕。民語曰:"欲富乎?忍恥矣,傾絶矣〔六〕,絶故舊矣,與義分背矣〔七〕。"上好富,則人民之行如此,安得不亂〔八〕!

湯旱而禱曰:"政不節與?使民疾與〔九〕?何以不雨至斯極也〔一〇〕!宫室榮與?婦謁盛與?何以不雨至斯極也〔一一〕!苞苴行與?讒夫興與?何以不雨至斯極也〔一二〕!"

天之生民,非爲君也;天之立君,以爲民也〔一三〕。故古者列地建國,非以貴諸侯而已;列官職,差禄爵,非以尊大夫而已〔一四〕。

主道知人,臣道知事〔一五〕。故舜之治天下,不以事詔而萬物成〔一六〕。農精於田，而不可以爲田師，工賈亦然〔一七〕。

以賢易不肖，不待卜而後知吉；以治伐亂，不待戰而後知克〔一八〕。

齊人欲伐魯，忌卞莊子，不敢過卞〔一九〕。晉人欲伐衛，畏子路，不敢過蒲〔二〇〕。

不知而問堯、舜〔二一〕，無有而求天府〔二二〕。曰：先王之道，則堯、舜已〔二三〕；六貳之博，則天府已〔二四〕。



## 【校釋】

〔一〕楊倞注：並解在《仲尼篇》。言周公終王業，猶不得無誅伐，至成、康然後刑措也。重引此者，以明不與民爭利，則刑罰省也。⊙久保愛曰："文王"以下自一章，不與上文同。本注非。案，語助。⊙天海案：成、康，周成王、周康王。《史記·周本紀》："成、康之際，天下安寧，刑錯四十餘年不用。"案，猶乃也。

〔二〕楊倞注：羞貧。⊙天海案：羞，辱也，恥也。羞無有，恥貧也。

〔三〕楊倞注：使民不能勝任，而復誅之。⊙久保愛曰：鄭玄以"任"訓賦税，見《禮記·檀弓篇》。⊙王先謙曰：重民任，謂虐使之。⊙包遵信曰：多，亦重也。重，重視，敬重也。羞，辱也，恥也。此謂亂世專以積財爲重，而以無有爲辱，不能"富而博施"，故民皆爭財而不知重義；專以有能者爲重，苟不能者則誅之，而不能"以能容罷"，故刑罰不中。楊注未得其義。⊙天海案：任，負擔也。《正字通》："任，負也，擔也。"《呂氏·博志》："以重載則不能數里，任重也。"高注："任，載也。"重民任，即加重人民負擔，正承上文"多積財"而言。不能，不能任者。楊注未了，而包説迂曲未當也。

〔四〕楊倞注：好羞貧而事奢侈，則民闇自脩飾也。⊙久保愛曰：羞，當作"義"，字似而誤也。言上好義，則人人自脩其行。闇，謂人所不見也。⊙王念孫曰：楊説迂曲而不可通。羞，當爲"義"。"義"字上半與"羞"同，又涉上文兩"羞"字而誤也。上好義則民闇飾者，言上好義則民雖處隱闇之中，亦自脩飾，不敢於利而行也。⊙龍宇純曰：今謂"羞"原當爲"脩"，因音與"羞"同，又涉上兩"羞"字而誤。⊙李中生曰："上好羞"的"羞"通"修"。意思是領導者注重道德修養，人民也就暗地檢點自己的行爲了。⊙天海案："羞"字不誤。"上好羞"，承上文"羞無有"而來。上好羞貧，故民暗飾其富有也。下文兩言"上好富"，又引民語曰"欲富乎"，皆以"富"爲言，並與"義"、"脩"無涉。楊注是，諸説非。

〔五〕楊倞注：衢，道。⊙久保愛曰：衢，道之所枝分也。"亂"上疑脱"治"字。⊙劉台拱曰："二者"二字，承上兩句而言，則"亂"上當有"治"字。⊙天海案：二者，指上文"上好羞"、"上好富"所生之弊，故曰二者乃爲亂之通道也。"亂"上不必有

"治"字,此二者皆致亂之道。劉、久二説皆非。

〔六〕久保愛曰:"傾絶矣",三字恐衍。⊙鍾泰曰:"傾絶"不成文義。"絶"字當涉下"絶故舊"而誤衍。又"絶"從"節"聲,或假"絶"作"節"。⊙龍宇純曰:自"民語曰"以下,富、恥、舊、背四字,古韻並屬之部,正合諺語恒皆叶韻之例。而絶、節字音並與諸字相遠,疑"傾絶"本作"傾事",事與絶雙聲,又涉下"絶"字而誤耳。⊙張覺曰:"絶"字與上下文不押韻,疑爲"德"字之訛。⊙天海案:絶字,當爲"側"之音誤。側,古韻職部,正與"富"、"背"叶韻。傾側者,邪僻不正也。正與下文"與義分背"相類。荀書言"傾側"者凡五見。

〔七〕楊倞注:忍恥,不顧廉恥。傾絶,謂傾身絶命而求也。分背,如人分背而行。⊙天海案:傾絶,楊注非,説見上。分背,背道而行。"絶故舊"之"絶",巾箱三本無,非也。

〔八〕天海案:"則"字,巾箱三本無。

〔九〕王先謙曰:節,猶適也。謂不調適。説見《天論篇》。⊙劉師培曰:《御覽》引《帝王世紀》述此詞,"政"作"欲"。⊙天海案:不節,不協調也。

〔一〇〕楊倞注:疾,苦。⊙天海案:斯,此也。下文二"斯"同。

〔一一〕楊倞注:榮,盛。謁,請也。婦謁盛,謂婦言是用也。⊙久保愛曰:《説苑》"榮"作"營",是也。⊙劉師培曰:《類聚》引作"女謁"。《山堂考索》前集引"榮"作"營"。⊙天海案:宫室榮,謂宫室華美。婦謁盛,言后宫干政也。《説苑·政理》:"湯之時,大旱七年,於是使人持三足鼎,祝山川。教之祝曰:'政不節邪,使人疾邪,苞苴行邪,讒夫昌邪,宫室榮邪,女謁盛邪,何不雨之極也?'蓋未言已而天大雨。"

〔一二〕楊倞注:貨賄必以物苞裹,故總謂之苞苴。興,起也。鄭注《禮記》云"苞苴,裹魚肉者。或以葦,或以茅"也。⊙久保愛曰:《説苑》"興"作"昌",義似優。⊙天海案:苞苴行,猶言賄賂行。又,此節之文,《類聚》引之,文同。《説苑》亦用之,文略異。

〔一三〕久保愛曰:無主乃亂,故立君。

〔一四〕楊倞注:差,謂制等級也。⊙天海案:列地,分封土地。列者,猶今裂也,分割之謂也。列官職,序列官職。差,别也,有等也。

〔一五〕楊倞注:人,謂賢良。事,謂職守。⊙天海案:知,執掌、主持。可引申爲主管、任用。知人,用人也。知事,用事也。

〔一六〕楊倞注:不以事詔告,但委任而已。謂若使禹治水,不告治水之方略。⊙天海案:萬物成者,萬事成也。

〔一七〕天海案:"農精於田"數語,《解蔽篇》已見,詳於此,可參之。

〔一八〕楊倞注:無人禦敵,故知必克。⊙久保愛曰:謂先知也。

〔一九〕楊倞注：卞，魯邑。莊子，卞邑大夫，有勇者。⊙天海案：卞莊子，《論語·憲問》："卞莊子之勇。"《外傳》卷十、《新序·節士》載其事詳。

〔二〇〕楊倞注：蒲，衛邑。子路，蒲宰。杜元凱云："蒲邑在長垣縣西南。"

〔二一〕楊倞注：好問則無不知，故可比聖人也。⊙久保愛曰：有不知則可問於堯、舜。蓋謂求于先王之道也。

〔二二〕楊倞注：知無而求之，是有天府之富。⊙久保愛曰：無道藝則可求于天府，蓋謂就賢者而學經也。⊙俞樾曰：下文乃自解"堯舜"、"天府"之義也。使謂不知而問即是堯、舜，無有而求即是天府，下文贅矣，故知楊注非也。⊙于鬯曰：竊謂不知而問堯、舜，堯、舜必不可作也。無有而求天府，天府必不可到也。蓋此二語必當時俗言以譏世者。⊙天海案：不知，謂不知先王之道，故當請問於堯、舜。無有，謂堯、舜已不存也，故當於天府中尋求之。天府，天子府庫也，收藏歷代典册之處。兩"而"字，猶"則"也。

〔二三〕楊倞注：問先王之道，則可爲堯、舜。⊙久保愛曰：堯、舜雖没，其道猶存，是與堯、舜存同。⊙天海案：此承上文，猶云問堯、舜，就是問先王之道也。"堯、舜已"與下文"天府已"二"已"字，皆同"也"，説見《古書虚字集釋》。又"曰先王"之"曰"字，他本並無。

〔二四〕楊倞注：求財於六貳之博，得之不窮，故曰"天府"。天府，天之府藏。言六貳之博可以得貨財，先王之道可以爲堯、舜，故以喻焉。六貳之博，即六博也。王逸注《楚辭》云："投六箸，行六棊，故曰六博。"今之博局，亦二六相對也。⊙冢田虎曰：下文曰"學而不厭，好士不倦，是天府也"，《勸學篇》曰"《詩》《書》之博也，《春秋》之微也，在天地間者畢矣"，合以觀之，"六貳"恐當作"六經"，學六經之博，則在天地之間者畢焉，故謂"天府"也爾！注非也。⊙久保愛曰："六貳"，當作"六經"。夫荀卿説王道者也，豈以六博求財哉！⊙盧文弨曰：貳，當作"蓺"，聲之誤也。即六經也。⊙俞樾曰：六貳，當從盧説爲"六蓺"之誤。何謂堯、舜？先王之道是也。問者，問此而已，非必真起堯、舜而問之也。何謂天府？六蓺之博是也。求者，求此而已，非必真入天府而求之也。⊙劉師培曰：六貳者，即六典之貳。《周禮·小宰職》云"掌六典八法八則之貳"，貳者，即副本也。言若"博"，即"簿"字之脱文。簿，即册也。周代之法制禁令，悉備于六典，而六典之貳，則藏于天府。故《荀子》謂"六貳之簿"，當求天府也。⊙天海案：六貳，六典之副本也。劉説是，他説皆非。博者，簿之假字，博、簿二字一聲之轉，故可通，不必認爲"簿"之脱文。六典副本之典簿，本當藏於天子之府。此承上文"問堯、舜"、"求天府"而言，謂先王之道載於典册，而六典副貳之簿册，則在天府之中也。

君子之學如蜕，幡然遷之〔一〕。故其行效，其立效，其坐效，其置顔色、出辭氣效[二]。無留善,無宿問[三]。善學者盡其理,善行者究其難[四]。

君子立志如窮[五],雖天子、三公問正,以是非對[六]。

君子隘窮而不失[七],勞倦而不苟[八],臨患難而不忘細席之言[九]。歲不寒無以知松柏,事不難無以知君子。無日不在是[一〇]。

雨小漢故潛[一一]。夫盡小者大,積微者著[一二];德至者色澤洽,行盡而聲問遠[一三]。小人不誠於内而求之於外[一四]。

言而不稱師謂之畔[一五],教而不稱師謂之倍[一六]。倍畔之人,明君不内,朝士、大夫遇諸塗不與言[一七]。

不足於行者,説過[一八];不足於信者,誠言[一九]。故《春秋》善胥命,而《詩》非屢盟,其心一也[二〇]。善爲《詩》者不説,善爲《易》者不占[二一],善爲《禮》者不相,其心同也[二二]。

## 【校釋】

〔一〕楊倞注:如蟬蜕也。幡,與翻同。⊙天海案:此喻君子之學,如同蛇、蟬之蜕皮,翻然而變之。

〔二〕楊倞注:效,放也。置,措也。言造次皆學而不捨也。⊙鍾泰曰:《廣雅》:"學,效也。"學訓效,則效亦訓學。"其行效"至"出辭氣效",謂無往不學也。楊注"造次皆學而不捨",頗得其意,但訓效爲倣,不如訓效爲學更爲直捷也。又"置顔色",猶《論語》云"正顔色"。⊙天海案:效,皆當訓學,鍾説是也。置顔色,猶施顔色,謂待人之表情也。出辭氣者,謂與人言談也。

〔三〕楊倞注:有善即行,無留滯。當時即問,不俟經宿。⊙天海案:留,止也。無留善,見善無止也。宿者,亦止也。無宿問,有問無止也。楊注雖可通,然不切也。

〔四〕楊倞注:非知之難,行之惟艱,故善行之者,是究其難。⊙熊公哲曰:盡其理,謂盡禮之理,即通知禮意。究其難,疑即《論語》"先難而後獲"之意。⊙天海案:正文及楊注"究"字原作譌字"穵",據諸本改。

〔五〕楊倞注:似不能通變。⊙楊柳橋曰:説文:"如,從隨也。"如窮,猶安窮也。⊙天海案:如,若也,"如窮"即"若窮"也。此言君子立志若有窮時。《論語·衛靈公》:"子路愠見,曰:'君子亦有窮乎?'子曰:'君子固窮,小人窮斯濫矣。'"亦此意也。楊注、楊説皆未得荀子之意。

〔六〕楊倞注:至尊至貴,對之唯一,故曰"如窮"也。⊙王先謙曰:君子不以窮達易心，故立志常如窮時，雖君相問，必以正對，楊説非。⊙鍾泰曰：正，讀爲“政”。問正者，問政也。“以是非對”，是則是之，非則非之也。⊙天海案：鍾説是也。

〔七〕楊倞注：不失道而隕穫。⊙盧文弨曰：隘窮，即阨窮。⊙久保愛曰：隘，與阸同。《孟子》曰“阸窮而不憫”。⊙天海案：不失，不失其志。

〔八〕楊倞注：不苟免也。⊙龍宇純曰：《脩身》云：“君子安燕而血氣不惰，勞倦而容貌不枯。”王念孫引此文，説枯與苟皆苟且楛僈之意，以見楊注於義有隔。今以《臣道》“滅苦”爲“滅苟”之誤，苟與苦形近，疑此“不苟”本作“不苦”，苦讀同楛。⊙天海案：不苟，不苟且也。楊注不切，龍説改字爲訓，非也。

〔九〕楊倞注：《尸子》：“子夏曰：君子漸於飢寒而志不僻，銙於五兵而辭不懾，臨大事不忘昔席之言。”昔席，蓋昔所踐履之言。此細亦當讀爲昔。或曰：細席，講論之席。臨難不忘素所講習忠義之言。《漢書》王吉諫昌邑王曰：“廣厦之下，細旃之上。”⊙冢田虎曰：細席，可安坐者也。此久要不忘平生之言之意。⊙盧文弨曰：案《廣韻》：“侉，痛呼也，安賀切。”宋本作“銙”，字書無攷，今從元刻。⊙郝懿行曰：細席，恐茵席之形譌。蓋“茵”假借爲“絪”，“絪”又譌爲“細”耳。⊙王念孫曰：郝説是也。茵席之言，謂昔日之言，即《論語》所謂“平生之言也”。⊙天海案：細席，當從《尸子》作“昔席”。細、昔，音近而誤。

〔一〇〕楊倞注：無有一日不懷道，所謂造次必於是也。⊙熊公哲曰：是，道也。⊙楊柳橋曰：《論語・子罕篇》：“歲寒，然後知松柏之後凋也。”⊙天海案：無日不在是，言君子無日不在此正道也。

〔一一〕楊倞注：未詳。或曰：《爾雅》云：“漢爲潛。”李巡曰：“漢水溢流爲潛。”今云“雨小漢故潛”，言漢者本因雨小水濫觴而成，至其盛也，乃溢爲潛矣。言自小至大者也。⊙郝懿行曰：此語譌誤不可讀。楊氏曲爲之説，似違蓋闕之義。⊙俞樾曰：“漢”字疑衍文。雨小故潛者，《爾雅・釋言》曰：“潛，深也。”言雨小，故入地深也。下文云“夫盡小者大，積微者箸”，是其義矣。⊙劉師培曰：漢，當作暵。《説文》：“暵，乾也。”《周禮》“舞師帥而舞旱暵之事”，注云：“熱氣也。”潛訓爲沈……又假爲熸，熸亦訓滅。雨小漢故潛，言雨雖甚小，而炎熱之氣則固因之而伏滅。所以喻小德未嘗無裨也。下文“盡小者大”四語，即承此而言。⊙梁啓雄曰：《爾雅》：“潛，深也。”雨小，漢故潛。這是説：雨雖小，可是積少成多，能使漢水深。⊙天海案：“漢故潛”三字不詞。楊注訓“漢”爲漢水，曲説也，從之者亦非。竊以爲“漢”乃“潢”之形誤也。《説文》云：“潢，積水池。”《左傳》隱公三年：“潢汙行潦之水，可薦於鬼神。”孔疏引服虔曰：“畜小水謂之潢，水不流謂之汙。”雨小潢故潛者，正所謂雨水雖小，積而能深也。與下文“盡小者大，積微者著”正相呼應。

〔一二〕天海案：夫，原作“人”，此據諸本改之。盡，竭也。盡小者大，謂竭盡其小則能爲大。有積滴水以成大海之義。

〔一三〕楊倞注：色澤洽，謂德潤身。行，下孟反。⊙王先謙曰：而，蓋者之誤，四句一例。⊙鍾泰曰：而，猶則也。上用"者"者，下用"而"字，此俞氏《古書疑義舉例》所謂上下文字變换例也。"而"不必爲"者"字之誤。⊙梁啓雄曰：問，借爲聞，《增注》正作"聞"。聲聞，名譽也。⊙天海案："德至"者，德極完備者。"色澤洽"者，喻其德惠澤施普遍也。《書·畢命》："道洽政治，澤潤生民。"孔傳："道至普洽，政化治理，其德澤惠施，乃浸潤生民。""行盡"者，行爲盡善者。聲問，即聲聞。問，通"聞"。明世本、《四庫》本、《增注》本並作"聞"。

〔一四〕天海案：誠者，實也。謂小人不充實於己之内心，反而求之外也。

〔一五〕楊倞注：畔者，倍之半也。⊙久保愛曰：畔與叛同。

〔一六〕楊倞注：教人不稱師，其罪重，故謂之倍。倍者，反逆之名也。⊙郝懿行曰：倍者，反也。畔與叛同。叛者，反之半也。不稱師同，而罪異者，"言"謂自言，"教"謂傳授。⊙天海案：倍，同背。

〔一七〕久保愛曰：《吕氏春秋》曰："君子之學也，説義必稱師以論道，聽從必盡力以光明。聽從不盡力，命之曰背；説義不稱師，命之曰叛。背叛之人，賢主弗内之於朝，君子不與交友。"内，音納。朝，直遥反。⊙天海案：倍畔，猶背叛。内，通納。朝士，周代官名。掌朝士官次及刑禁之類。見《周禮·秋官·朝士》。

〔一八〕楊倞注：言説太過，故行不能副也。⊙鍾泰曰：《論語》曰："爲之難，言之得勿訒乎？不足於行者，不知其難，故説常過。"故"説常過"，楊注謂言説太過則行不能副，是説過者行不足也。義顛倒矣。⊙熊公哲曰：不足，謂多欠缺。説過，謂言過其實。

〔一九〕楊倞注：數欲誠實其言，故信不能副。君子所以貴行不貴言也。⊙傅山曰：誠與信同義，而誠言反不足信，何也？猶言粉飾其言以爲誠也。若真信者，言無不誠，不待誠其言也。⊙冢田虎曰：誠，恐"誓"之誤。"殷人作誓，而民初背"之意歟？⊙郝懿行曰：説過者，大言不怍；誠言者，貌言若誠。⊙陶鴻慶曰：此言信不足者，其説必過實；信不足者，其言必示誠。⊙劉師培曰："言"從辛聲，辛讀若愆。則言、愆古通。誠言，當作"誠愆"。愆，亦過也，又訓爲失。此言不足於行者，其説誣；不足於信者，其誠減也。二語對文。⊙于省吾曰；誠應讀作盛。誠、成、盛，古通之。不足於信者盛言，盛言謂多言。言多言者不足於信也。⊙熊公哲曰：誠言，謂以誠立信。上言失之於説過，下言救之以誠實。二句一反一正。⊙楊柳橋曰：誠，當爲"盛"字之誤，"盛"又誤倒在"言"字之上。當依上文"説過"作"言盛"，兩相對文。⊙天海案：誠言，猶盛言。盛言者，夸飾其言也。案本節文意推之，于説義長。

〔二〇〕楊倞注：《春秋》魯桓公三年："齊侯、衛侯胥命于蒲。"《公羊傳》曰："相命也。何言乎相命？近正也。古者不盟，結言而退。"又《詩》曰："君子屢盟，亂是用長。"言其一心而相信，則不在盟誓也。⊙物雙松曰：心，意也。注非。⊙久保愛曰：

《詩·小雅·巧言》之篇。⊙張覺曰:胥命,互相約定。⊙天海案:善,贊美之。非,指斥之。心,意也。

〔二一〕熊公哲曰:不説、不占,謂自與理相冥會,不待於言説,亦不待占卜也。⊙天海案:爲,治也。不説,不以《詩》爲説。不占,不以《易》占卜。

〔二二〕楊倞注:皆言與理冥會者,至於無言説者也。相,謂爲人贊相也。⊙天海案:爲,亦治也。不相,不爲賓相也。心,亦意也。



曾子曰:"孝子言爲可聞,行爲可見〔一〕。言爲可聞,所以説遠也;行爲可見,所以説近也。近者説則親,遠者説則附。親近而附遠,孝子之道也〔二〕。"

曾子行,晏子從於郊。曰:"嬰聞之,君子贈人以言,庶人贈人以財〔三〕。嬰貧無財,請假於君子,贈吾子以言〔四〕:乘輿之輪,太山之木也〔五〕,示諸檃栝,三月五月,爲幬菜敝而不反其常〔六〕。君子之檃栝,不可不謹也,慎之〔七〕! 蘭茝、槀本,漸於蜜醴,一佩易之〔八〕。正君漸於香酒,可讒而得也〔九〕。君子之所漸,不可不慎也〔一〇〕。"

人之於文學也,猶玉之於琢磨也〔一一〕。《詩》曰:"如切如磋,如琢如磨〔一二〕。"謂學問也。和之璧,井里之厥也〔一三〕,玉人琢之,爲天子寶〔一四〕。子贛、季路,故鄙人也,被文學,服禮義,爲天下列士〔一五〕。

學問不厭,好士不倦,是天府也〔一六〕。

君子疑則不言,未問則不立,道遠日益矣〔一七〕。

多知而無親,博學而無方,好多而無定者,君子不與〔一八〕。

少不諷,壯不論議;雖可,未成也〔一九〕。

君子壹教,弟子壹學,亟成〔二〇〕。

君子進則能益上之譽,而損下之憂〔二一〕。不能而居之,誣也;無益而厚受之,竊也〔二二〕。學者非必爲仕,而仕者必如學〔二三〕。



**【校釋】**

〔一〕楊倞注:發言使人可聞,不詐妄也。立行使人可見,不苟爲。斯爲孝也。⊙天海案:爲,猶使也。下同。説見《釋詞》。可,堪、值得。可聞,堪聞。可見,堪見也。朱駿聲《通訓定聲》曰:“可、肯、堪,一聲之轉。”

〔二〕楊倞注:説,皆讀爲“悦”。近親遠附,則毀辱無由及親也。

〔三〕久保愛曰:從,《家語》《晏子》《説苑》共作“送”。此蓋誤。庶人,即小人。⊙熊公哲曰:行,去齊而行。郊,原野曰郊。⊙天海案:郊,距都城百里謂之郊,亦泛指野外。

〔四〕楊倞注:假於君子,謙辭也。晏子先於孔子,曾子之父猶孔子弟子。此云送曾子,豈好事者爲之歟?⊙楊柳橋曰:蓋寓言也。貧無財,應謂學貧而無材也。蓋雙關語。⊙天海案:假,借也。吾子,古人面語時親切稱呼對方。楊注“猶”下,别本有“爲”字。

〔五〕天海案:太山,别本作“大山”。大,通太。

〔六〕楊倞注:此皆言車之才也。示,讀爲“寘”。檃栝,矯煣木之器也。言寘諸檃栝,或三月,或五月也。幬菜,未詳。或曰:菜,讀爲菑,謂轂與輻也。言矯煣直木爲牙,至於轂輻皆敝,而規曲不反其初,所謂三材不失職也。《周禮・考工記》曰:“望其轂,欲其眼也。進而視之,欲其幬之廉也。”鄭云:“幬,冒轂之革也。革急則木廉隅見。”《考工記》又曰:“察其菑蚤不齵,則輪雖敝不匡。”鄭云:“菑,謂輻入轂中者。蚤,讀爲爪,謂輻入牙中者也。匡,剌也。”《晏子春秋》曰:“今夫車輪,山之直木,良匠煣之,其員中規,雖有槁暴,不復嬴矣。”⊙傅山曰:本文是爲輪,非爲幬菜也。若“幬”字與“爲”字句,“菜敝而不反常”爲句,則“幬”有“圍”義。謂輪本直木,矯揉之令曲而爲幬也。菑則輻之入於幬者。⊙久保愛曰:“五月”,疑衍文。幬采,當作“幬革”,字似而誤。⊙朱起鳳曰:幬,亦車飾,以皮爲之,故稱“幬革”。篆文“革”與“菜”近,故又訛爲“菜”。⊙天海案:楊注末引《晏子》,“嬴”字應作“羸”,形誤也。幬,蒙車轂的皮革。《考工記・輪人》鄭玄注:“幬,幔轂之革也。”菜,乃“革”之譌,久説是。“爲”猶“則”也,説見《釋詞》。此文猶云太山之木爲輪,寘諸檃栝三五月,則蒙轂之革破敗而不反常。

〔七〕楊倞注:爲移其性,故不可慢。

〔八〕楊倞注:雖皆香草,然以浸於甘醴,一玉佩方可易買之。言所漸者美而加貴也。佩,或爲倍,謂其一倍也。漸,浸也,子廉反。此語與《晏子春秋》不同也。⊙盧文弨曰:《晏子》作“今夫蘭本,三年而成,湛之苦酒,則君子不近,庶人不佩,湛之縻醢而賈匹馬矣”。《説苑》《家語》略同,“縻醢”作“鹿醢”。案漸於蜜醴,與漸於酒、漸之滫中,皆謂其不可久,故一佩即易之。各書俱一意,注非。⊙劉師培曰:易者,輕也。言雖一佩之微,猶輕爲之。即《晏子春秋》所謂“庶人不佩”也。盧文弨謂“一佩即易之”,非是。⊙天海案:本書《勸學篇》:“蘭槐之根是爲芷,其漸之滫,君子不近,庶人不服。其質非不美也,所漸者然也。”佩,服也。服,用也。一佩易之者,一用而棄之也。此謂蘭茝、槀本浸漬於蜜醴不可用也。楊注及他説皆非。

〔九〕楊倞注：雖正直之君，其所漸染如香之於酒，則讒邪可得而入。言甘醴變香草之性，甘言變正君之性，或爲美，或爲惡，皆在其所漸染也。⊙傅山曰：正君之性如香酒，亦可因讒而得。得，謂讒人得之也。⊙久保愛曰：香酒，美酒也，以比賢者。而與之通，“可讒而得也”，猶言可得讒耶？⊙郝懿行曰：正君者，好是正直之君。讒言甘而易入，如飲醇醪，令人自醉，故以漸於香酒譬況之。⊙于省吾曰：得，應讀作今字去聲之“中”，詳《正論篇》。止君漸於香酒，可讒而中也。言雖正直之君，其中於讒言，如飲香酒。故下云“君子之所漸，不可不慎也”。⊙高亨曰：得，猶奪也。此言正君漸於香酒，可以讒言奪之。即正君染於賢臣，可以讒言去之也。⊙天海案：于説義長。

〔一〇〕天海案：《説苑・雜言篇》用此文，略同。

〔一一〕久保愛曰：玉不琢不成器，人不學不知道。⊙楊柳橋曰：顔師古《漢書》注：“爲文學，謂學經書之人。”此指道術言。⊙天海案：文學，此指禮文、學藝也。

〔一二〕久保愛曰：《詩・衛風・淇澳》之篇。毛萇曰：“治骨曰切，象曰瑳，玉曰琢，石曰磨。”⊙天海案：引此《詩》以喻學問之道。

〔一三〕傅山曰：《説文》：“厥，發石也。從厂欮，音厥。”⊙天海案：厥，掘發之石。《説文》段注：“發石，故從厂。引伸之，凡有撅發皆曰厥。”

〔一四〕楊倞注：和之璧，楚人卞和所得之璧也。井里，里名。厥也，未詳。或曰：厥，石也。《晏子春秋》作：“井里之困也。”⊙久保愛曰：“子”字，恐爲“下”誤。⊙盧文弨曰：案厥同橜。《説文》：“橜，門梱也。”“梱，門橜也。”《荀子》以“厥”爲“橜”，《晏子》以“困”爲“梱”，皆謂門限。《意林》不解，乃改爲“璞”矣。⊙郝懿行曰：據盧説，則厥與困一物，皆謂石如門限木耳。⊙王念孫曰：盧本段説，見《鍾山札記》。《文選》劉琨《答盧諶詩序》“天下之寶，當與天下共之”，注引此，“和”下有“氏”字，“爲天子之寶”作“爲天下寶”。⊙天海案：春秋時楚人卞和得一璞玉，先後獻之楚厲王、武王，皆因玉工不識，蒙冤而受刖刑。楚文王時，和抱璞哭於荆山之下，楚文王使人剖璞而得寶玉，世稱和氏璧。此璧後歸秦始皇，制成傳國玉璽，爲天子之寶。然荀子之時，此璧爲天下之寶，尚未成天子之寶，故此“天子”乃“天下”之誤，下文云“天下列士”，是其證。王説是。

〔一五〕久保愛曰：《家語》曰：“端木賜，字子貢，衛人。仲由，卞人，字子路，一字季路。”又曰：“性鄙而不達於變通。”贛與貢同。⊙熊公哲曰：被，受也。服，習也。⊙天海案：子贛，季路，皆孔子弟子。鄙人，粗鄙無文之人。列士，有名望之人。《尸子・勸學》：“子路卞之野人，子貢，衛之賈人，孔子教之，皆爲顯士。”《外傳》卷八用此文，亦作“顯士”。朱起鳳曰：“顯、列聲相近，當作顯。顯士，蓋謂顯名之士。”

〔一六〕楊倞注：言所得多。⊙熊公哲曰：此借言多士。⊙北大組曰：天府，這裏指成就很大，收獲很多。⊙天海案：天府，楊柳橋《詁譯》譯爲“天然的知識寶庫”，後譯本多從之，然則臆説難通。今謂府，猶藏也。《説文》："府，文書藏也。"天府者，天子之庫藏也。此以喻"學問不厭、好士不倦"，猶天子儲藏學問和人材之府庫。

〔一七〕楊倞注：未曾學問，不敢立爲論議，所謂"不知爲不知"也。爲道久遠，自日有所益，不必道聽塗説也。此語出《曾子》。⊙王念孫曰："立"字義不可通，"立"亦當爲"言"。"疑則不言"、"未問則不言"，皆謂君子之不易其言也。《大戴·曾子立事》正作"未問則不言"，此篇之文，多與《曾子》同也。楊曲爲之説，非也。⊙駱瑞鶴曰：竊謂"立"者，"竢"字之省借。《説文》："竢，待也。"待，謂等待。"未問則不立"，言當問而未問之事必問之，不可等待。道，猶行也。遠，猶久也。言如此行久則日益矣。⊙天海案：問，通"聞"。不立，不立其言也。此言所未聞知之事，則不立已言也。楊注近是，他説皆非。

〔一八〕楊倞注：無親，不親師也。方，法也。此皆謂雖廣博而無師法也。⊙冢田虎曰：無親，謂無自服行之者也。無方，謂志之無常也。無定，謂心之無所止也。注不是也。⊙久保愛曰：多知，謂多所知也。無親，無親友也。好多而無定，謂日變所好也。不與，謂不與爲友也。⊙熊公哲曰：不與，猶言不許可也。⊙楊柳橋曰：鄭玄《周易》注："與，猶親也。"⊙天海案：多知而無親，親，躬行也。無方，無向也。好多，貪多也。無定，無主見也。不與，不與交也。

〔一九〕楊倞注：諷，謂就學諷《詩》《書》也。言不學，雖有善質，未爲成人也。⊙久保愛曰：少，《内則》所謂"十有三年，學《樂》誦《詩》"是也。壯，謂三十也。⊙王念孫曰：當從《大戴記》作"少不諷誦"。諷誦與論議對文，少一"誦"字，則文不足意矣。⊙鍾泰曰：論議，謂講論也。非造作論議之謂。⊙熊公哲曰：壯不論議，謂無所得也。

〔二〇〕楊倞注：壹，專壹也。亟，急也，己力反。⊙熊公哲曰：亟，猶速也。⊙天海案：亟成，猶速成。熊説是。

〔二一〕楊倞注：進，仕。損，減。⊙天海案：上，君主也。下，百姓也。

〔二二〕楊倞注：誣君竊位。⊙天海案：不能，無能也。誣，欺也。無益，即不能補益其上。厚受之，受以厚禄也。

〔二三〕楊倞注：如，往。⊙久保愛曰：如，猶於也。⊙郝懿行曰：如，肖似也。此言仕必不負所學。注非也。⊙于鬯曰："如"字無義，蓋"始"之脱壞。仕者必始學，謂仕者必始於學也。⊙潘重規曰：如，乃"知"之譌。⊙龍宇純曰："爲"、"如"二字草書形似，"如"或是"爲"字之誤。⊙天海案：如，猶當也，助動詞。説見《釋詞》《廣釋詞》。此言學者不一定爲了仕，但仕者必當學也。諸説皆未得。

子貢問於孔子曰："賜倦於學矣，願息事君〔一〕。"孔子曰："《詩》云：'温恭朝夕，執事有恪。'事君難，事君焉可息哉〔二〕！""然則賜願息事親。”孔子曰：“《詩》云：‘孝子不匱，永錫爾類。’事親難，事親焉可息哉〔三〕！”“然則賜願息於妻子。”孔子曰：“《詩》云：‘刑于寡妻，至于兄弟，以御于家邦。’妻子難，妻子焉可息哉〔四〕！”“然則賜願息於朋友。”孔子曰：“《詩》云：‘朋友攸攝，攝以威儀。’朋友難，朋友焉可息哉〔五〕！”“然則賜願息耕。”孔子曰：“《詩》云：‘晝爾于茅，宵爾索綯，亟其乘屋，其始播百穀。’耕難，耕焉可息哉〔六〕！”“然則賜無息者乎？”孔子曰：“望其壙，皋如也，嵮如也，鬲如也，此則知所息矣〔七〕！”子貢曰：“大哉！死乎！君子息焉，小人休焉〔八〕！”

《國風》之好色也，傳曰：“盈其欲而不愆其止〔九〕。其誠可比於金石，其聲可内於宗廟〔一〇〕。”《小雅》不以於汙上，自引而居下〔一一〕。疾今之政，以思往者，其言有文焉，其聲有哀焉〔一二〕。

國將興，必貴師而重傅，貴師而重傅則法度存〔一三〕。國將衰，必賤師而輕傅，賤師而輕傅則人有快〔一四〕，人有快則法度壞。

【校釋】

〔一〕楊倞注：息，休息。⊙天海案：此節之文，《外傳》卷八所載文多異；《家語·困誓》用之，文小異。息，止也。《外傳》作“休於事君”。子貢，姓端木，名賜，字子貢，也作子贛。春秋時衛人，孔子弟子。

〔二〕楊倞注：《詩·商頌·那》之篇。⊙久保愛曰：毛萇曰：“恪，敬也。”⊙天海案：焉，猶安，語辭。焉可息，安可止也。下文同此。

〔三〕楊倞注：《詩·大雅·既醉》之篇。毛云：“匱，竭也。類，善也。”言孝子之養，無有匱竭之時，故天長賜以善也。⊙冢田虎曰：類，族類也，謂孝子之類也。⊙天海案：冢説是。錫，賜也。

〔四〕楊倞注：《詩·大雅·思齊》之篇。刑，法也。寡有之妻，言賢也。御，治也。言文王先立禮法於其妻，以至于兄弟，然後治于家邦。言自家刑國也。⊙梁啓雄曰：《詩》傳：“寡妻，適妻也。”⊙熊公哲曰：刑，同型，法式也。寡妻，猶言寡小君也。御，迎也。⊙天海案：寡妻，《傳》曰適妻，《箋》云寡有之妻，朱熹曰寡小君，皆謙稱己妻也。御，治也。楊注是，熊説非。家邦，家與國也。

〔五〕楊倞注：亦《既醉》之篇。毛云：“言相攝佐者，以威儀也。”⊙梁啓雄曰：《禮記·緇衣》亦引此《詩》，注云：“攸，所也。言朋友以禮義相攝。”

〔六〕楊倞注：《詩·豳風·七月》之篇。于茅，往取茅也。綯，絞也。亟，急也。

乘屋，升屋，治其敝漏也。⊙久保愛曰：毛萇曰："宵，夜。乘，升也。"鄭玄曰："爾，女也。"⊙梁啓雄曰：《詩》箋："乘，治也。"《詩毛氏・傳疏》十五："始，歲始也。"⊙熊公哲曰：索，絞之緊也。綯，繩也。⊙天海案：《通釋》曰："於與爲古通用，義同取。于，即於也。故于之義亦得訓取。于茅，亦謂取茅。"是也。《經義述聞》："索者，糾繩之名。綯，即繩也。索綯猶言糾繩。于茅、索綯，文正相對。"是也。

〔七〕楊倞注：壙，丘壠。臯，當爲宰。宰，冢也。宰如，高貌。嵮與填同，謂土填塞也。鬲，謂隔絶於上。《列子》作"宰如"、"墳如"，張湛注云："見其墳壤鬲異，則知息之有所之也。"⊙物雙松曰：壙，《正字通》："墓穴也。"臯，澤也。嵮、竇、填通。鬲，《楊王孫》曰"厚葬以鬲"。按壙、臯、填、鬲，語自有次第。倞注非矣。⊙盧文弨曰：《公羊》卅三年《傳》"宰上之木拱矣"，是宰訓冢也。冢，大也，如大山也。嵮，讀爲顛，山頂也。鬲如，形如實鬷之器也，山有似甗者矣。《列子》"嵮如"作"墳如"，如大防也。⊙郝懿行曰：臯，猶高也。言臯韜在上也。嵮即"顛"字。顛，俗作"巔"，因又作"嵮"耳。鬲，鼎屬也，圓而弇上。此皆言丘壠之形狀，故以"如"字寫貌之。臯如，蓋若覆夏屋者。蓋如防者露標顛也。⊙劉台拱曰：今《列子》作"睪如也，宰如也"，睪即臯，豈楊氏所見本異邪？"睪如"、"宰如"二句疊出，則不得破臯爲宰矣。⊙王念孫曰：《家語・困誓篇》亦作"睪如也"，王肅曰："睪，高貌。"⊙天海案：壙，墓穴也。物説是。《禮・檀弓》下："弔於葬者必執引，若從柩，及壙，皆執紼。"又《檀弓》上："古也墓而不墳。"故知上古時有墓而無墳。既無墳，臯訓高、嵮訓顛、鬲訓鼎屬者，皆非也。臯，澤岸也。巾箱三本並作"睪"，同《家語》。如，猶然也，説見《釋詞》。嵮，當讀爲"填"，一聲之轉。填者，填其墓穴而平也。鬲者，借爲隔，阻隔也。此謂望其墓地，像澤地一樣，像填平之地一樣，像與人世阻隔一樣，如此則知休息之所也。又楊注末"所"下，别本無"之"字。

〔八〕郝懿行曰：休、息，一耳，此别之者，亦猶《檀弓》記言"君子曰終，小人曰死"之意。子貢始言願得休息，孔子四言"焉可息哉"，必須死而後已。於是子貢悚然警悟，始知大塊勞我以生，逸我以死，作而歎曰："大哉死乎！君子息焉，小人休焉。"言人不可苟生，亦不可徒死也。⊙久保愛曰：休、息，互文也。⊙天海案：郝説"孔子四言"，四，當作五。

〔九〕楊倞注：好色，謂《關雎》樂得淑女也。盈其欲，謂好仇，寤寐思服也。止，禮也。欲雖盈滿，而不敢過禮求之。此言好色人所不免。美其不過禮也。故《詩・序》曰："《關雎》樂得淑女以配君子，憂在進賢，不淫其色。哀窈窕，思賢才，而無傷善之心焉。是《關雎》之義也。"⊙鍾泰曰：止，謂容止也。不愆其止，謂容止不愆也。朱子《集傳》引匡衡曰："情欲之感，無介乎容儀；宴私之意，不形乎動静。"即所謂"不愆其止"。⊙張覺曰：愆，超過。止，界限，指禮制的規定。⊙天海案：盈，滿也。止，舉止也。不愆其止，即舉止無過失也。

〔一〇〕楊倞注：其誠，以禮自防之誠也。比於金石，言不變也。其聲可内於宗廟，謂以其樂章播八音，奏於宗廟。《鄉飲酒禮》："合樂，《周南》《關雎》《葛覃》。"《詩序》云："《關雎》，后妃之德，《風》之始也。所以風化天下，故用之鄉人焉，用之邦國焉。"既云"用之邦國"，是其聲可内於宗廟者也。⊙冢田虎曰：其誠可比於金石，言比倫於鐘磬以爲樂歌也。注恐非也。⊙久保愛曰：其聲不淫不傷，能得中正，故可内於宗廟。内音納。⊙天海案：劉向《新序・雜事》四："昔者，楚熊渠子夜行，見寢石以爲伏虎，關弓射之，滅矢飲羽。下視，知石也。却復射之，矢摧無迹。熊渠子見其誠心，而金石爲之開，況人心乎？"謂其精誠可動於金石也。聲者，樂也。宗廟之樂皆雅正也，故言"可納於宗廟"。楊注引"《詩序》云"，原作"《詩》云"，徑改之。其"所以風化天下"，今本《毛詩序》作"所以風天下而正夫婦也"。

〔一一〕楊倞注：以，用也。汙上，驕君也。言作《小雅》之人不爲驕君所用，自引而疏遠也。⊙冢田虎曰：《小雅》不以於汙上，蓋謂變《小雅》也。⊙鍾泰曰：汙上，居下，對文。不以於汙上，謂不以罪歸上也，故曰"其有文焉"。文者，婉而不露之謂也。注誤。⊙高亨曰：按"於"疑借爲"淤"。《説文》："淤，澱滓濁泥。从水，於聲。"不以淤污上，謂不以淤泥污其君上也。⊙楊柳橋曰：汙上，猶汙君也。《孟子》曰："不羞汙君。"⊙天海案："不以於汙上"，不用於夸飾君主，故自退而居下。汙者，夸飾也。汙，通洿。《孟子・公孫丑》上"汙不至阿其所好"。焦循《正義》："汙，本作洿。《孟子》蓋用爲夸之假借。夸者，大也。謂言雖大而不至於阿曲。"汙上，即夸飾君上也。引，退也。

〔一二〕楊倞注：《小雅》多刺幽、厲而思文、武。言有文，謂不鄙陋。聲有哀，謂哀以思也。⊙天海案：此數句亦明《小雅》不夸飾君上之義。

〔一三〕俞樾曰：下文云："賤師而輕傅則人有快，人有快則法度壞。"據此，則"貴師而重傅"下疑有闕文。⊙天海案：俞説是。

〔一四〕楊倞注：人有肆意。⊙楊柳橋曰：快，疑當爲"怏"字之誤。《説文》："怏，不服也，懟也。"《廣雅》："怏，彊也。"《集韻》："怏然，自大之意。"與"肆意"義近。賤師而輕傅，則互不相服矣。⊙天海案：快，放縱也。《戰國策・趙策》二"恭於教而不快，和於下而不危"，高誘注："快，謂縱逸。"楊注是，楊柳橋説非也。

古者匹夫五十而士〔一〕。

天子、諸侯子十九而冠，冠而聽治，其教至也〔二〕。

君子也者而好之其人〔三〕，其人也而不教不祥〔四〕。非君子而好之，非其人也〔五〕；非其人而教之，齎盜糧、借賊兵也〔六〕。

不自嗛其行者，言濫過〔七〕。古之賢人，賤爲布衣，貧爲匹夫，食則饘粥不足,衣則豎褐不完,然而非禮不進,非義不受,安取此〔八〕?

子夏貧,衣若縣鶉〔九〕。人曰:"子何不仕?"曰:"諸侯之驕我者,吾不爲臣;大夫之驕我者,吾不復見。柳下惠與後門者同衣而不見疑,非一日之聞也〔一〇〕。爭利如蚤甲而喪其掌〔一一〕。"

君人者不可以不慎取臣,匹夫不可以不慎取友〔一二〕。友者,所以相有也〔一三〕。道不同,何以相有也〔一四〕? 均薪施火,火就燥;平地注水,水流溼。夫類之相從也,如此之箸也;以友觀人,焉所疑〔一五〕? 取友善人,不可不慎,是德之基也〔一六〕。《詩》曰:"無將大車,維塵冥冥。"言無與小人處也〔一七〕。

藍苴路作,似知而非〔一八〕;偄弱易奪,似仁而非〔一九〕;悍戇好鬬,似勇而非〔二〇〕。

仁義禮善之於人也,辟之若貨財粟米之於家也,多有之者富,少有之者貧,至無有者窮〔二一〕。故大者不能,小者不爲,是弃國捐身之道也〔二二〕。

凡物有乘而來,乘其出者,是其反者也〔二三〕。

流言滅之,貨色遠之。禍之所由生也,生自纖纖也,是故君子蚤絶之〔二四〕。

言之信者,在乎區蓋之間〔二五〕。疑則不言,未問則不立〔二六〕。

知者明於事,達於數,不可以不誠事也〔二七〕。故曰:"君子難説,説之不以道,不説也〔二八〕。"

語曰:"流丸止於甌臾,流言止於知者〔二九〕。"此家言邪説之所以惡儒者也〔三〇〕。是非疑則度之以遠事,驗之以近物,參之以平心,流言止焉,惡言死焉〔三一〕。

## 【校釋】

〔一〕楊倞注:《禮》四十而仕,五十而後爵,此云"五十而士",恐誤。或曰:爲卿士。⊙久保愛曰:"五"當作"四";"士"當作"仕"。⊙郝懿行曰:士者,事也。五十曰艾,服官政,然後可以任事也。⊙俞樾曰:二説皆非也。荀子不直曰"古者五十而士",必加"匹夫"二字,明與下文"天子、諸侯子"相對。知十九而冠爲天子、諸侯子之制，則知五十而士爲匹夫之制，不必疑其與《禮經》不合矣。⊙天海案：俞説義長。

〔二〕楊倞注：十九而冠，先於臣下一年也。雖人君之子，猶年長而冠，冠而後聽其政治，以明教至，然後治事，不敢輕易。⊙郝懿行曰：天子、諸侯子十九而冠者，異於常人，由其生質本異，其教又至，故能爾也。《傳》謂："國君十五生子，冠而生子，禮也。"於時魯侯年才十二，則太早矣。《荀子》所言，當是古法。⊙楊柳橋曰：鄭玄《考工記》注："至，猶善也。"⊙天海案：聽治，聽政。其教至，其教化及之也。

〔三〕楊倞注：有君子之質而所好得其人，謂得賢師也。⊙久保愛曰："好之"絶句。好之，謂好學也。其人，謂可教之人也。"也"字當移"人"下。⊙天海案：依下文"非其人也"之例，"其人"下當有"也"字。此言是君子則當好之，所好者，是其人也。其人，猶君子也。

〔四〕楊倞注：祥，善。⊙王念孫曰："其人也而不教"，"也"字當在上句"其人"下。⊙王先謙曰：人有好善之誠，我不以善告之，是不祥也。

〔五〕楊倞注：既無君子之質，又所好非其人也。⊙久保愛曰：非其人，謂非可教之人也。⊙天海案：非其人，非君子也。

〔六〕楊倞注：若使不善人教非君子，是猶資借盜賊之兵糧，爲害滋甚，不如不教也。齎，與資同。兵，五兵也。⊙久保愛曰：教不善人以道，則以道爲行惡之具，故云爾。⊙盧文弨曰：此條言所好者君子，是爲得其人；非君子而好之，則所好非其人也。人可與言而不教，是爲不詳；不可與言而教之，則又資盜糧，借賊兵也。楊注不了。⊙王念孫曰：此言能好君子，則爲可教之人；可教而不教之，是爲不詳。若所好非君子，則爲不可教之人；不可教而教之，則是齎盜糧，借賊兵也。盧説亦未了。⊙天海案：李斯《諫逐客書》"此所謂'藉寇兵而齎盜糧'者也"，正襲其師説也。

〔七〕楊倞注：嗛，足也。謂行不足也。所以不足其行者，由於言辭汎濫過度也。⊙久保愛曰：言不足於行者，過言以文之也。濫過，浮過也。⊙郝懿行曰：嗛，不足也。言人不知自歉其行者，其言易於濫過而難副。楊注失之。嗛與歉，古字通，荀書多以"嗛"爲"歉"，楊氏不了。此注支離妄説，亦由訓嗛爲足，遂不顧文意之難通耳。⊙陶鴻慶曰：此言小人自知所行不慊，故爲夸誕之辭，冒取富貴耳。此與前段"不足於行者説過"，文義相近。⊙鍾泰曰：此當作"不自嗛其言行者，濫過"，"言"字誤在下也。嗛，仍當如楊注訓爲足。自足者，自信也。⊙天海案：嗛，通謙。《莊子·齊物論》："大仁不仁，大廉不嗛。"《釋文》："嗛，徐音謙。"《漢書·尹翁歸傳》："温良嗛退，不以行能驕人。"顔注："嗛，古以爲謙字。"不自嗛其行者，猶言其行不自謙者。其行不自謙，則其言必浮濫而過其實也。

〔八〕楊倞注：豎褐，僮豎之褐，亦短褐也。言賢人雖貧窮，義不苟進，安取此言過而行不副之事乎？⊙冢田虎曰：安取此，言安於貧賤，以執非禮不進，非義不受之志也。⊙久保愛曰：安取此，猶言安取此義也？⊙包遵信曰：稠者曰饘，稀者曰粥。饘粥乃泛指稀食耳。竪褐，又作"短褐"，見《墨子·非樂上》《韓非子·説林上》。然竪、短並是"裋"之假借，"裋褐"乃粗布短襖，説詳孫詒讓《墨子閒詁·非樂》上。⊙楊柳橋曰：《廣雅》："取，爲也。"⊙天海案：安取此，言安爲此其行不自謙，其言浮濫者。饘粥，類聚引作"餰鬻"；"竪褐"又引作"短褐"。竪褐，粗麻布短衣也，貧者所服。不完，不全也。

〔九〕久保愛曰：《正字通》曰："鶉尾特秃，若衣之短結。"故凡敝衣曰"衣若縣鶉"。⊙包遵信曰：《淮南子·齊俗訓》："林類榮启期，衣若懸衰，而意不慊。"懸衰即縣鶉，疑鶉係衰之音訛。《説文》："衰，艸雨衣。"按即後世之蓑衣也。蓑衣乃是御雨之具，今以之避寒御體，正言其極貧也。《正字通》之説，顯屬懸揣之詞。⊙天海案：《類聚》引此文無"衣"字。縣，通懸。懸鶉者，形容其衣破爛。《初學記》引此作"子夏家貧，鶉衣懸壁"。卜商，字子夏，春秋時衛人，孔子弟子。子夏長於文學，相傳序《詩》傳《易》，爲魏文侯師。

〔一〇〕楊倞注：柳下惠，魯人，公子展之後，名獲，字禽，居於柳下，謚惠，季，其伯仲也。後門者，君子守後門，至賤者。子夏言"昔柳下惠衣之婊惡，與後門者同，時人尚無疑怪者"，言安於貧賤，渾跡而人不知也。非一日之聞，言聞之久矣。⊙冢田虎曰：註"君子守後門"，"君子"二字衍，當作"謂"一字。⊙久保愛曰：《家語》曰："柳下惠嫗不逮門之女，國人不稱其亂。"蓋言嫗日暮國門已閉，不得入。而宿于門下之女也。仍案後門即"不逮門"也。⊙盧文弨曰：案"柳下惠"一條，不當蒙上文。"與後門同衣而不見疑"，蓋即《毛詩·巷伯篇》故訓傳云"嫗不逮門之女，而國人不稱其亂"也。"非一日之聞"，言素行爲人所信。⊙王念孫曰：案《鍾山札記》又引《吕氏春秋·長利篇》云："戎夷違齊如魯，天大寒而後門。"高誘注："後門，日夕門已閉也。"《韓非子·外儲説左下》云："暮而後門。"⊙天海案：上文言子夏安貧，下文言爭利之害，然則此言"柳下惠與後門者同衣而不見疑"者，當從楊注，而與《毛詩》無涉，"後門"亦不得訓爲"不及門"也。疑者，嫌惡也，非信疑之"疑"。聞者，聲望也。此言柳下惠雖與守後門之賤者同衣，而不被世人嫌惡，非一日之聲望也。楊注未了，他説亦非。又，楊注"魯人"，他本作"魯賢人"。

〔一一〕楊倞注：蚤，與爪同。言仕亂世驕君，縱得小利，終喪其身矣。⊙物雙松曰：言所爭之利，僅如爪甲之大。⊙盧文弨曰：蚤者，叉之假借。叉、甲同義，爪訓覆手，不與蚤同。此亦當別爲一條。⊙郝懿行曰：此章言子夏貧無衣而不仕者，以時君、大夫皆驕慢，故衣雖縣鶉而自甘。又引柳下惠與後門同衣，意可見矣。又言得利如叉甲而喪其手掌，言仕之利小而害大也。楊注甚明。⊙天海案：此言爭小利而失大者也。

〔一二〕王念孫曰："匹夫"下不當有"者"字，吕、錢本"匹夫"下皆無"者"字。⊙天海案："匹夫"下，巾箱諸本有"者"字。

〔一三〕楊倞注：友與有同義。相有，謂不使喪亡。⊙久保愛曰：杜預曰："有，親有也。"《釋名》曰"友，有也。相保有也。"⊙郝懿行曰：有者，相保有也。《詩》云"亦莫我有"，友、有聲義同，古亦通用。如云"有朋自遠方來"，有即友矣。⊙于省吾曰：有，右古字通。右，助也。⊙天海案：有，通佑，佑助也。于説是也。《天論》云"孰與有物之所以成"，此"有"亦通"佑"之證。下"相有"，亦"相佑"也。

〔一四〕天海案：相有，諸本作"相友"。

〔一五〕楊倞注：察其友，則可以知人之善惡，不疑也。⊙久保愛曰：《性惡篇》曰："不知子，視其友；不知其君，視其左右。"⊙梁啓雄曰：焉所疑，《論語·子路》皇侃疏："焉，猶何也。"⊙楊柳橋曰："水流濕，火就燥"，語本《周易·文言傳》。⊙天海案：《勸學篇》曰："施薪若一，火就燥也；平地若一，水就濕也。"正文"箸"字，諸本作"著"。荀書二字通。

〔一六〕楊倞注：取友求善人不可不慎，是德之基本。言所以成德也。⊙盧文弨曰：俗本正文亦作"取友求善人"，宋本、元刻皆無"求"字。若有，注可不費辭矣。⊙王先謙曰：善人，使人善也。楊注非。⊙天海案：取友，擇友也。善人，善待他人。楊注非，他説亦不得也。基，本也。

〔一七〕楊倞注：《詩·小雅·無將大車》之篇。將，猶扶進也。將車，賤者之事。塵冥冥，蔽人目明，令無所見。與小人處亦然也。⊙天海案：冥冥，言塵土飛揚而昏暗之貌。

〔一八〕楊倞注：未詳其義。或曰：苴，讀爲"姐"，慢也。趙蕤《長短經·知人篇》曰："姐者，類智而非智。"或曰：讀爲狙，伺也。姐，子野反。⊙冢田虎曰：藍、濫通。苴，麤也。路，《富國篇》曰"田疇穢，都邑路"，《管子》曰"國家乃路"，皆不堅固之意。此蓋謾有所作爲之謂與？⊙久保愛曰：知，音智。⊙豬飼彦博曰：藍苴路作，當作"監狙詒作"。⊙朱起鳳曰：《荀子·議兵》："孫卿子曰：仁人之兵不可詐也，彼可詐者，怠慢者也，路亶者也。"蓋"藍苴路作"，即申述怠慢路亶之義。藍、怠，聲之侈弇；苴，當作"怚"，即"慢"字之訛缺。⊙劉師培曰：藍，當濫。苴，當作狙。路，當作略。作，當作詐。⊙于省吾曰：藍苴路作，應讀作"監狙樂詐"。言監察狙伺而樂詐也。⊙蔣禮鴻曰：藍，當作鹽，字之誤也。《方言》："鹽，且也。"鹽苴即鹽且，鹽且即姑且，姑且即苟且，聲之轉耳。路與略通。⊙金其源曰：藍苴，即濫竽也。濫竽志在求食，今作於路，行人不過聽之，仍不得食，故曰似智而非。⊙楊柳橋曰：姐，乃"爐"之借字。《説文》："爐，驕也。"藍、濫，皆"爁"之借字。《説文》："爁，過差也。"藍姐，即爁爐，謂過於驕慢也。路，通露。《方言》："露，敗也。"作，猶事也。路作，猶敗事也。⊙天海案："藍苴路作"，此四字費解，諸説皆不可信，存疑可也。

〔一九〕楊倞注：仁者不爭而與物，故偄弱易奪者似之。易奪，無執守之謂也。⊙盧文弨曰：偄與懦同，從宋本。⊙天海案：偄，《説文》："偄，弱也。"段注："此與懦、儒二字義略同而音形異。"《廣韻》"而兖切",音輭。諸本正文作"懦弱",而楊注又作"偄弱",臆改之也。

〔二〇〕楊倞注:悍,兇戾也。戇,愚也,丁絳反。

〔二一〕久保愛曰:所謂"富潤屋,德潤身"也。辟音譬。⊙劉師培曰:《類聚》引"善"作"智",疑誤。《治要》及《御覽》並引作"善"。《御覽》引"無有"作"無有之";《初學記》引作"少有者謂之貧,至無者謂之窮"。

〔二二〕盧文弨曰:捐,宋本作"損",今從元刻。⊙天海案:捐,亦棄也。宋浙本、宋台本、巾箱本、《題注》本並無作"損"者,不知盧氏所見宋本爲何本也,或影抄之誤本耶?

〔二三〕楊倞注:反,復也。出,去也。凡乘勢而來,乘勢而去者,皆是物之還反也。言善惡皆所自取也。⊙冢田虎曰:"乘其出者,是其反者已",即《曾子》所謂"出乎爾者,反乎爾者也"。⊙王念孫曰:下"乘"字,疑涉上"乘"字而衍。乘,因也。言凡物必有所因而來。反乎我者,即出乎我者也。故曰:"其出者,是其反者也。"今本"來"下又有"乘"字,則義反晦矣。楊説失之。⊙駱瑞鶴曰:此當讀作"凡物有乘而來乘,其出者,是其反者也"。下"乘"字必不可少,少則義不可通。而,猶則也。反,謂無乘。言凡物有乘則來乘,其去而不復來乘,是其無乘者也。以諭人正則不爲外物所奪之意。⊙天海案:"乘其出者",疑當作"其乘而出者",其義方通。又正文句末"也"字,諸本作"已"。

〔二四〕楊倞注:流言,謂流轉之言,不定者也。滅,亦絶也。凡禍之所由,生自纖纖細微,故君子早絶其萌。此語亦出《曾子》。⊙久保愛曰:流言,不知其所由來之言也。蓋流言多譖讒,故絶之。⊙盧文弨曰:元刻作"禍之所由,生自纖纖也"。與《大戴·曾子立事篇》同。⊙王念孫曰:宋龔本同元刻,汪從之。⊙天海案:"禍之所由生也"六字,原無"禍之"二字;巾箱三本作"禍之所由"四字,明世本、《四庫》本同此六字。據楊注,"禍之"二字當有,此依諸本補之。

〔二五〕楊倞注:區,藏物處。蓋,所以覆物者。凡言之可信者,如物在器皿之間,言有分限,不流溢也。器名區者,與丘同義。《漢書·儒林傳》:"唐生、褚生應博士弟子選,試誦説,有法,疑者丘盖不言。"丘與區同也。⊙郝懿行曰:區蓋者,古讀區若丘。《論語》記孔子言"蓋",皆疑而未定之詞。"蓋"皆疑詞,故謂疑者曰"丘蓋",以音同借爲"區蓋"耳。楊注非是。⊙劉師培曰:區、蓋二字不同。區者,決其不然之謂也。蓋者,疑其可信之謂也。《非十二子篇》曰:"信信,信也;疑疑,亦信也。"區,即"疑疑";蓋,即"信信"。故荀言"言之信者,在乎區蓋之間"也。楊、郝説非。⊙高亨曰:區蓋,藏匿覆掩也。⊙張覺曰:區蓋,空疑,即闕疑。⊙駱瑞鶴曰:《漢書·儒林傳》蘇林曰:"丘蓋不言,不知之意也。"區,謂不知。蓋,謂信而猶疑。⊙天海案:信者,誠也。區,通丘。區蓋,即丘蓋。疑似之謂也。

〔二六〕楊倞注：重引此兩句以明之。⊙郝懿行曰：疑"立"皆當爲"言"，形近之譌。⊙冢田虎曰：不立，謂不立言也。⊙天海案：未問，猶"未聞"也。

〔二七〕楊倞注：誠，忠誠。言不可以虚妄事智者。⊙盧文弨曰："事智者"，元刻作"了知也"。⊙天海案：數，理也。誠者，實也。"不誠事"，謂言不實事求是也。楊注非。

〔二八〕楊倞注：並音"悦"。⊙久保愛曰："説説"，並音悦。"不悦"，音悦。⊙天海案：三"説"字並音"悦"，前二"悦"，取悦也。"不悦"者，不喜也。此言君子難於取悦，不以其道取悦君子，君子是不會喜悦的。《論語・子路》："君子易事而難説也。説之不以道，不説也。"是《荀子》之所本也。

〔二九〕楊倞注：甌、臾，皆瓦器也。揚子雲《方言》云："陳、魏、楚、宋之間，謂罃爲臾。"甌臾，謂地之坳坎如甌臾者也。或曰：甌臾，窊下之地。《史記》曰："甌窶滿溝，污邪滿車。"裴駰云："甌窶，傾側之地，污邪，下地也。"邪與臾聲相近，蓋同也。窶，力侯反。污，烏瓜反。⊙傅山曰：臾，與"者"叶。《説文》："臾，从乙。束縛捽抴之義。"徐曰："屈，乙也。"此甌，即地之窩坎也。而"臾"或取屈乙之處。如地有屈乙，則丸不得滑滑而前也。⊙久保愛曰：《吕氏春秋》曰："有以聰明聽説，則妄説者止。"與此意同。⊙天海案：流丸，滚動之丸。甌臾，此喻坑穴之地。正文"知"，諸本皆作"智"。

〔三〇〕楊倞注：家言，謂偏見，自成一家之言，若宋、墨者。⊙劉師培曰：此"家言"，即《解蔽篇》"亂家"之"家"，故與"邪學"並言。⊙駱瑞鶴曰：家，猶私也。私，亦邪耳，邪謂偏邪不正。家言即私言，與"邪學"同義。⊙天海案：家，通假。二字上古皆見母魚部，故通。家言，假言也。上文謂"流言"，流言，亦假傳之謡言也。邪學，亦邪説也。惡者，畏懼也。此謂假言邪説之所以畏懼儒者也。

〔三一〕楊倞注：參驗之至，則流言息。死，猶盡也。鄭康成云：死之言澌，澌，猶消盡也。⊙久保愛曰：《韓子》曰"善之生如春，惡之死如秋"，與此"死"同。⊙天海案：度者，測量之也。惡言，中傷之言。

曾子食魚有餘，曰："泔之。"門人曰："泔之傷人，不若奥之〔一〕。"曾子泣涕曰："有異心乎哉！"傷其聞之晚也〔二〕。

無用吾之所短，遇人之所長〔三〕。故塞而避所短，移而從所仕；疏知而不法，察辨而操辟，勇果而亡禮，君子之所憎惡也〔四〕。

多言而類，聖人也〔五〕；少言而法，君子也；多少無法而流，喆然雖辨，小人也〔六〕。

國法禁拾遺，惡民之串以無分得也〔七〕。有夫分義則容天下而治，無分義則一妻一妾而亂〔八〕。

天下之人，唯各特意哉，然而有所共予也〔九〕。言味者予易牙，言音者予師曠，言治者予三王〔一〇〕。三王既已定法度、制禮樂而傳之，有不用而改自作，何異於變易牙之和，更師曠之律？無三王之法，天下不待亡，國不待死〔一一〕。

飲而不食者，蟬也；不飲不食者，浮蝣也〔一二〕。虞舜、孝己，孝而親不愛；比干、子胥，忠而君不用；仲尼、顔淵，知而窮於世〔一三〕。劫迫於暴國而無所辟之〔一四〕，則崇其善，揚其美，言其所長，而不稱其所短也〔一五〕。惟惟而亡者，誹也〔一六〕；博而窮者，訾也；清之而俞濁者，口也〔一七〕。

君子能爲可貴，不能使人必貴己〔一八〕；能爲可用，不能使人必用己〔一九〕。

誥誓不及五帝〔二〇〕，盟詛不及三王〔二一〕，交質子不及五伯〔二二〕。

## 【校釋】

〔一〕楊倞注：泔與奥，皆烹和之名，未詳其説。⊙冢田虎曰：泔，音甘，米潘也。《説文》："周謂潘曰泔。"泔之，蓋漬之米潘也。奥，燠也。謂燔之也。⊙久保愛曰：泔，謂以潘水漬之也。奥，讀爲燠。謂炙而畜也。⊙盧文弨曰：非烹和也。曾子以魚多欲藏之耳。泔，米汁也。泔之，謂以米汁浸漬之。門人以易致腐爛，食之不宜於人，或致有腹疾之患，故以爲傷人。《説文》："奥，宛也。""宛，奥也。"奥與宛，皆與"鬱"音義同。今人藏魚之法，醉魚則用酒，醃魚則用鹽，置之甀中以鬱之，可以經久，且味美。⊙王念孫曰：米泔不可以漬魚，盧説非也。泔，當爲"洎"。洎之，謂添水以漬之也。隸書"甘"字或作"目"，與"自"極相似，故"洎"誤爲"泔"耳。盧訓"奥"爲"鬱"，是也。然盧謂奥與宛、鬱同音，則非也。⊙金其源曰：泔之者，棄諸泔中也。奥之者，投諸豕牢也。⊙楊柳橋曰：泔之，謂浸之以汁也。奥之，謂曬之也。⊙張覺曰：泔，通厤，和。泔之，指把吃剩的魚和其他剩菜合並在一起。這樣做易變質，所以會傷人。奥，通熬，參見《説文通訓定聲》。⊙天海案：泔，米汁也。然此米汁乃煮米半熟而濾之之汁，俗稱米泔水也。泔之，即以之浸漬食物也。今民間猶以米汁醃制酸菜也。用米泔水漬魚不可久存，故曰傷人。奥，後作肋，腌制魚肉，説見《齊民要術》。奥之，即腌制之。諸説皆未得。

〔二〕楊倞注：曾子自傷，不知以食餘之傷人。故泣涕，深自引過，謝門人曰："吾豈有異心，故欲傷人哉？乃所不知也。"言此者以譏時人飾非自是，恥言不知，與曾子異也。⊙久保愛曰："傷其聞之晚也"六字，荀卿之言也。⊙王先謙曰：曾子養親至孝，當時或進此魚而未知其傷人，親没後始聞此語，故觸念自傷。

〔三〕楊倞注：遇，當也。言己才藝有所短，宜自審其分，不可彊欲當人所長而辨爭也。⊙楊柳橋曰：高誘《國策》注："遇，敵也。"⊙天海案：遇者，會也，對也。此謂不可以己之短對人之長也。

〔四〕楊倞注：塞，掩也。移，就也。仕與事同。事所能也，言掩其不善，務其所能也。疏，通也。察辨而操辟，謂聰察其辨，所操之事邪僻也。操，七刀反。⊙久保愛曰：察辯，謂察察之辯。操，志操也。⊙俞樾曰：仕，疑"任"字之誤。《莊子·秋水篇》"任士之所勞"，《釋文》引李注曰："任，能也。"然則移而從所任者，移而從所能也。於義較捷矣。⊙梁啓雄曰：辨，同辯。辯，慧也。僻，邪也。⊙天海案：塞者，阻而不通也，故曰"避所短"。仕，通事。移而從所事者，謂避己所短而改己之事也。疏知，淺知也。察辨，明辨也。操辟，操守邪僻也。亡禮，失禮也。諸本"辟"作"僻"，"亡禮"作"妄"。

〔五〕楊倞注：應萬變，故多類。皆謂當其類而無乖越，此聖人也。⊙久保愛曰：類，謂類於法度。⊙天海案：類，有條理也。法，有法度也。

〔六〕楊倞注：喆，當爲湎，《非十二子篇》有此語，此當同。或曰：當爲"梏"也。⊙傅山曰"喆然雖辨小人也"，明白"喆"字，硬作"湎"，何也？喆、嚞、哲同，此言其口語明哲耳。⊙久保愛曰：喆與哲同。哲然，智慧貌。⊙王先謙曰：而，當訓爲"如"，通用字。⊙駱瑞鶴曰：傅説近似。流，謂漫漶無邊際也。哲然雖辯，猶云雖哲然善辯耳。⊙天海案：多少無法而流，謂其言無論多少皆不合法度而放縱也。"少"字，巾箱三本作"言"，非也。喆然，《非十二子篇》作"湎然"。湎然，乃"靦然"之誤，説詳《非十二子篇》。喆，同哲。哲然者，亦靦然也。靦，上古透母元部；哲，端母月部。透、端旁紐，元、月對轉，二字可通。故"喆然"當讀作"靦然"，音義皆同。楊注未得，諸説亦非。此節之文已見《非十二子篇》，可參見。

〔七〕楊倞注：串，習也。工患反。⊙傅山曰：此與遺秉穉穗之義異。⊙楊柳橋曰：《一切經音義》："串，古文義作'慣'。"串，實爲'毌'之異體（海按：《詁譯》本"毌"誤作"母"，此徑改之。）李善《文選》注："分，當也。"又："分，分義也。"分義，猶正義也。⊙天海案：串，通慣。無分，本指無名分，此謂不當也。猶今所謂"不當得利"也。又，"以無"二字，巾箱三本作"無以"，非也。

〔八〕王先謙曰：容，受也。⊙陶鴻慶曰："夫"字不當有，蓋涉"天"字而誤衍也。"容"，讀爲"庸"，用也。謂用天下之民而治也。⊙劉師培曰：《孟子·盡心下》疏引"容"作"合"。⊙天海案：夫，猶彼也，字不衍。巾箱三本無"夫"字，誤删也。分義，名分等級制度之謂。《彊國篇》"禮樂則修，分義則明"，楊倞注"分，謂上下有分；義謂各得其宜”是也。容者，包容也。謂有其等級制度則包容天下之人而太平。故下文曰“無分義則一妻一妾而亂”。王、陶二説皆非。

〔九〕楊倞注：特意，謂人人殊意。予，讀爲與。⊙久保愛曰：予，猶許也。⊙盧文弨曰：唯，元刻作“雖”。⊙王念孫曰：唯，即“雖”字，説見《經義述聞》桓十四年《穀梁傳》。⊙冢田虎曰：有所共予也，予，謂有所推讓也。⊙天海案：特意，猶特別在意者。予，通與。與者，推許、贊譽也。“唯”字，巾箱三本並作“雖”，二字可通。《禮·表記》：“唯天子，受命於天。”鄭注：“唯，當爲雖，字之誤也。”本書《性惡篇》“然則唯禹不知仁義法正”，楊倞注：“唯，讀爲雖。”是也。

〔一〇〕楊倞注：易牙，齊桓公宰夫，知味者。師曠，晉平公樂師，知音者。⊙久保愛曰：謂人共許其巧也。⊙鍾泰曰：此即《孟子》“口之於味有同嗜，耳之於聲有同聽”之説也。

〔一一〕楊倞注：言不暇有所待而死亡，速之甚也。更，工衡反。⊙久保愛曰：有，讀爲又。⊙王念孫曰：吕、錢本“治”皆作“法”，是也。此承上“三王既已定法度”而言。⊙楊柳橋曰：無，當讀爲“啎”。《説文》：“啎，屰也。”今作“迕”、“逆”。⊙天海案：“何”下諸本有“以”字；“三王之法”，諸本作“三王之治”。皆非也。

〔一二〕楊倞注：浮蝣，渠略，朝生夕死蟲也。言此者，以喻人既飲且食，必須求先王法略爲治，不得苟且如浮蝣輩也。⊙郝懿行曰：二句義似未足，文無所蒙，容有缺脱。⊙汪中曰：此二語别是一義，與上下文不相蒙，注非。⊙天海案：浮蝣，即蜉蝣。《詩·曹風·蜉蝣》：“蜉蝣之羽，衣裳楚楚。”陸機《毛詩·草木鳥獸蟲魚疏》：“蜉蝣，方土語也，通謂之渠略。似甲蟲，有角，大如指，長三四寸。甲下有翅，能飛。夏月陰雨時地中出。……隨雨而出，朝生而夕死。”“浮”字，諸本並作“蜉”。

〔一三〕久保愛曰：孝己，殷孝宗武丁子，有賢才，其母蚤死，高宗惑後母之言，放之而死。己，音紀。知，音智。⊙天海案：虞舜性至孝，父頑母嚚，弟象傲，常欲殺之。事見《史記·五帝紀》。

〔一四〕楊倞注：辟，讀爲“避”。言賢者不遇時，危行言遜。⊙天海案：楊注“言”字，盧本作“聖”，《集解》本從之。

〔一五〕天海案：四“其”字，皆指“暴國”。句末“也”字，巾箱三本無。此數語已見於《臣道篇》。

〔一六〕楊倞注：惟，讀爲“唯”，以癸反。唯唯，聽從貌。常聽從人而不免亡者，由於退後即誹謗也。⊙天海案：“惟惟而亡”，只聽順從之言而致滅亡。《家語·六本》：“湯、武以諤諤而昌，桀、紂以唯唯而亡。”誹者，《説文》曰：“誹，謗也。”段注：“誹，誹之言非也，言非其實。”此謂唯唯之言，非其實也，故使之亡也。

〔一七〕楊倞注：已解於《榮辱篇》。

〔一八〕天海案：下“貴”字，巾箱三本作“好”。《非十二子篇》亦作“貴”。

〔一九〕楊倞注：脩德在己，所遇在命。⊙天海案："君子"以下數語，已見《非十二子篇》，文同。

〔二〇〕楊倞注：誥誓，以言辭相誡約也。《禮記》曰："約信曰誓。"又曰："殷人作誓，而民始畔。"⊙楊柳橋曰：《説文》："誥，告也。"《釋名》："上敕下曰告。告覺也，使覺悟知己意也。"

〔二一〕楊倞注：涖牲曰盟。謂殺牲歃血，告神以明約也。⊙久保愛曰：杜預曰："以禍福之言相要。"⊙熊公哲曰：歃，所夾切，飲也。三王衆所歸信，故不設盟詛。⊙楊柳橋曰：鄭玄《周禮》注："盟詛，主於約誓。大事曰盟，小事曰詛。"⊙天海案：盟詛，即盟約立誓。

〔二二〕楊倞注：此言後世德義不足，雖要約轉深，猶不能固也。伯，讀曰霸。《穀梁傳》亦有此語。⊙熊公哲曰：質，音至。押物以取信曰質。五伯，《穀梁》作"二伯"，謂齊桓、晉文也。⊙楊柳橋曰：質，猶今言抵押。⊙天海案：戰國時，各國互派王子或世子以作結盟之人質，稱質子。交質子者，交換人質也。

# 荀子校釋　卷第二十

## 宥坐篇第二十八〔一〕

孔子觀於魯桓公之廟，有欹器焉〔二〕。孔子問於守廟者，曰："此爲何器？"守廟者曰："此蓋爲宥坐之器〔三〕。"孔子曰："吾聞宥坐之器者，虚則欹，中則正，滿則覆〔四〕。"孔子顧謂弟子曰："注水焉。"弟子挹水而注之〔五〕。中而正，滿而覆，虚而欹。孔子喟然而歎曰："吁！惡有滿而不覆者哉〔六〕！"子路曰："敢問持滿有道乎？"孔子曰："聰明聖知，守之以愚；功被天下，守之以讓；勇力撫世，守之以怯〔七〕；富有四海，守之以謙。此所謂'挹而損之'之道也〔八〕！"

孔子爲魯攝相，朝七日而誅少正卯〔九〕。門人進問曰："夫少正卯，魯之聞人也，夫子爲政而始誅之，得無失乎〔一〇〕？"孔子曰："居，吾語汝其故〔一一〕。人有惡者五，而盜竊不與焉〔一二〕：一曰心達而險〔一三〕，二曰行辟而堅，三曰言僞而辨，四曰記醜而博，五曰順非而澤〔一四〕。此五者，有一於人，則不得免於君子之誅，而少正卯兼有之。故居處足以聚徒成羣，言談足以飾邪營衆；强足以反是獨立，此小人之桀雄也，不可不誅也〔一五〕。是以湯誅尹諧，文王誅潘止〔一六〕，周公誅管叔〔一七〕，太公誅華仕，管仲誅付里乙，子産誅鄧析、史付〔一八〕。此七子者，皆異世同心，不可不誅也〔一九〕。《詩》曰：'憂心悄悄，愠于羣小。'小人成羣，斯足憂矣〔二〇〕。"

## 【校釋】

〔一〕楊倞注：此以下皆荀卿及弟子所引記傳雜事，故總推之於末。⊙天海案：劉向《叙録》編目此作"篇第二十四"。本篇所記皆孔子及弟子問答事，又見於《韓詩外傳》《説苑》《家語》所載。

〔二〕楊倞注：《春秋》哀公三年："桓宫、僖宫災。"《公羊傳》曰："此皆毁宗廟也。其言災何？復立也。"或曰：三桓之祖廟欹器傾。欹，易覆之器。⊙王應麟曰：《韓詩外傳》《説苑》皆云："觀於周廟，有欹器焉。"晋《杜預傳》云："周廟欹器，至漢東京，猶在御坐。"當以周廟爲是。⊙冢田虎曰：欹，當作"攲"，去倚反，傾也。欹、猗同，於離反。⊙天海案：欹，同攲。攲器，傾斜易覆之容器，注詳下。

〔三〕楊倞注：宥，與右同。言人君可置於坐右，以爲戒也。《説苑》作"坐右"。或曰：宥與侑同，勸也。《文子》曰："三皇、五帝有勸戒之器，名侑巵。"注云："欹器也。"⊙盧文弨曰：今《説苑》作"右坐"，見《敬慎篇》。⊙楊柳橋曰：蓋，猶乃也，見《助字辨略》。⊙天海案："蓋"下，巾箱三本無"爲"字。

〔四〕熊公哲曰：中，半也。凡物中分之，則爲兩半。此借言適中，不偏左，亦不偏右也。⊙天海案：虚者，空也。

〔五〕楊倞注：挹，酌。⊙久保愛曰：《家語》"注水焉"，"注"上有"試"字。⊙天海案："弟子"，《外傳》《説苑》並作"子路"。"弟子挹水而注之"，《家語・三恕》作"乃注之水"。挹水，舀水也。

〔六〕久保愛曰：吁，歎辭也。喟，苦位反。吁，音"訏"。惡，音"烏"。⊙天海案："歎"上，巾箱三本無"而"字。《家語》無"虚而欹"三字。

〔七〕楊倞注：撫，掩也。猶言蓋世矣。⊙盧文弨曰：據注，則"撫"乃"幠"字之誤。《家語・三恕篇》作"振世"。⊙天海案：聖知，《家語》作"睿智"。

〔八〕楊倞注：挹，亦退也。挹而損之，猶言"損之又損"。⊙冢田虎曰：挹，"損"之誤耳。《家語》作"損之又損之之道也"，此語又見於《老子》。⊙天海案：挹，通抑，抑制也。《外傳》《説苑》並作"抑而損之"。此節之文，《外傳》三、《説苑・敬慎》《淮南・道應》載之而文異，《家語・三恕篇》與此文同。又《文子・九守篇》載老子語，略同。

〔九〕楊倞注：爲司寇而攝相也。朝，謂聽朝也。⊙劉師培曰：案少正，官名也。《左傳》襄廿二年"鄭人使少正公孫僑對"，是少正爲春秋時之官名。春秋之時，區官階爲正、師、旅三級，所謂"師不淩正，旅不逼師"也。則"正"爲導官，少正猶言副卿也。⊙天海案：攝相，代行相事也。少正，官名。卯，人名。《書・酒誥》"少正御事"。西周時始設此官，爲主管事務的大正之副。春秋時，爲諸侯國執政之佐。此節之文，又見於《尹文子・聖人篇》，《論衡・講瑞》《定賢》二篇，《説苑・指武篇》，《家語・始誅篇》,事略同而文小異。

〔一〇〕楊倞注:聞人,謂有名爲人所聞知者也。始誅,先誅之也。⊙鍾泰曰:始誅之,首誅之也。⊙天海案:聞人,名人也。

〔一一〕熊公哲曰:居,坐也。語,讀御,以言告人也。

〔一二〕久保愛曰:與,音"預"。⊙天海案:《説苑》作"王者之誅有五",《家語》作"天下有大惡者五"。不與焉,不在其中也。

〔一三〕劉師培曰:《家語・始誅篇》《劉子新論・心隱篇》"達"作"逆",《説苑・指武篇》作"辨"。

〔一四〕楊倞注:心達而險,謂心通達於事而凶險也。辟,讀曰"僻"。醜,謂怪異之事。澤,有潤澤也。⊙傅山曰:怪異非醜類。似記人之穢行耳。⊙楊樹達曰:順非而澤,焦循《孟子正義》卷九云:"澤,讀爲釋。謂順其非而爲之解釋,訓潤澤者失之。"焦説是也。⊙鍾泰曰:醜,惡也。非怪異之謂,注非是。又澤,光潤也。謂其能文飾。注亦未晰。⊙楊明照曰:《禮記・王制》:"行僞而堅,言僞而辯,學非而博,順非而澤,以疑衆,殺。"鄭注:"皆謂虚華捷給無誠者也。"《正義》:"順非而澤者,謂順從非違之事,而能光澤文飾。"所解與楊注正合。⊙天海案:《説苑》"四曰志愚而博"。"記醜而博",記者,識也,此謂見識;醜者陋也,淺陋也;博,衆多也。此謂識見淺陋而貌似廣博。"順非而澤",楊明照引《王制・正義》是也。

〔一五〕楊倞注:營,讀爲"熒"。熒衆,惑衆也。强,剛愎也。反是,以非爲是也。獨立,人不能傾之也。⊙久保愛曰:《家語》"强"下有"禦"字,是也。⊙梁啓雄曰:桀、傑,古今字。⊙天海案:《説苑》《家語》用此文而多異,文煩不録。强者,倔强也。桀雄,《家語》作"姦雄"。

〔一六〕天海案:尹諧,人名,事未詳。《説苑》"尹諧"作"蠋沐",《金樓子・雜記篇》上作"獨木"。潘止,人名,事未詳。《説苑》作"潘阯",《家語》作"潘正"。錢佃《考異》稱諸本作"潘正",巾箱三本同之。

〔一七〕久保愛曰:管叔,《家語》作"管、蔡"。太宰純曰:"管、蔡二國名。管叔名鮮,文王子,武王弟,周公兄也。蔡叔名度,周公弟也。"愛曰《尚書》云:"周公位冢宰,正百工,羣叔流言,乃致辟管叔于商,内蔡叔于郭林,以車七乘。"⊙天海案:周公殺管叔,事見《左傳》昭元年。

〔一八〕楊倞注:《韓子》曰:"太公封於齊,東海上有居士狂矞、華仕,昆弟二人立議曰:'吾不臣天子,不友諸侯,耕而食之,掘而飲之。吾無求於人,無上之名,無君之禄,不仕而事力。'太公使執而殺之,以爲首誅。周公從魯聞,急傳而問之曰:'二子,賢者也,今日饗國殺之,何也?'太公曰:'是昆弟立議曰"不臣天子",是望不得而臣也;"不友諸侯",是望不得而使也;"耕而食之,掘而飲之,無求於人"者,是望不得以賞罰勸禁也。且夫王之所以使其臣者,非爵禄則刑罰也。今四者不足以使之,則望誰爲君乎？是以誅之。'"尹諧、潘止、付里乙、史付，事迹並未聞也。⊙盧文弨曰：《家語》作"管仲誅付乙，子産誅史何"。注"先王"，宋本作"夫王"，無下"民"字，今據《韓子·外儲説右上》增正。⊙天海案：《説苑·指武》作"管仲誅《史附里》"。《左傳》定公九年"鄭駟歂殺鄧析而用其竹刑"，《吕氏·離謂》"《子産》執鄧析而戮之"。錢穆曰："《宥坐篇》所載湯誅尹諧以下七事，周公誅管叔爲不類，子産誅鄧析爲誤傳，此外則爲虚造。蓋猶非荀卿之言，而出於其徒韓非、李斯輩之手。"又楊注"無求於人者"之"者"字盧本無，"夫王"作"先王"，皆非。

〔一九〕楊柳橋曰：異世同心，謂不同世俗，而只合己意也。⊙李中生曰：異世同心，指七人雖不同世，但其邪惡之心則是相同的。⊙天海案：心，指心胸、品行。《家語》作"異世而同誅"、"異世而同惡"云云。

〔二〇〕楊倞注：《詩·邶風·柏舟》之篇。悄悄，憂貌。愠，怒也。⊙天海案：《尹文子》作"斯足畏也"。

孔子爲魯司寇，有父子訟者，孔子拘之，三月不别也〔一〕。其父請止，孔子舍之〔二〕。季孫聞之不説，曰："是老也欺予〔三〕，語予曰'爲國家必以孝'。今殺一人以謬不孝，又舍之〔四〕。"冉子以告〔五〕。孔子慨然歎曰："嗚呼，上失之，下殺之，其可乎！不教其民而聽其訟，殺不辜也〔六〕。三軍大敗，不可斬也；獄犴不治，不可刑也；罪不在民故也〔七〕。嫚令謹誅，賊也〔八〕；今有時斂也無時，暴也〔九〕；不教而責成功，虐也。已此三者，然後刑可即也〔一〇〕。《書》曰：'義刑義殺，勿庸以即予，維曰未有順事。'言先教也。"〔一一〕

故先王既陳之以道，上先服之〔一二〕。若不可，尚賢以綦之；若不可，廢不能以單之〔一三〕；綦三年而百姓往矣〔一四〕。邪民不從，然後俟之以刑，則民知罪矣〔一五〕！《詩》曰："尹氏大師，維周之氐。秉國之均，四方是維，天子是庳，卑民不迷〔一六〕。"是以威厲而不試，刑錯而不用，此之謂也〔一七〕。今之世則不然：亂其教、繁其刑，其民迷惑而墮焉，則從而制之，是以刑彌繁而邪不勝〔一八〕。三尺之岸，而虚車不能登也；百仞之山，任負車登焉；何則？陵遲故也〔一九〕。數仞之牆，而民不踰也；百仞之山，而竪子馮而游焉；陵遲故也〔二〇〕。今夫世之陵遲亦久矣，而能使民勿踰乎〔二一〕？《詩》曰："周道如砥，其直如矢。君子所履，小人所視。眷焉顧之，潸焉出涕。”豈不哀哉〔二二〕！《詩》曰：“瞻彼日月，悠悠我思。道之云遠，曷云能來〔二三〕？”子曰：“伊稽首不？其有來乎〔二四〕？”



【校釋】

〔一〕楊倞注：别，猶決也。謂不辨其子之罪。⊙天海案：别，辨也。辨者，治也。《方言》卷三：“别，治也。”戴震《疏證》：“辨别不淆紊，故爲治之義。”《正字通》：“别，辨也。”古辨、辧字通，辧，亦治也。正文句末“也”字，諸本無。此節之文，《外傳》卷三、《説苑·政理》《家語·始誅》皆載其事，而文多異，皆本於此，而《外傳》獨詳，可參之。

〔二〕天海案：止，罷止，撤訟也。舍之，釋之也。舍、釋二字古通。《家語》“舍”作“赦”，下同此。

〔三〕楊倞注：老，大夫之尊稱。《春秋傳》曰“使圍將不得爲寡君老”也。⊙久保愛曰：老，猶翁也。《曲禮》曰“自稱曰老夫”，豈尊稱哉！⊙熊公哲曰：此季孫據史當爲季桓子。⊙天海案：季孫，《外傳》《説苑》並作康子。季孫，氏也。此當指季康子，名肥，魯國專權大夫，謚曰“康”。《論語·季氏》之季孫與此同一人。説，通悦，諸本皆作“悦”。二“予”字，明世本作“子”，形誤也。《家語》“予”作“余”。

〔四〕熊公哲曰：戮，陳屍以示儆也。而“又舍之”，此是疑怪之詞，下省去“何也”二字。

〔五〕熊公哲曰：孔子弟子姓冉者，有冉耕，字伯牛；冉雍，字仲弓；冉求，字子有。此冉子自係冉求，求嘗爲季氏宰，見《論語》。⊙天海案：《家語》作“冉子以告孔子”，下文亦有“孔子”二字。

〔六〕久保愛曰：慨，歎貌。嗚呼，歎詞。辜，罪也。⊙天海案：聽，治也。訟，諸本並作“獄”。《外傳》《家語》亦作“獄”，作“獄”義長。

〔七〕楊倞注：獄犴不治，謂法令不當也。犴，亦獄也。《詩》曰“宜犴宜獄”。“獄”字從二“犬”，象所以守者。犴，胡地野犬，亦善守獄，故獄謂之犴也。⊙久保愛曰：犴，音岸，字又作“岸”。⊙駱瑞鶴曰：獄，從二犬對吠，故引申而謂獄訟。今謂“犴”當即“讞”借字，古音二字同隸元部，故可得而通。⊙天海案：“獄犴”，《詩·小雅·小宛》作“宜岸宜獄”，毛傳：“岸，訟也。”朱《集傳》：“岸，亦獄也。《韓詩》作‘犴’，鄉亭之繫曰犴，朝廷曰獄。”《外傳》作“獄讞”，《説苑》作“獄訟”。今謂“獄犴”本古代監牢之稱，故造字以犬守之。轉而引申爲獄案、獄讞、獄訟者，其義皆同也。讞、岸、犴三字，上古皆屬疑母元部，有可通之理。

〔八〕楊倞注：嫚與慢同。謹，嚴也。賊，賊害人也。⊙于省吾曰：按注説非是。

謹，應讀作"勤"。金文"勤"、"覲"並作"堇"。"嫚令勤誅，賊也"，言侮嫚法令，勤於誅戮，是賊害人民也。若依注訓謹嚴，則所誅者不濫，正與本義相反。⊙梁啓雄曰：即令慢誅謹之意。謹，嚴也。謂號令弛慢，而誅謬則不寬容，是殘賊之行也。⊙天海案：嫚，讀爲"㵎"。嫚，上古明母元部。㵎，來母談部。明、來邊音鄰紐，元、談通轉，故"嫚"可通"㵎"。㵎者，過差也。《説文》："㵎，過差也。《論語》曰'小人窮斯㵎矣'。"段注："凡不得其當曰過差，亦曰㵎。今字多以'濫'爲之。"《左傳》襄公二十六年："刑濫則懼及善人。"㵎令者，法令繁而過當也。楊注未安。謹，通勤，于説是也。

〔九〕楊倞注：言生物有時而賦斂無時，是緩暴也。⊙盧文弨曰："生也"二字，各本皆脱，今案注增。⊙王念孫曰："今"字當在"嫚令謹誅"上，總下三事言之，文義方順。《家語·始誅篇》作"夫嫚令謹誅"，"夫"字亦總下之詞。⊙久保愛曰：《家語》作"徵斂無時，暴也"六字。⊙天海案：此句當讀"今有時斂也無時，暴也"，今，猶"夫"，只作此句發語詞，不當在"嫚令"上，王説非。有，又也；時斂，定時徵斂；也，猶"而"。此句猶言"夫又時斂而無時，暴也"。意即暴斂無時也。《家語》正作："徵斂無時，暴也。"楊注增字爲訓，盧校反據之而補"生也"二字，皆非。楊注"緩暴"，别本作"陵暴"。緩暴，即縱暴，淺者未識，故改"陵暴"，非也。

〔一〇〕楊倞注：已，止。即，就。⊙久保愛曰：已，當作"亡"，音"無"。《家語》作"政無"二字。⊙天海案：責，要求。《説文》："責，求也。"已者，罷棄也。《玉篇》："已，棄也。"《孟子·盡心上》"無所不已"，趙注："已，棄也。""已此三者"，《家語》同文石印影宋抄本作"故無此三者"。

〔一一〕楊倞注：《書·康誥》。言周公命康叔，使以義刑義殺，勿用以就汝之心，不使任其喜怒也。維刑殺皆以義，猶自謂未有使人可順守之事，故有抵犯者，自責其教之不至也。⊙久保愛曰：《家語》"予"作"汝心"二字，似是。⊙劉師培曰：《致士篇》"予維"作"女維"，注亦與此多殊。蓋此注兼采《家語》注也。惟正文"以即"下似當有"汝心"二字，注云"以就汝之心"，即詮釋"汝心"二字。《家語》作"以及汝心"，是其證。⊙鍾泰曰：義，與俄通。俄，不正也。上所謂"賊也"、"暴也"、"虐也"，皆俄也。⊙熊公哲曰：義，宜也。言刑殺必審於義，其有干犯之者，猶必反躬自責以爲教化有所不至，無可順守之事。⊙天海案："義刑義殺"以下，今《書·康誥》作"用其義刑義殺，勿庸以次汝封。乃汝盡遜，曰時叙，惟曰未有遜事"，與此文略異。《家語》："《書》曰：'義刑義殺，勿庸以即汝心，惟曰未有慎事。'言必教而刑也。"義刑義殺，即宜刑宜殺，不得濫令勤誅也。勿庸，不用也。以即予，以就己也。順事，慎事也。猶言慎重治事。楊注未切，他説亦非。又，此下原文未分段，現據文意分之。

〔一二〕楊倞注：服，行也。謂先自行之，然後教之。⊙劉師培曰：《御覽》引作

"上陳教而先服之",與《外傳》《説苑》同。《家語》作"陳道德以先服之"。⊙天海案:《外傳》作"上陳之教,而先服之",《説苑》同。

〔一三〕楊倞注:綦,極也。謂優寵也。單,盡也。盡,謂黜削。單,或爲殫。⊙物雙松曰:單,當作"憚"。⊙久保愛曰:若不可,言不化從也。綦,當作"惎"。《左傳》曰"楚人惎之脱扃",杜預曰:"惎,教也。"⊙盧文弨曰:《家語·始誅篇》作"尚賢以勸之,又不可,而後以威憚之"。此注"單,或爲殫",元刻作"或爲憚",與《家語》同。⊙陶鴻慶曰:綦,當爲"期"字之誤。期,待也。謂懸爵禄以待其遷善也。⊙梁啓雄曰:單,借爲憚。⊙天海案:綦,至也,及也。綦爲極至之義,故亦爲及至之義。説見《古書虚字集釋》。廢,黜也。單,憚也,古今字。

〔一四〕楊倞注:百姓從化,極不過三年也。⊙久保愛曰:往,猶歸也。⊙盧文弨曰:往,乃"從"之誤,下注同。⊙王念孫曰:"從"下當有"風"字。今本無"風"字者,"從"誤爲"往",則"往風"二字義不可通,後人因删"風"字耳。據楊注云"百姓從化","化"字正釋"風"字。《御覽》引此正作"百姓從風",《外傳》及《説苑》竝同。⊙于鬯曰:此"往"字蓋不誤。楊注"從化"當釋"往"字之義。下文云"邪民不從","往"與"從"異文同義。謂"往"即"從"義,自可。改"往"爲"從",斯已拙矣。⊙天海案:綦,至也,及也。説見上。"綦"字又作"朞",《議兵篇》"已朞三年,然後民可信也",其旨同此文。往者,信而歸往也,字不誤。盧、王二説非,于説是也。

〔一五〕楊倞注:百姓既往,然後誅其姦邪也。⊙王念孫曰:邪民本作躬行。隸書躬與邪相似,故躬誤爲邪。《説苑》正作"躬行不從,而後俟之以刑"。⊙潘重規曰:此文謂爲政之道,在上者先以身服道,民猶未從也,則尚賢以勸之,又不從,則廢不能以懼之。如此極三年而百姓必從矣。至此而猶不從,則是頑梗不率教之邪民也,然後致其誅殛而民知罪矣。詞意明甚。《説苑·政理篇》文有省易,不可據以輒改此文也。⊙天海案:楊注是,正文"邪民"亦不誤,王説非也。潘説是,于省吾之説略同之。

〔一六〕楊倞注:《詩·小雅·節南山》之篇。氐,本也。庳,讀爲"毗",輔也。卑,讀爲"俾"。⊙熊公哲曰:大,讀"太"。大師,官名。均,平也。維,持也。庳,《毛詩》作"毗",音同皮。卑,作俾。俾,使也。所言詩乃家父所作,本刺幽王任用大師因而致亂。言太師任重,秉持國之均平,宜有維持四方,以毗輔天子,使民不迷惑。

〔一七〕楊倞注:厲,抗也。試,亦用也。但抗其威而不用也。錯,置也。如置物於地不動也。⊙天海:厲,嚴也。錯,同措,棄也。

〔一八〕物雙松曰:邪不勝,勝平聲,言其衆也。⊙久保愛曰:制,當作"刑",字似而誤。"邪不勝",猶言不勝邪。《家語》墮作陷,是也。⊙李中生曰:制,指制裁;墮,指墮落;文義甚暢,不必改"制"爲"刑",改"墮"爲"陷"。⊙天海案:墮字,巾箱三本作陷。不勝,不能制服也。

〔一九〕楊倞注:岸,崖也。負,重也。任負車,任重之車也。遲,慢也。陵遲,言丘陵之勢，漸慢也。王肅云："陵遲，陂阤也。"⊙盧文弨曰：《淮南子·泰族篇》："山以陵遲，故能高。"陵遲，猶池邐、陂陀之謂。此注與《匡謬正俗》俱訓陵爲丘陵，似泥。⊙王念孫曰：古無訓負爲重者。負，亦任也。連言"任負"者，古人自有複語耳。陵遲，盧説是也。《説文》："夌，夌徲也。"其字本作"夌"，則非謂丘陵明矣。⊙劉師培曰：案盧説近是。陵遲，略與"委蛇"同。凡物之斜拖者，其音均近于委蛇。故山之中高旁下者，亦曰陵遲，所以表其山坡斜傾之形也。凡物之斜傾者，均可登，故荀子以爲喻。下文又言世之陵亦久者，蓋世運由盛而趨衰，與山勢由高而下傾者，其象略同。陵遲，或作陵夷，爲漢人恒用之詞。⊙裴學海曰：則，猶哉也，古音與"哉"同。⊙天海案：岸者，高坎也。虚車，空車。岸，《家語》作限，虚作空。任，任隨也。負車，載重之車。《家語》作"重載陟焉"。何則，《家語》作"何哉"。陵遲，緩延之斜坡，引申爲衰退。下同。

〔二〇〕物雙松曰：《周禮》"馮相氏"，注："馮，乘也。"⊙王念孫曰：馮者，登也。《廣雅》："馮，登也。"故《外傳》作"童子登而游焉"。⊙天海案：豎子，童子。此句《説苑》作"童子升而游焉"。《玉篇》："馮，乘也，登也。"《楚辭·九章·悲回風》"馮崑崙以瞰霧兮，隱岷山以清江"，洪《補注》："馮，登也。"馮，音凴。

〔二一〕裴學海曰：勿，猶弗也，不也。⊙天海案：《類聚》引《孫卿子》曰："夫一仞之牆，民不能踰；百仞之山，童子升而遊焉；凌遲故也。今仁義之凌遲久矣，能謂民弗踰焉？"又與此文略異。

〔二二〕楊倞注：《詩·小雅·大東》之篇。言失其砥矢之道，所以陵遲。哀其法度墮壞。⊙久保愛曰：今《詩》"眷焉"作"睠言"。毛萇曰："睠，反顧也。潸，涕下貌。"⊙梁啓雄曰：《傳》："如砥，貢賦平均也。如矢，賞罰不偏也。"⊙熊公哲曰：履，行也。視，視以爲則也。⊙天海案：潸焉，諸本作"潸然"。

〔二三〕楊倞注：《詩·邶風·雄雉》之篇。⊙久保愛曰：毛萇曰："瞻，視也。"⊙盧文弨曰：舊本連上文，今案當分段。⊙熊公哲曰：悠悠，言其久也。婦人見日月之迭往迭來，而思其君子行役之久也。曷，何也。何時能來？望之也。⊙楊柳橋曰：《毛詩傳》："悠悠，憂也。"《説文》同。⊙天海案："《詩》曰"以下數句，原文未分段，此仍其舊。

〔二四〕楊倞注：稽首，恭敬之至。有所不來者，爲其上失其道而人散也。若施德化，使下人稽首歸向，雖道遠，能無來乎？⊙傅山曰："伊稽首"，定有本。⊙俞樾曰：如楊注義，則"伊稽首"三字甚爲不詞，殆非也。首，當讀爲"道"。《周書·芮良夫篇》"予小臣良夫稽道"，《治要》作"稽首"，是首、道古通用。彼文"稽道"當爲"稽首"，此文"稽首"當爲"稽道"，皆古文假借字也。稽道，猶同道也。伊者，語詞，猶維也。《詩》言"道之云遠，何云能來"，孔子言道苟同，則雖遠而亦來。故曰："伊稽道，不其有來乎？"蓋借《詩》言而反之，若《唐棣》之詩矣。⊙于省吾曰：注説是也。俞樾以“稽首”爲“稽道”，非是。伊稽首，猶《孟子》之言：“若崩厥角，稽首。”趙注云：“百姓歸周，正言其歸順也。”“不其有來乎”，即“其有不來乎”之倒文也。（海案：“倒文”，原誤作“例文”，徑改之。）⊙包遵信曰：此段文字，疑是别處錯簡之文。⊙張覺曰：伊，此，指詩人。不，同否。⊙天海案：伊，是也，此也。其，他也。伊，即上文所吟詩懷人之人。其，即伊所懷之人。有，同又。張覺於“不”下斷句，譯爲“她磕頭了没有？他又回來了嗎”，緊承所引之《詩》，故於義爲長，可從之。



孔子觀於東流之水〔一〕。子貢問於孔子曰：“君子之所以見大水必觀焉者，是何〔二〕？”孔子曰：“夫水大徧與諸生而無爲也，似德〔三〕；其流也埤下，裾拘必循其理，似義〔四〕；其洸洸乎不淈盡，似道〔五〕；若有決行之，其應佚若聲響，其赴百仞之谷不懼，似勇〔六〕；主量必平，似法〔七〕；盈不求槩，似正〔八〕；淖約微達，似察〔九〕；以出以入，以就鮮絜，似善化〔一〇〕；其萬折也必東，似志〔一一〕。是故君子見大水必觀焉〔一二〕。”

孔子曰：“吾有恥也，吾有鄙也，吾有殆也〔一三〕。幼不能强學，老無以教之，吾恥之〔一四〕。去其故鄉，事君而達，卒遇故人，曾無舊言，吾鄙之〔一五〕。與小人處者，吾殆之也〔一六〕。”

孔子曰：“如垤而進，吾與之；如丘而止，吾已矣〔一七〕。”今學曾未如肬贅，則具然欲爲人師〔一八〕。

孔子南適楚，厄於陳、蔡之閒〔一九〕，七日不火食，藜羹不糂〔二〇〕，弟子皆有飢色。子路進問之曰：“由聞之：爲善者天報之以福，爲不善者天報之以禍。今夫子累德、積義、懷美，行之日久矣，奚居之隱也〔二一〕？”孔子曰：“由不識，吾語汝。汝以知者爲必用邪？王子比干不見剖心乎〔二二〕？女以忠者爲必用邪？關龍逢不見刑乎〔二三〕？女以諫者爲必用邪〔二四〕？吴子胥不磔姑蘇東門外乎〔二五〕？夫遇不遇者，時也；賢不肖者，材也；君子博學深謀不遇時者多矣！由是觀之，不遇世者衆矣〔二六〕！何獨丘也哉〔二七〕！且夫芷蘭生於深林，非以無人而不芳。君子之學，非爲通也〔二八〕，爲窮而不困，憂而意不衰也，知禍福終始而心不惑也〔二九〕。夫賢不肖者，材也；爲不爲者，人也〔三〇〕；遇不遇者，時也；死生者，命也。今有其人不遇其時，雖賢，其能行乎？苟遇其時，何難之有？故君子博學、深謀、修身、端行，以俟其時。”孔子曰：“由，居，吾語汝。昔晉公子重耳霸心生於曹〔三一〕，越王勾踐霸心生於會稽〔三二〕，齊桓公小白霸心生於莒〔三三〕。故居不隱者思不遠，身不佚者志不廣〔三四〕。女庸安知吾不得之桑落之下乎哉〔三五〕？”

子貢觀於魯廟之北堂〔三六〕，出而問於孔子曰：“鄉者，賜觀於太廟之北堂，吾亦未輟，還復瞻被九蓋皆繼，被有説邪？匠過絶邪〔三七〕？”孔子曰：“太廟之堂，亦常有説〔三八〕，官致良工，因麗節文〔三九〕，非無良材也，蓋曰貴文也〔四〇〕。”





## 【校釋】

〔一〕楊柳橋曰：高誘《吕氏春秋》注：“觀，游也。”⊙天海案：觀，觀賞也。楊説非。

〔二〕天海案：“是何”二字，巾箱三本作“何也”，《説苑》《家語》《初學記》用此文，皆作“何也”。

〔三〕楊倞注：徧與諸生，謂水能徧生萬物。爲其不有其功，似上德不德者。《説苑》作“遍予而無私者”。⊙王念孫曰：“徧與”上不當有“大”字，蓋涉上文“大水而衍”。據楊注則無“大”字明矣。《初學記》引此無“大”字，《大戴·勸學》《説苑·雜言》《家語·三恕》篇竝同。⊙劉師培曰：《御覽》引作“夫水柔也，而無爲也”，《事類賦》注七引作“夫水柔而無爲也”，雖係約引，然足證所據之本“而”上並有“柔”字，今本捝。⊙鍾泰曰：諸生，猶言羣生。與，予也。楊注以“生”爲動字，非也。⊙熊公哲曰：與，助也。爲，讀去聲，無爲，無所爲，謂不有其功也。⊙楊柳橋曰：徧與，謂普遍施與也。⊙李中生曰：“大”字並非衍字，而是倒字。原文當作“夫大水”。上下文皆云“見大水必觀焉”，可知今本“夫水大”當作“夫大水”，傳抄誤倒。⊙天海案：當作“夫大水”，李説是。徧與，猶遍施也。諸生，猶衆生。無爲，不求有所爲也。猶言不居功。

〔四〕楊倞注：埤，讀爲“卑”。裾，與倨同，方也。拘，讀爲“鉤”，曲也。其流必就卑下，或方或曲，必循卑下之理。似義者，無不循理也。《説苑》作“其流也卑下，句倨之也，情義分然者也”。⊙久保愛曰：今《説苑》與本注異也。⊙劉師培曰：《荀子》之“裾拘”，與匠人所言之磬折同，乃水形之一侈一歛，曲相抱合者也。楊注訓倨爲方，非也。⊙張覺曰：裾拘，通倨句，曲折。古代稍有曲折而呈鈍角者稱“倨”，曲折很大而呈鋭角者稱“句”，曲折成直角者則稱“矩”。⊙駱瑞鶴曰：今以爲此“理”字本謂水道。《外傳》卷三："夫水者緣理而行,不遺小間,似有智者。"與此文互相明。⊙天海案："必循其理"者,必循其水之流下,隨物賦形之事理者,故曰"似義"。駱訓"理"爲水道,似泥也。楊倞所引《説苑》與今本異,其或有所本,存其舊可也。盧校本依今本《説苑》改之,《集解》本亦從之,不妥也。

〔五〕楊倞注:洸,讀爲"滉"。滉,水至之貌。淈,讀爲"屈",竭也。似道之無窮也。《家語》作"浩浩無屈盡之期,似道"也。⊙王念孫曰:洸洸,當從《家語》作"浩浩",字之誤也。《初學記》引《荀子》正作"浩浩",則所見本尚未誤。《御覽·地部》二十三同。⊙王先謙曰:《説文》:"洸,水涌光也。"作"洸洸"義通,似不必改作"浩浩"。⊙劉師培曰:《事類賦注》七引作"其浩浩乎不屈,似有道"。與《初學記》引並同。⊙張覺曰:洸洸,通滉滉、潢潢,水勢浩大深廣的樣子。淈,通屈,竭盡。⊙駱瑞鶴曰:楊訓"洸"爲水至之貌,當不可易。古音洸近潢,故義即相通。《詩·大雅·江漢》:"江漢湯湯,武夫洸洸。"毛傳:"洸洸,武貌。"蓋以大水涌至不竭以譬武夫之勇,故毛公以武貌言之。然則洸洸、滉滉、潢潢、浩浩,義皆同耳。⊙天海案:《初學記》引孫卿子作"浩浩乎不居,似有道"。義似長。

〔六〕楊倞注:決行,決之使行也。佚,與逸同,奔逸也。若聲響,言若響之應聲也。似勇者,果於赴難也。⊙王念孫曰:奔逸與聲響,義不相屬,楊説非也。佚,讀爲呹。呹,疾貌也。言其相應之疾,若響之應聲也。古無"呹"字,故借"佚"爲之耳。⊙高亨曰:佚,疑借爲"泆"。《説文》:"泆,水所蕩泆也。"此就水言,當用"泆"字,王説未諦。⊙天海案:《説苑》作"其赴百仞之谷不疑,似勇"。《家語》作"流行赴百仞之嵠而不懼,此似勇"。《初學記》引作"其延萬仞之谷不懼,似勇"。文皆小異。正文及注"響"字,諸本並作"嚮",誤也。"百仞",巾箱三本作"千仞"。

〔七〕楊倞注:主,讀爲注。量,謂阬受水之處也。言所經阬坎,注必平之然後過,似有法度者均平也。⊙久保愛曰:《家語》作"至量必平",是也。⊙劉師培曰:《大戴·勸學篇》"主"作"此",《説苑·雜言篇》作"至"。⊙鍾泰曰:主量,謂以水爲準也。主,當如本字,不讀爲注。⊙楊柳橋曰:《説文》:"法,刑也。平之如水。"⊙天海案:此句《説苑》作"至量必平,似正"。《家語》作"至量必平之,此似法"。主,通注。楊注義長。

〔八〕楊倞注:槩,平斗斛之木也。《考工記》曰"槩而不稅",言水盈滿則不待槩而自平,如正者不假於刑法之禁也。⊙天海案:不求,不需也,不用也。言水盈滿而自平,無須以概平之,故曰"似正"。《説苑》作"盈不求概,似度"。《家語·三恕》作:"盛而不求概,此似正。"

〔九〕楊倞注:淖,當爲綽。約,弱也。綽約,柔弱也。雖至柔弱,而浸淫微通達於物,似察者之見細微也。《説苑》作"綽弱微達"。⊙鍾泰曰:淖約,猶浸潤也。惟浸潤故微達,此與《莊子》"淖約若處子"之訓不同。不得引彼解此。⊙天海案:淖約,

《説苑》作“綿弱”,《家語》作“綽約”。綿、淖,皆綽之形誤也。綽約,水柔弱貌,楊注不誤,鍾説非。微達者,暗通也,故曰“似察”。《説文》:“微,隱行也。”

〔一〇〕楊倞注:言萬物出入於水,則必鮮絜,似善化者之使人去惡就美也。《説苑》作“不清以入,鮮絜以出”也。⊙久保愛曰:絜,與潔同。⊙駱瑞鶴曰:就,訓遂,訓成。此言“以出以入”,猶言以往以來。言水之西來東往,流行不輟,因而成就其新鮮淨潔之性,如此則似善於變化者也。化,謂日日進學而化成其德之事。⊙天海案:《説苑》作“包蒙不清以入,鮮潔以出,似善化”。《家語》作“以出以入,萬物就此化潔,此似善化也”。《初學記》引作“以出以入就潔,似善”。楊注得其指,駱説迂曲也。“以就”之“以”,巾箱三本無。

〔一一〕楊倞注:折,縈曲也。雖東西南北,千萬縈折不常,然而必歸於東,似有志不可奪者。《説苑》作“其折必東也”。⊙劉師培曰:《初學記》《事類賦》注及《御覽》並引作“發源必東”,與此不同。或“必”上有“挩”字,此疑後人據《大戴》《家語》所改,楊注本之。⊙天海案:正文“折”字,原誤作“拆”,此據諸本及楊注正之。“似志”,《説苑》作“似意”。《家語》作“發源必東,此似志”。

〔一二〕天海案:此節之文,又見《大戴記·勸學篇》《説苑·雜言篇》《家語·三恕篇》,《初學記》亦引之,文各有異。

〔一三〕熊公哲曰:恥,中心内愧。鄙,卑賤。殆,危也。

〔一四〕楊倞注:無才藝以教人也。⊙天海案:强學,勉力勤學。

〔一五〕楊倞注:舊言,平生之言。卒,倉忽反。⊙天海案:卒,通猝,突然。舊言,叙舊之言。無舊言,謂其忘本也,故鄙之。

〔一六〕天海案:句末“也”字,巾箱三本無。《家語》作“與小人處而不能親賢”。

〔一七〕久保愛曰:已,亦止也。垤,音“絰”。⊙熊公哲曰:《説文》“垤,蟻封,蓋小土阜也”。與,猶許也。丘,《説文》“土之高也”,引申之爲陵,爲山。《脩身篇》:“累土而不輟,丘山崇成。”⊙天海案:垤,蟻穴之小土堆。與,通豫,樂也。《儀禮·鄉射禮》“賓不與”,鄭注“古文與作豫”。《論語》:“子曰:譬如爲山,未成一簣,止,吾止也;譬如平地,雖覆一簣,進,吾往也。”其義當與此文同。

〔一八〕楊倞注:肬贅,結肉也。《莊子》曰“以生爲負贅懸肬”。肬,音“尤”。具然,自滿足之貌也。⊙盧文弨曰:此條舊不提行,今案當分段。下兩條同。

〔一九〕熊公哲曰:適,往也。《論語》所記“在陳絶糧”,即此時也。詳見《史記·孔子世家》,事在魯哀公之六年。⊙天海案:戹,困也。孔子困於陳、蔡間之事,又見《莊子·讓王篇》《山木篇》,《吕氏春秋·慎人篇》《任數篇》,《外傳》卷七,《説苑·雜言篇》,《家語·在戹篇》,《墨子·非儒篇》,《論衡·知實篇》。事同而文各異。

〔二〇〕楊倞注:糂,與糝同,蘇覽反。⊙豬飼彦博曰:糂,當作“煁”,言不煮於竈也。⊙梁啓超曰:糂,當作“堪”。⊙天海案:不火食,不熟食也。藜羹,野菜之羹。

不糂，無米和之。《説文》："糂，以米和羹也，一曰粒也。从米，甚聲。糣，籀文糂从朁；糁，古文糂从參。"

〔二一〕楊倞注：隱，謂窮約。⊙劉師培曰：隱，亦痛苦之義。見上《議兵篇》"隱之以阸"條。⊙天海案：懷美，心懷美志。隱，窮困也。《左傳》昭二十五年："政自之出久矣，隱民多取食焉。"杜注："隱約窮困。"

〔二二〕天海案：荀書屢言"紂刳比干"、"比干剖心"。"剖心"事凡八見。始見《書·泰誓》"剖賢人之心"《傳》，又見《莊子·盜跖》："子胥沈江，比干剖心。"

〔二三〕天海案：關龍逄，已見《解蔽篇》。逄，一作"逢"。

〔二四〕天海案：女，諸本作汝；諫上有爲字；邪作耶。

〔二五〕楊倞注：磔，車裂也。姑蘇，吴都名也。⊙俞樾曰：案子胥不被車裂之刑，楊注非是。《漢書·景帝紀》"改磔曰棄世"，師古注曰："磔，謂張其尸也。"當從此訓。⊙劉師培曰：此爲孔子阸陳、蔡時所言，時子胥尚未死，蓋孔子反魯後追言之也。⊙天海案：吴子胥，諸本皆作伍子胥，《外傳》《説苑》《家語》並同。此句《外傳》作"伍子胥何爲抉目而懸吴東門"，《説苑》略同，《家語》則作"伍子胥不見殺"。

〔二六〕俞樾曰："由是觀之"四字，當在"君子博學深謀"句上。⊙天海案："不遇時者"之"者"字，巾箱三本無。

〔二七〕陶鴻慶曰：此文本云："由是觀之，不遇世者何獨丘也哉！"今本衍"衆矣"二字耳。⊙劉師培曰："不遇世者衆矣"句，疑涉上文而衍。⊙天海案：依文理推之，原文當作"由是觀之，何獨丘也哉"！"不遇世者衆矣"一句疑衍。劉説是也。正文"丘"下，巾箱三本無"也"字。

〔二八〕楊倞注：不爲求通。⊙天海案：通者，仕宦通達也。

〔二九〕楊倞注：皆爲樂天知命。⊙久保愛曰："衰也"之"也"恐衍。

〔三〇〕楊倞注：爲善不爲善，在人也。⊙天海案：爲不爲者，猶言做與不做。

〔三一〕楊倞注：重耳，晉文公名。亡過曹，曹恭公聞其駢脅，使其裸浴，薄而觀之。公因此激怒而霸心生也。⊙天海案：《説苑》作"晉文霸心生于驪氏"。《吕覽》及《風俗通》皆云"文公得之曹"。《家語》則作"霸心生於曹、衛"。

〔三二〕楊倞注：謂以甲盾五千棲於會稽也。⊙久保愛曰：吴王夫差敗越于夫椒，遂入越。越王句踐以甲楯五千保于會稽，使大夫種行成。後越反伐吴而滅之，遂霸諸侯。詳見《春秋·左氏傳》及《國語》。會稽山名。句，古侯反。會，古外反。

〔三三〕楊倞注：小白，齊桓公名。齊亂，奔莒，蓋亦爲所不禮。⊙久保愛曰：桓公無不見禮之事，爲喪亡立志也。⊙天海案：莒，春秋時諸侯國名。在今山東莒縣。

〔三四〕楊倞注：佚與逸同，謂奔竄也。《家語》作"常逸者"。⊙鍾泰曰："身不佚"，"不"字涉上文而衍。當作"身佚者志不廣"，佚謂安佚也。居不隱、身佚，正一義。⊙梁啓雄曰：佚，即《孟子·公孫丑》"遺佚而不怨"之"佚"。⊙裴學海曰：者，猶則也。⊙天海案：隱，《説苑》作幽；佚，作約；志，作智。此二句《家語》作"故居下而無憂者，則思不遠；處身而常逸者，則志不廣"。佚，通逸，指奔逸、逃逸也，非謂安逸。晉文、齊桓皆出亡而後霸者，楊注不可移，他説非也。

〔三五〕楊倞注：桑落，九月時也。夫子當時蓋暴露，居此樹之下。⊙盧文弨曰：正文"桑落之下"下，宋本有"乎哉"二字，今案可省。⊙郝懿行曰：桑落，"索郎"反語也。索，言蕭索；郎，言郎當；皆謂困窮之貌。⊙孫詒讓曰：落，即椕之借字。《文選·西京賦》李注云："落，猶籬也。"此"桑落"，亦謂以桑木爲籬，猶云"枳落"也。⊙劉師培曰：桑落，蓋地名也。其地多桑，故曰"桑落"。⊙裴學海曰：庸，猶何也。⊙梁啓雄曰：《釋詞》三："庸，猶安也，詎也。"⊙楊柳橋曰：桑落之下，蓋雙關語，猶言即死之後也。蓋謂將得志於後世也。⊙駱瑞鶴曰：桑，與喪同，或借爲喪字。喪，失也。喪落之下，猶言失落之時耳。⊙天海案：句末"乎哉"二字諸本無。此句《説苑》作"庸知而不遇之"。《家語》作"庸知其終始乎"。庸，安也。"庸安"復詞，猶"豈"也。"桑落"一詞，楊注望文生義，不得其旨。諸説迂曲難通。推此文之意，孔子語子路今雖不遇，豈知不遇之桑落之下乎？頗疑"落"乃"蔭"之字誤也。"桑蔭之下"，乃相知相遇之常典。《戰國策·趙策》云："昔者，堯見舜於草茅之中，席隴畝而蔭庇桑，蔭移而受天下。"《説苑·尊賢篇》："堯、舜相是，不違桑蔭。"《三國志·魏志·文帝紀》裴松之注引《獻帝傳》："舜受大麓，桑蔭未移而已陟帝位。"《抱朴子·清鑒篇》："文王之接吕尚，桑蔭未移而知其足師也。"堯知遇舜於桑蔭之下，乃孔子向往之事，故有此言以自慰也。又，此節之文，《外傳》《説苑》《家語》皆用之，而詳於此，可參見之。

〔三六〕盧文弨曰：舊本不提行，今案當分段。⊙郝懿行曰：《詩》云"焉得諼草，言樹之背"，背，北堂也。北堂，人所居，廟有北堂，亦所以居主。⊙天海案：此節之文，《家語·三恕》用之，小異。

〔三七〕楊倞注：北堂，神主所在也。輟，止也。九，當爲北，傳寫誤耳。被，皆當爲彼。蓋，音"盍"，户扇也。皆繼，謂其材木斷絶，相接繼也。子貢問北盍皆繼續，彼有説邪？匠過誤而遂絶之也？《家語》作"北蓋皆斷"，王肅云："觀北面之蓋，皆斷絶也。"⊙傅山曰："匠過絶"，又似謂匠之技過于巧絶耶！⊙王念孫曰：繼，與輟、説、絶，韻不相協，"繼"當爲"㡭"，字之誤也。《説文》"㡭，古文絶。"正與輟、説、絶爲韻。今本"㡭"作"繼"，則既失其韻，而又失其義矣。楊云"皆繼，謂材木斷絶，相接繼"，非也。接繼與斷絶正相反。下文云"匠過絶邪"，則此文不作"繼"甚明。《家語》作"北蓋皆斷"，斷，亦絶也。⊙于鬯曰：廟後之寢亦爲九室之制。在廟後，故謂之北堂。每室有闔，有九室，自然有九闔矣。⊙楊柳橋曰：作繼、作斷，均可通。言繼，則斷寓其中矣。繼者，謂接斷木以爲門也。九蓋者，九扇門也。還復，反復也。⊙張覺曰：被，通彼。蓋，通闔，門。九蓋，九門。古代天子廟堂設有九門，即南面三門,東、西、北面各二門。周公之廟堂當也如此。⊙天海案:鄉,通向。太廟,天子祖廟。春秋時,魯之周公之廟亦稱太廟。"吾亦未輟",巾箱三本作"未既輟";"瞻"下"被"字無。"九蓋"下,巾箱本、題注本有"被"字,遞修本有"彼"字;"繼"下,巾箱三本有"耶"字。"繼"下"被"字,諸本皆作"彼";二"邪"字,明世本、《四庫》本並作"耶"字。今案:二被字皆通彼。蓋者,房蓋也。九蓋皆繼,謂所有房頂皆相連接也。"匠過絶",工匠過於絶巧也。下文云"官致良工,因麗節文",正言匠之絶巧也。傅山之説是也。楊倞改"九"爲"北",讀"蓋"爲"盍",皆非也。

〔三八〕楊倞注:言舊曾説,今則無也。⊙王念孫曰:嘗,讀爲"當"。下文"蓋曰貴文也",正申明亦當有説之意。楊訓"嘗"爲"曾",失之。⊙久保愛曰:本注"説"上當補"有"字。⊙天海案:"亦常有説",巾箱三本作"亦未嘗有説"。有"未"字誤也。常,通嘗,曾也,楊注不誤。"亦曾有説",謂其曾有説也,然則非今無説也。楊注亦未洽。王説非。

〔三九〕楊倞注:致,極也。官致良工,謂初造太廟之時,官極其良工,工則因隨其木之美麗節文而裁製之,所以斷絶。《家語》作"官致良工之匠,匠致良材,盡其功巧,蓋貴文也"。⊙王念孫曰:麗,非美麗之謂。麗者,施也。言因良材而施之以節文也。⊙楊柳橋曰:致,猶授意也。官致良工,謂官授意於良工也。⊙天海案:致,致意也。"因麗節文",麗,通儷。儷者,成雙成對也。廟重對稱,故曰"儷"。因儷節文,謂因太廟對稱之美而制裁其材之文飾。楊注未得,王説亦非。

〔四〇〕楊倞注:非無良材大木,不斷絶者,蓋所以貴文飾也。此蓋明夫子之博識也。⊙傅山曰:如此説,則"過絶"非誤絶之矣,是技之過于絶巧者也。⊙天海案:曰,猶爲也。説見《釋詞》。

# 子道篇第二十九〔一〕

入孝出弟,人之小行也〔二〕;上順下篤,人之中行也〔三〕;從道不從君,從義不從父,人之大行也。若夫志以禮安,言以類使,則儒道畢矣〔四〕,雖舜不能加毫末於是也〔五〕。孝子所以不從命有三:從命則親危,不從命則親安,不從命乃衷〔六〕;從命則親辱,不從命則親榮,孝子不從命乃義;從命則禽獸,不從命則脩飾,孝子不從命乃敬〔七〕。故可以從而不從,是不子也;未可以從而從,是不衷也。明於從不從之義,而能致恭敬、忠信、端慤以慎行之,則可謂大孝矣。傳曰:"從道不從君,從義不從父。"此之謂也〔八〕。故勞苦彫萃而能無失其敬〔九〕,

災禍患難而能無失其義，則不幸不順見惡而能無失其愛〔一〇〕，非仁人莫能行。《詩》曰："孝子不匱"，此之謂也〔一一〕。

魯哀公問於孔子曰："子從父命，孝乎？臣從君命，貞乎？"三問，孔子不對〔一二〕。孔子趨出，以語子貢曰："鄉者，君問丘也，曰：'子從父命，孝乎？臣從君命，貞乎？'三問而丘不對，賜以爲何如？"子貢曰："子從父命，孝矣；臣從君命，貞矣；夫子有奚對焉？"〔一三〕孔子曰："小人哉，賜不識也！昔萬乘之國有爭臣四人，則封疆不削〔一四〕；千乘之國有爭臣三人，則社稷不危〔一五〕；百乘之家有爭臣二人，則宗廟不毁〔一六〕。父有爭子，不行無禮；士有爭友，不爲不義〔一七〕。故子從父，奚子孝？臣從君，奚臣貞？審其所以從之之謂孝、之謂貞也〔一八〕。"



【校釋】

〔一〕天海案：本篇開端即論爲子之道，主張"從道不從君，從義不從父"乃"人之大行"之觀點。並以孝子三不從命爲大孝、爲仁人，反對愚忠、愚孝，肯定爭子、爭臣，是從根本上充實和豐富了儒家忠、孝、仁、義之學説。然而由此也使歷代封建專制者扼腕，故荀子其人其書倍受冷落。本篇還通過孔子與弟子子路之對話，闡述了荀子爲人處世及治學之道，至今仍有借鑒意義。劉向原目爲篇第二十五。

〔二〕楊倞注：弟與悌同，謂自卑如弟也。⊙久保愛曰：夫子亦云："弟子入則孝，出則弟。"⊙駱瑞鶴曰：然入孝出悌，孝悌之始，當以漢人所稱互文之法解之，即謂出入皆孝悌也。⊙天海案：行，德也。《論語·學而》："有子曰：'孝弟也者，其爲仁之本與。'"

〔三〕楊倞注：上順從於君父，下篤愛於卑幼。

〔四〕楊倞注：志安於禮，不妄動也。言發以類，不怪説也。如此則儒者之道畢矣。⊙物雙松曰："儒道"始見。⊙冢田虎曰：言以類使，"使"字可疑，恐當爲"發"字。⊙盧文弨曰："言以類使"，元刻作"言以類接"。⊙楊柳橋曰：《爾雅》："類，善也。"⊙熊公哲曰：類，法也，條貫也；言以類使，元刻"使"作"接"，於義爲長。⊙北大組曰：使，用，推理。⊙駱瑞鶴曰：使，猶言作，作則發也。⊙天海案："使"字，錢佃稱諸本作"接"。巾箱三本亦作"接"，非也。畢者，盡也。

〔五〕天海案：句末"也"字，諸本並作"矣"。

〔六〕楊倞注：衷，善也。謂善發於衷心矣。⊙冢田虎曰：衷，即"中"字。今所謂衷者，盡中心之謂也。⊙郝懿行曰：衷者，善也。從義不從命，乃爲善也。⊙俞樾曰：衷與忠通。言孝子之不從命，乃其忠也。下文"乃義"、"乃敬"，忠與義、敬正一律，作衷者，假字耳。⊙天海案：衷，誠也。爲親安而不從命，乃真誠之心也。《成相篇》"欲衷對，言不從"，楊倞注："衷，誠也。"是其證。正文"親安"下，諸本皆有"孝子"二字，《治要》録此文亦有，可據補。



〔七〕楊倞注：從命則陷身於禽獸之行，不從命則使親爲脩飾。君子不從命，是乃敬親。⊙久保愛曰：本注"君子"當作"孝子"。⊙王先謙曰："乃衷"、"乃義"、"乃敬"下，《羣書治要》皆有"也"字。⊙熊公哲曰：《孝經》："父有爭子，則身不陷於不義。故當不義則爭之。"而況可從之乎？⊙天海案：飾，通飭。脩飭者，品行整飭也。

〔八〕天海案：不子，不行子道。不衷，不忠誠。此以上之文，《治要》録之，大同而小異。

〔九〕楊倞注：彫，傷也。萃，與顇同。雖勞苦彫顇，不敢解惰失敬也。⊙物雙松曰：萃，悴通。⊙天海案：彫萃，猶憔悴。音相通也。

〔一〇〕楊倞注：不幸以不順於親而見惡也。⊙冢田虎曰：疑"不順"當作"而雖"與？⊙久保愛曰："則"字衍。⊙王念孫曰：則與即同，説見《釋詞》。⊙梁啓雄曰：《廣雅·釋言》："則，即也。"⊙北大組曰：即使不幸遇到父母對自己不順心，而被他們所厭惡的時候。⊙李中生曰：此"順"，當用《修身篇》"以善和人謂之順"所釋。以善和人，即能寬容人。即使不幸不被父母寬容，而遭他們討厭時，仍能不失去對父母的敬愛。⊙天海案：順者，和順也。《易·豫》"聖人以順動"，孔疏："若聖人和順而動，合天地之德。"《詩·鄭風·女曰鷄鳴》"知子之順之，雜佩以問之"，鄭箋："順，謂與己和順。"《禮·中庸》："父母其順矣乎？"孔疏："謂父母能以教令行乎宗室，其和順矣乎。"不幸不順見惡，謂不幸不和於父母而遭厭惡也。楊注未了。李引《修身篇》正以"和"訓"順"，然則以寬容轉訓之則非。

〔一一〕熊公哲曰：匱，竭也。所引《詩》，見《大雅·既醉篇》。言孝子之對於其親，無時無事而不敬愛，無或竭盡之時。⊙天海案：《左傳》隱公元年引此《詩》，楊伯峻注曰："言孝子爲孝，無有竭盡時。"是也。又，此下原文未分段，現依文意分之。

〔一二〕楊倞注：不敢違哀公之意，故不對。⊙冢田虎曰：注非也。既謂子貢曰："小人哉！"此君子固不須問而宜知之義也，故不對而已。若以爲不敢違公之意，乃不所謂不貞乎？⊙久保愛曰：哀公失其問，故不對。例見于《哀公篇》。⊙天海案：《家語·三恕篇》用此文，作"子貢問孔子"，文小異。

〔一三〕盧文弨曰：有，讀爲"又"。⊙久保愛曰：有奚對焉？猶言"何有於對"，言易對也。⊙天海案："有奚對焉"，猶言"又何必回答他呢"。此謂子貢自以爲易對而告夫子何必對之。

〔一四〕久保愛曰：《家語》作"昔者明王萬乘之國，有爭臣七人，則主無過舉"。

王肅曰"天子有三公四輔，主諫争以救其過失也。四輔：前曰疑，後曰丞，左曰輔，右曰弼"也。

〔一五〕久保愛曰：《家語》"三人"作"五人"。孔安國《孝經》傳曰："五人，謂天子所命之孤卿及國之三卿與大夫也。"

〔一六〕久保愛曰：《家語》"二人"作"三人"。孔安國《孝經》傳曰："三人，謂家相、宗老、側室也。"⊙天海案："家"，巾箱三本作"國"。"毁"，錢佃云："諸本作輟。"巾箱三本亦作"輟"。"宗廟不毁"，《家語》作"禄位不替"。

〔一七〕熊公哲曰：争，《説文》"引也"，段注："凡言争者，謂引之使歸於己也。"蓋義同諫諍之諍。⊙天海案：不行無禮，《家語》作"不陷無禮"；不爲不義，《家語》作"不行不義"。

〔一八〕楊倞注：審其可從則從，不可從則不從也。⊙天海案：奚子孝，《家語》作"奚詎爲孝"；奚臣貞，《家語》作"奚詎爲貞"；"審"，明也。"所以從"下，《家語》少一"之"字。從之，從父、從君之理。"之謂孝"、"之謂貞"，二"之"字，猶"是"也。説見《詞詮》。此下原文未分段，現依文意分之。

子路問於孔子曰："有人於此，夙興夜寐，耕耘樹藝，手足胼胝，以養其親，然而無孝之名，何也〔一〕？"孔子曰："意者身不敬與？辭不遜與？色不順與〔二〕？古之人有言曰：'衣與，繆與，不女聊〔三〕。'今夙興夜寐，耕耘樹藝，手足胼胝，以養其親，無此三者，則何以爲而無孝之名也〔四〕？"孔子曰："由，志之，吾語汝：雖有國士之力，不能自舉其身，非無力也，勢不可也〔五〕。故入而行不脩，身之罪也；出而名不章，友之過也〔六〕。故君子入則篤行，出則友賢，何爲而無孝之名也〔七〕！"

子路問於孔子曰："魯大夫練而牀，禮邪？"孔子曰："吾不知也〔八〕。"子路出，謂子貢曰："吾以夫子爲無所不知，夫子徒有所不知〔九〕。"子貢曰："女何問哉？"子路曰："由問魯大夫練而牀，禮邪？夫子曰：'吾不知也。'"子貢曰："吾將爲汝問之。"子貢問曰："練而牀，禮邪？"孔子曰："非禮也。"子貢出，謂子路曰："女謂夫子爲有所不知乎〔一〇〕？夫子徒無所不知。汝問非也。禮，居是邑不非其大夫〔一一〕。"

子路盛服見孔子。孔子曰："由，是裾裾何也〔一二〕？昔者江出於憋山，其始出也，其源可以濫觴〔一三〕，及其至江之津也，不放舟，不避風，則不可涉也〔一四〕。非唯下流水多邪〔一五〕？今汝衣服既盛，顔色充盈〔一六〕，天下且孰肯諫汝矣？由〔一七〕！"子路趨而出，改服而入，蓋猶若也〔一八〕。孔子曰："志之，吾語女：奮於言者華，奮於行者伐，色知而有能者，小人也〔一九〕。故君子知之曰知之，不知曰不知，言之要也；能之曰能之，不能曰不能，行之至也〔二〇〕。言要則知，行至則仁。既知且仁，夫惡有不足矣哉〔二一〕！"

子路入。子曰："由，知者若何？仁者若何？"子路對曰："知者使人知己，仁者使人愛己。"子曰："可謂士矣〔二二〕。"子貢入。子曰："賜，知者若何？仁者若何？"子貢對曰："知者知人，仁者愛人。"子曰："可謂士君子矣〔二三〕！"顔淵入。子曰："回，知者若何？仁者若何〔二四〕？"顔淵對曰："知者自知，仁者自愛。"子曰："可謂明君子矣〔二五〕！"

子路問於孔子曰："君子亦有憂乎？"孔子曰："君子，其未得也，則樂其意〔二六〕；既已得之，又樂其治〔二七〕。是以有終身之樂，無一日之憂。小人者，其未得也，則憂不得；既已得之，又恐失之。是以有終身之憂，無一日之樂也〔二八〕！"

【校釋】

〔一〕楊倞注：樹，栽植。藝，播種。骿，謂手足勞。骿，併也。胝，皮厚也。胝，丁私反。⊙久保愛曰：胼，亦皮厚也。手曰胼，足曰胝。⊙楊柳橋曰：手足胼胝，猶言手足重趼也。⊙天海案：《墨子·非樂》上："農夫蚤出暮入，耕稼樹藝……婦人夙興夜寐，紡績織紝。"《莊子·讓王》："曾子居衛……手足胼胝。"

〔二〕熊公哲曰：意者，猶或者。敬，謂誠。遜，謙順也。⊙天海案：身，行爲。敬，恭敬。辭，言語。遜，謙卑。色，氣色、表情。順，和悦。三"與"，皆"歟"。

〔三〕楊倞注：繆，紕繆也。與，讀爲"歟"。聊，賴也。言雖與之衣，而紕繆不精，則不聊賴於汝也。或曰：繆，綢也。言雖衣服我，綢繆我，而不敬不順，則不賴汝也。《韓詩外傳》作"衣予，教予"，《家語》云："人與己不順，欺也。"王肅曰："人與己事實通不相欺也。"皆與此不同也。⊙盧文弨曰：案今《外傳》九作"衣歟，食歟，曾不爾即"。"即"疑"聊"之譌。此云"教予"，疑是"飲予"之譌。今《家語·困誓篇》作

"人與,己與,不汝欺與",此所引亦不同。⊙劉師培曰:盧説近是。此文與下文"今夙興夜寐"四語相應,言古人衣食二端均屬自謀,無賴於人。今孝子耕耘樹藝以養其親,則是兼爲親謀衣食也。從來注家均不明此義。又盧氏謂《外傳》舊本"教"字當作"飲",則此文"繆"字或亦"醪"字之訛。竊疑此二語本佚《詩》,其易"食"爲"醪"者,則以與"聊"字叶韻之故。醪爲有汁滓之酒,見《説文》。⊙楊柳橋曰:衣,疑借爲"哀",實借爲"愛"。繆,疑借爲"謬"。"衣歟,繆歟,不女聊",蓋子怨親之辭,謂父母愛之,亦所以誤之,故不聊賴於其父母也。此蓋古有如此不孝子之言也。⊙天海案:繆,通醪。上古"繆"屬明母幽部,"醪"屬來母幽部。來、明爲邊音鄰紐,二字又同韻,故有可通之理。醪爲飲料,可代爲食。劉説是也。"不女聊",猶言"無不依賴汝"。此言父母之衣食,没有不依賴於子女的。然而若無身敬、辭遜、色順三者,亦無孝順之名也。諸説皆未悟"不"之"無不"之義,故不得其解。

〔四〕王念孫曰:"以"字衍。《外傳》無"以"字,下文"何爲而無孝之名也",亦無"以"字。又案:《外傳》此句下有"意者所友非仁人邪"一句,玩本書亦似當有此句。下文"雖有國士之力"四句,正承此句而言。若無此句,則與下文不相應也。⊙陶鴻慶曰:此當爲子路問辭。⊙天海案:"何以爲",當作"何爲",反詰之也。"以"字衍,王説是。然《家語》作"今盡力養親,而無三者之闕,何謂無孝之名乎",與《外傳》又不同,亦無"意者所友非仁人邪"一句,不當以彼律此。王説未妥。

〔五〕楊倞注:國士,一國勇力之士。⊙熊公哲曰:由,子路名。此呼其名而丁寧之也。志之,謂謹記之也。古或借識爲志。國士,全國推仰之士。⊙天海案:國士,楊注是。此以力言,熊説非。

〔六〕天海案:身,己也。章,彰明也。《家語》作"夫内行不修,身之罪也;行修而名不彰,友之罪也"。

〔七〕天海案:篤行,專心實行。友賢,親近賢人。此下原文未分段,現依文意分之。又,此節之文,《外傳》九用之,略異《家語·困誓篇》亦用之,文小異。

〔八〕楊倞注:練,小祥也。《禮記》曰"期而小祥,居堊室,寢有席";又"期而大祥,居復寢,中月而禫,禫而牀"也。⊙熊公哲曰:練,父母之喪,小祥禮也。禫,除服祭也。堊,以白塗室。牀,卧具。期,一年也。⊙天海案:練,本指熟絲帛,後練治之麻布亦稱練。後因父母之喪一年後小祥之祭所服練冠、練衣,故小祥之祭亦稱練。古代喪禮,居父母之喪,在服三年内(實際二十七個月)不得睡於牀。"練而牀",即在小祥祭奠時睡於牀,非禮也。

〔九〕王先謙曰:《華嚴經音義下》引劉熙云:"徒,猶獨也。"⊙梁啓雄曰:《釋詞》六:"徒,乃也。"⊙熊公哲曰:徒有,猶間有也。⊙天海案:徒,猶"自"。《吕氏春秋》:"劍不徒斷,車不自行。"徒、自互文,"徒"猶"自"也。説見徐仁甫《廣釋詞》。"徒有所不知",自有所不知也。

〔一〇〕久保愛曰：謂，當作“以”。上文作“以”。

〔一一〕楊倞注：懼於訕上。⊙久保愛曰：《家語》“邑”作“國”。

〔一二〕楊倞注：裾裾，衣服盛貌。《説苑》作“襜襜”也。⊙物雙松曰：《通雅》曰：“裾裾，猶褎褎。褎，即‘袖’字。班固用褎褎，皆以裾袖重言之，以見其威儀之盛。”此古人下字法。⊙冢田虎曰：裾裾，《家語》作“倨倨”。倨倨，驕傲之貌。⊙盧文弨曰：見《説苑·雜言篇》。又案：《外傳》三作“疏疏”，《家語·三恕篇》作“倨倨”。⊙劉師培曰：此“裾”亦當作“倨”。《説文》：“倨，不遜也。”是倨爲驕傲之意。⊙天海案：裾裾，通楚楚。裾，上古屬見母魚部；楚，屬初母魚部。見、初鄰紐，又同魚韻，故裾、楚二字可通。楚楚，服飾鮮明貌。《詩·曹風·蜉蝣》：“蜉蝣之羽，衣裳楚楚。”《毛傳》：“楚楚，鮮明貌。”上言“盛服”，此言“楚楚”，正以鮮明華美形容之。猶今之言“衣冠楚楚”也。楊注未了，諸説皆未得。

〔一三〕久保愛曰：“昔者”二字，《家語》作“夫”，是也。⊙熊公哲曰：觴，可以盛酒者。濫，氾也。濫氾一觴，言其微也。⊙楊柳橋曰：慜山，即岷山。《尚書·禹貢篇》“岷山導江”。⊙天海案：慜山，即岷山。在四川松潘縣北，綿延川、甘兩省邊境，爲長江、黄河分水嶺。古人以爲長江之源。《外傳》三作“濆”，《説苑》作“岷山”、《家語》同《説苑》，《類聚》引此文又作“汶山”。屈守元曰：“岷、慜、汶、濆，古皆相通，指山名也。”且《荀子》諸本多作“岷山”。

〔一四〕楊倞注：放，讀爲“方”。《國語》曰“方舟投柎”，韋昭曰：“方，並也。編木爲柎。”《説苑》作“方舟”。方，柎也。《詩》曰“方之舟之”。⊙劉師培曰：《類聚》及《御覽》《事類賦注》並引作“方舟”。⊙熊公哲曰：津，水盛可渡處也。⊙楊柳橋曰：放舟，與“避風”對文。《廣雅》：“放，置也。”放舟，謂用舟也。《説苑》作“方舟”。鄭玄《尚書》注：“方，放也。”⊙天海案：放舟，《外傳》《説苑》《類聚》皆作“方舟”，《家語》作“舫舟”。方、放二字通。然此文“不放舟”、“不避風”文意相承，謂江之津水大，不行舟、行舟不避風，則不可渡也。楊注訓讀爲“方”，釋以“並舟”，非也。“放舟”，讀如字，楊柳橋説是也。楊注引《國語》“投柎”，盧校依今《齊語》改之，不可從。

〔一五〕楊倞注：唯，與維同。言豈不以下流水多，故人畏之邪？言服盛色厲亦然也。《説苑》作“非下衆非之多乎”。⊙盧文弨曰：今《説苑》作“非唯下流衆川之多乎”。⊙天海案：《外傳》作“非其衆川之多歟”。

〔一六〕楊倞注：充盈，猛厲。⊙裴學海曰：既，一爲“太”之義。⊙熊公哲曰：充盈，驕矜貌。⊙天海案：充盈，洋洋自得之貌。楊注四字原在“諫汝矣”句下，現移上。正文“衣”字，諸本無。

〔一七〕楊倞注：告之畢，又呼其名，丁寧之也。⊙俞樾曰：楊注非是。此“由”字當在下文“孔子曰”之下，“由志之”三字連文。⊙天海案：楊注甚是，《論語》亦有結語呼名之句法。俞説泥也。

〔一八〕楊倞注：猶若，舒和之貌。《禮記》曰“君子蓋猶猶爾”也。⊙天海案：《外傳》“猶如”作“揖如”（沈本），《説苑》作“自如”，《家語》作“自若”。猶若，同猶然。《逸周書·官人》“喜色猶然以出”，孔晁注：“猶然，舒和貌。”

〔一九〕楊倞注：奮，振矜也。色知，謂所知見於顔色。有能，自有其能。皆矜伐之意。⊙俞樾曰：《外傳》作“慎於言者不譁，慎於行者不伐”，當從之。華，即譁之省文。兩“奮”字，皆“昚”字之誤，乃古文“慎”字也。“昚”字誤爲“奮”，則奮於言行，不能謂之不華不伐矣，於是又删去兩“不”字耳。楊氏據誤本作注，非也。⊙劉師培曰：今考《説苑·雜言篇》《家語·三恕篇》並與此同。《説苑》“奮”作“賁”，音義亦略相符。又《家語》王注云“矜於行者自伐其功”，則本書此文亦非譌捝，不必改從《外傳》也。⊙高亨曰：華，借爲“誇”。《説文》：“誇，譀也。”《外傳》作“譁”，亦借爲誇。華、誇，古通用。⊙于省吾曰：而，猶如也，詳《釋詞》。言色知如有能者，小人也。⊙熊公哲曰：有，猶恃也。有能，自恃有能，亦驕伐也。⊙張覺曰：而，猶其。⊙駱瑞鶴曰：楊注當於“矜”上補“伐”字，寫者脱之。楊以“矜”訓“伐”也，無“伐”字則義不可通。奮，奮迅。⊙天海案：奮者，逞也。謂於言談逞能者浮夸，於行爲逞能者自矜。楊注“奮，振”，依《廣雅》。駱説注“矜”上脱“伐”字，是也。色知，由表情而知也。而，猶其也。有，專也。《禮·坊記》“父母在，不敢有其身”，鄭注：“有，猶專也。”有能，自專其能。此謂，由表情上知其專能者，小人也。《外傳》作“色知而有長者，小人也”。《説苑》《家語》“知”，並作“智”。

〔二〇〕楊倞注：皆在不隱其情。⊙天海案：要，要領。至，極準也。

〔二一〕天海案：惡，同烏。“夫惡有不足矣哉”，《外傳》作“又何加哉”，《説苑》作“夫有何加矣哉”，《家語》作“惡不足哉”，文小異。

〔二二〕楊倞注：士者，脩立之稱。⊙天海案：士，賢士也。

〔二三〕天海案：士君子，有才德操守之人。

〔二四〕楊倞注：知者，皆讀爲“智”。

〔二五〕久保愛曰：《老子》曰：“知人者智，自知者明。”⊙熊公哲曰：惟自愛，故愛人；惟自知，故知人。此從根源上言。⊙天海案：明君子，通明事理者。

〔二六〕楊倞注：樂其爲治之意。⊙王先謙曰：得，謂得位也。樂其意，自有所樂也。楊注非。⊙天海案：未得，未得志也。指入仕而得用也。意，志也，理想也。《説文》：“意，志也。”楊注未了，王説亦非。

〔二七〕王先謙曰：治，謂所事皆治。⊙天海案：治，事也。《爾雅》：“治，故也。”郝懿行疏：“治與事聲義近……事訓治，治亦訓事。”

〔二八〕天海案：“則憂不得”，《家語》作“患弗得之”。《論語·陽貨》：“子曰：鄙夫可與事君也與哉？其未得之也，患得之；既得之，患失之。”此節之文，又見《説苑·雜言篇》《家語·在厄篇》,文小異。

# 法行篇第三十〔一〕

公輸不能加於繩,聖人莫能加於禮〔二〕。禮者,衆人法而不知,聖人法而知之〔三〕。

曾子曰:"無内人之疏而外人之親〔四〕,無身不善而怨人,無刑已至而呼天。内人之疎而外人之親,不亦遠乎〔五〕!身不善而怨人,不亦反乎〔六〕!刑已至而呼天,不亦晚乎!《詩》曰:'涓涓源水,不雝不塞;轂已破碎,乃大其輻;事已敗矣,乃重大息。'其云益乎〔七〕?"

曾子病,曾元持足〔八〕。曾子曰:"元,志之,吾語汝:夫魚鱉黿鼉,猶以淵爲淺而堀其中〔九〕,鷹鳶猶以山爲卑而增巢其上,及其得也,必以餌〔一〇〕。故君子苟能無以利害義,則恥辱無由至矣〔一一〕!"

子貢問於孔子曰:"君子之所以貴玉而賤珉者,何也〔一二〕?爲夫玉之少而珉之多邪?"孔子曰:"惡,賜!是何言也〔一三〕!夫君子豈多而賤之,少而貴之哉!夫玉者,君子比德焉。温潤而澤,仁也〔一四〕;栗而理,知也〔一五〕;堅剛而不屈,義也〔一六〕;廉而不劌,行也〔一七〕;折而不橈,勇也〔一八〕;瑕適並見,情也〔一九〕;扣之,其聲清揚而遠聞,其止輟然,辭也〔二〇〕。故雖有珉之雕雕,不若玉之章章〔二一〕。《詩》曰:'言念君子,温其如玉。'此之謂也〔二二〕。"

## 【校釋】

〔一〕楊倞注:禮義謂之法,所以行之謂之行。行,下孟反。⊙盧文弨曰:此篇舊本皆不提行,今各案其文義分之。⊙李中生曰:《荀子》一書,禮義指禮的内在精神原則;法(禮法),指禮的外在表現形式。兩者不相混淆。此"法行"的"法",指禮法,而非禮義。楊注不確。⊙天海案:本篇通過孔子及弟子的言論,集中表現了荀子所主張的值得效法的行爲準則。其實質是强調以禮爲法而實行之,故名篇曰《法行》。劉向舊目原爲篇第二十七。原文未分段,今從盧校分作八段。

〔二〕楊倞注:公輸,魯巧人,名班。雖至巧,繩墨之外亦不能加也。⊙顧千里曰:

案正文“繩”字下，據注，疑亦當有“墨”字，宋本同。今本蓋皆誤。⊙楊柳橋曰：鄭玄《禮記》注：“加，猶高也。”韋昭《國語》注：“加，猶上也。”⊙天海案：加，踰，超越也。《禮・檀弓》“夫子曰：獻子加於人一等矣”，鄭注：“加，猶踰也。”謂公輸雖巧，然不能越於繩也；聖人雖智，不能越於禮也。繩，與“禮”對文，含“墨”，猶禮包“義”也，注已明之，正文不必作“繩墨”，顧説非。楊注訓“加”亦非。

〔三〕楊倞注：衆人皆知禮可以爲法，而不知其義者也。⊙物雙松曰：“法而知之”，即“審節而不知”之反。⊙久保愛曰：孔子曰：“民可使由之，不可使知之。”⊙鍾泰曰：法者，以爲法也。以爲法而不知，即《孟子》所云“行之而不著，習矣而不察”也。非僅知其可以爲法之謂，注失之。⊙天海案：法，效法。知，理解。

〔四〕楊倞注：無，禁辭也。“内人之疏，外人之親”，謂以踈爲内，以親爲外。《家語》曰：“不比於親而比於踈，不亦遠乎?”《韓詩外傳》作“無内踈而無外親”也。⊙盧文弨曰：今《家語・賢君篇》作“不比於數而比於疏，不亦遠乎”，《説苑》亦作“數”字。⊙熊公哲曰：内，謂引而近之；外，推而遠之。⊙楊柳橋曰：無，通毋。⊙駱瑞鶴曰：此言無疏内人而親外人，行必慎也。⊙天海案：《外傳》卷二用此文作“無内疏而外親”，其義簡明。《説苑・敬慎》則記爲孔子答顔回語，作“故不比數而比疏，不亦遠乎”，《家語・賢君篇》用《説苑》之文。巾箱三本“而”字作“無”，“親”下有“也”字。“疏”、“踈”二字，今作“疏”、“疎”，音義皆同，傳寫異文也。

〔五〕楊倞注：謂失之遠矣。⊙物雙松曰：遠，恐“怨”字，以音而訛。⊙久保愛曰：遠，迂遠也。⊙天海案：《外傳》作“不亦反乎”。

〔六〕楊倞注：反，謂乖悖。⊙物雙松曰：不亦反乎？即“反乎爾”之反。⊙王念孫曰：“遠”當爲“反”；“反”，當爲“遠”。内人親而外人疏，今疏内而親外，是反也，故曰“不亦反乎”。身不善而怨人，是舍近而求遠也，故曰“不亦遠乎”。楊説皆失之。⊙天海案：《外傳》作“不亦遠乎”，上“遠”與此“反”當從《外傳》互乙，王説是也。正文“亦”字原誤作“以”，此據上下文例及諸本正之。

〔七〕楊倞注：源水，水之泉源也。雝，讀爲“壅”。大其輻，謂壯大其輻也。重太息，嗟嘆之甚也。三者皆言不慎其初，追悔無及也。⊙久保愛曰：《説文》曰：“涓，小流也。”《家語》云：“涓涓不壅，終成江河。”蓋謂至成江河，欲壅之無益也。轂，居輪之中央，承三十輻者也。以言所承既破，雖大之無所施也。⊙盧文弨曰：此所引《詩》，逸《詩》也。⊙王先謙曰：云益，有益也。説見《儒效篇》。⊙天海案：《外傳》引《王風・中谷有蓷》篇“惙其泣矣，何嗟及矣”，與此不同。正文“雝”、“轂”下之“已”，巾箱三本作“壅”、作“既”。“事已”之“已”，諸本作“以”。“大息”，明世本、《四庫》本作“太息”。“云”，《題注》本、遞修本作“亡”。

〔八〕楊倞注：曾元，曾子之子也。⊙盧文弨曰：《大戴禮》作“曾元抑首，曾華抱足”。⊙久保愛曰：病，疾困也。《禮記》曰：“曾元、曾申坐於足。”⊙天海案：《説苑・

敬慎篇》:"曾子有疾,曾元抱首,曾華抱足。"曾子有二子,元、華也。《大戴》《説苑》並同。

〔九〕楊倞注:堀,與窟同。⊙俞樾曰:"堀"下當有"穴"字。"堀穴其中","增巢其上",相對爲文。《大戴記・曾子疾病篇》作"魘穴"。《荀子》此文本於《曾子》,彼作"魘穴",此作"堀穴",乃古書以聲音假借之常例。若無"穴"字,則文爲不備矣。⊙劉師培曰:《説苑・敬慎篇》《説叢篇》,《潛夫論・忠賢篇》皆作"穿穴其中",則此文當作"堀穴"明矣。⊙天海案:堀,可通掘,一聲之轉。其下當有"穴"字。俞、劉二説是也。

〔一〇〕物雙松曰:及其得也,言爲人所獲也。⊙梁啓雄曰:增,讀爲"橧",《禮記・禮運》"夏則居橧巢",注"聚薪柴居其上"。堀穴義相同,橧巢義相近,故爲對文。堀穴其中,猶言穴其中;橧巢其上,猶巢其上。讀堀爲"掘",解增爲"加",不對。⊙天海案:以淵爲淺,故掘而穴其中,爲之深也;以山爲卑,故加巢其上,爲之高也。堀、增,皆當作動詞。梁説非也。又正文"增"字,巾箱三本無,誤删也。

〔一一〕天海案:"害義",《説苑》作"害身",《大戴》同《荀子》。末句《説苑》作"則辱安從至乎",義同而文小異。

〔一二〕楊倞注:珉,石之似玉者。⊙天海案:《説苑・雜言篇》亦有論玉之文然不爲孔子言。向宗魯校證云:"言玉之德者,《管子・水地篇》《荀子・法行篇》《禮記・聘義》《春秋繁露・執贄篇》《家語・問玉篇》《五經通義》《説文・玉部》,文各相異;惟《荀子》與《聘義》略同,而《家語》則全襲《聘義》。"

〔一三〕楊倞注:惡,音"烏"。猶言烏謂此義也。⊙天海案:惡,不然之詞也。訓見《釋詞》。《孟子・公孫丑》"惡! 是何言也?"

〔一四〕楊倞注:鄭康成云:"色柔,温潤似仁。"⊙天海案:澤,光澤也。

〔一五〕楊倞注:鄭云"栗,堅貌"也。理,有文理也。似智者處事,堅固又有文理。⊙王引之曰:錢本及元刻依《聘義》於"栗"上填"縝"字,而盧本從之,誤也。楊注不釋"縝"字,則正文之無"縝"甚明。《説苑・雜言篇》亦言"栗理"而不言"縝"。栗者,秩然有條理之謂,故有似於智。楊依《聘義》注,亦非。⊙楊柳橋曰:鄭玄《詩》箋:"栗,析也。古聲栗、裂同也。"栗而理,謂分析而有文理也。⊙天海案:栗,通釐。栗,來母質部;釐,來母之部。二字雙聲,之、質對轉,故可通。釐,治玉也。《書・堯典》"允釐百工",孔傳:"釐,治;工,官。"《詩・周頌・臣工》"王釐爾成",鄭箋:"釐,理也。"朱駿聲《通訓定聲》曰:"釐,本義當爲治邑、理邑爲釐,猶治玉爲理也。"故"栗而理",即"釐而理",言其易治而易理也。故曰"知也"。諸説似未得之。正文"栗"上,諸本有"縝"字,非也。王説是。

〔一六〕楊倞注:以義者剛直不回也。⊙天海案:不屈,不折也。

〔一七〕楊倞注:劌,傷也。雖有廉稜而不傷物,似有德行者不傷害人。

〔一八〕楊倞注：雖摧折而不撓屈，似勇者。⊙天海案：橈，明世本、《四庫》本作"撓"。《管子》《説苑》並作"撓"。橈，屈也，通撓。

〔一九〕楊倞注：瑕，玉之病也。適，玉之美澤調適之處也。瑕適並見，似不匿其情者也。《禮記》曰："瑕不揜瑜，瑜不揜瑕，忠也。"⊙郝懿行曰：瑕者，玉之病也。適者，善也。《管子·水地篇》此句作"瑕適皆見，精也"。精，亦情耳。古精、情二字多通用。⊙久保愛曰：適，讀爲瓋。《吕氏春秋》曰："尺之目必有節目，寸之玉必有瑕瓋。"瓋，亦瑕也。⊙王念孫曰：適，讀爲讁。讁，亦瑕也。《老子》曰"善言無瑕讁"是也。《管子·水地篇》尹知章曰："瑕適，玉病也。"情之言，誠也。玉不自揜其瑕，故曰"情"。楊讀"適"爲調適之適，失之。⊙劉師培曰：蓋美善而無疵者謂之適，有疵者謂之瑕。瑕、適對文。本文言"瑕適並見"，若適義同瑕，安得言"並"？《吕覽·舉難篇》"寸之玉必有瑕適"，猶言必有美惡也。自《管子》尹注"瑕適"爲玉病，而王氏從之，失此語之旨矣！⊙天海案：瑕適，《管子》亦同，《吕覽》又作"瑕瓋"。《老子》亦云"善言無瑕讁"。是適、瓋、讁音近義通也。畢沅校《吕覽》云："今此加玉旁，乃俗作，字書不載。"朱起鳳又云："適，是瓋字之省，讁與瓋聲近義通。'物有瑕瓋，古來所以少寶玉；行有瑕讁，天下所由少完人'也。"《荀子》楊倞注"適"讀如字，失之。久、王二説是，楊注及他説非。瑕適者，包玉之大小瑕玼也，故云"並見"。見者，顯現也。情者，誠實也。

〔二〇〕楊倞注：扣，與叩同。似有辭辨。言發言則人樂聽之，言畢更無繁辭也。《禮記》作"叩之，其聲清越以長，其終屈然，樂也"。⊙劉師培曰：揚、越雙聲。如吴越之越，即以揚州得名，是也。⊙梁啓雄曰：輟然，猶"戛然"也。⊙楊柳橋曰：輟，亦止也。此疑借爲"剟"。《説文》："剟，刊也。"剟然，言止如刀削也。⊙天海案：《爾雅》："輟，已也。"輟然，自已之貌。辭，謙讓也。《儀禮·聘禮》："擯者入告，出辭玉。"鄭注："辭之，亦所以致尊讓也。"楊注非也。又，正文"揚"字，巾箱三本作"越"。

〔二一〕楊倞注：雕雕，謂雕飾文采也。章章，素質明著也。⊙郝懿行曰：雕雕、章章，皆文采宣著之貌。語意猶云"星之昭昭，不如月之明明"也。⊙天海案：雕雕，猶昭昭。雕、昭，一聲之轉。雕雕，亦文采鮮明之貌。《議兵篇》"雕雕焉縣貴爵重賞於其前"，楊倞彼注云："雕雕，章明之貌。雕雕，猶昭昭也。"明世本、《四庫》本作"彫彫"。又楊注脱一"章"字，據諸本補之。

〔二二〕楊倞注：《詩·秦風·小戎》之篇，引之喻君子比德。⊙久保愛曰：鄭玄曰："言，我也。"⊙天海案：其，猶"而"也。喻君子温而如玉也。

曾子曰："同遊而不見愛者，吾必不仁也〔一〕；交而不見敬者，吾必不長也〔二〕；臨財而不見信者，吾必不信也〔三〕。三者在身曷怨人〔四〕？

怨人者窮,怨天者無識〔五〕。失之己而反諸人,豈不亦迂哉〔六〕!"

南郭惠子問於子貢曰:"夫子之門,何其雜也〔七〕?"子貢曰:"君子正身以俟,欲來者不距,欲去者不止。且夫良醫之門多病人,隱栝之側多枉木,是以雜也〔八〕。"

孔子曰:"君子有三恕〔九〕。有君不能事,有臣而求其使,非恕也;有親不能報,有子而求其孝,非恕也〔一〇〕;有兄不能敬,有弟而求其聽令,非恕也〔一一〕。士明於此三恕,則可以端身矣〔一二〕。"

孔子曰:"君子有三思,而不可不思也。少而不學,長無能也;老而不教,死無思也〔一三〕;有而不施,窮無與也〔一四〕。是故君子少思長則學,老思死則教,有思窮則施也〔一五〕。"

## 【校釋】

〔一〕楊倞注:仁者必能使人愛己。⊙楊柳橋曰:《毛詩傳》:"游,行也。"⊙天海案:遊,交遊、交友也。《字彙》:"遊,友也,交遊也。"《孟子·盡心上》:"舜之居深山之中,與木石居,與鹿豕遊。"趙注:"鹿豕近人,若與人遊。"《莊子·山木》:"辭去交遊,去其弟子,逃於大澤。"不仁,不仁愛也。

〔二〕楊倞注:不長厚,故爲人所輕。⊙郝懿行曰:長,謂敬長。楊注失之。⊙俞樾曰:不長者,無所長也。《子道篇》"色知而有能者,小人也",《外傳》"能"作"長",是"不長"猶"不能"也。吾無所能,宜其不見敬矣。⊙梁啓雄曰:長,良也。《廣雅》:"長,善也。"《説文》:"良,善也。"此長、良同義之證。⊙楊柳橋曰:尹注《管子》:"長者,忠也。"⊙張覺曰:此長字與敬同義。⊙天海案:長者,尊也。《孟子·告子》上:"彼長而我長之。",趙注:"告子言見彼年老長大,故我長敬之。"《禮記·大學》:"上老老而民興孝,上長長而民興弟。"鄭注:"老老、長長,謂尊老敬長也。"楊注非也,郝説近之,然未了。俞説尤謬。

〔三〕楊倞注:廉潔不聞於人。⊙郝懿行曰:臨財之信,如鮑叔之與管仲。⊙天海案:上"信",信任也。下"信",誠信也。

〔四〕楊倞注:當反諸己。⊙天海案:在身,在己也。

〔五〕楊倞注:不識知天命也。⊙梁啓超曰:識,同志,謂志氣也。《榮辱篇》此句"識"正作"志"。⊙天海案:楊注非,梁説是。

〔六〕物雙松曰:"反"字有味。蓋謂失於人,則當反之於己也。⊙久保愛曰:反,反求也。迂,遠也。⊙天海案:"失之己",諸本作"失諸己"。

〔七〕楊倞注:南郭惠子,未詳其姓名,蓋居南郭,因以爲號。《莊子》有南郭子秦,夫子弟子也。雜,謂賢不肖相雜而至。⊙盧文弨曰:《尚書大傳·略説》作"東郭子思",《説苑·雜言篇》作"東郭子惠"。⊙久保愛曰:本注"弟子"當作"孔子"。⊙天海案:向宗魯《説苑校證》云:"南郭惠子,見《墨子·非儒篇》,正與孔子同時,疑即此人。楊倞注蔓引《莊子》,無當也。《尚書大傳·略説》'思'字乃'惠'字之譌,《通鑑外紀》卷九用《大傳》正作'惠'。"楊注"弟子",盧校本作"孔子",似可從。

〔八〕郝懿行曰:《尚書大傳·略説》及《説苑·雜言篇》竝有"砥厲之旁多頑鈍"句。⊙劉師培曰:檃栝,《説文繫傳》十一兩引此文並作"隱"。⊙天海案:俟,待也。距,通拒。隱,諸本作"檃",二字可通。

〔九〕顧千里曰:盧文弨刻本無"孔子曰"三字,與世德堂本合,與宋本不合,非也。⊙熊公哲曰:恕,寬假也。⊙天海案:恕,寬容也。《論語·衛靈公》:"其恕乎,己所不欲,勿施於人。""孔子曰"三字,巾箱三本並無,明世本、《四庫》本亦無。《外傳》卷四用此文,無"孔子曰君子有三恕"八字。《家語·三恕篇》首節即用此文,小異。

〔一〇〕楊倞注:報、孝,養也。《詩》曰"欲報之德"。⊙天海案:《外傳》作"有君不能事,有臣欲其忠;有父不能事,有子欲其孝"。《家語》"報"、"孝"二字互乙。

〔一一〕天海案:《外傳》作"有兄不能敬,有弟欲其從令"。《家語》作"有兄不能敬,有弟而求其順"。

〔一二〕天海案:端身,正己也。此二句,《外傳》《家語》並無。

〔一三〕楊倞注:無門人思其德。⊙冢田虎曰:注陋也。若是門人也,則有師而不教之理焉哉?只是謂後人者也。⊙于鬯曰:此"思"字疑本作"志",涉上下文"思"字而誤。即讀思爲"志",亦在假借之例,不煩改字。志,記識也。若不教,則無可記識。且上文曰"三思",此處出"思"字,在文例亦不宜也。⊙熊公哲曰:無思,謂無遺澤爲人所思也。⊙天海案:《家語·三恕篇》第二節用此文。"不可不思",作"不可不察";"死無思也"作"死莫之思也"。

〔一四〕楊倞注:窮乏之時,無所往託。⊙劉師培曰:與,即《國策》"富視其所與"之"與"。言窮乏之時,將無復周濟之人也。⊙熊公哲曰:施,以物與人也。與,所託之友也。⊙天海案:有而不施,富有時不施舍。窮無與也,窮困時無人相助也。與,相助也。《家語》作"窮莫之救也",救,亦助也。是其證。楊注非也。

〔一五〕天海案:"則學",《家語》作"則務學";"則教",作"則務教";末句作"有思其窮則務施"。句末"也"字,諸本並無。

# 哀公篇第三十一〔一〕

魯哀公問於孔子曰:“吾欲論吾國之士〔二〕,與之治國,敢問何如之邪〔三〕?”孔子對曰:“生今之世,志古之道;居今之俗,服古之服〔四〕;舍此而爲非者,不亦鮮乎〔五〕?”哀公曰:“然則夫章甫、絇屨、紳而搢笏者,此賢乎〔六〕?”孔子對曰:“不必然。夫端衣、玄裳、絻而乘路者,志不在於食葷〔七〕;斬衰、菅屨、杖而啜粥者,志不在於酒肉〔八〕。生今之世,志古之道;居今之俗,服古之服;舍此而爲非者,雖有,不亦鮮乎!”哀公曰:“善!”

孔子曰:“人有五儀〔九〕:有庸人、有士、有君子、有賢人、有大聖〔一〇〕。”哀公曰:“敢問何如斯可謂庸人矣〔一一〕?”

孔子對曰:“所謂庸人者,口不能道善言,心不知色色〔一二〕,不知選賢人善士託其身焉以爲己憂〔一三〕,勤行不知所務,止交不知所定〔一四〕;日選擇於物,不知所貴〔一五〕;從物如流,不知所歸〔一六〕;五鑿爲正,心從而壞;如此則可謂庸人矣〔一七〕。”哀公曰:“善!敢問何如斯可謂士矣?”

孔子對曰:“所謂士者,雖不能盡道術,必有率也;雖不能徧美善,必有處也〔一八〕。是故知不務多,務審其所知〔一九〕;言不務多,務審其所謂〔二〇〕;行不務多,務審其所由〔二一〕。故知既已知之矣,言既已謂之矣,行既已由之矣,則若性命肌膚之不可易也〔二二〕。故富貴不足以益也,卑賤不足以損也〔二三〕。如此則可謂士也〔二四〕。”哀公曰:“善!敢問何如斯可謂之君子矣〔二五〕?”

孔子對曰:“所謂君子者,言忠信而心不德〔二六〕,仁義在身而色不伐,思慮明通而辭不爭。故猶然如將可及者,君子也〔二七〕。”哀公曰:“善!敢問何如斯可謂賢人矣?”

孔子對曰:“所謂賢人者,行中規繩而不傷於本,言足法天下而不傷於身〔二八〕,富有天下而無怨財〔二九〕,布施天下而不病貧〔三〇〕。如此則謂賢人矣〔三一〕。”哀公曰:“善!敢問何如斯可謂大聖矣?”

孔子對曰:“所謂大聖者,知通乎大道,應變而不窮,辨乎萬物之情性者也〔三二〕。大道者,所以變化遂成萬物也;情性者,所以理然不、取舍也〔三三〕。是故其事大辨乎天地〔三四〕,明察乎日月〔三五〕,總要萬物於風雨〔三六〕,繆繆肫肫,其事不可循〔三七〕;若天之嗣,其事不可識〔三八〕,百姓淺然不識其隣〔三九〕。若此〔四〇〕,則可謂大聖矣!”哀公曰:“善!”

## 【校釋】

〔一〕天海案:本篇輯録了魯哀公與孔子、顔淵的言論,故以《哀公》名篇。主要反映了荀子識别人材及爲政治國的思想。《大戴禮·哀公問五義》《家語·五儀解》或本於此文。原文未分段,此據文意分之。劉向原目爲篇第二十八。魯哀公,定公之子,名將,公元前四九四年至前四六七年在位。

〔二〕熊公哲曰:論,是論其賢愚能否,换言之,即選録也。⊙楊柳橋曰:高誘注《吕氏春秋》:“論,猶擇也。”論,借爲“掄”,俗作“遴”。⊙天海案:上“吾”字,原誤作“五”,據諸本改之。論,通掄,選取也。《國語·齊語》:“權節其用,論比其材。”韋注:“論,擇也。”《王霸篇》“君者,論一相,陳一法”,楊倞注:“論,選擇也。”

〔三〕天海案:如,猶“爲”也,説見吴昌瑩《經詞衍釋》。何如,何爲也。盧校本據《大戴》《家語》於“何如”下補“取”字,是不明“何如”之義本通也,今不從。凡補“取”字者皆非。

〔四〕楊倞注:志,記識也。服古之服,猶若夫子服逢掖之衣,章甫之冠也。⊙久保愛曰:志,訓“記識”非也。古之服,言先王之法服也。⊙鍾泰曰:服古之服,謂行古之行也。《宥坐篇》:“先王既陳以道,上先服之。”注曰:“服,行也”,是也。⊙李中生曰:志,當爲“志慕”。⊙天海案:志,向慕也。《論語·述而》:“志於道,據於德。”何晏注:“志,慕也。”志古之道,言向慕古之道。楊注非,李説是。服,猶習也。《韓非子·顯學》:“服文學而議説。”《廣韻》:“服,習也。”《禮·孔子閒居》:“君子之服之也,猶有五起焉。”鄭注:“服,猶習也。”且上言“居今之俗”,俗亦習也。此云“服古之服”,即習古之習也,正相承爲文。楊注非,鍾説亦非。訓“服”爲服飾者,皆因下文言及服飾而誤也。

〔五〕楊倞注:舍,去。此,謂古也。⊙陶鴻慶曰:舍,當讀去聲,其訓爲“處”。以古自處,自不至于爲非。楊注失之。⊙楊柳橋曰:鄭玄《詩》箋:“舍,猶處也。”⊙天海案:舍,居也,止也。楊注非。

〔六〕楊倞注：章甫，殷冠。王肅云："絇，謂屨頭有拘飾也。"鄭康成云："絇之言拘也，以爲行戒，狀如刀衣鼻，在屨頭。"紳，大帶也。搢笏於紳者也。⊙王念孫曰：《大戴記·哀公問五義篇》《家語·五儀篇》"紳"下有"帶"字，"賢"上有"皆"字，竝於義爲長。⊙俞樾曰：此，當作"比"。《説文》："皆，俱詞也。從比，從白。"徐鍇《繫傳》曰："比，皆也。"是"比"有"皆"義。比賢乎，猶言"皆賢乎"。⊙天海案："此賢乎"，意本明，俞説非。

〔七〕楊倞注：端衣玄裳，即朝玄端也。絻，與冕同。鄭云："端者，取其正也。"士之衣袂皆二尺二寸而廣幅，是廣袤等也。其袪尺二寸，大夫已上侈之。侈之者，蓋半而益一焉，則袂三尺三寸，袪尺八寸。路，王者之車，亦車之通名。舍人注《爾雅》云："輅，車之大者。"葷，葱、薤之屬也。⊙物雙松曰：志不在於食葷，言齋也。葷，《家語》作"焄"，注"辛菜也"。⊙久保愛曰：王肅曰："端衣玄裳，齊服也。"愛曰：葷物，齊者所禁也。言服其服，則不思食其所禁。⊙王先謙曰：端衣玄裳，絻而乘路，所以祭也，故志不在於食葷。此下文"黼衣黻裳者不茹葷，資衰、苴杖者不聽樂"，二喻正同。

〔八〕楊倞注：《儀禮·喪服》曰："斬者何？不緝也。"衰長六寸，博四寸，三升布爲之。鄭注《喪服》云："上曰衰，下曰裳。"當心前有衰，後有負板，左右有辟領，孝子哀戚，無不在也。菅，菲也。此言服被於外，亦所以制其心也。⊙熊公哲曰：此所以居喪也，故志不在酒肉。其詳見《禮論篇》注。⊙天海案：菅屨，茅草所編之鞋。杖，扶喪所用。苴杖用竹，用于斬衰服；削杖用桐木，用於齊衰服。

〔九〕楊倞注：言人之賢愚，觀其儀法有五也。⊙郝懿行曰：儀者，匹也。匹者，猶儔類也。《大戴記·哀公問五義》，即"五儀"也，古"儀"字正作"義"。楊注"儀法"，非是。⊙王先謙曰：儀，猶等也。説見《王制篇》。⊙熊公哲曰：《周官·大司徒》："以儀辨等，則民不越。"⊙楊柳橋曰：《管子·形勢解》："儀者，萬物之程式也。"《説文》："程，品也。"五儀，猶言五品也。⊙張覺曰：儀，法式，典型。⊙天海案：儀，等也。王説是，楊注非。他説未安。

〔一〇〕天海案：大聖，《家語》作"聖人"，下同。

〔一一〕天海案：斯，猶"則"也。下文"如此則可謂庸人矣"，可證。《釋詞》亦説之。

〔一二〕楊倞注：色色，謂以己色觀彼之色，知其好惡也。《論語》云："色斯舉矣。"⊙物雙松曰：心不知色色，《通雅》曰："《列子》有'色色味味'者，言有所以爲色味者，重言也。"⊙盧文弨曰：《大戴禮》作"志不邑邑"。⊙郝懿行曰：色，當爲"邑"，字形之誤。邑邑與悒悒同，憂逆短氣貌也。《曾子·立事》云："終身守此悒悒。"⊙劉師培曰：郝説"色當作邑"，是也，惟"邑"與"挹"同，即謙退之義也。挹挹者，猶《詩》所謂"抑抑威儀"也，皆謙退不自足之象。楊、郝説非。⊙天海案：色色，當爲

"邑邑"之形誤。邑邑,通悒悒,自抑之也。劉説義長。《外傳》作"心不能知先王之法",《家語》作"心不存慎終之規",文皆異。

〔一三〕楊倞注:不知託賢,但自憂而已。⊙俞樾曰:此十五字爲一句。《廣雅·釋詁》:"爲,瘉也。"爲己憂者,瘉己憂也。楊注失其義。⊙鍾泰曰:憂,患也。言以爲己患也。"以爲己憂"四字别爲句。庸人不知憂,何從言瘉己之憂乎?俞説非是。⊙天海案:《小爾雅》:"爲,治也。"焉,語詞,同安。安以爲己憂,安以治己憂也。"以爲己憂"四字,《外傳》《家語》皆無。

〔一四〕楊倞注:交,謂接待於物,皆言不能辨是非。偎偎失據也。⊙盧文弨曰:止交,《大戴禮》《外傳》四皆作"止立"。⊙郝懿行曰:《大戴記》"勤"作"動","交"作"立",《外傳》四同。"動行"與"止立"對,疑此皆形誤。⊙王引之曰:作"止立"者是。"止交"二字文不成義,楊注非也。"勤行",亦當依《大戴》作"動行",皆字之誤也。《外傳》作"動作"。⊙天海案:"勤行不知所務",務者,求也。此言行雖勤而不知所求也,其義甚明,不必依《大戴》作"動行"。止,聚集也。《莊子·人間世》"虚室生白,吉祥止止",郭象注:"夫吉祥之所集者,至虚至静也。"交者,合也。《廣雅·釋詁》二:"交,合也。"止交不知所定者,謂聚合不知所定也。其義本通,然楊注不得,諸説又以《大戴》《外傳》律此,不亦謬乎!

〔一五〕楊倞注:不知可貴重者。⊙久保愛曰:不能辨貴賤故也。⊙天海案:此言每日於物東挑西選,而不知何者爲貴也。正承上文物之聚合不知所定而言。亦證"止交"訓"聚合"爲是也。

〔一六〕楊倞注:爲外物所誘,蕩而不返也。⊙郝懿行曰:如,《大戴記》《外傳》俱作"而"。而、如古通用。⊙天海案:如,如字,不必通而。此言順從外物如流水,而不知所向。正承上文"不知所貴"而言。

〔一七〕楊倞注:鑿,竅也。五鑿,謂耳目鼻口及心之竅也。言五鑿雖似於正,而其心已從外物所誘而壞矣,是庸愚之人也。一曰五鑿,五情也。《莊子》曰"六鑿相攘",司馬彪曰"六情相攘奪"。《韓詩外傳》作"五藏爲正"也。⊙盧文弨曰:《大戴禮》作"五鑿爲政",此"正"字義當與"政"同,古通用,注似非。⊙郝懿行曰:楊注"五鑿,五情",是也。《莊子》"六鑿相攘",謂六情,可證。⊙王念孫曰:楊後説以五鑿爲五情,頗勝前説。⊙鍾泰曰:五鑿,即五官。所以知者,以其對心而言也。五鑿爲正,謂五鑿爲主也。⊙天海案:五鑿,五竅也,此指五官。爲,猶當也,亦爲應當之義。説見《古書虚字集釋》。從,縱也。此謂五官本當端正不邪,以心放縱而致壞也。

〔一八〕楊倞注:率,循也。雖不能盡徧,必循處其一隅。言有所執守也。⊙郝懿行曰:美,善義同,而有淺深。《大戴記》《外傳》一、《家語·五儀解》,三書皆本此而各異。《外傳》此下多有缺略。

〔一九〕楊倞注:《論語》曰:"子路有聞,未之能行,唯恐有聞。"⊙鍾泰曰:務審其所知，謂審其知之當否耳，不及於行也。注引子路事不切。⊙天海案：審，明也。下同此。務明其所知者，必求其真知也。務，必也。

〔二〇〕楊倞注。止於辨明事而已矣。⊙郝懿行曰：謂，猶言也。審其所當言，則言不謬妄。注非。⊙天海案：郝説是。



〔二一〕楊倞注：由，從也。謂不從不正之道。⊙郝懿行曰：由，道也。道，行也。謂務審其所常由，行不差忒也。注亦非。⊙天海案：所由，所行也。《廣雅》："由，行也。"上文"所知"對"知"言，"所謂"對"言"言，此"所由"之"由"，必當訓"行"也。謂行不必多，但必明其所行當否。

〔二二〕楊倞注：言固守所見，如愛其性命，肌膚之不可以他物移易者也。⊙天海案：易者，改變也。此言既已知之、言之、行之，則如性命、肌膚之不可改變也。謂士之信念、言行之堅定不移也。

〔二三〕楊倞注：皆謂志不可奪。⊙久保愛曰：《家語》"卑賤"作"貧賤"，是也。⊙天海案：《孟子》云"富貴不能淫，貧賤不能移"，義皆同也。

〔二四〕楊倞注：士有脩立之稱。一曰：士，事也。言其善於任事，可以入官也。⊙天海案：荀書所稱之"士"，一般指賢士。正文句末"也"字，諸本作"矣"。

〔二五〕天海案："之"字諸本無。據此節上下文例，此"謂"下"之"字不當有。

〔二六〕楊倞注：不自以爲有德。

〔二七〕楊倞注：猶然，舒遲之貌。所謂瞻之在前，忽然在後。《家語》作"油然"，王肅云"不進貌也"。⊙郝懿行曰：猶然，即油然。《家語》作"油"，是也。《孟子》："油油然與之偕。"言無以異於凡人也。注失之。⊙劉師培曰：《大戴》作"如將可及也，而不可及也"，《家語》作"若將可及而終不可及者"，疑此句有脱。⊙裴學海曰："故"，猶"而"也。⊙天海案：猶然，舒緩之貌。此言君子平易温和而近人，故曰"如將可及者"。文不脱，不得以《大戴》《家語》之文律此。

〔二八〕楊倞注：本，亦身也。言雖廣大而不傷其身也。所謂"言滿天下無口過，行滿天下無怨惡"。⊙郝懿行曰：楊注非是。本，猶質也。謂性之本質如木之有根榦。此言行中規矩準繩，然皆闇與理會，不假斲削而喪失其本真，所謂"漸近自然"也。⊙梁啓雄曰：中，適當也。⊙楊柳橋曰：高誘注《吕氏》："本，謂本性也。"⊙裴學海曰：於，猶"其"也。⊙天海案：中，符合也。本，身，互文也。楊注是，他説非。"於本"、"於身"，上下互文，即于本身也。二"於"皆"對于"也。"於天下"，爲天下也。言足可爲天下法也。此謂賢人行爲合符規矩繩墨，言論足可爲天下法則，却對自身無所傷害也。楊注未了，他説皆未得。



〔二九〕楊倞注：富有天下，謂王者之佐也。怨，讀爲"蘊"。言雖富有天下而無蘊蓄私財也。《家語》作"無宛"，《禮記》曰"事大積焉而不宛"，古蘊、苑通，此因誤爲"怨"字耳。⊙傅山曰：注"怨，讀蘊"，亦不必爾，凡財皆斂怨之具。言富有天下，而無取怨之才也。⊙久保愛曰：本注“之佐”二字衍。⊙天海案：“富有天下”者，非王莫屬也。久説楊注“之佐”二字不當有，是也。怨，如字。怨財，聚怨之財。《左傳》昭十二年“吾不爲怨府”，《國語·魯語》“皆怨府也”，韋注：“怨之所聚也，故曰府。”楊注非，傅説是。

〔三〇〕楊倞注：言廣施德澤。子惠困窮，使家給人足而上不憂貧乏。所謂“百姓與足，君孰與不足”。⊙盧文弨曰：注末二句，與《富國篇》同。宋本乃從今《論語》本，當出後人所改。⊙劉師培曰：疑此文無“布”字。⊙天海案：病者，擔憂也。病貧，憂己之貧也。

〔三一〕楊倞注：賢者，亞聖之名。《説文》云：“賢，多才。”⊙天海案：“則”下，諸本有“可”字。據上下文例，“可”字似當有。

〔三二〕楊倞注：辨别萬物之情性也。⊙天海案：知，同“智”。

〔三三〕楊倞注：辨情性，乃能理是非之取舍而不惑。⊙王先謙曰：然不，猶“然否”，與“取舍”對文。注中“之”字衍。

〔三四〕楊倞注：其事，謂聖人所理化之事。言辨别萬事如天地之别萬物，各使區分。⊙郝懿行曰：辨與辯同。辯者，治辯也。辯與平，古字通，荀書多假辨爲辯耳。此上言“辨乎萬物之情性”，義亦同，似不宜訓辨别。⊙王念孫曰：辨，讀爲“徧”。言其事大則徧乎天地，明則察乎日月也。與上“辨乎萬物之情性”不同。楊以“辨”爲辨别，則與“大”字義不相屬矣。徧、辨，古字通，説見《日知録》。⊙俞樾曰：“大”字絶句。“是故其事大”，與上文“大道者”相應。下“明”字衍文。“辨乎天地，察乎日月”，二語相對。説詳《羣經平議·大戴記》。⊙劉師培曰：《大戴》“辨”作“配”。此疑“并”字。⊙天海案：大辨，大徧也。王説是。此言大聖所治之事廣大如天地，明察如日月也。乎，猶於，方，如也。

〔三五〕楊倞注：聖人之明察如日月。

〔三六〕楊倞注：總要，猶統領也。風以動之，雨以潤之。言統領萬物，如風雨之生成也。⊙久保愛曰：此一句恐有誤矣。⊙劉師培曰：於者，如也。

〔三七〕楊倞注：繆，當爲“膠”，相加之貌。《莊子》云“膠膠擾擾”。肫，與訰同。訰，雜亂之貌。《爾雅》云：“訰訰，亂也。”言聖人治萬物錯雜，膠膠訰訰，然而衆人不能循其事。訰，之旬反。⊙傅山曰：肫肫，即“肫肫其仁”之肫肫，何必曰“訰”，又何必曰“雜亂”也？⊙郝懿行曰：《大戴記》作“穆穆純純，其莫之能循”。穆穆，和而美也。純純，精而密也。穆、繆，古字通。純、肫，聲相借耳。注竝失之。⊙梁啓雄曰：循，借爲揗。《説文》：“揗，摩也。”⊙駱瑞鶴曰：此文“循”字當依本字讀之，其義爲遵循，爲隨行。⊙天海案：繆繆，通繚繚，繚繚纏繞之貌。肫肫，通沌沌，水流動貌。循，依從也。此文上言聖人總要萬物如風雨，故繚繚沌沌，狀風雨纏繞流動之貌，其事爲他人不可依循也。楊注未得，他説亦不切也。

〔三八〕楊倞注：嗣，繼也。言聖人如天之繼嗣，衆人不能識其意。⊙郝懿行曰：嗣者，續也。言如天之純穆氣化，緜緜相續而不可測識也。⊙王念孫曰：嗣，讀爲司。楊注失之。⊙天海案：嗣，通司。若天之司職也，故云"其事不可識"。識者，知也。

〔三九〕楊倞注：隣，近也。百姓淺見，不能識其所近，況能識其深乎？所謂"日用而不知"者也。⊙盧文弨曰：淺然，《大戴》作"淡然"。⊙郝懿行曰：淺然，當依《大戴記》作"淡然"。此言百姓不識，不知，謂帝力於我何有耳。⊙梁啓雄曰：《釋名》："鄰，連也，相接連也。"指大聖之智與大道相連接而言。⊙劉師培曰：《大戴》作"莫知其善"。鄰，疑"類"訛。《爾雅・譯詁》云："類，善也。"⊙駱瑞鶴曰：今謂"淡然"，恬静貌。其，謂聖人所爲之事。此文當四字一斷，言百姓於安恬之中，直不知聖人所爲與天地所爲相近也。⊙天海案：隣，親也。《論語・里仁》"德不孤，必有隣"，朱熹集注："隣，猶親也。"此言百姓淡然而不知天之所親。《書・蔡仲之命》："皇天無親，惟德是輔。"孔傳"天之於人無有親疏"。謂聖人如天之覆萬物而無私，故言"百姓淡然不知其親"也。楊注不是，他説並非也。

〔四〇〕天海案：若此，巾箱三本作"如此"。

魯哀公問舜冠於孔子，孔子不對。三問不對〔一〕。哀公曰："寡人問舜冠於子，何以不言也？"孔子對曰："古之王者，有務而拘領者矣，其政好生而惡殺焉〔二〕。是以鳳在列樹，麟在郊野，烏鵲之巢可俯而窺也〔三〕。君不此問而問舜冠，所以不對也〔四〕。"

魯哀公問於孔子曰："寡人生於深宫之中，長於婦人之手，寡人未嘗知哀也〔五〕，未嘗知憂也，未嘗知勞也，未嘗知懼也，未嘗知危也〔六〕。"孔子曰："君之所問，聖君之問也。丘，小人也，何足以知之〔七〕？"曰："非吾子，無所聞之也。"孔子曰："君入廟門而右，登自胙階，仰視榱棟，俛見几筵，其器存，其人亡。君以此思，哀將焉不至矣〔八〕！君昧爽而櫛冠〔九〕，平明而聽朝，一物不應〔一〇〕，亂之端也。君以此思憂，則憂將焉不至矣！君平明而聽朝，日昃而退〔一一〕，諸侯之子孫必有在君之末庭者。君以此思勞，則勞將焉不至矣〔一二〕！君出魯之四門，以望魯四郊，亡國之虚則必有數蓋焉〔一三〕。君以此思懼，則懼將焉不至矣！且丘聞之：君者舟也，庶人者水也。水則載舟，水則覆舟〔一四〕。君以此思危，則危將焉不至矣〔一五〕！"

魯哀公問於孔子曰："紳委、章甫，有益於仁乎[一六]？"孔子蹴然曰："君號然也[一七]！資衰、苴杖者不聽樂，非耳不能聞也，服使然也[一八]。黼衣黻裳者不茹葷，非口不能味也，服使然也[一九]。且丘聞之：'好肆不守折，長者不爲市。'竊其有益與其無益，君其知之矣[二〇]。"

魯哀公問於孔子曰："請問取人[二一]。"孔子對曰："無取健[二二]，無取詌[二三]，無取口啍[二四]。健，貪也；詌，亂也；口啍，誕也[二五]。故弓調而後求勁焉，馬服而後求良焉[二六]，士信愨而後求知能焉。士不信愨而有多知能，譬之其豺狼也，不可以身尒也[二七]。語曰：'桓公用其賊，文公用其盜。'[二八]故明主任計不信怒，闇主信怒而不任計[二九]。計勝怒則强，怒勝計則亡[三〇]。"

## 【校釋】

〔一〕楊倞注：哀公不問舜德，徒問其冠，故不對也。

〔二〕楊倞注：務，讀爲冒。拘與句同，曲領也。言雖冠衣拙朴，而行仁政也。《尚書大傳》曰"古之人衣上有冒而句領者"，鄭康成注云："言在德不在服也。古之人，三皇時也。冒，覆項也。句領，繞頸也。"禮，正服方領也。⊙劉師培曰：《淮南·氾論訓》云："古者有鍪而綣領，以王天下者矣。"鍪而綣領，即此文"務而拘領"。高注云："鍪，頭著兜鍪。"帽是鍪著於首。楊注引《大傳》鄭注云"冒，覆項也"，義與高違，"項"乃"頭"之訛。⊙天海案：務者，鍪之省也。鍪、務雙聲，與"帽"聲同韻近，故皆可通也。拘領，即勾領，猶圓領也。

〔三〕章詩同曰：列樹，衆樹。⊙熊公哲曰：可俯而窺，言不遠人，而巢於低枝。⊙天海案："古之王者"以下數句，《類聚》《初學記》引之而文略。此謂古之王者衣冠拙朴而行仁政，故鳳、麟出世，烏鵲近人也。

〔四〕天海案：不此問，不問此先王之仁政也。《家語·好生篇》首節用此文，詳於此。

〔五〕熊公哲曰：婦人，謂保母之類也。⊙天海案：下"寡人"二字，巾箱三本無之。

〔六〕天海案：此下當有發問之詞，疑其脱也。《家語》《五儀解》此下作"恐不足以行五儀之教，若何"，是也。

〔七〕楊倞注：美大其問，故謙不敢對也。

〔八〕楊倞注:謂祭祀時也。胙,與阼同。榱,亦椽也。哀將焉不至,言必至也。⊙盧文弨曰:正文"將焉"下,元刻有"而"字,下四句竝同。而,當訓爲能。若以爲衍,不應五句皆誤。此"焉而"當讀爲"焉能",不可易矣。⊙王念孫曰:盧説是也。⊙久保愛曰:俛,與俯同。⊙劉師培曰:《御覽》引作"仰見榱棟,俯察几筵"。⊙熊公哲曰:胙,同阼。阼階,東階也。此謂入廟致祭也。几,依神也。筵,坐神席也。⊙天海案:胙階,即東階也,主人所登之階。正文"哀"字下,諸本有"則哀"二字。考下文之例,此二字似當有,可據補。焉,猶安也。焉不至,安不至也,下文同此。《新序》"焉"字正作"安"。

〔九〕楊倞注:昧,闇。爽,明也。謂初曉尚暗之時。⊙天海案:櫛冠,梳髮束冠也。

〔一〇〕久保愛曰:不應,不當理也。《家語》作"失理"。⊙劉師培曰:《御覽》引"平明"作"未明","不應"作"失所"。⊙熊公哲曰:聽,受也。古君王受臣下之朝見,謂之聽朝。平明,天明也。不應,不合法度也。⊙天海案:聽朝,君王主持朝會以聽政。《家語》作"平旦視朝,慮其危難"。熊説非。不應,不相適應也。或曰:不應,不稱、不當也。《家語》作"一物失理,亂亡之端"。

〔一一〕久保愛曰:日昃,日過中而傾側也。⊙天海案:《家語》作"日出聽政,至於中冥"。

〔一二〕楊倞注:諸侯之子孫,謂奔亡至魯而仕者。自平明至日昃,在末庭而修臣禮,君若思其勞,則勞可知也。以喻哀公亦諸侯之子孫,不戒慎修德,亦將有此奔亡之勞也。⊙章詩同曰:末庭,朝堂的遠處。⊙天海案:末庭,即門庭。門、末雙聲,故能通假。《新序·雜事》四用此文正作"門廷"。《家語》作"諸侯子孫,往來爲賓,行禮揖讓,慎其威儀"。楊注"以喻"原作"若喻",據諸本改之。

〔一三〕楊倞注:虚,讀爲墟。有數蓋焉,猶言"蓋有數焉",倒言之耳。《新序》作"亡國之虚,列必有數矣"。⊙盧文弨曰:數蓋,猶言數區也。《魯》有少皞氏之虚,大庭氏之庫也。⊙郝懿行曰:虚、墟,古今字。《新序》四作"虚列",此"虚則"即"虚列"之譌。蓋者,苫也。言故虚羅列其閒,必有聚廬而居者焉。觀此易興亡國之感。⊙久保愛曰:《家語》無"蓋"字,此衍。⊙于鬯曰:蓋者,屋也。其言"數"者,則可見前此亡國者之多也。⊙劉師培曰:數蓋,猶言數廬也。⊙楊柳橋曰:蓋,謂車蓋。丘墟如蓋,故以蓋諭之,猶今言堆也。⊙張覺曰:蓋,茅草蓋的屋。⊙李中生曰:竊以爲"蓋"指門扇。⊙天海案:正文"則"字,巾箱三本無。此"則"字或衍,《家語》亦無。《家語》此數句作"緬然長思,出於四門,周章遠視,睹亡國之墟,必將有數焉"。蓋者,房屋之代稱也。劉師培《補釋》又云:"有數蓋,猶言蓋揜之屋有數所也。"

〔一四〕梁啓雄曰:則,能也。⊙天海案:《新序》作"水所以載舟,亦所以覆舟"。

〔一五〕天海案:《家語》用此文,末句作"則危可知矣"。《類聚》引作"則不危矣”。

〔一六〕楊倞注：紳，大帶也。委，委貌，周之冠也。章甫，殷冠也。鄭注《儀禮》云：“委，安也。所以安正容貌。章，表明也。殷質言所以表明丈夫也。”⊙久保愛曰：仁，當作“人”，音之誤也。⊙天海案：委貌，即玄冠，黑繒冠。爲士大夫常服之禮冠。《儀禮》：“委貌，周道也。”可知爲周之冠。章甫，亦玄冠，殷代之稱也。仁，仁道也。又，楊注“丈夫”，原作“大夫”，據今本《儀禮》鄭注及盧校改之。

〔一七〕楊倞注：《莊子音義》崔譔云：蹴然，變色貌。號，讀爲“胡”，聲相近，字遂誤耳。《家語》作“君胡然也”。⊙章詩同曰：蹴然，恭敬的樣子。⊙楊柳橋曰：趙岐《孟子》注：“蹵然，猶蹵踖也。”即蹴踖也。⊙張覺曰：蹴然，驚恐不安的樣子。⊙駱瑞鶴曰：蹴然，當從楊注爲變色貌，蓋即“愀然”也。《家語》王肅改“蹴然”爲“作色”，是以訓詁代本文。作色，即變色貌。⊙天海案：楊注可從。蹴然，變色貌。號然，胡然也，猶“何然”。

〔一八〕楊倞注：資，與齊同。苴，杖竹也。苴，謂蒼白色自死之竹也。⊙久保愛曰：《家語》“資衰”作“衰麻”，是也。案《喪服》“斬衰、苴杖，齊衰、削杖”，不得言齊衰、苴杖。⊙天海案：此言喪服在身，不得聽樂也。楊注“齊”原作“齋”，據諸本改之。

〔一九〕楊倞注：黼衣黻裳，祭服也。白與黑爲黼，黑與青爲黻。禮，祭致齊，不茹葷。非不能味，謂非不能知味也。鄭注《周禮·司服》云：“玄冕者，衣裳刺黻而已。”⊙天海案：黼黻爲刺繡之文采。黼，黑白相間，爲斧形圖文，刃白身黑。《書·顧命》“王麻冕黼裳”，鄭注：“黼裳者，冕服有文者。”黻，黑青相間，舊説其文爲兩“己”相背，或説如“亞”文，又説爲兩“弓”相背，字又作“紱”。此言祭服在身，當齋戒潔己，不可茹葷也。葷，辛菜也，葱薑蒜等氣味强烈之屬。

〔二〇〕楊倞注：好，喜也。言喜於市肆之人，不使所守貨財折耗，而長者亦不能爲此市井盜竊之事。長者不爲市，而販者不爲非。《家語》王肅注云：“言市肆弗能爲廉，好肆則不折也。人爲市估之行則不守折，人爲長者行則亦不爲市買之事。竊，宜爲察。”察其有益與其無益，以“竊”字屬下句。⊙久保愛曰：折，折閱之折，已見前。竊，與察通。《莊子·齊物論》“竊竊然”，《音義》以爲“察察”，可見。⊙鍾泰曰：“竊”屬下爲句，是也。但自爲語辭，不訓察。若訓察，下又言“君其知之”，察與知犯複，又於文不順，細觀自明。⊙駱瑞鶴曰：法當從楊倞讀，於“竊”下斷，唯楊依違於王説，故所解亦不能明。好，善也。長者，謂行爲端慤者。好肆不守折，長者不爲市竊，言善爲買賣者不坐守折閱，而長者不爲市井盜竊，以明守志不渝之意。⊙天海案：正文“長者”之“者”原無，此據諸本及楊注補之。“君其知之矣”一句，巾箱三本作“君子所以知”。好肆，善於爲肆者。肆，集市貿易、商店。此引申爲經商。守，《廣雅》“守，久也”。此言善於經商者不會長久折本也。長者，尊長也。不爲市，言不做買賣也。竊,與察通,久説是。此言察其是否於仁有益,君當自知也。"君其"之"其",猶當也,庶幾也。説見王氏《釋詞》。楊注"有益與"下原脱"其無益"三字,據盧校及諸本補之。《家語·好生》用此文,略同。

〔二一〕楊倞注:問取人之術也。⊙天海案:《家語·五儀解》作"請問取人之法"。

〔二二〕楊倞注:健羡之人。⊙物雙松曰:倞注添一"羡"字,以强求貪也之義,非也。健,只是酷吏類,其人必貪。⊙章詩同曰:健,急於進取的人。⊙張覺曰:健,强,指要强好勝的人。⊙天海案:健,通羡。羡者,貪欲也。健,上古羣母元部;羡,邪母元部。羣,邪鄰紐,二字同韻,故得通假。楊注是,他説非。《家語》"健"作"捷捷"。

〔二三〕楊倞注:未詳。《家語》作"無取鉗"。王肅云:"謂妄對不謹誠者。"或曰:捷給鉗人之口者。⊙物雙松曰:詌,當依《家語》作"鉗"。鉗、鉆、鈐、拑並通。《説苑》:"孔子曰:拑者大給利,不可盡用。"由此觀之,拑,即佞義,恐當憸通。⊙盧文弨曰:《家語·五儀解》作"無取鉗"。"鉗"下作"無取啍啍"。⊙郝懿行曰:詌,蓋譌字。《説苑》作"拑",是也。拑訓脅持。《家語》作"鉗",亦假借字耳。⊙章詩同曰:詌,當作"拑"。拑指脅制人的人。⊙天海案:詌,《外傳》作"佞";《説苑》作"拑";《家語》作"鉗鉗"。解説見下。

〔二四〕楊倞注:啍,與諄同。《方言》云:"齊、魯凡相疾惡謂之諄憎。"諄,之閏反。王肅云"啍閔多言"。或曰:《詩》云"誨爾諄諄",口諄,謂口教誨心無誠實者。諄諄,倫也。⊙盧文弨曰:注末舊作"諄諄,倫也",訛,今訂正。⊙郝懿行曰:口啍,《家語》作"啍啍",王肅注"多言也"。《外傳》"詌"作"佞","口啍"作"口讒",恐亦譌字,當作"口鑱"。鑱者,鋭也。今《説苑》正作"鋭",是也。⊙劉師培曰:《説文》云:"諄,告曉之熟也。"則"口啍"即出言圓熟之人也,與"口鋭"同,故下文以爲誕。⊙天海案:啍,通諄。"啍"、"諄"同文部韻,一聲之轉,故得通假。諄,《方言》卷三:"諄,罪也。"戴震《疏證》:"謂罪惡也。"《玉篇·言部》:"諄,口惡也。"則此"口諄"乃指口惡無德之人也。《家語》"啍"作"啍啍",《説苑》作"鋭",《外傳》作"讒"。楊注前説近是,後説則非。注末"諄諄,倫也",未詳,此存疑。盧本改作"諄,之倫反",此不從。

〔二五〕楊倞注:健羡之人多貪欲,鉗忌之人多悖亂,讒嫉之人多妄誕。《説苑》曰:"哀公問於孔子曰:'人何若爲可取也?'孔子曰:'無取拑者,無取捷者,無取口叡者。拑者太給利,不可盡用也;捷者必兼人,不可爲法也;口叡者多誕而寡信,後恐不驗也。'"《韓詩外傳》云:"無取健,無取佞,無取口讒。健,驕也;佞,諂也;口讒,誕也。"皆大同小異也。⊙盧文弨曰:口叡,今《説苑·尊賢篇》作"口鋭"。⊙郝懿行曰:健,無貪義,不知何字之譌。楊注甚謬。《外傳》作"健,驕也",《説苑》"健者必欲兼人,不可以爲法",以此參證,可知作"貪"必譌字矣。拑者,利口捷給,變亂是非，故云“亂也”。誕者誇大，故《説苑》云：“口鋭者多誕而寡信，後恐不驗也。”⊙天海案：健，通羨，故可訓貪，説見上。詌，通鉗、拑，鉗制人者多爲亂也。口啍，即口諄，口濫惡者，多謬誕也。

〔二六〕久保愛曰：服，言服乘以閑練之也。⊙天海案：服，通犕，駕御，乘用。《詩·鄭風·叔于田》篇“卷無服馬”，鄭箋：“服馬，猶乘馬也。”

〔二七〕楊倞注：有，讀爲“又”。尒，與邇同。⊙天海案：尒，同邇。邇，近也。《外傳》《説苑》皆作“近”，《家語》作“邇”。又《外傳》卷四、《説苑·尊賢》《家語·五儀解》皆用此文，然各有異同詳略，以《説苑》文較詳也。

〔二八〕楊倞注：謂管仲、寺人勃鞮也。盜，亦賊也。以喻士信慤則仇讎可用，不信慤則親戚可疎。⊙久保愛曰：管仲射桓公中鉤，故曰賊。文公之竪頭須，竊藏以逃，已而又用之，故曰盜。“語曰”以下别章。⊙天海案：賊，害己之仇人也。此言齊桓、晉文能用害己者，謂不計前嫌也。

〔二九〕楊倞注：信，亦任也。⊙郝懿行曰：此蒙“桓公用其賊，文公用其盜”而言。賊謂管仲，盜謂里鳧須，故云“任計不信怒”也。信，古以爲“伸”字，不讀本音。《新序·雜事》五“信”作“任”。⊙章詩同曰：任計不信怒，憑謀慮不憑忿怒。⊙熊公哲曰：計，謂大計。所謂“成大事者不修小怨”。信，讀伸。怒，即怨也。⊙天海案：任，用也。計，謀也。信，任也。楊注是，不必讀爲伸。怒，威怒也。《孫子·作戰》：“故殺敵者，怒也。”李筌注：“怒者，軍威也。”此“怒”者，即君威也。此言明主用謀不用威，闇主用威不用謀也。楊注未了，諸説亦未得。

〔三〇〕天海案：二“則”字，諸本作“者”。又，“語曰”以下之文，《治要》引之，同。且此數句與上論“取人”之文不屬，似當别爲一章，久説是。

定公問於顔淵曰：“東野子之善馭乎〔一〕？”顔淵對曰：“善則善矣！雖然，其馬將失〔二〕。”定公不悦，入謂左右曰：“君子固讒人乎〔三〕！”三日而校來謁〔四〕，曰：“東野畢之馬失〔五〕，兩驂列，兩服入廄〔六〕。”定公越席而起，曰：“趨駕召顔淵。”顔淵至〔七〕。定公曰：“前日寡人問吾子，吾子曰：‘東野畢之馭，善則善矣，雖然，其馬將失。’不識吾子何以知之〔八〕？”顔淵對曰：“臣以政知之。昔舜巧於使民，而造父巧於使馬。舜不窮其民，造父不窮其馬，是舜無失民，造父無失馬也〔九〕。今東野畢之馭，上車執轡，銜體正矣；步驟馳騁，朝禮畢矣〔一〇〕；歷險致遠，馬力盡矣。然猶求馬不已〔一一〕，是以知之也。”定公曰：“善！可得少進乎〔一二〕？”顔淵對曰：“臣聞之：鳥窮則啄，獸窮則攫,人窮則詐〔一三〕。自古及今,未有窮其下而能無危者也〔一四〕!”

【校釋】

〔一〕楊倞注:東野,氏也。馭與御同。⊙盧文弨曰:案《家語·顔回篇》作“子亦聞東野畢之善御乎”,此脱“子亦聞”三字。又“子之”當作“之子”。⊙王念孫曰:“東野子”亦當作“東野畢”,下文皆作“東野畢”,是其證。《外傳》作“善哉!東野畢之御也”,《新序·雜事篇》同。⊙久保愛曰:定公,魯君,名宋。《家語》“東”上有“子亦聞”三字,是也。此蓋脱文。⊙王先謙曰:善馭,當爲“馭善”倒文。⊙劉師培曰:《御覽》引作“東野畢之御善乎”,當據訂。⊙鍾泰曰:“之”與“其”,古書多隨用,依本文可通,不必改句也。⊙天海案:定公,魯定公,名宋,魯昭公弟,公元前五〇九年至前四九五年在位。“之”,語間助詞,無義。“善馭”不倒。東野子乃東野畢之尊稱,其上不必有“子亦聞”三字。又案:此節所載之事出《莊子·達生篇》,《吕氏·適威篇》本之,而“東野畢”作“東野稷”、“定公”作“莊公”、“顔淵”作“顔闔”。《外傳》卷二、《新序·雜事》五、《家語·顔回篇》則本此文,而文有小異。

〔二〕楊倞注:失,讀爲“逸”,奔也,下同。《家語》作“馬將佚也”。⊙天海案:失,《外傳》《吕氏》並作“敗”,《外傳》《新序》《家語》皆作“佚”。

〔三〕劉師培曰:《御覽》引“讒”作“誣”,《家語》同。⊙天海案:讒,《外傳》作“譖”。讒、譖、誣,義略同,皆背後説人壞話也。

〔四〕天海案:“謁”下,諸本有“之”字,似可據補。“校”,《外傳》作“廄人”,《家語》作“牧”。校,當作“校人”,爲馬官之長。《周禮·夏官·校人》“掌王馬之政”。

〔五〕楊倞注:校人,掌養馬之官也。⊙天海案:楊此注當在上句“謁”下。

〔六〕楊倞注:兩服,馬在中。兩驂,兩服之外馬。列,與裂同。謂外馬擘裂,中馬牽引而入廄。⊙俞樾曰:楊注以七字作一句,非也。兩驂裂者,兩驂斷鞅而去也。兩驂在外,故得自斷而去,於是止存兩服馬還入廄中矣。故曰“兩驂列,兩服入廄”。⊙于鬯曰:此當讀“失兩驂”爲句,“列兩服入廄”爲句。裂,讀爲“𨑩”。《説文》云:“𨑩,次第馳也。”《廣雅》云:“𨑩,犇也。”謂東野畢之馬失其兩驂,其兩服犇馳而入廄。楊注斷“失”字句,作七字爲一句,非也。俞讀尤非。《家語》作“東野畢之馬佚兩驂,曳兩服入于廄”,此明證。⊙劉師培曰:案“列”乃“引”字之訛。《家語》作“兩驂曳兩服入於廄”,曳、引義同。《御覽》引此文正作“引”,是其證。據楊注文,疑所據之本“列”下亦有“引”字,楊氏不知“列”字爲羨文,後人又删“引”字,遂不可通。⊙天海案:楊注是,句讀非。俞説義長。

〔七〕楊倞注:趨,讀爲“促”,速也。

〔八〕劉師培曰:何以,《外傳》作“以何”,義較長。⊙天海案:“馬”上“其”字,諸本又作“則”,非也,上文亦作“其”。

〔九〕盧文弨曰:《新序》《家語》"是"下皆有"以"字。⊙王念孫曰:《御覽》引此亦有"以"字,《外傳》同,當據補。⊙裴學海曰:是,猶故也。⊙天海案:"窮",盡也、竭也。窮其民,使民力竭盡也。窮其馬,使馬力竭盡也。二"巧"字,《外傳》作"工"。

〔一〇〕楊倞注:銜體,銜與馬體也。"步驟馳騁,朝禮畢矣",謂調習其馬,或步驟馳騁,盡朝廷之禮也。⊙郝懿行曰:楊注非。此讀宜斷"體正"、"禮畢"相屬,上句言馭之習,下句言馬之習也。朝與調,古字通。《毛詩》言"調飢",即"朝飢"。此言馬之馳驟皆調習也。⊙楊柳橋曰:禮,即理也。朝禮,即調理也。⊙屈守元曰:"銜"字當依《新序》及《説郛》所引《外傳》作"御"。御體、朝禮,與下文"馬力",皆相偶爲文。《禮記·王制》注:"朝,猶會也。"駟馬若一故曰朝,動有文體故曰禮。"上車執轡,御體正矣",即執轡如組之意;"周旋步驟,朝禮畢矣",即兩驂如舞之意。⊙天海案:銜體,當作"御體",字之誤也。御體,指馭車人之體勢也,正者,端也。"步驟"二句言馴馬之技,謂極盡調馬之禮也。

〔一一〕久保愛曰:已,止也。⊙劉師培曰:《御覽》引"然猶"作"然而"。⊙天海案:求,當讀爲驅。求,上古羣母幽部;驅,溪母侯部;羣、溪旁紐,幽、侯旁轉,故求可通驅。《外傳》"求"作"策",策亦驅馬也。"求馬不已",即驅馬不止也。

〔一二〕楊倞注:定公更請少進其説。⊙天海案:少,讀作"稍"。

〔一三〕天海案:攫,獸類用爪取物也。《淮南子·齊俗訓》引諺曰:"鳥窮則噣,獸窮則掮,人窮則詐。"此三句《類聚》引之,文同。攫,《外傳》作"謟",《新序》作"觸",《文子·下德篇》同《新序》。

〔一四〕天海案:此句下,《外傳》《新序》《家語》並皆有文。

# 堯問篇第三十二〔一〕

堯問於舜曰:"我欲致天下,爲之奈何〔二〕?"對曰:"執一無失,行微無怠,忠信無勸,而天下自來〔三〕。執一如天地〔四〕,行微如日月〔五〕,忠誠盛於内,賁於外,形於四海〔六〕,天下其在一隅邪,夫有何足致也〔七〕!"

魏武侯謀事而當,羣臣莫能逮,退朝而有喜色〔八〕。吴起進曰:"亦嘗有楚莊王之語聞於左右者乎〔九〕?"武侯曰:"楚莊王之語何如?"吴起對曰:"楚莊王謀事而當,羣臣莫逮,退朝而有憂色。申公巫臣進問曰:'王朝而有憂色,何也〔一〇〕?'莊王曰:'不穀謀事而當,羣臣莫能逮,是以憂也。其在《中蘬之言》也〔一一〕,曰:"諸侯自爲得師者王，得友者霸，得疑者存，自爲謀而莫己若者亡〔一二〕。"今以不穀之不肖而羣臣莫吾逮，吾國幾於亡矣，是以憂也。'楚莊王以憂，而君以喜〔一三〕。"武侯逡巡再拜，曰："天使夫子振寡人之過也〔一四〕。"



## 【校釋】

〔一〕盧文弨曰：舊本唯末一段提行，今各案其文義分之。⊙久保愛曰：舊本無"篇"字，今據宋本、韓本補之。⊙天海案：本篇以首句二字名篇，然内容較雜。着重反映荀子爲政治國之道，要在君主修身用賢。末節之文不爲《荀子》原文甚明，乃荀卿弟子崇師之言也。劉向原目爲篇第三十。

〔二〕楊倞注：恐天下未歸，故欲致而取之也。⊙冢田虎曰：言欲使天下之人來至也。注非也。⊙久保愛曰：致，來致也。⊙楊柳橋曰：致天下，即引聚天下之萬民也。⊙天海案：言招致天下之人也。

〔三〕楊倞注：執一，專意也。行微，行細微之事也。言精專不怠，而天下自歸，不必致也。⊙郝懿行曰：微者，隱也。《勸學篇》云"行無隱而不形"。隱微，人所不見，而行之無怠心。下云"行微如日月"，蓋日月之行，人之所不見也。⊙駱瑞鶴曰：一，所謂大道之要也。微，謂精微。⊙天海案：執一，守一也。守一，猶守一定之道也。故下云"執一如天地"。行微，行隱也。郝説是。勌，同倦。

〔四〕楊倞注：如天地無變易時也。⊙天海案：如天覆地載始終如一也。

〔五〕楊倞注：日月之行，人所不見，似於細微安徐，然而無怠止之時也。⊙盧文弨曰：元刻作"安徐而出"，無"然"字。⊙冢田虎曰：言日月之光，無細微所不照焉。君子之行，雖微必敬以不忽也。《孟子》曰"日月有明，容光必照"，是意也。⊙天海案：楊注"然而"下，明世本、《四庫》本有"出"字，盧校本作"無"字，據補。此言君子之行雖隱微，亦如日月般光明正大。

〔六〕楊倞注：賁，飾也。形，見也。《禮記》曰"富潤屋，德潤身，心廣體胖。故君子必誠其意"也。⊙郝懿行曰：賁，當音符分切，義與墳同。墳者，大也。盛於内則大於外，而形箸於四海矣。⊙劉師培曰：賁、僨古通，僨、奮亦古通。《廣雅》訓奮爲動，又訓爲舒。《史記·集解》訓奮爲發，則賁于外者，即發舒于外之義也。凡物之發舒者，必隆起于外。故其義亦通于墳。此則音近之字均可互用之故也。⊙天海案：盛，通成。内，心也。賁，《廣雅》："賁，美也。"賁於外者美之現於外也。形者，見也。形於四海，顯現於四海。



〔七〕楊倞注：夫物在一隅者，則可舉而致之。今有道，天下盡歸，不在於一隅，焉用致也！有，讀爲"又"。⊙久保愛曰：本注"不"字恐"如"誤。⊙鍾泰曰：邪，歎詞，非反語。在一隅，謂如在居室之内也，故曰"何足致"，楊注失之。⊙天海案：其，猶

"乃"也。説見《釋詞》。邪，猶"也"。又，此下原文未分段，現據文意分之。

〔八〕楊倞注：武侯，晉大夫畢萬之後，文侯之子也。⊙劉師培曰：《吴子·圖國篇》"逮"作"及"，"退"作"罷"，下同。⊙天海案：魏武侯，名擊，公元前三九五年至前三七〇年在位。逮，及也。

〔九〕天海案：吴起，戰國時衛國人。初仕魯，後仕魏，再奔楚，楚悼王用爲令尹，明法令，善用兵。悼王死，遇害。嘗，諸本作"常"。楚莊王，名侶，公元前六一三年至前五九一年在位。左右，敬稱對方，不直言之也。

〔一〇〕楊倞注：巫臣，楚申邑大夫也。⊙久保愛曰：申公，亦猶葉公、白公，僭稱也。⊙天海案：巫臣，姓屈名巫，字子靈，封申公。後盜夏姬以奔晉，晉以爲邢大夫。

〔一一〕楊倞注：中蘬與仲虺同，湯左相也。⊙郝懿行曰：蘬，音丘追切。此讀詡鬼切，即仲虺也，如"魄"字，從鬼聲而音爲潰。⊙天海案：中蘬，《史記·殷本紀》作"中貢"。《書》有《仲虺之誥》，"言"亦誥也。然下所引，與今《書·仲虺之誥》文異。《左傳》定公元年："仲虺居薛，以爲湯左相。"杜注："仲虺，奚仲之後。虺，許鬼反。""不穀"，不善也。諸侯自稱之謙詞。《老子》："貴以賤爲本，高以下爲基；故王侯自謂孤、寡、不穀。"

〔一二〕楊倞注：疑，謂博聞達識，可決疑惑者也。⊙物雙松曰：按師云友云，皆指其臣言之。臣而謂之師友，是迺其君意所謂者然爾，其實非如常人師友比，故曰"自爲得師"也。疑，即"前疑後丞、左輔右弼"之疑也，謂大臣也，注非。⊙久保愛曰：上"爲"字衍。⊙郝懿行曰：《外傳》六作"能自取師者王，能自取友者霸，而與居不若其身者亡"，《新序》一作"足己而羣臣莫之若者亡"，"取師"、"取友"，"取"皆作"擇"，而俱無"得疑者存"一句。疑，即"師保疑丞"之"疑"，疑謂可以決疑者也。今《書·仲虺之誥》亦缺此句，可知梅氏無識，不知此句不可缺也。⊙劉師培曰：此"疑"字當作"擬"。疑、擬古通。蓋師者，識之高出于己者也；友者，可以匡正己失者也；擬者，與己相等之人也；莫己者，不若己之人也。擬居師友及不若己者之間，則"擬"即若己之人矣！⊙天海案：今《書·仲虺之誥》云："予聞曰：能自得師者王，謂人莫己若者亡；問則裕，自用則小。"《類聚》引《孫卿子》作"得師者王，得疑者霸，自爲謀莫己若者亡"。得，《外傳》作"取"，《新序》作"擇"。疑，即疑丞，古官名，爲天子諮詢之官。《禮·文王世子》："虞、夏、商、周有師保，有疑丞。"《尚書大傳》二："古者，天子必有四鄰：前曰疑，後曰丞，左曰輔，右曰弼。天子有問無以對，責之疑；可志而不忘，責之丞。"此記楚莊王之事者，尚見《吕氏·下賢》《吴子·圖國》《賈子·先醒》《外傳》卷六、《説苑·君道》《新序·雜事》一等，然皆事略同而文各有異。

〔一三〕天海案：喜，諸本作"憙"。

〔一四〕楊倞注：振者，舉也。⊙王念孫曰：振，救也。《説文》："振，舉救也。"楊注於義未該。⊙天海案：逡巡，起身退位，恭敬貌。"夫子"，巾箱三本作"夫人"，誤也。振，拯也，雙聲可通。又，此下原文未分段，現依文意分之。

伯禽將歸於魯〔一〕，周公謂伯禽之傅曰〔二〕："女將行，盍志而子美德乎〔三〕！"對曰："其爲人寬，好自用，以慎〔四〕。此三者，其美德已〔五〕。"周公曰："嗚呼，以人惡爲美德乎？君子好以道德，故其民歸道〔六〕。彼其寬也，出無辨矣，女又美之〔七〕。彼其好自用也，是所以窶小也〔八〕。君子力如牛，不與牛爭力；走如馬，不與馬爭走；知如士，不與士爭知〔九〕。彼爭者，均者之氣也，女又美之〔一〇〕。彼其慎也，是其所以淺也〔一一〕。聞之曰：無越踰不見士〔一二〕。見士問曰：無乃不察乎〔一三〕？不聞則物少至，少至則淺〔一四〕。彼淺者，賤人之道也，女又美之乎〔一五〕！吾語女：我文王之爲子〔一六〕，武王之爲弟，成王之爲叔父〔一七〕，吾於天下不賤矣〔一八〕！然而吾所執贄而見者十人〔一九〕，還贄而相見者三十人〔二〇〕，貌執之士者百有餘人〔二一〕，欲言而請畢事者千有餘人〔二二〕。於是，吾僅得三士焉，以正吾身，以定天下〔二三〕。吾所以得三士者，亡於十人與三十人中，乃在百人與千人之中〔二四〕。故上士吾薄爲之貌，下士吾厚爲之貌〔二五〕，人人皆以我爲越踰好士，然故士至〔二六〕；士至而後見物〔二七〕，見物然後知其是非之所在。戒之哉！女以魯國驕人，幾矣〔二八〕！夫仰禄之士猶可驕也〔二九〕，正身之士不可驕也。彼正身之士，舍貴而爲賤，舍富而爲貧，舍佚而爲勞，顔色黎黑而不失其所〔三〇〕，是以天下之紀不息，文章不廢也〔三一〕！"

【校釋】

〔一〕楊倞注：伯禽，周公子，成王封爲魯侯。將歸，謂初之國也。

〔二〕天海案："謂伯禽之傅"，《外傳》卷三、《説苑·敬慎》載此事，皆爲周公戒伯禽語。《類聚》引《孫卿子》亦作"謂伯禽曰"。

〔三〕楊倞注：將行，何不志記汝所傅之子美德以言我？⊙于鬯曰：此於"傅"字當讀斷。曰者，周公與伯禽言，非與傅言也。女者，女伯禽也。而子者，子伯禽之傅也。惟問伯禽以其傅之德，故曰"周公謂伯禽之傅"。楊誤連"曰"字讀之，故注云"將行，何不志記汝所傅之子美德以言我"。夫伯禽之傅，何得稱之曰"汝"？伯禽何得轉尊曰“子”？且曰美德？其立辭既失體。且上文明云“伯禽將歸於魯”，如楊所謂“將行”，竟是傅將行，非伯禽將行矣。而下文又明云“女以魯國驕人幾矣”，又豈是與其傅言哉？謂伯禽乎，謂其傅乎？自此文讀一誤，致通篇意義全失。而不知古人自有“曰”字不上屬之例也。⊙劉師培曰：案“而子”猶言“汝君”。《廣雅·釋詁》一：“子，君也。”《吕氏春秋·懷寵篇》云“子之在上”，高注云“子，謂所伐國之君”，是其證。楊解“而子”，非也。⊙裴學海曰：而，猶“此”也。“而”訓“此”，猶“若”訓“此”也，而、若古通用。志，與識同，表也。⊙天海案：而，通爾，故得訓“汝”。而子，猶言“汝君”，劉説是也。此文“女將行”以下至“女又美之乎”爲周公告傅之語，“吾語女”以下之文爲周公戒伯禽之語。疑“吾語女”上當有“謂伯禽曰”四字，因脱，故易使人惑之。

〔四〕楊倞注：寬，寬弘也。自用，好自務其用也。慎，謹密也。⊙物雙松曰：慎，謂慎於等威，不妄假人也。⊙王先謙曰：好自用者，蓋遇事以身先人，故其傅以爲美德，而周公以爲爭。楊云“好自務其用”，語未晰。⊙楊柳橋曰：《方言》：“用，行也。”《説文》：“用，可施行也。”自用，謂自行其意也。以，猶與也。⊙天海案：自用，自行其是也。言自有主張，故傅稱爲美德。以，猶且。以慎，且謹慎。

〔五〕天海案：已，猶“也”。已、也一聲之轉。説見裴學海《虚字集釋》。諸本“已”上並有“也”字。

〔六〕楊倞注：君子好以道德教人，故其民歸道者衆，非謂寬弘也。⊙裴學海曰：以，猶“夫”也，句中之助詞也。⊙梁啓雄曰：《漢書》劉向《傳》集注：“以，由也。”此謂君子言行都遵循道德，上行下效，所以民衆自歸道。⊙楊柳橋曰：以道德，謂行道德也。⊙天海案：上“以”當訓“謂”，説見《釋詞》。惡，不善也。《説文》：“惡，過也。”此言謂人不善爲美德乎？下“以”字當訓“用”，説見《詞詮》。以道德，用道德也。

〔七〕楊倞注：彼伯禽既無道德，但務寬容，此乃出於善惡無别，汝何以爲美也？孔子曰“寬則得衆”，亦謂人愛悦歸之也。⊙劉師培曰：辨，訓爲治。言其内務寬仁，出則無致治之法也。⊙裴學海曰：又，猶“何”也。“又”訓“何”，猶“以”訓“何”也。⊙楊柳橋曰：鄭玄《禮記》注、高誘《淮南子》注：“出，猶作也。”⊙天海案：出，讀爲“拙”。出、拙，古今字也。出，上古昌母物部；拙，章母物部。昌、章旁紐，一聲之轉，且二字同韻，依律當通假。“出無辨矣”，謂其拙而不辨善惡也。惜自來注家無釋此“出”爲“拙”者。

〔八〕楊倞注：窶，無禮也。彼伯禽好自用而不諮詢，是乃無禮驕人而器局小也。《書》曰“自用則小”，《尚書大傳》曰：“是其好自用也，以斂益之也。”⊙冢田虎曰：窶小，字書“窶”、“寠”音義同，其矩反，貧陋也；盧侯反，狹小也。今《荀子》宜作“寠小”與？狹小之謂也，音婁。倞注失之。⊙郝懿行曰：窶者，貧也。窶之爲言，局也。

《釋名》云:"窶數,猶局縮,皆小意也。"⊙王念孫曰:楊分"窶小"爲二義,非也。窶,亦小也。⊙天海案:窶小,冢説訓狹小,其義較長。又,楊注引《尚書大傳》"自用也",脱"用"字,據諸本補。

〔九〕楊倞注:士,謂臣下掌事者。不爭,言委任。⊙李中生曰:士,指賢士。"爭知"的爭,與上文"爭力"、"爭走"之"爭"同,指爭勝,楊注不確。⊙天海案:爭,競也,見《廣韻》。三"爭"皆同。知,智也,二"知"同。"君子"以下至此,《類聚》引之,文同。

〔一〇〕楊倞注:好自用則不必委任,而與之爭事。爭事乃均敵者尚氣之事,非人君之量者也。⊙于鬯曰:均,蓋讀爲匀。匀,少也,少小義通。匀訓少,亦可訓小也。爭者匀者之氣者,猶言爭者小人之氣耳。⊙天海案:均,通畇(耘)。耘者,農夫也。《爾雅·釋訓》:"畇,畇田也。"郝懿行《義疏》:"田者,言治田也。畇者,均之或體也。《釋文》引《字林》云:'均,均田也。'"《大戴記·夏小正》:"均田者,始除田也,言農夫急除田也。"此言彼競爭者,猶農夫之氣量,汝爲何贊美他?楊注不是,于説亦非。

〔一一〕楊倞注:彼伯禽之慎密,不廣接士,適所以自使知識淺近也。⊙天海案:"以"上,諸本有"所"字,依上文例,可據補。淺者,淺薄也、淺陋也。楊注不確。

〔一二〕楊倞注:周公聞之古也。越踰,謂過一日也。⊙盧文弨曰:曰,宋本作"日"。注"過一日",語疑有誤。觀下所云,則士皆有等,勿因下士與己踰等而不見也。周公於下士厚爲之貌,故人人皆以爲越踰。則越踰者,過士所應得之分云耳。⊙俞樾曰:據楊注,然則《荀子》原文當作"聞之,無越日不見士",楊注原文當作"越日,謂過一日也"。今衍"踰"字者,涉下文楊注有"越踰"字而誤衍也。既衍"踰"字,則"越踰日"之文甚爲不辭,乃以"日"字爲"曰"字之誤,而移置"聞之"二字之下,遂成今本之誤。⊙冢田虎曰:"無越踰不見士",以下文見之,謂薄於上士,厚於下士爲越踰。然則言無踰越乎階位,則不得見善士也。注不協於下文,非也。⊙久保愛曰:越踰,謂越等位而見至賤。"不"字當在"無"字下。⊙劉師培曰:"日",當作"曰"。下云"越踰好士",與此相應。越踰好士,謂過於好士也。越踰不見士,謂過於不見士也。楊注"一日"二字,匪誤即衍。⊙天海案:曰,原作"日",形誤也,據諸本及盧校正之。越踰者,超越其常規也,此承上文"彼其慎也"而言。見,發現也。無越踰不見士者,謂不超越常規則不能發現賢士也。下文"人人皆以我爲越踰好士",正與此相應。楊注未得,諸説亦不切也。

〔一三〕楊倞注:懼其壅蔽,故問無乃有不察之事乎?⊙天海案:無乃,猶"得非"、"得無",俗言"豈不是",説見徐仁甫《廣釋詞》。

〔一四〕楊倞注:物,事也。不見士則無所聞,無所聞則所知之事亦少,少則意自淺矣。聞,或爲問也。⊙王念孫曰:聞,即"問"字也。言不問則所知之事少也。

"問"字正承上文"見士問曰"而言。⊙天海案:聞,通問。王説是也。

〔一五〕天海案:"乎"字,《題注》本、遞修本、明世本、《四庫》本皆無。

〔一六〕楊倞注:爲文王之子也。⊙天海案:"吾語女"上當有"謂伯禽曰"四字,"女又美之乎"以上爲周公告傅之語,此下乃戒伯禽之語。又案:此與下三"爲"字似衍,《外傳》《説苑》引此文而皆無,《類聚》引此文亦無三"爲"字,是其證。《史記·魯周公世家》亦無三"爲"字,此又一證。

〔一七〕楊倞注:周公先成王薨,未宜知成王之謚。此云成王,乃後人所加之耳。⊙于省吾曰:按注説非是。金文如成王、穆王、龏王、懿王等,均生稱謚號。⊙包遵信曰:近人王國維以爲謚法之作,蓋在宗周公、懿諸王之後,而"周初諸王若文、武、成、康、昭、穆,皆號而非謚也"(見《觀堂集林》卷十八《遹敦跋》)。《荀子》此文,亦可證王説之确。⊙天海案:《説苑·敬慎》作"今王之叔父也,又相天子"。

〔一八〕天海案:"不賤矣",《外傳》作"不輕矣",《説苑》同,《類聚》引作"亦不賤也"。

〔一九〕楊倞注:周公自執贄而見者十人。《禮》,見其所尊敬者,雖君亦執贄,故哀公執贄請見周豊。鄭注《尚書大傳》云:"十人,公卿之中也。三十人,羣士之中。百人,羣大夫之中也。"⊙盧文弨曰:羣大夫、羣士,舊本互易,誤。今《大傳》本亦訛。⊙天海案:"不賤矣"句下,《外傳》作"然一沐三握髮,一飯三吐哺,猶恐失天下之士"。《説苑》文多同。《類聚》引《孫卿子》亦作"常握髮吐餐,以接天下之士矣"。又,楊注"羣士"與"羣大夫"當互易,盧校本已易之。此不易,存其舊也。楊注"羣大夫"原脱"大"字,此據諸本補。

〔二〇〕楊倞注:《禮》,臣見君則不還贄,敵者不敢當則還之,禮尚往來也。《士相見禮》曰:"主人復見之,以其贄曰:'曏者,吾子辱使某見,請還贄於將命者。'"鄭康成云:"贄者,所執以至也。君子見於所尊敬,必執贄以將其厚意也。"⊙天海案:還贄,猶言還禮。凌廷堪《禮經釋例·賓客之例》:"凡賓主人禮畢,皆還其贄。"《禮記·聘義》:"已聘而還圭璋,此輕財而重禮之義也。"還圭璋,即還贄也。

〔二一〕楊倞注:執,猶待也。以禮貌接待之士百餘人也。⊙王先謙曰:文義不當有"者"字,此緣上下文"者"字而誤衍。⊙天海案:貌,恭敬也。見《禮論篇》"情貌之盡也",楊倞所注。貌執者,恭敬而待之也。

〔二二〕楊倞注:謂卑賤之士恐其言之不盡,周公先請其畢辭也。《説苑》曰"周公踐天子之位七年,布衣之士所執贄而師見者十人,所友見者十二人,窮巷白屋所先見者四十九人,時進善者百人,教士千人,朝者萬人"也。⊙冢田虎曰:請畢事者,依注,"事"當作"辭"與?⊙盧文弨曰:注衍"十人,所見者"五字。《説苑·敬慎篇》無。⊙天海案:"欲言",猶婉言。《禮記·祭義》"其薦之也,敬以欲",鄭玄注:"欲,婉順貌。"《管子地圓》"欲有與名",《集校》引張佩綸云:"欲,婉順貌。"此"婉言"正與上文“貌執”相對爲文。《外傳》卷三云:“周公踐天子之位七年,布衣之士所贄而師者十人,所友見者十二人,窮巷白屋先見者四十九人,時進善者百人,教士千人,宫朝者萬人。”與《説苑》小異。楊注所引《説苑》,見其《尊賢篇》:“十人”作“十二人”。無“所友見者”四字。“朝”上有“官”字。又按:楊注文“友”字原脱,然《治要》引《説苑》與《外傳》文同,亦有“所友見者十二人”,故據補。



〔二三〕楊倞注:於是千百人之中,僅乃得三士正身治國。⊙劉師培曰:《玉海》百三十四引“以”作“而”。

〔二四〕楊倞注:十人與三十人,雖尊敬,猶未得賢,至百人千人,然後乃得三人。以明接士不廣,無由得賢也。⊙天海案:亡,通無。亡於者,不在也。

〔二五〕楊倞注:上士中誠重之,故可薄爲之貌。下士既無執贄之禮,懼失賢士之心,故厚爲之貌,尤加謹敬也。⊙久保愛曰:貌,禮貌也。⊙天海案:薄,輕也。厚,重也。謂待上士禮輕,待下士禮重也。

〔二六〕楊倞注:人不知,則以爲越踰,然士亦以禮貌之故而至也。⊙俞樾曰:“踰”字亦衍文也。“越”之言過也,人人皆以我爲過於好士也。“然故”,即“是故”也。⊙楊伯峻曰:“然”作“如此”解,可以單獨成一逗。⊙天海案:越踰者,超越常情也。説見上文“無越踰不見士”之注。“踰”字不衍,古人自有復詞之例。然故,猶“是故”,俞説是。

〔二七〕楊倞注:物,事也。

〔二八〕楊倞注:幾,危也。周公言我以天下之貴,猶不敢驕士,汝今以魯國之小而遂驕人,危矣!⊙天海案:《外傳》作“其無以魯國驕士也”,《説苑·敬慎》作“子其無以魯國驕士矣”。“女”下,諸本有“其”字,義長。

〔二九〕楊倞注:仰,魚亮反。⊙天海案:仰禄之士,謂依賴俸禄之士。

〔三〇〕楊倞注:黎,讀爲“梨”,謂面如凍梨之色也。⊙冢田虎曰:“舍貴而爲賤,舍富而爲貧”,孟子“辭尊處卑”、“辭富處貧”之語氣。⊙鍾泰曰:不失其所,謂不失其自處也。⊙梁啓雄曰:黎,讀爲“黧”。⊙張覺曰:其所,理想的所在。⊙天海案:正身之士,即修身之士。黎,通黧,亦黑也。黎、黧、驪,三字音同而通。故《韓非子》説晉文公作“黧黑”,《墨子·節葬》《兼愛》《備梯》皆用“黧黑”一詞。《吕氏春秋·行論》“顔色黎黑,步不相過”,《求人篇》亦同。佚,通逸。不失其所,謂不失其志也。

〔三一〕楊倞注:賴守道之士不苟徇人,故得綱紀文章常存也。⊙盧文弨曰:《尚書大傳》作“是以文不滅而章不敗也”。⊙熊公哲曰:紀,綱紀也。文章,禮教之見於外者。《論語·公冶長》:“夫子之文章,可得而聞也。”⊙天海案:文章,此指禮樂法度。《論語·泰伯》:“巍巍乎其有成功也,煥乎其有文章。”《禮·大傳》:“考文章,改正朔。”又案:此節之文,《外傳》卷三,《説苑·尊賢》《敬慎》,《尚書大傳》亦見之,而文各有異。又,此下原文未分段,現依文意分之。

語曰："繒丘之封人〔一〕，見楚相孫叔敖曰：'吾聞之也：處官久者士妬之，禄厚者民怨之，位尊者君恨之。今相國有此三者，而不得罪楚之士民，何也？'孫叔敖曰：'吾三相楚而心瘉卑，每益禄而施瘉博，位滋尊而禮瘉恭〔二〕，是以不得罪於楚之士民也。'〔三〕"

子貢問於孔子曰："賜爲人下而未知也〔四〕。"孔子曰："爲人下者，乎其猶土也〔五〕！深扣之而得甘泉焉〔六〕，樹之而五穀播焉，草木殖焉〔七〕，禽獸育焉；生則立焉，死則入焉〔八〕；多其功而不息，爲人下者，其猶土也〔九〕！"

昔虞不用宫之奇而晉并之，萊不用子馬而齊并之〔一〇〕，紂刳王子比干而武王得之。不親賢用知而身死國亡也〔一一〕。

爲説者曰〔一二〕："孫卿不及孔子。"是不然〔一三〕。孫卿迫於亂世，鰌於嚴刑〔一四〕；上無賢主，下遇暴秦；禮義不行，教化不成；仁者絀約，天下冥冥〔一五〕；行全刺之，諸侯大傾〔一六〕。當是時也，知者不得慮，能者不得治，賢者不得使。故君上蔽而無覩，賢人距而不受〔一七〕。然則孫卿將懷聖之心，蒙佯狂之色，視天下以愚〔一八〕。《詩》曰："既明且哲，以保其身。"此之謂也〔一九〕。是其所以名聲不白，徒與不衆，光輝不博也〔二〇〕。今之學者，得孫卿之遺言餘教，足以爲天下法式、表儀。所存者神，所遇者化〔二一〕。觀其善行，孔子弗過；世不詳察，云非聖人。奈何〔二二〕！天下不治，孫卿不遇時也！德若堯、禹，世少知之；方術不用，爲人所疑；其知至明，循道正行，足以爲綱紀〔二三〕。嗚呼！賢哉！宜爲帝王。天地不知，善桀、紂，殺賢良〔二四〕：比干剖心，孔子拘匡；接輿辟世，箕子佯狂〔二五〕；田常爲亂，闔閭擅强〔二六〕；爲惡得福，善者有殃。今爲説者又不察其實，乃信其名〔二七〕。時世不同，譽何由生？不得爲政，功安能成？志修德厚，孰謂不賢乎〔二八〕！

## 【校釋】

〔一〕楊倞注：繒與鄫同。鄫丘，故國。封人，掌疆界者。《漢書·地理志》繒縣屬東海也。⊙郝懿行曰：繒，即鄫國，姒姓，在東海。《漢志》繒縣屬東海郡，是也。

"繒丘封人",《列子·説符篇》作"狐丘丈人",《外傳》七及《淮南·道應訓》竝與《説符》同。孫叔敖所云,與此大意雖同而文字異,此當別有依據。⊙劉師培曰:此繒丘即寢丘也。古烝部之字多轉入侵部。寢丘爲叔敖桑梓之鄉,又爲叔敖子封邑。《吕覽·異寶篇》曰"楚、越之間有寢丘",《淮南·人間訓》曰"有寢丘者,其地确石而名醜"。寢丘即繒丘,故繒丘之封人見叔敖而進以直言,亦以叔敖爲彼土著之民耳。若如楊、郝之説,則繒國當叔敖時去楚甚遠,其邑之封人,斷無越境見楚相之事也。⊙天海案:《説苑·敬慎篇》載此事,作"有一老父",不言地名。劉説義長。楊注"繒丘",原誤倒,據正文乙之。

〔二〕盧文弨曰:瘉與愈同,元刻即作"愈"。⊙天海案:三"瘉"字,諸本並作"愈",二字可通。

〔三〕天海案:此節之文,亦見《列子·説符》《慎子·外篇》《文子·符言》《晏子·春秋》《外傳》卷七、《説苑·敬慎》《淮南·道應》,然事略同而文各異。此節原文與上下相接,現分之。

〔四〕楊倞注:下,謙下也。子貢問欲爲人下,未知其益也。⊙冢田虎曰:下,如字,謂下位也。注"謙下",非也。⊙天海案:此句似有脱文。《外傳》七作"請問爲人下之道奈何",《説苑·臣術》作"賜爲人下而未知所以爲人下之道也",《家語·困誓》作"賜既爲人下矣,而未知爲人下之道,敢問之"。人下,在人之下也。楊注"欲"原誤作"於",據諸本改。

〔五〕鍾泰曰:也,當讀爲"耶",後文同。⊙天海案:乎,猶夫也。夫,猶彼也。"夫其猶土也",謂彼其猶土也。乎,當屬下句,爲句首發語詞。凡屬上讀爲"爲人下者乎",皆誤也。巾箱三本無"乎"字,《説苑》《家語》"者"下並無"乎"字。《外傳》則作"爲人下其猶土乎"。

〔六〕楊倞注:扫,掘也。故没反。⊙天海案:扫,《外傳》《説苑》皆作"掘",《家語》作"汩"。

〔七〕天海案:播,當讀爲"蕃"。播,上古幫母歌部;蕃,幫母元部。播、蕃雙聲,歌、元對轉,故可通借。諸本並作"蕃"。樹,種植也。

〔八〕熊公哲曰:立,自立於世。入,入於人心,而有餘思。⊙天海案:生、死,謂萬物有生命者而言。謂生者使之立身,死者使之歸入也。

〔九〕劉台拱曰:不息,《外傳》《春秋繁露·山川頌》《説苑·臣術篇》竝作"不言"。⊙王引之曰:息,當爲悳。悳,古德字。俗書悳字作惪,形與息相似而誤。《外傳》《春秋繁露》《説苑》作"不言",意與"不德"同。《御覽》正引作"多其功而不德"。⊙天海案:息,止也。多其功而不息,猶言其功多而不止,義亦通。《外傳》卷七、《董子·山川頌》《説苑·臣術》《家語·困誓》皆用此文,文略異。

〔一〇〕楊倞注:宫之奇,虞賢臣,諫不從,以其族行。子馬,未詳其姓名。《左氏傳》曰："襄二年，齊侯伐萊，萊人使正輿子賂夙沙衛，以索馬牛，皆百匹。"又六年，"齊侯伐萊，萊人使王湫帥師及正輿子軍齊師，齊師大敗之，遂滅萊。"或曰：正輿子字子馬，其不用未聞。《説苑》諸御己諫楚莊王曰："曹不用僖負羈而宋并之，萊不用子猛而齊并之。"據年代，齊滅萊在楚莊王後，未詳諸御己之諫也。⊙盧文弨曰：諸御己，舊譌作"諸卿已"，今據《説苑・正諫篇》改正。⊙郝懿行曰：《説苑・正諫篇》"子馬"作"子猛"，猛、馬雙聲，疑即一人。而據《説苑》，此人年代在前，楊注云云，是也。或説以《左傳》閔子馬，據《世族譜》，閔子馬即閔馬父，係魯雜人，豈萊不用而去之魯邪？然此"子馬"見昭十八年《傳》，上距襄六年齊人滅萊之歲四十餘年矣，世代在後差遠，又非萊人，無庸牽合。⊙劉師培曰：此云萊并於齊，當屬桓公時事，子馬即子猛，其并自在楚莊前也。⊙天海案：正文"而身死"之"而"，諸本作"故"。楊注上二"萊"字，原誤作"蔡"，此據諸本及《左傳》改之。諸御己作諸卿已，此據《説苑》及盧校正之。

〔一一〕天海案：此節之文見《説苑・正諫篇》，爲諸御己諫楚莊王之語。然《説苑》文詳，此文甚簡略，疑有脱文。

〔一二〕物雙松曰：是雖弟子辭，然先秦古文也。⊙冢田虎曰：此序不知何人之辭也，蓋是雖荀卿門徒之所作也。而比之聖人，何過稱之太甚！夫弟子而尊崇其師者，固雖禮之所以然也，然過稱之太甚，反所以招世嘲，而應損其師德，無乃亦非禮乎？⊙楊柳橋曰：此係乃後徒仿《正論篇》言，以論荀子者。⊙天海案：此節之文，疑《荀子》全書之後序，理當另列。然不知何人所作，又何時并入此篇。

〔一三〕天海案："及"，諸本作"如"，"然"下有"也"字。

〔一四〕梁啓雄曰：鰌，迫也。⊙熊公哲曰：鰌，音秋，通弍，隨而威脅之也。《列子》"鰌之以刑罰"。⊙天海案：鰌，通弍，陵逼也。《莊子・秋水》："然而指我則勝我，鰌我亦勝我。"《釋文》："鰌，本又作弍。"本書《彊國篇》："巨楚縣吾前，大燕鰌吾後。"楊倞注："鰌，蹴也，籍也。如蹴踏於後。"又《議兵篇》"鰌之以刑罰"，楊倞亦注"鰌，藉也。不勝則以刑罰陵藉之"，是也。

〔一五〕天海案：詘，通屈。屈，折也。約，要也。要，通腰。故詘約者，猶折腰也。或曰：詘，通黜，貶黜，貶退也。約，束也，困也。詘約，即遭貶黜而困窮。詘，諸本作"絀"。

〔一六〕高亨曰："行全剌之"，"之"當作"正"，篆文二字形似而誤。《説文》："剌，戾也。"行全剌正，謂其行爲完全違戾正道也。⊙熊公哲曰：此句不甚可解。似謂行爲全粹，則以爲違戾而疾之。然終以闕疑爲是。⊙天海案：行，德行也。全，全備完善也。剌者，譏諷也。《題注》本、遞修本、明世本、《四庫》本"剌"並作"刺"，形誤也。

〔一七〕天海案：距，通拒。距而不受者，遭排斥而不被用也。

〔一八〕物雙松曰：蒙者，外蒙之也。色，謂容貌也。外示佯狂，謂之蒙佯狂之色。天地不知善，可謂怨天。⊙久保愛曰："將懷"當易地。視，與示通。⊙盧文弨曰："懷將聖"，宋本作"將懷聖"，誤。今訂正。⊙梁啓雄曰：《釋詞》八："則，猶而也。"《論語・子罕》"固天縱之將聖"，《正義》："將，大也。"⊙熊公哲曰：將，殆也。猶庶幾也。佯，詐也。佯狂，詐爲狂人。⊙天海案：將，以也，用也。懷，追思也。此言孫卿以追思聖人之心，被佯狂之容，以愚示天下人也。盧校非。

〔一九〕熊公哲曰：《大雅・烝民篇》。明，謂明於理；哲，謂察於事。蓋順理以守身，非趨利避害，偷以全其軀命也。

〔二〇〕天海案：白，顯明也。徒與，門徒、黨與也。博，廣大也。

〔二一〕久保愛曰：遇，當作"過"，《議兵篇》作"過"。⊙盧文弨曰：所過，宋本作"所遇"，誤。古音"存"、"神"一韻，"過"、"化"一韻，此句中之韻也。⊙劉師培曰："過"乃後人據《孟子》所改。此文"者化"與下"弗過"叶韻，盧校以"過"、"化"爲句中之韻，以"遇"爲誤，失之。⊙梁啓雄曰：《爾雅》："神，治也。"⊙熊公哲曰：神，謂神妙不測。化，謂同化。二語亦見《孟子・盡心篇》。

〔二二〕鍾泰曰：猶言"奈何世不詳察，而言非聖人乎"，倒句也。

〔二三〕盧文弨曰："紀綱"，舊本誤倒，與上下韻不協。⊙天海案："循道"，《題注》本、遞修本、明世本、《四庫》本並作"修道"，"綱紀"作"紀綱"。又案此"紀"與上文"之"、"疑"爲韻，不與下文"王"、"良"協韻，盧説非。

〔二四〕梁啓雄曰："地"當作"下"。⊙天海案："天地不知"，此怨天恨地之語，梁説非。知，如字，不讀智。善，善待也。

〔二五〕天海案：辟，通避，諸本作"避"。接輿，春秋時楚隱士，其名首見《論語・微子》。箕子，商紂諸父，事見《史記・殷紀》。

〔二六〕天海案：田常，本名田恒，又名田成子，殺齊簡公，立平公，自爲齊相，齊政盡歸田氏。事見《史記・田敬仲完世家》。

〔二七〕天海案：名者，傳聞之詞也。

〔二八〕楊倞注：自"爲説者"已下，或荀卿弟子之辭也。⊙傅山曰：《荀子》三十二篇，不全儒家者言，而習稱爲儒者，不細讀其書也。有儒之一端焉，是其辭之複而嘽者也，但少精摯處。則即與儒遠，而近于法家，近于刑名家。非墨，而又有近于墨家者言。《性惡》一篇，立義甚高，而文不足副之。"僞"字本别有義，而爲後世用以爲詐僞，遂昧。从人、从爲之義，此亦會意一種。⊙熊公哲曰：姚鼐亦謂《莊子・天下》《荀子》末篇爲本書之序。末篇，即此文也。⊙天海案：爲政，執政也。修，美也。志修，志美也。

# 附 録

## 一、劉向《孫卿書録》

《荀卿新書》十二卷三十二篇。⊙ 盧文弨曰：案宋本"新書"下有十二卷三字，或疑是二十卷，皆非也，但作三十二篇爲是。今本《漢書・藝文志》作三十三篇，誤也。⊙ 天海案：《孫卿子》之書《漢志》始載爲三十三篇，《隋志》始載爲十二卷。此十二卷本當傳至明代，然今不存，未知其詳。據晁公武《郡齋讀書志》稱劉向將《孫卿子》三十二篇分爲十二卷，題曰《新書》，楊倞始爲之注，且更《新書》爲《荀子》，易其篇第，析爲二十卷。此舊目及劉向《書録》乃楊倞附於其新注本《荀子》二十卷之後，據《書録》，則當標目爲《孫卿新書》十二卷三十二篇。

勸學篇第一

修身篇第二

不苟篇第三

榮辱篇第四

非相篇第五

非十二子篇第六

仲尼篇第七

成相篇第八

儒效篇第九

王制篇第十

富國篇第十一

王霸篇第十二

君道篇第十三

臣道篇第十四

致仕篇第十五

議兵篇第十六

强國篇第十七

天論篇第十八

正論篇第十九

樂論篇第二十

解蔽篇第二十一

正名篇第二十二

禮論篇第二十三

宥坐篇第二十四

子道篇第二十五

性惡篇第二十六

法行篇第二十七

哀公篇第二十八

大略篇第二十九

堯問篇第三十

君子篇第三十一

賦篇第三十二

護左都水使者、光禄大夫臣向言：所校讎中《孫卿書》凡三百二十二篇，以相校，除復重二百九十篇，定箸三十二篇，皆以定殺青簡，書可繕寫〔一〕。

孫卿，趙人，名況〔二〕。方齊宣王、威王之時〔三〕，聚天下賢士於稷下，尊寵之。若鄒衍、田駢、淳于髡之屬甚衆，號曰列大夫，皆世所稱，咸作書刺世。是時，孫卿有秀才，年五十，始來游學〔四〕。諸子之事，皆以爲非先王之法也。孫卿善爲《詩》《禮》《易》《春秋》。至齊襄王時，孫卿最爲老師，齊尚脩列大夫之缺，而孫卿三爲祭酒焉〔五〕。

齊人或讒孫卿，乃適楚〔六〕，楚相春申君以爲蘭陵令〔七〕。人或謂春申君曰："湯以七十里，文王以百里。孫卿，賢者也，今與之百里地，楚其危乎！"春申君謝之〔八〕，孫卿去之趙。後，客或謂春申君曰："伊尹去夏入殷，殷王而夏亡；管仲去魯入齊，魯弱而齊强。故賢者所在，君尊國安。今孫卿，天下賢人，所去之國，其不安乎！"春申君使人聘孫卿〔九〕。孫卿遺春申君書，刺楚國，因爲歌、賦，以遺春申君。春申君恨〔一〇〕，復固謝孫卿〔一一〕，孫卿乃行，復爲蘭陵令〔一二〕。春申君死而孫卿廢，因家蘭陵。

李斯嘗爲弟子而相秦〔一三〕，及韓非号韓子，又浮丘伯皆受業，爲名儒〔一四〕。

孫卿之應聘於諸侯，見秦昭王。昭王方喜戰伐，而孫卿以三王之法説之，及秦相應侯，皆不能用也〔一五〕。至趙，與孫臏議兵趙孝成王前。孫臏爲變詐之兵，孫卿以王兵難之，不能對也。卒不能用〔一六〕。

孫卿道守禮義，行應繩墨，安貧賤。孟子者，亦大儒，以人之性善〔一七〕。孫卿後孟子百餘年〔一八〕，孫卿以爲人性惡，故作《性惡》一篇，以非孟子。蘇秦、張儀以邪道説諸侯，以大貴顯。孫卿退而笑之曰〔一九〕："夫不以其道進者，必不以其道亡。"

至漢興，江都相董仲舒亦大儒，作書美孫卿〔二〇〕。孫卿卒不用於世，老於蘭陵。疾濁世之政，亡國亂君相屬，不遂大道〔二一〕，而營乎巫祝，信禨祥〔二二〕；鄙儒小拘如莊周等，又滑稽亂俗〔二三〕。於是推儒、墨道德之行事，興壞序列，著數萬言而卒，葬蘭陵〔二四〕。而趙亦有公孫龍爲"堅白""同異"之辨，處子之言〔二五〕；魏有李悝盡地力之教；楚有尸子、長盧子、芋子，皆著書〔二六〕。然非先王之法也，皆不循孔氏之術，唯孟軻、孫卿爲能尊仲尼。

蘭陵多善爲學，蓋以孫卿也。長老至今稱之曰："蘭陵人喜字爲卿，蓋以法孫卿也。"

孟子、孫卿、董先生，皆小五伯〔二七〕，以爲仲尼之門，五尺童子皆羞稱五伯。如人君能用孫卿，庶幾於王。然世終莫能用，而六國之君殘滅，秦國大亂，卒以亡。

觀孫卿之書，其陳王道甚易行，疾世莫能用。其言悽愴，甚可痛也！

嗚呼！使斯人卒終於閭巷，而功業不得見於世，哀哉！可爲實涕。其書比於記傳，可以爲法。謹第録。臣向昧死上言。

護左都水使者、光禄大夫臣向言，所校讎中《孫卿書録》。



【校釋】

〔一〕劉師培曰：案《漢書・謝該傳》引此篇作"劉向《孫卿子後序》"，王氏《漢書・藝文志攷證》引作"劉向《校讎書録序》"。三百二十二篇，《玉海》引作"三百三十二篇"。《書鈔》引劉向《别録》云："《孫子書》以殺青，簡編以縹繫繩。"云孫子，未知《孫武書》抑《孫卿書》也。⊙ 天海案：原文未分段，皆據文意而分之。

〔二〕劉師培曰：案況爲荀子之名，則卿爲其字。孫者，"荀"字之轉音也。唐人不察，以爲"荀"字作"孫"，由於諱漢諱，又以"卿"爲相尊之稱，此大誤也。近謝氏墉以爲"荀"音同"孫"，語遂移易，其説近確，惟未得確證。今者，《論語・鄉黨篇》"恂恂如也"，漢劉修碑"其作於鄉黨，遜遜如也"。孫，即古遜字。此即荀、孫古通之證。故《史記》作"荀"，本書作"孫"，是猶"處子"亦作"劇子"，"環淵"亦作"蜎子"，宓子之宓與伏同，筦子之筦與管同也。近胡元儀作《孫卿别傳》，以爲郇伯公孫之後，以孫爲氏，則説較唐人爲尤謬矣。至於卿爲況字，據本篇後文云"蘭陵人喜字爲卿，蓋法孫卿也"，此即字卿名況之確徵。⊙ 梁啓雄曰：古書均作"孫"，獨《史記》作"荀"，疑"孫"爲本字，以音同轉爲"荀"耳！⊙ 天海案：孫，上古心母文部；荀，心母真部；孫、荀雙聲，文、真旁轉，故二字可通。

〔三〕盧文弨曰：案《史記》，威王在宣王之前，《風俗通》《窮通篇》作"齊威、宣王之時"，是也。⊙ 天海案：齊威王，齊桓公（田）之子，名因齊，公元前三五六年繼位，前三二〇年卒。威王子名辟疆，公元前三一九年至三〇一年在位，是爲齊宣王。

〔四〕盧文弨曰：案《史記》亦作"年五十"，誤。當從《風俗通》作"年十五"。晁公武《讀書志》所引亦同。⊙ 劉師培曰：其説非也。《史記》《風俗通義》及本篇均云"始來游學"，審其辭義，蓋以荀卿爲晚學。即《顔氏家訓・勉學篇》所云"荀卿五十始來遊學，猶爲碩儒"也。若五十果作"十五"，則與"始來遊學"之文辭氣弗符也。⊙ 蔣伯潛曰：《史記》於孔、孟之游諸侯，不曰"游學"，何獨於荀子而異之？故知"學"字爲衍文。⊙ 天海案：錢穆《先秦諸子繫年考辨》云"以年十五之説爲是"。

〔五〕天海案：此亦據《史記・孟荀列傳》。齊襄王，名法章，齊湣王之子，公元前二八三年至前二六五年在位。祭酒，古代宴饗、祭祀必由尊者或老者一人舉酒祭地，後遂稱此尊長者爲祭酒。

〔六〕天海案：《史記・孟荀列傳》重"孫卿"二字，盧校本從之，此不必重也。

〔七〕錢穆曰：應氏《風俗通》以卿爲蘭陵令在游趙聘秦之前，是也。⊙ 天海案：春申君名黄歇，楚頃襄王時使秦，考烈王時立爲相，封爲春申君。考烈王死，爲家臣李園謀殺，卒於公元前二三八年。

〔八〕天海案：謝，《説文》："謝，辤去也。"《戰國策·齊策》"謝將休士也"，鮑彪注："謝，辭去之，言不用也。"

〔九〕盧文弨曰：案《楚策》四、《外傳》四，"聘"俱作"請"。⊙ 天海案：聘，《風俗通》作"使請"。聘者，訪問之也。《春秋》隱公七年"齊侯使弟年來聘"，何休注："聘者，問也。"

〔一〇〕天海案：恨，悔也。《成相篇》"後必有恨"，楊倞注："恨，悔也。"

〔一一〕天海案：謝，請也。《廣雅》："賕，謝也。"王念孫《疏證》云："《衆經音義》卷二十一引《蒼頡篇》云'載請曰賕'，字亦作'求'。《吕刑》'惟貨惟來'，《釋文》'來'，馬本作'求'，云'有請賕也'。"故此"謝"字得訓請求，與上文"謝之"有别。

〔一二〕天海案：應劭《風俗通》卷七《窮通篇》作"因不得已乃行"。

〔一三〕盧文弨曰：宋本脱"已"字，今據《史記》補。⊙ 天海案："而相秦"，《史記》本《傳》作"已而相秦"，盧校本從之。此仍其舊。

〔一四〕天海案：浮丘伯，齊人，治《詩》授申公與楚元王。見《漢書·儒林傳》。

〔一五〕錢穆曰：齊襄王十八年，當秦昭王四十一年，范雎相秦，封應侯。《荀子·儒效篇》載秦昭王與荀卿答問之語，《彊國篇》載應侯與荀卿答問之語，是荀卿在齊襄王十八年後曾赴秦也。至昭王五十二年應侯罷相，荀卿赴秦當在此十二年間。惟自劉向已不曉其在何時，故爲《荀卿書録》叙之最後。

〔一六〕梁啓超：(《議兵篇》)臨武君姓名無考。《叙録》指爲孫臏，恐非是，其年代不相及也。⊙ 天海案：《戰國策·楚策》《外傳》四並云："孫子去之趙，趙以爲上卿。"《議兵篇》"臨武君與孫卿子議兵於趙孝成王前"，此云孫臏，未知何據。

〔一七〕天海案：以下文例之，"以"下當有"爲"字，文意方足。

〔一八〕游國恩曰：孟子以周赧王二十六年(前二八九)卒，下距秦始皇二十八年，不過七十一年，何得説他在孟子後一百餘歲？

〔一九〕劉師培曰：《風俗通義》"退"作"隨"。⊙ 游國恩曰：按周慎靚王四年(前三一七)，齊殺蘇秦，那時荀子還没有出世。赧王五年(前三一〇年)，張儀卒，荀子不過四五歲。看"荀子退而笑之"的"退"字，似謂荀子與蘇、張是同時的人，此真大錯。⊙ 天海案：退，黜退也。此謂孫卿遭黜退後，嘲笑其蘇、張之貴顯，不可以同時人目之。游説非。

〔二〇〕盧文弨曰："至漢興"以下十七字，似不當在此，應在下文"蓋以法孫卿也"句下。⊙ 天海案："作書美孫卿"，其書未見之，待考。

〔二一〕劉師培曰：《風俗通義》作"國亂君危相屬不遵大道"。

〔二二〕天海案：營，通熒，惑也。機祥，吉凶。《淮南子·氾論》："總形推類而爲之機祥。”高注:“機祥,吉凶。”

〔二三〕盧文弨曰:宋本無“亂俗”二字,從《史記》增。⊙ 天海案:“亂俗”二字原無,此據盧校補之。

〔二四〕劉師培曰:《史記》本《傳》“葬”上有“因”字,此挩。⊙ 天海案:興壞,即興廢。序列,逐次排列也。

〔二五〕盧文弨曰:《史記》作“劇子之言”,徐廣曰:“應劭《氏姓注》直云‘處子’。”⊙ 天海案:正文“辨”,盧校本作“辭”,誤也。處子,即《史記》之“劇子”。此劇子或爲劇辛,戰國時趙人,燕昭王時在燕任職,參與伐齊之事。燕王喜時,率軍攻趙,爲趙將龐煖所殺。卒在公元前二四二年。見《史記·燕世家》。“處”,上古屬昌母魚部;“劇”,羣母鐸部;昌、羣鄰紐,魚、鐸對轉,故二字可通假也。

〔二六〕盧文弨曰:宋本“盧”作“廬”,古可通用。今從《史記》,取易曉耳。《史記》“芋子”作“吁子”,《索隱》曰:“吁,音芋。《别録》作‘芋子’,今‘吁’亦如字也。”又案:《漢書·藝文志》有《竽子》十八篇,云“名嬰,齊人”,師古云“芋音弭”,與此又不同。⊙ 劉師培曰:《史記》作“阿之吁子”,“阿”爲齊地,不當以楚人該之。疑此文有挩。⊙ 天海案:李悝,《史記·正義》曰:“《藝文志》《李子》三十二篇,李悝相魏文侯,富國强兵。”尸子,名佼。《集解》:“今案《尸子》書,晋人也,名佼,秦相衛鞅客也。衛鞅,商君,謀事、劃計、立法、理民,未嘗不與佼規也。商君被刑,佼恐并誅,乃逃亡入蜀,此爲造此二十篇書,凡六萬餘言。卒,因葬蜀。”《正義》云:“《長盧》九篇,楚人。”《集解》:“徐廣曰:阿者,今之東阿。”又,芋子,正文原作“芉子”,形誤也,今據改。

〔二七〕天海案:董先生,董仲舒也。小者,小視也。五伯,即五霸。

# 二、《荀子》佚文

## （一）王念孫《讀書雜志》輯四條

1. 桃李蒨粲於一時，時至而後殺。至於松柏，經隆冬而不凋，蒙霜雪而不變，可謂得其真矣。

右三十四字，見《文選》左思《招隱詩》注，又分見於《蜀都賦》注、《上林賦》注、歐陽堅《臨終詩》注、《藝文類聚・果部上》《太平御覽・木部三》。

2. 有人道我善者，是吾賊也；道我惡者，是吾師也。

右十八字，見《文選・曹植與楊德祖書》注。

3. 天下無二道，聖人無兩心。神人無功，聖人無名。聖人者，天下之利器也。

右二十七字，見《太平御覽・人事部四十二》，又分見於《藝文類聚・人部四》、《初學記・人事部上》。案"天下無二道"二句，見今本《解蔽篇》。《御覽》此下有"神人無功"四句，《類聚》亦有"神人無功"二句，《初學記》亦有"聖人者"二句，而今本皆無之。且細繹下文文義，亦不當有此四句，則《御覽》諸書所引，當别是一篇，非《解蔽篇》文也。

4. 何世之無才？何才之無施？良匠提斤斧造山林，梁棟阿衡之才，櫨柱楣椽之朴，森然陳於目前，大夏之器具矣。

右四十二字，見《太平御覽・器物部九》，又分見於《文選》左思《詠史詩》注。

## （二）劉師培《荀子》佚文輯補五條

1. 周公僂背。

此上四字據《御覽》七百四十所引《荀卿子》。疑《非相篇》"身如斷菑"異文，抑或他篇别有此語？

2. 宋之愚人得燕石於梧桐臺之東，歸而藏之，以爲寶。周客聞而觀焉。主人齋七日，端冕玄服以發寶，革匱千重，緹巾十襲。客見之，掩口而笑曰："此燕石也，其與瓦甓不殊。"主人大怒曰："商賈之言，醫匠之口。"藏之俞固，守之彌謹。

此上之文，均據《御覽》四百九十九所引《孫卿子》。又案：此條之文與《文選》《百一詩》注所引《闕子》同。⊙ 天海案：《文選》卷二一應璩《百一詩》注引《闕子》曰云云，文與此小異，不可謂“同”也。

3. 夫達師之教也，弟子安焉、樂焉、休焉、游焉、肅焉、嚴焉，此六者得於學，則邪辟之道塞矣；此六者不得於學，則君不能令於臣，父不能令於子，師不能令於徒。

此上之文，均據《初學記》十八所引《孫卿子》。又案：此文與《吕氏春秋·誣徒篇》略同，猶《大略篇》“言不稱師”諸語。亦見彼書《尊師篇》也。

4.《金人銘》曰，周太廟右階之前有金人焉，三緘其口，而銘其背曰：“我古之慎言人也，戒之哉！毋多言，毋多事；多言多敗，多事多害。”

此上之文，均據《御覽》三百九十所引。或《宥坐篇》之佚文。

5. 婚娶之媒。

此上四字，據《廣韻·十虞》所引《荀子》。

### （三）王天海《荀子》佚文再輯補四條

1. 許負、唐舉、鄧通、條侯，此四公皆善相。

右十四字見《藝文類聚·人部》，疑《非相篇》佚文。

2.《荀子》曰：以爲天不知人事耶？則周公有風雷之災，宋景有三次之福；以爲知人事乎？則楚昭有弗祭之應，邾文無延期之報。由是言之，則天道之與相占，可知而疑，不可得而無也。

右六十八字，亦見《藝文類聚·人部》，疑《非相篇》或《天論篇》佚文。

3. 以冠纓絞之，遂殺其二子。幕及平夏，葬王于郟，謂之郟敖。

右二十二字，見《史記·吴太伯世家·索隱》引“《孫卿》曰”。

4. 魏有蒼頭二十萬。

右七字，見《史記·蘇秦列傳·索隱》引《荀卿子》。疑爲《議兵篇》佚文。

# 三、《荀子》真僞考

王天海　輯



## （一）梁啓超云

1.《荀子》全書大概可信，惟《君子》《大略》《宥坐》《子道》《法行》《哀公》《堯問》七篇，疑非盡出荀子手，或門弟子所記，或後人附益也。（右文見梁啓超《漢書・藝文志・諸子略》之"考釋"。）

2. 今案讀全書，其中大部分固可推定爲卿自著，然如《儒效篇》《議兵篇》《强國篇》皆稱"孫卿子"，似出門弟子記録。内中如《堯問篇》末一段，純屬批評荀子之語，其爲他人所述尤爲顯然。又《大略》以下六篇，楊倞已指爲荀卿弟子所記卿語及雜録傳記。然則非全書悉出卿手甚明。

蓋荀子書亦由漢儒各自傳寫，諸本共得三百餘篇，未必本本從同。劉向將諸本冶爲一爐，但删其重複，其曾否懸何種標準以鑒别真僞，則向所未言也。楊倞將《大略》《宥坐》《子道》《法行》《哀公》《堯問》六篇降附于末，似有特識。《宥坐》以下五篇，文義膚淺。《大略篇》雖間有精語，然皆斷片。故此六篇宜認爲漢儒所雜録，非《荀子》之舊。其餘二十六篇，有無竄亂或缺損，則尚待細勘也。（右文見梁啓超《要籍解題及其讀法》。）

## （二）胡適云

《漢書・孫卿子》三十二篇，又有賦十篇。今本《荀子》三十二篇，連賦五篇、詩兩篇在内，大概今本乃係後人雜湊成的。其中有許多篇，如《大略》《宥坐》《子道》《法行》等，全是東拉西扯拿來湊數的。還有許多篇的分段，全無道理。如《非相篇》後兩章，全與《非相》無干。又如《天論篇》的末段，也和《天論》無干。又有許多篇，如今都在大戴、小戴的書中，或在《韓詩外傳》之中，究竟不知是誰鈔誰。大概《天論》《解蔽》《正名》《性惡》四篇，全是荀卿的精華所在，其餘的二十餘篇，即使真不是他的，也無關緊要了。（右文見胡適《中國哲學史大綱》。）

### （三）郭沫若云

《荀子》書事實上是由門人弟子纂輯而成，《堯問篇》末尾的一段贊辭便是絶好的證據。又經過劉向的校讎叙録，是從三百二十二篇中定著的三十二篇，這裏自然也不免有所竄雜了。除上述數篇之外，如《儒效》《王制》《君道》《議兵》《彊國》等篇均有有問題的文字在裏面。《樂論》采《樂記》及《鄉飲酒義》，這些都表明輯録于門人弟子。但這幾篇文字裏面，思想上倒還尋不出什麽大的矛盾。（右文見郭沫若《十批判書》《荀子的批判》。）

### （四）吕思勉云

儒家孟、荀並稱，然《荀子》書予極疑之。予疑《荀子》書，自讀其非象刑之論始。蓋儒家論刑，止有二義：一曰五刑，是爲肉刑，見《書·吕刑篇》；一曰象刑，見《堯典》；皆《書》説也。非象刑之論，與儒家之尚德化，根本不相容。及讀《漢書·刑法志》，荀子之論具在，乃恍然有悟。蓋漢時地方豪族，以及游俠之士，勢力極大。上扞國法，下陵小民；獄犴不平，職是之故。仁人君子，蒿目時艱，乃欲以峻法嚴刑裁抑一切；此自救時之論，有激而云，而實行之者則王莽也。夫莽固事事託之於古者也。然則非象刑之論，蓋亦不知何人所造，而託之荀子者矣。本此以推，則見其性惡之論，法後王之言，亦皆與儒家之義不能並立。其論禮也，謂："人生不能無羣，羣而無分則爭，爭則亂，亂則離，離則弱，弱則不能勝物。"亦法家論法之語也。夫如後世之論，則諸經皆出荀卿，今姑不必深求。但使戰國之末，儒家大師荀卿，其議論果如今《荀子》書所云，則在儒家中實爲異軍蒼頭；安得歷先漢二百年，迄無祖述之書，亦無反駁之論哉？今《荀子》書同《韓詩外傳》、二《戴記》《説苑》《新序》處最多；亦有同《書》《大傳》《春秋繁露》《公羊》《穀梁》《左氏》《國語》《楚辭》《禮緯》《詩》毛氏《傳》《孔子家語》者；又有同《管》《韓》《莊》《列》

諸子、《晏子春秋》《淮南王書》者。夫其同《説苑》《新序》，誠可諉爲劉向校書中秘，已見是書。《大戴記》晚出，無傳授，昔人即不之信；《小戴記》亦今古文雜；《穀梁》《左氏》《毛詩》皆晚出，姑勿論。謂諸儒襲《荀子》，則諸儒早見《荀子》書矣，何待劉向？謂其各不相襲，所本者同，又無解于《荀子》書中，與儒家持義根本不相容之處，他家皆無此論也。然則《荀子》者，乃較早出之《孔子家語》耳。其與諸書同處，正足證其書由抄襲而成；而較《荀子》晚出之書，則又轉襲《荀子》者也。予之臆見如此，當否誠不敢自信。至於《荀子》之書當讀，則初不因其真僞而異；因其書有甚精處，要必爲先秦之傳，固不必問其集自何人，題爲何子也。（右文見吕思勉《經子解題》之《荀子》。又按：文中自注不録，下皆同。）

### （五）張西堂云

《荀子》全書的真僞，確是有待於細勘的。我個人對於《荀子》的各篇，是以爲當分爲六組來看：

第一組：《勸學》《修身》《不苟》《非十二子》《王制》《富國》《王霸》《天論》《正論》《禮論》《樂論》《解蔽》《正名》《性惡》共十四篇。這十四篇都可信爲真《荀子》文，有的間有一段或由他篇錯入。

第二組：《榮辱》《非相》《君道》《臣道》共四篇。這四篇有幾段可信爲真《荀子》文。但在這四篇之中，却有幾段很可疑爲不是荀子所作的。

第三組：《儒效》《强國》《議兵》共三篇。這三篇非《荀子》文，應是荀卿弟子所撰述的。

第四組：《仲尼》《致仕》《君子》共三篇。這三篇非《荀子》文，其思想與文字都極可疑。

第五組：《成相》《賦》共二篇。這兩篇本與儒家的《孫卿子》無關。

第六組：《大略》以下六篇。這六篇宜認爲漢儒所雜録之辭。（右文見《古史辨》第六册張西堂《荀子勸學篇冤詞》。）

### （六）董治安云

劉向的校書，除“去其復重”外，一般不會對原《孫卿書》作任意草率的修改，而只能力求保留舊有面目之本真。今本《荀子》三十二篇，應該大體就是西漢成帝時傳世《孫卿書》諸本所見篇目的忠實"第録"。有的研究者輕易懷疑今本《荀子》係"東拉西扯"、"雜湊而成"，難以令人信從。

需要指出的是，秦以前流傳的荀卿書，除荀卿自著論文外，還應包括一些成於荀卿弟子之手的文字。晚周諸子，一般都有設教聚徒的活動，其思想學説的發表，有的最早也就帶有講義的性質，或者竟由弟子記録、整理而後寫定。荀卿書可能亦是如此。

今傳荀卿著作中，有幾篇時見"孫卿子"之稱，或僅以某類史料排列敷衍成文，極可能就是弟子接聞於老師之語，其中包括"難疑答問"之類的記録。這類篇章有的可能成文稍遲，但同樣是荀卿書初始流傳階段的重要組成部分。（右文見《古籍整理研究論叢》第三輯董治安《荀卿書若干問題的探討》。）

## （七）廖名春云

《荀子》一書，大致可分爲三類：第一類是荀子親手所著，它們是《勸學》《修身》《不苟》《榮辱》《非相》《非十二子》《王制》《富國》《王霸》《君道》《臣道》《致士》《天論》《正論》《禮論》《樂論》《解蔽》《正名》《性惡》《君子》《成相》《賦》等二十二篇；第二類是荀子弟子所記述的荀子言行，它們是《儒效》《議兵》《强國》《大略》《仲尼》五篇；第三類是荀子所整理、纂集的資料，其間也插入了弟子之作，它們是《宥坐》《子道》《法行》《哀公》《堯問》五篇。（右文見吉林大學《學報》一九九四年六期廖名春《荀子各篇寫作年代考》。）

# 四、史傳所載荀子事考

王天海　輯



## （一）《戰國策·楚策四》

客説春申君曰："湯以亳，武王以鄗，皆不過百里，以有天下。今孫子，天下賢人也，君藉之以百里之勢，臣竊以爲不便於君。何如？"春申君曰："善。"於是使人謝孫子。孫子去，之趙，趙以爲上卿。客又説春申君曰："昔伊尹去夏入殷，殷王而夏亡；管仲去魯入齊，魯弱而齊强。夫賢者之所在，其君未嘗不尊，國未嘗不榮也。今孫子，天下賢人也，君何辭之？"春申君又曰："善。"於是使人請孫子於趙。

孫子爲書謝曰："'癘人憐王'，此不恭之語也。雖然，不可不審察也。此爲劫弑死亡之主言也。夫人主年少而矜材，無法術以知姦，則大臣主斷國私，以禁誅於己也。故弑賢良而立幼弱，廢正適而立不義。《春秋》戒之曰：'楚王子圍聘於鄭，未出境，聞王病，反，問疾，遂以冠纓絞王，殺之，因自立也。''齊崔杼之妻美，莊公通之。崔杼帥其君黨而攻莊公，莊公請與分國，崔杼不許；欲自刃於廟，崔杼不許。莊公走出，踰於外牆，射中其股，遂殺之，而立其弟景公。'近代所見，李兑用趙，餓主父於沙丘，百日而殺之；淖齒用齊，擢閔王之筋，縣於其廟梁，宿夕而死。夫癘雖癰腫胞疾，上比前世，未至絞纓射股；下比近代，未至擢筋而餓死也。夫劫弑死亡之主也，心之憂勞，形之困苦，必甚於癘矣。由此觀之，癘雖憐王可也。"因爲賦曰："寶珍隋珠，不知佩兮。褘衣與絲，不知異兮。閭姝、子奢，莫知媒兮。嫫母求之，又甚喜之兮。以瞽爲明，以聾爲聰，以是爲非，以吉爲凶。嗚呼上天，曷惟其同？"《詩》曰："上天甚神，無自瘵也。"

## （二）《史記·荀卿列傳》

荀卿，趙人，年五十始來游學於齊。騶衍之術迂大而閎辯，奭也文具難施，淳于髡久與處，時有得善言。故齊人頌曰："談天衍，雕龍奭，炙轂過髡。"田駢之屬皆以死，齊襄王時，而荀卿最爲老師。齊尚修列大夫之缺，而荀卿三爲祭酒焉。齊人或讒荀卿，荀卿乃適楚，而春申君以爲蘭陵令。春申君死而荀卿廢，因家蘭陵。

李斯嘗爲弟子，已而相秦。荀卿嫉濁世之政，亡國亂君相屬，不遂大道而營於巫祝，信禨祥，鄙儒小拘，如莊周等，又滑稽亂俗，於是，推儒、墨、道德之行事興壞，序列著數萬言而卒，因葬蘭陵。而趙亦有公孫龍爲"堅白""同異"之辯、劇子之言，魏有李悝盡地力之教，楚有尸子、長盧、阿之吁子焉。自如孟子至于吁子，世多有其書，故不論。其傳云：蓋墨翟宋之大夫，善守禦爲節用。或曰：並孔子時。或曰：在其後。

### （三）《史記·吕不韋列傳》

是時諸侯多辯士，如荀卿之徒，著書布天下。

### （四）《史記·李斯列傳》

李斯者，楚上蔡人也。年少時，爲郡小吏，見吏舍厠中鼠食不絜，見人犬，數驚恐之。斯入倉，觀倉中鼠食積粟，居大廡之下，不見人犬之憂。於是李斯歎曰："人之賢不肖，譬如鼠矣，在所自處耳！"乃從荀卿學帝王之術。學已成，度楚王不足事，而六國皆弱，無可爲建功者，欲西入秦，辭於荀卿……

李斯置酒於家，百官長皆前爲壽，門庭車騎以千數。李斯喟然而歎曰："嗟乎！吾聞之荀卿曰'物禁太盛'。夫斯乃上蔡布衣，閭巷之黔首。上不知其駑下，遂擢至此。當今人臣之位無居臣上者，可謂富貴極矣。物極則衰，吾未知所税駕也！"

### （五）《史記·春申君列傳》

楚考烈王元年，以黄歇爲相，封爲春申君。……春申君相楚八年，以荀卿爲蘭陵令。……春申君相楚之二十五年，考烈王卒。李園伏死士刺春申君，斬其頭。

（六）《韓非子·難三第三十八》

燕王噲賢子之而非荀卿，故身死爲僇。

（七）《史記·韓非列傳》

非爲人口吃，不能道説，而善著書。與李斯俱事荀卿，斯自以爲不如非。

（八）《鹽鐵論·論儒》第十一

齊宣之時，不顯賢進士，國家富强，威行敵國。及湣王奮二世之餘烈，南舉楚、淮；北并巨宋，苞十二國；西摧三晉，卻强秦，五國賓從；鄒、魯之君，泗上諸侯，皆入臣。矜功不休，百姓不堪，諸儒諫不從，各分散：慎到、捷子亡去，田駢如薛，而孫卿適楚。

又《毀學》第十八

昔李斯與包丘子俱事荀卿。既而李斯入秦，遂取三公，據萬乘之權，以制海内，功侔伊、望，名巨太山。而包丘子不免於甕牖蒿廬，如潦歲之鼃，口非不衆也，然卒死於溝壑而已。……方李斯之相秦也，始皇任之，人臣無二。然而荀卿爲之不食，覩其罹不測之禍也。

（九）《風俗通義·窮通篇》

孫況，齊威、宣之時，聚天下賢士於稷下，尊寵。若鄒衍、田駢、淳于髡之屬甚衆，號曰列大夫，皆世所稱，咸作書刺世。是時孫卿有秀才，年十五，始來遊學。諸子之事皆以爲非先王之法也。孫卿善爲《詩》《禮》《易》《春秋》。至襄王時，而孫卿最爲老師。（天海案：其下之文略同劉向《叙録》，故省之。）

（十）《意林》采《風俗通》

祭酒，《禮》云："飲酒必祭，尊其先也。"孫卿在齊，最是老師，故三稱祭酒。

(十一)《顏氏家訓·勉學第八》

曾子七十乃學,名聞天下;荀卿五十始來遊學,猶爲碩儒。

# 五、荀子行歷年表輯録

王天海　輯



## （一）梁啓超《荀卿之年代及行歷》

前二九三年（齊湣王三十一年）　假定是年荀卿年十五，始遊學于齊。

前二八六年（齊湣王三十八年）　是年齊滅宋。

前二八五年（齊湣王三十九年）　荀卿有《説齊相書》，見本書《彊國篇》。説既不行，遂去齊適楚。

前二八四至二六八（齊襄王元年至十七年）　荀卿復游齊，三爲祭酒，當在此十餘年間。

前二六七（齊襄王十八年）（秦昭王四十一年）　是年秦以范睢爲相，號爲應侯。本書《儒效篇》與秦昭王問答，《彊國篇》與應侯問答，皆當在本年以後。

前二六六（趙孝成王元年）　本書《議兵篇》與孝成王及臨武君問答，皆當在本年以後。（臨武君姓名無考，《叙録》指爲孫臏，恐非是，其年代不相及也。）

前二六二（楚考烈王元年）　是年春申君相楚。

前二五五（楚考烈王八年）　假定是年荀卿五十三歲，是年春申君以卿爲蘭陵令。《列傳》言："齊人或讒孫卿，孫卿乃適楚。"去齊適楚之年難確考。要當在本年以前也。《戰國策》又言春申君客讒孫卿，卿去楚適趙，趙以爲上卿。事當在本年以後。其見秦昭王及趙孝成王，疑皆在蘭陵令去職之後。

前二四六（秦始皇元年）　《史記・李斯列傳》言："斯辭荀卿入秦，會莊襄王卒。"事當在此一兩年間。

前二三六（秦始皇十一年）（楚考烈王二十五年）　是年李園殺春申君。荀卿遂廢居蘭陵。假定是年荀卿七十二歲。（據《戰國策》及劉向《叙録》,荀卿似嘗兩度爲蘭陵令。其第二次任職,當在本年之前數年間。)

前二一三(秦始皇三十四年)　是年李斯相秦。是年荀卿若尚生存,則假定爲九十五歲。(右表所列,采自《古史辨》第四册。)



**(二)游國恩《荀子年表》**

| 西曆前 | 荀子年 | 傳記的事實 |
| --- | --- | --- |
| 三一四 | 一 | 荀子生。 |
| 三〇〇 | 十五 | 始游學於齊。 |
| 二八五 | 三十 | 爲齊祭酒。説齊相;適楚。 |
| 二八四 | 三一 | 五國伐齊,湣王被殺。 |
| 二八二 | 三三 | 襄王復國。荀子再爲祭酒。 |
| 二六六 | 四九 | 去齊游秦,見昭王及應侯。 |
| 二六五 | 五十 | 去秦歸趙。 |
| 二六二 | 五三 | 黄歇相楚,封春申君。 |
| 二六一 | 五四 | 與臨武君議兵。 |
| 二六〇 | 五五 | 由趙至齊,三爲祭酒。 |
| 二五五 | 六十 | 適楚,春申君以爲蘭陵令。 |
| 二五四 | 六一 | 適趙。 |
| 二五三 | 六二 | 返楚,復爲蘭陵令。 |
| 二三八 | 七七 | 春申君死,荀子廢。 |
| 二一八 | 九七 | 李斯相秦,荀子爲之不食。 |
| 二一七 | 九八 | 荀子卒。 |

(右《年表》,因篇幅的關係,由記者删節過)(天海案:右《年表》采自《古史辨》第四册上編一九一《荀卿考》。)

## （三）羅根澤《荀子年表》

| 公元前 | 中國紀元 | 與荀卿有關之列國君王 | 荀卿遊歷事蹟及與荀卿有關事蹟 |
|---|---|---|---|
| 三一六年 | 周慎靚五年 | 燕王噲五年 | 燕王噲讓國於其臣子之。《韓非子·難三篇》稱“燕王噲賢子之而非孫卿，故身死爲僇。”蓋不可信？ |
| 三一二年 | 周赧王三年 | 趙武靈王十四年 | 荀卿約於是年前後生於趙。 |
| 三〇六年 | 九年 | 秦昭王元年 | |
| 二九九年 | 十六年 | 趙武靈王二十七年卒 | |
| 二九八年 | 十七年 | 趙惠文王元年 | 趙以公子勝爲相，封平原君。 |
| 二七六年 | 三十九年 | 魏安釐王元年 | 魏封公子無忌爲信陵君。 |
| 二六六年 | 四十九年 | 秦昭王四十一年 | 秦以范雎爲相，封應侯。荀卿入秦見昭王及應侯，當在是年後。在秦不久，即返趙。 |
| 二六五年 | 五十年 | 趙孝成王元年 | |
| 二六四年 | 五十一年 | 齊王建元年 | 荀卿至齊，三爲祭酒，當在是年後。其至齊時，年已五十歲。 |
| 二六二年 | 五十三年 | 楚考烈王元年 | 楚以黄歇爲相，封春申君。 |
| 二五七年 | 五十八年 | 秦昭王五十年<br>趙孝成王九年<br>楚考烈王六年<br>魏安釐王廿年 | 秦圍趙都邯鄲，楚春申君、魏信陵君救趙，秦解圍去。 |
| 二五六年 | 五十九年卒 | | |
| 二五五年 | 秦昭王五十二年 | 楚考烈王八年 | 周亡。秦相應侯稱病請歸相印，秦昭王以蔡澤代爲相。齊人或讒荀卿，荀卿適楚，楚相春申君以爲蘭陵令。 |
| 二五一年 | 五十六年卒 | | |

| 公元前 | 中國紀元 | 與荀卿有關<br>之列國君王 | 荀卿遊歷事蹟<br>及與荀卿有關事蹟 |
|---|---|---|---|
| 二五〇年 | 秦孝文王元年卒 | 趙孝成王十六年 | 荀卿自楚返趙,與臨武君議兵於趙孝成王前,當在是年前後之數年間。 |
| 二四九年 | 秦莊襄王元年 | | |
| 二四七年 | 三年卒 | | 《史記·李斯傳》:"斯從荀卿學帝王之術,辭卿西入秦,會莊襄王卒,乃求爲吕不韋舍人。" |
| 二四六年 | 秦始皇元年 | | |
| 二四五年 | 二年 | 趙孝成王廿一年卒 | 荀卿自趙返楚再爲蘭陵令,當在是年前。 |
| 二三八年 | 九年 | 楚考烈王廿五年卒 | 楚李園殺春申君,荀卿廢居蘭陵,年已七十四五歲矣。 |
| 二二一年 | 二十六年 | 齊王建四十四年 | 秦虜齊王建,統一天下。《秦始皇本紀》,是年稱李斯爲廷尉。 |
| 二一九年 | 二十八年 | | 《秦始皇本紀》,是年稱李斯爲卿。 |
| 二一三年 | 三十四年 | | 《秦始皇本紀》,是年稱李斯爲相。《鹽鐵論·毀學篇》稱:"李斯相秦,始皇任之,人臣無二,而荀卿爲之不食。"蓋不可信? |

(右《年表》采自《諸子考索·荀卿遊歷考》。)

## (四)郭志坤《荀子生平簡表》

周慎靓王六年　趙武靈王(十一年)(公元前三一五年)　荀子約于此年生於趙國。

周赧王十五年　趙武靈王二十六年(前三〇〇年)　十五歲,荀子離趙至齊始游學於稷下學宫。是年爲齊湣王元年。

周赧王三十年　齊湣王十六年(前二八四年)　三十歲。荀子初爲稷下學宫之祭酒。曾諫説齊相而未被采納,遂離齊去楚。

周赧王三十一年　齊湣王十七年(前二八四年)　三十一歲。燕國大將樂毅聯合秦、趙、魏、魯等國攻打齊國,齊湣王被殺。

周赧王三十三年　齊襄王元年(前二八二年)　三十三歲。齊襄王即位。荀子回到齊國,再次爲稷下學宫祭酒。

周赧王四十九年　齊襄王十八年(前二六六年)　四十九歲。荀子去秦國,見秦昭王和應侯范雎。

周赧王五十三年　齊王建二年(前二六二年)　五十三歲。楚以黄歇爲相,封春申君。

周赧王五十四年　齊王建三年(前二六一年)　五十四歲。荀子在趙國,同趙孝成王、臨武君議兵,李斯、陳囂也在場。

周赧王五十五年　齊王建四年(前二六〇年)　五十五歲。荀子在稷下學宫第三次擔任祭酒。

秦昭王五十二年　齊王建十年(前二五五年)　六十歲。荀子遭讒言,被迫離齊去楚,春申君任荀子爲蘭陵令。

秦昭王五十三年　楚考烈王九年(前二五四年)　六十一歲。荀子在楚遭讒言,離楚適趙。

秦昭王五十四年　楚考烈王十年(前二五三年)　六十二歲。荀子返楚,復爲蘭陵令。

秦莊襄王三年　楚考烈王十六年(前二四七年)　六十八歲。李斯西入秦,爲吕不韋舍人。

秦王政九年　楚考烈王二十五年(前二三八年)　七十七歲。春申君卒,荀子廢蘭陵令職,而家居蘭陵。

秦王政二十六年(前二二一年)　九十四歲。齊國被秦國攻破,秦俘齊王建,秦始皇統一全國,李斯爲秦廷尉。

秦始皇二十九年(前二一八年)　九十七歲。李斯相秦,荀子爲之不食而死。(右《年表》采自郭志坤《荀學論稿》。)

天海案:荀子生卒及行歷,僅見之《史記》本傳及劉向《叙録》,然而語焉不詳,疑竇頗多。其他資料零星散見,且單詞孤證,亦難成説。故研究荀子者,對其生平行歷,歧説各異,至今尚無準確而一致的定論。清人汪中所著《荀卿子通論》中擬有

《荀卿子年表》，或爲最早之《年表》。其表後云："荀卿子生於趙，游於齊，嘗一入秦而仕於楚，卒葬于楚，故以四國爲經，託始于趙惠文王、楚頃襄王之元，終于春申君之死，凡六十年。庶論世之君子得其梗概云爾。"故此表僅列出公元前二九八年至前二三八年，共六十年間荀子之行歷，至於荀子生卒之年，亦付闕如。此説爲馮友蘭、侯外廬等人所采。在没有確證的情況下，不輕易定其生卒之年，這是客觀明智之舉。清人胡元儀著有《郇卿别傳》《郇卿别傳考異·二十二事》，應是最早的繫統考證與辨析荀子生平事蹟的著作。其從應劭《風俗通》："齊威、宣之時，聚天下賢士於稷下，尊寵。……是時孫卿有秀才，年十五始來遊學。"故其文云："試以是年郇卿年十五推之，當生于周赧王十六年，計至始皇三十四年，得八十七年，故《别傳》云卒年蓋八十餘矣。"其後，梁啓超、錢穆、游國恩等人皆主"年十五"始來齊遊學之説，然所推定之生卒年亦各異。梁氏推爲前二九三年荀卿年十五，前二一三年荀卿爲九十五歲。錢穆所擬荀況生卒年爲前三四〇年至二四五年，八十六歲。游國恩之《年表》則擬荀子生於前三一四年，卒于前二一七年，活九十八歲。郭志坤《年表》所擬荀子生卒年略同游氏。胡適有《中國哲學史大綱》，從《史記》本傳、劉向《叙録》，仍以始遊齊時荀子五十歲爲説，在公元前二六五至前二六〇年間，故可推其生年在前三一五至前三一〇年間，且以爲卒年爲公元前二三〇年左右。羅根澤、馬積高等人亦皆主五十歲時乃荀子始入齊，然羅氏《年表》稱約於前三一二年生於趙，卒之年則不定。馬積高《荀學源流》則云"荀子可能生于前三三五年左右，卒在前二三五年前後"。總上所述，荀子之生卒年及行歷事蹟，至今尚無確切年代可考，而學界亦無統一可信之説，此存疑可也。如欲確考，將有待於地下文物之發掘，新有文獻之發現，後賢洪哲或可釋此千古之疑也。

# 六、史志著録《荀子》輯要

王天海　輯



## （一）《漢書·藝文志·儒家》

《孫卿子》三十三篇。注:"名況,趙人,爲齊稷下祭酒,有《列傳》。"師古曰:"本曰荀卿,避宣帝諱,故曰孫。"又《賦家》:孫卿賦十篇。

## （二）《隋書·經籍志·子部·儒家》

《孫卿子》十二卷。注:"楚蘭陵令荀況撰。"又《集部·别集》:楚蘭陵令《荀況集》一卷。注:"殘缺,梁二卷。"

## （三）《舊唐書·經籍志·丙部·子録·儒家》

《孫卿子》十二卷。注:"荀況撰。"又《丁部·集録·别集》:趙《荀況集》二卷。

## （四）《唐書·藝文志·丙部·子録·儒家》

《荀卿子》十二卷。注:"荀況。"又楊倞注《荀子》二十卷。注:"汝士子,大理評事。"又《丁部·集録·别集》:趙《荀況集》二卷。

## （五）《宋史·藝文志·子類·儒家》

《荀卿子》二十卷。注:"戰國趙人荀況撰。"又楊倞注《荀子》二十卷。

## （六）宋鄭樵《通志·藝文略·諸子類·儒術》

《荀卿子》十二卷。注:"楚蘭陵令荀況撰。"《荀子》二十卷。注:"楊倞注。"《非荀》二十八篇。注:"吴申撰。"《削荀》一卷。注:"陳子方撰。"

## （七）晁公武《郡齋讀書志·子類·儒家》

楊倞注《荀子》二十卷。右趙荀況撰，漢劉向校定，除其重複，著三十二篇，爲十二卷，題曰《新書》，稱卿趙人，名況。當齊宣王、威王之時，聚天下賢士稷下，是時荀卿爲秀才，年十五，始來遊學。至齊襄王時，荀卿最爲老師。後適楚，楚相春申君以爲蘭陵令，已而歸趙。按威王死，其子嗣立，是爲宣王。楚考烈王初，黄歇始相。《年表》自齊宣王至楚考烈王元年，凡八十一年，則荀卿去楚時近百歲矣。楊倞唐人，始爲之注，且更《新書》爲《荀子》，易其篇第，析爲二十卷。其書以性爲惡，以禮爲僞，非諫爭，傲災祥，尚强伯之道。論學術則以子思、孟軻爲飾邪説，文姦言，與墨翟、惠施同詆焉。論人物則以平原、信陵爲輔拂，與伊尹、比干同稱焉。其指往往不能醇粹，故後儒多疵之云。

## （八）陳振孫《直齋書録解題·儒家類》

《荀子》二十卷。楚蘭陵令趙國荀況撰。《漢志》作《孫卿子》，云齊稷下祭酒。其曰孫者，避宣帝諱也。至楊倞始改爲荀卿。又《荀子注》二十卷。唐大理評事楊倞注。案劉向序，校中書三百二十二篇，以校除復重二百九十篇，定著三十二篇。《隋志》爲十二卷，至倞，始分爲二十卷而注釋之。淳熙中，錢佃耕道用元豐監本參校，刊之江西漕司，其同異著之篇末，凡一百二十六條，視他本最爲完善。

## （九）王應麟《漢書·藝文志考證》

《孫卿子》三十三篇（當云三十二篇）。劉向校讎《書録序》云："所校讎中《孫卿書》凡三百二十三篇，以相校除複重二百九十篇，定著三十二篇，皆以定殺青簡，書可繕寫。"楊倞分易卷第，更名《荀子》。韓文公曰："荀卿之書，語聖人必曰孔子、子弓。子弓之事業不傳，惟太史公書《弟子傳》有姓名字，曰'馯臂子弓'，子弓受《易》於商瞿。"《論語》《釋文》引王弼注："朱張字子弓，荀卿以比孔子。"後山陳氏曰："子弓者，仲弓也。"唐氏曰……（見後《古逸叢書》影刻宋台州本唐仲友後序）。

### （十）明高儒《百川書志·子·儒家》

《荀子》十二卷，趙荀況撰，漢劉向校定，除其重複，凡三十二篇。

天海案：高正云："嗣後，十二卷本系統之書則不見於諸家書目著録，蓋亡佚矣。"是也。

### （十一）清《四庫全書總目·子部·儒家類》

《荀子》二十卷（内府藏本）。周荀況撰。況，趙人，嘗仕楚爲蘭陵令，亦曰荀卿，漢人或稱曰孫卿，則以宣帝諱詢，避嫌名也。《漢志》儒家載《荀卿》三十三篇，王應麟《考證》謂"當作三十二篇"。劉向校書《序録》稱《孫卿書》凡三百二十三篇，以相校除重複二百九十篇，定著三十三篇，爲十二卷，題曰《新書》。唐楊倞分易舊第，編爲二十卷，復爲之注，更名《荀子》，即今本也。考劉向《序録》，卿以齊宣王時來游稷下，後仕楚，春申君死而卿廢。然《史記·六國年表》載春申君之死，上距宣王之末凡八十七年，《史記》稱卿年五十始游齊，則春申君死之年卿年當一百三十七歲，於理不近。晁公武《讀書志》謂《史記》所云"年五十"爲"年十五"之譌，意其或然。宋濂《荀子書後》又以爲襄王時游稷下，亦未詳所本。總之，戰國時人爾，其生卒年月已不可確考矣。

況之著書，主於明周、孔之教，崇禮而勸學。其中最爲口實者，莫過於《非十二子》及《性惡》兩篇。王應麟《困學紀聞》據《韓詩外傳》所引，卿但非十子，而無子思、孟子，以今本爲其徒李斯等所增，不知子思、孟子後來論定爲聖賢耳。其在當時，固亦卿之曹偶，是猶朱、陸之相非，不足訝也。至其以性爲惡，以善爲僞，誠未免於理不融。然卿恐人恃性善之説，任自然而廢學，因言性不可恃，當勉力於先王之教。故其言曰："凡性者，天之所就也，不可學，不可事；禮義者，聖人之所生也，人之所學而能，所事而成也。不可學、不可事，而在人者，謂之性；可學而能，可事而成之在人者，謂之僞。是性、僞之分也。"其辨白"僞"字甚明。楊倞注亦曰："僞，爲也。凡非天性而人作爲之者，皆謂之僞。故僞字人旁加爲，亦會意字也。"其説亦合卿本意。後人昧於訓詁，誤以爲"真僞"

之僞，遂譁然掊擊，謂卿蔑視禮義，如老、莊之所言。是非惟未睹其全書，即《性惡》一篇，自篇首二句以外，亦未竟讀矣。

平心而論，卿之學源出孔門，在諸子之中最爲近正，是其所長；主持太甚，詞義或至於過當，是其所短。韓愈"大醇小疵"之説，要爲定論，餘皆好惡之詞也。楊倞所注，亦頗詳洽。《唐書·藝文志》以倞爲楊汝士子，而《宰相世系表》則載楊汝士三子：一名知温，一名知遠，一名知至，無名倞者。《表》《志》同出歐陽修手，不知何以互異？意者倞或改名，如温庭筠之一名岐歟？



### （十二）《四庫全書簡明目録·子部·儒家》

《荀子》二十卷。周荀況撰，唐楊倞注。況亦孔氏之支流，其書大旨在勸學，而其學主於修禮，徒以恐人恃質而廢學，故激爲性惡之説，受後儒之詬厲。要其宗法聖人，誦説王道，終以韓愈"大醇小疵"之評爲定論也。倞注多明古義，亦異於無稽之言。

### （十三）天禄《琳琅書目》—宋版《子部》

《纂圖互注荀子》（一函八册）。周荀況撰，三十二篇，唐楊倞注，分二十卷，前載楊《序》，《序》後有《欹器》《大路》《龍旗九遊》三圖。宋陳振孫《書録解題》曰（天海案：參見前所録，此略之。）……云云。據此，則宋時刊刻《荀子》，已非一本。是書標爲《纂圖互注》，書中於倞注外，又加重言、重意、互注諸例，與《經部》宋本《毛詩》《周禮》《春秋經傳集解》三書正同，圖樣、字體、版式亦復相等。蓋當時帖括之書不獨有經也。

又元版《子部》：《纂圖分門類題注荀子》（一函十册）。周荀況撰，三十二篇，唐楊倞注，分二十卷。前載楊《序》，並新增麗澤堂編集《荀子事實品題》一卷，不著纂人姓氏。又宋陳傅良輯《荀子門類題目》一卷。此當時帖括之書也。其門類題目一卷，於標題次行刊"永嘉先生陳傅良編"。所分門類，始曰天地，終曰五常，共四十門。末又附《拾遺》並《事要總類》二條，皆擇書中之可作題目者分類摘句，以取便於觀覽。卷後别行刊"麻沙劉通判宅刻梓於仰高堂"十二字。卷一之後亦於别行刊"關中劉旦校正"。所謂劉通判者,當即是人。第書首標題爲《纂圖分門類題注荀子》,書前仍當有圖,蓋已失之矣。至所載《荀子事實品題》一卷,觀其識語,稱"舊本《荀》《揚》圖説不過具文,今得麗澤堂編次品題,凡卿、雲事實顛末歷歷可考"云云,則是《荀》《揚》合刊之書,非此本中所應有,乃書賈割取荀子事實以冠於書首耳。且書中自卷九之卷十三,及卷十五,共六卷,標題衹稱《荀子》,卷十六、卷二十兩卷,標題又稱《監本音註荀子》,書名既不畫一,板式亦復懸殊,係以三刻湊成一書。其標稱《荀子》者,槧印甚精,紙墨俱佳,實爲宋槧,餘者元時所刊,遠不相及。然宋本流傳者久少,今尚存吉光片羽於元刻之中,雖出湊合,亦可寶也。

### (十四)錢曾《讀書敏求記》

《荀子》二十卷。楊倞注《荀子》,凡三十二篇,並劉向篇目。淳熙八年六月,吴郡錢佃得元豐國子監本,並二浙、西蜀諸本參校,刊於江西計臺。其跋云:"耳目所及,此特爲精好。予又藏吕夏卿重校本,從宋本摹寫者,字大悦目,與此可稱雙璧矣。"

### (十五)張金吾《愛日精廬藏書志》二十一《子部·儒家》

《荀子》二十卷(影寫宋吕夏卿大字本),唐登仕郎、守大理評事楊倞注。後有"將仕郎、守秘書省著作郎、充御史臺主簿臣王子韶同校","朝奉郎、尚書兵部員外郎、知制誥、上騎都尉、賜紫金魚袋臣吕夏卿重校"兩行。案吕夏卿本宋槧尚存。惟是本從宋槧初印本影寫,見存之宋槧則紙質破損,字迹模糊,且爲庸妄子據俗本描補,殊失廬山真面目,故宋槧轉不若影宋本之可貴也。金吾聞之黄蕘圃先生云:"楊倞序(元和十三年)。顧氏手跋曰:'《荀子》向唯明世德堂本最行於世,乃其本即從元《纂圖互注》本出,故重意之删而未盡者猶存兩條于楊注中,(一,《修身篇》"丘山崇成"句下。一,《王制篇》"何獨後我也"句下。)又何怪乎本之不精也。餘姚盧抱經學士彙諸本,參以己意,校定重梓,首列影鈔宋大字本,即今此本,從朱文游家見之也。考《困學紀聞》所引,

(如“青取之於藍”、“請占之五帝”諸條。)殆監本是已,採用頗多,咸足正世德堂之誤。然如《君道篇》“狂生者不胥時而樂”,正與《爾雅·釋詁》“暴樂”、《桑柔》毛傳及鄭箋“爆爍”所用字同,則“樂”不得如世德堂本之改寫爲“落”明甚,而盧學士略不及此本之有“樂”字。然則此書不幾亡此字乎?他亦每有漏略牴牾,皆當據依正之。今歸薌巖周君收藏,蕘圃借得,命校一過,兼訪知宋槧印本在東城藏書家,持來擬售,略一寓目。(“樂”,宋槧本與鈔同。)他日儻竟爲蕘圃所有,當仍假此本一一覆審之云。嘉慶元年八月,書于黄氏之士禮居,澗蘋顧廣圻。

## (十六)黎庶昌《古逸叢書》敘目

影宋台州本《荀子》二十卷。朱子按唐仲友爲一重大公案。其第四狀云:“仲友以官錢開《荀》《揚》《文中子》《韓文》四書,貼黄云‘仲友所印四子’,曾送一本與臣。臣不合收受,已行估計價值,還納本州軍資庫訖。”此即四種之一卷,末有劉向叙目,題《荀卿新書》十二卷三十二篇,又有“王子韶同校、吕夏卿重校”銜名,熙寧元年國子監劄子及校勘官十五人銜名,又有仲友後序。蓋淳熙八年繙雕熙寧官本,板心所題姓名,即第六狀云“蔣輝供王定等一十八人在局開雕”者是。仲友雖爲朱子所劾,而此書校刻實精,錢遵王稱爲字大悦目,信然。

# 七、《荀子》版本源流考

今人高正著有《荀子版本源流考》一書，采集重要版本五十二種，歸納爲十八個系統，"這是全面地調查研究《荀子》版本問題的一項重要成果。"（陰法魯先生爲高書序中語。）該書基本上收集了史志所載及現存《荀子》舊刻諸本，且條分縷析，"指出每一系統的特徵，探索其淵流及遞變過程，考訂其刊刻年代，評論其得失。"這對研究《荀子》版本及本文，無疑具有重要的參考價值。現特將其目迻録於此，以供學人參閲。

## （一）西漢劉向校定三十二篇本系統

1. 劉向校定本。
2.《漢書·藝文志》著録本。

## （二）十二卷本系統

3.《隋書·經籍志》著録本。
4.《孫卿新書》本。
5.《荀卿子》十二卷本。
6.《百川書志》著録本。

## （三）唐楊倞注《荀子》二十卷寫本系統

7. 楊倞注《荀子》二十卷寫本。

## （四）北宋熙寧國子監刊本系統

8. 熙寧國子監刊本。
9.《古逸叢書》影刻台州本。
10. 浙北翻刻熙寧監本。
11. 摹抄浙北本。

12. 朝鮮古刊本。
13. 韓本手抄本。

### （五）南宋二浙西蜀本系統

### （六）南宋錢佃本系統

14. 錢佃江西漕司刊本。
15. 摹抄錢佃本。

### （七）南宋國子監刊小字《四子纂圖互注》本系統

16. 監刻小字《四子纂圖互注》本。
17. 龔士卨《五子纂圖互注》本。

### （八）南宋建安書坊刊《纂圖互注重言重意》大字本系統

18. 建安書坊大字《四子纂圖互注》本。
19.《纂圖互注六子》大字本。
20. 南宋坊刻元明遞修本。
21.《纂圖互注六子》巾箱本。
22. 元翻刻《纂圖互注六子》本。
23. 戈載跋元刻明修本。
24. 趙子惠舊藏元刻明印本。
25. 李盛鐸跋元刻明修本。
26. 明初翻刻《纂圖互注六子》本。
27. 明刻《六子全書》本。

### （九）南宋刊删"纂圖互注"巾箱本系統

28. 李芝綬跋坊刻巾箱本。

### （十）南宋刊《纂圖分門類題注》本系統

29.《荀子集成》影印《纂圖分門類題注》本。

### （十一）南宋龔士卨《音點大字句解》本系統

30.《音點大字荀子句解》巾箱本。

### （十二）明許宗魯《六子書》本系統

31. 樊川别業刻許宗魯、王鎏《六子書》本。
32. 芸窓書院翻刻樊川别業本。
33. 耶山精舍翻刻樊川别業本。
34. 崇德書院刻謝汝韶編《二十家子書》本。
35. 崇文書局刊《子書百家》本。

### （十三）明世德堂刊《六子書》本

36. 世德堂刊顧春輯《六子書》本。
37. 桐蔭書屋重修世德堂《六子書》本。
38. 陳崑泉積善堂翻刻世德堂《六子書》本。
39. 胡東塘刻《六子全書》本。
40. 日本平安書林翻刻世德堂本。
41. 虞九章、王震亨訂正本。
42. 上海圖書館藏冒廣生跋明刊本。
43. 影印文淵閣《四庫全書》本。

### （十四）明吴勉學刊《二十子全書》本系統

44. 吴勉學刊《二十子全書》本。
45. 黄之寀重印吴勉學《二十子全書》本。

### （十五）明刊評注本系統

46. 上海圖書館藏鍾惺輯《秘書九種》本。
47. 孫鑛評錢光彭、王立乾同訂本。
48.《荀子集成》影印明佚名批點本。

49. 北京圖書館藏傅山批校本。

**（十六）清謝墉安雅堂刻本系統**

50. 嘉善謝墉安雅堂刻本。

**（十七）日本久保愛《荀子增注》本系統**

51.《荀子增注》平安書肆水玉堂刊本。

**（十八）清王先謙《荀子集解》本系統**

52.《荀子集解》思賢講舍刊本。

臺灣嚴靈峰一九七七年曾編有無求備齋《荀子集成叢書》一套，共收《荀子》著作凡九十種，共四百卌八卷，計八十家，精裝五十册，足供研究荀學之充分參考。凡全本校釋《荀子》者，此《集成》所收日本版本數種，實爲其一大特色，特録之於下：

**（一）久保愛《荀子增注》**

日本文政三年（公元一八二〇年），平安書林水玉堂本。此本源於明世德堂本。

**（二）朝川鼎《校定荀子箋釋》**

日本文政十三年（公元一八三〇年）江户和泉屋刊本。此本以謝墉刻本爲底本。

**（三）村崗良弼《增補荀子箋釋》**

日本明治十七年（公元一八八四年）東京報告堂排印本。此本亦以謝墉刻本爲底本。

高正《荀子版本源流考·結語》云："諸刊本中，以熙寧系統本刊刻最精，誤文亦較少。熙寧現存最古者爲南宋浙北翻刻本，版本價值最高者爲《古逸叢書》影刻台州本。"“《荀子增注》《荀子集解》乃合校本之稍佳者。"“據《荀子》各版本之刊刻時代及書目著録，可推知其流傳概況。北宋熙寧以前，《荀子》無刊本，藉寫本以流傳。熙寧監本流傳於北宋熙寧元年以後至南宋前期。南宋前期又有二浙西蜀本、閩本等坊間俗本流傳。台州本、錢佃本流傳於南宋淳熙八年以後，光宗以後有《纂圖分門類題注》本流傳，寧宗以後又有浙北本流傳。南宋中期又流傳監刻《四子纂圖互注》本、坊刻删'纂圖互注'巾箱本、龔士卨《五子纂圖互注》本、《音點大字荀子句解》本等。南宋後期歷元代直至明初，《纂圖互注重言重意》諸本大行。明中期以後，世德堂本及其諸翻刻本大行，直至清朝中期。明中後期同時流傳數種白文諸子彙刻本及評注本。清中期以後，謝刻本及其翻刻本大行，直至清末爲王先謙《荀子集解》所取代。由清末至今，通行本爲王氏《荀子集解》及其翻刻本，新注本亦多以之爲據。

“今統觀現存《荀子》版本，此書之校勘，似宜取《古逸叢書》影刻南宋台州本爲底本，而以南宋浙北刻本、南宋刊删《纂圖互注》巾箱本、南宋劉旦校刻《纂圖分門類題注》巾箱本及南宋坊刻元明遞修本爲主要參校本。得此五本，有校勘價值之《荀子》異文資料，則略近完備，其餘諸本文字，縱偶有可取者，亦甚寡矣。"高正之説可稱公允。

# 八、《荀子》舊刊序跋輯要

王天海　輯

《荀子》之序，以劉向《叙録》爲始，後又有楊倞注序，此二序已録於《荀子校釋》之首尾，不重出。因本書以影刻台州本爲底本，故以此本之序跋爲此《輯要》之始。王先謙《荀子集解》爲諸舊刻本之集大成者，亦爲十九世紀以前《荀子》校釋之總結。此後，梁啓雄之《荀子柬釋》乃開廿世紀全文校釋《荀子》之先聲，故其書雖不在舊刻之列，仍録其序，以資參閲。

## （一）《古逸叢書》影刻宋台州本國子監准中書劄子

國子監准熙寧元年九月八日中書劄子節文，校定《荀》《揚書》所狀。先准中書劄子奉聖旨校定《荀子》《揚子》。内《揚子》一部，先次校畢，已於治平二年十二月内申納訖。今來再校到《荀子》一部，計二十卷，裝寫已了，續次申納者申聞事。右奉聖旨：《荀子》送國子監開版，依《揚子》並音義例，印造進呈，及宣賜劄付國子監。准此。（天海案：此下附校勘官盧侗等十五人官銜姓名，現略之。）

## （二）《古逸叢書》影刻宋台州本唐仲友後序

《荀子》二十卷三十二篇，唐楊倞注。初，漢劉向校讎中《孫卿書》凡三百二十一篇，除復重，定箸三十二篇，爲《孫卿新書》十二卷。至倞，分易卷第，更名《荀子》。

皇朝熙寧初，儒官校上，詔國子監刊印頒行之。中興蒐補遺逸，監書寖具，獨《荀子》猶闕，學者不見舊書，傳習閩本，文字舛異。仲友於三館睹舊文，大懼湮没，訪得善本，假守餘隙，迺以公帑鋟木，悉視熙寧之故。《詩》曰：“雖無老成人，尚有典刑。”卿不可作，其書獨非典刑乎？

向博極羣書，序卿事大氐本司馬遷，於遷書有三不合：春申君死，當齊王建二十八年，距宣王八十七年。向言卿以宣王時來游學，春申君死而卿廢。設以宣王末年游齊，年已百三十七矣。遷書記孟子以惠王三十五年至梁，當齊宣王七年。惠王以叟稱孟子，計亦五十餘。後二十三年，子之亂燕，孟子在齊。若卿來以宣王時，不得如向言"後孟子百餘歲"。田忌薦孫臏爲軍師，敗魏桂陵，當齊威王二十六年，距趙孝成王七十八年。臨武君若與卿議兵於王前，向以爲孫臏，倞以敗魏馬陵疑年，馬陵去桂陵又十三年矣。《崇文總目》言卿楚人，楚禮爲客卿，與遷書、向序駁，益難信。據遷傳，參卿書，其大略可睹。

卿，名況，趙人，以齊襄王時游稷下，距孟子至齊五十年矣。於列大夫，三爲祭酒。去之楚，春申君以爲蘭陵令，以讒去之趙，與臨武君議兵。入秦，見應侯、昭王。以聘反乎楚，復爲蘭陵令；既廢，家蘭陵以終。自戰國爭富彊，儒道絀，孟子學孔子，言王可反掌致，卒不見用。卿後孟子，亦尊孔氏。子思作《中庸》，孟子述之，道性善。至卿，以爲人性惡，故非子思、孟軻。揚雄以爲同門異户。孟子與告子言性，卒絀告子。惜卿不見孟子，不免異説。方説士徼時好，卿獨守儒議，兵以仁義，富以儒術，彊以道德之威，旨意與孟子同。見應侯，病秦無儒。昭王謂儒無益人之國，極明儒效。秦并天下以力，意儒果無用，至於坑焚，滅不旋踵；漢奮布衣，終假儒以定，卿言不用而後驗。自董仲舒、韓愈，皆美《卿書》，言王道雖不及孟子，抑其流亞，廢於衰世，亦命矣！

夫學者病卿，以李斯、韓非。卿老師，學者已衆，二子適見世，晝寢餔啜，非師之過。使卿登孔門，去異意，書當與七篇比，此君子所爲太息！

大宋淳熙八年，歲在辛丑十有一月甲申，朝請郎、權發遣台州軍州事唐仲友後序。

### （三）楊守敬重刊宋台州本《荀子》跋

今世中土所傳《荀子》宋本有二：一爲北宋吕夏卿熙寧本，一爲南宋錢佃江西漕司本。而唐與政所刊于台州，當時爲一重公案者，顧無傳焉。嘉慶間，盧抱經學士據朱文游所藏影鈔吕夏卿本，合元、明本校刊行世，王懷祖、顧澗蘋皆有異議。然吕、錢兩本至今無重刊者。余初來日本時，從書肆購得此書雙鉤本數卷。訪之，迺知爲狩谷望之舊藏台州本，此其所擬重刊未成者。厥後從島田篁村見影摹全部，因告知星使黎公求得之，以付梓人，一仍其舊，踰年乃成。按此本後亦有吕夏卿等銜名，又别有熙寧元年中書劄子曾公亮等銜名，據與政自序"悉視熙寧之故"，則知其略無校改。案王伯厚所舉四條，惟"君子知嚮矣"，此本仍作"如響"，不相應，因知伯厚所舉者，"嚮"、"響"之異，非"知"、"如"之異，此自校刊《紀聞》者之失（何校本仍作"如"）。若盧抱經所勘，以此本照之，其遺漏不下數百字，又不第顧澗蘋所舉《君道篇》"狂生者不胥時而樂"之不作"落"也。此間别有朝鮮古刊本，亦略與此本同。余又合元《纂圖》本、明世德堂本及王懷祖、劉端臨、郝蘭皋諸先生之説，更參以日本物茂卿（有《讀荀子》四卷）、冢田虎（有《荀子斷》四卷）、久保愛（有《荀子增注》二十卷）、豬飼彦博（有《荀子補遺》一卷）所訂，别爲札記，以未見吕、錢兩原本，將以有待，故未附刊焉。

光緒甲申三月，宜都楊守敬倚裝書。

### （四）《經籍訪古志》（日本）森立之題記

《荀子》二十卷（宋槧大字本，求古樓藏）。

唐楊倞注，首有《荀子注序》，次《新目録》接序。後每卷首題《荀子》卷第幾，登仕郎、守大理評事楊倞注。卷末有劉向校正目録、上言，又有"王子韶同校、吕夏卿重校"銜名，及熙寧元年國子監劄子官銜十五名，又有淳熙八年唐仲友後序。每半版八行，每行數不整，注雙行，界長七寸六分，幅五寸七分半，左右雙邊。每卷有金澤文庫印，印文肥寬，異所經見，殆文庫火前物，與惺窩先生題籤，亦希覯之珍云。

狩谷望之手跋云："右宋槧《荀子》，爲淳熙八年唐仲友所刻，字大如錢，書法全撫歐陽。朱熹按唐仲友狀云'據蔣輝供，元是明州百姓，淳熙四年六月内，因同已斷配人方百二等僞造官會事發，蒙臨安府府院將輝斷配台州牢城，差在都酒務著役月糧，雇本州住人周立代役，每日開書籍供養。去年三月内，唐仲友叫上輝，就公使庫開雕《揚子》《荀子》

等印板，輝共王定等一十八人在局開雕’者。是本也，板心下方所題，皆是剞劂氏之姓名，蔣輝以下都十九名，與朱熹按狀所言‘輝共王定以下十八人’之語合。”余始讀《朱熹集》，得詳唐仲友刻《荀子》事，喜甚，獨怪是不良人爲是好事，謂不可以其罪廢其人也。後讀《齊東野語》，知其詆排之非至論。今又得《四庫全書總日》二則，足爲仲友吐氣。今并録以備攷。

近來舶來盧文弨校本《荀子》，云以影宋本校。今以是本比讐之，失校之字不爲不多，則彼所校，猶未精歟？將所謂影宋本有落葉歟？然則是本豈不貴而重乎？且世間北宋刊本傳世無幾，如余所見，不過小字御注《孝經》《文中子》《通典》《聖惠方》諸書，而是本翻雕熙寧官板者，則其實與北宋本無異，真希世之寶典也！余齋所載南宋本中，當以是爲第一也。吾家子孫宜保護之。文政五年十一月（按：文政五年壬午，當道光二年）。

天海案：右四種，皆録自《古逸叢書》影荀子書之末。

### （五）錢佃校《荀子》跋

右《荀卿子書》，楊倞注，凡三十二篇，爲二十卷，并劉向篇目。舊嘗患此書無善本，求之國子監，並未嘗版行。比集諸家所藏，得二浙、西蜀本凡四，增寡同異，莫適取正，末乃於廬陵學官藏書中得元豐國子監刻者，遂取以爲據。然猶有謬誤，用諸本参校，凡是正一百五十有四字；其有疑而未決者，并世俗所習熟而未定。如“青出於藍而青於藍”者，監本所出而文義或非；如“美善相樂”者，皆不敢没其實，著之卷末，又一百二十有六條。雖未敢以爲盡善，然耳目所及已特爲精好，謹刻之江西計臺，俾學者得以攷訂而誦習焉。

淳熙八年六月丙午吴郡錢佃謹識。

### 又繆荃孫《荀子攷異跋》

《荀子》世傳有宋本二：一北宋吕夏卿熙寧本，一南宋錢佃淳熙本。而世間現行本則以盧抱經所刊爲最善。盧本所據校宋本出于吕夏卿，日本黎星使所刻唐仲友台州公庫本，亦有王子韶、吕夏卿銜名，則皆出於一源矣。錢佃本久無人見，想已亡佚。按佃字仲耕，政和進士，觀復之子，登紹興十五年進士，官至中奉大夫、秘閣脩撰，著有《易解》十卷、《詞科類要》二十卷，見《常熟縣志》。今存《考異》一卷，後跋自稱集諸家所藏二浙、西蜀本、元豐國子監本，是正一百五十有四字，其有疑而未決者，又著之卷末，共一百二十有六條。則此卷是也。是書雖屬鈔本，爲惠定宇、盧抱經、王懷祖、顧澗薲所未見。

其例：卷二、卷三、卷九、卷十一、卷十七、卷十八、卷十九，則云"此卷某某篇内"；卷四、卷五、卷六、卷七、卷八、卷九、卷十、卷十一、卷十二、卷十三、卷十四、卷十五、卷十六、卷十九，則單云"卷内"，無篇名；同卷另篇又有篇名，則二十卷同。亦有誤者，如卷第一"青取之於藍"爲第一條，第二條轉云"此卷《勸學篇》内"，不列於第一條，與他卷異。如《成相篇》上條"脩領，監本作'循領'，注'脩領'亦同"，下條"脩領，《賦篇》内'五聽循領'，并注諸本作'脩領'"，兩條復出，而"五聽循領"亦不在《賦篇》内，則大誤。蓋輾轉傳鈔，不無譌脱，而别無他本可校，祇仍其誤而坿識於此。其他與盧本不合之處，讀者當自得之。

光緒乙巳七月立秋日江陰繆荃孫識。

### （六）《纂圖互注荀子》南宋坊刻元明遞修本寒雲題跋

《纂圖互注荀子》，爲南宋建陽坊刻之一，傳世者多元時覆刻謂宋。宋本惟天禄、平津有之，皆《六子全書》。天禄所藏未見流出，平津故物曾見數種，即元覆本。予獲其《沖虚》，足以成《六子》。視此宋刻，流動精整，則判若霄壤矣。雖以此中補板較之，亦不能及，蓋補板猶出於宋末，故刀法尚不失宋之規度。此雖當時帖括之書，而宋刻者頗罕，偶見於廠市，亟購置《後百宋一廛》中。時乙卯秋月，寒雲記於流水音。

天海案：此本藏於北京圖書館。據高正云："寒雲乃民國袁克文之號，乙卯當爲公元一九一五年，《後百宋一廛》乃寒雲藏書室名。"



### （七）明王納諫《删註·荀子》二卷《自述》

自晉以孟與荀爲在伯仲之間，既而醇者益以尊，疵者益以譏。于是焉，荀氏失據，退而夷于諸子襍家之流，而其爲書，若存若亡。嗟虖！荀氏固仲尼之徒也，仲尼没而諸子之嵬嵬，噂沓巳相非也。荀卿氏者，案爲之通統類、綦文理、立隆正、絀百家。百家故未易絀也！譬如捕鹿，孟氏角之，荀氏掎之。夫以莊周之辨有口，齊、魯諸儒莫能自解免也，而一言以蔽之曰“莊子蔽于天而不知人”，雖聖人復起，其孰能易之哉！且夫言者，人之肖也。荀子，吾不得而見之矣，意其人必健有決，撟然自信者也！斯孔子之所謂狂矣，而譏荀者亦有説。

彼以性爲惡，無本統矣。今有農夫日號于人曰“我田瘠”，其田實不瘠也，自見病焉。然而其耕也，力疾其芸也，除薉以自見病，故其作之也不止。若是者，可謂力田矣，而未可謂知田。則吾將一言以蔽之：“荀子蔽于人而不知天！”噫嘻，自昔仲尼罕言性與天道，七十子之徒未盡知性也，而俎豆不廢。近世若王伯安，其説以性無善、無不善，知性未盡也，而俎豆不廢。獨以廢荀氏，何邪？亦其矯然自信之過歟？醇疵之辨昉自韓退之，退之欲削荀氏之不合者附於聖人之籍。斯公於求善者歟？吾爲成其志，作《删註荀子》。

蕪城王納諫聖俞父述。

### （八）明末清初傅山《荀子評注》前序

長夏，蒸溽，閒坐不住，取昔所點《荀卿書》再一瞜之，隨取其詞義之雋永者，略記一半句或數字。吾後有讀是書者，寘此於前，以爲着眼之先，亦一勸也。

### （九）清謝墉《荀子箋釋》序

荀子生孟子之後，最爲戰國老師。太史公作傳，論次諸子，獨以孟子、荀卿相提竝論，餘若談天、雕龍、炙轂及慎子、公孫子、尸子、墨子之屬，僅附見於孟、荀之下。蓋自周末歷秦漢以來，孟、荀竝稱久矣。《小戴》所傳《三年問》，全出《禮論篇》；《樂記》《鄉飲酒義》所引，俱出《樂論篇》；《聘義》子貢問、貴玉賤珉，亦與《德行篇》大同（天海案：“德”，乃“法”之誤也）。《大戴》所傳《禮三本篇》，亦出《禮論篇》；《勸學篇》，即

《荀子》首篇；而以《宥坐篇》末“見大水”一則附之；《哀公問五義》，出《哀公篇》之首。則知荀子所著，載在二《戴記》者尚多，而本書或反闕佚。愚竊嘗讀其全書，而知荀子之學之醇正，文之博達，自四子而下，洵足冠冕羣儒，非一切名、法諸家所可同類共觀也。觀於《議兵篇》，對李斯之問，其言仁義，與孔孟同符。而責李斯以不探其本而索其末，切中纍秦之弊。乃蘇氏譏之，至以爲“其父殺人，其子必且行劫”。然則陳相之從許行，亦陳良之咎歟？此所謂“欲加之罪”也。荀子在戰國時，不爲游説之習，鄙蘇、張之縱横，故《國策》僅載諫春申事，大旨勸其擇賢而立長，若早見及於李園棘門之禍，而爲“癘人憐王”之詞，則先幾之哲，固異於朱英策士之所爲。故不見用於春申，而以蘭陵令終。則其人品之高，豈在孟子下？顧以嫉濁世之政，而有《性惡》一篇，且詰孟子性善之説而反之，於是宋儒乃交口攻之矣！嘗即言性者論之：孟子言性，蓋勉人以爲善，而爲此言；荀子言性惡，疾人之爲惡而爲此言。要之，繩之孔子相近之説，則皆爲偏至之論。謂性惡，則無上智也；謂性善，則無下愚也。韓子亦疑於其義，而爲三品之説。上品、下品，蓋即不移之旨；而中品，則視習爲轉移，固勝於二子之言性者矣。然孟子偏於善，則據其上游；荀子偏於惡，則趨乎下風；由憤時疾俗之過甚，不覺其言之也偏。然尚論古人，當以孔子爲權衡，過與不及，師、商均不失爲大賢也。

此書自來無解詁善本，唐大理評事楊倞所註，已爲最古，而亦頗有舛誤。向知同年盧抱經學士勘核極爲精博，因從假觀，校士之暇，輒用披尋，不揆檮昧，間附管窺，皆正楊氏之誤，抱經不我非也。其援引校讎，悉出抱經，參互考證，往復一終，遂得蕆事。以墉謭陋，誠不足發揮儒術，且不欲攘人之美。而抱經頻致書屬序，因舉其大要，略綴數語於簡端，竝附著書中所未及者二條於左云。

乾隆五十一年，歲在丙午六月既望，嘉善謝墉東墅甫題於江陰學使官署，時年六十有八。

荀卿又稱孫卿，自司馬貞、顔師古以來，相承以爲避漢宣帝諱，故改荀爲孫。考漢宣名詢，漢時尚不諱嫌名，且如後漢李恂與荀淑、荀爽、荀悦、荀彧俱書本字，詎反於周時人名見諸載籍者而改稱之？若然，則《左傳》自荀息至荀瑶多矣，何不改耶？且即《前漢書》任敖、公孫敖俱不避元帝之名驁也。蓋荀音同孫，語遂移易，如荆軻在衛，衛人謂之慶卿，而之燕，燕人謂之荆卿。又如張良爲韓信都，《潛夫論》云："信都者，司徒也。"俗音不正，曰信都或曰申徒，或勝屠，然其本一"司徒"耳。然則荀之爲孫，正如此比。以爲避宣帝諱，當不其然。《漢志·孫卿子》三十二篇，《隋志》則稱十二卷。《漢志》又載孫卿賦十篇。今所存者，僅《禮》《知》《雲》《蠶》《箴》，其末二篇無題。相其文勢，其"《小歌》曰"以下，皆當爲致春申君書中之語。而《國策》於"曷惟其同"下尚有"《詩》曰：'上帝甚神，無自瘵也！'"《韓詩外傳》亦然。此尤見卓識，今本文脱去，而其《謝春申君書》亦不載，楊氏注亦未之及。此等似尚未精審也。

## （十）清錢大昕謝刻《荀子箋釋》本跋

《荀卿子書》，世所傳唯楊倞注本。明人所刊，字句踳譌，讀者病之。少宗伯嘉善謝公視學江蘇，得餘姚盧學士抱經手校本，歎其精審，復與往復討論，正楊注之誤者若干條，付諸剞劂氏，而此書始有善本矣。蓋自仲尼既殁，儒家以孟、荀爲最醇。太史公叙列諸子，獨以孟、荀標目；韓退之於荀氏，雖有"大醇小疵"之譏，然其云"吐辭爲經""優入聖域"，則與孟氏竝稱無異詞也。宋儒所訾議者，唯《性惡》一篇。愚謂孟言性善，欲人之盡性而樂於善；荀言性惡，欲人之化性而勉於善；立言雖殊，其教人以善則一也。宋儒言性，雖主孟氏，然必分義理與氣質而二之，則已兼取孟、荀二義，至其教人以變化氣質爲先，實暗用荀子化性之説。然則《荀子》書詎可以小疵訾之哉！古書"僞"與"爲"通，荀子所云："人之性惡，甚善者僞也。"此"僞"字即"作爲"之爲，非"詐僞"之僞。故又申其義云："不可學、不可事而在人者謂之性；可學而能、可事而成之在人者謂之僞。"《堯典》"平秩南譌"，《史記》作"南爲"，《漢書·王莽傳》作"南僞"，此"僞"即"爲"之證也。因讀公序，則爲引伸其説，以告將來之讀是書者。

丙午閏七月，嘉定錢大昕跋。

## （十一）日本久保愛《荀子增注》序

觀秦漢諸儒之所録，荀子之德隆矣哉！至乃當時之人，以成湯、文王、伊尹、管仲比之孟子，聒而語之，議其好辯者有之，不聞其許之者，亦唯自以聖賢居而已。豈況學在行事，而軻才止口舌也？夫遊其門受其業者，亦皆效其師之所行，或爲一時奪席之言，或述軍國經略之言。萬章、公都子輩所爭辯，李斯、韓非子等所筆記，章章于殺青之餘，如觀二叟家學之風也。若夫性善、性惡殊異，稱堯、舜，順後王之不同，非有優劣。道術爲天下裂，有以虛無者，有以恬憺者，有以非鬭、非樂者，有以堅白同異者，學士各據其所見，以立流派，互相競爭，則孟、荀亦以此與當世之人辯而已。

《孟子》書七篇，追琢既盡，斐然成章，蓋欲傳天下後世而著之者也。《荀子》書三百二十二篇，有重複者、有驊駁者，雖除二百九十篇，猶尚有不焕乎者，蓋雜記而特示門人，無傳天下後世之志者也！唯其言入旨之上，膏之下，有土之君、輔國之臣，聞其一言有足興邦家者，則天下之大，不能無一人尊信之者。《孟子》雖精撰，動輒有言行相反而難委任大事者，則海内之廣，不能不有一人窺其短者。是以弈世提衡，聲譽相發。唯是《孟子》書夷其誦之者，皆疏明章句，善正誤脱者也。《荀子》文奇，其閲之者皆有大略而取樞要，非拘攣於章句、善辨錯亂者也。乃一登仕郎注之，其寘儔焉，得盡其義乎？

吾山夫子，既校正經藝，以其餘力施及諸子。觀先時葛西應禎所翻刻《荀子》，比之諸家，似有所長，猶尚正文誤脱，注文錯亂，頗有難讀者。於是，博考羣書而明辨之。愛壯年日據其説以作《增注》，近日將上木，開而閲之，猶有未安者。於是，再校以諸家本，而後物子、山子以來所疑者，涣然一時冰釋，唯未見宋刻原本，是以猶豫，未正誤補脱。俄而友人狩谷卿雲得宋本，就而校之，雲霧始開，白日再明，乃據宋本善者正之，間亦有以元刻改之者。何則？二本者，原也。又享保以來，諸儒先之所論，苟有可補正者，盡取之，必録其姓名以分之，而後增益師説者，不止十之三四。

夫荀卿業已不遇，其書亦不大行，楊倞注之而世亦知之者少，則先師雖精之，愛雖增益之，豈必期使海内之紙貴矣哉！雖然，世有欲泝洙、泗流，從政而取之者，未嘗無少裨益矣！

文政庚辰冬十一月信州久保愛撰（天海案：文政庚辰當清嘉慶廿五年，公元一八二〇年）。



**又《荀子增注》凡例**

山夫子閲世德堂本刊《荀子》，正文誤脱，或注文編次錯亂，頗有難讀者，於是兩漢以上之書，苟有解《荀子》書若辨誤者，盡集之，正其編次，辨其難讀者，當時既有一適作，未全備而卒。筑水先生據其説以作《增注》，二十年前授于平安葛西氏，近日將上木，開而閲之，有未安者，得宋本、元本、小字元本、韓本、孫鑛評本、《標注》本、謝墉本，加以享保以來諸家之説，而再校之。至如正文本孟荀合刻本《諸子品節》，非無異同，其鹵莽反足生疑惑。是以先生不必取之。

《荀子》有二原：宋本、元本是也。宋本者，先是未有見之者，享保中葛西應禎頗購求之不得，乃校世德堂本而梓之。其子豐書得抄宋本異同者，至孫豊章始見宋本，揭其異同而藏之。其書非不善也，而未可遽從者，先生不見其原也。丙子春，先生友人狩谷氏得之，文字大、剞劂巧，楷法遒美，可以法則，天壤一物，可以珍重，就而校之。舊來物子、山子所疑誤字脱文，十之七八既復其正。元本者，非因宋本，或寫本、或印本，自别有一本而刻者也。蓋其時既後，則其誤謬錯脱亦多，雖然可以次宋本取正者，元本也。且其稱互注、重意、重言者，要非杜撰也。其非宋與元者，後人私補削者也。譬如宋本"青取之於藍"，元本作"青出之藍"，雖有得失長短，皆李唐以來傳習之異同，而足徵者也。明刻諸本作"青出之於藍"者，其義則未有優劣，不因宋、元二原，則私改之，不足徵者也。故今所校，雖因世德堂本，其後人私之者，據宋本改之，宋本不是者，據元本改之，要期復古。二原無異同者，雖他書有之，不敢妄改之。如"王良"，諸家皆作"王梁"，孫鑛本獨作"王良"之類，孫氏以《荀子》中例改之者也。然"王良"作"王梁"，"季梁"作"季良"，"梁輈"作"良鞫”者，古書中往往有之，以古音通也。方知孫氏陋。《天論篇》二“飢渴”，宋、元二本上有“渴”，下無“渴”，是上“渴”字衍也。《羣書治要》上下皆無“渴”字，是爲正。然宋、元有“渴”字，難妄改之，不改之，則其文例不可無“渴”字也。故從世德堂本，而不改之，非以爲正也。

韓本異同，多與宋本合，自卷首題名，以至注文盡然。唯有一二不同而已，全據宋本而刻之者也。始有金澤文庫藏書印，惜未見其原本而已。

世德堂本、孫鑛本、《標注》本頗相似，而世德堂本稍勝矣。其原刻皆除元本互注、重意、重言，而以宋本取舍之者也。且宋、韓二本注文多正，而明時諸本多誤，則未見宋本全書者乎？抑亦孤陋閭師，爲書賈倩者，固不解事，則糅雜米鹽而刻之乎？蓋明人校書之粗不特《荀子》，往往皆然，則或其類矣。

宋本、元本是者，從而改之，《增注》必録其事，不敢私損益一字。其兩可難裁者，入于《標注》；他書異同是者，入于《增注》；兩可者，復入于《標注》；元本異同，其非者不録之；其他諸本亦復如之。何則？世間其書多也，至宋本異同，如“藏”作“臧”，“彊”作“强”，“勢”作“埶”，“一”作“壹”之類，雖則同字，必録異同。其非者，加“非”字以分之。蓋其書無傳也，學者就此書而集之，雖歷百世，宋本完然，可備具于掌中矣！世必有嘲其迂者，然非好古如此，則千歲之後，舊章盡殘闕而已！

元本有可疑者，宋本《勸學篇》“智明”，元本作“知明”，而注“知，讀爲智”。《榮辱篇》“政令法”作“政法令”，而注“當爲政令法。或曰：政當爲正”之類，是也。蓋其人未見宋本，其所藏本“智”作“知”，“政令法”作“政法令”，則補楊注而刻者也。至如世德堂本作“政令法”而傅會元板所補注，則不成文義，皆不得不從宋本而改之。

宋本雖古且善，其校閲則粗也。始録“登仕郎守大理評事”，似唐時舊也，楊倞作揚倞者，誤也。木易者，弘農楊族；手易者，自别一族；子雲已有其辨。而倞則弘農楊族也，可從手乎？如“磬筦將將”作“管磬瑲瑲”，則古書異同，固可有之。如注引毛傳“將將”而作“瑲瑲”，則全後人改之者也。既改注文，則其改正文，亦未可知也。且觀倞不注《詩經》

異同，非無可疑之端。今先生取宋、元二本之長而定之，雖未全復古，其去古不亦遠矣！

近年渡來有謝墉本，其人尊信宋本，是也。然未見原本，其所爲正，傳寫之餘，其誤亦多。宋本、韓本始録"登仕郎守大理評事揚倞注"，謝本則上贅唐字，揚作楊。夫揚作楊者，固是也，而謝墉非正其是非而作"楊"者，承誤而已。卷首既已如是，書中繆妄可知矣。然至其説之是者，先生猶尚拾以明正文。

注文異同，多從宋本改之，不必録其事。至其義難通者，非此例也。

武州飯山義方識。

## （十二）郝懿行《荀子補注》後附二文

1.《與王伯申引之侍郎論孫卿書》

近讀孫卿書而樂之，其學醇乎醇，其文如《孟子》，明白宣暢，微爲毓富，益令人入而不能出。頗怪韓退之謂爲"大醇小疵"，蒙意未喻，願示其詳。推尋韓意，豈以孟道性善，荀道性惡，孟子尊王賤霸，荀每王霸竝衡？以是爲疵，非知言也。何以明之？孟遵孔氏之訓，不道桓、文之事，荀矯孟氏之論，欲救時世之急。《王霸》一篇，剴切錞于，沁人肌骨，假使六國能用其言，可無暴秦并吞之禍。因時無王，降而思霸。孟、荀之意，其歸一耳。至於性惡、性善，非有異趣。性雖善，不能廢教；性即惡，必假人爲。"爲"與"僞"，古字通。其云"人之性惡，其善者僞也"，僞即爲耳。孟、荀之恉，本無不合，惟所持論，各執一偏。準以聖言，"性相近"即兼善惡而言，"習相遠"乃從學染而分。後儒不知此義，妄相毁詆。閣下深於理解，必早見及，願得一言，以祛所蔽。孫卿與孟時勢不同，而願得所藉手，救弊扶衰，其道一也。本圖依託春申，行其所學。迨春申亡而蘭陵歸，知道不行，發憤箸書，其恉歸意趣，盡在《成相》一篇，而託之瞽矇之詞以避患也。楊倞何人，不知其字，里居事實，尤所未聞。《唐書·世系表》檢無其人，願具示之。其注大體不誤，而中多未盡，往往喜加"或曰"云云，知其持擇未精，亦由詁訓未明，不知古書假借之義，故動多疐礙。蒙意未安，欲復稍加訂正，以存本來。久疏摳謁，茅塞蓬心，聊述近所省存，用代奉面，匆匆不宣。

道光四年甲申二月日具。

（天海案："楊倞何人"之"何人"下二十八字、"亦由"下"訓詁未明"四字，長沙光緒辛卯刻本及一九八八年中華書局點校本皆脱。此據《齊魯先喆遺書》刻本補。）

2.《與李月汀璋煜比部論楊倞書》

來示《唐書·藝文志》以倞爲楊汝士子，而《宰相世系表》則載汝士三子，一名知温，一名知遠，一名知至，無名倞者。《表》《志》同出歐陽手，不知何以互異？意者，倞或改名，如温庭筠之一名岐歟？余謂《志》《表》互異，當由史氏未詳，故闕然弗備。若依馬、班史法，於《表》《志》中書本名及改名，如漢劉更生爲劉向之例，斯無不合矣！《唐書》倞不立傳，當由仕宦未達，無事實可詳，故《志》《表》闕略而僅存其名，然千載下遂不知倞爲何人，雖疑則載疑，要亦史筆之疏耳。汪氏容甫據《古刻叢鈔》載《唐故銀青光禄大夫使持節蔚州諸軍事行蔚州刺史兼御史中丞馬公墓志銘》，其文則楊倞所作，題云"朝請大夫、使持節汾州諸軍事、守汾州刺史楊倞撰"，結銜較《荀子》加詳。汪氏又據《志》載會昌四年，定爲武宗時人，然則此恐别一楊倞。若《藝文志》注《荀子》之人，止題大理評事，而無"朝請大夫"以下銜者，葢非一人，可知矣。汪孟慈深以此説爲不然，因言《藝文志》但云"汝士子"，安知不有兩汝士也？余無以應之，請質諸月汀。

閏七月廿四日。（天海案："無名倞者"下"表志同出"以下十二字、"如温庭筠"下九字、"雖疑則載疑"五字，王先謙《集解》舊刻本、中華書局點校本皆脱，此據《齊魯先喆遺書》刻本補。）

## （十三）王念孫《校荀子後叙》

余昔校《荀子》，據盧學士校本而加案語。盧學士校本則據宋吕夏卿本而加案語。去年陳碩甫文學以手録宋錢佃校本異同郵寄來都，余據以與盧本相校，已載入《荀子雜志》中矣。今年，顧澗薲文學又以手録吕、錢二本異同見示，余乃知吕本有刻本、影鈔本之不同，錢本亦有二本。不但錢與吕字句多有不同，即同是吕本、同是錢本，而亦不能盡同，擇善而從，誠不可以已也。時《荀子雜志》已付梓，不及追改，乃因顧文學所録而前此未見者爲《補遺》一編，竝以顧文學所考定及余近日所校諸條載於其中，以質於好古之士云。

道光十年五月二十九日，高郵王念孫敍，時年八十有七。



## （十四）王先謙《荀子集解序》

昔唐韓愈氏以荀子書爲"大醇小疵"，逮宋，攻者益衆，推其由，以言性惡故。余謂性惡之説，非荀子本意也。其言曰："直木不待檃栝而直者，其性直也；枸木必待檃栝、烝矯然後直者，以其性不直也。今人性惡，必待聖王之治，禮義之化，然後皆出於治，合於善也。"夫使荀子而不知人性有善惡，則不知木性有枸直矣。然而其言如此，豈真不知性邪？余因以悲荀子遭世大亂，民胥泯棼，感激而出此也。荀子論學論治，皆以禮爲宗，反復推詳，務明其指趣，爲千古修道立教所莫能外。其曰"倫類不通，不足謂善學"，又曰"一物失稱，亂之端也"，探聖門一貫之精，洞古今成敗之故，論議不越几席，而思慮浹於無垠；身未嘗一日加民，而行事可信其放推而皆準。而刻覈之徒，詆諆横生，擯之不得與於斯道。余又以悲荀子術不用於當時，而名滅裂於後世流俗人之口爲重屈也！國朝儒學昌明，欽定《四庫全書提要》首列《荀子》儒家，斥好惡之詞，通訓詁之誼，定論昭然，學者始知崇尚。顧其書僅有楊倞注，未爲盡善。近世通行嘉善謝氏校本，去取亦時有疏舛。宿儒大師，多所匡益。家居少事，輒旁采諸家之説，爲《荀子集解》一書，管窺所及，閒亦坿載。不敢謂於荀書精意有所發明，而於析楊、謝之疑辭，酌宋、元之定本，庶幾不無一得。刻成，謹弁言簡端，竝揭荀子箸書之微旨，與後來讀者共證明之云。

光緒十七年歲次辛卯夏五月，長沙王先謙謹序。

## 又《荀子集解·例略》

嘉善謝氏校本，首謝序，次楊序及《新目録》，次《荀子》讎校所據舊本，竝參訂名氏，末錢大昕跋，《校勘補遺》一卷。案此書盧、謝同校，故郝蘭皋稱謝，王懷祖稱盧。但謝序云："援引校讎，悉出抱經，參互攷證，遂得蕆事。"是此書元出於盧，參攷刊行迺由謝氏，則稱盧校本者爲是。盧所據大字宋本，爲北宋吕夏卿熙寧中所刊，然未見吕刻本，僅取朱文游所藏影鈔本相校，故閒有爲影鈔訛字所誤者，《修身》《王霸》兩篇注可證也。兹刻仍以盧校爲主，依謝刻於楊注外增一圓圍，全録校注，加"盧文弨曰"四字别之。其《補遺》一卷，散入注中。盧校不主一本，兹亦仿其例，擇善而從。虞、王合校本，明虞九章、王震亨校，爲盧據舊本之一。其引見書中者，止《王霸篇》"大有天下，小有一國"注文。兹覆檢元書，尚有可采，爲增入數條。此外正文及注歧異滋繁，當由傳寫致訛，或係以意删節，多與盧氏所云俗閒本相合，既非所取證，不復稱引。宋台州本，宋唐仲友與政刊於台州，即依吕本重刻，遵義黎庶昌蒓齋於日本得影摹本，重刊爲《古逸叢書》之一。首楊序及《新目録》，末劉向上言及王、吕重校銜名，熙寧元年國子監劄子官銜，淳熙八年唐序，《經籍訪古志》二跋，重刊楊跋。此即《困學紀聞》所稱"今監本乃唐與政台州所栞熙寧舊本，亦未爲善"者也。然在今日爲希見之本，兹取以相校，得若干條，列入注文。其與吕本相同，如一卷"取藍"、"干越"之比，竝不復出，以省繁文。至其顯然訛誤，雖與吕歧出，亦無所取。

棲霞郝氏懿行《荀子補注》上下卷，末附《與王侍郎論孫卿》《與李比部論楊倞》二書，兹全採入注。

高郵王氏念孫《雜志》八，《校荀子》八卷，係據盧本加案語，用宋錢佃江西漕司本、龔士卨《荀子句解》本、明世德堂本參校。嗣得元和顧千里澗薲手録吕、錢二本異同，復爲《補遺》一卷，叙而行之，坿《荀子》佚文及顧氏考訂各條於末。其中如劉台拱端臨、汪中容夫、陳奐碩甫諸家之説，蒐討綦詳，而盧校、郝注之精者，亦附録焉。兹取王氏各條散入注文，劉、汪、陳、顧諸説，仍冠姓氏於首。

德清俞氏樾《諸子平議》十二之十五《荀子平議》四卷，全採入注。近儒之説，亦坿著之。

### （十五）梁啓雄《荀子柬釋·自叙》

孟子言性善，荀子言性惡；孟子重義輕利，荀子重義而不輕利；孟子專法先王，荀子兼法後王；孟子專尚王道，荀子兼尚霸道；二子持義雖殊，而同爲儒家宗師，初無判軒輊也。漢文帝時，《孟子》列於學官，立博士教授，推崇有加，而荀子以與孟子微異其撰，既揚孟必抑荀，軒輊之判，自此始矣！且先秦舊籍，多賴漢儒箋注以行世，《孟子》有趙岐爲之注，以是傳誦者衆，而《荀子》則闕如也。兼斯二因，遂使《荀子》棄置高閣，垂九百餘載。延及中唐，乃有楊倞創爲之注。惟楊去古既遠，時或安其意以失其真，殊不足以饜人欲。益以宋、明之間揚孟抑荀之風倍甚於前，故其書終以蒙世詬厲，湮抑沈薶，無法復其光焉。迄清中葉，注之者驟增，盧召弓、汪容甫、王懷祖、郝恂九、劉端臨……諸碩儒均有讎釋。光緒初，王益吾哀録諸家，閒下己意，爲《荀子集解》。見行注《荀》善本，當獨推此矣！雖然，時至今日，復宜有所致力於是書者三事：一，《荀子》以久晦之故，楊倞已謂"編簡爛脱"，後世傳鈔轉刻者，又多沿譌襲謬；更以奥誼艱辭，多難索解。清儒舉正有所未逮，訓詁有所未瑩。每一檢覽，疑滯叢生。故賡續鑽孯，實不容已。二，王氏《集解》，搜集前説，雖云略備，但王予中説遺而未采，王晼馨《讀書雜志》，孫仲容《札迻》並刊於《集解》後。而近儒校釋，布在方策；東儒箋解，中土難遇；若輾轉尋閲，曠時良多。故亟宜蒐集以爲《集解》增補。三，《集解》衆説繁鉅，多耗讀者之時力。倘削繁就簡，擇善而從，使修學之士，得以含其英而咀其華，則時力既省，誼恉亦暢；故撮要鉤玄，實爲急務。竊不自揆，思集先儒校釋之總成績，擷其菁英，芟其穢蕪，而爲《荀子柬釋》。管窺蠡測，閒有一得，亦僭附於其末。搜羅譔集之勞，烏足以云述作，聊黽勉以圖便省覽焉爾！若夫發藴闡精，仍期望於洪哲；糾謬繩疏，實禱祈於俊彦。博雅君子，幸匡教之。

一九三四年夏梁啓雄。

### 又楊樹達遇夫《荀子柬釋》序

一九二六年九月，余始教學於清華大學。於時先師新會梁先生方任清華研究院教授，余因得日侍先生，有所請益。又以是得識介弟啓雄君。一日，君出所爲《荀子柬釋》示余，命余校正。余既校竟，以歸之君。

又三年,君命爲之序。乃作而言曰:善哉!君之爲書也。其引誘後學之意,可謂至哉!蓋余嘗謂吾國先哲所留遺之書,吾輩後學者有闡明之責。其嘗爲先儒所整理者,則當循是而益求其精;其未經先儒整理者,則當起而整理之以求其真,令後人循是而求精焉,此深造之事也。深造之外,又當有普及之事焉。蓋近日學課日繁,讀先哲之書者,不必盡求深造於此者也。先儒所未及整理者無論矣,即其已整理者,大都諸説紛陳,辯訟齗齗,初學非專門之士乍睹焉,則望洋而歎,中卷而廢,終不得卒讀以一窺先哲之精神,是非吾輩治學者之責乎?

《荀子》一書,固嘗經前吾邑先輩王葵園先生所整理者也。君取其書,覆爲審校,益以王氏所漏采及近儒之説,旁及日本諸學者所爲書,博觀約取,其善者存之,不當者屏之;其先儒所未備,則自下己意。大抵精而能約,簡而不陋。吾知初學者得此,必欣然卒讀,決不至望洋而歎,中卷而廢也。不惟於普及之益甚大,亦於深造者有資焉。抑今世之需此類書也甚急,顧未有創爲之者,然則君先導之功又不可没矣!先是,君嘗請序於先師,先師諾之,以病遷延未及爲,而竟不得序君書。君以先師在日,於樹達時有過譽之詞,乃以命余。余既自愧不足任,又不得終辭,爰取平日所懷,僭列於簡端。追念清華侍坐先師暢聞明論之時,又不禁掩卷長吁也!

一九二九年五月二十三日。長沙楊樹達遇夫書於北平舊刑部街寓廬。

## 又高亨《荀子柬釋》序

新會梁叔任氏,先師任公先生之介弟也。以《荀子》一書,淵懿博瑋。王先謙《集解》雖稱注《荀》善本,然近儒箋詁,散在方策;深文艱義,猶多滯疑;乃潛心奮志,有《荀子柬釋》之作。自民國十四年搦翰屬稿,已八載於兹矣。十八年春,亨與梁氏同客瀋陽,旬日必相見,相見必論《荀子》,如是者三載。二十年秋,國難猝作,亨與梁氏,同蒞燕都,亦旬日必相見,相見必論《荀子》,如是者又二載。梁氏以亨嗜周秦諸子書,復以校讎之役相屬。故梁氏此書亨讀之最早,知之最深,欽服之最篤，望其付梓亦最切也。揚搉論之，梁氏此書，厥有四善：諸家校釋，《集解》所有，柬善而取，摭其精英，汰其麤蕪，簡而不疏，榁而僉當；有去考去纇之功，無忘筌忘蹏之過；一也。《集解》所無，窮蒐備列；洵王書之補遺，亦《荀子》之詁苑；衆詮胥具，不勞旁尋；宷裁攸加，獨抒葯見；二也。《荀子》正文，塙乎譌者正之，竄者迻之，挩者益之，衍者刪之，作畫識於字側，注原文於句下，因而詞理貫達，誦之繹然；三也。增訓翔密，言有依據；名物制度，悉爲考稽；大義微言，多所宣發；足以鬯哲人之奥恉，瀹讀者之濬思；四也。故梁氏此書，固初學之所輮求，亦鴻彦之所必取，其將風行海宇，嘉惠士林，亨敢決其必然也。

荀卿曰："慎子有見於後，無見於先；老子有見於詘，無見於信；墨子有見於齊，無見於畸；宋子有見於少，無見於多。"又曰："墨子蔽於用而不知文，宋子蔽於欲而不知得，慎子蔽於法而不知賢，申子蔽於埶而不知知，惠子蔽於辭而不知實，莊子蔽於天而不知人。"梁氏嘗歎此達言，以爲有見於此無見於彼而有所蔽，乃治學之大忌，則梁氏箸書之忠實謹慎，更可知矣。今當剞劂伊始，書此以獻梁氏竝爲讀梁氏書者告。

一九三四年八月二十五日後學高亨拜譔。

### （十六）梁啓雄《荀子簡釋》重印《叙言》

一九三六年商務印書館出版之《荀子柬釋》，是我少年時期揀擇注《荀》之少作。年少學淺，又以校課繁忙，研究之時力有限，故《柬釋》本未嘗愜于懷。十九年來，不滿之感與日俱積；雖屢有所修補，而以篇幅太繁，迄未能徧。一九五五年，古籍出版社擬重印《柬釋》。我本欲藉此機會重新整理全書，仍以時力所限，未能如願；僅在《勸學》《天論》《解蔽》《正名》《成相》《賦》範圍内重整其概，其餘各篇雖均有所修補，然終不獲作全面深入之徹底整理。此我所由屢興"未之逮也，而有志焉"之嘆也！

《柬釋》之按語均用文言文寫成，此與誘掖初學、普及與提高之恉略違。今悉改易成語體文，並新增白話淺解多條。持此與各家舊注同列，相形之際，或感新舊不調。但倘能于誘掖初學、普及與提高之崇恉有所裨補，則寧捨形式而取實益，區區形式上之小疵庸何傷！

本書舊名"《荀子柬釋》"。柬字之形義難識難解，此又與"誘掖"、"普及"之恉略違。今改名《荀子簡釋》。簡是"柬"之假借字，故與舊名之含義仍同，且兼含簡易、簡明、簡要之意。庶幾乎可以"名聞而實喻"歟！……

《柬釋》之缺點甚多，而以改易正文爲尤甚。修正古書中之衍、譌、竄、挩文句，功同芟夷荆棘，原極便利于閲覽，此我夙慕"獻曝獻芹"之誠意也。惟利之所在弊或隨之；我固知之而亦曾秉持重謹慎之態度以爲之，故凡所删、改、移、補，必憑徵據。豈料所資以爲徵之本身又往往有問題存焉，是則曏自以爲持重謹慎者，安知不或近于鹵莽滅裂耶？此次修正，已多所復原而未能徧。好在在校勘之注中原文之真迹具在，倘讀者對于《柬釋》所改易之文句不同意，各自復其舊可矣。……

《柬釋》舊稿曾承楊樹達、高亨二老友先後審校，且各有所是正。二十餘年前往事，于心終不忘，玆謹對二老友重申謝意。

梁啓雄一九五五年八月八日。

# 九、荀子歷代評述輯要

王天海　輯



## （一）東漢佚名徐幹《中論》序

予以荀卿子、孟軻懷亞聖之才，著一家之法，繼明聖人之業。……君以爲縱横之世，乃先聖所厄困也，豈況吾徒哉？有譏孟軻不度其量，擬聖行道，傳食諸侯；深美顔淵、荀卿之行，故絶迹山谷，幽居研几。（天海案：馬積高《荀學源流》曰："抑孟揚荀，尤此前舊籍所未見。這雖屬他人轉述，似未可依據。"）

## （二）東漢徐幹《中論·審大臣》

昔荀卿生乎戰國之際，而有叡哲之才，祖述堯舜，憲章文武，宗師仲尼，明撥亂之道，然而列國之君，以爲迂闊不達時變，終莫肯用也。（天海案：上二文採自《四庫全書·子部·儒家·中論》。）

## （三）唐韓愈讀《荀子》

始吾讀孟軻書，然後知孔子之道尊，聖人之道易行，王易王，霸易霸也。以爲孔子之徒没，尊聖人者孟氏而已。晚得《揚雄書》，益尊信孟氏。因雄書而孟氏益尊，則雄者亦聖人之徒歟！

聖人之道不傳于世，周之衰，好事者各以其説干時君，紛紛藉藉相亂，六經與百家之説錯雜，然老師大儒猶在。火于秦，黄老于漢，其存而醇者，孟軻氏而止耳。及得荀氏書，於是又知有荀氏者也。考其辭，時若不粹。要其歸，與孔子異者鮮矣。抑猶在軻、雄之閒乎！孔子删《詩》《書》，筆削《春秋》，合於道者著之，離於道者黜去之。故《詩》《書》《春秋》無疵。余欲削荀氏之不合者，附于聖人之籍，亦孔子之志歟！孟氏，醇乎醇者也；荀與揚，大醇而小疵。（天海案：上文採自《韓昌黎全集》卷十一。）

### （四）唐杜牧《三子言性辯》

孟子言人性善，荀子言人性惡，揚子言人性善惡混。曰喜、曰哀、曰懼、曰惡、曰欲、曰愛、曰怒，夫七者情也，情出於性也。夫七情中，愛者、怒者，生而自能，是二者，性之根，惡之端也。乳兒見乳必拏求，不得即啼，是愛與怒與兒俱生也。夫豈知其五者焉？既壯而五者隨而生焉，或有或亡，或厚或薄，至於愛怒，曾不須臾與乳兒相離而至於壯也。君子之性，愛怒淡然，不出於道，中人可以上下者，有愛拘於禮，有怒懼於法也。世有禮法，其有踰者，不敢恣其情；世無禮法，亦隨而熾焉。至於小人，雖有禮法而不能制，愛則求之，求之不得即怒，怒則亂，故曰："愛怒者，性之本，惡之端，與乳兒俱生，相隨而至於壯也。"凡言性情之善者，多引舜、禹；言不善者，多引丹朱、商均。夫舜、禹二君子，生人以來，如二君子者，凡有幾人？不可引以爲喻。丹朱、商均爲堯、舜子，夫生於堯、舜之世，被其化皆爲善人，況生於其室，親爲父子，蒸不能潤，灼不能熱，是其惡與堯、舜之善等耳。天止一日月耳，言光明者，豈可引以爲喻？人之品類，可與上下者衆，可與上下之性，愛怒居多。愛怒者，惡之端也，荀言人之性惡，比於二子，荀得多矣。（天海案：上文採自《全唐文》七百五十四卷杜牧文。）

### （五）宋王安石荀卿論

荀卿載孔子之言曰："由，智者若何，仁者若何？"子路曰："智者使人知己，仁者使人愛己。"子曰："可謂士矣！"子曰："賜，智者若何，仁者若何？"子貢曰："智者知人，仁者愛人。"子曰："可謂士君子矣！"子曰："回，智者若何，仁者若何？"顏淵曰："智者知己，仁者愛己。"子曰："可謂明君子矣！"是誠孔子之言歟？吾知其非也！

夫能近見而後能察遠，能利狹而後能澤廣，明天下之理也。故古之欲知人者必先求諸己，欲愛人者必先求愛己，此亦理之所必然，而君子所不能易者也。請以事之近而天下之所共知者論之：今有人於此，不能見泰山於咫尺之内者，則雖天下之至愚，知其不能察秋毫於百步之外也。蓋不能見於近則不能察於遠，明矣！而荀卿以謂知己者賢於知人者，是猶能察秋毫於百步之外爲不若見泰山於咫尺之内者之明也。今有人於此，食不足以厭其腹，衣不足以周其體者，則雖天下之至愚知其不能以贍足鄉黨也。蓋不能利於狹則不能澤於廣，明矣！而荀卿以謂愛己者賢於愛人者，是猶以贍足鄉黨爲不若食足以厭腹，衣足以周體者之富也。由是言之，荀卿之言其不察理已甚矣！故知己者智之端也，可推以知人也。愛己者，仁之端也，可推以愛人也。夫能盡智仁之道，然後能使人知己、愛己。是故能使人知己、愛己者，未有不能知人、愛人者也。能知人愛人者，未有不能知己愛己者也。今荀卿之言一切反之，吾是以知其非孔子之言，而爲荀卿之妄矣！揚子曰："自愛，仁之至也。"蓋言能自愛之道，則足以愛人耳，非謂不能愛人而能愛己者也。噫！古之人愛人不能愛己者，有之矣，然非吾所謂愛人而墨翟之道也！若夫能知人而不能知己者，亦非吾所謂知人矣！

又《禮論》云：

嗚呼！荀卿之不知禮也！其言曰："聖人化性而起僞。"吾是以知其不知禮也。……故禮始於天而成於人，知天而不知人則野，知人而不知天則僞。聖人惡其野而疾其僞，以是禮興焉。今荀卿以謂聖人之化性爲起僞，則是不知天之過也。（天海案：上文採自《王安石文集》。）

### （六）宋蘇軾荀卿論

嘗讀《孔子世家》，觀其言語文章，循循然，莫不有規矩，不敢放言高論，言必稱先王，然後知聖人憂天下之深也。茫乎不知其畔岸而非遠也，浩乎不知其津涯而非深也。其所言者，匹夫匹婦之所共知而所行者，聖人有所不能盡也。嗚呼，是亦足矣，使後世有能盡我説者，雖爲聖人無難而不能者，不失爲寡過而已矣！

子路之勇，子貢之辨，冉有之智，此三者皆天下之所難能而可貴者也，然三子者，每不爲夫子之所説。顔淵默然不見其所能，若無以異於衆人者，而夫子亟稱之。且夫學聖人者，豈必其言之云爾哉？亦觀其意之所向而已。夫子以爲後世必有不足行其説者矣，必有竊其説而爲不義者矣，是故其言平易正直而不敢爲非常可喜之論，要在於不可易也。

昔者，嘗怪李斯師事荀卿，既焚滅其書，盡變古先聖王之法，於其師之道，不啻若寇讎。及今觀荀卿之書，然後知李斯之所以事秦者，皆出於荀卿而不足怪也。荀卿者，喜爲異説而不讓，敢爲高論而不顧者也。其言愚人之所驚，小人之所喜也。子思、孟軻，世之所謂賢人、君子也，荀卿獨曰："亂天下者，子思、孟軻也。"天下之人如此其衆也，仁人義士如此其多也，荀卿獨曰："人性惡。桀、紂，性也；堯、舜，僞也。"由是觀之，意其爲人，必剛愎不遜而自許太過。彼李斯者，又特甚者耳。今夫小人之爲不善，猶必有所顧忌。是以夏、商之亡，桀、紂之殘暴，而先王之法度禮樂刑政，猶未至於滅絶而不可考者，是桀、紂猶有所存而不敢盡廢也。彼李斯者，獨能奮然而不顧，焚燒夫子之六經，烹滅三代之諸侯，破壞周公之井田，此亦必有所恃者矣！彼見其師歷詆天下之賢人以自是，其愚以爲古先聖王皆無足法者，不知荀卿特以快一時之論，而不自知其禍之至于此也。其父殺人報讎，其子必且行劫。荀卿述王道，明禮樂，而李斯以其學亂天下，其高談異論，有以激之也。孔、孟之論未嘗異也，而天下卒無有及者。苟天下無有及者，則尚安以求異爲哉！（天海案：上文採自《蘇軾文集》。）

### （七）宋黄震讀《荀子》

余讀荀卿書，然後知昌黎公之不可及。雖歐陽子最尊昌黎公，其議論亦有時而異者。大抵誦述正論于義理開明之日易，辨明正理于是非迷謬之世難。自戰國縱横之説興而處士横議之風熾，極而至于莊周，并收一世之怪，大肆滑稽之口，以戲薄堯、舜、禹、湯，文、武、周公、孔子之道，而天下之正理，世無復知于斯時也！知尊王而賤霸，知尊孔氏而黜異端，孟子之後，僅有荀子一人。而世不稱荀子，何哉？蓋嘗考其故，由漢及唐，皆尊老、莊，其間溢出而爲禪學者，亦莊、老之餘漲，而荀子嘗斥老聃爲"知詘而不知伸"，斥莊周爲"蔽于天而不知人"，其説正由與漢及唐之學者相背馳，宜其不之稱也。獨一昌黎公奮自千載無傳之後，破除千載迷謬之説，尊孟子以續孔氏，表荀子以次孟子，卓哉！正大之見，孔孟以來,一人而已。其關繫正邪之辨,爲何如哉!

迨至我朝,理學大明,三尺孺子亦知嚮方矣!老蘇以傑然不世出之才,反獨遠追戰國縱横之學,此與荀子正相南北,識者已疑之。歐陽子一見乃驚嘆,以爲荀子。夫荀子明儒術于戰國縱横之時,而老蘇祖縱横于本朝崇儒之日。同邪,異耶?而謂蘇爲荀耶,或者特於其文而言之耶?又曰昌黎謂荀子"大醇小疵",世之因而指實其小疵者:曰:非子思、孟子也;曰:謂性爲惡而謂爲善者僞也。若然,則豈止小疵而已哉!余觀其非子思、孟子,葢其妄以知道自任,故欲排二子而去之,以自繼孔子之傳,其意盡于篇末可見矣!正坐不自量耳。至其以爲善爲僞,則其説雖可驚,其意猶可録。蓋彼所謂僞者,人爲之名,非詐僞之僞。若曰人性本惡,修爲斯善,其意專主習而不主性,其説遂墮一偏,而又古今字義漸變不同。如古以"媚"爲深愛,而後世以爲邪;古以"佞"爲能言,而後世以爲諂。荀子之所謂"僞",殆類《中庸》之所謂"矯而擇言不精,遂犯衆罵",不然何至以爲善爲詐僞之僞也哉!惟其本意之所指,初不期然。此昌黎姑恕其説而指爲小疵歟?抑荀子之小疵,雖其議論之近理者,亦或不免,不但非孟、言性而已也。大抵荀子之所主者在禮,而曰"禮之敬文"也,則禮之本于内心者,卿殆未之深考,故其議禮之效,惟欲辨分以足用。其于論王霸曰"粹而王,駁而霸",曰"義立而王,信立而霸",幾謂王霸無異道,特在醇不醇之間。至於内外義利之分,則略不及。又謂能治其國,則文繡爲當然,而厚葬爲無害,其與他日譏齊威淫佚而猶許其有大節者無以異。然則使荀卿而用于世,亦不過富國强兵,善致鄰國,成霸功爾!(天海案:上文採自《黄震文集》。)

### (八)宋朱熹論荀子

諸子百家書,亦有説得好處。如《荀子》曰:"君子大心則天而道,小心則畏義而節。"此二句説得好。曰:"看得荀子資質,也是个剛明的人。"曰:"只是粗。他那物事皆未成个模樣,便將來説。"

《荀子》盡有好處,勝似《揚子》,然亦難看。

不要看《揚子》,他説話無好處,議論亦無的實處。荀子雖然是有錯,到説得處也自實,不如他説得恁地虚胖。



問:"東坡言三子言性,孟子已道性善,荀子不得不言性惡,固不是。然人之一性,無自而見。荀子乃言其惡,它莫只是要人修身,故立此説?"先生曰:"不須理會荀卿,且理會孟子性善。渠分明不識道理,如天下之物,有黑有白,此是黑,彼是白,又何須辨?荀、揚不惟説性不是,從頭到底皆不識。當時未有明道之士,被他説用于世千餘年。韓退之謂荀、揚'大醇而小疵',伊川曰'韓子責人甚恕',自今觀之,他不是責人恕,乃是看人不破。今且于自己上作工夫,立得本。本立則條理分明,不待辨。"

荀卿則全是申、韓,觀《成相》一篇可見。他見當時庸君暗主戰鬭不息,憤悶惻怛,深欲提耳而誨之,故作此篇。然其要,卒歸于明法制,執賞罰而已。

如世人説坑焚之禍起于荀卿,荀卿著書立説,何嘗教人焚書坑儒?只是觀它無所顧藉,敢爲異論,則其末流便有坑焚之理。

至(天海案:朱熹學生楊至。)問:"韓子稱'孟子醇乎醇,荀與揚大醇而小疵'。程子謂:'韓子稱孟子甚善,非見得孟子意,亦道不到;其論荀、揚則非也。荀子極偏駁,只一句"性惡",大本已失。揚子雖少過,然亦不識性,更説甚道?'至謂韓子既以失大本不識性者爲大醇,則其稱孟子'醇乎醇',亦只是説得到,未必真見得到。"先生曰:"如何見得韓子稱荀、揚大醇處,便是就論性處説?"至云:"但據程子有此議論,故至因問及此。"先生曰:"韓子説荀、揚大醇是泛説。與田駢、慎到、申不害、韓非之徒觀之,則荀、揚爲大醇。韓子只説那一邊,湊不着這一邊。若是會説底,説那一邊,亦自湊着這一邊。程子説'荀子極偏駁,揚子雖少過’，此等語，皆是就分金秤上説下來。今若不曾看《荀子》《揚子》，則所謂‘偏駁’、‘雖少過’等處，亦見不得。”（天海案：上文採自《朱子語類》卷一百三十七《戰國漢唐諸子》。）



### （九）明宋濂《諸子辨·荀子》

其論殊精絶，然況之爲人，才高而不見道者也。由其才高，故立言或不悖於孔氏；由其不知道，故極言性惡，及譏訕子思、孟軻，不少置。學者其亦務知道哉！至若李斯，雖事荀卿，于卿之學懵乎未有所聞。先儒遂以爲病，指爲剛愎不遜、自許太過之人，則失之矣。（天海案：上文採自《宋學士全集》。）

### （十）明歸有光《荀子叙録》

當戰國時，諸子紛紛著書，惑亂天下。荀卿獨能明仲尼之道，與孟子並馳。顧其爲書者之體，務富于文辭，引物聯類，蔓衍夸多，故其間不能無疵。至其精造，則孟子不能過也。自揚雄、韓愈皆推尊之，以配孟子。迨宋儒頗加詆黜，今世遂不復知有荀氏矣。悲夫！（天海案：上文採自《震川集》卷二。）

### （十一）明李贄論荀卿

荀子與孟子同時，其才俱美，其文更雄傑，其用之更通達而不迂，不曉當時何以獨抑荀而揚孟也。中間亦尊周、孔，然非俗所以尊者；亦排墨子，亦非十二子，然亦非俗之所以排，所以非者，故曰“荀、孟”。（天海案：上文採《藏書》卷三十二《德業儒臣》。）

### 又《宋人譏荀卿》

宋人謂卿之學不醇，故一傳于李斯，即有坑儒焚書之禍。夫弟子爲惡而罪及師，有是理乎？若李斯可以累荀卿，則吴起亦可以累曾子矣！（天海案：上文採自《焚書》卷五。）

### （十二）清汪中《荀卿子通論》摘要

荀卿之學，出於孔氏，而尤有功於諸經。

六藝之傳賴以不絶者，荀卿也。周公作之，孔子述之，荀卿子傳之，其揆一也。

今考其書，始於《勸學》，終於《堯問》，篇次實仿《論語》。《六藝論》云："《論語》，子夏、仲弓合撰。"《風俗通》云："穀梁爲子夏門人。"而《非相》《非十二子》《儒效》三篇，每以仲尼、子弓並稱。子弓之爲仲弓，猶子路之爲季路，知荀卿之學實出於子夏、仲弓也。《宥坐》《子道》《法行》《哀公》《堯問》五篇，雜記孔子及諸弟子言行，葢據其平日之聞於師友者，亦由淵源所漸，傳習有素而然也。故曰荀卿之學出於孔氏，而尤有功於諸經。（天海案：上文採自王先謙《荀子集解・攷證》下。）

### （十三）清吴汝綸《讀荀子》

昔孔子罕言命仁，以《詩》《書》執禮爲教……其與聞性道，則曾氏一人而已。孟子晚出，私淑而得其宗，然于禮樂之意，鮮所論列。而荀卿則以爲人不能生而爲聖人，必由勉强積漸而至。勉强積漸，則必以禮爲之經緯蹊徑。故其爲學，達乎禮樂之原，明乎先王以禮治天下之意。……而謂養欲給求，知通統類，又未嘗以禮爲桎梏也。

又云

夫學者之傳，源遠則末益分。故孔子之後，儒分爲八。當孫卿之世，吾意子思、孟子之儒，必有索性道之解不得，遂流爲微妙不測之論者，故以"僻違閉約"非之。又其時騶衍之徒，皆自託儒家，故《史記》以附孟子。卿與共處稷下，所謂"聞見博雜"，"案往舊造説五行"者，謂是類也。（天海案：上文轉引自馬積高《荀學源流》第十三章。）

### （十四）清李慈銘《越縵堂讀書記》

荀子生衰周，力尊仲尼，與孟子之識學無稍差。而其《非十二子篇》

兼及子思、孟子，遂大爲宋明儒者口實。後之善荀子者，謂其門人竄入之言，非荀子意，以是爲荀子辨。予謂孟子之學，一傳以後無聞者，即弟子中惟樂正子稍能自見，餘亦無有單詞片語闡發先生之學者，荀子殆因其徒之不善而咎其師。其云"略法先王而不知其統，猶然而材劇志大，聞見雜博"云云者，萬章、公孫丑之徒皆不免此。荀子固確有所見，而以爲是子思、孟軻之罪，其于十子皆曰是某某，而此獨曰是某某之罪，則詞固有所輕重矣。其下云子張氏、子夏氏、子游氏之賤儒，皆非無所指而言者也。戰國士習多僻，諸賢之門人守道不篤，流爲偽儒，固必然之理，無足怪者。荀子道醇學博，固不當求之于字句，然其文亦自巉絶可喜，諸子中亦惟《荀》與《管》兩家最多奇字。

咸豐庚申（一八六〇）四月十六日（天海案：上文採自由雲龍輯《越縵堂讀書記》三《子部》儒家類。）

## （十五）譚嗣同論荀子

孔學衍爲兩大支：一爲曾子傳子思而至孟子，孟故暢宣民主之理，以竟孔子之志；一由子夏傳田子方而至莊，莊故痛詆君主，自堯、舜以上，莫或免焉。不幸此兩支絶不傳，荀乃乘間冒孔之名，以敗孔之道。曰"法後王"，尊君統，以傾孔學也。曰"有治人，無治法"，陰防後人之變其法也。又喜言禮、樂、刑、政之屬，惟恐箝制束縛之具之不繁也。一傳而爲李斯，而其爲禍亦暴著于世矣。故常以爲二千年來之政，秦政也，皆大盗也；二千年來之學，荀學也，皆鄉愿也。惟大盗利用鄉愿，惟鄉愿工媚大盗。二者交相資，而罔不託之孔。被託者之大盗鄉愿，而責所託之孔，又烏能知孔哉？（《譚嗣同全集·仁學》二十九）

荀卿生孟子後，倡法後王而尊君統，務反孟子民主之説，嗣同嘗斥爲鄉愿矣！然荀卿究天人之際，多發前人所未發，上可補孟子之缺，下則衍爲王仲任之一派，此其可非乎？（天海案：上文採自《譚嗣同全集》《致唐才常二》。）

## （十六）梁啓超論荀子

啓超謂孔門之學，後衍爲孟子、荀卿兩派，荀傳小康，孟傳大同。漢代經師，不問今文家、古文家，皆出荀卿（汪中説）。二千年間，宗派屢變，壹皆盤旋荀學肘下，孟學絶而孔學亦衰。于是專以絀荀申孟爲標幟，引《孟子》中誅責"民賊"、"獨夫"、"善戰服上刑"、"授田制産"諸義，謂爲大同精意所寄，日倡道之。（梁啓超《清代學術概論》二十五）

一，尊君權。其徒李斯傳其宗旨，行之于秦，爲定法制。自漢以後，均相因而損益之，二千年所行，實秦制也。此爲荀子政治之派。

二，排異説。荀子有《非十二子》篇，專以攘斥異説爲事。漢初傳經之儒，皆出荀子，故襲用其法，日以門户水火爲事。

三，謹禮儀。荀子之學，不講大義，而惟以禮儀爲重，束身寡過，拘牽小節。自宋以後，儒者皆蹈襲之。

四，重考據。荀子之學，專以名物制度訓詁爲重。漢興，羣經皆其所傳，斷斷考據，寖成馬融、鄭康成一派，至本朝（清）而大受其毒。此三者爲荀子學問之派。

由是觀之，二千年政治，既皆出荀子矣；而所謂學術者，不外漢學、宋學兩大派，而實皆出于荀子。然則二千年來，只能謂爲荀學世界，不能謂之爲孔學世界也。（梁啓超《論支那宗教改革》）（天海案：上文採自《飲冰室合集·文集》第一册。）

## （十七）章太炎論荀子

往時定儒家，莫若孟、荀。私以《論語》晻昧，《三朝記》與諸告飭，總紕經記，辭義咉如也。下比孟軻，博習故事則賢，而辯察少歉矣。荀卿以積僞俟化治身，以隆禮縣羣衆。道不過三代，以絶殊瑰；法不貳後王，以綦文理。始終以禮穿覈，故科條皆湜然無以自戾者。其正名也，與墨子相扶持。有所言緣，先于西來桑門之書。由斯道也，雖百里而民獻比肩可也。其視孔子，長幼斷可識矣！夫孟、荀道術，皆踊絶孔氏，惟才美弗能與等比，故終身無魯相之政，三千之化。才與道術本異出，而流俗多視是崇墮之。故仲尼名獨尊，其道術固未逮也。（天海案：上文採自章太炎《檢論》卷三《訂孔》。）

## 章太炎《尊荀》

使文質興廢,若畫丹之與墨,若大山之與深壑,雖驟變可矣。變不鬬絶,故與之莎隨以道古。荀子之道古:聲則凡非雅聲者舉廢,色則凡非舊文者舉息,械用則凡非舊器者舉毁,以是不過三代,不貳後王。法後王矣,何古之足道?曰:近古曰古,太古曰新,綦文理于新,不能無因近古。曰後王,所謂後王者,上非文、武,下非始皇帝。何者?一棲七雄,共和之令廢,秦雖得陳寶,六國未一,拱球未斠,郊號未稱帝,彼天下之君安在?仲尼有言:夏德不亡,商德不作;商德不亡,周德不作;周德不亡,《春秋》不作。《春秋》之作,以黑緑不足代蒼黄,故反夏政于魯,爲新王制,非爲漢制也。其所規摹,則政令粲然示于禘矣。荀子所謂後王者,則素王是;所謂法後王者,則法《春秋》是。

《春秋》作新法,而譏上變古易常。使文質興廢,若畫丹之與墨,若大山之與深壑,雖驟變可矣。變不鬬絶,故與之莎隨以道古。古也者,近古也,可因者也。漢因于秦,唐因于周、隋,宋因于周,因之日以其法爲金錫,而己形範之,或益而宜,或損而宜,損益曰變,因之曰不變,仲尼、荀卿之于周法視此矣。其傃古也,禔以變新也。自東周之季以至禹,《連山》息,《汩作》廢,《九共》絶,絶政雖在,不能無小鬭,節奏無鬭,惟近古之周。苟作新法,而棄近古,專以夏爲萬夏,大古之屬也。名不爾雅,政不樂易,其所謂新者,民無與爲新矣。墨翟眩于是,故師禹誓;李斯眩于是,滌蕩周舊而一從秦制。厲其唇吻以爲法泰皇。泰皇誠古也,畔周世之隨俗雅化,而以殊瑰臨民。其傃古也,其傃新也;其傃新也,禔以害新也。是以君子行政,若竘匠然,熔冶自京室,而卝埴自勝。國由是則治,不由是則亂,後有改作者,雖百世可知也。(天海案:上文採自章太炎《訄書》初刊本。)

## 又,章太炎《後聖》論荀子

自仲尼而後,孰爲後聖?曰:水精既絶,制作不紹,浸尋二百年,以踵相接者,惟荀卿足以稱是。……

夫治孟學以基荀氏者，始宋程、蘇。蘇與程相敵逑，其基荀氏則合從。彼蘇氏尤昌狂妄言（近人或謂蘇詆荀卿，乃借以詆荆公，大謬。忿疾荀卿，自是宋世習俗。即如子雲文人，偶有撰述，特與徐幹等耳，于學術何足輕重。自唐韓氏以揚擬荀，宋人遂以"才高多過"、"才短少過"並譏，要只爲楬櫫孟學，并忘荀、揚之絶非倫比。若謂蘇以詆荀卿者詆荆公，然則詆揚雄者，亦可云借以詆温公邪？）推其用意，且曰死而操金椎以葬，下見荀卿，將敲其頭矣。利禄小生，不可與道古。其文學以程、蘇爲竇祏，從而和之，使後聖之學，終于閉錮伏匿；仲尼之志，自是不得見。悲夫！并世之儒者，誦説六藝，不能相統一。章炳麟訂之曰：同乎荀卿者與孔子同，異乎荀卿者與孔子異。（天海案：上文採自《章太炎政論選集》。）

## （十八）王國維論荀子

荀子之非子思、孟子也，曰："猶然而材劇志大……幽隱而無説，閉約而無解。"于是關窮理之事，則唾而不顧，唯先王之禮是由。其言曰："其于天地萬物也，不務説其所以然，而致善用其材。"其主義可見也。又曰："道不過三代，法不貳後王。"故其所言，止於經驗界，且但關於禮耳。是故責荀子以哲學，非得其正鵠者也。然其思想之精密正確，實從來儒家中所未嘗有，而開韓非子法家之論者也。（天海案：上文採自《王國維文集》第三卷《荀子之學説》第四章《結論》。）

## （十九）蔡元培論荀子

荀子學説，雖不免有矛盾之迹，然其思想多得之于經驗，故其説較爲切實。重形式之教育，揭法律之效力，超越三代以來之德政主義，而近接于法治主義之範圍。故荀子之門有韓非、李斯諸人持激烈之法治論，此正其學説之傾向，而非如蘇軾所謂由于人格之感化者也。荀子之性惡論雖爲常識所震駭，然其思想之自由，論斷之勇敢，不愧爲學者云。（天海案：上文採自《中國倫理學史》第六章《荀子・結論》。）

## （二十）郭沫若論荀子

荀子是先秦諸子中最後一位大師，他不僅集了儒家的大成，而且可以説是集了百家的大成的……但公正地説來，他實在可以稱爲雜家的祖宗，他是把百家的學説差不多都融彙貫通了。先秦諸子幾乎没有一家没有經過他的批判……

他以思想家而兼長于文藝，在先秦諸子中與孟軻、莊周可以鼎足而三；加上相傳是他的弟子的韓非，也可以稱之爲四大台柱了。孟文的犀利，莊文的恣肆，荀文的渾厚，韓文的峻峭，單拿文章來講，實在是各有千秋……

荀子的思想相當駁雜，他的壽命長，閱歷多、涉獵廣、著述富，是使其駁雜的因素。書非成于一時，文非作于一地，適應環境與時代，自然不免有所參差。但他並不純其爲儒，而是吸取了百家的精華，確是無可否認的事實。因此我覺得他倒很像是一位雜家。雜家代表《吕氏春秋》一書，事實上是以荀子思想爲其中心思想，也就是我這一斷案的旁證了。但這種雜家的面貌也正是秦以後的儒家的面貌。漢武以後，學術思想雖統于一尊，儒家成了百家的總匯，而荀子實開其先河。“今之學者得孫卿之遺言餘教，足以爲天下法式表儀。……觀其善行，孔子弗過”（《堯問》），荀子門徒的這一番贊辭，可謂推崇備至了。然而文廟裏的冷猪頭肉才没有荀子的份，這怕就是那些言“術”的竄雜成分誤了他吧！那些“術”本是後代的官僚社會的渡世梯航，盡管人人都在遵守，然而却是不好見天日的東西，于面子問題大有關礙。就這樣，荀子便只能做狗肉，而不能做羊頭了。（天海案：上文採自郭沫若《十批判書·荀子的批判》。）

## （二十一）侯外廬論荀子

荀子的學説不但修正了儒學，而且在某種程度上清理了儒學。他批判了子游、子夏、子張、子思、孟軻的儒學，而且在“儒”之學派中，分析出賤儒、小儒、俗儒、瞀儒、愚儒與雅儒、大儒之對立。他所清理了的儒學,歸之于前者;他所修正的儒學,歸之後者。著者認荀子不僅在天論與性論上都修正了孔子,本來"言性與天道",是孔子最後的根據,荀子以孔門大弟子"不可得而聞者"與子思、孟軻在這一方面擴大者,都加揚棄,他所修正者,實在是根本精神。那麼,荀子繼承了儒家的傳統是什麼呢?答復這一問題甚簡單,即先王思想的還元……

荀子把儒學的理論形式都修正,而後把歷史還元,這是可稱爲偉大的思想家。他在還元了的歷史先王傳統上,表示了他的主觀的主張,繼承了所謂"雅儒"、"大儒"之統緒,這是無疑的空想。在這裏他是一個"因俗"不變論者。他説這是"以淺持博",其主張亦甚樸素。他量人的尺度,實在是淺近的"習俗"。在一個大學者,而這樣把自己的主張等于"習俗"的素描,我們認爲和歷史上曲解現實如中古儒學經師者大有距離。(天海案:上文採自《中國古代思想學説史》第十一章《中國古代思想底綜合者荀學》。)

### (二十二)范文瀾論荀子

孔子禮樂學説至荀子得到適時的修正,通過韓非結合黄、老名法成一大學派。荀子在儒家中是和孟子有同等地位的大師,在諸子百家中也和孟子一樣,善于評論異家,表彰儒學,是孟子以後最大的儒者。

荀子人勝天地萬物説,是有進步意義的,由此造出專制主義的學説,在當時也是適合政治需要的。可是荀子否認命運,不敬天地,不信鬼神,不法先王,輕視仁義,人本性惡諸説,對統治階級並不合用。因爲統治階級要利用命運、天地、鬼神來鞏固自己的地位,要利用先王、仁義、性善來文飾自己的政治,赤裸裸地用刑法來實行專制主義,是和王霸雜用的統治術不合的。所以在形式上合用的還是孔、孟傳統儒學,而荀子在儒學中地位不得不落後於孟子。後世孔子廟中没有荀子的位置,雖然專制主義是他倡導的。

荀子是儒家傳經大師,秦漢儒生所傳《詩》《禮》《易》《春秋》諸經説,多出荀子,因之在儒家傳經事業上,荀子遠高於孟子。(天海案:上文採自《中國通史簡編》第一編修訂本。)

# 十、《荀子校釋》引用及參攷文獻列目

1.《尚書正義》,孔安國傳,孔穎達等正義。

2.《毛詩正義》,毛公傳,鄭玄箋,孔穎達正義。朱熹《詩集傳》。

3.《周易正義》,王弼、韓伯康注,孔穎達正義。

4.《周禮注疏》,鄭玄注,賈公彦疏。

5.《儀禮注疏》,鄭玄注、賈公彦疏。

6.《禮記正義》,鄭玄注,孔穎達正義。

7.《春秋左傳正義》,杜預注,孔穎達疏。

8.《春秋公羊傳注疏》,何休注,徐彦疏。

9.《春秋穀梁傳注疏》,范寧注,楊士勛疏。

10.《論語注疏》,何晏注,邢昺疏,劉寶楠正義。

11.《孝經注疏》,唐玄宗注,邢昺疏。

12.《爾雅注疏》,郭璞注,邢昺疏,郝懿行義疏,黄侃音訓。

13.《孟子注疏》,趙岐注,孫奭疏,焦循正義。

14.《四書章句集注》,朱熹注。

15.《國語注》,韋昭注。洪亮吉《國語韋昭注疏》。

16.《戰國策注》,高誘注,姚宏續注。

17.《楚辭章句》,王逸注,洪興祖補注,朱熹集注,蔣驥《山帶閣註楚辭》。

18.《逸周書注》,孔晁注。陳逢衡《逸周書補注》。

19.《穆天子傳》,郭璞注。王貽樑《匯校集釋》。王天海《穆天子傳全譯》。

20.《老子》,王弼注,魏源本義。

21.《莊子集解》,王先謙集解。郭慶藩《莊子集釋》。

22.《列子》,張湛注。

23.《墨子閒詁》,孫詒讓撰。

24.《管子注》,房玄齡、尹知章注,戴望校正,郭沫若等集校。

25.《晏子春秋校注》,張純一撰。
26.《商君書校》,嚴可均校。陳啟天《商君書校釋》。
27.《尹文子》,錢熙祚校。
28.《孫子兵法》,郭化若集校《十一家注孫子》。
29.《慎子》,嚴可均輯。
30.《申子》,嚴可均、馬國翰輯。
31.《公孫龍子集解》,陳柱集解。
32.《鬻子注》,逄行珪注。
33.《太公六韜》,宋神宗時編選《武經七書》之一。
34.《鶡冠子注》,陸佃注。
35.《尹文子》,汪繼培校。
36.《文子》,徐靈府注《通玄真經》。杜道堅《文子纘義》。
37.《鄧析子》,錢熙祚校。
38.《尸子》,汪繼培輯。
39.《曾子》,阮元注。
40.《子思子》,汪晫輯。
41.《韓非子集解》,王先慎集解。陳奇猷《韓非子新校注》。
42.《吕氏春秋》,高誘注。陳奇猷《吕氏春秋校釋》。
43.《韓詩外傳箋疏》,屈守元箋疏。
44.《淮南子注》,高誘注。張雙棣《淮南子註譯》。
45.《史記三家注》,裴駰集解,司馬貞索隱,張守節正義。
46.《漢書注》,顔師古注。
47.《陸子新語校注》,唐晏校注。
48.《賈誼新書》,盧文弨校。
49.《説苑校證》,向宗魯校證。王鍈、王天海《説苑全譯》。
50.《新序校注》,張國銓校注。
51.《鹽鐵論》,桓寬撰,張之象注。
52.《法言》,揚雄著,李軌注。
53.《方言》,揚雄著,郭璞注,戴震疏證。

54.《論衡集釋》,劉盼遂集釋。
55.《中論》六卷,徐幹著,曾鞏編校。
56.《傅子佚文》四卷,嚴可均輯。
57.《風俗通義校注》,王利器校注。
58.《顔氏家訓》,顔之推著。
59.《孔子家語》,王肅校注。
60.《金樓子》,梁元帝蕭繹撰。
61.《大戴禮記注》,盧辨注。
62.《文選注》,李善注。
63.《北堂書鈔》,虞世南輯。
64.《藝文類聚》,歐陽詢輯。
65.《羣書治要》,魏徵等輯。
66.《初學記》,徐堅編輯。
67.《意林》,馬總編纂。王天海《意林校注》《意林全譯》。
68.《太平御覽》,李昉等編撰。
69.《事類賦注》,吴淑編注。
70.《事文類聚》,祝穆編撰。
71.《容齋隨筆》,洪邁著。
72.《荀子考異》,錢佃著。
73.《困學紀聞》,王應麟著。
74.《通志藝文略》,鄭樵撰。
75.《郡齋讀書志》,晁公武撰。
76.《直齋書録解題》,陳振孫撰。
77.《子略》,高似孫撰。
78.《朱子語類》,黎靖德編纂。
79.《文獻通考》,馬端臨著。
80.《日知録》,顧炎武著。
81.《全上古三代秦漢三國六朝文》,嚴可均編輯。
82.《荀子評註》,傅山評註,上海古籍出版社一九九〇年十月版。

83.《讀書偶記》,趙紹祖撰,中華書局一九九七年一月版。

84.《讀書雜記》,王紹蘭撰,中華書局一九八八年三月版。

85.《荀子箋釋》,盧文弨校,謝墉輯校,上海古籍出版社一九八六年影浙江書局彙刻《二十二子》本。盧謝共出校記五九二條。

86.《讀書雜志》,王念孫著。其《荀子雜志》八卷中含王引之之校注,其末附顧千里校《荀子》二六條,王氏父子共校考七五二條。

87.《荀子補注》,劉台拱撰,出校記一一〇條。《劉端臨先生遺書》本。

88.《荀子補注》,郝懿行撰,出校記四〇〇條。《齊魯先喆遺書》本。

89.《荀子平議》,俞樾撰,出校記二四九條。光緒刊本。

90.《荀子札迻》,孫詒讓撰,出校記二九條。光緒廿年刊本。

91.《荀子集解》,王先謙撰。此書集汪中、盧文弨、洪頤煊、劉台拱、郝懿行、陳奂、郭嵩燾、郭慶藩、王念孫、王引之、顧千里、俞樾共十二家校説,出於己説者五六一條。光緒辛卯思賢講舍本。中華書局一九八八年《新編諸子集成》沈嘯寰、王星賢點校本。

92.《荀子點勘》,吴汝綸撰,宣統六年衍星社排印本。此書以盧謝本爲底本。

93.《香草續校書》,于鬯撰,校《荀子》一〇五條,中華書局一九八二年版。

94.《讀諸子札記》,陶鴻慶撰,其中《讀荀子札記》一四四條,中華書局一九五九年版。

95.《荀子評諸子語匯釋》,梁啓超《中國古代學術流變研究》,東方出版社一九九六年版。

96.《荀子斠補》《荀子補釋》二書共出校六八〇條,劉師培撰,寧武南氏校印本。又《荀子詞例舉要》劉師培撰,舉例類二〇條。

97.《讀荀子小箋》,楊樹達《積微居讀書記》,中華書局一九六二年版,其中校《荀子》六五條。

98.《荀子新箋》,高亨《諸子新箋》,齊魯書社一九八〇年新一版,其中校釋《荀子》九三條。

99.《荀註訂補》，鍾泰撰，訂補共五四〇條，上海商務印書館一九三六年版。

100.《雙劍誃荀子新證》，于省吾撰，出校一三七條，北京大業印刷局一九四〇年版。

101.《荀卿的韻文》，張長弓撰，《嶺南學報》一九三四年第三卷二期。

102.《讀王先謙荀子集解札記》，潘重規撰，《制言》一九三六年十二期。

103.《荀子札記》，魯實先撰，《責善》半月刊一九四一年一卷二三至二四期。

104.《荀子舉正》，徐仁甫撰，《志學》月刊一九四二年一、二、四期。

105.《荀子集解補正》，龍宇純撰，《大陸雜志》一九五五年八、九、十三期。

106.《荀子簡釋》，梁啓雄撰，其書以王先謙《荀子集解》爲底本，增益諸家校説二十餘家。古籍出版社一九五五年版，中華書局一九八三年版。

107.《讀書管見》，金其源著，其中校《荀子》一八條，上海商務印書館一九五七年十二月版。

108.《荀子集解補正》，趙海金撰，校補八四條，台灣《成功大學學報》一九七二年第七期。

109.《荀子簡注》，章詩同注，上海人民出版社一九七四年版。

110.《荀子讀記》，嚴靈峰撰，校五一條，台灣成文出版社一九七七年版。

111.《淺談荀子賦篇》，包遵信撰，《文史哲》一九七八年五期。

112.《讀荀子札記》，包遵信撰，《文史》一九七八年十二期七九年六期連載。上下二文共校《荀子》一八四條。

113.《荀子新注》，北京大學《荀子》注釋組，中華書局一九七九年版。

114.《荀子零箋》，金德建，校一七條，《中華文史論叢》一九八〇年二期。

115.《荀子校釋補》，劉如瑛撰，校三九條，《中華文史論叢》一九八〇年四期。

116.《荀子今注今譯》，熊公哲注譯，台灣商務印書館一九七五年版。

117.《雙劍誃荀子新證評》，楊明照《學不已齋雜著》，其中校釋評《荀子新證》四條，上海古籍出版社一九八五年版。

118.《義府續貂》，蔣禮鴻著，其中校注《荀子》九條，中華書局一九八一年版。

119.《懷任齋文集》，蔣禮鴻著，其中校《荀子》七條，上海古籍出版社一九八六年版。

120.《讀荀子集解》，蔣禮鴻著，校注四五條，浙江古籍出版社一九九四年版。

121.《荀子臆解》，徐復《後讀書雜志》，校《荀子》七條，上海古籍出版社一九九六年版。

122.《荀子窺管》，高正撰，校六條，《孔子研究》一九九三年二期。

123.《白話荀子》，楊任之撰，岳麓書社一九九一年四月版。

124.《荀子全譯》，鄔恩波等撰，三環出版社一九九一年十二月版。

125.《荀子白話今譯》，王森撰，中國書店一九九二年十月版。

126.《荀子全譯》，蔣南華等撰，貴州人民出版社一九九五年二月版。

127.《荀子譯注》，張覺譯注，上海古籍出版社一九九五年十二月版。

128.《荀子匯校彙注》，董治安、鄭傑文彙編。此書以王先謙《荀子集解》爲底本，參校十本，參注三六家。齊魯書社一九九七年六月版。

129.《荀子補正》，駱瑞鶴撰，補正二八五條，武漢大學出版社一九九七年八月版。

130.《譯注荀子》，方飛撰，人民日報出版社一九九八年三月版。

131.《荀卿子記餘》，龍宇純撰，校注《荀子》一七〇條，台灣《中國文史研究集刊》十五期，一九九九年九月。

132.《荀子直解》，王雲路等撰，浙江文藝出版社二〇〇〇年九月版。

133.《荀子注釋》，王傑等注，華夏出版社二〇〇一年一月版。

134.《荀子校詁叢稿》，李中生撰，其中《讀荀子札記》二五〇條，廣東高等教育出版社二〇〇一年一月版。

135.《荀子譯注》，牟瑞平撰，山東友誼出版社二〇〇一年一月版。

136.《讀荀子札記志疑》，李亞明撰，《古漢語研究》二〇〇一年二期。

137.《荀子彙考》，陳夢雷、蔣廷錫《古今圖書集成》《理學彙編》《經籍典》第四百四十三卷。清雍正四年（一七二六年）銅活字版影印本。

138.《荀子之學説》，《王國維文集》第三卷，中國文史出版社一九九七年版。

139.《清代學術概論》，梁啓超著，東方出版社一九九六年三月版。

140.《要籍解題及讀法》，梁啓超著，中國社會科學出版社一九九七年六月版。

141.《章太炎學術史論集》，中國社會科學出版社一九九七年六月版。

142.《蔡元培學術論著》，浙江人民出版社一九九八年六月版。

143.《十批判書》，郭沫若著，東方出版社一九九六年三月版。

144.《先秦諸子繫年考》，錢穆著，上海書店一九九二年一月版。

145.《經子解題》，吕思勉著，華東師大出版社一九九五年十二月版。

146.《諸子學述》，羅焌著，岳麓書社一九九五年三月版。

147.《中國古代思想學説史》，侯外廬著，遼寧教育出版社一九九八年三月版。

148.《中國通史簡編》（修訂本），范文瀾著，人民出版社一九六四年第四版。

149.《諸子考索》,羅根澤著,人民出版社一九五八年二月版。

150.《荀卿考》,游國恩著,《古史辨》第四册,上海古籍出版社一九八二年版。

151.《荀卿傳經辨》,李鳳鼎著,《古史辨》第四册,上海古籍出版社一九八二年版。

152.《大學爲荀子説》馮友蘭著,《古史辨》第四册,上海古籍出版社一九八二年版。

153.《關於荀子本書的考證》,楊筠如著,《古史辨》第六册,上海古籍出版社一九八二年版。

154.《荀子勸學篇寃詞》,張西堂著,《古史辨》第六册,上海古籍出版社一九八二年版。

155.《荀子注釋書評價》,鮑國順著,《孔孟月刊》一九八〇年一八卷五期。

156.《荀子發微》,龐樸著,《東岳論叢》一九八一年三期。

157.《先秦諸子雜考》,金德建著,中州書畫社一九八二年九月版。

158.《荀況思想研究》,胡玉衡等著,中州書社一九八四年版。

159.《諸子通考》,蔣伯潛著,浙江古籍出版社一九八五年版。

160.《荀子引得》,上海古籍出版社一九八六年版。

161.《荀子通論》,向仍旦著,福建教育出版社一九八七年版。

162.《無求備齋荀子集成》,嚴靈峰輯,共輯有關《荀子》版本及校釋著作九十種,其中宋刊三種、明刊十二種、日刊十二種,臺灣成文出版社一九七七年版。

163.《讀荀子札記》,趙儷生著,《齊魯學刊》一九九一年一期。

164.《荀子簡釋校勘真相管窺》,張覺著,《學術研究》一九九一年一期。

165.《荀子版本源流考》,高正著,中國社會科學出版社一九九二年四月版。

166.《荀子各篇寫作年代考》,廖名春著,《吉林大學學報》一九九四年六期。

167.《荀卿書若干問題探討》，董治安著，文載《古籍整理研究論叢》第三輯，齊魯書社一九九四年十月版。

168.《荀子與中國文化》，惠吉星著，貴州人民出版社一九九六年版。

169.《荀子評傳》，孔繁著，南京大學出版社一九九七年版。

170.《荀子答客問》，王廷洽著，上海人民出版社一九九八年版。

171.《荀學源流》，馬積高著，上海古籍出版社二〇〇〇年九月版。

172.《説文解字》，許慎著，中華書局一九六三年影陳昌治覆宋本。

173.《説文解字注》，段玉裁注，上海古籍出版社一九八一年影經韻樓版。

174.《説文解字義證》，桂馥撰，中華書局一九八七年影湖北崇文書局本。

175.《説文釋例》，王筠撰，中華書局一九八五年影道光刻本。

176.《説文通訓定聲》，朱駿聲撰，武漢古籍書店一九八三年影臨嘯閣版。

177.《釋名疏證》，畢沅撰，乾隆五十四年（一七八九年）靈巖山館本。

178.《廣雅疏證》，王念孫，中華書局一九八三年影王氏家刻本。

179.《通雅》，方以智撰，文淵閣《四庫全書》本，上海古籍出版社影印本。

180.《爾雅譯注》胡奇光、方環海撰，上海古籍出版社一九九九年九月版。

181.《經義述聞》，王引之著，江蘇古籍出版社一九八五年影王氏家刻本。

182.《經傳釋詞》，王引之著，岳麓書社一九八五年排印本。

183.《助字辨略》，劉琪著，中華書局一九五四年版。

184.《經詞衍釋》，吴昌瑩著，中華書局一九五六年版。

185.《古書疑義舉例五種》，俞樾等著，中華書局一九五六年版。

186.《詞詮》，楊樹達著，中華書局一九五四年版。

187.《古書虛字集釋》，裴學海著，中華書局一九五四年版。

188.《古漢語虛詞》，楊伯峻著，中華書局一九八一年版。

189.《廣釋詞》，徐仁甫著，四川人民出版社一九八一年版。

190.《同源字典》，王力著，商務印書館一九八二年版。

191.《古今字》，洪成玉著，語文出版社一九九五年版。

192.《古漢語通假字字典》，馬天祥等編著，陝西人民出版社一九九一年版。

193.《經典釋文》，陸德明撰，上海古籍出版社一九八四年影宋本。

194.《類雋》，鄭若庸輯，上海辭書出版社一九九一年影明萬曆本。

195.《經籍籑詁》，阮元纂輯，成都古籍書店一九八二年影嘉慶本。

196.《辭通》，朱起鳳撰，上海古籍出版社一九八二年版。

197.《春秋左傳詞典》，楊伯峻撰，中華書局一九八五年版。

198.《詩經詞典》，向熹撰，四川人民出版社一九八六年版。

199.《吕氏春秋詞典》，張雙棣等撰，山東教育出版社一九九三年版。

200.《三禮詞典》，錢玄等撰，江蘇古籍出版社一九九八年版。

201.《類篇》，司馬光等編纂，中華書局一九八三年影《姚刊三韻》本。

202.《宋本廣韻》，陳彭年等編，北京中國書店一九八二年影張氏澤存堂本。

203.《集韵》，丁度等編，北京中國書店影一九八三年揚州使院本。

204.《漢語音韻學》，王力著，中華書局一九八〇年版。

205.《古今字音對照手册》，丁聲樹編，中華書局一九八一年版。

206.《漢字古音手册》，郭錫良編著，北京大學出版社一九八六年版。

207.《古史音釋》，趙帆聲編著，河南大學出版社一九九五年版。

208.《荀子單音節形容詞同義關係研究》，黄曉冬著，巴蜀書社二〇〇三年版。

209.《墨子辭典》，張仁明著，貴州人民出版社二〇〇三年版。

210.《讀荀子》〔日〕物雙松著，日本寶曆十四年（一七六四）京師水玉堂刊本。

211.《荀子斷》〔日〕冢田虎著，日本寬政七年（一七九五）京師水玉堂刊本。

212.《荀子增注》〔日〕久保愛著，日本文政三年（一八二〇）平安書林水玉堂本。

213.《增評荀子箋釋》〔日〕村岡良弼著，日本明治十七年（一八八四）東京排印本。

214.《荀子標注》〔日〕帆足萬里著，日本昭和二年（一九二七）排印本。

215.《荀子略説》〔日〕安積信著，日本昭和八年（一九三三）排印本。

216.《荀子述》〔日〕朝川鼎著，日本昭和八年排印本。

# 後　記

吾自幼浸淫於詞章，沈溺於唐詩宋詞，故舌耕高校以來，尚未傾心於小學。然因偶然之機，遂與古籍整理結下不解之緣。十多年來，我先後完成了國家"八五"、"九五"圖書出版規劃重點項目《中國歷代名著全譯叢書》中《説苑全譯》《意林全譯》《穆天子傳全譯》《燕丹子全譯》四書的撰寫任務。其後又出版了《意林校注》《啖影集注譯》二書。特别是對《意林》《穆天子傳》《燕丹子》《啖影集》四書的全面整理和注譯，可以説是前無先例的。雖然它們不可避免地存在着疏漏與不足，却也是我全身心投入的成果。由此也謬得前輩師長王運熙、霍松林、袁珂、許嘉璐、高紹先、蔣南華、張啓成、龍晦、陳長義諸先生的肯定和勉勵。同輩時彦孫雍長、張覺、王貽樑、李大明諸先生亦有過譽之辭。這些無疑只是師長與同仁的善意勸勉，然而却也促我反思自礪，不懈於學，日求其進。

四年前，經王運熙先生舉薦，我接受了上海古籍出版社《荀子校釋》一書的撰寫任務。我自知才疏學淺，且《荀子》一書在先秦諸子中最稱難治，而欲勉爲其難者有二：一是王先謙《荀子集解》之後，校釋者不下數十家，而未有總其成者；二是決心超越自我，以不負師友的鼓勵和期盼。在這四年中，我因身兼湘黔兩地的教學任務，加之資料的蒐集艱難，合同約期的緊迫，只得不計晨昏，夜以繼日，幾近心力交瘁。而今總算得以如期完稿，真有身釋重負之感！

拙著字逾百萬，任務至艱，以我愚駑之資終成其功，非一人之力也！此中亦凝聚了師長、親友的心血和勞動，没有他們的鼓勵和支持，《荀子校釋》非但不能如期交稿，亦難以達到預期的成效。因而，我必須在此一一表示由衷的謝忱：

王運熙先生不僅支持和推薦我承擔了此書的撰寫任務，還在"非典"的非常時期專門賜函敦促和鼓勵我的寫作，關心其書的進展，師生之誼，如沐春風，怎一个"謝"字了得！

語言學界的泰斗、壽届期頤的徐復老先生，曾將他早年訓釋《荀子》的資料復印惠贈。拙撰脱稿之後，徐老又扶恙慨然大筆賜序。長者之風，高山仰止。前輩勉掖後學之美意，實爲學林之楷範。

吉林大學湯餘惠先生，中國社會科學院高正先生，山東大學董治安、鄭傑文先生，浙江大學黄金貴先生，華東師大王貽樑先生，武漢大學駱瑞鶴先生，中山大學李中生先生，貴州大學張啓成先生，湖南師範大學周正穎女士，湖南理工學院周淼龍先生、陳思坤先生等，都爲我借閲、複印、郵寄過有關《荀子》的資料，駱瑞鶴、李中生二先生還將他們訓釋《荀子》的大作及時惠賜……真可謂東西南北中，皆有師友同仁爲我伸出無私援助之手。這就是無形的鞭策和力量，我若遇難而退，半途鎩羽，豈不寒了師友之心！我又何敢有絲毫懈怠之心！

個人的才力微不足道，師友、親人的關愛與支持，才是治學有成的不盡源泉和動力！

王天海　癸未仲冬識於花溪